［英］萨宾·巴林-古尔德 —————— 著

张莉 ———————————— 译

拿破仑·波拿巴
与反法同盟战争

图书在版编目(CIP)数据

拿破仑·波拿巴与反法同盟战争 / (英) 萨宾·巴林-古尔德著;张莉译. -- 北京:华文出版社,2020.1
(华文全球史)
ISBN 978-7-5075-5193-8

Ⅰ.①拿… Ⅱ.①萨…②张… Ⅲ.①拿破仑(Napoleon, Bonaparte 1769-1821)—传记 Ⅳ.①K835.655.2

中国版本图书馆CIP数据核字(2019)第234440号

拿破仑·波拿巴与反法同盟战争

作　　者:	[英] 萨宾·巴林-古尔德
译　　者:	张莉
选题策划:	盛世
插图供应:	029—85504182
责任编辑:	陈红升
出版发行:	华文出版社
社　　址:	北京市西城区广外大街305号8区2号楼
邮政编码:	100055
网　　址:	http://www.hwcbs.com.cn
电　　话:	总编室010—58336239
	发行部010—58336212
经　　销:	新华书店
印　　刷:	三河市国英印务有限公司
开　　本:	710×1000　1/16
印　　张:	77
字　　数:	1134千字
版　　次:	2020年1月第1版
印　　次:	2020年1月第1次印刷
标准书号:	ISBN 978-7-5075-5193-8
定　　价:	285.00元

版权所有 侵权必究

出版前言

随着中国开放的大门的越开越大,关注世界各国尤其是西方国家文明的源流、发展和未来已经成为当下世界史研究的一个热点,为了成系统地推出一套强调"史源性"且在现有世界史出版物中具有拾遗补阙价值的作品,我们经过认真论证,推出了"华文全球史"系列,首次出版约为一百个品种。

"华文全球史"系列从书目选择到人名地名的规范,从书稿中图片的采用到译者的确定,都有比较严格的遴选规定、编审要求和成稿检查,目的就是要奉献给读者一套具有学术性、权威性的高质量的世界史系列图书。

书目的选择。本系列图书重视世界史学科建设,视角宽阔,层级明晰,数量均衡,有所突出。计划出版的华文全球史中,既有通史,也有专题史,还有回忆录,基本上是世界历史著作中的上乘之作,同时也是填补国内同类作品出版的空白。

人名地名规范。本系列图书中人名地名,译名规范,重视专业性。同时,在人名翻译方面,我们坚持"姓名皆全"的原则,加大考据力度,从而实现了有姓必有名,有名必有姓,方便了读者的使用。另外,在注释方面,书中既有原书注,即完整地保留了原著中的注释;也有译者注,又体现了译者的研究性成果。

书中的插图。本系列图书的一个重要特征是书中都有功能性插图，这些插图全方位、多层次、宽视角反映当时重大历史事件、或与事件的场景密切相关，涉及政治、军事、经济、社会、外交、人物、地理、民俗、生活等方面的绘画作品与摄影作品。全景插图与文字结合，赋予文字视觉的艺术，增加了文字的内涵。

译者的确定。本系列图书的翻译主要凭借的是一个以大学教师为主的翻译团队，团队中不乏知名教授和相关领域的资深人士。他们治学严谨，译笔优美，为确保质量奉献良多。

"华文全球史"系列作为一套具有较高学术价值的优秀的世界历史丛书，对增加读者的知识，开阔读者的视野，具有积极的意义。但也要看到，很多西方历史学家虽然也包含着一些正确的即符合事实的观点，但很多都存在错误的历史观，甚至还有较多的史实的歪曲，对于这些，我们希望读者不要不加分析地对它们全盘接受或全盘否定，而是要批判地吸收外国文化中有益的东西。

华文出版社

2019 年 8 月

序言

起初，出版商邀请我参照拙作《恺撒王朝的悲剧》一书中"尤里安-克劳狄王朝"一章另写一本书，即《拿破仑·波拿巴与反法同盟战争》。我诚惶诚恐，不敢答应。首先，市面上已经有许多关于拿破仑·波拿巴的作品。珠玉在前，我没有必要重复。关于拿破仑·波拿巴的一生，其他作家都已尽述，因此，我也没有新的角度可以入手。其次，我知道要想写好《拿破仑·波拿巴与反法同盟战争》，需查询、参考海量资料方可无虞。

考虑再三后，我决定接下这一艰巨任务。我决意另辟蹊径，仅从拿破仑·波拿巴的性格特征和个人观点入手，加以研究，以区别现有作品。文中涉及拿破仑·波拿巴的军事功绩和政治地位的内容多与他的思想发展和内心活动相关。此外，许多资料现已解禁，对拿破仑·波拿巴性格的研究大有增益。

滑铁卢战役后，拿破仑·波拿巴知道自己的军事生涯已经不可能再现辉煌，因此，他将一捆绝密文稿装在牛皮袋中，盖上帝国封印后交给大主教约瑟夫·费什保管。约瑟夫·费什带着文稿前往罗马，但他从未拆开过文稿。1839年去世前，他将文稿交托领班神父利奥内保管。利奥内神父将文稿转交给了纪尧姆·利布里侯爵。贪心的纪尧姆·利布里侯爵私留下了一部分文稿，将剩下的大部分文稿卖给了阿什伯纳姆伯爵。文稿在阿什伯纳姆伯爵的手中沉寂，无人得见。直到阿什伯纳姆伯爵以三十万英镑的价格再次售出文稿后，世人方才知晓它的存在。1884年，文稿以六十七万五千法郎的价格售出，现陈列于意大利佛罗伦萨的美第奇-劳伦廷图书馆。

路易·克劳德·弗雷德里克·马松

  文稿中有关拿破仑·波拿巴在1786年到1793年的早年生活的卷宗对我们研究其思想的形成有不可估量的价值。后来,路易·克劳德·弗雷德里克·马松①将这些文献整理编纂成《默默无闻时的拿破仑·波拿巴》一书,于1895年在巴黎出版。这些文献对本书的研究具有一定参考价值。

  综上所述,我将从一个独特的视角研究拿破仑·波拿巴,不再赘述其他传记中已经表述过的内容。我的角度是收集相关的描述和评论,对伟人的心理活动多做分析。由于青少年时期是人的性格形成期,因此,我对拿破仑·波拿巴的早年生活着墨颇多。

  关于拿破仑·波拿巴早年生活的文献资料并不多。流传甚广的《朱诺夫人

---

① 路易·克劳德·弗雷德里克·马松(Louis Claude Frédéric Masson, 1847—1923),法兰西历史学家。以研究拿破仑·波拿巴和18世纪至19世纪外交史著称。著作有《拿破仑·波拿巴及其家族》《默默无闻时的拿破仑·波拿巴》《拿破仑·波拿巴及其儿子》《约瑟芬皇后》《拿破仑·波拿巴在圣赫勒拿岛》和《1789年到1804年大革命时期的外交部》等。(本书中除原注外,均为译者注,不再另行说明)

回忆录》和路易·安托万·福弗莱·德·布里昂所著《回忆拿破仑·波拿巴》中有不少关于拿破仑·波拿巴早年生活的叙述,但波拿巴家族的后人曾极力抨击这两部作品。《朱诺夫人回忆录》的叙述中细节多有不准,路易·安托万·福弗莱·德·布里昂的记叙里挟着私人情感。但这两部作品总体上还是真实可信的,尤其是《朱诺夫人回忆录》中讲到拿破仑·波拿巴早年留给人们的印象,我们认为有一定的可信度。

新近出版的《巴拉斯子爵保罗·弗朗西斯·让·尼古拉回忆录》绝对有待商榷。看过巴拉斯子爵保罗·弗朗西斯·让·尼古拉的作品后你会发现,一直以来,人们对于巴拉斯子爵保罗·弗朗西斯·让·尼古拉人品的评价绝非空穴来风。

巴拉斯子爵保罗·弗朗西斯·让·尼古拉

凡是接触过拿破仑·波拿巴的人都能明显感受到他的威慑力。为他作传或读他传记的人也能感受到他的气场。但事实上，人们对他的崇拜和畏惧参半。拿破仑·波拿巴并不具备纯粹的贵族风度，也没有饱满的个人涵养。这些与他的家庭和教育有关，不单是他自身的问题。不信神的父母很难养育出做教士的儿子。波拿巴家族曾在文件上做过手脚并瞒天过海，这在一定程度上影响了拿破仑·波拿巴。拿破仑·波拿巴早年亲历人世冷暖，体验过人性的冷漠，因此常常质疑理想，不信任他人。此外，在性格养成的关键时期，他意气用事，背离少年时代崇拜的英雄人物，结交了一些自己内心深处并不真正喜欢的朋友。这个阴影始终伴随着他。

本书中的同时代插图均来自阿曼德·达约特侯爵的收藏品。藏品于1895年在巴黎出版，名为《绘画作品中的拿破仑·波拿巴》。多幅插图的引用也为本书增色不少。

我一向以研究人性为己任。因此，我对拿破仑·波拿巴的性格研究怀有浓厚的兴趣，甚至超过了我研究的几位古罗马君主，以及膜拜古罗马君主的大理石雕像时的热忱。不过，我还是要提醒读者，本书的宗旨并非展现拿破仑·波拿巴时代的欧洲历史背景，也绝不着重刻画拿破仑·波拿巴的军事勋绩。本书的写作目的是通过分析拿破仑·波拿巴的心理活动，研究他的思想活动，尽可能地将他的形象栩栩如生地展现在读者面前。

最后，我要向我的堂弟乔治·扬致以衷心的感谢。如果没有他真诚的帮助和中肯的建议，我无法完成此书。此外，我还要感谢查令十字街圣玛丽教区的罗伯特·格温教士的校对工作。罗伯特·格温教士为人严谨，可以确保本书精良。

萨宾·巴林–古尔德
于卢特伦查德

目 录

001 **第 1 章**
科西嘉岛

027 **第 2 章**
布里埃纳军事学院（1779 年 5 月 19 日—1784 年 10 月 30 日）

037 **第 3 章**
巴黎军事学院（1784 年 10 月 30 日—1785 年 10 月 30 日）

047 **第 4 章**
炮兵少尉拿破仑·波拿巴（1785 年 10 月 30 日—1786 年 9 月 15 日）

059 **第 5 章**
假 期（1786 年 9 月 15 日—1788 年 6 月 1 日）

065 **第 6 章**
奥克松（1788 年 6 月—1789 年 9 月 15 日）

073 **第 7 章**
阿雅克肖和巴斯蒂亚（1789 年 9 月 30 日—1791 年 1 月 31 日）

085	第 8 章	
	奥克松和瓦朗斯（1791 年 2 月 1 日—1791 年 8 月 30 日）	
097	第 9 章	
	又回科西嘉（1791 年 9 月 6 日—1792 年 5 月 2 日）	
113	第 10 章	
	1792 年夏（1792 年 5 月 28 日—1792 年 9 月 7 日）	
133	第 11 章	
	计攻撒丁岛（1792 年 9 月 17 日—1793 年 2 月 28 日）	
143	第 12 章	
	竞选龙虎斗（1793 年 2 月 28 日—1793 年 6 月 11 日）	
161	第 13 章	
	《博凯尔的晚餐》（1793 年 6 月 26 日—1793 年 7 月 29 日）	
173	第 14 章	
	土伦平叛（1793 年 9 月—1794 年 3 月）	
203	第 15 章	
	蒙 冤（1794 年 4 月 1 日—1794 年 9 月 14 日）	
227	第 16 章	
	低 谷（1795 年 2 月—1795 年 9 月 17 日）	
259	第 17 章	
	葡月事变（1795 年 10 月 4 日—1795 年 10 月 25 日）	
277	第 18 章	
	约瑟芬（1795 年 10 月 26 日—1796 年 3 月 9 日）	

| 295 | **第 19 章**
意大利战役（1796 年 3 月 10 日—1796 年 11 月） |

| 337 | **第 20 章**
奇斯帕达纳共和国（1796 年 10 月—1797 年 2 月） |

| 353 | **第 21 章**
莱奥本与坎波福米奥（1797 年 1 月—1797 年 10 月 18 日） |

| 369 | **第 22 章**
果月政变（1797 年 9 月 4 日） |

| 389 | **第 23 章**
在巴黎（1797 年 10 月 17 日—1798 年 5 月 4 日） |

| 409 | **第 24 章**
1797 年的波拿巴家族 |

| 419 | **第 25 章**
远征埃及（1798 年） |

| 447 | **第 26 章**
进军叙利亚（1799 年 2 月 11 日—1799 年 10 月 8 日） |

| 483 | **第 27 章**
雾月政变（1799 年 10 月 16 日—1799 年 11 月 10 日） |

| 513 | **第 28 章**
1799 年的波拿巴家族 |

| 539 | **第 29 章**
第一执政的背后（1800 年） |

571	**第 30 章**	
	皇冕之路（一）（1800 年）	
589	**第 31 章**	
	杜伊勒里宫风云	
607	**第 32 章**	
	皇冕之路（二）（1801 年 2 月）	
623	**第 33 章**	
	战云氤氲（1803 年）	
655	**第 34 章**	
	拿破仑·波拿巴登基（1804 年 12 月 2 日）	
683	**第 35 章**	
	奥斯特利茨战役（1805 年）	
713	**第 36 章**	
	皇权新贵	
743	**第 37 章**	
	耶拿会战（1806 年）	
779	**第 38 章**	
	征战波兰（1806 年冬—1807 年）	
813	**第 39 章**	
	西班牙（1807 年—1808 年）	
859	**第 40 章**	
	盛　极（1808 年—1809 年）	

881	**第 41 章** 荷 兰（1806 年—1810 年）
895	**第 42 章** 《维也纳和约》（1809 年）
913	**第 43 章** 奥地利公主玛丽·路易丝（1810 年）
935	**第 44 章** 与罗马教皇的恩怨（1809 年—1810 年）
947	**第 45 章** 大陆封锁体系
959	**第 46 章** 伟大与平庸
977	**第 47 章** 毁灭的归途（1812 年）
1003	**第 48 章** 折翼莱比锡（1813 年）
1037	**第 49 章** 第一次退位（1813 年 11 月 9 日—1814 年 4 月 6 日）
1067	**第 50 章** 流放厄尔巴岛（1814 年 4 月 6 日—1815 年 2 月 27 日）
1089	**第 51 章** 百日王朝（1815 年 3 月 1 日—1815 年 6 月 14 日）

1111	**第 52 章** 梦碎滑铁卢（1815 年 6 月 15 日—1815 年 6 月 18 日）
1139	**第 53 章** 第二次退位（1815 年 6 月 21 日—1815 年 7 月 23 日）
1149	**第 54 章** 最后的时光
1173	**第 55 章** 传　说
1181	**译名对照**

第 1 章

科西嘉岛

精彩看点

性格形成的因素——解析拿破仑·波拿巴个性的难处——波拿巴家族的起源——科西嘉简史——科西嘉世族仇杀——巴斯夸·帕欧里——法属科西嘉——卡洛·玛利亚·波拿巴——拿布里奥尼的洗礼——拿破仑·波拿巴出生日期之谜——马尔伯夫伯爵路易·查尔斯·勒内——波拿巴夫人玛丽亚·莱蒂齐亚·拉莫利诺和她的孩子们——女佣莎维莉亚的回忆——拿破仑的真实出生日期——幼年教育基础缺失——抵达欧坦

想知道拿破仑·波拿巴的性格是如何形成的，了解拿破仑·波拿巴的个性是如何发展的，有两个方面不容忽视：第一，形成拿破仑·波拿巴复杂性格的细节因素；第二，决定拿破仑·波拿巴品性、影响他思想的环境因素。

一条大河由成百上千条小溪流汇聚而成。这些小溪流来自不同的地层。地层不同，水流的性质也各不相同，有的暗潮汹涌，有的轻缓细慢，时而清澈透底，时而混沌污浊。帕绍小城的多瑙河①就由因河②、多瑙河和伊尔茨河③交汇而成。其中，因河乳白中泛着土黄，透着冰冷的寒光，那是阿尔卑斯山脉上尚未消融的积雪。多瑙河裹挟着泥浆，在巴伐利亚宽广的平原上一路奔流。伊尔茨河黑如墨画，点点黑墨是来自波希米亚林山④上黑松林中的植物。这些缤纷多姿的小河在此汇聚成浩荡的大河。但此后，大河的流向将取决于它流经的国土。所有的大河最终都将归于海洋。

我们对拿破仑·波拿巴性格的研究中有一处不便，即我们对他的家庭知之甚少。拿破仑·波拿巴的原生家庭怎样？家族血统如何？他是发于"田亩"还是

---

① 多瑙河（the Danube），欧洲中部和东南部的河流，是继伏尔加河之后的欧洲第二大河，流经德国西南部，入黑海。
② 因河（Inn），中欧河流，多瑙河右岸主要支流，发源于阿尔卑斯山脉，流经瑞士和奥地利。
③ 伊尔茨河（Ilz），多瑙河左岸主要支流，横穿巴伐利亚森林。
④ 波希米亚林山（Böhmer Wald），英文惯用Bohemian Forest，德国和捷克斯洛伐克边境山脉。

阿雅克肖

崛于"行伍"？我们对此可谓一无所知。即使目前掌握了一些零星的史料，我们也不能做到言之凿凿。我们无从得知拿破仑·波拿巴的血缘：他是土生土长的科西嘉人还是托斯卡纳①人？是意大利人还是希腊人？抑或是几国混血？我们都不能确定。

波拿巴家族起源的真相已隐藏于世，永远不为人知。要知道，拿破仑·波拿巴登基后曾大费周章，将出生地阿雅克肖的登记簿全部销毁，剩下的内容也做了修改。他的这些行为只有一个解释。可以想象，这些他急于毁掉的真相会让他多么难堪。

拿破仑·波拿巴的身世扑朔迷离，连具体的出生日期都无法确定。在这一点上，他和古罗马大帝尤利乌斯·恺撒的遭遇可谓如出一辙。尤利乌斯·恺撒的生日也一样令人困惑。我们拨开云雾后能够获得的真相是，拿破仑·波拿巴的父亲

---

① 托斯卡纳大区（Tuscany），位于意大利中西部，原为大公国。

名叫卡洛·玛利亚·波拿巴，是科西嘉岛小城阿雅克肖的律师。拿破仑·波拿巴是家中的长子。另外，大家普遍认为拿破仑·波拿巴于1769年8月15日在阿雅克肖出生，但他真正的生日是1768年1月7日，出生地是科尔特。

像世界上很多其他地方一样，科西嘉岛上种族混杂林立。科西嘉人是多国移民混血，有汪达尔人、哥特人、撒拉逊人、法兰克人、西班牙人、法兰西人和意大利人。追溯科西嘉的历史，最初的一支拓荒者于新石器时代占领该岛。他们肤色黝黑，尚未开化，擅长建造石碑。这支族群四处漂流，在西欧各地留下了自己的足迹，在各种族间流传有自己的血脉。西班牙人和葡萄牙人与科西嘉人一脉相

卡洛·玛利亚·波拿巴

承。经过多代混血，爱尔兰人、威尔士人、康沃尔①人和阿基坦人②的血脉里也流淌着科西嘉人的血液。科西嘉岛引来各国无尽的争夺。法兰西垂涎三尺，西班牙虎视眈眈，罗马教廷不甘人后，热那亚共和国更是将其视为囊中之物。科西嘉岛外临强敌，岛内纷争不断。一条自南向北的山脊将科西嘉岛一分为二。东西两部的人们喜好不同、见解有异，甚至一度连支持的宪法都各不相同。科西嘉岛东部在保有意大利市场的基础上向东方开拓，为自己和盟国争取一席之地。科西嘉岛西部则关注西方市场，先后依附西班牙和法兰西，一次次紧傍盟友，发展商业，壮大实力。

科西嘉岛上种族冲突世代不绝，流血事件频繁上演，以仇恨和杀戮的形式向种族制度献祭。仇恨不但不能以任何方式弥合，反而作为世袭的责任代代相传。宁可将领土拱手让予贪婪的敌人，也绝不咽下胸中的狭恨，这样的科西嘉人绝不鲜见。

1077年，科西嘉岛上秩序极其混乱，岛内教士提出将科西嘉岛的统治权移交给罗马教皇。这一提议得到了大众的赞同。然而，教皇的眼里只有税收，连新入的领土也不放过。最终，教皇将科西嘉岛巨款卖给了比萨人。

科西嘉人还没受够比萨人的蠢政，科西嘉岛又落入热那亚人手中，继续水深火热的生活。利古里亚共和国③为巩固自己光辉的统治，鼓励科西嘉岛上的居民戎装武斗、自相残杀。科西嘉岛两部纷争不断，斗得你死我活，热那亚商人却隔岸观火，大发横财。热那亚军队进驻科西嘉岛的要塞重镇，大肆兴建城堡。热那亚的官员在岛上大权独揽。欲壑难填的热那亚商人榨干了科西嘉最后一片资源。热那亚共和国随时代的潮流历经盛衰，它的盟友法德两国也随之浮沉，而法德麾下治地科西嘉宛若一叶小舟，随着大船漂浮不定。科西嘉人曾一度期待并

---

① 康沃尔（Cornwall），郡名，位于英格兰西南端。康沃尔人为Cornish。
② 阿基坦人（Aquitanians），被罗马人征服之前，阿基坦人是法兰西西南部加斯科涅地区的主要居民。阿基坦人的定居范围从大西洋起，东面北面抵加龙河，南至比利牛斯山脉。
③ 利古里亚共和国（Ligurian Republic），法兰西人在意大利热那亚及其周围地区（利古里亚）建立的附属共和国。1797年，拿破仑·波拿巴率法军击败奥地利军队后，再次占领热那亚，1797年6月14日成立共和国，定都热那亚。1805年6月并入拿破仑·波拿巴的法兰西帝国。1814年拿破仑·波拿巴退位后一度恢复，后并入撒丁王国。

巴斯夸·帕欧里

入西班牙的阿拉贡王国①,于是西班牙人也统治过科西嘉一段时期。但西班牙人并不比过去的统治者们仁慈。直至18世纪20年代末,绝望的科西嘉人不愿再忍受暴虐的统治,揭竿起义。海边的贝壳不再是海神信使手中卷起波涛的螺号,而是科西嘉人冲锋的号角。嘹亮的号角声遍布科西嘉岛的每个角落,每一个科西嘉人都热血沸腾,誓将侵略者驱逐出岛。科西嘉人拥立岛内一位勇猛正直、能力出众的英雄为首领,他就是巴斯夸·帕欧里②。

---

① 阿拉贡王国(Aragon,1035—1837),伊比利亚半岛东北部阿拉贡地区的封建王国。阿拉贡位于西班牙与法国交界处。
② 巴斯夸·帕欧里(Pasquale Paoli,1725—1807),科西嘉政治家、独立英雄。

巴斯夸·帕欧里首先化解了科西嘉各部的世仇。恩仇尽泯后，巴斯夸·帕欧里禁止任何人私下解决家族恩怨，任何矛盾都要交由执法机构处理。巴斯夸·帕欧里目光独到且有远见，他意识到只要家族仇杀世代蔓延，科西嘉就永无共御外辱之日。紧接着，他在全岛推行自由宪法。在此之前，东部科西嘉已奉行此法，即使在热那亚人的严酷统治下，东科西嘉也在尊奉并坚守自由宪法。自由宪法广受欢迎。它规定，人民每年一次依法选举各级官员，在政治问题上有任何争议都通过全民投票解决。科西嘉岛上一直没有出现拥有大量领土的贵族阶层，即使有，也只在西部地区出现。身处西部的贵族羽翼未丰就死于战乱，或因里通外敌的罪名亡命他乡，逃至热那亚或奔往西班牙。剩余一小部分可以留在岛上的贵族已贫弱交加，无法抵挡民众的洪流，只好无怨无艾地放弃封建特权。

热那亚人全线溃退后被驱逐出岛。他们沿海岸保留了若干个据点。科西嘉人因炮火不足，一直未能将这些据点攻克。

在巴斯夸·帕欧里的领导下，科西嘉人成功驱逐外敌，取得独立。但这远远不够。战后重建、管理教会事务等都是必须面对的问题。巴斯夸·帕欧里创建了科尔特大学，在民间普及教育。热那亚人统治的另一个后遗症开始显现：许多在海外当过雇佣兵的科西嘉男性鄙视体力劳动。他们在海外成长为优秀士兵，却不再愿意从事农业劳作，因此耕田犁地的事情就推给了科西嘉的女性和来自意大利和撒丁岛的雇农。巴斯夸·帕欧里及时扭转了这种局面。他颁布了一系列法令加强农耕，成功开创了新的时代。这种"尚农"精神持续了很多年，甚至在巴斯夸·帕欧里不再当权后仍然存在。

相比之下，缓和宗教矛盾就没有这么容易了。即使巴斯夸·帕欧里本人是一位虔诚的天主教徒，他也看不惯罗马教廷插手科西嘉事务。岛内圣职全部由教皇任命，令巴斯夸·帕欧里无法忍受。教皇只想从科西嘉岛获取利益，却从不承担自己对科西嘉岛的责任。科西嘉一座小岛上就有五名主教，其实一名足矣，更不用提岛上难以计数的修道院。大教堂教长、女修道院院长等职位都被意大利人和热那亚人占据。巴斯夸·帕欧里以其机勇和耐心将这些棘手的矛盾一一解决。他做得非常漂亮，既没有引起教皇的过度猜忌，也没有和罗马教廷彻底决裂。

腓特烈大帝

1764年年初,热那亚人只能据守几个小镇,科西嘉岛大部分土地已沐浴在民族解放和自由宪法的春风中。科西嘉岛各处开始显现前所未有的复兴迹象。更加神奇的是,巴斯夸·帕欧里将爱国主义精神灌输给所有科西嘉人,这种精神在他们心中成长为一种崇高澎湃的激情。

整个欧洲密切关注着科西嘉岛。科西嘉政府日臻完美,科西嘉人民无私爱国。1739年,普鲁士国王腓特烈大帝[①]昭告世人:科西嘉乃国之楷模。1748年,在

[①] 即腓特烈二世(Friedich II,1712—1786),后世尊其为"腓特烈大帝"(Frederick the Great)。普鲁士国王,著名军事家、政治家、作家和作曲家。1756年发动七年战争。1772年参与第一次瓜分波兰。1785年组建由十五个德意志联邦国组成的诸侯联盟。在其统治下,普鲁士王国国力上升,成为欧洲强国。

孟德斯鸠男爵查尔斯·德·塞孔达

让-雅克·卢梭

划时代著作《论法的精神》中，孟德斯鸠男爵查尔斯·德·塞孔达也提到，科西嘉岛是理想之国。号称人类先知的让-雅克·卢梭[①]在《社会契约论》一书中也点名科西嘉岛，说它充满了人道精神。英格兰传记作家詹姆斯·博斯韦尔[②]更是呼吁大家关注科西嘉岛。

这一切仿佛预示着年轻的科西嘉共和国将前程似锦、安稳祥和，谁料想风云突变，大雨倾盆。

热那亚和法兰西秘密签订了条约，出卖了科西嘉岛。依据此条约，1764年热那亚撤军后，法军悄无声息地占领了科西嘉圣菲奥伦佐、卡尔维、阿雅克肖、巴斯蒂亚[③]和阿尔加约拉等地。原来当时，法兰西王国失去了在北美的加拿大殖

[①] 让-雅克·卢梭（Jean-Jacques Rousseau，1712—1778），法兰西18世纪伟大的启蒙思想家、哲学家、教育家、文学家。法兰西大革命的思想先驱。
[②] 詹姆斯·博斯韦尔（James Boswell，1740—1795），英国著名文学家，传记作家。出身苏格兰贵族。著作有《科西嘉岛记行》等。
[③] 巴斯蒂亚（Bastia），科西嘉岛的首府，位于科西嘉岛东北沿岸。

民地，出于补偿心理，舒瓦瑟尔公爵埃蒂安-弗朗西斯①向热那亚共和国收购了科西嘉岛。但这一切都不能明说，要瞒着巴斯夸·帕欧里和科西嘉人，不能使他们起疑。因此，法兰西王国、热那亚共和国双方一再保证法军只是暂时占领。舒瓦瑟尔公爵埃蒂安-弗朗西斯还代表王室严正声明，法兰西王国无意吞并科西

舒瓦瑟尔公爵埃蒂安－弗朗西斯

---

① 舒瓦瑟尔公爵埃蒂安-弗朗西斯（Etienne-Francois de Choiseul, Duc de Choiseul, 1719—1785），法兰西大臣，1758年加封舒瓦瑟尔公爵。后任外交大臣、海军大臣和陆军大臣。为法兰西收购科西嘉岛。后因激进军事观念被路易十五解职。

路易十五

嘉岛,也绝不会干涉科西嘉内政。法兰西国王路易十五还在凡尔赛宫召见科西嘉代表马泰奥·布塔福科并封其为国王特派员,全权负责科西嘉一切事务。1767年,舒瓦瑟尔公爵埃蒂安-弗朗西斯不再遮掩,直接宣布两个法占科西嘉城镇永久并归法兰西王国。其间,舒瓦瑟尔公爵埃蒂安-弗朗西斯还成功争取到深得民心的马泰奥·布塔福科对法兰西王国的支持。

1768年，法兰西王国与利古里亚共和国进一步缔结条约，掠取了科西嘉岛的更多土地。至此，法兰西王国彻底揭去了虚伪的面纱，将触角伸入科西嘉岛的每一寸土地。马泰奥·布塔福科再次担任科西嘉行政总长。巴斯夸·帕欧里见大势已去，为了保存自由的火种，他别无选择，只得再次揭竿而起。

科西嘉岛民终不及法军训练有素、武器精良，他们被法军打得落花流水，逃入了深山。科西嘉各镇最终落入法兰西囊中。巴斯夸·帕欧里踏上了逃亡的旅途。他先去了维也纳，之后去了伦敦。

1770年，新任科西嘉总督马尔伯夫伯爵路易·查尔斯·勒内①主持科西嘉各地代表会议，当众宣布科西嘉岛主权由热那亚共和国全部移交给法兰西王国，永久生效。自此以后，科西嘉岛成为法兰西王国不可分割的一部分。以上就是科西嘉岛简史，也是拿破仑·波拿巴出生的时代背景。

科西嘉史上出现过两位不世之英雄：一位在科西嘉岛诞生，即拿破仑·波拿巴；另一位在科西嘉岛陨落，即巴斯夸·帕欧里。我们开始讲述拿破仑·波拿巴的生涯之前，非常有必要回顾另一位英雄巴斯夸·帕欧里的一生。巴斯夸·帕欧里是拿破仑·波拿巴的偶像，他的远大志向和爱国情怀时刻鼓舞和激励着拿破仑·波拿巴，这种影响一直贯穿着拿破仑·波拿巴的早期生涯。拿破仑·波拿巴从不曾忘记巴斯夸·帕欧里如何在政治、军事和宗教舞台上运筹帷幄。他向自己的偶像学习治国方略，在日后更宽广的人生舞台上、在历史洪流相似的命运中充满韬略，青出于蓝而胜于蓝。

追溯科西嘉岛波拿巴家族②的本源时，我们能找到的最有力证据是它与佛罗伦萨城古波拿巴家族之间的联系。当初因政见不合，波拿巴家族的一支被流放，最终辗转至科西嘉岛。这种说法多半是真的。1780年，佛罗伦萨波拿巴家族主系的最后一代由于无嗣，将余下的房产赠予了拿破仑·波拿巴的父亲卡洛·玛利

---

① 马尔伯夫伯爵路易·查尔斯·勒内（Louis Charles René, comte de Marbeuf, 1712—1786），又称卡吉斯侯爵。圣路易十字勋章获得者。早年投军，曾任孔代龙骑团上校，后任科西嘉总督。他对于波拿巴家孩子们的教育资助很大。
② "波拿巴"姓氏的意大利语拼写可以加字母"u"，也可以不加。拿破仑·波拿巴于1796年去掉了这个字母。——原注

波拿巴家族贵族徽章

亚·波拿巴。但家族分裂在很久以前就发生了。早在1492年阿雅克肖重建时，科西嘉岛的波拿巴家族就已经拥有房产和小宗土地。波拿巴家族并非豪门望族，但过着中层的体面生活，其家族成员大多为地方律师或书记员。

1746年3月27日，拿破仑·波拿巴的父亲卡洛·玛利亚·波拿巴在阿雅克肖出生。拿破仑·波拿巴的祖父朱塞佩·玛利亚·波拿巴是贵族。托斯卡纳大公于1757年5月28日授予波拿巴家族贵族徽章，1759年6月28日正式认定波拿巴家族为托斯卡纳波拿巴家族分支。

波拿巴家族的男人都寿命不长。波拿巴家族有胃癌病史，大部分成员在四十岁左右就被病魔夺走了生命。只有拿破仑·波拿巴的叔祖父会吏长卢西亚诺·波拿巴享有高寿。

卡洛·玛利亚·波拿巴在十七岁时成了孤儿。他相貌英俊，为人聪颖，性格有些张狂，但囊中羞涩。卡洛·玛利亚·波拿巴的曾祖母是阿雅克肖大地主奥登家族的后人。奥登家族的末代传人去世前将所有田产捐给了耶稣会。卡洛·玛利亚·波拿巴对此极不认可,一怒之下将奥登家族告上了法庭。官司打得没完没了,卡洛·玛利亚·波拿巴为这场官司耗尽家财,最终也没能拿到奥登家族的一分钱。1764年6月2日,十八岁的卡洛·玛利亚·波拿巴与十三岁的玛丽亚·莱蒂齐亚·拉莫利诺结婚。玛丽亚·莱蒂齐亚·拉莫利诺出身贵族。她外表美丽,个

玛丽亚·莱蒂齐亚·拉莫利诺

约瑟夫·费什

性坚忍,但没有接受过正统教育。这是当时女子的普遍状态。玛丽亚·莱蒂齐亚·拉莫利诺自幼丧父。她的母亲后来嫁给了一位当过军官的瑞士人,婚后生了一个儿子,叫约瑟夫·费什。①

1767年,在巴斯夸·帕欧里的呼吁下,卡洛·玛利亚·波拿巴从意大利返回科

---

① 玛丽亚·莱蒂齐亚·拉莫利诺的母系是克莱托伯爵后裔,原为佛罗伦萨贵族,后迁至热那亚。——原注

西嘉岛就任阿雅克肖市政官。1768年1月7日,波拿巴夫人玛丽亚·莱蒂齐亚·拉莫利诺在科尔特生下头胎男婴。1768年1月8日,男婴受洗,取名拿布里奥尼。

1782年7月,科尔特有过出生记录的副本,现在,[①]阿雅克肖档案馆却冒出另外一个。这两个版本略有不同:阿雅克肖版中婴孩的名字是约瑟夫·波拿巴,此版未附副本具体日期。科尔特原始洗礼记录似乎已不复存在。科尔特版应该更加真实,此版本记录婴孩生日为1768年1月7日,取名拿布里奥尼,亦称"拿破仑"。阿雅克肖版登记的名字为约瑟夫,别名为拿布里奥尼。

另外,1796年3月9日,拿破仑·波拿巴大婚之时出示的出生证明上显示他生于1768年2月5日。对照科尔特版副本,月份和日期都不一样,只有年份相同。

此外,1789年6月12日,拿破仑·波拿巴致信巴斯夸·帕欧里,信中写道:"我在国家濒临灭亡时出生。我刚来到这个世界便目睹了可怖的场景。数万名法军蜂

科尔特

---

① 本书最初发表于1908年,此处的"现在"为作者当时的时间。

拥登岛，在科西嘉岛肆虐。自由的桂冠从此被鲜血浸染。令人窒息的恸哭、历经磨难的哀叹和身临绝境的泪水在我婴儿时的摇篮中久久回荡。"1768年1月的时代背景更符合这一描述，1769年8月的状况已不同于此。

进一步讲，阿雅克肖版描述的"约瑟夫·波拿巴于1768年出生并受洗"实在难以令人信服。第一，此版本附件没有签名，也没有具体的日期；第二，"约瑟夫"一名取自法语，而当时法军尚未占领科西嘉岛，拿破仑·波拿巴的父母怎么会想到取一个法语名字呢？至少也应该是一个意大利语名字，比如意大利语拼写的"朱塞佩"才合理。

1794年8月，约瑟夫·波拿巴结婚时出示的证明上写着：约瑟夫·波拿巴，二十五岁，出生地阿雅克肖。这说明约瑟夫·波拿巴结婚时并不是二十六岁，他的出生地也不是科尔特。实际上，这份出生证明本身就非常诡异——当时，科西嘉岛战火乱飞，能找到牧师来施洗实在是不可思议。但约瑟夫·波拿巴找来四个科西嘉本地人前来作证，证明约瑟夫·波拿巴的确出生于阿雅克肖，年龄也肯定在二十五岁上下。重点是，在后来的拿破仑帝国时代，这份原始记录也消失不见了。①

如今看来，卡洛·玛利亚·波拿巴将次子的出生年份改到1768年，将长子的出生年份改到1769年的这种做法有他自己的道理。

1769年5月23日，科西嘉驻岛总司令马尔伯夫伯爵路易·查尔斯·勒内才认识波拿巴家族。马尔伯夫伯爵路易·查尔斯·勒内于1769年5月21日接见科尔特居民代表团，1769年5月23日接见阿雅克肖代表团。拿破仑·波拿巴的父亲卡洛·玛利亚·波拿巴当时是阿雅克肖代表团成员。阿雅克肖代表团的人过去是巴斯夸·帕欧里的忠实拥护者，后来看到大势已去，不想做无谓的抵抗，只好向马尔伯夫伯爵路易·查尔斯·勒内投降。卡洛·玛利亚·波拿巴原来是巴斯夸·帕欧

---

① 与此同时，路易·克劳德·弗雷德里克·马松在1895年作品《默默无闻时的拿破仑·波拿巴》中力证，拿破仑·波拿巴本人曾承认自己的出生日期是1769年8月。藏品手稿《我生活的时代》（曾售与已故的阿什伯纳姆伯爵，现存于佛罗伦萨图书馆）中，拿破仑·波拿巴写道："是在1769年8月15日"起算自己的生日。当然，这也可能说明拿破仑·波拿巴愿意对外承认这个日子作为自己的生日，这样他父亲改动过日期的事才不会暴露。——原注

里的副官，曾在科西嘉岛战败后流亡至比萨，但很快入不敷出，只好返回科西嘉岛投降。马尔伯夫伯爵路易·查尔斯·勒内非常器重归顺的卡洛·玛利亚·波拿巴，用很高的职位拉拢他，推荐他担任阿雅克肖法院陪审推事和科西嘉林业学校校长。卡洛·玛利亚·波拿巴很快与马尔伯夫伯爵路易·查尔斯·勒内相熟，马尔伯夫伯爵路易·查尔斯·勒内也乐得与科西嘉本地贵族结交。要知道，当时，凡尔赛宫的科西嘉政策就是怀柔，要给科西嘉本地的贵族和他们的家族打开效忠法兰西王室的大门，为他们服务法兰西王室铺路。①

卡洛·玛利亚·波拿巴喜好铺张，很快入不敷出。波拿巴家族子女众多，庞大的教育支出让波拿巴夫人玛丽亚·莱蒂齐亚·拉莫利诺颇费心神。虽然波拿巴夫人玛丽亚·莱蒂齐亚·拉莫利诺优秀娴美，对儿女要求严格，也在尽心教育他们，但她毕竟没有接受过正统教育，只会讲科西嘉土语和意大利语，因此无法教育孩子们。

拿破仑·波拿巴后来在圣赫勒拿岛回忆道："我的母亲非常温柔，同时很严厉。她赏罚分明。她记得我们所有的表现。我的父亲只顾自己玩乐，不太管孩子，偶尔回来也是为我们开脱。这时母亲会说：'你不要插手，管教孩子是我的事情。'"②毫无疑问，波拿巴夫人玛丽亚·莱蒂齐亚·拉莫利诺是一位坚持原则又有个性的女性。巴斯夸·帕欧里和马尔伯夫伯爵路易·查尔斯·勒内都很欣赏她。

波拿巴夫人玛丽亚·莱蒂齐亚·拉莫利诺儿女众多，生活非常不易。长女玛丽亚·安娜·波拿巴于1767年1月3日出生，未及受洗，便在1768年1月1日夭折。长子——应该是拿破仑·波拿巴，但受洗登记簿上却是约瑟夫·波拿巴——出生于1768年1月7日，次子拿破仑·波拿巴生于1769年8月15日，三子卢西恩·波拿巴出生于1775年3月21日。长女玛丽亚·安娜·波拿巴夭折后，1771年7月14日，波拿巴

---

① 在这里，我不无愤慨地指出，那些捕风捉影的人说拿破仑·波拿巴是马尔伯夫伯爵与莱蒂齐娅·波拿巴夫人私生子的流言纯属无稽，因为莱蒂齐亚·波拿巴夫人那么正直，不可能的。看看日期吧，马尔伯夫伯爵是什么时候上岛的，就知道这造谣言多么可笑。——原注
② 参见弗朗西斯·卡洛·安托马尔基医生著《拿破仑·波拿巴的最后时光》第1卷，第308页，1825年出版于巴黎。——原注

玛丽亚·安娜·波拿巴

夫人玛丽亚·莱蒂齐亚·拉莫利诺又生了一个女儿，取名玛丽亚·安娜·波拿巴，但这个女儿也夭折了。第三个女儿出生于1777年1月3日，取名玛丽亚·安娜·波拿巴，乳名叫埃利萨，是存活至成年的长女。其他子女有：四子路易·波拿巴，出生于1778年9月2日；次女波莱恩·波拿巴，出生于1780年10月20日；三女玛丽亚·安农齐亚塔·卡罗琳娜，即卡罗琳·波拿巴，出生于1782年3月25日；幼子热罗姆·波拿巴出生于1784年11月15日。

卡米拉·卡尔博纳是拿破仑·波拿巴的乳母，她对拿破仑·波拿巴疼爱有加。拿破仑·波拿巴掌权后，不仅真诚感谢了他的乳母，还不忘提携乳母的家人。这非常符合拿破仑·波拿巴的风格。他就是知恩图报的人。无论是拿破仑·波拿巴年幼懵懂时，还是他青春年少时，抑或在他贫困失意时，凡是帮助过他的人，他都铭记于心。卡米拉·卡尔博纳对拿破仑·波拿巴视若己出，一心疼爱，不准任何人欺负或责骂他。阿布兰特什公爵夫人劳雷·朱诺①在回忆录中将

劳雷·朱诺

---

① 阿布兰特什公爵夫人劳雷·朱诺（Laure Junot, Duchess of Abrantès，1784—1838），婚前全名劳雷-阿德莱德-康斯坦茨·佩尔蒙迪（Laure-Adelaide-Constance Permond），是德·佩尔蒙迪夫人之女，拿破仑·波拿巴时期著名将领让-安多什·朱诺的妻子。著有《朱诺夫人回忆录》。

她写成莎维莉亚,这是个笔误。莎维莉亚是干粗活的女佣,没有育儿经验。拿破仑·波拿巴从瓦朗斯①回城后,莎维莉亚才开始照顾他。拿破仑·波拿巴小时候非常淘气,时常在街上乱跑。那时莎维莉亚只是见过他,并不是他的保姆。《朱诺夫人回忆录》里是这样叙述的:

> 莎维莉亚告诉我,拿破仑·波拿巴小时候可不如约瑟夫·波拿巴漂亮。拿破仑·波拿巴继承了波拿巴家族外貌的一个缺点——头身比例不协调,头显得很大。但他长成大小伙子后就漂亮多了。拿破仑·波拿巴的眼睛非常吸引人,尤其在他展示出温柔的一面时,他的双眼会闪烁魅力的光芒,令人无法抗拒。当然,他发起脾气来也非常骇人。我这样大胆的人在他发怒时也不禁会发抖,甚至不敢与他对视。他笑起来简直迷死人,但他要发怒,或者心生不屑时,他的嘴角会有轻微的变化,那也要吓死人呢!他的额头长得浑圆大气,配得上世间所有的王冠桂冕。他的双手雪白修长,世间最风情的女子看了也会心中暗美。不同的是,他娇嫩的皮肤下是钢铁般的肌肉。总之,拿破仑·波拿巴"男大十八变",小时不起眼,越长大却越俊美。莎维莉亚说得对,在波拿巴夫人玛丽亚·莱蒂齐亚·拉莫利诺的一众子女中,拿破仑·波拿巴的"帝王之相"在小时候还真的看不出来呢。莎维莉亚很喜欢我,对我另眼相看。之所以说"另眼",是由于她对法兰西人出奇的厌憎,而科西嘉人在感情上的爱憎分明也是出了名。一天早上,我在客厅里弹钢琴,弹了一曲科西嘉山区牧羊小调。突然,莎维莉亚走进来。她就站在我的身后,一边听着曲子,一边默默抽泣。我让她不要再这么伤感了,她说:"够了,太太,够啦!别说了!我知道好人就是好人,坏蛋就是坏蛋。您是个好人,您跟那些法兰西狗杂种们不是一类人!"

莎维莉亚和后来的卡米拉·卡尔博纳对法兰西入侵者怀有深深的仇恨、刻骨的憎恶和狭隘的偏见。她们将这些绘声绘色地讲给小拿破仑·波拿巴听。小拿

---

① 瓦朗斯(Valence),法兰西东南部城市。

破仑·波拿巴在对法兰西人的憎恨中成长起来。长大后,他的喜怒爱憎和复兴大计都难免会掺入感情色彩。

卡洛·玛利亚·波拿巴最初将小拿破仑·波拿巴送去女校读书,校长是一位矮小可亲的女士。后来,小拿破仑·波拿巴转学到佩科神父办的学校。拿破仑·波拿巴一直没有忘记这位神父,即使在圣赫勒拿岛的最后时光中,都没有忘记在遗嘱中赠予神父两万法郎。在《约瑟夫·波拿巴回忆录》中,约瑟夫·波拿巴讲述了他和拿破仑·波拿巴的求学时光。当时,学生在长椅上面对面地并排坐着。其中一排座位上方飘扬的旗帜上写着"罗马元老院及罗马市民",另一排座位上方的旗帜上写着古国迦太基的名字。拿破仑·波拿巴被排在罗马征服者的旗帜下,一直愤愤不平。约瑟夫·波拿巴则幸运地坐到了他的对面。拿破仑·波拿巴想到科西嘉被征服的命运,内心一直不忿,总找约瑟夫·波拿巴的茬,直到后来换到边座才罢休。

拿破仑·波拿巴成长的时代正是科西嘉人充满怨憎、倍感激愤的年代。由于失去了民族的荣光,科西嘉人的心被耻辱深噬着。他们为了独立的梦想英勇奋战。科西嘉人也曾独立过,也曾卸下过噬咬双肩的枷链,还曾向世人展示非凡的自治。而今,他们却挣扎在入侵者的踩躏中,不得不向外来者低头。

作为英雄式的人物,在科西嘉岛南部,巴斯夸·帕欧里是人民崇拜的偶像。他满富传奇色彩。他的故事家喻户晓,如史诗一般被颂扬。孩提时代的拿破仑·波拿巴就是听了巴斯夸·帕欧里的传奇故事,才在心中燃起英雄的梦想。小拿破仑·波拿巴暗下决心,誓要反抗压迫,将侵略者赶出科西嘉岛。这种理想一旦在幼小的心灵形成便不可磨灭。巴斯夸·帕欧里头上荣耀的光环点燃了拿破仑·波拿巴的雄心。拿破仑·波拿巴发自内心地看不起自己的父亲。他的父亲卡洛·玛利亚·波拿巴向法军投诚的做法不是英雄所为。

卡洛·玛利亚·波拿巴子女众多,负担很重。对他来说,可以为孩子们提供免费的教育就再好不过了。马尔伯夫伯爵路易·查尔斯·勒内为波拿巴家提供了一个免学费上学的名额,可以去布里埃纳军事学院学习,入校的条件是不超过十岁男生。1778年,波拿巴家的两个男孩,让谁去好呢?拿破仑·波拿巴充满了火与钢的力量，智力超群，倒是适合当兵。约瑟夫·波拿巴温和柔缓，或许更适合担任神职。

现在，我们再来看关于拿破仑·波拿巴真实年龄的谜团，就会恍然大悟。其实，拿破仑·波拿巴为长，约瑟夫·波拿巴为幼，但当时约瑟夫·波拿巴不满十岁，拿破仑·波拿巴已超过了十岁，卡洛·玛利亚·波拿巴就将两个儿子的出生日期换了一下，这样拿破仑·波拿巴才能去军事学院学习。一处修改就需要处处修改。阿雅克肖的副本也有过修改，将出生年份改成了1769年。受洗记录也做了相应修改，而且改得相当简省，直接抹去了名字约瑟夫，却忘了将乳名也修改过来。因此，后来成为长兄的约瑟夫·波拿巴就有了奇怪的别名：拿布里奥尼。由于原始资料缺失，我们还是无法确证此事。但无论如何，这件事中一定有猫腻，否则后来拿破仑·波拿巴也不会执意要毁灭证据，大概他也觉得父亲的做法太不诚实了吧。

就这样，拿破仑·波拿巴进入军校就读，长妹埃利萨则在王室贵族女校圣西尔修道院就读。

1778年，卡洛·玛利亚·波拿巴全家离开科西嘉岛，前往法兰西王国本土。约瑟夫·波拿巴要去欧坦①教会学校读书。马尔伯夫伯爵路易·查尔斯·勒内的弟弟是欧坦主教，卡洛·玛利亚·波拿巴拜托了他。同行的还有卡洛·玛利亚·波拿巴的妻弟约瑟夫·费什，他在艾克斯神学院免费就读。拿破仑·波拿巴也在列。布里埃纳军事学院要过一阵子才开学，拿破仑·波拿巴想在欧坦学习法语，为之后的学习做准备。要知道，他当时对法语一无所知。

就这样，1779年1月1日，约瑟夫·波拿巴和拿破仑·波拿巴抵达欧坦。拿破仑·波拿巴在欧坦停留数月，1779年5月前往布里埃纳军事学院报道。教会学校的校长是沙登神父。很多年后，沙登神父回忆起他曾教过的两兄弟时，这样说道："拿破仑啊，他总是愁眉不展，若有所思的样子，这在欧坦还真不多见。他像个孤独的野兽，独来独往，也没个玩伴……不过，他非常聪明，进步非常快！我偶尔对他说教时，他便张着嘴巴，一动不动地盯着我看，很愕然的样子。如果我再

---

① 欧坦（Autun），法兰西中东部城市。

欧坦

说一次,他便不再理睬。要是我责备他了,他会很高傲地说:'先生,我知道了。'他跟着我学法语,也就三个月吧,就可以流利地用法语交谈了,还能写个小短文、做个翻译什么的……真是太了不起了。约瑟夫也很厉害……虽然他是散漫不爱学习的类型,但学起法语来也很快。约瑟夫是个温和可亲的人,拿破仑却是个蛮横的小暴君。总之啊,约瑟夫很好,非常讨人喜欢。他跟同学十分友爱,还会保护弱小的同学不受欺辱,他也没有什么野心。

沙登神父继续说:"有一天,拿破仑的同学们取笑科西嘉人,说他们是一群鼠辈。拿破仑眼中闪着寒光,不动声色地更正道:'科西嘉人都是英雄好汉,他们是因为敌我力量太过悬殊才会战败。如果双方的兵力不是那么悬殊,哪怕以一对三,科西嘉人也能赢。'"为了息事宁人,沙登神父立即上前安抚这个雄狮般的少年。他说:"不管怎么说,巴斯夸·帕欧里将军都是一位伟大的将领。"拿破仑·波拿巴面带阴郁，幽幽地回答："对的，神父，我长大后也要成为一名伟大的将军！"①

根据欧坦教会学校的记录，拿破仑·波拿巴在教会学校一直待到1779年5月12日。

约瑟夫·波拿巴说："拿破仑前往军校的时候，分别的痛苦使我泪如雨下。拿破仑也流下了一滴泪水，那是他故作坚强也没能忍住的一滴泪水。当时看到这一幕的西蒙神父对我说：'孩子，你的弟弟虽然只掉了一滴眼泪，可他的心里全是离别的悲伤。'"

---

① 荣格：《拿破仑·波拿巴和他的时代（1769—1799）》，1880年，巴黎，第1卷，第70页；科斯顿：《拿破仑·波拿巴传》，1840年，巴黎，第1卷，第20页。——原注

第 2 章

布里埃纳军事学院

（1779年5月19日—1784年10月30日）

精彩看点

拿破仑·波拿巴在布里埃纳——寂寞时光——路易·安托万·福弗莱·德·布里昂描述军校时光——拿破仑·波拿巴写给父亲的信——埋头读书的日子——愤怒的少年——被关禁闭——拿破仑·波拿巴写《科西嘉史》——布里埃纳时期拿破仑·波拿巴的个性形成——外貌——初长成人的感觉

1779年5月19日，拿破仑·波拿巴正式进入布里埃纳军事学院就读。布里埃纳军事学院新成立不久，由圣本笃教会管理，共有一百二十名学员，其中一半是公费生，一半是自费生。自费生每年缴学费七百里弗尔[①]，公费生的学费由王室支付。学员在军事学院学习至十六岁后转入更高一级的学府。

　　无论在欧坦还是在布里埃纳，拿破仑·波拿巴都鹤立鸡群、才华出众。但他天生孤僻，性格暗郁深沉，甚至带有一点阴沉的狂野。原因很简单，他的孤独无处消解。同窗奢贵间拉帮结派，不同的地位和财富将他们分入不同的小圈子，而这一切都与拿破仑·波拿巴无关。他再次陷入深深的孤独。和布里埃纳相比，欧坦的日子并不孤单——身边有"兄长"约瑟夫·波拿巴陪伴，沙登神父对自己也很关照，家族好友马尔伯夫伯爵路易·查尔斯·勒内也很友好。而在布里埃纳，这些都不存在了。少小离家的拿破仑·波拿巴无亲无故，两手空空。他像是被扔进孤独森林的无助的小孩，能依靠的只有自己、梦想和回忆。

　　布里埃纳军事学院的教育方式压制了学生们的想象力。无论是修士还是教官都墨守成规，教学浮于表面。他们没有能力启发学生们进行思考，甚至没有能力为学员提供一块信仰基督的土壤。不信的话，可以看看拿破仑·波拿巴都学了哪些关于宗教的基础知识。

[①] 里弗尔（livre），法兰西古代货币单位名称，最初作为货币的重量单位，相当于一磅白银。又译作"锂"或"法镑"。

在布里埃纳军事学院，来自科西嘉岛的与众不同的小学员引起了所有师生的注意。拿破仑·波拿巴的法语说得非常蹩脚，"歌""科"不分，拼写错得一塌糊涂。他形单影只，没有朋友。所有人都在嘲讽他的缺点——头太大、个子太矮、营养不良造成的瘦弱身躯、满是错误的语法和科西嘉口音。拿破仑·波拿巴这个名字真是奇怪，法兰西的同学们从未听过这样搞笑的名字。这些同学按自己的方式将拿破仑·波拿巴的名字读作"拿–泡–里–昂"，并很快根据谐音的法语意思给他起了绰号"稻草秆上的鼻子"，用以讽刺拿破仑·波拿巴平日桀骜不驯、对人爱答不理的样子——看他傲慢得鼻孔朝天，可不就像鼻子下面插了根稻秆么。幼小的拿破仑·波拿巴非常敏感，听不得人说他家乡的坏话，也不允许任何人诋毁他的偶像巴斯夸·帕欧里。路易·安托万·福弗莱·德·布里昂[①]说：

> 总之，拿破仑·波拿巴并不是个讨人喜爱的家伙。他既不跟同学们有任何交往，也不主动参加娱乐活动。他的家乡科西嘉岛向法兰西王国投降不久。他还没有从这个巨大的刺激中平复过来，因此会下意识地跟其他人保持疏离。如果他还算有个把朋友，那就是我了。拿破仑·波拿巴总是在图书馆里度过课余时间，会沉迷在历史书籍中，忘了周围的一切。书是他的至爱，尤其是波里比阿[②]和普鲁塔克[③]的作品，他都非常喜欢。他还喜欢尼科美底亚的阿利安[④]的作品，但不太欣赏昆图斯·库尔提乌斯·鲁弗斯[⑤]。我们也不是形影不离。有时候我去找同学们玩，他就一个人在图书馆看书。

法兰西同窗尽情地嘲笑着科西嘉少年拿破仑·波拿巴，说他的教名"拿布里奥尼"如何怪异，说他的家乡科西嘉岛如何不入流。日复一日，拿

---

① 路易·安托万·福弗莱·德·布里昂（Louis Antoine Fauvelet de Bourrienne，1769—1834），法兰西外交家，因著作《回忆拿破仑·波拿巴》闻名。拿破仑·波拿巴在布里埃纳军事学院的同学兼密友，后为拿破仑·波拿巴的私人秘书。
② 波里比阿（Polybius），古希腊历史学家。
③ 普鲁塔克（Plutarch），罗马帝国时代的希腊作家、哲学家和历史学家。
④ 尼科美底亚的阿利安（Arrian of Nicomedia，86—160），希腊历史学家，著有《亚历山大远征记（Anabasis Alexandri）》。
⑤ 昆图斯·库尔提乌斯·鲁弗斯（Quintus Curtius Rufus），古罗马历史学家，著有《亚历山大史略（Histories of Alexander the Great）》。

波里比阿

破仑·波拿巴的个性愈发孤僻,脾气愈加暴戾。他经常在我面前咬牙切齿地表达自己的仇恨:"总有一天,我要让这些法兰西的贵族佬吃尽苦头。"

1780年4月5日,拿破仑·波拿巴在给父亲卡洛·玛利亚·波拿巴的信中写道:

父亲大人,儿子囊中羞涩,在这里度日如年。每当看到他人嘲笑的目光,我的内心就充满了忧郁,不想再留在这里。恳请父亲您,或是家中其他亲友对儿子有所接济,让我在学校可以有略微体面的生活,这样,我也能咬牙坚持,否则,我恐怕只能退学。别看我的同学们都高高在上,论才华论人品,他们哪里比得上我?但他们有家财万贯、佳馔琼酿,他们饱食无味,还要嘲笑我不名一文。论思想论情操,他们都比我差远了,但他们地位高贵、家世显赫,讽刺我囊中空空。父亲!难道您的儿子生来就要成为他人的笑柄?难道我不配拥有自己的尊严?不,父亲,不!如果命运不改善我的境遇,我也不再忍受这命运。请带我回家吧,哪怕以后只能回科西嘉岛做一个工匠,我也不想留在这里了。

这封信中发出的痛苦的呐喊,卡洛·玛利亚·波拿巴竟不得而知。拿破仑·波拿巴受伤的自尊在布里埃纳军事学院里飘荡。我们能从字里行间看出他心中暗涌的对奢侈庸华的贵族同学的强烈仇恨。

拿破仑·波拿巴的行为如此孤僻,行径如此乖张,教员对他颇无好感就不难理解了。教员们对他极尽嘲讽,期待他能突破自我,但拿破仑·波拿巴丝毫不愿改变。无论是面对严厉的训斥还是遭遇嘲笑和讽刺,他始终保持着冷漠,一言不发。在他面前,任何惩罚都是徒劳。拿破仑·波拿巴非常固执,只遵照自己的准则行事。即便他的同学们将他逐出校军团,剥夺了他的指挥权,他也不为自己辩解,一直冷着脸。直到后来,同学们自觉行为不当,才将他"官复原职"。

回归校军团之后,拿破仑·波拿巴彻底躲进了自己的"桃花源"。那是一个小花园。拿破仑·波拿巴在花园中与书为伴。在小花园里,他心中对科西嘉岛的痛和自己所受的伤害都得到缓解。只有在隆冬,冰霜密布、大雪纷飞时,拿破仑·波拿巴才放下书本,走出自己的世界,走进布里埃纳军事学院的大型娱乐室,与同学们做一些交流。拿破仑·波拿巴很快设计出一款适合校军团学员们的新型游戏。他指挥众学员用雪堆起一道城墙作为堡垒,将同学们分为两个连,一个连负责守城,另一个连负责攻城。他自己则轮流加入攻守队伍。一旦冬日结束,拿破仑·波拿巴便回到自己的书海,再不闻窗外之事。

布里埃纳军事学院的其他学员皆出身法兰西贵族,在他们眼里,拿破仑·波拿巴的科西嘉岛"土生贵族"身份就是一个笑话。一天,有位学员傲慢地指着拿破仑·波拿巴说:"你父亲是个卑鄙的叛徒!"这位学员当即尝到了拿破仑·波拿巴的拳头。拿破仑·波拿巴因此事被关了禁闭,他只好写信给担保人马尔伯夫伯爵路易·查尔斯·勒内,请他前来搭救自己。

拿破仑·波拿巴写道:"先生,我大概会沉浸在这恣意的狂躁中,永远无法自拔。这种情绪只会越来越激烈,因为我深信,我发怒的理由是神圣的。无论受到何种利益的驱使,我都无法说服自己看着他人诋毁我的父亲,因为在我的眼中,我的父亲是一个正直的人,他值得尊敬。关于这件事,先生,我无法自持。我必须要向各位长官诚秉实述。但捍卫父亲的尊严是我身为人子的不二选择,我也会将这种信念深藏于心。"

在马尔伯夫伯爵路易·查尔斯·勒内的斡旋之下,拿破仑·波拿巴结束了禁闭生活。

这还不是最有个性的一封信。1784年6月15日,拿破仑·波拿巴致信舅舅约瑟夫·费什,那封信才算个性十足。

在布里埃纳军事学院的日子里,为了排遣心中的孤寂,释放思国的情绪,拿破仑·波拿巴曾写过一部《科西嘉史》。可惜他并没有撰写史书的经验,也缺乏合适的史料参考,或许只能将写作当成一个疏解爱国情绪的渠道。

路易·克劳德·弗雷德里克·马松对拿破仑·波拿巴个性养成的关键期做了热情而中肯的评价。他注意到拿破仑·波拿巴的爱国激情,写道:

> 啊!他是多么非凡的人啊!他的爱国之情备受烦扰,他的思乡之心广逢嘲笑——他的长相、他说话的口音、他的举手投足,无一不土,怎能不招人嘲弄。在幽暗的禁闭室中饱受折磨的不只是他的身体。要知道,拿破仑·波拿巴可是翻山越海才从南方来到法兰西的。只是他瘦小的科西嘉人身板哪能受得了这湿暗的冷风。还有他被伤害的感情、被摧毁的世界观。除了这些,还要想到他坚毅的品质和高傲的灵魂,他不可能接受任何怜悯。他又不善言辞,以致有冤不能申、有苦不能诉。这下,您就能了解他有多么伟大、多么非凡、多么了不起了——面对生活的磨难和命运的嘲弄,他能"躲进小楼成一统",他能建立自己梦想的伟岸花园。他宁愿孤独,也绝不附庸无聊的众人。他在书乡耕耘,物我两忘,固执到对教授们的悉心指点报以冷眼。

拿破仑·波拿巴不羁的天性中还留有一丝与生俱来且难以泯灭的纯善,这使他在飞黄腾达后没有忘记回馈母校的师友。在后来的岁月中，拿破仑·波拿巴从未对布里埃纳军事学院的旧识有过冷眼，他的怀抱永远对他们敞开。他从未留给他们疏离的背影，只有宽容的胸怀。任何在布里埃纳军事学院的旧识，只要开口，拿破仑·波拿巴必许以高官厚禄。拿破仑·波拿巴不是睚眦必报的人。无论是第一次为他引领圣餐的神父，还是他的写作教员，无论是曾嗤笑他的校友，还是在断头台上殒命的布里昂伯爵阿塔纳斯·路易·玛利·德·洛梅尼①夫妇的遗孤——所有认识或不认识的人，只要与布里埃纳有关，他必一一安置，尽力奉养。

拿破仑·波拿巴在布里埃纳军事学院度过了五年学习生涯，在王室的资助下完成了学业。在此期间，他身心发展俱佳，性格成长斐然。军校生涯给拿破仑·波拿巴的一生留下了难以磨灭的印记。

初入布里埃纳军事学院时，拿破仑·波拿巴还是个懵懂的少年。遇到敌视的目光，他会挥拳相向；面对同学的轻辱，他的心中也会痛苦。拿破仑·波拿巴的同学们在智力上与他相比，有如星光之于太阳。他们拥有高贵的出身和丰硕的财产，因此有恃无恐。拿破仑·波拿巴的自尊心强于常人，怎么会不受伤？他幼小的心里充满了痛苦，又怎能不孤傲？拿破仑·波拿巴鄙视纨绔子弟。这群可怜虫没有优越的智力，只能炫耀门第和财富，他们才不入流，不值得费心思量。

拿破仑·波拿巴又想到了家乡，也许家乡才是他实现理想和抱负的地方。他的胸中激荡着爱国热情。他誓要追随传说中科西嘉民族英雄的脚步，去完成他们未尽的大业，去实现他们未酬的壮志。

为了实现这个目标，拿破仑·波拿巴决定参军。他打算去位于法兰西王国南部的土伦②，投身海军。当时，拿破仑·波拿巴身材瘦小，面色枯黄，手脚也不是很敏捷。因此，他深知自己只有在舰队才能发挥优势，不能去陆军。

---

① 布里昂伯爵阿塔纳斯·路易·玛利·德·洛梅尼（Athanase Louis Marie de Loménie, comte de Brienne, 1730—1794），法兰西国王路易十六的陆军中将。其兄长为法兰西财政大臣埃蒂安·查尔斯·德·洛梅尼·德·布里昂（Étienne Charles de Loménie de Brienne）。布里昂伯爵阿塔纳斯·路易·玛利·德·洛梅尼曾重建布里埃纳城堡。
② 土伦（Toulon），法兰西东南部滨地中海港湾城市，瓦尔省省会，位于马赛以东六十五千米。

土伦

路易·安托万·福弗莱·德·布里昂说:"在布里埃纳军事学院时,拿破仑·波拿巴十分出众。他明察秋毫,目光长远,与众不同。还有,他显然不太适应法兰西的气候。他的肤色变得暗黝黝的,跟其他人不一样。"

但拿破仑·波拿巴为逐渐健壮的身躯感到自豪。他变得身体结实、精力充沛。

同学们的冷嘲刺痛了拿破仑·波拿巴的心,拿破仑·波拿巴也以冷漠示人。他从不诚恳地说话,也没有正常年轻人该有的慷慨胸襟。

拿破仑·波拿巴的同窗也不过是一群孩子,有着孩子的天性。你对我好,我就对你好,这再正常不过。总体上他们还是友善的。或许是拿破仑·波拿巴过于在意他人的评价。如果他能更包容一些,会发现他的同学们并非真的看不起他的拮据,也并没有嫌弃他糟糕的法语。同学们只是在开些无伤大雅的玩笑。但路易·安托万·福弗莱·德·布里昂又补充道:"拿破仑可不是'软柿子',他自己讲话也'含枪夹棒'的,让人无法亲近。"

拿破仑·波拿巴精于数学，但他没有深入研究。正如卡诺伯爵拉扎尔·尼古拉·玛格丽特①对布鲁厄姆和沃克斯勋爵亨利·彼得②所言："拿破仑·波拿巴是一个优秀的炮兵。他有数学天赋，可惜没有在科学领域深入学习和研究。③"④

拿破仑·波拿巴离开布里埃纳时，带走了比数学更美好的天性。正如他后来在《圣赫勒拿岛回忆录》中所言："对我来说，布里埃纳像是我的第二故乡。我在那里长成了一个真正的男子汉。"

至于在布里埃纳遭受的"冷遇"，拿破仑·波拿巴则报以无限热情。他在生命的最后时光，在圣赫勒拿岛写遗嘱时还不忘赠予母校一百万法郎。

---

① 卡诺伯爵拉扎尔·尼古拉·玛格丽特（Lazare Nicolas Marguerite, Count Carnot, 1753—1823）法兰西数学家，罕见的军备与后勤天才。法兰西大革命初在立法议会、公安委员会担任职务。1794年五名督政官之一。1796年当选巴黎科学院院士。拿破仑·波拿巴雾月政变后任军事部长和保民院成员。1802年投票反对拿破仑·波拿巴终身执政。1804年投票反对拿破仑·波拿巴称帝。1807年离开政界。百日王朝中任内政大臣。1815年路易十八当政后被流放。
② 布鲁厄姆和沃克斯勋爵亨利·彼得（Henry Peter, Lord Brougham and Vaux, 1778—1868），英国律师、政治家和改革家，大法官兼上议院议长。
③ 此处原文为法语"Bonaparte etait un peu mathematicien en sa qualite d'artilleur, mais il n'avait pas approfondi les sciences."
④ 《拉扎尔·卡诺回忆录》，巴黎，1869年，第2卷，第392页。——原注

第 3 章

巴黎军事学院

(1784年10月30日—1785年10月30日)

精彩看点

拿破仑·波拿巴抵达巴黎——巴黎军事学院风貌——卡洛·玛利亚·波拿巴去世——巴黎军事学院就读期间的珍贵描写——拿破仑·波拿巴与德·佩尔蒙迪一家——易怒的青年——"穿靴子的猫"——看不惯的菲利波——拿破仑·波拿巴此时期性格综述

1784年10月月底，拿破仑·波拿巴抵达巴黎。①他将在新组建的巴黎军事学院继续深造。1784年10月14日，拿破仑·波拿巴已离开布里埃纳。但直到1784年10月30日，他才接到巴黎军事学院的入学通知。巴黎军事学院筹建期间就发生过不愉快的事，但与招生后的问题相比，简直不值一提。在圣日耳曼伯爵克劳德·路易②看来，巴黎军事学院是个大麻烦。学院招收的学员目中无人，自私自利且品性不良。上层贵族出身的学员认为，同中低级贵族出身的同学平起平坐简直不可思议。学院已经过重新组建，但效果仍不理想。上层贵族出身的学员走进兵团的同时，也带来了浮华和傲气。问题的根本在于门第之隔带来的阶层偏见，这不是对学院进行一两次重组就能解决的。

　　可怜的科西嘉雄鹰，本该张开天才的翅膀在高空翱翔，却不得不在鸡群中栖身。看似高贵的人空有财富，却没有灵魂。门第之见禁锢了他们的才智，宗教也不曾教他们多一分宽仁。圣女大德兰③曾说过，她想象中地狱的样子就是一面白墙，看到什么，什么就是来生。正是由于白墙空空如也，人们才难耐内心暗藏

---

① 一般认为，拿破仑·波拿巴抵达巴黎的时间为1784年10月19日。他在《我生活的时代》中写道："1784年10月30日，我去巴黎的学校。"又参见路易·克劳德·弗雷德里克·马松：《默默无闻时的拿破仑·波拿巴》，第1卷，第87页。——原注
② 圣日耳曼伯爵克劳德·路易（Claude Louis, Comte de Saint-Germain, 1707—1778），法兰西将军。1777年，圣日耳曼伯爵克劳德·路易重建巴黎军事学院。1784年，拿破仑·波拿巴就读于此。
③ 圣女大德兰（St.Teresa of Avila, 1515—1582），也称亚维拉的特蕾莎，是基督宗教史上的著名人物。她是宗教改革者、文学家、学者、神秘学家、灵修学家和杰出的教会圣师。

的欲望，蘸着他人的鲜血在墙上肆意挥画。门第的高墙和无尽的浮华束缚着拿破仑·波拿巴的心灵。他欲挣脱却无力挣脱，不堪忍受却必须忍受。试想古代中国女子的缠足之痛：足趾扭转，向内紧贴脚心，脚骨都变了形。饱受痛苦的人必以狰狞面目示人。拿破仑·波拿巴即是如此——现实对心灵的禁锢宛若缠足之痛，因此他脾气乖张、阴冷沉默、难以相处。如果他不是如此压抑，或者赋予他更自由的空间，我们或许可以看到一个更亲善友好的拿破仑·波拿巴，他也不会身处重重困苦，过得如此艰难。

　　拿破仑·波拿巴是公费学员。自费的贵族子弟看不起国王的资助生。另外，拿破仑·波拿巴的确家徒四壁。他的父亲卡洛·玛利亚·波拿巴为了奥登家族的遗产，常年与耶稣会打官司，导致家道艰难。更糟糕的是，卡洛·玛利亚·波拿巴染上了不治之症，身体每况愈下。此外，在全家最缺钱的时候，拿破仑·波拿巴的幼弟热罗姆·波拿巴出生了。当时距拿破仑·波拿巴抵达巴黎也不过两个月。1785年年初，在蒙彼利埃寻医问药的卡洛·玛利亚·波拿巴病情恶化。虽然有波拿巴夫人玛丽亚·莱蒂齐亚·拉莫利诺的密友德·佩尔蒙迪夫人精心照料，但1785年2月24日，卡洛·玛利亚·波拿巴仍不幸去世。此处需要说一句，德·佩尔蒙迪夫人的女儿劳雷·德·佩尔蒙迪后来嫁给拿破仑·波拿巴的副官让–安多什·朱诺，并且受封阿布兰特什公爵夫人。她就是著名的朱诺夫人，著有《朱诺夫人回忆录》。我们如今研究拿破仑·波拿巴时期的历史，有很多史料出自这本书，因此真要好好地感谢她啊！卡洛·玛利亚·波拿巴认为耶稣会贪得无厌，多年来公开与之为敌，于是到了后期，他不仅针对耶稣会，还针对整个基督教。但当死亡临近，卡洛·玛利亚·波拿巴又恢复了对宗教的虔诚——"这个人一直在与宗教作对，但他反对宗教的行为只是过眼云烟。现在，他又重新归于虔诚，而且他虔诚的程度世所罕见。"①

---

① 《朱诺夫人回忆录》，伦敦，1823年，修订版第1卷，第118页。弗朗西斯·卡洛·安托马尔基著《拿破仑·波拿巴的最后时光》第1卷，第259页。另外，埃曼纽尔·德·拉斯卡斯伯爵记录了拿破仑·波拿巴在圣赫勒拿岛的回忆："（卡洛·玛利亚·波拿巴）临终前对约瑟夫·费什怀有怨恼。那时已是教士的约瑟夫·费什穿着白色法衣来听他作临终忏悔。（卡洛·玛利亚·波拿巴）很反感，他想平静地面对死亡。"但卡洛·玛利亚·波拿巴也曾对普拉迪耶神父忏悔，并从蒙彼利埃圣丹尼斯教堂助理牧师库斯图神父处接受了最后的圣礼。——原注

让-安多什·朱诺与劳雷·德·佩尔蒙迪

卡洛·玛利亚·波拿巴的去世不啻是对波拿巴一家的重击。约瑟夫·波拿巴被迫中断学业,跟着舅舅约瑟夫·费什一起回家,帮母亲操持家事。家道非常艰难。卢西恩·波拿巴已进入布里埃纳军事学院学习。波拿巴夫人玛丽亚·莱蒂齐亚·拉莫利诺的手头并不宽裕,还要养活四个未成年的孩子——路易·波拿巴、波莱恩·波拿巴、卡罗琳·波拿巴和热罗姆·波拿巴。

并没有权威记述帮助我们一窥拿破仑·波拿巴在巴黎的军校生涯,手头仅有的一点资料也饱受质疑。阿布兰特什公爵夫人劳雷·朱诺当时只是个孩子,不可能在那时认识拿破仑·波拿巴,就算认识,他们也不可能见过面,因为日期对不上。1785年2月24日,卡洛·玛利亚·波拿巴在阿布兰特什公爵夫人劳雷·朱诺的母亲德·佩尔蒙迪夫人家里去世。据阿布兰特什公爵夫人劳雷·朱诺说，1785年9月，她和母亲抵达巴黎时，拿破仑·波拿巴已在巴黎军事学院就读一年。据此时间估算，拿破仑·波拿巴抵达巴黎的时间大约在1785年9月前一年，不可能再早。1785年10月30日，拿破仑·波拿巴离开巴黎。阿布兰特什公爵夫人劳雷·朱诺在《朱诺夫人回忆录》中以轻松活泼的笔调描述了拿破仑·波拿巴经常去看望她的母亲，并与她一道去圣西尔女校看望他妹妹埃利萨·波拿巴。当时，拿破仑·波拿在阿布兰特什公爵夫人劳雷·朱诺的母亲家中住了一个星期左右。

阿布兰特什公爵夫人劳雷·朱诺的记述翔实有趣。我们来看看她在回忆录中是怎么说的：

> 我的母亲一到巴黎，不论其他，头一件事就问起拿破仑·波拿巴的状况。自1784年9月从布里埃纳军事学院毕业后，拿破仑·波拿巴来到了巴黎军事学院。他当时坐着四轮马车进城。我家的亲戚德米特里厄斯去接他。看着拿破仑·波拿巴从马车上下来，德米特里厄斯说："真的，他看上去真的很土。我在巴黎凡尔赛宫门口看到他的时候，他正像个头一回进城的乡下人一样，瞪着眼睛，目不暇接。真是的，他那个样子，如果看上去能有钱一些，被人骗了都不知道呢！"当时，德米特里厄斯还没有成家，一般都在餐厅请人吃饭。但这次，他郑重地邀请拿破仑·波拿巴来自己家里吃饭。德米特里厄斯告诉母亲，拿破仑·波拿巴心态不正常。他说："我觉得拿破仑·波拿巴贫寒的外表下隐藏着狂野的自负。我们正吃着饭，他会突然激动地开始咆哮，抨击军事学院的同学们，说他们生活多么奢靡，多么不像个军人。"
>
> 几天后，拿破仑·波拿巴见到了我的母亲。他一触即怒，敏感至极，任何见闻都能惹恼他。即使是对他有利的事情，也不能平息他的情绪。他经常愤怒到难以自持。从"坏脾气少年"长成了"暴躁青年"，这一点他名副其实。我的父亲认识巴黎军事学院的高层，因此，他有时会打个

招呼，给拿破仑·波拿巴请假出来玩。如果我没记错的话，有一次，拿破仑·波拿巴扭伤了脚，在我们家休息了整整一个星期。时至今日，每当我路过孔蒂码头时，都会情不自禁地抬起头，再看一眼那个小阁楼。那是一个温暖的小房间，在西厢三楼。那是拿破仑·波拿巴曾经住过的地方。阁楼旁边是我兄长阿尔贝·佩尔蒙迪的房间。阿尔贝·佩尔蒙迪和拿破仑·波拿巴年龄相仿，或许还比拿破仑·波拿巴大上一两岁。母亲曾暗示他多与拿破仑·波拿巴交好，但他说不想拿自己的热脸去贴别人的冷屁股，因为拿破仑·波拿巴像一座冰山似的，一点都不热情，只有淡淡的客套。阿尔贝·佩尔蒙迪也是个才华出众的年轻人。他脾气温和，性情温顺，举止文雅，在上层社会颇受好评，怎么会忍受拿破仑·波拿巴乖张、无礼的行为呢？他由衷地认为，拿破仑·波拿巴身上有些刻薄和酸讽实在是毫无缘由。有一天，阿尔贝·佩尔蒙迪对母亲说："也许他不喜欢这种寄人篱下的生活。"母亲立即大声地反驳："他才不是寄人篱下，不是！而且你绝对不能让他有这种感觉。"

我的父亲查尔斯·马丁·德·佩尔蒙迪碰巧在场，他说："阿尔贝·佩尔蒙迪真是大错特错。拿破仑·波拿巴的内心非常骄傲，这种骄傲无可指责。他知道佩尔蒙迪家族是贵族，波拿巴家族在科西嘉岛也是贵族，两家门第相当。他是波拿巴夫人玛丽亚·莱蒂齐亚·拉莫利诺的儿子，阿尔贝·佩尔蒙迪是你的儿子。同为人子，他和阿尔贝·佩尔蒙迪的境遇却大相径庭：阿尔贝·佩尔蒙迪有家人相伴，是全家瞩目的焦点。而拿破仑·波拿巴只能远离家人，做一个无人关注的王室资助生。这一切让他难以接受。"母亲回答："你是说他嫉妒啊，其实他只是高傲。拿破仑·波拿巴是骄傲的，这跟嫉妒不一样。凭我对人性的了解，我觉得拿破仑·波拿巴只是骄傲，他不会嫉妒。他的内心因骄傲饱受折磨。他在我们家更能感受到挫败的痛苦。"

我确信，拿破仑·波拿巴已将自己在巴黎军事学院所受的耻痛深深地铭刻在了心间，久不能忘。而且他在巴黎不可能如鱼得水——我的父亲在巴黎军事学院认识几个人，他们都说拿破仑·波拿巴年轻气盛，脾气坏透了，大家都吃不消。他是个难以相处的人。他会四处发难，随意指摘，一点不留余地。大家对他也是无可奈何。每个人都巴不得他赶紧离校，只要有调职的机会就立即批准他调走。拿破仑·波拿巴一开始在炮兵军团做少尉。他去过格勒诺布尔、瓦朗斯、欧塞尔等地，后又到了巴黎。

拿破仑·波拿巴临行前曾到我们家中小坐。当时，我的姐姐塞西尔·佩尔蒙迪在修道院读书，但她经常在拿破仑·波拿巴来我们家的时候回来。我清晰地记得那一天，拿破仑·波拿巴穿上军装，自以为很漂亮，得意地在我们面前展示他的英姿。可惜靴子不适合他——他个子太小，靴子太大，穿上去像是将半截人都埋在了靴子里。那时，我和姐姐都还小，看到好笑的事就忍不住想笑，因此，一看到拿破仑·波拿巴走进客厅时的样子，我们就忍不住大笑起来。拿破仑·波拿巴自幼到后来成年，再到之后问鼎帝位，何时忍受过他人如此放肆的取笑？因此，他当即气不打一处来。我姐姐到底年长几岁，赶紧补充说：" 既然穿上了军装，成了'佩剑勇士'，就应该有勇士的风度，尤其是对淑女。开两句玩笑就受不了，不是绅士所为啊。"拿破仑·波拿巴轻蔑地答道："你！……你算什么淑女，你这修道院里的小耗子……"当时已经十三岁的塞西尔·佩尔蒙迪被损成这样，自然不悦。她立即更尖刻地回敬："你呢？你只是一只穿靴子的猫！"

在场的人又是一片哄笑，只有拿破仑·波拿巴一点都笑不出来。他快要气炸了。拿破仑·波拿巴即使不是八面玲珑的人，也有足够的理智和城府保持冷静和沉默。他意识到继续这样的人身攻击可能有伤大雅，毕竟对手是个女孩子，何必呢！

这个绰号带给拿破仑·波拿巴的伤害是否会私下啮磨他的内心，我们无从得知。我们知道的是，有人的时候，他会故作大度，装作已经忘记了的样子。为了证明自己的大度，他还特意订制了一个小小的礼物送给我。穿靴子的猫——一只小小的猫，穿着大大的靴子在赶马车，车中坐着德·卡拉巴斯侯爵①。这个礼物工艺精美，一定价值不菲。拿破仑·波拿巴当时手头也不宽裕，这已是相当难得。他还买了一本装帧精美的故事书《穿靴子的猫》送给我姐姐塞西尔·佩尔蒙迪当纪念品。我的母亲说："哦，拿破仑，你给卢卢②买礼物就算了，还给塞西尔·佩尔蒙迪买书啊，你是还在记恨她吧！"拿破仑·波拿巴口口声声保证他早已不挂在心上了，但我觉得母亲还是能看得出，他的心中是记恨这件事的。

巴黎军事学院中有一位学员菲利波，比拿破仑·波拿巴大两岁。这两个人简直水火不容，一见面不是吵架就是大打出手。为了在课堂上将他俩隔开，军士长只好亲自出马，坐在两人中间。即使如此，他也没能躲过桌子下的"暗战"——拿破仑·波拿巴和菲利波都想踢到对方。他们究竟因为什么如此愤恨对方，无人知晓。我们只知道，菲利波后来在阿卡古城③驻军时都不忘对拿破仑·波拿巴下狠手。拿破仑·波拿巴行军至叙利亚时，菲利波抓住机会逮捕了拿破仑·波拿巴并逼他退伍。然而，两天后，菲利波因感染瘟疫病故，否则天知道他会怎么处置拿破仑·波拿巴。或许拿破仑·波拿巴的生命会就此完结也未可知。如果是这样，那么历史绝不会有如此辉煌的一页。

我们可以看到，在巴黎军事学院读书期间，拿破仑·波拿巴对命运不公的感慨和对人生的愤懑与日俱增。凄清贫酸的处境让拿破仑·波拿巴自顾不暇，痛苦中竟暂时忘了亡国悲痛。拿破仑·波拿巴进错了学校，来错了地方。巴黎军事学院是纨绔贵族的聚集之所，并没有他这个穷小子的立锥之地。高贵者高高在上，富贵者一掷千金，拿破仑·波拿巴的手中空无一物，只有心中的苦涩和仇恨。尽管德·佩尔蒙迪夫人不认为拿破仑·波拿巴心中会暗生嫉妒，但我们都知道，除了嫉恨和怨妒，还有什么能够撕扯他的心呢？拿破仑·波拿巴才智超

---

① 德·卡拉巴斯侯爵（Marquis de Carabas）是童话故事《穿靴子的猫》中的虚构人物。
② "卢卢"是朱诺夫人的名字"劳雷"的昵称。
③ 阿卡（Acre），海港古城，现位于以色列，距离耶路撒冷约一百五十公里。城市中有十字军遗址。1104年十字军占领阿卡，将其易名为"圣让阿卡城"（Saint Jean d'Acre或S.Jean Acre）。1799年拿破仑·波拿巴未能占领阿卡。

群，自然会有些孤傲，但只有孤傲。这源于他受伤的自尊，而不是自大。同时，我们可不可以说，拿破仑·波拿巴缺乏一些基督情怀和宗教精神呢？他任由痛苦和悲伤在心中游走，却未曾宽怀忍让。说到基督精神，布里埃纳的教士们狭隘迟钝，或许他们也无法教育好拿破仑·波拿巴吧！

　　拿破仑·波拿巴当时的经济状况可谓捉襟见肘。他的学业资助人马尔伯夫伯爵路易·查尔斯·勒内的健康状况每况愈下，自顾不暇，无法再给予拿破仑·波拿巴大额资助。拿破仑·波拿巴作为一名中尉小官，月俸仅三十法郎，外加五法郎房租补贴及八法郎的布里埃纳校友津贴，这四十三法郎是他的所有收入。按部就班地工作下去，拿破仑·波拿巴的前程清晰可见——中尉服役十五年后升上尉，上尉服役十五年后就可以拿一笔撑不死饿不着的养老金退役了。拿破仑·波拿巴是举世罕见的枭雄，这样一眼能看到头的前途恐怕与他胸中的大志相去甚远。平淡的前程，难酬的壮志……这一切犹如烈焰焚心。在拿破仑·波拿巴炙热的心中，隐约压抑着远大的抱负，星星之火终会汇聚成熊熊火焰，焚尽法兰西王国的君权。拿破仑·波拿巴将在灰烬中登上高峰，成就大业。这一切终将到来，让我们拭目以待。

第 4 章

炮兵少尉拿破仑·波拿巴

（1785年10月30日—1786年9月15日）

精彩看点

在瓦朗斯服役——灰凉的小城——革命思想——拿破仑·波拿巴的阅读书单——拿破仑·波拿巴任炮兵少尉期间的三份手稿——马尔伯夫伯爵路易·查尔斯·勒内去世——休假探亲——此段时期思想状态

1785年10月30日，拿破仑·波拿巴离开巴黎，前往驻瓦朗斯的拉费尔炮兵连服役。他要在炮兵连服役满三个月才能正式成为炮兵中尉。拿破仑·波拿巴当时无力支付前往驻地的车马费，为了省钱，他从里昂①一路步行前往瓦朗斯。

里昂

---

① 里昂（Lyons），法兰西的第三大城市，仅次于巴黎和马赛。

圣路易十字勋章

野心家拿破仑·波拿巴对平淡如水的前程自是不喜——中尉服役满十五年升上尉，上尉服役再满十五年就可以对着圣路易十字勋章退休了。这怎么可能是拿破仑·波拿巴想要的梦想？新生活平淡寡味，新环境却透露着新奇。拿破仑·波拿巴自由了。他每月有四十三法郎俸禄，未来衣食住行用都要靠自己。

抵达瓦朗斯城后，拿破仑·波拿巴寻得一处素朴小宅，租了一个房间。房东是一位姓布的年长女士。拿破仑·波拿巴在附近的"三只鸽子"餐馆吃饭，也常去附近的图书馆。

瓦朗斯城堪称全法兰西最阴冷的城市，位于罗纳河①左岸。罗纳河右岸是圣佩雷。一座拱桥将两个小镇连接起来，拱桥下河水汩汩流过。罗纳河右岸的砂岩陡坡醒目地矗立着，陡坡上坐落着克鲁索尔城堡。

---

① 罗纳河（Rhône），源于瑞士中南阿尔卑斯山脉，流入法兰西东部，最后流入地中海。

瓦朗斯城平淡无奇。一排排砂岩垒砌的房屋衰腐陈旧，摇摇欲坠。大教堂年代久远，但能看出建造时的敷衍。沉郁衰败的瓦朗斯城中如果还有差强人意的地方，就只有罗纳河岸腹地的小型堡垒了。堡垒出自大名鼎鼎的军事工程师塞巴斯蒂安·勒普雷斯特·德·沃邦①。堡垒的棱堡、幕墙、斜堤和吊闸一应俱全，栩栩如生，唯一的缺点是太小了。拿破仑·波拿巴看过后撇了撇嘴，再未来过。

塞巴斯蒂安·勒普雷斯特·德·沃邦

---

① 塞巴斯蒂安·勒普雷斯特·德·沃邦（Sebastien Le Prestre de Vauban, 1633—1707），法兰西元帅，著名军事工程师，军事筑城方面的天才。一生修建新要塞三十三座，改建旧要塞三百多座。著作有《论要塞的攻击和防御》《筑城论文集》和《围城论》。

瓦朗斯城寥然无趣。拿破仑·波拿巴也无意做一名驻防军官,同约瑟夫·费什一样"用时间换取军衔"。他志不在此,于是继续埋头读书,在书中找到了思想的火花、精神的食粮和志向的寄托。他明白了欲成大事,先破后立的道理。

　　当时政治动荡,宗教乱流,社会不安。伏尔泰、孟德斯鸠男爵查尔斯·德·塞孔达、百科全书派①、神父纪尧姆·托马斯·弗朗西斯·雷纳尔②和让-雅克·卢梭

伏尔泰

---

① 百科全书派(Encyclopedists),是指18世纪法兰西一部分启蒙思想家在编纂《百科全书》的过程中形成的以德尼·狄德罗(Denis Diderot)为核心的一个学术团体。
② 纪尧姆·托马斯·弗朗西斯·雷纳尔(Guillaume Thomas François Raynal, 1713—1796),又称雷纳尔神父,原为神职人员,后成为一名记者。1770年策划出版《印度群岛的历史》,书中从法兰西启蒙运动角度探讨了商业和土著等问题。

纪尧姆·托马斯·弗朗西斯·雷纳尔

的作品铺天盖地。在西方共和思想的大潮中,共和观念仿佛插上了翅膀,飞过大西洋,在法兰西上空飘荡。法兰西人民呼吸着共和的空气,沐浴在变革的春风中,要以摧枯拉朽之势打碎旧世界,创建新的法兰西共和国。古代神话中珀利阿斯国王的女儿们为了能使父亲返老还童,将他大卸八块后投入魔钵。现在,法兰西的子民也要将祖国扔进革命的沸鼎,期待它能重焕新生。这一时期,政治风潮此起彼伏。有一段时间,王座周围身居高位的人放眼望去,只能看到山河破碎,人心不宁。对于困苦潦倒的人民,即使将他们的欠款一笔勾销,也无法让他们停止咒骂国政。无论是身在朝堂的新旧贵族,还是流连江湖的文人墨客,无一不在取笑信仰、赞美自由。没有人以丑闻为耻,大家对此一笑了之。仆人们听到的沙

劳恩男爵安·罗伯特·雅克·杜尔哥

龙谈话从桌边传到厨房,再从厨房流转成咖啡馆的热议话题。劳恩男爵安·罗伯特·雅克·杜尔哥①和雅克·内克尔②推行了革新,却因缺乏支持被不断推迟。真正的革新一直无法实现。最终,革新也无法撑起将倾的大厦,不能挽回江河日下的统治。当所有的境况面临瓦解时,党派的作用再次凸显。如果爆发变革,王室贵族将失去一切。贵族们紧紧攥住手中的特权,仿佛特权是可以救命的稻草。本就一无所有的平民却像是被逼入绝境,他们撑好了口袋,王室贵族的财产不久便会尽入他们囊中。只有少数有识之士感受到了革命的气息,于是提前行动,对

---

① 劳恩男爵安·罗伯特·雅克·杜尔哥(Anne Robert Jacques Turgot,1727—1781),法兰西18世纪中后期古典经济学家,也是经济学上重农学派的重要代表人物之一。如今,他被视作经济自由主义的早期倡导者之一。
② 雅克·内克尔(Jacques Necker,1732—1804),法兰西银行家,国王路易十六的财政总监。

破败的局面加以修缮，希望未来可以少一些牺牲和殇乱。

起初革命，只似一朵娇小的乌云，却在不经意间布满了天空，法兰西王国眼看就要风雨弥漫。

拿破仑·波拿巴的心是时代的缩影。民众的感受在他的心中汇涌、翻腾，因为那也是他的情感。随处可见的愤愤不平、推倒重来的冲动、对摘取冠冕者裹挟着羡慕的嫉恨、迫不及待想将特权阶层的一切占为己有的焦虑情绪，拿破仑·波拿巴全都感同身受。大家都在等待一场火山爆发般的洗礼，等待社会阶层的洗牌，等待梦想的重生。

当然，即使是拿破仑·波拿巴这样非凡的天才，也有天生的局限性。只有在广阔无垠的旷野上，拿破仑·波拿巴才能极目远眺，纵情展望。如果按部就班地听从号令完成工作，拿破仑·波拿巴的表现不见得出色。他只遵从自己的指令，而且言出必行，行必有果。基于拿破仑·波拿巴自身的局限，我们就能明白时代的作用有多么重要。法兰西大革命这场熊熊大火将旧的王权制度焚成灰烬，替拿破仑·波拿巴清扫出了发展道路。如果没有法兰西大革命，拿破仑·波拿巴很有可能面临"英雄无用武之地"的情境。

在布里埃纳军事学院学习时，十多岁的拿破仑·波拿巴最爱读尤利乌斯·恺撒的《高卢战记》和普鲁塔克的《传记集》。在尤利乌斯·恺撒的书中，拿破仑·波拿巴仿佛看到高卢英雄们奋死搏战却不得不屈从现实的英勇事迹，这和科西嘉英雄的命运何其相似，尤其是桑皮耶罗·科尔索①、路易吉·吉亚菲利②和巴斯夸·帕欧里。在普鲁塔克的笔下，伟大的英雄们洋溢着澎湃的壮志，披荆斩棘，开疆拓土。这些都是少年拿破仑·波拿巴的精神食粮，是他心中的热望和燃烧的梦想。如今即将成年的拿破仑·波拿巴以史册鉴时局，感慨万千。罪恶纵生，毒草遍野，必有毒之源、恶之根，拿破仑·波拿巴发誓要斩根究底，重现"良田"。

---

① 桑皮耶罗·科尔索（Sampiero Corso，1498—1567），科西嘉军人，曾领导科西嘉民族起义运动，对抗16世纪时占领科西嘉岛的法兰西入侵者。
② 路易吉·吉亚菲利（Luiggi Giafferi，1668—1748），科西嘉政治家。科西嘉王国曾在1736年短期成立，路易吉·吉亚菲利任首相，1736年到1738年任科西嘉摄政。

拿破仑·波拿巴当时的手稿还有三份保留至今。其中一份是1786年4月26日，拿破仑·波拿巴为纪念巴斯夸·帕欧里诞辰所作。文风稍显稚嫩，但爱国情绪满溢。摘录一节如下：

> 现代的人啊，你们这些娇柔的花朵，已失去了生命的活力。你们像潺潺的流水，将高贵的自尊冲刷殆尽。你们不敢抬头看列位英豪，因为他们的灵魂太高贵。看看达·芬奇所画的《殉道者圣塞巴斯蒂安》吧，殉教者圣塞巴斯蒂安①为了信仰而献身的精神是多么光辉。你们如此年轻，风华正茂，却为何冰封了雄心，禁锢了壮志？是什么让你们束手就擒？登及高处时，你们的心中可曾惆怅？温和善良的人啊，你们躺在祖国的怀抱里，任年华从你们的身边静静流逝。是什么样的暴君摧毁了你们的家园？

诸如此类，不一而足。此文长篇高论，措辞激烈，一字一句都在抨击入侵科西嘉岛的法兰西人。

在此期间，福音派教会牧师安托万·雅克·鲁斯唐对让-雅克·卢梭的批评引起了拿破仑·波拿巴的强烈反感。因此，拿破仑·波拿巴针对此事写了一篇文章驳斥安托万·雅克·鲁斯唐。文章写于1786年5月9日16时。文中用语犀利，充满了恶毒的咒骂。

1786年5月3日，拿破仑·波拿巴还写过风格诡异的内心独白，部分如下：

> 身处熙攘人群中，我感到孤独；午夜梦回泪垂时，我感到孤独；被忧伤深深地绑缚而无法挣脱的我，依旧孤独。离乡数载倍念故土，人生尚早却思长生。科西嘉！还有四个月，我就能回到你的身边，就能再见到我的同胞。这是多么令人欢快的事情！每当忆起童年往事，我在愉悦中也会感到一丝伤痛。我怎敢说如今的快乐毫无遗憾？是怎样疯狂的感觉在驱使

---

① 圣塞巴斯蒂安（Saint Sebastian，？—约288），天主教圣徒和殉道者。被古罗马皇帝戴克里先（Diocletian）下令处死。有很多艺术作品以圣塞巴斯蒂安的殉难为主题，如莱奥纳多·达·芬奇的画作《殉道者圣塞巴斯蒂安》。

我的心,让我寻求自我毁灭?人终归有一死,那为何不是现在?世人皆以六十为天命,我若已是白发苍苍,自会静待寿终正寝。可我还这样年轻,就已看尽艰辛,生无可恋。岁月的繁华已经不再,我又何必苦苦执着?人啊,胆小怯懦的人啊,卑鄙自私的人啊,奴颜婢膝的人啊!当我回到科西嘉,我会看到什么?我的科西嘉同胞会戴着沉重的枷锁,亲吻侵略者的脚。在我的眼里,他们已不再英勇。他们无力抵抗侵略的暴君,无法抵挡奢华的诱惑,也不再俾睨变节者的奴颜……法兰西人!你们这群侵略者,剥夺了我们的自由,还要毁灭我们的灵魂。科西嘉破碎至此,我无力回天。我又能做什么呢?我只能逃离那片土地,逃离没有德操,我却不得不委蛇的人!复国无望时,志士当以身殉国。

我能做什么?如果杀死暴君可以拯救我苦难的同胞,我决不会手软。我会挥舞着复仇之剑冲破人间法规,将利剑刺进统治者的胸膛。对我来说,生活即是负担,人生就是痛苦。我没有快乐,只有满满的苦痛。生活是负担,因为我与周围人的区别何止云泥。只要我与他们在一起,只要我活着,我就能感受到我们的不同。他们是月辉暗绕,而我如骄阳灼射。我灿如日光,却生活艰辛,食难果腹。每思及此,让我如何不厌倦世间的一切?

此文彰显了拿破仑·波拿巴对故乡科西嘉岛一贯的热爱,表达了他对法兰西侵略者的切齿痛恨。在文中,拿破仑·波拿巴还流露出对奢靡人生的遥望和一丝虚荣。他迫不及待地要在同胞面前展示自己。奇怪的幻影已经出现,它将指引拿破仑·波拿巴去追求心中最狂野的梦想。拿破仑·波拿巴的成就将无与伦比。1786年9月20日,一直无私资助拿破仑·波拿巴学业的马尔伯夫伯爵路易·查尔斯·勒内在巴斯蒂亚去世,波拿巴一家的经济状况再次变得拮据。与此同时,波拿巴家族的族长、拿破仑·波拿巴的叔祖父卢西亚诺·波拿巴也身染重病,自顾不暇。雪上加霜的是,家里的大管家说1786年的地租也无法收缴。在大多数有关拿破仑·波拿巴的传记中,大家一致认为拿破仑·波拿巴当时还在部队,并于

1786年9月21日随军行至杜埃市。但我们可以看出，拿破仑·波拿巴当时不可能在军中。正如他在《我生活的时代》中的记述："1786年9月1日，离瓦朗斯城，返阿雅克肖城度假。"

大约在1786年8月12日，拿破仑·波拿巴休探亲假之前，他所在的兵团奉命前往里昂平乱，因此，拿破仑·波拿巴不可能在里昂停留很长时间。事实上，军团抵达里昂时，动乱已经平息，里昂已经恢复往日的平静。其实，只要仔细阅读拿破仑·波拿巴在瓦朗斯时期写的三篇文章，就能更深刻地了解拿破仑·波拿巴当时的心态。路易·克劳德·弗雷德里克·马松说："科西嘉岛和让-雅克·卢梭对拿破仑·波拿巴的影响最深久、长远。"[①]这便是最贴切的描述了。

---

① 此处原文为法语 "La Corse et Rousseau, viola tout le Bonaparte de 86."

第 5 章

假 期

（1786年9月15日—1788年6月1日）

精彩看点

拿破仑·波拿巴返阿雅克肖——拿破仑·波拿巴的外貌变化——举止行为——家庭近况——科西嘉政局——波拿巴夫人玛丽亚·莱蒂齐亚·拉莫利诺家教严厉——申请延长休假——再次申请延长休假——怒叱法兰西王国众军官——拿破仑·波拿巴被迫回军团

拿破仑·波拿巴获准返回科西嘉岛探亲。假期从1786年9月1日开始，一共九个月。1786年9月15日，拿破仑·波拿巴抵达科西嘉岛。一眨眼过去了七年零九个月，母子终于重逢。"少小离家老大回"，记忆中倔强的少年被岁月化去了戾气，如今已长成一名英姿飒爽的青年军官。拿破仑·波拿巴抬着头骄傲地挺立着。风吹乱了他的头发，深邃的眸子在听到偶像巴斯夸·帕欧里的名字时会闪射出热烈的火焰，看到家中的老母和年幼的弟弟妹妹时又转为足以消融冰雪的温柔。拿破仑·波拿巴讲话时而言语简赅，时而滔滔不绝。他是科西嘉岛第一个上过军事学校、穿上王室军队制服的人。想到这里，拿破仑·波拿巴不禁得意起来。儿时在街道上一同嬉闹的玩伴，还有谁能如此风光？

其他的兄弟姐妹呢？兄长约瑟夫·波拿巴一如既往。三弟卢西恩·波拿巴也在布里埃纳军事学院学习，他生性严谨，甚至认为军事学院还不够严谨，他的志向是进入更严谨的神学院，未来最好能成为一名牧师。长妹埃莉斯·波拿巴，原来叫玛丽亚·安娜·波拿巴，现在就读于圣西尔修道院。四弟路易·波拿巴九岁。二妹波莱恩·波拿巴活泼迷人，现在七岁。三妹卡罗琳·波拿巴五岁，个子高高的，很任性。幼弟热罗姆·波拿巴只有三岁。

叔祖父卢西亚诺·波拿巴得了痛风，不能下床走路，也不能再帮波拿巴家料理事务。舅舅约瑟夫·费什是神父，也是小家伙们的保护神，他为人善良，性情温和，没有城府。相比之下，拿破仑·波拿巴难得地果断。家里的经济状况繁乱不堪。管家抱怨年成不好，收不上租。波拿巴夫人玛丽亚·莱蒂齐亚·拉莫利诺目不识丁，也不会看账本。叔祖父卢西亚诺·波拿巴有心查证管家的说辞，却终究力不从心，只得作罢。约瑟夫·费什性情太过温顺，任人拿捏。拿破仑·波拿巴失望地发现，阿雅克肖的人民已经失去追随巴斯夸·帕欧里的勇气和热情，他们似乎接受了法兰西王国占领科西嘉岛的事实，只想着怎么多捞一些油水。只有老叔祖父卢西亚诺·波拿巴没有变，依旧满怀爱国赤诚。他不时要发上一阵怒火，咒骂法兰西侵略者。拿破仑·波拿巴去看望过叔祖父卢西亚诺·波拿巴。卢西亚诺·波拿巴读了拿破仑·波拿巴撰写的《科西嘉史》。这本书辞藻华丽，文风激扬，但既缺乏原始材料，又没有真实的考据，因此其真实性有待考量。

拿破仑·波拿巴只听从母亲波拿巴夫人玛丽亚·莱蒂齐亚·拉莫利诺的教诲。他讲述过自己探亲期间的一个小插曲，恰好发生在此次回乡探亲时，因为他说过当时自己十七岁。前文我们说过，拿破仑·波拿巴曾改过年龄，那他十七岁时正好是探亲的那一年。事情是这样的，有一天，拿破仑·波拿巴和二妹波莱恩·波拿巴在大街上看到了他们的祖母。年迈的祖母走路不稳，摇摇晃晃的，淘气的兄妹俩就跟在老人身后，学祖母摇晃着走路，还嗤嗤地笑她。祖母听到笑声，回头看到兄妹二人，立刻明白了。她将两个小家伙的淘气行为告诉了波拿巴夫人玛丽亚·莱蒂齐亚·拉莫利诺。波拿巴夫人玛丽亚·莱蒂齐亚·拉莫利诺非常生气。她向来家教甚严，犹以敬老为重。波莱恩·波拿巴年纪还小，在母亲的痛责下号啕痛哭，哭过后便乖乖睡觉了。波拿巴夫人玛丽亚·莱蒂齐亚·拉莫利诺本想用同样的方法教育拿破仑·波拿巴，但拿破仑·波拿巴不是小孩子了，他是穿着军服，戴着徽章，神气活现的军官。波拿巴夫人玛丽亚·莱蒂齐亚·拉莫利诺纵是有心责骂也一时语塞。更何况，以拿破仑·波拿巴的个性，肯定不会任由母亲说下去的。

当日，相安无事。第二天，波拿巴夫人玛丽亚·莱蒂齐亚·拉莫利诺也没有再提起，拿破仑·波拿巴以为事情已经过去了。但事情远远没有过去。傍晚，拿破仑·波拿巴要出去吃饭，波拿巴夫人玛丽亚·莱蒂齐亚·拉莫利诺大喊："快点！拿破仑！你不是要和总督一起吃饭吗？"拿破仑·波拿巴一阵风似的跑到楼上，回到自己的房间，脱下军装，准备换上便服。波拿巴夫人玛丽亚·莱蒂齐亚·拉莫利诺趁机冲进房间，给了儿子一个耳光。拿破仑·波拿巴在厄尔巴岛流放时回忆起这段往事，讲起来字字情真。

拿破仑·波拿巴此次探亲假到1787年5月16日就结束了，但他还想在家里多停留一段日子，于是找医生开了假证明，说自己身体抱恙，申请延期返回部队。部队批准了他的申请。拿破仑·波拿巴多得了五个月假期。假期到1787年11月1日结束。

1787年9月12日，假期还没有结束，拿破仑·波拿巴动身前往巴黎，于1787年10月抵达。此次去巴黎是要代表母亲向政府申请一些福利。

还没等拿破仑·波拿巴申请到福利，他的假期又快结束了。拿破仑·波拿巴不得不再次申请延期返回部队。直到1788年1月1日，他才悻悻地从巴黎回到了科西嘉岛。拿破仑·波拿巴到家后才发现，家中真的是家徒四壁。母亲辞退了佣人，一手承揽了所有家务，还要亲自照顾四个幼小的孩子。约瑟夫·波拿巴在比萨，也帮不到忙。拿破仑·波拿巴就留在家中帮母亲操持家事，直到1788年6月1日假期结束。

拿破仑·波拿巴在阿雅克肖期间，与驻城的法军将领多有交往。其中一位军官是德罗曼伯爵费利克斯·德·罗曼[①]，他表示拿破仑·波拿巴给他留下了非常有意思的印象。[②]

> 1788年，新晋炮兵中尉拿破仑·波拿巴先生返科西嘉岛探亲。他与我们这些驻科西嘉岛的法军相谈甚欢，和所有人逐个单独吃饭。拿破仑·波拿巴先生比我年幼，从军也比我晚两年。我已经忘记了他的长相，对他的性格也不大了解，不过他的举止非常刻板，又很爱说教，哪里像个法兰西军官啊！我一点都不想和他交朋友。拿破仑·波拿巴先生喜欢高谈阔论，一说起什么古代的政治啊，现代的政府啊就停不下来。我什么都听不懂，

---

① 德罗曼伯爵费利克斯·德·罗曼（Felix de Romain, comte de Romain, 1766—1858），法兰西军官，著有《一名王室军官的回忆录》（*Souvenirs d'un Officier Royaliste*）。
② 德罗曼伯爵费利克斯·德·罗曼：《一名王室军官的回忆录》，第117页。——原注

因此也没法和他交谈。我们一年怎么都能一起吃四五次饭。每当他和我一起吃饭，我就迅速吃完饭，溜到咖啡馆。我可说不过他。在座的还有一位上尉，就让他们俩飞着唾沫星子去争论吧。其他同僚也受不了拿破仑·波拿巴不懂装懂还要引经据典的卖弄。他讲话也很傲慢，不过我们一开始都没放心上。可是有一天，他大放厥词，口沫横飞地讲到什么国家权利、个人权利。我和我的同事们都惊呆了。怎么能这么说呢？他居然……居然说要召开科西嘉国民议会，说什么科西嘉国民议会本来是要召开的，就是因为德·巴林先生①才一再拖延。说到这里，拿破仑·波拿巴先是怒发冲冠，说道："德·巴林先生在干什么？想要剥夺科西嘉人处理本地事务的自由吗？简直是白日做梦！"后来又气势汹汹道："德·巴林先生不是科西嘉人，不懂科西嘉岛的事。科西嘉岛的能量大着呢，走着瞧吧。"拿破仑·波拿巴不加掩饰的感情让我们也了解到了他的真实想法。一位同僚言语尖利地反驳道："上帝啊！你这是要倒转剑头，对准国王吗？"拿破仑·波拿巴无言以对。饭局最终不欢而散，拿破仑·波拿巴后来也没有再请过我。

终于，探亲假休得太久，拿破仑·波拿巴不得不返回部队。约瑟夫·波拿巴从意大利归来后，拿破仑·波拿巴终于依依不舍地告别家人，于1788年6月1日出发前往奥克松——自1787年12月起，拿破仑·波拿巴所在的军团已经转驻奥克松。

---

① 德·巴林（De Barrin），法兰西军官，在拿破仑·波拿巴青年时期就任过驻科西嘉岛总司令。

第 6 章

奥克松

（1788 年 6 月—1789 年 9 月 15 日）

精彩看点

申请延假的秘诀——在科西嘉开假证明很容易——初到奥克松——"王室权威"——什么是标准——国民议会召开——攻陷巴士底狱——奥克松军旅生活规章——再次申请休假——暴民之乱——军团之中蠢蠢欲动——拿破仑·波拿巴的硬文学巨著——难以平息的科西嘉真情——痛恨法兰西之心——三组秘密卷宗——心中的追求

在关于拿破仑·波拿巴返乡探亲的文献中,有一篇他的亲笔手书,内容有关申请延长休假。文章的标题是《如何申请延长休假》,开头这样写道:

> 你是否在休假即将结束时不想回营?炎炎夏日,是否想在家中多逗留些时日?如果答案为"是",那就申请延长休假吧。申请延长休假最好的理由是身体不适,但这需要主治医生和手术医生联名开具的假条,而且别忘了将开假条的时间写在申请的时间之前。假条上要写明:某人因身体状况极差,无法按时返回军营。重要的是,不要忘记盖章!另外还需要当地市政官员和驻军司令的签字。将以上材料都准备就绪,你就可以写信给陆军部大臣了。格式如下……

后文显示,拿破仑·波拿巴不费吹灰之力就能在科西嘉岛集齐以上证明。波拿巴家族的亲友遍布政府、法庭和医院,随时可以找到人帮忙。

拿破仑·波拿巴度过一年零八个月假期后,回到奥克松,受命驻扎在一线营区。当时的军团司令官杜泰伊男爵让-皮埃尔[①]是拿破仑·波拿巴的贵人,对拿破仑·波拿巴军旅生涯影响巨大。拿破仑·波拿巴甚至在遗嘱中给他留了笔财产。

[①] 杜泰伊男爵让-皮埃尔(Jean-Pierre du Teil, baron du Teil, 1722—1794),法兰西炮兵将军,对青年时期的拿破仑·波拿巴有知遇之恩。

杜泰伊男爵让－皮埃尔

在奥克松，拿破仑·波拿巴正在谋划一篇有关"王室权力"的文章。他在计划中写道：

> 本文最开始将总结世人眼中国王权力的起源和发展。军事政府往往渴望获得权力。在之后的文章中会讲述欧洲的十二个王国，并详细描述各国国王的权力是如何消失的。王权终有一日会被剥夺。

想到这样的言语竟然出自一位十九岁的年轻军官，我们不禁不寒而栗。拿破仑·波拿巴自幼的生活用度、教育资费等开销无不出自王室，长大后他也是"王室军官"。食君之禄就要忠君之事。当前的波拿巴家正面临困窘。拿破仑·波拿巴的三弟卢西恩·波拿巴和长妹埃利兹·波拿巴仍在王家学校免费接受教育;四弟路易·波拿巴再长大一点后,也希望继续享受王室的恩泽。在这样的情况下,拿破仑·波拿巴还能写出如此忘恩负义的文章,未免太没有良心了。所幸这篇文章仅有初稿,最终并未发表。

当时正值多事之秋,三级会议①正在召开。事态在六星期内多次反转,一波未平,一波又起:先是第三等级代表在凡尔赛宫发布了网球场宣言;继而第一等

法兰西三个等级:农民、贵族和神职人员

---

① 三级会议(Estates-General)是法兰西王国的等级代表会议。其中教士是第一等级,贵族是第二等级,平民是第三等级。三个等级分别派代表参加会议,故名三级会议。

攻占巴士底狱

级和第二等级向第三等级妥协未果,法兰西大革命爆发;接着,民众攻占巴士底狱,王子贵族流亡国外,让·西尔万·巴伊①就任巴黎市长,拉法耶特侯爵吉尔伯特·德·莫蒂②领导建立国民自卫军,三色旗开始飘扬。在令人难忘的1789年8月4日,路易十六丢掉了圣巴泰勒米岛③。

首都巴黎的风云变幻掀起了小城奥克松的波澜。令人吃惊的是,拿破仑·波拿巴没有与自己的同僚站在一起保卫王室,反而支持反对王廷的公民,试图推

---

① 让·西尔万·巴伊(Jean Sylvain Bailly, 1736—1793),法兰西天文学家和政治家。1789年,法国大革命早期,让·西尔万·巴伊是第三等级代表,被推举为首任巴黎市长。
② 拉法耶特侯爵吉尔伯特·德·莫蒂(Gilbert du Motier, Marquis de Lafayette, 1757—1834),法兰西贵族,参加过美国革命。1789年出任法兰西国民军总司令,起草《人权宣言》,制定三色旗帜,为立宪派首脑。1830年再任国民军司令,参与建立七月王朝。
③ 圣巴泰勒米岛(Saint-Barthelemy des privileges),法兰西国海外属地之一,位于加勒比海。最初由哥伦布发现,后期路易十六将此岛作为筹码换取和瑞典的贸易优惠,因此该岛又成为瑞典属地。

翻特权阶层。拿破仑·波拿巴的灵魂已经在黑暗中饱受煎熬，此时只想将所有的愤恨一泄而出。他思虑成疾，给母亲写信道："除了军队的薪俸，我没有其他收入。我边幅不整，一套衣服时常要穿一个星期，不得换洗。现在我生病了，彻夜难眠，心灵饱受摧残。我22时上床睡觉，次日4时就醒了。我生病后胃口也很差，每天只在15时吃一顿饭，仅此而已。"外届风云突变，拿破仑·波拿巴忧心不已，寝食难安，逐渐发起了低烧。这样一来，他真的要请病假了。于是，从1789年9月15日到1790年3月15日，拿破仑·波拿巴一直在休病假。在拿破仑·波拿巴请病假前，奥克松已经动乱频发。镇上的居民人心惶惶，军队里的官兵躁动不安。

1789年7月19日至1789年7月20日，奥克松发生了暴乱。暴民将税收官员的家中洗劫一空，还捣毁了各处的税收站。他们打劫了保险箱，将税务账本撕得粉碎。面对上层阶级的遭遇，军队幸灾乐祸，无动于衷。直到1789年8月16日，暴乱蔓延至拉费尔炮兵团，军营中才不再安宁。一帮出身底层的士兵冲入兵团上校的家中，要讨回食物补贴。这是政府下发给士兵的补贴，一直由军官委员会监管，但由于账目不透明，士兵看不到具体的开支明细，自然认为这笔钱被私吞了。兵团上校立即向奥克松商户借得一笔钱款，发给闹事的士兵，平息了暴乱。暴乱分子得偿所愿，得意地喝得酩酊大醉，在大街上滑起了摇摆的舞步，拉扯着过往的路人，一边嬉声一边咆叫着"自由！平等！博爱！"却不料一脚滑入阴沟，再也没有醒来。

拿破仑·波拿巴在奥克松生活了一年零三个月。其间，他勤勉阅读，笔耕不辍。我们可以从留存至今的大量手稿中窥得一斑。是什么支撑着他的勤奋呢？是爱国的热情，是对赐予他生命的科西嘉岛的热爱。

路易·克劳德·弗雷德里克·马松说："拿破仑·波拿巴开始着手撰写科西嘉史。他这样做不是为了在学术上有所建树，也不是为了恭维某位内阁成员以获提携。他是要将侵略科西嘉岛的人钉在历史的耻辱柱上。他所著的历史是科西嘉岛的申诉史，是抛向侵略者的愤怒的宣言。拿破仑·波拿巴在书中堆叠措辞，无非是想证明科西嘉岛在历史上是曾经独立过的自由国家，也一定会恢复往日的独立和尊严。他写这些无非是想唤起科西嘉同胞心中的壮志，提醒他们，科西嘉岛往昔的荣耀值得仁人志士再次亮剑。拿破仑·波拿巴还希望世间的文士哲人可以通过自己的文章再次看到科西嘉岛,看到这个已经被遗忘的角落。它昙花一现时,也曾惊艳世人。"

路易·克劳德·弗雷德里克·马松又说:"拿破仑·波拿巴打心眼里就不认为自己是法兰西人。他的身体发肤都来自科西嘉岛。科西嘉岛是挥之不去的思念,是魂牵梦萦的故土。只此一方,别无他处。拿破仑·波拿巴对科西嘉岛的感情是游子的思念,是孤立无援时无以复加的热爱,是宛若甘醴的鸩酒,让人心甘情愿地醉死他乡。"

拿破仑·波拿巴在奥克松的文作大致分为三个方向:

首先,他广泛搜集资料,撰写了炮兵法则及军械历史,详细叙述了如何发挥大炮和炸弹的最大优势;

其次,他孜孜不倦地考证史料,不厌精准地寻章摘句,记录与不同的地形地貌相关的史实;

最后,他殚精竭虑地完成了自己最主要的目标,写出了《科西嘉史》。

毫无疑问,此时的拿破仑·波拿巴已经将自己视作科西嘉岛在法兰西的代言人。他对心中的使命充满热情,因为在他看来,科西嘉岛再次独立的日子终会到来。到了那一天,他将掉转炮口,瞄向法兰西王国。

第 7 章

阿雅克肖和巴斯蒂亚

（1789年9月30日—1791年1月31日）

精彩看点

科西嘉党派分化——拿破仑·波拿巴致信巴斯夸·帕欧里——拿破仑·波拿巴在阿雅克肖革命——拿破仑·波拿巴在巴斯蒂亚再掀风云——返回阿雅克肖——科西嘉归并法兰西王国——阿雅克肖的又一场革命风雨——欧雷佐竞选前后——巴斯夸·帕欧里当选科西嘉总督——拿破仑·波拿巴再次申请延长休假

在大革命的狂风暴雨中，法兰西王国地动山摇，科西嘉岛却安如磐石。科西嘉岛上风平浪静，对现存的王权体制鲜有微词。这是为什么呢？原来，科西嘉岛上的"土生贵族"原本就没有多少特权，经年累月后，已经沦落到与平民相差无几的境地，谁会推翻他们呢？至于科西嘉岛的平民，他们的心中只有一个仇敌，就是来自法兰西的侵略者。科西嘉岛上的各方人士也不能统一意见。尊奉巴斯夸·帕欧里的独立派主张科西嘉岛完全独立自主。以律师安托万·克里斯托夫·萨利切蒂①为首的投降派则主张依附法兰西王国，开拓科西嘉岛，因为只有这样做，科西嘉岛才有更广阔的发展空间，他们也有机会成大业、赚大钱。

安托万·克里斯托夫·萨利切蒂、皮埃尔-保罗·科隆纳·德·塞萨里-罗卡②和巴泰勒米·阿雷纳③被选作科西嘉岛第三等级的代表参加三级会议。巴泰勒米·阿雷纳为人不善，据说，他挪用财政公款三万里弗尔。第一等级的代表是马泰

---

① 安托万·克里斯托夫·萨利切蒂（Antoine Christophe Saliceti），法国大革命时期政治家。
② 皮埃尔-保罗·科隆纳·德·塞萨里-罗卡（Pierre-Paul Colonna de Cesari-Rocca, 1748—1829），科西嘉政治家，法国大革命早期出任第三等级代表，后曾任国民公会代表。
③ 巴泰勒米·阿雷纳（Barthelemy Aréna, 1765—1832），法国大革命时期出身科西嘉的政治家。约瑟夫·安托万·阿雷纳之兄。阿雷纳家族和波拿巴家族是敌人。巴泰勒米·阿雷纳后来当选五百人院议员，在雾月政变中用匕首行刺拿破仑·波拿巴。

卡洛·安德烈亚·波佐·迪博尔戈

奥·布塔福科、佩雷蒂·德·利维①和卡洛·安德烈亚·波佐·迪博尔戈②，他们都出自名门望族，身家显赫。

此时，巴斯夸·帕欧里还在伦敦流亡。与他一同远离故土的还有他的追随者和一些反对法兰西王国吞并科西嘉岛的爱国人士。1789年6月12日，身处奥克松的拿破仑·波拿巴致信流亡中的巴斯夸·帕欧里，信中饱含爱国激情。

---

① 佩雷蒂·德·利维（Peretti de Levie），科西嘉政治家。
② 卡洛·安德烈亚·波佐·迪博尔戈（Carlo Andrea Pozzo di Borgo, 1764—1842），科西嘉政治家，科西嘉贵族出身。早年曾与拿破仑·波拿巴和约瑟夫·波拿巴兄弟关系交好，是波拿巴家族在科西嘉岛的政治盟友。

将军,自从您离开科西嘉岛——也希望您已经离开科西嘉岛,投降的代价就是被奴役。科西嘉人身上背负着三座大山:军队、法庭和赋税。官员手握大权,民众饱受冷眼和屈辱。这何尝不是令人最难忍受的残酷折磨?南美的秘鲁人即使屈从于西班牙殖民者的劫掠,也不曾遭受更大的耻辱吧?叛国的恶徒啊,他们只有肮脏的灵魂。他们利欲熏心,四处造谣,诽谤国民政府,中伤您的人品。我对他们散布的流言感到气愤不已,因此决定驱散这些阴暗的言语,让真相重见光明。我决定驳斥这些卑鄙的小人,还您清白。我以自己长期在法兰西王国学习法语的经历保证,根据我的观察和研究,我的胜算很大。我要写文章抵制他们。"

此时,拿破仑·波拿巴提出要以笔做剑,用文字保护和捍卫巴斯夸·帕欧里。

巴斯夸·帕欧里从伦敦发来了充满鼓励的回信,同时提醒拿破仑·波拿巴:"科西嘉岛要想完全独立,就不能寄希望于法兰西王国,不能忘记沉痛的历史。依赖法兰西王国,只会让悲剧重演,将科西嘉岛再次送入热那亚共和国的魔爪。"但巴斯夸·帕欧里认为,科西嘉没有能力完全脱离法兰西王国的统治。因

奥克松

安托万·克里斯托夫·萨利切蒂

此,他提出,要在法兰西王国的督管下建立一个相对独立的、律法自主的科西嘉共和国。巴斯夸·帕欧里的建议遭到了安托万·克里斯托夫·萨利切蒂和拿破仑·波拿巴的一致反对。安托万·克里斯托夫·萨利切蒂身为第三等级代表,正准备大干一场,如此的小打小闹怎么能满足他呢?而拿破仑·波拿巴是个地道的爱国者,法兰西侵略者就是魔鬼,他怎么可能对魔鬼妥协?因此,拿破仑·波拿巴刚到阿雅克肖,就大发雷霆。如此一来,原本风平浪静的小城里掀起了轩然大波。拿破仑·波拿巴立即成立了革命委员会,并向大家介绍了革命纲领。在第一等级眼中,革命委员会是一个穷凶极恶的组织。拿破仑·波拿巴还一手建立了科西嘉国民自卫队。

法兰西王国驻科西嘉总督暨驻军总司令德·巴林子爵阿尔芒·查尔

斯·德·拉加里索尼埃和法兰西驻科西嘉副总司令弗朗西斯·安托万·加福里①立刻派军队进驻阿雅克肖,解除革命者的武装,平息动乱。拿破仑·波拿巴心有不甘,同革命者一起向巴黎的国民议会呈上请愿书。这份请愿书由拿破仑·波拿巴联合叔祖父卢西亚诺·波拿巴和舅舅约瑟夫·费什共同起草,请愿书上的日期是1789年10月31日,地点在阿雅克肖。

拿破仑·波拿巴不是会轻易屈服的人。不能在阿雅克肖掀起风浪又如何?毕竟,巴斯蒂亚才是科西嘉岛的首府。拿破仑·波拿巴还可以在巴斯蒂亚有所作为,他要在那里发动致命一击。于是,拿破仑·波拿巴急忙赶到巴斯蒂亚,将他提前在里窝那②订制的三色徽章分发给爱国公民。随后,他向德·巴林子爵

巴斯蒂亚

---

① 弗朗西斯·安托万·加福里(François Antoine Gaffori, 1744—1796),科西嘉政治家、军人。弗朗西斯·安托万·加福里是科西嘉爱国者让-皮埃尔·加福里之子。1788年,弗朗西斯·安托万·加福里准将,任科西嘉驻军副总司令,应对当时科西嘉出现的动荡局势。
② 里窝那(Leghorn),意大利西岸港口城市,西部是滨海平原,东部和南部为低丘。

阿尔芒·查尔斯·德·拉加里索尼埃派遣了一支代表团，试图说服德·巴林子爵阿尔芒·查尔斯·德·拉加里索尼埃接受新的徽章。德·巴林子爵阿尔芒·查尔斯·德·拉加里索尼埃拒绝了这个无理的要求。双方争执不下，打斗起来。最终，德·巴林子爵阿尔芒·查尔斯·德·拉加里索尼埃被迫同意了拿破仑·波拿巴的要求。

　　拿破仑·波拿巴尝到了胜利的滋味，不禁想发动更猛烈的攻击。他一再派遣代表团造访德·巴林子爵阿尔芒·查尔斯·德·拉加里索尼埃，轮番劝说他授权拿破仑·波拿巴组建科西嘉国民自卫队。同时，无论是否获得了授权，拿破仑·波拿巴都已开始在暗中行动。德·巴林子爵阿尔芒·查尔斯·德·拉加里索尼埃拒绝了代表团的请求，但一天早上，他惊讶地看到巴斯蒂亚的大街上满是全副武装的革命者。革命者大步涌向圣约翰施洗者教堂，要去那里登记入伍。德·巴林子爵阿尔芒·查尔斯·德·拉加里索尼埃立即下令驻军部队就位，将城防炮口对准"那群公然蔑视本督的意大利疯子"，同时命令骑兵连和掷弹兵向圣约翰施洗者教堂靠拢。拿破仑·波拿巴新组建的国民自卫队从教堂中奔涌而出。双方激战后均有死伤。法军有两人战死，两人受伤，另有一名军官被流弹射中腹股。拿破仑·波拿巴的几名国民自卫队队员受伤，其中有两个还是孩子。德·巴林子爵阿尔芒·查尔斯·德·拉加里索尼埃惊诧不已，连忙赶到教堂，表示愿意无条件接受一切要求。他甚至命令城防炮兵长官提供六百支火枪装备科西嘉国民自卫队。炮兵长官未置可否，革命者却失去了耐心，发起了新一轮进攻。革命者冲进要塞，夺走了枪支，并要求与法军联合驻守。德·巴林子爵阿尔芒·查尔斯·德·拉加里索尼埃逐个满足了革命者的条件后，立即将拿破仑·波拿巴遣出巴斯蒂亚城。拿破仑·波拿巴离开后，小城又恢复了宁静。在这场风暴中，拿破仑·波拿巴独断专横，行为果断，完全没有考虑远在巴黎的国民议会的想法，对往日同在军营的同僚和长官也没有任何顾忌。①拿破仑·波拿巴的党羽在经历风暴后，致信国民代表安托万·克里斯托夫·萨利切蒂和皮埃尔-保罗·科隆纳·德·塞萨里-罗卡，添油加醋地汇报了他们在巴斯蒂亚的战绩。

---

① 德·雷内侯爵著《一名王室军官的回忆录》，巴黎，1824年，第2卷，第45页。——原注

米拉波伯爵奥诺雷·加布里埃尔·里奎蒂

国民议会开始讨论科西嘉岛的去向问题。终于，1789年11月30日，经过米拉波伯爵奥诺雷·加布里埃尔·里奎蒂①的一番润色，关于科西嘉的合并法案得以颁布。法案如下：

---

① 米拉波伯爵奥诺雷·加布里埃尔·里奎蒂（Honoré Gabriel Riqueti, Count of Mirabeau, 1749—1791），18世纪末法兰西资产阶级革命活动家，大资产阶级的利益代表。1791年，米拉波伯爵奥诺雷·加布里埃尔·里奎蒂去世，有人认为他是遭了宫廷的暗算。

借此宣布科西嘉岛为法兰西王国属地；科西嘉公民与法兰西王国公民受同一宪法管辖；自此刻起，科西嘉岛相关法案的制定权由法兰西国王转至国民议会。

国民议会宣布关于科西嘉的合并法案的同时，还颁布了一道敕令。曾经参与科西嘉岛独立战争的人都得到了赦免。巴斯夸·帕欧里终于可以回来了。他满怀感激和热望之情，从伦敦回到了科西嘉岛，希望能看到科西嘉岛重新恢复和平，闪耀正义之光。

关于科西嘉岛的合并法案修正了巴斯夸·帕欧里的激进思想，也满足了他想为科西嘉岛争取的全部权利。因此，巴斯夸·帕欧里别无所求。拿破仑·波拿巴却依旧不满。他想要科西嘉岛完全脱离法兰西王国，实现自治。怎么能接受如此懦弱的求和？

返回阿雅克肖后，拿破仑·波拿巴一边积极地参与组建阿雅克肖市卫队，一边焦急地等待国民议会的回复。他想知道，国民议会将如何评价自己在巴斯蒂亚的激烈革命举措。幸运的是，国民议会日理万机，根本没有时间理会这个炮兵小中尉自发的"暴行"。

拿破仑·波拿巴返回阿雅克肖后不久，新一届阿雅克肖市政委员会成立。拿破仑·波拿巴的兄长约瑟夫·波拿巴当选市政秘书。新任市长让·热罗姆·里维①的革命理念与拿破仑·波拿巴不谋而合。

在新一届市议会的支持下，拿破仑·波拿巴开始驱逐法兰西王国的驻城官员。在新一轮暴动中，拿破仑·波拿巴擅自逮捕并拘禁了三名法军军官，其中包括一名炮兵少校。②

科西嘉国民自卫队占领了城防要塞，并要求与驻防法军联合驻守。这一计划在法军的顽抗下破产。法兰西王国驻阿雅克肖司令官德·拉费兰迪埃勃然大怒，要求立即释放被拘禁的法军军官，否则他会命令炮兵作战。拿破仑·波拿巴

---

① 让·热罗姆·里维（Jean Jérôme Levie），科西嘉政治家，曾当选科西嘉阿雅克肖市市长。
② 纳西卡尽力洗刷拿破仑·波拿巴身上的恶名，说他不是始作俑者，但另一出处说得一点也不一样。伯特林克：《青年时期的拿破仑·波拿巴》，吉恩，1877年，第145页。——原注

坚持战斗到底，还主张攻占城防堡垒，但市议会不同意。新当选的市政委员会在法兰西王国驻阿雅克肖司令官德·拉费兰迪埃的强硬态度下退缩了，匆匆表示了抗议，就结束了这起事件。

拿破仑·波拿巴一边指挥国民自卫队，一边伺机占领要塞。他或许是在伺机占领科西嘉岛呢？谁知道！拿破仑·波拿巴在病假中起身造反，穿着军装与自己的长官敌对作战，作为国王的士兵，却要攻占国王的城堡——法兰西王国从未见过如此无耻的人。

1790年秋，各部门委员会和区议会的选举活动在欧雷佐①的修道院举行。拿破仑·波拿巴和约瑟夫·波拿巴一同前往欧雷佐。约瑟夫·波拿巴在《约瑟夫·波拿巴回忆录》中记述道，他自己一路欣赏了沿途无尽的山景，拿破仑·波拿巴则无心观景，一心思考科西嘉岛的大事——如何从法兰西王国手中为科西嘉岛争取更大的利益。为了摆脱法兰西王国的魔爪，解放科西嘉岛，拿破仑·波拿巴不惜开战。

在欧雷佐城，巴斯夸·帕欧里毫无悬念地再次当选科西嘉岛总督，安托万·克里斯托夫·萨利切蒂则被选为检察官理事。拿破仑·波拿巴没有参选任何职位。他夜以继日地走访山区居民，不辞辛苦地看望并鼓励国民自卫队的士兵，向他们灌输自由和解放的观点，为未来的军事行动做准备。

返回阿雅克肖后，拿破仑·波拿巴开始对国民议会的贵族代表马泰奥·布塔福科发起猛烈抨击。在此期间，拿破仑·波拿巴和巴斯夸·帕欧里也渐生嫌隙。拿破仑·波拿巴觉得巴斯夸·帕欧里年老怕事，不愿大刀阔斧地进行革命。巴斯夸·帕欧里谨慎多思的优点在拿破仑·波拿巴看来竟一文不值。

拿破仑·波拿巴的休假到1790年10月15日结束。此次休假为何这么久？因为他又申请了延长休假。此次申请延期返回军营的理由是拿破仑·波拿巴"体力不支、精神涣散的状态必须饮过欧雷佐河域的水方可缓解"。拿破仑·波拿巴当然不是为喝水留在欧雷佐，他还有大事要做。只见他在革命的浪潮中兴风作浪、操练募兵，所见堡垒要塞，皆欲夺之而后快，哪里能看出"体力不支"？"精神涣

---

① 欧雷佐（Orezza），科西嘉的地名。

散"又从何谈起？都是借口罢了。阿雅克肖有很多医生和官员支持拿破仑·波拿巴的革命理想，因此，假条和证明都不在话下。延期的休假结束了，拿破仑·波拿巴也不便继续留在阿雅克肖，必须返回军营了。然而，"暴风雨频发，两次归队之行皆为风雨所阻"。新的借口也不难找到。

第 8 章

奥克松和瓦朗斯

(1791年2月1日—1791年8月30日)

精彩看点

拿破仑·波拿巴携四弟路易·波拿巴返回奥克松——满篇错别字的信件——陋室寒居——路易·波拿巴——巴斯夸·帕欧里冷待拿破仑·波拿巴——拿破仑·波拿巴前往瓦朗斯城——再次租住布女士家——人间温情——旧日柠檬水小贩还在否——共和党俱乐部的积极分子——波旁王室出逃——岁月记住1791年7月14日——军中思绪——到巴黎去——牛马之国——观察军——拿破仑·波拿巴得新假

返回法兰西王国时，拿破仑·波拿巴带上了四弟路易·波拿巴。1791年2月12日，拿破仑·波拿巴和路易·波拿巴抵达奥克松。1791年2月16日，拿破仑·波拿巴写信给约瑟夫·波拿巴的朋友，一个叫詹姆斯的商人。信件内容如下文所示。我们不仅可以从满篇错误的文法中了解到拿破仑·波拿巴的法语并不标准，还可以从信件上俯拾即是的谎言中认识拿破仑·波拿巴的人品。

> 假如我过去住在一间，我不喜欢你的快乐……。因为我只是在有你的时候才受到训练，我坐在车上，看到我的第一个机会，我的兄长希望下一次召开国民议会的时候他自己能来。我想让你知道，我想要做什么。我是你朋友的弟弟，请一定帮助我。先生请允许我以父亲之礼尊敬您。

拿破仑·波拿巴一再强调，希望约瑟夫·波拿巴能以国民议会议员的身份荣归故里。但这些都是毫无道理的吹嘘。约瑟夫·波拿巴的年纪还达不到选举要求，即使参选也不会有结果。

法兰西驻奥克松军团上校对拿破仑·波拿巴非常仁慈。拿破仑·波拿巴在假期结束后找理由不归队，法兰西驻奥克松军团上校不仅没有追究，还偷偷将拿破仑·波拿巴登记为"已归队"。于是，拿破仑·波拿巴继续无视军纪，四处逍遥。

路易·波拿巴

　　回到奥克松后,拿破仑·波拿巴恢复了往日的孤僻,再次沉浸在文学著作中。"当时,拿破仑·波拿巴和路易·波拿巴住在部队的阁楼里。拿破仑·波拿巴的房间里只有一张简陋的床、一张桌子和两把椅子。桌子摆在窗边,那个位置原来是射击孔,桌子上摞着厚厚的一叠书。路易·波拿巴住在隔壁的一个小房间,房间里只有一块破旧的垫子,路易·波拿巴就睡在这块垫子上。"

拿破仑·波拿巴和路易·波拿巴过得非常拮据。拿破仑·波拿巴的月俸只有一百里弗尔，实在不够兄弟两人的开销。二十年后，路易·波拿巴登上了荷兰国王的宝座。在他弃国逃走时，拿破仑·波拿巴对维琴察公爵阿尔芒-奥古斯丁-路易·德·科兰古①说：

维琴察公爵阿尔芒-奥古斯丁-路易·德·科兰古

---

① 维琴察公爵阿尔芒-奥古斯丁-路易·德·科兰古（Armand-Augustin-Louis de Caulaincourt, Duke of Vicenza, 1773—1827），法兰西将军，曾担任拿破仑·波拿巴的副官和驻俄大使。1813年，维琴察公爵阿尔芒-奥古斯丁-路易·德·科兰古代表法兰西帝国参加多次外交谈判，后任宫廷大总管。1814年担任外交大臣，一直在为拿破仑·波拿巴奔走，向联军争取更多利益。百日王朝任外交大臣，后来在自己的庄园隐居。

天知道我为了给路易·波拿巴凑学费，都过着什么样的苦日子！哪里能弄到钱？都是一个子一个子省下来的。我很久没有去过咖啡馆了，也不去参加任何应酬，在生活的各个方面俭省。我像熊一样在小屋里冬眠。书籍是我唯一的朋友。偶尔兜里剩下几个克朗，我就飞奔到书店，在梦寐以求的书架旁流连忘返……这就是我的快乐，我全部的青春。我还是个孩童时，就意识到自己身在一个人口众多的大家庭。我的父母有八个孩子，因此家里不可能太富裕。拮据的生活和贫困带来的种种不便，我都知道。[1]

1791年4月24日，复活节。拿破仑·波拿巴致信兄长约瑟夫·波拿巴。信中满溢着拿破仑·波拿巴对四弟路易·波拿巴的喜爱。拿破仑·波拿巴写道：

路易·波拿巴学习非常刻苦，他非常努力地学习法语写作。我教他数学和地理，他自己看书学习历史。路易·波拿巴会成为最优秀的男人，得到所有女士的爱慕。他仪表堂堂，思维敏捷，颇有法兰西贵族的风范。他在社交场合中庄严自持，彬彬有礼，看起来一点都不符合他自己的年纪，倒像是个快三十的成熟男子。我用脚趾都能想到，他将是我们兄弟四人中最有出息的人。路易·波拿巴接受的是最好的教育。或许他并不长于写作，不过你要知道，他的老师除了握笔和描红之外，可什么都没教给他。路易·波拿巴都是靠自学的。他的拼读就更棒啦。总之，路易·波拿巴是个非常有魅力的人。他天资聪颖，后天又刻苦勤奋；他自重自持，又声情并茂，不乏生动活泼。[2]

在奥克松时，拿破仑·波拿巴曾将他写给马泰奥·布塔福科的信印刷了一份，将副本寄给巴斯夸·帕欧里。但巴斯夸·帕欧里的反应并不是很热情。他无

---

[1] 夏洛特·德·索尔夫人（Mme.Charlotte de Sor）：《1811年拿破仑·波拿巴在比利时和荷兰（Napoleon en Belgique et en Hollande）》，巴黎，1839年。此处引文可信，但整部作品整体的真实性有待推榷。——原注

[2] 路易·克劳德·弗雷德里克·马松：《默默无闻时的拿破仑·波拿巴》，第2卷，第203页。——原注

法欣赏拿破仑·波拿巴脑海中充斥的指责和谩骂，也谈不上喜欢拿破仑·波拿巴的文风。拿破仑·波拿巴还请巴斯夸·帕欧里寄一些有关科西嘉岛历史的文献给他，帮助他撰写伟大的科西嘉史。遗憾的是，巴斯夸·帕欧里再次冷漠地拒绝了他。拿破仑·波拿巴心有不甘，又派约瑟夫·波拿巴向巴斯夸·帕欧里要资料，最终也以失败告终。巴斯夸·帕欧里向约瑟夫·波拿巴回复道：

> 我读了令弟的文章，觉得他的观点非常偏激，有失公允。我现在手头很忙，身体也不大好，就不浪费时间找什么资料了。

事实上，巴斯夸·帕欧里一点都不信任拿破仑·波拿巴。拿破仑·波拿巴就是个毛头小子，能有什么见地？又有何学识能够担当撰史的重任？

由此，两位英雄产生了嫌隙。拿破仑·波拿巴的自尊心受到了伤害，他觉得巴斯夸·帕欧里并没有将自己当成同一个战壕里的战友，因此异常愤怒。

在奥克松的这段时期，拿破仑·波拿巴并不快乐。他缺钱，也缺朋友。法兰西军官对来自科西嘉岛的拿破仑·波拿巴本来就不热情，而拿破仑·波拿巴政见偏激、举止不羁、口出狂言，使其他人对他更加疏远。布尔古安说，一天，大家在讨论政局，拿破仑·波拿巴说得太激进，当场惹恼了几个人。这几个人怒不可遏，竟一起抬起了拿破仑·波拿巴，将他扔进了一条污浊的水沟。

1791年，拿破仑·波拿巴写道："我在瓦朗斯遇到了意志坚定的革命者、满怀激情的爱国士兵和一些贵族军官。并不是所有的贵族都支持贵族，也有少数贵族支持革命。但毫无疑问，几乎所有的女性都是保王党。"

直到1791年6月16日，拿破仑·波拿巴才抵达瓦朗斯。他的旧识四散各处，音信全无。拿破仑·波拿巴加入了瓦朗斯的一个革命党会社，经常在那里发表煽动人心的演说。很难想象，拿破仑·波拿巴一边穿着国王的军装，一边反对国王的统治。

在瓦朗斯，拿破仑·波拿巴和路易·波拿巴还住在年长的房东布女士家中。布女士对路易·波拿巴非常热情，像母亲一样关怀路易·波拿巴。1799年，拿破仑·波拿巴从埃及返回法兰西王国，路经瓦朗斯时，还特意前去拜访了已经年

蒙塔利维伯爵让-皮埃尔

迈的布女士。他热情地送给布女士一件山羊毛披肩和一个银制指南针。这两件礼物现存于瓦朗斯城博物馆,但并不是拿破仑·波拿巴赠予布女士的唯一礼物。在赠送礼物之前,拿破仑·波拿巴还帮助布女士的弟弟安排了工作。可见拿破仑·波拿巴在飞黄腾达后没有忘本。

在瓦朗斯,拿破仑·波拿巴还结识了蒙塔利维伯爵让-皮埃尔[1]。后来,蒙塔利维伯爵让-皮埃尔被拿破仑·波拿巴提拔为高级将领。拿破仑·波拿巴任职第一执政时,邀请蒙塔利维伯爵让-皮埃尔出任拉芒什海峡[2]行政区长官。拿破

---

[1] 蒙塔利维伯爵让-皮埃尔(Jean-Pierre de Montalivet,1766—1823),法兰西政治家,出身贵族,后结识拿破仑·波拿巴并受到拿破仑·波拿巴的重用。
[2] 拉芒什海峡,即英法两国之间的英吉利海峡。

仑·波拿巴与蒙塔利维伯爵让-皮埃尔见面时，情不自禁地问起了瓦朗斯的熟人旧事：镇上卖柠檬苏打水的人还在不在？人们现在流行去哪里喝咖啡？得知布女士仍然健在时，拿破仑·波拿巴非常激动："啊！我想我还欠着她的咖啡钱没付呢。这里有五十金路易，快点给她寄过去。"

拿破仑·波拿巴再次来到瓦朗斯城时，成了共和派俱乐部的积极分子。他能力出众，同时兼任俱乐部社长、管理员和书记三个职位。[①]1791年4月1日，米拉波伯爵奥诺雷·加布里埃尔·里奎蒂遇刺身亡。共和派会社举行了庄重的悼念仪式。拿破仑·波拿巴再次借机进行了一番演说，展现了雄辩的口才。军官们对拿破仑·波拿巴充满民主思想的见解半信半疑，士兵们却表示出极大的支持。法兰西王国由各路政党轮流执政，政局变幻莫测，风云跌宕。国王路易十六和王后玛丽·安托瓦内特外逃失败后被捕的消息一传到瓦朗斯，就在俱乐部里掀起了热议。众人情绪激愤，强烈斥责了国王路易十六的行为，并一致批评为国王献策的人。1791年7月3日，来自伊泽尔省、德龙省和阿尔代什省等地区共计二十二个共和会社的委员们在瓦朗斯工会所在地汇聚。三色旗迎风飘扬，诸委员众志成城，迈着整齐的队列向大教堂走去。主教正在大教堂里做弥撒，委员们开始宣誓在国民议会就职。1791年4月6日，拿破仑·波拿巴签署了对国民议会的效忠书。1791年7月14日是攻陷巴士底狱两周年庆典，瓦朗斯也举行了官方的纪念仪式。纪念场地上早已建好圣坛，等待大主教、各位牧师和政府机构的官员前来纪念。炮兵军团和国民卫队的士兵们站成一个大圈，将大主教、各位牧师和政府机构官员围绕起来。再往外就是前来纪念的群众，人山人海。1791年7月14日11时，大牧师和一位女性公民代表共同宣誓，之后大牧师做了弥撒布道。教会的任务完成后，轮到军官们上场。军官们分组列于圣坛各边后，一位市政委员开始宣读誓言："我们发誓永远效忠国家、律法和国王陛下；我们将全力遵守由国民议会颁布、国王陛下许可的宪章和法令；所有法兰西人以博爱之名联合起来，我们是一

---

① 我们都知道拿破仑·波拿巴后来的书写宛若天书，但其实有证据表明他在担任共和派俱乐部书记时的书写没有那么潦草。路易·克劳德·弗雷德里克·马松曾提供过几个书写的样本可以证明。因此，潦草的书写可能是拿破仑·波拿巴的刻意行为，因为这样可以遮掩细微拼写的不准确。——原注

个不可分割的整体。"所有公民都举起右手，重复誓言。公民宣誓完毕后，军官们宣誓。军官们回到队伍中，先朗读誓言内容，然后看着士兵们举手宣誓。宣誓期间会定时鸣炮，还有乐队演奏《革命一定成功》。接下来，牧师们宣读誓言，最后在一曲赞美诗中结束整个仪式。1791年7月14日晚，公民和官兵一起举行了盛大的宴会。拿破仑·波拿巴在宴会的祝酒词中提议，向奥克松的爱国者致敬。

像瓦朗斯一样，法兰西其他地区的纪念仪式举办得盛大而庄严。此时此刻，法兰西所有的阶层勇敢地团结在一起，一致对外。想到外国势力差点就要联合起来反对法兰西，法兰西初生的自由火花差点就被熄灭，所有的法兰西人都难以忍受。

当时担任炮兵军官的普瓦松男爵这样描述自己的感受：

> 到处是愤慨激昂的人群。大家要反对外国干涉，决不能再次沦为革命前专制统治的牺牲品。在大街上、在会社里、在公园中，演说家的声音遍布各处，响彻人群。每当讲到伟大的斯巴达和雅典，汹涌的人潮就按捺不住激动。人们回忆起马拉松、萨拉米斯[①]和塞莫皮莱[②]。在狂热情怀的鼓动下，四千名来自大学和中学的年轻人自发组织起来，前往国民议会，申请政府赋予他们在危难中以死报国的权利……原来的旗帜被上校带到了科布伦茨[③]。国民自卫军向军团补充了新的旗帜。

在炽热的爱国情怀的感染下，拿破仑·波拿巴致信国民议会委员让·马林·诺丹，说："南方人的血液在我的血管中沸腾，宛若罗纳河的湍湍急流，宛若我急不可耐的狂草。如果潦草的字迹影响了您的观感，请接受我诚挚的道歉。"

对拿破仑·波拿巴来说，瓦朗斯"天高地远"，不是风暴的中心。拿破仑·波

---

① 萨拉米斯（Salamis），古代塞岛的重要城邦国家，位于塞浦路斯东部法马古斯塔以北，由特洛伊战争中的英雄建立。
② 塞莫皮莱（Thermopylae），也叫"温泉关"，是古希腊的一个关口，位于雅典西北部，控制着通往希腊中心的道路。斯巴达国王利奥尼达斯一世与波斯国王薛西斯一世曾在此交战。塞莫皮莱战役象征英雄主义。
③ 科布伦茨（Coblenz），位于德意志境内莱茵河和摩泽尔河交汇处。

拿巴希望去巴黎，站在议会的讲坛上激昂陈词，在雅各宾俱乐部占有一席之地。他在狂热和兴奋中提笔致信叔祖父卢西亚诺·波拿巴：

> 请给我汇来一些钱。三百法郎，够我去巴黎就好。我要去巴黎。只有巴黎是革命的最前线。只有到最前线，才能克服所有的困难。一切都表明我将成就一番大事。您不会因为舍不得区区一百克朗就阻碍我走向成功吧？

1791年7月27日，拿破仑·波拿巴致信国民议会委员让·马林·诺丹，他在信中写道：

> 战争会爆发吗？我认为不会。理由如下：首先，欧洲四分五裂，各君主国可以分为两类，一类对人发号施令，一类对畜生发号施令。第一类君主国对大革命的形势洞若观火，但他们畏惧革命，不惜花费重金扑灭革命之火。他们不敢摘下伪善的面具，唯恐引火烧身。英格兰、荷兰等国就是这一类。
>
> 至于只能指挥牛马的国家，他们鼠目寸光，鄙视宪法，根本不了解宪法真正的意义。他们认为宪法章程只是思想的杂烩和混淆；遵从宪法制度只会毁了查理曼帝国①。听了他们的蛊惑，你会相信英勇的爱国公民会自相残杀，以净化自身的血统，清除弑君的罪恶；革命者会低下高贵的头，向暴君俯首称臣，向教士低头认罪，对律师低眉顺眼。这一类国家毫无作为，静待内乱爆发，因为在君主和他们愚蠢的大臣看来，内乱必然会存在，无法幸免。

战争随时可能爆发。国民议会命令各军进入战备状态，并出动了国民自卫

---

① 在历史上，法兰克王国是由日耳曼的一支法兰克人在西欧建立的封建王朝。751年加洛林王朝开始，800年查理曼加冕称帝，这时期的法兰克王国也叫查理曼帝国。查理曼大帝统治时间为771年到814年。

队。依据1791年8月20日颁发的法令,五个师编队组成观察军团,从敦刻尔克到巴塞尔①沿线摆开。为了彰显团结,各师部均有特派员监军,直接负责指挥军队。如此一来,在军队中想开小差怕是不容易了。国民议会也需要确认哪些人真心拥护它,哪些人虚与委蛇。因此,想找借口休假也很困难。1791年8月20日的法令颁布前,拿破仑·波拿巴还想请假,结果被指挥官当场驳回。指挥官认为拿破仑·波拿巴思想激进,一直看他不顺眼。当时,拿破仑·波拿巴向任部队监察长的杜泰伊男爵让-皮埃尔越级请假,成功申请到三个月探亲假,但有条件——此次休假期间没有薪水,而且拿破仑·波拿巴必须在年底之前赶回瓦朗斯。拿破仑·波拿巴当时连回乡的路费都没有。怎么办呢?只得再跟叔祖父要。他写信让叔祖父卢西亚诺·波拿巴给他六克朗,他说母亲欠了自己六个克朗,请叔祖父先行垫付。叔祖父卢西亚诺·波拿巴终归没有帮波拿巴夫人玛丽亚·莱蒂齐亚·拉莫利诺"垫付"这六克朗。于是,1791年7月24日,拿破仑·波拿巴从部队军需官处借到一百八十里弗尔,1791年8月26日又借了九十里弗尔,1791年8月27日再借了一百零六里弗尔。筹到路费后,拿破仑·波拿巴和路易·波拿巴终于踏上了回乡之途。

---

① 巴塞尔,瑞士西北部城市,在莱茵河畔。

第 9 章

又回科西嘉

（1791年9月6日—1792年5月2日）

精彩看点

拿破仑·波拿巴返阿雅克肖——巴斯夸·帕欧里派冷待波拿巴——叔祖父卢西亚诺·波拿巴去世——叔祖父的遗产——岛内形势——纷乱连连——阿雅克肖市政警卫军官选举——拿破仑·波拿巴参选少校副官——1792年阅兵典礼命所有军官返营——拿破仑·波拿巴无视军令——拿破仑·波拿巴写给特派员的信——科西嘉选举日到来——拿破仑·波拿巴计划——科西嘉举事——如愿——当选——煽乱——第二次向城堡发动攻击——被责备——去巴黎

距离上一次回家过去了半年,拿破仑·波拿巴这次回来的正是时候。他赶上了1791年9月月底在科尔特举行的立法议会选举。约瑟夫·波拿巴在立法议会的选举中落败,但成为地方委员会委员。

以巴斯夸·帕欧里为首的温和派看不惯波拿巴家族的革命热忱。于是,巴斯夸·帕欧里暗中做了手脚,让波拿巴家族的成员在竞选中落败。温和派断绝了与波拿巴家族合作的一切念想,因为波拿巴家族的人都太过激进:卢西亚诺·波拿巴的言语中不时透露出暴力倾向,拿破仑·波拿巴在巴斯蒂亚时时常叫嚣着要攻占堡垒,而法兰西国运多舛,令人心惊胆悸。在这种情况下,如果让激进的波拿巴家族当权,保守派和温和派又该怎么办呢?

1791年10月,拿破仑·波拿巴的叔祖父卢西亚诺·波拿巴去世。这位波拿巴家族的总管兼财产守护人为家族鞠躬尽瘁。他在生命的最后一刻都没有忘记多年来藏在床垫中的积蓄,那是他一点一点存起来的。卢西亚诺·波拿巴在临终时张了下嘴唇,说出了对拿破仑·波拿巴的预言:"你,拿破仑·波拿巴,会成为一个男子汉。"①

叔祖父卢西亚诺·波拿巴尸骨未寒,后辈们就开始在床垫里搜找,最终翻出了一包钱币。波拿巴家族的后辈们你一言我一语,盘算着拿这笔钱做些什么可以稳赚不赔。当时是投机的大好时机。王室和教会的大量土地被没收后公开拍

---

① 原文为法语"Tu poi, Napoleon, sarai un uomo."

青年时代的卢西恩·波拿巴

卖,但由于科西嘉人没有什么储蓄,因此很多土地即使贱卖也无人问津。波拿巴家族的人近来正好"继承"了一小笔财产,于是买了几块地。

1791年10月15日,叔祖父卢西亚诺·波拿巴去世后,拿破仑·波拿巴责无旁贷地成为家族族长。

拿破仑·波拿巴的三弟卢西恩·波拿巴说:"没有人敢反对他,也没有人敢批评他,更没有人敢不赞同他的意见。任何人置以微词都会让拿破仑·波拿巴立刻暴跳如雷,火冒三丈。就算是长兄约瑟夫·波拿巴也要对他表示服从。"①

---

① 《卡尼诺亲王卢西恩·波拿巴回忆录》,伦敦,1818年。——原注

拿破仑·波拿巴返回军队的六个月期间，无法插手科西嘉岛的事务。现在看到的科西嘉岛混乱的局面看似与拿破仑·波拿巴是否在科西嘉岛没有直接关系，但乱终归是乱。这种混乱状况在科西嘉岛农商部长德·沃尔内伯爵康斯坦丁·弗朗西斯·德·沙塞伯夫写给政府的报告中一览无余。德·沃尔内伯爵康斯坦丁·弗朗西斯·德·沙塞伯夫在科西嘉岛时，曾在波拿巴家借住，与拿破仑·波拿巴交谈甚欢。1792年2月17日，拿破仑·波拿巴写道：

德·沃尔内伯爵康斯坦丁·弗朗西斯·德·沙塞伯夫

1790 年的巴士底日

他希望能在我的家乡停留；他希望在一个自由民族的怀抱中安静地度过自己的人生；他希望身边尽是肥沃的土地，春意永存。

在纪念1789年7月14日"巴士底日"的庆典上，所有教士都被要求宣誓"效忠国家、效忠法律、效忠国王"。教皇庇护六世[①]对此表示反对，于是许多教士拒绝就不宣誓。但激进派认为，不宣誓表示对共和缺乏诚意。

巴斯蒂亚重新任命了主教。新的主教遵照国民的意愿宣读了誓言，但多数僧侣和教士依旧表示拒绝。这样的行为激怒了民众，引起了另一场风暴。人们向

---

① 庇护六世（Pope Pius VI, 1717—1799），原名乔瓦尼·安吉洛·布拉斯齐（Giovanni Angelo Braschi），意大利籍教皇。1793年，拿破仑·波拿巴入侵教皇领地。1797年，在拿破仑·波拿巴的强迫下，教皇庇护六世在托伦提诺签订和约。1798年被逐出罗马。1799年为法军俘虏，被俘期间年老体弱而死。

主教发起了攻击，差点将他撕成碎片。最后，主教逃到约瑟夫·安托万·阿雷纳①的家中，从那里坐船前往意大利。驻守城防的官兵冷眼看着发生的一切，并没有出手相救。其他地方也发生了暴动。在有些地方，即使已经宣了誓的教士也未能幸免。

立法议会的选举结束后是市政警卫军官的选举。市政警卫中校与正规军上尉同级。正规军中尉有资格参选市政警卫少校副官。市政警卫少校副官虽然是副职，但享有少校的名誉军衔及上尉的薪饷待遇。拿破仑·波拿巴的目标是市政

教皇庇护六世

---

① 约瑟夫·安托万·阿雷纳（Joseph Antoine Aréna，1771—1801），法兰西军人，出生于科西嘉岛，巴泰勒米·阿雷纳的弟弟。阿雷纳家族和波拿巴家族是世仇。约瑟夫·安托万·阿雷纳的哥哥巴泰勒米·阿雷纳曾在雾月政变中用匕首行刺拿破仑·波拿巴。约瑟夫·安托万·阿雷纳曾参加土伦战役。约瑟夫·安托万·阿雷纳在1800年参与谋杀拿破仑·波拿巴的计划，后计划失败，约瑟夫·安托万·阿雷纳被处死。

警卫中校，因为这一职位的地位更高、薪酬更好、权力更大。但此时，拿破仑·波拿巴的探亲假又快结束了，他延长休假的申请也被法兰西王国驻科西嘉岛驻军司令驳回。事实上，法兰西王国驻科西嘉驻军司令没有权力批准拿破仑·波拿巴的申请。国民议会严格规定，1791年12月25日前，无论职位高低，不分军官士兵，所有在假军官必须全部归队，接受检阅。国防委员和市政官员会前来观看阅兵。因此，国民议会决定："没有正式批准的假条，任何军官都不得无故缺席上述重要的阅兵仪式。一旦被查到不在岗，不管已服役多少年，立即开除，今后也不再发放任何津贴补助。"

国民议会令行禁止。况且拿破仑·波拿巴所在的军团也接到命令，即将开赴前线。拿破仑·波拿巴坚持要留在科西嘉岛。1792年2月17日，他非常冷静地致信部队特派员：

> 身为一名军人，我职责在身，却无法及时回营，全因世事多变，令人始料未及。事已至此，过分自责没有意义。况且我的肩上担负着更伟大、更神圣的使命。这个理由已足够充分。
>
> 现在万事妥当，我准备回去。但我想征询您的意见。如果我回去，1792年1月1日阅兵时，我该排在什么位置？队列中是否已经有人顶替了我？如果是，我又该何去何从？
>
> 建议您不要在军团公开此信。您的意见决定我能否立刻动身回去。只要收到您让我回去的回信，我就立即动身。

拿破仑·波拿巴想，自己平日思想激进，算是个众所周知的雅各宾派成员。在雅各宾派当政的情况下，谁会认真惩罚他呢？但拿破仑·波拿巴的确受到了惩罚。原来，当时军中的贵族军官浑水摸鱼的数不胜数，不是只有拿破仑·波拿巴。法兰西王国政坛风云变幻，但军官们看不懂。他们出逃的出逃，退伍的退伍。这下，当政者可遇到了大麻烦。军官大批逃散，谁还忠心耿耿？空出来的位置也需要人填补。这都是需要解决的问题。

德·纳博讷-拉腊伯爵路易·玛利·雅克·阿马尔里克

1792年1月14日,国防部长德·纳博讷-拉腊伯爵路易·玛利·雅克·阿马尔里克收到一封提名拿破仑·波拿巴为少校副官的举荐信。在这样的大环境下,我们就不难理解德·纳博讷-拉腊伯爵路易·玛利·雅克·阿马尔里克不假思索的许可了。德·纳博讷-拉腊伯爵路易·玛利·雅克·阿马尔里克如果知道拿破仑·波拿巴逾假未归,并且根本没有尽军人的义务参加阅兵庆典,肯定会吓一跳。但即使是少校、副官这样的职位,拿破仑·波拿巴也认为自己是低就。心里不舒服的拿破仑·波拿巴又致信国民议会委员苏西,索要更高的职位。第一次回乡探亲时,拿破仑·波拿巴在瓦朗斯结识了塔尔迪翁神父。苏西委员是塔尔迪翁神父的姐夫。1792年2月17日,拿破仑·波拿巴写下第一封信。1792年2月29日,他写了下面这封信:

> 当下时局艰难,我应该留在科西嘉岛,义不容辞地保卫家乡。科西嘉岛的友人也多坚持让我留下。身为军人,我不可朝三暮四。因此,我选择辞职。然而,军部有一位长官居间调停,在志愿兵连队为我安排了少校副官的位子。这样固然不错,但我也因此不能结交更多能人志士。无论如何,一切都还安顺。希望短期内不要有什么问题。
>
> 先生,您完全忽视了我的要求。这么长时间了,您都没有给我回信。看在老朋友的面子上,请告诉我您的立场。在当前的局势下,您的国家一旦失去勇气,就再也不能兴起。①
>
> 如果您认识圣埃蒂安军械库的人,可以帮我订制一副手枪吗?我要双管的,七八英寸长,装零点二四口径的子弹。价格是七路易还是八路易?我用五里弗尔一张的纸币付款。

一名年仅二十三岁的年轻军官违反国民议会的规定,不按期返回军团,其实已经被除名了。他给部队的政府专员写信时如此淡定从容,很难让人不惊诧。更何况,他在信中掩盖了自己的真实动机。实际上,没有人推荐拿破仑·波拿巴当中校副官,这个说法只是一个幌子,拿破仑·波拿巴想要谋求更高的职位。

依据1791年8月4日出台的法令,科西嘉岛要组建四个营的志愿兵。在选举之前,拿破仑·波拿巴和德·沃尔内伯爵康斯坦丁·弗朗西斯·德·沙塞伯夫一同踏遍了科西嘉全岛,进入深山拉选票。他们亲自操练兵马,和士兵打成一片。科西嘉本地人对服兵役的热情不高,志愿兵大都是法兰西人。而拿破仑·波拿巴早已开始在法兰西士兵中收买人心。新募志愿兵在阿雅克肖集合后,选

---

① 拿破仑·波拿巴在这封写给苏西的信中,无意漏了一个底,我们可以借此一窥他内心深处的真实理念。在提到法兰西时,他称法兰西为"你的国家。"——原注

18世纪末法兰西军队士兵及其装备

举兵营军官。穆拉蒂、格里马尔迪和奎安萨三位委员前来督选。穆拉蒂是佩雷蒂·德·利维眼前的红人;候选人佩拉尔迪有巴斯夸·帕欧里的提名;格里马尔迪和费什家族属于同一派,比较靠谱;奎安萨保持中立,不过奎安萨的兄长是竞争中校职位的候选人之一。因为中校名额只有两个,竞争激烈,为了拉拢奎安萨,波拿巴家族便做出保证,投票给奎安萨的兄长,帮助他竞选中校。对拿破仑·波拿巴来说,最幸运的事情莫过于叔祖父去世后留下了一笔钱,因此,他参选时不会太拮据。

皮埃尔·朗弗雷

在帮助奎安萨的长兄搞定选举这件事情上,拿破仑·波拿巴表现出惯有的韬略和胆识。皮埃尔·朗弗雷①对拿破仑·波拿巴身上的这一特点观察得非常细致:

> 这个小插曲足以解释拿破仑·波拿巴后来的一生。这件事证明了一个道理:大凡人中龙凤或世间枭雄,他的性格在人生的早期就会显山露水,或初示端倪。性格本身不会在朝夕间改变,但性格中的一些特质可能会长久地潜伏。它们在人未能觉察时蛰伏着,等待着,一旦遇到合适的机会,便会光芒四射。在同一个人身上,本性不会发生天翻地覆的改变。你如果想要看到一个人的个性发生本质改变,估计只能去历史学家恣意抒写的谎言里翻找了。

---

① 皮埃尔·朗弗雷(Pierre Lanfrey, 1828—1877),法兰西历史学家,政治家。

我们从科西嘉岛的一位老法官、权威长者纳西卡处听到了关于这场政治交易的叙述。纳西卡当时就在现场，目睹了整起事件。他并没有在描述这些事件时造假的动机，因此他的叙述一定是可信的。纳西卡在整起事件中看到并一直挂怀的只有拿破仑·波拿巴的光辉形象，别无他物。他认为，拿破仑·波拿巴"感情丰富，是一位将荣誉、美德和自由深深铭刻于心"的大英雄。这就是耿直的意大利人啊！英国人就不会这样认为，最心无城府的英国人都知道拿破仑·波拿巴的心计。

根据巴黎的指示，要将国民自卫队扩至科西嘉全岛，军官通过普选产生。拿破仑·波拿巴立即看出，此次扩大科西嘉志愿兵实际上是对科西嘉岛兵权的"稀释"，从此以后，科西嘉岛的一切恐怕都要受到法兰西王国的掌控。法兰西王国和科西嘉岛是利益矛盾体。

同时竞选中尉的还有其他候选人。在阿雅克肖城，有投票意愿的公民中呼声最高的就是卡洛·安德烈亚·波佐·迪博尔戈和佩拉尔迪二人。

拿破仑·波拿巴面临的困难越来越大。他为了成功当选，开始无所不用其极——他行贿，对选民威逼利诱，或者试图用家族的声誉影响选民。最终，竞选演变成人身攻击。佩拉尔迪肆意讽刺拿破仑·波拿巴的弱点，说拿破仑·波拿巴是矮子、麻秆、自大狂。拿破仑·波拿巴一向不能容忍他人的嘲讽，因此，他一听到有人提及佩拉尔迪，就脸色铁青，怒不可遏。

小城分化为两个阵营。双方唇枪舌剑的言语攻击演化成殴斗。派系斗争真让人疯狂啊！

为了取胜，拿破仑·波拿巴制定了计划：先推奎安萨，然后自己上位。也就是说，要在三位督选委员中拉到至少两位的支持。为了最终的胜利，只得一心对付第三方，即穆拉蒂。

督选委员们刚到阿雅克肖，就住进了各自朋友的家中。穆拉蒂住在佩拉尔迪家，格里马尔迪住在约瑟夫·费什家，奎安萨在拿破仑·波拿巴家下榻。拿破仑·波拿巴一度因伤心失望而多疑、暴躁，但他终于发出了致命一击。他清楚地知道，如果处境不利，让对手占了上风，自己就有可能失败。自己一旦失败，就连军团的位置都会保不住。一番深思熟虑后，拿破仑·波拿巴决定拿出致命王牌。这一步行动风险极大，但他只能破釜沉舟，不能失败。

佩拉尔迪一家正在吃晚饭时，听到有人砸门。紧接着，士兵全副武装，破门而入。穆拉蒂怕死，第一时间从后门溜走，但很快被人抓住，像囚犯一样押到拿破仑·波拿巴家。拿破仑·波拿巴正紧张地等待着穆拉蒂，但他表面上装得既亲切又开心。拿破仑·波拿巴给了穆拉蒂一个热情的拥抱，并义正词严地向穆拉蒂保证，方才发生的一切都要冠以自由之名，只是为了保证大选能顺利进行。拿破仑·波拿巴说："我一直都认为你应当脱离佩拉尔迪和他的小团体。你怎能受他的摆布？你要自主，你要彻底地成为自己的主人！"

穆拉蒂何曾见过如此霸道的阵式。他被吓蒙了。对面的这位年轻军官如此威武强势、咄咄逼人，穆拉蒂则唯唯诺诺，连半个"不"字都不敢说，任由自己被拿破仑·波拿巴软禁在家。

第二天，选举正式开始。拿破仑·波拿巴如愿获得了绝大多数选票。卡洛·安德烈亚·波佐·迪博尔戈跳上投票坛，对拿破仑·波拿巴的无耻行径表示抗议。立即有人将卡洛·安德烈亚·波佐·迪博尔戈拉下投票坛，拳打脚踢。要不是拿破仑·波拿巴出手阻止，卡洛·安德烈亚·波佐·迪博尔戈很可能被拿破仑·波拿巴的狂热追随者打死在现场。其实拿破仑·波拿巴并没有想解救卡洛·安德烈亚·波佐·迪博尔戈，只是不想再捅出什么事端。如果闹出人命，会有法院涉入调查。

1792年4月10日，拿破仑·波拿巴致信军队军需官，向军需官讨要薪水。拿破仑·波拿巴写起信来驾轻就熟，不料这次未能如愿。军需官回复道："你已被开除。"还好，拿破仑·波拿巴被军需官拒绝的事没有传扬出去。如果这个消息被透露出去，拿破仑·波拿巴可能连市政警卫中校也申请不到。要知道，申请晋级的前提是申请人还在服役。

拿破仑·波拿巴的手上有一个营的兵力。他现在迫切地想一显身手，夺取挂念已久却不可得的阿雅克肖城。拿破仑·波拿巴已经制定了计划：先让兄长约瑟夫·波拿巴和舅舅约瑟夫·费什散布谣言，尽可能扰乱局面——就说之前有教士不愿对法典宣誓，现在要执行议会法案，拿破仑·波拿巴正好带兵来督管。他手下的志愿兵大多是科西嘉山民，而山民和城镇居民本来就有隔阂。拿破仑·波拿巴的士兵只听命于他，因为拿破仑·波拿巴又刚刚继承了一大笔遗产。

复活节前夕，拿破仑·波拿巴手下的人如愿挑起争端。拿破仑·波拿巴在纷乱中从天而降，闪电般地攻陷了阿雅克肖城中的两个据点。整个过程只遇到一点抵抗，几声枪响，导致了几人死亡。

拿破仑·波拿巴命令守城指挥官德·梅拉德上校打开堡垒大门，让自己的人入城。德·梅拉德上校没有听从。市议会担心事情闹得不可收拾，勒令拿破仑·波拿巴撤兵。拿破仑·波拿巴也没有听从。拿破仑·波拿巴说，不能听从议员们在坏人的胁迫下发布的命令。拿破仑·波拿巴开始包围阿雅克肖城，断绝城内供给。守城指挥官德·梅拉德上校命令炮手将炮口对准拿破仑·波拿巴率领的国民自卫队，但据守的官兵拒绝执行。在拿破仑·波拿巴正要铤而走险，拼死攻城时，地方委员会的官员及时出现，阻止了双方的行为。拿破仑·波拿巴只得悻悻退兵。

事情结束后，拿破仑·波拿巴开始考虑如何善后。他着手致信各位委员，并在信中一如既往地找理由为自己开脱。他毫不犹豫地歪曲事实，将脏水全部泼给市议会，还说所有的无耻交易都应该由市议会负责。拿破仑·波拿巴写了一篇无罪辩护书寄给国防部，另外又誊写一份，寄往立法议会。他的自辩书和德·梅拉德上校对事实真相的报告几乎同时送达国防办公室。不过，算拿破仑·波拿巴走运。当时，法兰西王国正在与奥地利交战，陆军部大臣忙得团团转，哪有时间看他们的信。

时间一晃到了1792年7月8日。陆军部大臣给德·梅拉德上校的回信中提到"波拿巴先生"时，满是强烈的谴责，但陆军部大臣无可奈何。尽管拿破仑·波拿巴的行为足够被送去军事法庭，但由于近来暴乱辄出，国家也很头疼。刚出台了一则新法令，将类似的暴乱都视为民事纠纷。因此，国防部实在无计可施。

然而，拿破仑·波拿巴在科西嘉岛的地位变得无比尴尬。首先，他不能回阿雅克肖，因为他在那里树敌过多。其次，他也不敢回瓦朗斯军营，担心被当成逃兵抓起来。最终,拿破仑·波拿巴决定前往巴黎。他想尽力活动,试试看能不能复职,或者,无论如何找个说辞为自己在复活节期间搞的破坏做解释。更何况法兰西王国和奥地利正在打仗,战场上到处是英雄建功立业的大好时机,岂能错过?

于是,1792年5月2日,拿破仑·波拿巴从巴斯蒂亚出发前往巴黎。拿破仑·波拿巴走后一个月,陆军部大臣皮埃尔·玛利·德·格拉夫的回信才抵达科西嘉岛。拿破仑·波拿巴一如既往地随身带了各种假条和证明,不知道有了这些"证据",自己在1792年1月1日缺席阅兵大典的罪过能否说得过去。

第 10 章

1792 年夏

(1792 年 5 月 28 日—1792 年 9 月 7 日)

精彩看点

拿破仑·波拿巴在巴黎——与路易·安托万·福弗莱·德·布里昂相逢——1792年6月20日——1792年8月10日——大家对拿破仑·波拿巴的印象——当时部队缺乏军官的状况——复职升上尉——因四月事件受责——三弟卢西恩·波拿巴——自负的卢西恩·波拿巴——王室学校解体——拿破仑·波拿巴请假送长妹埃利萨·波拿巴回家——埃利萨·波拿巴的信——拿破仑·波拿巴登岛——那年夏天的疯狂

拿破仑·波拿巴抵达巴黎后，才发现当时时局动荡，暴乱频发，没有人在意发生在遥远的科西嘉岛的"小乱子"。陆军部大臣如走马灯般更换，没有人顾得上拿破仑·波拿巴。前陆军部大臣皮埃尔·玛利·德·格拉夫说拿破仑·波拿巴够上军事法庭了。但没过几天，1792年5月9日，陆军部大臣换成了约瑟夫·玛利·塞尔旺·德·格伯。1792年6月29日，约瑟夫·玛利·塞尔旺·德·格伯失踪。直到1792年8月21日，法兰西王国已换了六位陆军部大臣。战争的突然降临使整个国家人心浮动，无暇他顾。前线传回的战报、军官脱逃的消息、军队统帅们的意见，所有事情都在挑动国民议会的议员们脆弱的神经，在激起底层民众的激烈反应。叛国罪，阴谋论，如是种种，铺天盖地。

在巴黎，拿破仑·波拿巴偶遇了路易·安托万·福弗莱·德·布里昂。拿破仑·波拿巴的昔日好友对他伸出了援助之手。路易·安托万·福弗莱·德·布里昂这样说：

> 1792年4月，我回到巴黎，再次遇到了拿破仑·波拿巴。我们依旧非常亲切，共同回忆起在布里埃纳军事学院的美好时光。当时，我的手头并不宽裕，拿破仑·波拿巴则穷得捉襟见肘。我们两个二十三岁左右的年轻人，无所事事又不名一文。拿破仑·波拿巴比我还困窘。我们每天都在绞

无套裤汉

尽脑汁地思考如何钻营……拿破仑·波拿巴当时在向国防部求职,而我向外交部递交了申请书。我有段时间是有好运的。我们就这样,像浮萍一样漂着。然后,1792年6月20日,那个重要的日子到来了。

一群被称作"无套裤汉"①的底层平民在啤酒酿造商安托万·约瑟夫·桑泰尔的带领下,持枪冲入杜伊勒里宫。所有的王室成员都来不及逃脱,在暴民的包

---

① 无套裤汉(sans-culottes),是法国大革命时期对城市平民的称呼。当时,贵族穿紧身短套裤和长筒袜,只有平民才着长裤,没有套裤,这一称呼由此得来。无套裤汉主要人员是小手工业者、小商贩、小店主和其他劳动群众,是革命的主力军和几次革命起义的参与者。

暴民围住法兰西王室

围下听着杂乱的嘶嚷。暴民要求恢复内阁,并允许吉伦特派控制议会。底层的人民不过想有饭吃、有钱花,他们是这场暴乱的棋子,暴乱的目的另有所指。队伍中有衣衫褴褛的女人,带领她们的是有名的"妓女爱国者"安妮-约瑟夫·特罗涅·德·梅里库尔①。可见,这其实是一次有目的、有组织的行动。一些人伪装成社会底层的穷苦人民混在队伍中。他们破烂不堪的衣衫下竟藏着上层人士白净的双手,他们又脏又破的外套里层露出一小截精工的亚麻衬衣。这些细节暴露了他们的真实身份。伪装者的帽子上有一块明显的白色涂抹作为标记。

---

① 安妮-约瑟夫·特罗涅·德·梅里库尔(Anne-Josèphe Théroigne de Méricourt, 1762—1817),歌手、演说家、法国大革命早期领导人,出生地在今比利时境内。她被保王党称为"妓女爱国者"。

国王路易十六成了暴民凌辱和折磨的对象。无套裤汉强迫国王路易十六戴上一顶象征自由的红帽。一个穿着破烂衣衫的男子将一瓶脏酒猛然掼到国王路易十六面前,逼他喝下去,以庆祝共和国的诞生。杜伊勒里宫外,国民议会成员和吉伦特派成员混在人群中,眼睁睁看着这些无礼的行为,轻轻地点着头,露出幸灾乐祸的嘲笑。

此时,拿破仑·波拿巴在哪里?这个自幼在国王的福荫下成长的人,他的忠心呢?他不是宣誓过要效忠陛下吗?他的誓言呢?他不是要捍卫王室尊严吗?他的拳拳之心呢?请听路易·安托万·福弗莱·德·布里昂"娓娓道来":

安妮-约瑟夫·特罗涅·德·梅里库尔

路易十六遭到暴民的羞辱

  1792年6月20日,我和拿破仑·波拿巴约好一起散步。我们在皇宫附近圣奥诺雷街的餐馆碰面。我们一出餐馆,就看到一群无套裤汉正朝着集市的方向走去。拿破仑·波拿巴估算了一下,总共约有六千人。这群人穿着破烂的衣服,手持各式滑稽的武器,向着杜伊勒里宫急速开进。他们一边走,一边嘶吼,叫骂声不绝于耳。他们大多来自巴黎郊区,肮脏的外表下是凶野的内心。拿破仑·波拿巴说:"走!跟过去看看!"于是我们先行一步,跑到河岸的平地上。那里的位置正适合观看。正是在这样一个居高临下的位置,拿破仑·波拿巴看到了无套裤汉对国王路易十六的羞辱。他的心中升起无限的惊讶和难以言喻的愤慨。当时,国王路易十六戴着被无套裤汉歪歪斜斜地按在头上的红帽,出现在正对花园的窗口上。看到这里,拿破仑·波拿巴再也不能抑制内心的激愤,大叫道:"蠢货①!卫兵都是干什么吃的?为什么会让乱党攻入?为什么不用炮轰?一炮就轰掉四五百人,其他的还不都得散去吗?"

我们回到餐馆吃晚饭,我付的钱。当时我的经济状况比他好很多,出来吃饭一直是我付钱。拿破仑·波拿巴对刚刚目睹的情景只字不提。他一向有真知灼见,看法往往掷地有声。他谈了自己对此事的看法,谈起了这场未能压制的暴乱的前因后果。他聪明且富于远见,因此他预言过的事情,在1792年6月20日的事件中都发生了。

1792年6月20日事件中遭到羞辱的王后及其子女

---

① 这里是法语"Che coglione"。

乔治斯·雅克·丹东

拿破仑·波拿巴的野心并没有消失，只是在等待爆发的时机。在当时的局势下，拿破仑·波拿巴没有看到可以让自己施展才华的机会。巴黎乱得一塌糊涂。如上文所说，单是陆军部大臣，就如走马灯一般更换。

1792年7月17日，马赛市议会上书国民议会，要求国王退位。紧接着，疯狂的马赛平民浩浩荡荡向巴黎进发。他们来到巴黎，要亲眼看着国民议会达成他们的条件。1792年7月30日，最后抵达巴黎的五百名马赛民众做好了冲陷杜伊勒里官的准备。然而，直到1792年8月10日，平民依旧没有等到他们想要的退位声明。于是，便有了历史上平民攻占杜伊勒里官的一幕。平民起义揭开了序幕。只见乔治斯·雅克·丹东①鼓动天主教教士："将丧钟敲响！让国王死亡！那是人民复仇的时刻，那是人民自由的时刻！拿起武器，行动起来②！"

---

① 乔治斯·雅克·丹东（Georges-Jacques Danton，1759—1794），法兰西政治家、法国大革命领袖。
② 原文此处是法语"and ca ira!"意思是"没问题""可以的"。

国王路易十六等王室成员被押到国民议会。起义民众一开始不敌国王卫队,经过几轮攻杀,最终占领宫殿。当时,国王路易十六的卫队是瑞士雇佣兵卫队①,忠诚英勇,但路易十六素有妇人之仁,不准瑞士卫队开枪。于是,民众咆哮着一拥而上,抢走卫队的枪械,将卫兵们残杀戮净。1792年8月10日清晨,路易

暴民进攻前,路易十六视察瑞士雇佣兵卫队

---

① 瑞士雇佣兵自古拥有英勇与忠诚之名。1527年在罗马的战斗中保护教皇撤退。1792年法兰西王家卫队中的瑞士分队、约八百名瑞士雇佣兵全部战死。现在瑞士有石狮建立、专门纪念这些在外国牺牲的瑞士雇佣兵。1874年瑞士宪法禁止国民接受外国军队雇佣(保护教皇宫殿的除外)。

123 | 第10章 1792年夏(1792年5月28日—1792年9月7日)

伊丽莎白·菲利普·玛丽·海伦公主

　　十六的妹妹伊丽莎白·菲利普·玛丽·海伦公主还叫玛丽·安托瓦内特王后一起看日出呢。当天的太阳殷红似血。那是她们最后一次看日出。在未来惨遭囚禁的日子里，在铁窗冷锁的陪伴下，不知她们是否还有机会再看日出。那天的天空红得吓人，预示着她们死期将近。

　　1792年8月10日是个具有纪念意义的日子。当天，拿破仑·波拿巴好像也混入了暴民队伍，一起去了杜伊勒里宫。他后来在圣赫勒拿岛口述回忆录时，讲述的内容犹如目睹。

拿破仑·波拿巴说:"简直空前绝后。我一生经历的所有战役,将尸骨堆成山,也比不上我第一次看到瑞士卫队全军覆没时震撼。不知道是因为王宫不如战场开阔,所以显得卫兵的尸体堆积得比天还高,还是因为那是我人生中第一次看到那么多尸体和如此惨烈的死状……我也不知道。我发疯一般地跑到附近一家酒馆里。酒馆的常客自然是最底层的人民。我看到那些家伙的脸上洋溢着神采,焕发着兴奋,释放着暴怒。我觉得我看到的肯定是同一帮人,他们都习惯

玛丽·安托瓦内特王后

在酒馆里扎堆。我注意到,当我出现时,即使衣饰平常,他们也能立即看出来,我跟他们不一样。他们的目光齐刷刷地向我扫来。因为不认识,所以怀疑,并且充满敌意;因为陌生,所以不会信任。也可能因为我态度平静,一看就不是他们的人吧。"

从拿破仑·波拿巴当时的书信中我们看出,他从未有过一丝担忧,也从来没有因为失去军职烦恼。当时的军官开小差的情况很多。拿破仑·波拿巴知道,法不责众,他没有参加阅兵仪式的过错也一定会得到宽大处理,毕竟在当时,三分之二的部队军官都开过小差。于是,拿破仑·波拿巴将自己的情况说明书寄到炮兵委员会。炮兵委员会建议国防部对他网开一面,恢复他的军职。炮兵委员会为拿破仑·波拿巴做的不止这些。1792年7月10日,拿破仑·波拿巴接到通知,得知自己不仅恢复了军职,还晋升为炮兵上尉,而且领到了从1792年2月6日起补发的薪水。1792年8月30日,拿破仑·波拿巴正式收到晋升通知书,命令他去驻扎在格勒诺布尔①的炮兵第四兵团报到。兵团有四个炮兵连驻

格勒诺布尔

---

① 格勒诺布尔(Grenoble),法兰西东南部城市,伊泽尔省首府所在地。位于阿尔卑斯山脉,在罗纳河支流伊泽尔河畔。

阿玛迪斯三世

扎在瓦尔,两个连队驻扎在科西嘉,两个连队驻扎在佩皮尼杨,一个连队驻扎在布里昂松。法兰西已向撒丁国王阿玛迪斯三世宣战,很快就要攻占萨瓦①和尼斯②。

至于复活节时的骚乱,拿破仑·波拿巴实在无力辩白。大家更愿意相信德·梅拉德上校的版本。新任国防部长皮埃尔·奥古斯特·拉亚尔刚恢复了拿破仑·波拿巴的军职并授予晋升,两天后,又写了一封意见相反的信给阿雅克肖司

---

① 萨瓦省(Savoie),是法兰西罗讷-阿尔卑斯大区所辖的省份,位于法兰西东南,是法兰西主要葡萄酒产区。
② 尼斯,法兰西东南部城市。

令。信上写着:"毫无疑问,拿破仑·波拿巴和奎安萨要为此次事件负全部责任。事实不可否认。拿破仑·波拿巴和奎安萨的确引发了暴动,并且带领手下的志愿兵胡作非为。倘若他们犯下的罪过仅限于军事行为,我会毫不犹豫,立即下令以国王的名义逮捕他们,包括他们手下的一干人等,送交军事法庭审判。但现在,依据法令新规,此类案件的审理权已经移交民事法庭。我爱莫能助,唯一能做的就是将此事原委通报司法部部长。"

这个结果让拿破仑·波拿巴卸下了所有忧虑。民事审判不知会推延到哪天,此事定会无限期搁置。

同时,三弟卢西恩·波拿巴在家里也不老实。这个狂妄自大的年轻人唯恐天下不乱,居然写了一本反动小册子,还准备宣传出去。留守科西嘉岛的长兄约瑟夫·波拿巴和四弟路易·波拿巴也都拿他没办法,卢西恩·波拿巴根本听不进他们的劝告。最后,约瑟夫·波拿巴和路易·波拿巴勉为其难地商议,想将此事交给拿破仑·波拿巴裁度。拿破仑·波拿巴看了宣传册,写信给卢西恩·波拿巴:

> 我已经看了你写的东西,简直一派胡言!没有思想,空有辞藻堆砌!以为只用优美的语句就能打动人心。公共演讲稿不是这样写的!那要比你想象的难多了!你写的东西只算是自吹自擂,不具备任何价值!

卢西恩·波拿巴看到信后当然不高兴。拿破仑·波拿巴又写了一封信,劝他懂得克制。

可怜的卢西恩·波拿巴!1792年6月24日,拿破仑·波拿巴致信约瑟夫·波拿巴。信中很好地展示了拿破仑·波拿巴对卢西恩·波拿巴的评判——虚华、浮躁、乖戾固执且不切实际。

拿破仑·波拿巴既然已经复职并得到擢升,理应尽快去军团司令部报到。但他依旧盯着科西嘉岛。另外,1792年8月10日的事件也使他迫不及待地想赶往圣西尔保护长妹埃利萨·波拿巴。

1792年8月7日发布的法令规定,所有王室学校一律关闭。1792年8月16日通

约瑟夫·波拿巴

过的法案附加条款则专门指出,圣路易学校必须关闭。因此,拿破仑·波拿巴的长妹埃利萨·波拿巴被遣出圣西尔修道院的寄宿宿舍。埃利萨·波拿巴没有回乡的路费,无家可归。于是,拿破仑·波拿巴和埃利萨·波拿巴分别致信市政当局,申请旅费补助。埃利萨·波拿巴写的信简直不堪卒读。只要看上一眼,就知道她在修道院什么都没学到,连基本的拼写都错得一塌糊涂。拿破仑·波拿巴的信也有满篇的语法错误,但至少可以读下去。

我很荣幸地观察到那些从未见过我兄长为管理人员，他的助手们在没有他的情况下先走，我和路易在一起，我绝对不可能离开圣西尔的宿舍。①

　　拿破仑·波拿巴和埃利萨·波拿巴共获得三百五十二里弗尔旅费补助。1792年9月2日，拿破仑·波拿巴带长妹埃利萨·波拿巴离开修道院，来到他提前预订的荷兰爱国者旅馆。拿破仑·波拿巴和埃利萨·波拿巴在小馆子里吃饭，一顿饭六苏②。埃利萨·波拿巴已经十六岁，身材纤细，面若银盘，肤似新雪，拥有一头浓密的头发，坚美的下颌，倔强的嘴唇。她像兄长拿破仑·波拿巴一样意志坚定，也有与拿破仑·波拿巴同样狂热的野心，只是目前尚未显露。她还有奔放的情怀，只是尚未来得及抒发。

　　拿破仑·波拿巴不可能自己留在巴黎，让妹妹一个人回科西嘉岛。因此，他要申请休假，得到批准后护送长妹埃利萨·波拿巴回家，将她带到母亲身边后，自己再返回军队。拿破仑·波拿巴和埃利萨·波拿巴即刻动身前往科西嘉岛。拿破仑·波拿巴能够安然回来，不背负任何罪责，再次出现在阿雅克肖城，出现在佩拉尔迪和德·梅拉德上校的面前，他的心中略感快慰。他还写信给格勒诺布尔军团指挥部，要求补发薪水，并申请将补发的钱款帮他秘密转到马赛一位商家的户头。③

　　1792年9月15日，拿破仑·波拿巴和长妹埃利萨·波拿巴抵达马赛港。他们将由此乘船，前往阿雅克肖。

　　1792年夏，拿破仑·波拿巴在巴黎经历的事情影响了他的一生，甚至可以说，这段经历从根本上改变了拿破仑·波拿巴的某些理念。在此之前，拿破仑·波拿巴是一个向往自由、平等、博爱的有志青年，他将此奉为人生的神圣原则，愿意对此矢志不渝，即使抛头颅洒热血也在所不惜。拿破仑·波拿巴在所谓

---

① 此段原文为不标准的法语，作者用来表示文法不通。原文是："I a'y lhonneur de faire observer a MM. les Administrateurs que n'ayant jamais connus dautres peres que mon frere, sy ses addaires l'obligoiet a partir sans qu'I ne mamnet avec luy, je me trouverois dans une impossibilite absolu devacuer la maison de Saint-Cyr." 写得不是很严整，是当时埃利萨·波拿巴写的信。
② 苏，货币单位，一苏相当于五生丁。
③ 他领到九百一十八点一法郎现金，一百一十二点一法郎指券。——原注

马赛

的"王朝旧制"中忍耐了太久,而他的同窗好友、同僚军官们都在潜移默化中表达了对旧式体制的认可,他们思想僵滞,对大革命的新兴思想也不甚动心。只有受过屈辱的人才会迸发激烈的反思,只有饱受欺凌的人才能满富变革的情怀,而这些显然与旧军官们没有关系。但拿破仑·波拿巴具备这一切,他满脑子都是让-雅克·卢梭的理念。他一度深信,民众是活力的源泉,将灌浇所有权力、威严、法律;他坚信民众的力量无坚不摧、永不坠落。然而,他在巴黎看到的不是民众,是乌合之众,是土狼汇聚的残暴吞食,是惨烈残酷的声声嘶吼,是愚汉蠢夫的压抑沉吟。拿破仑·波拿巴也曾深深嫉恨等级特权,但现在,他更厌憎这些"无序暴行"。拿破仑·波拿巴的心中天生守法,崇尚秩序。他对以暴制胜厌恶透顶。与此同时,他对国王路易十六只有轻蔑,没有怜悯——谁让他那么懦弱呢?立宪派的灵魂人物拉法耶特侯爵吉尔伯特·德·莫蒂,拿破仑·波拿巴对他失望极了。这位侯爵居然能抛下自己的军队不管,只顾赶回巴黎夺权。而且拉法耶特侯爵吉尔伯特·德·莫蒂绝对是个无能的傻瓜,因为他看到拿破仑·波拿巴时竟然轻蔑地撇了撇嘴——多么不识货啊!

拿破仑·波拿巴离开巴黎时心如死水,对任何党派都不再抱有好感。他曾有过的坚定信仰和信念都已经风飘云散,只剩一小股澎湃的热浪留在心中,经久不息——这就是他要解放故乡小岛的热情。这种感情,就像婴儿恋着母亲,像是少年燃烧梦想,是如此炽热,如此浓烈。拿破仑·波拿巴能够感受到这种感情,就像他读到科西嘉岛历史,就像他初次见到巴斯夸·帕欧里。冷静下来后,拿破仑·波拿巴也不得不思考:法兰西当前党派纷杂,派系斗争不断,在他的眼中,这些人都一样渺小,一样肮脏。不过,倒是可以利用这些人来推进自己的理想——解放科西嘉岛。带着这样的想法,拿破仑·波拿巴的心又开始躁动。1792年是葡萄收获的时节,拿破仑·波拿巴返回了家乡。农民们唱着小曲,摘着葡萄,空气中充满泥土的芳香,四处一片祥和。多么令人愉快啊!拿破仑·波拿巴想起了巴黎,狂暴的杀戮历历在目,愤怒的嘶吼还在耳边回荡。这是多么令人痛心的对比。

第 11 章

计攻撒丁岛

（1792 年 9 月 17 日—1793 年 2 月 28 日）

精彩看点

拿破仑·波拿巴再回科西嘉——巴斯夸·帕欧里掌权——巴斯夸·帕欧里对拿破仑·波拿巴戒心重重——拿破仑·波拿巴对雅各宾派失望——科尔特的召唤——接受质询——迷乱的初心——建议吞并撒丁岛——猖狂的马赛士兵——科西嘉内阁——攻占卡利亚里未果——马达莱纳岛登陆失败——与安托万·克里斯托夫·萨利切蒂为伍

拿破仑·波拿巴抵达科西嘉岛时，一心想着如何重新领导志愿兵。巴斯夸·帕欧里对拿破仑·波拿巴的归来一点也不感到开心。他是科西嘉岛的英雄，在科西嘉岛担任地方委员会委员长、科西嘉自卫队司令官和第二十三军区中将，身兼数职，手握重权。但他有一个非常危险的竞争对手——臭名昭著的安托万·克里斯托夫·萨利切蒂。安托万·克里斯托夫·萨利切蒂与巴泰勒米·阿雷纳和约瑟夫·安托万·阿雷纳兄弟沆瀣一气，将黑手伸向财政。不知有多少公款被他们挪进了私人口袋。巴斯夸·帕欧里屡次规劝，安托万·克里斯托夫·萨利切蒂与巴泰勒米·阿雷纳和约瑟夫·安托万·阿雷纳非但不听，还对巴斯夸·帕欧里怀恨在心。

巴斯夸·帕欧里曾让拿破仑·波拿巴的自尊心受到过伤害。要知道，拿破仑·波拿巴一向自视甚高，野心勃勃。而巴斯夸·帕欧里从未对他青眼相看，遑论破格提拔。这让拿破仑·波拿巴大感意外。巴斯夸·帕欧里对拿破仑·波拿巴写给马泰奥·布塔福科的信吹毛求疵，还拒绝帮助拿破仑·波拿巴撰写《科西嘉史》。后来，巴斯夸·帕欧里止步于独立的策略与波拿巴家族前卫的共和情怀之间产生了矛盾，拿破仑·波拿巴与巴斯夸·帕欧里最终分道扬镳。巴斯夸·帕欧里发自内心地抵触共和主义。以巴黎为例，当共和主义演变为极端主义时，整个巴黎罪恶滋生，几近失控。

拿破仑·波拿巴也对共和失去了信心。他对雅各宾派和极端分子的厌恶由来已久，但无论如何，还是要为前程考虑。因此，他不得不与各种各样的人打交道。拿破仑·波拿巴在巴斯夸·帕欧里的阵营里不受欢迎，只好投靠安托万·克里斯托夫·萨利切蒂。他心里清楚，安托万·克里斯托夫·萨利切蒂是个小人，而且与巴斯夸·帕欧里势不两立。但他私下还是和安托万·克里斯托夫·萨利切蒂保持了良好的联系。

拿破仑·波拿巴接到传唤，要去科尔特说明情况。他第四民兵营指挥官的职位也被免除，被皮埃尔-保罗·科隆纳·德·塞萨里-罗卡和格里马尔迪接任。接下来，拿破仑·波拿巴在一次会谈中遭遇了暴风骤雨般的质询。作为科西嘉岛地方委员会委员长，巴斯夸·帕欧里指责拿破仑·波拿巴一意孤行，不听指挥。一连串问讯向拿破仑·波拿巴扑来："你过去服役的炮兵团也有竞选，为什么不参加？""如果想当志愿团的领导人，你应该去科尔特，待在阿雅克肖干什么？"接连不休的诘问终于激怒了拿破仑·波拿巴。拿破仑·波拿巴冷傲无礼的回答惹得巴斯夸·帕欧里恼羞成怒，再次控诉拿破仑·波拿巴为阴谋家，说拿破仑·波拿巴是个不以国家利益为重的人。巴斯夸·帕欧里还吓唬拿破仑·波拿巴，说除非拿破仑·波拿巴能恢复军职，否则不要想再染指指挥部。①拿破仑·波拿巴言辞激烈的反驳惹得巴斯夸·帕欧里勃然大怒，直接让拿破仑·波拿巴"滚出去"。法兰西王国驻科西嘉岛军队司令官卡萨布兰卡伯爵拉斐尔也对倔强的炮兵上尉拿破仑·波拿巴表示了异议，但无济于事。拿破仑·波拿巴的长兄约瑟夫·波拿巴象征性地发表了不同意见，拿破仑·波拿巴也充耳不闻。拿破仑·波拿巴将全部希望寄托在安托万·克里斯托夫·萨利切蒂身上。他算得很清楚，安托万·克里斯托夫·萨利切蒂作为检察总长的任期在秋天就结束了，在那之后，安托万·克里斯托夫·萨利切蒂将作为国民公会代表返回巴黎。安托万·克里斯托夫·萨利切蒂是雅各宾派成员，是一个贪功冒进的人，但只有这种人才会赞同拿破仑·波拿巴攻袭撒丁岛的计划。安托万·克里斯托夫·萨利切蒂成为国民公

---

① 这段争吵的内容来自纳西卡的讲述。——原注

卡萨布兰卡伯爵拉斐尔

会特派员后,肯定会极力促使政府支持攻岛。①因此,对拿破仑·波拿巴来说,与安托万·克里斯托夫·萨利切蒂合作大有裨益。攻占撒丁岛是对萨瓦的致命打击,因为萨瓦的优质兵源主要来自撒丁岛。法兰西王国有撒丁岛、科西嘉岛互倚,则如虎添翼,足可称霸地中海。

回顾拿破仑·波拿巴在这段时期的经历,最令我们苦恼的一点是没有足够

---

① 这是拿破仑·波拿巴的计划,并与安托万·克里斯托夫·萨利切蒂私下热谋。我们认为真相就是如此。后来,安托万·克里斯托夫·萨利切蒂抵达巴黎后立即提出此计,届时他们岂能不成为坚实的党羽?——原注

的史料可供参考。因此,我们也没有十足的把握弄清楚拿破仑·波拿巴当时计划的究竟。让科西嘉岛完全独立是拿破仑·波拿巴人生至此谆谆孜求的热望,是他的野心和志向! 拿破仑·波拿巴是否还记得自己的梦想? 还是说,他已经假戏真做,真心投靠了安托万·克里斯托夫·萨利切蒂的小集团? 拿破仑·波拿巴会不会像安托万·克里斯托夫·萨利切蒂一样,承认科西嘉岛是法兰西王国的领土呢? 以上问题,我们无法确证,因为现有可供参考的资料太少,我们不敢妄自猜测拿破仑·波拿巴当时的真实想法。

拿破仑·波拿巴在很短的时间内就转变了思维,抛却了解放科西嘉岛的理想,不再为自由大业奔走。变化之大令人不可思议。我们很难相信拿破仑·波拿巴会主动与他不喜欢的人结盟。这转变实在太彻底。拿破仑·波拿巴应该是在同安托万·克里斯托夫·萨利切蒂虚与委蛇。他假装摒弃巴斯夸·帕欧里的观念,转而接受安托万·克里斯托夫·萨利切蒂。其实,拿破仑·波拿巴只想借助他人脱颖而出,将科西嘉岛的命运牢牢地攥在自己手中。巴斯夸·帕欧里的时代已落下帷幕。他不但没有胆魄在新时代冲锋,而且缺乏对对手的正确估量。

上文纯属猜测。拿破仑·波拿巴在这个时期的行为是一个谜。从表面上看,拿破仑·波拿巴似乎逐渐摒弃了忠诚,开始采取带有利己主义色彩的权宜之计。现在回顾这段历史,我们不难发现,当时拿破仑·波拿巴计划征服撒丁岛,其实另有所谋。可是在当时,他攻打撒丁岛的计划遮蔽了多少人的双眼,人们都不知道拿破仑·波拿巴的真实意图。当然,巴斯夸·帕欧里就更不可能知道了。撒丁岛与科西嘉岛相邻俾侬,中间只隔着博尼法乔①岬角,可谓源远共存。撒丁岛的面积是科西嘉岛的两倍,人口是科西嘉岛的三倍。拿破仑·波拿巴清楚地意识到,在乱世中,科西嘉岛仅凭一己之力是不可能抵挡住法军的。然而,如果科西嘉岛与撒丁岛联手,胜算就很大。时逢法兰西第一共和国内外交困,对外,与奥地利王国、普鲁士王国和撒丁王国等国交战,欧洲反法联盟②也虎视眈眈;国内则党派林立,内耗不断。对拿破仑·波拿巴来说,这简直是天赐良机。

---

① 博尼法乔(Bonifacio),位于科西嘉岛最南端,是一座古城,该古城居高立于一岬角上。
② 反法联盟,又称反法同盟。反法联盟共结成七次。第一次反法联盟和第二次反法联盟对抗法兰西第一共和国,其他五次对抗拿破仑·波拿巴。

劳伦·让·弗朗西斯·图盖

征服撒丁岛的计划刚一形成,当时驻兵在土伦的海军上将劳伦·让·弗朗西斯·图盖便得到授命,全权负责海军军事行动。劳伦·让·弗朗西斯·图盖命令巴斯夸·帕欧里,为从科西嘉岛开赴撒丁岛的军队提供补给。从法兰西本土招募的六千名士兵都来自马赛。他们基本都是无业流民,绝大部分是激进分子。他们不徇章法,肆意妄为,没有底线,很不好指挥。他们虽然贪生怕死,但对待他人非常残暴。他们张着血盆大口,喘着粗气,像嗜血的野兽一般要将人生吞。这支部队要先赶赴科西嘉岛,与科西嘉志愿营会合,然后大军开拔,兵分两路,朝撒丁岛上两个不同的登陆地点进发。1792年10月15日,这批马赛士兵抵达阿雅克肖。许多年后,卢西恩·波拿巴在回忆录中描述了他和科西嘉岛其他雅各宾派成员迎接这些"爱国者"到来的场景。暴徒终归是暴徒。马赛士兵不久便原形毕露。他们打砸抢掠，给友好的科西嘉人当头泼了一盆冷水。科西嘉人看到马赛部队的真面目，对他们失望透顶。马赛部队则将法兰西第一共和国的"革命精神"在科西嘉发扬光大。他们处死了贵族，绞死了牧师，与科西嘉当局争吵不休。后来，科西嘉自卫队出兵，才将马赛部队赶回舰船。阿雅克肖当局立即向驻巴黎的阿雅克肖委员呈上抗议书。选这样的人出征撒丁岛，真是彻头彻尾的灾难！①

潮汐季姗姗来迟。马赛部队和科西嘉国民卫队间嫌隙已深，双方对彼此仇恨不已，因此不可能共同作战。于是，马赛部队和运输部队一起被分配到劳伦·让·弗朗西斯·图盖上将的舰队，跟随劳伦·让·弗朗西斯·图盖上将前去炮轰撒丁岛的港口卡利亚里。科西嘉志愿兵则顺另一条路径出发，前去攻占马达莱纳群岛②的主岛拉马达莱纳岛。为了确保分兵作战能取得胜利，两路部队必须同时发起攻击。但劳伦·让·弗朗西斯·图盖上将带领的舰队在海上遭遇大风，舰队重新编队后抵达卡利亚里时已是1793年2月14日。马赛部队的士兵不堪路途辛苦，集体哗变，叫嚣着要回家。法兰西王国驻科西嘉军队司令官卡萨布兰卡伯爵拉斐尔苦劝无果，只得同意送他们回国。与此同时，在科西嘉岛驻军长达九年的第四十二军团也发生兵变，士兵们吵嚷着要回法兰西。

如此一来，攻占卡利亚里的队伍无功而返，拿破仑·波拿巴所在的攻占马达莱纳群岛的队伍也没有取得成功。当时，巴斯夸·帕欧里负责组织攻占马达莱纳群岛的队伍。他随军同行，但内心并不想打赢。巴斯夸·帕欧里任命侄子皮埃尔-保罗·科隆纳·德·塞萨里-罗卡指挥攻占马达莱纳群岛的队伍，但私下里，巴斯夸·帕欧里写信，如此叮嘱皮埃尔-保罗·科隆纳·德·塞萨里-罗卡：

> 塞萨里，你要记着，撒丁岛是我们天然的盟友。一直以来，每逢科西嘉岛遭遇外敌侵略，都是撒丁人为我们提供补给和枪支弹药，而撒丁国王

---

① 拿破仑·波拿巴心中似乎一直执着于攻占阿雅克肖，想着再试一次吧，这次驻军不也都征调到了么，应该是易事一桩。但此时，他招不到人手。——原注
② 马达莱纳群岛（Maddalena Archipelago），位于科西嘉岛和撒丁岛东北部之间的博尼法乔海峡（Strait of Bonifacio），拉马达莱纳岛（La Maddalena）是马达莱纳群岛的最大岛。

也一直对我们非常友好。因此，你要心里有数。此次出征，表面过得去就可以了，一定不能真打！

于是，撒丁岛之征真的失败了。拿破仑·波拿巴未能亲自指挥，气急败坏。他本想一意孤行，奈何供给不足，粮草弹药都是问题，最终只得随军折返。困难连续不断，接踵而来。1793年2月20日，攻占撒丁岛的部队离开博尼法乔，向拉马达莱纳岛前进。海面上风平浪静，找航线又耽误了两天，1793年2月22日，舰队驶入拉马达莱纳岛和圣托斯蒂法诺岛①之间的海峡。在撒丁军队的猛烈炮火中，法军一死一伤。科西嘉部队登陆后在圣托斯蒂法诺岛上占领了一个很小的据点，里面只有三门大炮。接着，科西嘉部队准备攻占马格达莱纳城。围城工事都已备好，在这千钧一发之际，留在船上的水手"及时"哗变，居然开船后退。如此一来，前方的部队也不得不在惊恐中撤回。但水手竟然不让士兵登船。士兵和水手好一番讨价还价才登上了船。拿破仑·波拿巴被迫放弃了进攻，大炮也被丢进了大海。至此，攻占撒丁岛的计划彻底失败。

这就是出征撒丁岛的经过。此次征讨开始得莫名其妙，结束得毫无尊严。但为何拿破仑·波拿巴如此热衷？或许是因为，在当时的环境中，在战争中崭露头角是拿破仑·波拿巴为数不多的上位机会之一，所以他很在意。拿破仑·波拿巴为了赢得战争，制订了一个"双面计划"。他一方面打算将法兰西大革命的思想灌输到科西嘉岛，另一方面和巴黎的革命领袖搞好关系。他深知，只有在革命中充当先锋，才能确保自己在科西嘉岛的领导地位，成功将法兰西大革命的思想灌输到科西嘉。而要和巴黎的革命领袖搞好关系，就得在巴黎有后台。只有这样，当法兰西被内忧外患困扰时，他在科西嘉岛才有空子钻。为了实现这个"双面计划"，拿破仑·波拿巴需要政策和盟友。政策的威力可以让他成为科西嘉人眼中的杰出英雄，成为巴黎当权者眼中的新兴势力；盟友的支持可以帮助他与巴黎的革命领袖保持密切的联系，这与科西嘉岛的命运息息相关。

"双面计划"初见成效。撒丁岛之征就是拿破仑·波拿巴晋升的名片。与检

---

① 圣托斯蒂法诺岛（Santo Stefano）是撒丁岛东北部海湾中的马达莱纳群岛上的一个小岛。

察总长安托万·克里斯托夫·萨利切蒂交好,则为拿破仑·波拿巴日后扩展人脉做了准备。这些事情完美地展示了拿破仑·波拿巴无上的智谋和缜密的心机。他会调用一切力量和资源为自己的目标服务。撒丁岛之征只是第一步。不管拿破仑·波拿巴想要科西嘉岛独立,还是依附法兰西逐步壮大,这都是向目标迈进的一步。巴黎当局一直对安托万·克里斯托夫·萨利切蒂的爱国主义不满,如今,安托万·克里斯托夫·萨利切蒂的极端主义观点使他看到了拿破仑·波拿巴的影响力。而科西嘉人认为,既然拿破仑·波拿巴是巴黎当权者眼中的大红人,又何必在意他曾和安托万·克里斯托夫·萨利切蒂串通一气呢?

　　如果以上所述都是事实,我们就太幸运了,因为我们终于看到拿破仑·波拿巴在人生的舞台上初施纵横之才。拿破仑·波拿巴会融合几个本不可调和的目标,然后将它们实现。这种高超的政治计谋不过是拿破仑·波拿巴在小试身手。在通往辉煌的岁月中,拿破仑·波拿巴玩弄政治阴谋的手段将日益臻熟。他初施政治计谋的那一刻,也意味着他和巴斯夸·帕欧里开始走向最终的决裂。科西嘉岛最不缺乏自由情怀。安托万·克里斯托夫·萨利切蒂不过是借着"自由"的名义公报私仇,将反对过他、投诉他侵吞公款的"旧敌"统统送上了断头台。这是一个卑鄙无耻、阴险自私的小人。而拿破仑·波拿巴仅因一时激愤,竟不顾道德沦丧,不顾颜面和自尊,与安托万·克里斯托夫·萨利切蒂称兄道弟,同流合污。这简直太意外了。我们更倾向于相信拿破仑·波拿巴和安托万·克里斯托夫·萨利切蒂在互相利用。他们在瞒着巴斯夸·帕欧里壮大自己。拿破仑·波拿巴在巴斯夸·帕欧里的身上已经看不到壮志和激情,因此只能自食其力。

第12章

竞选龙虎斗

（1793年2月28日—1793年6月11日）

精彩看点

撒丁岛远征失败——信函的下落——国王路易十六被处死——科西嘉愤然——反抗之心益增——党派联合——拿破仑·波拿巴处境微妙——矫饰虚情——操纵革命俱乐部罢黜巴斯夸·帕欧里——卢西恩·波拿巴的讲述——安托万·克里斯托夫·萨利切蒂的担忧——与巴斯夸·帕欧里争权——法兰西第一共和国政府召巴斯夸·帕欧里前去——巴斯夸·帕欧里拒绝——在马赛发表演讲——科西嘉又生乱——拿破仑·波拿巴的双面计划——约瑟夫·波拿巴任安托万·克里斯托夫·萨利切蒂秘书——再攻阿雅克肖堡垒——攻阿雅克肖堡垒失败——逃至巴斯蒂亚——策划第五次攻城——征占阿雅克肖——征占阿雅克肖失败——波拿巴全家逃出科西嘉——写给国防部长的备忘录——拿破仑·波拿巴与家人逃亡——拿破仑·波拿巴的价值观发生转变

撒丁岛之征的第二个影响开始显现。撒丁岛之征的参与者之间的相互指责如暴风雨般蔓延。没有人承担无功而返的责任。所有人都企图将出征失败的责任推给他人。

撒丁岛之征的失败深深地刺痛了拿破仑·波拿巴。我们无从得知他当时具体的情感和想法。在这段时间里，拿破仑·波拿巴与身在巴黎的安托万·克里斯托夫·萨利切蒂应该常有书信来往，对此次爱国之征也必然多有提及。但所有的信件都失踪了，也可能是被销毁。纳西卡告诉我们，在这段时间里，拿破仑·波拿巴非常活跃，他的足迹开始从科西嘉全岛向巴黎迈进，他仔细踩探各个战略要地，加以汇总后向国防部报告。拿破仑·波拿巴在革命俱乐部的活动也没有中断。卢西恩·波拿巴在科尔特监视巴斯夸·帕欧里。约瑟夫·波拿巴在部门理事会。拿破仑·波拿巴在国民志愿军中也安插了许多亲信。

拿破仑·波拿巴和战友们刚到博尼法乔，就听闻国王路易十六被处死的消息，罪名是与大不列颠王国开战。国民公会遣特派员来科西嘉岛宣布命令：取缔科西嘉国民志愿军的四个营，整编军队；新建军队将领由临时执行委员会任命。

国王路易十六被处死的消息传到科西嘉岛后，科西嘉岛上人心浮动。科西嘉岛远离大陆，对"封建特权阶层的压迫"没有概念。"荼毒百姓"的传言和

路易十六被处死

"何不食蛋糕"的典故①都发生在法兰西第一共和国的大陆,离科西嘉岛太遥远,与科西嘉岛没有关联。科西嘉人惊恐地瞪着双眼,看着旧秩序逐渐倾覆,残忍的复仇一幕幕地血腥上演。他们未曾遭受过"封建迫害",也没有所谓的"等级仇恨"。因此,当革命法庭前来搜集受害资料,准备将巴黎的恐怖政策照

---

① "何不食蛋糕"在这里代指关于法兰西王后玛丽·安托瓦内特的一则谣言:"当大臣告知玛丽·安托瓦内特,法兰西老百姓连面包都没得吃的时候,玛丽·安托瓦内特天真地笑道:'那他们为什么不吃蛋糕?'"。事实上,在法兰西,此典故原出于让-雅克·卢梭的《忏悔录》,记录的也不是玛丽·安托瓦内特的话。

搬到科西嘉岛时,科西嘉人并不合作。革命法庭鼓动科西嘉人揭发上层等级的罪行。然而,在科西嘉岛,"上层等级"的人不是有过光荣战功的志士,就是温和无害的名绅。因此,科西嘉人再也无法抑制心中的愤慨。"无套裤汉"就是极端分子,就是攻陷杜伊勒里宫、逼迫国王路易十六戴上红帽子的暴徒。他们屠杀了整个王室卫队,双手沾满了鲜血。他们引发暴乱,处死国王,还犯下许多其他暴行。科西嘉人对他们的行径多少有所了解,因此发自内心地厌恶他们。巴斯夸·帕欧里对此丝毫不加掩饰,早已义愤填膺,但他并不想煽风点火。关于巴斯夸·帕欧里的不作为,约瑟夫·波拿巴在《约瑟夫·波拿巴回忆录》中为他开脱:"巴斯夸·帕欧里以为自己在科西嘉岛的革命活动对法兰西全国造成了不可逆转的深重影响。法兰西大革命的程度之暴烈、破坏之严重都是巴斯夸·帕欧里难以想象、无法承受的。"①

阿雅克肖的局面极其混乱。科西嘉岛的内战即将打响，科西嘉岛分裂就在眼前。不只阿雅克肖一城，科西嘉全岛皆是如此。在科西嘉岛，宗教派和保王党开始向巴斯夸·帕欧里靠拢，而带着极端情绪的狂热分子则将革命的希望寄托在法兰西第一共和国的新政权上。巴斯夸·帕欧里曾经是拿破仑·波拿巴的所有希望。拿破仑·波拿巴仍然能发自内心地感受到巴斯夸·帕欧里老骥伏枥的尊严和高尚，能感受到他在科西嘉岛一言九鼎的地位和温和稳健的政策。但巴斯夸·帕欧里深深地伤害了拿破仑·波拿巴的自尊，因此，拿破仑·波拿巴投向了巴泰勒米·阿雷纳和安托万·克里斯托夫·萨利切蒂。

幸亏拿破仑·波拿巴没有投向巴斯夸·帕欧里。那样做只会掩盖拿破仑·波拿巴的光辉，他将很难有所作为。拿破仑·波拿巴决定与安托万·克里斯托夫·萨利切蒂联手，谋划属于自己的事业。这样的选择有助于实现他的目标。然而，拿破仑·波拿巴刻意掩藏了自己的雄心，每一步都走的小心翼翼，尽量不被巴斯夸·帕欧里察觉。拿破仑·波拿巴还会放烟幕弹制造假象。他会亲自去科尔特拢住巴斯夸·帕欧里，向巴斯夸·帕欧里表忠心，并对巴斯夸·帕欧里表示完全的支持。但在暗中，拿破仑·波拿巴加快了步伐，准备向巴斯夸·帕欧里发出致命一击。1792年10月，拿破仑·波拿巴与巴斯夸·帕欧里公开交恶。拿破仑·波拿巴威胁巴斯夸·帕欧里，说要派代表团去国民公会告状，要罢免巴斯夸·帕欧里。其实这不是威胁。拿破仑·波拿巴的确在组建代表团，准备前往国民公会控诉巴斯夸·帕欧里，只是一切都在暗中进行。

1793年1月27日，以拿破仑·波拿巴为核心的革命俱乐部②派遣代表团前往马赛。代表团的领队是卢西恩·波拿巴和西蒙维尔。代表团先在马赛向雅各宾派揭发巴斯夸·帕欧里的"罪行"，之后又去巴黎，做了一番同样声势浩大的声讨。他们计划击垮巴斯夸·帕欧里，甚至想将他送上断头台。保卫科西嘉岛的老英雄

---

① 《约瑟夫·波拿巴回忆录》，第1卷，第51页。——原注
② 革命俱乐部，又称"革命会社"，是法国大革命期间支持改革的成员组成的社团。

西蒙维尔

巴斯夸·帕欧里已是苍髯白首,他为家乡倾付一生,最终却要遭受如此无耻的算计。而这一切都是由拿破仑·波拿巴一手策划并指挥执行的。拿破仑·波拿巴的良心何在啊!

当时,卢西恩·波拿巴还未满十八岁,却要担任如此要职!他要带领代表团前往国民公会,还要声讨巴斯夸·帕欧里,这位科西嘉史上杰出的大英雄,这位备受尊敬的老人!

卢西恩·波拿巴在他的回忆录中叙述了此次代表团行动的进程。他写道：

我有因虚荣而蠢蠢欲动。我们到达马赛港时，众人汇聚前来，看着我们上岸，于是我想尽可能地吸引岸上众人的注意力。我们未加休整就前往俱乐部。在俱乐部的会议厅，雅各宾派成员戴着标志性的红帽子，挤坐在灯光昏暗的大厅。廊台上满是嘈杂的女人。接着，革命会社社长大声宣布，科西嘉代表团已到达，并带来了重大决定。大厅里顿时安静下来。社长示意我登台发表讲话。我当时并没有想好要说什么，只好大声呼喊："科西嘉岛出了叛徒，兄弟们，我们来这里寻求你们的帮助。"其实当时我人在法兰西，并不知晓巴斯夸·帕欧里已经下令抓捕我在科西嘉岛的家人，而我的家人已经奔逃出来。否则，我会更加激动！在演讲中，我对巴斯夸·帕欧里没有任何个人的成见。从我个人角度来说，我不愿在他的身上使用恶毒的字眼。可是，我还没说几句话，大厅里就响起了雷鸣般的掌声。如果不继续攻击巴斯夸·帕欧里，我可能下不来台，因此，我只能继续……我在大家的掌声中忘乎所以地用最恶毒的字眼攻击巴斯夸·帕欧里。我每说一句，人群中就爆发出疯狂的掌声。甚至可以说，我是在迎合大家的意愿。我恳请国民公会尽快对科西嘉岛施以援手，否则，天知道巴斯夸·帕欧里要干什么。长久以来，巴斯夸·帕欧里一直在利用民众的感情。其实他从大不列颠王国返回科西嘉岛的目的昭然若揭，那就是当大不列颠王国的奸细……当奸细。我在演讲中着重强调了这几个字眼。我发现这几个字会碰触众人最敏感的神经。大家群情激愤，热血沸腾，用潮水般的拥抱淹没了我，对我的赞扬之声不绝于耳。汹涌的人潮将演讲台围堵起来，水泄不通。我的演讲持续了两个小时。直到后来，我自己都不清楚到底讲了什么，只知道众人的声音一浪盖过一浪，久久不绝。我的演讲居然还会见诸报端。国民公会很快就要派代表团前往部门负责人处调查情况，还委托三名革命俱乐部成员陪同我们前往巴黎，与巴黎的雅各宾派成员会面。在巴黎，我们将公开巴斯夸·帕欧里叛国的罪名并对其施行惩治。以上所有提议在投票时都一致通过。同我一起从科西嘉岛来的其他几位代表不是很想再去巴黎，但我认为我们一定要去，要和马赛三人委员会一起去。

然而，就在第二天，可怜的卢西恩·波拿巴不幸目睹了马赛断头台上人头落地的悲惨场景。闸刀一松，倏地人头落地。从早到晚，不知有多少贵族丧身于此！卢西恩·波拿巴受到了非常强烈的刺激。他想着，巴黎的场景应该会更恐怖，当即决定不去巴黎。因此，最后因巴斯夸·帕欧里前往巴黎的只有马赛三人委员会。卢西恩·波拿巴立即找到一艘小船，头也不回地向科西嘉岛驶去。还是在母亲身边安全呐！

1793年2月5日，马赛三人委员会按照计划准时到达巴黎。

这下轮到安托万·克里斯托夫·萨利切蒂焦虑了。安托万·克里斯托夫·萨利切蒂很清楚科西嘉人的脾性，他们像炸药桶一样，碰都不能碰。想让巴黎法庭审判巴斯夸·帕欧里？还判处死刑？还执行？简直就是白日做梦！科西嘉全岛的人都不会善罢甘休，肯定会起身造反。因此，安托万·克里斯托夫·萨利切蒂认为，还是要小心行事，不可莽撞大意。他自告奋勇，返回科西嘉岛斡旋，平息众怒。只要科西嘉人不造反，他可以与巴斯夸·帕欧里讲和。

安托万·克里斯托夫·萨利切蒂返回科西嘉岛调解的第一步就是解散巴斯夸·帕欧里领导的科西嘉志愿军，重建科西嘉军队。这一次，一定要选个信得过的人统领军队。于是，安托万·克里斯托夫·萨利切蒂委派让-皮埃尔·拉孔布-圣米歇尔为特派员，前往科西嘉进行监督。1793年2月17日，让-皮埃尔·拉孔布-圣米歇尔抵达巴斯蒂亚。当地人民的反应十分冷淡。科西嘉新军将与意大利军团组成联军。意大利军团驻扎在里昂，现由比隆将军[①]指挥。比隆将军接到命令，要召巴斯夸·帕欧里前往法兰西。于是，他专门派一艘军舰来接巴斯夸·帕欧里。但巴斯夸·帕欧里推脱自己年迈、身体不适，找各种借口拒绝前往。

此时，科西嘉岛内也开始骚动。让-皮埃尔·拉孔布-圣米歇尔返回土伦等待

---

① 比隆（Biron，1747—1793），法兰西将军，贵族出身。曾担任莱茵军团司令官、意大利军团司令官等军职。1793年法国大革命中因贵族出身被处死。

下一步指示。让-皮埃尔·拉孔布-圣米歇尔返回土伦的八天后，安托万·克里斯托夫·萨利切蒂也来到土伦，与让-皮埃尔·拉孔布-圣米歇尔进行了一番密谋。最终，让-皮埃尔·拉孔布-圣米歇尔决定与德尔切尔委员一起带着韦芝杜瓦军团先行离开。这一队人离开科西嘉后，于1793年4月5日抵达圣菲奥伦佐。

在此期间，比隆将军已将巴斯夸·帕欧里不愿前往巴黎的事情上报国防部。同时传送国防部的还有一份来自马赛的报告。在这份报告中，马赛人将撒丁岛之失完全归咎于巴斯夸·帕欧里。报告中声称，正是巴斯夸·帕欧里无所不

让-皮埃尔·拉孔布-圣米歇尔

比隆将军

用其极的暗中破坏导致了最终的失败。除了马赛人的控词,还有几名科西嘉志愿军士兵作证,一起揭发巴斯夸·帕欧里。这几名士兵其实已经被巴泰勒米·阿雷纳收买。

国民公会最终决定:如有必要,前往科西嘉岛的委员可依法逮捕巴斯夸·帕欧里,并由科西嘉地方检察总长卡洛·安德烈亚·波佐·迪博尔戈押回国民公会。

1793年4月17日,逮捕巴斯夸·帕欧里的消息传到了巴斯蒂亚。整个科尔特城都震惊了。科西嘉全岛随即爆发众怒。

在科西嘉岛，保王党、教会党与独立派立即摒弃前嫌，结成联盟。1793年4月18日，卡尔维市长和志愿军第三营中校拿起武器，攻占了法兰西驻军大营。伊索拉、罗萨和安布加纳尼港等地也纷纷失守。在阿雅克肖，温和派的会议上，佩拉尔迪义愤填膺，慷慨陈词，要呈诉国民公会，为巴斯夸·帕欧里辩护。在革命派的会议上，拿破仑·波拿巴居然也做了发言，替巴斯夸·帕欧里申辩。

拿破仑·波拿巴两面三刀，路人皆知，没有哪个党派愿意相信他的鬼话。1793年5月13日，巴斯夸·帕欧里写道：

> 拿破仑·波拿巴两面三刀，真实用意极难捉摸。他会将一切过错都推给安托万·克里斯托夫·萨利切蒂，说一开始都是安托万·克里斯托夫·萨利切蒂的鬼点子，安托万·克里斯托夫·萨利切蒂出于嫉妒和私心，想要搅乱秩序，徒生风波——反正一切都和他无关，他完全不同意安托万·克里斯托夫·萨利切蒂的观点……①

但让-皮埃尔·拉孔布-圣米歇尔坚持认为，巴斯夸·帕欧里是独立党领袖，是个危险分子。因此，他还是颁发了对巴斯夸·帕欧里的逮捕令。

在之后的岁月中，无数歌功颂德的传记作家和风华绝代的史笔作者写到拿破仑·波拿巴时，无不面临这样一个困局：对于这个时期拿破仑·波拿巴出尔反尔的行为，到底该做何解释？他们只有避开这个话题，寻求其他解释。比如，"拿破仑·波拿巴迫不得已才会反对巴斯夸·帕欧里，否则巴斯夸·帕欧里真有可能叛变。"同时拿出巴斯夸·帕欧里与英国通信的证据，"看，要不是拿破仑·波拿巴，整个科西嘉岛就都是英国的了。"的确，后来在圣赫勒拿岛时，拿破仑·波拿巴本人也这样为自己粉饰。然而，恐怕巴斯夸·帕欧里自己都没有想过要出卖科西嘉岛吧！更不要说与英国人串通。这些事情都没有任何证据。

现在我们能确定的是，拿破仑·波拿巴已经完全站在安托万·克里斯托夫·萨利切蒂和法兰西人这一边。他已经忘记过去的梦想，已经与年少的偶像

---

① 奎特丽娅：《意大利秘密档案》，第11卷，第533页。——原注

决裂。终于，拿破仑·波拿巴选择投向法兰西人的怀抱。那是他曾百般痛恨的敌人。然而，这是为什么呢？除了升官发财，还能有别的理由吗？

由于拿破仑·波拿巴的缘故，约瑟夫·波拿巴也成了安托万·克里斯托夫·萨利切蒂的臂膀，做了他的秘书。世事多变啊！大家是否还记得两个星期前，在国民大会上，约瑟夫·波拿巴公然指控巴斯夸·帕欧里时是何等慷慨凛然！特派员为拿破仑·波拿巴颁发了科西嘉炮兵总督的委任状。接到委任状的第二天，拿破仑·波拿巴指挥手下对阿雅克肖的堡垒展开了进攻。拿破仑·波拿巴和阿雅克肖堡垒还真是有缘，这已经是他人生中发起的第四次进攻了！

"文格尔"号舰船原为征服撒丁岛打造，隶属劳伦·让·弗朗西斯·图盖将军的舰队，现在却被闲置，在阿雅克肖的海湾搁浅。舰上的大炮已拆卸一空，运上了码头。拿破仑·波拿巴就任炮兵总督后，命要塞守军将这门大炮装进堡垒。这门炮非常沉重，搬动它需要大量人力。拿破仑·波拿巴算准了这一点。他想在吊桥放下，众人努力搬运大炮时趁机占领整个堡垒。但守军指挥官说，没有巴斯夸·帕欧里的命令，决不打开城门。这下可怎么办呢？拿破仑·波拿巴的第一方案是在正对城门的地方用沙袋垒成一道障墙，将大炮架在沙袋堆上向城门射击。但他身边的人都认为这个方案太危险，没有人同意。于是第一方案作罢。拿破仑·波拿巴的第二方案是花重金收买守城官兵。但他撒谎成性，谁会信任他呢？至于钱，他自己都没多少钱，还收买别人？因此，第二方案也宣告无效。

世上没有不透风的墙。拿破仑·波拿巴如此丧心病狂的方案很快被传开了。众人在惊愕之余，异常愤怒。拿破仑·波拿巴竟成了众矢之的。当时，长兄约瑟夫·波拿巴和四弟路易·波拿巴都不在他的身边。路易·波拿巴前往土伦递送秘密口信，而约瑟夫·波拿巴早已来到安托万·克里斯托夫·萨利切蒂的身边做事。巴斯夸·帕欧里气急败坏地勒令拿破仑·波拿巴来科尔特，要他一定讲清楚，他到底是什么立场。另外，大炮轰城是什么馊主意，他到底想干什么？

拿破仑·波拿巴在阿雅克肖地位难保，甚至有生命之虞，逃亡是唯一的选择。拿破仑·波拿巴化妆成水手，坐上小渔船，连夜逃往巴斯蒂亚。1793年5月10日，拿破仑·波拿巴狼狈地抵达巴斯蒂亚。

1793年5月11日，拿破仑·波拿巴的脑海中又形成了一个新的计划。他要设计回到科西嘉岛。他打算假传命令，从当时驻守巴斯蒂亚的瑞士兵团中抽调几个支队，说要将他们调回法兰西，实则让他们进攻阿雅克肖。在巴斯蒂亚，拿破仑·波拿巴还调取了当时驻圣菲奥伦佐的海军。两艘中型炮船已悄悄开进海湾，准备战斗。手握瑞士兵团，又有船上的大炮撑腰，拿破仑·波拿巴满心以为城里的人会吓破胆，到时候他就可以亲自出面，向阿雅克肖施压，敦促守军交出堡垒。让-皮埃尔·拉孔布-圣米歇尔和安托万·克里斯托夫·萨利切蒂对计划做了一些修改，总体上表示同意。让-皮埃尔·拉孔布-圣米歇尔致信国防部长："阿雅克肖的人民是支持我们的，但他们在驻军的压迫下，也担心内部会不稳定。博尼法乔指挥官奎安萨中校就是个'乱子'，他发布煽动性的言论，还将手伸向军队的心脏。我们已下令将他逮捕。"

1793年5月22日，让-皮埃尔·拉孔布-圣米歇尔、拿破仑·波拿巴和安托万·克里斯托夫·萨利切蒂在圣菲奥伦佐登上炮船，他们的军队也"浩浩荡荡"地出发了。这支队伍包含一艘三帆战舰、一艘木帆海防舰、两艘炮艇和几艘运输船。运输船上满是步兵、宪兵和志愿军。这支队伍将在天黑前抵达阿雅克肖，突袭阿雅克肖堡垒。从陆地进军会引起守军怀疑，对方根本不会开门。但没想到，一场暴风雨将拿破仑·波拿巴的小舰队刮得四散。1793年5月28日，舰队才到达阿雅克肖。在这六天中，巴斯夸·帕欧里早已听到风声。他组织了大批岛民，持各式武器蜂涌出城，等待拿破仑·波拿巴到来。堡垒的大炮也做好了随时开火的准备。巴斯夸·帕欧里还下令逮捕拿破仑·波拿巴的家人和党羽。多亏有人事先告知，1793年5月23日，波拿巴夫人玛丽亚·莱蒂齐亚·拉莫利诺带着路易·波拿巴、埃利萨·波拿巴和波莱恩·波拿巴，和包括神父约瑟夫·费什在内的一大家人连夜逃走。剩下的热罗姆·波拿巴和卡罗琳·波拿巴被乔装藏在了姨母家。

1793年5月29日，让-皮埃尔·拉孔布-圣米歇尔和拿破仑·波拿巴的舰队出现在阿雅克肖时，并没有传来火炮的声音。一个步兵和宪兵联合中队带着四门大炮，已经在奥尔比泰洛登陆。拿破仑·波拿巴带领志愿军在桑格里奥岛登陆，但遭遇了猛烈的火力攻击。如果不是让-皮埃尔·拉孔布-圣米歇尔率军赶来，拿破

卡罗琳·波拿巴

仑·波拿巴恐要丧身于此。至此,拿破仑·波拿巴打回阿雅克肖的计划彻底泡汤。夜间,拿破仑·波拿巴的部分遣军支队试图重新登陆,一样被打得落花流水。

  拿破仑·波拿巴和逃出科西嘉岛的家人在卡尔维重逢。此时的拿破仑·波拿巴四面楚歌。整个科西嘉岛都是巴斯夸·帕欧里的人,他们誓要将拿破仑·波拿巴驱逐出岛。1793年6月5日,巴斯蒂亚召开战时市政委员会,决定先派安托万·克里斯托夫·萨利切蒂和德尔切尔回法兰西第一共和国搬救兵,随身带去一篇拿破仑·波拿巴撰写的声讨巴斯夸·帕欧里的檄文。此文带有拿破仑·波拿巴一贯的文风，满篇都是错误的法语拼写，文章冗长而富有攻击性。其实，拿破仑·波拿巴和他的同党们暗藏更大的祸心。他们想借法兰西军队再征科西嘉岛。拿破仑·波拿巴非常清楚，法兰西人再次踏上科西嘉岛意味着什么。那意味着大城小镇中会遍布断头台；意味着村庄处处被鲜血染尽；意味着无论男女老幼，为科西嘉岛的独立奋战的人们会被绞杀殆尽，没有参与科西嘉岛独立但抱有独立念头的人们也会遭池鱼之殃。拿破仑·波拿巴居然向法兰西投诚——在科西嘉人眼中，那可是外国！他居然向当权的马赛杀人狂献计，向他们建议如何踏平科西嘉岛！

拿破仑·波拿巴递交的计划书上详细地描述了如何夺回自己的故土科西嘉岛。他觉得是时候离开科西嘉岛了，因为此时的科西嘉岛上酝酿着熔岩，像是即将爆发的火山。而且拿破仑·波拿巴要靠近对自己有利的人，借助他们实现自己的理想和志向。

1793年6月11日，拿破仑·波拿巴带着家人离开了科西嘉岛。

D.A.宾厄姆说："看看这次逃难的都是些什么人吧！他们当中，拿破仑·波拿巴成了日后的法兰西皇帝兼意大利国王。约瑟夫·波拿巴先是那不勒斯国王，后又在马德里二度成为国王。卢西恩·波拿巴成了卡尼诺亲王。路易·波拿巴坐上了荷兰王的宝座。埃利萨·波拿巴是托斯卡纳女大公。波莱恩·波拿巴，公主。约瑟夫·费什神父，大主教。"①就连留在科西嘉岛的波拿巴家族的人都不是一般人。卡罗琳·波拿巴命中注定要坐上那不勒斯的后座；②热罗姆·波拿巴，那可是未来的威斯特伐利亚国王。

当拿破仑·波拿巴一行人抵达土伦时，拿破仑·波拿巴的心中涌动着革命的思潮。只是这一次不同于上次回科西嘉时的心潮澎湃。

展现在拿破仑·波拿巴眼前的是一幅辉煌的画卷。拿破仑·波拿巴将不断向前，永不止步！他不再顾忌，不再犹豫，不再费尽思量，不再左顾右盼。

拿破仑·波拿巴主动脱离了正直高洁的人。与安托万·克里斯托夫·萨利切

---

① 《拿破仑·波拿巴书信集》，伦敦，1884年，第1卷，第30页。——原注
② 1806年至1808年，约瑟夫·波拿巴为那不勒斯国王；1808至1815年，卡罗琳·波拿巴的丈夫若阿基姆·缪拉为那不勒斯国王。

波莱恩·波拿巴

蒂、巴泰勒米·阿雷纳和约瑟夫·安托万·阿雷纳这样品德败坏的人为伍是他自己的选择。其实,拿破仑·波拿巴发自内心地瞧不起安托万·克里斯托夫·萨利切蒂等人,他也永远不会原谅自己与这些人沆瀣一气的经历。他永远不能原谅这些人居然愿意接纳自己的投靠。总之,在这样的同流合污中,四处飘扬着缺德的灰尘,玷污着拿破仑·波拿巴的灵魂。

　　拿破仑·波拿巴也看清了巴黎当权者的嘴脸。政治党派不断更迭,不变的是恐怖的岁月。拿破仑·波拿巴已对大革命心生绝望。他是勾结这股势力的代言人，他背叛了故土科西嘉岛，抛弃了自己曾经无比崇拜的英雄。在拿破仑·波拿巴曾经青葱的岁月里，这位英雄曾是他的偶像，他的理想和他全部的希望。偶像的品格如果不再高洁，自然会失去人们的崇拜。偶像的下场就会像塞拉匹斯神①一样充满邪恶。但巴斯夸·帕欧里高洁无暇，是拿破仑·波拿巴选择了放弃。从这一刻起，拿破仑·波拿巴不再相信人性，因为他已经不再相信自己。

日后，你可以看到拿破仑·波拿巴对安托万·克里斯托夫·萨利切蒂的无情追捕和对约瑟夫·安托万·阿雷纳的冷血冤杀。其实，这是因为在拿破仑·波拿巴看来，当年跟这两个人同流合污，让他永远失去了可以变得更好的自己。他觉得他永远失去了自尊，觉得他的良心将永世痛苦难安。

至此，拿破仑·波拿巴生命中科西嘉冒险史的最后一幕即将结束。我们可以看到拿破仑·波拿巴身上发生的巨大变化。他已不再是热血少年，已经变得深谋审算，老奸巨猾。只有高贵的理想和远大的目标依旧遍布在他灵魂深处，没有改变。既然现在已经心有城府，也只好只顾一己之私地去追逐。

---

① 塞拉匹斯（Serapis），由希腊人综合奥西里斯与阿匹斯的特征设计出的神。

第 13 章

《博凯尔的晚餐》

（1793年6月26日—1793年7月29日）

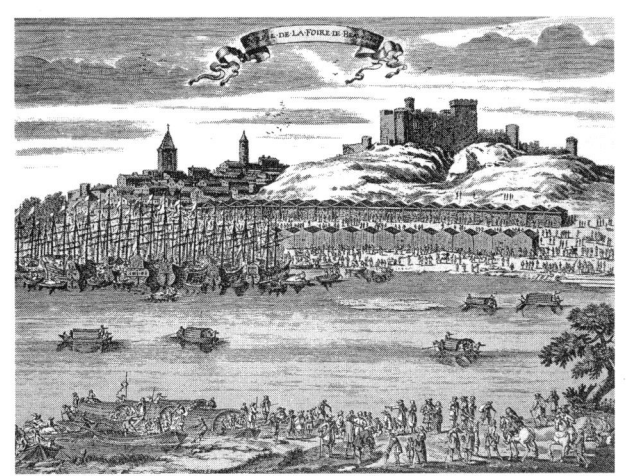

精彩看点

波拿巴一家到土伦——巴黎的雅各宾派成员——南部保王党叛乱——叛乱被镇压——革命委员会成立——阿维尼翁平乱——博凯尔小镇上——博凯尔的晚餐——通天权力平地起——那时他还没有意识到自己的能量

抵达土伦港时，拿破仑·波拿巴全家受到了热烈欢迎。人们将波拿巴一家看作维护自由大业的勇士。国民公会还颁布特令，拨款赔偿波拿巴一家在科西嘉岛的所有财产损失。于是，波拿巴一家想方设法虚报财产，几乎要将自己家吹嘘成科西嘉岛首富。可想而知，波拿巴一家得到了一笔非常可观的安置费用。波拿巴夫人玛丽亚·莱蒂齐亚·拉莫利诺开始按月领取补助以维持日常开销。她自己每月领七十五法郎补助。未满十五岁的孩子，每人每月可领取四十五法郎。波拿巴夫人玛丽亚·莱蒂齐亚·拉莫利诺和未满十五岁的孩子们每人还享有五十法郎的一次性津贴。十五岁以上的孩子们没有任何补助。总之，家里还是由于人口多、开支大，入不敷出。拿破仑·波拿巴出尔反尔的人品令人不再信服。作为一名炮兵上尉，他迟迟不返回军队。卢西恩·波拿巴和路易·波拿巴也无意从军。卢西恩·波拿巴和路易·波拿巴的"雄心壮志"就是倒卖军需物资，或者更好一些，做个军需物资监管官。那可是个肥差，是发家致富的良策。但当时，心怀如此"雄心壮志"的人比比皆是。卢西恩·波拿巴和路易·波拿巴空有想法却没有渠道，在目标不明的四处钻营中虚耗了时间，终究未能成事。

安托万·克里斯托夫·萨利切蒂帮拿破仑·波拿巴出具了一份假证明，上面写着："突发紧急事务，应国民代表之需，拿破仑·波拿巴滞留岛上协助。"因此，逾期未归其实是国民代表的命令。当然，事实是，安托万·克里斯托夫·萨利切

革命法庭

蒂没有权力留下拿破仑·波拿巴，而且他也无意留下拿破仑·波拿巴。然而，谁又会关注这样一则谎言呢？时值军队重组，要调换军官、整合军团，国防部本就乱作一团，哪里会有人关心这样一份证明是真是假？况且当时，安托万·克里斯托夫·萨利切蒂大权在握，处事果敢刚断，为什么要得罪他？因此，尽管许多上层军官看不惯拿破仑·波拿巴"留职留薪不见人"的行为，却也无计可施。难道还能真揪着拿破仑·波拿巴，将他送上军事法庭吗？

雅各宾派不仅在巴黎一手遮天，还控制着整个法兰西第一共和国。1793年3月10日，革命法庭正式建立。自此，雅各宾派不再受任何律法文规的束缚。他们肆意杀伐，将很多人送上了断头台。

1793年4月6日，公共安全委员会成立，将目标对准吉伦特派，试图击垮吉伦特派，将吉伦特派的成员送上断头台。公共安全委员会暴虐专断，掌握着生杀大权。自此，恐怖统治时代开启。

秩序混乱不堪，财产归属难辨，生命也得不到任何保障。面对这样的状况，

公共安全委员会

任何有财产需要保护的人，或任何担心自己被无端定罪的人，都会联合起来，决意反抗。法兰西南部的反抗呼声最高。人们已经准备要决意抵抗，却发现自己缺乏领袖，缺乏振动人心的纲领和具体的行动计划，甚至不能确认建立何种形式的政府。最终，反对行动失败，各地方部门逐一归顺国民公会。只有在里昂、阿维尼翁①、马赛和土伦，反对行动才真正有所进展。

革命委员会发布了逮捕名单。当时，几乎各个村庄都有革命委员会。革命委员会委员每天可以从政府领取三法郎。于是，穷困潦倒、无所事事的人一跃成为"极端主义分子"，而勤恳、体面的人们痛苦地勉力支撑。

与此同时，国民公会还召集军队镇压内乱。在任何城市，胆敢反对国民公会的人都会遭到血腥的清洗。

---

① 阿维尼翁（Avignon），法兰西东南部一城市。

阿维尼翁城中的清算有拿破仑·波拿巴的一份"功劳"。拿破仑·波拿巴以为,他可以拿炮兵军官的身份威慑众人,然后轻而易举地攻下阿维尼翁城。但这只是一个传说,是日后续写的神话。没有任何证据显示拿破仑·波拿巴不费吹灰之力就攻占了阿维尼翁城。当时,安托万·克里斯托夫·萨利切蒂、让·弗朗西斯·里科尔和人称"小罗伯斯庇尔"的奥古斯丁·邦·约瑟夫·德·罗伯斯庇尔也

奥古斯丁·邦·约瑟夫·德·罗伯斯庇尔

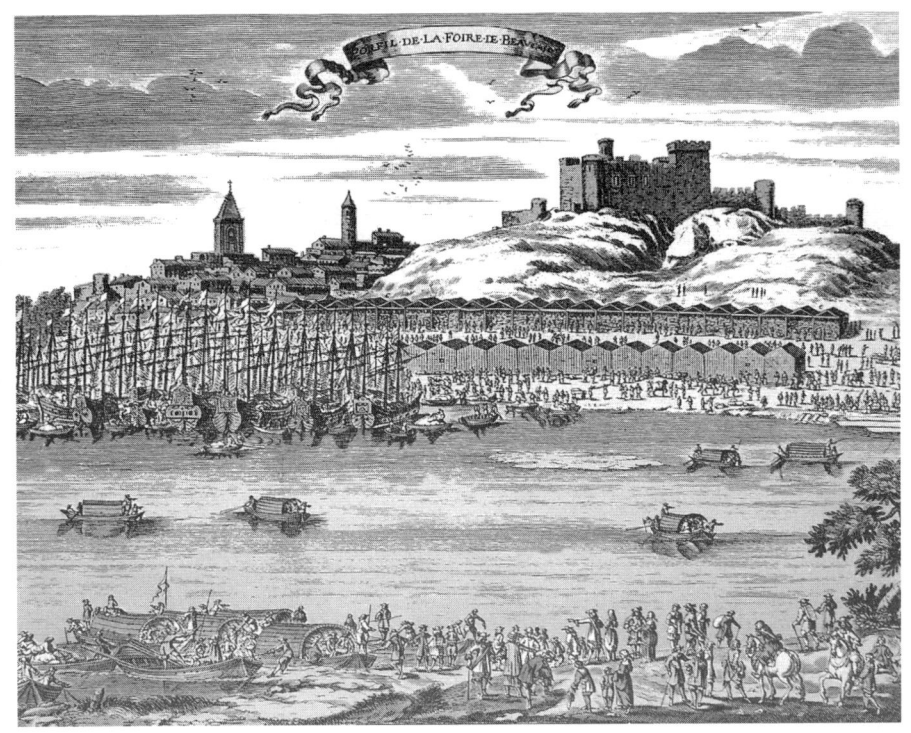

博凯尔

在战斗现场。于是,通过安托万·克里斯托夫·萨利切蒂,拿破仑·波拿巴成功地结识了两位贵人。

1793年7月28日,拿破仑·波拿巴从阿维翁前往博凯尔。博凯尔位于罗纳河右岸,是一座生机勃勃的小镇。博凯尔对面是闻名遐迩的塔拉斯孔古城。博凯尔城坐落在博凯尔海峡的出海口,汇入米迪运河,罗纳河和加龙河在此连通。博凯尔城是军事重镇,地理位置的重要性不言而喻。一座恢宏的城堡依城而建,城内满是如画般的古建筑和教堂。博凯尔城分为两半,一半是中世纪风格的古城,一半是布满新式房屋的新城。在新城,每年都会举行大型集会,集会上人声鼎沸,喧嚣不已,仿佛要惊醒沉睡的古城。这些集市对普罗旺斯非常重要,重要性不亚于诺夫哥罗德①之于俄罗斯。这里是东西方商人的汇聚交流之

---

① 诺夫哥罗德(Novgorod),俄罗斯西北部历史名城。跨沃尔霍夫河两岸,是水陆交通要道。

《博凯尔的晚餐》

处,是法兰西中部与意大利及里昂海湾沿岸等大西洋海岸互换农产品和手工商品的中转地。

当时,或许正是在博凯尔,拿破仑·波拿巴在下榻的小酒馆会见了一些来自南部的商人,并与他们发生了争执。拿破仑·波拿巴据此写了一本一幕话剧的

小册子，叫《博凯尔的晚餐》。话剧中的角色有一位来自尼姆的公民，一位蒙彼利埃的制造商，一个马赛人和一名士兵。这个士兵影射的正是拿破仑·波拿巴自己。这些人在谈论当时动乱频发的南部时局。

这本个小册子的目标受众是马赛的反动分子，因此，它其实是政治宣传册，目的是呼吁保守派放弃与现有政权对抗的念头，尽快投降。当然，狡黠的拿破仑·波拿巴用词非常谨慎。他其实留了一手，万一有一天保守派或温和派重新掌权，这本小册子也不会成为打倒他的负面证据。事态这样进行的可能性微乎其微，但拿破仑·波拿巴不得不防。此外，拿破仑·波拿巴的目的远不止于此。这本小册子其实是拿破仑·波拿巴的自我修正。在册子中，拿破仑·波拿巴剖析了自己在科西嘉岛的心路历程，分析了自己追随雅各宾派、反对巴斯夸·帕欧里和独立派的前因后果。或许是因为普罗旺斯像科西嘉岛一样闹过独立；或许，拿破仑·波拿巴的内心深处感到了隐隐的不安，因为他没能将科西嘉岛独立事业继续下去。因此，与其说这本小册子是用来在马赛人面前装样子的，不如说是写给拿破仑·波拿巴自己的心。

皮埃尔·朗弗雷说：“可以看到，在《博凯尔的晚餐》中，拿破仑·波拿巴的文风看似夸张热烈，但一旦涉及军事问题，他的文笔就变得果敢精确。从中可以看出，这本册子的内容看似随心自由，实则处处谨慎，用语也张弛有度，没有留下任何可能使作者日后被针对的把柄。就算是谈论新近时局，拿破仑·波拿巴也留下了足够回旋的余地。强调自己印象最深刻的见闻和事件，这是拿破仑·波拿巴论点的重中之重。拿破仑·波拿巴清晰地表明了自己在山岳派和吉伦特派问题上的立场。什么最重要？成功才是唯一的标准。此处，拿破仑·波拿巴开始了诡辩式的循环论证。他将所有的恐怖暴力都美化成以爱国为前提的行为。”

其实，我们还可以加一句："还有在巴斯夸·帕欧里和国民议会之间的选择。"

在博凯尔的辩论中，大家进行了激烈的讨论：人们在怎样的原则下，才会拿起武器，相互攻击？令人惊讶的是，我们发现，原则的问题根本不重要。人们奋起反抗的唯一动机和理由是，他们有很大概率可以取得胜利。哪一方代表正义或者站在哪一方，无论是否正义，都完全取决于这一选择最后成功的概率有多大。人各有命，是至高无上的生存法则。在行动决定一切的世界中，所有人必须遵守这条法则。在道德领域中，人们也要明白其含义。成王败寇才是不灭的真理。

现在，我们似乎可以理解拿破仑·波拿巴在科西嘉岛的事件中态度的转变。科西嘉岛争取独立一事，无论对错，拿破仑·波拿巴都不在意。一件事是否正确与是否要执行，二者之间没有必然的联系。真正起决定性作用的是能不能获胜，胜算几何。

出于对良心的自问和自身的理念，拿破仑·波拿巴曾思考过关于上帝的事情，但他对上帝以何种方式显现依旧存有疑惑。上帝赋予人类权利，但拿破仑·波拿巴对此深感绝望。上帝在人间的显现应是权力，而不是权利。因此，最强大的统治应该是君权神授的思想。在拿破仑·波拿巴的心中，"君权神授"的思想一旦形成，便永不磨灭。这个思想指引并激励着拿破仑，同时神化着他的王权。拿破仑·波拿巴认为，他是上帝在人间的化身，任何反对他的言论和诋毁他的文字都是对神明的亵渎，任何企图推翻他的行为都是对神的忤逆。多年后，拿破仑·波拿巴登基前，与罗马教皇制定协约时，从未思考过罗马天主教是否真正神圣，遑论质疑。他只看重并尊重天主教巨大的影响力，将其视为世间神圣权力的象征，就像后来出征埃及时，拿破仑·波拿巴也会重视和尊重伊斯兰教。

拿破仑·波拿巴的巨大转变不仅体现在他处理科西嘉岛事件的态度上，还深入了他的道德思想。他将过去激烈反对的行为准则奉为圭臬。当法兰克国王克洛维一世①踏入受洗之河时，主教圣雷米吉乌斯对他说："低下你的头，西甘布尔人②。你曾经摧毁的，现在要崇拜它；你曾经崇拜的，现在要摧毁它。"这也是拿破仑·波拿巴的性格发生的转变。有安托万·克里斯托夫·萨利切蒂、巴泰勒米·阿雷纳和约瑟夫·安托万·阿雷纳这样无良的人在身边做不好的示范，拿破仑·波拿巴自然会近墨者黑。但这些只是次要原因，主要还是因为拿破仑·波拿巴的本心已乱。

《博凯尔的晚餐》这本小册子并没有直白地宣扬功利至上的人生信条，但字里行间都是这样的思想。自此之后，拿破仑·波拿巴便将这一信条深藏于心，它也贯穿了拿破仑·波拿巴辉煌的戎马生涯。

探讨拿破仑·波拿巴的生涯至此，我们自然会有一个疑问：此时的拿破仑·波拿巴是否对自己的能力有足够的自信？他能否预见自己在不远的未来可以

---

① 克洛维一世（Clovis I，约公元前466—公元前511），法兰克王国国王，法兰克王国的建立者。
② 西甘布尔人，古法兰克部落名，后世法兰克王国君主常自称西甘布尔人。

问鼎天下? 关于这部分, 我们还是相信拿破仑·波拿巴自己的表述吧。在圣赫勒拿岛时, 拿破仑·波拿巴回忆道:"葡月事件和蒙特诺特战役期间, 我心里并不十分确定未来的自己能否成就帝王之业。但洛迪战役后, 我受到了激励。我的理想越发清晰。那时, 我们的政治舞台上出现了一个坚决果断的角色, 那就是我。那是我人生的第一个雄心壮志。①"

---

① 此段为法语:"Vendemiaire et Montenotte ne me porterent pas encore a me croire un homme superieur; ce n'est qu'apres Lodi qu'il me vint dans l'idee que je pouvais bien devenir, apres tout, un acteur decisif sur notre scene politique. Alors naquit la premiere etincelle de la haute ambition."

第14章

土伦平叛

(1793年9月—1794年3月)

精彩看点

拿破仑·波拿巴回军团——《博凯尔的晚餐》公费出版——错误的指控——土伦围城——土伦司令让·巴蒂斯特·弗朗西斯·卡尔托——拿破仑·波拿巴担任炮兵指挥官——新司令雅克·弗朗西斯·迪戈米耶——穆尔格雷夫要塞争夺——法朗山——土伦城陷——腥风血雨——拿破仑·波拿巴不赞成屠杀——拿破仑·波拿巴开始变冷漠——围城轶事一则——巴拉斯子爵保罗·弗朗西斯·让·尼古拉初见拿破仑·波拿巴——让-保罗·马拉之喻——盛宴庆功——结识让-安多什·朱诺——不实的指控——拿破仑·波拿巴晋升为准将——卢西恩·波拿巴又出场——拿破仑·波拿巴否认指控——出逃——交好国民公会代表——受到部下爱戴——加入自己不愿加入的小团体

1793年6月中旬，拿破仑·波拿巴重返军队。军队有一部分部队驻扎在意大利边境，于是，拿破仑·波拿巴随军来到尼斯。拿破仑·波拿巴的职责是监管海岸上的弹药武器。当时，大不列颠舰队已开到地中海，面向法兰西第一共和国，虎视眈眈。法军很有必要在海岸布好炮阵。拿破仑·波拿巴结束了在阿维尼翁协助守城的任务，刚回到军队，就向安托万·克里斯托夫·萨利切蒂、托马斯-奥古斯丁·德·加斯帕兰和其他随军来到普罗旺斯镇压叛乱的议员们展示了自己写的宣传册《博凯尔的晚餐》。众人看过之后啧啧称赞，并用财政部的公款帮拿破仑·波拿巴联系印刷发行。1793年8月，《博凯尔的晚餐》由阿维尼翁的《日报》正式发行。根据巴拉斯子爵保罗·弗朗西斯·让·尼古拉①的叙述，拿破仑·波拿巴将用于印刷册的费用塞进了自己的口袋。应付印刷商的钱一直拖欠着，直到后来拿破仑·波拿巴当上皇帝，印刷商的遗孀才不得不将债务一笔勾销。②当然，我们也不能确定巴拉斯子爵保罗·弗朗西斯·让·尼古拉的这一记叙是否可信。

在托马斯-奥古斯丁·德·加斯帕兰和安托万·克里斯托夫·萨利切蒂这两

---

① 巴拉斯子爵保罗·弗朗西斯·让·尼古拉（Paul François Jean Nicolas, vicomte de Barras, 1755—1829），出身普罗旺斯贵族。支持法国大革命，参加雅各宾俱乐部。1792年当选国民公会议员。成立督政府后，为督政官之首。是督政府时代最有权势的人物。雾月政变后权势被削弱，后被逐出巴黎。拿破仑·波拿巴当政期间不得志。1815年隐退。著有回忆录。
② 参见《保罗·巴拉斯回忆录》（英译版），1895年，第1卷，第143页。——原注

保罗·弗朗西斯·让·尼古拉

座靠山的庇护下,拿破仑·波拿巴和他的兄弟们都跟着沾到了光,连舅舅约瑟夫·费什都脱下了教袍,穿上军装,去阿尔卑斯军团军需部就职了。卢西恩·波拿巴在圣马克西曼领到了类似的美差。约瑟夫·波拿巴任马赛一级国防委员,待遇更丰厚。事实上,依据法规,国防委员这样的职位只能由军人担任,而且军衔必须在中校以上。根据这一条件,波拿巴全家没有一个人符合任职条件。但这点小事算什么困难?对波拿巴家族来说,开一张军人身份的证明还不是小菜一碟?拿破仑·波拿巴将自己任科西嘉岛中校的证件给约瑟夫·波拿巴用,约瑟夫·波拿巴便立刻上任,简单到连名字都不用改。别忘了,他们兄弟二人连出生日期都可以交换使用。受洗的登记簿上,他们的名字都是"拿布里奥尼",对吗?①

十年后,拿破仑·波拿巴有意擢升约瑟夫·波拿巴为上校时,毫无愧色地写了以下的证明。我们来看看没有一天从军经历的约瑟夫·波拿巴是怎么在军中"服役"的:

1768年,炮兵学员。

1792年,参谋。

1793年,营队副官。

1796年,即共和五年,立法军团成员。

第四防线军团上校。

1793年至1794年间,参加战役,于土伦战役中受轻伤。

上述每条证明都是假的。在炮兵学校学习的是拿破仑·波拿巴,不是约瑟夫·波拿巴。约瑟夫·波拿巴也从来没有当过什么副官,甚至没有一天的从军履历。1792年,约瑟夫·波拿巴在倒卖石油,之后便一直担任安托万·克里斯托夫·萨利切蒂的秘书。土伦战役中,约瑟夫·波拿巴根本就没有出现过,受轻伤的当然也只能是拿破仑·波拿巴。倘若有人细查约瑟夫·波拿巴的"从军经历",只要出示受洗证明就可以反驳,追查的人也会信以为真。为受洗证书弄个副本也不是什么难事。

在马赛时,约瑟夫·波拿巴结识了商人弗朗西斯·克拉里,两人关系很好。约瑟夫·波拿巴和拿破仑·波拿巴初到马赛时就住在弗朗西斯·克拉里的家

---

① 任命书上说:"各位人民委员……鉴于南部王党叛乱益重,部队急需军官前去平乱(原文如此),擢升陆军中校约瑟夫·波拿巴为一级国防委员。"当时是安托万·克里斯托夫·萨利切蒂签字同意的。安托万·克里斯托夫·萨利切蒂明知约瑟夫·波拿巴没有从军经历,却对波拿巴兄弟造假一事只字不提。——原注

中。弗朗西斯·克拉里有两个女儿,玛丽·朱莉·克拉里和伯纳丁·欧仁妮·德西雷·克拉里。两个女儿后来都成为王后。大女儿玛丽·朱莉·克拉里嫁给了约瑟夫·波拿巴,小女儿伯纳丁·欧仁妮·德西雷·克拉里则嫁给了让-巴蒂斯特·朱尔·贝纳多特[①]。

玛丽·朱莉·克拉里与女儿泽奈德·波拿巴

---

① 让-巴蒂斯特·朱尔·贝纳多特(Jean-Baptiste Bernadotte, 1763—1844),1804年封法兰西元帅。1810年选为瑞典王储。1818年以卡尔十四世·约翰(Karl XIV Johan)和卡尔三世·约翰(Karl III Johan)的名号加冕瑞典国王与挪威国王。1844年在位时去世。妻子为伯纳丁·欧仁妮·德西雷·克拉里,相传为拿破仑·波拿巴的初恋情人。

伯纳丁·欧仁妮·德西雷·克拉里

军队如汹涌的浪潮般向土伦袭来。这支军队中不仅有国民公会革命军,还混有极端主义分子。军队声势浩荡,士兵冷血疯狂。1793年10月9日,他们刚刚平息了里昂的保王党叛乱。将里昂的保王党屠戮殆尽后,趁手上血迹未干,这支军队便马不停蹄地奔向下一个保王党的汇集地——土伦。军队司令让·巴蒂斯特·弗朗西斯·卡尔托指挥革命军来到土伦城外。土伦城城门紧闭。与大不列颠

让·巴蒂斯特·弗朗西斯·卡尔托

人勾结的保王党宁可暗中向大不列颠海军敞开港口，也决不会放革命军进城。城内几乎已成为叛党的世界，充斥着来自马赛、里昂等地的逃亡者。立宪派、温和派、反动派、保王党，各路政治派别遍布城中。可想而知，护守堡垒的卫军成分也相当复杂，有撒丁人、西班牙人、法兰西人和英格兰人。对革命和共和的仇恨将他们凝结在了一起。革命军兵分两路，沿着俯瞰土伦城的法隆山分道而行。法隆山以西是圣安托万堡，圣安托万堡再往西便是奥利乌尔。奥利乌尔是土伦附近的一个市镇，西路军司令让·巴蒂斯特·弗朗西斯·卡尔托将指挥部设在奥利乌尔。东路军的部队大都是意大利军团，还有一部分来自里昂的志愿军。一小部分来自马赛的极端分子也混迹在东路军中。他们凶狠残暴,只等攻陷土伦城后进城烧杀抢掠。

让·巴蒂斯特·弗朗西斯·卡尔托根本不懂军事。他准备炮轰英格兰舰队,于是命令士兵架起大炮。但他做事非常谨慎,担心敌方的炮火打到自己,于是进行了精细的计算,将大炮架设在英军炮火的射程之外。这样做的唯一问题是,他自己的火力也打不到英军。①

1793年9月,攻城正式开始。直到1793年10月,革命军都没能成功攻下土伦城。革命军指挥官身后,还有国民公会的特派员,如安托万·克里斯托夫·萨利

围攻土伦

---

① "卡尔托夫人随军至此。她为人矫揉造作,待人颐指气使。平日大肆参与政务,目前指挥作战。据不止一位军中人士的明述……当日如此不堪的命令实际出自卡尔托夫人。且不知是过于狂傲还是纯属无知,她竟然在军令上签署了'卡尔托夫人。'"巴拉斯子爵保罗·弗朗西斯·让·尼古拉:《保罗·巴拉斯回忆录》,第1卷,第143页。——原注

拿破仑·波拿巴在土伦战场

切蒂、安托万·路易·阿尔比特、巴拉斯子爵保罗·弗朗西斯·让·尼古拉和托马斯-奥古斯丁·德·加斯帕兰。他们前来土伦督战,但他们和曾经是画家的让·巴蒂斯特·弗朗西斯·卡尔托一样,并不懂得统兵打仗。无论是指挥军队,还是运送军需物资,他们都毫无章法。必不可少的急需物资总是断供,连军粮都渐难支应。指挥小组中的诸位特派员,每个人都认为自己的指挥没有任何问题,同时觉得其他人的指挥永远都会出错。

在如此混乱的指挥中,拿破仑·波拿巴抵达土伦。安托万·克里斯托夫·萨利切蒂向让·巴蒂斯特·弗朗西斯·卡尔托介绍了炮兵军官拿破仑·波拿巴。让·巴蒂斯特·弗朗西斯·卡尔托如获至宝,当即任命拿破仑·波拿巴在炮兵岗位上就职。拿破仑·波拿巴一针见血地指出,革命军将大炮架得太远,根本打不到英格兰舰船。此等"专家意见"使让·巴蒂斯特·弗朗西斯·卡尔托心悦诚服,他觉得拿破仑·波拿巴来得正是时候。

正当让·巴蒂斯特·弗朗西斯·卡尔托在浪费炮弹,炮轰远离联军要塞的海面时,让·弗朗西斯·科尔尼·德·拉波普率领东路军,在特派员巴拉斯子爵保

让·弗朗西斯·科尔尼·德·拉波普

路易-玛利·斯塔尼斯拉斯·弗雷隆

罗·弗朗西斯·让·尼古拉和路易-玛利·斯塔尼斯拉斯·弗雷隆①的监察下,已取得大捷。东路军首先攻下了法隆山地,但很快被联军夺回。即便如此,让·弗朗西斯·科尔尼·德·拉波普带领的军队也算表现不俗。他们占领了拉马尔格堡前面的战壕。拉马尔格堡扼住土伦港一角,勒吉耶蒂要塞扼住土伦港另一角。拉马尔格堡和勒吉耶蒂要塞只要攻得其一,便可一举占领整个土伦港。

国民公会的特派员终于明白,让·巴蒂斯特·弗朗西斯·卡尔托并不适合指

---

① 路易-玛利·斯塔尼斯拉斯·弗雷隆(Stanislas Freron, 1754—1802),法国大革命时期政治家。曾与拿破仑·波拿巴的二妹波莱恩·波拿巴有过恋情。当时,路易-玛利·斯塔尼斯拉斯·弗雷隆已过不惑之年,波莱恩·波拿巴仅十五岁。

挥作战。于是,他们将让·巴蒂斯特·弗朗西斯·卡尔托撤职,任命弗朗西斯·阿梅代·多佩特为革命军总司令。弗朗西斯·阿梅代·多佩特过去是一位医生,在指挥作战方面并不比做过画家的让·巴蒂斯特·弗朗西斯·卡尔托更在行。1793年9月26日,弗朗西斯·阿梅代·多佩特接到委任状,担任革命军总司令。但还不到一个月,他也被撤职了。医生和画家都不是打仗的材料。接任弗朗西斯·阿梅代·多佩特的是风烛残年的老将军雅克·弗朗西斯·迪戈米耶。1793年11月25

雅克·弗朗西斯·迪戈米耶

1793 年 11 月的土伦战场

日，战时委员会召开。巴拉斯子爵保罗·弗朗西斯·让·尼古拉、让·弗朗西斯·里科尔、奥古斯丁·邦·约瑟夫·德·罗伯斯庇尔、路易-玛利·斯塔尼斯拉斯·弗雷隆和安托万·克里斯托夫·萨利切蒂出席会议，诸位委员一致同意拿破仑·波拿巴出任革命军炮兵指挥官。

革命军总司令雅克·弗朗西斯·迪戈米耶很快发觉自己是个傀儡。他想执行任何作战计划，都要先向战时委员会委员请示，还要向他们论证该计划为何可行。战时委员会命令雅克·弗朗西斯·迪戈米耶全力攻城。但全力攻城需要六万兵力，而雅克·弗朗西斯·迪戈米耶手中只有不到两万五千人。因此，全力攻城不可行。如果将战线拉得过长，会为联军反攻留下空当。联军一旦反攻，打退革命军简直易如反掌。任何略懂军事的人都可以依据常理判断并得出结论，即这

个任务根本不可能完成。但依据经验,无论任务有多困难,有多不可能实现,都要尽力达成——联军不好对付,战时委员会也能得罪。违抗委员们的命令,下场只会更惨。革命军只得努力达成目标,只能成功,不许失败。否则,结局一定惨不忍睹。

拿破仑·波拿巴将自己的作战观点写成请愿书,递交到国防部。国防委员会再次召开会议,批准了拿破仑·波拿巴的作战计划,并授予他执行该计划的全部权限。

与此同时,拿破仑·波拿巴也绞尽脑汁,对军需供给的管理进行了梳理。他从马赛、里昂和格勒诺布尔搜集各式火炮、弹药。大战当前,这些补给都必不可少。拿破仑·波拿巴以卓越的行动力重新整合了所有资源。跟他有过接触的将士

马尔格雷夫伯爵亨利·菲普斯

都受他影响颇深。拿破仑·波拿巴用行动力建立了威信。事实上,大家已经将他当成第一指挥官了。

按照拿破仑·波拿巴的部署,革命军全体围城部队向英军驻守的勒吉耶蒂要塞发起猛烈炮攻。英军驻军在司令官马尔格雷夫伯爵亨利·菲普斯[①]的率领下顽强抵抗。1793年11月17日,革命军在雅克·弗朗西斯·迪戈米耶将军的指挥下发动突袭,想将要塞一举攻下,但最终未能成功。革命军只得暂时退兵。但没过多久,革命军得到了援军补充,于是再次发动进攻,打败了守军中力量较弱的西班牙部队,从西班牙部队的防线上撕了一个口子,冲入要塞。于是,革命军内外夹击,侧面攻击英军,彻底摧毁了英军防线。在此次战斗中,英军死亡人数达三百人。

---

① 马尔格雷夫伯爵亨利·菲普斯(Henry Phipps, Earl of Mulgrave, 1755—1831),英国将军,在法土伦战役期间,马尔格雷夫伯爵亨利·菲普斯曾短期接管英军在土伦的军队。

革命军占领勒吉耶蒂要塞后,联军很难继续维持局面,只得放弃土伦城的外围防御。英明的英军司令很快意识到这一点,于是联军趁着夜色,悄悄从海角撤回土伦城内。

同时,拿破仑·波拿巴亲自指挥了一次进攻,拿下了法隆高地,并在高地上升起三色旗。

革命军面临的形势依旧险峻。反法联盟在城内仍拥有一万驻军,几个城防堡垒也都被联军牢牢地把控着。不过,已经占领了勒吉耶蒂要塞和法隆高地的革命军拥有居高临下的优势,土伦港已进入革命军炮火打击的范围。英军中队指挥官塞缪尔·胡德向联军强烈呼吁,这个海岬的地理位置十分关键,是两军必

塞缪尔·胡德

土伦人逃离土伦

争之地，一定要将它从革命军手里夺回。但联军总指挥安贝尔男爵一心撤离，没有同意塞缪尔·胡德的这一提议。

　　得知联军要撤走，土伦城内的人慌乱如麻。保王党对革命党的辣手无情再清楚不过。他们一旦落入革命军手中，会有怎样的下场，真是想都不敢想。因此，联军撤退时，码头上一片哀号。土伦人不分男女，都惊恐地挤在码头，哭天抢地，要求和联军一起登船离开。正在此时，拿破仑·波拿巴下令开炮。只见炮台上炮火纷飞，人群四散。有时炮弹打偏，人群还来不及散开，就被炮弹砸中。土伦人跳上一艘艘小船，将小船填满，希望跟着联军的大船一起逃走。海港里停着几艘联军缴获的法军大船，此时成了土伦人的救命稻草。最终，一万四千人由小船换上大船并成功逃走。拿破仑·波拿巴看到土伦人借小船准备逃离时，立即下令，将革命军的枪炮对准满载土伦人的小船。有一些小船就此沉没。船上的人多半是保王党，他们就这样手无寸铁地葬身海底——带着对新政权深深的不满和对旧制度的深切怀念。

　　1793年11月18日，土伦城内也一片大乱。监狱里的囚犯趁机引发暴乱，越狱后冲入土伦人的房舍,挨家挨户地掠夺一空,然后纵火离去。绝大多数土伦人已经弃房逃走,未来得及离开的,便成了暴徒手下的冤魂。

1793年11月19日,革命军进驻土伦城,标志土伦收复成功。在接下来的日子里,数百名未及逃离的保王党人全部被带到旷野。他们未经审判便被执行死刑。安托万·克里斯托夫·萨利切蒂大喜过望道:"土伦城中大火熊熊,眼前的景象惨不忍睹。成功逃走的人应该庆幸,因为留在城里的人都难逃一死。我们要用他们的鲜血祭奠我们战死的勇士。"①约瑟夫·富歇②从里昂匆匆赶来,目睹了这一幕。他致信身在巴黎的让-玛利·科洛·德赫布瓦③道:"再见了我的朋友。喜悦的泪水从我的双颊滚落,像河水一样,汩汩地流过我的灵魂。我们只有一种方式庆祝胜利,那就是今夜的枪声。今夜,二百一十三名叛乱分子将在枪声中死去。"巴拉斯子爵保罗·弗朗西斯·让·尼古拉说:"要狠一点。断头台总要有人上。如果我不送别人上去,别人就要送我上去。"另外还有人被错杀。平乱成功的革命军杀红了眼,将城内的二百多雅各宾派成员一起杀了。真是大错特错啊,雅各宾派成员其实是前去欢迎革命军进城的。

一连数日,"流剑飞闸"日日上演。人们不是做了刀下鬼,就是成了无头尸。革命军已经进驻土伦城。不戴标志雅各宾派身份的红帽子,就是在找死。然而,国民公会从来"明察秋毫"。戴着红帽子的人不见得真是雅各宾派成员。因此,在让·安托万·巴里埃④的"英明"提议下,国民公会通过并公布了法令:作为滋生叛乱的罪恶之城,土伦理应寸草不生!于是,一个新的委员会得以成立,由巴拉斯子爵保罗·弗朗西斯·让·尼古拉、路易-玛利·斯塔尼斯拉斯·弗

---

① 参见共和二年雪月五日,即1793年12月25日《通报》,《圣诞欢庆——来自推翻了国王的革命者》。——原注
② 约瑟夫·富歇(Joseph Fouché,1759—1820),1799年任公安部长,雾月政变中支持拿破仑·波拿巴,为法兰西第一帝国警务大臣,负责建立了法兰西警察组织。1807年后阴谋反对拿破仑·波拿巴。1809年受封奥特朗特公爵。拿破仑·波拿巴倒台后,受路易十八冷遇。拿破仑·波拿巴百日统治期间,再度出任公安部长。滑铁卢战役后,劝拿破仑·波拿巴同意第二次退位。后在路易十八朝廷不受重用。1816年后流亡。
③ 让-玛利·科洛·德赫布瓦(Jean-Marie Collot d'Herbois,1749—1796),法兰西演员、戏剧家、散文家和革命家。
④ 让·安托万·巴里埃(Jean Antoine Barrière,1752—1836),法兰西政治家,"五百人议会"成员。

奥古斯特·弗雷德里克·路易·维埃塞·德·马尔蒙

雷隆和奥古斯丁·邦·约瑟夫·德·罗伯斯庇尔组成，势将清洗进行到底。在这样的时期，有钱也买不到命。一位八十四岁的老商人捐出了所有财产，只留给自己八十万里弗尔养老，但正是这八十万里弗尔让他命丧绞架。法官一直在觊觎这八十万里弗尔，索性给这位老商人判了死刑。如此一来，老商人连八十万里弗尔也不能留给自己。

后来，拿破仑·波拿巴在圣赫勒拿岛时回忆："我看到这位老先生被绞死时，觉得那真是世界的末日，人性的荒原。"

据奥古斯特·弗雷德里克·路易·维埃塞·德·马尔蒙[①]说，拿破仑·波拿巴

---

① 奥古斯特·弗雷德里克·路易·维埃塞·德·马尔蒙（Auguste Frédéric Louis Viesse de Marmont，1774—1852），1793年升上尉。在土伦战役中与拿破仑·波拿巴成为挚友。1805年升上将。1808年封拉古萨公爵。1814年在法兰西战役中背叛拿破仑·波拿巴。百日王朝期间随路易十八流亡。波旁王朝复辟后，任皇家卫队元帅。1830年镇压七月革命失败后流亡欧洲。

极其反感随便处死人的暴行，因此，拿破仑·波拿巴救出了一些人。这个说法倒符合拿破仑·波拿巴的个性。他本质上并不是嗜血的杀人狂，并且非常反感无谓的杀戮。拿破仑·波拿巴认为，达到自己的目的才是最重要的，没有必要大开杀戒。在达成目标的前提下，他乐得表现出更大方、更宽仁的一面。可惜的是，拿破仑·波拿巴心中很清楚，他正在与恶狼为伍。恶狼吃人嗜血，他自然无法不同流合污。在《博凯尔的晚餐》中，拿破仑·波拿巴下定决心，对国民公会的滥杀行为表达了深深的抵触。在"深深抵触"和"深恶痛绝"之间，是他在普罗旺斯受到的震撼。

路易·安托万·福弗莱·德·布里昂的夫人回忆了一桩轶事。从这件轶事中，我们可以清楚地看到，当时拿破仑·波拿巴的心已如枯井一般干涸、麻木。这件事是这样的：

> 那是1795年5月，我们第二次从德意志回来后不久。有一天，我们遇见了拿破仑·波拿巴。我记得就在几天后，他向我们讲述了一段残忍的经历，令人不寒而栗。我对这样的叙述憎恶极了，因此未及听完整个故事，我就开始讨厌他。拿破仑·波拿巴讲的是他去土伦之前，还在炮兵部队当指挥官的时候。有一天，有位女子来到军营，那是拿破仑·波拿巴的手下一位军官的妻子，他们正值新婚燕尔。几天后，军队接到攻城的命令，这位军官也要奉命前去。军官的新婚妻子找到拿破仑·波拿巴，泪水涟涟，苦苦哀求拿破仑·波拿巴为她的丈夫批准一天的假期。拿破仑·波拿巴冷酷地拒绝了这位女士。甚至他自己都觉得，他不仅冷酷，还近乎野蛮。拿破仑·波拿巴亲口告诉我们，当进攻来临时，这位军官，这位真正的勇士——拿破仑·波拿巴对这一点非常确信——似乎预感到自己可能会在这场战役中战死，面色苍白，浑身颤抖。这位军官在拿破仑·波拿巴身边随行。忽然，城内守军向外密集开炮，拿破仑·波拿巴向他大声喊："小心！有炮弹。"这位军官还没来得及躲开，就被炮弹扑倒在地，生生被炸成了两截。拿破仑·波拿巴一边描述这些恐怖的细节，一边邪恶地大笑起来。

拿破仑·波拿巴按规矩行事，决不会被一个女人的眼泪左右。但他讲述整件事情时的冷漠态度令人毛骨悚然。拿破仑·波拿巴并非天生暴虐的人，但从这件事情看，他也算够冷血了。①

收复土伦期间，巴拉斯子爵保罗·弗朗西斯·让·尼古拉与拿破仑·波拿巴相识。巴拉斯子爵保罗·弗朗西斯·让·尼古拉初次见到拿破仑·波拿巴时，拿破仑·波拿巴正在胳膊底下夹着一沓《博凯尔的晚餐》小册子，向周围的军官和士兵分发。

巴拉斯子爵保罗·弗朗西斯·让·尼古拉说：

> 我们第一次见面时，拿破仑·波拿巴的行为举止给我留下了深刻的印象。他尽职尽责，给我留下了很好的印象。患难中易见真情，我们惺惺相惜。于公于私，他的所有要求我都全力支持……很快，我们开始一起讨论时局问题，而他总是站在我的角度上赞同我的观点。世人多亲善，人们总喜欢外表柔和而内心刚强的人，甚至还会有一定程度的赞赏。拿破仑·波拿巴便是这样内心强大的人，他的灵魂比肉体更挺拔，更美丽。其实我想说的是，这位年轻的炮兵中尉吸引我的地方就是他强大的灵魂。当然，我不是危言耸听，也没有神化他的意思。在他身上展现的不仅有英勇、无畏，还有思想的跳跃、震颤和升华。这个小个子军官的身体里有一种悸动，那是灵魂永恒的思考。在我看来，拿破仑·波拿巴和另一位伟大的革命先行者有着惊人的相似之处。那位革命者堪称史上最伟大的革命家。他像流星一般掠过革命时代的舞台。那个人就是让-保罗·马拉。"②

巴拉斯子爵保罗·弗朗西斯·让·尼古拉并不是说拿破仑·波拿巴和让-保

---

① 路易·安托万·福弗莱·德·布里昂：《回忆拿破仑·波拿巴》，第1卷，第31页。——原注
② 巴拉斯子爵保罗·弗朗西斯·让·尼古拉：《保罗·巴拉斯回忆录》，第1卷，第146页。虽然此部为英译本，我读来仍要精炼语句，提纯语义，皆因译本多有赘述之处。不过，巴拉斯子爵保罗·弗朗西斯·让·尼古拉本就文风晦涩，译成英文后更显生硬难懂。——原注

让-保罗·马拉

罗·马拉的外貌有什么相似之处,而是说他们拥有相同的心和坚毅的品质,他们是一样的人。

收复土伦期间,忙碌的断头台下是举行欢宴的好地方。革命党的领袖和各位公民代表在此相聚。共同前来庆祝的还有城内的共和党和厨师们。①士兵、爱国者和无套裤汉也济济一堂。但几位特派员似乎无意与这些人同流合污,冷漠地坐在较远处的一张桌子前。

---

① 人们流传,那天委员们评论说,这当中共和党和厨师们是"城中仅有的好人。"——原注

让-安多什·朱诺

在土伦平叛的事件中，拿破仑·波拿巴还有另一份收获——他寻觅到了一份珍贵的、至死不渝的友谊。这个友人就是让-安多什·朱诺。让-安多什·朱诺那时还很年轻，是个掷弹兵。拿破仑·波拿巴就是在土伦平叛期间与他结识的。

有一次，对方的炮火攻势猛烈，拿破仑·波拿巴要发派一个重要口令，他需要有人帮他做记录，因为他的书写观感实在太差。在这样关键的时刻，让-安多什·朱诺出场了。他一边听拿破仑·波拿巴口述，一边做笔记。这时，一颗子弹射到他身边，扬起厚厚的尘烟，两个人都是一身尘土。

让-安多什·朱诺说："这太棒了，长官。我好久没见过飞扬的尘沙了。"

拿破仑·波拿巴说："你挺勇敢的嘛，有什么需要我帮忙的吗？"

让-安多什·朱诺回复道:"我想当军官,长官。我一定不辜负您的期望。"

让-安多什·朱诺遇到了伯乐。拿破仑·波拿巴闻言,立即提拔他做了军士长。不久后,让-安多什·朱诺得到了委任状。1796年,让-安多什·朱诺晋升为法兰西帝国皇帝拿破仑·波拿巴的侍卫官,后来受封为阿布兰特什公爵。让-安多什·朱诺金发碧眼,性情温和。他出身行伍,遇到拿破仑·波拿巴后青云直上。他后来娶了德·佩尔蒙家的小姐劳雷-阿德莱德-康斯坦茨·佩尔蒙。站在现代人的角度,我们要诚挚地感谢阿布兰特什公爵夫人劳雷·朱诺的回忆录。她留下了许多宝贵的资料,我们得以将拿破仑·波拿巴的早期时代了解得更清晰透彻。

土伦战役中,拿破仑·波拿巴人中之龙的雏态初现。雅克·弗朗西斯·迪戈米耶将军在一封信中报告:"这位年轻军官的态度举足轻重。他支持哪一边,天平就倒向哪一边,哪一边就会赢。

为了嘉奖拿破仑·波拿巴的英勇,1794年2月16日,拿破仑·波拿巴荣升准将。

拿破仑·波拿巴就任准将前,免不了要例行公事,做个人背景调查。为了应付调查,之前改过日期的受洗记录此时又发挥了重要作用。拿破仑·波拿巴成功地把年龄改为二十五岁。这个年龄对应1768年在科尔特的出生证明,而不是1769年在阿雅克肖的那一份。拿破仑·波拿巴登记的出身是"非贵族",也就是说,他不是贵族出身。他想得很清楚,现在科西嘉全岛暴动不休,想查询一份出生证明几乎不可能。鉴于时局更迭,也不会有任何军事机构仔细调查。况且只有十五岁零五个月的路易·波拿巴也在安托万·克里斯托夫·萨利切蒂的手下升任了炮兵副少校。拿破仑·波拿巴让路易·波拿巴冒用同事的假名才得以入伍。当然,这件事一定要瞒着那位同事。可未曾想,炮兵部门竟然坚持原则,以"违反常规"为由拒绝批准。最终,路易·波拿巴只好折中,选择去沙隆的军校读书。炮兵兵部的原话是:"他不符合条件,没有继续留任炮兵军团的资格。"后来,路易·波拿巴同他的几位兄长一样,假装有从军经历,假装曾经在战争中负伤。这真是波拿巴家族的光荣传统啊! 正如荣格上校所言,波拿巴家族的座右铭就是"可以不择手段,一切都是为了家人"。

克里斯蒂娜·博耶

当时，卢西恩·波拿巴在圣马克西曼，负责搜集军需物资。如此狡诈的人在做公事的时候当然不会忘记从中分一杯羹，自然也不会忘记将自己的名字改得更高大。他现在的名字是卢西恩-布吕蒂斯·波拿巴。[①]现在，卢西恩-布吕蒂斯·波拿巴正与小酒馆老板的女儿克里斯蒂娜·博耶陷入热恋，后来他们结婚了。舅舅约瑟夫·费什，这位未来的大主教，此刻还一心扑在工作上，想着如何能算清楚军需物资的账目。他在这个时期打交道的对象都是面粉、豌豆之类的。埃利萨·波拿巴已长大成人，是一个翩翩少女。波莱恩·波拿巴也快十四岁，卡罗琳·波拿巴十二岁，热罗姆·波拿巴只有九岁。

---

① 如巴拉斯子爵保罗·弗朗西斯·让·尼古拉所言，卢西恩·波拿巴此举"口出不敬""玷污先贤"。——原注

拿破仑·波拿巴负责南部海岸防御。有一次，他在查探地形的时候，遇到一处非常险峻的地方，拿破仑·波拿巴差点丢了性命，于是他便记录下了这一句话："塔尔皮亚岩石危险陡峭。"

拿破仑·波拿巴初到马赛，就能凭借军人的敏锐洞察力，一眼看出优势所在，知道哪些地方还需要加固加强。1794年1月4日，拿破仑·波拿巴致信国防部，说他要重新装备大炮，重建城防工事。这个计划在马赛引起了一番热议。大家一致表示抗议："巴士底狱刚刚摧毁几天，现在又要在此重建吗？为什么要修建炮台？是想将炮弹射向守法的公民吗？"

国民公会将拿破仑·波拿巴和让·弗朗西斯·科尔尼·德·拉波普将军召回公审，让他们二人对此事给个说法。让·弗朗西斯·科尔尼·德·拉波普将军老老实实地回去了，拿破仑·波拿巴则逃到土伦，在安托万·克里斯托夫·萨利切蒂的保护下躲了起来。安托万·克里斯托夫·萨利切蒂公开为拿破仑·波拿巴辩护。在安托万·克里斯托夫·萨利切蒂的帮助下，这场风波没有损伤拿破仑·波拿巴一丝一毫。

土伦是拿破仑·波拿巴事业开始的地方。在土伦，拿破仑·波拿巴第一次有机会展现出与生俱来的军事天才。他在土伦崭露头角，最终大放异彩，赢得了他人的赞誉和尊重。后来，那么多人甘愿为拿破仑·波拿巴效力、誓死追随，这一切都源于土伦战役中拿破仑·波拿巴展现出来的天才。拿破仑·波拿巴是一个来自孤岛的青年，是一个异乡人。他甚至不能算是法兰西人因为他法语说得并不地道，书写的文法也一塌糊涂。拿破仑·波拿巴和土伦、法兰西人没有血缘关系，他的家人在法兰西也只是领取津贴的寓客。拿破仑·波拿巴知道，他要一展雄才干出一番伟大辉煌的事业。为了实现这个目标，他只有坚忍，绝不能虚弱；他要控制情绪，绝不能再乱发脾气；他要放弃尊严，要谄媚当权的政客。这些都是必需的。

巴拉斯子爵保罗·弗朗西斯·让·尼古拉讲述了拿破仑·波拿巴献媚的故事。拿破仑·波拿巴向巴拉斯子爵保罗·弗朗西斯·让·尼古拉和其他委员深深鞠躬，"几乎是屈膝到地"。拿破仑·波拿巴还"向委员让·弗朗西斯·里科尔的夫人献殷勤。他服侍周到，无微不至到你难以想象的地步。比如，他会捡起让·弗朗西斯·里科尔的夫人掉落地上的手套,给她递上扇子。她上马时,拿破仑·波拿巴帮她拉着马辔、扶好马镫。陪她散步的时候,拿破仑·波拿巴会帮她拿好帽子,非常绅士"。①

令所有人都震惊的是,年轻的拿破仑·波拿巴虽然城府老道,但确实有智慧和才能。拿破仑·波拿巴拼命取悦和讨好大权在握的委员们,比如奥古斯丁·邦·约瑟夫·德·罗伯斯庇尔——刚刚问鼎权力巅峰的马克西米利安·弗朗西斯·玛利·伊西多尔·德·罗伯斯庇尔②的弟弟、路易-玛利·斯塔尼斯拉斯·弗雷隆——在督政府一言九鼎、巴拉斯子爵保罗·弗朗西斯·让·尼古拉——雾月政变和葡月事件中都有他的身影。正如麦考利对巴拉斯子爵保罗·弗朗西斯·让·尼古拉的称呼一般,这个"雅各宾毒瘤"有能力在督政府终身任期的职位上执掌大权。对于拿破仑·波拿巴来说,取得这些政坛领袖的信任非常重要。同样重要的是获得年轻官兵们的热爱和崇拜。拿破仑·波拿巴很快建立了自己的威望。当时的法兰西庸才泛世,拿破仑·波拿巴能够保持清醒,清楚地知晓自己心之所向、志之所存,还知道应该如何出手才能谋到权力,这在懵懂的世人中也算得上奇才。拿破仑·波拿巴能够轻而易举地迷倒他愿意结识的人。他的博才多学令众人惊服。他宅心仁厚、笑语甜美——这些性格都能为他赢得人心。他是科西嘉岛的流亡贵族,家里的房子都被烧毁。他的名字和马泰奥·布塔福科同出同现,一定有与马泰奥·布塔福科类似的人品。他渴望交朋结友,在寻觅友情的过程中抑制了性格中尖锐的部分,发挥出所有魅力来慑服人心。拥护拿破仑·波拿巴的年轻官兵大都前途不凡。他们对拿破仑·波拿巴忠心耿耿,并狂热地尊崇他。官兵们众星捧月般地汇聚在拿破仑·波拿巴的周围。

从记述拿破仑·波拿巴性格发展的角度,土伦之战也可谓墨彩千秋。自童年以来所有郁结于心的伤怀、失望和人生的悲怨自此一扫而光。土伦是拿破仑·波拿巴走向新生的起点。土伦的意义不止于此。经历过土伦平叛的拿破仑·波拿巴

---

① 《保罗·巴拉斯回忆录》,第1卷,第161页。——原注
② 马克西米利安·弗朗西斯·玛利·伊西多尔·德·罗伯斯庇尔(Maximilien François Marie Isidore de Robespierre, 1758—1794),法兰西革命家,法兰西大革命时期重要领袖人物,雅各宾派政府的实际首脑。1794年国民公会一致推举他为主席。在热月政变中阵亡。

已经威严赫赫。他学会了使用共和派的词汇和理念为自己的辩论打开道路。尽管在内心深处,他早已失去对共和的信仰。"俱乐部演讲"一旦付诸实施,不知又会让多少人失去生命。

一直以来,拿破仑·波拿巴都在勉力地谋取家乡科西嘉岛的福祉,为科西嘉岛的独立大业努力奔走。只有当他意识到科西嘉岛的独立是一场梦幻,并不可能实现时,他才转变了立场,投向了他曾激烈反对和抵抗的法兰西人的怀抱。而现在,他清醒地意识到,科西嘉岛很有可能步土伦、里昂、阿维尼翁和马赛的后尘。这些地方发生的血腥平叛事件随时可能在科西嘉岛上演。拿破仑·波拿巴并没有选择将自己的满腔热情和才干都赋予保卫科西嘉岛的大业。他选择投靠法兰西人,效忠自己民族的敌人。他做出如此选择的时候,也将自己曾经深爱的故乡放在砧板上,等待法兰西人的宰杀。

看起来,拿破仑·波拿巴的早期生涯经历了三个阶段。这三个阶段就是三次蜕变,每蜕变一次,拿破仑·波拿巴就离道德远一些,他的真心和真情也就淡漠了几分。在第一个阶段,拿破仑·波拿巴还是一个少年。他有真诚的梦想,有与生俱来的远大志向。他青涩的热望还没有化作日后不灭的野心,没有如后来一般,只剩下冷漠和苍凉。后来的他,背弃了巴斯夸·帕欧里,忘记了军职,甚至将家乡从心上抹去。他将这一切当作负担,统统丢弃。在第二个阶段,拿破仑·波拿巴失去了远大的志向,只剩私利的追逐。他遗忘了奋斗的热情,只留下腹黑和阴谋。但他还有仅存的信仰,那是一丝道义。他渴望成功,还留有一丝敬意。然而,追求越高尚,现实就越显绝情。拿破仑·波拿巴理智的人格告诉他,一些政策非常不合情理,依据这些政策根本不会成功。但他投机的人格也会说,要抓住机会,这是最后一次机会,哪怕泯灭真心、背叛真情。在第三个阶段,拿破仑·波拿巴经历了人生中痛苦的背叛。最痛苦的莫过于他抛却了正义、辜负了真诚,但更痛苦的是他背弃了理想、远离了正道。

现在,拿破仑·波拿巴已经不再相信革命的原则。他决意以刀剑开路,维护现存的政权。从剑锋上滴下的都是无辜的鲜血。从人性方面来说,拿破仑·波拿巴并非滥杀无辜的恶徒。他反感滥杀,认为无意义的滥杀是严酷的错误,堪比罪行。他不想犯错，却不得不犯；他不想杀人，却不得不杀。当拿破仑·波拿巴在码头上用炮弹封死叛军的最后一条出路；当满载妇孺的小船在炮击中永远沉入大海，再也不会绕过勒吉耶蒂海峡，靠近英军的大船；当拿破仑·波拿巴敞开土伦城的大门，迎接国民公会委员入城，却丝毫不考虑随后的腥风血雨，不考虑会有多少人死在弹雨之中，殒命断头台上时，拿破仑·波拿巴依然笑立着、谄媚着，恭敬地脱帽致礼，殷切地与国民公会委员同席就餐——冷酷的时代麻木了冷酷的心。英雄齐格弗里德①杀死恶龙后，将自己浸在龙血中，他的身上生长出一个个龙角，从此刀剑不入。同样，土伦战役中死去的人，他们的鲜血在拿破仑·波拿巴的心灵飘荡过的地方，自此之后，寸草不生。

经历过战争的人会老得很快。在土伦战役后不算太久的一天，拿破仑·波拿巴感慨道："历经战事，果然容易衰老啊。"其实，他没有说出口的是："失去道义的心灵，早已是一片荒芜。"

---

① 齐格弗里德（Siegfried），日耳曼神话中的英雄。他杀死了一条龙，后来又被谋杀。

第15章

蒙冤

（1794年4月1日—1794年9月14日）

精彩看点

科西嘉时局——让-皮埃尔·拉孔布-圣米歇尔的忌惮——科西嘉被大不列颠王国控制——热那亚——意大利军团和阿尔卑斯军团——四月战役——科西嘉人民的不满——拿破仑·波拿巴结交奥古斯丁·邦·约瑟夫·德·罗伯斯庇尔——解决热那亚问题的办法——拿破仑·波拿巴前往热那亚——真实的任务——返回尼斯——马克西米利安·弗朗西斯·玛利·伊西多尔·德·罗伯斯庇尔倒台——南部心腹的惊惶——安托万·克里斯托夫·萨利切蒂出卖拿破仑·波拿巴——拿破仑·波拿巴写给蒂利的信——拿破仑·波拿巴被捕——让-安多什·朱诺和奥古斯特·马尔蒙为救拿破仑·波拿巴所做的努力——拿破仑·波拿巴阻止让-安多什·朱诺意气用事——拿破仑·波拿巴写给委员们的信——罪名——释放——此事对拿破仑·波拿巴人生观的影响

国民公会为平定普罗旺斯叛乱忙得焦头烂额,科西嘉岛驻军司令让-皮埃尔·拉孔布-圣米歇尔也在竭尽全力平定科西嘉岛上频发的叛乱。一开始,法军仍控制着巴斯蒂亚、圣菲奥伦佐和卡尔维。1794年2月17日,大不列颠军攻占圣菲奥伦佐后,突然出现在让-皮埃尔·拉孔布-圣米歇尔驻守的巴斯蒂亚城外。

国民公会已经没有舰队。大不列颠军将原来驻土伦的舰队烧毁了一部分,剩下的一部分在撤退时一并带走。科西嘉岛内的亲法派开始抱怨,问安托万·克里斯托夫·萨利切蒂、穆蒂托、拿破仑·波拿巴这些科西嘉岛出去的大人物都去了哪里?这种说法真是冤枉了他们。不是安托万·克里斯托夫·萨利切蒂、穆蒂托和拿破仑·波拿巴不作为,实在是法兰西本土的叛乱让他们分身乏术,没有多余的精力顾及科西嘉岛。

让-皮埃尔·拉孔布-圣米歇尔逃出巴斯蒂亚,动用自己的全部资源寻找援军。1794年5月10日,他抵达土伦,与安托万·克里斯托夫·萨利切蒂和穆蒂托会面。在科西嘉岛时,让-皮埃尔·拉孔布-圣米歇尔听说了大量关于拿破仑·波拿巴的传闻。他告诉安托万·克里斯托夫·萨利切蒂,拿破仑·波拿巴两面三刀,不可信任。1794年5月24日,一支小舰队悄悄驶离土伦港。七艘舰船满载四千兵士在让-巴蒂斯特·塞沃尼[①]和约瑟夫·安托万·阿雷纳的指挥下开赴战场。此次随

---

① 让-巴蒂斯特·塞沃尼(Jean-Baptiste Cervoni, 1765—1809),法国大革命时期法军将领。

霍雷肖·纳尔逊

军督战的是让-皮埃尔·拉孔布-圣米歇尔和安托万·克里斯托夫·萨利切蒂。在这次行动中，拿破仑·波拿巴被彻底排除在了指挥层外，甚至没有随军出行，因为安托万·克里斯托夫·萨利切蒂已经对拿破仑·波拿巴心生防范。然而，正在1794年5月24日，即舰队出发当天，巴斯蒂亚放弃抵抗，向大不列颠海军舰队辖下的海军陆战队指挥官霍雷肖·纳尔逊[①]投降。出发的舰队只得悄悄撤回。

---

① 霍雷肖·纳尔逊（Horatio Nelson, 1758—1805），大不列颠王国著名海军将领、军事家。

1794年6月18日，国民议会在科尔特召开会议。科西嘉岛宣布成立盎格鲁-科西嘉王国①，作为大不列颠王国的附属国受其保护。科西嘉岛上实行自由宪法。盎格鲁-科西嘉王国的第一任总督不是巴斯夸·帕欧里，而是明托伯爵吉尔伯特·埃利奥特-默里-基宁蒙德。巴斯夸·帕欧里很快接到了访问大不列颠王国的邀请。来自大不列颠王国的邀请，也是命令。大不列颠王国的最终目标是吞

明托伯爵吉尔伯特·埃利奥特-默里-基宁蒙德

---

① 盎格鲁-科西嘉王国（Anglo-Corsican Kingdom, 1794—1796）大不列颠王国的附属国。

盎格鲁－科西嘉王国的徽章

并科西嘉岛，将科西嘉岛建成地中海的"后花园"。大不列颠王国将以科西嘉岛为基地，继续进攻并占领法兰西南部。1794年8月1日，卡尔维陷落。

国民公会看到这样的情景，深知想要收复科西嘉岛已经变得非常艰难。但即使对手是地中海霸主大不列颠海军，国民公会也不得不面对。法兰西第一共和国必须设法将科西嘉岛从大不列颠王国手中夺回来。

要达到这样的目标，热那亚的支援和资助就显得尤为关键。热那亚共和国的"共和"性质名存实亡。国内寡头当政，军事力量以雇佣兵为主。无论是法兰西第一共和国还是反法联盟，热那亚政府都得罪不起。反法联盟不顾热那亚共和国作为中立国的事实，在开赴前线时旁若无人地穿过热那亚共和国的领土。热那亚共和国的领海也遭到侵犯。大不列颠王国的舰船无视热那亚堡垒上的炮台，直接从热那亚海湾阻截法军炮船。大不列颠王国的军队打到了家门口，法兰西第一共和国理直气壮地提出了抗议和谴责。热那亚共和国慌忙与法兰西第一共和国缔结了和约。马克西米利安·弗朗西斯·玛利·伊西多尔·德·罗伯斯庇尔内心深知，热那亚与法兰西的临时联盟不会持续太久。法兰西第一共和国驻热那亚临时代办①蒂利写了一封信，信中详细描述了占领热那亚共和国的计划。

在前线作战的意大利军团和阿尔卑斯军团将战线拉得非常长，从多菲内境内的阿尔卑斯山脉到里昂湾一线排开，范围之广令人难以置信。

1794年4月1日，拿破仑·波拿巴在尼斯。当时，意大利军团司令皮埃尔·加达·杜穆比埃和意大利军团随军特派员奥古斯丁·邦·约瑟夫·德·罗伯斯庇尔

多菲内境内的阿尔卑斯山脉

---

① 临时代办（chargé d'affaires），暂时代替缺席的大使或部长的外交官。

都已经给拿破仑·波拿巴发来军令，要求拿破仑·波拿巴速回所在部队，参加将于1794年4月4日打响的战役。意大利军团共有六万六千人，但当时真正能投入战斗的仅约两万人。另外四万六千人被派去保卫海岸、驻守重镇堡垒和土伦。四万六千人中，有六千人在土伦驻守。约瑟夫·安托万·阿雷纳和让-巴蒂斯特·塞沃尼将率领驻守土伦的六千人开赴巴斯蒂亚。当时，安德烈·马塞纳①在前线任意大利军团的师长。意大利军团的司令部设在尼斯。意大利军团司令皮埃尔·加达·杜穆比埃老迈羸弱，攻占乏力。在皮埃尔·加达·杜穆比埃的指挥下，很长一段时间内，战况都没有任何进展。一连好几个月，意大利军团都在滨海阿尔卑斯山山麓一带与萨沃里军团作战。萨沃里军团把守着通向意大利的关口要塞。意大利军团企图从萨沃里军手中夺取要塞，但收效甚微。当时，意大利军团的弹药、衣物和食物补给都严重不足。此外，意大利军团的军官们担心打了败仗会被送上断头台，因此不敢冒险。他们打仗都很谨慎，只求不出错。

1794年4月6日，法兰西第一共和国的军队分为三个部分，按照各自计划的路线分别开始进军。安德烈·马塞纳率兵越过国境线，击败一小部分奥地利军和皮埃蒙特驻军后夺回了大路，占领奥内利亚后折返，出苏拉山谷后，攻克联军塞尔吉奥阵地。同时，皮埃尔·加达·杜穆比埃刚好从前方围堵，包抄联军。皮埃蒙特驻军担心后路被切断，在慌乱中经由坦达谷逃脱。历时一个月，皮埃尔·加达·杜穆比埃终于获得大捷，返回了尼斯。

安托万·克里斯托夫·萨利切蒂已经陪同约瑟夫·安托万·阿雷纳和让-巴蒂斯特·塞沃尼返回土伦，只剩让·弗朗西斯·里科尔和奥古斯丁·邦·约瑟夫·德·罗伯斯庇尔留在意大利军团。当时，马克西米利安·弗朗西斯·玛利·伊西多尔·德·罗伯斯庇尔大权独揽，因此，拿破仑·波拿巴对奥古斯丁·邦·约瑟夫·德·罗伯斯庇尔竭力讨好。拿破仑·波拿巴的军事天赋打动了国民公会的诸

---

① 安德烈·马塞纳（Andre Massena，1758—1817），法兰西第一帝国元帅，利沃里公爵，埃斯林亲王。1791年法兰西大革命时参军，1793年参加土伦战役。1793年升少将。1796年拿破仑·波拿巴任意大利军团司令，安德烈·马塞纳指挥军团前卫部队。1798年任美因茨军团师长，后任瑞士军团司令。执政府时任意大利军团司令。1804年成为法兰西第一帝国十八位元帅之一。1814年接受复辟。1815年勉强支持拿破仑·波拿巴。

安德烈·马塞纳

位委员。马克西米利安·弗朗西斯·玛利·伊西多尔·德·罗伯斯庇尔深信,自己驯服了一头猛兽,他将对自己言听计从。实际上,马克西米利安·弗朗西斯·玛利·伊西多尔·德·罗伯斯庇尔天性优柔寡断,性格强硬的拿破仑·波拿巴才是他们二人关系中主动的一方。据说,拿破仑·波拿巴曾说服国民公会停止对南部贵族的查抄。这一举动使本来日夜忧心性命的贵族阶层将拿破仑·波拿巴当成了大恩人,但并没有确凿的史料证明这一点。

军队里都是科西嘉人。科西嘉岛战局的变化重新燃起了人们的热情。他们想起在阿雅克肖时的煽情话语,而今这种热情愈发高涨。科西嘉人又回到了拿破仑·波拿巴的身边,唯拿破仑·波拿巴马首是瞻。卡尔维陷落后,科西嘉岛不再与法兰西相连。失去了法兰西这个天然屏障,使科西嘉岛上人心惶惶。公共安全委员会宣布:"科西嘉人都是叛徒、乱党和土匪;科西嘉人背信弃义,其见利忘义的程度令人发指;科西嘉的民众只知作乱,科西嘉的首领只懂得独裁。有必要组织南部政府的相关部门对科西嘉岛进行清洗,让这些乱臣贼子永远从世界上消失!"但拿破仑·波拿巴紧靠奥古斯丁·邦·约瑟夫·德·罗伯斯庇尔这座大山,科西嘉岛也不是谁都能制裁的。法兰西第一共和国驻热那亚临时代办员蒂利致信外交委员菲利贝尔·布绍,信中提到:"拿破仑·波拿巴将军是奥古斯丁·邦·约瑟夫·德·罗伯斯庇尔的心腹智囊。"1794年4月5日,奥古斯丁·邦·约瑟夫·德·罗伯斯庇尔致信兄长马克西米利安·弗朗西斯·玛利·伊西多尔·德·罗伯斯庇尔,写道:"我要在爱国者的名单上加上一个人的名字,他就是我们的好公民,炮兵准将拿破仑·波拿巴。拿破仑·波拿巴将军才华盖世……你可以看到,作为一名科西嘉人,拿破仑·波拿巴将军为法兰西做了什么。巴斯夸·帕欧里在科西嘉岛造反,而拿破仑·波拿巴顶住了他的威逼利诱。难道我们还不能相信他吗?"很多年后,马克西米利安·弗朗西斯·玛利·伊西多尔·德·罗伯斯庇尔的妹妹写道:"当时的拿破仑·波拿巴肯定是赞成共和的。我甚至可以断定,他就是山岳派。至少,他看上去像是一个共和派分子。这就是他给我的印象。我在尼斯见到他时,他就是个革命党。"

1794年6月,马克西米利安·弗朗西斯·玛利·伊西多尔·德·罗伯斯庇尔再次考虑对热那亚共和国采取行动。1794年6月16日,马克西米利安·弗朗西斯·玛利·伊西多尔·德·罗伯斯庇尔致信菲利贝尔·布绍:"热那亚政府一再背信弃义,法兰西第一共和国烦不胜烦,亟须采取果断的处理措施对其施以威慑。我们不能继续放纵热那亚共和国,必须设法让它对我国及我国的实力有真正的了解。"

大不列颠王国的舰队联合热那亚共和国,向法兰西第一共和国施加威胁,说要切断法军所有的海上通道。法军的陆上通道已被皮埃蒙特驻军和奥地利军队阻截。此时,让·弗朗西斯·里科尔和马克西米利安·弗朗西斯·玛利·伊西多尔·德·罗伯斯庇尔委派拿破仑·波拿巴前往热那亚共和国执行一项任务。从表面看,这个任务是要就几件小事向热那亚政府抗议,但真实目的是暗中查探萨沃纳的军事力量和热那亚的防御工事分布,同时打探热那亚炮兵的具体状况,方便日后确定攻打热那亚时选择进攻路线。

1794年7月15日晚,拿破仑·波拿巴抵达热那亚,在热那亚停留到1794年7月21日。1794年7月28日,拿破仑·波拿巴兴高采烈地回到尼斯。他已经找到一个可以"奇袭"热那亚的办法。

然而,拿破仑·波拿巴返回尼斯后不久,时局就发生了翻天覆地的变化,让他措手不及。

马克西米利安·弗朗西斯·玛利·伊西多尔·德·罗伯斯庇尔大权独揽,感到"高处不胜寒"。他开始对身边的人进行清洗。就算身处同一政党,又有几个人

萨沃纳

乔治斯－雅克·丹东

不是貌合神离，随时想要取代他呢？吉伦特派已经清洗得差不多了；乔治斯-雅克·丹东是一位令人敬畏的对手，要及时清除；还有极端革命派埃贝尔派。这些人和党派都是马克西米利安·弗朗西斯·玛利·伊西多尔·德·罗伯斯庇尔进一步清洗的对象。接下来，还有让-玛利·科洛·德赫布瓦、雅克-尼古拉·比约-瓦雷讷、让-朗贝尔·塔利安、约瑟夫·富歇、路易-玛利·斯塔尼斯拉斯·弗雷隆、巴拉斯子爵保罗·弗朗西斯·让·尼古拉及丹东余党。这些人都得死。此时的局面与古罗马皇帝图密善①时期非常相似——大臣们发现了君主刻在石板上的清洗名单,看到自己的名字赫然在列,于是,心怀恐惧的众人为了保命,联手推翻了暴君。一天,公共安全委员会逮捕了一名革命法庭成员,在他的口袋里搜出一份马克西米利安·弗朗西斯·玛利·伊西多尔·德·罗伯斯庇尔的手谕。历史的相似之

让-朗贝尔·塔利安

---

① 图密善(Domitian,51—96),罗马皇帝,81年到96年在位。

处令人惊讶,手谕上写着一些委员和代表的姓名。马克西米利安·弗朗西斯·玛利·伊西多尔·德·罗伯斯庇尔怀疑这些人与奥尔良党人有染,要对他们下手了。

法兰西共和历热月八日,即1794年7月26日,马克西米利安·弗朗西斯·玛利·伊西多尔·德·罗伯斯庇尔在国民公会发表了一番演说后,转而大义凛然地指控名单上的每一个人。1794年7月26日,马克西米利安·弗朗西斯·玛利·伊西多尔·德·罗伯斯庇尔的手下乔治斯·奥古斯特·库东也言辞犀利地对名单上的人进行了攻击。乔治斯·奥古斯特·库东呼吁,为了维护健康的国体,大家要一

乔治斯·奥古斯特·库东

雅克-尼古拉·比约-瓦雷讷

起动手,将这几块生疽的烂肉剜掉。听到这里,很多人起身打断乔治斯·奥古斯特·库东,让他不要继续讲下去。已经在马克西米利安·弗朗西斯·玛利·伊西多尔·德·罗伯斯庇尔名单上的让-朗贝尔·塔利安、路易-玛利·斯塔尼斯拉斯·弗雷隆和雅克-尼古拉·比约-瓦雷讷齐声高呼,抨击马克西米利安·弗朗西斯·玛利·伊西多尔·德·罗伯斯庇尔的独裁。其他人哪个不担心步他们的后尘,成为日后马克西米利安·弗朗西斯·玛利·伊西多尔·德·罗伯斯庇尔清洗的对象呢?于是,众人齐心协力,当即推翻了马克西米利安·弗朗西斯·玛利·伊西多尔·德·罗伯斯庇尔。前来巴黎帮助兄长的奥古斯丁·邦·约瑟夫·德·罗伯斯庇尔也跟着遭了殃。乔治斯·奥古斯特·库东、路易·安托万·德·圣茹斯特[①]和让-玛利·科洛·德赫布瓦都被判处死刑。热月十日，即1794年7月28日，新政权处决了马克西米利安·弗朗西斯·玛利·伊西多尔·德·罗伯斯庇尔、奥古斯丁·邦·约瑟夫·德·罗伯斯庇尔、乔治斯·奥古斯特·库东、路易·安托万·德·圣茹斯特和让-玛利·科洛·德赫布瓦。另有十六名马克西米利安·弗朗西斯·玛利·伊西多

路易·安托万·德·圣茹斯特

---

① 路易·安托万·德·圣茹斯特（Louis Antoine de Saint-Just, 1767—1794），法国大革命时期雅各宾专政时期领导人之一，是马克西米利安·弗朗西斯·玛利·伊西多尔·德·罗伯斯庇尔坚定的盟友，是公安委员会最年轻的成员。

马克西米利安·弗朗西斯·玛利·伊西多尔·德·罗伯斯庇尔的支持者被执行死刑

尔·德·罗伯斯庇尔在革命法庭和市政局中的党羽也一并被处死。热月十一日,即1794年7月29日,市政局又有七十一名雅各宾派余党被一并诛杀。

马克西米利安·弗朗西斯·玛利·伊西多尔·德·罗伯斯庇尔的恐怖统治就此结束,或者说,恐怖统治只是名义上结束了。马克西米利安·弗朗西斯·玛利·伊西多尔·德·罗伯斯庇尔的继任者与他一样残暴,一样嗜血。除此之外,他们还非常贪腐,在这一点上,他们与廉洁的马克西米利安·弗朗西斯·玛利·伊西多尔·德·罗伯斯庇尔可谓大相径庭。

阴暗的地牢里关押的犯人都被释放了,绞刑架也被推倒在地上,刺客一个个被逮捕。然而,等到真正需要将刺客绳之以法的时候,人们却发现这几乎不可能,因为法官们自己都可能随时被逮捕定罪,怎么敢对刺客施加严刑?现在,拿破仑·波拿巴终于尝到了如临深渊的滋味。作为奥古斯丁·邦·约瑟夫·德·罗伯斯庇尔的左膀右臂,失去靠山的拿破仑·波拿巴感到大势已去。感到恐慌的不止

热那亚

拿破仑·波拿巴,曾经对马克西米利安·弗朗西斯·玛利·伊西多尔·德·罗伯斯庇尔卑躬屈膝的人们,如今都感到风声鹤唳。

让·弗朗西斯·里科尔带着妻子逃到法兰西南部的小镇格拉斯。当时,哈勒碰巧在热那亚。哈勒认为热那亚距法兰西还是太近,心里觉得不踏实,于是继续逃亡,直到瑞士。同在热那亚的蒂利未能逃脱,被逮捕并被关进了巴黎监狱。约瑟夫·波拿巴早已定好婚期。1794年8月1日,他匆忙举行了仪式,迎娶了玛丽·朱莉·克拉里。时任阿尔卑斯军团监军的安托万·克里斯托夫·萨利切蒂、安托万·路易·阿尔比特和拉波特见势不妙,将所有责任推给了拿破仑·波拿巴。1794年8月6日,安托万·克里斯托夫·萨利切蒂、安托万·路易·阿尔比特和拉波特向公共安全委员会上书,称拿破仑·波拿巴是马克西米利安·弗朗西斯·玛利·伊西多尔·德·罗伯斯庇尔和让·弗朗西斯·里科尔的死党,密谋攻占热那亚的叛国计划也出自拿破仑·波拿巴之手。

然而,拿破仑·波拿巴抢先一步做出了反应。1794年8月5日,他就将投诚信交到了蒂利手上。投诚信的结尾写道:"我的确对奥古斯丁·邦·约瑟夫·德·罗伯斯庇尔的倒台感到有些难过,因为我一直都很敬重他。直到现在,我依然深信他是个品格高贵的人。但他如果真的图谋不轨,反对共和,我也能做到大义灭亲。哪怕他是我的亲生父亲,我也会亲手杀了他。"

这封信上的内容真叫人心寒!拿破仑·波拿巴就这样抛弃了马克西米利安·弗朗西斯·玛利·伊西多尔·德·罗伯斯庇尔和奥古斯丁·邦·约瑟夫·德·罗伯斯庇尔,一如他对巴斯夸·帕欧里和马泰奥·布塔福科的背弃。单是想到这封投诚信的签署日期,就足够令人胆战心惊。我们有足够理由相信,这封信绝非在落款的日期写就。信的结尾,落款日期被故意写得提前了。好聪明的一招!拿破仑·波拿巴非常用心,他知道一定会有人查看蒂利的往来信件,也知道他写的信早晚会被发现。他巴不得这封信被发现,因为那是最好的证据。人们看到这封信,就会认为他与马克西米利安·弗朗西斯·玛利·伊西多尔·德·罗伯斯庇尔和奥古斯丁·邦·约瑟夫·德·罗伯斯庇尔并不算很熟悉,这样,他才能有迂缓之地。

1794年8月6日,安托万·克里斯托夫·萨利切蒂、安托万·路易·阿尔比特和拉波特几位委员上书指控拿破仑·波拿巴。同时,这几位委员签署命令,下令将拿破仑·波拿巴停职并逮捕。1794年8月10日,约有十名兵士簇拥着一名军官,冲进拿破仑·波拿巴的住所,将拿破仑·波拿巴逮捕并押送至尼斯。1794年8月12日,拿破仑·波拿巴被押至卡雷堡。另外,逮捕拿破仑·波拿巴的文件已签署完毕,整件事已经没有回旋的余地。

当时,安托万·克里斯托夫·萨利切蒂有一段时间没有与奥古斯丁·邦·约瑟夫·德·罗伯斯庇尔和让·弗朗西斯·里科尔来往,算是勉强躲过了一劫,没有被清算。安托万·克里斯托夫·萨利切蒂对拿破仑·波拿巴的厌恶与嫉恨与日俱增,因为拿破仑·波拿巴在进攻意大利的计划书中,打算用意大利军团打头阵,还打算安排阿尔卑斯军团提供军费。拿破仑·波拿巴拿出计划时,阿尔卑斯军团中对此不满者大有人在。阿尔卑斯军团的几位随军特派员更是对此切齿地痛恨。阿尔卑斯军团特派员认为阿尔卑斯军团和意大利军团是平级,因此,意大利军团的特派员没有资格依照拿破仑·波拿巴的计划对阿尔卑斯军团指手画脚、发布命令。

然而,如果说拿破仑·波拿巴所受的指控全部是由于安托万·克里斯托夫·萨利切蒂的嫉恨导致的,也不客观。安托万·克里斯托夫·萨利切蒂和安托万·路易·阿尔比特一样老谋深算。马克西米利安·弗朗西斯·玛利·伊西多尔·德·罗伯斯庇尔倒台后,他们急于撇清自己,因此才会告发拿破仑·波拿巴。拿破仑·波拿巴是奥古斯丁·邦·约瑟夫·德·罗伯斯庇尔的密党,这件事人尽皆知。

拿破仑·波拿巴被逮捕,还可能被押往巴黎公共安全委员会受审。这条消息在意大利军团的年轻官兵中引起了不小的骚动,他们都是拿破仑·波拿巴的追随者。拿破仑·波拿巴身陷囹圄,他们的日子也不会好过。官兵们计划武力劫狱,救出他们的偶像,大家一起逃往热那亚。劫狱计划的主谋是让-安多什·朱诺和奥古斯特·弗雷德里克·路易·维埃塞·德·马尔蒙。让-安多什·朱诺买通狱卒,向拿破仑·波拿巴转交了一封信,将详细的情况告知拿破仑·波拿巴。拿破仑·波拿巴了解了整个计划后,回信道:"我亲爱的让-安多什·朱诺,我已在来信中得知了你的计划。我见证了你伟大的友情,也相信你会信任我对你的友谊。现在,我正在遭受人世的不公。但我心里非常清楚,我的良心就是最好的审判席。我将在那里为自己辩护。我问心无愧,足矣。因此,你不要插手这件事。我有办法应付。你的好意只会带给我更多烦忧。"

然而,奥古斯特·弗雷德里克·路易·维埃塞·德·马尔蒙在回忆录中为我们描述了另外一番场景。他说,拿破仑·波拿巴已经近乎完美地做出了无罪的谋划。进攻热那亚的计划书中显露的所谓叛国倾向——这种指控本身就很模糊,没有力度。因此,拿破仑·波拿巴一定不会承认。

拿破仑·波拿巴以热烈遒劲的文笔写下了自我辩护书,并上交给安托万·克里斯托夫·萨利切蒂和安托万·路易·阿尔比特。这份辩护书的作用是申诉,而非反驳。在这份申诉书中,只有慷慨的请愿和对自己无罪的再三陈述,没有针锋反斥,更没有据理力争。这份申诉书的文风与拿破仑·波拿巴过去写的辞藻华美、斗志昂扬的革命文章大不相同。申诉书言词简明，与拿破仑·波拿巴日后所写的军事快件风格类似，简单明了，长话短说，一语中的。这份申诉书写于1794年8月12日，狱中。

  致国民公会代表安托万·路易·阿尔比特安托万·克里斯托夫·萨利切蒂
    你们将我解职、逮捕，还宣布我是可疑分子。
    这样一来，我尚未接受审判，就已遭受革职；尚未被倾听，就已被定罪。
    在革命的国家，只有两种人，爱国者和可疑分子。
    为了公共的安全，宣判可疑分子时，便尽可所能地判他有罪。
    而爱国者受到压迫，便是对自由事业的打击。胡乱安加罪名的人还谈什么道义！
    将爱国者诬蔑为可疑分子，这是剥夺了爱国者最珍视的东西——自尊和自信。
    我是可疑分子，还是爱国者？
    自革命爆发以来，我不是一直都在坚定不移地维护革命原则吗？
    我内平叛乱、外御强敌，可曾有过任何迟疑？
    我为革命付出了一切——我的家庭，我的财产，我所有的一切……
    在土伦城下，在意大利，我曾立下赫赫战功。
    奥古斯丁·邦·约瑟夫·德·罗伯斯庇尔的阴谋败露，我不顾私交，依旧遵守原则。
    综上所述，我应享有爱国者这一称号，这一点不容置疑。
    马克西米利安·弗朗西斯·玛利·伊西多尔·德·罗伯斯庇尔和奥古斯丁·邦·约瑟夫·德·罗伯斯庇尔死去才八天，就宣布我是可疑分子，还将我的辩解置之不理。这又是为何？
    先将我定罪为可疑分子，再立案对我进行调查。
    这简直滑稽！

流程不是这样的。首先,要盖章署名,立案并对我进行调查。接着,应该给我一个为自己辩护的机会。最后,如果证据确凿,理由充分,再对我定罪也不迟。

现在,你们要将我作为可疑分子押往巴黎。各位代表将在证据确凿的基础上对我做出最后的判决。跻身代表的人素以偏见著称,恐怕他们只会带着恶意对我进行审判。

我是一名爱国者。我是无辜的,是冤枉的。不过,我并不打算反控委员会对我做过的事情。

如果他们一定要将我定罪,就由着他们去吧,我也不会上诉。

安托万·克里斯托夫·萨利切蒂,你了解我的为人。凭你对我的了解,过去五年中,我可曾做过任何一件能让你认为我是可疑分子的事情?

安托万·路易·阿尔比特,我们并不熟悉。你没有收到任何针对我的举报,你没有听到过任何人举报我,但你知道中伤造谣的力量有多大吗?

难道你们一定要将我列为国家的敌人吗?难道一位将军就没有任何用武之地,他的生命和名誉就可以如此轻率地被践踏和牺牲?

听我说,必须将加在我身上的压迫统统摧毁。必须恢复我的荣誉,恢复我爱国者的身份。

我宁可留着自己的命战死疆场。我绝非贪生怕死之徒。在我看来,我生命的唯一价值就是为了祖国在沙场驰骋,奋勇杀敌。

经调查,拿破仑·波拿巴的案子既无确凿的证据,也无后续的揭发。于是,法历果月三日,即1794年8月20日,国民议会的委员们颁发法令并宣布,经过对拿破仑·波拿巴案宗的翔实调查,以及对拿破仑·波拿巴在热那亚相关军事行动计划的详细调查,认为,拿破仑·波拿巴的行为正常,没有任何可疑之处。同时,考虑到拿破仑·波拿巴具有优秀的军事才华,是法兰西第一共和国不可多得的倚柱,最终决定将拿破仑·波拿巴暂时释放。

在《朱诺夫人回忆录》里,阿布兰特什公爵夫人劳雷·朱诺说,当时,她的长兄阿尔贝·佩尔蒙迪正任安托万·克里斯托夫·萨利切蒂的秘书。据阿尔贝·佩尔蒙迪说，当时拿破仑·波拿巴的卷宗都是密封的。安托万·克里斯托夫·萨利切蒂做事低调稳妥，不允许任何人翻看拿破仑·波拿巴的卷宗，包括作为秘书的阿尔贝·佩尔蒙迪。

以上便是对释放拿破仑·波拿巴的过程的描述。安托万·克里斯托夫·萨利切蒂和安托万·路易·阿尔比特完全不知道拿破仑·波拿巴向国防部提出并强烈敦促奥古斯丁·邦·约瑟夫·德·罗伯斯庇尔执行的攻占热那亚的计划。因此，在安托万·克里斯托夫·萨利切蒂和安托万·路易·阿尔比特看来，热那亚之征是莫名其妙地落在拿破仑·波拿巴身上的罪名。但拿破仑·波拿巴的卷宗一旦被详细检查，他的计划也会一并昭显。安托万·克里斯托夫·萨利切蒂想起来，当时，拿破仑·波拿巴前往热那亚就是在为实施这个计划做前期准备。安托万·克里斯托夫·萨利切蒂和安托万·路易·阿尔比特经过一番参详，明白了这一点后，也就打消了拿破仑·波拿巴会针对安托万·克里斯托夫·萨利切蒂的念头。于是，安托万·克里斯托夫·萨利切蒂和安托万·路易·阿尔比特顺水推舟地在同意书上签了字。

拿破仑·波拿巴遭逮捕后被释放的事情一定给他留下了心理阴影。他的那帮权贵朋友，那些所谓追求自由的先驱，那些吹牛不打草稿的爱国者和鼓吹平等的演讲家——他们给这个世界带来了什么？又有多少人成了他们滥设罪名的牺牲品？现在，拿破仑·波拿巴站在受害者的角度，亲身品尝了其中的各种滋味。很多人和拿破仑·波拿巴一样，根本无罪，但他们已经在枪炮的扫射下，在断头台的冷冷刀光中，永远地离开了这个世界。拿破仑·波拿巴算是幸运，侥幸活了下来。他绝不能原谅安托万·克里斯托夫·萨利切蒂。在这起事件里，拿破仑·波拿巴的罪名是"莫须有"。他学到了这一点。终有一天，他也会用"莫须有"的方式将伤害他的人、将需要他修理的人一一定罪！

拿破仑·波拿巴看到，台上的人可以为了自己的政治前途牺牲一切，无论是朋友还是盟友，无论是前进路上的绊脚石，还是有小小过节的倒霉蛋，他们随时可以抛弃。这一次，拿破仑·波拿巴亲身经历了这一切。告发他的是他最景仰的人，是和他一起聊过天、一起散过步的人，是无论在科西嘉岛还是在法兰西本土，都只把他当成工具的人。他们还是科西嘉岛同乡，是生活中的挚友和政治上的盟友。然而，一闻到危险的气息，这个人会立即将朋友投向狼群，不顾别人的死活，只考虑自身的安全。拿破仑·波拿巴一边这样想，一边从年轻的心中更加深刻地感受到：这个世界上唯一值得去奋斗、去营谋、去追求的只有个人利益，别无其他。要对原则视若无睹，对责任置若罔闻。人世间的至高法则和唯一准则，就是个人利益至上。每个人都是自己的上帝，命运掌握在自己的手里，需要遵循的准则也在自己的心中。这条准则可以概括为利己，永远利己。

第16章

低 谷

（1795年2月—1795年9月17日）

精彩看点

疑影难消——谋划登陆科西嘉——拿破仑·波拿巴参与收复科西嘉——法兰西第一共和国收复科西嘉未果——路易·波拿巴任职中尉——拿破仑·波拿巴写的一封言不由衷的信——科西嘉人敌视波拿巴一家——波拿巴一家逃出科西嘉岛——拿破仑·波拿巴离开马赛——不利的评价——卢西恩·波拿巴入狱——拿破仑·波拿巴迟迟不去西部军团——拿破仑·波拿巴在巴黎又遇不顺——牧月事件——安托万·克里斯托夫·萨利切蒂的下场——德·佩尔蒙迪夫人的保护——拿破仑·波拿巴起疑心——安托万·克里斯托夫·萨利切蒂逃亡——阿布兰特什公爵夫人劳雷·朱诺的陈述——让-安多什·朱诺爱上波莱恩·波拿巴——弗朗西斯·奥布里的继任德·蓬泰库朗伯爵路易·古斯塔夫·勒杜尔塞——拿破仑·波拿巴又看到希望——作战计划——拿破仑·波拿巴备忘录——拿破仑·波拿巴接到警告命他速返兵团——拿破仑·波拿巴被部队除名——希冀再有一场革命——司汤达对拿破仑·波拿巴的描述

拿破仑·波拿巴重获自由，官复原职。但由于调离期间，他原来的职位海岸检测官及海岸防御指挥官已经有人上任，因此，年纪轻轻的拿破仑·波拿巴成了退休军官。他意志消沉，整日为此唉声叹气。

虽然拿破仑·波拿巴已经恢复清誉，但其他人，包括科西嘉岛的同胞们，还是会带着怀疑的目光看他，见到他也会立即走开，唯恐避之不及。政局风潮汹涌，变幻莫测。马克西米利安·弗朗西斯·玛利·伊西多尔·德·罗伯斯庇尔的"恐怖统治"给大众留下了难以磨灭的阴影。因此，即便他已经倒台，人们的恨意依旧难消，与他有过牵连的人都会受到人们的仇视，曾与他为伍的拿破仑·波拿巴自然也不受人待见。

公共安全委员会终于下定决心收复科西嘉岛。委员们经过详细部署，决定由安德烈·穆雷指挥意大利军团的一支部队，准备行动。公共安全委员会还擢升拿破仑·波拿巴为军团的炮兵指挥官。在这次军事行动中，安托万·克里斯托夫·萨利切蒂、里特和让-皮埃尔·拉孔布-圣米歇尔任督军特派员。

作战部队由一支舰队负责运至科西嘉岛。这支舰队包括十三艘并行的战船和几艘运输船。1795年2月17日，出征收复科西嘉岛的部队登陆科西嘉岛。安德烈·穆雷写道："士兵们以无比的热情和能征善战的勇气辅助我，将自由之树重新种在科西嘉岛上。"从此，科西嘉岛便不会再如现在这般，忍受大不列颠王国的压迫。

拿破仑·波拿巴对此次出征表现出极大的热忱和非凡的自信。他的副官让-安多什·朱诺任轻骑兵队长。1795年1月18日,拿破仑·波拿巴兴致勃勃地致信他的故交——国防委员德尚。信中写道:"我收到你的来信时已为时太晚,导致你无法随军出行。请在回信中告诉我,你是否还愿意做特派员。我会尽全力为你谋得这个职位。我们相识已久,因此我不会妄言。我将怀着满腔热情,随时准备为您效劳。"

现在,拿破仑·波拿巴已经完全投靠法兰西第一共和国,还帮着法兰西第一共和国攻打自己的故乡科西嘉岛。可以想象,一旦法兰西第一共和国打败科西嘉人,科西嘉岛上的城镇中、广场上,都会像法兰西本土一样断头台林立,不知会有多少人成为刀下的亡魂。然而,这一切竟不曾让拿破仑·波拿巴的良心感到一丝不安,也不曾使他有过半分迟疑。

愤怒的科西嘉人烧毁了波拿巴家族的房屋,没收了他们家族的所有财产。拿破仑·波拿巴勃然大怒,本着"以牙还牙,以眼还眼"的科西嘉仇杀精神,将所有参与者的家园焚烧殆尽。没有人可以伤害波拿巴家族!胆敢伤害的人,就一定要偿还!无论是亲手放火的凶手,还是围观冷笑的群众,所有参与科西嘉岛解放运动的人,上至首领,下至走卒,都逃脱不了干系。

1794年到1795年冬,波拿巴夫人玛丽亚·莱蒂齐亚·拉莫利诺带着孩子们在昂蒂布附近的卡利神殿找到一处极其舒适的居所。当时仅十六岁的路易·波拿巴在拿破仑·波拿巴的提携下做了炮兵中尉。波拿巴家使出惯用的作假手段,证明路易·波拿巴已在军中服役两年,且常受战伤。在土伦战役中,拿破仑·波拿巴一人受伤,他的哥哥和弟弟跟着领功。先是约瑟夫·波拿巴"在土伦负伤"并由此晋升上校,后有路易·波拿巴"在土伦负伤"并由此擢升中尉。然而,真实情况是,路易·波拿巴并没有在土伦战役中受伤,只在沙隆军事学院受了点零星的教育。

1795年3月3日,出征科西嘉岛的部队全员奉命在海岸线附近查探大不列颠王国的舰队,以期获得其具体位置,从而一举击溃,方便接下来登岛。

当时,大不列颠舰队由海军中将威廉·霍瑟姆男爵指挥,驻里窝那,且不知法军已悄然而至。法军奇袭围攻,成功占领了圣菲奥伦佐海湾的贝里克要塞。贝里克要塞的七十四门大炮也被法军夺取。不过,没过多久,威廉·霍瑟姆男爵就开始反击。1795年3月7日,威廉·霍瑟姆男爵指挥十三艘战船从里窝那列队起航。1795年3月13日,大不列颠舰队与法军发生了一场遭遇战。此次战役中,威廉·霍瑟姆男爵指挥有序,大不列颠舰队成功切入法军舰队阵列,截击了"幸福"号和"复仇者"号两艘法军舰船。法军舰队急忙应战,但最终不敌大不列颠舰队。法军撤离,在耶尔群岛要塞炮火的掩护下,遁入儒昂湾①。法军运输船上的部队也不敢在海上多停留,即刻调转方向,回到军团。就这样,进攻科西嘉岛的计划以彻底失败告终。

这是拿破仑·波拿巴生平第一次与大不列颠王国正面交战。拿破仑·波拿巴在这场战斗中落败,他的计划也胎死腹中。于是,仇恨的种子就此种下,悄悄萌芽。强大的大不列颠海军让拿破仑·波拿巴愤恨不已。我们可以看到,在后来的岁月中,拿破仑·波拿巴对大不列颠王国怀有近乎疯狂的战胜欲。他要血洗此次战败的耻辱。

曾经一段时间内,法兰西第一共和国政府一直保持着对意大利军团的戒备心。这不难理解,因为意大利军团中有太多科西嘉人,比如特派员安托万·克里斯托夫·萨利切蒂、穆尔特多和卡萨布兰卡伯爵拉斐尔等,都是科西嘉人。可以说,法兰西第一共和国政府从未真正地信任过科西嘉人,对科西嘉岛也没有太多好感。现在,法兰西第一共和国决定要将科西嘉人分而治之,将他们流放到法兰西各地,使他们难以联合,防止他们产生不轨的行为。在执行这一遣散计划时,拿破仑·波拿巴惊讶而愤怒地发现,他竟然也成了分遣对象,被调至旺代军团。拿破仑·波拿巴接到命令后便知道,他要离开意大利军团了。这是他初建功勋的地方,他的心中该有多么不舍!他要离开意大利军团,离开他的好友、心腹和军官朋友们。此外,更让拿破仑·波拿巴难受的是,他并不是被调去和反法同盟势力作战,而是要去旺代省平定保王党之乱。旺代省的农民们一直都支持波旁王朝,反对法兰西第一共和国,因此,拿破仑·波拿巴被派去用大炮对付这些

---

① 儒昂湾(Golfe-Juan),法兰西东南部海湾,位于法兰西滨海阿尔卑斯省。

旺代保王党之乱

叛党,像扫落叶一样将他们清扫干净!拿破仑·波拿巴恼恨交加,想推掉这样的破差事。于是,他急忙赶到巴黎,动用关系网进行了一番运作,终于撤销了这条让他恶心的调遣令。

然而,祸不单行,约瑟夫·波拿巴失去了军需官的美差。他的前任们不甘被他挤下台,在一番详细查证后,如愿发现约瑟夫·波拿巴根本不具备当军需官的资格。约瑟夫·波拿巴再也无法遮掩冒领军衔、假装在战争中受伤的事迹,过去的丑闻全部被曝光了。

1795年5月2日，拿破仑·波拿巴离开马赛，前往巴黎。他变卖了马车和马才凑齐旅费。与拿破仑·波拿巴同行的还有他的四弟路易·波拿巴、心腹让-安多什·朱诺和奥古斯特·弗雷德里克·路易·维埃塞·德·马尔蒙。拿破仑·波拿巴无法抑制内心的恼怒与愤恨，复仇的火焰在他的胸中不断起伏。拿破仑·波拿巴一路上闷声不响，刚到巴黎，他就致信约瑟夫·波拿巴：

　　我感觉自己像大战前夕的勇士，今日不知明日事。一切都在逼我孤注一掷。兄长，如果这种情况持续不变，我就跑到大街上，让急驰而过的马

身着军装的约瑟夫·波拿巴

车撞死！一切太令人讶异，整个世界仿佛失去了理智。但当前的时代就是如此：道德沦丧，人心充满恐惧，只有趁火打劫才是真谛。

在此之前，巴黎的当政者没有听到过关于拿破仑·波拿巴的好话。让-皮埃尔·拉孔布-圣米歇尔一手促成了拿破仑·波拿巴的调动，将拿破仑·波拿巴调出了意大利军团，因为他非常清楚地意识到，拿破仑·波拿巴生性十分狡猾。他对拿破仑·波拿巴没有丝毫的信任。1795年3月27日，让-皮埃尔·拉孔布-圣米歇尔致信国防委员会秘书佩雷："我恳请您下令，即刻调任拿破仑·波拿巴准将至西部军团，任炮兵指挥官。"在皮埃尔·加达·杜穆比埃将军之后接任意大利军团司令的巴泰勒米·路易·约瑟夫·谢雷这样评价拿破仑·波拿巴："拿破仑·波拿巴是一位优秀的炮兵军官。他在炮兵领域的知识非常系统全面、精确和细致。但此人野心太大，又诡计多端。"

拿破仑·波拿巴在巴黎为军职奔走。荣格上校对此发表了一些比较中肯的评论。今日看来，荣格上校评论拿破仑·波拿巴的这段话非常重要，因此我们将这段话引用如下：

> 不可否认，拿破仑·波拿巴才华横溢。在他的时代，他的才能和思想都明显高于他的同龄人。拿破仑·波拿巴的优点是，他非常了解自己的观点。他会从大局出发看问题。对于各种话题，他都能形成自己清晰的见解。这在拿破仑·波拿巴写的书信中就有所体现，也可以从拿破仑·波拿巴做过的一系列历史研究、社会研究和宗教研究中看出来。诚然，拿破仑·波拿巴的观点有时充满矛盾，但我们可以看到强大的、原发的思想萌芽。至于实战经验，拿破仑·波拿巴也比其他军官强太多。六年来，各种阴谋在阿雅克肖上演，从未停止过。在所有阴谋的背后，你都可以看到拿破仑·波拿巴的身影。拿破仑·波拿巴还专门研究过内战。至于道德，拿破仑·波拿巴对"道德"一词根本没有任何概念，他又从哪里感受道德的光辉呢？拿破仑·波拿巴也一度豪情万丈、甘于奉献，当时他受到国民公会爱

巴泰勒米·路易·约瑟夫·谢雷

国者的强烈"感染"[1]。曾有一时，拿破仑·波拿巴这个骨子里反叛不羁的人也会俯首遵从命令。那是因为公共安全委员会太过强大，公共安全委员会的委员们太过强势，拿破仑·波拿巴不得不低头。但随着靠山倒台，拿破仑·波拿巴曾经拥有的依托烟消云散。他消沉枯萎的心开始怀疑自己，怀疑人生，怀疑一切。实际上，自此往后，在拿破仑·波拿巴的眼中，卓著的军功不过是谋取私利的手段和台阶。光辉灿烂也好，唯利是图也罢，都以个

---

[1] 其实，我们可以看到，拿破仑·波拿巴是中了巴斯夸·帕欧里的"魔咒"。——原注

人利益为准绳,都在拿破仑·波拿巴的一念之间。至此,拿破仑·波拿巴性格中糅杂了善之花和恶之果。他亦正亦邪是一只披着怪兽外衣的大鹏鸟,在时机成熟的时候,他便会抖落外衣,展翅高飞。

拿破仑·波拿巴抵达巴黎后,前去拜见公共安全公安委员会负责参谋军事事务的委员弗朗西斯·奥布里,但弗朗西斯·奥布里拒绝了他。于是,拿破仑·波拿巴通过一个朋友找弗朗西斯·奥布里通融走动。拿破仑·波拿巴的朋友跟在弗朗西斯·奥布里身后,走进国防部的一个房间,拿破仑·波拿巴就留在前厅等候。房间之间只有一层单薄的板,因此,拿破仑·波拿巴在厅里能清楚听到弗朗西斯·奥布里对着他的朋友大吼:"先生,您在恐怖时期遭遇了那么多磨难,大家都知道您痛恨恐怖统治。现在您告诉我,您来为一个马克西米利安·弗朗西斯·玛利·伊西多尔·德·罗伯斯庇尔的党羽求情?您明知这些乱党一有机会就会作乱……"①

在巴黎时,拿破仑·波拿巴住在杜马伊街一家名叫"自由酒店"的小旅店。小旅店环境逼仄,破旧不堪。后来,为纪念拿破仑·波拿巴阿布基尔大捷,小旅店更名为阿布基尔②旅店。在这里,拿破仑·波拿巴分别遇到路易·安托万·福弗莱·德·布里昂和德·佩尔蒙迪夫人二人。旧人重逢,相叙甚欢。德·佩尔蒙迪夫人的女儿后来嫁给了让-安多什·朱诺,著有《朱诺夫人回忆录》。而路易·安托万·福弗莱·德·布里昂的回忆录也堪称经典。如今,我们就是从《朱诺夫人回忆录》和《回忆拿破仑·波拿巴》丝丝缕缕的头绪里捕捉拿破仑·波拿巴在失意时期的心态。

马克西米利安·弗朗西斯·玛利·伊西多尔·德·罗伯斯庇尔的倒台牵连了波拿巴一家。拿破仑·波拿巴丢了军职。约瑟夫·波拿巴被遣出军营。路易·波拿巴

---

① 这里提到的这个朋友应该是巴拉斯子爵保罗·弗朗西斯·让·尼古拉。我们可以从巴拉斯子爵保罗·弗朗西斯·让·尼古拉的回忆录中得到证实。《巴拉斯子爵保罗·弗朗西斯·让·尼古拉回忆录》,第1卷,第312页。——原注
② 阿布基尔,埃及地中海沿岸村庄。1798年,拿破仑·波拿巴先是赢得阿布基尔战役的胜利,紧接着又在阿布基尔海战(又称尼罗河海战)中败于大不列颠军。

的中尉官衔也保不住了,即使受过"战伤"也没用。而且按照规定,他还必须立刻返回沙隆军事学院。山岳派的代表人物卢西恩·波拿巴被捕入狱。

卢西恩·波拿巴是一条卑鄙自负的毒蛇。据说他"身材矮小,形容猥琐,手脚如蜘蛛一般细长。他目光短浅,脸上永远带着卑劣的笑容"。卢西恩·波拿巴在狱中瑟瑟发抖地写信给国民公会委员基亚佩:"圣马克西曼市政当局将我逮捕入狱。我还是圣马克西曼市的市政委员呢……基亚佩委员,监狱中的人一波接一波地被杀死,这让我时刻都感到惧怕。我是没有钱的。如果我死了,我的妻女就会失去一切……哦!我不想死,请救救我吧!不要让我的国家失去一位好公民!不要让我的孩子失去父亲!不要让我的妻子失去丈夫!不要,不要让我的母亲失去儿子!救我吧,我是无辜的!在寂静的夜晚,愿我苍白的身影能走到您的身边,愿我无力的呼唤能让您听见,愿您赐予我怜悯。"①谁能想到,这戚戚哀鸣竟来自前雅各宾俱乐部最狂野、最没有良知的煽动家和刽子手呢?基亚佩无能为力。但波拿巴一家到处奔走,决不放弃。在巴黎的拿破仑·波拿巴还邀请巴拉斯子爵保罗·弗朗西斯·让·尼古拉和路易-玛利·斯塔尼斯拉斯·弗雷隆出面帮忙。最终,卢西恩·波拿巴得以释放。

拿破仑·波拿巴不明就里,还要为约瑟夫·波拿巴谋个领事的位子,甚至要再造出一份约瑟夫·波拿巴"从军"的履历。要知道,约瑟夫·波拿巴的"军旅生涯"和打仗"受伤"的事都已被查证,并定性为造假了。拿破仑·波拿巴怎么还敢故技重施!

拿破仑·波拿巴接到急令,命他前往西部军团就任步兵将军。但以拿破仑·波拿巴的为人,他怎么可能前往赴任?拿破仑·波拿巴向来不缺对自己有求必应的医生。他想再开个证明,蒙混过关。然而这一次,他未能如愿,因为现在有了新的规定:申请病假的人必须亲自前往卫生委员会接受体检。拿破仑·波拿巴是不会去的。他是在装病,哪里敢真的去体检?

拿破仑·波拿巴无法说动弗朗西斯·奥布里,就留在了巴黎,没有离开。他想等到1795年8月4日,弗朗西斯·奥布里离职后再见机行事。

---

① 落款是1795年7月21日,来自艾克斯狱中。

与此同时，拿破仑·波拿巴一边不厌其烦地夸大自己过去的战功，一边坚定地对自己遭受的损失要求补偿。调到西部军团后，拿破仑·波拿巴申请从尼斯到巴黎的旅费补贴，共计两千六百四十里弗尔。然而细想一下，他明明是从马赛赶来的。他还声称，他为了赶来这里卖掉了马匹，并针对这一点要求补偿。当时，委员会也发现了拿破仑·波拿巴"卖掉马匹"这件事很可疑，因此迟迟没有答复，因为拿破仑·波拿巴无法提供他卖过马的证据。甚至，拿破仑·波拿巴当时到底有没有马，都很难说。

拿破仑·波拿巴满心期待变革再次出现。与此同时，安托万·克里斯托夫·萨利切蒂也没有停止煽风点火。现在，虽然我们没有确凿的证据，但有足够的迹象显示，在安托万·克里斯托夫·萨利切蒂针对热月党的牧月一日政变中，拿破仑·波拿巴也出了力。

巴黎城内出现粮荒，民众一米难求。公民的配给额减少到每人两盎司面包。然而，法兰西第一共和国境外盛传，公共安全委员会刚从外国借得三百万公担玉米。因此，饥饿的人们不约而同地认定政府部门出了内奸，居然无视公众的饥饿和疾苦，中饱私囊，渔利国难之粮。同时，面包商也跟着一起囤货抬价。广大人民食不果腹不是因为国内政局不稳，也不是因为各党派斗争导致内耗，更不是因为恐怖统治荒废了良田，而是因为政府与中产新富和暴发户商人互相勾结，共同对人民进行残酷的剥削。为了吃饱饭，为了不再受压迫，法兰西人民必须再次起义。他们曾经将贵族阶层统统送上了断头台，现在也一样，要将资产阶级暴发户全部绞死，绝不手软。

于是，巴黎人民开始酝酿一场新的起义。他们准备攻占国民公会。热月党，你们胆敢处死马克西米利安·弗朗西斯·玛利·伊西多尔·德·罗伯斯庇尔，等着吧。你们将面临死罪的清算！

可能当时政府真有打算废除1793年宪法。法兰西共和三年芽月十二日，即1795年4月1日，暴乱的苗头已经出现，只是很快就被平息。牧月一日，即1795年5月20日，人民正式起义。起义的民众一边呼喊口号："要有面包！""要恢复1793

让-贝特朗·费朗

年宪法①!"一边向杜伊勒里宫涌进,最后冲进议会大厅。起义的人群中,有女性冲上演讲台。国民公会委员让-贝特朗·费朗在混乱中被枪杀,之后被枭首示众。起义军一时占了上风。没过多久,国民自卫队赶来,用刺刀的寒光逼散了起义者。议员们立刻赶至议会厅,集体下令逮捕乱党头领。乱党的头领都是山岳党人,共十四人。一直到1795年5月23日,国民议会才将起义者清理干净。至此,共和三年牧月一日起义被热月党人彻底镇压。

---

① 1793年宪法(Constitution of 1793),又称"共和元年宪法"或"雅各宾宪法",是法国大革命期间,1793年6月24日由国民公会通过的新宪法。

牧月一日政变,起义民众冲进议会大厅

让-玛利·克劳德·亚历山大·古戎在一片混乱中道出了心声:"我们今天得以侥幸逃脱,未曾死于乱民之手,却不知明日能否躲开同盟者的暗箭。"

此次起义失败后,安托万·路易·阿尔比特当即逃之夭夭。安托万·克里斯托夫·萨利切蒂①乔装打扮,躲在了佩尔蒙迪家。其他受牵连但未能逃走的国民公会委员全部被送上军事法庭。相关社团全遭封查。监狱中瞬间挤进了八千乱党。热月党人开启了恐怖统治。像被他们推翻的雅各宾派成员一样,他们将曾经并肩革命的战友杀死在血泊中。

阿布兰特什公爵夫人劳雷·朱诺说:

> 当权的热月党人更担心1795年5月20日的事件重演。这种担心甚至超

---

① 最初的名单上并没有安托万·克里斯托夫·萨利切蒂的名字,但他机灵,担心受到牵连,于是先逃为强,胆小鬼一般地躲到德·佩尔蒙迪夫人家,并且在明显连累了德·佩尔蒙迪夫人一家的时候也没有离开。——原注

过了他们对以往事件的恐惧，包括1789年7月14日攻克巴士底狱、1792年8月10日的巴黎人民起义和1793年10月6日吉伦特派的倒台。民众群情激愤。他们仇恨的对象并不是宫廷或某个具体的贵族，而是整个上层阶级。这个阶级的人们高高在上，践踏着社会底层的民众。是底层民众的不满和激愤拯救了共和国，拯救了国民公会。有产者联合在一起，凝成一股绳，来对抗散沙一般无组织的底层民众。底层的民众没有主心骨，很容易被误导。

国民公会里摩拳擦掌，即将上演有史以来最惊悚的篇章。巴黎城内的贵族吓破了胆，将家中值钱的东西藏了又藏，不知等待自己的是何等凄

让-玛利·克劳德·亚历山大·古戎

凉的命运。傍晚时分，我的兄长阿尔贝·佩尔蒙迪回来了。他一整天不见踪影，一回家就嚷着要吃东西，说自己从早上到现在滴水未进，快要饿死了。混乱的状态依旧在巴黎城内肆虐，间或传来的鼓声阵阵不绝于耳。正当阿尔贝·佩尔蒙迪狼吞虎咽时，拿破仑·波拿巴将军也一头栽了进来，像阿尔贝·佩尔蒙迪一样地喊饿，要吃东西。拿破仑·波拿巴将军一边津津有味地吞着剩羹，一边向我们讲述了当天发生的一切。真是可怕。阿尔贝·佩尔蒙迪只看到部分真相。拿破仑·波拿巴将军告诉了我们让-贝特朗·费朗惨死的场面。可怜的让-贝特朗·费朗，竟然被碎尸万段！拿破仑·波拿巴将军说："暴民割了让-贝特朗·费朗的头，送到国民公会议长弗朗西斯-安托万·德·布瓦西·安格拉斯面前给他看。弗朗西斯-安托万·德·布瓦西·安格拉斯吓得瘫坐在椅子上。说真的，谁能受得了如此令

让-贝特朗·费朗的头颅被举到弗朗西斯-安托万·德·布瓦西·安格拉斯面前

弗朗西斯-安托万·德·布瓦西·安格拉斯

人发指的行径啊,简直像恶魔一样!如果革命意味着如此残酷的暴行,那革命就失去了意义。身为法兰西国人,只会为这样的革命感到羞耻。"拿破仑·波拿巴将军沉默片刻后继续问道:"这几天你们都见过安托万·克里斯托夫·萨利切蒂吗?据说他也难逃干系。罗米尼可能也受到了牵连。罗米尼是一个正直的人,革命意志也很坚定。至于萨利切蒂么……"拿破仑·波拿巴将军说到这里停了一下,叹了口气,拍拍额头又锁起了眉头,整个人激动得难以自持。他带着颤抖的嗓音继续说道:"萨利切蒂啊萨利切蒂,他伤害我太……太深了。他在我满是晨光的青春丢下一片乌云,在我万里锦绣的前程上撒下一层冰霜。然而,我却对他难生恨意。"作为安托万·克里斯托夫·萨利切蒂的秘书,我的兄长阿尔贝·佩尔蒙迪打算替安托万·克里斯托夫·萨利切蒂讲两句好话。拿破仑·波拿巴将军大喊道:"别这样,阿尔贝·佩尔蒙迪,别这样。"继而若有所思地说:"我跟你实说,那个人是阴魂不散的恶魔。我可以宽恕他,但我不会忘记他给我的伤害。"

1795年5月21日,我的母亲约了几个朋友来家里吃饭。几天后,她将离开巴黎前往波尔多。拿破仑·波拿巴将军也受邀一同前往。1795年5月21日18时,有一位客人来到我家,母亲陪她在客厅聊天。突然,玛丽特走了过来,小声告诉母亲,有个男人藏在母亲的卧室,想私下跟母亲说句话。母亲立即起身,回到卧室,看到窗子边上站着一个男人,半掩的窗帘遮住了他大半个身影。这个人无疑是安托万·克里斯托夫·萨利切蒂。他的脸色惨白,嘴唇吓得青紫,却没有一丝血色,黝黑的眼眸像是要喷出火焰。整个人如恶鬼一般。安托万·克里斯托夫·萨利切蒂吓得气虚,讲话也难免急切:"他们把我软禁了,这跟弄死我没有区别。德·佩尔蒙迪夫人,请发发慈悲,救救我吧!"

母亲一把抓住安托万·克里斯托夫·萨利切蒂的手,将他领进隔壁,藏在那里。那是我的房间。此时,客厅里已经陆续有客人到达。后来,据母亲回忆,她当时仿佛听到了拿破仑·波拿巴将军的声音,差点吓得晕死过去。母亲说:"安托万·克里斯托夫·萨利切蒂,如果有能帮你的地方,你尽管开口。但有一件事比我的命还重要,那就是我孩子们的安全。我只能将你藏在我家里几个小时,而且这样也解决不了问题,他们早晚会发现你,你还会连累我,还可能会害我跟着你一起送命,害我几个孩子也跟着遭殃。"

此时突然有人推开房门,母亲急忙上前挡住来人。是我的兄长阿尔贝·佩尔蒙迪。他说要开饭了,看我们怎么还不下楼。阿尔贝·佩尔蒙迪说:

波尔多

"人都到齐了。只有拿破仑·波拿巴没有来,他派人送来了致歉信。"听到这里,母亲扣紧了双手,向天祷告。

安托万·克里斯托夫·萨利切蒂不肯离开,恳求佩尔蒙迪一家为他做掩护。当时,孩子们的父亲查尔斯·马丁·德·佩尔蒙迪已经在波尔多,一家人正要去波尔多与他会合。于是,安托万·克里斯托夫·萨利切蒂也想乔装改扮,混在差人仆役中与佩尔蒙迪一家人一起离开。

1795年5月22日11时左右,拿破仑·波拿巴将军来到了家里。接下来发生的事给了我非常深刻的刺激,让我终生难忘,因此我会详说。拿破仑·波拿巴将军来到我家时,穿着一身军装,服饰很有个性:灰色的厚军大衣,式样简单,扣子一直扣到下颌,头上有一顶圆帽,却总是戴不端正,不是拉得太靠前遮住了眼睛,就是扯得太靠后,像是要掉下来;脖颈处打着一条黑色的领结,但系得有点歪。他日后常以这套装束示人。当时很少有人会注意形象,因此觉得还好,如今回想起来却顿觉寒酸!拿破仑·波拿巴将军送给母亲一大束紫罗兰。他如此绅士的表现可不多见。大家都不约而同地笑了。拿破仑·波拿巴将军也笑了,他说:"这是我迟来的道歉!看来我是个蹩脚的'绅士仆从'①啊!"交谈片刻后,拿破仑·波拿巴将军说:"嗯,德·佩尔蒙迪夫人,这次,轮到安托万·克里斯托夫·萨利切蒂尝尝坐牢的滋味了。"母亲惊道:"什么?安托万·克里斯托夫·萨利切蒂?他已经被抓到了?"

"哦哦!难道您不知道他早已被软禁了吗?我还以为您知道呢,他逃出来之后,不是躲在您家里吗?"

母亲大嚷道:"躲在我家?!亲爱的波拿巴,你怎么会这样认为呢?我怎么可能窝藏他?不可能!听我说,就算我想包庇他,也得有一处我自己名下的像样的房子呀!可是我连自己的房子都没有呢!求你了,千万别开玩笑。将军大人,这种话可不能乱说,那会连累我们一家!"

拿破仑·波拿巴将军从座位上站起身,静静地走到母亲面前,双手抱臂,犀利地盯着我母亲看了好一会。母亲竟也沉得住气,眼神没有半点游移。她无比坚定地说:"安托万·克里斯托夫·萨利切蒂有什么理由一定要躲在我们家呢?他明知我们一家都是坚定的革命派。"

"我亲爱的德·佩尔蒙迪夫人,您应该自己去问他,究竟为何要寻求您的庇护。他来到您的家中,万一您将他出卖,那可怎么办?他丝毫没有这样的犹豫,就这么来了,说明对您的人品很放心。您是好人,安托万·克里斯托夫·萨利切蒂是坏人。他坏透了,不值得您的帮助。他知道您不会狠下心来将他拒之门外。他会拖累您一大家子,根本想不到这会给你们带来多大风险。我本来就挺讨厌他,现在对他更加鄙视了。"②

---

① 绅士仆从(cavaliere servente),原文来自意大利语,指陪伴在一位贵族女子(通常为已婚)身边的绅士,绅士仆从对自己追随的贵族女子忠心耿耿。

② 这部分进行了大幅精简,《朱诺夫人回忆录》叙述得更加详细。——原注

在德·佩尔蒙迪夫人的掩护下,安托万·克里斯托夫·萨利切蒂扮成仆人,与德·佩尔蒙迪一家一起离开了巴黎。在贝尔尼十字车站,一位马倌转交给德·佩尔蒙迪夫人一封信。这封信来自拿破仑·波拿巴:

> 我从未料想您竟然会耍我。我就像个大傻瓜,被您骗了,对吗?二十多天前,我亲口告诉您,我怀疑安托万·克里斯托夫·萨利切蒂就藏在您家里,您矢口否认,而我竟然相信了。我太傻了,是不是?德·佩尔蒙迪夫人,您应该还记得我1795年5月20在您家里时说的话,当时我就非常肯定,而现在,更是确信无疑。
>
> 安托万·克里斯托夫·萨利切蒂,如果你在现场,就会知道,你曾对我下过那么多次黑手,而这一次,我却放过了你。我原本可以当场抓住你,杀了你,然而我没有。可是你呢?我根本不曾得罪过你,你却无耻地出卖了我。你我之间,谁占领了道德的高地?我本可以报复你,但是我没有。也许你会说,德·佩尔蒙迪夫人才是你的大恩人。我承认,德·佩尔蒙迪夫人的确救了你。但你当时身负重罪,手无寸铁,孤身一人,我想抓你简直易如反掌。你走吧,安安静静地做一个逃犯,找一处更好的避难所,在那里好好回顾你的爱国之情。你也不用担心,你的这些事情,我会守口如瓶。

拿破仑·波拿巴在西部军团的假期到1795年5月15日结束,他申请延长到1795年7月14日,得到了军团的批准。后来他又想延期,军团没有再批准。拿破仑·波拿巴继续在国防办公室周旋,带着成堆的申请,无数的谋划和意见。与此同时,他活跃于社交,广结显贵,结交的对象都是出入巴拉斯子爵保罗·弗朗西斯·让·尼古拉家庭沙龙的人。

当时,拿破仑·波拿巴并不富裕,也看不到未来的希望。困顿之中,他居然打起了富家女伯纳丁·欧仁妮·德西雷·克拉里的主意。伯纳丁·欧仁妮·德西雷·克拉里的父亲是制造商,家里非常富有。她的姐姐玛丽·朱莉·克拉里已经与约瑟夫·波拿巴完婚,说起来,还是拿破仑·波拿巴的嫂子。于是,拿破仑·波拿巴写

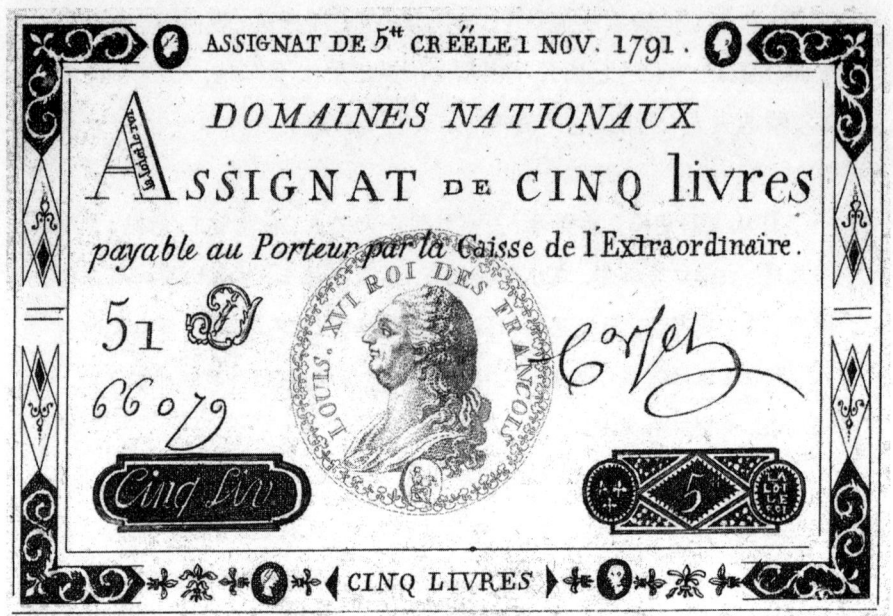

1791 年的指券

信给约瑟夫·波拿巴,希望约瑟夫·波拿巴出面促成他和伯纳丁·欧仁妮·德西雷·克拉里的亲事。

当时,巴黎的局势可谓险象环生。马克西米利安·弗朗西斯·玛利·伊西多尔·德·罗伯斯庇尔统治下原本统一的政府管理现在分裂成十六个各自独立的部门。指券①日日贬值,面值一跌再跌。现在一个金路易能抵七百五十纸法郎。此外,无论贵贱,人们都买不到面包。路易·安托万·福弗莱·德·布里昂夫人曾提起,她当时买走私的面包吃,但不敢让外人知晓,因为传出去就是死罪!

阿布兰特什公爵夫人劳雷·朱诺曾对拿破仑·波拿巴在这期间的形象做了细致入微的刻画,值得一读:

> 拿破仑·波拿巴当时的样子肯定谈不上帅气,跟后来光芒万丈的形象简直判若两人。我并不是说他当时没有光环,没有魅力。我的意思是,七年

---

① 指券(Assignat),这个词专门用来指1789年至1796年法兰西大革命期间发行的指券。

间岁月流逝，在他的外貌上刻下了沧桑的印记，原来消瘦的双颊长得壮实起来，过去枯黄的肤色也变得红润，以前棱角分明的脸现在肉鼓鼓的。只有他的笑容还和从前一样可爱可亲。当时，上流社会的男士打理头发的方式很简单，出身名门的时髦子弟都留着长发。拿破仑·波拿巴曾经看不起他们，对他们报以痛骂，如今也与他们不同，对外表不甚在意。他的头发总是梳得乱糟糟的，随便扑点发油，显得很邋遢。他的手上也布满老茧，不再是我初见他时细瘦黑长的样子。不过，对于自己双手上布满的粗犷和磨砺，拿破仑·波拿巴倒非常自豪。他认为，这才是一双真正的男人的手。

虽然当时局势艰难，诸事不利，但拿破仑·波拿巴还是充满了自信。对于命运女神赋予拿破仑·波拿巴的强大信念，我们已经可以初窥端倪。

一天晚上，让-安多什·朱诺向拿破仑·波拿巴吐露心声，坦承他爱上了拿破仑·波拿巴的妹妹波莱恩·波拿巴。为了让拿破仑·波拿巴放心，让-安多什·朱诺交代了自己的财产情况。他告诉拿破仑·波拿巴，父亲去世后，他将继承两万法郎。拿破仑·波拿巴说："两万法郎倒不是小数目，不过令尊身体康健，继承一事言之过早。目前，你的收入只有中尉的薪水了。你们现在不能结婚，必须再等一等。我的朋友，现在不行，以后再说！未来会更好，一定会更好。哪怕追到海角天涯，我也一定要追寻到美好的生活。"

有一天，拿破仑·波拿巴又和德·佩尔蒙迪夫人提起安托万·克里斯托夫·萨利切蒂："安托万·克里斯托夫·萨利切蒂那个坏蛋，一再想置我于死地。可我有幸运星保护，他根本不能伤害我。不过我也不能太得意。人世间，谁能知道谁的命运呢？"

阿布兰特什公爵夫人劳雷·朱诺说："我永远忘不了他说这话时脸上的表情。"

拿破仑·波拿巴和阿布兰特什公爵夫人劳雷·朱诺说这样的话，表明他已经将注意力和追求的志向转向了东方。几个月后，拿破仑·波拿巴以实际行动证明了我们的猜想。他的确属意东方。

德·瓦尔米公爵弗朗西斯·克里斯托夫·德·克勒曼

　　不用想都知道，即使有好戏上演，众人都忍俊不禁，拿破仑·波拿巴也会板着一张脸，笑不出来；即使在戏剧包厢内谈笑风生，在座宾客皆嬉笑流连，拿破仑·波拿巴也会心生烦乱，无力回应。拿破仑·波拿巴有一颗不安的心，他的志向很远大——他的心飞到了阿尔卑斯军团和意大利军团。这两个军团分别在德·瓦尔米公爵弗朗西斯·克里斯托夫·德·克勒曼和巴泰勒米·路易·约瑟夫·谢雷的带领下，相佐相持。这两个军团才是拿破仑·波拿巴的牵挂。

1795年7月月底，德·蓬泰库朗伯爵路易·古斯塔夫·勒杜尔塞接替弗朗西斯·奥布里，就任新一任国防部长。随着德·蓬泰库朗伯爵路易·古斯塔夫·勒杜尔塞上台，拿破仑·波拿巴的心中又升起了希望。当时，意大利军团作战接连不利，不但不能向外拓张疆土，反而一再后撤。德·蓬泰库朗伯爵路易·古斯塔夫·勒杜尔塞迫切需要得力的军官辅助，最好熟知前线地形，还能临敌应战。德·蓬泰库朗伯爵路易·古斯塔夫·勒杜尔塞的同事弗朗西斯-安托万·德·布瓦西·安格拉斯推荐了拿破仑·波拿巴，说拿破仑·波拿巴是军事雄才。德·蓬泰库朗伯爵路易·古斯塔夫·勒杜尔塞听说后非常高兴，急忙召见拿破仑·波拿巴。拿破仑·波拿巴胸有成竹地来到国防部与德·蓬泰库朗伯爵路易·古斯塔

德·蓬泰库朗伯爵路易·古斯塔夫·勒杜尔塞

夫·勒杜尔塞碰面。他在军事问题上侃侃而谈、应答如流，还带来提前备好的周详的进攻计划。拿破仑·波拿巴不仅对伦巴第志在必得，还要穿过提洛尔，直捣奥地利。

新上任的国防部长德·蓬泰库朗伯爵路易·古斯塔夫·勒杜尔塞被拿破仑·波拿巴的计划吓住了："将……将军，您的计划是很好，但未免太……大胆了吧？我们不如……从长计议。您坐下来，拟定一份详细的报告，我们看过之后，再交给委员会审批……"

拿破仑·波拿巴急了："兵贵神速！哪有时间等？我谋划已久，一定万无一失。至于报告，我半小时就能写好。拿笔来！"

很快，纸笔备齐。但拿破仑·波拿巴潦草的字迹宛如天书，怎么上交呢？只好回去找让-安多什·朱诺重新誊写，第二天再上交。拿破仑·波拿巴进攻计划的重点有两处，一为"出其不意"，一为"速战速决"。目前，法兰西与西班牙、普鲁士相安无事，因此一定要集中兵力攻打奥地利。此乃天赐之机，西班牙和普鲁士肯定会袖手旁观。只要莱茵军团与意大利军团内外呼应，定能成功。莱茵军团穿越德意志南部，意大利军团奇袭提洛尔塞道，两军在维也纳城下会师。多么天衣无缝的计划！也不用担心后方有威胁。至于撒丁王国国王阿玛迪斯三世，他不会有任何异议。即使有异议，也可以用钱来摆平。有了钱，他在尼斯和萨瓦的损失也就可以平衡了。如此一来，我们就没有了任何后顾之忧，完全可以长驱直入。①

拿破仑·波拿巴绝妙的攻奥计划引起了众人的热议，一时争执不下。计划呈送德·瓦尔米公爵弗朗西斯·克里斯托夫·德·克勒曼和巴泰勒米·路易·约瑟夫·谢雷审批。德·瓦尔米公爵弗朗西斯·克里斯托夫·德·克勒曼冷哼一声："这简直是痴人说梦！"巴泰勒米·路易·约瑟夫·谢雷拈酸道："既然这项计划如此厉害，那就由构思这项计划的人亲自率军攻打吧，看他如何能美梦成真。"没想到，一年之后，拿破仑·波拿巴竟然真的完成了这项计划，实现了"美梦"。想必为此深受震撼的人群中少不了这两位将军，当初他们可没少挖苦讽刺拿破仑·波拿巴。

---

① 《德·篷特库朗伯爵回忆录》，1861年，巴黎，第1卷，第325页。——原注

国防部长德·蓬泰库朗伯爵路易·古斯塔夫·勒杜尔塞安排拿破仑·波拿巴进入地形勘察室工作。拿破仑·波拿巴借机结交各部队军官，与他们打得火热。同时，他加强了与政府各部官员的往来，人脉越来越广。

德·瓦尔米公爵弗朗西斯·克里斯托夫·德·克勒曼和巴泰勒米·路易·约瑟夫·谢雷德高望重，拿破仑·波拿巴年纪轻轻，不可能很快将他们取而代之。这一点，拿破仑·波拿巴很清楚。因此，他再次将梦想的目光投向东方。

1795年8月5日，拿破仑·波拿巴在公安委员会发表请愿演讲。他在演讲中大肆吹嘘自己的战功，说早在1782年，他就当上了炮兵军官。但我们都知道，那是1784年年底的事。他还谎称自己已为共和国服役十七年，然而众所周知，他服役截至当时只有十二年。他还包揽了1794年平叛的功劳——后世著史立传之人也不约而同地将1794年平叛的胜利归功于他。然而，这些都是谎言，经不起推敲。要知道，平叛开始时，拿破仑·波拿巴还没到尼斯，他不在平叛的现场。难道平叛这种事还得要等他到了才能开始吗？①不过，国防办公室倒是很老辣。拿破仑·波拿巴的请愿书在粗心的公安委员会得到了认可和通过，却在提交国防部备案时被火眼金睛的人指出了纰漏。

1795年8月16日，拿破仑·波拿巴收到所在的西部军团的军令，命他无条件迅速归队。军令的末尾写着："当然，如果阁下贵体实在欠安，以致的确无法适应本军团之劳苦军务，阁下尽可实情相告，我们将向委员会申请，将阁下调离此职，另换他人。"接到命令后，拿破仑·波拿巴慌忙请巴拉斯子爵保罗·弗朗西斯·让·尼古拉、路易-玛利·斯塔尼斯拉斯·弗雷隆等权贵好友帮忙求情，总算勉强暂缓了危机。

现在，拿破仑·波拿巴将人生的全部希望和所有难酬的壮志都押在了出兵

---

① 在这个问题上，巴拉斯子爵保罗·弗朗西斯·让·尼古拉的说法比较可信。当时司令官皮埃尔·加达·杜穆比埃与几位随军特派员之间摩擦不断。在一次作战会议上，皮埃尔·加达·杜穆比埃将军提出一个假计划，拿破仑·波拿巴立即将计划上报委员会并表示坚决反对。第二天，皮埃尔·加达·杜穆比埃将军又公布了真实计划，以此揭露拿破仑·波拿巴的真面目。我们不得不承认，以皮埃尔·加达·杜穆比埃将军的才能，这个真计划也算是相当不错了，与后来拿破仑·波拿巴真实执行并取得胜利的计划基本大同小异。皮埃尔·加达·杜穆比埃将军是很难连续获得两次胜利的人，仅就这一点来说，他能弄出这个真计划也算超水平发挥。——原注

东方的计划上。他向巴拉斯子爵保罗·弗朗西斯·让·尼古拉进言:"我将不惜一切代价谋取军职。如若我在此不能成功,哪怕只当一名普通士兵,哪怕要远征君士坦丁堡,我都愿意。"

其实,拿破仑·波拿巴已对东方垂涎多年。卢西恩·波拿巴在回忆录中提到,早年在科西嘉岛时,拿破仑·波拿巴就对东方国家印度十分神往。他甚至想过加入大不列颠军队,借此前往印度。他还曾劝说卢西恩·波拿巴和他一起加入大不列颠军队。在大不列颠军队升衔、升迁似乎比在法军快一些。最重要的是,在东方的圣土上,蕴含着无限的希望。

1795年9月15日,公安委员会宣读命令:"拿破仑·波拿巴将军,此前依据委员会命令征调来此军团,但一再拒绝进入所调职位就任,现将其正式开除。"对拿破仑·波拿巴来说,请假、离职、除名,都不是第一次了。他不会放在心上。

拿破仑·波拿巴根本不在乎。他致信约瑟夫·波拿巴时甚至懒得提及此事,只是带了一句"现在,君士坦丁堡之行估计没戏了。"

拿破仑·波拿巴觉得除名根本不算重要的事情。这也不难理解。他心机深沉,早已看出时局动荡,一场新的暴风雨随时可能来临。当前更重要的是做好准备,在革命的风雨中分一杯羹。因此,巴结好大人物才是正事。

在本章即近尾声时,我们可以这样为那个年代的拿破仑·波拿巴刻画肖像——这幅肖像与阿布兰特什公爵夫人劳雷·朱诺的描述非常相似,但更生动、更细致。我们来看看1810年的皇宫巡官司汤达[①]是怎么说的吧。这可是司汤达从拿破仑·波拿巴当年的绯闻对象口中听来的一手材料:

> 拿破仑·波拿巴将军身影清瘦,外形诡奇,令人惊讶。我从未见过有人长成这样。拿破仑·波拿巴将军戴着一顶当下时兴的双角帽,帽子非常大,大到两个帽角都搭在了肩膀上。他长得像意大利人,带着孤僻、威严的气质,头发乱糟糟地蓬着。第一眼看去,可真看不出他是个天才。在我的

[①] 司汤达(Stendhal, 1783—1842),原名马里-亨利·贝勒(Marie-Henri Beyle),笔名司汤达。法兰西批判现实主义作家,代表作《红与黑》。

司汤达

印象中,他是个"坏脾气的男子"。夜深人静时,如果在无人的树林遇到他,也真是挺吓人的。拿破仑·波拿巴将军也不擅长穿衣搭配。他常穿一件极破旧的长大衣,哎,显得他非常落魄。要知道,初次见他时,我都不敢相信他是一位将军。但稍做沟通,我就意识到,此人天赋卓越、才干非凡。我觉得他跟乔治·德·拉图尔[①]笔下让-雅克·卢梭的肖像画很相似。与拿破仑·波拿巴将军深入交往后,我就明白了他为何如此排斥时尚,固守拙朴。他来自蛮荒的科西嘉岛,因此,他对一切"时髦"的东西都感到不习惯、不喜欢,还带有一点本能的厌恶。不过在我看来,他这种纯华尚朴也很好。总的来说,拿破仑·波拿巴将军年轻、英俊,讲话的时候整张脸

---

① 乔治·德·拉图尔(George de La Tour, 1593—1652),法兰西巴洛克风格画家,以宗教作品著称。

上都散发着光芒,非常有魅力。唯一的问题是他太瘦了,瘦得似乎能被一阵风吹倒。如果他能再壮实一些,那高贵的神态、精致的五官和优雅的嘴唇,会衬托得他整个人更加夺目。我曾在N.夫人家里遇到过一位画家,这位画家是雅克-路易·大卫①的学生。这位画家告诉我,其实拿破仑·波拿巴将军的脸是典型的希腊人面孔,非常具有古典美。这样一说,下次我看到拿破仑·波拿巴将军时可得看仔细了。几个月后,也就是葡月事件发生之后,我听说拿破仑·波拿巴将军和著名的交际花塔利安夫人特蕾莎·卡

雅克-路易·大卫

---

① 雅克-路易·大卫(Jacques-Louis David,1748—1825),法兰西国著名画家,新古典主义画派创始人,代表作《马拉之死》《拿破仑·波拿巴翻越阿尔卑斯山脉》。

塔利安夫人特蕾莎·卡巴吕

巴吕①在一起了。塔利安夫人特蕾莎·卡巴吕那么时尚,会不会觉得拿破仑·波拿巴将军很"土"呢?事实上,她这样想一点也不奇怪。不过,拿破仑·波拿巴将军如果稍做装扮,也是很受欢迎的人。我还记得他神采飞扬地谈起自己在土伦之战中的英勇表现,太振奋人心了,非常令人仰慕。

---

① 塔利安夫人特蕾莎·卡巴吕(Thérésa Cabarrus, Madame Tallien, 1771—1835),法兰西大革命时期著名的美人和上层贵妇,西班牙银行家卡巴吕伯爵的女儿,十六岁嫁给卡塔内侯爵。法兰西大革命中被捕入狱,获让-朗贝尔·塔利安搭救并嫁给他,后为督政官巴拉斯子爵保罗·弗朗西斯·让·尼古拉的情妇,成为沙龙女主人和社交名媛。1805年嫁给卡勒曼伯爵,即后来的希梅亲王。

谈到动情处，他会兴奋地手舞足蹈。但有时，他又满脸郁色，沉闷不语。坊间传说他很穷，没有钱，还固执傲慢。他倔强地拒绝就任旺代军团指挥官，坚决不离开炮兵军团。当他说"大炮是我的贴身秘器"时，女孩子们都扑哧笑了。只听说过佩戴刀剑，哪里听过大炮可以佩戴的？他看起来完全不像个军人，一点都没有军人的粗莽气质。现在想来，从他秀致的嘴唇和清雅的气质中便可探知，他是天生的贵族，绝非莽汉。

第 17 章

葡月事变

（1795年10月4日—1795年10月25日）

精彩看点

多事之秋——人心浮动——国民公会出台新宪法——巴黎选举团驳回宪法附款——雅各宾派也反对新宪法——调解——危机迫近——拿破仑·波拿巴掌握巴黎军力——葡月事变——炙手可热的新人——巴拉斯子爵保罗·弗朗西斯·让·尼古拉和拿破仑·波拿巴都不敢接下的功绩——恢复军职——晋升巴黎卫戍部队司令——葡月事变的影响——我的就是我兄弟的——为了江山

热月党人①上台后，与雅各宾派奉行的政策越来越背道而驰。他们代表有产者的利益，呼吁宪法改革，支持保护私有财产。国民公会声望大跌，人心失尽。掌权的热月党越发握紧手中的权杖，人民日益惶恐不安。目前当权的是巴拉斯子爵保罗·弗朗西斯·让·尼古拉、让-朗贝尔·塔利安和路易-玛利·斯塔尼斯拉斯·弗雷隆等人。他们不知送了多少人上断头台！路易-玛利·斯塔尼斯拉斯·弗雷隆是让-保罗·马拉生前主办杂志的主要供稿人，而让-保罗·马拉主办的杂志充满了血腥和暴力。其中思想最疯狂、言辞最激进的几篇文章皆是路易-玛利·斯塔尼斯拉斯·弗雷隆的作品。让-朗贝尔·塔利安是山岳派成员，他是极端人群中的极端分子。路易十六被处死的那天，让-朗贝尔·塔利安主持了国民议会。在让-朗贝尔·塔利安清洗西部可疑分子的日子里，没有一个人能逃过劫难，因为让-朗贝尔·塔利安没有一点慈悲心。啊，也不能这么说，让-朗贝尔·塔利安也是发过慈悲的。1793年，让-朗贝尔·塔利安见到了波尔多监狱中的特蕾莎·卡巴吕，惊为天人。他不仅"慈悲"地释放了她，还"慈悲"地娶她为妻。就这样，特蕾莎·卡巴吕成为后来美冠巴黎的塔利安夫人。至于巴拉斯子爵保罗·弗朗西斯·让·尼古拉，他参加了土伦平叛和马赛平叛，双手早已沾满鲜血，心中早已没有底线。当时的法兰西第一共和国道德沦丧，堪比古罗马帝国最黑

---
① 热月党人（Thermidorian party）指推翻马克西米利安·弗朗西斯·玛利·伊西多尔·德·罗伯斯庇尔的几个党派的联合。热月党人属于共和派，代表资产阶级利益。

暗的时代。巴拉斯子爵保罗·弗朗西斯·让·尼古拉贪奢淫逸,在道德沦丧的程度上可谓登峰造极。他明欺暗诈,不知从财政部搜刮了多少钱财。

财政混乱至极,政府人员如走马灯般变换,在风雨飘摇中,未来也难以预料。在这样的环境下,法兰西人早已身心俱疲。波旁王朝已不复存在。当时,由热月党人控制国民公会。他们是代表资产阶级利益的共和派,坚决反对复辟,提出要保证公民的私人财产和生命安全,要由拥有财产并维护法律的优秀人物来领导国家。于是,热月党人控制下的国民公会又通过了一部新宪法,即《1795年宪法》,又称《共和三年宪法》。这已经是四年内的第三部宪法了。从某种意义上说,第一部宪法,即《1793年宪法》中提倡的最具民主的思想在此中止,《1795年宪法》,即《共和三年宪法》开始倾向于保护有产者。《1795年宪法》共有三百七十七条,其中有二十二条关于公民权利,仅有九条关于公民义务。

弗朗西斯-安托万·德·布瓦西·安格拉斯说:"迄今为止,大革命的成果已经破坏殆尽。现在,趁民心未遭蛊惑,趁我们已将暴政推翻,让我们联起手来,争取更美好的明天。再没有君主制度的累累罪恶,也不要议会成篇的错误;不再有'十人组'恐怖阴暗的暴政,也不要让这疯狂的乱世继续多灾多难。我们要清醒地认识到,绝对的平等只是虚幻。将公民与国家紧密地联系在一起的,是国家要保卫公民的财产。我们要承认,凡享有立法权的公民也该享有私人的财产。所有的国人都是公民,但大多数公民并不能自由地行使公民的权利,这是为什么?内政荒乱,国家贫困潦倒,人们无钱纳税,这都是原因啊。"相应地,新宪法的条款之一就是赋予公民自行管理和处理个人财产的权利。

让-朗贝尔·塔利安道:"是时候结束了。剥削者与被剥削者之间的争执与仇恨,都应该结束了。"让-朗贝尔·塔利安说得很对,但大家都明白,以国民公会的诚意和办事效率,绝对不会派一个想要弥合差异的人做弥合等级差异的事情。

1795年8月,热月党人控制下的国民公会推出《共和三年宪法》。根据这部宪法,立法议员选举取消普选,实行选举人选举①。立法权归新成立的上下两院

---

① 选举人选举受较高额度财产资格限制。这就是为什么作者在后文中说底层平民很抵触《1795年宪法》,因为他们失去了选举权。

共和三年宪法

共有。上议院又称元老院，议员年龄不得超过四十岁；下议院又称五百人院，议员年龄不得超过三十岁。热月党人还成立了督政府。督政府取代国民公会，成了国家最高行政权力机构。督政府由五名督政官组成，督政官由元老院选出。督政官对内有权任免军队将领、督管财政及政府官员，对外可以代表法兰西第一共和国与反法同盟国家进行谈判。原由十二名执行委员组成的公共安全委员会也遭解散，由政府六部取代。六部部长辅助督政官。五位督政官中，每年改选一人。为了维护共和，不让保王党有机会操控选举进入两院，热月党控制下的国民公会在新宪法后附上条款，规定现任国民公会代表必须在两院占有三分之二席位。这样一来，选举人能够选举的议员名额就只有三分之一。大多数席位依旧被掌握在热月党人手中。

巴黎的资产阶级心境复杂。他们在大革命风暴中跟着贵族一起遭殃，在从前的王室政体下也备受打压。资产阶级由衷地排斥激进的共和主义思想，但他们更不支持复辟，看着贵族阶层再次垄断所有的利益。当时，无论在国都巴黎，还是在法兰西的外省，旧贵族势力人数众多，明汹暗涌。他们就是保王党。只要有反对法兰西第一共和国政府的风吹草动，保王党就前去煽风点火，制造叛乱。保王党多为贵族子弟。假如波旁王朝没有覆灭，他们早已凭借家世出身占据政府要职，哪里会如现在这般落魄和沮丧呢！更何况，在王室制度下，部队军官清一色由贵族担任。难怪保王党在穷途末路时，都只想着如何夺回往昔的特权，却不能看清大势——波旁王朝已经在历史的滚滚洪流中化为碎片瓦砾，再也不可能复原。保王党还想奋力一搏。在当时看来，保王党倒也不是完全没有气势。与胆小怕事的资产阶级相比，保王党分子大多年轻勇武，精力充沛。

从政治立场上来讲，中间的温和派和偏右的反革命派都对《1795年宪法》不满意。无论所持政治观点偏左还是偏右，新宪法附款中有关现任国民公会代表可占据议院三分之二席位的规定都让人无法接受。温和派想要改良社会，希望通过选举进入两院，从而缓慢地推进共和；反革命派暗中支持保王党希望通过选举进入两院，从而回到旧时的王室制度。因此，热月党人保留三分之二议院席位，维持现状的做法让两派都不高兴。此外，不止温和派和反革命派对热月党人大为不满。根据《1795年宪法》规定，底层平民受财产资格限制，失去了选举权。因此，底层人士也反对新宪法。

共和三年果月五日和果月十三日，即1795年8月22日和1795年8月30日，国民公会分别颁布了果月五日法令和果月十三日法令，对原国民公会代表如何继任两院议会的三分之二席位进行说明。国民公会将新宪法草案连同果月五日法令和果月十三日法令一起提交初级议会,等待选举人投票。除了巴黎,其他地区全部以多数票通过了所有草案和法令。巴黎的初级议会通过了共和三年宪法,但驳回了果月五日法令和果月十三日法令。很明显,巴黎的选举人多为保王党,他们在酝酿一场新的叛乱。保王党基本控制了巴黎各区。他们打算联合起来,共同对抗国民公会。保王党还控制了巴黎国民自卫队并且控制了舆论,不断诋毁国民公会,将国民公会比作大不列颠王国下令处死国王查理一世的长期议会。支持保王党的反革命派也希望有人振臂一呼,反对国民公会,为复辟旧制清扫障碍。温和派虽力主共和、不希望复辟,但依据《共和三年宪法》即将成立的督政府也令温和派心忧不已,因为督政官的人选肯定是当初投票力主处死国

处死国王查理一世

路易十六

王路易十六的热月党。温和派不愿看到督政官大权独揽。而且依据宪法,此届督政府要五年后才可能被完全替换。

  与此同时,大权在握的热月党人也难以安心。热月党人控制的国民公会将《共和三年宪法》提交给国家武装部队——正规军。正规军一致通过并宣布支持新宪法。虽然在巴黎并不能很快召集大批量的正规军,但热月党人知道正规军支持国民公会,也可获得些许安心。现在,极左极右两个派别都在反对热月党人的国民公会。事实上,国民公会并不十分畏惧保王党,它真正忌惮的是势力强大的极端左翼雅各宾派。底层民众在新宪法中失去了选举权,正愤怒不已。他们一旦被煽动起来,将是比保王党更可怕的力量。因此,国民公会一定要派一位有能力的将军出任正规军指挥官。这其实是个难题。谁不会背叛国民公会呢?画家转行的让·巴蒂斯特·弗朗西斯·卡尔托将军吗?他的确很忠诚,可惜指挥能力太弱了。雅克-弗朗西斯·梅努将军吗?也没有更好的人选了,那

雅克-弗朗西斯·梅努

法兰西剧院

就他吧。保王党已纠集巴黎国民自卫队,浩浩荡荡地在法兰西剧院聚集。叛乱就在眼前。国民公会派雅克-弗朗西斯·梅努将军率正规军部队前往法兰西剧院驱散叛乱分子,但雅克-弗朗西斯·梅努将军居然对叛党心生怜悯。雅克-弗朗西斯·梅努将军不但没有动用武力驱逐叛党,反而要坐下来与叛党议和。共和三年葡月十二日,即1795年10月4日晚,雅克-弗朗西斯·梅努将军与叛乱分子谈判,似乎要背叛国民公会。1795年10月4日23时,得知这一消息的国民公会果断将雅克-弗朗西斯·梅努撤职,任命巴拉斯子爵保罗·弗朗西斯·让·尼古拉指挥正规军。拿破仑·波拿巴作为巴拉斯子爵保罗·弗朗西斯·让·尼古拉的亲信,也将在葡月事件中闪亮登场。在过去的半年中,拿破仑·波拿巴被马克西米利安·弗朗西斯·玛利·伊西多尔·德·罗伯斯庇尔连累,被温和派抓着把柄不放,不知吃了多少苦头。现在,温和派加入叛乱分子的阵营,与国民公会作对。拿破仑·波拿巴终于有机会在保卫共和的同时报复曾迫害过自己的人了。他坚定地站在了国民公会这一边。况且拿破仑·波拿巴当时已经被除名了,还有什么可顾虑的?

共和三年葡月十一日,即1795年10月3日,巴拉斯子爵保罗·弗朗西斯·让·尼古拉给拿破仑·波拿巴传来口信,唤拿破仑·波拿巴于1795年10月4日正午前来自己的宅邸议事。拿破仑·波拿巴立即赶往巴拉斯子爵保罗·弗朗西斯·让·尼古拉处,二人商议平叛对策。一场令法兰西再次颤栗的暴风雨即将到来。叛党随时可能对国民公会发起猛攻。国民公会这边,巴拉斯子爵保罗·弗朗西斯·让·尼古拉再次向国民公会举荐拿破仑·波拿巴试图,做好平叛的准备。

根据拿破仑·波拿巴后来的叙述,国民公会的代表们当时惊慌失措。他们都知道,最多撑到第二天,即1795年10月5日,叛乱分子就会正式进攻国民公会。国民公会的代表们询问拿破仑·波拿巴,有何良策可以应对?拿破仑·波拿巴只用两个冰冷的字回复:"炮轰。"

国民公会的代表们纷纷认为拿破仑·波拿巴的"良策"不妥,他们也因此更加慌乱。众代表商议了整整一夜也没有得到一个满意的结果。1795年10月5日凌晨破晓时,这群没用的人又将整个烂摊子推还给拿破仑·波拿巴:"你去打吧。只是,你不会真要用炮轰吧?"

拿破仑·波拿巴非常不以为然:"不用大炮?那用什么?难道我炮轰乱党,还要征求叛乱分子的同意吗?你们让我来指挥部队,来保卫你们,那就应该让我按自己的方式指挥。"

拿破仑·波拿巴后来回忆:"说完这番话,我就离开了。留这帮只会喧嚣的人一脸惊愕地停留在原地,他们无言以对。而我立即开始整发部队,准备好行动了。"①

保王党叛军控制着巴黎各区,加上巴黎国民自卫队,总军力达三万人。不过,叛军虽然人多势众,却没有火炮。国民公会的正规军有五十门大炮。

热月党人控制的国民公会当时或许意识不到,他们为应对保王党叛乱而临

---

① 德·雷米萨伯爵夫人克莱尔·伊丽莎白·让娜·格拉维耶·德·韦尔热纳:《德·雷米萨夫人回忆录》(英译本),第1卷,第146页。——原注

若阿基姆·缪拉

时启用的这位将军会掀起怎样的风云。至此，法兰西大革命的舞台上，新的一幕终于上演：国民公会第一次代表政府动用国家现役部队平定政治异己，野心勃勃的拿破仑·波拿巴则第一次被授权动用武力保卫共和。拿破仑·波拿巴得到了指挥国家军队的权力。他将发挥自己的军事才华，建功立业。

　　拿破仑·波拿巴接过正规军的指挥权，巴拉斯子爵保罗·弗朗西斯·让·尼古拉便退居幕后。1795年10月5日清晨，拿破仑·波拿巴都在忙着布防。天刚破晓时，国民公会所在地——杜伊勒里宫已在拿破仑·波拿巴的严密布防下变成了森森堡垒。拿破仑·波拿巴已命令若阿基姆·缪拉[①]领兵到巴黎城外将大炮运

---

① 若阿基姆·缪拉（Joachim Murat, 1767—1815），法兰西军事家，法兰西第一帝国元帅，贝尔格大公，那不勒斯国王，1808年到1815年在位。1800年娶拿破仑·波拿巴的妹妹卡罗琳·波拿巴为妻。1804年任巴黎总督，处死当甘公爵。1804年封元帅，1808年成为那不勒斯国王。

进来。1795年10月4日深夜，若阿基姆避开叛军的注意，偷偷将几十门大炮运进巴黎城。

1795年10月5日天亮后，巴黎国民自卫队和各区叛党从四面八方杀向杜伊勒里宫。他们的目的是驱逐并解散国民公会。然而，当叛军抵达杜伊勒里宫时，却吃惊得说不出话。等待他们的竟然是架好的大炮和列队的士兵。国民公会防御部队已严阵以待。即便如此，国民公会的代表们还是不放心，毕竟保王党人数更多。国民公会代表们透过杜伊勒里宫的窗户向外看去，满眼密密麻麻，都是叛军。叛军遍及大街小巷，宛如洪水一般涌向杜伊勒里宫，像是要吞掉整个宫殿。在如此紧要的关头，国民公会代表们再次暴露了怯懦的本色。他们苦苦哀求拿破仑·波拿巴，不要开炮，可以和谈。但拿破仑·波拿巴一点都没有妇人之仁。他如果能直接下达命令，早就指挥士兵们开炮了。保王党并不比国民公会代表更大胆。叛军看到大炮时也吓住了，往后撤了撤，开始商议对策。国民公会代表们畏缩在杜伊勒里宫，吓得瑟瑟发抖。他们恨不能在严密防御保王党进攻的正规军阵列中找到几个空挡，好偷偷钻出去，溜之大吉。

这样的对峙持续了一整天。

对峙的时间久了，保王党控制的巴黎国民自卫队和国民公会控制的正规军部队就会想要握手言和。然而，双方部队一旦握手言和，国民公会必然就此解散，拿破仑·波拿巴的大好前途也再无从说起。于是，双方"必然地"擦枪走火。究竟是哪一方先开的火，现在说法不一。多半是拿破仑·波拿巴按捺不住，先发制人。只有将保王党彻底打垮，国民公会大获全胜，拿破仑·波拿巴才有机会飞黄腾达。如若讲和，双方都会将拿破仑·波拿巴当作替罪羊。关于这一点，拿破仑·波拿巴心知肚明。刹那间，他既感到自己命悬一线，又感慨着自己在不经意间竟掌握了多少生命的生杀大权。

1795年10月5日16时30分，拿破仑·波拿巴骑上马，下令开炮。他命令士兵清洗聚集在各条街道的保王党。各大街道炮声隆隆，叛军队伍里一片哀号。

拿破仑·波拿巴后来在圣赫勒拿岛时回忆道："不对，说什么一开始的时候大家都没动手，这不对。不是这样的。如果我们一开始不动手，只会让自己更被

拿破仑·波拿巴指挥炮轰叛乱分子

动,叛党只会更嚣张。不过,下面这句倒是实情。我们一旦占了上风,的确就立即停止了炮轰。"

1795年10月6日,有一小部分叛党不甘心,要卷土重来。拿破仑·波拿巴再次下令开炮,将他们轰散。拿破仑·波拿巴致信约瑟夫·波拿巴时说:"一切都结束了。我们胜利了……我军有三十人牺牲、六十人受伤,而叛军死伤甚多。我们已成功解除叛军占区的武装。一切都恢复了宁静。这一次,我毫发无伤,我很庆幸。替我向朱莉和德西雷问好。"

这就是葡月事变的经过。葡月事变后,热月党人心尽失,具有投票权的选举人都开始支持热月党的反对者。热月党人控制的国民公会先是利用特权,强占两院三分之二席位,遭到反对后又动用国家正规军武力维护自己的统治。从立法到行政,选举人都越来越反对热月党人,两院议员的继任和席位的更改也与热月党人渐行渐远。成功留任两院三分之二席位的那部分热月党人身处阵阵反对的声音中,恼羞成怒又无可奈何。另外,热月党人还不能忘记好好安抚雅各宾派。在如此的复杂背景下,督政官五人组正式上台:巴拉斯子爵保罗·弗朗西斯·让·尼古拉、卡诺伯爵拉扎尔·尼古拉·玛格丽特、让–弗朗西斯·勒贝尔、埃蒂安–弗朗西斯–路易–奥诺雷·勒图尔纳和路易–玛利·德·拉勒韦利埃–莱波。立法机构——即两院每年更替三分之一人选,督政府每五年更替一人。几乎谁都可以预见结局。在不远的将来,如果选举人的投票倾向没有剧烈的变动,督政府和议院又要斗起来。因为,事实上,上下两院都没有实权,真正执掌大权的是督

让–弗朗西斯·勒贝尔

政府。一旦督政府和议院发生矛盾，军队可能会再次介入。葡月十三日政变开启了军队介入政治纷争的先河。未来，类似的事情必然会再次发生。

国家军队将发挥重要作用，成为解决政治派系争斗的工具。对于这一点，年轻而富有野心的拿破仑·波拿巴多么精明，又岂会不知？事实上，拿破仑·波拿巴不仅对军队的重要性心知肚明，还看得非常长远、深刻。他知道，建立军政府的时代已经到来。能够收揽军心，收获军士尊崇的人，也可以在不远的将来，像奥利弗·克伦威尔一样独揽大权。

葡月平叛，保王党血洒巴黎，令国人侧目。巴拉斯子爵保罗·弗朗西斯·让·尼古拉和拿破仑·波拿巴都不想承担"刽子手"的"骂名"，开始算计怎样将责任推给对方。巴拉斯子爵保罗·弗朗西斯·让·尼古拉是个老狐狸。他先声夺人，将所有责任都推给了拿破仑·波拿巴。在1795年10月10日的国民大会演讲中，巴拉斯子爵保罗·弗朗西斯·让·尼古拉提出，应该尽快恢复拿破仑·波拿巴的职位，并建议拿破仑·波拿巴出任巴黎内防军总司令。巴拉斯子爵保罗·弗朗西斯·让·尼古拉刻意强调："拿破仑·波拿巴将军谋划周全，行动迅速，在葡月十三日叛乱发生时以一己之力挽救了国民公会。可以说，此次胜利完全是拿破仑·波拿巴将军的功劳。"拿破仑·波拿巴也不是省油的灯。他早已准备好一份拟向公民宣布的报告。在报告中，他会从对自己有利的角度叙述葡月事件。拿破仑·波拿巴在这份报告中只字未提自己是有功之臣。他避开了自己，特意强调，下令进攻的是巴拉斯子爵保罗·弗朗西斯·让·尼古拉，执行命令的是韦迪耶、布吕内伯爵纪尧姆·玛利-安和杜韦尔热几位将军。

1795年10月12日，拿破仑·波拿巴重回炮兵部队，并荣升巴黎内防军副总司令官。1795年10月16日，拿破仑·波拿巴暂领师级将军军职。十天后，即1795年10月26日，国民公会最后一次召开大会。巴拉斯子爵保罗·弗朗西斯·让·尼古拉在会上卸任巴黎卫戍部队总司令，由拿破仑·波拿巴接替。至此，拿破仑·波拿巴正式荣升师级将军。

拿破仑·波拿巴再次贯彻了与家人要"有福同享"的理念。他的性格中，这一特点的确令人感动。拿破仑·波拿巴飞黄腾达后也不忘家人，刚刚就任司令，

韦迪耶

就着手为家人谋福利。他急切地盼望他的兄弟们都能来巴黎共享好运。此时,他早已搬离了原来寒碜的旧所,迁至位于新卡普森大街上的总司令豪华官邸。拿破仑·波拿巴致信邀请约瑟夫·波拿巴:"我现在住着豪宅。房间宽敞明亮,家具精美,马车奢华。算得上应有尽有。而这些,也都是你的。"[1]他还为约瑟夫·波拿巴谋得一个领事的职位。此时,路易·波拿巴已经离开沙隆军事学院,在部队工作了,军衔是中尉。他后来做了拿破仑·波拿巴的副官。卢西恩·波拿巴又得了一个美差,去北方军团做了国防委员。舅舅约瑟夫·费什也到了巴黎,在最初的日子里,做拿破仑·波拿巴的秘书。

---

[1] 1795年12月4日,拿破仑·波拿巴给约瑟夫·波拿巴写道:"我准备好了四十万里弗尔给你。"钱从哪儿来的?那时约瑟夫·波拿巴尚未上岗,没有薪水。——原注

突然间，乌云尽散，阳光耀眼。出身科西嘉岛的将军拿破仑·波拿巴一扫往日贫寒，开始荣登权贵之阶。往日，他是多么卑微；现在，他又多么春风得意！往日，他落魄至极，自顾不暇；现在则一飞冲天，带着近亲好友一起飞黄腾达。

葡月事件过后的一天，温塞堡伯爵多米尼克−约瑟夫·勒内·旺达姆对拿破仑·波拿巴说："希望有一天，你可以良心发现，能对自己开炮杀人这件事有所悔悟。"

拿破仑·波拿巴说："我不会后悔！我是为了法兰西的江山！"[1]

这话说对了。那美丽江山的背后是多少人的鲜血。

---

[1] 查尔斯·多里斯·德·布尔热（Charles Doris de Bourges）：《拿破仑·波拿巴秘史》（Secret Memoirs of Napoléon Bonaparte），1815年，伦敦。——原注

第 18 章

约瑟芬

（1795 年 10 月 26 日—1796 年 3 月 9 日）

精彩看点

平步青云遭人妒——拿破仑·波拿巴在巴黎手足无措——伯纳丁·欧仁妮·德西雷·克拉里相形黯淡——一度忘记了东方之梦——巴拉斯子爵保罗·弗朗西斯·让·尼古拉的宫廷时代——德·佩尔蒙迪一家——拿破仑·波拿巴置办豪华大马车——冷面无情——博阿尔内子爵夫人约瑟芬——博阿尔内子爵夫人约瑟芬的情史——博阿尔内子爵夫人约瑟芬的性情——巴拉斯子爵保罗·弗朗西斯·让·尼古拉回忆录——是不是为了爱——巴拉斯子爵保罗·弗朗西斯·让·尼古拉找拿破仑·波拿巴谈话——拿破仑·波拿巴与博阿尔内子爵夫人约瑟芬结婚——真爱——至死不渝

葡月事件发生之前，拿破仑·波拿巴还籍籍无名。葡月事件之后，拿破仑·波拿巴荣升巴黎卫戍部队司令，一步登天。这自然会引来常人窃窃私语，暗生妒意。拿破仑·波拿巴成了众人在街头巷尾、茶余饭后的谈资——一个无名小卒，就这样一飞冲天，真是令人怨妒。于是，有关新晋将军拿破仑·波拿巴的八卦迭起，流言飞生。人们说：

"你知道吗，这位将军都不是法兰西本土的人呢。他来自一个小岛，叫什么科西嘉。"

"他那一口乡音，多土啊，听着难受；法语讲得也不怎么好，书写也是一塌糊涂！"

"野蛮人啊，似乎在社交场合不是很合群哦！"

"听说还是马克西米利安·弗朗西斯·玛利·伊西多尔·德·罗伯斯庇尔的跟班！"

"真的假的？"

"反正肯定是激进分子！"

"他呀，当小军官时就很会钻营，成天不在岗，都在忙活自己的事情。"

"知道吗,他还和科西嘉独立派打起来了呢[①]!"

"还有啊,这个人小气得要死,明明已经把自己的马卖了,还要作假从公家再捞一笔……"

不过,这些话也不全是无中生有。拿破仑·波拿巴还是在意的。他知道自己在书写中有诸多错处,那以后就书写得更潦草一些吧,这样,人们就看不出来拼写错误了;知道自己的口音不好听,而且无法掩饰,那就遵奉"沉默是金"吧。现在,拿破仑·波拿巴时常出入上流社交派对。派对上最受欢迎的通常是巴拉斯子爵保罗·弗朗西斯·让·尼古拉。派对上从来不缺佳肴美人,众人道德沦丧,依稀能看到旧日波旁王朝的浮华盛影。在这样的情景中,拿破仑·波拿巴往往会显得局促。他似乎非常想引人关注,却不懂如何施展自身的魅力,导致他总是显得矫情,引人发笑。

拿破仑·波拿巴本能地感受到了人们的恶意。无论是他人饱含深意的微笑还是窃窃私语,都在伤害拿破仑·波拿巴的自尊。拿破仑·波拿巴不善交际,又无法摆脱这样的场景。上流社会让他既心慌,又迷醉。拿破仑·波拿巴下定决心,一定要找到办法打入这高贵的圈子。

1795年10月6日,拿破仑·波拿巴最后一次致信伯纳丁·欧仁妮·德西雷·克拉里。与繁华花都的上层贵妇们相比,伯纳丁·欧仁妮·德西雷·克拉里黯然失色。拿破仑·波拿巴已不再留恋她。现在,拿破仑·波拿巴想要娶一个上流社会的女人。只有娶到来自上流社会的妻子,让他目眩神迷又不知所措的上流社会才会真正向他这个科西嘉青年敞开大门。

葡月事变后,拿破仑·波拿巴一度热烈谋划的东方大计也就此作罢。他将目光转向了意大利。拿破仑·波拿巴没有空读尤利乌斯·恺撒的生平。如果说他从尤利乌斯·恺撒的传记中有所学习的话,那就是要做铁血帝王,必然要手握兵权、征战四方。

葡月事变之后,拿破仑·波拿巴彻底摆脱了窘迫的经济状况。他终于有钱了,终于可以衣着光鲜,过上奢侈的生活。

[①] 关于这些事情,让-皮埃尔·拉孔布-圣米歇尔可是没少爆猛料。——原注

巴拉斯子爵保罗·弗朗西斯·让·尼古拉生于普罗旺斯贵族之家。他声色犬马，奢靡成性，呼朋引伴，沉醉于浮华生活中，俨然建立了自己的小朝廷。每逢盛宴，巴拉斯子爵保罗·弗朗西斯·让·尼古拉的身边一定有美女相伴。这位美女就是塔利安夫人特蕾莎·卡巴吕。在巴拉斯子爵保罗·弗朗西斯·让·尼古拉的"朝堂"中，塔利安夫人特蕾莎·卡巴吕可是"王妃"一般的人物，堪称"后宫之主"。旧贵族的气派、精致奢华的盛典、俾倪众生的阶级，如此种种，曾在大革命的湍流中倏然远去，如今却卷土重来。拿破仑·波拿巴很难在新的上层圈子中立足。他粗陋的举止让美女们心中不喜，阴郁的脸色让贵妇们看了不快。只有德·佩尔蒙迪家族能真心欢迎和接纳他。但事实上，那时的德·佩尔蒙迪家族也只是虚有其表，只能勉强维持表面的光鲜，实际的经济状况早已是千疮百孔。

巴黎是法兰西第一共和国的首都。自法兰西大革命以来，巴黎上空弥布的死亡阴影交叠变幻，令城中民众心力交瘁。任何风吹草动都可能带来杀戮，这样的生活谁不厌倦？路上仍有冻骨之疮，满城尽是饿殍之痍。平民心累难掩，学会了视而不见。在变幻无常的时局中，巴黎人不知明天会怎样。内心无比失落的巴黎人反而开始追逐浮华和奢靡的风气，他们朝秦暮楚，及时行乐。拿破仑·波拿巴就是在这样的潮流中闪亮登场。

简朴的马车换成了豪华马车，侍卫仆从一应俱全。拿破仑·波拿巴已不再是过去那个寒酸的青年。但昔日旧友在清晨探访，拿破仑·波拿巴依旧能以礼相迎，并陪伴朋友们同贵妇淑女共进午餐。他会聆听餐桌上女士们欢乐的笑声，有时甚至能收到绝色美人塔利安夫人特蕾莎·卡巴吕或她的朋友——同样绝色且更加温柔的博阿尔内子爵夫人约瑟芬的邀请。拿破仑·波拿巴似乎更属意博阿尔内子爵夫人约瑟芬。路易·安托万·福弗莱·德·布里昂的夫人写道："1796年2月的一天，7时，突然有一队人持枪闯入家中，逮捕了我的丈夫。他们说我丈夫是逃亡分子，硬生生地将他带走。当时，我们的孩子才六个月。一切都发生得特别突然，我甚至来不及给我的丈夫加一件外套……我与几位挚友四处奔走,找人托关系救他。我们找到了拿破仑·波拿巴,但见到他颇费了一番功夫。我连忙告诉拿破仑·波拿巴,路易·安托万·福弗莱·德·布里昂被人带走,生死未卜。拿破仑·波拿巴似乎不为所动,但依旧答应,会致信司法部部长菲利普-安托万·梅兰·德·杜艾。"

菲利普-安托万·梅兰·德·杜艾

博阿尔内子爵夫人约瑟芬

  拿破仑·波拿巴终究为人淡漠,并没有出力营救路易·安托万·福弗莱·德·布里昂。想必拿破仑·波拿巴已经忘记了,在往昔贫寒的时光中,路易·安托万·福弗莱·德·布里昂曾如何接济过他。可怜的路易·安托万·福弗莱·德·布里昂最终大难未死,从绞刑架下逃过一命,也根本不是拿破仑·波拿巴的功劳。路易·安托万·福弗莱·德·布里昂非常幸运,遇到了一位富于怜悯心的法官勒迈尔。[①]

  正如路易·安托万·福弗莱·德·布里昂的夫人所言,这个时期的拿破仑·波拿巴正忙于俘获博阿尔内子爵夫人约瑟芬的芳心。博阿尔内子爵夫人约瑟芬是

---

① 《路易·安托万·福弗莱·德·布里昂回忆录》,第1卷,第32页至第33页。——原注

博阿尔内子爵亚历山大·弗朗西斯·玛利

博阿尔内子爵亚历山大·弗朗西斯·玛利的遗孀。在法国大革命中，博阿尔内子爵亚历山大·弗朗西斯·玛利殒命断头台上。

博阿尔内子爵夫人约瑟芬原名叫玛丽·约瑟芙·罗丝·塔舍·德·拉帕热里，1763年6月23日，在法属西印度群岛的马提尼克岛出生。在马提尼克岛，玛丽·约瑟芙·罗丝·塔舍·德·拉帕热里的父亲是港务长，家产颇丰。玛丽·约瑟芙·罗丝·塔舍·德·拉帕热里十五岁时来到法兰西，1779年嫁给博阿尔内子爵亚历山大·弗朗西斯·玛利。婚后,博阿尔内子爵亚历山大·弗朗西斯·玛利和博阿尔内子爵夫人约瑟芬前往巴黎定居。1780年,博阿尔内子爵夫人约瑟芬生下儿子欧仁·罗斯·德·博阿尔内。欧仁·罗斯·德·博阿尔内后来官至意大利总督。1783年4月,博阿尔内子爵夫人约瑟芬生下女儿奥尔唐斯·欧仁妮·塞西尔·德·博阿尔内。奥尔唐斯·欧仁妮·塞西尔·德·博阿尔内继承了母亲的美貌,却一世命运多

亚历山大·弗朗西斯·玛利夫妇与他们的一双儿女

奥尔唐斯王后

舛。她后来嫁给继父拿破仑·波拿巴的四弟路易·波拿巴，成为荷兰王后，史称奥尔唐斯王后。

博阿尔内子爵夫人约瑟芬与博阿尔内子爵亚历山大·弗朗西斯·玛利感情不好。争吵许久后，两人分居。博阿尔内子爵夫人约瑟芬返回了马提尼克岛。1790年，她的父亲去世后，她便回到法兰西。博阿尔内子爵亚历山大·弗朗西斯·玛利是疯狂的共和派，1793年被任命为莱茵军团参谋总长。他于1794年被解职并遭逮捕，1794年7月23日，被处死在断头台上。1794年4月20日，博阿尔内子爵夫人约瑟芬被博阿尔内子爵亚历山大·弗朗西斯·玛利连累，身陷囹圄。多亏特蕾莎·卡巴吕，即后来的塔利安夫人相救。特蕾莎·卡巴吕原本也出身贵族，在狱中时因美色得以倚靠让-朗贝尔·塔利安，在让-朗贝尔·塔利安的帮助下，摇身一变，脱罪为"女性公民"。塔利安夫人特蕾莎·卡巴吕与博阿尔内子爵夫人约瑟芬成了密友，二人都是巴拉斯子爵保罗·弗朗西斯·让·尼古拉的情妇。塔利安夫人特蕾莎·卡巴吕、博阿尔内子爵夫人约瑟芬和巴拉斯子爵保罗·弗朗西斯·让·尼古拉三人间的关系纠缠不清。塔利安夫人特蕾莎·卡巴吕在样貌上略胜博阿尔内子爵夫人约瑟芬一筹。博阿尔内子爵夫人约瑟芬不如塔利安夫人特蕾莎·卡巴吕圆润标致，而且她的牙齿不够整齐，不过她时常抿着嘴，笑不露齿，因此牙齿并不会影响她的美貌。博阿尔内子爵夫人约瑟芬有一头清丽的栗褐色秀发，皮肤略显暗沉，樱唇秀雅，目光如梦似幻、美丽温柔，长长

狱中的特蕾莎·卡巴吕

的睫毛如帘低垂。但她身上最迷人的还是举手投足间的风雅韵致。她的声音美若天籁。即使后来,她成为法兰西第一帝国的皇后,杜伊勒里宫的皇室仆从都无数次地在门廊外驻足,只为聆听她的妙音。她仪态迷人,心地柔善,情绪也一直很平稳,从不暴喜暴忧。她表达感情时点到即止,节奏和缓得连悲伤都不会过度,在动情时轻易留下的几滴泪珠在脸颊上打个转,遂落遂干。即使后来,她出面阻止拿破仑·波拿巴杀害当甘公爵路易−安托万−亨利·德·波旁−孔代①无果,她也不甚放在心上,继续在小花园里为琐事忙碌。德·雷米萨伯爵夫人克莱尔·伊丽莎白·让娜·格拉维耶·德·韦尔热纳说:"约瑟芬天生轻浮,没有定

克莱尔·伊丽莎白·让娜·格拉维耶·德·韦尔热纳

---

① 当甘公爵路易−安托万−亨利·德·波旁−孔代(Louis Antoine Henri de Bourbon-Conde, duc d'Enghien, 1772—1804),末代孔代亲王之子,被认为是路易十六的可能继承人。1804年法兰西保王党暗杀拿破仑失败后,拿破仑派兵绑架并杀害当甘公爵。

性。刻骨铭心、天长地久的爱情,她都不懂。她的爱来时剧烈、突然,消失也仅在一瞬间。"

拿破仑·波拿巴之前的秘书是路易·安托万·福弗莱·德·布里昂,现在是克劳德·弗朗西斯·德·梅纳瓦尔。克劳德·弗朗西斯·德·梅纳瓦尔说:

> 她的魅力无可抵挡。她的五官并不美丽,但让我们引用寓言诗人让·德·拉·封丹的一句名言吧,她的"优雅,胜于美丽本身"。她温柔潇洒,娉婷有致,具有克里奥尔人①的古典从容;她温和、友善、充满爱心,而且一点都不势利,对所有人都一视同仁。她并不博学,但可贵的是,她做人诚朴有礼,丝毫不倨傲,处处流露着教养和风度,一看就是深谙上流社会规则的贵妇。该说什么,该做什么,她都不会有一丝纰漏。②

曾有人问查尔斯·莫里斯·德·塔列朗–佩里戈尔③:"她聪明吗?"④得到的回答是:"她温婉、优雅。"⑤

可怜的博阿尔内子爵夫人约瑟芬!人们提到她时,不会再关注她的缺点,满眼只看到她的柔情和风雅。在人们的眼中,她是拿破仑·波拿巴的妻子,但后来与拿破仑·波拿巴离婚,是一个值得同情的女人。十几年前,巴拉斯子爵保罗·弗朗西斯·让·尼古拉的回忆录出版。⑥在回忆录中,巴拉斯子爵保罗·弗朗西斯·让·尼古拉不乏恶语。肆意中伤一个柔弱女子,让人觉得实在太过阴毒。的确,在恐怖时期和督政府执政时期,博阿尔内子爵夫人约瑟芬算不上守身如玉的贞烈女子,轻浮风流也偶尔有之。但当时大环境皆是如此,也不能怨她一个

---

① 克里奥尔人(Creole),指殖民时代欧洲与非欧洲移民的混血后代。
② 克劳德·弗朗西斯·德·梅纳瓦尔:《拿破仑·波拿巴与玛丽·路易丝回忆录》,1843年,布鲁克斯,第1卷,第227页。——原注
③ 查尔斯·莫里斯·德·塔列朗–佩里戈尔(Charles Maurice de Talleyrand-Périgord, 1754—1838),法兰西大革命时期政治人物,贵族出身,后参与政治活动,多次担任外交部部长、外交大臣,擅权谋,以圆滑机警著称,被拿破仑·波拿巴封为贝内文托亲王。著有《塔列朗亲王回忆录》。
④ 这两句原文为法语,问:"Avait elle de l'esprit?"答:"Elle s'en passait superieurement bien."
⑤ 《亨利·格伦维尔日记》,1883年,伦敦。——原注
⑥ 本书成书于1908年。《巴拉斯子爵保罗·弗朗西斯·让·尼古拉回忆录》出版于1895年。

查尔斯·莫里斯·德·塔列朗-佩里戈尔

人。但后来,经历了岁月和沧桑的洗礼,博阿尔内子爵夫人约瑟芬成为第一执政夫人,直到登上后位,她的品行一直端正本分,这一点有目共睹。她母仪天下,受得起所有人的爱戴。

有好几个拿破仑·波拿巴和博阿尔内子爵夫人约瑟芬相爱的版本。最普遍的说法是,在军队解除巴黎各区武装之后,一个叫欧仁·罗斯·德·博阿尔内的小男孩来找拿破仑·波拿巴,请求要回父亲的佩剑。据说拿破仑·波拿巴本人最中意这个版本,想来这一版本与现实必有相似之处。此外,葡月事变后,拿破仑·波拿巴一步登天,作为当时的督政官巴拉斯子爵保罗·弗朗西斯·让·尼古拉的得力干将,随意出入警局也很方便。不过,在圣赫勒拿岛时,拿破仑·波拿巴讲述了另一个版本,可信度更高。

> 我第一次见到爱妻约瑟芬,是在巴拉斯子爵保罗·弗朗西斯·让·尼古拉的府上。她是我这一生中对我影响最大的人。直到现在,她依旧是我心中最温柔的记忆。
>
> 我对女性的魅力并非一窍不通。但在此之前,对我表示好感的女士似乎不多。因此,有女士们在场时,我极易羞赧。博阿尔内子爵夫人约瑟芬是第一个让我重拾信心的女子。有一天,我正好坐在她身边。她温柔地说了很多赞美我的话,说我军事才华极高。这种溢美之辞让我陶醉其中,难以自拔。于是我一直跟她聊,她走到哪里我就跟到哪里。我发疯一般地爱上了她,但我不好意思表白。直到周围的人都知道了我的情意,我才鼓足勇气向她告白。
>
> 周围的人开始议论纷纷。巴拉斯子爵保罗·弗朗西斯·让·尼古拉也找我谈话。我当然没有否认。巴拉斯子爵保罗·弗朗西斯·让·尼古拉说:"那好啊,那你们就结婚吧!你有军功才华,前途无量,但你缺少人脉和关系网。跟她结婚吧!结婚之后,你的发展会更加平稳。博阿尔内子爵夫人约瑟芬虽是个寡妇,但脾气性格都不错。现在的女人,又不图有什么建树,不就是为了嫁个好丈夫么。你如此诚实勇敢,将来必大有可为。她跟了你也亏不了。你是自己去找她,还是让我替你说呢?"我请巴拉斯子爵保罗·弗朗西斯·让·尼古拉帮我问询,自己焦急如焚地等着回复。结果就是,她同意了。博阿尔内子爵夫人约瑟芬圆了我的一颗痴心。

博阿尔内子爵夫人约瑟芬性格中的婉约和温柔强烈地撞击着拿破仑·波拿巴的心,对拿破仑·波拿巴的影响也不言而喻。拿破仑·波拿巴的心从来不曾如此细致柔软。拿破仑·波拿巴过去从未曾与如此娇弱柔美、举止文雅的上层贵妇打过交道。如果一定说有,德·佩尔蒙迪夫人可能算一个。但德·佩尔蒙迪夫人从来不曾邀请拿破仑·波拿巴来家里就餐,拿破仑·波拿巴也没有机会见识她高雅的贵妇朋友们。拿破仑·波拿巴的母亲是典型的科西嘉女人,虽然人好心地善良,但没有那么多风雅的举止和闪耀的光华。至于三弟卢西恩·波拿巴的妻子,那是个在结婚登记时连自己的名字都不会写的女人。玛丽·朱莉·克拉里和伯纳丁·欧仁妮·德西雷·克拉里姐妹两个,虽然出身富裕、性格可亲,但终归不是上层贵族。

就这样,拿破仑·波拿巴走进了上层社交圈,踏入了名利浮华的天地。这在他的人生中是第一次。他在这样的圈子里目眩神迷,在这样的风气中如痴如醉。

1796年,拿破仑·波拿巴与博阿尔内子爵夫人约瑟芬依民法登记结婚。[①]让-朗贝尔·塔利安和巴拉斯子爵保罗·弗朗西斯·让·尼古拉担当证婚人。拿破仑·波拿巴给新娘的戒指上刻着生死不渝的誓言:"命运相织。"[②]

有人说,拿破仑·波拿巴被利益驱使走入了婚姻。也有人说,他对波拿巴夫人约瑟芬也有爱的成分,但最重要的因素是为了权力。拿破仑·波拿巴通过波拿巴夫人约瑟芬,从巴拉斯子爵保罗·弗朗西斯·让·尼古拉手中得到了意大利军团的指挥权。

不过,关于拿破仑·波拿巴对波拿巴夫人约瑟芬近乎痴狂的迷恋,我们不应再有怀疑。从现有出版的书信集中可以看出,在意大利战役期间,拿破仑·波拿巴写给波拿巴夫人约瑟芬的信件,爱恋真挚,情深意浓。

乔治斯·迪里说:

> 在《巴拉斯子爵保罗·弗朗西斯·让·尼古拉回忆录》的第二卷中,我们可以读到拿破仑·波拿巴在新婚期间写给波拿巴夫人约瑟芬的书信原件的内容。我想,任何一个看过这些书信的人都不会否认这是拿破仑·波拿巴最真挚、最热烈的爱。可以想象,在作战的间隙,拿破仑·波拿巴是如何匆忙地口授,记录下这些深情的话语、烈焰的痴情。诚然,他后来也怀

---

① 以波拿巴家族的行事风格,怎会在结婚登记年龄上不做做手脚。拿破仑·波拿巴、约瑟夫·波拿巴和卢西恩·波拿巴兄弟三人登记结婚时,登记资料如出一辙:出生年份都是1768年,出生地都是阿雅克肖。博阿尔内子爵夫人约瑟芬也将自己的年龄改小了十岁。——原注

② 此处为法语"Au Destin."

疑过波拿巴夫人约瑟芬不忠。而且必须承认，如约瑟芬一般轻浮风流的人，难免会有如此令人痛心的行径。我们看看同时代的让-巴蒂斯特·伊萨贝①为她作的肖像画吧。看她头发微松、一脸媚态，没心没肺的样子。其中有一种难以言喻的风情和不贞。或许当时她就是那样的，因为在那之前，她也一直如此，风流成性。但可以肯定的是，拿破仑·波拿巴依然

让-巴蒂斯特·伊萨贝

---

① 让-巴蒂斯特·伊萨贝（Jean-Baptiste Isabey, 1767—1855），法兰西画家，师从雅克-路易·大卫，先后效力于波旁王朝和拿破仑·波拿巴，为拿破仑·波拿巴加冕礼绘制三十二幅画。

选择相信她，依然炽热地、不顾一切地爱着她。拿破仑·波拿巴与她结婚没有别的理由，只是出于不可压抑的热情，只是出于爱。如果说这件事情中有人为了利益而算计，那这个人也只可能是约瑟芬。我们只会觉得认真计较得失的人是约瑟芬，绝不可能是那个天赋才华的男子，那个已然为爱失魂的人。那个人已经"失魂落魄，宛若痴傻，匍匐在人间尤物的脚下，奄奄一息"。[1]那是约瑟芬韶华与风情的巅峰年代。拿破仑·波拿巴仿佛中了魔咒一般，爱上了她。从此以后，这份爱便一直保留在他的心里。拿破仑·波拿巴悲剧的一生跌宕起伏。他疲惫过，也伤心过；他追逐美色，离她而去，再娶佳人。然而，他做过的一切，都不及心灵深处对约瑟芬的爱。他爱她，命运相织。[2]

---

[1] 《巴拉斯子爵保罗·弗朗西斯·让·尼古拉回忆录》，1895年，第2卷，第16节。——原注
[2] 《巴拉斯子爵保罗·弗朗西斯·让·尼古拉回忆录》，1895年，第2卷，第14节。——原注

第19章

意大利战役

(1796年3月10日—1796年11月)

精彩看点

拿破仑·波拿巴前往尼斯——意大利军团——前司令官巴泰勒米·路易·约瑟夫·谢雷要隐退——新司令拿破仑·波拿巴——破败不堪的军团——重建军制——当时奥地利与撒丁王国联军的情况——拿破仑·波拿巴的优势——军团要自给自足——1796年3月27日公告——当时的政治局势——接军令却有不从——凯拉斯科停战协议——再次发布鼓动军心的公告——法兰西举国振奋——督政府试图分兵——拿破仑·波拿巴表示抗议——督政府退让——督政府忌惮拿破仑·波拿巴——欺哄意大利共和派——动乱——与那不勒斯签订合约——贪掠——虚假的共和——与教皇签订和约——与奥地利再兴刀兵——大胜——阿科拉之战——安东尼-让·格罗为拿破仑·波拿巴画的肖像——胜绩分析

拿破仑·波拿巴的新婚"蜜月"只有两天。然而，就在这两天里，他依旧忘不了他的作战地图和来往书信。两天的"蜜月"结束之后，他便马不停蹄的赶往尼斯，赴任意大利军团司令。

意大利军团前任司令巴泰勒米·路易·约瑟夫·谢雷在战场上倒是获胜不少，可惜他素来品行端正，也想不到在战胜后劫掠一番以补充军资。1795年11月24日，巴泰勒米·路易·约瑟夫·谢雷在洛阿诺作战勇猛，击退了撒丁王国和奥地利王国的联军。战斗胜利后，巴泰勒米·路易·约瑟夫·谢雷便率领意大利军团进入阿尔卑斯山脉进行休整。阿尔卑斯山脉中严寒难耐，意大利军团没有军大衣，冻得瑟瑟发抖。军粮也不够，将士们饥饿难耐，无法继续前进。

另外，意大利军团的管理也一片混乱。士兵们缺吃少穿，还领不到军饷。军饷都进了军需部专员的口袋。当时，正值巴拉斯子爵保罗·弗朗西斯·让·尼古拉之流当政。政府的核心尚且非常荒诞，如何能名正言顺地规诫下属？

巴泰勒米·路易·约瑟夫·谢雷心灰意冷，退意萌生，于是向督政府递交了辞呈。意大利军团司令要隐退，这让身处巴黎的几位督政官慌了神。情急之下，督政官们想到了军界新星拿破仑·波拿巴。无论看魄力，还是算资历，拿破仑·波拿巴都足以胜任。而且虽然拿破仑·波拿巴在葡月政变与督政官站在了同一方，督政官们也算借着他的帮助得以上位，但拿破仑·波拿巴鹰视狼顾，宛若锐利的刀锋，让人心里极不舒服。因此，五位督政官巴不得早点摆脱拿破仑·波拿巴。

洛阿诺战役

然而，督政官们只为了心里舒服，就将拿破仑·波拿巴遣往意大利军团，这不是将锐利的刀锋交到了拿破仑·波拿巴的手上吗？一旦拥有兵权，拿破仑·波拿巴就可以更肆意地为非作歹，还可以调转刀锋，指向督政官。督政官们做决定的时候，怎么没有看到这样的结果呢？

于是，巴泰勒米·路易·约瑟夫·谢雷如愿退休，拿破仑·波拿巴如愿登场。

督政府了解拿破仑·波拿巴的为人，因此在赋予其兵权的同时，也附加了一些条件制约其行为，以保证督政府拥有最高决定权。督政府警告拿破仑·波拿巴，无论拿破仑·波拿巴如何独断，都要服从督政府的管理；无论要和谈还是要停战，都由督政府决定，拿破仑·波拿巴只需要执行。拿破仑·波拿巴临行前，督政府再次向他面授战事机宜。其实督政府的"指导"也要参照拿破仑·波拿巴呈交国防部的方案，只不过由督政官讲来，显得更加空洞，更加华而不实。督政府命令拿破仑·波拿巴率军横穿滨海阿尔卑斯山地区，打破撒丁王国和奥地利的军事联盟。这一方案的确出自拿破仑·波拿巴的原版作战计划,但拿破仑·波拿巴的原版作战计划还有另一步,即逼和撒丁王国。而督政府命令拿破仑·波拿巴先与热那亚开战,占领其部分领土,转而挺进伦巴第地区,攻克米兰城,将奥地利军队远远甩在阿迪杰河附近。不得不说,督政府的这番指挥就是在命令拿破仑·波拿巴孤军犯险。在这种命令的指挥下,拿破仑·波拿巴只能率军疲于奔命,而且无法顾及后翼。拿破仑·波拿巴同时双线作战,两线敌方如果联手,就会切断拿破仑·波拿巴的后路。出身行伍的拿破仑·波拿巴怎么会看不出来,这样的计划就是让他送死。因此,他打定主意,要找借口规避。

当时,法兰西第一共和国的军队建设正在经历大刀阔斧的改革。军队改革主要在埃德蒙·路易·亚历克西·迪布瓦-克朗塞的领导下进行。改革也是形势

埃德蒙·路易·亚历克西·迪布瓦-克朗塞

所迫,不得不进行。当时,欧洲的反法联盟咄咄逼人,而旧部队的许多贵族军官已经流亡国外,部队编员严重不足。在旧制度下,军队各部各自为战,没有统一的行动指挥。国民议会取消了包括中校、陆军上校、中将和法兰西元帅在内的一应旧军衔,革新后的军职为营长或中队长、旅长、师级将军或总司令。其中,部队也改编为团、旅、师和军团,每个军团由两个师组成,每个师由两个旅组成。

路易·安托万·德·圣茹斯特说:"希腊人打仗全凭方阵,罗马征战靠的是军团,法兰西第一共和国将以团为基础,获取胜利。"

1793年8月16日,督政府颁布法兰西全体人民总动员书,动员各阶层人民备战:

> 法兰西人民通过人民代表宣布,他们将组建军队,合力抵抗外来侵略,保卫自由和宪法的胜利果实……青年人,要上战场去锻炼;中年人,要学会枪炮生产、军辎运输;妇女,要缝制营帐军衣、护理伤员;孩子们也要卷纱捆线;而老人,要去公共场合演讲,要抨击国王旧政、鼓舞士气、促进共和国统一。

这还不算完。1793年8月26日,公共安全委员会正式成立,成为新建大军的总指挥。所谓的公共安全委员会其实只有九位委员,下辖十二个特派委员会,其中就有国防特派委员。公共安全委员会的顶层是九人小组,最底层才是全体人民——出人出钱都靠他们。这一架构简单清晰,责任明确,执行力高。顶层会派代理人到各军督管军务,这些人叫特派员。特派员都来自国民议会,是经过精挑细选的强悍干将。他们在每个军团的职务范围都一样:两人负责战地指挥,另外两人监管要塞驻防。在一个军团中,特派员才是真正的主人,负责包括供给在内的一切事务。遇到大事时,特派员有决定权;遇到小事时,特派员可以将小事委派他人,即所谓的委派权。①

过去,各军团的指战员只拥有各自参战地区的军事地图和作战记录。总体

---

① 荣格:《拿破仑·波拿巴和他的时代》,1880年,巴黎,第3卷。更多注释见杜布瓦·德·克朗斯1884年著作《军事与革命》。——原注

查尔斯·皮埃尔·弗朗西斯·奥热罗

上来说,大家从来不互通有无。因此,当各军团更换战场,进行战地转移时,多有不便之处。现在,陆海军统一绘制地图,拟定作战计划并据此执行。过去,晋升需要家世头衔和王室背景;现在,能者居其位,英雄不问出处。军界打开了晋升的通道,有能力的人可以直达顶峰。能力如何彰显?当然是要立下赫赫战功!让-巴蒂斯特·朱尔·贝纳多特是鞍匠的儿子;若阿基姆·缪拉做过酒馆侍应生;查尔斯·皮埃尔·弗朗西斯·奥热罗的母亲是佣仆;安德烈·马塞纳是四处漂流的犹太人。

路易·亚历山大·贝尔蒂埃

　　1795年成立的法兰西第一共和国军队总兵力达五十三万一千二百五十三人，包括陆军一百个团。其中每个团由三个营组成，每个营由九个连组成。全军划分为九个军团。

　　拿破仑·波拿巴就任意大利军团总司令时，意大利军团有六万零二百八十二人编制在册。但减除驻防人员以及老弱病残的员额，真正有战斗力的仅三万七千七百七十五人。

　　拿破仑·波拿巴接手意大利军团后，意大利军团的总参谋长是路易·亚历山大·贝尔蒂埃。路易·亚历山大·贝尔蒂埃的父亲是个测绘员,因此,路易·亚历山大·贝尔蒂埃对各种地形特征十分熟稔,可以迅速而准确地绘制地图。让-安多什·朱诺和奥古斯特·弗雷德里克·路易·维埃塞·德·马尔蒙既是拿破仑·波拿巴的副官,也是他的好友。另外,随拿破仑·波拿巴一同前往意大利军团赴任的还有路易·波拿巴、若阿基姆·缪拉和莱昂纳尔。

意大利军团的上一任司令巴泰勒米·路易·约瑟夫·谢雷在任期间,军团多灾多难,将士们也心灰意冷。士兵们食不果腹,衣不蔽体,仿佛要完成绝处逢生的使命。艰苦的生存环境磨炼了意大利军团的意志,意大利军团也已经在战场上,打败过敌军。现在,有了新的制度,意大利军团不会像萨瓦省或奥地利的旧式军团一样晋升无望。新的建制带来了人员的流动和职位的晋升。在如奥地利军队一般的旧式军队中,将领的行为无时不受到封建制度下僵化条约的束缚,因此作战死板,不知变通。大到是否作战,小到何时行动,都有明确的规定。此外,奥地利军队的最高指挥权不在军中,而在维也纳和都灵。先由政府内阁辩论、裁定,之后才能下令,军队才可以依令行动。因此,奥地利军队打起仗来束手束脚,即使机会在眼前也抓不住。在战场上,等待军令传来的时候,往往会错过最好的战机。当然,奥地利军队的指挥官是否能在战场上识别良机,也是个问题。后来,拿破仑·波拿巴这样评价奥地利军队:

> 的确,我有非凡卓越的军事成就。然而,当时的奥地利军队是如何作战的呢?诚然,奥地利士兵的身材有些臃肿,行动不太灵活,但总体上说,他们也算坚毅勇敢。可是,天呐!奥地利的军官不仅指挥无能,而且性情卑劣,真是令人作呕!在战场上与我正面作战的那些奥地利将领,真是一点胆气都没有。约翰·彼得·博利厄[1]对意大利地形一无所知;达戈贝尔·西格蒙德·冯·维尔姆塞[2]已经失聪,行动迟缓,根本不可能带兵

---

[1] 约翰·彼得·博利厄(Johann Peter Beaulieu, 1725—1819),奥地利元帅。
[2] 达戈贝尔·西格蒙德·冯·维尔姆塞(Dagobert Sigmund von Wurmser, 1724—1797),奥地利陆军元帅,意大利战役中败给拿破仑·波拿巴。

约瑟夫·阿尔文齐

取胜；约瑟夫·阿尔文齐①的作战风格一点都不彪悍。这几位将军都没什么能力，可奥地利军方还说是我收买了他们，怎么可能！我从来不屑收买敌人。不过，我可以负责任地说，他们每个人手下的参谋官都有被我收买的，因此，我也总能如期拿到他们的作战策略。结果，我不仅知晓他们全部的作战计划，还能提前预知他们的动向，甚至有时，他们还在讨论作战方案，我就已经带兵打了过去。

---

① 约瑟夫·阿尔文齐 (Joseph Alvinczi, 1735—1810)，奥地利将军，元帅。

另外，撒丁军队和奥地利军队的指挥官相互嫉妒，无法协同作战。令人更惊讶的是，双方的军队内部也存在嫌隙，指挥官互相倾轧。造成这种现象的主要原因是，有真才实学的军官认为自己的上级或将领德才两空，只能凭借其身世和头衔压制他人。

法兰西第一共和国的军团中则是另外一番风景。军官士兵无间无阂，全员都以共和国宪法为准则。这倒不是因为他们编写了宪法，而是因为，他们经历过旧王朝的压迫，如今终于摆脱了旧王朝的桎梏，得以呼吸自由的空气，因此人人都感到如沐春风般轻松愉悦。将士们亲历了其他国家意图联合剿杀法兰西第一共和国的时光。因此，在法兰西第一共和国的军营中，官兵同德，上下一心，大家都决心不让外国势力有机会干涉法兰西内政。

一个前保王党间谍这样描写法军的士气：

> 军纪严整，赏罚分明，职责清晰，在作战时体现得尤为鲜明。坊间所传的"兵不识将"并不真实。各级士兵都可以畅谈自己对长官的看法，没有拘束，有任何不满也可以表达出来。典型的法兰西士兵可能会在此时揶揄拿破仑·波拿巴投机取巧，浑水摸鱼，但一旦上了战场，他还是会完全服从拿破仑·波拿巴的指令。产生这种现象首先是因为拿破仑·波拿巴本人作战勇武，是士兵们的好榜样。其次，拿破仑·波拿巴的睿智也令人心服口服。最后，对任何叛国或怠战的士兵，拿破仑·波拿巴一定会严加惩处，毫不姑息。法军士兵要么服从命令，要么被处死。因此，你会看到一个很奇怪的现象：法军的士兵允许自己揶揄或者咒骂拿破仑·波拿巴，但听到有他人附和或咒骂拿破仑·波拿巴，他们会翻脸。拿破仑·波拿巴在激励士气方面很有一套。不久之后，士兵们的信心和勇气倍增，对敌人都不再畏惧。[1]

拿破仑·波拿巴作为意大利军团总司令的第二个优势是，他对意大利的地

---

[1] "德安特雷格伯爵的信"，荣格：《拿破仑·波拿巴和他的时代》，第3卷，第151页。——原注

科尔托纳

形非常熟悉。当年从热那亚返回尼斯的途中,他就做了详细的考察,为后来的战斗做准备。拿破仑·波拿巴也曾将向撒丁军队的将领和奥地利军官讲解他了解的地形,可惜这些人对日常所见的环境熟视无睹,也不曾用心勘察。而拿破仑·波拿巴非常用心,他迅速勘察一番后,会将所有地势熟记于心,在心中将险要隘口一一破解。

　　时势环境是拿破仑·波拿巴当时占据的第三个优势。经过大革命的一再筛选,法军目前掌兵的都是彻底的共和派。而意大利还在封建城邦制度的桎梏之下,意大利人民积怨满盈,随时都可能爆发。在意大利北部地区,革命的种子早已生根,只等在适当的条件和时机下发芽。在科尔托纳的巴扎鲁诺,基督圣体节的盛宴上,戴着三色徽章的市民和农夫一边列队走来,一边大喊:"自由永存!"当时,有人看到类似的场景在皮埃蒙特上演。

撒丁国王阿玛迪斯三世没钱打仗。撒丁王国都城都灵的人民惧怕奥地利军队。奥地利士兵会在大街上耀武扬威地巡逻。他们横冲直撞，毫无顾忌。咖啡馆里、花园里、餐馆中、林荫道上……到处都有奸细。每天都有人被无故逮捕，被囚禁，甚至人间蒸发。虽然教士们向都灵郊区的农民们传道时，会用激烈的言辞抨击法兰西第一共和国的现状，但都灵的农

阿玛迪斯三世

民并不关心他国人民的生活有多么水深火热。奥地利和撒丁王国联合军队中，士兵开小差的现象很多，即使是军官的薪饷也被严重拖欠着。①

拿破仑·波拿巴只是出了点钱就收买了他们。于是，奥地利王国和撒丁王国联军的情报源源不断地进入拿破仑·波拿巴军中。拿破仑·波拿巴所到之处，人民都视其为救星。

综合以上来看，拿破仑·波拿巴就在如此"天时地利人和"的条件下发动了意大利之役。其实，这些条件一直存在，只是巴泰勒米·路易·约瑟夫·谢雷不懂得如何分析和利用。而拿破仑·波拿巴就聪明得多。接到意大利军团司令任命的第一天，他就齐集督政官，对他们说："初战我必胜，但我需要军费八十万里弗尔。这一役我宁可战死，也不会战败。等我在意大利这片敌国的土地上站稳脚跟，我便不会再向你们索要军费了。"

拿破仑·波拿巴索要资金用来备战，督政府不会不批准。只有支持拿破仑·波拿巴打了胜仗，才能有洗劫被征服领土的可能。毕竟，长此以往，法兰西第一共和国的意大利军团都要常驻意大利，粮饷军备要"就地取材"，自给自足了。这在历史上是有先例的。17世纪，三十年战争②中，神圣罗马帝国统帅阿尔布雷希特·文策尔·欧西比乌斯·冯·瓦伦斯坦就是通过"洗劫被征服领土以自养"打败丹麦军队。到了神圣罗马帝国皇帝弗朗茨二世的时代，神圣罗马帝国皇帝弗朗茨二世没有实力对抗法兰西第一共和国。面对意大利军团在意大利领土上的"劫掠自养"，他也只能叹气。不过，"劫掠自养"的策略后来居然成为崇尚和推行自由、平等、博爱的先驱们所赞许的原则，居然成为意大利战争之后的十八年间，拿破仑·波拿巴征战欧洲期间所奉行的准则。这真是莫大的讽刺！侵略者在被征服领土上赤裸裸地洗劫，居然打着解放被征服领土国民的口号，真是可笑。当然，纵容士兵洗劫的，也不只是拿破仑·波拿巴一个人。英法百年战争

---

① "1793年6月18日，先遣军"，荣格：《拿破仑·波拿巴和他的时代》，第3卷，第315页。——原注
② 三十年战争（1618—1648），起初是神圣罗马帝国内战，后扩大为欧洲国家混战。哈布斯堡王朝战败，签订《威斯特伐利亚和约》。战争一方是德意志新教诸侯、丹麦、瑞典和法兰西王国，另一方是神圣罗马帝国、德意志天主教诸侯和西班牙。

弗朗茨二世

时，英格兰王国的指挥官黑太子爱德华①就下令将吉耶纳省洗劫一空。他带领手下士兵一路洗劫，从波尔多一直到图卢兹。

1796年3月26日，拿破仑·波拿巴抵达尼斯。他将在此整饬军队，停留约两个半月。1796年3月27日，拿破仑·波拿巴发表重要公告，为征战做动员。当然，这也完全符合他在督政府立下的军令状。

黑太子爱德华

---

① 黑太子爱德华（Edward the Black Prince, 1330—1376），英王爱德华三世的长子，切斯特伯爵、康沃尔公爵、威尔士亲王，英法百年战争中第一阶段的著名军事指挥官，因纵容士兵洗劫被称"黑太子"。

> 士兵们！我知道你们缺衣少食。督政府亏欠了你们，但现在还无力偿还。我知道，英勇和善良是你们拥有的美好德行，但德行不能蔽体果腹，也不能换取军功。因此，跟我走吧。跟随我踏上这世界最富足的平原，去占领富裕的城池，去建功立业吧！那里，有无上的光荣和无尽的财富在等着我们。意大利军团的士兵们，你们敢不敢随我一起来？

拿破仑·波拿巴为洗劫抢掠找了这样的借口。但不得不说，这很有效果。对法军士兵讲话，就是要直截了当。至于"为了推翻封建专制、拯救意大利而战"之类的伪善的谎言，还是留着说给意大利人民听吧。

意大利战役与法兰西第一共和国迄今为止参加过的任何一次战争都有着本质的不同。意大利战役是非正义的战争。法兰西大革命的爆发和胜利都拥有坚实的道德基础，是生生不息的道德赋予法兰西大革命正义的力量。因此，法兰西大革命像一股巨大的历史洪流，势不可挡。整个中世纪时期，法兰西王国城邦割据，诸侯混战。封建领主拥兵自重，甚至拥有独立的议会。从12世纪到14世纪初的约三百年间，法兰西王国南部的阿基坦地区一直被英格兰王国占领，因此，阿基坦地区鲜受法兰西文化影响，对国家事务的参与度也较低。法兰西王国的领土一直分分合合，外省诸邦与法兰西王国政治中心巴黎也时远时近。法兰西国王路易十四在统治期间有效地加强了中央集权，将君主制度恢复到至高无上的地位。但路易十四并非通过团结外省各城邦，而是通过发动战争，彻底碾压邦国势力，最终实现了王室的尊崇。因此，在波旁王朝时代，各省发展滞锢，没有活力。是法兰西大革命将法兰西王国再次凝结成为一个整体，全国上下团结一心的局面再次出现，到处都是生机勃勃的景象。

这一次，法兰西第一共和国派遣意大利军团策划的战役就是这样的性质。比利时是法语区，尼斯和萨瓦两地浑然相连，法兰西第一共和国竟因此认为占领比利时算觊觎。如果换作是荷兰，山水阻隔，天高路远，即使法兰西第一共和国攻下了领地，也不便久占，遑论纳入版图。然而眼下，意大利军团要攻打的地方就在邻国。意大利地区自古以来繁华富庶，是理想的用兵之地。即使奥地利

让·马蒂厄·菲利贝尔·塞吕里耶

王国和撒丁王国出兵阻止,也可以用钱摆平他们。或者,在法兰西第一共和国占领比利时省和萨瓦省后,划拨一些零星的土地给他们即可。

新上任的司令看上去年轻稚嫩,意大利军团的师级将军安德烈·马塞纳、查尔斯·皮埃尔·弗朗西斯·奥热罗、阿梅代·埃马纽埃尔·弗朗西斯·拉阿尔普和让·马蒂厄·菲利贝尔·塞吕里耶对此表示了不满。但不满的情绪很快就消散了,因为大家对拿破仑·波拿巴威严的气质、非凡的才干和如火的热情都表示非常佩服。拿破仑·波拿巴一上岗就着手打造工事备战。在第一场战役中,他韬略满怀,指挥有序,战役结束后立即收获了无数忠心。于是,意大利军团的将军们决定不作他想,矢志追随。

当时的政治局势也难得利好。法兰西第一共和国已经与西班牙签订了和平协定,因此,比利牛斯军团可以随时赶赴意大利前线增援意大利军团。法兰西第一共和国与普鲁士王国也已停战,因此,已进驻普鲁士的莱茵军团可以全力逼近德意志南部领土,在高原上开拓进军,在多瑙河边安营,直入奥地利。事实上,当时有两个军团在普鲁士前线:位于杜塞尔多夫的让-巴蒂斯特·茹尔当

让-巴蒂斯特·茹尔当伯爵

让·维克多·玛利·莫罗

伯爵军团和位于斯特拉斯堡的让·维克多·玛利·莫罗军团。这两个兵团可以随时支援拿破仑·波拿巴。

奥地利王国与撒丁王国只是表面结盟,事实上并不同心。撒丁王国在暗中与奥地利王国较劲,想和奥地利争夺对伦巴第的绝对统治权。

统帅奥地利军队的是约翰·彼得·博利厄,撒丁军队由路易·伦纳德·安托万·约瑟夫·加斯帕·瓦内斯·科利-里奇将军统领。两人都只知道对方无能,却不知自己也并不完美。奥撒联军一起守卫各处重要关隘,绵延的联军从海滨一直伸展到皮埃蒙特北部的战争前线。

1796年3月27日,拿破仑·波拿巴抵达意大利军团驻地。1796年4月10日,他开始发动进攻。1796年4月12日,拿破仑·波拿巴与约翰·彼得·博利厄在蒙特诺特发生遭遇战,一番激战后法军大胜。在接下来的连续作战中,法军先后将撒丁军队和奥地利军队打垮。1796年4月13日,撒丁军队在米勒西蒙落败。1796年

蒙特诺特战役

蒙多维战役

4月15日,奥地利军队在迭戈落败。拿破仑·波拿巴在五天内指挥法军强势楔入奥地利军队和撒丁军队,迫使撒丁军队回防都灵,驱使奥地利军队奔往米兰阻截法军。

督政府向拿破仑·波拿巴下令,忽略撒丁王国的小股部队,追击撤退的奥地利军队。但拿破仑·波拿巴执意不听从督政府的命令,自行其是。他要先剿灭撒丁军队,将其打回都灵。1796年4月21日,拿破仑·波拿巴在蒙多维大胜路易·伦纳德·安托万·约瑟夫·加斯帕·瓦内斯·科利-里奇将军,俘虏两千,缴获八门大炮和十一面军旗。

撒丁国王阿玛迪斯三世年老体衰、精力不济,无心恋战。于是,他不顾周围人的劝阻,直接签署停战协议。什么荣誉、什么利益,阿玛迪斯三世全都不顾,连撒丁王国内阁的劝阻都无济于事。

拿破仑·波拿巴攻占都灵时，既没有重型大炮，也没有攻城设备。另外，他在皮埃蒙特也没有占据战略要地。而奥撒联军至少在人数上占优势。拿破仑·波拿巴说："撒丁国王留下了无数堡垒。我们虽然取得了暂时的胜利，但稍不留神就可能全盘皆毁。"

拿破仑·波拿巴威吓对手说，攻城完毕就要洗劫全城。这是他的一个策略，旨在逼对手屈服，尽快签订停战协议。后来的战争中，这个策略被拿破仑·波拿巴常用常新。于是，奥撒联军交出三座堡垒，开放了通往奥地利的道路。奥地利是拿破仑·波拿巴的下一个目标。1796年4月27日，奥撒联军在凯拉斯科向拿破仑·波拿巴投降。

1796年4月25日，拿破仑·波拿巴向全军发布公告。公告极富煽动性。这是拿破仑·波拿巴的惯用伎俩。在鼓动军心、振奋士气的事情上，拿破仑·波拿巴一向很厉害。

> 士兵们！十五天，只有十五天！看，我们取得了六场胜利，缴获敌军二十一面旗帜和五十五支枪械，攻下了好几个战略要地，征服了皮埃蒙特最富庶的地区。我们的对手有一万五千人被俘，死伤近一万人。①
>
> 士兵们，过去，你们一直在贫瘠荒凉的土地上征战。当时物资匮乏，补给不足。今日，你们终于来到富庶繁华的地方，你们的功劳足以与荷兰军团媲美，与莱茵军团一争光辉。你们在军资补给不足的情况下取得胜利，现在，你们可以自取给养。你们没有足够的大炮，却一样取得胜利；渡河时没有桥，你们一样前进；急行军的路上，你们光着脚没有鞋，也一样走过；简陋的军营和简单的食物都难不倒你们……而如今，我们应有尽有。我们收缴了大量弹药，攻城的设备和辎重也在陆续到来……我向你们保证，我们会攻下意大利。但我有一个条件，你们要对天发誓，不伤害平民百姓。因为洗劫抢掠是暴徒所为，不是我们的目的。我们如果不遵守这一原则，就不配来到这里，我们就成了蝗虫，我们所有的胜利、所有的勇气，我

---

① 拿破仑·波拿巴发布的公告、战报，甚至他的私信，提到数字，都不可信。——原注

们的成功和战友们的流血牺牲，都将只是一纸空谈，我们的荣耀也会因此而暗淡。"

做出与督政府特令截然相反的决定时，拿破仑·波拿巴知道自己在越权。但他想着越权能给自己和自己的军团带来的好处，便理直气壮地将督政府的指令弃之不顾。

拿破仑·波拿巴派遣让-安多什·朱诺扛着从敌军手中缴获的二十一面大旗返回巴黎，向督政府交差。他还致信约瑟夫·波拿巴，让他尽快前往巴黎，安抚督政府的情绪。

然而，这一次为拿破仑·波拿巴代言的不再是他的兄长约瑟夫·波拿巴，而是法兰西人民。拿破仑·波拿巴速战速决，大胜而归。听到这样的消息，法兰西人民激燃的心再次被点燃。拿破仑·波拿巴俘获军心后，也获得了人民的支持。每日清晨的《通报》①总会登载一些战争胜利的信息，或者"据军团司令估计，战利品估值几何"的消息。几位督政官平步青云的过程中也不乏见不得人的地方，甚至有人做过投机的经营，只有卡诺伯爵拉扎尔·尼古拉·玛格丽特还残存一丝人性。他们对拿破仑·波拿巴的赫赫战功颇感惊愕之余，对督政府的下一步行动也没了主意。

让-安多什·朱诺返回了巴黎。若阿基姆·缪拉带着缴获的大炮紧随其后。当时，法兰西第一共和国的国库空空如也，发行的指券连废纸都不如。督政府像恶狼一样盯着运送战利品的车辆，等不及要扑上拿破仑·波拿巴如约送回的金山银山：有银质像，可制成银币；有市政金版；本韦努托·切利尼②的惊世金制作品可以做成硬币；从伦巴第银行家手中抢来的钱币几乎要撑破口袋；教会僧侣私藏多年的财宝也都被运来。

拿破仑·波拿巴先放纵手下士兵洗劫。士兵们劫掠了一批后，拿破仑·波拿巴高姿态地颁布了严禁洗劫的命令。法军士兵不能打劫，但当地政府必须主动

---

① 《通报》，巴黎的一家官方报纸。
② 本韦努托·切利尼（Benvenuto Cellini, 1500—1571），意大利文艺复兴时期金匠、画家、雕塑家。

捐献。蒙多维"捐"了一百万,皮亚琴察、摩德纳和帕尔马的"捐献"都以百万计;富庶的热那亚就更要多"捐献"了。这样一来,士兵们不但不用再忧虑衣食,还可以领到军饷。这些钱都是从意大利的土地上劫掠所得的。拿破仑·波拿巴还将钱财送回财政紧缺、急需用钱的法兰西本土。

拿破仑·波拿巴如此不加拘束地行动,引得督政府喜忧参半。众所周知,拿破仑·波拿巴与撒丁王国私定和议,实乃明智之举。督政府也明知停战才是上策,却命令拿破仑·波拿巴到此为止,不可再度停战,如果遇到需要交涉的事务,必须由特派员出面解决。

督政府命令阿尔卑斯军团总司令德·瓦尔米公爵弗朗西斯·克里斯托夫·德·克勒曼进攻伦巴第平原,在米兰驻军;命令拿破仑·波拿巴掉头,在里窝那驻扎稳固后一步步攻下摩德纳、帕尔马、罗马和那不勒斯。也就是说,督政

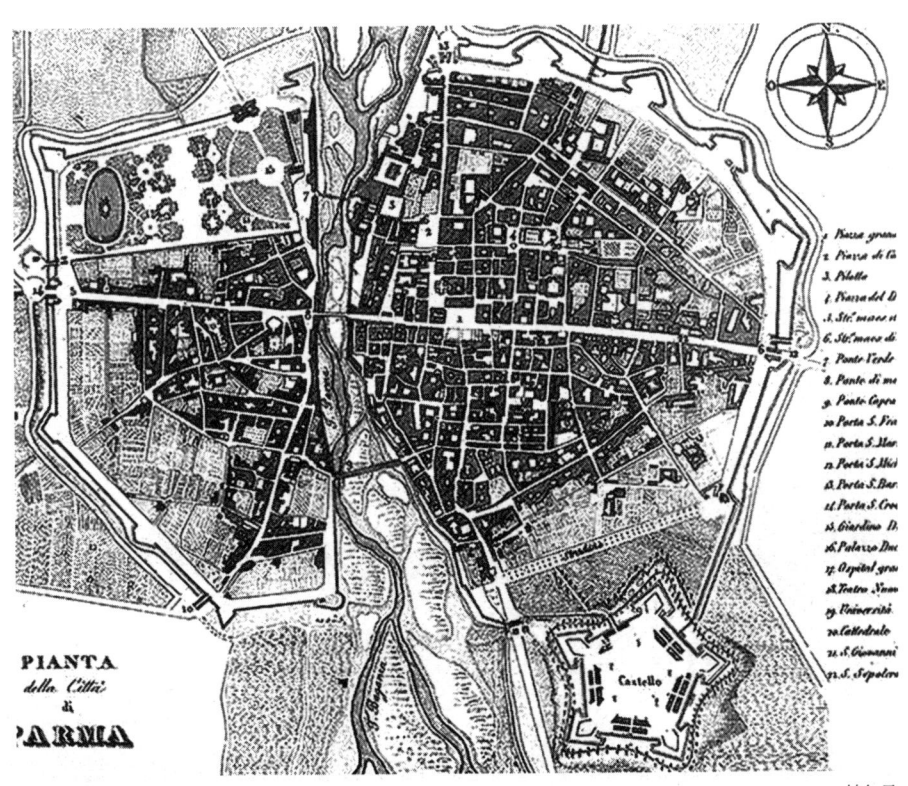

帕尔马

府现在戒心重重，已经将意大利的占领权分出一部分给德·瓦尔米公爵弗朗西斯·克里斯托夫·德·克勒曼，以制约拿破仑·波拿巴。督政府派遣特派员分别入驻阿尔卑斯军团和意大利军团，前来督管军事。关于和谈的事项，也要由特派员决定。

　　接到命令时，拿破仑·波拿巴正在洛迪。他当时正要率军过桥，乘胜追击，将奥地利军队赶出米兰。这样一来，奥地利军队只能在曼托瓦城墙后退守。此时是1796年5月10日。拿破仑·波拿巴已将帕尔马大公逼降。法军可以从帕尔马得到二百万银币、一千六百匹炮兵战马和足量的玉米。拿破仑·波拿巴像击溃奥撒联军一样，急速迅猛地攻向奥地利军队。1796年5月1日，拿破仑·波拿巴发起二次进攻。此次进攻持续了整整十五天。1796年5月7日，拿破仑·波拿巴率军在皮亚琴察渡波河。1796年5月10日，在洛迪过阿达河。1796年5月15日，拿破仑·波拿巴率法军突降米兰城。

拿破仑·波拿巴在洛迪指挥军队渡过阿达河

意大利战役期间的拿破仑·波拿巴

督政府的特令处处掣肘，充满不信任，拿破仑·波拿巴岂会不知。科西嘉雄狮愤怒不已，只是暂时不能太过明显地流露。攻入米兰城的前一天，拿破仑·波拿巴在洛迪致信卡诺伯爵拉扎尔·尼古拉·玛格丽特：

> 自接到督政府军令，原计划已完成大部。米兰人已臣服。下一步目标是里窝那和罗马，不久后即向其开进。
>
> 我已就军队分权之事上书呈督政府。我为人一向质朴，可以对天起誓，我拿破仑·波拿巴一心为国。倘使有小人在你面前中伤我，请你相信，我为人坦荡，问心无愧。
>
> 或许德·瓦尔米公爵弗朗西斯·克里斯托夫·德·克勒曼的军事能力并不弱于我，但如果我和德·瓦尔米公爵弗朗西斯·克里斯托夫·德·克勒曼同时对意大利发起进攻，意大利估计要倾覆国灭。他为人狂妄，自视欧洲第一将。我怎可以与他共事？

> 我坚持认为，一山不容二虎。作战与治国一样，要靠计谋。我已经初立战功，请让我锐意进取，不要多加掣肘。

督政府向拿破仑·波拿巴做出了让步。

与此同时，桑布尔-默兹军团和莱茵军团都按兵不动。与拿破仑·波拿巴急切行军的态度相比，让-巴蒂斯特·茹尔当和让·维克多·玛利·莫罗的"不作为"反而得到了巴黎当局的嘉奖。但公众对拿破仑·波拿巴赞誉有加。拿破仑·波拿巴不仅能迅速取胜，还能频繁地向督政府送来"大礼"。他开了礼单，派人先送回来。礼单上有文物古董，都来自纳饷捐资的城市。拿破仑·波拿巴附上礼条："我已将珠宝及银锭运往托尔托纳，价值二百万法郎。鉴于意大利之富庶举世无双，拟再征收两千万法郎。"

督政府一方面想控制拿破仑·波拿巴，另一方面又不舍失去拿破仑·波拿巴进献的"大礼"。为防止拿破仑·波拿巴走极端，同时顾及公众舆论，平分兵权的事情只好不了了之。几位督政官隐隐感觉到了威胁。事件发展得太过急迅，大家都绷紧了神经。

阿布兰特什公爵夫人劳雷·朱诺仅用一小段文字就简明扼要地解释清楚了当时的形势：

> 意大利军团战功连连，捷报频频传回国内，人们又惊又喜。督政府并不推崇拿破仑·波拿巴，自然没有大肆宣传拿破仑·波拿巴打了胜仗的事迹，打算搁置消息，做冷处理。然而，对于拿破仑·波拿巴成功反击奥地利侵略者这件事，国民的内心充满了热烈的感恩。拿破仑·波拿巴具有真才实干，可以率军赢得战争，军士们自然也对他心服口服。这些都是督政府抹不去的事实。督政府只剩一个损招可以用，那就是过河拆桥，利用完拿破仑·波拿巴后再将他贬黜。

眼下，打还是不打？督政府面临的两难局面宛如古时迦太基的困境，或是罗马元老院的难题。才干过高的军事统帅很容易"功高震主"。因此，己方的统帅在战场上的每一次胜利都会为未来的统治者埋下"大权旁落"的伏笔。

北意大利的共和党人欢欣鼓舞，欣喜异常。随着法军节节胜利，北意大利共和党感觉他们一直以来推崇的自由、平等、博爱的时代终于来临。但他们很快意识到，法军并没有前来推行共和，而是要劫掠意大利。在意大利，艺术的珍宝和教会的圣坛都被洗劫一空，普通人家稍微值钱一些的东西都被抢走，连农夫赖以为生的牛马牲口、谷物车辆也被法军抢掠一空。于是，意大利人愤怒了，他们奋起反抗侵略者。受压迫最严重的帕维亚率先揭竿起义，当地人甚至刺杀了几名法军士兵。拿破仑·波拿巴对此进行了疯狂的镇压。他将当地治安官全部枪决，下令血洗整个城镇，逃出城的农民也未得幸免，如害虫一般被剿灭殆尽。

镇压了帕维亚起义后，拿破仑·波拿巴又洗劫了威尼斯地区，占领了维罗纳和布雷西亚。奥地利残军在曼托瓦城中驻扎。为求自保，约翰·彼得·博利厄截断河流，将河水灌入低地。阿迪杰河一线已被法军占领。

当时正值平原滋生瘴气的时节，因此法军不可能围攻曼托瓦城。奥地利军队被封锁在曼托瓦城内，瘟热肆虐。拿破仑·波拿巴索性不再关注曼托瓦城，将目光转向只完成了一半的督政府的命令。奥地利军队正在大肆招募新军，以增援曼托瓦。拿破仑·波拿巴决意于半路阻截援军。因为只有曼托瓦的防线稳固，攻打提洛尔时才能少有后顾之忧。

作战间隙，拿破仑·波拿巴与南意大利各公国进行和谈。其实，早在1796年6月5日，拿破仑·波拿巴就已同那不勒斯签署协定。那不勒斯被迫将约翰·彼得·博利厄领导的那不勒斯骑兵部队转交拿破仑·波拿巴，那不勒斯舰队也从大不列颠海军中剥离，从此，那不勒斯宣布中立，相关交战公国则任由拿破仑·波拿巴处置。随后，拿破仑·波拿巴派得力干将若阿基姆·缪拉出兵热那亚，逼迫热那亚与奥地利断交。拿破仑·波拿巴向督政府汇报：

> 如果诸位拟从威尼斯征取五百万到六百万法郎，我会立即着手安排，达成此事。

> 我已经与教皇使者有过交流。我认为我们可以得到教皇的准许。诚问诸位，我可否依教皇之令停战？停战后，我方将获得赔偿金两千五百万法郎，另有货物价值五百万法郎，名画雕塑三百余幅，珍贵文献若干。

拿破仑·波拿巴一面向督政府做了如上汇报，一面向枢机主教多米尼克·皮尼塔利·贝尔蒙特承认自己有私心。拿破仑·波拿巴如此向枢机主教多米尼克·皮尼塔利·贝尔蒙特发问："你不会真的以为我在为那几个无耻的律师卖命吧？"——"无耻的律师"，这就是拿破仑·波拿巴背地里对几位督政官的称呼。

拿破仑·波拿巴攻占了里窝那港，占据堡垒后严守海岸，接着在佛罗伦萨遭遇托斯卡纳大公所率部队，将其击败。

1796年6月21日，拿破仑·波拿巴致信督政府：

> 我们已攻克意大利全境。我们的军队并不庞大，却克服了很多艰险。制约德意志军队、围攻堡垒、防守后翼，都由我们自己完成。我们攻取了热那亚、威尼斯、佛罗伦萨、罗马和那不勒斯，征伐的脚步遍及意大利全境。因此，我们需要从军事、政治和财政上对军团进行整体安排。各自为令只会带来内讧，遥控指挥只会错失战机。

督政府特派员统一管理收缴的财物。特派员随军出行，将价值连城的艺术品收缴归纳后运回法兰西。特派员还下令，法军今后占领的大小城镇中收缴的收藏品都要造册上交。法兰西侵略者贪婪的眼光甚至盯上了罗马涅和那不勒斯地区的木料。他们将有价值的物品洗劫一空，还说是在为意大利人民谋福利。

皮埃尔·朗弗雷说："这个时代令人费解。这个时代的各种思潮让人迷惑。打着爱国的名号在他国为祸，打着祸害别国的名号爱国。一边热爱自己的祖国，一边洗劫别人的祖国。义德与恶行绞缠不清，难以言喻。"

所谓的"自由"概念成了借口。"自由"可以被任意利用，可以被歪曲内涵，可以被改换概念。法兰西大革命进行到这里，自由思想的初衷已经失去意义。

各个派别的政客都可以使用"自由"来遮掩一国对另一国的入侵,洗白自私自利的劫掠。

拿破仑·波拿巴与教皇庇护六世签订协议后,即刻返回明乔河。他希望赶在奥地利援军到达之前逼降曼托瓦。但城堡防守森严,拿破仑·波拿巴数次强攻未果。

1796年7月29日,达戈贝尔·西格蒙德·冯·维尔姆塞将军率五万人从北意大利群山攻下。有三条路线通往意大利:第一,穿越苏加纳河谷,从特兰托向巴萨诺进发;第二,沿阿迪杰河河岸至维罗纳;第三,从阿克罗和里瓦沿加尔达湖西北海岸至萨罗小城,抵达布雷西亚。

奥地利军队领兵分三路。一路由彼得·维图斯·冯·夸斯丹诺维奇①带兵,迂回绕过通往萨罗小城的湖泊。达戈贝尔·西格蒙德·冯·维尔姆塞将军率另外两路直下阿迪杰河,一边一队,沿河两岸行进。曼托瓦城战况吃紧,达戈贝尔·西格蒙德·冯·维尔姆塞敦促友军尽快前来支援,自己则撤走左翼部队占领维罗纳。

在最初的交锋中,奥军获胜。奥军乘胜追击法军,切断了法军之间的联系,意大利军团差一点全军覆没。大难来得如此突然,法军始料未及,连拿破仑·波拿巴也没有料到。

拿破仑·波拿巴生平第一次召开了军情会议。除查尔斯·皮埃尔·弗朗西斯·奥热罗之外的其他将领都力主退至波河沿岸。彼得·维图斯·冯·夸斯丹诺维奇已经占领布雷西亚。安德烈·马塞纳奉命阻截达戈贝尔·西格蒙德·冯·维尔姆塞,此时却失了里沃利高原。达戈贝尔·西格蒙德·冯·维尔姆塞正大摇大摆地向曼托瓦挺进。

拿破仑·波拿巴脑海一片空白,竟罕见地犹豫起来。或许是由于多日奔波,他的确感到了疲惫。1796年7月29日,夜幕已降临,拿破仑·波拿巴却依旧没有思路。1796年7月30日2时,拿破仑·波拿巴再次召开将领会议,宣布撤退。

---

① 彼得·维图斯·冯·夸斯丹诺维奇(Peter Vitus von Quosdanovich, 1738—1802),贵族出身,哈布斯堡王朝的将军。意大利战役中,他率军与拿破仑·波拿巴的法军作战。

然而此时，轮到将领不愿撤退了。意大利军团错过了撤退的最佳时机。撤退途中，奥地利军队早已切断意大利军团的退路。众将纷纷埋怨拿破仑·波拿巴没有及时撤离。大胆狂傲的查尔斯·皮埃尔·弗朗西斯·奥热罗直直地走近拿破仑·波拿巴，揪着拿破仑·波拿巴的领子问道："你被吓破了胆吗？我们不能撤退，只能继续打下去。我保证能赢。听着，只要我查尔斯·皮埃尔·弗朗西斯·奥热罗在，就绝对能打赢。"说完，查尔斯·皮埃尔·弗朗西斯·奥热罗理了下军帽，像是下定了决心。

拿破仑·波拿巴见没有人支持他，气得说："好，我走！那我就不管了！"说完便气得夺门而出。查尔斯·皮埃尔·弗朗西斯·奥热罗上前挽留道："你走了谁当司令？""你当吧。"拿破仑·波拿巴丢下一句话，就走远了。师级将军中最年长的查尔斯·爱德华·詹宁斯·德·基尔迈纳表示，他愿意服从查尔斯·皮埃尔·弗朗西斯·奥热罗的指挥。其他人也纷纷附和。于是，大家推举查尔斯·皮埃尔·弗朗西斯·奥热罗代为最高指挥官。①

木已成舟，拿破仑·波拿巴只得冷静。既然战争不可避免，拿破仑·波拿巴就迅速想出了一个作战计划。

拿破仑·波拿巴命令让·马蒂厄·菲利贝尔·塞吕里耶领军先抵达曼托瓦，将大炮弄哑火，将辎重沉入湖底，轻装简发，以最快的速度与大部队会合。因此，当达戈贝尔·西格蒙德·冯·维尔姆塞赶至曼托瓦城下时，发现法军已不见踪影。

单从数量上来说，拿破仑·波拿巴的军队根本无法与奥地利军队主力匹敌。但拿破仑·波拿巴深谙各个击破的道理，准备分路将奥地利军队一一击破。1796年8月1日，拿破仑·波拿巴对彼得·维图斯·冯·夸斯丹诺维奇的部队进行阻截，将其逼入山林，成功地夺回了布雷西亚。得知侧翼被伏击后，达戈贝尔·西格蒙德·冯·维尔姆塞立即离开米兰，前来援助。为了早日与彼得·维图斯·冯·夸斯丹诺维奇会师，达戈贝尔·西格蒙德·冯·维尔姆塞竟长线行军。这是战场上的大忌。拿破仑·波拿巴识破了这一点，指挥手中兵力全力出击，将达戈贝尔·西格蒙德·冯·维尔姆塞的军队从中心击溃。

---

① 《德·马塞纳回忆录》，1850年，附录。我们强烈怀疑这场景渲染过分。——原注

查尔斯·爱德华·詹宁斯·德·基尔迈纳

卡斯奇里恩战役

接下来,洛纳托战役、卡斯奇里恩战役和梅多拉战役依次打响,奥地利军队败局已定。达戈贝尔·西格蒙德·冯·维尔姆塞损失两万士兵、六门大炮后,退至罗韦雷托。奥地利军队士气低落,意志消沉。

接下来的三个星期,达戈贝尔·西格蒙德·冯·维尔姆塞重整军队,招募新勇。很快,他又集结了五万大军。这一次,奥地利军队决定先发制人。

作为战场的老将,达戈贝尔·西格蒙德·冯·维尔姆塞的能力至少也处于第

二梯队。他在此次战役中失败的关键,还是在于他不得不听从神圣罗马帝国枢密院的军令。拿破仑·波拿巴不遵从督政府的命令,仅凭这一点就提高了获胜的概率。

1796年9月,奥地利军队在战役中的败局堪比最初与法军交战时的情形。之后不久,达戈贝尔·西格蒙德·冯·维尔姆塞在巴萨诺被安德烈·马塞纳打败,不得不退守曼托瓦。

1796年11月,维也纳派出第三支部队,由皇家将军约瑟夫·阿尔文齐率军前

达戈贝尔·西格蒙德·冯·维尔姆塞

往营救达戈贝尔·西格蒙德·冯·维尔姆塞。约瑟夫·阿尔文齐的能力仅够三流水准,在神圣罗马帝国"运筹帷幄"的军事制度下,实在难敌拿破仑·波拿巴。截至1796年11月11日,约瑟夫·阿尔文齐在里沃利高原和卡尔迪耶罗取得了几次胜利。他越战越勇,法军边打边撤。就这样,面对前来增援的约瑟夫·阿尔文齐,法军的后翼已顶到从曼托瓦突围而出的奥地利军队。

天空下起了雨,法军开始茫然,拿破仑·波拿巴的心也开始下沉。

险中出急智。1796年11月14日夜,拿破仑·波拿巴悄悄离开与奥地利军队对阵的部队,带领一小队人,沿阿迪杰河下至鲁斯可。一行人渡河后,取道险堤,穿越茂林，绕至奥地利军队侧翼，将其击溃。奥地利军队纵然人数众多，却也于事无补。阿波内河的清流水自阿科拉桥下汩汩流过。一场惨烈的战役即将在这里上演。这是整场战役的关键。同时，彼得·维图斯·冯·夸斯丹诺维奇正率军赶来增援奥地利军队。拿破仑·波拿巴深知，如果这场战役不能获胜，法军将尸骨无存。他的前途和意大利的命运都系于眼前的这座小桥。炮弹如雨点一般击向阿科拉桥。拿破仑·波拿巴抢过三色旗，举起旗帜，冲在军队的最前端。他的

拿破仑·波拿巴抢过三色旗，率军冲锋

让-巴蒂斯特·穆隆为拿破仑·波拿巴抵挡炮弹

副官让-巴蒂斯特·穆隆跟着往前冲。当时有一发炮弹射来，让-巴蒂斯特·穆隆用自己的身体挡住了拿破仑·波拿巴，在拿破仑·波拿巴的脚下当场阵亡。本来已生逃离之心的掷弹兵看到这一幕，深受鼓舞。他们返回前线冲锋，将奥地利军队击退。双方鏖战数日，场面十分血腥。在此次战斗中，拿破仑·波拿巴不畏死亡，勇敢冲锋，与普通士兵一同作战。这英勇无畏的壮举举世瞩目，激起了法兰西国民无与伦比的热爱。描述阿科拉大捷的画作广为流传。拿破仑·波拿巴在画作中高举军旗，带领掷弹兵穿过阿科拉桥。

1796年11月19日，拿破仑·波拿巴致信督政府：

> 阿科拉一役决定了意大利的命运。我军可以在两星期内攻克曼托瓦。请速派援军。我保证，只需一个半月，神圣罗马帝国皇帝弗朗茨二世就不得不前来和谈。

事情后续的发展并不如拿破仑·波拿巴意料中的迅速。直到1797年1月19日，达戈贝尔·西格蒙德·冯·维尔姆塞在曼托瓦实在无法支撑，只得投降。达戈

达戈贝尔·西格蒙德·冯·维尔姆塞向法军投降

卡尔大公

贝尔·西格蒙德·冯·维尔姆塞投降后,又过了四个月,神圣罗马帝国皇帝弗朗茨二世发觉奥地利实在无法取胜,才不得不提出和谈。

在此期间,法军在其他战场均未能取得如意大利大捷一般的胜利。进攻爱尔兰的法军全军溃败。德意志境内,奥地利皇子卡尔大公大败让-巴蒂斯特·茹尔当和让·维克多·玛利·莫罗。只有在意大利战场上,法军才取得了胜利的荣耀和光环。拿破仑·波拿巴之所以制胜,是因为他不仅具备非凡的军事才干,还具有深厚的政治韬略。他说服那不勒斯脱离大不列颠王国，不费一兵一卒就收复了科西嘉岛。他知道如何剪去大不列颠舰队的羽翼——失去那不勒斯舰队和西班牙舰队的从旁协助，没有了打仗赖以持续的基础，大不列颠舰队很难继续横行地中海。他分化联盟，成功将皮埃蒙特分离出来。他将成山的金银运回祖国，充盈国库，也算解救了国内的危机。

法军东进的各军团也没有显著的战果。他们最显著的功绩就是拖住了奥地利精锐部队。因此，拿破仑·波拿巴遇到的其实并非奥地利精锐部队。与拿破仑·波拿巴作战的，有一大部分都是从提洛尔新征入伍的士兵。大家都知道，新兵的战斗力不稳定扎实，离开了熟悉的环境就更难取胜。历史上就有这样的例子。1745年大不列颠王国查尔斯·爱德华·路易·约翰·卡西米尔·西尔维斯特·塞弗里诺·玛利亚·斯图亚特王子发动试图夺取王位的起义，并得到了苏格兰高地氏族的支持。但起义军中的苏格兰士兵一旦离开苏格兰高地，来到平地沼泽，就水土不服，失去了士气和血勇。这就是1746年4月16日卡洛登沼泽战役起义军大败的原因。另外，此战虽未涉及大不列颠王国本土，但大不列颠王国也受到了不小的惊吓，急忙调回地中海舰队守卫本土。这也是拿破仑·波拿巴没有敌手的原因之一。

因此，法军在意大利以外的其他战场屡遭惨败，事实上间接地促成了意大利战场上的胜利。只是热情洋溢的法兰西人民被拿破仑·波拿巴接二连三的胜利迷乱了双眼，根本看不到这一点。他们只知一味地欢呼胜利，向取得胜利的英雄致以由衷的崇拜。

诚然，拿破仑·波拿巴取得如此辉煌的战绩有一部分要归功于他自身的天赋，但更重要的是，要看他在意大利的对手都是什么水平。对于这一点，让-巴蒂斯特·克莱贝尔在日记中这样写道："历史上，法兰西王国元帅蒂雷纳子爵亨利·德·拉图尔·奥弗涅在九年战争[①]中艰难地打败了对手奥地利元帅蒙特库科利伯爵拉依蒙多，因此赢得了至高的声誉。要知道，蒙特库科利伯爵拉依

[①] 九年战争（Nine Years' War, 1688—1697），又称"大同盟战争"（War of the Grand Alliance）或"奥格斯堡同盟战争"（War of the League of Augsburg），法兰西国王路易十四与欧洲同盟之间的战争。欧洲同盟包含以奥地利为首的神圣罗马帝国、荷兰共和国和西班牙等国。

蒙多被公认为17世纪最优秀的将军。因此，蒂雷纳子爵亨利·德·拉图尔·奥弗涅的声望来之不易。再看拿破仑·波拿巴在意大利战争中的对手，奥地利穷尽军力也只能派出一些风烛残年的老将。拿破仑·波拿巴的胜利可谓得来全不费工夫。"[1]

---

[1] 《让-巴蒂斯特·克莱贝尔将军日记》（未公开），现存于国防部档案馆。1895年《当代回忆录》（新版）一书做了引用，见第162页。本文转引。——原注

第 20 章

奇斯帕达纳共和国

(1796年10月—1797年2月)

精彩看点

拿破仑·波拿巴没有荣誉感不讲诚信——现在的目标——要击垮奥地利——摆脱督政府掌控——特派员克拉克的到来——与教皇的周旋——托伦蒂诺和约——不再送钱回巴黎——现实的困难——把钱留做自己的军用——派出心腹管理财政——拿破仑·波拿巴军力总计——拿破仑·波拿巴的军队——对待意大利人民极度伪善

在上一章，我们回述了北意大利发生的事件。战局如风云般变幻。在本章中，我们将总结拿破仑·波拿巴在这个时期对意大利各公国作战时采用的韬略、应对督政府的机谋和他的治军秘诀。

在与督政府打交道的过程中和对待意大利人民的态度上，拿破仑·波拿巴表现出的阴谋欺诈足以瘆透人心。对于这一状况，我们别无解释，只能说他天生口是心非，或者说，作为出生于南方海岛的人，拿破仑·波拿巴天生擅于撒谎。

在拿破仑·波拿巴看来，欺侮弱小、诱骗无辜、挑拨离间、不诚恳的许诺、面对困难时背信弃义等，都是政客必备的权谋。至于骑士精神、荣誉感和神圣的诺言，全部在拿破仑·波拿巴道德理念的范围之外。对拿破仑·波拿巴来说，这些都是奢谈，是艺术的加工，绝非现实世界。

在大不列颠人看来，拿破仑·波拿巴的性格令人费解。拿破仑·波拿巴的性格与大不列颠人格格不入。拿破仑·波拿巴是尼科洛·迪贝尔纳多·代·马基雅维利[1]的忠实信徒。他还信奉圣亚丰索·利古力[2]的思想。因此，拿破仑·波拿巴倾向于"为了目的不择手段"。而大不列颠人更注重秉持公理、维护荣誉。拿破

---

[1] 尼科洛·迪贝尔纳多·代·马基雅维利（Niccolò di Bernardo dei Machiavelli, 1469—1527），意大利学者、政治家、哲学家和历史学家。著有《君主论》，推行"政治无道德"的思想。

[2] 圣亚丰索·利古力（Saint Alphonsus Liguori, 1696—1787），意大利天主教主教、宗教作家、艺术家和经院哲学家。

仑·波拿巴忠于自己，且只忠于自己。这是他的品性。在以后的岁月中，随着历史变换，拿破仑·波拿巴的人生舞台越来越宽广。但在拿破仑·波拿巴的心中，一直有且只有他自己。无论是在科西嘉的岁月，在法兰西声名鹊起的年代，还是在叱咤欧洲的时光，拿破仑·波拿巴所有的筹谋都是为了自己。无论对巴斯夸·帕欧里，还是对安托万·克里斯托夫·萨利切蒂，抑或是对查尔斯·莫里斯·德·塔列朗-佩里戈尔和塔德乌什·柯斯丘什科，拿破仑·波拿巴的态度都一样，那就是利用。

或许有人会问，意大利战役期间，拿破仑·波拿巴是否已经找到人生真正的志向。我们都知道，他已对科西嘉岛不存幻想。科西嘉岛地域窄小，见识闭塞，难有大为。因此，我们的问题就变成：当时的拿破仑·波拿巴是否有了其他的目标？

拿破仑·波拿巴的种种行为似乎都在明确地指向他的真实目的，那就是通过征服意大利来控制法兰西。比如，他打压督政府的声誉，在军队中建立个人权威；他遇到督政府掣肘时的猛烈回击。还有，他在北意大利建立了一个新的共和国，这个共和国听命于他，而不是巴黎。他学习尤利乌斯·恺撒的统治谋略，并使用得炉火纯青。同时，拿破仑·波拿巴致力于将意大利军团打造成忠实而精练的私人武装，像尤利乌斯·恺撒的古罗马军团一样。意大利军团是他注意力的中心。纵观拿破仑·波拿巴的一生，他有一个显著的特点：当他制定谋略时，不会拘于一个计划，一定会同时做出两到三个备选方案。至于哪一个方案适合执行，他要在实践的过程中依据实际情况确定。其实，东方帝国的梦想依旧在拿破仑·波拿巴的眼前飘闪。拿破仑·波拿巴也看出，意大利如果得以巩固，他日亦可延展为一个大帝国。若能在此盘踞，他就是法兰西的奥利弗·克伦威尔。

目前，占据意大利的势力是奥地利公国。奥地利公国占据着米兰和曼托瓦。奥地利哈布斯堡王朝与托斯卡纳大公国联姻[①]，也与那不勒斯王国联姻。在西

[①] 1736年，托斯卡纳大公弗朗切斯科二世通过与奥地利女大公玛丽亚·特蕾莎的婚姻即位为神圣罗马帝国皇帝弗朗茨一世（Francis I, Holy Roman Emperor）。他们的儿子托斯卡纳大公利奥波多一世（Leopold I, Gand Duke of Tuscany）后即位为神圣罗马帝国皇帝利奥波德二世（Leopold II, Holy Roman Emperor）。神圣罗马帝国皇帝利奥波德二世就是神圣罗马帝国皇帝弗朗茨二世的父亲。

查理七世

班牙王室分崩的过程中,那不勒斯归于奥地利哈布斯堡王朝所有。1735年,那不勒斯国王查理七世即位。那不勒斯国王查理七世是西班牙波旁王室的后代。那不勒斯王后玛丽亚·卡罗琳娜是奥地利女大公玛丽亚·特蕾莎的女儿。那不勒斯王后玛丽亚·卡罗琳娜精明坚毅,她的丈夫那不勒斯国王斐迪南四世却胆小

斐迪南四世

优柔。因此,那不勒斯王后玛丽亚·卡罗琳娜大权独揽。她调来两西西里的大批军队与法军对抗。

对拿破仑·波拿巴而言,无论他如何做长远打算,当务之急都是打败奥地利公国。

当然,拿破仑·波拿巴可以借此机会摆脱督政府的掌控。这也很重要。他一

玛丽亚·卡罗琳娜

战制胜后,明知停战违背了督政府的初衷,依旧在未曾问过督政府意见的状况下,私自与撒丁国王阿玛迪斯三世签署停战协议。接下来,他还会做更多违背督政府命令的事。拿破仑·波拿巴清楚地知道,每一次胜利都能聚拢更多将士的心,能够增强他的个人威信和权势,还可以相应地削弱督政府的权力。

督政府并不希望战争继续。事实上,督政府最初也只是想在北意大利分一杯羹而已,甚至已经准备用比利时做交换。即使到第二个阶段,督政府的目标也不过是结束教皇统治。因为法兰西教士中有许多教皇的眼线,而且法兰西第一共和国的保王党就在罗马聚集,所有有碍督政府统治的坏点子都出自罗马。

为了彰显最高权力,同时限制拿破仑·波拿巴的指挥权,督政府遣特派员克拉克入驻拿破仑·波拿巴的军中。克拉克带着督政府的停战条件前来，准备与神圣罗马帝国皇帝弗朗茨二世谈判。督政府表示，只有特派员克拉克可代表法兰西第一共和国缔结和平协议。

特派员克拉克的到来使拿破仑·波拿巴非常烦恼。拿破仑·波拿巴没有掩饰自己的情绪。特派员克拉克无法开展工作，拿破仑·波拿巴将他晾在一边，不让他参与任何军务，自己依旧自行其是。

督政府急于停战。特派员克拉克建议停战三个月，以促进双方和平谈判。但拿破仑·波拿巴对此表示强烈反对。特派员克拉克拿出督政府的指令，表示这是督政府的意思。拿破仑·波拿巴粗暴地打断了他，依旧不听从。拿破仑·波拿巴说："你既然来了，就得听我的。否则，这里也不欢迎你。你可以打包走人，越快越好。"特派员克拉克无权强迫拿破仑·波拿巴听从命令，只好保持沉默。事实上，特派员克拉克也震惊于拿破仑·波拿巴的指挥天赋及强势的作风。他甚至致信督政府："使总司令拿破仑·波拿巴全权负责意大利外交事务，此为必要之举。"

督政府见状，只得让步，并传令特派员克拉克，凡谈判条款细节必先通报拿破仑·波拿巴知晓。然而，拿破仑·波拿巴依旧不满足。他专横傲慢，置督政府的命令于不顾。拿破仑·波拿巴未经督政府同意，向摩德纳公国进军，摩德纳公爵埃尔科莱三世埃斯特①仓皇出逃。拿破仑·波拿巴便在摩德纳公国领土的基础上并入博洛尼亚、费拉拉和雷吉三个省份，组成奇斯帕达纳共和国。他还亲自拟定了奇斯帕达纳共和国的宪法。

在没有告知督政府的情况下，拿破仑·波拿巴还与教皇庇护六世达成了许多重要协议。巴黎的五位督政官气到发疯，决定直接与罗马天主教教皇建立联系。他们采取行动，捣毁了圣彼得大教堂暗中支持的反共和巢穴。但拿破仑·波拿巴更具先见之明。他看到人们依附宗教的热潮还在继续，因此，宗教统治的精神依旧不可磨灭。他要与宗教联合，要利用宗教的力量。

---

① 摩德纳公爵埃尔科莱三世埃斯特（Ercole III d'Este, Duke of Modena, 1727—1803），1780年到1796年的摩德纳-雷吉公爵（Duke of Modena and Reggio）。1796年在拿破仑·波拿巴率法军攻来的时候，摩德纳公爵埃尔科莱三世埃斯特逃亡至维也纳，后被法军抓获软禁。1803年去世。

埃尔科莱三世埃斯特

法兰西第一共和国使用共和历，废除了周日礼拜，取消了圣日节礼。然而，那又怎么样呢？新式的人道精神能被人们接受吗？天主教遭受的迫害，使原本对宗教理念印象模糊的人开始虔诚而热烈地信仰宗教。就算是共和国最坚定的追随者也不得不承认，宗教改革彻底失败了。当前最明智的做法是尽快与教皇修复关系，在法兰西第一共和国重新恢复宗教秩序。从政治利益出发，提出这些呼吁很有必要。当时的局势非常明显，英法向来为敌，而爱尔兰地理位置靠近大不列颠岛，因此也不太可能站在法兰西这边。那么，法兰西第一共和国如果还一心与罗马教廷为敌，就真的要腹背受敌、孤立无援了。

拿破仑·波拿巴对宗教非常淡漠。他之所以尊崇宗教，是因为他看重宗教的影响。他为自己树立亲宗教的形象，或以教皇保护人的身份出现，这对他极其有利。因为这样，他不仅能轻松统治意大利境内的所有教会，还能拉拢法兰西国内庞大且仍在扩张的宗教势力。

由此看来，拿破仑·波拿巴对罗马教皇的态度着实耐人寻味。拿破仑·波拿巴知道，作为宗教界领袖，罗马教皇拥有巨大的影响力。因此，他对教皇表达了最尊崇的敬意，也表达了维护天主教的诚挚。他狂热地宣称，天主教前途无量，只要稍加管理，清除内部腐化，不日便可传布整个世界。可惜，他告诉教皇，他只是督政府手中的一颗棋子。督政府反对天主教，因此命令他劫掠烧杀。他不敢违抗上级的命令，不得不照做。但他同时又向教皇和教士们严肃地保证，他一定会以最妥当的方式处理这些矛盾。

拿破仑·波拿巴致信督政府的言辞则是："罗马教皇的影响不可估量，何必与其硬碰硬。"

拿破仑·波拿巴不失时机地对意大利高级教士大加赞誉，称赞他们是如何圣洁、虔敬，说他们过着一尘不染的生活，并将他们与法兰西大革命前的神父们醉生梦死的劣行加以对比。

拿破仑·波拿巴将教皇作为宗教精神领袖的职责与世俗亲王的职位做了明确的区分。他说，教皇是教会的领袖，因此他尊重教皇。但对于教皇要做世间领主这一点，拿破仑·波拿巴嗤之以鼻。

1797年2月1日，拿破仑·波拿巴发表公告，为占领教皇国[①]找足理由。拿破仑·波拿巴一路进攻，没有遇到抵抗。攻入教皇国后，拿破仑·波拿巴并没有入驻罗马城，这也是为了避免教皇庇护六世感到羞辱吧。教皇庇护六世对拿破仑·波拿巴的用意也心领神会。

1797年2月19日，拿破仑·波拿巴在没有事先通报特派员克拉克，也未曾向督政府请示的情况下，就与教皇庇护六世在托伦蒂诺签订和约。拿破仑·波拿

[①] 教皇国（Papal States），存在于8世纪到19世纪70年代初，位于欧洲意大利半岛中部，由罗马教皇直接统辖，政教合一，统治者为罗马教皇。教皇国还有一些语言的表达中意思指"一些属于教会的邦国的联合"。

法军进入罗马

巴与教皇庇护六世议定，由教皇庇护六世赔偿三千万里拉给拿破仑·波拿巴；教皇国割让博洛尼亚、费拉拉和雷吉等教皇领地给法兰西第一共和国；法军进驻安科纳要塞。[1]

督政府看着拿破仑·波拿巴签署的和平协定，着实心恼，因为督政府本打算将教皇国全盘吞并。几位督政官日夜不宁，后悔将军权授予拿破仑·波拿巴。大家担心拿破仑·波拿巴成为另一个尤利乌斯·恺撒。五位督政官亦有抱怨，说拿破仑·波拿巴在一步步地蚕食督政府的大权。但不管他们如何抱怨，都已经无济于事。

---

[1] 在拿破仑·波拿巴1797年2月10日信中，这是他声称已经到手的。五天后他汇报督政府的数字却只有一百万。实际上从教皇国征掠一千五百万法郎，限定一月之内交清。另加三千万，限三月内缴纳。马匹牲畜不计其数，亦要备好。梵蒂冈免不了再遭劫掠，油画、雕塑、珍稀文稿都要抢走。拿破仑·波拿巴跟督政府这样写信，"世间珍宝皆汇聚于意大利，现在已在我们手中，别的地方，也就只有都灵和那不勒斯还有少量。"——原注

拿破仑·波拿巴不仅在缓慢地聚拢权力，还独占了征伐俘虏之地的所得。起初，他还将真金钱币送去巴黎，但不久后，送去巴黎的只有雕塑、画作、艺术品和空口无凭的承诺。

督政官收不到钱，憎怒怨愤不已。拿破仑·波拿巴早就备好了一套说辞，说是特派员私吞了钱财。

1797年2月，拿破仑·波拿巴占领了洛雷托，但城中大部分财产已经转移。拿破仑·波拿巴只掠得七百万法郎。他并没有将这七百万法郎上交督政府，而是将洛雷托当地供奉的黑色圣母像[①]交送给督政府。巴黎财政紧张的局面得不到缓解，五位督政官心急如焚。所有试图将流通指券作为硬通货的努力都宣告失败。官员的薪金和兵士的军饷都拨不出了。事实上，当初任命拿破仑·波拿巴为意大利军团总司令，也是希望他可以多掠回来一些钱财，帮助督政府尽快走出财政危局。拿破仑·波拿巴征服意大利，就是要将意大利作为供给军队的资源。督政府给拿破仑·波拿巴的命令是，将一切折现——将教会的资产拍卖折现，将所有没收所得的产业折现，然后将所有现金送回巴黎。督政府还命令拿破仑·波拿巴，在伦巴第、皮埃蒙特、帕尔玛、摩德纳、热那亚、里窝那、威尼斯以及教皇国等地强行征缴捐款，将缴获的钱财都回充国库。然而，狡诈的拿破仑·波拿巴将所有的钱都放入了自己的军库。除非缴获的财产实在太多，才会送回巴黎。1796年10月17日，拿破仑·波拿巴曾送呈督政府两千万法郎；向德·瓦尔米公爵弗朗西斯·克里斯托夫·德·克勒曼送去七十万法郎，补充阿尔卑斯军团的军需；另赠二百万法郎给莱茵军团。另外，他还赠予土伦舰队一百万法郎，然而，这一百万法郎竟被督政府挪作他用。拿破仑·波拿巴得知此事后暴跳如雷。他一直将几位督政官称作小人。拿破仑·波拿巴并不想拿钱养这些小人，因此不会再给他们钱。他要用这笔钱富兵强军，要支援土伦舰队、加强安科纳海军。

督政府只收到些艺术品和油画，自然非常不满。不过，拿破仑·波拿巴一口咬定，是督政府的间谍和特派员私吞了战利品。

[①] 黑色圣母像（Black Madonna），指将圣母玛利亚的皮肤涂黑的雕塑或油画作品，多为木制，也有的是石制。黑色圣母像有多种版本，是基督教中的一小部分信徒所崇拜的圣像。

1796年10月12日，拿破仑·波拿巴致信部队军需商和行政官员：

> 自从到达米兰，我就跟这帮强盗一样的投机商们势不两立。他们当中的一些人已经被我罚的罚、审的审。情节轻的我发通告谴责。我与这些投机商们之间的对抗必然会遭到众人反对。两个月前，我还想见好就收，做个米兰公爵（也就罢了。然而现在，我誓为意大利国王。只要你们仍愿辅佐我，我将竭尽全力。我不会向这些投机商展示任何仁慈。我曾对奥地利人有多么无情，就会对这些投机商们多么无情。弗拉沙商号①就像是一群抢劫犯的大本营，空手套白狼、道德沦丧……你手下的军需官一定与投机商们有所勾结，他们打劫公款，沉湎一气，真是不知羞耻。我如果在此多停留两个月，肯定要对军需官们进行详查。我要将有罪的军需官统统抓起来，送交军事法庭审判。现在中饱私囊都是常态，简直就是明抢……戴维南是个强盗，他无耻、奢靡。将他逮捕起来，关上个半年，让他赔付五十万法郎的战争税。

1797年1月6日，拿破仑·波拿巴致信督政府："这些唯利是图的小人，现在都疯了。商户串通特派员，在开的单据上作假。他们用军需资产中饱私囊，将军将开销虚抬了五倍。军官包养意大利歌剧女演员，部队风气糜烂、奢侈、堕落、渎职，无所不至其极。"

拿破仑·波拿巴还有其他的借口，比如捐款收缴不及时，土地没收后一时卖不出，或者银行的钱还没有到位。里窝那捐缴的四千万法郎，一个子都没有进入督政官的口袋。拿破仑·波拿巴推脱说捐缴的款项被弗拉沙商号挪用。拿破仑·波拿巴下令逮捕弗拉沙商号的银行家们，并将他们交送军事法庭审判。然而，因证据不足，最终只得将银行家们释放。弗拉沙商号的银行家们却有证据显示拿破仑·波拿巴并未交付任何钱款给弗拉沙商号。但拿破仑·波拿巴一再声称

---

① 弗拉沙商号（Flachat）是一家臭名昭著的军队物资供应商，还暗中从事走私活动。拿破仑·波拿巴时代，很多商号后来都带有商人银行的性质。

在意大利的拿破仑·波拿巴

他已付款给弗拉沙商号。后来,到法兰西第一帝国时代,庭审记录连同弗拉沙商号在法庭上出示的证据统统不翼而飞。或许,这些被毁掉的证据和文件的确对拿破仑·波拿巴不利。①

下一步,拿破仑·波拿巴计划撤掉两位特派员和以诚实著称的军需官丹尼,让瑞士人哈勒掌管被占领地区的资金。哈勒可谓无恶不作,连拿破仑·波拿巴

---

① 1796年11月,拿破仑·波拿巴针对弗拉沙银行家们发出控告后,又先发制人,给法兰西驻热那亚部长法耶普特下令、令其将出售相关岛屿的款项以及捐款征集所得收入,一律缴至意大利军团财务处,并指明不准交到巴黎督政府那里。同样,里窝那所征捐款也是交到他手上。不是交给督政府。——原注

都说他是"盗贼","他到法兰西来,就是为了盗窃和抢劫。"然而,拿破仑·波拿巴依旧将哈勒这样的恶徒收作心腹。哈勒只对拿破仑·波拿巴一人汇报,只需要汇报收支明细。1796年秋,几位特派员鼓足勇气查了一番账目,结果查出坏账五百万法郎。①自此往后,拿破仑·波拿巴竟再不将账目送呈巴黎。1797年春,教皇支付三千万法郎。拿破仑·波拿巴将三千万法郎全数纳入了他的小金库。

拿破仑·波拿巴认为,征战得来的钱财应该花在部队和士兵的身上。他知道,将钱财送到巴黎,就等于送进了几位督政官的口袋。钱财可都是士兵们的血汗。与此同时,拿破仑·波拿巴正在扩编军队,亟需用钱。由波兰兵组成的新建军团还在建编,新兵穿过了阿尔卑斯山脉来投奔他。意大利志愿兵部队也在征募中。拿破仑·波拿巴的军队一直有新鲜血液加入,他的军力得到迅速壮大。1796年5月8日,在皮亚琴察指挥部汇集的兵力达四万六千三百七十八人。到1796年10月,军力竟增至七万八千人。1797年4月20日,在特雷维索,拿破仑·波拿巴的兵力达七万九千三百六十四人,算上驻意大利防军,总兵力已达十四万一千二百二十人。

意大利军团唯拿破仑·波拿巴马首是瞻。他手下的兵士会不自觉地将如今的待遇与德·瓦尔米公爵弗朗西斯·克里斯托夫·德·克勒曼司令手下可怜的弟兄们相比。德·瓦尔米公爵弗朗西斯·克里斯托夫·德·克勒曼的军团还蛰伏在阿尔卑斯山脉,连军饷都发不下来。让·维克多·玛利·莫罗和让-巴蒂斯特·茹尔当的军团也比不了,现在他们甚至没有打过胜仗就被迫撤回了。反观拿破仑·波拿巴,这位年轻的将领竟没有吃过败仗。他曾许下豪言:"意大利是我们的粮仓。"如今也兑现了。督政府悔不当初。只是松了一下手,就失去了那么多钱。新一代尤利乌斯·恺撒正在上位,他既有兵权,也不缺钱财。

此时,拿破仑·波拿巴的心中是否已形成在意大利称王、独揽大权的念头,是否知道自己正在走与尤利乌斯·恺撒相似的道路,我们不得而知。他并没有笼络意大利民心的举措。意大利人民受尽拿破仑·波拿巴残忍无情的欺压,听够了他伪善的欺哄。只需将拿破仑·波拿巴对意大利人民的公告内容与他写给督政

---

① 见1796年10月12日拿破仑·波拿巴写给督政府的信。——原注

府的信加以对比，便足以证明他常许诺言，却从来不会实现。而且一经比较，我们就会发现，意大利人民只是拿破仑·波拿巴用来欺瞒督政府的工具。

意大利爱国者乌戈·福斯科洛一度沉迷于拿破仑·波拿巴的谎言，不曾睁开双眼看清事实。直到看到《坎波福米奥和约》的那一刻，他才清醒过来。他对拿破仑·波拿巴所有的崇拜和相信拿破仑·波拿巴是意大利解放者的信念如皂泡般破灭。他将报纸一推，撕心裂肺地喊道："意大利完了！"

第21章

莱奥本与坎波福米奥

（1797年1月—1797年10月18日）

精彩看点

奥地利第四次开战——里沃利战役奥军落败——卡尔大公任奥军统帅——路易·拉扎尔·奥什——对威尼斯人的恫吓——莱奥本——出兵威尼斯——将威尼斯划归奥地利——蒙特贝洛之夏——拿破仑·波拿巴的"小朝廷"——《坎波福米奥和约》——拿破仑·波拿巴的周围有间谍——拿破仑·波拿巴在这个时期的目标

奥地利第四次组建帝国大军，气势汹汹地扑向提洛尔峡谷。当时，拿破仑·波拿巴率军在平原上停驻。奥地利军队打算居高临下，突袭拿破仑·波拿巴的军队，一举将其歼灭。

不出意料，奥地利军队在里沃利战役中再次战败，被迫撤入阿尔卑斯山脉。奥地利军队共有五万人，其中一部分士兵是维也纳志愿兵，他们高举着奥地利女大公玛丽亚·特蕾莎亲手绣制的旌旗。另有一部分是从新近征服的波兰各省招募的新兵。战事十分胶着，从1797年1月8日一直持续到1797年1月16日。在这场战役中，虽然奥地利军队展示了非凡的坚忍，但由于约瑟夫·阿尔文齐指挥无能，最终惨败。像阿科拉战役一样，无论从战术上还是从战略上，约瑟夫·阿尔文齐都被拿破仑·波拿巴全方位凌越。奥军残部退至阿尔卑斯山脉。1797年2月2日，法军终于攻占曼托瓦要塞。

至此，意大利之战似乎可以完美收官。法军有两个纵队向亚平宁山脉的峡谷地带进发，并且已经迫使罗马教廷签订了停战协议。然而，正当拿破仑·波拿巴春风得意地向士兵们宣布战争结束时，有消息传来，称神圣罗马帝国枢密院发现普通将领无法与拿破仑·波拿巴相匹敌，只得出动"王牌"，继续对抗拿破仑·波拿巴。神圣罗马帝国从莱茵河及多瑙河防军调出最好的统帅卡尔大公，派卡尔大公接管被约瑟夫·阿尔文齐指挥得一塌糊涂的残部。于是，战争无法结

让-巴蒂斯特·朱尔·贝纳多特

束,法军也不能离开。让-巴蒂斯特·朱尔·贝纳多特率领的莱茵军团也迅速派出几个师的兵力赶来增援。

卡尔大公来到战场,发现奥地利残军士气全无,士兵痛苦不堪。在人数上,奥地利军队远逊于法军。卡尔大公强烈要求兵力增援,但援军最快也要两个星期才能赶到。法兰西第一共和国方面,巴黎督政府气急败坏地下令要停战。

桑布尔-默兹军团是共和派的本钱。桑布尔-默兹军团的指挥权由让-巴蒂斯特·茹尔当伯爵移交至革命军将军路易·拉扎尔·奥什。此时,让·维克多·玛利·莫罗率莱茵军团，要同路易·拉扎尔·奥什一起向维也纳进军，协同拿破仑·波拿巴在意大利作战。拿破仑·波拿巴得知这一消息后惶惶不安。他只有先发制人，在路易·拉扎尔·奥什和让·维克多·玛利·莫罗抵达之前结束战斗，否则恐怕要与人分享胜利的果实。这还不是最糟糕的。拿破仑·波拿巴还担心意大利军团的最高指挥权落入路易·拉扎尔·奥什手中。督政府不信任拿破仑·波拿巴，但非常信任路易·拉扎尔·奥什。于是，拿破仑·波拿巴决定孤注一掷，赶在友军到来之前结束战役。

路易·拉扎尔·奥什

拿破仑·波拿巴非常清楚，卡尔大公不是自己的对手。他想，如果打败了卡尔大公，还要不要继续进攻奥地利公国的都城维也纳呢？兵临维也纳城下，意味着孤军深入，意味着拿破仑·波拿巴的法军要冒很大的风险。要知道，法军进攻维也纳这样的世袭领地，肯定不会得到当地民众的拥戴。维也纳人民效忠神圣罗马帝国皇帝弗朗茨二世，对法军只有抵抗心理。维也纳人民肯定会起义，突袭法军两翼和后翼。如果法军主力抵达维也纳，法军后翼就会暴露在提洛尔、卡尔尼奥拉、施蒂里亚等地区，这些地区处处是峡谷险地，狙击手遍布。再往南是威尼斯共和国，保持中立的威尼斯共和国由于地理位置处于法奥中间，因此不可避免地遭到法军掠扰洗劫，早已忍无可忍。还有其他意大利邦国，估计会联合威尼斯共和国一起，只等有合适的时机，他们就会联合反法。

假如拿破仑·波拿巴能从法兰西大局的角度着想，他就会坐等路易·拉扎尔·奥什和让·维克多·玛利·莫罗前来，而不会冒着极大的风险，孤军进犯维也纳。按照督政府的命令，是让拿破仑·波拿巴暂缓进攻，等待路易·拉扎尔·奥什和让·维克多·玛利·莫罗两军，三军会合后再攻下维也纳，逼迫奥地利公国签订和平协议。但这不是拿破仑·波拿巴的风格。因此，拿破仑·波拿巴要提前行动。

于是，1797年3月，拿破仑·波拿巴在塔利亚门托河打败卡尔大公后，乘胜进军。卡尔大公盘算着，奥地利会从维也纳派出援军，或者可以从匈牙利调拨部队，因此一直不紧不慢，以稳定而从容的军容向维也纳撤退。当时，奥地利军队的兰登将军已将法兰西先遣军驱至阿迪杰河上游，逼近伦巴第平原的位置。因此，卡尔大公自觉胜利在望。拿破仑·波拿巴非常焦虑，但他成功掩饰了内心的恐慌，装出厌恶战争的模样，希望双方能够本着人道主义精神进行和谈。用他自己的话说，拿破仑·波拿巴"处乱不惊"地致信卡尔大公，信中满是虚伪的吹捧。在这封写于1797年3月31日的信中，拿破仑·波拿巴将卡尔大公称作"德意志的救世主"，将想要继续借战争发财的大不列颠人称为"泰晤士河上的商贩"。

卡尔大公让拿破仑·波拿巴等待维也纳的答复。此时，拿破仑·波拿巴已在上施蒂里亚的尤登堡，距离维也纳只有八日的路程。

拿破仑·波拿巴的进攻计划也不是没有弱点。他率领意大利军团取道多瑙河和波河山谷，孤军深入，极易倾覆。多亏拿破仑·波拿巴及早地逼着奥地利公国签订了和约，否则，最后的结果难以预料。拿破仑·波拿巴部和德·瓦尔米公爵弗朗西斯·克里斯托夫·德·克勒曼部两路法军攻入意大利，两路法军中间相隔的阿尔卑斯山脉宛若一道天然屏障，对法军极其不利。因为奥地利军队抵御法军来犯，只要不暴露踪迹给法军知道，就可以沿阿尔卑斯山脉插在法军两部之间，这样一来，奥地利军队便切断了拿破仑·波拿巴部和德·瓦尔米公爵弗朗西斯·克里斯托夫·德·克勒曼部的联系。另外，奥地利军队还可从侧翼攻击法军。德·瓦尔米公爵弗朗西斯·克里斯托夫·德·克勒曼对于这等不利的形势非常了解，因此，他慢悠悠地跟在拿破仑·波拿巴的军队后面，避免两军并行。法军还有一个不利之处，就是拿破仑·波拿巴在尼斯和热那亚之间的补给线有部分处于反法同盟国家巡逻舰的巡视范围内。因此，拿破仑·波拿巴不得不腾出精力，求助于法兰西海军。

现在，拿破仑·波拿巴明白了，对他来说，桑布尔-默兹军团和莱茵军团能否及时赶来，是生死攸关的大事。于是他立即给桑布尔-默兹军团和莱茵军团送去大量钱财，希望两个军团及时赶来支援他。除此之外，拿破仑·波拿巴还不甚放心，又送钱给阿尔卑斯军团和土伦舰队，才安下心来。

同时，为了防止威尼斯共和国从拿破仑·波拿巴军队的后方捣乱，拿破仑·波拿巴派奸细挑唆威尼斯人民发动叛乱。此外，拿破仑·波拿巴禁止法兰西第一共和国驻威尼斯的先遣部队军官协助威尼斯政府平乱。法兰西第一共和国驻威尼斯先遣军官员不是要帮助威尼斯政府恢复秩序，而是要阻止它恢复秩序。拿破仑·波拿巴的目的是在威尼斯公国搅乱局面，最好是能有什么"反法"的口实落在法军手里，这样，他就可以发动计划已久的对威尼斯共和国的战争了。

1797年4月7日，拿破仑·波拿巴与奥地利军队签订停战后才通报督政府。拿破仑·波拿巴说："我们的友军迄今未过莱茵河，而我率领的军团距离维也纳仅二十里格。因此，我们意大利军团将孤军暴露在奥地利军队的打击之下。要知道，奥地利可是欧洲强国，兵力必定不弱。正在此时，威尼斯共和国发动了全国性的

法奥双方在莱奥本签署初步停战协议

反法动乱,现已举国皆兵。不仅有威尼斯的农民响应号召参加军队,连威尼斯教士也纷纷应征入伍。"然而,真相是,在拿破仑·波拿巴派出的奸细的蛊惑下,威尼斯共和国的一些政客起身造反,叫嚣着要推翻威尼斯共和国的贵族政体。同时,法兰西第一共和国在中立国威尼斯共和国的驻军的暴行也引发了当地农民接二连三的反抗。1797年4月9日,拿破仑·波拿巴致信威尼斯总督,强令其解散农民武装。否则,法兰西第一共和国就要向作为中立国的威尼斯共和国开战。

拿破仑·波拿巴道:"法兰西是全世界最伟大的民族。难道你认为,我现在被困德意志境内,就会眼睁睁地看着它备受耻辱而无所作为吗?"

让-安多什·朱诺作为使者前往威尼斯,将此信函送呈威尼斯总督。法兰西

士兵被杀害的事件的确存在。1796年7月20日,拿破仑·波拿巴曾向督政府解释道:"有必要将我方军士被害一事放大,借此制造影响。"拿破仑·波拿巴还命令查尔斯·爱德华·詹宁斯·德·基尔迈纳将军发动突然袭击,将几个并没有武装的威尼斯村庄夷为平地。查尔斯·爱德华·詹宁斯·德·基尔迈纳将军还遵照拿破仑·波拿巴的命令,抓捕了威尼斯的所有议员和贵族。

维也纳对拿破仑·波拿巴如此迅速的行军倍感惊恐,越发有意与法军和谈。双方议定停战,拿破仑·波拿巴在和谈中自是攫取了许多利益。于是,1797年4月18日,法奥双方在莱奥本签署初步停战协议。依据停战协议中的秘密条款,威尼斯共和国被划归奥地利公国,以弥补奥地利公国损失的伦巴第。在拿破仑·波拿

路易·查尔斯·安托万·德赛·德·维古

巴的授意下,消息很快散播开来,不仅传到了督政府,还传到路易·拉扎尔·奥什和让·维克多·玛利·莫罗的耳边。当时,路易·拉扎尔·奥什已在新维德渡过莱茵河,在海德斯多夫大败奥地利军队。他正要阻断奥地利军队退路,将其整部俘虏时,前方的侦察兵传来签订和约的消息。路易·拉扎尔·奥什功败垂成。

让·维克多·玛利·莫罗军团由路易·查尔斯·安托万·德赛·德·维古①率

---

① 路易·查尔斯·安托万·德赛·德·维古(Louis Charles Antoine Dessaix de Veygoux,1768—1800),出身贵族却投身革命军队。法国大革命时期法兰西将领。1792年晋升将军。在1800年马伦哥战役中发挥了关键作用。拿破仑·波拿巴埃及战争中负责组织护航船队,后上任埃及总督。在马伦哥战役中,路易·查尔斯·安托万·德赛·德·维古奉命带兵前往诺维。得知战役爆发后,他以深刻的洞察力立刻决定前往战场支援,使法军转败为胜,为拿破仑·波拿巴日后加冕奠定不朽基础。后来的滑铁卢战役中上演了同样的一幕,可惜埃曼努尔·格鲁希不是路易·查尔斯·安托万·德赛·德·维古。路易·查尔斯·安托万·德赛·德·维古在马伦哥战役中身先士卒,被子弹打穿心脏而亡。

领。此军团也已在施塔斯伯格,由莱茵河下游渡过,一路大败奥地利军队,将奥地利军队逼近黑林山。让·维克多·玛利·莫罗接到停战消息后也只好就此打住,没有继续追击。拿破仑·波拿巴通过这样的方式包揽了所有的功绩,但从大局来说,这并不是最好的选择。

只有作为督政府特派员的克拉克才能全权负责协调停战和签约事务。拿破仑·波拿巴却再次越权,毫不客气地将克拉克留在米兰,甚至没让他随军出征。

拿破仑·波拿巴还装模作样地致信督政府"请示"停战签约一事。他心里很清楚,督政府远在千里之外,不可能拒绝他。

拿破仑·波拿巴迅速返回意大利,在威尼斯寻衅滋事,以便进一步开展与奥地利的秘密计划。正在此时,发生了一件不幸的事情,成了法军动武的借口:有一艘法兰西船在利多弹药库附近违规泊靠,船长朗吉耶不听规劝,港口指挥官只得下令开火,朗吉耶船长及几位船员身亡。这正是拿破仑·波拿巴需要的借口。拿破仑·波拿巴呼吁威尼斯政府遣返大不列颠王国大使,将库房中大不列颠王国的货物全部上交,并支付七千万法郎赔偿金。他还下令扣押里窝那和安科纳所有的威尼斯商船。

由于拿破仑·波拿巴手下间谍的收买,一些立宪党开始在威尼斯共和国活动。他们不断引发骚乱,反对威尼斯总督及贵族阶层,在圣马可广场立起自由之树①,煽动民众在贝加莫、布雷西亚和其他一些城镇造反并夺取了几个城镇。拿破仑·波拿巴鼓动威尼斯的立宪党借机推翻王室,由人民选出政府组织的代表和委员,建立共和制国家。随后,拿破仑·波拿巴以维持秩序为由出兵威尼斯。接下来,他连借口都不需要,直接通知威尼斯总督和元老院,威尼斯人民需要新的宪法,因此威尼斯总督必须退位。惊慌不已的威尼斯总督只得应从。拿破仑·波拿巴收缴了所有军火库和船坞,没收了所有军械和战舰,随后宣布建立临时政府。激进分子戴着红色的帽子,围着自由之树,唱起了"一定会幸福"。他们天真地以为,拿破仑·波拿巴一定会信守对他们的承诺。但他们不知道,拿破

---

① 自由之树(tree of liberty),法国大革命期间形成的一种习俗。革命者会命名和种植自己的树,来象征自由。

卡洛·艾曼努尔四世

仑·波拿巴已经将他们的国家卖给了奥地利公国。同时，热那亚发生暴乱，被法兰西第一共和国合并。热那亚共和国议会表面上尽量保持中立，暗中却已经与法兰西第一共和国勾结。撒丁国王卡洛·艾曼努尔四世贪婪地盯着热那亚。他向拿破仑·波拿巴提出，希望能将热那亚作为给予撒丁王国的赔偿，就像威尼斯之于奥地利。

古老的威尼斯共和国终于被吞并。即使在法兰西第一共和国，也有道德高尚的人士发表异议。人们只顾着指责督政府和督政官，却不知在整个事件中，拿破仑·波拿巴才收获了最实惠的利益。

1797年，拿破仑·波拿巴在米兰附近的蒙特贝洛城堡度过夏季。城堡坐落在高处，俯瞰伦巴第大平原，放眼望去，景色秀美极了。此时，拿破仑·波拿巴的随侍已初具规模。他身边有卫兵专门守卫，他开始与周围的人刻意摆出威严的样子，不再与副官同桌论事。在公开的场合用餐时，拿破仑·波拿巴俨然是国王的派头。在拿破仑·波拿巴的沙龙中，往来皆是意大利的古老门第和贵族名流。在拿破仑·波拿巴的"小朝廷"里，波拿巴夫人约瑟芬也如王后一般。波拿巴家族还有其他人在意大利，他们是拿破仑·波拿巴的舅舅约瑟夫·费什、二妹波莱恩·波拿巴、长兄约瑟夫·波拿巴和四弟路易·波拿巴。

18世纪末的波莱恩·波拿巴

安德烈·弗朗西斯

路易·安托万·福弗莱·德·布里昂赶到莱奥本时,是这样说的:"我不再像以前那样称呼他了。我能强烈地感受到他的个人意志。现在,我与他之间隔着非常大的社会阶层差距。我不得不注意自己的言行举止。"

米奥·德·梅利托伯爵安德烈·弗朗西斯①使我们有机会了解当时拿破仑·波拿巴的思想活动。②拿破仑·波拿巴时常对米奥·德·梅利托伯爵安德烈·弗朗西斯直言不讳,丝毫不加掩饰。有一天,拿破仑·波拿巴说:"迄今为止,我所有的

---

① 米奥·德·梅利托伯爵安德烈·弗朗西斯(André François, Count Miot de Mélito, 1762—1841),法国大革命时代政治家、学者。
② 《米奥·德·梅里托伯爵回忆录》,1858年,巴黎。——原注

所谓功绩都不值一提。我的事业才刚刚开始。你以为我傻吗？我不是在为那几个督政官而战，不是在为卡诺伯爵拉扎尔·尼古拉·玛格丽特而战，也不是巴拉斯子爵保罗·弗朗西斯·让·尼古拉，更不是为了建立共和国。那些荣誉，功劳，都算得了什么？想想看，就三千万人，想建立共和国！就凭我们的人民的习惯和素质，怎么可能实现？共和是国人迷恋的幻景，像其他不切实际的幻想一样，早晚要随风散去。法兰西人民渴望荣耀，对光辉充满幻想。法兰西人民只是想满足幻觉，并没有思考如何建立共和理念的国家。看看我们的军队吧！只需要在战场上的几次胜利，士兵们就会崇拜我，将我看成是神一样。督政府可以罢免我的职位，却无法抹去我在士兵们心里的威望。现在，我们的国家需要一位可以在战场上收获胜利的首领。繁缛的文字和空乏的谈论都不能解决实际问题。只要你能带领士兵们夺取胜利，那么，你指向哪里，他们就会跟向哪里。"

和平协定迟迟不能成功签订，这让拿破仑·波拿巴非常恼火。现在，莱奥本的初步方案还没有落实，谈判陷入僵局。奥地利公国和法兰西第一共和国就像两只恶狼，虽然议定要瓜分邻国威尼斯共和国这只羔羊，但法奥双方都想多分一点。于是谈判进入胶着状态，久久不能议定。法奥双方均在暗中安排增援，以备和谈失败后继续以武力对峙。

拿破仑·波拿巴见此事不能了结，在与奥方全权负责的大使谈判时，内心怀着怨恼，将手边一只昂贵精美的瓷瓶摔成了碎片。拿破仑·波拿巴大叫："我要将你们全部碾碎，像这个瓶子一样。"

1797年10月18日，《坎波福米奥和约》得以签订。早在1797年9月29日，督政府就已下令，不能将威尼斯割给奥地利。但拿破仑·波拿巴如此强势，根本不会理会督政府的态度。

最初，拿破仑·波拿巴就任意大利军团司令时，可能打骨子里头瞧不起督政府，但表面上还是做出服从的样子。现在，历经一年半战争的洗礼，拿破仑·波拿巴不仅在战地取得了卓著的功勋，还在政治上驾轻就熟。因此，他对督政府的尊重到此为止，从此换成了蔑视。拿破仑·波拿巴会在公开场合自行其是，会迫不及待地独立指挥，借此彰显声威，表达对督政府的不在意。私下同密友的交谈中，他在提及督政府时也会表露出颇多不屑。拿破仑·波拿巴察觉出，督政府在他身边安插了奸细。奸细对拿破仑·波拿巴进行监视，并将拿破仑·波拿巴的一举一动汇报给督政府。拿破仑·波拿巴怀疑，特派员克拉克就是奸细。特派员克拉克就是督政府派来监视拿破仑·波拿巴的。督政府想在拿破仑·波拿巴行差有错时，下令特派员克拉克就地抓捕拿破仑·波拿巴。但督政府没有想到的一点是，凭拿破仑·波拿巴的实力，特派员克拉克根本奈何不了他。

那么，拿破仑·波拿巴究竟是因为谁，因为什么，发动了战争呢？可以肯定，他不是为了法兰西第一共和国——虽然拿破仑·波拿巴获得了耀眼的军功，但现实是，公众舆论并不支持发动战争，也不赞成占领意大利。也决不会是为了摆出一副帝王的派头，端正威严地坐在一张灯芯草的椅子上，面前摆着一张三足桌，煞有介事地处理政事。更不会是因为任何公理——拿破仑·波拿巴早已放弃对公理的信仰。那些信仰如飓风一般吹过法兰西，又匆匆呼啸而去。"自由、平等、博爱"的口号一声声地将人性拽下道德的圣坛，一步步将法兰西推向万丈深渊。当然，也不会是为了意大利人民——意大利人真的值得解放吗？拿破仑·波拿巴曾表示，放眼整个意大利，只有两个人值得他正眼看。①

那么，到底是为了什么呢？拿破仑·波拿巴发动的所有战争、进行的所有和谈、缔结的所有条约和揽入自己囊中的所有功绩，都是为了他个人的利益，为了能够晋升。至于野心指引的方向，目前还朦胧不可见。

---

① "上帝啊，"他说，"我感叹人间贤者之少！意大利人，有一千八百万，只有两个人，让我无可奈何，一个是丹多洛，一个是梅尔齐。"《米奥·德·梅里托伯爵回忆录》，第57页。1797年10月7日，拿破仑·波拿巴致信查尔斯·莫里斯·德·塔列朗-佩里戈尔："你不知道这里的人有多……早知道法兰西四万士兵的生命换来的国土上，竟是这么一帮人。你能想象得出来吗，这片衰弱、迷信、幻影之国，怎能生出自由和大业？你想让我干什么？我又不能创造奇迹。我真不知如何统治他们才是好。"——原注

第 22 章

果月政变

(1797年9月4日)

精彩看点

督政府与议会之争——反对督政府——诗人玛利-约瑟夫·谢尼埃对拿破仑·波拿巴和让-查尔斯·皮什格鲁的评价——布维耶·迪莫拉尔的动议——一封充满愤怒的信——危机临近——军队响应——拿破仑·波拿巴动员士兵——路易·拉扎尔·奥什来到巴黎——畏退——安托万·玛利·尚曼的汇报——拿破仑·波拿巴不想出面——果月事件爆发——新年——查尔斯·莫里斯·德·塔列朗-佩里戈尔倒向拿破仑·波拿巴——督政府决定负隅顽抗——拿破仑·波拿巴利诱——终极目的

该来的总会来。法兰西第一共和国的立法方与行政方,即元老院和五百人院与督政府的当权者们积怨已久。终于,矛盾集中爆发。神父埃马纽埃尔−约瑟夫·西哀士没能按自己的意愿参与制定宪法,非常不高兴。因此,他对于新鲜出炉的《共和三年宪法》持保留意见。前国民公会代表中果真有三分之二的人如愿选入五百人院。1797年春,国民公会代表中剩下的三分之一只得退出席位。督政官中也有一位被替换。

此时,在法兰西人民眼中,目前当政的人都是当初杀死国王路易十六的"凶手"。这些人没有节操,没有底线,谁来保证法兰西的未来?多年的对外战争导致法兰西国疲民殇。法兰西第一共和国并没有从中受益,反而深陷泥潭难以自拔,只得借助进一步的对外征战从现状中解脱。

国民公会的代表们为了留任,甚至使出了极端手段来竞争,真让人心怀。因此,最终当选的议员无不背负着人民尖锐的指责。新当选的督政府也战战兢兢,前途一片黯淡。督政府实在树敌太多。无政府主义者、立宪派及保王党都不支持督政府。面对诸多敌对势力,督政府力不从心,法兰西暴乱频发。1797年8月29日,弗朗西斯−诺埃尔·巴贝夫①密谋起义,督政府派兵镇压。之后不久,立宪

---

① 弗朗西斯−诺埃尔·巴贝夫(François-Noël Babeuf, 1760—1797),法兰西革命家,空想共产主义者。热月政变后,组织秘密团体"平等会",宗旨是建立劳动者专政。

弗朗西斯-诺埃尔·巴贝夫

派分子在克利希街上的俱乐部聚集，私下发泄对督政府执政的不满。立宪派的背后，总有保王党的影子若隐若现。保王党的势力很大，渗透得很深。1797年4月9日，不乐观的民选结果令督政府的状况雪上加霜。巴黎、里昂、马赛等地当选的议员与督政府的意愿大相径庭，都是督政府不乐见当选的人。保王党要复辟君主制，民众乐得推波助澜。

让-查尔斯·皮什格鲁将军以三百八十七比五十七票的优势当选五百人院议长。众所周知,让-查尔斯·皮什格鲁对民主专制持保留意见。但人们并不知道,让-查尔斯·皮什格鲁早已与波旁王朝的余孽暗中勾结。让-查尔斯·皮什格鲁在内心深处对波旁王朝有所偏袒,因此,督政府不敢将军权交给他。

让-查尔斯·皮什格鲁

巴泰勒米侯爵弗朗西斯·玛利

在督政府内部,几位督政官也只顾各自盘算。督政官埃蒂安–弗朗西斯–路易–奥诺雷·勒图尔纳辞职后,由法兰西第一共和国前驻瑞士大使巴泰勒米侯爵弗朗西斯·玛利接任。巴泰勒米侯爵弗朗西斯·玛利表面和颜悦色,骨子里却非常世故。行政机关已产生了明显的分裂。卡诺伯爵拉扎尔·尼古拉·玛格丽特和巴拉斯子爵保罗·弗朗西斯·让·尼古拉各自为政。卡诺伯爵拉扎尔·尼古拉·玛格丽特明显针对巴拉斯子爵保罗·弗朗西斯·让·尼古拉。对于巴拉斯子爵保罗·弗朗西斯·让·尼古拉及其心腹让-弗朗西斯·勒贝尔和路易-玛利·德·拉勒韦利埃-莱波未按照宪法规定执行的程序,卡诺伯爵拉扎尔·尼古拉·玛格丽特会第一时间指出并表示反对。几位督政官之间的矛盾日益加深,难以挽回。督政府当权的大部分时间里,都在做伤害民心的蠢事,比如严查报刊、严管外国移民、干涉选举自由等。

于是,中间派以压倒性的优势成为五百人院的执牛耳者,理所当然地代表了法兰西第一共和国的民意。中间派都是共和党人。在中间派看来,法兰西第

卡诺伯爵拉扎尔·尼古拉·玛格丽特

一共和国的革命果实来之不易，需要好好呵护。他们主张摒弃独裁，力主宪法治国。他们认为，绝不可以将国家大权交到野心家的手里，以免招致战乱，也不可以不经协商，私自缔结盟约，将责任大包大揽。因此，共和党人一方面担心出现独裁者，另一方面也明白，王室复辟对他们并无益处。倘若复辟成功，共和党人必不得善终，难逃弑君之罪。但共和进行至此，已经远离初心，共和党人难辞其咎。

这种状况与葡月暴动爆发前的情形非常相似。巴拉斯子爵保罗·弗朗西斯·让·尼古拉、让-弗朗西斯·勒贝尔和路易-玛利·德·拉勒韦利埃-莱波心里非常清楚，他们的权位岌岌可危。要想保住现有的权势，必须故技重施，借助军方力量，武力维稳，平息乱局。

保王党将目光投向让-查尔斯·皮什格鲁，立宪派则寄希望于让·维克多·玛利·莫罗。让-查尔斯·皮什格鲁已经与流亡中的保王党秘密地取得了联系。作为中间派的让·维克多·玛利·莫罗也不会允许断头台上再次血肉横飞。

路易·拉扎尔·奥什能力出众，果敢决断，是一个不折不扣的激进主义分子。巴拉斯子爵保罗·弗朗西斯·让·尼古拉想过倚仗拿破仑·波拿巴，但他隐隐感觉到了拿破仑·波拿巴可怖的野心。相比之下，路易·拉扎尔·奥什让人觉得更安全。于是，巴拉斯子爵保罗·弗朗西斯·让·尼古拉将路易·拉扎尔·奥什提拔做自己的助手。

在让-皮埃尔·法布雷·德·伊奥德所著《督政府秘史》一书中，有一段令人颇费思量的描述。从这段描述中，可以看出明察秋毫的智者是如何评价拿破仑·波拿巴的真实品性的。

> 有一天，让-皮埃尔·法布雷·德·伊奥德与诗人玛利-约瑟夫·谢尼埃一起谈论时局。让-皮埃尔·法布雷·德·伊奥德说，如果组成督政府的人中包括拿破仑·波拿巴、让-查尔斯·皮什格鲁和卡诺伯爵拉扎尔·尼古拉·玛格丽特就好了，那样的话，法兰西第一共和国即可高枕无忧。玛利-约瑟夫·谢尼埃听到这样的说法，笑了。他反驳道："高枕无忧？太滑稽

玛利-约瑟夫·谢尼埃

了。拿破仑·波拿巴和让-查尔斯·皮什格鲁这两头恶狼会将其他三位督政官当羊羔一般地生吞,然后,他俩再互相厮杀。"

让-皮埃尔·法布雷·德·伊奥德问道:"怎么,你说拿破仑·波拿巴是狼?您对这个年轻的科西嘉人印象不好吗?"

让-皮埃尔·法布雷·德·伊奥德

　　诗人玛利-约瑟夫·谢尼埃回答道:"拿破仑·波拿巴才不是好人。他会将共和国掀个底朝天的!有拿破仑·波拿巴在,共和将万劫不复!我仔细地观察过这个人,他是个鹰视狼顾之徒,长着十足的暴君相。哪位头脑清明的官员能独具慧眼,除掉拿破仑·波拿巴,就算是为共和立了一件大功!"

　　让-皮埃尔·法布雷·德·伊奥德接着问道:"那么,第二只狼,让-查尔斯·皮什格鲁,又怎么看?"

　　玛利-约瑟夫·谢尼埃回答:"让-查尔斯·皮什格鲁难当重任,估计只会跟在鱼肉百姓的老权贵屁股后面转。拿破仑·波拿巴可以为了一己私利征战四方,让-查尔斯·皮什格鲁会为了一己私利卖国求荣。"

拿破仑·波拿巴刚刚截获让-查尔斯·皮什格鲁与保王党线人德因特吉斯伯爵的密信，因此，他对让-查尔斯·皮什格鲁和保王党密谋复辟的事情再清楚不过。但依据拿破仑·波拿巴一贯的品性，他不会向督政府打小报告，因为这样处理不会给他带来任何好处，不如静观其变，暗中渔利。最好让巴黎越来越乱，这样一来，大家都会来拉拢他。

1797年6月23日，一直对督政府不满的立宪派终于找到了向督政府发难的理由。五百人院议员布维耶·迪莫拉尔向督政府提出质询：督政府为何会在出兵意大利一事上失利，又为何要与奥地利公国缔结令人感到耻辱的条约。

布维耶·迪莫拉尔属于中间派。他曾不止一次地对拿破仑·波拿巴大加赞誉。1797年6月23日，布维耶·迪莫拉尔质询督政府的同时，也不忘澄清意大利之失与拿破仑·波拿巴毫无关系，都是督政官指挥不当。

在布维耶·迪莫拉尔之后，轮到德·蓬泰库朗伯爵路易·古斯塔夫·勒杜尔塞发言。德·蓬泰库朗伯爵路易·古斯塔夫·勒杜尔塞曾一手提拔拿破仑·波拿巴，因此，他与布维耶·迪莫拉尔态度一致，没有责怪拿破仑·波拿巴，而是将所有过错推给了督政官。当拿破仑·波拿巴收到这份问责报告时，这位亲自在意大利指挥作战的将军感到既尴尬，又愤怒。意大利之失与他毫无关系？这是在真心开脱，还是在假意指责？但无论如何，这二人都在为拿破仑·波拿巴讲好话。因此，拿破仑·波拿巴也没什么可抱怨。但拿破仑·波拿巴对督政府的看法有所不同。他知道，督政府已然腐朽，四面树敌。现在，机会就在眼前。只要拿破仑·波拿巴加以推进，督政府必然灭亡。拿破仑·波拿巴刚打了几次胜仗，军威正盛，恨不得立刻推倒督政府。他亲笔写道：

> 很明显，议会下令印发此决议就是为了针对我。我前后五次逼敌军和谈，还予其迎头痛击，也称得上功勋卓著。即便不为我颁发荣誉，至少也不要对我妄加指责。起码可以让我在共和国的庇护下安静度日吧！可是现在——别以为我不知道，我承受着许多肆意的辱骂、怠慢、迫害和令人发指的诽谤……我本不想计较。如果不是共和国的最高法官向我泼了脏

水,我也不会特别在乎。我在意大利领兵,为国家建立军功。如今非但没有功绩,反要将我治罪?那抨击我的罪名实在无耻,用心阴恶之极,实在令我难以接受。真是难以置信,你们五百人院宁可信任被大不列颠王国花钱收买的移民,也不相信我和我手下的八万将士们……假如中伤我的只是些卑劣小人,那倒也罢了。他们这等无良之徒,没有爱国的诚心,本就不知尊荣为何物,我何必计较?不予理睬便是。然而现在,是共和国的最高法官在诬蔑我。他们曾以优秀的品德为共和国带来了多少荣耀、多少威严!现在,他们却沦落至此,完全不顾道德和尊严地中伤我、诋毁我。我一定要大声地抗议。公民们,督政官们,他们就是想害我,想杀了我!我不希望这样。我想过安生日子。督政府安排我去和谈,但我并不是可以轻易与敌人和谈的人。

这封信笺异常珍贵,值得仔细品读。在布维耶·迪莫拉尔的口中,拿破仑·波拿巴的性格一向"温柔和软",人品也一贯"容忍迁让"。但这封信的文风既不符合"温柔和软"的性格,也不匹配"容忍迁让"的人品。议员们只要求议会能拥有宪法权利,可以行使立法权,从而制约政府的外交政策。作为军队将领,拿破仑·波拿巴反对盲目地卷入战争,然后不负责任地草率和谈。发动战争是政府经过全盘考虑和周详思量之后的决定,不能由着将军们一时兴起,武断地决定。如果开战,就必须要有正义的立场;如果和谈,就必须要有优厚的条件;如果打了败仗,至少也要勉力维持尊严。督政府实在是失职,落得人人谴责。拿破仑·波拿巴也加入抨击督政府的阵营,像是督政府犯了什么弥天大罪一般。在一次议会召开的时候,拿破仑·波拿巴憎恶他人议论自己,议论他的军事行动,批评他的战争方略。于是,满腔怒火的拿破仑·波拿巴扬言要辞职。当然,他也只是说说而已。

至于克利希俱乐部的人拿"匕首"行刺拿破仑·波拿巴之类的谣言,都是空穴来风,毫无道理。然而,暴怒的拿破仑·波拿巴随信附带了一把短剑。他说这把剑与威胁到他宝贵性命的匕首很相似。他还说尽管这不是行刺他的匕首,却可以在此做个例证。正如拿破仑·波拿巴常说的，"德高望重"与"道貌岸然"之间，只差一个"无德"的决心。而此时，拿破仑·波拿巴明显已经下定决心，以后都不会再在意"德行"。

拿破仑·波拿巴向督政府呼吁，严查反动报刊。查封所有胆敢批评他军事行为的报刊。对报纸杂志不能心慈手软。凡有违背督政府意愿的，一律封杀。

危机日益临近。督政府与立宪派之间剑拔弩张。督政府越来越难以压制国内各派，倾覆在即。

时局对立宪派非常不利。当时的立宪派中混集了大批保王党成员，而在下层士兵和农民阶层的心里，保王党已是明日黄花，不得人心。

立宪派不愿失去既得利益，也不愿让出已经占领的区域。督政府严防死守，阻止保王党复辟。一旦流亡贵族卷土重来，督政府一众官员的位子一个都保不住。

督政府清晰地意识到，当前的局面岌岌可危，于是整集军队，为内战做准备。事实上，督政府没有权力集结军队、动用武力。依据宪法，这算非法行权。但当时适逢巴士底日，群众情绪激动，革命热情高涨，调动士兵也相对容易。没有人发现督政府此举完全不合宪法。当下，督政府要求驻莱茵河和默兹河的阿尔卑斯军团司令和意大利军团司令表态：一旦政局有变，爆发战争，这些军团要支持督政府。

在诸位司令中，只有让·维克多·玛利·莫罗态度模棱两可，不置可否。路易·拉扎尔·奥什和拿破仑·波拿巴摩拳擦掌，恨不得立即开战，尤其是拿破仑·波拿巴，他已经提前为士兵们做了战前动员。

今天是攻陷巴士底狱周年纪念日。我们的面前是勇士的名字。他们为了荣誉、自由和祖国英勇牺牲，是我们革命的好同志，是我们光辉的楷模。我们要继承先烈的遗志，为国奉献，为三千万法兰西人民谋福祉。我们要用新的胜利为英烈之名增添光彩。

士兵们，现在，我们的国家正遭逢不幸和磨难，相信大家都深有感受。但我要说的是，我们的国家一定会走出不幸，告别磨难！我们曾一起打退过欧洲反法联盟。我们还要继续为国家效力！我们虽然身在崇山之外，但依然心系国家。如果人民需要我们，我们会像闪电般出现在他们的面前，帮助他们、支持他们、维护宪法、保卫共和国的果实。

　　士兵们，督政府是维护革命、维护宪法的政府。我们必须要将保王党彻底消灭！士兵们，拿出勇气来，拿出胆量来！我们在为自由事业英勇献身的先烈灵前起誓，我们将继承他们的遗志，开拓全新的时代。我们将发动战争，誓要将共和国的敌人消灭干净，决不纵容！

　　在拿破仑·波拿巴的演讲中，有一丝冷冷的无耻。拿破仑·波拿巴歪曲事实的本领真是令人哭笑不得。在这篇演讲中，拿破仑·波拿巴偷梁换柱，想借共和国的名义达到个人邪恶的野心。这种不讲事实和道理的做法不是他所谓的维护宪法，而是在歪曲宪法。与此同时，督政府滥用宪法、多行不义，法兰西人民怨声载道。

　　拿破仑·波拿巴手下的将领要求士兵们签字，将拿破仑·波拿巴的演说稿呈递督政府。其中，行为最过激的是查尔斯·皮埃尔·弗朗西斯·奥热罗将军。他恨不得自己当先锋，马上打到巴黎。

　　这次演说如同一颗石头，在巴黎激起了万分波澜。现在，巴拉斯子爵保罗·弗朗西斯·让·尼古拉不得不心怀恐惧，因为拿破仑·波拿巴的这篇演讲已不只是演说，更是一份内战宣言。拿破仑·波拿巴是巴拉斯子爵保罗·弗朗西斯·让·尼古拉一手打造的野心家，现在却如洪水猛兽一般，要抢夺大权。拿破仑·波拿巴让督政府极其忌惮。督政府还是觉得路易·拉扎尔·奥什更加稳妥。虽然路易·拉扎尔·奥什的个人能力比不过拿破仑·波拿巴，但他贵在对督政府忠诚。督政府也只得提拔路易·拉扎尔·奥什。于是，巴拉斯子爵保罗·弗朗西斯·让·尼古拉撤换了国防部长，将路易·拉扎尔·奥什任命为新任国防部长。1797年7月17日，路易·拉扎尔·奥什随先头部队抵达巴黎，作势要发动海战，进攻大不列颠王国。但当他在巴黎的街道上穿行时,巴黎人民纷纷围上前来,哭着祈求路易·拉扎尔·奥什:"先救救我们吧,我们被包围了。到处都是大炮和敌军,我们哪儿也去不了。"在关键时刻,督政府再次展现了胆小如鼠的本色。巴拉斯子爵保罗·弗朗西斯·让·尼古拉优柔寡断,下令决战却旋即收回,一再推迟决战的时间。1797年7月8日,他索性撤回了所有士兵。督政府出尔反尔。路易·拉扎尔·奥什左右不是,心中苦涩难耐,有一种上当受骗的感觉。他一气之下返回了莱茵军团,竟无端暴亡,一命呜呼。①

路易·拉扎尔·奥什死了。让·维克多·玛利·莫罗一直置身事外。巴拉斯子爵保罗·弗朗西斯·让·尼古拉一筹莫展,除了依赖拿破仑·波拿巴,他别无选择。现在,巴拉斯子爵保罗·弗朗西斯·让·尼古拉要小心翼翼,如火中取栗一般向意大利军团司令求助了。

在此期间,拿破仑·波拿巴早已做好准备。他提前遣副官安托万·玛利·尚曼到巴黎刺探情报。

在元老院里,桌子摇来晃去,巴拉斯子爵保罗·弗朗西斯·让·尼古拉和卡诺伯爵拉扎尔·尼古拉·玛格丽特正吵得不可开交。巴拉斯子爵保罗·弗朗西斯·让·尼古拉放声挖苦卡诺伯爵拉扎尔·尼古拉·玛格丽特:"你浑身上下都长满了虱子,脸上都生了脓疮!"卡诺伯爵拉扎尔·尼古拉·玛格丽特回击道:"巴拉斯子爵保罗·弗朗西斯·让·尼古拉,你这个小人。你要记得现在骂我的每一句话,将来我一定加倍奉还!"听到卡诺伯爵拉扎尔·尼古拉·玛格丽特还要伺机报复,巴拉斯子爵保罗·弗朗西斯·让·尼古拉就打定主意,让"将来"永远不来。他当众大吼道:"我要杀了他!"

安托万·玛利·尚曼将此情此景如实上报。他还写道:

> 巴拉斯子爵保罗·弗朗西斯·让·尼古拉对我毫无戒备之心,因此我对他的计划略知一二。他的所有演讲都带着浓浓的血腥气味,并且异常

---

① 据传,是保王党或拿破仑·波拿巴下毒暗害路易·拉扎尔·奥什。但这些推测全无凭证。督政府曾在事后组织验尸,亦无所获。——原注

恶毒。一个月前,巴拉斯子爵保罗·弗朗西斯·让·尼古拉就和心腹们商量好,要用极端手段清洗政敌,越残忍越好。当大清洗计划如期执行时,巴拉斯子爵保罗·弗朗西斯·让·尼古拉的对手被一一清除,场面惨不忍睹。由于身份所限,我没有进一步参与这场斗争。但我已将自己知晓的情况全部据实上报拿破仑·波拿巴将军。我甚至与他推心置腹,以逆耳忠言相告。我告诉拿破仑·波拿巴将军:"尽管巴拉斯子爵保罗·弗朗西斯·让·尼古拉没有拉您入伙,您也不能助纣为虐,因为那样做会玷污您的威名。"我还跟他说,如果他真的决定要与督政府一起做这样厚颜无耻的事,一再违反宪法和自由,会让他自己万劫不复。我还跟他讲,马上会有大事、惨事发生。国民代表和德高望重的好公民可能会遭到清洗。我还说,这样的血洗只会带来更大的仇恨,这种仇恨的情绪会广泛蔓延,直到最后,人们不仅对督政府失望,也会对共和国政府的整个制度失去信心。再说,督政府费尽心思清洗的这些人,其实并没有确切证据能表明他们就是保王党。①

当然,安托万·玛利·尚曼是用暗语将这封信写给拿破仑·波拿巴的。因此,巴拉斯子爵保罗·弗朗西斯·让·尼古拉发现了这个秘密后,内心非常惊恐。当他看到拿破仑·波拿巴在回信中居然对国内局势只字未提,就明白,拿破仑·波拿巴也在用暗语。这令巴拉斯子爵保罗·弗朗西斯·让·尼古拉更加不安。诡异的是,在此之后整整一个半月,拿破仑·波拿巴和安托万·玛利·尚曼之间没有任何书信往来。

安托万·玛利·尚曼的情报让拿破仑·波拿巴迟疑再三。拿破仑·波拿巴最好可以不出面,运筹帷幄,决胜千里之外。仔细思量之后,他派出两位品格迥异的得力干将前往巴黎,协助督政府。这两位分别是自负、狂热且有勇无谋的查尔斯·皮埃尔·弗朗西斯·奥热罗和冷血、阴沉但行事谨慎的让-巴蒂斯特·朱尔·贝纳多特。

---

① 《拉瓦莱特伯爵回忆录》(英译修订本),1831年,第1卷,第253页。——原注

拿破仑·波拿巴愿意出手，但不愿像上次一样亲临现场指挥巷战。他心知自己指挥有序、能力高超，若是由他指挥，只怕叛军又要像葡月事变中那般死伤惨重。拿破仑·波拿巴并不想多造杀戮。打赢了会失掉人心，打输了又要承担责任。拿破仑·波拿巴将这吃力不讨好的差事丢给了查尔斯·皮埃尔·弗朗西斯·奥热罗。他还出手阔绰，给巴拉斯子爵保罗·弗朗西斯·让·尼古拉送去三百万法郎作为战时资助。拿破仑·波拿巴四处花钱，收买军心。他发钱给陆军、炮兵和海军，其实是想让大家看到，现在的督政府没有能力供养军队，督政府拖欠的军饷都由拿破仑·波拿巴发还。

忆起这段事时，荣格上校调侃地评述道："葡月平叛中，巴拉斯子爵保罗·弗朗西斯·让·尼古拉成就了拿破仑·波拿巴；果月事件时，则是拿破仑·波拿巴成全了巴拉斯子爵保罗·弗朗西斯·让·尼古拉。而接下来的雾月政变中，拿破仑·波拿巴将与巴拉斯子爵保罗·弗朗西斯·让·尼古拉分道扬镳，独自登上权力巅峰。对于科西嘉岛的黄口小儿拿破仑·波拿巴来说，果月十八日事件是一次政治试水，说明了武力夺权的重要性。"[1]

在拿破仑·波拿巴的支援下，巴拉斯子爵保罗·弗朗西斯·让·尼古拉钱粮充足、兵马齐备。先遣队已秘密进入巴黎，在查尔斯·皮埃尔·弗朗西斯·奥热罗的指挥下，各就各位。查尔斯·皮埃尔·弗朗西斯·奥热罗骑着高头大马，穿着笔挺的新军装，军服上点缀着从意大利神殿里抢来的钻石，璀璨夺目。查尔斯·皮埃尔·弗朗西斯·奥热罗狠辣地宣布，要扫光所有保王党。

保王党充斥着五百人院。他们吓破了胆，立即召集国民自卫队武装，并任命让-查尔斯·皮什格鲁担任指挥。正在犹豫间，查尔斯·皮埃尔·弗朗西斯·奥热罗的部队已将炮弹填入炮筒，将枪药塞进枪膛。四十门大炮和一万两千名士兵包围了杜伊勒里宫。围栏后另有国民自卫队的八百名掷弹兵做好了保卫五百人院的准备。但实际上，这八百名掷弹兵早已被拿破仑·波拿巴出钱收买。督政府获胜，将让-查尔斯·皮什格鲁和约六十名五百人院议员投入圣殿塔监狱关了起来。卡诺伯爵拉扎尔·尼古拉·玛格丽特和巴泰勒米侯爵弗朗西斯·玛利

---

[1] 荣格：《拿破仑·波拿巴和他的时代》，1880年，巴黎，第3卷，第178页。——原注

尼古拉-路易·弗朗西斯·德·纳沙托

的督政官大位自是不保。他们的继任者是胆小怯懦的律师菲利普-安托万·梅兰·德·杜艾和不入流的小作家尼古拉-路易·弗朗西斯·德·纳沙托。

此次事件后,四十二家同情保王党的刊物被查封。这四十二家刊物的编辑、出版商和撰稿人都被一网打尽。这四十二家刊物的相关人员,连同被逮捕的让-查尔斯·皮什格鲁以及六十名五百人院议员,全部未经审讯就直接被发配去了法属圭亚那的卡宴沼泽。

葡月一日,大获全胜的督政官、各部部长和所有当局机关官员浩浩荡荡走向战神广场。他们要在那里举办法历新年庆典。巴拉斯子爵保罗·弗朗西斯·让·尼古拉站在《祖国报》的讲坛上，发表了恢宏的长篇演讲，宣布督政府已将敌人全部扫光。

果月平叛中，拿破仑·波拿巴功不可没。他是幕后主使，虽然从未现身，但多亏他出钱出兵，果月平叛才能取得胜利。果月平叛的胜利不仅挽救了督政府，更是拿破仑·波拿巴迈向大权独揽的重要一步。现在，没人再敢对拿破仑·波拿巴品头论足。但拿破仑·波拿巴心中非常清楚，他保全的督政府已对他心生忌惮。

督政府忌惮拿破仑·波拿巴，那又怎么样？如今，路易·拉扎尔·奥什已经离世，督政府没有可以倚靠的人。话说回来，路易·拉扎尔·奥什死得倒也及时，拿破仑·波拿巴正好可以上位。拿破仑·波拿巴心中非常清楚，五位督政官已近乎是摆设。这五位督政官披着大氅，戴着礼帽，蹬着印有花式纹路的靴子，一副唯我独尊的样子，看起来好不威风凛凛。事实上，他们的权力并不稳固。一旦政局再有一丝变幻，几位督政官将难以把握大局。不久以后，他们的权力就将落入拿破仑·波拿巴的手中。

《1795年宪法》宛若过街老鼠，人人喊打。督政府统治下的法兰西第一共和国民怨沸腾。

巴拉斯子爵保罗·弗朗西斯·让·尼古拉开始对拿破仑·波拿巴这个"后生"心生畏惧，恨不能除之而后快。新上任的外交部部长查尔斯·莫里斯·德·塔列朗–佩里戈尔却很机灵地看清了局势，深知新上任的意大利军团司令拿破仑·波拿巴才是未来掌握权力的新星。于是，查尔斯·莫里斯·德·塔列朗–佩里戈尔毫不犹豫地致信拿破仑·波拿巴，表示投诚。

查尔斯·皮埃尔·弗朗西斯·奥热罗在果月平叛中立了大功，便开始四处吹嘘，说他作战比拿破仑·波拿巴还厉害。对拿破仑·波拿巴来说，安置查尔斯·皮埃尔·弗朗西斯·奥热罗也挺费脑子。最后，拿破仑·波拿巴将查尔斯·皮埃尔·弗朗西斯·奥热罗调至莱茵–默兹军团，任司令官。距离他远一些，眼不见心不烦。

在沸腾的民怨中，巴拉斯子爵保罗·弗朗西斯·让·尼古拉感受到好似大地崩裂的危机。怎么做才能维护权位？只有发动对外战争，转移公众不满。督政官远在巴黎。战端一起,他们身处国土内部,不受丝毫干扰。领兵打仗和舟车劳顿都是官兵们的事情。只要法军可以获得细碎的胜利,就有理由继续开战,将国内的视线牢牢地绑在战事上。至于其他国家可能因此水深火热,谁又管得了那么多。

于是,督政官命令拿破仑·波拿巴:停止和谈,继续进攻。然而,将在外,君命有所不受。拿破仑·波拿巴我行我素,坚持和谈,并且与奥地利公国签订了《坎波福米奥和约》。

拿破仑·波拿巴在这一阶段的秘书路易·安托万·福弗莱·德·布里昂是这样记录的:

> 这一时期的拿破仑·波拿巴仍年轻且冲动。他会受到时代思潮的冲击,会摇摆不定。他一心痴迷于创建代表制政府。他经常跟我说:"我想创建一个伟大的时代,这个时代要以我的纪元为开端。"

然而,拿破仑·波拿巴的行动背叛了他的诺言。

这只是拿破仑·波拿巴为了宣传效果说的谎话。拿破仑·波拿巴是为了鼓舞士气、煽动意大利人民革命,才说出这样冠冕堂皇的话语。但在私下里,拿破仑·波拿巴对杜普伊斯将军说过的一段话,显示出他并非真心向着共和。拿破仑·波拿巴问杜普伊斯将军:"我打算自封为意大利国王。你觉得怎样?"杜普伊斯将军答道:"那我就杀了你。"

第23章

在巴黎

（1797年10月17日—1798年5月4日）

精彩看点

《坎波福米奥和约》——低调——拿破仑·波拿巴必须做的——再一次远征东方的绸缪——现在已经没有对手——装作不恋军权——对奇斯帕达纳共和国的公告——给兄长约瑟夫·波拿巴的建议——攻打大不列颠王国的计划——银行家邦特普斯——卡诺伯爵拉扎尔·尼古拉·玛格丽特——在巴黎——人脉拓展——盛大的庆典——拿破仑·波拿巴发表演讲——拿破仑·波拿巴怀疑督政官要自己的命——没能当上督政官——拿破仑·波拿巴与阿尔贝·佩尔蒙迪——实地勘察——放弃登陆大不列颠王国计划——着手准备出征埃及——他要暂时避开一下——拿破仑·波拿巴对奥利弗·克伦威尔的评价——拿破仑·波拿巴的心声——不再犹豫

1797年10月17日，法兰西第一共和国与奥地利公国在一个叫坎波福米奥的小村庄缔结和约。神圣罗马帝国皇帝弗朗茨二世做出痛心的让步，将奥属尼德兰及莱茵河左岸地区全部割让给法兰西第一共和国，同时割让的还有他在德意志境内的前哨据点美因兹。他看似将伦巴第的势力范围还给了北意大利人民，但事实上，伦巴第的势力范围都进入了法兰西统治者的口袋。他被迫承认米兰公国和曼托瓦公国各自独立，并一起组建成为阿尔卑斯山南共和国。他还将原威尼斯治下的爱奥尼亚群岛移交给法兰西第一共和国，所有威尼斯人在阿尔巴尼亚的财产也一并交割。以上即神圣罗马帝国皇帝弗朗茨二世损失的领土。当然，为了弥补神圣罗马帝国皇帝弗朗茨二世的损失，法兰西第一共和国也做出了一些让步，将以下领土分给奥地利公国：威尼斯共和国在意大利境内直至阿迪杰河的所有领土、伊斯特拉半岛和达尔马提亚。然而，阿迪杰河与阿达河之间的所有省份都并入了阿尔卑斯山南共和国，摩德纳、教皇属博洛尼亚省、费拉拉、拉韦纳、法恩扎及里米尼都并入了意大利北部共和国。

拿破仑·波拿巴不顾督政府反对，先声夺人地签订了《坎波福米奥和约》。督政府一再严令反对《坎波福米奥和约》，为此不惜从巴黎连续向拿破仑·波拿巴发布禁令，禁止拿破仑·波拿巴与奥地利公国签约。拿破仑·波拿巴接到督政府措辞更加严厉的第二道命令时，《坎波福米奥和约》已签订完毕好几个小时。在第二道禁令中，督政府嘱咐拿破仑·波拿巴万不可签约，也决不可将威尼斯共和国划分给奥地利公国。但为时已晚,《坎波福米奥和约》已然签订。督政府非常不满。奥地利公国政府也有人不满。奥地利哈布斯堡王朝的宫廷首相约翰·阿马多伊斯·弗朗兹·德·保拉·冯·图古特男爵签下《坎波福米奥和约》时,也是满心郁结。其实,约翰·阿马多伊斯·弗朗兹·德·保拉·冯·图古特男爵不想停战。然而,战事拖延,民怨不止,外加奥地利哈布斯堡王朝宫廷已在战争中消耗过大,不得不停战。因此,约翰·阿马多伊斯·弗朗兹·德·保拉·冯·图古特男爵也不得不同意停战。约翰·阿马多伊斯·弗朗兹·德·保拉·冯·图古特男爵心中非常清楚,和约只是一张纸,无法维持长久的和平。拿破仑·波拿巴野心勃勃,他不过是为了眼下得以残喘,才签订和约作为掩饰。一旦时局变化,战端重启,拿破仑·波拿巴会亲手将这份和约撕得粉碎。

约翰·阿马多伊斯·弗朗兹·德·保拉·冯·图古特男爵分析得非常正确。拿破仑·波拿巴的确是为了一时便利暂罢刀兵。时间已近寒冬,昼短夜长。阿尔卑斯山脉白雪皑皑,对双方作战都极其不易。拿破仑·波拿巴已经在亚得里亚海占获一据点,现在"得陇望蜀",希望可以尽快占领马耳他。他甚至部署了名为"东方计划"的军事行动,准备组织一支勇猛的东方军团,绕过奥地利,来到德意志领土的西侧。东方军团将与法兰西第一共和国本土的部队一起,东西夹击德意志。为了实现"东方计划",拿破仑·波拿巴开始研究如何打造强大的海军以备未来海上作战。他需要暂时离开部队前去调研。于是,拿破仑·波拿巴再次前往巴黎请假。

1797年9月13日,拿破仑·波拿巴致信外交部部长:"为何不夺取马耳他岛?可以命令弗朗西斯−保罗·布吕埃斯·德加利耶上将率军登陆并占领。马耳他岛上仅有一支瓦莱塔驻军,合计有四百骑兵和八百步兵。岛上的居民心向法军,不向着驻军。撒丁国王卡洛·艾曼努尔四世已将圣彼得岛割让给我们。我们如果能占领马耳他、科孚岛等岛屿,必将称霸地中海。如果与大不列颠王国和谈,作为停战的条件,我们或许要割让好望角。这样一来,攻克埃及就势在必行。至于埃及人的信仰,我们法军作为铁血军团,是不会在意的。伊斯兰教也好,古埃及教也好,阿拉伯人也好,邪教教徒也好,我们都全盘接纳。"

弗朗西斯-保罗·布吕埃斯·德加利耶

拿破仑·波拿巴心中清楚地知道，当前的局势尽在他的掌握之中。现在，已经没有任何人可以与他抗衡了。参与保王党叛乱的让-查尔斯·皮什格鲁已经逃亡，不会再回到法兰西。让·维克多·玛利·莫罗被拿破仑·波拿巴设计陷害后，名誉扫地。路易·拉扎尔·奥什在军营中神秘地死去。的确，论个人才干和军事水平，拿破仑·波拿巴已是无人能及。或许，查尔斯·皮埃尔·弗朗西斯·奥热罗也算是颇有能力，但他好大喜功，又爱吹嘘，缺乏做大事的风度。然而，即使是这样一位能力一般的潜在竞争对手，拿破仑·波拿巴也不敢掉以轻心。拿破仑·波拿巴一回到巴黎，就立即将查尔斯·皮埃尔·弗朗西斯·奥热罗发配到遥远的佩皮尼杨。督政府再无威信可言。部队官兵都以拿破仑·波拿巴马首是瞻。法兰西民众将拿破仑·波拿巴视为希望的新星,希望拿破仑·波拿巴能带来和平的生活和安稳的国运。

拿破仑·波拿巴已经决定夺权。他的心中早已有了筹谋和决断,表面却不动声色,装作病恹恹的样子,像是为盛名所累,想要就此隐退。

1797年9月25日,拿破仑·波拿巴写道:"恳请政府允我辞去军职,速派他人替换……常年征战使我心劳神损,亟须静养……我已久掌军权,可尽快命令他人来接替。"

1797年10月1日,拿破仑·波拿巴又写道:"迄今为止,我已为报效国家耗尽所有力量。现在,我的身体抱恙,时而乏力,时而疲惫不堪,这种感觉像是生了大病一样。现在,我连上马都觉得困难。我真的需要静养,需要恢复元气。因此,两年内我都不能再上战场了。"

1797年10月10日,《坎波福米奥和约》正式签订。拿破仑·波拿巴再次"诚恳"地向督政府请辞。拿破仑·波拿巴一再向督政府声明自己没有异心。他说他最大的愿望就是像古代的贤者一样,退隐田园。他还说,他想亲自给其他掌有军权的将领们做个榜样:要在国家有难时挺身而出,但功成后不可贪恋军权。总之,绝对不能出现军政府这样的独裁体制,因为那将是对共和最大的伤害。

然而,事实上,拿破仑·波拿巴对独揽大权念念不忘。当时,他已与查尔斯·莫里斯·德·塔列朗–佩里戈尔和埃马纽埃尔–约瑟夫·西哀士神父等人暗中通信,商议变更宪法的事宜。拿破仑·波拿巴草拟了纲要,交给查尔斯·莫里斯·德·塔列朗–佩里戈尔和埃马纽埃尔–约瑟夫·西哀士神父二人商议细节。之后,拿破仑·波拿巴准备返回巴黎。他一边收拾行装,一边又想出了一个"双面计划"。此次"双面计划"的两个方面互为补充,相辅相成。如果督政府已明显无法掌控大局,拿破仑·波拿巴就当机立断,顺势推翻督政府;如果局势不利好,直接推翻督政府的风险太大,他就转而实施既定的"东方计划",敦促督政府下令出兵埃及。这样一来,拿破仑·波拿巴就可以率兵占领埃及,然后从埃及向东方进攻。东进的路线有两个选择:第一条路线是击退大不列颠王国的海上

督政府收到拿破仑·波拿巴签署的《坎波福米奥和约》的庆祝活动

力量,一路向东,直到占领印度;第二条路线是从地中海东部海湾进军,包抄奥斯曼帝国。

从意大利返程前的晚上,拿破仑·波拿巴在阿尔卑斯山南共和国发表演说。他一如既往地谈起自由、人民和代表的主题,呼吁人们发挥天赋的权利,不要向暴政屈服。同时,拿破仑·波拿巴积极地在阿尔卑斯山南共和国的各处机关安插自己的人手。

与此同时,拿破仑·波拿巴不忘为他的兄长约瑟夫·波拿巴"出谋划策"。当时,约瑟夫·波拿巴任职法兰西第一共和国驻罗马代表。拿破仑·波拿巴不失时机地示意约瑟夫·波拿巴,让他想尽一切办法在罗马和那不勒斯煽风点火。只要当地能掀起革命风潮,法兰西第一共和国就有理由前来干预。届时,法军便可以长驱直入,径直占领教皇国和那不勒斯王国。

1797年10月17日,拿破仑·波拿巴致信查尔斯·莫里斯·德·塔列朗-佩里戈尔:"我们必须将英勇多谋的大不列颠人民武装起来,推翻大不列颠王国。眼下,时机已日趋成熟,让我们全力以赴,打造海军,进攻大不列颠王国!我们如果能推翻大不列颠王国,那么,踏平整个欧洲也不在话下。"

1797年11月5日,拿破仑·波拿巴致信督政府:"如果法兰西第一共和国要进军大不列颠王国,以下几个条件必须满足:第一,请派遣富有经验的海军军官若干人同行;第二,尽快打造一支装备精良、忠诚强大的海军舰队;第三,任命一位海军总司令,此人必须果断干练、睿智多谋;第四,准备军费约三千万法郎……虽然现在我的身体状态更需要卧床休养,但只要国家需要,我愿一肩承担攻打大不列颠王国的指挥任务。我愿用生命担保,保证完成共和国交给我的任务。"

正如拿破仑·波拿巴所说,当时的确是进攻大不列颠王国的最佳时机。大不列颠王国四面楚歌,腹背受敌:国内海军哗变、银行冻结,国外盟友反目。甚至近在咫尺的爱尔兰,都满是革命派的嚣张气焰。

于是,督政府决定进攻英格兰,从意大利军团中抽调精锐军士组建英格兰军团,任命拿破仑·波拿巴为英格兰军团总司令。

在前往瑞士的路上,拿破仑·波拿巴以包庇卡诺伯爵拉扎尔·尼古拉·玛格丽特并协助卡诺伯爵拉扎尔·尼古拉·玛格丽特逃跑的罪名逮捕并拘禁了银行家邦特普斯。长期以来,卡诺伯爵拉扎尔·尼古拉·玛格丽特对拿破仑·波拿巴多有提携,二人在私下的关系也很不错。谁知这一切只是个骗局。拿破仑·波拿巴一直在欺哄卡诺伯爵拉扎尔·尼古拉·玛格丽特。卡诺伯爵拉扎尔·尼古拉·玛格丽特识人不明,作为督政官,竟一直对拿破仑·波拿巴的"忠心"深信不疑。直到1797年9月4日前夜,拿破仑·波拿巴才露出了本来面目。

拿破仑·波拿巴路经瑞士尼翁城时,邦特普斯正在尼翁城中藏匿。此时的卡诺伯爵拉扎尔·尼古拉·玛格丽特仍心无城府。后来,卡诺伯爵拉扎尔·尼古拉·玛格丽特在回忆录中写道:"拿破仑·波拿巴不会合谋害我,这一点我万般确信。我被流放的事情也与拿破仑·波拿巴无关。其实,我当时的确准备致信拿破仑·波拿巴,想与他会面,但我担心连累他,因此才作罢。"后来,卡诺伯爵拉扎尔·尼古拉·玛格丽特终于看清了拿破仑·波拿巴的为人。假如拿破仑·波拿巴

尼翁城

洛桑城

当时知道他也在尼翁城,那么一定会立即逮捕他,并将他流放到法属圭亚那卡宴的沼泽地。

拿破仑·波拿巴在瑞士洛桑城受到了当地共和派人士的热烈欢迎。在瑞士沃州,他暗中谋划起义,准备攻占瑞士首都伯尔尼。

1797年11月5日,拿破仑·波拿巴抵达巴黎,在尚特雷纳街一处精美的房屋中住下。那是波拿巴夫人约瑟芬的领地。拿破仑·波拿巴刚刚抵达,巴拉斯子爵保罗·弗朗西斯·让·尼古拉便立即前来探访。塞纳省的上层官员都想拜见拿破仑·波拿巴,因此纷纷派人前来预约。拿破仑·波拿巴先发制人,亲自登门造访,逐一拜会当地官员。他颇有雅量地拜会了包括治安官在内的所有官员。当地《公报》对拿破仑·波拿巴赞誉不断,称赞拿破仑·波拿巴谦朴亲民。拿破仑·波拿巴出行时只乘坐两匹马的马车，随扈从俭。他还做秀般地出现在自家后花园的圃地，亲自打理花草，看上去忙碌不已。

在意大利蒙特贝洛时，拿破仑·波拿巴与意大利皇室贵族打得火热。回到巴黎，他又以"普通公民"的面孔出现，极力要抛却身上的各种光环。

1797年12月10日，为纪念和平条约的缔结，人们举行了盛大的庆典。有圆顶大厅的卢森堡宫被装饰成庆祝场地。卢森堡宫的一边设有意大利风格装饰的祖国祭坛①，祖国祭坛的平台上矗立着象征自由、平等和博爱的雕像。祖国祭坛背后是五十个"宝座"，"宝座"上的人都穿着盛装华服，扮演古代的"先贤名相"。

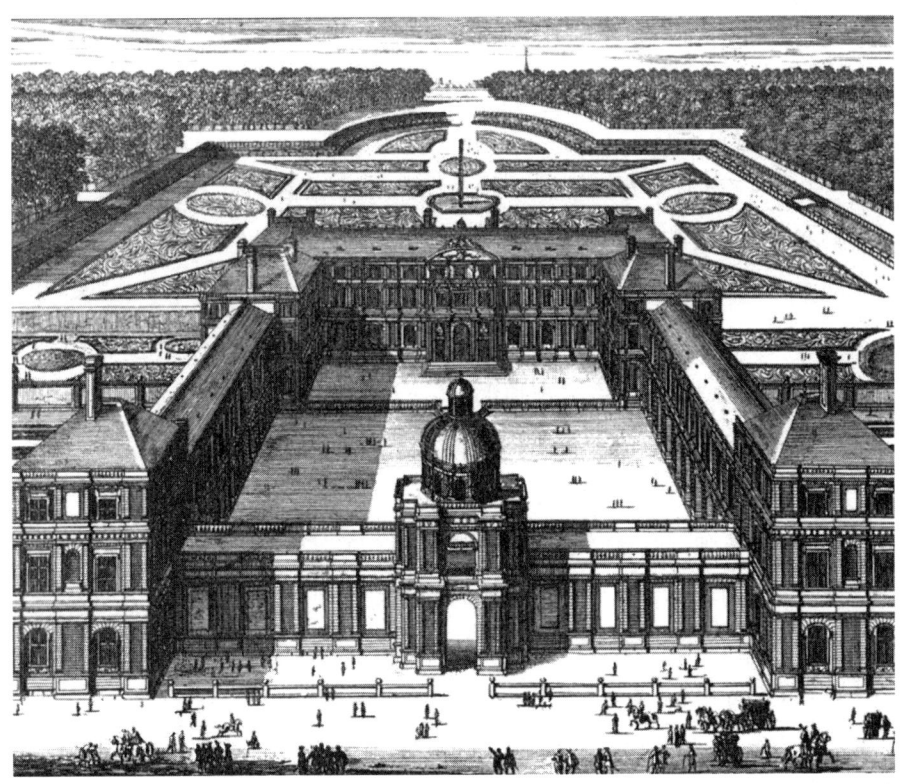

卢森堡宫

---

① 祖国祭坛（Atuel de la patrie），法兰西大革命时期象征民族精神的纪念柱。多用于节日庆典。

庆典以一曲圣歌开篇。但圣歌唱到一半就停了下来，随之而来的是人群中雷鸣般的掌声。原来是拿破仑·波拿巴入场了。意大利军团总司令拿破仑·波拿巴身材瘦小，看上去病恹恹的。当然，这都是他装出来的，他就是要以身体"欠佳"的模样示人。

在场的所有人都起立、脱帽，向拿破仑·波拿巴致礼。人们挥舞着手帕表达对拿破仑·波拿巴的崇拜。外交部部长查尔斯·莫里斯·德·塔列朗-佩里戈尔首先致辞，欢迎拿破仑·波拿巴的到来。在欢迎辞中，查尔斯·莫里斯·德·塔列朗-佩里戈尔极尽吹捧之能事，对拿破仑·波拿巴歌功颂德，说他是捍卫自由的伟大将领、冲破独裁的先驱、无欲无求的贤达、不计功名的圣者。他还说拿破仑·波拿巴一心追求学术和艺术，生活朴实无华。

查尔斯·莫里斯·德·塔列朗-佩里戈尔致完辞后，拿破仑·波拿巴发表演说：

公民们、督政官们：

法兰西人民要想获得真正的自由，就要打破君主专制。我们要制定一部公平合理的宪法，要破除十八个世纪以来的偏见。自《共和三年宪法》颁布以来，我们一起经历过风风雨雨，克服了重重阻碍。两千年来统治欧洲的教会制度、封建制度和王室制度结束了！伴随我们新近签订的和平条约，一个伟大的宪法新纪元即将开启！

何其有幸，我们生在这个伟大的新纪元。我们是我们伟大国家的活力源泉。我们将开疆拓土，直达大自然的边界。

而公民们，你们的奉献最巨大。由于你们的付出，尼德兰和意大利将迎来正义的希望之光。这两处是欧洲大陆最美丽的土地，是孕育了无数艺术巨匠和科学伟人的摇篮。在这片古老的土地上，自由之花将竞相开放。以正义和自由为基石的尼德兰和意大利会更强大！

今天，能够将神圣罗马帝国皇帝弗朗茨二世亲令签订的《坎波福米奥和约》交付诸位，我感到无比荣幸。只有紧随和平的脚步，共和国才有未来，才有自由，才有荣耀。

> 我们只要建立完备的法制，只要依法治国，就一定会拥有美好的未来，一定能成为他国的楷模。我们一定能解放全欧洲！

最后这一句才是重点。这句话中透露了一条重要的信息：拿破仑·波拿巴并不认为《共和三年宪法》足够完备。

掌声经久不息。拿破仑·波拿巴演说完毕后，巴拉斯子爵保罗·弗朗西斯·让·尼古拉也起身，做了一个无比空洞的演讲。在演讲中，巴拉斯子爵保罗·弗朗西斯·让·尼古拉再次夸赞了拿破仑·波拿巴的光荣功绩。他说，如拿破仑·波拿巴一般的才华和功勋，纵观历史，也只有苏格拉底、尤利乌斯·恺撒和格涅乌斯·庞培才可匹敌。他还说："我们不再惧怕横霸海洋的海盗之国！我们将整装待发，将其击溃。伦敦城的斑斑劣迹向来无人责问。如今，就由我们出手，教训大不列颠王国！大不列颠王国有万万千千共和人士在等待我们的到来！"

即使身处喝彩声中，拿破仑·波拿巴也知晓，督政府对自己毫不信任。查尔斯·皮埃尔·弗朗西斯·奥热罗开诚布公地向督政府谏言，要督政府提防拿破仑·波拿巴。这个小个子的科西嘉人野心太大，对共和的效忠也真假难辨。即使是拿破仑·波拿巴的科西嘉同乡巴泰勒米·阿雷纳，在提及拿破仑·波拿巴时竟也没有好话。巴泰勒米·阿雷纳向督政府控告拿破仑·波拿巴挪用军费、中饱私囊，"在意大利战争中至少侵吞了两千万"。他还添油加醋地说，拿破仑·波拿巴的存在才是"共和大业唯一真正可怕的敌人"。人都擅长以己度人。现在，一向阴险的拿破仑·波拿巴看向周围，只觉得敌意丛生。于是，他对督政府的厌恨日益加深，恨不得尽早将它推翻。当然，拿破仑·波拿巴也非常清楚，在他厌恨督政府的同时，督政府也一样厌恨他，恨不得尽早将他除去。

拿破仑·波拿巴希望可以跻身督政官之列，但有一项规定无情地将他拦下：督政官人选必须年满四十。他时年未满三十，如何能再苦等十年？于是，他四处活动，希望可以放宽条件，但最终未能如愿。因此，他开始将注意力转移到其他方案上，比如攻打大不列颠王国。如果不能拿下大不列颠王国，就攻打埃及。

至于巴黎民众如何将拿破仑·波拿巴奉若神明，拿破仑·波拿巴并不在意。拿破仑·波拿巴说："呸！一群暴民！我可看清了他们！如果我失败了，在被绑缚前往刑场的路上，他们一样会夹道欢呼。"

拿破仑·波拿巴对路易·安托万·福弗莱·德·布里昂说："欧洲已经乱成一团，难以成事。要想建起伟大的帝国，兴起共和的革命，只有东方可行。在东方，有六亿人民在等待我们去解放。"

阿布兰特什公爵夫人劳雷·朱诺曾记录过一次谈话的内容，或者说，她记下的是一份谈话内容的总结。在这份总结中，涵盖了这个时期内阿布兰特什公爵夫人劳雷·朱诺的胞兄阿尔贝·佩尔蒙迪与拿破仑·波拿巴的对话。对话内容与阿尔贝·佩尔蒙迪和拿破仑·波拿巴商讨的东进事宜有关。一次，阿尔贝·佩尔蒙迪拜见拿破仑·波拿巴回来后，跟他的母亲德·佩尔蒙迪夫人说：

> 我可以清晰地看到，拿破仑·波拿巴的伟大灵魂正在遭受督政府的打压。督政官们不愿任由这个伟大的灵魂自由飞舞。他们自身做不到深谋远虑，还要限制拿破仑·波拿巴的自由发展。拿破仑·波拿巴的伟大灵魂注定要飞往更加广阔的天空。他若固留此地，只会身心俱锢，前程丧尽。今天早上，拿破仑·波拿巴对我说："巴黎并非我的久留之所。我在这里，像是披着灌了铅的外衣。如此沉重的负荷，让我的心志疲惫且感到伤痛。"说完后，他就在房间中来回踱着步。阿尔贝·佩尔蒙迪回答："可是，你看，巴黎多么欢迎您！巴黎人民对您如此爱戴和感恩！无论是繁忙的大街，还是行人漫步的小道，甚至在剧场……在任何地方，只要您出现，谁不是在高声呼喊'波拿巴万岁'？将军，您多虑了。您其实深得民心呢！"

阿布兰特什公爵夫人劳雷·朱诺说：

> 拿破仑·波拿巴听到我的胞兄阿尔贝·佩尔蒙迪这样说，一下子怔

了，一动不动地看着阿尔贝·佩尔蒙迪。他背着双手，脸上露出一丝饶有兴趣的表情，但很快恢复了阴郁的常态，还是一副沉思的模样。拿破仑·波拿巴突然问道："阿尔贝·佩尔蒙迪，你对向东进军这件事怎么看？你的父亲精心地培养你，就是想要你成为外交官。你会讲新希腊语吗？"阿尔贝·佩尔蒙迪点头，表示他会讲新希腊语。"那么，阿拉伯语呢？"阿尔贝·佩尔蒙迪支支吾吾地表示，他不懂阿拉伯语，但可以学习。一个月就能有所进步。

"哦！嗯，好吧……"说到这里，拿破仑·波拿巴顿了顿，仿佛后悔让阿尔贝·佩尔蒙迪做这样的保证。不过，拿破仑·波拿巴心思缜密，聊了一阵子又翻回了这个话题。他还问阿尔贝·佩尔蒙迪有没有参加过塔利安夫人特蕾莎·卡巴吕的舞会。拿破仑·波拿巴说："真是欢乐的盛宴啊……比旧日的宫廷舞会还要奢华。哎，想必督政府已经忘记了自己共和的初心。如此浮华矫饰、奢侈糜迭，岂不是要授人话柄？推翻督政府不过是一句话的事。我就是军队，军队就是我。督政官们可是要好好裁度，看谁还敢说军队不重要……

阿尔贝·佩尔蒙迪告诉拿破仑·波拿巴，大家都以为计划是要远征大不列颠王国。听到这里，拿破仑·波拿巴的嘴角微微上扬，露出一丝难以捉摸的笑容。阿尔贝·佩尔蒙迪不解其意，无所适从。拿破仑·波拿巴说："大不列颠王国？那么我们就真的是要去攻打大不列颠王国了！不过，你说对了，巴黎人这次没猜错。我们是要整装出发，攻打大不列颠王国。我们肯定能打败大不列颠王国！而且我们要一举成功，让它彻底灭亡！"

拿破仑·波拿巴出发前往北部海岸，检视在大不列颠王国海岸登陆事宜。他要在战前做到知己知彼。首先，拿破仑·波拿巴向领航人员和水兵逐一进行咨询。其次，他细细搜集了所有与大不列颠海军实力有关的资料并进行研读。然后，他颇费心思地分析了法兰西舰队的战斗力。最后，拿破仑·波拿巴在返回巴黎时，得出了一个相反的结论：出兵远征大不列颠王国一事并不可行。即使多准备几个月，法军也无法取胜。攻占英格兰是一件非常冒险且没有胜算的事，不能让法兰西海军如此冒进。

实际上，拿破仑·波拿巴本就无意占领英格兰。他将所有的热情都倾注在建立东方大帝国的理想上，而打开东方之路的方式就是征伐埃及。

为了完成自己的梦想，拿破仑·波拿巴亲自挑选了一批精兵强将。这批精兵强将曾陪伴他度过了意大利的征战岁月。拿破仑·波拿巴还带了一批科学精英。在埃及，这批科学精英不仅要站在学者的角度探索考察，更要辅助拿破仑·波拿巴在此建立工业、拓展资源。

拿破仑·波拿巴迫切想发动埃及之战。表面看来，这与他虚妄缥缈的东方帝国计划息息相关。实际上，拿破仑·波拿巴的内心深处的确是想离开法兰西，避上一阵子。正如拿破仑·波拿巴所言，时机尚未成熟。当时的法兰西，虽然督政府已根基不稳，但拿破仑·波拿巴并不能十足地确信，如果自己将督政府取而代之，民众就一定会支持他。他不如走远一些。远在天边，督政府才抓不住他的把柄；攻伐海外，督政府才会全力仰仗他。至于督政府，且看它慢慢哀号。毫无疑问，随着时间的推移，督政府肯定会慢慢腐烂，自我淘汰。现在发动一场突如其来的政变推翻它，实非明智之举。拿破仑·波拿巴不想在巴黎为督政府鞍前马后地卖命了，他要在埃及静待督政府被推翻的好消息。

拿破仑·波拿巴明哲保身，既不与督政府牵扯，也不沾染任何党派。无论是无政府党、保王党，还是宪政派，都对其他党派虎视眈眈。一旦督政府倒台，党派间必定会争得头破血流。而民众只求安稳度日、财富增益，才不管党派斗争如何发展。无论在巴黎还是在外省，法兰西都政局不稳，党派争斗暗潮汹涌。①

从意大利出发前，拿破仑·波拿巴向米奥·德·梅利托伯爵安德烈·弗朗西斯吐露心声："我已初尝权力的滋味，无法再屈居他人之下。掌权的体验美妙绝伦，怎么可能放弃？不能在巴黎获取大权，那我就攻伐海外，获取军功。"②

---

① "巴黎想要安宁，人们现在更容易走极端。"摘自1798年3月12日《塞纳河总务署报告》。——原注
② 米奥·德·梅里托伯爵：《米奥·德·梅里托伯爵回忆录》，第1卷，第184页。——原注

奥利弗·克伦威尔

在布里埃纳军事学院时，拿破仑·波拿巴曾用心研读英格兰史。他从未想过归隐山林，只想做奥利弗·克伦威尔式的大独裁家。有一天，舅舅约瑟夫·费什看到拿破仑·波拿巴在读奥利弗·克伦威尔传，忍不住问拿破仑·波拿巴，看了这位护国公的篡权上位史有何感受。

拿破仑·波拿巴回答："唉，勉勉强强吧，不尽如人意。"

约瑟夫·费什一边端着书卷，一边问道："嗯？不尽如人意？你是说书写得不好还是？"

拿破仑·波拿巴急忙解释："我说的不是书，我是说奥利弗·克伦威尔这个人。他是狠，但还不够狠。"①

出征前夜发生了一件小事，差点打乱拿破仑·波拿巴的计划。法兰西第一共和国驻奥地利大使让-巴蒂斯特·朱尔·贝纳多特在维也纳遭到城中暴民的攻击。拿破仑·波拿巴星夜兼程，赶回巴黎，面陈督政府，直言要痛击暴民，以牙还牙。他还主动请缨，即刻赶赴拉施塔特国会，着力解决这件事。然而，督政府派了其他人解决这件事。拿破仑·波拿巴为此气愤不已。他想，既然督政府对他如此不信任，那他就不离开欧洲大陆，哪里都不去了。他还扬言要辞职。让-弗朗西斯·勒贝尔淡定地递给拿破仑·波拿巴一支笔②，说："辞就辞吧，签字吧。你太辛苦了，也该休息了。"菲利普-安托万·梅兰·德·杜艾还算识时务，见状不妙，一把将笔夺走，阻止了拿破仑·波拿巴签字。拿破仑·波拿巴愤然离开。第二天早上，巴拉斯子爵保罗·弗朗西斯·让·尼古拉敦促拿破仑·波拿巴尽快出征，越快越好。他说："相信我，赶紧走。对你来说，这是最好的建议。"

拿破仑·波拿巴在土伦指挥法军登船

---

① 查尔斯·多里斯·德·布尔热：《拿破仑·波拿巴秘史》，1815年。——原注
② 根据另一版本，此处递笔的人是雷维耶-雷布克斯。——原注

奥诺雷-约瑟夫-安托万·冈托姆

　　1798年5月3日，拿破仑·波拿巴前往土伦，再从土伦领军赴埃及。在土伦港，拿破仑·波拿巴不得不与妻子约瑟芬道别。波拿巴夫人约瑟芬只能陪他走到这里。迪马伯爵纪尧姆·马蒂厄在他自己的回忆录里说，或许，在临行前的最后时分，拿破仑·波拿巴也有一丝反悔，想要返回巴黎推翻督政府。很难说这个说法是否有道理。当时，督政府民心丧尽，拿破仑·波拿巴不是不知道。也许督政府的统治早已岌岌可危，已经难以支撑。但拿破仑·波拿巴还是控制住了自己。他没有选择返回巴黎，而是选择出征埃及，静待更好的时机。当拿破仑·波拿巴看到无敌的舰队整齐有序，列队待发的壮观景象，听到弗朗西斯-保罗·布吕埃斯·德加利耶、奥诺雷-约瑟夫-安托万·冈托姆、皮埃尔-查尔斯-让-巴蒂斯特-西尔韦斯特雷·德·维尔纳夫和丹尼斯·德克雷斯等将领发出的号令声，他心中的希望和梦想再次油然而生。在拿破仑·波拿巴的带领下，士气高涨的士兵、信心满怀的将领和锐气迸发的学者团队将共同出发，前去征服东方。

第 24 章

1797 年的波拿巴家族

精彩看点

神秘男查尔斯·多里斯·德·布尔热讲述他对拿破仑·波拿巴的第一印象——德·哈伍德先生的看法——约瑟夫·波拿巴——卢西恩·波拿巴——路易·波拿巴——虚假的简历——波拿巴夫人玛丽亚·莱蒂齐亚·拉莫利诺——埃莉斯·波拿巴结婚——波莱恩·波拿巴和路易-玛利·斯塔尼斯拉斯·弗雷隆相爱——拿破仑·波拿巴夫人约瑟芬红杏出墙

本章所述正是《拿破仑·波拿巴秘史》的作者与拿破仑·波拿巴在一起的时光。传说，这位神秘人士与拿破仑·波拿巴在一起十五年，"寸步不离"。

这位作者说：

必须要承认，拿破仑·波拿巴并没有令人一见倾心的外表。与这位意大利的征服者见面之前，我曾在脑海中想象他的样子。因此，当我真正见到拿破仑·波拿巴时，看到他的相貌竟如此平平，着实大吃一惊，甚至觉得有点尴尬。可以说，拿破仑·波拿巴的风姿丝毫称不上伟岸。他的神态也没有绝代枭雄的气场，看上去像是时刻紧绷着神经。他惜字如金，言谈中语调非常冷淡。总体而言，拿破仑·波拿巴不是让人在第一眼就会产生信任或崇拜的人。他高冷倨傲，目光如雄鹰般锐利。他并不算是偶像派的人物。人们看到他都唯恐避之不及。他生来便要发号施令，统领千军，而非讨人喜爱。

或许我当时比较年轻，太依赖第一印象的判断。我本来打算到拿破仑·波拿巴的军中谋职，还托了关系在拿破仑·波拿巴的面前替我美言几句。但现在，我都不想让中间人替我说好话了。因为我对拿破仑·波拿巴的第一印象不好，我不想跟他干了。正在此时，我认识了德·哈伍德先生。德·哈伍德先生与拿破仑·波拿巴在布里埃纳和巴黎军事学院读书时就已认识。我坦率地告诉德·哈伍德先生，那个远近闻名的科西嘉人并没有给我留下良好的第一印象。德·哈伍德先生诚恳地答道："年轻人啊，虽说以貌取人是世间常情，但这一次，你以貌取人是不对的。听我说，你不能这样看待拿破仑·波拿巴。我告诉你，拿破仑·波拿巴会震古烁今，开创一个新的时代。这么跟你说吧，现在，拿破仑·波拿巴已经在欧洲扬名立万。不出两年，他就会名震亚洲。你要知道，拿破仑·波拿巴……"德·哈伍德先生顿了顿，继续说，"他生而为王，深知自己天赋非凡。他立下的赫赫战功更让他对自己的禀赋确认无疑。或许拿破仑·波拿巴并不具备实现野心所需的所有雄才大略，但他对自己的才华和睿智信心十足。这就足够了。你可以不喜欢他，但你不得不遵从他的命令。拿破仑·波拿巴现在初露峥嵘，未来定将名震寰宇。他的信念和魄力是他成功的保证。他气质冷峻，傲然独立。人们将他视作神一般的人物。在拿破仑·波拿巴的身上，与人一争雌雄的决心和对人发号施令的天性与生俱来。不论是在布里埃纳军事学院，还是在巴黎军事学院，抑或是早年任职中尉的时光，他都在一心一意地谋划建立自己的王者霸业。无论在哪里，他都像金子一样闪光。他是四海之内挥斥方遒的帝王。哪怕只有一座城堡作为封地，他也是强势的领主。拿破仑·波拿巴坚信，其他人都很渺小，只有他最伟大。

待到时机成熟，拿破仑·波拿巴就会在巴黎上演政变夺权的好戏。他的心中怀着对权力的不懈追求。这种欲望驱使他征战天下。拿破仑·波拿巴不再如早年一般，只将科西嘉岛认作自己的国家。凡是他征战所到之处，凡是他的权柄能够抵达的疆域，都将是他的国土。在拿破仑·波拿巴的心中，没有无法渡过的塞纳河，也没有不能横跨的博斯普鲁斯海峡。

拿破仑·波拿巴冉冉升起，成为新星后，整个波拿巴家族都鸡犬升天，过上了奢侈富贵的生活。我们对此做以下少量但详细的描述。

现在，约瑟夫·波拿巴荣升法兰西第一共和国驻罗马特派员。我们对他的

西班牙广场

升迁一点都不感到惊讶。直到后来，罗马爆发叛乱，莱昂纳尔·马蒂兰·迪福将军被杀身亡，约瑟夫·波拿巴才无法继续在罗马逗留，因此离开罗马。1797年8月31日，约瑟夫·波拿巴全家抵达罗马。一开始，约瑟夫·波拿巴与家人在西班牙广场上一家新开的旅馆入住。不久后，他们便搬入科西尼宫的奢华官邸。年仅十七岁的欧仁·罗斯·德·博阿尔内和二十七岁的莱昂纳尔·马蒂兰·迪福将军随约瑟夫·波拿巴一同前往罗马。当时，莱昂纳尔·马蒂兰·迪福与约瑟夫·波拿巴的妻妹伯纳丁·欧仁妮·德西雷·克拉里已有婚约。巴拉斯子爵保罗·弗朗西斯·让·尼古拉曾评价伯纳丁·欧仁妮·德西雷·克拉里，说她一脸雀斑，并不漂亮。约瑟夫·波拿巴此行身负拿破仑·波拿巴的密令，要尽可能地在罗马寻衅生事，挑起叛乱。然而，他显然低估了罗马人的爱国热情。约瑟夫·波拿巴致信拿破仑·波拿巴时写道："罗马人空有小布鲁图斯①的反叛情怀，却只会像女人一样喋喋不休，像三岁稚童一样幼稚可笑。"在约瑟夫·波拿巴的暗

---

① 马尔库斯·尤利乌斯·布鲁图斯（Marcus Junius Brutus，公元前85—公元前42），亦称"小布鲁图斯"，罗马共和国政治家。他一手领导并参与了对罗马统帅尤利乌斯·恺撒的谋刺。

莱昂纳尔·马蒂兰·迪福

中怂恿下,1797年12月27日,罗马爆发了暴乱。莱昂纳尔·马蒂兰·迪福将军在暴乱中不幸身亡。

伯纳丁·欧仁妮·德西雷·克拉里为未婚夫莱昂纳尔·马蒂兰·迪福的惨死悲痛欲绝,终日以泪洗面,整整八个月不能平复。为了尽快平复心情,她在1798年8月16日嫁给了让-巴蒂斯特·朱尔·贝纳多特。

拿破仑·波拿巴的三弟卢西恩·波拿巴也曾是个布鲁图斯式的狂徒。他早已晋升为驻北方军团战时委员。事实上,拿破仑·波拿巴非常不喜欢三弟卢西恩·波拿巴,也并不与他亲近。其中的原因比较复杂。卢西恩·波拿巴性格倔强,脾气不好,生活奢靡无度。他如毒蛇一般恶毒冷血,对二哥拿破仑·波拿巴的成功切齿地妒忌。他的妻子克里斯蒂娜·博耶是个没什么文化的俗妇。卢西恩·波拿巴人缘不好。他刚进入北方军团,就和军团里的众军官吵得不可开交,最终不得不灰头土脸地离开。于是,卢西恩·波拿巴只得前往米兰,投奔拿破仑·波拿巴。拿破仑·波拿巴冷着脸,严令卢西恩·波拿巴不得前往巴黎。但卢西恩·波拿巴一定要和拿破仑·波拿巴对着干。最后,拿破仑·波拿巴只得致信卡诺伯爵拉扎尔·尼古拉·玛格丽特,命其将卢西恩·波拿巴遣送至科西嘉岛。卡诺伯爵拉扎尔·尼古拉·玛格丽特遵照命令,将卢西恩·波拿巴送回阿雅克肖。在阿雅克肖,卢西恩·波拿巴凸显了自己的能力,当选了五百人院的本地代表。委员会成员最低的入选年龄是二十五岁。卢西恩·波拿巴出生于1775年,当时才二十二岁,按理说并没有资格参与竞选。但这种小事怎么能难倒卢西恩·波拿巴呢?当初为了早点结婚伪造的出生证明再次派上了用场。我们无法获知卢西恩·波拿巴当选后是否找过拿破仑·波拿巴,请拿破仑·波拿巴进行通融。或许,卢西恩·波拿巴的确顺利当选,没有遇到任何为难的事情。于是,1798年年初,卢西恩·波拿巴在巴黎风光就任。

1796年,拿破仑·波拿巴的四弟路易·波拿巴晋升上尉,做了拿破仑·波拿巴的副官。当时,路易·波拿巴只有十八岁。路易·波拿巴颇具才干。他曾在沙隆军事学院学习过三个多月,后来向炮兵署申请晋位,未得批准,便写信诉至督政府,并附上了他的军队履历证明。明眼人一看便知,这是波拿巴家族擅长的作假套路。然而,路易·波拿巴由此摇身一变,成了军官。路易·波拿巴出生于1778年9月2日,但在他的简历中,出生日期为1776年9月5日,因此,他的年龄一定是假的。他还在简历中编造了一大堆令人汗颜的经历:(一)1792年9月18日,任炮兵团副官;(二)1794年10月25日,任中尉;(三)1795年11月12日,任侍卫官;(四)已参加四次战役;(五)曾参加土伦平叛;(六)曾参加意大利之征。这些经历中,没有一项是真的,路易·波拿巴却弄来了三份证明材料。不过,资料无论真假,有用就行。路易·波拿巴大模大样地获得晋升,随二哥拿破仑·波拿巴一同攻打埃及。

拿破仑·波拿巴的母亲波拿巴夫人玛丽亚·莱蒂齐亚·拉莫利诺一直在马赛

费利切·帕斯夸莱·巴乔基

生活。1795年5月,她离开马赛,前往意大利与儿子拿破仑·波拿巴会合。在意大利时,波拿巴夫人玛丽亚·莱蒂齐亚·拉莫利诺生平第一次见到儿媳约瑟芬。后来,波拿巴夫人玛丽亚·莱蒂齐亚·拉莫利诺随长子约瑟夫·波拿巴前往罗马赴任。罗马爆发叛乱后,她又匆忙带着小女儿卡罗琳·波拿巴逃往科西嘉岛。

1797年5月5日,波拿巴夫人玛丽亚·莱蒂齐亚·拉莫利诺的长女埃利萨·波拿巴与出身科西嘉岛的陆军上尉费利切·帕斯夸莱·巴乔基结婚。

波莱恩·波拿巴正与路易-玛利·斯塔尼斯拉斯·弗雷隆热恋。路易-玛利·斯塔尼斯拉斯·弗雷隆是个花花公子,也没有贵族血统。他只是相貌英俊,人品一言难尽。平时相安无事，拿破仑·波拿巴便放任波莱恩·波拿巴和路易-玛利·斯塔尼斯拉斯·弗雷隆相恋。当要用到路易-玛利·斯塔尼斯拉斯·弗雷隆时，拿破仑·波拿巴更是对此默不作声。但后来，路易-玛利·斯塔尼斯拉斯·弗雷隆惹了麻烦，拿破仑·波拿巴便当机立断，禁止波莱恩·波拿巴再与他来往。为此，拿破仑·波拿巴颇费了一番心思。他将波莱恩·波拿巴带到意大利，其实是想让波拿巴夫人约瑟芬陪着波莱恩·波拿巴，希望波莱恩·波拿巴可以慢慢地遗忘路易-玛利·斯塔尼斯拉斯·弗雷隆。波莱恩·波拿巴有情书在世间流传。从情书中，我们可以看到，她头脑简单，表达自己热烈爱火的时候居然一点都不矜持。其中有一段是："我爱你，疯狂地爱着你，我永远爱你，我英俊的爱人，我知道我爱你，我的爱是如此温柔，我爱你，爱你，爱你，我如此爱你。"① 路易-玛利·斯塔尼斯拉斯·弗雷隆既不算才俊，也不算良人，真是不配得到波莱恩·波拿巴的爱。

波拿巴夫人约瑟芬接连不断地收到拿破仑·波拿巴充满柔情蜜意的情书。但她并没有以同样的热情回馈拿破仑·波拿巴。

  波拿巴夫人约瑟芬具有克里奥尔女人的慵懒和上流社会女子的淡漠。她身处繁华的花都巴黎，每天在纸醉金迷中忙于社交、宴会。她甚至来不及细品尚特雷纳街豪宅中无以计数的甜点，怎么会有空给拿破仑·波拿巴回信呢？然而，波拿巴夫人约瑟芬将一摞摞火热的情书垒在写字台边时，心里还是充满了温馨的满足感。拿破仑·波拿巴翘首期盼的回信迟迟不到，因为波拿巴夫人约瑟芬太忙了，总是将回信的时间一天又一天地推迟。而且波拿巴夫人约瑟芬为人温婉，没见过像拿破仑·波拿巴这样炽热的真情。她对此不甚习惯，也并未放在心上。

拿破仑·波拿巴一直在等妻子来意大利，但一直没有等到。逐渐地，拿破

---

① 此处原文为法语 "Ti amo sepre, e passionattissimamente, per sempre ti amo o bell' idol mio, sei cuore mio, tenero amico, ti amo, amo, amo, si amatissimo amante."

仑·波拿巴开始生疑，认为波拿巴夫人约瑟芬一定在巴黎有了情人。他甚至专门致信卡诺伯爵拉扎尔·尼古拉·玛格丽特，吩咐其查探究竟。没过多久，波拿巴夫人约瑟芬推辞不过，只好来到意大利。波拿巴夫人约瑟芬抵达意大利后，感受到了意料之外的开心和愉快：意大利的贵族们竟以王后的规格接待她！查尔斯·维克托莱·埃马纽埃尔·勒克莱尔将军的手下伊波利特·查尔斯上校护送波拿巴夫人约瑟芬前往意大利。伊波利特·查尔斯年轻英俊与波拿巴夫人约瑟芬很快开始眉目传情，甚至打情骂俏。波拿巴夫人约瑟芬在意大利期间，与伊波利特·查尔斯的关系一直很暧昧。后来，拿破仑·波拿巴不知从哪里知道了波拿巴夫人约瑟芬与伊波利特·查尔斯的事情，怒不可遏。于是，拿破仑·波拿巴和波拿巴夫人约瑟芬大吵了一架。

第25章

远征埃及

（1798年）

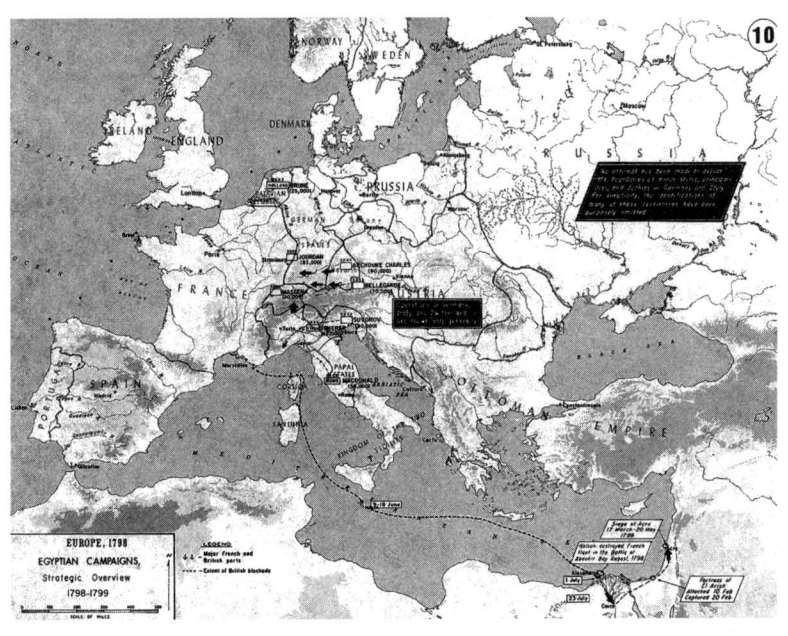

精彩看点

法兰西早想占领埃及——远征目的地保密——轻率——拿破仑·波拿巴的真实目的——为了钱——埃及军团的组成——告士兵文书——大不列颠舰队的疏忽——航程——攻克马耳他——登陆——艰难——士兵开始抱怨——告阿拉伯人文书——给弗朗西斯-保罗·布吕埃斯·德加利耶的指示——在阿布基尔法舰队全军覆没——拿破仑·波拿巴入主开罗——写给约瑟夫·波拿巴的信——海战完败消息传来——将责任推给弗朗西斯-保罗·布吕埃斯·德加利耶——拿破仑·波拿巴心灰意冷——假装是虔诚的伊斯兰教徒——开罗起义——残酷镇压——公告——梦想建立东方帝国

在历史上，法兰西对埃及的觊觎可以追溯到非常久远的年代。在13世纪，素有"美男子腓力"之称的法兰西国王腓力四世就曾表达过出征埃及的意愿。我们无从知晓腓力四世为何会有这样的想法。或许，腓力四世是受了手下大臣的影响。但腓力四世驾崩后不久，英法百年战争①随即爆发，宗教纷争也持续不断。因此，法兰西王国的继任国王们都在焦头烂额地处理国内事务，无暇顾及埃及问题。

大不列颠王国早已将法兰西最有价值的北美殖民地和印度殖民地一一抢走，并在制海权上占有绝对优势。可以说，除了14世纪80年代左右英军败退英格兰本岛，很难再找到大不列颠王国失去对海洋控制的时候。

法兰西国王路易十五的首相舒瓦瑟尔公爵埃蒂安-弗朗西斯曾力主吞并埃及——先占领埃及，再穿过埃及东进，直至占领印度。正是出于这样的考虑，法兰西王国才从热那亚共和国手中买下科西嘉岛。在西方，法兰西王国无力与大不列颠王国竞争制海权；在东方，它又失去了海外殖民地。因此，法兰西人民恼羞成怒，将一腔怒火撒向了治国无能的波旁王朝。或许，这也是波旁王朝被推翻的原因之一。

法兰西梦想占领埃及已久，如今，终于等来了机会。大不列颠王国为加固英

---

① 英法百年战争（Hundred Years' War），指1337年至1453年爆发于英格兰王国与法兰西王国之间的战争。这场战争绵延一百多年，后世称"英法百年战争"。

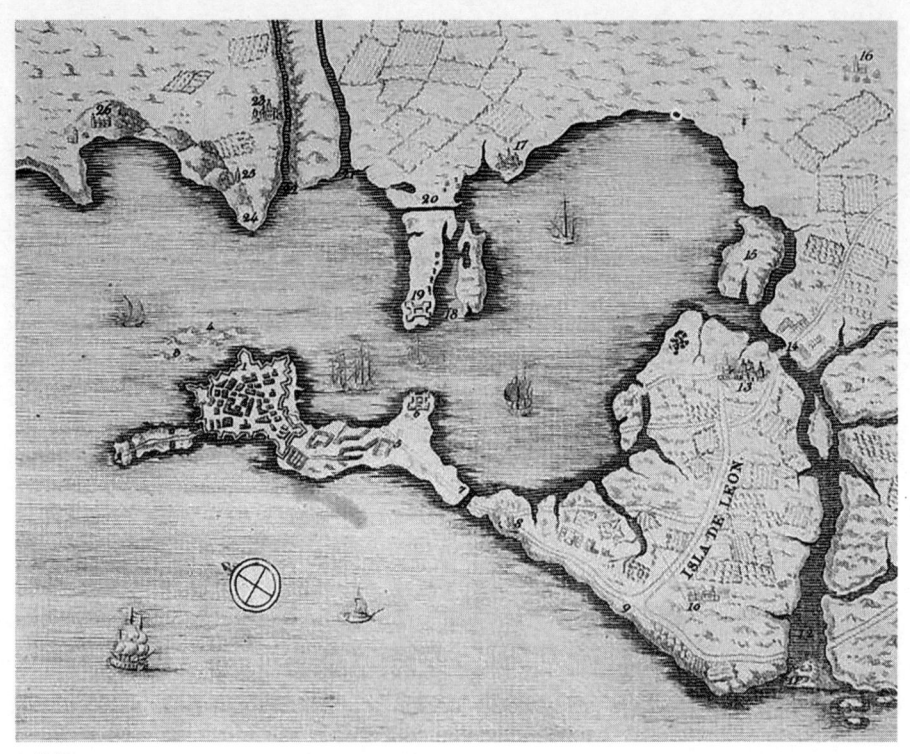

加的斯

吉利海峡的防守,将舰队撤出了地中海。大不列颠舰队还分配了部分舰船,将西班牙海军①封锁在加的斯港。这样一来,大不列颠王国阻截法兰西第一共和国出征埃及舰队的实力便大大下降。土耳其也不会阻拦法兰西第一共和国远征埃及,因为土耳其没有海军。1797年,拿破仑·波拿巴率意大利军团成功攻下意大利后,将热那亚共和国改建为利古里亚共和国,将威尼斯共和国割让给奥地利。然而,在拿破仑·波拿巴的监督下,热那亚舰队和威尼斯舰队均并入法兰西第一共和国海军。

正值远征埃及的大好时机。如果海上不起狂风,运送法兰西第一共和国远征埃及部队的运输舰队只需数日便可抵达埃及亚历山大港。

---

① 西班牙参加了第一次反法同盟。但在1797年拿破仑·波拿巴率意大利军团取得一系列胜利后,西班牙海军与海军结盟。

直到出征之前,拿破仑·波拿巴都没有泄露半点风声。他向督政府提出假道埃及攻伐大不列颠王国的计划时,了解内情的人都不约而同地守口如瓶。因此,大不列颠王国对这个计划也一无所知。当威武的法军舰队在土伦港集结时,大不列颠王国根本无意预测法军动向,更不知舰船内藏有千军万马。伦敦内阁自以为了解内幕,相信法军此行的目标是占领加的斯港,解救西班牙海军,最多继续北进,与布雷斯特港的法军在海上会师,最坏的情况也不过是法兰西第一共和国海军直接从海上进攻大不列颠王国和爱尔兰本岛。

拿破仑·波拿巴选择了将士中的精锐随他出征。这些人都曾随他在意大利作战。随行的路易·查尔斯·安托万·德赛·德·维古听说了出征的真实目标后,感叹道:"这真是个绝妙的计策,真希望它能实现。"

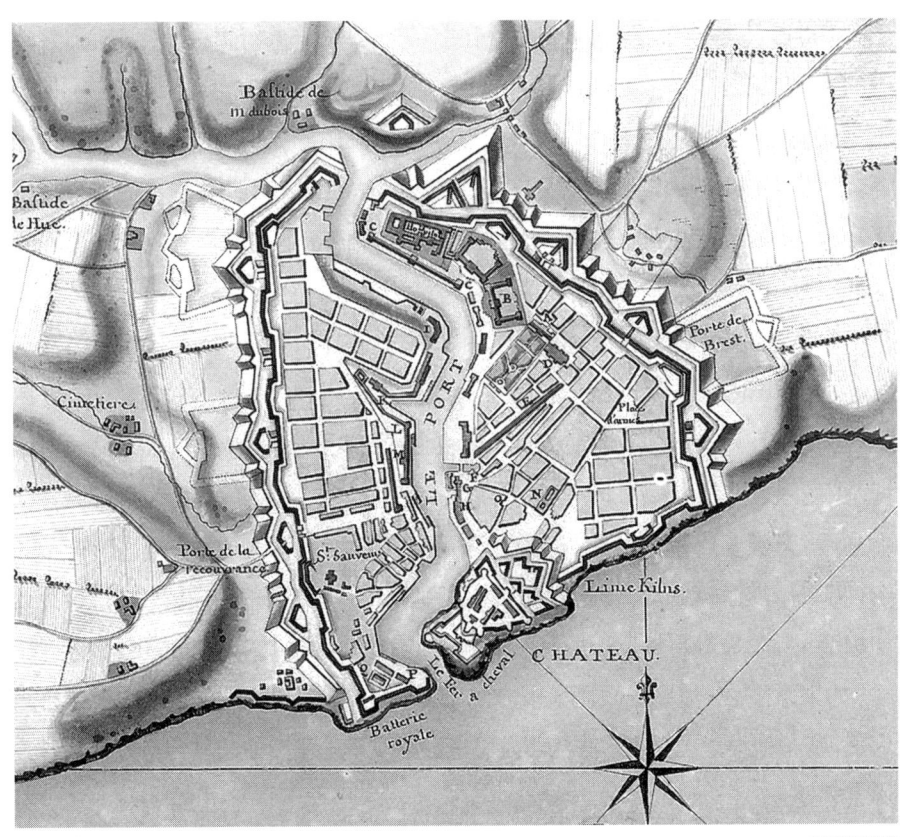

布雷斯特港

拿破仑·波拿巴听不进反对的意见，也不接受他人的质疑。他信誓旦旦地向督政府保证："我们会攻下埃及，攻下巴勒斯坦。等着瞧吧，到时候，英格兰人一定会上赶着求我们的！"①

不管怎么说，这个计划都太冒险。然而，不知督政府做了怎样的考虑，竟然同意了。

根据拿破仑·波拿巴的埃及计划，他要抽调法军的全部精锐，共计约四万官兵。他将率领这四万官兵奔赴一个完全未知的领地。他们要深入非洲，穿过森林和沙漠。这样做真是太疯狂了。事实上，法兰西历史上有过悲惨的先例。在13世纪，就曾有一支法军在浩渺无垠的非洲沙漠中全军覆没，所有将士埋骨他乡。另外，当时的法兰西第一共和国正在与欧洲各国代表进行和谈。拿破仑·波拿巴此时带兵离开祖国，似乎也有所不妥。况且法兰西第一共和国内局不稳，外势未明：1798年春，法兰西第一共和国刚刚占领瑞士和罗马，新领土亟须巩固，督政府的五位督政官又钩心斗角，相互倾轧。督政府的统治岌岌可危。督政府不仅得不到人民的支持，甚至无法获得任何一个政治派系的支持。法兰西第一共和国局势堪忧，无政府的混乱状态随时可能爆发。法兰西第一共和国境内一旦再生暴乱，早已集结在法兰西边境线上的反法联盟军队正好可以借机攻入法兰西。这样一来，法兰西大革命的所有成果都将毁于一旦。

拿破仑·波拿巴对法兰西第一共和国的局势心知肚明：督政府的统治岌岌可危，留守国内的法军也没有非常强大的战斗力。法兰西第一共和国的局势像是炸弹一般，一触即发。即便如此，拿破仑·波拿巴还是坚持远征埃及——或许，正是因为看到局势如此，他才下定决心要远征异国，远离国内纷杂的局势。当拿破仑·波拿巴带着赫赫战功，让荣耀的光辉射入世人的双眼，当他的名字响彻欧洲，震惊寰宇时，督政府的无能在拿破仑·波拿巴的功勋的衬托下，便更加相形见绌。最好再爆发一场督政府无法压制的骚乱，大家才能知道谁有真能耐。如果拿破仑·波拿巴战胜了东方的帝国，占领了东方的领地，哪怕他已自立为王，哪怕他要建立独裁，法兰西人民也会接受他。迎接他的只会是万众欢呼，

---

① 安托万-马里·尚曼·拉瓦莱特：《拉瓦莱特伯爵回忆录》，第2卷。——原注

举国拥戴。因为只有拿破仑·波拿巴才能平息党派纷乱，只有他能带给法兰西作为一个强大国家的尊严。

后来，拿破仑·波拿巴在《圣赫勒拿岛回忆录》中坦承，他远征埃及的目标之一就是建立独裁。"此人将成为法兰西的统治者。督政府最好能在其远征埃及期间倒台。待其归来时，将重现国家的荣耀。"

拿破仑·波拿巴面前唯一的困难就是筹措军费。1798年春，法兰西第一共和国占领了瑞士和罗马，就是为了掠夺这两个地方的财富。只有这样，才能为准备远征埃及的部队筹措军费。为了成功征伐埃及，瑞士和罗马倍遭劫难。拿破仑·波拿巴自己也承认："督政府之所以没有进一步反对进攻瑞士，就是因为法军可以从瑞士掠取钱财。伯尔尼①像是金山一样，为什么不去占领呢？"攻打罗马的路易·亚历山大·贝尔蒂埃将军曾致信拿破仑·波拿巴，并在信中承认，占领罗马并非出于政治诉求，而是为了补贴财政。路易·亚历山大·贝尔蒂埃将军写道："身为大不列颠王国远征军财务官，我此番来到罗马，定当竭尽全力筹措军饷。"此刻，瑞士人哈勒也顾不上维护祖国的利益，整日忙于为法军整备埃及之战的军需物资。在伯尔尼，法军指挥官布吕内伯爵纪尧姆·玛利-安运走了大批价值不菲的黄金和物资，包括价值超过一千六百万法郎的金币金砖，价值七百万法郎的军械弹药和价值一千八百万法郎的其他物资。布吕内伯爵纪尧姆·玛利-安抢走的财富物资中，有一部分被立即运往土伦。皮埃尔·朗弗雷说："看啊，这就是法兰西第一共和国正义之师的行径。法军征服意大利的两年来，官兵们已经不再无私、高尚，也不再正直了。"②

1798年4月12日，督政府签署批准了出征埃及的文件。关于出兵埃及，法兰西第一共和国对外没有透露半点口风，尤其不能让大不列颠王国知道法军的真实目标是埃及。出征埃及的法军部队叫埃及军团。埃及军团包括1797年年底新成立的英格兰军团③整部和意大利军团的几个师。意大利军团的几个师是从意大利战场上抽调过来的。埃及军团将挥师占领马耳他，然后占领埃及，以占据苏

---

① 伯尔尼（Berne），瑞士城市名，瑞士的政治、文化中心。
② 皮埃尔·朗弗雷：《拿破仑·波拿巴史》，1869年，第1卷，第360页。——原注
③ 英格兰军团（Army of England）是1797年督政府下令组建的。

让·拉纳

伊士地峡。与此同时,法军内部进行了一系列人员调动:让·拉纳①接管布吕内伯爵纪尧姆·玛利-安在瑞士的事务;布吕内伯爵纪尧姆·玛利-安则调往意大利接替路易·亚历山大·贝尔蒂埃的职务。

1798年4月17日,拿破仑·波拿巴致信驻土伦的弗朗西斯-保罗·布吕埃斯·德加利耶中将:"巴黎的花开得正盛,而我却将远征。途经土伦,请帮我准备

---

① 让·拉纳(Jean Lannes, 1769—1809)法兰西第一帝国元帅。拿破仑·波拿巴最英勇善战并富于才干的将领之一。与拿破仑·波拿巴私交甚笃。

柔软的床榻，让我不必忍受海上的狂风……此番行程保密，途经土伦之事，我只告诉你一人。因此，切记，万勿外传。"

1798年5月3日，拿破仑·波拿巴离开巴黎。登船前夕，他检视部队，并发表远征演讲：

> 士兵们，作为司令官，我与你们一同东征西战已有两年。你们还记不记得两年前？当时，你们驻扎在热那亚的里维埃拉，缺吃少穿，苦不堪言。在最穷困的时候，你们不得不卖掉怀表，换得一点饭钱。当时，我向你们起誓，一定要带领你们走出黑暗！我有没有实现自己的誓言，有没有？！意大利富甲天下，现在已被我们攻占。看看吧，我们现在什么都不缺！然而，你们要知道，现在，你们缺一个为祖国建功立业的机会。祖国也需要你们建功立业！我们是一支战无不胜的队伍。祖国期待我们做出更大的贡献！在不远的未来，世人将对我们顶礼膜拜，因为我们将立下万世闪耀的功勋！跟着我！我将带领你们在我们即将征战的土地上开疆扩土，留下我们的基业。我们将被世人顶礼，使祖国荣耀！我向你们每一个人保证，此次远征归来时，你们带回来的钱财足够买至少六阿邪土地。"①

这难道不是赤裸裸的贪财？1798年5月5日，《通报》做报道时都不好刊登原文，借口原版演讲"未经深思熟虑，不像意大利军团司令的言辞"，只刊登了修改后的版本。事实上，如果有心，可以回忆一下拿破仑·波拿巴初次征战时的动员演说，简直与这一次如出一辙。这份演讲原稿肯定出自拿破仑·波拿巴。

1798年5月19日，法兰西运输舰队启航。直至此时，大不列颠王国的军队仍然被蒙在鼓里，坚信法军在土伦的一切动向都直指大不列颠王国本土。因此，大不列颠派重兵死守直布罗陀海峡，派霍雷肖·纳尔逊将军率领几艘舰船，象征

---

① 阿邪（arpent）是法兰西旧度量单位，一阿邪等于一英亩稍多。在这里，我们不清楚想起英国土地改革活动家在19世纪80年代提出的竞选口号"三英亩土地和一头水牛"（three acres and a cow）。这和拿破仑·波拿巴用"六阿邪"激励士兵多么相似！这样看来，在用土地条件来当口号这方面，拿破仑·波拿巴是创始人。——原注

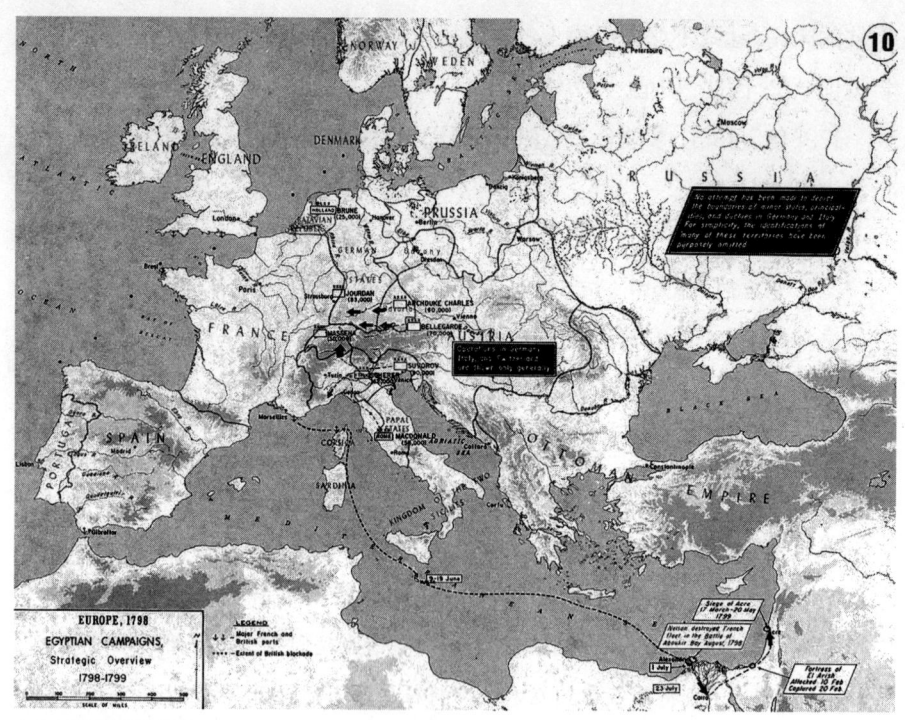

拿破仑远征埃及路线图

性地封锁了土伦港。没过多久，海上风暴迭起。大不列颠军队只好绕过撒丁岛避风，于是，在土伦港留下了破绽。时机难得，法兰西舰队趁势驶出土伦港，开到马耳他岛，与来自阿雅克肖和奇维塔-韦基亚的增援部队会合。一支大军浩浩荡荡地开向埃及。舰队共有兵舰十三艘，中型帆船十四艘，帆船战舰七十二艘，运输船五百艘，载员一万名水兵和两万五千名步兵。

另一幕蔚为壮观的景象出现在舰队总司令的"东方号"舰船上。随军同行的不仅有法兰西第一共和国的军魁将领，还有一批科技界精英。拿破仑·波拿巴时年不过二十九岁，即使算上他修改过的档案，他也只有三十岁。但众人对他已如众星拱月般敬畏。在会谈中，拿破仑·波拿巴会时常发表"开篇大论"，或一个人侃侃而谈。但无论他说什么，其他人都奉若神谕。拿破仑·波拿巴的演讲文采焕然，铿锵生动，有出神入化的感染力。尤其在临近埃及时，他的用词开始沾染东方色彩，益显丰富。在后来的政治生涯中，拿破仑·波拿巴发布的公告往往流露异国言语的风格,便是由此开始。他擅长引经据典,每当讲到古罗马与迦太基间的战史,尤其提到迦太基名将汉尼拔时,往往口沫横飞。他还对古往今来的伟大军事将领如数家珍,讲起来滔滔不绝。法兰西第一共和国远征埃及舰队行驶在地中海的星空之下,皎洁的月光照着地中海平静的海面上,拿破仑·波拿巴在甲板上讲述历史上发生的故事,与士兵们侃侃而谈。有时,拿破仑·波拿巴讲到忘情处,难免会出现一些细微的错误。他的故事实在太长,因此,自然会有记错的地方。但无论如何,我们都可以想象,当时的景象多么富有传奇色彩:法军士兵仿佛化身为阿尔戈群雄①,追随着心目中的将领,乘风破浪,前往埃及觅取金羊毛。

想到这里,埃及军团的士兵们又充满了斗志,部队士气大振。为了打发枯燥单调的海上征程,法军士兵开始自发排演小幕戏剧。剧本都由士兵们自己编撰,非常荒诞。故事无非是说,有一个美丽娇艳的阿拉伯少女,她佩着闪亮的珠宝,戴着金灿灿的手镯,黑眸流盼。然而,她受尽父亲的虐待。正在此时,一名法军士兵从天而降,赶跑了恶毒的父亲,救出了妙龄少女。为了答谢恩人,少女用黄金珠宝装满了士兵的军帽。

1798年6月9日,法军舰队行至马耳他岛。马耳他岛上的马耳他骑士团②甚至没有做象征性的抵抗,旋即败溃。这是因为马耳他骑士团中有太多法兰西奸细。1798年6月11日,孱弱年迈的马耳他骑士团大团长斐迪南·冯·洪佩施·楚·博尔海姆在一应奸细的威胁恫吓之下放弃了抵抗。原本斐迪南·冯·洪佩施·楚·博尔海姆可以好好布置一下拉瓦莱塔港的工事。如果没有着急投降,他至少可以抵挡法军三个月。马耳他岛上的防御工事非常坚固,而法军又迫切地要攻岛。战事拖延对法军极其不利,因为附近海域的大不列颠舰队会发现法军并将其一举击溃。因此,法军舰队早日攻占马耳他岛也是为了避开大不列颠舰队的搜索。路

---

① 阿尔戈群雄(Argonauts),指希腊神话中的一群英雄。他们在公元前1300年前后曾跟随英雄伊阿宋到科尔喀斯地区去寻找稀世珍宝金羊毛。
② 马耳他骑士团(Sovereign Military Order of Malta),前身是中世纪时期的耶路撒冷圣约翰医院骑士团,又称圣约翰骑士团。1530年,圣约翰骑士经过教皇克雷芒七世和神圣罗马帝国皇帝查理五世的许可,进驻马耳他岛。马耳他骑士团在马耳他岛的统治一直持续到18世纪。

易-玛利-约瑟夫·马克西米利安·卡法雷利·迪法尔加将军说:"说实话,真感谢岛上有我们自己的人,是他们给我们打开了城门。否则的话,我军攻取马耳他岛肯定还要大费周折!"法军将马耳他岛上的教堂和金库洗掠一空,将大笔金银财宝运上了船。

1798年6月19日,拿破仑·波拿巴命令克劳德-亨利·贝尔格兰·德·弗波瓦将军率部留驻马耳他岛。他本人继续领兵前往埃及。法军舰队行经干地亚岛[①]时,几乎与大不列颠海军擦肩而过。天佑法兰西。当时海上浓雾弥漫,大不列颠舰队竟然没有发现法军舰队。如果没有这场浓雾,法军就会与大不列颠舰队正

---

① 干地亚岛(Island of Candia)是克里特岛(Crete)的旧称。克里特岛位于地中海东部,是希腊第一大岛,在地中海是仅次于西西里岛、撒丁岛、塞浦路斯、科西嘉的第五大岛。

法军在亚历山大港登陆

面遭遇。这样一来,法军舰队可能会全军覆没,恐怕连拿破仑·波拿巴都会成为霍雷肖·纳尔逊将军的阶下囚。

1798年6月29日,法军官兵站在甲板上向朦胧的海岸线望去,依稀可见埃及的亚历山大港。1798年6月30日,法军在亚历山大港三英里外的海岸登陆。法军登陆亚历山大港时,心存侥幸地想着,刚刚逃脱大不列颠海军的搜寻,不知大不列颠海军是否会追来。因此,法军官兵惶惶不安。大家争先恐后,都想尽早上岸。最终,许多法军士兵由于踩踏或失足落水,不幸身亡。

法军轻而易举地占领了亚历山大港城,继而打算穿过沙漠,向开罗挺进。这段时间中的景象在拿破仑·波拿巴口述的《圣赫勒拿岛回忆录》中可见一斑:

希伯来人在荒野流浪。他们满心愤怒,牢骚不断。他们质问摩西:"您带领我们出埃及。我们从前吃的洋葱呢?我们的美食佳肴呢?"法军的军心如同希伯来人。士兵们一再询问:"我们在意大利过得好好的,为什么要来这里?不是说埃及是世上最富饶的土地,连伦巴第都望尘莫及?然而,我们现在在埃及,吃不到一块面包,也喝不到一口酒。这让我们如何相信?"后来,我军在漫天遍野的麦田安营扎寨,希望能解决军粮问题。但乡间一无石磨二无炉灶,总不能生吃麦粒吧?从亚历山大港携带的干粮早已消耗殆尽。士兵们饿极了,将麦粒用石块碾碎,堆起来烧成粗饼;还有士兵将麦子放在锅里,烘干后煮了吃。大家尝试了所有能想到的填饱肚子的法子,但送入口中的东西终归没有面包的滋味。士兵们忧怨溢生,军心动荡。终于有一天,大家憋不住了,大声嚷道:"开罗就是个鸟不拉屎的地方,所谓的名城达曼胡尔就是个茅草村庄。"在埃及,征掠补给物资极其艰难,法军将士艰辛度日。在艰苦的生活条件下,士兵们的抑郁情绪肆意滋生。有两名骑兵忍无可忍,跳入尼罗河自尽了。不过话说回来,埃及虽然艰苦,没有面包和美酒,但随军的补给还是足够的。麦子、扁豆、肉类和鸽子,应有尽有。然而,法军军中的戾气依旧很重。与普通士兵相比,军官们的怨念更甚。他们从意大利奢靡的酒乡走到埃及的不毛之地,失去的肯定更多。在埃及,没有舒适的营地和华美的家具。士兵们都非常怀念在意大利的奢侈生活。拿破仑·波拿巴身为军队主帅,身先士卒,带头在野外狭窄浅凹的地方露宿。当时没有帐篷,物资运输也不便利,拿破仑·波拿巴和他的近身参谋们也不得不每天以扁豆充饥。深夜,士兵们睡不着觉,纷纷起身,聚在一起议论此次出征。大家都止不住地抱怨。有人说:"天呐!我们到底为什么来这里?""还不是督政府派我们来的。"也有人说:"路易-玛利-约瑟夫·马克西米利安·卡法雷利·迪法尔加就是奸细,是他蛊惑了我们总司令……"士兵们一说到路易-玛利-约瑟夫·马克西米利安·卡法雷利·迪法尔加就停不下来。他们还谈到路易-玛利-约瑟夫·马克西米利安·卡法雷利·迪法尔加装了假肢的跛腿:"哼!

路易-玛利-约瑟夫·马克西米利安·卡法雷利·迪法尔加还笑话我们呢，说我们吃不了苦。他自己多有能耐啊！这世上有的人能'只手遮天'，而路易-玛利-约瑟夫·马克西米利安·卡法雷利·迪法尔加就厉害了，他可以'只脚踏地'。"

拿破仑·波拿巴曾寄希望于埃及本地人。他希望埃及人民能团结起来，反抗当时统治埃及的马穆鲁克①。他还张贴了一份阿拉伯语的《告埃及人书》。以下是我们从中随意摘选的一些内容：

> 我们法兰西人才是真正的穆斯林！教皇庇护六世对穆斯林发动战争，我们将他打跑了。马耳他骑士团歪曲上帝的意旨，与穆斯林为敌，我们也将他们剿灭了。立即加入我们的阵营，你们即可得到上等的福祉，可以升官发财！你们如果保持中立，那么，看在没有反对我们的份上，你们也可获得中立的福祉。我们相信，如果你们现在保持中立，随着时间的推移，未来某一刻，你们一定会想明白。最终，你们必将加入我们的阵营！同时，支持马穆鲁克、反对我们的人，等待你们的是灾难！最深痛的灾难！你们有眼无珠，必死无疑！
>
> 1798年7月2日公告

离开亚历山大港之前，拿破仑·波拿巴已为法军的下一步行动计划做了周密的安排，并将计划告知弗朗西斯-保罗·布吕埃斯·德加利耶上将。安排如下：

（一）弗朗西斯-保罗·布吕埃斯·德加利耶率全部海军避入亚历山大港；

（二）如果步骤（一）执行受挫，则设法在阿布基尔登陆；

---

① 马穆鲁克（Mamelukes），中世纪埃及军事政治集团。最初是中世纪奴隶兵，后来成为强大的军事统治集团，并建立自己的王朝，统治埃及长达三百年（1250—1517）。1517年，马穆鲁克王朝被奥斯曼土耳其帝国消灭。奥斯曼帝国占领埃及和叙利亚，但马穆鲁克仍是核心军队和政府官员，成为一个重要阶层。拿破仑·波拿巴在金字塔战役和叙利亚远征中，打败奥斯曼帝国的代言人埃及马穆鲁克集团。拿破仑·波拿巴的近卫军中就有一支是由马穆鲁克组成。

(三) 如果步骤 (二) 也遇到阻碍，则向科孚岛进发，重新确定登陆位置。

事实上，第一步就已是不可能完成的任务。亚历山大港的入港口是一片浅滩，军舰极难驶入，随时可能搁浅。而且即使法军舰船能够成功开进亚历山大港，也并不值得庆幸。军舰进港后，如果再想出港，更是万分凶险。亚历山大港港口窄小狭长，只需一艘大不列颠军舰艇即可封锁港口。这样一来，整个法兰西海军就如瓮中之鳖，插翅难逃了。在阿布基尔时，弗朗西斯-保罗·布吕埃斯·德加利耶将军将舰队阵型摆得过于分散，不得不调用一队炮兵护卫舰队侧翼。最终，驶往科孚岛前，弗朗西斯-保罗·布吕埃斯·德加利耶也没有等到拿破仑·波拿巴承诺的补给。

1798年7月21日，安托万·玛利·尚曼与弗朗西斯-保罗·布吕埃斯·德加利耶会面。安托万·玛利·尚曼对此次会面的细节做了详细的记录。弗朗西斯-保罗·布吕埃斯·德加利耶在会面中满腔怨言：

> 拿破仑·波拿巴将军离开亚历山大港，进入沙漠之前，曾嘱咐我将部队开进亚历山大港，或将军需补给输送完毕后随海军一同前往科孚岛。他只留给我这两条指示，后来再没有更多的消息……没有收到明确的军令，我也不敢擅自率军离开埃及海岸。这里有大不列颠王国的海军出没，因此比较危险。事实上，我很希望可以去欧洲的某个港口躲避一些时日。但我不能离开。我一旦离开，就不能建立功勋、争得荣誉，无法向祖国人民交代。当然，我由衷地祝愿拿破仑·波拿巴将军能一路平安，获取胜利。但天有不测风云。我有时会胡思乱想，万一拿破仑·波拿巴将军在埃及腹地遭遇劲敌，最终被迫折回，那我率领的部队就是掩护拿破仑·波拿巴将军成功撤退的唯一保障。因此，为防万一，我都要坚守在亚历山大港。

1798年8月1日，大不列颠海军果然出现了。

霍雷肖·纳尔逊将军率领大不列颠舰队在茫茫大海上寻觅了近两个月，终于探到了法军的踪迹。事不宜迟。霍雷肖·纳尔逊将军做好了进攻的准备。

霍雷肖·纳尔逊将军的进攻计划为：等待法军舰船船体略微倾斜时，立即出动大不列颠舰船上前，抵住法军舰船，迫其停航。这样一来，大不列颠舰船就像是从法军舰队的方阵中撕开了一个入口。大不列颠王国的其他舰船一字排开，从逼停的法军舰船处鱼贯而入，直接攻入法军舰队方阵的中心。随后，大不列颠舰队由内而外猛击法军舰队，如同烟花爆开一般。了解到进攻计划的详细步骤后，连载着霍雷肖·纳尔逊将军的旗舰船舰长爱德华·贝里都大惊失色地叫道："这样打也太狠了吧！传出去影响可不好！"

爱德华·贝里

尼罗河战役，法兰西舰队被英军摧毁

霍雷肖·纳尔逊将军冷冷地说："谁会知道真相？法军必败，而死人不会乱说话。我军必胜，战胜的一方拥有绝对的话语权。"

这一场战役结果惨烈，令举世惊愕。法军舰队共十三艘舰船。其中，主舰被炸飞，两艘舰船逃跑不久后被俘，另外两艘舰船搁浅，剩余八艘舰船投降。法军完败。

拿破仑·波拿巴率法军主力部队官兵向开罗挺进。在大半个月的时间里，拿破仑·波拿巴与埃及政府军经历了数次遭遇战，皆以拿破仑·波拿巴获胜告终。1798年7月24日，拿破仑·波拿巴终于率军入驻开罗城。1798年7月25日，拿破仑·波拿巴致信约瑟夫·波拿巴时写道：

我想，你一定时常在政府公报和新闻报刊中看到埃及之战接连获胜。那些荣耀、光环和对我们远征之师的夸赞都是不争的事实。说起来，埃及的土地丰饶富庶，举世罕见。这里满仓稻谷，处处有果蔬，遍地是牛群。但说到埃及人，他们都是尚未开化的荒蛮野人。现在，我们资金匮乏，连军饷都发不起。最近两个月内，我可能会秘密返回法兰西。我来告诉你我这样做的理由。事实上，我在督政府的治下过得非常不惬意。我已与督政官们撕破了脸。我知道，即使所有人都弃我而去，你也不会背叛我；我知道，你对我的情谊忠勇可期……我的心里满是你对我的热爱，我心深处皆是你的深情厚谊。我为此感动不已。请在乡间替我寻觅住所，可以在巴黎近郊，也可以在勃艮第，供我在秘密返回法兰西期间居住。我打算避开世人，独居过冬，因为我已看透人心世事……我已年届三十。多年征战，让我看淡了所有的荣耀和光环。我耗尽青春，挥洒岁月，现在，只想留下自己的尊严。

事实上，这封信如此沮丧的原因并不难找到。波拿巴家族一直看不惯波拿巴夫人约瑟芬。波拿巴夫人约瑟芬生性轻浮，在波拿巴家族看来，她就是个不守妇道的女人。路易·安托万·福弗莱·德·布里昂曾提到，让-安多什·朱诺无意间说漏了波拿巴夫人约瑟芬的风流韵事，被拿破仑·波拿巴听到。不过，据路易·安托万·福弗莱·德·布里昂所言，让-安多什·朱诺应该是在远征叙利亚期间，在梅松蒂亚附近的荒漠告知拿破仑·波拿巴此事的。但让-安多什·朱诺到底有没有告密，我们也不能完全确定。因此，拿破仑·波拿巴究竟在何时何从让-安多什·朱诺处得知妻子出轨的消息，一时无法明确。但从上述信件中，我们已经能够感觉到，拿破仑·波拿巴像是受到了莫大的精神打击，显得十分痛苦。拿破仑·波拿巴应该已经知道妻子不忠的消息。那么，是谁将这个消息透露给他的呢？或许是有人在"善意"地提醒吧。

至于得知法兰西舰队被团灭的消息后，拿破仑·波拿巴做了怎样的反应，让我们来看看安托万·玛利·尚曼的叙说吧：

我军舰队在阿布基尔全军覆没。让·巴蒂斯特·克莱贝尔将军的副官带回的这个消息真是晴天霹雳。消息传来时，拿破仑·波拿巴将军正在带兵攻打萨拉希。当时，让·巴蒂斯特·克莱贝尔将军为了赶回来报信，在路上跑死了驿马，人也筋疲力尽。他只好将战败一事详细地写在纸上，托当地的一位农夫送回来。我读过消息后，赶去送呈拿破仑·波拿巴将军。拿破仑·波拿巴将军正在与众人讨论军情，被军官参谋们围得严严实实。我对拿破仑·波拿巴将军说，您快出来一下，我这里有最新战报。拿破仑·波拿巴将军看过战报后，严肃地对我说："这件事，你一定要守口如瓶！"

拿破仑·波拿巴将军和我返回贝尔贝伊时，已是早餐时间。军士们正吃着早餐，兴高采烈地交谈。他们刚打败马穆鲁克，从埃及军队手中抢到了大篷车，正开心得紧。早餐吃到一半，拿破仑·波拿巴将军突然对周围的人说："看来，大家已经对埃及产生了感情。这是好事。现在，我们失去了舰队，法兰西是回不去了。"之后，拿破仑·波拿巴将军向大家讲述了刚收到的消息：在尼罗河河口发生了大海战，法军舰队全军覆没。众人听了，吓得面如土色，不知如何是好。但败绩已定，难过也没有用。后来，大家都不再提起这个令人伤心的话题。

拿破仑·波拿巴并未将海战的失败放在心上。虽然他致信约瑟夫·波拿巴时，嘱咐约瑟夫·波拿巴在乡间购置房产用来休养，但那只是说说而已。事实上，拿破仑·波拿巴一直心系埃及，没有返回欧洲的打算。另外，拿破仑·波拿巴急需增援。但在荒野漫漫的埃及，他如何能找到援军？拿破仑·波拿巴带了三万人前来征伐埃及，真正上了战场才知道，三万人根本不够。埃及军团的士兵期待督政府派援军来替换自己，但拿破仑·波拿巴有更大的野心。即使督政府派兵增援，拿破仑·波拿巴也会将援军用来补充军力，不会放埃及军团士兵返回法兰西。况且拿破仑·波拿巴还要打造一支精锐的东方军团，未来用以攻打印度。他还要绕过地中海东部，横穿小亚细亚，挥兵君士坦丁堡城下，重创土耳其。

埃及带给埃及军团士兵的只有失望。这些法军将士产生了厌战情绪，开始渴盼返回法兰西。路易·安托万·福弗莱·德·布里昂说:"士兵们想家了。他们想念亲人,想念自己的恋人,想念剧场里上演的戏剧。"

埃及军团军心萎靡。为重振士气,拿破仑·波拿巴致信督政府请求支援,要求:(一)劳军演艺团一支;(二)舞蹈团一支;(三)木偶戏表演,三到四人;(四)慰安军一支(女,法藉,一百名);(五)准许军团官兵家属探亲。

另外,拿破仑·波拿巴将海军大败的责任全部推给弗朗西斯-保罗·布吕埃斯·德加利耶上将,将自己择得一干二净。[1]毕竟,倒霉的弗朗西斯-保罗·布吕埃斯·德加利耶已经战死,死人是无法为自己辩解的。

正如路易·安托万·福弗莱·德·布里昂所说:

> 拿破仑·波拿巴将战斗力最差的一支海军送入了大不列颠军的虎口。他自己算是走运,已深入埃及。法军舰队惨败的结局本来完全可以避免。拿破仑·波拿巴如果能够虚心听取他人意见,或许会做出更合理的布局。但时间不会倒流,拿破仑·波拿巴再无机会更改。拿破仑·波拿巴虽然性格固执,但也知道事情已无可挽回。他说:"假如不是我刚愎自用,听不进他人的意见,我军也不至惨败至此。"军官们还听到拿破仑·波拿巴痛苦地呼喊:"哦,布吕埃斯,你看你都干了些什么?"

> 法军舰队在尼罗河完败。拿破仑·波拿巴的内心非常痛苦,但他不会在别人面前表露出来。然而,当他与我单独在一起时,一想起海战失败的事情,他就抑制不住激动的情绪。我安慰他说,虽然我军舰队覆灭,损失惨重,但好在埃及军团并未遇到霍雷肖·纳尔逊的舰队,因此,总体上还是应该感到庆幸。假如我们在马耳他岛遇到霍雷肖·纳尔逊的舰队,被迫交战,那一定会失败。或者,如果我们在登陆亚历山大海港时发现霍雷肖·纳尔逊的舰队已提前赶到亚历山大港,正在等待阻击我军,我们埃及军团也会被打得一败涂地。再或者,我们驶来埃及的途中在海上漂了那么多天,在其中的任何一个时间点与霍雷肖·纳尔逊的舰队碰上,我们的

---

[1] 拿破仑·波拿巴在1798年8月29日写给督政府的长篇汇报如是说。——原注

舰队都难以逃脱。我说:"以上三种情况都有可能发生。假如其中的任何一种情况真的发生,我们又该怎么办?我们早会沦入万劫不复的境地。现在,我们虽然损失了舰队,又孤军深入埃及腹地,但物资充沛、军费丰足,不如先耐心等待吧。督政府如果知道了我们的情况,一定会设法解救我们。"拿破仑·波拿巴气得大叫:"督政府?督政府根本靠不住!督政官们那么猜忌我,他们恨不得我死在埃及才好呢。况且现在埃及军团的军心已经不稳。你也看见了,士兵们都不愿意待在埃及。"①

在开罗,拿破仑·波拿巴继续奉行他在亚历山大港的怀柔政策。他打着伊斯兰教先驱的名号,前来解救马穆鲁克统治下水深火热的埃及人民。他还假惺惺地使苏丹大旗与法兰西第一共和国的三色旗并驾飘扬。他还托称自己在与埃及的埃米尔②协同作战。此外,拿破仑·波拿巴还参与庆祝穆罕默德先知诞辰,甚至与伊玛目们③探讨伊斯兰教入教教宗。

我们有理由认为,当时的拿破仑·波拿巴甚至在考虑是否加入伊斯兰教。我们的证据是,在法兰西的布伦港,拿破仑·波拿巴曾向德·雷米萨伯爵夫人克莱尔·伊丽莎白·让娜·格拉维耶·德·韦尔热纳透露过他的想法:

> 毕竟,在当时的情形下,我差点就成了穆斯林……但后来我想,至少也要先打下幼发拉底河再皈依。你想想,如果是在平日,由着个人的喜恶随意更改宗教信仰是多么不可思议的事情,简直罪不容恕。然而现在,出于政治需要改换信仰竟成了一件合情合法的事。历史上,法兰西国王亨利四世④放弃新教时,不也留下名言"巴黎值得一场弥撒"吗?那么,我也

---

① 路易·安托万·福弗莱·德·布里昂:《回忆拿破仑·波拿巴》,第1卷,第147页。——原注
② 埃米尔(Amir al-Mu'minin),阿拉伯国家贵族头衔。什叶派特指穆罕默德的女婿阿里·本·阿比·塔利卜。但逊尼派认为任何时代的伊斯兰国家政教首领哈里发都可以称埃米尔。本文指当时的埃及的伊斯兰教领袖。
③ 伊玛目(Imams),指伊斯兰学者。
④ 亨利四世(Henry IV of France,1553—1610),法兰西王国国王,波旁王朝的缔造者。他原来信奉基督教新教,后为了继承法兰西王国王位,改信天主教。1610年在巴黎被刺杀。

拿破仑·波拿巴在开罗

想说,我要攻占整个亚洲,建立东方帝国。到那时,我或许会皈依伊斯兰教。为了实现霸业、笼络民心,我就算改变信仰也值得。再说,有时我也会想,我要是打扮成穆斯林的模样,裹着头巾,穿着肥大的裤子,不也挺有趣吗?

拿破仑·波拿巴极力笼络埃及各部的阿拉伯谢赫[①]。他召集各谢赫,向他们

---

① 谢赫(sheikhs),指酋长。

描述辉煌的愿景：打败马穆鲁克，由阿拉伯人统治埃及。但同时，他又向土耳其帕夏①暗送秋波，说自己在埃及征战是为了维护苏丹的统治。为了安抚诸位谢赫，展示自己的诚意，拿破仑·波拿巴在开罗建立了类似市政厅的组织，取名底万②；在各级行省建立下属理事会，行省理事会派代表进驻开罗。在法军已经占领的地区，拿破仑·波拿巴采取刚柔并济的策略对当地人民进行统治。司法行政则由当地的卡迪③管理。

可惜，无论拿破仑·波拿巴使用多少障眼法，都骗不了埃及人民。法军所到之处，埃及民众皆奋起抵抗。备受压迫的农夫阶层法拉欣④和作为统治阶层的马穆鲁克都不约而同地奋起反抗来自法兰西第一共和国的侵略者。我们从现存的拿破仑·波拿巴在埃及期间的信件资料中，可以看到一页页令人毛骨悚然的话语。拿破仑·波拿巴会下令火烧村庄并杀死整个村庄的人；对胆敢反抗法军的埃及人，他会杀一儆百，严惩不贷；他还会叮嘱法军士兵在保证自身生命安全的同时尽可能多地杀伤埃及人。仅开罗一个城市，平均每天就有五到二十五个人头落地。⑤

1798年10月21日，开罗人民爆发了反抗法军的武装起义。武装起义持续了整整三天。法军驻开罗部队指挥官多米尼克·马丁·迪皮伊准将惨遭杀害。拿破仑·波拿巴严令镇压起义，字里行间透露出他将以牙还牙地进行报复。武装起义中，有五十名法军被打死。为了给死去的将士们报仇，拿破仑·波拿巴下令处死了两千至两千五百名埃及起义军。1798年10月22日，拿破仑·波拿巴下令路易·安德烈·邦将军："请务必将此命令告知各级指挥官。持有武器的叛乱分子一律格杀勿论。今夜之前，务必将所有叛乱分子押往尼罗河边处死，将他们的尸

---

① 帕夏（Pasha），旧时奥斯曼帝国和北非高级文武官的称号，置于姓名之后。
② 底万（Divan），是伊斯兰国家的高级行政体系。
③ 卡迪（Cadies），伊斯兰教教职和基本司法制度。卡迪是阿拉伯语音译，意为"教法执行官"，简称"教法官"。
④ 法拉欣（fellah），埃及郊区农夫。
⑤ 来自1798年7月30日拿破仑·波拿巴写给雅克-弗朗西斯·梅努（Jacques-François de Menou）的信："对待埃及人不能手软，只能用严厉的法制来管理。迄今为止，我们每天要在开罗杀掉五到六个敌人。如今，维护我军声威的目的已达到。今后，要采取新的策略，适度安抚，使人民顺服。这样一来，他们就不会再抵抗了。"

多米尼克·马丁·迪皮伊在开罗

身扔进尼罗河。"1798年10月27日,拿破仑·波拿巴命令让·路易·埃伯纳泽·雷尼耶将军:"每晚处死三十名埃及人,其中大部分是阿拉伯谢赫……如果有阿拉伯部落反抗法军,则必须严惩。请不要忘记,擒贼先擒王。如果在某一个村庄遭遇叛乱,只需想办法将谢赫抓来,以警示其他村民。然后,其他村民便不敢不投降了。"1798年10月27日,拿破仑·波拿巴命弗朗西斯·拉尼斯将军:"你要想

第 25 章 远征埃及(1798 年)

法军镇压开罗民众起义

办法将埃及的谢赫们聚在一起,再将他们逮捕并处死。"包括妇女在内的许多埃及人就这样被杀死。

许多法拉欣也参加了起义。大部分参与起义的法拉欣也被抓起来,砍了头。一天清晨,法军士兵赶着一支驴队进入开罗城。驴子身上驮着沉甸甸的布袋。驴队进城后停在了大广场上。许多人感到好奇,便聚向前来一探究竟。有人打开了其中一个布袋子,顿时被吓得魂飞魄散。一个人头从打开的布袋子中滚落出来。原来,布袋子里装的都是法拉欣的人头。

以下为1798年12月8日议事日程摘录:

> 如果遇到反叛的村落,定要严厉打击,以儆效尤。反叛村落所属辖区的驻军指挥官务必将此地十二到十六岁的青少年全部抓捕,登记在册,呈送司令部。是否需要处死这批青少年,请等待总司令的进一步指示。如果在某一村落遇到比较激烈的反抗,请该村所属辖区的驻军指挥官烧毁整个村庄。所有人一律处死,一个都不留。

皮埃尔·朗弗雷说：

> 这就是闪耀的光环背后的血迹，就是世人眼中伟大征战的实情。我们远征此地，难道只为了制造血淋淋的屠杀？我们的事业算什么？我们又算什么？我们法兰西人一直都说东方是荒蛮之地。现在看看，到底谁才是未开化的野人？这些可怜的农夫被一群外国人杀害，在自己的国土上丧命。可怜的埃及人在国土被陌生人侵占时奋起反抗，对持有不同信仰的陌生人心怀忌惮。我想，这都很正常吧？有谁会在祖国遭受侵犯时不挺身而出呢？再说，年轻又野心勃勃的拿破仑·波拿巴总司令率军来到埃及，声称是为了传播文明。但传递文明的方式竟是血腥暴行和欺瞒哄骗吗？拿破仑·波拿巴总司令通往帝王宝座的台阶上竟都铺满了无辜者的尸体吗？①

下文的《平叛公告书》选自拿破仑·波拿巴在埃及期间发布的告示。我们可以从中看到，为了打动埃及人，拿破仑·波拿巴甚至改变了语言风格，换成了埃及人更容易接受的表达方式。

> 谢赫们，乌理玛②们，伊玛目们！你们快去告诉埃及人民，与我作对，不仅今生永失容身之地，来世也无安生之所。你们有眼无珠，看不出我是真命天子吗？快去告诉你们的人民，从此刻起，这就是你们必须奉行的真理，也是我命中注定的责任。我从遥远的西方来到这里。我要打败基督教，打败所有伊斯兰的敌人。告诉你们的人民，《古兰经》里有二十页关于我将来到这里的预言。我要你们每一个人都拥戴我，发自内心、深入灵魂地拥戴我。我知道你们的每一个想法，因为我是真主的使者。我无所不知。终有一天，所有人都会知道，我的使命由真主授予。人间的力量不可能战胜我。

---

① 皮埃尔·朗弗雷：《拿破仑·波拿巴史》，第1卷，第387页。——原注
② 乌理玛（Ulemas），指宗教领袖。

这份宣言不只是迎合东方文饰的应景之作，也不只是用来压制埃及人民的威吓嘶吼。事实上，这是拿破仑·波拿巴内心关于信仰的真实写照。

拿破仑·波拿巴镇压起义后，心情有点低落。他对让·巴蒂斯特·克莱贝尔说："这一切都该结束了。再也不会有人像我这样，自欧洲征战而来，还想在此行令立法。真是可笑啊。我真希望我现在远在欧洲，不在埃及。"然而，没过多久，拿破仑·波拿巴的心情便不再抑郁。他开始准备进军叙利亚。他告诉他的心腹们："基督诞生后一千八百年，将有震惊世人的事件发生。世人无论如何都不会想到，有一个小个子的科西嘉人能成为埃及和耶路撒冷之王。"[1]

据查尔斯·多里斯·德·布尔热说，拿破仑·波拿巴讲这些话时，让·巴蒂斯特·克莱贝尔睁大双眼，终于认清了事实，知道了拿破仑·波拿巴不远万里征战埃及，为的不是督政府的利益，而是他自己的霸王之业。为了能够执掌兵权，拿破仑·波拿巴不惜欺骗督政府，攻打大不列颠王国的话都是借口。私下里，拿破仑·波拿巴在筹备东方之征。而且更重要的是，在拿破仑·波拿巴的心中，其他的事情都不重要。他的心中唯独留下了建立东方帝国的梦，那是属于他自己的梦。

---

[1]　查尔斯·多里斯·德·布尔热：《拿破仑·波拿巴秘史》，1815年，第12页。——原注

第26章

进军叙利亚

（1799年2月11日—1799年10月8日）

精彩看点

目标进军叙利亚——入侵印度计划——穿越沙漠——雅法古城——已经投降的雅法驻兵遭屠杀——拿破仑·波拿巴不得已——开进圣让阿卡城——大不列颠王国舰长威廉·悉尼·史密斯——瘟疫爆发——攻不下的圣让阿卡——拿破仑·波拿巴恨大不列颠王国——从圣让阿卡撤军——战报依旧是捷报——法军将路过的国土洗劫一空——法军士兵的苦楚——传说拿破仑·波拿巴要毒死患瘟疫的士兵——传说拿破仑·波拿巴在雅法战地医院探望——继续撤退——抵达开罗——拿破仑·波拿巴与伊斯兰教——阿布基尔大捷——第二次反法联盟——欧洲局面对法兰西不利——拿破仑·波拿巴决定秘密回国——拿破仑·波拿巴在弗雷瑞斯登陆——拿破仑·波拿巴如何看待人类的伤痛——依旧痛恨无谓的杀戮

拿破仑·波拿巴尚未远征埃及时,就有了攻打叙利亚的想法。只是当时,叙利亚并非必征之地。如果奥斯曼帝国能轻信法兰西第一共和国攻打埃及对它有利,法军便没有必要出兵叙利亚。因此,拿破仑·波拿巴使出浑身解数,希望可以打消奥斯曼帝国苏丹的疑虑。他请熟稔谋略的查尔斯·莫里斯·德·塔列朗-佩里戈尔出马,亲自前往君士坦丁堡,说服奥斯曼帝国苏丹塞利姆三世放下戒心,好好合作。

如果查尔斯·莫里斯·德·塔列朗-佩里戈尔此行顺利,拿破仑·波拿巴就不再有后顾之忧,可以专心打造一支舰队,游弋在红海上,准备出征印度。为此,拿破仑·波拿巴已提前与波斯沙阿[①]和蒂普苏丹[②]交好结盟。但奥斯曼帝国并不重视拿破仑·波拿巴,转而与俄罗斯帝国结盟,随后出兵攻占科孚,接着,又分别在罗得岛和圣让阿卡集结部队。奥斯曼帝国计划使两地军队会师一处,将法军逐出尼罗河盆地。拿破仑·波拿巴该怎么办呢?他或者在埃及等待奥斯曼帝国大军会合后扑来,或者迎头抢先,将奥斯曼帝国的两支大军各个击破。拿破仑·波拿巴选择先发制人。当时,奥斯曼帝国分布在罗得岛上的舰队尚未起航,奥斯曼帝

[①] 沙阿(Shah),又称"沙赫",是波斯语中古代君主的头衔。
[②] 蒂普苏丹(Tipu Sultan,1750—1799),南印度迈索尔王国苏丹。拿破仑·波拿巴曾寻求与蒂普苏丹结盟。

艾哈迈德·贾扎尔帕夏

国锡顿省总督艾哈迈德·贾扎尔帕夏①率军驻扎在圣让阿卡。拿破仑·波拿巴计划先将艾哈迈德·贾扎尔帕夏的兵力击溃。他打算迅速出击,趁艾哈迈德·贾扎尔帕夏不备,将其驻军一举消灭。

1799年2月10日,拿破仑·波拿巴致信法兰西第一共和国督政府:

---

① 艾哈迈德·贾扎尔帕夏(Ahmad Pasha al-Jazzar, 1720—1804),奥斯曼土耳其帝国锡顿省总督。锡顿省省会即圣让阿卡。

我军已在苏伊士造好五艘风帆战舰，还有另外五艘通信船在红海巡弋……穆罕默德·阿里帕夏①和另外几位帕夏以攻打埃及威胁我们。我准备先发制人，主动进攻。我军要在沙漠中行军九日。沙漠行军条件艰苦，没有水，也没有绿洲。我们征用了许多骆驼随行。我祈祷一切顺利，希望我们可以安全穿过沙漠……我军此行有三个目标：第一，我们要穿过沙漠，在沙漠的另一边建立要塞，以保证埃及的后方安全；第二，我们要迫

穆罕默德·阿里帕夏

① 穆罕默德·阿里帕夏（Muhammad Ali Pasha, 1769—1849），奥斯曼土耳其帝国驻埃及司令，后成为帕夏，是穆罕默德·阿里王朝的开创者。

使奥斯曼帝国做出让步；第三，我们要缴获英军战舰在叙利亚征集的全部物资。

此番远征，有毛拉①伴我同行。在奥斯曼帝国，毛拉在伊斯兰教教法上的尊崇地位仅次于君士坦丁堡的大穆夫提②……昨天是莱麦丹月③，我举行了戒斋仪式。现在，我与帕夏可以行使完全相同的权力。

1799年2月27日，拿破仑·波拿巴致信路易·查尔斯·安托万·德赛·德·维古。当时，路易·查尔斯·安托万·德赛·德·维古奉命在埃及驻守。信中说道：

我军已在沙漠中行进七十里格，将士们疲乏困顿。我们需要淡水。有时，我们很久都找不到水源；有时，找到的水源又不能直接饮用。我们也需要粮食。将士们已将狗、驴和骆驼杀死充饥。三天前，狂风肆虐，久久不息。后来，又下起瓢泼大雨。天色黑沉沉的，喑哑阴郁。士兵们情绪低落，都开始想家。

这封信是拿破仑·波拿巴在加沙境内完成的。攻克加沙之前，拿破仑·波拿巴已攻下埃尔阿里什。他轻而易举地攻克了加沙，没有遇到顽强抵抗。奥斯曼帝国驻加沙部队缴械投降后，拿破仑·波拿巴准允他们自行向大马士革方向退去，条件是投降的奥斯曼帝国驻军必须对《古兰经》起誓：至少在一年内不会重拾武器，对抗法军。加沙城内有诸多商铺。法军在加沙获得了大批补给。

1799年3月4日，拿破仑·波拿巴抵达雅法，开始围城。1799年3月7日，法军攻下雅法，开始在城内劫掠。持有武器的奥斯曼帝国士兵和反抗法军劫掠的雅法居民全部被法军屠杀。屠杀持续了整整五个小时。

---

① 毛拉（Mollah），伊斯兰教对于学者的尊称，指受过伊斯兰神学教育和伊斯兰教法教育的人。
② 君士坦丁堡的大穆夫提（Gand Mufti of Constantinople），穆夫提是解释伊斯兰教教法的权威学者。大穆夫提是穆夫提之首。在奥斯曼土耳其帝国，大穆夫提是州教法官。君士坦丁堡的大穆夫提是所有教法官里级别最高的。
③ 莱麦丹月（Ramazan），又译"斋月"，是伊斯兰历第九个月，在斋月穆斯林会禁食。

奥斯曼帝国驻雅法部队共有四千人，其中多为阿尔巴尼亚人。奥斯曼帝国驻雅法部队的士兵退至一家商队客店①，恸哭着向法军求饶，说他们愿意向法军投降。在欧仁·罗斯·德·博阿尔内和拿破仑·波拿巴的副官克鲁瓦西的同意下，这四千名奥斯曼帝国驻雅法士兵投降了法军。

路易·安托万·福弗莱·德·布里昂记述道：

> 克鲁瓦西副官将四千降兵分为两个方队，依次带入我军军营。一个方队有两千五百人，另一个方队有一千五百人。当时，欧仁·罗斯·德·博阿尔内与克鲁瓦西副官还没回来，我正陪同拿破仑·波拿巴在营帐外巡视。拿破仑·波拿巴看到这么多降兵，刻薄地说：'天啊！谁抓来的这么多俘虏？这下可怎么办呢，我们自己的存粮都不够。况且也没有多余的兵力可以将俘虏押回埃及，更不可能将他们送回法兰西。这是谁抓来的俘虏？这不是在给我出难题吗？'
>
> 欧仁·罗斯·德·博阿尔内和克鲁瓦西副官回来后，向拿破仑·波拿巴解释道，这些土耳其士兵都已投降。拿破仑·波拿巴一边听着欧仁·罗斯·德·博阿尔内和克鲁瓦西副官的解释，一边大发雷霆，将二人狠批一通，责备他们二人做事过于草率。②
>
> 然而，这四千雅法降兵已押回法军军营。欧仁·罗斯·德·博阿尔内和克鲁瓦西副官提醒拿破仑·波拿巴，不久前，拿破仑·波拿巴刚刚颁布军令，禁止屠杀降兵。如果他们现在处死雅法降兵，恐怕会违背禁令。拿破仑·波拿巴情绪激动地答道："我们的禁令是说不许屠杀老人、妇女和孩子，不是要保护手持武器、可能会对我军造成威胁的土耳其士兵。你们二人就不该接受雅法士兵的投降，就该将他们当场击毙。现在，你们将他们

---

① 商队客店（caravanserai），指位于马路边的旅店，供过往旅行者或商队住宿。多见于亚洲、北非和东南欧，最著名的是丝绸之路沿途的商队客店网。

② 克鲁瓦西在圣让阿卡牺牲。他曾向这批俘虏保证说，一定会饶他们一命，但这批雅法俘虏最后还是被屠杀。因此，有一种说法是，克鲁瓦西后来在圣让阿卡战死，就是故意借敌人之手杀死自己。路易·安托万·福弗莱·德·布里昂说："自雅法杀俘之事后，克鲁瓦西抑郁而终。"——原注

带来见我,我又能怎么办呢?我知道,他们已经投降了,也很可怜,但我该如何安置他们呢?"拿破仑·波拿巴说出这些话时,表情极其严肃。

接着,拿破仑·波拿巴下令将降兵反手绑好,又命令降兵坐在营帐前的地上。降兵们面色憔悴,仿佛已经预感到自己将面临必死的结局。我们的士兵为雅法降兵分发了一些干粮。当时,我们自己也面临粮食匮乏的窘境。可以分享给雅法降兵的口粮虽然不多,但都是从我们自己的补给中凑出来的。

接下来的三天,拿破仑·波拿巴与他手下的军官们发生了激烈的争吵,商议究竟该如何处置降兵。最终,拿破仑·波拿巴下令处死所有降兵。他的原话是:"全部枪决,小心处理。"[1]

法军将降兵分成两拨,分别执行枪决。一部分降兵被押至距离海岸较远的地方处死,另一部分降兵被押到海滩上处决。被押上海滩的降兵刚刚踏上海滩,便朝大海跑去。许多降兵甚至游到近海的暗礁和岩石后躲起来,这样,他们就可以躲在法军火枪的射程外,可以获得暂时的安全。法军士兵在沙滩上架好火枪,向海里做着埃及文化中表示"和解"的手势,将逃走的降兵都哄骗回来。于是,降兵游回了海岸。然而,这些降兵还来不及上岸,便统统被枪杀。很快,海浪卷走了他们的尸体。转眼间,沙滩上便再没有他们的踪迹。

这件事非常可怕。但当时,法军也没有别的选择。我所叙述的,都是我亲眼见到的。当时的场面非常残暴。我一个人的讲述不足以取信。所幸目睹此事的不止我一个人。其他目击者也有过类似的叙述,可为我说的话佐证。当日的场景历历在目。每当忆起,我依旧会战栗不已。重述这段历史令我痛苦不堪。对我来说,能够忘记这段经历反而算是幸运。

---

[1] 原文为法语"Faire fusiller, en prenant ses precautions de maniere qu'il n'en echappe aucun",拿破仑·波拿巴说这句话的时间是1799年3月9日。

要知道，即使穷尽人的想象，都无法描述当天的景象。雅法降兵的鲜血染红了海水。人世间最悲痛的语言都描述不出那样凄惨的情景。

我说的都是实话，没有一句谎言。杀死俘虏这件事，从一开始大家坐下来商议，到后来，由于意见不同发生了激烈的争论，再到后来，决定秘密处死所有降兵。我知道这件事的整个过程。当时，我也参与了其中的讨论。但我并没有决策权。我也不得不承认，当时，法军的处境本身已经非常艰难。我们置身于陌生的国土，广袤的荒原。法军人不多，但军粮供给依旧非常紧张。我们遇到的每一个人都可能是敌人。因此，如果当时让我投票，在内心深处，我也会赞成杀死降兵吧。只是当时，我的级别还达不到可以投票的资格。不在现场的人没有身处险境，因此无法体会那样的心情。①

后来，拿破仑·波拿巴在圣赫勒拿岛口述回忆录时，找尽借口想粉饰暴行。他说当天的死亡人数并没有那么多，而且降兵中有埃尔阿里什人。有些降兵投降后还试图反抗。然而，这种说法与他当时下达的命令似乎并不相符。另一个版本的借口是：拿破仑·波拿巴曾送降旗给雅法驻军，并告诉他们，只要他们举旗示意投降，就不会杀他们。但法军前去送降旗的使者竟遭砍杀。如果第二个借口所述是事实，那么当时，拿破仑·波拿巴攻下雅法城后，也只可能下令杀死雅法驻军指挥官，而不是杀死全部驻军。上面的借口都不能有力地解释拿破仑·波拿巴究竟为何要杀死所有降兵。事实上，他下令处死降兵也是迫不得已。路易·安托万·福弗莱·德·布里昂没有说谎。当时，法军已没有存粮。或许他们在抵达加沙后可以再行征集，但总体情况并不乐观。另外，法军本就人员不足，如果再分散一部分兵力用来看守降兵，能够打仗的兵力就更少了。而且当时也没有船，无法将降兵送回埃及或法兰西。即便如此，仍有人会问，为何拿破仑·波拿巴不索性释放降兵，让降兵在沙漠里自生自灭呢？不必将他们全部杀死。降

---

① 路易·安托万·福弗莱·德·布里昂：《回忆拿破仑·波拿巴》，1885年，伦敦，第1卷，第177页。——原注

兵不过四千人，又手无寸铁，他们并不会威胁到法军。然而，能够放降兵离去而不担心他们卷土重来的统帅，必须是富有人道主义精神的圣贤啊！当时，拿破仑·波拿巴率埃及军团孤军深入叙利亚，也需要面对重重困难和颇多顾忌。恐怕拿破仑·波拿巴也无法达到这么高的道德水准。战争扼杀了人间的正义。罪恶和残虐的事端会随着战争一同出现，不可避免。

这是一场非正义的战争。与拿破仑·波拿巴宣称的不同，这场战争并不是为了撒播仁慈，也不能带给当地人民自由的光芒。1799年1月11日，拿破仑·波拿巴致信法兰西埃及远征军骑兵指挥官若阿基姆·缪拉，并在信中直言："如果遇到的敌军不肯投降，可以就地杀光。"1799年1月20日，拿破仑·波拿巴致信法兰西埃及远征军总参谋长路易·亚历山大·贝尔蒂埃时，还提到了他向骑兵指挥官若阿基姆·缪拉下达的指示。他指示骑兵指挥官若阿基姆·缪拉，如果遇到反对法军的阿拉伯人，一律格杀勿论。拿破仑·波拿巴写道："如果遇到阿拉伯人，无论男女老幼，将他们一律带到开罗。必须抢下所有骆驼。胆敢违抗法军命令的阿拉伯人，无论男女老幼，一律处死。"命令中对妇孺竟也没有额外的怜悯。

拿破仑·波拿巴的性格中天生具有隐匿真相的本领。说得严重一些，那便是"口是心非"的本能。1799年1月20日，拿破仑·波拿巴同时致信身处圣让阿卡的奥斯曼帝国锡顿总督艾哈迈德·贾扎尔帕夏。我们来看看拿破仑·波拿巴在这封信中的说法吧。拿破仑·波拿巴说，他已"力所能及地宽仁地对待降兵"[①]了。他还说道："几天后，我军将开往圣让阿卡城。我奉上帝之名前来占领圣让阿卡，一定要尽最大的努力获取胜利。但同时，我会记住上帝的仁德和慈悲。我不会随意杀戮圣让阿卡城内的任何居民，无论是贵族还是平民。"

拿破仑·波拿巴按照计划开赴圣让阿卡。1799年3月19日，法军抵达圣让阿卡，开始围城。圣让阿卡城墙坚固，城内道路宽阔，易守难攻。这一次，拿破仑·波拿巴也想效仿攻占埃尔阿里什和加沙时的方式，在几日内结束战斗。然而这一次，他想错了。要知道，艾哈迈德·贾扎尔帕夏的火炮有一半来自法军工程

---

① "力所能及地宽仁地对待降兵"是拿破仑·波拿巴给在圣让阿卡的土耳其锡顿总督艾哈迈德·贾扎尔帕夏信中内容原文的引用。

法军围攻圣让阿卡

兵，其中一位工程兵甚至是拿破仑·波拿巴的校友。另一半来自大不列颠海军军官及水手，即大不列颠海军舰长威廉·悉尼·史密斯爵士的部下。

威廉·悉尼·史密斯舰长下令两艘舰艇靠近海港，对拿破仑·波拿巴的部队发起强烈的火力攻击。他非常清楚圣让阿卡的重要性。一旦失去圣让阿卡，必定会失去整个小亚细亚。圣让阿卡驻军受雅法屠杀事件的影响，不敢投降，只能拼死一战。另外还有消息传来：大不列颠海军威廉·悉尼·史密斯舰长截获了法军运输队，同时缴获了法军的攻城装备。这样一来，即使法军攻到圣让阿卡城下，也只能用野战火炮轰炸城墙。法军炮弹匮乏，有时不得不回收利用圣让阿卡驻军射出的炮弹。这也是不得已的事情。

圣让阿卡战役中的威廉·悉尼·史密斯

此时又有消息传来。阿卜杜拉·阿泽姆帕夏①正率援军二万五千人从大马士革赶来。圣让阿卡的守军听到这个消息,士气更加振奋。拿破仑·波拿巴也获知了这一消息。他立即派遣一支分队前去拦截援军。在塔波尔山战役②中,拿破仑·波拿巴的部队剿灭了所有援军。

---

① 阿卜杜拉·阿泽姆帕夏(Abdullah Pasha al-Azm,约1783—1809),奥斯曼土耳其帝国政治家。担任大马士革省总督,任期三届,从1795年至1807年。
② 塔波尔山(Mount Tabor),位于约旦河西,在西布伦与以萨迦之间。1799年4月15日到1799年4月16日发生过塔波尔山战役。

拿破仑·波拿巴围困圣让阿卡已有两月。在这两个月中，法军强攻七八次，损失了三千兵力，都没有达到预期的效果。拿破仑·波拿巴看到强攻圣让阿卡损失惨重，只好下令撤军。与此同时，在法军部队中，原本只在小范围内传染的瘟疫已肆虐全军，诸多法军士兵死于瘟疫。在法军部队中蔓延的瘟疫宛如圣让阿卡驻军的另一支援军，让圣让阿卡城内的驻军看到了更大的希望。

1799年5月17日，拿破仑·波拿巴决定退兵。他的内心充斥着愤怒，失望极了。拿破仑·波拿巴曾轻蔑地说，圣让阿卡不过是一堆石头。但这座石头堆砌的古城玷污了他的一世英名。在圣赫勒拿岛时，拿破仑·波拿巴亲口告诉拉斯卡斯伯爵埃马纽埃尔-奥古斯丁-迪厄多内-约瑟夫[①]：

塔波尔山战役

---

① 拉斯卡斯伯爵埃马纽埃尔-奥古斯丁-迪厄多内-约瑟夫（Emmanuel de Las Cases, comte de Las Cases, 1766—1842），法兰西作家，因写作《圣赫勒拿岛回忆录》（又名《圣赫勒拿岛的回忆》）而闻名。

假如当时我军能占领圣让阿卡,便可将圣让阿卡作为基地,进而攻占大马士革和幼发拉底河。这样一来,叙利亚境内的基督徒、德鲁兹派①和亚美尼亚人便会一路支持我们。阿拉伯世界的奥斯曼帝国诸邦早已为这场巨变做好准备,等待战争的到来……我只要在幼发拉底河两岸布局十万大军,便可一路攻至君士坦丁堡,甚至打到印度。那么,整个东方世界都将因我一人改变。我的东方帝国之梦便可实现。但法兰西的篇章将不再由我来书写。

拿破仑·波拿巴痛苦地说:"我失掉了一城,导致大业不成。"

拿破仑·波拿巴致信三弟卢西恩·波拿巴时说:"我在圣让阿卡错过了一生最好的时机。"他还告诉德·雷米萨伯爵夫人克莱尔·伊丽莎白·让娜·格拉维耶·德·韦尔热纳:"其实当时,我一心扑在创建东方帝国的大业上,无心理会欧洲事务。只是,我的东方之梦在圣让阿卡破碎了。"

每天晚上,拿破仑·波拿巴都会在营外的旷地上向他的时任秘书路易·安托万·福弗莱·德·布里昂倾吐他的东方大计。路易·安托万·福弗莱·德·布里昂将此一一记叙。

1799年5月9日,拿破仑·波拿巴说:"路易·安托万·福弗莱·德·布里昂,我也知道,我被圣让阿卡这鬼地方困住了,我的远征军在此损失惨重。但如果不做最后一搏,我誓不甘心。我已察明,如果我军能够攻克圣让阿卡,那么,城内的钱财粮食可以解决我们军队三万人的给养。待我军得到充分补给,我只需稍做激励,便可鼓动叙利亚人民发起起义。在叙利亚人民起义的过程中,我军也可以向其提供武装支援。随后,我们可以进军大马士革和阿勒颇,深入叙利亚腹地。会有越来越多的人支持我,我军的势力也会越来越强大。我会向人民宣布废除奴隶制度,推翻土耳其皇室的反动统治。到那个时候,各民族会如潮水般涌来。他们会迫不及待地向我归顺,加入我军。这样,我们远征军势力会愈发强大。最终,我们会轻而易举地占领君士坦丁堡。接着,我要推翻土耳其皇室,在

---

① 德鲁兹派(Druses),伊斯兰教什叶派一个分支。

东方新建一个强大的帝国。我将与我的帝国同在。我的帝国将与日月同在，世代流传。日后，我如果一时兴起，或许会打回巴黎。那我就取道亚德里安堡或维也纳，顺便消灭奥地利的哈布斯堡王朝。"

路易·安托万·福弗莱·德·布里昂说："我回到营帐后，趁记忆新鲜，赶紧将这段话记了下来。我敢说，这里的每一个字都是当日他说过的原话。"

拿破仑·波拿巴对大不列颠王国的忌恨由来已久。现在，我们终于追溯到了这刻骨仇恨的根源。大不列颠王国一手粉碎了拿破仑·波拿巴儿时的梦想，摧毁了他建立东方大业的希望。

法军军营中疫情严峻。拿破仑·波拿巴别无选择，只得放弃攻城，率军撤离。

1799年5月17日，拿破仑·波拿巴下令退军。法军开始经雅法向下埃及后撤。法军摆成长队，伤员和病号走在前面。大军一路蜿蜒地奔赴回程。

拿破仑·波拿巴又失落又羞愧，但他不是轻易承认失败的人。无论是送回国内的公告，还是呈交督政府的战报，他都用胜利者的口吻描述战绩。后来，拿破仑·波拿巴返回法兰西前，命令让·巴蒂斯特·克莱贝尔接手埃及军团时，也曾强势地命令过让·巴蒂斯特·克莱贝尔。拿破仑·波拿巴的强势还表现在毫不在意将士们知道真相后会怎么看他。比如，有些将士知道圣让阿卡城失败的事，还有些知道拿破仑·波拿巴返回法兰西的消息。但即便如此，拿破仑·波拿巴也不会因他人而更改计划。

拿破仑·波拿巴呈交督政府的报告如下：

> 我们深入埃及腹地，经历艰险。但我们完成了当初的目标！当前埃及形势严峻。我必须从叙利亚返回埃及。我军用火炮猛攻圣让阿卡。我们要将艾哈迈德·贾扎尔帕夏的宫殿夷为平地，要将圣让阿卡城内的纪念柱炸毁……圣让阿卡已被摧毁，现在只剩一堆乱石。我将率领埃及远征军再次穿过沙漠，回到埃及。即使我们会在沙漠中遭遇土耳其军队或大不列颠王国在埃及登陆的海军，我们也都做好了应战的准备……果然，我军与敌军在沙漠中交战。我军五百人死亡，一千人受伤。敌军死亡一万五千人。

这份公告中的诸多错漏已不必细数。

拿破仑·波拿巴对部队这样说：

> 再过几日，如果继续攻打圣让阿卡，我们也能攻下。如果继续进攻，再过几日，我们将冲进艾哈迈德·贾扎尔帕夏的宫殿，将他活捉。只是，我们可以用这几天时间做更加有意义的事。攻打圣让阿卡只会白白损耗我们法军士兵的宝贵生命。现在，我们有了更伟大、更值得我们为之奋斗的目标。

为了轻装行军，拿破仑·波拿巴向炮兵师指挥官埃尔泽阿·奥古斯特·库赞·德·多马尔丁将军下令，趁夜深无人时将部分火炮沉入大海。让-安多什·朱诺也接到命令，要将约旦河沿岸磨坊一律烧毁，所有谷物尽数出售，出售不了的一并烧毁。

拿破仑·波拿巴向位于开罗的底万宣称，艾哈迈德·贾扎尔帕夏的宫殿已化为灰烬，艾哈迈德·贾扎尔帕夏身受重伤，圣让阿卡居民坐船逃至海上，如此等等。

路易·安托万·福弗莱·德·布里昂说，记录这样的谎言让他感到万分羞愧。他忍不住向拿破仑·波拿巴进言，拿破仑·波拿巴却答道："小兄弟，你太单纯了。这是政治，你不懂。"

撤退过程中，法军在路过各地时犯下了累累虐行。他们或许只在由于担心敌军追击，不得不全速行进时才有所收敛。路易·安托万·福弗莱·德·布里昂详尽地描述了法军自残式的宣泄和劫掠奥斯曼帝国国土的暴行：

> 士兵们没有一滴水，渴得受不了。埃及军团在炙热的沙岗上行军，在热浪中饱受煎熬。军中将士们极其疲惫。因此，大家看上去都有些消沉，士兵们也少了许多士气。在艰苦的条件下，士兵们显得格外刻薄、冷漠。当时，拿破仑·波拿巴下令不准带担架上路，要轻装急行。有一些因战伤或肢体残缺不得不躺在担架上的军官们不想被抛下。于是，他们花钱请士兵抬着担架继续前行。许多肢体残缺的伤兵和感染瘟疫的病员都被当

埃尔泽阿·奥古斯特·库赞·德·多马尔丁

场抛弃。这些可怜的伤兵和病员被抛弃在土耳其陌生的国土上，等待死亡。在行军的途中，法军纵火焚烧沿途的村庄。我看到处处是火把的光亮。法军不仅放火焚烧村舍，还将村里的庄稼也烧个精光。熊熊的大火四处燃烧。奉命纵火的士兵丝毫没有怜悯之心。法军士兵心情压抑，焚烧村庄时一副迫不及待的模样。他们想以纵火的方式泄去心头的恼恨，因为只有这样，他们才能忘记从圣让阿卡败退的羞辱。于是，法军士兵发疯一般地破坏村庄，在土耳其的土地上留下了多处废墟。法军在行军途中一路烧杀破坏。

我还见过有士兵直挺挺地躺在路边，奄奄一息。他们用虚弱的声音哀求过往的部队："请救救我，我是伤兵，我没有感染瘟疫。"为了证明自己不是感染了瘟疫,而是真的受伤,这些伤兵们忍痛撕裂伤疤,露出伤口。而躺在路边生了病的士兵则自己动手,割出新的伤口,装成伤兵。但无论是伤兵还是病员,无论他们如何哀求,都得不到任何回应。我只看到一路火光冲向天际,滚滚浓烟遮蔽了阳光,连晴朗的天气都显得越发晦暗。我们的身后满是废墟,我们的前方只有苦痛和贫乏。这就是我们当时的处境。

1799年5月20日,法军终于退至唐特托瓦。根据路易·安托万·福弗莱·德·布里昂的叙述,当时的形势对法军极其不利。法军部队中的伤兵和病员实在太多。于是,拿破仑·波拿巴下令将所有马匹都用来驮运伤病员。路易·安托万·福弗莱·德·布里昂前往部队传达这一命令后,在返回途中,看到拿破仑·波拿巴的马倌维戈格前来。马倌维戈格脱帽行礼,向拿破仑·波拿巴询问道:"将军,您想留哪一匹马?"

据路易·安托万·福弗莱·德·布里昂说,当时,拿破仑·波拿巴正在气头上,这个问题简直是火上浇油。拿破仑·波拿巴抬起马鞭,狠狠地抽在维戈格的头上①,颤抖着声音吼道:"混蛋,听不懂吗?谁都没有马骑!我来做表率,不许骑马!你听不懂命令吗?退下!"

法军继续撤退。为轻装行军,法军将重炮辎重埋在黄沙中。1799年5月24日,法军抵达雅法,在雅法停军休整至1799年5月28日。法军士气无比低落。

雅法的城堡已被尽数损毁。如何安顿伤病员,尤其是瘟疫患者,这是个问题。雅法的战地医院中发生了惊心的恐怖事件。迄今为止,关于此事流传着两个版本,但我们至今都无法确认。第一个版本来自神化拿破仑·波拿巴的人们,第二个版本来自拿破仑·波拿巴的对手的讲述。我们也不知道哪一个版本更靠近真相。我们真希望是第一个。

法军部定离开雅法。一切准备就绪,法军也安排好马匹运送伤病员一同离开。然而,该如何对待染上瘟疫的士兵们呢?关于这件事情,我们真是不敢多想。因为越想越害怕。此次瘟疫极难康复。感染严重的患者会在数小时内

---

① 副官安托万·玛利·尚曼也有说是打在身上。——原注

拿破仑·波拿巴在雅法视察疫情

身亡。而且人们认定接触传播为最直接的感染途经,这导致瘟疫患者竟无人料理。法军军官们特意吩咐,马匹要用来驮运伤兵,不能用来载驮患有瘟疫的士兵。这些患上瘟疫的士兵最终的结局是什么呢?有一种不实的传言,说拿破仑·波拿巴下令给患有瘟疫的士兵服用过量吗啡,将他们全部毒死了。我们无法确定这一传言的真实性。但由于这条传言,拿破仑·波拿巴在后世受到了颇多诟病。这件事或许是真的,因为在当时的形势下,法军的形势凶险万分。法军前路必须急行前进,后有土耳其追兵,因此,有人提议用吗啡毒死感染瘟疫的士兵,也算正常。

据路易·安托万·福弗莱·德·布里昂讲述,在迦密山附近,曾有三位兵士因感染瘟疫未能随军继续前行。这三位兵士停留在一所修道院中，后来竟被土耳其人活活虐待至死。因此，先用吗啡毒死无法一同前行的感染瘟疫的士兵，或许也是为了防止他们落入土耳其人的手中，遭受非人的折磨和摧残。要知道，当地的土耳其人失去了土地和家园，都对法军恨之入骨。因此，他们绝不会对法军俘虏手下留情。从这个角度看，当时用吗啡毒死感染瘟疫的士兵，也是为了避免他们活着被俘，然后遭敌军凌暴。然而，就在要使用吗啡时，发生了一件奇怪的事情。军中竟然没有吗啡。原来，军队药剂师早已将吗啡换成了各种各样的小商品，载在骆驼上一路携带。药剂师本来想找机会将小商品卖给官兵们，赚点外快。这样一来，没有吗啡可以用了。于是，用吗啡毒杀感染瘟疫的士兵的计划就此作罢。后人之所以传言纷纷，或许也认为即使提出这样的计划都很残忍。在欧洲广泛流传的版本中，因吗啡致死的士兵多达五百人。但事实上，当时的伤病员总人数并没有那么多。因此，这种说法一定有所夸张。同时，在拿破仑·波拿巴在圣赫勒拿岛回忆的版本中，这个数字又变得极小。拿破仑·波拿巴说，因吗啡致死的士兵只有七个人。这种说法也比较离谱。可以肯定的是，法军撤走后，威廉·悉尼·史密斯舰长率军抵达雅法，发现雅法城里有几位感染了瘟疫的法军士兵一息尚存。因此，公道地说，这也证明当时拿破仑·波拿巴并没有下令实施吗啡计划。

下面是来自罗维戈公爵安·让·玛利·勒内·萨瓦里的叙述。不过，有心人会发现，当时，安·让·玛利·勒内·萨瓦里任路易·查尔斯·安托万·德赛·德·维古将军的副官还在埃及留守，并不在现场。因此，他的叙述不是道听途说，就是胡编乱造。

安·让·玛利·勒内·萨瓦里说：

> 当时，在战地医院里，伤病员精神崩溃者大有人在。很多士兵的病情并不严重，但听说自己感染了瘟疫，被吓疯了。拿破仑·波拿巴决定前往安抚伤病员，期待他们恢复心智。他告诉伤病员们，不要自馁，更不要惧怕无谓的灾害。为了振奋士气，拿破仑·波拿巴显示出了他的精诚和勇气。

安·让·玛利·勒内·萨瓦里

他用手沾摸一位士兵流着脓血的伤处,以示病况并不可怕。这一招倒是管用。病者恢复了自信,不再觉得瘟疫是不治之症。大家纷纷恢复了信心,再次鼓起勇气,收拾好行装,准备离开伤兵站。就在前一刻,伤病员们还以为自己会死在这里,再也无法出去。有一位掷弹兵病重到无法在床上直腰坐起。拿破仑·波拿巴见状,走上前同他说话,鼓励他。这位掷弹兵答道:"将军,您说得对。我是您英勇的掷弹兵,我不能死在这里,死在医院里。"士兵们在濒临死亡时还能保持英勇的气度。看到这样的场景,拿破仑·波拿巴的心痛如刀绞。于是,拿破仑·波拿巴看着这些伤病员一一被抬上骆驼,得以妥善安置,才默默离去。当时,部队中再没有其他的运输工具,法军只得用骆驼运送伤病员。

罗维戈公爵安·让·玛利·勒内·萨瓦里也讲述了拿破仑·波拿巴命令全军弃马步行的事。至于不识相地询问拿破仑·波拿巴选择哪匹马的那位马倌,在罗维戈公爵安·让·玛利·勒内·萨瓦里讲述的版本中,拿破仑·波拿巴并没有打他,只是"用如炬的目光扫了他一眼"。

我们知道,罗维戈公爵安·让·玛利·勒内·萨瓦里的版本不可采信。首先,罗维戈公爵安·让·玛利·勒内·萨瓦里本人并不在现场。其次,他说所有的伤病员都得到了转移,这一点与上文中威廉·悉尼·史密斯舰长的记录不符。其实,伤病员们都被弃置在战地隔离医院。威廉·悉尼·史密斯舰长抵达雅法时,发现他们或者已经死亡,或者奄奄一息。再次,用马匹运送伤病员的命令是自圣让阿卡至雅法的途中下达的。离开雅法时,伤病员或登船被送回法兰西,或被担架抬着,继续随法军前进。而罗维戈公爵安·让·玛利·勒内·萨瓦里的版本中,不真实的地方在于,无论是时任拿破仑·波拿巴副官的安托万·玛利·尚曼,还是目睹整个事件的另一位副官路易·安托万·福弗莱·德·布里昂,对罗维戈公爵安·让·玛利·勒内·萨瓦里的说法都没有认可。他们要么直接否认,要么闭口不提。

当时,安托万·玛利·尚曼接到拿破仑·波拿巴的命令,前去战地医院慰问。他也没有提及拿破仑·波拿巴去战地医院的事情。当时,他对战地医院伤病员的描述是这样的:

五六个伤病员围着树坐在一起。他们看到我过来,大声喊道:"大人,求求您,带我们一起走吧。我们还能走路!"但他们深受瘟疫折磨,根本没办法继续行军。而且事实上,当时他们都已站不起来了。没有人敢去护理他们，我也只得走开。我去寻找拿破仑·波拿巴，将以上状况报告给他。拿破仑·波拿巴当时正在海岸上散步。他听了我的汇报，沉默不语地继续散着步。在我们经过的地方，一位年轻的骑兵躺在地上。这位骑兵要强地从地上爬起，求我们带他一起走。拿破仑·波拿巴心生怜悯，命人牵来他的坐骑，让给了这位骑兵。但不知这位骑兵是不是不敢置信，认为这并不是真实的状况，始终不肯上马……至于一开始讲到的在树下的几位伤病员，我不知道他们后来怎么样了。或许，他们还未撑到夜里就已死去。对他们来说，那样反而是好事。假如他们活着落到敌军手里，只怕会比死还难受。

路易·安托万·福弗莱·德·布里昂做了如下的记录：

拿破仑·波拿巴手握马鞭，走路时，牵拉着的马鞭末梢便轻轻打在军靴上，发出清脆的响声。他一边急步走过各个房间，一边不停地下令："要将堡垒全部摧毁。圣让阿卡是个噩梦一般的地方。我必须抢先赶回埃及布防。敌人随后就会跟来。事实上，土耳其人要不了多久就会追到这里。至于伤病员，自己能站起来的，就带他们走。用担架抬着，放在马背上，将他们带走。"

战地医院有六十位感染了瘟疫的病员。凡是多于这个数字的传言，都不属实。伤病员们也知道，如果和大部队一起前进，会将瘟疫传染给所有人，因此，他们只能留在战地医院，绝望地等待死亡降临。空气越来越凝重。战地医院里安静得没有一点声音。伤病员们的眼神越来越空洞，他们的血在慢慢地凝固。

法军继续撤退。这一次的撤退速度比较慢，因为很多担架跟着部队一起撤退。除此之外，还有约一千八百名伤病员随军同行。在路易·亚历山大·贝尔蒂埃的官方版本的记录中，拿破仑·波拿巴口述的撤退情形为："我军从海陆两路运送伤员。"而路易·安托万·福弗莱·德·布里昂和罗维戈公爵安·让·玛利·勒

从叙利亚撤退的法军

内·萨瓦里二人关于法军撤退的描述与官方版本有所不同。请注意，路易·亚历山大·贝尔蒂埃记录的官方版本中，没有一句讲到瘟疫肆虐，或拿破仑·波拿巴慰问伤病员，或拿破仑·波拿巴在战地医院与瘟疫病人接触且不怕传染。为什么路易·亚历山大·贝尔蒂埃的记录中对这些内容只字未提呢？以拿破仑·波拿巴的性格，这样的说法可以突出他的宽容，描画他的美德。如果一切属实，他怎会不加以利用呢？可见，罗维戈公爵安·让·玛利·勒内·萨瓦里记录中的"拿破仑·波拿巴去战地医院看望伤病员"或"拿破仑·波拿巴不怕接触溃烂的伤口"都是杜撰。这些说法与"拿破仑·波拿巴用吗啡毒死五百名士兵"的传言一样虚伪。但无论如何，罗维戈公爵安·让·玛利·勒内·萨瓦里的叙述激发了后世一大批艺术家的灵感。这个故事也传为了一段佳谈。

1799年6月14日，法军经历了二十五日艰辛跋涉后抵达开罗。路易·安托万·福弗莱·德·布里昂说："拿破仑·波拿巴退回开罗前，事先发布了一张捷报。然而，稍有头脑的人都知道，这捷报不可能是真的。"拿破仑·波拿巴进入开罗城时，装作声势浩大的样子。法军没有足够的士兵，就让俘虏进入队列凑数。俘房列队展开，随军行进。法军还摆列出缴获来的辎重，做出很壮观的排场。抵达开罗后，拿破仑·波拿巴听说土耳其已与俄罗斯帝国结盟。于是，1799年7月21日，他发表《告开罗底万书》。内容摘录如下：

> 天父是世间唯一的神，穆罕默德是神派来世间的先知。
> 致开罗底万……愿穆罕默德的圣光护佑你！

> 此文书意在通告大家……已有十艘土耳其战舰开到亚历山大港，受到了友好的接待。现在，这些船舰停靠在阿布基尔，舰上的士兵正在登岸。我军已做好准备，待舰上的士兵全部登陆后，我们一起杀过去，将投降的士兵抓做俘虏，运回开罗示众，不投降的士兵就地斩杀。

> 土耳其舰队之所以前来，是为了与阿拉伯人和马穆鲁克联合，将埃及夷为废墟。与他们同船前来的还有信奉多神教①的俄罗斯帝国部队。俄罗斯人视一神教为异端。但以后，他们会明白，他们不会因信奉多神变得高贵。而且他们很快会知道，世间只有一个神，那就是我们的天父。天父温和、慈爱，总是与好人站在同一边，将坏人打败。天父派我来到埃及，替他统治这里的国度。我要推翻腐朽的王权，建立一个充满秩序和正义的国度。天父想要在全世界彰显他的力量，因此，他派我来到这里，实现他的愿望。我们的成就和事业会使信奉三位一体的人感到羞愧和汗颜。我们是天父虔诚的信徒。我们相信，有且只有一个天父统治世间。

这份公告荒唐得令人反感。拿破仑·波拿巴怎么可以装扮成虔诚的伊斯兰教徒来笼络埃及人呢？大家想想他是如何在叙利亚与伊斯兰教为敌的吧。更令人感到难堪的是，拿破仑·波拿巴在这份公告中还装成仁慈正义的化身。但事实上，他率领远征军一路前来，做的都是烧杀劫掠的事。

---

① 多神教是俄罗斯古老的宗教信仰，是俄罗斯文化的重要组成部分，多神教信仰促进了东正教在俄罗斯的本土化。

阿布基尔战役

当时的事实是，在罗得岛征募的土耳其部队抵达阿布基尔并登陆后，拿破仑·波拿巴立即迎上前去予以痛击。他只发挥了正常的水准，便将土耳其的一万八千援军消灭在了战场上。另有一万人，有的被枪杀，有的死在刺刀下，还有的溺死在大海中。

拿破仑·波拿巴打了胜仗，非常开心。要知道，在阿布基尔作战且取胜这件事具有双重意义。现在，拿破仑·波拿巴可以骄傲地宣称，他已一雪前耻，报了霍雷肖·纳尔逊完败法军海军之仇。

在此之前，由于大不列颠巡洋舰的封锁，埃及军团与法兰西第一共和国本土之间的消息往来已中断数月。拿破仑·波拿巴获胜后，通信恢复。因此，他对欧洲发生的最新事件也有了了解。原来，拿破仑·波拿巴远征埃及期间，欧洲爆发了惊天战乱。

大不列颠王国会同欧洲大陆除西班牙和葡萄牙之外的其他国家组成了第二次反法联盟。奥地利公国想一雪旧辱；普鲁士王国想收回莱茵河德语诸省；俄罗斯帝国也参与进来，承诺出兵六万协同奥地利军队作战。当初，拿破仑·波拿巴攻占罗马和瑞士引起了公愤。法兰西第一共和国手中的爱奥尼亚岛被俄罗斯夺走。1799年3月,卡尔大公击败让-巴蒂斯特·茹尔当,将法军逼至莱茵河另一侧退守。奥地利公国的海因里希·冯·贝勒加德将军和弗里德里希·冯·霍策将军也大胜法军,将法军逼回圣哥达山口。随后,奥军直入瑞士境内。驻守北意大利的巴泰勒米·路易·约瑟夫·谢雷被迫退守明乔河。让·维克多·莫罗接替玛利·巴泰勒米·路易·约瑟夫·谢雷就任驻守北意大利指挥官后,北意大利驻军更是全军覆没。阿尔卑斯山南共和国爆发人民起义,反抗法兰西第一共和国的统治。亚历山大·瓦西里耶维奇·苏沃洛夫①率领奥俄联军入侵曼托瓦,占领了布雷西亚

海因里希·冯·贝勒加德

---

① 亚历山大·瓦西里耶维奇·苏沃洛夫(Alexander Vasilyevich Suvorov, 1730—1800),俄罗斯军事统帅,被尊为民族英雄。

和佩斯基耶拉,继而攻入米兰。1799年6月,在特雷比亚,奥俄联军与向北进军的埃蒂安–雅克–约瑟夫–亚历山大·麦克唐纳部鏖战,埃蒂安–雅克–约瑟夫–亚历山大·麦克唐纳被亚历山大·瓦西里耶维奇·苏沃洛夫打败,损失军士一万两千人。1799年8月,亚历山大·瓦西里耶维奇·苏沃洛夫先后打败让·维克多·玛利·莫罗和埃蒂安–雅克–约瑟夫–亚历山大·麦克唐纳后,又在诺维野地打败巴泰勒米–卡特林·儒贝尔①部。巴泰勒米–卡特林·儒贝尔战死。

亚历山大·瓦西里耶维奇·苏沃洛夫

---

① 巴泰勒米–卡特林·儒贝尔(Barthelemy-Catherine Joubert, 1769—1799),法兰西将军,1796年任少将,担任意大利军团总司令。在诺维战役中战死。

埃蒂安－雅克－约瑟夫－亚历山大·麦克唐纳

另外，大不列颠王国将领拉尔夫·阿伯克龙比爵士率领大不列颠王国与俄罗斯帝国联军进攻位于北荷兰半岛的巴达维亚共和国[①]，俘获了整个巴达维亚共和国舰队。

---

① 巴达维亚共和国（Batavian Republic，1795—1806），法兰西第一共和国附属国。1806年开始为荷兰王国，由拿破仑·波拿巴四弟路易·波拿巴担任国王。1810年荷兰王国被并入法兰西第一帝国。

诺维战役,巴泰勒米－卡特林·儒贝尔在此役中战死

安德烈·马塞纳孤守瑞士。法兰西举国征兵。拿破仑·波拿巴远在海外,一开始只能听到一点零星消息。后来,法军战败的消息不断传来。拿破仑·波拿巴不再犹豫,打算立即回国应对内忧外患的复杂局面。眼下,法兰西第一共和国正处于危难之中。这是拿破仑·波拿巴夺取权力的天赐良机。拿破仑·波拿巴带着阿布基尔大捷的光环,很容易获得民众的支持,登上权力的巅峰。他回国后会发表激奋人心的演说,表达自己爱国的忠心。这样一来,所有关于他在叙利亚打了败仗的流言就会不攻自破。

　　拿破仑·波拿巴再次矫言虚掩。他表面宣称要远征尼罗河三角洲,暗中却准备渡海返回法兰西。他委托让·巴蒂斯特·克莱贝尔接任埃及军团总司令。埃及再也不会有耀眼的军功。埃及军团现在的残部由让·巴蒂斯特·克莱贝尔率领。继续坚守埃及是件非常艰苦的事情,因为埃及军团等不到援军,补给也时断时续。拿破仑·波拿巴临行前向让·巴蒂斯特·克莱贝尔嘱咐道,如果条件实在艰苦,难以坚守,让·巴蒂斯特·克莱贝尔可以代表法军与土耳其宫廷议和。拿破仑·波拿巴的原话是:"等到因瘟疫死亡的士兵达到一千五百人的时候。"

让·巴蒂斯特·克莱贝尔暴怒,对拿破仑·波拿巴说:"我又不傻。你这么急着回国,究竟在想什么,谋划什么,我都清楚,只是不拆穿而已。我直说吧,当初,你将这支部队带来埃及,现在难道要将它弃之不顾?"

拿破仑·波拿巴答道:"你这些话如果被别人听到,一定会认为当初是我主动要求率领远征军来埃及的。你别忘了,我也是接到命令,受派遣来到这里。你可别把所有的天灾祸事都算在我头上!"

让·巴蒂斯特·克莱贝尔接着说:"就是你!当初,也是你拟定的计划。我太了解你了,你就是想成名。我是个直性子,心里有话就要讲出来。当然,我也不会只埋怨你,督政府也有责任。军需再怎么充足,也不该由着你挥霍,让你真的打到埃及!"

拿破仑·波拿巴气得面色涨红,夺门而出。①

1799年8月22日,拿破仑·波拿巴在亚历山大港致信让·巴蒂斯特·克莱贝尔:"现将埃及军团总司令一职交付让·巴蒂斯特·克莱贝尔将军。本人拿破仑·波拿巴将奉政府命令返回法兰西。"——这不是实话。拿破仑·波拿巴在开罗向穆斯林理事会发布公告,宣布他要离开开罗"重新组建舰队",并保证两到三个月后即可返还。

拿破仑·波拿巴率两艘威尼斯三帆快速战舰,踏上返国的航程。在此行中,他带上了诸位心腹爱将,如让·拉纳、若阿基姆·缪拉、路易·亚历山大·贝尔蒂埃、奥古斯特·弗雷德里克·路易·维埃塞·德·马尔蒙、安托万-弗朗西斯·安德烈奥西、热罗·克里斯托夫·米歇尔·迪罗克、让-巴蒂斯特·贝西埃和安托万·玛利·尚曼。拿破仑·波拿巴认为,这些人忠心耿耿,如果回国之后要发动政变,他可以倚靠这些人。拿破仑·波拿巴要返回法兰西,他要从督政府手中夺取大权。机不可失,时不再来,再不回去就要错失良机。他要抓紧时间,赶在法兰西人民得知远征军在埃及的败绩之前,问鼎最高权力。

拿破仑·波拿巴从海上航行返国。他在阿雅克肖登陆并休整数日,1799年10月8日抵达弗雷瑞斯。

---

① 查尔斯·多里斯·德·布尔热:《拿破仑·波拿巴秘史》,第13页。——原注

让·巴蒂斯特·克莱贝尔

这一章到这里就要结束了。我们有必要对拿破仑·波拿巴的心理活动进行分析。我们很想知道,当他目睹人间苦难,直视血腥的战场时,他的内心究竟做何感想。

我们说,他的无情不是残暴,只是麻木。在战争中,面对整村整城的平民被杀,拿破仑·波拿巴无动于衷。但在面对个体受伤死亡或痛苦挣扎时,他又表现

热罗·克里斯托夫·米歇尔·迪罗克

得悲天悯人。我知道这种人的确存在,并且亲眼见过。这样的人,站在悬崖一端远观大海时,显得非常淡然。假如海上有船正在沉没,他们也不会有丝毫的触动。对他们来说,由于距离太远,沉船上正在陨灭的一个个生命不过是视野中的一个个小黑点。但如果让他们在近处观察,哪怕看到一只小狗落在水中,他们都会心疼不已,久久不能平静。拿破仑·波拿巴就拥有这样的心理。他是否能够展示人道主义精神,完全取决于问题的背景是宏观还是微观。埃及和叙利亚都是宏观远景。在埃及和叙利亚,生命被肆意屠戮,国土遭到无情的践踏。而在远征埃及途中,途经土伦时,拿破仑·波拿巴听说许多流亡贵族回来后被督政府处死,又听说一位八十多岁的老翁被枪毙。他义愤填膺,表示了对此类暴行的强烈愤恨。他还口述以下内容,呈递当时执行枪决的委员们:

> 得知枪决名单上竟有八十岁的老翁和有孕在身的妇人,我深感悲痛。真是难以理解,仅仅由于流亡贵族的身份,竟可以让母亲连同小孩一起死于枪下。
>
> 什么时候,我们追寻自由之神的士兵竟变成了刽子手?他们在战场上姑且对对手抱有怜悯之情,怎么会对自己的国民如此冷血?
>
> 1797年9月5日颁布的法律旨在加强公共安全的管理。我们清理的目标是叛国者,不是妇孺老弱。
>
> 因此,我的好公民们,我在此呼吁,哪怕依照法律,那些可怜的妇女和老人是有罪的,我想,他们也罪不至死。要知道,就算是在战场上,就算是敌人处理俘虏,妇女和老人也会被赦免。在战场上,我们尚且不会枪毙已经放下武器的降兵,下了战场,为什么还要处死自己国家的妇女和老人呢?这样的做法难道不是懦夫的行径吗?

然而,说完这些话后不久,在远征埃及时,拿破仑·波拿巴便食言了。在埃及,任何有可能会反抗法军的人,都会遭到法军残酷的镇压。

早年间,拿破仑·波拿巴还是一位青年军官时发生过一桩轶事。有一天,一位十四岁的少年在为蒂雷纳子爵亨利·德·拉图尔·奥弗涅唱赞歌,恰逢拿破仑·波拿巴在场。同时在场的还有一位贵妇。这位贵妇对蒂雷纳子爵亨利·德·拉图尔·奥弗涅评论道:"是的,蒂雷纳子爵亨利·德·拉图尔·奥弗涅的确很伟大,但他在巴拉丁领地烧杀抢掠的行径使我不得不低看他。"

拿破仑·波拿巴毫不在意地说:"那又有什么关系,蒂雷纳子爵亨利·德·拉图尔·奥弗涅还不是一样伟大。"[①]

当时,拿破仑·波拿巴还年轻。他的回答显示出,在他的思想中,人道主义

---

① 见1815年出版的《拿破仑·波拿巴秘史》。——原注

精神毫无地位。如果没有利益冲突，他的思想也会充满慈悲。他还会悲悯宽怀，并指责冷酷的人。对他来说，评判世间一切事物的标准就是：它是否关乎个人利益。为了实现个人利益，所有的错误都可以找到借口开脱。

第27章

雾月政变

(1799年10月16日—1799年11月10日)

精彩看点

得知拿破仑·波拿巴归来——巴黎密谋——督政府发生的变化——雅各宾派怎么想——巴拉斯子爵保罗·弗朗西斯·让·尼古拉怎么想——拿破仑·波拿巴改道——当时法兰西人民怎么想——拿破仑·波拿巴的谋略——全法兰西一致呼吁拿破仑·波拿巴拯救共和——收买各党派人心——安抚让·维克多·玛利·莫罗——拉拢埃马纽埃尔-约瑟夫·西哀士神父——军队动员——雾月十八日元老院的惊心一幕——五百人院惊情——出动士兵维持——失去冷静——卢西恩·波拿巴在关键时刻出手相助——差点儿全输——告人民书——关于被刺的坊间传闻——关闭议院——执政府成立——卢西恩·波拿巴居功自傲——德·雷米萨伯爵夫人克莱尔·伊丽莎白·让娜·格拉维耶·德·韦尔热纳评述时局和民情

拿破仑·波拿巴秘密返回法兰西第一共和国后,受到了佩尔蒙迪一家的热情款待。《朱诺夫人回忆录》中对这一场景做了生动的描述:

> 1799年10月9日夜晚,母亲有几位朋友来访。我们大家围坐在一张大圆桌边,正玩着洛托多芬棋盘游戏。这是母亲最喜欢的消遣。突然,一辆轻便马车停在门口,一位年轻的绅士从车上下来,旋即来到楼梯口。这个年轻人就是我的长兄阿尔贝·佩尔蒙迪。
>
> 阿尔贝·佩尔蒙迪说:"猜猜看,我带来了什么消息?"他的表情告诉我们,这一定是个特大消息。大家兴奋起来,纷纷说出自己的猜想。但阿尔贝·佩尔蒙迪一次次地摇头否认。母亲说了一句:"能有什么消息!难道天塌下来了?"之后又抓起装着小球的袋子,准备继续玩。阿尔贝·佩尔蒙迪严肃地说:"恩,母亲,真的是天大的消息。拿破仑·波拿巴回来了,他已抵达法兰西。"
>
> 阿尔贝·佩尔蒙迪话音未落,在场的所有人仿佛都着了魔法似的,目瞪口呆。当时,母亲正从袋里拿球出来。听到这里,她捏着球一动不动地站着,小球就颇滑稽地停留在半空中,而装球的袋子咚的一声,掉在地上。袋里的小球滚落一地。大家都惊呆了,竟然没有人起身去捡。

督政府也被惊得目瞪口呆，措手不及。督政府们的大权即将旁落。法兰西人民屏息凝神。所有人都知道，拿破仑·波拿巴登陆弗雷瑞斯，踏上法兰西土地的时刻，标志着一个新纪元的开始。法兰西的命运将被改写，因为接下来将是属于拿破仑·波拿巴的崭新时代。

拿破仑·波拿巴已遣信使将他返回法兰西的消息传送各方。现在，大家都知道拿破仑·波拿巴已经返回法兰西，正在返回巴黎的路上。为了避免发生意外，耽搁行程，拿破仑·波拿巴决定放弃既定路线，沿一条偏僻的小路返回巴黎。

巴黎城中，自督政府上台后，阴诡的浮云从不曾飘远。督政府已是丧家之犬，法兰西人民不胜其烦。督政府执政的七年中，已经发生了八次暴乱事件。干脆就让第九次到来吧！那就是拿破仑·波拿巴！人民呼唤着拿破仑·波拿巴，快点到来吧！

1799年5月的大选结果令督政府汗颜。选民们用自己手中的选票说话，选了很多反对督政府的人。因为这些年来不安的局势、动荡的国情，督政府都是有责任的。有一个非常优秀的将军，他叫拿破仑·波拿巴，他在意大利仗打得多好啊，可是，督政府将他远远地派去远征埃及，这是明显地嫉妒他、暗害他！因为督政府想的是，假如拿破仑·波拿巴战死在埃及的沙漠中，或者因为瘟疫而病死，督政府会多么开心啊！

元老院①和五百人院②终于松了一口气。元老院和五百人院的议员们早就对督政府有很大的意见了，一直以来，他们只能无声地对督政府表示反对。但现在，随着选票增加，反对派③已然成为两院的多数势力，他们可以依照法律夺取权力了。但反对派也不是极端分子，他们并不希望通过军事政变的方式达到目的。

---

① 即立法机构上议院。——原注
② 即立法机构下议院。——原注
③ 这里的反对派指反对督政府的各种势力的联合。在热月党人上台后，热月党本身就是各派的暂时联合。后来督政府执政软弱，又利用雅各宾派残余势力打倒保王党。因此，当时很多势力对督政府不满。比如大资产阶级觉得督政府软弱，大资产阶级害怕保王党卷土重来。于是大资产阶级支持拿破仑·波拿巴的个人独裁，以建立强有力的政府。但反对派虽然反对督政府，并不希望以拿破仑·波拿巴的个人独裁来代替宪法。反对派主要维护共和，所以也害怕保王党势力的壮大。

让-巴蒂斯特·特雷亚尔

反对派在两院中占了优势，那么接下来调整人事就可以按照反对派自己的意思来了。1799年6月，反对派控制的元老院以选举无效为理由，换掉了督政府五位督政官中的四位。反对派免去让-弗朗西斯·勒贝尔的督政官职务，由埃马纽埃尔-约瑟夫·西哀士神父接任；免去让-巴蒂斯特·特雷亚尔的督政官职务，由路易-热罗姆·戈耶来接任；免去菲利普-安托万·梅兰·德·杜艾的督政官职务，由让-弗朗西斯-奥古斯特·穆兰来接任；免去路易-玛利·德·拉勒韦利埃-莱波的督政官职务，由皮埃尔·罗歇·迪科来接任。埃马纽埃尔-约瑟夫·西哀士神父、路易-热罗姆·戈耶、让-弗朗西斯-奥古斯特·穆兰、皮埃尔·罗歇·迪科四个人，再加上巴拉斯子爵保罗·弗朗西斯·让·尼古拉，便是新一届的督政府。

皮埃尔·罗歇·迪科

在接任的四位督政官中，路易-热罗姆·戈耶、让-弗朗西斯-奥古斯特·穆兰和皮埃尔·罗歇·迪科虽然能力一般，但都是一心维护共和的人。另外，由让-巴蒂斯特·朱尔·贝纳多特担任新一任国防部长。

与此同时，残存的雅各宾派①势力又开始活跃，希望可以重返马克西米利安·弗朗西斯·玛利·伊西多尔·德·罗伯斯庇尔的时代。

---

① 雅各宾派（Jacobins）是法国大革命中参加著名政治团体雅各宾俱乐部的政治人士，因政治观点激进而闻名。只要领导人有马克西朱利安·弗朗西斯·玛利·伊弗各尔·德·罗伯斯庇尔、让-保罗·马拉·路易·安托万·德·圣茹斯特等。1793年，雅各宾派实行专政。1793年热月政变后，雅各宾派丧失政权。

雅各宾派力量复苏，选出新任首领，并在骑马厅[1]设立总部。这就是新雅各宾派的骑马厅俱乐部[2]。军队方面，让-巴蒂斯特·茹尔当伯爵和查尔斯·皮埃尔·弗朗西斯·奥热罗将军支持雅各宾派，让-巴蒂斯特·朱尔·贝纳多特和

骑马厅俱乐部

---

[1] 骑马厅（Salle du Manège），位于杜伊勒里宫西侧，旧时为法兰西王国王室室内骑马练习厅。法兰西大革命时期先后为国民议会和国民公会议事厅，1799年雅各宾派在此建立总部。
[2] 骑马厅俱乐部（club du Manège），1799年成立的一个新雅各宾俱乐部，总部设在杜伊勒里宫骑马厅。

埃马纽埃尔－约瑟夫·西哀士

让·维克多·玛利·莫罗支持中间派。埃马纽埃尔－约瑟夫·西哀士神父和巴拉斯子爵保罗·弗朗西斯·让·尼古拉希望将巴泰勒米－卡特林·儒贝尔培植成为自己的力量，因此将巴泰勒米－卡特林·儒贝尔派住意大利战场，赚取军功和光环。不料，巴泰勒米－卡特林·儒贝尔战死在诺维。

埃马纽埃尔－约瑟夫·西哀士神父最初得知拿破仑·波拿巴已登陆回国的消息时，厉声说拿破仑·波拿巴擅离职守，扬言要将他枪毙。然而现在，对于要惩办拿破仑·波拿巴，鲜有人会支持埃马纽埃尔－约瑟夫·西哀士神父。不仅如此，整个督政府都摇摇欲坠，已经成为拿破仑·波拿巴笼中的猎物。

这些年来，巴拉斯子爵保罗·弗朗西斯·让·尼古拉老谋深算，左右逢源，勉力维持着表面的权威。然而，在拿破仑·波拿巴的强势回归面前，巴拉斯子爵保罗·弗朗西斯·让·尼古拉仅剩的一点尊严被冲撞得粉碎。

路易-热罗姆·戈耶老实本分。让-弗朗西斯-奥古斯特·穆兰空有将衔,对官兵们影响甚微。

埃马纽埃尔-约瑟夫·西哀士神父早已不喜《共和三年宪法》,想要将它废除。他现在正打算按照自己的理念拟定一新的宪法,然后根据新宪法选出新的政府机构。

巴黎得知拿破仑·波拿巴在弗雷瑞斯小城登陆的消息时,发生了以上一系列事件。

得知拿破仑·波拿巴已返回,督政府惊呆了,不知怎么办才好。几位督政官商量来商量去,不知是该防范拿破仑·波拿巴夺权,还是利用拿破仑·波拿巴去对付日益壮大的保王党。对此,几位督政官意见不一致。

路易-热罗姆·戈耶

与此同时,拿破仑·波拿巴正在从弗雷瑞斯归来的路上。一路上,法兰西各地人民均是欢欣鼓舞、热烈欢迎。

路易·安托万·福弗莱·德·布里昂说:

> 在艾克斯和里昂沿途的每一处城镇和村庄,都像弗雷瑞斯人民一样,热烈欢迎拿破仑·波拿巴。民众狂喜,对拿破仑·波拿巴顶礼膜拜。拿破仑·波拿巴回到巴黎的这一路,各地人民簇拥出迎的场面,人民崇拜拿破仑·波拿巴的那种热情,假如你当时没有亲眼看见,你都觉得难以置信呐。即使对时局不敏感的人,也会认为、接下来雾月夺权是必然的事情。
>
> 法兰西地方各省受够了大革命以来各派系夺权内讧,也受够了外来势力的干涉和侵略。法兰西南部是各派纷争最严重的地区,几乎没有和平的时候。督政府贪腐无能,治国无方,整个法兰西民族都在恸哭哀号。督政府的官僚体系深入基层,平民没有任何机会。督政府推行的人质法①严重侵犯了个人自由,督政府推行的义务公债②极大地侵犯了有产者的利益。总之,民众对于督政府不满的情绪是普遍的。大家早已看清督政府无能又贪腐的真面目。而且正因为督政府无能又贪腐,法兰西的政局才沦为各个派系你争我夺的斗场。无序状态是普遍的,尤其在法兰西外省,暴乱更是时有发生。大城市的秩序稍微好一点。
>
> 法兰西人民期待变革,像是旱地渴盼夏雨。法兰西人民希望摆脱督政府黑暗的统治。但除了督政府,在法兰西第一共和国,人民还担心两股黑暗的力量。一个是无政府主义,另一个就是保王党借机坐大。因此,当务之急,出现一位强势的个人独裁,运用高度中央集权的方式来维护共和成果,这几乎是所有人的期盼。否则,法兰西大革命以来的成果恐怕就要失

---

① 人质法(Law of Hostages)是在1799年由督政府颁布的一项旨在加强督政府统治的法律。督政府许可地方政府提供进行非法活动的"人质"名单。拿破仑·波拿巴雾月政变上台后废除了人质法。

② 义务公债(forced loan)1795年督政府制定,在全国范围内从富有的公民阶层一共推行六亿里弗尔的公债,折合每人缴纳五十到六千里弗尔。

去，不易的共和精神也会中止。全法兰西都在希冀这样一位英雄人物的出现，只有这样的人，才能给法兰西带来真正的安宁。

新一轮政变在所难免。埃马纽埃尔-约瑟夫·西哀士神父宁愿看见波旁王朝复辟，也不愿意看见雅各宾派重掌大权。他向让-巴蒂斯特·朱尔·贝纳多特和让-安托万·马尔博将军[①]请求支持，但二人的态度都不是很热情。于是，埃马纽埃尔-约瑟夫·西哀士神父索性免去了让-安托万·马尔博将军在巴黎第十七卫戍师的指挥权，将让-安托万·马尔博遣往意大利。

让-安托万·马尔博

---

① 让-安托万·马尔博（Jean-Antoine Marbot, 1754—1800），法兰西将军、政治家，雾月政变前出任意大利军团总司令，在热那亚战争中受伤去世。

在此，我们可以看到，法兰西人民对于各派纷争已然疲惫和厌倦，他们不想再由着各种派别争斗下去，希望出现一位铁腕强人。这位强人会组织一个更强有力、更有威信的政府。至于政府的具体制度和体系，人民并不关心。只要能保护大家自大革命以来的既得利益，人民可以不在意政体。当然，波旁王室复辟是人民不能接受的。当时，保王党也在暗中积聚势力，准备卷土重来。波旁王朝的流亡政府还在海外颁布了施政纲领，打算回法兰西复辟。但波旁王朝已经不得民心。法兰西经历了共和的洗礼，谁会愿意回到只有王室贵族才能享有特权的封建时代呢？而且波旁流亡政府宣布禁止国土私自买卖，仅是这一项就使波旁王朝失去了法兰西农民们的支持。共和之后，原先贵族和教会的土地已经被充公拍卖，都被农民们买去了。现在让农民们交出手中的土地，那是不可能的。

代表共和派利益的督政府从上到下，都是反对保王党卷土重来的。波旁王朝复辟意味着政府要进行大换血，很多官员的位置就要腾出来给回归的流亡贵族们。那么现有的官员肯定是极力反对保王党的。法兰西第一共和国的军队，基本也都是共和派担任军官，几经风云变幻，军队中的新兴势力基本都是按军功提拔起来的军官。军官不再是由贵族垄断的阶层了。这些新军官们和士兵们一起，经历战场的洗礼，在国外劫掠财富，他们都很团结。宗教阵营裂变为两派。一派是宪法教会。法兰西大革命以来，革命党将全国所有教区重新划分，建立国家教会，这部分神职人员都是对宪法宣誓过的。大革命中依旧留在法兰西境内的主教被国家任命来分管各宪法教区。另一派是罗马天主教教会。他们由罗马教皇支持，反对宪法，宣布国家教会是不符合教义的。

路易·安托万·福弗莱·德·布里昂继续写道：

> 拿破仑·波拿巴的脑海中一直在计划回国后举事的事宜。可以说，他肯定想过直接杀死几位督政官。但这个想法明显是不成熟的，因为当时，拿破仑·波拿巴刚从埃及返回，来不及进行确切详尽的规划。拿破仑·波拿巴的性格就是这样。他野心勃勃，志向高远，但同时不喜欢什么事情

都事先明确地、详细地定下来。我个人对此的理解是，拿破仑·波拿巴从性格上来说比较喜欢一种朦胧的、随时都会有变化的感觉。当时大局已定，事情都在朝有利于拿破仑·波拿巴的方向发展。因此他没有什么好担心的。全法兰西都在期盼拿破仑·波拿巴早日上台呢，他只需按部就班即可。从拿破仑·波拿巴踏上法兰西海岸的那一刻，返回巴黎的六百英里路上，法兰西人民对他是崇拜和欢迎。在遍地的鲜花和掌声中，拿破仑·波拿巴的心态起了微妙的变化。可以说，拿破仑·波拿巴最初的计划不过是想趁督政府四面楚歌之际捞取一点个人利益，可是现在看来，民众的热情极有可能直接支持他登上权力的顶峰。

法兰西民众已然将拿破仑·波拿巴这位胜战将军视为国家的救星，人民不求自己能有什么回报，或者能获得什么利益，他们狂热地支持拿破仑·波拿巴，这种热烈的程度到了让我无法用言语表达的地步。拿破仑·波拿巴时常跟我说，正是因为有人民的支持，他才有强大的动力朝着目标前进，因为他的目标正是法兰西全体人民的意志。

没有哪一个人能像拿破仑·波拿巴这样，在当时复杂的环境中带领法兰西人民安稳地度过。只有他能避免整个民族倾覆。如同大不列颠人民不堪忍受詹姆士王朝暴虐无能的统治，呼唤威廉五世为国王一样，法兰西人民也在呼唤拿破仑·波拿巴拯救法兰西。拿破仑·波拿巴对于民众的呼声又怎能充耳不闻，拒绝天降的大任？不去落实民意，不去接受民众的支持，才是罪过。

迄今为止，法兰西第一共和国的统治者们，其中不乏庸才和无能之辈，他们占据要位，扼杀天才人物的出头机会。对于这一点，拿破仑·波拿巴心知肚明。其实法兰西人民也早已感受到，政府要员们骄奢淫靡，一心只想着从国家搜刮利益，不关心平民的生死。拿破仑·波拿巴想要推翻督政府，他也有推翻督政府的实力，因为真正的权力所向，在于谁能执掌军权、调动军队。出动军队平息乱局的事情已经发生过两次。然而，在拿破仑·波拿巴的心里，他或许不止一次地告诉自己：虽然军权在手，也要倍加小心。历来督政府就是忌惮领兵在外的军事将领们的。对于将领们中不顺服督政府的，督政府还会加以暗算。因此，在外打仗的将领，打胜了之后仍然担心不已，不知又会遭受督政府什么猜忌。一位将领如果打赢了外敌，必然会受到人民的拥护，人民越是拥护，督政府就愈发放不下心来。然而当时，法兰西暂时没有外敌侵入本土，共和制度也开始越来越深入人心。在这样的背景下，本来军队是不该插手政治的，因为军队插手政治是不合宪法的。但在葡月事件、果月事件中，军队已经两次帮助督政府稳固统治，并取得了预期的效果。于是这次拿破仑·波拿巴秘密归来，宣称有外敌侵入的危险，用军队做后盾，趁乱夺取政权，也是利用了督政府的弱点。

　　拿破仑·波拿巴抵达巴黎后，立即开始打点关系。对付督政府，他用上了自己最熟悉的作战套路——攻击核心成员，各自收服次要成员。对付雅各宾派，他则谨慎小心地应付。然而，拿破仑·波拿巴自己也曾是雅各宾派成员，甚至一度是奥古斯丁·邦·约瑟夫·德·罗伯斯庇尔的密友。因此，拿破仑·波拿巴在雅各宾派中依然享有一定的威信。但拿破仑·波拿巴完全不信任雅各宾派。他的三弟卢西恩·波拿巴曾是雅各宾俱乐部元老级人物和主要发言人。这次，拿破仑·波拿巴没有带卢西恩·波拿巴一起出征埃及，而是将他留在巴黎稳住雅各宾派的人心。这是个正确的决定。凭借与拿破仑·波拿巴的兄弟关系，卢西恩·波拿巴如愿当上五百人院的议长。卢西恩·波拿巴有一定才干，但能当上议长主要还是沾了次兄拿破仑·波拿巴的光。雅各宾派组织骑马厅俱乐部，准备重新再来，拿破仑·波拿巴也是非常真诚地想要争取到雅各宾派的支持。拿破仑·波拿巴非常清楚，雅各宾派的这帮人都是亡命之徒，与他们打交道，勉强维持和平是最优的选择。没有人比拿破仑·波拿巴更清楚雅各宾派的为人。因此，拿破仑·波拿巴从未对雅各宾派放松过警惕。后来在法兰西第一帝国时代发生的一件事就证明了拿破仑·波拿巴对雅各宾派是怀有戒心的。曾有一个雅各宾分子在俱乐部非常活跃，拿破仑·波拿巴知道后立刻委以官职。任帝国大司库[①]的皮亚琴察公爵查尔斯-弗朗西斯·勒布伦听说后，不满地询问原因，拿破仑·波拿巴说："我知道你纳闷我为什么要给他官做。但你要知道，这个人是一条凶恶的

---

① 大司库（Arch-Treasurer）是主管财政的最高官员。

查尔斯-弗朗西斯·勒布伦

野狗,对付他的办法就是给他点好处,让他闭嘴。因为野狗顾着啃骨头的时候是顾不上咬人的。"

对于保王党,拿破仑·波拿巴不辞劳苦地与他们通信,向他们描绘了一幅隐隐约约的复辟前景,如此保王党会自认为复辟还有希望。这样一来,至少保王党不会再公开反对拿破仑·波拿巴。不过,拿破仑·波拿巴行事依旧谨慎。他安排他人写的这些信,信上的落款也不是他的名字。因此,他没有留下任何话柄。

拿破仑·波拿巴还召集在巴黎留守的军队将领开会商议政变事宜。对于即将发生的政变，让·维克多·玛利·莫罗保持中立，没有表态。拿破仑·波拿巴便许以重位，让他睁一只眼闭一只眼。让-巴蒂斯特·朱尔·贝纳多特是督政府的死忠，不可能支持拿破仑·波拿巴。只是现在，督政府乱作一团。拿破仑·波拿巴的势力已经介入督政府，分化了几位督政官。首先，埃马纽埃尔-约瑟夫·西哀士神父本来就看好拿破仑·波拿巴。其次，拿破仑·波拿巴暗中与埃马纽埃尔-约瑟夫·西哀士神父联手，准备骗取路易-热罗姆·戈耶的信任。拿破仑·波拿巴亲自致信路易-热罗姆·戈耶，提醒他提防埃马纽埃尔-约瑟夫·西哀士神父。他告诉路易-热罗姆·戈耶，埃马纽埃尔-约瑟夫·西哀士神父正预谋叛国，准备迎立一位不伦瑞克王子回法兰西称王。在信中，拿破仑·波拿巴还告诉路易-热罗姆·戈耶，自己与埃马纽埃尔-约瑟夫·西哀士神父不共戴天①。于是，路易-热罗姆·戈耶答应支持拿破仑·波拿巴。另外，拿破仑·波拿巴对巴拉斯子爵保罗·弗朗西斯·让·尼古拉采取威逼的策略。在拿破仑·波拿巴的恫吓之下，巴拉斯子爵保罗·弗朗西斯·让·尼古拉乖乖地辞了职。这样一来，五位督政官中，拿破仑·波拿巴已经获取支持或已经胁迫其辞职的有三位。剩下的两位督政官在拿破仑·波拿巴的逼迫下也递交了辞呈。接着，拿破仑·波拿巴迫使元老院通过法令，将第二天，即共和八年雾月十七日的会议转至圣克卢宫召开。拿破仑·波拿巴还以保王党密谋造反为借口，以维护议会的自由与安全为理由，掌握了巴黎国民自卫队和立法院卫队的指挥权。

法兰西共和八年雾月十七日，即1799年11月8日，拿破仑·波拿巴完成了军队的一系列调动，以确保一旦他和两院发生冲突，军方会坚定不移地站在他这一边。共和八年雾月十八日，即1799年11月9日，拿破仑·波拿巴在拥护者的簇拥下来到圣克卢宫。

让·维克多·玛利·莫罗在整个事件中发挥了非常重要的作用。他负责看押两位不愿参与政变的督政官，当然，也可以说这两位督政官是受了惊吓，不敢

---

① 据让-安托万·马伯特言，埃马纽尔·埃贝·西哀士曾写信给拿破仑·波拿巴，建议拿破仑·波拿巴从埃及返回法兰西、发动政变夺取大权。——原注

圣克卢宫

参加活动。其中,看押路易-热罗姆·戈耶的方式非常直接,他被软禁在自己的卧房里。

关于当年元老院和五百人院中的场景,历史上流传着好几个版本。当时,路易·安托万·福弗莱·德·布里昂与拿破仑·波拿巴近在咫尺。他的描述如下:

共和八年雾月十八日,即1799年11月9日13时,元老院议员们已经就座。由元老院议长路易-尼古拉·勒梅西埃主持的会议正式开始。议员们对督政官的频繁更换和当下的时局议论不已,会场里充满激烈的讨论。每一分钟都有暗探来给拿破仑·波拿巴汇报会场中的一举一动。等时机到了,拿破仑·波拿巴决定直接进入大厅,参与讨论。只见拿破仑·波拿巴面带愠色,迈着昂扬的步伐走进会场。一时间,我也无法揣测他演讲的中心。我们一行人从一条狭窄的侧道进入大厅中心,其他的士兵则在会场门口留守。当时,元老院议长路易-尼古拉·勒梅西埃站在拿破仑·波拿巴右边稍远的地方,看不到拿破仑·波拿巴的正脸。而我紧跟在拿破仑·波拿巴的右侧。路易·亚历山大·贝尔蒂埃站在拿破仑·波拿巴的左边。

大家认为,我们现今看到的各种版本的演讲,都出自拿破仑·波拿巴本人。这种说法不算有错,但并不完全准确。事实上,这些所谓的"演说"内容并不是拿破仑·波拿巴在元老院正式发表的演说,而是他与元老院议长路易-尼古拉·勒梅西埃之间的部分对话。因为当时情势紧急,拿破仑·波拿巴只能对元老院议长路易-尼古拉·勒梅西埃非常简短地说上几句。拿破仑·波拿巴提到了他的"荷枪实弹的弟兄们",还提到了"一个士兵的坦诚"。元老院议长路易-尼古拉·勒梅西埃问了很多问题,他在关键时刻还是口齿清晰,镇定自若。但拿破仑·波拿巴已经磕磕巴巴,说出来的话都不知什么意思。拿破仑·波拿巴断断续续地说了些"火山,秘密的动乱,胜利,被违背的宪法"等等含糊的话语。他对果月政变中的违宪行为进行了强烈谴责,完全不顾及他自己就是果月政变主要参与者这一事实。

拿破仑·波拿巴装作对果月政变一无所知,谎称是元老院的命令,让他"兹助国体",他才出面维持大局。元老院众位议员们根本不信他的话,向他狂喊:"尤利乌斯·恺撒!奥利弗·克伦威尔!你这独裁者!"拿破仑·波拿巴还在为自己辩护:"我对你们没什么好说的!"但事实上,他说出的话没有一个字是真的。

拿破仑·波拿巴宣称,自意大利战争以来,他自己多有战功,因而备受人民爱戴,备受官兵拥护,如果他能获取最高国家权力,那也是众望所归的事。拿破仑·波拿巴说到这里的时候,又高呼起来,"自由!——平等!"而实际上他呼喊的"自由"和"平等"口号都是虚伪的,因为他率领军队前来圣克卢宫,既不是为了自由,也不是为了平等,而是准备发动政变。拿破仑·波拿巴话还没有说完,一名元老院议员起身打断他的话,喊道,"你忘了,还有宪法!"拿破仑·波拿巴一惊,表示同意。但他接下来说的话我可就听不懂了,他讲的话非常支离破碎:"果月事变——牧月事件——一群伪君子——阴谋家——我要把一切揭露于众!等到共和国的危险散去,我才会交出手中的权力。"

拿破仑·波拿巴以为通过自己的演说,元老院众议员就不会再去质疑他的言论。这样想着,他也稍微安了些心。接着,拿破仑·波拿巴以更加激烈的言辞开始抨击巴拉斯子爵保罗·弗朗西斯·让·尼古拉和让-弗朗西斯-奥古斯特·穆兰两位督政官。他说,这二人向他私下承诺要建立以他为首的政权,要"消灭所有信奉自由意志的人。"拿破仑·波拿巴的话听着明显就是假的。元老院会场厅内一片哗然,议员们没有一个人相信拿破仑·波拿巴的谎话。有人呼吁建立总务委员会,继续查明巴拉斯子爵保罗·弗朗西斯·让·尼古拉和让-弗朗西斯-奥古斯特·穆兰到底有没有结党谋私、背叛共和。另有一些议员说:"不,不行!不能成立总务委员会!既然巴拉斯子爵保罗·弗朗西斯·让·尼古拉和让-弗朗西斯-奥古斯特·穆兰秘谋叛变,那我们就把他们俩的罪行公布于众!让所有的法兰西人都知道!两个阴谋者已经败露,现在,我们要公布于众!"

议员们请拿破仑·波拿巴务必详述相关细节,即巴拉斯子爵保罗·弗朗西斯·让·尼古拉和让-弗朗西斯-奥古斯特·穆兰阴谋的具体步骤,以及拉拢拿破仑·波拿巴的具体条件。他们说:"你必须将所有情况一一披露,毫无保留。"

拿破仑·波拿巴没有想到,议员们会询问得如此详细,他一时间说不出个所以然来,感觉有点尴尬。他同时有一种感觉,觉得自己不会轻易得到元老院议员们的支持的。他哪里能讲出什么"具体"内容,于是他只好再提出一项新的指控,企图混淆视听。这次拿破仑·波拿巴开始指控五百人院,他说五百人院的议员都是极"左"分子,五百人院在密谋"推倒现有的一切,重设断头台,重建革命委员会"。人们粗暴地议论着,声音如雷如瀑。拿破仑·波拿巴越来越语无伦次。听着拿破仑·波拿巴的话,议员们都惊愕不已。拿破仑·波拿巴时而继续对着满厅的议员们说着话,时而召唤门外的士兵进来,但士兵们根本听不见。慌乱中,他话锋一转，讲起了他对外作战的事情，说他一直蒙战神庇佑，得到了幸运之神的保护。

元老院议长路易-尼古拉·勒梅西埃一直保持着冷静。他告诉拿破仑·波拿巴说，五百人院是不会叛变的。他让拿破仑·波拿巴把话说清楚，不要含混其词，同时提醒拿破仑·波拿巴说："请把话讲明白。请向我们具体说明五百人院的阴谋是怎样的，五百人院又是怎样拉拢你加入的。"

拿破仑·波拿巴依旧在那里重复自己刚才所说的话。但他当时的话具体是怎样的内容，估计只有在场的人知道了。反正拿破仑·波拿巴依旧前言不搭后语，说的话没有一句是连贯的。

我看到拿破仑·波拿巴语无伦次，表达不清，引得会场内阵阵骚动，于是拉着他的衣角，低声催他尽快离开："将军，快撤！看您都说了些什么！快撤吧！"我向站在拿破仑·波拿巴左手边的路易·亚历山大·贝尔蒂埃打着手势，让他和我一起想法带拿破仑·波拿巴离开会场。拿破仑·波拿巴结结巴巴地又说了几个字，忽然转过身，喊了一声："是我的人，就跟我来吧！"立在门口的守卫并没有伸手阻拦。走在拿破仑·波拿巴前面的人将遮掩入口的壁毯一把拉开。终于，拿破仑·波拿巴一步跳上院中早已备好的马，逃了出去。事后想起，真让人感到后怕啊。

我真不敢想象可能会发生的更糟糕的状况。假如当时元老院议长路易-尼古拉·勒梅西埃大吼一声："掷弹兵，不许放走任何人！"那么，谁都不知道接下来会发生什么。再晚一分钟的话，也许拿破仑·波拿巴就不能顺利从元老院脱身了。接下来，元老院肯定会判拿破仑·波拿巴有罪，估计第二天，即1799年11月10日就会将拿破仑·波拿巴押赴革命广场①处死。那样的话，拿破仑·波拿巴就再也不可能在卢森堡宫安枕，法兰西也就再没有这位震撼欧洲的名将了。

出了会场，就是另一番情景了。拿破仑·波拿巴忽然进入庭院，跳

---

① 又叫"协和广场"（Place de la Concorde），位于巴黎市中心，由路易十五建立。建立之初命名为"路易十五广场"，大革命时期改名为"革命广场"，1795年开始称"协和广场"。

上马,尚未坐定,就听到来自四面八方的呼喊,大家齐声呼唤着:"拿破仑·波拿巴万岁!"士兵们的响声震动宫殿。拿破仑还要去比元老院更难说服的五百人院。一切都是未知,但箭在弦上,不得不发,现在已经不能退缩了。我们像赌徒一样押上了所有的筹码。因此,虽然五百人院更加凶险,我们也得去商谈。

我们对五百人院的担忧不是没有道理。到达五百人院后,我们发现那里人声鼎沸,议员们义愤填膺。正常的议程应该是先向督政府汇报议会就职名单,再由元老院细述召开此次特殊会议的缘由。眼下,督政府已经分崩离析:埃马纽埃尔-约瑟夫·西哀士神父和皮埃尔·罗歇·迪科已投靠拿破仑·波拿巴;路易-热罗姆·戈耶和让-弗朗西斯-奥古斯特·穆兰被软禁在卢森堡,由让·维克多·玛利·莫罗将军看管。①正在五百人院起草告文要送呈督政府时,从元老院传来巴拉斯子爵保罗·弗朗西斯·让·尼古拉的辞职报告。时任五百人院议长的卢西恩·波拿巴立即宣读了通告。

巴拉斯子爵保罗·弗朗西斯·让·尼古拉的辞职报告引发了全场骚动。大家彼此询问:督政官辞职是否符合宪法?正在众人交耳议论时,拿破仑·波拿巴带领一队掷弹兵出现在会议厅。掷弹兵在厅门口留守,拿破仑·波拿巴走了进去。拿破仑·波拿巴去五百人院那天我没有陪在他身边。

显而易见,恐怕连拿破仑·波拿巴都错将五百人院当成了元老院。前一天在元老院,大部分的议员在强势的拿破仑·波拿巴面前,也只是据理力争,并没有激烈的冲突。因此,拿破仑·波拿巴一开始没想过会在五百人院遭到反抗。他刚来到五百人院所在的圣克卢宫橘园厅,就明显感受到空气中弥漫的怒意。五百人院很有可能判处拿破仑·波拿巴"叛国罪"。要知道,马克西米利安·弗朗西斯·玛利·伊西多尔·德·罗伯斯庇尔就是因为此罪,被判上了断头台。拿破

---

① 这是拿破仑·波拿巴的一招妙棋。拿破仑·波拿巴令让·维克多·玛利·莫罗软禁两名督政官是为了将让·维克多·玛利·莫罗拖下水。让·维克多·玛利·莫罗迂腐谨直,对上级令出必从,所以想也没想就听从了拿破仑·波拿巴的命令。依据前一日立法调整,拿破仑·波拿巴已握大权,是让·维克多·玛利·莫罗的上司。——原注

仑·波拿巴刚一到场,五百人院议员们愤怒的呵斥痛骂之声立即传来:"打倒暴君!""共和国万岁!""宪法永存!""杀死独裁者!"如此种种,不绝于耳。有一位议员甚至质问拿破仑·波拿巴:"你打胜仗,就是为了这一天吗?"

　　面对五百人院议员们的过激反应,拿破仑·波拿巴一时惊慌失措。议员们怒气冲冲地走下座席,将拿破仑·波拿巴团团围住,开始出手对拿破仑·波拿巴推推搡搡。另有几位代表抓起拿破仑·波拿巴的衣领,一边晃着他的身体,一边大声痛骂他是"叛国贼"。拿破仑·波拿巴脸色煞白,晕倒在掷弹兵的怀里。掷弹兵急忙将他带离了这个多事之地。查尔斯·皮埃尔·弗朗西斯·奥热罗将军一脸不情愿地跟着走了出来,在旁边酸酸地讥讽道:"现在可倒好,进退两难!"

　　拿破仑·波拿巴赶到橘园厅外的庭院栏杆处。埃马纽埃尔-约瑟夫·西哀士神父坐在一辆六匹马拉的豪华大马车中接应。埃马纽埃尔-约瑟夫·西哀士神父预备着万一政变失败,就策马奔逃。他揶揄道:"怎么?他们要定你叛国罪?你没有定他们叛国罪就不错了。"

　　拿破仑·波拿巴渐渐冷静下来,赶去了圣克卢宫的一个宫室。这个宫室里聚着他的三十位高参。大家都垂头叹气。拿破仑·波拿巴用手中的皮鞭狠抽了一下桌子,喝道:"这场闹剧该结束了!"之后,他便向外走去。其他人也都随拿破仑·波拿巴走出了宫室。

　　拿破仑·波拿巴带领手下的智囊们走出宫室,来到庭院中,看到院中让·马蒂厄·菲利贝尔·塞吕里耶率领一个步兵团刚从巴黎赶到圣克卢宫。拿破仑·波拿巴登上马,在士兵们面前意气风发地发表了即兴演说,然后威武地骑着马,来到五百人院所在的橘园厅外面。拿破仑·波拿巴神色冷峻地下了马,一步一步地踏上通往会场的台阶。

　　拿破仑·波拿巴已经为政变找好了借口。让·马蒂厄·菲利贝尔·塞吕里耶已经告诉士兵们,五百人院的议员们联合起来,要暗杀拿破仑·波拿巴。

　　与此同时,橘园厅内,议员们发出一阵阵喧哗,群情激愤。五百人院的议员们一齐向五百人院议长卢西恩·波拿巴发难,让卢西恩·波拿巴将拿破仑·波拿巴的行为定为叛国罪。卢西恩·波拿巴想要争辩,但众议员的叫喊声盖过了他的

拿破仑·波拿巴被五百人院议员们团团围住

声音。只听又有人大吼道:"拿破仑·波拿巴玷污了自己的威名!他是共和国的耻辱!"有议员开始吼叫着说,要定拿破仑·波拿巴叛国罪。这种情形下,作为五百人院议长的卢西恩·波拿巴当然可以一言定乾坤。一旦宣布定罪,拿破仑·波拿巴的政治生涯也就在这里结束了。拿破仑·波拿巴会成为第二个马克西米利安·弗朗西斯·玛利·伊西多尔·德·罗伯斯庇尔。卢西恩·波拿巴无法平息众人的议论,让大家听他讲话。于是,他召唤会场外的掷弹兵护卫队前来维持秩序。可是掷弹兵还没有冲进厅来,会场内的议员们就已经逼着卢西恩·波拿巴辞去五百人院议长的职位,打算另选议长来判拿破仑·波拿巴有罪。而且已经有议员上前拉扯卢西恩·波拿巴的议长长袍,强行要逼着他签字辞职。在千钧一发的时刻,掷弹兵护卫队冲进会场,将卢西恩·波拿巴从已然怒发冲冠的议员们手里救了下来,把他带出了会场。

这一刻可谓千钧一发。再晚一分钟,议员们就会将卢西恩·波拿巴免职,新上任的议长会立即宣布拿破仑·波拿巴的"叛国罪"罪名成立。敏锐的卢西恩·波拿巴观察到了五百人院内形势凶险、关乎生死。卢西恩·波拿巴走出橘园厅后,翻身上马,以五百人院议长的身份在士兵面前发表演说,呼吁士兵们保卫议会自由。他告诉士兵们,现在议会中有一小部分议员是大不列颠王国的奸细,他们已经叛变了,他们受大不列颠王国的指使,准备暴动,干涉议会自由。

我告诉你们,这帮强盗已经叛变了。他们要废除元老院。他们要定拿破仑·波拿巴将军叛国罪。然而,大家都知道,现在只有拿破仑·波拿巴将军具有签署法令的权力。他们想定罪就定罪,定了罪就要判人死刑。这太离谱了!对一位备受爱戴的将军来说,这是一种莫大的伤害!

这么多年来,法兰西的人民受够了恐怖统治。我以全体人民的名义命令你们,前往营救无辜的议员们。你们只有亮出刺刀,那一小部分叛变的议员们才会放下手中的匕首。只有这样,你们才能把大多数无辜的议员们营救出来。这些正直的、无辜的议员们,他们是维护共和的人,他们是决定共和国立法走向的人!快去营救他们吧!

拿破仑·波拿巴将军，士兵们，公民们，你们要承认，作为国家的立法者，这样的会议是非法的。我们要用武力驱逐现在仍在橘园厅的议员们！他们不再是人民的代表，他们是沾着毒液的匕首。

此番慷慨演讲完毕，士兵群中爆发出"拿破仑·波拿巴万岁"的阵阵呼喊。但说起攻占五百人院，士兵们一时之间没有动静。卢西恩·波拿巴见状，拔出佩剑，大喊道："我发誓，假如拿破仑·波拿巴将军怀有任何妨碍自由大业的心思，我会第一个杀了他！"这句话颇有威力，军士不再踯躅。拿破仑·波拿巴瞅准时机，一声令下，若阿基姆·缪拉率领一队掷弹兵冲入议会厅。五百人院议员们顿时乱作一团，如笼中之鸟般吱喳喊叫。士兵们还没有亮出刺刀，五百人院就如鸟兽散。有的从椅子底下爬走，有的躲在桌子的厚呢罩下，有的夺门而逃，还有的慌不择路，跳窗离开。

由于拿破仑·波拿巴语无伦次，演讲失败而险些功败垂成的雾月政变，最终被头脑冷静的卢西恩·波拿巴在生死线上挽回。

当晚，拿破仑·波拿巴向全体人民发布公告，讲述事变缘由。其中是非曲直，使用的荒诞借口，比起卢西恩·波拿巴在橘园厅外的演讲，有过之而无不及。

法兰西同胞们，我在返国途中建立了部队与地方政府共管的制度。我们的理由只有一点，就是宪法已不能够维护自由，已经名存实亡。

党派林立时，总有人前来拉拢我，让我与他们伙同，支持他们夺权。而我统统表示了拒绝。我不加入任何一个派别。

元老院请求我执掌大局，我答应了。元老院汇聚着我们国人对自由、平等和维护私有财产的向往。元老院的议员们是共和的先驱。他们久经考虑，提出让我来执政，他们的决定是正确的。我成为执政官后，将对国家的混乱状态进行整顿，将冷静处理外患问题。元老院决定将立法机构迁至圣克卢宫。为了保证安全，维护独立，元老院授予我军事指挥权。为了保护同胞们，为了爱护士兵们，为了实现国家荣耀，我接受了这一职位。

五百人院议会在圣克卢宫橘园厅召开。法兰西第一共和国的卫队在厅外尽职护守，橘园厅会场内的不法分子却开始了暗杀活动。五百人院中的一些叛乱分子手持匕首和手枪，整个议会厅弥漫着死亡的气息……叛乱分子打断了议员演讲。在威胁恫吓之下，没有人敢仗义执言。

　　我怀着满腔怒火，痛心疾首。我来到元老院，恳求议员们将神圣的护国方案付诸实践……然后，我一个人来到五百人院，我没有带任何武器，也没有带一个卫兵……我是前来拯救无辜的议员们的。于是，他们亮闪闪的刺刀对准了我。约有二十名叛乱分子围聚在我跟前，用刀枪指着我的胸膛。守在门口的掷弹兵们冲了过来，挡在我和反叛分子的中间。其中一个掷弹兵被匕首刺伤。就这样，我在掷弹兵们的护卫之下得以离场。

　　同时，我听到一阵气势汹汹的呼喊："定他叛国罪！"五百人院的职责是保护法律，而不是滥用立法的权力。叛党们的呐喊声令人窒息，我们一定要消灭他们！

1799年11月11日23时

　　接下来，拿破仑·波拿巴叙说了橘园厅清场详情。这里倒没有任何隐瞒修改。最后是总结陈词：

　　国民们，你们在我身上看到的，是一名士兵护卫自由宗旨的热忱，是一个公民守望共和大业的诚挚。我们要消灭派系纷争。我们将建立审慎执法、监护立法、享有自由权利的规章。再也没有党派之间面目可憎的内讧，没有卑鄙无耻的叛国乱党。

　　拿破仑·波拿巴描绘的这一幕实在滑稽无理，宛若一幅拙劣的画作。但世人相信拿破仑·波拿巴说的是真的。无论如何，用匕首行刺这个说法不妥当。路易·安托万·福弗莱·德·布里昂是不信的，尽管他当时不在现场。路易·安托

漫画：拿破仑·波拿巴带兵返回，五百人院议员们落荒而逃

万·福弗莱·德·布里昂说："这肯定是假的。拿破仑·波拿巴一个字都没跟我说过。在回家的路上没有说，后来只有我和他两个人在卧室的时候也没有说。关于这件事，哪怕是对他的妻子，拿破仑·波拿巴都只字未提。"

欧仁·罗斯·德·博阿尔内当时在现场。在《欧仁·罗斯·德·博阿尔内亲王回忆录》中，他说他没有见过行刺的匕首。没有一个人看见。拿破仑·波拿巴在演说中振振有词地提及的"匕首"和"行刺"，竟没有一个目击证人。安托万·克莱尔·蒂博多斩钉截铁地表示，根本没有。安托万·玛利·尚曼倒是在《拉瓦莱特伯爵回忆录》里描述说，的确有一名士兵被匕首划到了，但只是划破了他的衣服。安托万·玛利·尚曼在回忆录里还提起，行刺的是科西嘉议员巴泰勒米·阿雷纳。但安托万·玛利·尚曼说的是不是事实，我们也不能确定，因为雾月政变当天，安托万·玛利·尚曼不在五百人院的现场。而且在回忆录中，安托万·玛利·尚曼还写道："雾月十八日之后，我就离开了法兰西。现在，想不起来更多的细节了。"好像曾有人查过，巴泰勒米·阿雷纳行刺的真相可能是拿破仑·波拿巴在进入橘园厅会场时，巴泰勒米·阿雷纳正在用一柄小刀修指甲，一不小心将指甲刀甩了出去。

当天的闹剧中，那个领口被撕裂的掷弹兵托马斯·托姆也被当成英雄传颂。托马斯·托姆以一己之身，挡住了射向拿破仑·波拿巴的匕首。他因这一英勇行为直接晋升上校。托马斯·托姆还受了波拿巴夫人约瑟芬的接见。波拿巴夫人约瑟芬感动得痛哭流涕，拥抱着托马斯·托姆，感谢他救了自己的丈夫一命。

到了共和八年雾月十八日，即1799年11月9日21时，卢西恩·波拿巴威逼利诱，抓回来五百人院中的三十名议员，打着下议会多数派的名义重新开会。在这种情形下，五百人院通过了法令，宣布拿破仑·波拿巴平乱有功，并宣布组建另一临时政府。临时政府中有三位执政官执掌大权，他们分别是拿破仑·波拿巴、埃马纽埃尔-约瑟夫·西哀士神父和皮埃尔·罗歇·迪科。同时，原上下两议院改建为上下委员会，上下委员会各二十五人。委员会的职责是协助执政官改组。原先的议会延期至共和九年风月①1日，即1800年2月20日召开。执政府通过决

---

① 法兰西大革命历第六月，又称"风月"，指二月和三月。

议,六十二名反对拿破仑·波拿巴的议员遭到无情解职。更加无情的是,对拿破仑·波拿巴表示强烈反对的议员不得不流亡国外。

于是,三位执政官对着这样一群七拼八凑的议员,依次宣誓就职。首先宣誓的是拿破仑·波拿巴。拿破仑·波拿巴说,就任执政官是"为了维护立法、自由和议会制度的神圣不可侵犯的权利"。接着,卢西恩·波拿巴就委员会在重组工作上取得的成绩表示祝贺。

卢西恩·波拿巴讲道:

>人民的议员们,1789年在凡尔赛宫网球厅,法兰西的自由在这里诞生。自诞生之日起,法兰西的自由就注定是伟大的、永恒的、坚韧的制度。今天,法兰西的自由更是强健、愈发完备。在法兰西人民的信任和热爱中,自由将登上崇高的地位,和平和繁荣将降临法兰西。人民的议员们,让我们亲眼看见法兰西变得繁荣富强!1789年自由在凡尔赛宫网球厅诞生。今天,在圣克卢宫橘园厅,自由得到进一步的巩固和加强。

世上最厚颜无耻的行径,最花言巧语的粉饰,莫过于此。

德·雷米萨伯爵夫人克莱尔·伊丽莎白·让娜·格拉维耶·德·韦尔热纳是一个敢讲真话的人。她讲述了大多数法兰西人的心声。她的态度代表了当时多数人对于此事的看法。

>自大革命以来,腥风血雨和惊心怵目的事件时常发生。法兰西的各个阶层都心惊胆战地过着每一天。因此,执政府的出现好似一阵春风,像是法兰西人民的保护伞。再没有雅各宾派的白色恐怖,有的只是举国欢呼,只是开启一个新时代的兴奋。其实,法兰西人民想要的不过是安稳的环境、自由发挥才智的权利和滋养民生美德的乐土。假如可能的话,他们也希望有获取赔偿、增进财富的机会。因为在大革命中损失财产的并不是一两家,几乎各个阶层的所有人都蒙受了财产的损失。

当时，这也是我的梦想。然而现在，我想起来都觉得恶心。在这里，借用拿破仑·波拿巴曾说过的话："一切都蒙着一层金饰的纱，因此看上去金光闪烁，美好灿烂。"

拿破仑·波拿巴说："但渐渐的，随着时间的流逝，我们发现轻纱变重，一层层地叠着，直到一切都变得暗黑无比。"哎！我们法兰西人民曾那样满心欢喜地仰望着镶金纱帐中的英雄，但他很快就变了一个人似的，金色的纱帐变成了血色。①

法兰西人民对雾月政变的评价是："不过是又一把剜肉的刀！"

人民的理解很清晰，但还不够透彻。他们没有意识到，这把剜肉的刀比马克西米利安·弗朗西斯·玛利·伊西多尔·德·罗伯斯庇尔还锋利。他们也没有意识到，这位在雾月政变中上台的王者，他的统治将空前血腥。

---

① 《德·雷米萨伯爵夫人回忆录》，第1卷，第69页。——原注

第28章

1799年的波拿巴家族

精彩看点

巴拉斯子爵保罗·弗朗西斯·让·尼古拉的个性分析——巴拉斯子爵保罗·弗朗西斯·让·尼古拉评价拿破仑·波拿巴夫人约瑟芬——拿破仑·波拿巴夫人约瑟芬的性格——拿破仑·波拿巴原谅拿破仑·波拿巴夫人约瑟芬——幻灭——此事对拿破仑·波拿巴性情的影响——拿破仑·波拿巴的埃及情妇——拿破仑·波拿巴夫人约瑟芬吃醋——和好——死人不会辩解——惯于诿过他人——已不再相信人性——亦不相信友情——埃马纽埃尔-约瑟夫·西哀士神父——波拿巴夫人玛丽亚·莱蒂齐亚·拉莫利诺——约瑟夫·波拿巴——假言不惭——卢西恩·波拿巴——卢西恩·波拿巴夫人——埃利萨·巴乔基——波莱恩·博尔盖泽——查尔斯·勒克莱尔——波莱恩长裙飘飘美若天仙——德·孔塔德夫人说波莱恩耳朵太大——卡罗丽娜——卡罗丽娜的自爱——拿破仑·波拿巴与他兄弟姐妹的共通之处

人们说，查尔斯·莫里斯·德·塔列朗-佩里戈尔是可以为了钱将灵魂出卖给魔鬼的人。而且就算撒旦亲自出马，也占不到查尔斯·莫里斯·德·塔列朗-佩里戈尔的便宜，因为查尔斯·莫里斯·德·塔列朗-佩里戈尔没有灵魂。其实用这番话形容巴拉斯子爵保罗·弗朗西斯·让·尼古拉更加贴切。同一时代的人对巴拉斯子爵保罗·弗朗西斯·让·尼古拉的评价出奇的一致。大家都认为巴拉斯子爵保罗·弗朗西斯·让·尼古拉的人品有问题。听到这里，或许有人会觉得言之过甚，巴拉斯子爵保罗·弗朗西斯·让·尼古拉没有那么不堪。但巴拉斯子爵保罗·弗朗西斯·让·尼古拉很"不懂事"地亲自留下著作《巴拉斯子爵保罗·弗朗西斯·让·尼古拉回忆录》。这部回忆录几乎是不打自招的告白。谁都能读得出，书中的巴拉斯子爵保罗·弗朗西斯·让·尼古拉实在阴险。

在书中，巴拉斯子爵保罗·弗朗西斯·让·尼古拉尽述他与博阿尔内子爵夫人约瑟芬和拿破仑·波拿巴之间的三角关系。读到《巴拉斯子爵保罗·弗朗西斯·让·尼古拉回忆录》里关于这个三角关系的描写，真让人接受不了。巴拉斯子爵保罗·弗朗西斯·让·尼古拉讲述了博阿尔内子爵夫人约瑟芬和拿破仑·波拿巴成婚的经过，过程非常悚人。虽然单就品行来说，我们不得不惋惜地承认，博阿尔内子爵夫人约瑟芬算不得严格地恪守妇道，她本就轻浮的克里奥尔人的作风在大革命后社会繁腐淫靡的大环境下，更加开放。在那个大革命风暴强烈影响了宗教的年代，人民哪还有什么信仰？道德的准绳早已被弃之不顾。但据巴拉斯子爵保罗·弗朗西斯·让·尼古拉所说,拿破仑·波拿巴对博阿尔内子爵夫人约瑟芬不守妇道的事情一清二楚。然而,尽管如此,拿破仑·波拿巴还是要娶她。这种说法也太令人难以置信了。

巴拉斯子爵保罗·弗朗西斯·让·尼古拉的说法不免过分。他或许是在回忆录里写错了。我们更倾向于认为,拿破仑·波拿巴那么着急结婚,一定对博阿尔内子爵夫人约瑟芬的真实品行一无所知。

巴拉斯子爵保罗·弗朗西斯·让·尼古拉描写博阿尔内子爵夫人约瑟芬的篇章没有一句引经据典,因为根本没有必要。博阿尔内子爵夫人约瑟芬的那些事情,谁不知道呢。她最初嫁给博阿尔内子爵亚历山大·弗朗西斯·玛利时,夫贵妻荣,她得以踏入贵族圈子。但由于她的娘家并不高贵,婚后的博阿尔内子爵夫人约瑟芬并没有在王室宫廷特别受欢迎。相比之下,她的丈夫博阿尔内子爵亚历山大·弗朗西斯·玛利为人宽和,且舞技超群。博阿尔内子爵亚历山大·弗朗西斯·玛利在凡尔赛宫和杜伊勒里宫都是极受欢迎的贵宾。他欢歌燕舞,冷落了娇妻,二人心照不宣地分居。直至大革命时,博阿尔内子爵亚历山大·弗朗西斯·玛利被捕入狱。博阿尔内子爵亚历山大·弗朗西斯·玛利上断头台的前一天才想起自己的妻子,于是夫妻俩见了面,博阿尔内子爵亚历山大·弗朗西斯·玛利对妻子也算是饱含深情地交代了一番后事。博阿尔内子爵亚历山大·弗朗西斯·玛利死后,博阿尔内子爵夫人约瑟芬一度有一位"亲密男友"。这位"亲密男友"肤色较深。阿布兰特什公爵夫人劳雷·朱诺说,博阿尔内子爵夫人约瑟芬与这位"亲密男友"其实秘密地结过婚。这明显是无稽之言。当年,博阿尔内子爵夫人约瑟芬随博阿尔内子爵亚历山大·弗朗西斯·玛利入狱后,在狱中勾搭了路易·拉扎尔·奥什倒是事实。博阿尔内子爵夫人约瑟芬后来还有其他情人,其中就有一个叫瓦纳克勒的阿尔萨斯人,是个马倌。再往后,就是和塔利安夫人特蕾莎·卡巴吕一起,共同侍候巴拉斯子爵保罗·弗朗西斯·让·尼古拉。

我们已经说过,博阿尔内子爵夫人约瑟芬比拿破仑·波拿巴年长好几岁。她娴静、典雅、风情万种,浑身充满了旧式贵族女人的气质。她是克里奥尔人,肤

19世纪初的博阿尔内子爵夫人约瑟芬

色偏暗,有黑人的血统,有一种慵懒①的美态。在上流社会,拿破仑·波拿巴从没见过德·佩尔蒙迪夫人之外的其他女人。因此,一见到博阿尔内子爵亚历山大·弗朗西斯·玛利美貌的遗孀,他就陷入了对博阿尔内子爵夫人约瑟芬的爱恋,不可自拔。拿破仑·波拿巴对博阿尔内子爵夫人约瑟芬的迷恋至死不渝。可以非常肯定地说,博阿尔内子爵夫人约瑟芬是拿破仑·波拿巴一生的挚爱。拿破

---

① 原文"dolce far niente"为意大利语,意为"安逸""闲适"。

仑·波拿巴对她无怨无悔。拿破仑·波拿巴或许听到过一些关于罗丝①的闲言碎语，但他完全不予采信。他爱得太炽烈、太宽容。博阿尔内子爵夫人约瑟芬就是高高在上的女神，拿破仑·波拿巴对她万分景慕。

巴拉斯子爵保罗·弗朗西斯·让·尼古拉还提到另外一件事，这件事倒像是真的。博阿尔内子爵夫人约瑟芬发现有坏人向拿破仑·波拿巴打小报告，将她与巴拉斯子爵保罗·弗朗西斯·让·尼古拉之间的绯闻都告诉了拿破仑·波拿巴。于是，博阿尔内子爵夫人约瑟芬决定先发制人。她楚楚可怜地向拿破仑·波拿巴抱怨，说巴拉斯子爵保罗·弗朗西斯·让·尼古拉冒犯了自己，粗鲁无礼并且口不择言，装作向拿破仑·波拿巴寻求保护。拿破仑·波拿巴在骑士精神的感召下，不假思索地相信了博阿尔内子爵夫人约瑟芬。于是，他们二人结了婚。自此以后，拿破仑·波拿巴的臂弯就是波拿巴夫人约瑟芬的保护伞，守护波拿巴夫人约瑟芬一生就是拿破仑·波拿巴的责任。

巴拉斯子爵保罗·弗朗西斯·让·尼古拉本无意抒写拿破仑·波拿巴的骑士风格。但从他的各种矫饰谎言和夸大其词的讲述中，我们还是可以从侧面看到一个有情有义的拿破仑·波拿巴。拿破仑·波拿巴的家族成员十分厌弃波拿巴夫人约瑟芬。他们知道波拿巴夫人约瑟芬的祖先都是什么人，也知道波拿巴夫人约瑟芬的操守如何。他们希望拿破仑·波拿巴能娶到一位家世德行清白的淑女。毕竟，拿破仑·波拿巴是波拿巴家族的族长，他的婚姻是家族的大事。拿破仑·波拿巴的副官让-安多什·朱诺与波拿巴夫人约瑟芬经常接触，非常不喜欢波拿巴夫人约瑟芬。他曾受命，护卫波拿巴夫人约瑟芬赴土伦。一路上的相处使让-安多什·朱诺更清晰地看到了波拿巴夫人约瑟芬身上的更多缺点，因此，让-安多什·朱诺越来越讨厌她。

虽说波拿巴夫人约瑟芬的名节并不清白，但她并非恶毒的蛇蝎妇人。她只是本性轻佻，热爱自由，喜欢寻欢作乐而已。就连巴拉斯子爵保罗·弗朗西斯·让·尼古拉都承认，波拿巴夫人约瑟芬本质上并不是坏人。波拿巴夫人约瑟芬嫁给拿破仑·波拿巴之后，拿破仑·波拿巴的一片炽爱痴情感天动地，也感化

---

① 当时博阿尔内子爵夫人约瑟芬的芳名。——原注

了波拿巴夫人约瑟芬。在强烈的爱情面前,波拿巴夫人约瑟芬虚浮浪荡的情怀逐渐败下阵来,最后如雪一般消融。而她的品性也得到了升华,不再轻佻。波拿巴夫人约瑟芬从来就不是一个心志强大、果敢决断的女人,但她温柔有爱,高贵典雅,性情宽和。她的优点也让人难以忽视。

我接下来要讲的,估计也有几分道理,至少不能归于谬论。可以说,拿破仑·波拿巴因为了解到约瑟芬的作风问题,从而丧失了所有人性的信念。他在结婚时,以为自己的新娘冰清玉洁,但那只是他的想象。到后来,他终于意识到有些事情应该在婚前知晓,却已经结婚,无法悔改了。另外,婚后两年间,波拿巴夫人约瑟芬不端的行为一直在持续,这使拿破仑·波拿巴对人性充满恶评。当时,拿破仑·波拿巴已然后悔,却无路可退。拿破仑·波拿巴已经失去了对原则的所有信仰,现在,波拿巴夫人约瑟芬又让他痛彻心扉。他再也不会相信任何人。

但不管怎样,拿破仑·波拿巴还是狂热地爱着波拿巴夫人约瑟芬。从拿破仑·波拿巴在意大利写给波拿巴夫人约瑟芬的情书中,我们可以感受到他的狂恋和痴迷。相比而言,波拿巴夫人约瑟芬却鲜有激情,只是虚假地应付着。但即便是一份假装的爱,拿破仑·波拿巴都如获至宝。不过很快,他惊讶地发现,波拿巴夫人约瑟芬竟早已红杏出墙。

在远征埃及的时侯,让-安多什·朱诺觉得可以利用这个远离法兰西本土的时机,把波拿巴夫人约瑟芬的事跟拿破仑·波拿巴说一说了。于是,让-安多什·朱诺将波拿巴夫人约瑟芬的风流韵事和流言蜚语全都告诉了拿破仑·波拿巴。拿破仑·波拿巴听后火冒三丈,扬言要登报离婚。几个好朋友反复劝说,拿破仑·波拿巴才没有真登报。朋友们劝拿破仑·波拿巴说,有关波拿巴夫人约瑟芬的传言也未必是真的。

拿破仑·波拿巴自己也没有"守身如玉"。远征埃及时,他就找了一位情妇。她是步兵中尉让-诺埃尔·富雷斯的妻子,叫波莱恩·富雷斯。为了能与波莱恩·富雷斯毫无顾忌地厮混,拿破仑·波拿巴将让-诺埃尔·富雷斯派去法兰西本土给督政府送"情报"。然而,让-诺埃尔·富雷斯实在无用,竟在返回法兰西的途中被大不列颠海军威廉·悉尼·史密斯舰长俘虏。气人的是,更不中用的大不列颠海军威廉·悉尼·史密斯舰长竟然退还了俘虏。就这样,让-诺埃尔·富雷斯中尉转了一圈,又回到了拿破仑·波拿巴的身边。波莱恩·富雷斯是卡尔卡索纳人①。她的父亲是一位钟表匠,母亲是一位厨娘。波莱恩·富雷斯长得异常美丽,一头金发,性情温和。美中不足的是,她的行为举止缺少上流社会的风雅。她女扮男装,随丈夫让-诺埃尔·富雷斯来到埃及,却被拿破仑·波拿巴一眼相中。于是,在埃及的整个时期,她一直陪在拿破仑·波拿巴的身边。路易·安托万·福弗莱·德·布里昂说:"拿破仑·波拿巴其实非常想要个孩子。他希望波莱恩·富雷斯能给他生一个,可惜没怀上。"让-诺埃尔·富雷斯中尉离开埃及又返回,回到埃及后便得知了真相。大家都很尴尬。波莱恩·富雷斯找兵站总监进行调解,兵站总监判了他们离婚。后来,拿破仑·波拿巴秘密返回法兰西时,没有来得及带上波莱恩·富雷斯,就将她留在了埃及。接任拿破仑·波拿巴的法军司令官让·巴蒂斯特·克莱贝尔将军对波莱恩·富雷斯的作风非常不屑。波莱恩·富雷斯也不能再指望前夫让-诺埃尔·富雷斯中尉。拿破仑·波拿巴匆忙离开时,也没有留给她任何财产。最后,波莱恩·富雷斯在埃及的境地异常凄惨。

拿破仑·波拿巴在小城登陆的消息传到巴黎后,波拿巴夫人约瑟芬前去迎接。路易·波拿巴早已由埃及受命返回法兰西,于是,他和波拿巴夫人约瑟芬一起去接拿破仑·波拿巴。但他们扑了个空,没有接到人,因为拿破仑·波拿巴改道了,没有走既定的路线。

《朱诺夫人回忆录》中记录如下:

> 波拿巴夫人约瑟芬现在惴惴不安,烦恼丛生。波拿巴家人讨厌她,觉得她轻浮,认为她经常背着丈夫偷情,拿破仑·波拿巴早该跟她离婚……正在如此紧要的关头,波拿巴夫人约瑟芬又犯了战略性的错误,没有与婆母波拿巴夫人玛丽亚·莱蒂齐亚·拉莫利诺修好关系。波拿巴夫人玛丽亚·莱蒂齐亚·拉莫利诺对她也不是很喜欢。因此,当有人诋毁波拿巴夫人约瑟芬时,波拿巴夫人玛丽亚·莱蒂齐亚·拉莫利诺也不会出言帮助

---

① 卡尔卡索纳,法兰西南部古城,城堡筑有防御工事。

她……拿破仑·波拿巴返回巴黎后，发现波拿巴夫人约瑟芬不在家。原来波拿巴夫人约瑟芬在路易·波拿巴的陪同下去里昂了。拿破仑·波拿巴回到家的时候，其他波拿巴家人一听说消息，就都赶来了，有拿破仑·波拿巴的母亲，妹妹们，还有弟妹……但这些人都无法缓解拿破仑·波拿巴没见到波拿巴夫人约瑟芬的失落感。那种空荡荡的失落的感觉，那种因为妻子不在家而感到的失落，一直清晰地刻印在拿破仑·波拿巴的心上。九年后，即便是拿破仑·波拿巴与波拿巴夫人约瑟芬离了婚，拿破仑·波拿巴都不能忘记当年波拿巴夫人约瑟芬没有在家里等他的那种感觉。拿破仑·波拿巴发现波拿巴夫人约瑟芬没有与家中的其他人在一起，便认为她或许是羞于见到家人，也羞于见到自己的丈夫。路易·安托万·福弗莱·德·布里昂先生说，波拿巴夫人约瑟芬从里昂回来后，一连好几天，拿破仑·波拿巴都不和她说一句话，对她非常冷淡。路易·安托万·福弗莱·德·布里昂为什么不道出实情呢？其实，当波拿巴夫人约瑟芬回家后，拿破仑·波拿巴根本不愿见她，也一直拒绝见她。但两个人终归还是相爱的，过了不久，他们便重归于好了。这不是因为拿破仑·波拿巴对妻子余情未了，而是因为波拿巴夫人约瑟芬的两个孩子向继父苦苦求情。拿破仑·波拿巴对波拿巴夫人约瑟芬的热爱早已冰凉。或许，由于长久以来的痴情，他的心底还留有些许往日的温存；或许，面对波拿巴夫人约瑟芬的绝世美色，他终究难以抵挡——毕竟波拿巴夫人约瑟芬在情场上惯于收服男人的心，而且她的情人们可都是那个时代政坛上的重量级人物。波拿巴夫人约瑟芬哭哭啼啼地来求丈夫归于旧好，这可不能让外人知道……因此，她才明智地打发两个孩子去求拿破仑·波拿巴。要知道，继子继女前来为母亲说情，拿破仑·波拿巴只有听着，不可能解释也不可能反驳。这真是一个妙计。以拿破仑·波拿巴的教养和人品，他不会告诉欧仁·罗斯·德·博阿尔内和奥尔唐斯·欧仁妮·塞西尔·德·博阿尔内，他们的母亲不守妇道。因此，当可怜的欧仁·罗斯·德·博阿尔内和奥尔唐斯·欧仁妮·塞西尔·德·博阿尔内跪地哀求："不要抛弃母亲，她会伤心的！"拿破仑·波拿巴只得一言不发地听着，说不出任何辩解的话。毕竟，孩子们是无辜的，拿破仑·波拿巴无法抵挡孩子们的眼泪。

后来，拿破仑·波拿巴说，这难熬的一幕既"痛苦"又"漫长"。终于两个孩子达到了目的，母亲和继父重归于好。孩子们像继父求情的整个过程，波拿巴夫人约瑟芬因为不放心，一直惴惴不安地在楼梯口盯着拿破仑·波拿巴卧房的门。波拿巴夫人约瑟芬因为不确定丈夫会不会原谅她，也算是受尽了心理的折磨，不止一次在楼梯口晕过去。

拿破仑·波拿巴对波拿巴夫人约瑟芬的失望并不是他对人性失去信心的唯一原因。一个人只要背叛自己的信仰，设计陷害自己的朋友，从今往后就不会再依靠他人。我们已经看到，拿破仑·波拿巴对自己少年时代的偶像巴斯夸·帕欧里尚且心口不一，对待其他的人又怎么可能存有"圣贤"的风度呢？大家不过是权宜之交，相互利用。利断时义绝。在这里，我不再强调拿破仑·波拿巴曾转变过的政治立场。拿破仑·波拿巴的反复无常有目共睹。其实，整个法兰西第一共和国都在转变，从极端的激进主义走向保守主义①。让-安托万·马尔博认为，在法兰西大革命的风雨中，拿破仑·波拿巴形成了"乱世出英豪""平民亦可登天"的印象。让-安托万·马尔博还认为，拿破仑·波拿巴经历了大革命之后，从内心深处"厌憎所有与'民主'相关的东西"。拿破仑·波拿巴认为，民主是"盲目"的，"无理性"的，因此，"民主民治的政府形式是世间最糟糕的状态"。其实，拿破仑·波拿巴只是道出了那个时代多数人的想法。那个时代的法兰西，1799年，大家都这么认为，都经历了这样一个幻灭的阶段。拿破仑·波拿巴也一样，他对大革命幻灭了，但不久就清醒过来，知道自己应该去做什么。

由于思想发生了改变，拿破仑·波拿巴对人性的评判也与过往不同。拿破仑·波拿巴对人性的评判和他思想的转变是两件不同的事。比如，转换政治立场

---

① 保守主义（Conservatism），又称"保守派"，在文化和文明方面旨在发扬传统社会制度的政治和社会哲学。保守主义的主张有保留君主制、宗教、议会制及财产权利，目的是加强社会稳定和持续发展。保守主义的极端形式就是反革命派（reactionaries），反革命派反对革新和现代化发展，力主回到君主统治的旧时代。

大都是迫不得已或心灰意冷时的举措，其中无所谓道德得失。但如果将自己的过错推诿给无辜的人，那么就有点道德失误了。这样的道德失误的小事多了，也会积累成重大的道德水准缺失。

在意大利时，拿破仑·波拿巴还处于推诿过错的初始阶段——劫掠所得的财富都要运送回国，没有运送回去的，拿破仑·波拿巴就将责任全部推给其他人。事实上，拿破仑·波拿巴才是最大的"财主"。他用化名在自己认为比较妥当的银行家那里藏匿了巨额财富。后来在埃及，拿破仑·波拿巴率军远征，历尽千辛万苦，遭遇过重大的失败。在埃及时，他开始将失败的罪责推卸到无辜的人身上。由此开始，拿破仑·波拿巴没能经得起道德的考验。阿布基尔战败，海军上将弗朗西斯-保罗·布吕埃斯·德加利耶不听指挥，固然有错。因此，将海战之失全部归咎于他也无可厚非。他若能早点听从拿破仑·波拿巴的指示，退守科孚岛险要之处，也决不会这么容易覆灭。在埃及时，让·巴蒂斯特·克莱贝尔的表现算得上聪明睿智，忠诚果敢。拿破仑·波拿巴从刺客刀下逃脱后，将埃及所有的战祸和惨败都丢给让·巴蒂斯特·克莱贝尔。直到后来，拿破仑·波拿巴问鼎权势之巅，再也没有什么对手可以让他感到忌惮，那时，他在推卸责任和诿过于人的方面变得愈发没有顾忌。他对于手下那些将领们武断地定下罪名，或记下过错，他随意地责罚将领们作战不力，甚至诬赖将领们卖国。他这样做的时候，知道没有人敢反对。的确没有人敢反对，但将领们的心越来越冷。

伤害别人的人终有一天会伤害到自己。拿破仑·波拿巴内心疑窦丛生、计谋密布，对别人疑神疑鬼，从不轻易相信他人。

拿破仑·波拿巴善变敏感。"一定要尽你所能"[①]从来都不是他的座右铭。我们评判拿破仑·波拿巴性格多疑时要切记，这种性格的形成与波拿巴夫人约瑟芬的人品难脱干系。拿破仑·波拿巴对波拿巴夫人约瑟芬全心信任，百般呵护，波拿巴夫人约瑟芬却让拿破仑·波拿巴失望透顶。我们可以确信，拿破仑·波拿巴一开始的确不知道波拿巴夫人约瑟芬过去有多么风流。拿破仑·波拿巴当时所处的社会阶层还不能让他对"上层社会的风流"有所触碰。

---

① 这里为法语"Faites que doit et devienne que pourra"。

我们充分地理解波拿巴夫人约瑟芬，甚至不怎么责怪她。但我依旧认为，她本可以激发拿破仑·波拿巴性格中高尚宽容的那一面，却没有这样做。她非但没有促使拿破仑·波拿巴成为好人，还一手熄灭了拿破仑·波拿巴心中纯良的火焰。

路易·安托万·福弗莱·德·布里昂说：

> 拿破仑·波拿巴鄙视人性。尤其在他看清人性后，便越来越不加掩饰地显示出对人性的鄙夷。我们可以找出很多例子来，从中知道他是多么阴险，因为他不相信人性。他一次次地强调："驱使你的手下为你做事，只有两个办法。一个是利诱，一个是威吓。"……拿破仑·波拿巴最大的缺陷在于，他没有真情，也不懂得爱。我曾听他说过许多次："友情不过是虚名。没有人值得我爱。我连亲兄弟都不爱。或许，我对约瑟夫·波拿巴还有点感情，毕竟他是长兄。热罗·克里斯托夫·米歇尔·迪罗克给我的印象也不错，他为人严厉，处事坚决，甚得我心。我知道，这一路以来，对我虚情假意的人不会少。我也并不在意，友情就是逢场作戏。女人才会为情伤怀，男人就要心意坚决、目标明确。否则，无论在政治上还是军事上，都不可能获得成功。"
>
> 拿破仑·波拿巴在社交圈中是出了名的坏脾气。但他的脾气来得急，去得也快。他只是嘴上说说而已，并不往心里去。

拿破仑·波拿巴鄙视人性也不算偶然。大革命中疯狂的人们是多么没有底线！满口爱国情操的人只想着怎么捞钱，追求进步的人士只想追求权力。

拿破仑·波拿巴说，他连自己的亲兄弟都不爱。这种说法并不真实。事实上，拿破仑·波拿巴的性格中有一个很大的亮点，就是他非常在乎波拿巴家族的利益。他对家族的热爱，固然是因为在君主制面前他要持有一份傲气，但我们也要承认，他对家族的热爱也是纯粹的爱。他的爱掺杂着复杂的动机，其中有单纯的爱，也有家族的尊严。他对兄弟和姐妹的爱都是一样的。当他还是瓦朗斯的小中尉时，就想着省吃俭用，供路易·波拿巴读书。后来在意大利发了财，他第一个想到的也是让全家来巴黎享福。

下文是对波拿巴家族成员在这一时期境况的简要叙述。我们从拿破仑·波拿巴的母亲波拿巴夫人玛丽亚·莱蒂齐亚·拉莫利诺开始吧。

阿布兰特什公爵夫人劳雷·朱诺说：

> 波拿巴夫人玛丽亚·莱蒂齐亚·拉莫利诺人品高洁，经历却也不易。她青年守寡，为支撑整个家庭耗尽精力。要知道，在法兰西这样的国家，一个没有男性族长的家族很容易遭人欺侮。波拿巴夫人玛丽亚·莱蒂齐亚·拉莫利诺拥有典型的科西嘉人的情感：敏感细致，且不掺杂虚伪矫情。虽然她的孩子们中不乏伪善的人，她却是难得的坦诚、正直。她在该坚定时坚定，该固拗时也会固拗。这种精彩的例子数不胜数。在她一生操持家务的生活琐事中皆有体现。
>
> 她只是不识字，不懂法语，也不会书写科西嘉土语，但她懂礼貌、识大体，有一些与上层社会打交道的经验。这要得益于法兰西王国占领科西嘉岛后，波拿巴一家与马尔伯夫伯爵路易·查尔斯·勒内和其他达官贵人的交往。但对波拿巴夫人玛丽亚·莱蒂齐亚·拉莫利诺而言，与这些贵人接触与其说是好事，不如说是受罪，因为她总是担心出错，因此时常精神焦虑。波拿巴夫人玛丽亚·莱蒂齐亚·拉莫利诺拥有骄傲的内心，但不盛气凌人。她一旦在新的环境中遭遇不适，自尊心就会受挫。她是外冷内热的人，懂常规识大体，但终归不是玲珑剔透的精明。
>
> 波拿巴夫人玛丽亚·莱蒂齐亚·拉莫利诺是个慈爱的母亲，子女们也都很孝敬她。卢西恩·波拿巴和约瑟夫·波拿巴是奉母至孝的典型。他们二人恨不能日日粘在母亲身边。拿破仑·波拿巴比较独立，对母亲相对冷淡些。还有一位是埃利萨·巴乔基夫人。她对母亲的态度不怎么好。不过，以埃利萨·巴乔基夫人的为人，可曾见过她对谁态度好过？她简直是世界上最讨厌的女人。

阿布兰特什公爵夫人劳雷·朱诺还点评了约瑟夫·波拿巴：

在波拿巴家的几兄弟中，约瑟夫·波拿巴是最委屈的。人们总是误解他，认为他不好……其实他可好了。他天性淡逸，是一个智者、文人。人们都传言说他在那不勒斯和西班牙执政时太过于软弱，其实传言也有不实的成分。我不知道约瑟夫·波拿巴在西班牙做了什么，或有什么也没有做好，我只知道他尽力了。其实约瑟夫·波拿巴从一开始就不想去当西班牙国王约瑟夫·波拿巴相貌英俊，与二妹波莱恩·波拿巴长得很像。这兄妹二人拥有同样精致的五官，同样的笑靥和神采。

约瑟夫·波拿巴的夫人玛丽·朱莉·克拉里为人友善，性情温柔……她总是尽职尽责……她待所有人一视同仁，心地仁慈，人缘极佳。

当初，拿破仑·波拿巴落魄时，约瑟夫·波拿巴极尽兄弟之谊，帮助拿破仑·波拿巴。约瑟夫·波拿巴甚至拿妻子的嫁妆贴补拿破仑·波拿巴。约瑟夫·波拿巴性情温和，并没有很大的野心。1799年，他发表了一本名为《莫伊纳》的小说，反响平平。人们对他的评价是：不可做开国之帝王，宜为守成之君主。

拿破仑·波拿巴曾帮助约瑟夫·波拿巴开具假证明，为约瑟夫·波拿巴谋得了部队军需官的位子。1804年，约瑟夫·波拿巴在让-德-迪厄·苏尔特①元帅手下第四团担任上校。这一次，约瑟夫·波拿巴又是通过假文件弄来的军职，其实这大可不必，因为当时凭拿破仑·波拿巴的身份地位，只要给让-德-迪厄·苏尔特元帅捎句话便可以了。1804年4月14日，拿破仑·波拿巴致信让-德-迪厄·苏尔特："我将兄长约瑟夫·波拿巴拜托给您。他曾在大革命初期任少校。"随信还附上委任状做证明，包括1768年约瑟夫·波拿巴做炮兵实习生，1793年当了参谋，后又升任营长。他还参加了1793年和1794年战役在土伦战役中负伤，如此等等。当然，其中没有一样是真的。

---

① 让-德-迪厄·苏尔特（Jean-de-Dieu Soult, 1769—1851），拿破仑·波拿巴时代名将，1804年升法兰西第一帝国元帅。1808年封为达尔马提亚公爵。波旁王朝复辟后被流放，后恢复军阶，任陆军部部长等。

让-德-迪厄·苏尔特

即使这样，拿破仑·波拿巴都嫌不够。1804年4月18日，拿破仑·波拿巴致信元老院。他在信中不顾众所周知的事实，睁眼说瞎话："约瑟夫·波拿巴在本次战争中随军出征，这是约瑟夫·波拿巴第一次上战场。约瑟夫·波拿巴表现得极其英勇，是一位可以造就的军事人才。因此，我已擢升约瑟夫·波拿巴为第四团上校。"

阿布兰特什公爵夫人劳雷·朱诺这样描述卢西恩·波拿巴：

> 1797年，卢西恩·波拿巴大约二十二岁。他个子高，体型却不好，四肢偏长，像长腿蜘蛛一样，头长得略小，与他的高个头放在一起，显得更不协调。他和波拿巴家的其他几位兄弟长得都不像，甚至不像是波拿巴家的人。卢西恩·波拿巴的双眼严重近视。为了看清事物，他总是眯着眼，伸着头。这非常影响他的形象。好在他总是面带微笑，笑容温暖人心，所以人们也不觉得他长得不好看了。也是因为他的微笑，外貌平平的他很受欢迎。

卢西恩·波拿巴是个坚定且资深的共和派。他竭尽全力支持拿破仑·波拿巴推翻督政府，勇敢地帮助拿破仑·波拿巴成功驱逐五百人院。这都是为了共和。他怎么也没想到，拿破仑·波拿巴其实不是为了共和、而是为了个人独裁。卢西恩·波拿巴看到拿破仑·波拿巴试图建立个人帝国时，义不容辞地向拿破仑·波拿巴提出了指责。卢西恩·波拿巴娶了克里斯蒂娜·博耶。克里斯蒂娜·博耶是圣马克西曼小酒馆店主的女儿。拿破仑·波拿巴对于卢西恩·波拿巴娶了一个出身不好的女子为妻感到非常不满意，为此大发雷霆，不许三弟带妻子来见自己，还说就连三弟本人他也不想见。直到后来，卢西恩·波拿巴当选五百人院议长后，拿破仑·波拿巴对卢西恩·波拿巴的态度才有所转变。拿破仑·波拿巴觉得三弟卢西恩·波拿巴总算还是有点才干的，对卢西恩·波拿巴也就没有那么生气了。

另有一次，阿布兰特什公爵夫人劳雷·朱诺评说：

> 卢西恩·波拿巴的夫人身形高挑，身材曼妙，举手投足间都透着南方

1800年左右的卢西恩·波拿巴

水土哺育出的天然的优雅和慵懒的气质。她肤色较暗,脸上有雀斑,眼睛不大,鼻子不怎么好看。她为人随和,凡是看到她的微笑,听过她甜美声音的人,没有不喜欢她的。她优雅得像个天使,还是个善良的天使。她善良、温暖、有爱。见到她的人似乎都会自然而然地喜欢上她。再后来,她做了母亲,浑身闪耀着母性的光辉,整个人愈发显得温柔,这个时候我就更喜欢她了。

卢西恩·波拿巴是公认的共和分子。但在火热的共和激情下，他还有一颗贪婪的心。卢西恩·波拿巴的名节因贪污遭毁损，他无耻地贪污了很多钱。此处，关于拿破仑·波拿巴的四弟路易·波拿巴和五弟热罗姆·波拿巴，我们先略过不谈，因为这兄弟二人都还年轻，性格尚未定型。路易·波拿巴曾随拿破仑·波拿巴行军至意大利、埃及。在埃及战役中，路易·波拿巴随先遣队提前回到了法兰西。在军事学院学习期间，路易·波拿巴曾表露过强烈的反共和思想。

波拿巴家的女儿也很多。

长女埃利萨·波拿巴嫁给了费利切·帕斯夸莱·巴乔基。埃利萨·波拿巴自觉处处优于丈夫，所以她很是看不起自己的丈夫。埃利萨·波拿巴经常辱骂丈夫，甚至当着外人的面也不知道收敛。受季兄卢西恩·波拿巴的影响，埃利萨·波拿巴也有一些艺术细胞。她还酷爱文学，一心想进入文学的圈子，获得赞同。可惜她天生才华有限，根本得不到文学界的承认。

费利切·帕斯夸莱·巴乔基是科西嘉岛的土生贵族。然而，科西嘉岛的贵族又算什么？不过是略强于农民阶层和小商人的阶级。费利切·帕斯夸莱·巴乔基小贵族的家庭出身倒是与波拿巴家非常登对。拿破仑·波拿巴曾对这门亲事表示了反对，身为母亲的波拿巴夫人玛丽亚·莱蒂齐亚·拉莫利诺却表示了坚定的支持。埃利萨·波拿巴不但对丈夫任意欺凌，还明目张胆地红杏出墙。关于她的流言到处都是，她的情人众多且层次各异，略能提上台面的也只有一个剧场演员而已。后来，埃利萨·波拿巴移情别恋时，作为补偿，这个男演员还获得了男爵的称号和莱蒙的一小块封地。

伊达·圣埃尔玛如此描述埃利萨·波拿巴：

> 埃利萨·波拿巴长得并不漂亮。她身材矮小，瘦骨嶙峋。但她胜在长相讨喜，又深谙手段和计谋，因此也是非常有诱惑力的。她身材柔美，气质高贵，优雅的举手投足间还流露着一丝冷傲。她的脚小巧诱人，手也极美。乌黑的大眼睛非常美丽，脸庞流露着光彩。她经常用动情的眼光发号施令，或用楚楚的明目讨得好感。在众多兄弟姐妹中，就属埃利萨·波拿巴

和拿破仑·波拿巴长得最像。她聪颖灵敏,见解深刻,想象力丰富个性坚忍,有一种贵气。①

二女儿波莱恩·波拿巴是三姐妹中最活泼的一个,有众多追求者。一开始,让-安多什·朱诺曾爱过她,后来是路易-玛利·斯塔尼斯拉斯·弗雷隆。波莱恩·波拿巴与路易-玛利·斯塔尼斯拉斯·弗雷隆爱得非常热烈。拿破仑·波拿巴在此做了一件正确的事。他强硬地命令波莱恩·波拿巴不可以嫁给路易-玛利·斯塔尼斯拉斯·弗雷隆,因为他知道路易-玛利·斯塔尼斯拉斯·弗雷隆杀人不眨眼,曾经支持处死国王路易十六,还在马赛屠杀过保王党。不过,根据巴拉斯子爵保罗·弗朗西斯·让·尼古拉的说法,这桩亲事未成的真正障碍是路易-玛利·斯塔尼斯拉斯·弗雷隆的"原配夫人"不合时宜的出现。或许这位"原配夫人"的确有出场,但她应该没有能力拆散波莱恩·波拿巴与路易-玛利·斯塔尼斯拉斯·弗雷隆。真正拆散他们的应该还是拿破仑·波拿巴。路易-玛利·斯塔尼斯拉斯·弗雷隆是双手沾满鲜血的恶徒,拿破仑·波拿巴对他只觉得恶心,不可能同意这桩婚事。拿破仑·波拿巴对狂暴嗜血的人都非常抵触。拿破仑·波拿巴曾是雅各宾派成员,像路易-玛利·斯塔尼斯拉斯·弗雷隆这样的极端雅各宾分子他见多了。拿破仑·波拿巴了解极端雅各宾分子,极端雅各宾分子都是冷酷、冷血的人。

最后,波莱恩·波拿巴嫁给了查尔斯·维克托莱·埃马纽埃尔·勒克莱尔将军,一个她从来没有爱过的人。

波莱恩·波拿巴只对时尚华服感觉比较敏锐,除此之外,她一律不感兴趣。众所周知,大雕塑家安托万·卡诺瓦曾为她做过裸体塑像,由波莱恩·波拿巴本人做模特,一丝不挂。后来,有人问波莱恩·波拿巴,她觉得这样做是否合适。波莱恩·波拿巴说:"哦!有什么不合适,屋里又不冷。"波莱恩·波拿巴的丈夫

---

① 伊达·圣埃尔玛:《同时代回忆录》。伊达·圣埃尔玛,女演员,与让·维克多·玛利·莫罗同居,自称"让·维克多·玛利·莫罗夫人",与拿破仑·波拿巴传过绯闻。伊达·圣埃尔玛狂爱米歇尔·内伊,与米歇尔·内伊同居过。伊达·圣埃尔玛女扮男装随同征俄部队出征,拿破仑·波拿巴擢其为长妹埃莉斯女侍及伴读。其精彩奇特的一生近期已有新版自传出版。——原注

波莱恩·波拿巴与雕塑家安托万·卡诺瓦

查尔斯·维克托莱·埃马纽埃尔·勒克莱尔奉命率军远征加勒比海地区的法属圣多明戈,波莱恩·波拿巴不愿随军同行,拿破仑·波拿巴下令将她拽上了船。到了法属圣多明戈,查尔斯·维克托莱·埃马纽埃尔·勒克莱尔很快因水土不服病重身亡。波莱恩·波拿巴又可以回到巴黎了,她继续出入巴黎的社交场合,有很多情人,也有很多绯闻。

阿布兰特什公爵夫人劳雷·朱诺如此描述波莱恩·波拿巴：

> 波拿巴家族中，就属波莱恩·波拿巴跟我们见面多。她几乎每天都来我家。我的母亲很喜欢她，很宠她。波莱恩·波拿巴一时兴起就会有许多小心思和怪想法，这些事情她都会说给我母亲听。我母亲听了也不会责怪她，简直比波拿巴夫人玛丽亚·莱蒂齐亚·拉莫利诺还要惯着她。1798年，波莱恩·波拿巴从意大利米兰初到巴黎时，还略显青涩。但没过多久，她就适应了巴黎的风情。波莱恩·波拿巴到了巴黎以后，你会看到一个完全不一样的波莱恩·波拿巴。她不再是过去土气的意大利女子"波莱恩"了。

阿布兰特什公爵夫人劳雷·朱诺还讲述了一则关于波莱恩·波拿巴的趣闻：

> 当时，拿破仑·波拿巴领兵去了埃及。但他在巴黎停留过的短暂时光，也为家人带来了巨大的光辉和荣誉。波拿巴家人因为拿破仑·波拿巴的原因步入贵族阶层。勒克莱尔夫人波莱恩·波拿巴也有权欲和野心。波莱恩·波拿巴不但利用自己的绝世美貌来达到自己的目的，有时候还会利用仲兄拿破仑·波拿巴的声名来为自己谋利益。当然，她的的确确是很美貌的。当她只能将美貌作为人生武器时，她就已经将这种武器发挥得淋漓尽致。作为美人，她总是能达到自己的目的。假使有人不为她的美貌所打动，因而她不能达到自己的目的时，她就会像一个被宠坏的孩子一样发怒。
>
> 有一天晚上，我的母亲在家里举行舞会……勒克莱尔夫人波莱恩·波拿巴告诉我们，她为舞会准备了一条长裙，那裙子美得……用她自己的话说就是"震古烁今"。结果，当天晚上，勒克莱尔夫人波莱恩·波拿巴穿着这条裙子一走进厅里，所有人都呆住了，因为她打扮成酒神巴斯克女祭司的模样，显得过于婀娜美丽。一些以前见过她的人，纷纷开始回想她平时的样子。只见她戴着细腻的皮质藤叶环绕的花冠头饰，上面缀着宝石，闪

闪发光。她的头发盘成高高的发髻，一串串制成葡萄串形状的黄金饰物品从发髻上坠下来。她真像是酒神巴斯克女祭司亲自降临，她像是一座美丽的古典女神雕塑，她像珠宝上刻着的浮雕女神像。说实在的，平常的姿色一定无法支撑如此美丽的女神装扮。只见波莱恩·波拿巴身上披着精美的印度沙丽长裙，显得美极了。在她的长裙上有大片的镶金刺绣，绣着葡萄串和藤蔓叶。波莱恩·波拿巴披着一件纯色的希腊式束腰短上衣，短上衣上面同样也有一片金绣。波莱恩·波拿巴身材窈窕，这样一打扮就更加显得美若天仙。在波莱恩·波拿巴的短上衣肩膀的地方还别着价值不菲的浮雕扣饰。波莱恩·波拿巴的短上衣衣袖很短，短袖口绾着飘带，也用浮雕珠宝扣住。波莱恩·波拿巴戴着金色的腰带，腰带按照古典希腊的装束，托在胸口处系住，腰带的带扣是一块瑰丽的仿古宝石。她走进来的时候，还有意露出圆润的手臂，手臂上戴着镶金手镯还有浮雕珠宝。恐怕找不到比"惊为天人"更合适的词了。勒克莱尔夫人波莱恩·波拿巴真是光彩照人。她不仅照亮了整个房间，房间中的其他女子也因为她的到来黯然失色。她从头到脚都非常完美。在场的男士们无不啧啧赞叹，议论纷纷。在场的女士们心里顿觉失落……窃窃私语中不乏恶毒的言辞。有的人甚至故意放声议论，让"女祭司"听个正着。他们说勒克莱尔夫人波莱恩·波拿巴这样的装扮简直不知好歹，太不符合自己的身份。三年前她还只是个平民，怎么现在就变成贵妇了？但她们的话语很快被淹没在男士们的高声赞美中。男士们可不管那么多，勒克莱尔夫人波莱恩·波拿巴太好看了。

在场的美人德·孔塔德夫人瞬间黯然失色。身边追求者们不再"围攻"，她便主动对一位男士说："请过来陪我一下吧。"然后，我们的"狩猎女神狄安娜"就挽着这位男士缓缓地飘过客厅中央，朝她的"猎物"走去。

她的"猎物"就是勒克莱尔夫人波莱恩·波拿巴。当时，勒克莱尔夫人波莱恩·波拿巴已退至客厅一侧的梳妆间里。她说客厅太热了，让她不舒服。不过，在我看来，她只是还没有出够风头。她看中了梳妆间的长躺椅。到了梳妆房，她就可以斜躺下来，这样就可以展示她曼妙的身材。

可没想到勒克莱尔夫人波莱恩·波拿巴这一躺,躺出了问题。那个梳妆间不大,有烛光照着,便显得梳妆间室内更明亮了。勒克莱尔夫人波莱恩·波拿巴躺在长躺椅上,她的头就正好位于室内最明亮的地方。

德·孔塔德夫人仔细地端详着勒克莱尔夫人波莱恩·波拿巴,没有讲任何尖酸刻薄的话。这倒也令人意外。德·孔塔德夫人将勒克莱尔夫人波莱恩·波拿巴大大地夸赞了一番,从衣服夸到身材,从身材夸到脸蛋。然后,德·孔塔德夫人对着身旁的"护花使者"惊呼:"啊!天哪!哦!我的上帝![1]太不幸了,这么好看的人,竟也有这样的缺陷!看她的耳朵啊,太大了,是不是!这么大,剪掉一半才正合适。"

于是,大家的目光自然聚集到了勒克莱尔夫人波莱恩·波拿巴的耳朵上。的确,这两只耳朵大到让其他女人顿觉上天还算公允——勒克莱尔夫人波莱恩·波拿巴的耳朵又大又软又丑。其实也没有德·孔塔德夫人说得那么大,但真是极丑。

这意外的一招竟让勒克莱尔夫人波莱恩·波拿巴承受不了。她哭了,随后借口身体不适退场。

拿破仑·波拿巴的三妹卡罗琳·波拿巴出生于1782年3月26日。她颇具野心。拥有两位姐姐不能匹及的优秀才干和正派品性。她遵拿破仑·波拿巴的命令,嫁给了若阿基姆·缪拉。

阿布兰特什公爵夫人劳雷·朱诺如此描述她:

卡罗琳·波拿巴也是个漂亮女孩。她娇嫩得像朵玫瑰。当然,仅看姿色,她远远不及勒克莱尔夫人波莱恩·波拿巴。但卡罗琳·波拿巴为人随和。她面容和善,肤色娇美,可惜身材不如勒克莱尔夫人波莱恩·波拿巴。勒克莱尔夫人波莱恩·波拿巴的曼妙曲线可是远近闻名。另外,卡罗琳·波拿巴生得宽头大脸,平胸阔膀,臀部又太大,因此风姿更逊。但她玉足纤

---

[1] 原文为法语"mon Dieu! mon Dieu!"

19 世纪初的卡罗琳·波拿巴

纤,十指如葱,胳膊玉润,好歹挽回一些。卡罗琳·波拿巴的皮肤也极好,像是白缎子中透着淡淡的粉色。她的牙齿洁白整齐——这是波拿巴家成员共同的优点。她的头发颜色较浅,不怎么惊艳。卡罗琳·波拿巴年纪尚小,还是很可爱的。1798年,她的母亲波拿巴夫人玛丽亚·莱蒂齐亚·拉莫利诺第一次带她去巴黎,当时,她如初绽花蕾般娇嫩。后来我再见到她的时候,她已经长成大人。她不适合庄丽华美,也撑不起绫罗锦缎。她那清纯的肤色在珠光宝气和钻石耀眼的光芒中,显得非常清淡……但卡罗琳·波拿巴名声清白,没有绯闻。她结婚时,纯净得就像她洁白的皮肤,娇羞得就像她两颊的绯云。

查尔斯·莫里斯·德·塔列朗-佩里戈尔说:"她是女版的奥利弗·克伦威尔。"

卡罗琳·波拿巴心气高傲,野心勃勃。她对丈夫出身并不高贵这一点耿耿于怀。她长兄约瑟夫·波拿巴的妻子玛丽·朱莉·克拉里也同样出身不高贵,但后来约瑟夫·波拿巴成为西班牙国王之后,玛丽·朱莉·克拉里就成了西班牙王后。因此每当卡罗琳·波拿巴要尊称玛丽·朱莉·克拉里为"王后陛下"的时候,卡罗琳·波拿巴别提心里有多么不舒服了。

据说,拿破仑·波拿巴曾恶毒地取笑卡罗琳·波拿巴:"卡罗琳·波拿巴,你为什么那么高傲?好像自己是真正的王室公主一样。难道咱们的父亲是国王吗?"

成为西班牙王后的玛丽·朱莉·克拉里

拿破仑·波拿巴身边围拢的兄弟姐妹们可谓性格各不相同。总体说来,约瑟夫·波拿巴和卢西恩·波拿巴酷爱艺术和文学,但卢西恩·波拿巴明显有个性得多。热罗姆·波拿巴乖巧听话,卡罗琳·波拿巴正直自爱,埃利萨·波拿巴和波莱恩·波拿巴只知寻欢作乐。

第29章

第一执政的背后

（1800年）

精彩看点

共和派的落寞——埃马纽埃尔－约瑟夫·西哀士神父失宠——皮埃尔·罗歇·迪科亦出局——又见新宪法——对民意的控制——政府各阶层——第一执政的权力——去哪里弄钱——热那亚——荷兰——汉堡——葡萄牙——战争就是为了劫掠——整顿经济——作势爱好和平——大不列颠王国起疑心——安德烈·马塞纳在意大利——预备军团——翻过阿尔卑斯山脉——马伦哥战役——令人费解的失误——胜利的运气因素——拿破仑·波拿巴嫉妒让·维克多·玛利·莫罗——拿破仑·波拿巴防范埃蒂安-雅克-约瑟夫-亚历山大·麦克唐纳——拿破仑·波拿巴不喜欢让·巴蒂斯特·克莱贝尔——拿破仑·波拿巴对让·巴蒂斯特·朱尔·贝纳多特有看法——让-安多什·朱诺崇拜拿破仑·波拿巴——士兵爱戴拿破仑·波拿巴——总结——何为对手何为部下——威逼利诱——送给让·维克多·玛利·莫罗的礼物

雅各宾派、立宪派和保王党都希望拿破仑·波拿巴做出头的鸟，为他们作嫁衣。但他们恐怕都要失望了。雅各宾派伤心失望，他们将拿破仑·波拿巴扶上了马，却发现自己才是拿破仑·波拿巴驾驭的对象。立宪派反应迅速。他们很快明白，拿破仑·波拿巴要用个人独裁来代替宪法制度。保王党也隐隐感到，拿破仑·波拿巴的存在是波旁王朝复辟的最大阻碍。后来，乔治·卡杜达尔[①]说："我们是否用力过猛，推翻了一个国王，却迎来了一个皇帝。"

　　这位未来的皇帝出身行伍，英勇无畏。他精力充沛，但并没有如人所料，将所有的精力都贯注于军事。埃马纽埃尔-约瑟夫·西哀士神父正在制定法典，拿破仑·波拿巴进行了强制的干预，直到最终法典的内容都符合他的意愿，丝毫不顾制定法典的初衷。拿破仑·波拿巴干脆不让埃马纽埃尔-约瑟夫·西哀士神父继续负责制定法典的事，他委派更加听话的皮埃尔·罗歇·迪科来负责制定法典。最终出台的法典规定，采取执政府的制度，执政府的首领为三名执政官，执政官的任期为十年。第一执政一定是拿破仑·波拿巴。另外两位是让-雅克-雷

---

① 乔治·卡杜达尔（Georges Cadoudal，1771—1804），法兰西布列塔尼政客，忠于保王党和天主教。大革命期间朱安党叛乱领袖。1814年追封法兰西元帅。

让-雅克-雷吉斯·德·康巴塞雷斯

吉斯·德·康巴塞雷斯和查尔斯-弗朗西斯·勒布伦毫无疑问，总揽大权的人是第一执政。

拿破仑·波拿巴对埃马纽埃尔-约瑟夫·西哀士神父所撰法典中的相关条款非常满意，并乐意将其推行开来。法典里有明确条款规定，执政府将会对民众参政进行管辖和压制。拿破仑·波拿巴其实早就想这样来操控了。

就这样，1799年12月24日，《共和八年宪法》正式出炉。新宪法规定，政府设三名执政官，即第一执政和两位辅政。第一执政拥有裁决大权，另外两位执政官可以协同商议。拿破仑·波拿巴将行政和立法的大权都揽入手中。草拟法案的机关叫参政院，参政院的议员尽由他来挑选任命。可以说，除了最高法院和治安法官不归拿破仑·波拿巴管束，其他人都唯拿破仑·波拿巴的命令是从。同时，拿破仑·波拿巴独揽军事。官员体系像一张盘根错节的网，各级官员多为听从第一执政拿破仑·波拿巴命令的人。三位执政官之下是元老院。元老院议员由执政官直接任命，共八十人。元老院议员享有终身任期，享有丰厚的年金。执政府还设有立法院。立法院有三百名议员，每年新选入约六十名立法院议员，更换原有三百名议员的五分之一。执政府还设有保民院①。保民院有一百名议员。立

拿破仑·波拿巴在保民院

---

① 《共和八年宪法》中的保民院，又译"评议院"。

法院议员与保民院议员的选举流程是：先由选举人提交候选名单，再由元老院从候选名单中选出。平民实际上是没有权利参加选举的，但这一点没有在法典中明文说明，以防激怒民心。

法律规定，除了个别例外情况，任何在法兰西第一共和国出生并成长到二十一周岁的成年人，都是公民。法兰西第一共和国每个行政区总人口的十分之一享有投票权。第一轮就是选出每个行政区总人口十分之一的有投票权的公民。第二轮是，每个行政区选出的有投票权的公民们再次投票，从第一轮选出的有投票权的公民们选出十分之一。第二轮最后选出来的即为国家公职候选人员。

这样，全国可以选出共六千人。这六千人组成一个具有候选国家公职的官僚体系。他们有权利作为候选人进入政府机关，或者像地方行政长官或区法官一类的基层职位。

高级官员由执政官直接提名。立法机构成员从执政府支领薪酬。参政院议员的年薪为两万五千法郎，保民院议员的年薪为一万五千法郎，立法院议员的年薪为一万法郎。

新的法案提出后，先提交元老院进行内部商议，之后提交保民院进行公开讨论，最后在立法院投票决议。保民院不具备决议权。

这样一来，拿破仑·波拿巴一人掌握了几乎所有的行政权和立法权。他还假惺惺地为自己开脱："有什么权力啊，都是埃马纽埃尔-约瑟夫·西哀士神父制定的法令。他留下了不少'影子'。政府和立法院中，到处都有'影子'暗中反对我们。我们也只好增派自己人进入官僚体系，说实话，我安插了不少自己人。"

后来，拿破仑·波拿巴又说："我确信，法兰西第一共和国的政府必须集中权力，提高政府效率。但我们的时代往往不会赋予政府首脑执行最高权力的资格。"或者像有一次那样，他更加直白地说："最好的政府就是能够驾驭人民的政府。"

《共和八年宪法》一经公布，便广受欢迎。这部宪法给平民带来了许多好处，比如："建立在代表制的基础之上，建立在自由、平等、博爱的圣条之上。这部宪法保证了公民的权利,还确认了元老院的利益。"宪法的结束语是:"公民们,大革命兴起之源,即为我们原则的根基。现在,通过这部宪法,革命的目的实现了。"

接着就是行政和立法机构之间拉锯战式的漫长讨论。宪法的出台进行到这里已是最后一关。行政与立法机构之间这样争吵,与路易十六统治末年有什么区别?

最终,《共和八年宪法》获全票通过。这部宪法是所有具有选举资格的公民的定心丸。大家都知道,噩梦一般的恐怖岁月结束了。而且从今以后,随着新宪法的执行,原先共和国行政机构里的贪腐状况也必然会得到整顿。

拿破仑·波拿巴的执政府面临的最大困难就是缺少资金。拿破仑·波拿巴发现督政府的财政部里仅剩十三万七千法郎,而且督政府的财政账目混乱不清,政府还负债。

任第一执政官的拿破仑·波拿巴说:"路易·安托万·福弗莱·德·布里昂,你能想象吗,督政府的财政体系真是一团糟。督政府的那些高官们有谁不在做假账,中饱私囊?他们太贪婪了!督政府的管理真是太糟糕了!他们败掉了多少宝贵的资源啊!土地、军需、衣物、军队,都被他们低价出售,卖得干干净净。他们亏空了七千五百万法郎①的账目。这笔数额庞大的公款都被他们贪污了。"

为解燃眉之急,拿破仑·波拿巴向巴黎银行家借贷一千两百万法郎。然后,拿破仑·波拿巴把注意力投向法兰西第一共和国边境的邻国,看看哪一个邦国或国家比较弱小,这样法兰西有可能去劫掠。

拿破仑·波拿巴首先看到的是热那亚王国。1799年12月18日,他对查尔斯·莫里斯·德·塔列朗-佩里戈尔说:"诚然,热那亚的王公贵族已经捐纳了很多,但我们可以给商户加税啊。告诉财政部部长……安德烈·马塞纳将军全权负责对大商户征收捐款。他可以用在瑞士时的方法行事。"

接下来是在北荷兰半岛新建的巴达维亚共和国②。法军借故保护巴达维亚

---

① 约四十八万英镑。
② 巴达维亚共和国(Republic of Batavia),存在于1795年至1806年,前身是荷兰共和国,包含荷兰大部分领土,是法兰西的傀儡国。1806年改制为荷兰王国,由路易·波拿巴任国王。1810年,并入法兰西第一帝国。1815年成立荷兰联合王国。

弗利辛恩

共和国不受大不列颠王国侵害，早已派兵驻扎在巴达维亚共和国。事实上，巴达维亚共和国并不认为大不列颠王国会前来侵犯。但一切还要由法兰西第一共和国决定。其实，法兰西驻巴达维亚共和国部队其中的大部分被调去旺代平叛了，但平叛产生的高额军费需要由巴达维亚共和国支付，理由是法兰西驻军在为巴达维亚共和国驻守莱茵河防线。更有甚者，1800年3月8日，法军进驻巴达维亚共和国等低地诸国[①]时，占据着巴达维亚共和国港口弗利辛恩不还。拿破

---

① 低地诸国（Low Countries），也译"低地国家"，指欧洲西北沿海低地的几个国家。包括荷兰、比利时、卢森堡等。

仑·波拿巴说，如果巴达维亚共和国付给法军的赔款低于一百六十万英镑，那么他绝不归还弗利辛恩。拿破仑·波拿巴还逼阿姆斯特丹商人借款四十万英镑给法军。

然后轮到汉萨同盟[①]城市汉堡。汉堡的罪名是向大不列颠王国交付了几个躲避在法兰西境内的爱尔兰分子。拿破仑·波拿巴因此向汉堡自由镇开出了一万六千英镑到两万四千英镑的巨额罚单。汉堡照单做了赔付，但赔款并未进入

---

① 汉萨同盟（Hanse Towns, or Hanseatic League），是德意志北部城市之间形成的商业和政治联盟（德语Hanse意为"集团"）。始于13世纪，在14世级达到兴盛，加盟城市达一百六十个之多。1669年解体、名存实亡，只剩吕贝克、汉堡和不来梅三城。拿破仑·波拿巴发动的战争为汉萨同盟造成了致命打击。

法兰西第一共和国财政部的账目。赔款中的一部分被用来抵消波拿巴夫人约瑟芬置办美衣华服和进行豪华出行的欠款，另一部分用于为波拿巴夫人约瑟芬购置她的夏日行宫——马尔梅松宫。剩余部分都被用来采买各种礼品。

之后感受到威胁的是瑞士和葡萄牙。瑞士已基本被掏空，很难再榨出大笔钱款。1801年1月13日，拿破仑·波拿巴向查尔斯·莫里斯·德·塔列朗-佩里戈尔指示道："如果真是如此，那就从葡萄牙征款吧。八九百万就可以。一定要把这笔款项征收到，有了这笔钱，我们意大利军团在战场上就会多三分胜算。"

这种任意榨取其他国家，直到榨干最后一枚硬币的做法，拿破仑·波拿巴在意大利时已经用过很多次，只是现在做得更极致。意大利只是被迫支付法兰西驻军的军费。位于欧洲的国家或城邦，都要向拿破仑·波拿巴"上贡"以求得保护，避免受到邻国的侵略和攻击。但事实上，这些国家或城邦都很无辜，因为它们与邻国的关系一直很和睦，根本没有所谓的"战争"。

拿破仑·波拿巴为重组财政殚精竭虑。法兰西第一共和国到处都是官商勾结、捞取巨额利益的现象。必须先剪除这个毒瘤，才能重建国人对执政府的信任。拿破仑·波拿巴严肃查处，将非法行为公布于众，将严重侵吞公款的官员免职并处以重罚，任用廉洁奉公的人。只要是正直廉洁的人，就算是保王党和立宪派，拿破仑·波拿巴也愿意启用他们。拿破仑·波拿巴甚至不排斥启用雅各宾派，假如还能从雅各宾派里找到诚实、正直的人的话。

滥发纸币导致通货膨胀，财政系统几近瘫痪，加上承包商和银行家的盘剥，法兰西第一共和国的经济形势真是令人忧愁。为了恢复经济秩序，重建国民对于执政府的信心，拿破仑·波拿巴启用了还算廉洁的金融专家马丁-米歇尔-查尔斯·戈丹和莫利安伯爵尼古拉·弗朗西斯协助工作。法兰西银行由此成立。法兰西银行是一个私人银行，受元老院督管。通过限制纸币的发行和规定商品价值等措施，执政府逐渐赢得了国民的信任，国家经济也重新趋于稳定。政府各部门都体会到了拿破仑·波拿巴的行事风格：高效、精干、坚决。拿破仑·波拿巴治国如治军，他敢于用人，敢用有才干的人。

与此同时，拿破仑·波拿巴身边的人也体会到了拿破仑·波拿巴翻脸无情有

尼古拉·弗朗西斯

多么可怕。伯尼奥伯爵雅克·克劳德就说过："他是个魔鬼。"①拿破仑·波拿巴非常大胆，用人唯贤。一大批不是贵族出身的人经他提拔，在各种职位上施展自身的才华。正如皮埃尔·路易·罗勒德②所言："那些原本被认为没有能力的人，现在拿破仑·波拿巴给他们机会施展才华。而按照从前的观点被认为是国家栋

---

① 此处原文为法语 "C'est un diable"。
② 皮埃尔·路易·罗勒德（Pierre Louis Roederer, 1754—1835），法兰西政治家、经济学家、历史学家。雾月政变中支持拿破仑·波拿巴。1806年，皮埃尔·路易·罗勒德在约瑟夫·波拿巴为国王的那不勒斯王国就任财政大臣一职。百日王朝时期，皮埃尔·路易·罗勒德被封为贵族。

皮埃尔·路易·罗勒德

梁的人，现在拿破仑·波拿巴弃之不用。只要是拥有雄心壮志的人，现在都可以通过努力来获取胜利者的光辉，拿破仑·波拿巴会启用他们，拿破仑·波拿巴不会让他们失望。"

　　巴黎还有几个拿破仑·波拿巴无法掌控的区，不过他也尽力做到最大程度的完善。拿破仑·波拿巴会对保王党说：雅各宾派势力犹存，他们打算重新回到恐怖统治的年代。而对雅各宾派，他又有另一套说辞。他将保王党的反革命活动夸张地讲给雅各宾派，说在西部和南部，保王党人马众多。最后，保王党和雅各宾派为了相互牵制，都转而支持拿破仑·波拿巴。至于立宪派，则一直对拿破仑·波拿巴表示了支持。立宪派认为，拿破仑·波拿巴的强势能给国家带来稳定，对外也更能彰显国威。因为立宪派觉得，保王党和雅各宾派一样，都已经腐坏，只有拿破仑·波拿巴这样的强人才能通过高压手段制服两派。

法兰西人民已被战争折磨得疲惫不堪。拿破仑·波拿巴非常清楚，要想巩固手中的权力，只有发动战争。而发动战争又要讲究技巧，既要达到自己的目的，又能将开战的罪责推诿给他人。为此，拿破仑·波拿巴竟无视国际惯例，越过使者，亲自致信大不列颠王室和神圣罗马帝国皇帝弗朗茨二世，说他盼望安宁，期待能谈一谈和平的条件。

面对拿破仑·波拿巴的羞辱，奥地利的哈布斯堡宫廷很生气。大不列颠王国对新宪法的持续时间表示怀疑。如果法兰西执政府继续执行过去对待意大利、荷兰、瑞士和埃及的政策，穷兵黩武，那么大不列颠王国也没必要与法兰西第一共和国第一执政继续谈话了。大不列颠王国也看得出来，第一执政的微笑中藏着利刃。

以拿破仑·波拿巴的人品和德行，哪个国家会相信他是真心想和谈，从此不兴刀兵呢？与拿破仑·波拿巴进行和谈，其实只能谈得个缓冲期，这个缓冲期顶多只有一年或一年半。

这样的境况使拿破仑·波拿巴找到了再次兴兵的理由：大不列颠王国和奥地利公国不同意和平谈判。拿破仑·波拿巴在法兰西人民面前摆够了姿态：不是法兰西想要战争，而是大不列颠王国和奥地利公国拒绝和平。大不列颠王国和奥地利公国拒绝接受和平的提议就是对全体法兰西人民的侮辱。

在意大利领兵的安德烈·马塞纳将军是个犹太人。他的真名叫玛拿西，是个典型的犹太名字。安德烈·马塞纳是驻意法军司令。用米奥·德·梅利托伯爵安德烈·弗朗西斯的原话来说，安德烈·马塞纳在意大利简直"做得太过分"。米奥·德·梅利托伯爵安德烈·弗朗西斯说道："安德烈·马塞纳的军队在意大利抢来的财富堆积成山，安德烈·马塞纳居然一分不差地装进了自己的口袋，连军饷都不发。士兵们领不到薪饷，拒绝服从安德烈·马塞纳的命令。真没想到，安德烈·马塞纳竟如此贪婪、吝啬，简直无耻至极。这与他立下的战功简直太不相称。"安德烈·马塞纳的人品不好，但他作战很厉害。因此，拿破仑·波拿巴依旧任用他，并命令他死守热那亚，静候援军。

莱茵军团司令官让·维克多·玛利·莫罗也是个作战的悍将，而且为人迂腐正直。他奉命堵截目前占领黑森林高地的奥军统帅保罗·克雷①部。在意大利境内，奥军冯·梅拉斯男爵米歇尔·弗里德里希·贝内迪克特率领的部队有十一万七千人，而法军仅有二万五千人。兵力悬殊，法军时刻面临危境。

拿破仑·波拿巴在国内火速征兵，在奥地利浑然不觉的情况下，秘密召集了一支预备军团。他狡猾地骗过了奥地利。因此，奥地利军团对法兰西预备军团的规模和动向一无所知。拿破仑·波拿巴做出了预备军团主力在第戎集合的假象，而实际上在第戎集合的只是几个营的新兵，预备军团主力部队另有集结地点。拿破仑·波拿巴亲自统率预备军团的主力，集合完毕后开赴瑞士洛桑。与此同时，让·维克多·玛利·莫罗五败保罗·克雷。保罗·克雷部损失了三万兵力，退至乌尔姆市。让·维克多·玛利·莫罗想要继续追击，被拿破仑·波拿巴否决。否则，让·维克多·玛利·莫罗一定会打到维也纳城门。拿破仑·波拿巴不允许让·维克多·玛利·莫罗建立奇功。胜利的光辉只能属于拿破仑·波拿巴一个人。拿破仑·波拿巴命令让·维克多·玛利·莫罗抽调两万五千兵力，作为自己部队的后备军。保罗·克雷暂时松了一口气，但没有完全脱离风险，因为就算让·维克多·玛利·莫罗被抽调两万五千人后剩余的兵力，也完全能抵挡得住保罗·克雷的进攻，保罗·克雷很难攻到多瑙河右岸。

1800年5月13日，拿破仑·波拿巴忽然带兵出现在洛桑，打算突越圣伯纳德大山口②，俯冲冯·梅拉斯男爵米歇尔·弗里德里希·贝内迪克特军后尾。恐怕

---

① 保罗·克雷（Paul Kray, 1735—1804），军人，出生于匈牙利，在奥地利的哈布斯堡王朝服役。1800年率领奥军与法军作战，被法军打败五次。后来，神圣罗马帝国皇帝弗朗茨二世将他撤职，换上自己的弟弟约翰大公为统帅。保罗·克雷遂退役，返回匈牙利。
② 圣伯纳德大山口（Great S.Bernard Pass），又称"大圣伯纳德山口"，在瑞士、意大利边境，是阿尔卑斯山脉重要山口。

拿破仑·波拿巴率领法军抵达圣伯纳德大山口

冯·梅拉斯男爵米歇尔·弗里德里希·贝内迪克特做梦也想不到拿破仑·波拿巴会亲自率领法军,突现瑞士,就这样从天而降,向他扑来。

法军翻过圣伯纳德大山口的时候,情况十分艰难。法军把大炮从马上卸下来,将大炮装入空心的粗树桩,由士兵们拖着树桩往前走。法军把四轮马车也拆

拿破仑·波拿巴翻越圣伯纳德大山口积雪带

掉,分成好几部分来运送。有的部分由骡子拉着,有的部分吊在雪杖上,由士兵们背着雪杖翻过圣伯纳德大山口。

1800年5月16日,拿破仑·波拿巴大军前锋让·拉纳师直下阿尔卑斯山脉,突袭奥斯塔美丽的山谷。另外有好几个师的兵力紧随让·拉纳前来。1800年5月17日,让·拉纳部冲散奥军一纵队。奥军目瞪口呆,不知法军是如何从天而降,来到此地的。

1800年6月2日，拿破仑·波拿巴一路长驱直入，来到米兰城。1800年6月5日，困守热那亚的安德烈·马塞纳部依旧艰苦支撑。士兵们断粮后依然坚守，吃光了军靴上的皮再吃背包上的皮，实在守不住了才被迫投降，其实也不能叫投降，安德烈·马塞纳和奥地利军队提前讲好，要让法军体面地撤出热那亚。安德烈·马塞纳撤离前的一星期，冯·梅拉斯男爵米歇尔·弗里德里希·贝内迪克特了解到拿破仑·波拿巴已率前锋攻至北意大利平原，当即决定分兵，派一支部队佯攻热那亚，实则调头回转，与他率领的主力会和，前往阻拦拿破仑·波拿巴。1800年6月4日，冯·梅拉斯男爵米歇尔·弗里德里希·贝内迪克特的部队与拿破仑·波拿巴的部队在马伦哥遭遇，战况激烈。拿破仑·波拿巴的中军被攻破，险些全军覆没，多亏两路援军及时赶到，才得以避免完败。这两路援军，一路是

马伦哥战役

路易·查尔斯·安托万·德赛·德·维古战死

前往诺维方向侦察敌情的路易·查尔斯·安托万·德赛·德·维古部,另一路是德·瓦尔米公爵弗朗西斯·克里斯托夫·德·克勒曼率领的五百人重骑兵队。路易·查尔斯·安托万·德赛·德·维古被子弹打穿心脏,不幸战死。法军援军袭来后,奥地利军队阵脚大乱,在惊慌中惨败。

冯·梅拉斯男爵米歇尔·弗里德里希·贝内迪克特的确颇有才干,但并不是特别出色和果敢。他一打败仗就马上答应和谈。冯·梅拉斯男爵米歇尔·弗里德里希·贝内迪克特当时已经是八十四岁的高龄,论胆量他肯定不如拿破仑·波拿巴。1800年6月16日,拿破仑·波拿巴与冯·梅拉斯男爵米歇尔·弗里德里希·贝内迪克特签订停战协议。奥地利割让皮埃蒙特及热那亚地区,堡垒尽失。奥地

米歇尔·弗里德里希·贝内迪克特与法军签订停战协议

利失去了亚历山德里亚这个坚固的堡垒之地,十一天前从安德烈·马塞纳那里接手的热那亚又还给了法军。伦巴第境内至奥利欧河全归法兰西第一共和国。而法军向奥军开出的优惠条件是,允许冯·梅拉斯男爵米歇尔·弗里德里希·贝内迪克特率残部撤守曼托瓦和明乔河一带。

我们最好对拿破仑·波拿巴在这个时期的行为进行相对详细的分析,因为这个时期的行为可以显现他的典型性格特点。首先,请大家注意,在当时,拿破仑·波拿巴并不具有法定的权力统领全军。

保罗·克雷

正如拿破仑·波拿巴自己承认的:"新宪法并没有赋予第一执政统率军队的权力。"拿破仑·波拿巴却巧妙地获得了军队的指挥权。宪法也没有规定第一执政不可以随军。因此,拿破仑·波拿巴"随军"与名义上的总司令路易·亚历山大·贝尔蒂埃同行。他原来的计划是要割断奥军冯·梅拉斯男爵米歇尔·弗里德里希·贝内迪克特部和保罗·克雷部之间的联系,然后扑袭冯·梅拉斯男爵米歇尔·弗里德里希·贝内迪克特后翼,使冯·梅拉斯男爵米歇尔·弗里德里希·贝内迪克特被迫后撤防守,以解安德烈·马塞纳在热那亚的围城之困。1796年对奥作战中,当时拿破仑·波拿巴率军沿海岸线的公路和滨海阿尔卑斯山隘口进攻,最后解救了热那亚。拿破仑·波拿巴本可以效仿1796年的进军路线,如此一定可以解救被围困在热那亚的安德烈·马塞纳。但这一次,拿破仑·波拿巴没有这样做。因为这一次,他要获得"惊诧欧洲"的胜利,要赢得超乎世人的想象。因此,他分兵亲自率军翻过圣伯纳德大山口,另外两个师的兵力则分别越过圣伯纳德小山口和圣哥大山脉。翻山越谷的辛劳艰险经过夸大之后，便成了神化拿破仑·波拿巴军事天才的材料。来到意大利平原后，拿破仑·波拿巴没有急着赶赴营救被围困的安德烈·马塞纳军。他竟在米兰停留了两星期。1800年5月20日，拿破仑·波拿巴派遣副官前往安德烈·马塞纳处，告诉安德烈·马塞纳拿破仑·波拿巴一定会尽快来援救。可是拿破仑·波拿巴没有去热那亚，而是转路去了米兰，因为在米兰，拿破仑·波拿巴能享受到万众崇拜的喝彩声。安德烈·马塞纳在热那亚苦苦支撑到最后一刻，拿破仑·波拿巴却有闲情逸致在米兰听音乐会。

热那亚城内的粮草早已耗尽。军士困苦度日，居民尸骨成堆。安德烈·马塞纳忍饥挨饿，坚守到最后一刻。后来，安德烈·马塞纳怀疑援军在来的路上遭遇了奥地利军队，觉得自己再也等不到援军了，因此有条件地投降了奥地利军队。后来，拿破仑·波拿巴还给自己不去增援安德烈·马塞纳找借口推脱。拿破仑·波拿巴先散布了一些不利于安德烈·马塞纳的言论，说安德烈·马塞纳投降是不对的。他算准了当冯·梅拉斯男爵米歇尔·弗里德里希·贝内迪克特听说奥地利军队联络被切断的时候，冯·梅拉斯男爵米歇尔·弗里德里希·贝内迪克特肯定会从热那亚撤退回防。因此，热那亚只是拿破仑·波拿巴用来拖住奥地利军队的噱头，方便拿破仑·波拿巴自己率兵过阿尔卑斯山脉。1796年奥军统帅约瑟夫·阿尔文齐分兵却被拿破仑·波拿巴击溃。这一次拿破仑·波拿巴分兵也是差点功亏一篑，将整个军队搭进去。拿破仑·波拿巴错失了最好的作战时机，等他率军向冯·梅拉斯男爵米歇尔·弗里德里希·贝内迪克特进发时，其实作用已经不大。拿破仑·波拿巴用兵真的有那么神吗？拿破仑·波拿巴以为斯特拉代拉是冯·梅拉斯男爵米歇尔·弗里德里希·贝内迪克特的必经之地。他将部队布置在斯特拉代拉，在斯特拉代拉等着冯·梅拉斯男爵米歇尔·弗里德里希·贝内迪克特。从1800年6月10日至1800年6月12日，拿破仑·波拿巴一连焦急地等了三天，都没有等到冯·梅拉斯男爵米歇尔·弗里德里希·贝内迪克特的部队。然后，拿破仑·波拿巴放弃了斯特拉代拉这个易守难攻的阵地，转而沿着公路向通往亚历山德里亚一带的平原进军。拿破仑·波拿巴依旧不知道冯·梅拉斯男爵米歇尔·弗里德里希·贝内迪克特的位置，于是派路易·查尔斯·安托万·德赛·德·维古骑兵师前去诺维打探。前往诺维的路易·查尔斯·安托万·德赛·德·维古没有见到奥地利军队，却听到炮声从马伦哥方向传来。路易·查尔斯·安托万·德赛·德·维古连忙调转方向，奔赴马伦哥战场增援拿破仑·波拿巴。多亏了路易·查尔斯·安托万·德赛·德·维古及时增援，因为当时的拿破仑·波拿巴部被冯·梅拉斯男爵米歇尔·弗里德里希·贝内迪克特率领的奥地利军队围困，命悬一线。那时，拿破仑·波拿巴部中军已经被攻破，部队惊惶失措，假如不是路易·查尔斯·安托万·德赛·德·维古前来，只怕拿破仑·波拿巴将折损在马伦哥。那时，拿破仑·波拿巴部形势凶险万分，外加德·瓦尔米公爵弗朗西斯·克里斯托夫·德·克勒曼看到匈牙利掷弹兵团侧翼暴露，又不顾命令，自行带走龙骑兵前去扑袭。德·瓦尔米公爵弗朗西斯·克里斯托夫·德·克勒曼虽然获胜了，但当时他率龙骑兵走开，使拿破仑·波拿巴部更加无助。奥地利军队分成几路，向法军扑来。坐在后军营帐中的奥军统帅冯·梅拉斯男爵米歇尔·弗里德里希·贝内迪克特见胜局已定，都已经写好捷报，派信使送回维也纳。

　　法军部署有失，形势异常凶险，拿破仑·波拿巴最终得胜全凭侥幸。此后，拿破仑·波拿巴将有关马伦哥战役的一切战报、公告悉数销毁，为的就是不想让世人知道自己指挥失误。路易·查尔斯·安托万·德赛·德·维古死于马伦哥战役中，正好可以大行褒赞。德·瓦尔米公爵弗朗西斯·克里斯托夫·德·克勒曼的私自行动，让拿破仑·波拿巴记恨在心。①

　　1800年6月14日晚，拿破仑·波拿巴私下告诉路易·安托万·福弗莱·德·布里昂："德·瓦尔米公爵弗朗西斯·克里斯托夫·德·克勒曼这个老小子，冲锋倒也恰在其时。"但他对德·瓦尔米公爵弗朗西斯·克里斯托夫·德·克勒曼本人又是另外一套说辞。他只是淡淡地说了句："挺好。"然后就转过身同指挥掷弹骑兵卫队的让-巴蒂斯特·贝西埃说："卫队赢得光荣！"但事实上，直到夜幕来

---

① 雷尼·安尼·让·马里·雷尼·萨瓦里认为，德·瓦尔米公爵弗朗西斯·克里斯托夫·德·克勒曼带兵突袭不是擅自行动。他认为当时路易·查尔斯·安托万·德赛·德·维古向拿破仑·波拿巴请求增援，是拿破仑·波拿巴派德·瓦尔米公爵弗朗西斯·克里斯托夫·德·克勒曼前去的。——原注

临,战争即将结束,德·瓦尔米公爵弗朗西斯·克里斯托夫·德·克勒曼就要取胜时,让-巴蒂斯特·贝西埃的部队才出马。①德·瓦尔米公爵弗朗西斯·克里斯托夫·德·克勒曼心里很郁闷。

马伦哥战役被掩盖的真相就是,拿破仑·波拿巴指挥失误,差点全军覆没,全凭手下的将领们即时援救,法军才扭转战局。马伦哥战役的真相,拿破仑·波拿巴永远也不希望世人知道。拿破仑·波拿巴的哪一场败绩没有透过他人的,又有哪一场胜战不是他独揽功劳的。

拿破仑·波拿巴对让·维克多·玛利·莫罗也不公正。大战结束前夕,法军攻下乌尔姆,准备从巴伐利亚向维也纳开进。突然,拿破仑·波拿巴夺取了让·维克多·玛利·莫罗军团一个中队的指挥权,还下令让·维克多·玛利·莫罗按兵不动。后来,拿破仑·波拿巴没有对让·维克多·玛利·莫罗论功行赏,反而斥责让·维克多·玛利·莫罗没有乘胜继续攻占奥格斯堡②,没有占领慕尼黑。然而,

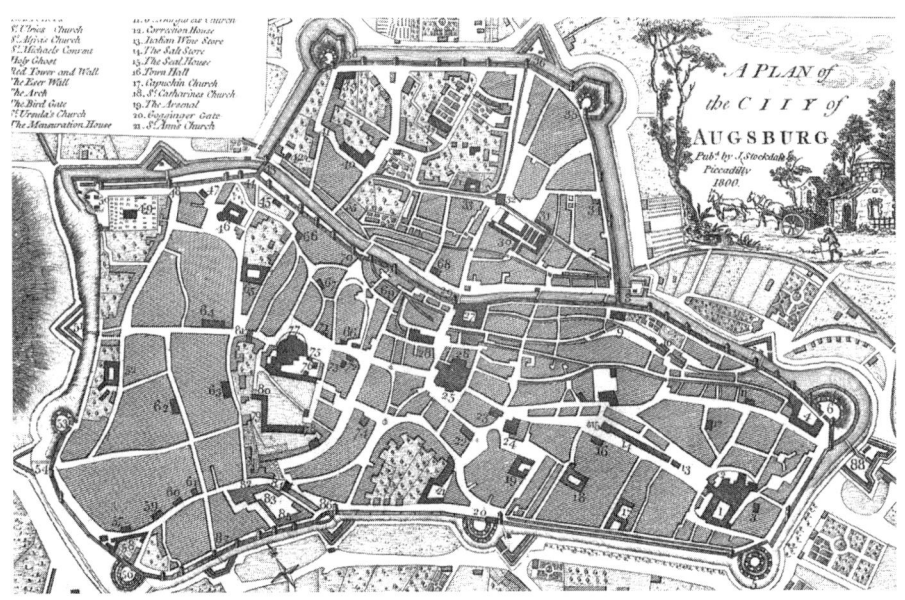

奥格斯堡

---

① 史学家皮埃尔·朗弗雷说:"拿破仑·波拿巴统治期间,曾三改战报,以期在历史上正视听。《战争岁月的纪念》一书记录了这三次改动战报的事,简直是前后矛盾。"——原注
② 奥格斯堡(Augsburg)是德意志中南部城市,1806年并入巴伐利亚王国。

霍恩林登战场上的让·维克多·玛利·莫罗

强令让·维克多·玛利·莫罗按兵不动，不正是拿破仑·波拿巴自己的命令吗？在霍恩林登，让·维克多·玛利·莫罗横扫奥地利军队。拿破仑·波拿巴冷嘲让·维克多·玛利·莫罗是瞎猫碰上死耗子，真正的战术伎俩并不入流。

皮埃尔·朗弗雷说：

> 拿破仑·波拿巴写下了战役的经过。怎么说呢，我们很难给这场战役取个名字。同时代的人马上指出来，他是嫉妒。当然，如果你不相信，觉得"嫉妒"这样的字眼不应该用来形容拿破仑·波拿巴这样一个高高在上、藐视一切的人，那么你应该看看评论文章对他的评价。拿破仑·波拿巴总不能收买所有的文章吧？总不至于所有文章都对他怀有深深恶意

吧？让·维克多·玛利·莫罗也算是名将了，当时在全欧洲，让·维克多·玛利·莫罗被公认为和拿破仑·波拿巴的才干不相上下，让·维克多·玛利·莫罗在1800年还打了两场会载入青史的胜仗。可拿破仑·波拿巴居然像教训小学生一样训斥他。

自此，拿破仑·波拿巴开始不喜欢让·维克多·玛利·莫罗。虽然在短时间内，拿破仑·波拿巴不得不在表面上维持对让·维克多·玛利·莫罗的尊重，但他一直在暗下寻找机会，想一举除掉让·维克多·玛利·莫罗。让·维克多·玛利·莫罗在军中也颇具威望，深得军心。拿破仑·波拿巴对此颇有忌惮，于是将让·维克多·玛利·莫罗调出自己的直系部队，派去了法属圣多明戈。法属圣多明戈驻军司令不是别人，正是拿破仑·波拿巴的二妹夫查尔斯·维克托莱·埃马纽埃尔·勒克莱尔。查尔斯·维克托莱·埃马纽埃尔·勒克莱尔正好可以监视让·维克多·玛利·莫罗。重要的是，当时黄热病肆虐，法属圣多明戈的军中也在大片地死人。

引得拿破仑·波拿巴心生妒忌的另一个人是埃蒂安-雅克-约瑟夫-亚历山大·麦克唐纳。埃蒂安-雅克-约瑟夫-亚历山大·麦克唐纳是一个能在深冬的暴风雪中带兵穿越施普吕根山口的人。跟这样的事迹相比，拿破仑·波拿巴率军穿过圣伯纳德大山口就不算什么了。更何况，穿过圣伯纳德大山口发生在夏季的白天，周围没有敌军的情况下。因此，埃蒂安-雅克-约瑟夫-亚历山大·麦克唐纳的存在使拿破仑·波拿巴相形见绌。拿破仑·波拿巴写道：

> 毫无疑问，穿过施普吕根山口是极其困难的。但或许到了冬季，行军反而不算艰难。冬季积雪已深，天气不会阴晴不变，也不会突然发生雪崩。

拿破仑·波拿巴忘了比较的是，冬季昼短夜长。他也忘了提及，埃蒂安-雅克-约瑟夫-亚历山大·麦克唐纳在暴风雪中遭遇了敌军，不像他一样一路通畅。

还有一个人，拿破仑·波拿巴也不喜欢。巧合的是，这个人也不喜欢拿破仑·波拿巴。这个人就是让·巴蒂斯特·克莱贝尔。在攻打圣让阿卡期间,让·巴蒂斯特·克莱贝尔曾向路易·安托万·福弗莱·德·布里昂如此描述拿破仑·波拿巴:"拿破仑·波拿巴这个土匪,这个矮子还没有我的军靴高呢,他将是法兰西的祸害。"

拿破仑·波拿巴离开埃及时,将军权转交给让·巴蒂斯特·克莱贝尔,留他在埃及维持局面。但拿破仑·波拿巴非常清楚,埃及已经无利可图。让·巴蒂斯特·克莱贝尔说,他曾听拿破仑·波拿巴说:"我的军中不需要天才。"让·巴蒂斯特·克莱贝尔补充道:"那是因为他畏惧天才的对手。"

  拿破仑·波拿巴很受欢迎吗?怎么可能!他是那么无情!但他会铆足姿态,凹够造型,给大家一个爱上他的理由。那就是他将四处征战,立下不朽的功勋。①

拿破仑·波拿巴对让-巴蒂斯特·朱尔·贝纳多特已经不只是不喜欢了,他深深地厌恶让-巴蒂斯特·朱尔·贝纳多特。在雾月政变中,让-巴蒂斯特·朱尔·贝纳多特不仅没有帮助拿破仑·波拿巴,还残忍地拒绝了他。路易·安托万·福弗莱·德·布里昂说:

  拿破仑·波拿巴找尽借口使让-巴蒂斯特·朱尔·贝纳多特难堪。他派让-巴蒂斯特·朱尔·贝纳多特去办事,却不下达详细的指令。他就是盼着让-巴蒂斯特·朱尔·贝纳多特犯错误,等着揪他小辫子呢。

查尔斯·皮埃尔·弗朗西斯·奥热罗、路易·亚历山大·贝尔蒂埃、让-巴蒂斯特·贝西埃、让-安多什·朱诺、安德烈·马塞纳、让·拉纳、德·瓦尔米公爵弗朗西斯·克里斯托夫·德·克勒曼和路易-加布里埃尔·絮歇都是拿破仑·波拿巴的心腹爱将。他们仅仅拥有血勇之躯、中上之智,没有太大的野心。但让·维

---

① 伊达·圣埃尔玛:《同时代回忆录》,第162页。——原注

路易-加布里埃尔·絮歇

克多·玛利·莫罗就是个势均力敌的对手。他的智商不在拿破仑·波拿巴之下，只是行为略欠果敢。他是拿破仑·波拿巴防备的对象。拿破仑·波拿巴不允许让·维克多·玛利·莫罗有建立功勋的机会，不能任由让·维克多·玛利·莫罗俘获军心。

至于二流的将领，都是些需要仰仗拿破仑·波拿巴的魄力、果敢和雄心的人。他们自会鼎力跟随拿破仑·波拿巴，不需要费心防范。只要适时表示嘉许，刻意流露些器重，就足够了。

朱塞佩·切拉基

也有人誓死追随拿破仑·波拿巴。这些人恨不得以自己的生命保护拿破仑·波拿巴。比如让-安多什·朱诺便是这样对拿破仑·波拿巴忠心耿耿的人。1800年10月10日,据称朱塞佩·切拉基和约瑟夫·安托万·阿雷纳谋刺第一执政拿破仑·波拿巴未果,这就是巴黎歌剧院行刺事件①。那么让我们来看看《朱诺夫人回忆录》里是怎么写让-安多什·朱诺对于此事的描述的吧。

---

① 巴黎歌剧院行刺事件(Opera Plot),又称"匕首行刺阴谋"(Conspiration des poignards),据称这是一次针对拿破仑·波拿巴的刺杀计划。行刺密谋具体成员不确定,官方的说法是当时的公安部长约瑟夫·富歇率手下破获一起针对拿破仑·波拿巴的预谋行刺计划,密谋准备在1800年10月10日巴黎歌剧院出口处行刺当时会从那里经过的拿破仑·波拿巴。有一系列人被怀疑参与密谋,其中就有朱塞佩·切拉基和约瑟夫·安托万·阿雷纳。

让-安多什·朱诺对德·佩尔蒙迪夫人说，约瑟夫·安托万·阿雷纳和极端共和派朱塞佩·切拉基为了向拿破仑·波拿巴复仇，二人联合起来，计划行刺。让-安多什·朱诺将军提及此事时激动得难以自已，嗓音都不由自主地变高了。让-安多什·朱诺说的每一句话，都是发自内心深处对于刺客们的震怒。平日里，让-安多什·朱诺说起拿破仑·波拿巴都充满了深情。在谈起拿破仑·波拿巴的时候，让-安多什·朱诺平常那铿锵有力、富有磁性的声音会变得温柔。但当他谈起行刺拿破仑·波拿巴的两个人间败类时，当他说到约瑟夫·安托万·阿雷纳和朱塞佩·切拉基为了一己之仇和自己凉薄的念想，竟要行刺一个伟大的、决定法兰西未来命运的人，他就止不住地哽咽，嗓音变得喑哑，继而泣不成声。可怜的让-安多什·朱诺将头埋进垫子，像孩子一般地哭泣。突然，他仿佛意识到这样哭不太好，于是起身走到房间一个不起眼的角落，躲了起来。①

拿破仑·波拿巴在打压竞争对手的同时，也在竭力捕获士兵们的真心。路易·安托万·福弗莱·德·布里昂说，再也没有一个地方像战场一样，能激起拿破仑·波拿巴的欢心和斗志。对拿破仑·波拿巴来说，士兵就如同利剑。拿破仑·波拿巴调动士兵，就像挥舞利剑一样得心应手。

当时法兰西大革命时期采用的共和历是十天为一星期，第一执政拿破仑·波拿巴每半星期，即每隔四天就会在杜伊勒里宫广场上举行阅兵仪式或阅兵典礼。法兰西所有兵团轮番前来巴黎接受检阅。拿破仑·波拿巴急于在军中建立个人威望。

尽管不多见，但你偶尔还是会看到拿破仑·波拿巴在队列前纵马驰骋。他总是等队列已经开始移动、准备接受检阅的时刻上马。他总是意气风发的样子。检阅即将开始时，他还会三言两语地和士兵们谈天。通常，拿破仑·波拿巴会骑着白马，沿着士兵们排好的队列前行。没过多时便有

---

① 《朱诺夫人回忆录》，第1卷，第356页。——原注

士兵呼喊道:"陛下!"①拿破仑·波拿巴下马,与战地军官交谈。有时也与其他的部下或普通士兵说上两句。他对士兵的爱护和关怀细致入微。伙食如何,军服是否保暖,所有的细节他都问得很清楚。他鼓励士兵勇敢地表达。他会跟士兵们说:"你们需要什么就跟我说,对上级有什么不满也可以告诉我。我帮你们主持正义。你们相信我,我是仗义的人。"

拿破仑·波拿巴建立的制度,高效而又使普通士兵们受益。这样的体制非常灵活实用。因此,军队里上下协同,官兵一心。大家在最高指挥官的带领下,共同为法兰西而奋斗。②

曾有一位第三十二团的士兵致信拿破仑·波拿巴。信中述说了这位士兵参加过的战斗和受过的战伤。拿破仑·波拿巴回信道:

> 致我英勇的莱昂:我已收到你的来信。我的无畏的士兵,你是军中最优秀的掷弹兵!除了已经为国捐躯的贝尼泽特,没有人可以同你相比。我分给军中的长剑,其中就有一把属于你。你是公认的楷模。希望未来可以见到你。我要亲眼看到你。我爱你,我的孩子。

这种信是写来发表的,它会激起士兵们无比的热忱。哦,他们的将军会称呼他们为英勇的人!他们的将军爱兵如子!这不仅是做秀。拿破仑·波拿巴以切身的行动表明,他关心并记挂着士兵们的温饱和每一分利益。不能说他虚情假意。他是真的爱兵如子。

这和拿破仑·波拿巴对待让·维克多·玛利·莫罗等人的态度完全不一样。拿破仑·波拿巴忌惮让·维克多·玛利·莫罗,因此会表现得虚伪。有时出于现实需要,拿破仑·波拿巴也会对让·维克多·玛利·莫罗极尽奉承迎合之事。但那些都是假的,只是为了稳住让·维克多·玛利·莫罗。如果拿破仑·波拿巴觉得镇不

---

① 此处为法语"Le Desire"。
② 《朱诺夫人回忆录》,第1卷,第446页。——原注

担任第一执政的拿破仑·波拿巴

住让·维克多·玛利·莫罗,他会尽量给让·维克多·玛利·莫罗一些好处,会尽量安抚让·维克多·玛利·莫罗,等有了合适的时机,再一举将让·维克多·玛利·莫罗铲除。

在霍恩林登战役[①]之前,也就是1800年10月,让·维克多·玛利·莫罗抵达巴黎。让·维克多·玛利·莫罗到巴黎后,立即前去拜见第一执政拿破仑·波拿

---

① 霍恩林登战役(Battle of Hohenlinden),发生于1800年11月3日,让·维克多·玛利·莫罗率领法军大胜奥地利军队。

巴。当时，拿破仑·波拿巴正在欣赏几把镶钻手枪。他买这些手枪准备作为送给长兄约瑟夫·波拿巴的礼物。手枪上镶着钻石，闪闪发光。拿破仑·波拿巴看到让·维克多·玛利·莫罗来了，一边端着枪给让·维克多·玛利·莫罗观看，一边指着手枪说："来得正好，不知让·维克多·玛利·莫罗将军是否愿意收下这几只手枪，就当是来自法兰西人民的礼物。"然后，拿破仑·波拿巴转向卢西恩·波拿巴，说道："卢西恩·波拿巴部长，请在手枪上铭刻让·维克多·玛利·莫罗将军打赢的战役。不过你要小心，不要损坏了钻石。"后来，拿破仑·波拿巴提出要和让·维克多·玛利·莫罗结亲。他想将二妹波莱恩·波拿巴嫁给让·维克多·玛利·莫罗。让·维克多·玛利·莫罗不知好歹地拒绝了。事实上，让·维克多·玛利·莫罗并不是不知好歹，而是因为他知道，成为拿破仑·波拿巴的妹夫就意味着放弃原则，变成拿破仑·波拿巴的马前卒。拿破仑·波拿巴送手枪给让·维克多·玛利·莫罗是有深意的，那就是，仿佛拿破仑·波拿巴在对让·维克多·玛利·莫罗说："如果你跟我妹妹结婚，如果你忠心追随我，那么，我就回报你以荣华富贵。如果你拒绝了我的好意，那么我们就一决生死。"让·维克多·玛利·莫罗选择了殊死抵抗，最终败在了拿破仑·波拿巴手中。

第30章

皇冕之路(一)

(1800年)

精彩看点

拿破仑·波拿巴搬进杜伊勒里宫——缅怀乔治·华盛顿——宫内装修——召见各国大使——化装舞会重兴起——十三家报刊——大赦流亡贵族——保王党占旺代——秘密警务机制——特工的起源——激励人们对于荣誉的追求——与教会调和——将庇护六世遗骸运回罗马——米兰的圣歌——准备与教皇签订政教协议——冠冕堂皇的说辞——拉法耶特侯爵吉尔伯特·德·莫蒂说出拿破仑·波拿巴的动机

1800年2月，拿破仑·波拿巴搬进杜伊勒里宫，作为他建立皇权前公开试探的第一步。他对此依然心存顾虑：人们会如何看待他的这一行为？于是，他决定以繁盛的经济发展作为掩饰，让人们忽略第一执政搬入旧朝宫殿的事实。同时，他趁机利用北美乔治·华盛顿的去世转移法兰西人民的注意力。大家都在缅怀"共和之父"，沉浸在相同的共和氛围中，等到清醒过来时，拿破仑·波拿巴已搬入杜伊勒里宫。

路易·安托万·福弗莱·德·布里昂说：

> 拿破仑·波拿巴对乔治·华盛顿的去世并非真的难过。对拿破仑·波拿巴来说，这只是一次可以供他掩饰真实动机的机会。他打着自由的旗号，准备实行独裁计划。拿破仑·波拿巴如此声势浩大地号召大家纪念乔治·华盛顿，人们自然会认为他会以乔治·华盛顿为榜样，于是，大家在交谈中也会不自觉地将拿破仑·波拿巴与乔治·华盛顿联系起来。拿破仑·波拿巴还想再觅得一位能言善辩的演讲家，让演讲家以缅怀去世的乔治·华盛顿为主旨发表一篇演讲。不过，拿破仑·波拿巴希望该演讲家能巧妙地在这篇公共演讲中穿插一些赞颂第一执政拿破仑·波拿巴的话。那么，当民众们的共和热情被调动起来的时候，人们也自然会更加尊崇拿破仑·波拿巴。这样，拿破仑·波拿巴就会朝着真正的目标向前迈进

一步,他的真正目标就是皇帝的宝座!现在他只需要等待合适的时机,就能成为一代帝王。我们可以想象,拿破仑·波拿巴会一边急切地戴上皇冠,一边装模作样地呼喊:"共和啊,万岁!"

这位演说家就是德·丰塔纳侯爵路易-马塞兰。德·丰塔纳侯爵路易-马塞兰准备了一篇精彩绝伦的长篇演说,表面看是为了纪念乔治·华盛顿,实际上暗中发力,演讲内容中处处凹涵对第一执政拿破仑·波拿巴的颂扬。

路易-马塞兰

荣军院全景

纪念仪式在荣军院教堂举行。荣军院教堂已改装成战神殿的模样,原来放置的十字架被撤去,摆上了一尊战神塑像。法兰西第一共和国举办了全国性的活动悼念乔治·华盛顿,时间长达一星期半。悼念活动临近结束时,拿破仑·波拿巴已迁居杜伊勒里宫。在最初的几个月,另外几位执政官也象征性地迁入杜伊勒里宫,住进分配好的房间,像是要与拿破仑·波拿巴一起住下去。但后来,他们悄悄地搬回了各自的住处。

拿破仑·波拿巴的秘书路易·安托万·福弗莱·德·布里昂说:"拿破仑·波拿巴已确定要搬入杜伊勒里宫。但还是要小心行事,免得遭受非议。因此,拿破仑·波拿巴极其谨慎。他为了防止共和派骤然起疑,只好慢慢地来。他在一步一步地、缓慢而又步伐坚定地向前实现自己的目标。当然,整个过程中,他都掩藏着自己真正的想法。"

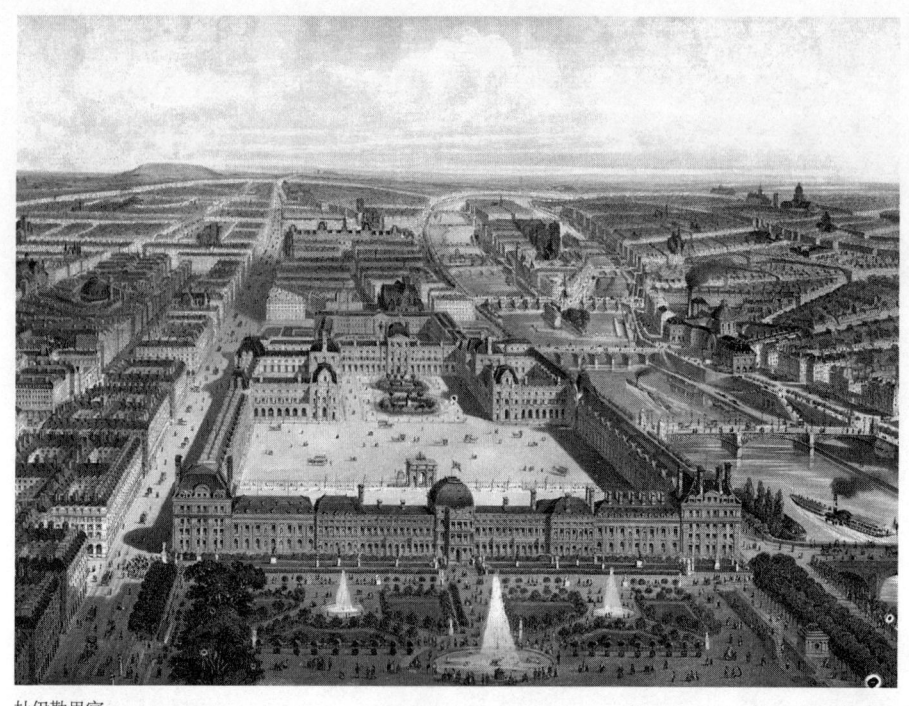

杜伊勒里宫

杜伊勒里宫中的准备工作也极力保持着低调，以免触发公众热议。拿破仑·波拿巴命令手下暗地里将杜伊勒里宫中雕像上戴的自由帽①悄悄摘下，又将杜伊勒里宫里的自由树砍倒。但总体来说，装饰风格依旧庄重朴实，不算过分。

阿布兰特什公爵夫人劳雷·朱诺说：

> 杜伊勒里宫的一层是第一执政夫人约瑟芬的居所。约瑟芬住的房间装修典雅，不是那种奢华的风格。会客室里黄色的帘幔低垂在窗边。会客室里摆放着桃花心木的家具，家具都包着大马士革锦缎和丝绸镶边。但整体上没有一点黄金装饰，风格也不是很奢华。其他房间也没有多余的装饰，并不奢侈，是比较清新和典雅的风格。更大规模的聚会就要挪去

---

① 自由帽（liberty cap），一种无檐锥形帽，原为古罗马被释放的奴隶所戴，在18世纪法兰西大革命期间用作自由的标志。

楼上举办了。只是这个宫殿中既没有宫廷大总管，也没有管家式的人物。只有前内务部长皮埃尔·贝内泽什负责宫内事务。刚搬入杜伊勒里宫的时候，众人还觉得不太习惯。这是要以宫廷旧制来代替共和吗？皮埃尔·贝内泽什担任总管的职务，其实就是兼任后来法兰西第一帝国建成之后的宫廷大总管与典礼官两个职务。大家刚搬入杜伊勒里宫里的时候，人手严重不足，皮埃尔·贝内泽什只好把旅馆服务员和门房的人都找来做杂活儿。皮埃尔·贝内泽什还让第一执政拿破仑·波拿巴的副官们担任宫廷侍卫。

拿破仑·波拿巴迁至杜伊勒里宫的第二天，就对路易·安托万·福弗莱·德·布里昂说："你看我们现在已经住进了从前国王们住的地方。只要有志向，就一定能达成目标。我知道，昨天前来祝贺我搬入杜伊勒里宫的人们中，有的人说着祝贺的话，心里却不赞成我搬进来。但总体上的局面还算过得去。政治家们往往会言不由衷地说一些假话，但民众的欢呼声却是发自内心的真情。人民是真心拥护我的。基金市场也走势良好，基金价格每天都在上涨。共和八年雾月十一日基金价格是十一法郎，共和八年雾月十六日基金价格是十二法郎。今日，基金价格已经升到二十一法郎了。民心都是向着我的，就算雅各宾派反对我，我也不在乎。当然雅各宾派也不能做得太过分，否则我一样会收拾他们。"

过了一会，拿破仑·波拿巴接着说："我们来杜伊勒里宫不是短期居住，我们要在这里一直住下去。看在上帝的分上，这个宫殿不是早就换了主人吗？那些极端派分子、立宪派分子，他们当权的时候不都是在这里办公吗。就是在那窗下，我看到极端分子杀进宫来，我看着他们羞辱路易十六。放心吧！我在这里，他们绝不敢作乱。"

亨利-邦雅曼·康斯坦·德·勒贝克[①]在《邦雅曼·康斯坦回忆录》中描述了第一执政拿破仑·波拿巴搬入杜伊勒里宫后接待外国公使的情景：

---

① 亨利-邦雅曼·康斯坦·德·勒贝克（Henri-Benjamin Constant de Rebecque，1767—1830），法兰西政治思想家、政治宗教作家和文学家。出生于瑞士法裔贵族之家，雾月政变后在保民院任职，一开始对拿破仑·波拿巴寄予厚望，后期反对拿破仑·波拿巴。

亨利－邦雅曼·康斯坦·德·勒贝克

20时，在第一执政夫人约瑟芬的居所，一楼面朝花园的所有房间中都挤满了宾客。一时间裙摆摇曳、珠光闪烁。女士们羽饰翩翩，佩戴的钻饰光彩夺目。第一执政夫人约瑟芬不得不将她的卧房开放以供来宾停留。来人之多，两间会客室都不够。

当时局面混乱，尴尬异常，但最终依旧安排妥当。此时，有人宣布第一执政夫人约瑟芬入场。只见第一执政夫人约瑟芬在塔利安夫人特蕾莎·卡巴吕的陪同下袅袅前来。第一执政夫人约瑟芬身穿一件白色短袖的细棉布长裙，戴着一串珍珠项链，长长的秀发编成简式发辫，只别了一个玳瑁梳子作为发饰。她的闪亮登场引起了人们的啧啧赞叹。第一执政夫人约瑟芬满面春风。在我看来，那是她一生最美的时刻。

塔利安夫人特蕾莎·卡巴吕一直挽着第一执政夫人约瑟芬的手，将她引至外国使团成员面前。塔利安夫人特蕾莎·卡巴吕向第一执政夫人约瑟芬一一介绍各国使者，说到一位公使的时候，就报所代表的国家的名字。然后进入会客室接见来宾。第一执政夫人约瑟芬会见完一个房间内的使者们，第二个房间内的使者们才只见到一半人的时候，第一执政拿破仑·波拿巴到了。拿破仑·波拿巴没有让侍卫事先通报，就这样悄然走来了。他穿着一件很普通的军装上衣，白羊绒长裤和长军靴，戴着一条三色长围巾，围巾上缀着流苏，垂至腰间，手中拿着一顶帽子。在场的高官政要和各国大使都身披镶金的绶带，身着镶有精美宝石的制服，只有拿破仑·波拿巴衣饰简单，与大家形成了鲜明对比。因此，第一执政夫妇都不崇尚奢华——拿破仑·波拿巴朴实无华，波拿巴夫人约瑟芬纯真典雅。

拿破仑·波拿巴确定了执政官、各部部长和各院机关的制服，竟然是由丝绒制作。要知道，自从王权倾覆，象征王室腐化的丝绒长袍就随之退出了历史舞台。王室丝绒竟在拿破仑·波拿巴的手中重新时兴起来。对此，拿破仑·波拿巴的理由是振兴里昂的工业。

路易·安托万·福弗莱·德·布里昂说：

拿破仑·波拿巴想要取共和而代之，不是一时兴起的念头，他早已为取代共和谋划了很久。在一些小细节上，他也是经过了仔细的设计。然后，等到他把所有的铺垫条件都完成的时候，只要说一句，就完全可以再建以他为主的君主制了。

共和八年雪月二十七日，即1800年1月17日，出版限令出台。巴黎大部分报纸杂志以"被反对共和的力量操控"的理由停办。剩余的十三家也要时刻注意，刊登内容"不得涉及反对人民主权"。

与此同时，化装舞会得以解禁。拿破仑·波拿巴非常喜欢化装舞会，也希望能够恢复这种古老的娱乐传统。当然，他真实的目的是转移民众的视线。如果民众都在关注化装舞会的事，可能就没有人会注意到他正在暗中加紧脚步，将野心勃勃的登基计划逐步实现。旧日的歌剧舞会再次兴起。正如拿破仑·波拿巴所言："我就是要让巴黎人在茶余饭后讨论歌剧舞会，这样一来，他们就会对国政少一些议论。让他们尽情地欢歌、起舞吧，将政事留给政府去管。"

拿破仑·波拿巴还准许流亡贵族归国。这是个更具前瞻性的举措。拿破仑·波拿巴想要拉拢流亡贵族，准备将没有武装力量的保王党分子集合起来。他甜言蜜语地将旧贵族们引归，就是为了获取他们的支持，帮助自己登基称帝。拿破仑·波拿巴盘算着，只需要为这些旧贵族恢复旧日的身份，至于谁登基称帝，他们想必不会在意。但保王党仍有部分势力拥有武装，占据着旺代。对于这部分力量，拿破仑·波拿巴打算强势剿灭。1800年1月5日，拿破仑·波拿巴致信镇压保王党部队的总司令海德维尔将军：

> 一应事务交由你全权处理。如同当初在德意志腹地一般，你尽可以大胆行事。此征只为平息叛乱，不必于细枝末节处耗费精力，也无须瞻前顾后。同时，没有必要设立军事法庭。依据诸位执政官的意见，可就地剿灭持有武装的叛党……此后，如果出现不利于你的舆论，执政府必会替你澄清。我会派出一位得力监军随你同行，此人以擅长采用极端和严酷的手段著称……你可以去放火烧毁两三个稍大的村庄。我们从宝贵的经验中汲取的教训便是：决不可有妇人之仁，软弱，才是没有人道精神。

很明显，拿破仑·波拿巴对海德维尔将军的"残暴"程度不甚满意，于是撤了海德维尔将军的职，换上布吕内伯爵纪尧姆·玛利-安将军。拿破仑·波拿巴在发给布吕内伯爵纪尧姆·玛利-安将军的第一批指令中，就有像"烧光摩尔比昂省的所有大型村落"这一类的指示。拿破仑·波拿巴对布吕内伯爵纪尧姆·玛利-安将军说："只有采取残酷的手段，才能让冷漠的村民知道，他们不能再无动于衷。只有这样，他们才能行动起来，和政府一起对抗保王党的叛军。"与此

纪尧姆·玛利-安

同时,旺代流言四起,大家都在风传第一执政拿破仑·波拿巴不久便要登基为帝。大家纷纷议论,说第一执政拿破仑·波拿巴要示好神职人员。可怜的旺代农民们因为加入保王党叛乱惨遭布吕内伯爵纪尧姆·玛利-安将军镇压。但旺代的贵族阶层得以保存,因为拿破仑·波拿巴还要给流亡回归的贵族施以恩惠,以赢得他们的支持。

另外,拿破仑·波拿巴花了不少心思建立了一个秘密特工组织,拿破仑·波拿巴将这个秘密特工组织戏称为自己的"情报连"。公开的警察部门叫公安部①，由约瑟夫·富歇担任公安部长。这个秘密特工组织一开始曾由热罗·克里斯托夫·米歇尔·迪罗克和一位叫曼西的军官掌管，后来，由路易-尼古拉·达武和让-安多什·朱诺负责。第一执政夫人约瑟芬由衷厌憎秘密特工组织。拿破仑·波拿巴对秘密特工组织的工作也不是很满意，但他又很需要这样的秘密特工部门来为自己服务。拿破仑·波拿巴会安排特工渗透到各个行政机构。法兰西国家政要的家里和外国宫廷都有执政府特工们秘密存在的身影。拿破仑·波拿巴甚至派特工监视约瑟夫·富歇和公安部。秘密特工组织领有薪金，极度危险。1803年3月，秘密特工的总人数达到三千六百九十二名。②

路易-尼古拉·达武

① 公安部（Ministry of Police），拿破仑·波拿巴时代的秘密警察组织。雾月政变后，拿破仑·波拿巴成为第一执政，任命约瑟夫·富歇为公安部长。拿破仑·波拿巴登基后，约瑟夫·富歇为法兰西第一帝国警务大臣。
② 《拿破仑·波拿巴秘史》，第94页。——原注

约瑟夫·富歇

秘密特工制度的兴起跟当时法兰西大革命的时代背景有关。在恐怖统治时期，那是个人人自危的年代，当时，相互监视和告发是很常见的事，是争相告发的年代，加上党派争斗中用上一些极端手段也是常有的。拿破仑·波拿巴也继续使用秘密特工，并将其机构组织化，工作精简化。

拿破仑·波拿巴已看得非常清楚，在法兰西第一共和国，荣誉早已失去了应有的意义。在此期间通过的所谓法令，不过是在弘扬某些个人的贡献，而且获得褒奖的人往往人品卑劣至极。无论是国民公会还是督政府，都只是为了自己代表的阶层的利益。当时，马克西米利安·弗朗西斯·玛利·伊西多尔·德·罗伯斯庇尔看到损公肥私已蔚然成风，推进高尚的品德举步维艰，因此才以恐怖手段阻过贪腐。马克西米利安·弗朗西斯·玛利·伊西多尔·德·罗伯斯庇尔要将最恶劣的不法分子送上断头台。结果，他的对手们联合起来毁灭了他。自此之后，公职官员再无约束，无论职位高低，一律贪掠无忌。

为了正本清源，拿破仑·波拿巴引入了荣誉奖励制度，给廉洁的官员们颁发象征荣誉的指环、剑、枪和号角。奉公守法的官员可以将名字铭刻在战神殿的大理石桌面上。最初，只有获得军功的人才能享有这样的尊荣。这是法兰西荣誉军团勋章①的雏形。再往后，我们就能看到部队官兵迸发的对荣誉勋位的渴望和对荣誉的追求。

为了实现称帝的愿望，拿破仑·波拿巴还采取了另外一项有力的措施——尽力与教会修好。教会的影响力有多大，拿破仑·波拿巴再清楚不过。拿破仑·波拿巴曾经与教会斗争过，但他最后没有占到上风。宗教的势力还是很大的。拿破仑·波拿巴觉得加入教会能够拉拢神职人员，同时与波旁王朝划清界限。通过教会对民众的影响，拿破仑·波拿巴想建立自己的朝代也就会更加容易了。这件事，他已经着手处理了。

1799年，法兰西第一共和国政府废除了庇护六世的教皇身份。在执政府的监令下，教皇庇护六世被辗转囚禁。他在都灵城堡被关押了一段时间，后又经吉纳夫拉山前往布里昂松。在布里昂松接待教皇庇护六世的官员将一封正式收函送呈指挥部，信函下方醒目地写着"收到——教皇，病重。"②随后，教皇庇护六世被转至瓦朗斯城。1799年8月29日，教皇庇护六世在瓦朗斯去世。

1800年2月，第一执政拿破仑·波拿巴命人将教皇庇护六世的遗骸以高规格礼仪运回罗马。1800年2月17日，教皇庇护六世的灵柩回到永恒之城③。1800年2月18日，新任教皇庇护七世为教皇庇护六世主持了盛大的葬礼弥撒，各国政要云集。令人瞩目的是，法兰西第一共和国也派使者前来吊唁。然而，1798年，不正是法兰西第一共和国入侵了罗马，驱逐了教皇庇护六世吗？

---

① 1802年拿破仑·波拿巴创立的荣誉军团勋章，颁给为法兰西做出贡献的平民和军人。勋章正面有拿破仑·波拿巴头像，背面是象征法兰西的雄鹰标志。
② 法语"Recu-un Pape, en fort mauvais etat."
③ 永恒之城，罗马城的别称。

教皇庇护六世

拿破仑·波拿巴令人对教皇庇护六世的葬礼进行了广泛报道，在布列塔尼和旺代等地广为传布，以博取当地作为天主教忠实信徒的农民阶层的支持。

拿破仑·波拿巴越过圣伯纳德大山口，来到米兰，准备在米兰与教会修好。他发布公告，宣称自己一直以来都虔敬地信奉上帝，自己的天主教信仰诚挚深刻。他召集米兰当地的教士，提醒教士不要忘记先前自己对他们的"保护"。拿破仑·波拿巴口口声声地向教士们保证，他与教士们一样，是坚定的天主教信徒。并且他认为，天主教是唯一能够确保人民幸福和政府廉洁的宗教形式。对于胆敢侮辱天主教教义、侮辱天主教神职人员的人，拿破仑·波拿巴一定会严厉惩罚，甚至让他们付出生命的代价。作为国家执政官，拿破仑·波拿巴不能容忍一切反对宗教的行为。拿破仑·波拿巴补充说："当代的哲学家们试图挑拨离间，说天主教与共和制度是不可调和的矛盾，还说在共和制国家不能有宗教。于是，法兰西第一共和国开始对宗教和神职人员进行残酷迫害……法兰西已从过去的噩梦中清醒。它已幡然悔悟，对于任何形式的政府而言，天主教都是最合适的选择，尤其对共和制来说，天主教再有利不过。"

1800年6月4日，在意大利军团发布的战报中，拿破仑·波拿巴宣称："我们在米兰大教堂里唱颂圣歌，庆祝我们从异教徒手中解放了米兰……意大利圣地被大不列颠王国的异教徒和伊斯兰教徒沾染，每当神职人员们看到这一点时，他们就非常难过。"

这一切距离拿破仑·波拿巴在埃及宣誓不过短短一年。还记得他许下的誓言吗？他说他已捣毁教皇国，已推翻十字架，说他是伊斯兰教徒，要为真主统一伊斯兰世界而战，还说他一定要打败用"伪经"欺世、崇尚"三位一体"的人。还有，战报发布不过数日，拿破仑·波拿巴就为他所说的"圣地意大利"任命了一位总督。这位总督正是拿破仑·波拿巴手下的将军阿卜杜拉·梅努。有意思的是，阿卜杜拉·梅努原先的名字叫雅克-弗朗西斯·梅努，他刚刚放弃了基督教的信仰，皈依了伊斯兰教。

1800年7月，拿破仑·波拿巴致信旺代省长，令其派遣代表前往巴黎。他在信中说："如果有神父位列代表团，就令他们单独前来见我，因为我最尊敬仰慕神职人员。神父是优秀的法兰西第一共和国公民。他们坚信真理。他们知道，大不列颠王国的异教徒才是法兰西最大的敌人。我们一定要打败敌人，保卫法兰西。"拿破仑·波拿巴的目的昭然若揭。他想赢取这些神职人员们的支持，并通过他们将天主教占主流的旺代省纳入自己的统治范围。的确，不久后在参政院，拿破仑·波拿巴直接提出："官员们是我的人，宪兵们是我的人，教士们也是我的人。还有什么是我不能做的？"

于是，拿破仑·波拿巴做好准备，要与罗马教皇庇护七世签订政教协定[①]。

---

① 1801年，拿破仑·波拿巴与教皇签订旨在控制教会的《教务专约》，又称《1801年政教协定》。

阿卜杜拉·梅努

他要邀请教皇庇护七世为他举行祝圣礼①。拿破仑·波拿巴对这一点尤为看重，因为他想给人们留下一种印象，那就是，从神权上来说，他是合法的。这样，不但证明了他的帝王之位是"君权神授"的，还可以对觊觎他王位的人宣告主权。

拿破仑·波拿巴邀请教皇庇护七世来为自己举行祝圣礼这件事，显示了他惯有的精明。面对天主教，拿破仑·波拿巴表现出想要建立一个天主教国家的强烈渴望。但面对自由思想家，他有另一套说辞。他说教会的力量非常强大，如果可以服务国家，那将是一件大好事。拿破仑·波拿巴对皮埃尔·让·乔治斯·卡巴尼斯②说："我们是在清理宗教中的毒素。五十年后，我们再将宗教清理出法

---

① 祝圣礼（Consecration），是一种宗教仪式。祝圣仪式一般在授予圣职的时候举行。
② 皮埃尔·让·乔治斯·卡巴尼斯（Pierre Jean Georges Cabanis，1757—1808），法兰西生理学家，唯物主义哲学家。

兰西。"然而，他对拉法耶特侯爵吉尔伯特·德·莫蒂说的是："我会降低神父的地位，比你当初离开他们的时候还要低。主教会以与行省长官同席为荣……能够让教皇和神父们转而支持我，让他们宣称波旁王朝并不合法，这不也是好事吗？"但拉法耶特侯爵吉尔伯特·德·莫蒂又是何等精明。作为乔治·华盛顿的好友，他只得回答："啊，第一执政官，你就明说吧。你不就是想让他为你举行涂油礼①吗？"②

---

① 涂油礼（Holy Oil），是基督教中一种神圣的仪式。一开始代表信徒入教，后来成为赋予国家领导人政治身份的仪式。
② 拉法耶特侯爵吉尔伯特·德·莫蒂：《我与第一执政——回忆录、信件与文稿集》，1837年到1838年，布鲁克斯。——原注

第31章

杜伊勒里宫风云

精彩看点

拿破仑·波拿巴生活的时代背景——拿破仑·波拿巴个人容貌的变化——成功后气质的改变——害怕被暗杀——厌恶雅各宾派——憎恨保王党——敌视大不列颠王国——认为大不列颠王国是幕后主使——一场计划暗中进行——朱塞佩·切拉基和约瑟夫·安托万·阿雷纳谋刺拿破仑·波拿巴——圣尼凯斯大街暗杀事件——针对雅各宾派的几个举措——他不是诚意来谋取和平——拿破仑·波拿巴的外貌和生活习惯——拿破仑·波拿巴没有绅士风度——伊特鲁利亚王国成立——伊特鲁利亚国王夫妇来访——《尤利乌斯·恺撒、奥利弗·克伦威尔和拿破仑·波拿巴的比较》遭抵制——圣克卢宫——官职算什么在一篇著名的文章中,古罗马历史学家普布里乌斯·科尔内留斯·塔西佗将罗马皇帝提比略的一生划分为若干阶段,向我们展示了提比略在不同阶段的不同性格特点。在拿破仑·波拿巴的一生中,类似的时间阶段的分水岭也清晰可见,这在拿破仑·波拿巴的穿着打扮的变化中就有明显的体现。在第一个阶段中,拿破仑·波拿巴是青涩的低等贵族少年。他是"穿靴子的猫",是愤世嫉俗的"左倾"雅各宾派成员。后来,他从青涩变得清瘦,他的怒气渐渐褪去,代之以一种阴鸷的表情。当时的他蓄了长发,双颊稍陷。他一讲话经常出言尖刻。

经历过葡月事变,拿破仑·波拿巴踏入了人生的第二个阶段。那时,拿破仑·波拿巴装作虚怀若谷的样子,其实他在韬光养晦。当时,拿破仑·波拿巴已经看破了所谓的原则和正义。他说,正直的人追求的梦想都是空虚的。

"他们都是空想家。"拿破仑·波拿巴的嘴边时常挂着这样的话。他一边这样说,一边适时地表达出自己的不屑,他表示自己看不起那些追求完美主义的傻瓜们。当然,拿破仑·波拿巴非常钦佩正直高洁的人。可是,正直的人所具有的价值观在拿破仑·波拿巴看来就是空谈。拿破仑·波拿巴认为,这些人只是为了登上权势的高位。同时,他很疑惑:如果真心想要追求权力,这些正直的人们为什么不去从军呢?在拿破仑·波拿巴的眼中,所有打着完善人性旗号宣称以仁德为本的人,都是危险分子。因为他们的选择和拿破仑·波拿巴的专权、严酷的作风完全不一样。拿破仑·波拿巴总是说，统治，靠的就是威逼利诱。①

在意大利战争期间，拿破仑·波拿巴还留着长发。到了远征埃及的时期，他将头发剪短了。拿破仑·波拿巴在埃及的时候，他的性格已经定型，他的为人更加稳重。

在葡月事变中，拿破仑·波拿巴还在想，他究竟算不算是天才。到雾月政变时，他已毫不怀疑，他相信自己就是凌驾于世间众人之上的天才人物。雾月十八日，即1799年11月9日，拿破仑·波拿巴走入了人生的第三个阶段。从此，他迈上了一个新的台阶，他要将所有的权力都收拢在自己的手里。

关于雾月政变时拿破仑·波拿巴的外貌，路易·安托万·福弗莱·德·布里昂的描述如下：

> 拿破仑·波拿巴的头型高贵，前额闪烁着睿智。他的面容略显苍白，时常显露出沉思的表情。这些细节在画作中都有体现，但画作中无法体现他的灵动和光华。你可以从拿破仑·波拿巴的表情中看出，他的脑海中有各种各样的思想活动，它们敏锐复杂、变化无常。拿破仑·波拿巴的目光可以迅速地由温和转为凌厉，他的表情也可以在瞬间由暴怒转为彬彬有礼。他的表情就是思想的镜子，一点都没有遮掩。拿破仑·波拿巴拥有完美的手性，他也时常以此为傲。有时，他会一边说话，一边摆开双手看着，带着自我陶醉的模样。他也曾希望拥有一口洁白整齐的牙齿，但怎么可能事事如他所愿呢？反正，他的牙齿是无法媲美他修长的美手的。
>
> 无论是独自散心还是与人一起散步，无论是在寝宫内漫步还是在花园里溜达，拿破仑·波拿巴走路时都习惯躬着肩，将双手负在身后。他会下意识地抽动一下右肩膀，在他抽动右肩膀的时候，他的嘴唇还会不自觉地由左至右哆嗦一下。他在殚精竭虑地思考高深的问题时，这些症状体现得更

---

① 路易·安托万·福弗莱·德·布里昂：《回忆拿破仑·波拿巴》，第1卷，第331页。——原注

明显……如果在散步时,他的身边有让他觉得亲近可靠的人,他会用胳膊搭着那个人的身体,并将自己身体重心不自觉地压过去,几乎要贴靠在别人身上……他对沐浴的理解似乎也有偏差,以为沐浴是人生必不可少的事情,因此时常洗一次澡就要几个小时。他会不断加热水,避免室内温度下降。而我往往会在他沐浴时坐在一旁,读书给他听。于是在他沐浴的时候,室内充满了蒸气。在一片白茫茫的水气中,我就看不清楚书上的字了。

德·雷米萨伯爵夫人克莱尔·伊丽莎白·让娜·格拉维耶·德·韦尔热纳说:

> 拿破仑·波拿巴起居没有确定的时间,但他大多在7时起床。有时,他在深夜无法入眠,就起身洗漱、沐浴、用餐。他常常失眠,也时常因此难受且无助。他患有胃部痉挛,且时常发作,疼起来会吐得满地都是。他也有心理阴影,担心有人给他下毒。为了防止被下毒暗害,他经常吃了东西后又试着吐出来,他还会想着法子来催吐。他周围的人觉得不合适,劝过他不要这样把吃过的又吐出来,但他怎么都不听。[①]

拿破仑·波拿巴时常担忧自己遭人暗害。雾月事件前,议员们曾为他举行晚宴,但他极其小心,在晚宴间没有吃任何东西。雾月十八日,即1799年11月9日,在圣克卢宫庭院中,拿破仑·波拿巴骑马走着"之"字形飞驰,不敢作一刻停留,因为他担心会有刺客从不远处的宫殿窗口瞄准他。在马尔梅松宫时,拿破仑·波拿巴的身边也有警卫重重保护。他小心翼翼地尽量不走出"人墙",以防有人近身行刺。拿破仑·波拿巴还时刻提防着雅各宾极端分子的暗杀。作为曾经的雅各宾派成员,拿破仑·波拿巴清楚地知道,雅各宾派的那些亡命之徒什么都做得出来。最荒谬的是,拿破仑·波拿巴听说有人传言英国政府派杀手杀他后,非但没有追究造谣者,还对他表示了嘉奖,因为这是对拿破仑·波拿巴的提醒。在军队中,拿破仑·波拿巴自信俘获了将士们的心,但回到巴黎,他就没有了这样的

---

① 《德·雷米萨夫人回忆录》,第2卷,第335页。——原注

保罗一世

把握。尤其在沙皇保罗一世①遭遇暗杀惨死后,拿破仑·波拿巴更加关注自己的安危,时常感到惊惶不安。在拿破仑·波拿巴写给查尔斯·莫里斯·德·塔列朗-佩里戈尔的信中,有关于英国②政府的如下内容:"国内仍有少量刺客在英国的唆使下活动,但他们成不了气候,英国也别想指望他们。"③

路易·安托万·福弗莱·德·布里昂说:

---

① 沙皇保罗一世(Paul of Russia, 1754—1801),俄罗斯帝国皇帝,在位时间为1796年至1801年,是沙皇亚历山大一世的父亲。
② 1801年,大不列颠国与爱尔兰王国合并,称大不列颠与爱尔兰联合王国,简称英国。
③ 1801年5月28日,拿破仑·波拿巴写给查尔斯·莫里斯·德·塔列朗-佩里戈尔的信。——原注

拿破仑·波拿巴憎恶所有的残戮。事实上,他并不赞成处死国王路易十六,但他不得不掩饰这种心绪。他曾跟我说,处死路易十六的那帮人会带给他"恐惧感",他很害怕与那些人打交道,却不得不打交道。要对无法尊重的人装出遵从的样子,这让他很为难。拿破仑·波拿巴曾多少次拧着让-雅克-雷吉斯·德·康巴塞雷斯的耳朵讥讽他,尽管拿破仑·波拿巴只在对亲信表示热络时才会拧人,但他言语上的尖利可是一点都没有消减:"伙计啊,你的罪证确凿。万一波旁王朝复辟了,看他们怎么收拾你!"听到拿破仑·波拿巴这样说,让-雅克-雷吉斯·德·康巴塞雷斯无话可讲,只吓得面如铅灰。

拿破仑·波拿巴深知,雅各宾派对所有原则都不忌惮,因此,他也是真的畏惧雅各宾派。他害怕如果惹怒了雅各宾派,雅各宾派会跟他同归于尽。正是由于拿破仑·波拿巴害怕遭遇行刺和暗杀,因此,他接见他人时,一定会要求有第三人陪同,以防遇到刺客。

另外,想要刺杀拿破仑·波拿巴的似乎不止雅各宾派。路易·安托万·福弗莱·德·布里昂说:

但也奇怪,拿破仑·波拿巴居然会对波旁王朝心存畏惧,也不知道他究竟在怕什么,反正他一向都很畏惧。圣日耳曼区[①]如噩梦和幽灵一般,没日没夜地缠着拿破仑·波拿巴,挥之不去。拿破仑·波拿巴成天要忙着处理政务,还要忙着发动战争,他居然还有时间去想波旁王朝的事,真挺奇怪的。

波旁王朝的余党要刺杀拿破仑·波拿巴,每次都是英国在背地里支持。英国政府一心为刺杀拿破仑·波拿巴的势力提供资金和人力。因此,一想到英国的行径,拿破仑·波拿巴就恨意难消。拿破仑·波拿巴知道自己跟英国素来有仇,

---

① 圣日耳曼区是巴黎的一个历史名区,位于巴黎,居者原多为旧贵族。

罗伯特·班克斯·詹金森

可是英国作为一个海上强国,居然也采用支持暗杀的形式来清除政治对手,英国真是太小家子气了。看来仇杀的形式不仅仅曾在科西嘉这种小岛屿上才存在啊!英国外交大臣利物浦伯爵罗伯特·班克斯·詹金森义愤填膺地否认了刺客的存在。这一来,拿破仑·波拿巴更加怀疑英国了,因为法方都还没有出面指责英国呢,英方大使就自己先说起刺客的事了。英国真是欲盖弥彰。更何况约瑟夫·富歇添油加醋,将刺客的事情说得玄之又玄。拿破仑·波拿巴被吓住了。通过法兰西特工,拿破仑·波拿巴得到了两个英国间谍的私人信件复本。这两个英国间谍分别是在慕尼黑宫廷活动的德雷克和在斯图加特活动的斯潘塞。通过对德雷克和斯潘塞私人信件的分析，拿破仑·波拿巴坚持认为英国政府参与了暗杀计划。然而，除了拿破仑·波拿巴，其他人都看不出任何疑点。1804年3月8日，拿破仑·波拿巴致信汉诺威总督德索勒侯爵让-约瑟夫·保罗·奥古斯丁，提到了这一事件："这个愚蠢又邪恶的计划，真是到了无以复加的地步。通过这件事，我更加体察到人心的险恶。哎，虽然我拥有天才的洞察力，也难以料及这像海底一样幽深的人心啊！"

让-约瑟夫·保罗·奥古斯丁

1804年3月30日，拿破仑·波拿巴致信查尔斯·莫里斯·德·塔列朗-佩里戈尔，信中写道：

> 法兰西第一共和国政府完全有权将英国大使视作充满阴谋诡计和战争企图的特工人员。国家的使臣应该是最神圣、最受人尊敬的职位，现在英国使馆竟然成为策划阴谋的巢穴、滋生罪恶的温床和暗杀政治对手的大本营。大使的职责是调解两国矛盾。德行不够好的人不可以担任这样的职位。但在英国内阁的眼中，大使成为发动战争的工具。只要不损害母国的利益，大使便可以妄为其事……英国政府过去行事狠辣，如今愈发无耻，且愚不可及。

拿破仑·波拿巴只顾评价他国，丝毫不顾法兰西第一共和国的特工遍布各国。法兰西第一共和国的特工敢在中立国家抓人，敢复制私密文件，还敢行贿收买各国要员。法兰西第一共和国的特工在别的国家经常混淆视听，挑动他国国民起来推翻君主制，建立共和制。

拿破仑·波拿巴是个没有感情的人，因此无法理解他要侵占其他国家时，那里的国民为何会反抗。每逢遇到被侵占国家人民的抵抗，拿破仑·波拿巴就认为是那些国家的人民太愚昧，不知道去反抗腐朽的王室统治。拿破仑·波拿巴认为英国早已用钱收买了欧洲很多君主制国家，而且在欧洲的君主制国家里，该国的民众也已经被愚化，从而不知道反对和抵制王室制度。

第一个刺杀拿破仑·波拿巴的计划是1800年10月10日的巴黎歌剧院行刺事件，即"匕首行刺阴谋"。涉案人物是朱塞佩·切拉基和约瑟夫·安托万·阿雷纳。不过，警方并没有找到确凿的证据指向这两个人。很多人认为巴黎歌剧院行刺事件纯属公安部杜撰的。后来，警方曾在一个作坊里查获一种特制的定时炸弹。作坊主名叫谢瓦利埃。警方查获炸弹的时候，谢瓦利埃支支吾吾地说不出到底这炸弹是作何用处的。当然，警方也没有把这件事和行刺第一执政拿破仑·波拿巴联系起来。接下来发生的就是骇人听闻的1800年12月24日，即雪月

圣尼凯斯大街暗杀事件

三日的圣尼凯斯大街暗杀事件。此次事件反响巨大。在拿破仑·波拿巴的马车前往巴黎歌剧院的路上,来到圣尼凯斯大街的时候,刺客早已准备好的装着炸弹的马车发生爆炸。虽然拿破仑·波拿巴和同行的人没有受伤,但有其他的四个人被炸死,大街上有六十人受伤。圣尼凯斯大街暗杀事件的主谋也被炸伤了,他被抓住后做了口供。依据主谋的口供,警方得知参与这次暗杀事件的人还有好几个。拿破仑·波拿巴虽然没有受伤,但他受到的惊吓可不轻。拿破仑·波拿巴异常震怒。事后,执政府参政院的议员们前来慰问拿破仑·波拿巴,拿破仑·波拿巴发怒道:"策划事件的人不是贵族,不是朱安党人①,也不是教会。是'九月屠杀'的那帮人②。恶棍、混蛋,他们让国家不得安生……我们一定要将他们绳之以法。"

拿破仑·波拿巴指的就是雅各宾派。公安部长约瑟夫·富歇因为出身于雅各宾极端派,因此,他自然竭力地维护"老朋友们"的所作所为。公安部长约瑟

---

① 朱安党人(Chouans),指法国大革命时期西部省份的保王党叛乱分子。
② 这里指部分群众和义勇军,1792年9月参与屠杀的在押犯人。——原注

夫·富歇找到证据，证明了此次谋杀是朱安党人的行为，与雅各宾派无关。然而，拿破仑·波拿巴当时正想打压雅各宾派，所以根本不听公安部长约瑟夫·富歇的话。拿破仑·波拿巴正好借题发挥，一举扫平了雅各宾派的势力，顺便打击了一些其他政敌。朱塞佩·切拉基和约瑟夫·安托万·阿雷纳被处死，谢瓦利埃及四名余党也随后被处死。另有一百三十名危险分子遭流放。拿破仑·波拿巴是这样说这一百多名危险分子的："他们只是手中没有握着匕首而已。他们的心里时时刻刻在想着怎样唆使他人暗杀第一执政。他们随时都会再次行刺的。"这一百多名危险分子中的绝大部分都在流放之地死去。据说只有两人活了下来。

毫无疑问，法兰西人民看到这些无耻的暴徒遭了报应，还是会拍手称快的。清理了这些暴徒，法兰西的局面只会更加稳定，为进一步的发展打下基础。

虽然已经签订《吕纳维尔和约》，但拿破仑·波拿巴并没有打算享受长久的安定，他只是想借机巩固权力。

拿破仑·波拿巴告诉路易·安托万·福弗莱·德·布里昂：

> 一个功勋卓著的人，他的声名就会广泛传播。现世的所谓律法、国家、政体，终有一天会在历史的长河里湮灭，唯有不世的声名将会世代流传……我拥有的所有权力，全部来自于我建下的战功。假如我不再努力去获取新的战功、新的荣耀，那么我的权力就没有保障。我的功勋成就了我，但我只有继续获取更大的功勋，才不会失去手中的权力。

路易·安托万·福弗莱·德·布里昂说：

> 当时，拿破仑·波拿巴的主体思想已经形成，以后会越来越完备。这才是他在欧洲频起战事、肆生动乱的真实原因。拿破仑·波拿巴认为，他不能停止征伐的脚步。他如果停止战争，就会走向灭亡。他只能在痛苦中继续征战。没有伟功大业的人生毫无意义。他曾对我说："一个新生的政府就要建立惊诧世人的功业。没有功勋，就会陨落。"

让我们回过头来，对拿破仑·波拿巴的外貌和举止做一番评价吧。当时的拿破仑·波拿巴是作何装扮的呢？《拿破仑·波拿巴秘史》的作者是这样说的：

> 我认识拿破仑·波拿巴的时候，他还只是个将军。当时，他高傲、无礼，他的一言一行、举手投足之间无不透露着对其他人的蔑视。但他成为第一执政后，面容居然变得平和，言辞也不再锋利。他的目光变得温顺，行径也不再惹人抵触。尤其是在他向人示好，或准备提拔干将时，他的气度接近风雅，语言充满了亲和。他不是舞文弄墨的人，对华丽的修辞也知之甚少。普通政客必备的技巧，比如政客们一般都含糊其词、顾左右而言他，或者话里有话等等，但这些为政的谋略拿破仑·波拿巴统统不懂。为了弥补在演讲能力上的欠缺，拿破仑·波拿巴勤奋地准备了一个大本子，上面总结了常用的词汇短语，以备随时学习。这个本子上记着讲话的时间、对象和根据不同场合对谈话的调整……拿破仑·波拿巴生来就志向远大，他想要出人头地，他的内心深处是希冀掌控他人命运的野心，他的才能远远超出普通人的水平。创造一位英雄需要时代因素。但即便没有外因，即使他不占天时，即使他做不成一番惊天动地的基业，他至少也完全有可能成为一个在小范围内出类拔萃的人。比如，他能成为一个学校的校长，能当个小公国的亲王，或者在巴黎或堪察加半岛的部队中担任中队长，或者卫队上校之类的。但不管怎样，不管他的职位高低，他都是他那个层次的人中最优秀的。①

拿破仑·波拿巴心情好的时候有个标志性的动作，他会掐别人的耳朵，或者拍一下对方的头，并亲昵地称呼对方是"小笨蛋""缺心眼"或"榆木脑袋"。他也会毫不顾忌地让女士难堪。他会对一位女士说："哎呀，你的胳膊肘怎么红了？"然后，他会对另一位女士说："哎呀，你的头饰难看极了。"再然后，他会对第三位女生说："你准备把同一件裙子穿多久？"在拿

---

① 《拿破仑·波拿巴秘史》，第86页、第89页。——原注

破仑·波拿巴称帝后的一天,他当着许多人的面对德·谢弗勒兹公爵夫人说:"你看你的红头发,难看死了!"德·谢弗勒兹公爵夫人立刻说:"陛下,难看是难看,您也不必如此挑明吧。"

拿破仑·波拿巴让德·谢弗勒兹公爵夫人做西班牙王后玛丽·朱莉·波拿巴的侍女。德·谢弗勒兹公爵夫人嫌弃西班牙王后玛丽·朱莉·波拿巴是商人出身,不愿去做侍女。拿破仑·波拿巴大怒,将可怜的德·谢弗勒兹公爵夫人放逐去了图尔。

拿破仑·波拿巴还从奥地利帝国手中抢回了托斯卡纳大公国,并在此基础上建立了伊特鲁利亚王国,将其赐予帕尔马公国继承人路易·弗朗西斯·菲利伯托,并加封其为伊特鲁利亚王国国王,即伊特鲁利亚王国国王路易一世。伊特

路易一世

安妮·路易丝·热尔梅娜

鲁利亚国王路易一世和伊特鲁利亚王后西班牙的玛丽亚·路易莎①前来巴黎受封。拿破仑·波拿巴高高在上,一副分封君王的皇帝派头。德·斯塔埃尔夫人安妮·路易丝·热尔梅娜②诙谐地说:"拿破仑·波拿巴拿王室后裔做试验。现在,连国王都要前来向他觐见。"伊特鲁利亚国王路易一世是个优柔寡断的人。拿破仑·波拿巴乐得看到波旁王室的侧裔如此无能,受尽世人的揶揄嘲讽。

然而,表面上,拿破仑·波拿巴还是为年轻的伊特鲁利亚国王路易一世和伊特鲁利亚王后西班牙的玛丽亚·路易莎举行了盛大的欢迎仪式。剧院上演名为

---

① 西班牙的玛丽亚·路易莎(Maria Luisa of Spain, 1782—1824),西班牙公主,父亲是西班牙国王查理四世。嫁给帕尔马公国继承人路易·弗朗西斯·菲利伯托,后成为伊特鲁利亚王国王后。
② 德·斯塔埃尔夫人安妮·路易丝·热尔梅娜(Anne Louise Germaine de Staël, Madame de Staël, 1766—1817),法兰西评论家和小说家,法兰西浪漫主义文学先驱,拿破仑·波拿巴执政时遭流放。

玛丽亚·路易莎

《俄狄浦斯》的戏剧节目,戏剧《俄狄浦斯》中的人物菲罗克忒忒斯说了一句台词:"我拥有至高无上的王权,却并非我所愿。"①听到这句话,观众席上响起了雷鸣般的掌声。拿破仑·波拿巴对这句台词也很是欣赏。可怜的伊特鲁利亚王国延续了不到六年。1803年,伊特鲁利亚国王路易一世驾崩。1807年,拿破仑·波拿巴废黜了他一手扶上位的伊特鲁利亚王后西班牙的玛丽亚·路易莎。

不过,从政治上来说,上述拿破仑·波拿巴对于伊特鲁利亚王国的操纵算是比较有成效的了。但后面拿破仑·波拿巴的另一个政治举措就没有收到预期的效果。这是关于一本政治小册子《尤利乌斯·恺撒、奥利弗·克伦威尔和拿破仑·波拿巴的比较》的事。这本小册子由德·方丹先生起草,拿破仑·波拿巴修

---

① 此处为法语"J'ai fait des souverains, et n'ai pas voulu l'etre."

订，内务部发行。当时，卢西恩·波拿巴担任内务部长，因此也可以说这小册子是他负责发行的。从这小册子的名字来看，拿破仑·波拿巴也想和尤利乌斯·恺撒、奥利弗·克伦威尔一样，有独裁的打算。然而，此时似乎不是发行册子的最佳时机。《尤利乌斯·恺撒、奥利弗·克伦威尔和拿破仑·波拿巴的比较》一经问世，便遭到了强烈抵制。拿破仑·波拿巴不得不亲自出面否认，将责任推给三弟卢西恩·波拿巴，并将卢西恩·波拿巴遣至西班牙负责外事。对此，卢西恩·波拿巴的心中非常沉重。如果没有拿破仑·波拿巴的首肯，这本册子怎么可能获准发行呢？但拿破仑·波拿巴装成与自己无关的样子，说之所以卢西恩·波拿巴遭贬黜，是因为卢西恩·波拿巴共和派的主张太过于极端。拿破仑·波拿巴越来越刚愎自用，卢西恩·波拿巴对拿破仑·波拿巴也越来越不满。

秀美的乡间别墅马尔梅松宫似乎已经不能满足拿破仑·波拿巴。第一执政应该住在更加富丽的宫殿。于是，拿破仑·波拿巴将圣克卢宫改作夏日行宫，耗费六十万法郎重新做了装饰。圣克卢宫中摆放的家具都由巴黎博物馆和凡尔赛

拿破仑·波拿巴在马尔梅松宫的宴会

官直接运来。圣克卢宫中装饰的壁挂饰毯是哥白林染织厂制作的精致的双面挂毯。这些壁毯都是从瓦兹省首府博韦专门运过来的。

拿破仑·波拿巴一度以担任政务的职位为荣。他总是将官职放在军职头衔前面。现在，他的这个习惯没有了。

有一天，拿破仑·波拿巴对他的秘书说："你有没有觉得时常讲'亲爱的同僚，我有幸担任此职'是很傻的一件事？我都说腻了。"

第32章

皇冕之路（二）

（1801年2月）

精彩看点

拿破仑·波拿巴说宗教——《教务专约》——宪法教会的结局——庇护六世从来不能接受宪法教会——拿破仑·波拿巴与新教——红衣主教埃尔科莱·孔萨尔维——政教协定的签订——巴黎圣母院的圣歌——所有大主教必须先辞去职位——荣誉军团勋章——反对的声音——签订《亚眠和约》——就任终身执政——拿破仑·波拿巴还有更大的野心——不会停止——野心

拿破仑·波拿巴向教廷抛出了橄榄枝之后，便下定决心与之进一步和解结盟。说起来，拿破仑·波拿巴并非完全没有宗教理念。他有自己的信仰，但这种信仰只是浮于表面，有点儿类似民众对宗教持有的敬畏心理。他说："我的理性让我不盲从轻信。但少年时代有过耳濡目染，因此，我对宗教还有一丝敬意。"路易·安托万·福弗莱·德·布里昂说：

> 宗教是人为编造的产物——拿破仑·波拿巴对这种反宗教观点表示赞同。但同时，他反对无神论。我记得有一个晚上，夜色清凉，众人在甲板上谈论宗教，其中有几个人是坚定的无神论者。拿破仑·波拿巴走了过来，指着夜空中闪烁的星星，说："先生们，既然你们认为没有神，那么这些星星是谁造出来的呢？"拿破仑·波拿巴不相信灵魂是不灭的。他认为，世间只有功名大业可以亘古长存。有一次，拿破仑·波拿巴大呼："建功立业才是灵魂的救赎！我认为，要想长生不死，就要成就一番霸业，让威名永存人间，世代流传。人这一生，一定要证明自己存在过，一定要建功立业、名垂青史，那才不枉到世间走一遭。"

在大革命期间，原来享受高爵厚禄却不干实事的大主教们都落荒而逃，只

宪法教会的神职人员与修女

留下一些教区教士勉力维持。时局艰难,越来越多的人开始对宗教没那么敬畏了。教士们力所能及地主持圣礼,竭力维护宗教之灯,使之不致熄灭。这些教士们盼望着教会能有恢复运行的那一天。在恐怖统治下,一些主教也曾无奈地宣誓效忠宪法。雅各宾派一经倒台,教士们便开始上下张罗,重组教会,希望恢复高卢教会①的昔日风采。留守的教士们重建了五十个主教教区。新上任的高级教士都是狂热宗教人士,他们主张政教分离。共和五年,即1796年,也就是《教务专约》签订的四年前,在法兰西第一共和国的四万个教区中,有三万两千二百一十四个教堂重新开立并有神父执领,另有四千五百七十一个教区申请派神父前来执掌圣坛。②宪法教会是个活跃而且虔诚的组织,独立于政体之外,

---

① 高卢教会(Gallican),1870年前的法兰西天主教,主张限制教皇权限。
② 格雷格:《关于天主教及自由权利的历史随笔》。又见《格雷格回忆录》,1840年,巴黎,第一章,第107页。——原注

会定期召开会议，并通过了一系列有益于信徒的教规。在法兰西，高卢教会再次复兴，信徒们不必缴纳圣礼费用。

法兰西第一共和国的教会独立于罗马教廷之外，这引起了罗马教皇庇护六世不满。教皇庇护六世担心过去各自为政的状况再次出现。另外，流亡主教们也纷纷返回法兰西，疾走呼吁要整顿教会。

教皇庇护六世声讨大革命中建立的宪法教会，说宪法教会大逆不道，是异端邪教，建立宪法教会是背离天主教的分裂行为。波旁王朝覆灭后，教皇庇护六世一心支持复辟，希冀恢复古老的王权。教皇庇护六世写道："恢复王权体系和制度是我平生的夙愿，是我矢志不渝的努力。"流亡主教们致信神父和诸位教众，信中要求：禁止与宪法教士一起主持圣餐；禁止为参加宪法教区圣礼的死者主持葬礼；所有由宪法教士主持的婚礼一律得不到天主教的认可。

本来，神职人员对着宪法宣誓效忠只是一个宣誓形式，跟宪法教义和教士神职并没有什么关联。但一些别有用心的人对宣誓效忠宪法的行为进行歪曲，将宣誓效忠宪法等同于对宗教的攻击。他们就是拒宣誓派[①]神职人员。拒宣誓派将对宪法宣誓的行为解读为"宪法教会强迫教众改变信仰"，将参与宪法宣誓的行为视为叛教、变节，甚至将已经宣誓效忠宪法的信徒看作异端。拒宣誓派煽动他们能煽动到的包括农民和妇女的每一个人，让大家都拒绝宣誓效忠宪法。德·费里埃侯爵查尔斯-伊利亚在《德·费里埃侯爵回忆录》中说："拒宣誓派教士和主教拒绝听从任何安排。他们心怀不轨，断绝了和谈的可能。他们顽固执拗的行为其实对罗马天主教没有任何益处。他们还都嗜钱如命。"

拒宣誓派神职人员顽固地效忠罗马教皇，即庇护六世及1799年后的庇护七世，而不是法兰西政府。如果我们想要更好地了解当时的拒宣誓派有多么顽固，可以看看巴黎圣苏比世教堂的几位宪法主教献祭的时候发生的事情。为了扰乱圣礼，拒宣誓派神职人员派男仆打扮成神父前来参加。宪法主教们发现后，将乔装打扮的男仆赶了出去。

[①] 拒宣誓派（non-jurors）在英国、法兰西和美国历史上都有。在法兰西历史上指一些神职人员拒绝宣誓效忠法兰西大革命期间通过的《教士的公民组织法》（Civil Constitution of the Clergy），其中包括教士和主教。

圣苏比世教堂

在法兰西，天主教派系割据。有些地方以立宪派为主，有的地方拒宣誓派人多势大。因此，在法兰西第一共和国，两派教堂携手并立的现象极其多见。它们具有相同的信仰，设置了相同的圣职，举行相同的圣餐礼，遵循一样的仪式。

拿破仑·波拿巴已经与宪法教会结盟，但他并未放下戒心。罗马教皇庇护六世及1799年在位的庇护七世对宪法教会也持敌视态度。宪法教会宣称教士可以个人自主，这一点非常可怕。于是，拿破仑·波拿巴与庇护七世和谈并签订了协议，以解决宗教问题。拿破仑·波拿巴在传达蒙托隆伯爵查尔斯-特里斯坦的口信中给出了简单直白的理由。他说，他意在"联结神权与新秩序，除去旧时王权在法兰西的最后一丝影响"。为了实现这个目的，与宪法教会的合作远远不够。拿破仑·波拿巴要借助宗教的名义，将原本支持波旁王朝的人都拉拢过来。

在与拉斯卡斯伯爵埃马纽埃尔-奥古斯丁-迪厄多内-约瑟夫的谈话中，拿破仑·波拿巴说得更加明了。其实，拿破仑·波拿巴对不同的宗教路线都进行了深切考量。他要在天主教和新教制度中选择一种。他说："最终，我还是选择了

查尔斯－特里斯坦

天主教。因为在法兰西以外,天主教的影响力巨大。比如在意大利,教皇颇有权威。以我如今的影响力和军事实力,攻下意大利指日可待。可以想象,等我攻占了意大利,教皇的威望就会成为我的威望!宗教就是我撬动世界的杠杆!"就这样,拿破仑·波拿巴暗藏着深深的个人动机。他从来不曾在自己的宏大计划中显露过这个不可告人的目的。他说:"我如果在莫斯科得胜归来,就让教皇终身任职。我要将他树立成万众崇拜的偶像,甚至可以与我比肩。届时,巴黎将被所有基督教教众奉为宗教中心。那么,我将统治的不仅有政治意义上的国家,还有宗教意义上的领域。这样一来，我的帝国各部将更加团结一心，因为宗教将成为维系我们的另一种力量，成为保持外界和平的手段。议员会兼任神职，教皇也会有公职。我将与君士坦丁大帝和查理曼大帝一样，拥有召开和解散议会的权力，拥有赞同和公布他们决议的权力。"①

罗马教皇庇护七世派红衣主教埃尔科莱·孔萨尔维前来巴黎议事。1801年6月，红衣主教埃尔科莱·孔萨尔维抵达巴黎。他的整个巴黎之行充满了屈辱。拿破仑·波拿巴对他威逼利诱。红衣主教埃尔科莱·孔萨尔维让步的前提是拿

埃尔科莱·孔萨尔维

---

① 《德·拉斯卡斯伯爵回忆录》（修订版），1848年，布鲁克斯。——原注

巴黎圣母院

破仑·波拿巴答应捻灭高卢教会独立的苗头。红衣主教埃尔科莱·孔萨尔维和教皇的心里都在盘算：天主教会的恢复和重建是很重要的，但更重要的是不能让高卢教会有机会扩张，因为高卢教会提倡的自由与罗马天主教会格格不入。

1801年7月，拿破仑·波拿巴与罗马天主教会签订《教务专约》。但直到1802年4月，具体内容才得以公布。1802年4月11日，在圣歌的吟诵声中，执政府在巴黎圣母院举行盛大典礼，庆祝《教务专约》的签订。

路易·安托万·福弗莱·德·布里昂对这一盛大典礼进行了记叙：

人山人海啊……的确，从到场参加盛典的人们的表情和举止来看，他们显得很不耐烦。人们不高兴来参加这样的一个盛典。从他们的身上看不到对典礼的敬意。众人窃窃私语，表达着各自的不满。大家交头接耳，小声议论着。在我看来，其实就是公开的宣泄。人们的声音偶尔会大到影响圣礼的进行。甚至有人如同责难一般大吼。人们转身吃着糕点，或堂而皇之地嚼着饼干。对于正在进行的仪式，似乎没什么人上心。

执政府的大部官员都不信教。说的也是，他们信教才是奇怪，他们不是那种诚心诚意信奉宗教的人。要知道执政府中很大一部分官员曾参与对抗法兰西天主教会。执政府的官员中，很多人是从军营中走出来的，他们过去生命绝大部分时间都是随着拿破仑·波拿巴四处征战。在意大利时，这群人走进教堂不是为了弥撒，而是为了劫掠教堂里的金器和值钱的古典艺术作品……从杜伊勒里宫到巴黎圣母院的路上，让·拉纳和查尔斯·皮埃尔·弗朗西斯·奥热罗坐在四轮马车中。他们一看要去教堂，立即想要停马下车。但这也需要第一执政的许可。第二天，拿破仑·波拿巴问查尔斯·皮埃尔·弗朗西斯·奥热罗，对典礼的感受如何。查尔斯·皮埃尔·弗朗西斯·奥热罗答道："哦！那个啊，还行吧。除了数百万年轻将士的生命，那里什么都不缺。大家用生命推翻的旧制，却要在你的手上重蹈覆辙。"拿破仑·波拿巴听到这样的回复，大为不悦。

与教皇庇护七世和议期间，有一天，拿破仑·波拿巴对秘书说："在任何一个国家，利用好宗教都会对国家大有裨益。统治阶层要学会利用宗教影响民众。在埃及，我信奉穆罕默德，在法兰西，我信奉天主教。一个国家的宗教政策和走向要由君主来决定。有人劝我整合高卢教会，担任教皇。他们错了，他们太不了解法兰西。他们不知道，法兰西绝大多数的民心还是将罗马教皇作为正统。"

所有的宪法主教和流亡主教均收到了教皇庇护七世的简报。教皇庇护七世命令他们暂时放弃教会职位。依据罗马天主教会与拿破仑·波拿巴所签《教务公

荣誉军团勋章

约》，法兰西第一共和国国内各大主教和教区主教的任命权都在拿破仑·波拿巴的手中。大家只得默默遵从。当然，宪法主教们少不了抗议。

拿破仑·波拿巴推行的荣誉军团勋章制度比《教务专约》更令人愤恨。荣誉军团勋章制度根本就是在重新划分贵族等级制度。在大革命中推倒的贵族等级制度，如今又要一一恢复。因此，荣誉军团勋章遭遇到强烈抵制。拿破仑·波拿巴不得不动用自己全部的人力和物力来影响三大立法机关，即参政院、元老院和立法院。最后，荣誉军团勋章制度以微弱的多数票优势勉强通过。

正如拿破仑·波拿巴所言："法兰西民众的第一准则就是名利。追名逐利才是隐藏的动因，是暗中积聚、随时会爆发的力量。平民看到贵族优享特权，生活华丽。这是他们无法获得的东西，因此，第三等级才会爆发出不可磨灭的恨意。"

然而，授予荣誉军团勋章并不是建立承袭的等级差异体系。荣誉军团勋章是授予个人的功勋。无论出身高低，但凭军功即可获取。这是引导人们向往更高的精神追求——追求荣誉比追求金钱更加高贵。

拿破仑·波拿巴遇到的反对主要来自保民院，这使他对保民院颇感厌烦。他计划设法让保民院不能再发声。依据宪法规定，每年改选保民院议员人数的五分之一，每年改选立法院议员人数的五分之一。但对于究竟是什么样的议员被替换，法律并没有明文规定。因此，一直以来，退出的人选都由抽签决定。现在，拿破仑·波拿巴要抓住机会，将他不喜欢的人撤走。拿破仑·波拿巴认为，两院

查尔斯·康沃利斯

中约有十五至二十人不听他的指挥,因此,他趁机将这些人除名,再由元老院按照他的意愿提名新的候选人。共有十五位将军、高官和二十五名公职人员被替换。通过这样的方式,拿破仑·波拿巴暗中把控了议员和官员的任命,两院的功能几乎被架空。这样一来,拿破仑·波拿巴的命令成为整个政府的走向。所有人都对第一执政完全顺从,其状况堪比古罗马元老院对尤利乌斯·恺撒的服从。

1802年3月27日,约瑟夫·波拿巴与英国的查尔斯·康沃利斯侯爵签订了《亚眠和约》[①]。《亚眠和约》中规定,英国保有锡兰和特立尼达岛两处殖民地,

---

① 《亚眠和约》(Peace of Amiens)是1802年3月,约瑟夫·波拿巴与英国康沃尔侯爵代表法英双方在法兰西北部城市亚眠签订的休战和约。和约规定,英国从马耳他、直布罗陀、埃及等地撤军,法军从拿玻里王国、罗马教宗领地撤军。但和约并未得到遵守,后双方关系恶化。

其他殖民地均归还法兰西和荷兰；英国占领的马耳他岛移交给重组后的骑士团。英法两国并没有商议解决最紧要的问题，也没有缓和最激烈的矛盾。明眼人一看便知，基于欧洲当前的局势，这个和平协定不过是权宜之计。待战争两方缓过劲来，还会爆发新一轮的战斗。拿破仑·波拿巴对此心知肚明，因此，他并不对与英国和平相处抱有任何幻想。但能够扮作和平使者，他还是非常得意。法兰西第一共和国同英国一样，已对战争厌倦不已。法兰西的国民认为，他们已经获得足够的成功和威荣，于是天真地以为第一执政拿破仑·波拿巴也和他们一样知足。但事实上，对于拿破仑·波拿巴而言，他现在走的每一步都在为来日再战做准备。

《亚眠和约》漫画：寓意英法只是实现了表面上的和平

《亚眠和约》漫画：权力平衡

　　拿破仑·波拿巴没有将《亚眠和约》及时提交到立法院，这是他故意耽搁的。

　　拖了很久，等到《亚眠和约》正式公布，所提交的《亚眠和约》版本还附带了一大堆吹嘘的文字和一大堆虚言的矫饰。最后，《亚眠和约》成了一个看似缭乱、实则无物的文件。《亚眠和约》被提交到保民院。保民院提议："鉴于拿破仑·波拿巴将军建立的功勋，建议民众略表感恩之情。"这一提议立即获得通过。于是，保民院成立特别代表团监管民众投票，由一个叫西米恩的人担任代表团团长。投票结果当然是民众都支持拿破仑·波拿巴。西米恩将投票结果向拿破仑·波拿巴汇报。拿破仑·波拿巴说，他不求回报，只要公民们的支持。拿破仑·波拿巴说他自己生命的全部意义就是为国家建功立业，只要有利于国家荣耀，他死而无憾。

保民院把"感恩第一执政"的投票条文设置得很模糊，拿破仑·波拿巴也不是非常满意，似懂非懂。元老院想对第一执政拿破仑·波拿巴的功勋有所颂扬，于是投票通过决定，把第一执政的执政期限从原先的十年增加到二十年。

得知结果如此，这便是民众所谓的"感恩之情"，拿破仑·波拿巴生气极了。如此不够意思的结果，他甚至不屑一观。让-雅克-雷吉斯·德·康巴塞雷斯一直在努力奔走，希望元老院能投票通过立法条款，将执政期限设置为终身期限。但元老院表示他们不愿意这样做。拿破仑·波拿巴说："他们不同意也没有用。早晚会同意的。"

无论拿破仑·波拿巴的心中如何不满，他在表面上都要忸怩作态。他虚情假意地表示，无法接受如此高的赞誉，况且他也不知道大多数人民支不支持他。他说："如果世界可以长久地和平，我愿意休战退隐。我是真心向往退隐后的生活，那才是真正的幸福。然而，个人的利益怎么可以背离民族大义？与人民的夙愿相比，个人的幸福又算得了什么？承蒙诸位议员认可，说人民不让我退隐。只是不知道，你们这样说，是否能真正代表人民的意见。"

其实，许多议员并未看出拿破仑·波拿巴的不悦，也不知道拿破仑·波拿巴想当终身执政。但很快就有人上前做了解释。于是，大家都明白了，原来拿破仑·波拿巴想当终身执政。大家也一致赞成进行全民公决。全民公决的议题就是，拿破仑·波拿巴是否可以当终身执政，以及他是否有权确定终身执政的继承人。

于是，1802年5月11日，《通报》发问宣布，以市为单位在立法办公室建立投票点，人们就以下内容投票："你是否同意拿破仑·波拿巴就任终身执政。"

1802年8月2日，元老院决议公布了投票结果。共有三百五十五万七千八百八十五人参与投票，其中，三百三十六万八千二百五十九票为赞成票。此消息一经公布，作为经济晴雨表的公债价格立刻飙升。这表明了法兰西人民对拿破仑·波拿巴充满了信心。不管终身执政到底是什么，他们都愿意让拿破仑·波拿巴担任终身执政。连拿破仑·波拿巴自己都说，终身执政不过是空头支票而已。雾月政变之前，法兰西公债指数只有八个点，雾月政变后，公债指数翻了一番。现在，公债指数一路飙升到五十二点。

民意如此，拿破仑·波拿巴就任终身执政便无可厚非。拿破仑·波拿巴已经察觉到，法兰西人民将一腔热忱和希望锁定在了他的身上。从此，他便是世间唯一能给法兰西带来和平繁荣的人。

拿破仑·波拿巴就任终身执政后，有没有将主要精力用来完善共和制的政府呢？他没有。可能他不曾想到过，进一步完善共和制才是真正的丰功伟绩。其实，拿破仑·波拿巴做了不少事情。他外驱强敌、内充国库，在大革命打下的坚实基础上进一步巩固集权。对于任何一个有野心的人来说，这些已经足够。可惜，拿破仑·波拿巴不觉知足。难以抑制的心魔和如野火般肆虐的野心便是他的不幸，也是法兰西的不幸，更是欧洲的不幸。对拿破仑·波拿巴来说，像《亚眠和约》这样的和平协定只是一块跳板，可以帮助他登上终身执政的高位。然而，登上高位之后，这块跳板便失去了价值。

第 33 章

战云氤氲

（1803 年）

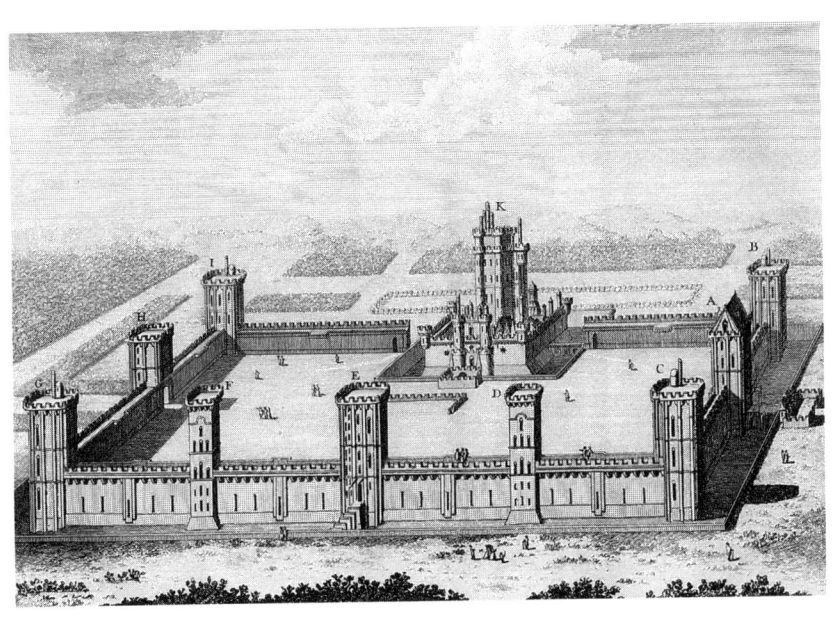

精彩看点

拿破仑·波拿巴对英国的恨——报刊都听从于拿破仑·波拿巴——《通报》攻击英国——拿破仑·波拿巴对英国不满——拿破仑·波拿巴的要求——决裂——逮捕旅法英国人——当甘公爵路易-安托万-亨利·德·波旁-孔代之死——人们认为拿破仑·波拿巴是主使——为什么当甘公爵路易-安托万-亨利·德·波旁-孔代必须死——让-查尔斯·皮什格鲁自杀——乔治·卡杜达尔等人的阴谋——让·维克多·玛利·莫罗受审——约翰·韦斯利·赖特死亡——本杰明·巴瑟斯特失踪案——皮埃尔-查尔斯-让-巴蒂斯特-西尔韦斯特雷·德·维尔纳夫之死——做好发动战争的准备——失埃及——法兰西人民不希望打仗——鼓动战争热情——教会推波助澜——我打仗你出钱——羞辱西班牙王室——开进亚眠——通向英格兰

拿破仑·波拿巴对英国忌恨已久。愤恨的情绪在他的胸中日渐膨胀。英军在圣让阿卡抵挡法军,阻碍拿破仑·波拿巴完成心仪大计,实现宏伟理想。有一天,拿破仑·波拿巴讲到叙利亚战局时,痛苦地对让-安多什·朱诺说:"我的目标,我的梦想,全毁了。这都是英国人干的。"在阿布基尔海湾,英国海军大破法兰西舰队,阻断了法军舰队与法兰西本土的通信。最近,英军还打败了拿破仑·波拿巴留在埃及的余部,迫使驻埃及法军投降。失去埃及,拿破仑·波拿巴就失去了建立东方帝国的重要基石。作为称霸地中海的必争之地,马耳他也落入英军之手。拿破仑·波拿巴还义愤地提及英国如何一手操控并暗中资助所有针对他的谋杀活动,其中包括行刺、下毒和轰炸。无论信息真假,法兰西第一共和国特工组织的所有汇报,拿破仑·波拿巴都深信不疑。英国还支持一些政治宣传册、报纸、讽刺画作品,对拿破仑·波拿巴进行全方位的嘲讽、揭露和恶意中伤。

在法兰西国内,报界早已被拿破仑·波拿巴一手操控。雾月政变后,十三家有许可证的报社中有五家被查封。①《通报》是拿破仑·波拿巴自己的刊物。在《通报》上,对英国的攻击、诅咒和谩骂日夜不息。尽管如此,拿破仑·波拿巴

---

① 所有书籍需交由警方检查。剧作《苏格兰的爱德华》遭禁,因为其中的约翰·巴利奥一幕会让人联想起波旁王朝。——原注

亨利·阿丁顿

还是想让英国的报纸噤言,阻止其报道关于他本人及法兰西的事件。这未免太霸道了。

目前在英国掌权的是西德莫斯子爵亨利·阿丁顿首相。英国为了延迟战争的爆发,在不侮辱国家尊严的前提下,做出了最大程度的让步。1802年6月,即《亚眠和约》签订两个月后,英国驻巴黎的临时代办梅里通知英国政府,英国报刊仍在攻击诋毁法兰西第一共和国第一执政拿破仑·波拿巴,法方对此表示强烈不满。拿破仑·波拿巴命法兰西第一共和国驻伦敦大使德·莫斯利伯爵路易-纪尧姆·奥托向英政府严正提出：

（一）英国政府应迅速采取有效措施，务必使英国报纸和宣传册中不再出现对第一执政的不当攻击和言论；

（二）立即驱逐泽西地区的流亡贵族，因为他们将上述不当刊物大量地带入了法兰西境内；

（三）将乔治·卡杜达尔和其他旺代叛党交送加拿大；

（四）立即命令波旁诸亲王离开大不列颠群岛；

（五）英国不许接收仍然遵循法兰西波旁王朝旧制、仍然佩戴波旁王朝徽章的人，一经发现，立即驱逐。

拿破仑·波拿巴对英国提出的这些条件太苛刻了。英国觉得人身权利和报刊自由都得不到保障。如果按照拿破仑·波拿巴的意思，那就几乎等于让英政府违反英国宪法、违背英国的立法初衷。

英国外交大臣利物浦伯爵罗伯特·班克斯·詹金逊给拿破仑·波拿巴写了一封简短客套的回信。回信中表明，英国政府无法满足法兰西第一共和国提出的这些条件。但英国政府表示，如果攻击实属不当，英国政府保有对主要过失者施以严惩的权力，并督请法兰西第一共和国政府严查境内不当刊物的发行。英方答应将乔治·卡杜达尔流放至加拿大，但对于流亡贵族的提议，英国不肯让步。

拿破仑·波拿巴要求英国依据《亚眠和约》条款的相关约定，即刻撤离马耳他岛、埃及亚历山大港和好望角。然而，法军无视和约精神，在瑞士紧紧盘踞着，不肯离开，也不从荷兰撤军。事实上，英国政府很快就发布了从上述三地撤军的命令。然而，正在英军撤离时，拿破仑·波拿巴与英国之间已生嫌隙，英军停止了撤离马耳他岛、埃及亚历山大港和好望角的行动。由此，拿破仑·波拿巴永远失去了战略要地马耳他岛、埃及亚历山大港和好望角。真是可惜，如果拿破仑·波拿巴能再等待几个星期，这些地方就能归入他的囊中了。

奥拉斯·弗朗西斯·巴斯蒂安·塞巴斯蒂亚尼·德·拉波尔塔

拿破仑·波拿巴与英国之间发生了什么嫌隙呢？原来，《通报》报道了奥拉斯·弗朗西斯·巴斯蒂安·塞巴斯蒂亚尼·德·拉波尔塔上校加固防守埃及和叙利亚的情况，并公布了英军在两地的兵力分布。报道中言辞犀利，得罪了英国。

另外，拿破仑·波拿巴在巴黎接见来访的英国大使查尔斯·惠特沃思伯爵，双方就继续贯彻《亚眠和约》条款进行商谈的时候，拿破仑·波拿巴没有保持应有的风度，对查尔斯·惠特沃思伯爵大发雷霆，甚至出口辱骂。查尔斯·惠特沃思伯爵甚至一度担心拿破仑·波拿巴会扑上来打人。拿破仑·波拿巴下了最后通牒、让英国尽快从马耳他岛撤离，英国大使查尔斯·惠特沃思伯爵当然没答应。

查尔斯·惠特沃思

于是，查尔斯·惠特沃思伯爵带上护照，打包返回了英国。1802年5月12日，上述事件发生。约一星期后，法兰西第一共和国驻英大使也返回了法兰西，并于1802年5月18日在多佛登陆。

1802年5月22日，拿破仑·波拿巴下令逮捕十八至六十岁的旅法英国人，一个都不放过。在《朱诺夫人回忆录》中，阿布兰特什公爵夫人劳雷·朱诺生动地记叙了当时拿破仑·波拿巴的情绪有多激动。

当时，让-安多什·朱诺任巴黎总督。第一执政拿破仑·波拿巴下令，命他于深夜时分动手，执行这一空前的抓捕行动。

拿破仑·波拿巴气得两眼冒火，整个人都在止不住地发抖。他说："让-安多什·朱诺，抓紧时间，你只有一个小时。你要将所有的英国人逮捕起来，一个都不能少。要将他们全部抓起来，关进监狱！"说着，他把拳头重重地砸在桌子上。

接着，拿破仑·波拿巴继续说："逮捕行动于今晚19时开始。哪怕在最不起眼的剧院、最落魄的餐馆，我都要将所有英国人清扫干净。"

让-安多什·朱诺对此表示反对，但无济于事。他说这样不分青红皂白地一刀切不算好的计划，但拿破仑·波拿巴根本听不进去。

在这一次逮捕行动中，有上万英国旅法人员及商户入狱，许多人在十一年后才得以释放，重见天日。

《年鉴》对此发表评论："如果我们把第一执政拿破仑·波拿巴比作一个牧羊人，那么英国人就可以说是被牧羊人驱赶的羊群。只见牧羊人把羊群圈在一个地方，过了不久，牧羊人把羊栏拆了，重新找一个地方圈羊。然后，他再把羊栏拆了，再重新找一个地方圈羊。其实，牧羊人真正的目的，原来圈羊的地方土质会变得松软，这样做省却了牧羊人犁地的苦劳。"

就在数日前，法兰西第一共和国的外交部部长还保证，在巴黎的英国人会"安然无恙"地离开法兰西。结果就发生了逮捕英国人的事件。对于这件事，我们还要对拿破仑·波拿巴本人的说法加以关注：

> 此次行动出其不意。虽是不义之举，但终能达到我的目的。的确，在大家的关注下，舆论喧嚣，英国人也都觉得是我下达这个命令的，要求我来负责。但我说，这件事，追溯源头，都是英国政府引起的。现在旅法英国人到底会面临什么样的命运，全由英国政府的态度决定。

此次下发逮捕令或许是拿破仑·波拿巴一时气急，失去理智时的冲动举措。我们都知道，他在失控的时候可能发出最没有人性的命令。但在过去，遇到类似的情况，他的手下可能会拖延执行的时间，或者降低执行的力度。等拿破仑·波拿巴过了那股暴怒劲儿，冷静下来，也就不会再去追究了。这次抓捕所有旅法英国人的命令明显是拿破仑·波拿巴一时气急颁发的，可是不知怎么地，这次手下

路易-安托万-亨利·德·波旁-孔代

人认真地执行了这项命令。现在，拿破仑·波拿巴收回成命会没有面子，所以他只好找尽理由来说明抓捕旅法英国人是多么合理。

这样的理由曾用于谋杀当甘公爵路易-安托万-亨利·德·波旁-孔代①。但究竟是否在理，大家都心知肚明。

想必大家都对当甘公爵路易-安托万-亨利·德·波旁-孔代不陌生。年轻的当甘公爵路易-安托万-亨利·德·波旁-孔代是波旁王朝的侧支后裔，他与世无争地住在巴登大公国境内。在法兰西第一共和国特工的挑唆下，拿破仑·波拿巴相信当甘公爵路易-安托万-亨利·德·波旁-孔代和让-查尔斯·皮什格鲁伙同

---

① 当甘公爵路易-安托万-亨利·德·波旁-孔代（Louis-Antoine-Heri de Bourbon-Conde, duc d'Enghien, 1772—1804），末代孔代亲王之子，被认为可能是路易十六的继承人。1804年法兰西保王党暗杀拿破仑·波拿巴失败后，拿破仑·波拿巴派兵绑架并杀害当甘公爵路易-安托万-亨利·德·波旁-孔代。

起来，要对自己密谋行刺。当时，约瑟夫·富歇失宠离职，迫切想要东山再起。这便是一个机会。约瑟夫·富歇命令手下，无休无眠也要想出一个方案。他命人准备好陷害当甘公爵路易–安托万–亨利·德·波旁–孔代等人谋刺的证据。刺客也不难找。约瑟夫·富歇通过密探从英国募回一批亡命的保王党人。保王党为了复辟波旁王朝，什么都干得出来。1804年1月16日，刺客们登陆法兰西第一共和国，直奔巴黎。

约瑟夫·富歇矫言，说让·维克多·玛利·莫罗也是一分子。当甘公爵路易–安托万–亨利·德·波旁–孔代是孔代家族的直系传人。他的父亲是末代孔代亲王路易·亨利·约瑟夫·德·波旁[①]。当时，当甘公爵路易–安托万–亨利·德·波

路易·亨利·约瑟夫·德·波旁

[①] 路易·亨利·约瑟夫·德·波旁（Louis Henri Joseph de Bourbon, Prince of Condé, 1756—1830），末代孔代亲王，法国大革命期间曾设法组建军队营救表哥路易十六。

卡尔·弗里德里希

旁-孔代住在巴登选侯卡尔·弗里德里希领地的埃顿海姆城堡,爱好打猎,不问世事。他与夏洛特·路易丝·多萝泰·德·洛翰公主已秘密成亲,二人正浓情蜜意。当甘公爵路易-安托万-亨利·德·波旁-孔代作战英勇,在军中威望颇高,有诸多追随者,可惜,现在都成了忌讳。他是波旁分支孔代家族的最后一脉,号召力不言而喻。

拿破仑·波拿巴得知了让-查尔斯·皮什格鲁和乔治·卡杜达尔等人的暗杀

计划，决意杀一儆百。而约瑟夫·富歇又不失时机地进言，吓唬拿破仑·波拿巴说："空气里充满了匕首的味道。"

为了杀一儆百，拿破仑·波拿巴下令在巴登大公国逮捕当甘公爵路易-安托万-亨利·德·波旁-孔代，将其带回巴黎。当时：巴登大公国是保持中立的领地，拿破仑·波拿巴完全顾不得这一点了。

法兰西第一共和国第二执政让-雅克-雷吉斯·德·康巴塞雷斯眼睁睁看着拿破仑·波拿巴堂而皇之地在中立国家的领土上抓人，看着他准备处死当甘公爵路易-安托万-亨利·德·波旁-孔代，认为这会让更多的人觉得拿破仑·波拿巴面目可憎。于是，让-雅克-雷吉斯·德·康巴塞雷斯苦口婆心地劝说拿破仑·波拿巴，劝拿破仑·波拿巴不要太极端。但未等让-雅克-雷吉斯·德·康巴塞雷斯说完，拿破仑·波拿巴就"嗤"地打断了他。拿破仑·波拿巴说："你可真是为波旁的血脉操碎了心！"他此语是在暗讽当时让-雅克-雷吉斯·德·康巴塞雷斯投票赞成处死法兰西国王路易十六的行为。

当甘公爵路易-安托万-亨利·德·波旁-孔代被捕后，被押送到了斯特拉斯堡。手下人将已经抓住当甘公爵路易-安托万-亨利·德·波旁-孔代的密报送与拿破仑·波拿巴。拿破仑·波拿巴下令，立即将当甘公爵路易-安托万-亨利·德·波旁-孔代押送到巴黎处置。

拿破仑·波拿巴说："我已经下定决心，是时候为这些暗杀做个了断了。在法兰西第一共和国境内，如果有外国人胆敢图谋不轨，可以将他立即枪决。我听说，他们当中有一部分人聚集在奥地利前大使科本茨尔伯爵约翰·菲利普的居所。我不相信。如果科本茨尔伯爵约翰·菲利普敢窝藏图谋不轨的外国人，我就将他一道处死。波旁的余党必须受到惩罚，他们必须为密谋暗杀付出代价。生死之事，非同儿戏。"

拿破仑·波拿巴的脑海中有一个阴影，一直挥之不去。那就是，他的周围遍布着刺客，这些刺客随时随地都可能暗害他。这种恐惧感已近似古罗马暴君尼禄对危险的恐惧。有时候，这种情绪只是拿破仑·波拿巴自己的臆想。事实上，除了炸弹事件，其他所谓针对拿破仑·波拿巴的暗杀计划都是子虚乌有，那都是

约翰·菲利普

约瑟夫·富歇编织的谎言。约瑟夫·富歇看出拿破仑·波拿巴心有余悸,想要利用这种状态。拿破仑·波拿巴的内心的确充满了恐惧。他恐惧得似乎发了魔怔,甚至难以信任身边最亲近的人。

善良的波拿巴夫人约瑟芬听说了当甘公爵路易-安托万-亨利·德·波旁-孔代被捕的事,前来拿破仑·波拿巴处为当甘公爵路易-安托万-亨利·德·波旁-孔代求情,依旧无功而返。

拿破仑·波拿巴教育波拿巴夫人约瑟芬说:"政治就是用生命换取安全。政治就是这样的。命令已经下达了,现在不能更改,也无法收回。"

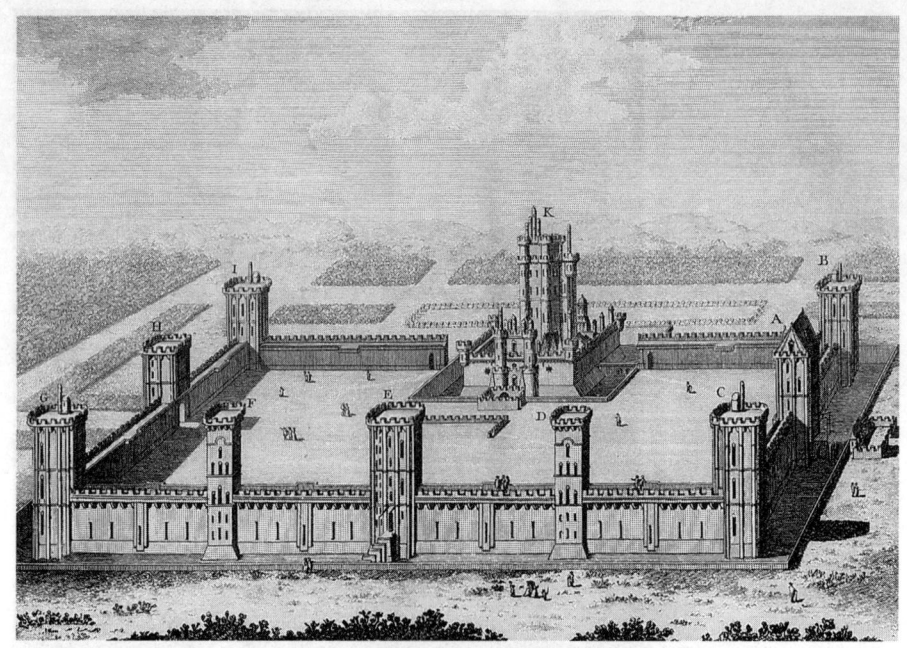

文森斯城堡

的确,拿破仑·波拿巴一听说抓到了当甘公爵路易-安托万-亨利·德·波旁-孔代,就下令将他送往文森斯城堡关押,同时遣副官迅速赶赴巴黎总督处,带去口谕:"迅速成立临时军事法庭"。临时军事法庭的审判小组有七个人,其中包括拿破仑·波拿巴的三妹夫若阿基姆·缪拉。

拿破仑·波拿巴与长兄约瑟夫·波拿巴谈及此事时,带着无情的淡漠:

逮捕并处死当甘公爵路易-安托万-亨利·德·波旁-孔代这件事,我不后悔。为了表示我与波旁王朝坚决划清界限,也为了让保王党对我彻底死心,这是我的唯一选择。当然,我的心里非常清楚,只要还有一个波旁后裔存活世间,我坐在皇位上便一分钟也不会安宁。当甘公爵路易-安托万-亨利·德·波旁-孔代是我最害怕的那个人。我害怕孔代家族流传下来的血脉,害怕古老王朝的最后一支子嗣。当甘公爵路易-安托万-亨利·德·波旁-孔代年轻、聪明、勇敢,是个可怕的对手。他的死让我有了安全感和尊严……假如你问我，如果有机会重来一次，我还会不会这样做。我的答案是，我会做出同样的选择，丝毫不会后悔。而且我还会告诉你，如果明日我发现有另一个波旁后人存活于世，我也一定会除掉他，一定会将他赶尽杀绝。我要做到万无一失。

当时，阿图瓦伯爵查理·菲利普①的两位王子还在世。

查理·菲利普

---

① 查理·菲利普（Charles Philippe, comte d'Artois, 1757—1836），法兰西波旁王朝复辟后的第二位国王，路易十六和路易十八的弟弟，史称"查理十世"。他一生大多数时间都被称为"阿图瓦伯爵"。

路易-安托万-亨利·德·波旁-孔代被处决

　　杀害当甘公爵路易-安托万-亨利·德·波旁-孔代的始末想必大家都已熟知，在此不做赘述。可怜的当甘公爵路易-安托万-亨利·德·波旁-孔代，还未面对提审，文森斯总督就已经为他挖好坟墓。另外，处死当甘公爵路易-安托万-亨利·德·波旁-孔代的证据其实非常不充足。在深夜时分，文森斯城堡昏暗的灯光下，临时军事法庭匆匆走了个过场，便宣布将当甘公爵路易-安托万-亨利·德·波旁-孔代处以死刑。趁着夜色，当甘公爵路易-安托万-亨利·德·波旁-孔代被押到文森斯城堡的护城河边，随着枪声响起，波旁王朝最具威胁性的继承人死去了。当时，罗维戈公爵安·让·玛利·勒内·萨瓦里就站在河岸上，他看着这一切发生，确保任务已经完成。

　　德·斯塔埃尔夫人安妮·路易丝·热尔梅娜说："拿破仑·波拿巴为了登基，这也是无奈之举。一方面,他要消除革命派对波旁王室回归的恐惧。另一方面,他要向保王党表明姿态:一旦追随拿破仑·波拿巴,他们就等于和波旁王朝划清界限。当甘公爵路易–安托万–亨利·德·波旁–孔代的死又是一个'双面计划'。"

下一步,拿破仑·波拿巴准备登基称帝。为了保证自己的登基计划不受干扰,他要向雅各宾派有所表示。但事实上,他没有必要做得太决绝。因此,还是拿破仑·波拿巴对波旁血统忌惮过甚。

另外,我们也倾向于认为,处死当甘公爵路易–安托万–亨利·德·波旁–孔代的事,当时执政府里有好几位部长也是赞成的。因此,当甘公爵路易–安托万–亨利·德·波旁–孔代被匆匆处死,可能就是这几位部长们急于向拿破仑·波拿巴表功。但我们也没有确凿的证据。对比另外一次,1806年在柏林,当时已登基称帝的拿破仑·波拿巴想要处死无足轻重的哈茨费尔特亲王弗朗兹·路德维希,拿破仑·波拿巴的手下们异口同声地表示反对。因此,当甘公爵路易–安托万–亨利·德·波旁–孔代被处死的事情是一个谜。当然,在当甘公爵路易–安托万–亨利·德·波旁–孔代的事件中,查尔斯·莫里斯·德·塔列朗–佩里戈尔和罗维戈公爵安·让·玛利·勒内·萨瓦里二人对处死当甘公爵路易–安托万–亨利·德·波旁–孔代的决定持赞成态度。他们希望为建立法兰西帝国扫清障碍。当甘公爵路易–安托万–亨利·德·波旁–孔代被处死的那个晚上,查尔斯·莫里斯·德·塔列朗–佩里戈尔去了德·拉瓦尔夫人的家中。只见查尔斯·莫里斯·德·塔列朗–佩里戈尔面无表情地坐在扶手椅上,冷漠地看着怀表上指针的旋转,说:"好了,当甘公爵已死,孔代家族从此灭亡!"三天后,查尔斯·莫里斯·德·塔列朗–佩里戈尔举办了一场大型舞会。人们问他,既然不赞成暗杀当甘公爵路易–安托万–亨利·德·波旁–孔代,为什么不辞职呢?查尔斯·莫里斯·德·塔列朗–佩里戈尔淡定地答道:"我才不会傻到用第一执政犯下的错误惩罚自己。"

另一桩阴谋涉及乔治·卡杜达尔、让–查尔斯·皮什格鲁和波利尼亚克家族试图暗杀第一执政拿破仑·波拿巴。事实上,这件事也是由约瑟夫·富歇一手伪造的。让–查尔斯·皮什格鲁被吊死在监狱。据说他是自杀,这非常值得怀疑。让–查尔斯·皮什格鲁在法庭上非常强硬,怎么会自杀呢!秘传拿破仑·波拿巴从

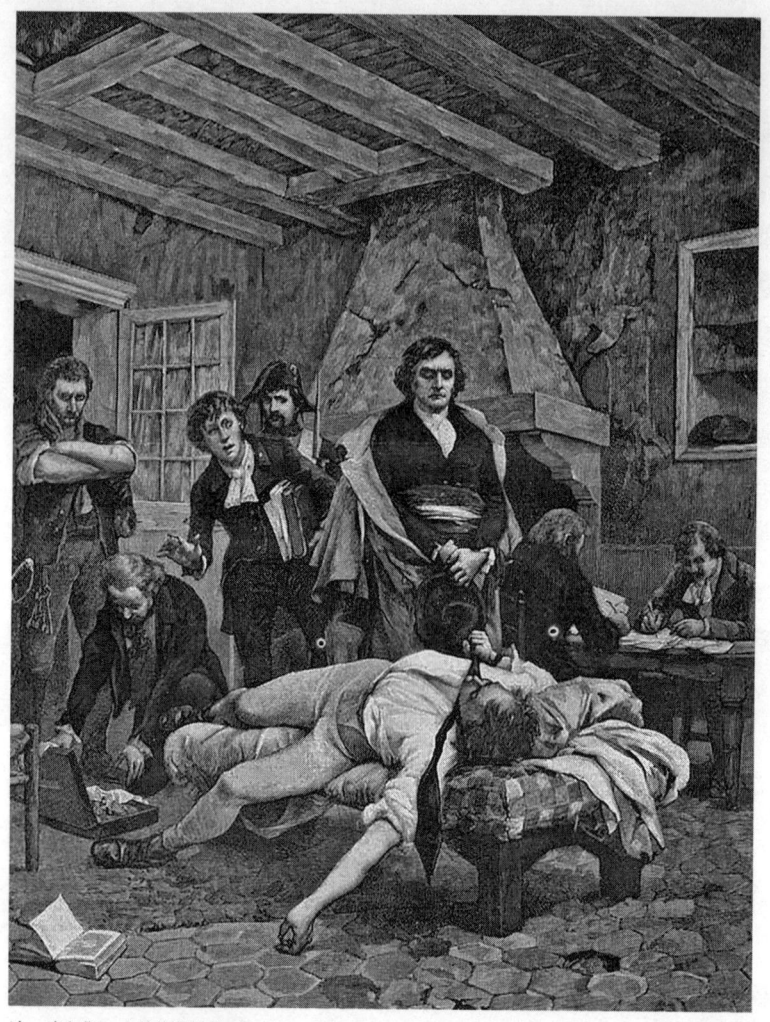

让-查尔斯·皮什格鲁被勒死

埃及收买了四位马穆鲁克,这四位马穆鲁克都是让-查尔斯·皮什格鲁过去的部下,他们趁让-查尔斯·皮什格鲁不备将其勒死。几天后,卷入此事的英国人约翰·韦斯利·赖特[①]遭割喉,惨死狱中,也被报作自杀。没有人对让-查尔斯·皮什格鲁的自杀有明确的概念。让-查尔斯·皮什格鲁如果出庭参加公开审理,就会

---

① 约翰·韦斯利·赖特(John Wesley Wright,1769—1805),英国海军指挥官及舰长。

揭露当甘公爵路易–安托万–亨利·德·波旁–孔代无辜的事实,而这是第一执政拿破仑·波拿巴不愿意看到的。而且让–查尔斯·皮什格鲁知道的实在太多了。葡月事变、果月事变,他知道了太多关于拿破仑·波拿巴的秘密。万一他讲出来,会严重影响拿破仑·波拿巴在人民心中的形象。让–查尔斯·皮什格鲁本人也太大意。他在逃亡英国时到处宣扬,说只要有机会,就要将拿破仑·波拿巴的秘密曝光出来。这样的言论当然会被拿破仑·波拿巴知晓。下令逮捕让–查尔斯·皮格鲁时,拿破仑·波拿巴说:"拒捕即杀!"

有人问查尔斯·莫里斯·德·塔列朗–佩里戈尔如何看待让–查尔斯·皮什格鲁之死。查尔斯·莫里斯·德·塔列朗–佩里戈尔只是冷冷地说:"他不会再给我们添麻烦了。"

巴黎警方指控乔治·卡杜达尔密谋刺杀拿破仑·波拿巴。乔治·卡杜达尔对此矢口否认。他承认,他正在与党羽密谋波旁王朝复辟,但他们只愿力争,不会暗中行刺。最终的判决中,有二十名涉案的保王党被判处死刑,但实际伏法的只有十二人,另外八人设法获得改判成监禁。巴黎警方想尽一切办法,试图说服涉案人员招供让·维克多·玛利·莫罗也是同党,但似乎终是无法得到有力的证据。

然而,让·维克多·玛利·莫罗依旧逃不脱逮捕和判刑。巴黎警方将乔治·卡杜达尔的贴身男仆皮科屈打成招,讲好了让皮科检举让·维克多·玛利·莫罗。可是宣判时,皮科当庭翻供。他举起红肿溃烂的双手,让大家看看他都受了什么刑罚。于是,法官只得宣布休庭。审判席上的诸位法官心知肚明,拿破仑·波拿巴想要置让·维克多·玛利·莫罗于死地。事实上,早已有人提前告知诸位法官,先判定让·维克多·玛利·莫罗死刑,再由拿破仑·波拿巴提出赦免让·维克多·玛利·莫罗。但眼前的现实是缺乏证据。大半法官还是不能昧着良心下手。有一位叫卡利弗的法官听到拿破仑·波拿巴一定会赦免让·维克多·玛利·莫罗的保证时,说:"他赦免他,谁赦免我?"最后,双方各退一步。让·维克多·玛利·莫罗被判两年监禁。

听到这里,拿破仑·波拿巴气急败坏,暴跳如雷。他的暴怒令人不得不怀疑，万一法官真的判让·维克多·玛利·莫罗死刑，拿破仑·波拿巴是否会真的手下留情。另有几位法官坚持让·维克多·玛利·莫罗无罪，其中包括让-皮埃尔·拉孔布-圣米歇尔。几天后，这几位坚持让·维克多·玛利·莫罗无罪的法官一起来到杜伊勒里宫。拿破仑·波拿巴走近让-皮埃尔·拉孔布-圣米歇尔，疯狂地吼道："你的到来，玷污了我的官殿！"

假如让·维克多·玛利·莫罗真的被判死刑，拿破仑·波拿巴或许也真的会赦免他。拿破仑·波拿巴并不想要让·维克多·玛利·莫罗的命，而是想使让·维克多·玛利·莫罗名誉扫地。他要让国人知道，让·维克多·玛利·莫罗罪在叛国，名节不保，想彻底摧毁让·维克多·玛利·莫罗在军中的威望。但法官们的不合作使拿破仑·波拿巴未能如愿。

最终，监禁改判为流放。让·维克多·玛利·莫罗离开了法兰西。

如果说拿破仑·波拿巴妒忌让·维克多·玛利·莫罗的才干，却也不尽然。拿破仑·波拿巴知道，让·维克多·玛利·莫罗颇有才能，但缺乏魄力，因此并不能与自己相提并论。他真正忌惮的是让·维克多·玛利·莫罗在军官们当中享有的超高威望，让·维克多·玛利·莫罗广受士兵们的爱戴和欢迎。

我们既然已经讲到了当甘公爵路易-安托万-亨利·德·波旁-孔代之死和让-查尔斯·皮什格鲁自杀之谜，索性也讨论一下其他几宗神秘死亡事件吧。这几件事也由拿破仑·波拿巴主使。

在前文中，我们提到，约翰·韦斯利·赖特将三名保王党人秘密遣返法兰西后，也遭到了逮捕。虽然所谓的证据纯粹是捕风捉影，但拿破仑·波拿巴坚持认为约翰·韦斯利·赖特是英国政府雇来的杀手。1804年8月14日，拿破仑·波拿巴在奥斯坦德致信查尔斯·莫里斯·德·塔列朗-佩里戈尔，说："找到证据了！约翰·韦斯利·赖特是英国海军部利物浦伯爵罗伯特·班克斯·詹金逊的人。他来做什么？具体计划还不清楚。海军部里的人都很傲慢，应该不屑做这种玷污海军名誉的事情。因此，这很可能是约翰·韦斯利·赖特和利物浦伯爵罗伯特·班克斯·詹金逊的私人行为。利物浦伯爵罗伯特·班克斯·詹金逊从财政部支取了四万英镑作为行动经费……利物浦伯爵罗伯特·班克斯·詹金逊这样的阴险小

约翰·韦斯利·赖特

人和那些邪恶的懦夫在背地里使用卑鄙的手段行刺。他们的行为,将永远打上耻辱的印记。"

约翰·韦斯利·赖特在狱中惨死时,喉咙被切开,身边的剃刀却是合上的。在他死前的晚上,有人听到他吹风笛的声音,听起来轻松愉快,像是可以出狱的样子。要说约翰·韦斯利·赖特会自杀,实在有太多疑点。他是在狱中被强行处死的。虽然拿破仑·波拿巴一口咬定他有罪,但始终没有证据。

另一宗惊世疑案是本杰明·巴瑟斯特[①]失踪案。人们深信,这件事也是拿破

---

① 本杰明·巴瑟斯特(Benjamin Bathrust, 1784—1809),英国外交官,在拿破仑战争期间,约1809年9月25日于普鲁士境内失踪。

仑·波拿巴所为,因为拿破仑·波拿巴有绑架人的前例。1804年,当时的英国驻汉堡自由镇大使乔治·朗博尔德爵士曾遭法军绑架,并被关押在丹普尔监狱。人们都认为乔治·朗博尔德爵士被绑架这件事是拿破仑·波拿巴指使的。因此,当本杰明·巴瑟斯特失踪时,人们首先怀疑到了拿破仑·波拿巴的身上。本杰明·巴瑟斯特是英国政府于1809年派往奥地利帝国皇帝弗朗茨一世身边的密使。拿破仑·波拿巴迫切地想知道英国和奥地利帝国在背着他密谋什么。于是,他在由奥地利帝国首都维也纳返回法兰西第一帝国的路上做了决定,准备在汉诺威边境动手。当时,法兰西第一帝国已占领汉诺威全境,因此,行动非常顺利。自此往后,再也没有人见过本杰明·巴瑟斯特,也没有人听到过关于他的消息。本杰明·巴瑟斯特就这样消失了。

此外,海军上将皮埃尔-查尔斯-让-巴蒂斯特-西尔韦斯特雷·德·维尔纳夫之死也与拿破仑·波拿巴脱不开干系。特拉法尔加海战①中,法军惨败,皮埃尔-查尔斯-让-巴蒂斯特-西尔韦斯特雷·德·维尔纳夫被英军俘虏,获释后登陆莫尔莱,准备返回巴黎。皮埃尔-查尔斯-让-巴蒂斯特-西尔韦斯特雷·德·维尔纳夫要求召开军事法庭,就特拉法尔加海战失败一事为自己辩护。他说,当时他跟英军对战也是迫不得已,他完全依照拿破仑·波拿巴的手令行事。皮埃尔-查尔斯-让-巴蒂斯特-西尔韦斯特雷·德·维尔纳夫抵达雷恩后,在房间中惨死。他身中六刀,其中有两处为致命伤。他根本不可能是自杀。试想,他在刺了自己致命的一刀后,怎么会有力气再来一次?更何况,发现尸体时,匕首在距离尸体较远的位置。难道人在自杀后还有力气扔掉匕首?然而,现场被伪造得像是皮埃尔-查尔斯-让-巴蒂斯特-西尔韦斯特雷·德·维尔纳夫真是自杀的样子。桌子上留有遗书,遗书中写信人说自己对不起国家,并向妻子道别。皮埃尔-查尔斯-让-巴蒂斯特-西尔韦斯特雷·德·维尔纳夫的妻子应该看不到这封信,而且除此之外,没有其他任何可以称之为证据的材料了。人们都说,这件

---

① 特拉法尔加海战(battle of Trafalgar)发生于1805年,是英国海军史上的一次重大胜利。英军指挥官是霍拉肖·纳尔逊,法军指挥官是皮埃尔-查尔斯-让-巴蒂斯特-西尔韦斯特雷·德·维尔纳夫。双方舰队在西班牙特拉法尔加外海面相遇,激战五个小时,法兰西联合舰队全军覆没。此战之后,拿破仑·波拿巴放弃进攻英国本土的计划。

皮埃尔-查尔斯-让-巴蒂斯特-西尔韦斯特雷·德·维尔纳夫

事是拿破仑·波拿巴干的,目的是防止皮埃尔-查尔斯-让-巴蒂斯特-西尔韦斯特雷·德·维尔纳夫在法庭上讲出事实。因为一旦事实被公布,拿破仑·波拿巴就要对特拉法尔加海战负全责。皮埃尔-查尔斯-让-巴蒂斯特-西尔韦斯特雷·德·维尔纳夫死亡当天,拿破仑·波拿巴就致信丹尼斯·德克莱斯并下令:"将皮埃尔-查尔斯-让-巴蒂斯特-西尔韦斯特雷·德·维尔纳夫将军送回家。命令皮埃尔-查尔斯-让-巴蒂斯特-西尔韦斯特雷·德·维尔纳夫待在普罗旺斯,等我们把交换俘虏的条件谈好。"但这封信不一定是真的,这不符合拿破仑·波拿巴败战后的通信风格。在信中,拿破仑·波拿巴居然没有指责皮埃尔–查尔斯–让–巴蒂斯特–西尔韦斯特雷·德·维尔纳夫的海战之失,也没有提及皮埃尔–查尔斯–让–巴蒂斯特–西尔韦斯特雷·德·维尔纳夫要求召开军事法庭的事。因此,这封信很可疑,有可能是假的,目的是用来搅乱公众视线。

拿破仑·波拿巴嚣张地撕毁了《亚眠条约》,准备对英国发动战争。

阿布兰特什公爵夫人劳雷·朱诺说:

> 凡是近距离观察过拿破仑·波拿巴性格的人都知道,对拿破仑·波拿巴来说,最重要的事情就是打败英国。这是他的长期目标。根据我对拿破仑·波拿巴的行为和动机的分析,在他当权的十四年间,他一直想向法兰西人民展示,英国这样的海上强国从未遇到过旗鼓相当的对手,但他可以打败英国。事实上,拿破仑·波拿巴所有的谋划都在为这一个目的服务。

没能成功占领埃及之地对拿破仑·波拿巴来说是最深的伤痛。

拿破仑·波拿巴对英国的仇恨中含有科西嘉爱国者式的仇杀特征。他要给英国一个教训,要弄垮它。即使不能让英国一蹶不振,至少也要给它留下累累伤痕。在拿破仑·波拿巴的眼中,向英国复仇成了光荣的责任,也是他孜孜不倦的追求。拿破仑·波拿巴把对英国复仇当作自己的主要目标。拿破仑·波拿巴在签订和平条约时,就在想着决裂。但他不能妄自开战,他要留一些时间让法兰西人民恢复元气,之后再发动战争。

法兰西刚刚走出胜利的战场,已经获取了足够的战利品,现在正处于休战的间隙,得以安享太平。如果现在扰乱了这份祥和宁静,告诉法兰西人民,我们要开战了,要加税了,大家肯定都不愿意。贸然发动战争只会引得法兰西人民的厌弃。现在,法兰西人民别无他求,只愿一心享受和平。那么,拿破仑·波拿巴用什么办法,才能引发法兰西人民心中狂热的战争欲望呢?

拿破仑·波拿巴的首要任务是引燃法兰西的战争热情。于是,拿破仑·波拿巴下令在各报纸上刊登激烈的战争檄文,并将一些据说是英国记者所写的信件内容公开。这些信详细地描写了英国各政治派系是怎么争斗的,英国的贵族阶层是怎么剥削贫苦人民的,英国的爱尔兰地区中占优势的新教势力是怎么迫害天主教的,等等。当然这些信都是拿破仑·波拿巴命人杜撰的。有的报道为了煽风点火,写得离谱至极。比如有的官方报道甚至说,英国把大批带有瘟疫病毒的货物投放到法兰西近海。拿破仑·波拿巴为了让法兰西人民相信攻下英国是一件易如反掌的小事,命手下在报纸上将英国描述成一个三流弱国。法兰西报纸上宣扬,英国的将领们都没有什么能力,士兵们的战斗力也不强,英国的大臣们也没有能力,就连英国国王都已经疯了。

接着,拿破仑·波拿巴命令各位执政府官员出面,煽动民众的战争热情。公众舆论已经被拿破仑·波拿巴的报纸所掌控,法兰西人民没有获取真相的渠道。第一执政拿破仑·波拿巴指使各路手下在法兰西第一共和国各处铺开宣战的大网,为即将开始的战争做好舆论准备。

《教务专约》的恶果初显。在法兰西第一共和国,主教成了拿破仑·波拿巴的宗教省长。1803年6月7日,主教们接到通知,各教堂需为法军做祈祷,愿法兰西第一共和国在对英作战中取得胜利。英国"违反《亚眠和约》的规定,至今还拒绝将马耳他岛交还耶路撒冷圣约翰骑士团[①]",为此,法兰西第一共和国一定要攻打英国以示惩戒。拿破仑·波拿巴以为大家都忘记了事实,即当初,他从驻扎在马耳他岛上的耶路撒冷圣约翰骑士团手中抢得了马耳他岛。

主教中有多人曾流亡海外。当年,英国为他们提供了避难所,还向他们发放了二百五十英镑津贴。十年间,英国人待他们真挚慷慨。而现在,为了拿破仑·波拿巴,他们忘记了这些往事,只知一心祈愿圣战来临,好消灭盘踞在马耳他的异端。

接下来,便要为即将到来的战争募捐。元老院,要从元老院所有议员的年金中,募捐出一艘战舰的钱。市镇自发征兵、筹措军费。拿破仑·波拿巴认为,让法兰西人民承担军费,这样的负担实在太过沉重。因此,他故伎重施,将军费的开支转嫁给周遭公国。

[①] 骑士团出现于中世纪十字军东征期间,圣约翰骑士团成立最早,具有国家形式,听命于教皇。

不幸的阿尔卑斯山南共和国每年资助军费达一亿法郎。

对英宣战后,拿破仑·波拿巴借口汉诺威与英国是同脉分支,第一时间出兵占领了汉诺威,并逼迫汉诺威提供三千匹战马,支付三万名法军士兵的军饷。

那不勒斯王国已经与法兰西第一共和国没有了嫌隙,也签了合约。但拿破仑·波拿巴依旧下令,让法军开进那不勒斯境内,占领重要堡垒。他还下令那不勒斯国王斐迪南四世征兵,以援助法军攻打英国,但军辎军费需要那不勒斯王国自负。

位于北荷兰半岛的巴达维亚共和国是法兰西第一共和国的附属国,其实早已被拿破仑·波拿巴榨干。巴达维亚共和国希望可以逃过此次苛捐,但最终还是没有逃过。巴达维亚共和国要打造五艘战舰、五艘护卫舰、装有三百到四百门大炮的炮艇一百艘、平底船二百五十艘和数百艘运输船。拿破仑·波拿巴就是这样将巴达维亚共和国榨干的。巴达维亚共和国的经济已经全面衰竭。

作为传统中立国的瑞士也依附法兰西第一共和国。瑞士本就不是个富裕的国家,很难拿出钱。但瑞士国民素质坚忍。于是,1803年9月27日,法瑞签署协议,瑞士被迫出兵援法。其中包括先遣部队一万六千人和后备队四千人。协议还特别规定,如果英军进攻法兰西本土,瑞士要增派先遣部队至两万八千人。

接着,西班牙和葡萄牙也未能逃脱。战争期间,西班牙需每月上缴军费六百万法郎,葡萄牙年缴一千六百万法郎。

在此,我们想针对拿破仑·波拿巴对待西班牙的行为做一些评论。拿破仑·波拿巴对待弱势国家极其"暴虐"。说"暴虐"或许有些言重,但的确找不到更合适的词。看拿破仑·波拿巴对待弱势国家的态度吧!

可怜的西班牙国王查理四世性格软弱,和平亲王曼努埃尔·戈多伊-阿尔瓦雷斯·德·法里亚①执掌国政。和平亲王曼努埃尔·戈多伊-阿尔瓦雷斯·德·法里亚与西班牙王后帕尔马的玛丽亚·路易莎成天不知在密谋些什么。拿破仑·波

---

① 和平亲王曼努埃尔·戈多伊-阿尔瓦雷斯·德·法里亚(Manuel Godoy y Álvarez de Faria, Prince of Peace, 1767—1851),西班牙首相,把持西班牙朝政长达二十五年,也是西班牙王后帕尔马的玛丽亚·路易莎的亲信。1797年与法兰西第一共和国结成反英同盟,著有《戈多伊回忆录》。

玛丽亚·路易莎

拿巴命使者带了两封信去西班牙,打算把其中的一封信交给西班牙国王查理四世本人,把另一封交送西班牙内阁。拿破仑·波拿巴用心极其险恶。他信中的主要内容是,他听闻西班牙王后帕尔马的玛丽亚·路易莎与和平亲王曼努埃尔·戈多伊-阿尔瓦雷斯·德·法里亚有染,专门致信为他们澄清。但拿破仑·波拿巴并没有命使者立刻将两封信各自送到西班牙国王查理四世和西班牙内阁那里,他命令使者持信等待,一旦西班牙拒绝资助法兰西第一共和国攻打英国,使者就会马上把两封信分别送到西班牙国王查理四世和西班牙内阁那里。另有,使者

查理四世

一到西班牙,就把这两封信的副本送给和平亲王曼努埃尔·戈多伊-阿尔瓦雷斯·德·法里亚卡看了。

拿破仑·波拿巴致西班牙内阁的信中有这样的内容:"过去,法兰西将波旁家族扶上了西班牙的王位。现在,法兰西能一路开进马德里,将波旁家族从王位上拉下来……这个和平亲王曼努埃尔·戈多伊-阿尔瓦雷斯·德·法里亚,他的权势之路充满了罪恶。"

但在送呈西班牙国王查理四世的信中,拿破仑·波拿巴则含糊其词,只说请西班牙国王查理四世"睁大双眼,看看王座下是否已有了缝隙。和平亲王曼努埃尔·戈多伊-阿尔瓦雷斯·德·法里亚已将您架空。其卑劣行径引得整个欧洲为之震惊，厌恶不已"。

拿破仑·波拿巴继续说："和平亲王曼努埃尔·戈多伊-阿尔瓦雷斯·德·法里亚掌握着实权，他早晚会取代您。很遗憾，为了维护您，我将不得不发动针对他的战争。祝愿国王陛下能够重登王位，将小人驱逐。和平亲王曼努埃尔·戈多伊-阿尔瓦雷斯·德·法里亚用不光彩的手段获取了王权，这是多么卑劣无耻的行径。他能苟活至今，全靠他的卑鄙伎俩和恶毒的心。"

曼努埃尔·戈多伊 - 阿尔瓦雷斯·德·法里亚

乔治三世

这两封信已先行抄送至和平亲王曼努埃尔·戈多伊-阿尔瓦雷斯·德·法里亚处。拿破仑·波拿巴要让他看看，如果他敢在军需供应问题上吞吞吐吐，这两封信会立刻投送至收件人。

拿破仑·波拿巴的"雅量"在其他方面也有体现。他听说英王乔治三世的精神出了问题后，简直喜不自胜。

拿破仑·波拿巴在《通报》上刊登了一篇侮辱英王乔治三世的文章，我们可以从中读出拿破仑·波拿巴对英国的愤恨之情：

曾几何时,英国在欧洲也算大气稳重的国家。但如今,它堕落了。与英国有关的一切,都令人轻蔑、怜悯……英王乔治三世的癫狂,将会传染英格兰本岛上更多的人……至于英王乔治三世,他已雄风不再,他打过的仗也都不能算数了。我们不知道他还能不能登上战马,指挥战役。我们也不知道,往日的荣耀和尊严,他还能勉强保留几分?

拿破仑·波拿巴看过一本英国发行的政治宣传册后,气不打一处来地说:"我们为什么需要战争?因为英国国内一片混乱,需要我们的指引。在英国,国王已疯。第一大臣也已是垂垂老朽。"

封锁计划下的走私者

拿破仑·波拿巴深知，英国之所以强大富裕，全倚靠发达的商业。现在，他大规模地施行封锁计划，禁止欧洲所有口岸与英国通商，想要扼杀英国的商业。执行这一计划，需要控制全欧洲的大小国家及城邦领地。但很明显，拿破仑·波拿巴的力道还差了些。有些国家并不听从于他。因此，为了掌控欧洲，拿破仑·波拿巴掀起了史无前例的大规模战争。他自己也在战争中一步步走向灭亡。

拿破仑·波拿巴前往法兰西北部巡视，察看登陆英国本岛的准备工作。有一次，他从亚眠经过时，看到了一座凯旋门，上面刻着"通向英格兰"的文字。关于这一点，皮埃尔·朗弗雷做过非常经典的评述。我们不得不在此引用：

> 事实上，这条路是拿破仑·波拿巴的宣战之路。自从踏上这条路，他便不再回头。在这条战争的路上，他一直遵从着内心的呼唤，打下了维也纳、柏林和莫斯科。这条路比他想象得漫长。一路上，他的战绩辉煌、荣光耀眼，获得的成功和胜利不可胜数。假如他的双眼能穿透黑暗、看向未来，他会无比惊恐地发现，在这条胜利大道的尽头，他看到的不是期待许久的成功，而是神话里的柏勒洛丰①。柏勒洛丰激怒了众神，被驱逐、被流放。②

---

① 柏勒洛丰（Bellerophon），古希腊神话英雄，柯林斯国王格劳科斯之子，得神力捕获天马，但后来傲慢无忌，触怒众神，被神抛弃。
② 皮埃尔·朗弗雷：《拿破仑·波拿巴史》，1868年，第3卷，第20页。——原注

第 34 章

拿破仑·波拿巴登基

(1804年12月2日)

精彩
看点

下定决心——皇帝的称号才合适——议政院通过拿破仑·波拿巴成为皇帝的决议——法兰西举国赞成——新建皇廷——宫廷礼仪的复兴——拿破仑·波拿巴要求教皇庇护七世来加冕——权宜之计——教皇庇护七世不情愿——拿破仑·波拿巴含糊其词的承诺——教皇庇护七世动心——教皇庇护七世前来枫丹白露宫——为加冕礼的准备——让-巴蒂斯特·伊萨贝制作人偶——拿破仑·波拿巴写给拿破仑·波拿巴夫人约瑟芬的信——新皇室家族的争吵——法兰西第一帝国皇后约瑟芬的长裙拖尾谁来捧——从杜伊勒里宫出发——终点站巴黎圣母院——又是拖尾的问题——典礼——拿破仑·波拿巴夺过皇冠戴在自己头上——拿破仑·波拿巴说阿布兰特什公爵夫人劳雷·朱诺衣服的颜色不好看——又是争吵——法兰西国人爱虚荣——雅克-路易·大卫画得多好——加冕礼是人心所向——约瑟夫·富歇的评述

自从法兰西第一共和国与英国宣战，法兰西人民一直处于激燃的战争热情中。拿破仑·波拿巴看到时机日趋成熟，准备登基为皇帝。拿破仑·波拿巴不满足于自己仅仅做个国王，因为欧洲的大小国家国王有很多，那样不能衬托自己的独一无二。古罗马帝国在历史上那么光辉灿烂，因此，帝王的称号才是合理的。再说，法兰西从共和国走向帝国的步骤也酷似罗马帝国的历史。皇帝更符合以兵为本、军事统治的本质。

这一次，拿破仑·波拿巴没有像问鼎终身执政时那样扭扭捏捏。执政府和元老院经过一个月的研究，确定了方案：执政府委任议政院。议政院虽然有名无实，但其存在即是民意的体现。1804年4月25日，议政院提出以皇帝为国家首领的议案。

参政院以二十比七的多数票通过此项议案。议政院则一致通过。

此刻，拿破仑·波拿巴终于可以得意地与罗马帝国皇帝提比略并肩高呼："国人们，请你们准备好当奴隶吧。"①祝词和请愿书从四面八方源源不断地飞来，言语极尽谄媚。

拿破仑·波拿巴拖了一个月才答复，说他必须依从法兰西民意。除了少数几个死板的共和派表示了反对，广大人民都非常渴望建立一个稳定强大的国家，

---

① 此处为拉丁语"O homines ad servitutem parati."

哪怕新的君主比波旁王朝的路易十四还要专制，哪怕新的君主比欧洲历史上任何一位国王或皇帝都要残暴。

拿破仑·波拿巴的回复耐人寻味。他很了解自己的人民，知道法兰西人民是崇拜他的，是支持他建立帝王政权的。对拿破仑·波拿巴来说，誓言只是筹码。但对于普通的民众，誓言就是真金白银。拿破仑·波拿巴严重地言行不一。他总是引经据典来遮掩自己的真实意图。有时，他的真实意图与他所说的话语截然相反。比如，当拿破仑·波拿巴驱逐五百人院时，他还要把五百人院夸奖一番，说五百人院具有"开启代表制的划时代意义"。而现在，他打算登基称帝，但他并没有说是自己想当皇帝，而是说只有将权力集中于一个最高领导人的身上，才能"巩固共和成果、无愧英烈忠心、捍卫人民权利"。

之前，拿破仑·波拿巴晋位终身执政时，曾做过以公社为单位的民意调查。调查记录显示，当时有三百五十二万一千六百七十五票赞同，仅二千五百六十九票反对。

历史学家阿奇博尔德·艾利森从男爵说："历史由此记录。法兰西万众一心，支持拿破仑·波拿巴建立新朝代。历史上没有哪一个国家曾如此热烈鼓舞，视铁血新朝为避风港湾。"

安托万·玛利·尚曼的说法非常有道理："对有些人来说，共和制远远不能满足他们的野心。他们会进一步追求君主制，这是他们心中暗藏的热望。"①

更多的人其实并不了解拿破仑·波拿巴的为人，也不了解他无底洞般的野心。他们并不知道，拿破仑·波拿巴公开宣称他多么渴望和平，其实都是假的。他们只希望新的朝代可以带来安稳的日子，希望大革命的宠儿拿破仑·波拿巴能够好好保卫法兰西，维持革命果实，如果拿破仑·波拿巴称帝，那么残暴的波旁王朝就再无可能复辟了。

1804年5月18日，元老院宣布，在全体人民一致赞同和请求之下，依据法令，宣布拿破仑·波拿巴为法兰西帝国皇帝。拿破仑·波拿巴接受了这一至高无上的帝国尊誉。他说：

---

① 《拉瓦莱特伯爵回忆录》，第2卷，第31页。——原注

阿奇博尔德·艾利森从

既然大家认为这样做对国家有利，我就接受皇帝这一称号。我和我的家族既然承载了尊荣，必将世代尽力，不负国人重托。我的后代子孙中，如果有任何人敢辜负人民的厚爱、违背国家的信任，那么我的在天之灵将再也不会保佑他。

拿破仑·波拿巴做第一执政时使用的姓氏"波拿巴"现在已按君主制惯例留作教名。称帝后的拿破仑·波拿巴大行提携敕封。他的手下有十八位将领获封帝国元帅。另外两位执政官分别被任命为大书记官长和大司库，封号"殿下"。拿破仑·波拿巴的亲兄弟中，约瑟夫·波拿巴和路易·波拿巴温良恭顺，最得拿破仑·波拿巴的欢心，因此，约瑟夫·波拿巴受封"大选帝侯"，路易·波拿巴受封"大治安官"，二人封号为"皇殿下"。拿破仑·波拿巴的三个妹妹皆获封公主的称号。他的母亲波拿巴夫人玛丽亚·莱蒂齐亚·拉莫利诺只得到封号"梅雷夫人"。各部部长改称"阁下"。查尔斯·莫里斯·德·塔列朗-佩里戈尔升任宫廷大总管。其他如皇室侍女、侍从、宫廷马倌、宫殿大元帅、大总管、大礼司等，各有安排。

以冷酷的睿智洞悉一切的皮埃尔·朗弗雷说：

因为新的王朝亟需富丽堂皇的头衔充实它原本贫寒的背景和空洞的身世。从主人到仆从，所有的人，虽然身着盛饰皇袍，看似得意非凡，实际上却透露着矫情，显示出了俗气的浮华和缺乏底蕴的虚空。他们只是狂欢盛宴上的小丑，只有金丝银线绣成的戏服。大家不要忘了，在这片谄媚声背后的人还有暴发户、雅各宾派、恐怖主义者和曾经弑君的罪人。这些人曾经打着反对封建、废除贵族头衔、消灭等级特权的旗号，推翻了波旁王朝，为自己赢得了权力、声誉和财富。而今天，他们张开双臂，准备接受自己曾反对过的特权和头衔。令人难以忘怀的是，当初，他们为了反对封建，让双手沾满了鲜血，针对的就是如今他们这样的人。他们劫掠拥有财富的人，让自己变得富有。他们曾向世界宣布，他们反对王权、反对贵族，世界相信了，他们自己却成了贵族。

与此同时，我们也注意到，有些结束了逃亡并出钱赎回自己头衔的旧时贵族也回来了。他们对新朝新贵奴颜逢迎，却在内心深处瞧不起这些篡权上位者。于是，旧贵们刻意用矫情而陈旧的礼节误导新贵族们。无论是时间、传统，还是民间的迷信，都不能使这些新贵的形象更加闪亮。因此，当我们叙说历史时，即使想给他们多留一点余地，少一分讥诮，都是强人所难。

但无论如何，只要有朝廷的地方，就要有国体，要有秩序。因此，就应该有执行部门。拿破仑·波拿巴的新皇朝就是这样一个拼凑成的团体。这并不是他的过错，而是他的不幸。新贵族们并不懂得真正的王室礼仪，因此无论何时，只要有典礼仪式举行，画面就变得无比滑稽。

德·斯塔埃尔夫人安妮·路易丝·热尔梅娜说：

波旁王室礼仪中那些最烦琐冗余的部分，被新贵族接收并亦步亦趋地执行。新贵族往往会表现出过度的敬意，会在进入前厅的时候也敲门，会刻板地遵循典礼的仪式，会连折信纸这样的小事都注意细节。新贵族们以为他们学到了王室礼仪，却不懂得过犹不及的道理。法兰西第一帝国的礼典规仪有多么繁杂无趣，人性的弱点就记录得多么真实生动。这也是历史长河难寻的珍藏啊！

然而，要得到皇帝的称号，只有元老院的推选和人民的赞同是不够的。拿破仑·波拿巴不能自称"神所恩典的君皇"。因为没有教皇施过涂油圣礼，他就不能算是神恩准的君皇。比如，波旁家族的后人可以自称"路易十八"，但拿破仑·波拿巴就没有办法向法兰西人民显示自己是经过宗教核准的帝王。因此，如果可以请到罗马天主教教皇为拿破仑·波拿巴加冕和涂油，拿破仑·波拿巴的皇权会显得更神圣。于是，拿破仑·波拿巴与教皇庇护七世商谈，请教皇庇护七世前来巴黎，为他加冕。

拿破仑·波拿巴这样做还有一个理由。在欧洲，一想到当甘公爵路易–安托万–亨利·德·波旁–孔代之死，人们仍心生战栗。如果能请到罗马天主教教皇为自己加冕，对拿破仑·波拿巴来说，也是一种开脱。

拿破仑·波拿巴将希望教皇庇护七世为自己加冕的计划告知让·拉纳。让·拉纳闻言后说："陛下，假如我是您，我才不会请什么宗教啊信仰的为我涂油。我想怎样便怎样。陛下，现如今，抹不抹圣油其实没那么重要了。"

拿破仑·波拿巴答道："你如此没有见地，因此只能做个士兵。不要忘了，我现在要统治两千五百万子民，其中至少有一千八百万人是儒生妪妇，只会人云亦云。如何让他们相信我的皇权是上天的恩赐？如何杜绝他们讨论教会有没有恩准我的皇位？这不是可以商量的事情，而是一定要做的事情。只要光环足够耀眼，人们想都不会想，就会信以为真。"

让·拉纳说："这样我就懂了。可是，万一教皇不同意怎么办？"

拿破仑·波拿巴说："什么？他有什么资格不肯？谅他没这个胆。我了解教皇庇护七世。他承蒙诸神的恩典，也通晓世俗的情理。我们在签约的时候打过交道，我知道他的斤两。你向他做出承诺，就说我会用很大的利益来交换。而且你向他保证，在前来巴黎的路上，以及在巴黎，他将受到最尊崇的待遇。这样，他就一定会来的。"①

教皇庇护七世当然不肯前往巴黎。他心怀疑虑，踌躇不决。于是，拿破仑·波拿巴命法兰西驻罗马大使德·卡科前往催促，转告教皇庇护七世要在规定的期限内答复，否则就将他逐下教皇之位。教皇庇护七世在恐吓中不再犹豫，也不再提及什么相关规定。原本对拿破仑·波拿巴皇位的所有质疑，现在都烟消云散了。

德·卡科

① 《拿破仑·波拿巴秘史》，第225页。——原注

事实上，在这桩伪善交易的背后还留存着少许真挚。教皇庇护七世曾浏览过拿破仑·波拿巴在埃及发表的公告，知道当时拿破仑·波拿巴如何吹嘘自己推翻天主教教皇、推翻基督十字架，也知道拿破仑·波拿巴与当甘公爵路易-安托万-亨利·德·波旁-孔代的死脱不了干系。教皇庇护七世对正统的王朝和古老的血脉非常尊崇，只是他性格阴柔，过于妇人之仁。他还贪权忘义，一点小恩小惠就可以让他动摇。《教务专约》签订后，教皇庇护七世一直对直升主教的人心怀怨妒，对仍能保有教区祭坛神职且私人财产未遭清算的人充满憎恨。这次前往巴黎，为拿破仑·波拿巴施涂油圣礼，他想狠狠敲上一笔，想将那些不合规程、乱行教义的人都抓起来，以泄私愤。另外，教皇庇护七世一直想把原属教皇国所有的安科纳、博洛尼亚等领地要回来。当然，如果能将阿维尼翁和卡尔庞特拉作为奖励送给他，就更好了。

尽管拿破仑·波拿巴对教皇庇护七世表现出了极大的尊崇，但事关利益的诺言他并没有给予清晰的保证。这种含糊其词的言语如何能骗得过罗马教廷？罗马教廷是惯于绕着弯子表达意思的。虽然拿破仑·波拿巴给教皇庇护七世承诺的利益是含糊不清的，但拿破仑·波拿巴话语中的威逼清晰而强势。最终，教皇庇护七世只得让步。教皇庇护七世也害怕和拿破仑·波拿巴闹翻，只好前去给拿破仑·波拿巴加冕。至于拿破仑·波拿巴答应给教皇庇护七世的好处，只好寄希望于拿破仑·波拿巴保守信用了。

最终，在拿破仑·波拿巴虚晃的各种承诺中，教皇庇护七世屈服了。教皇庇护七世说他这样做是为了"维护宗教的利益和统一"。拿破仑·波拿巴和教皇庇护七世还讨论了一些细琐的小事，比如塔列朗夫人会不会参加典礼，要严格执行教规礼仪。

在拿破仑·波拿巴宣誓时，出了一些小状况。拿破仑·波拿巴宣读的内容中有"为了尊重《教务专约》的相关规定，为了推进对《教务专约》各项法规的尊重，为了维护礼拜的自由"这样的句子，教皇庇护七世对此表示反对，因为《教务专约》有悖罗马教义，这一点不可容忍。查尔斯·莫里斯·德·塔列朗-佩里戈尔轻松地摆平了这件事。他说，这都是法兰西民众的意思。随后，教皇庇护七世坚持

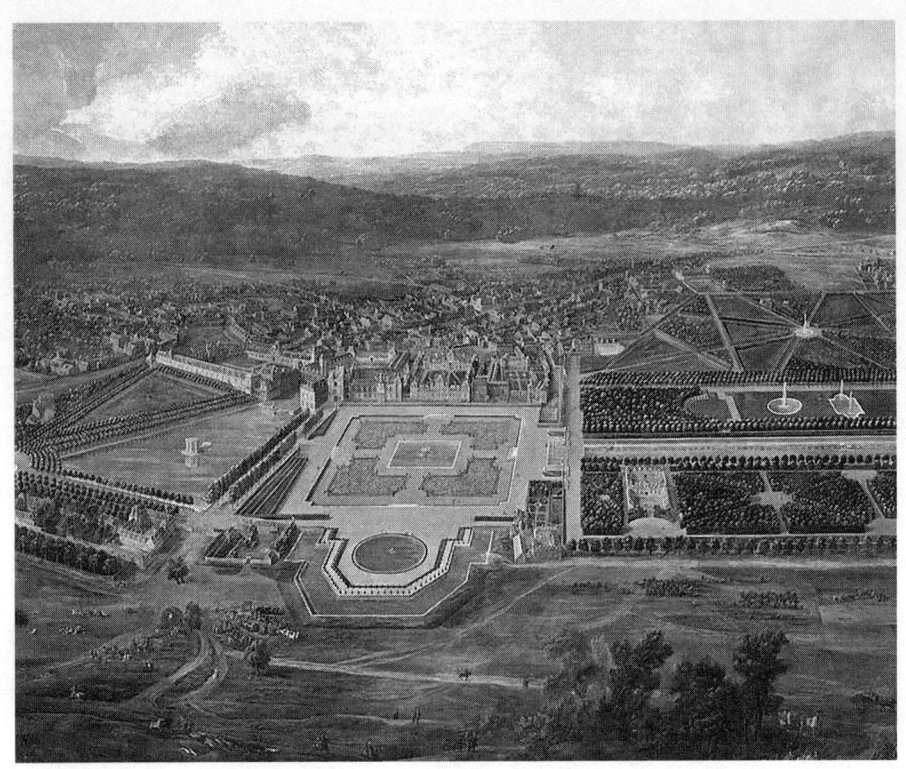

枫丹白露宫

为拿破仑·波拿巴和波拿巴夫人约瑟芬举行宗教婚礼。拿破仑·波拿巴对此表示赞同,并私下补办了宗教婚礼。最后,教皇庇护七世抵达巴黎。拿破仑·波拿巴在枫丹白露宫为他接风。拿破仑·波拿巴故意穿着猎装,装作打猎回来的样子,带着仆从和猎犬雄赳赳地出来迎接教皇庇护七世。二人拥抱了一下,从准备好的马车两侧各自登入。拿破仑·波拿巴故意坐在了右边,那是尊位。此次,教皇庇护七世前来为拿破仑·波拿巴加冕,在巴黎期间遭遇了各种羞辱。而这些都只是个开端。事实上,拿破仑·波拿巴发自内心地鄙夷教皇庇护七世。身为教皇,庇护七世只为了些许利益,便轻易背弃了波旁王朝。

接下来,将在巴黎圣母院举行的加冕典礼进入了繁复的准备阶段。前宫廷侍女珍妮-路易丝-亨丽埃特·康庞受新皇朝邀请,特地从意大利都灵赶来巴黎。珍妮-路易丝-亨丽埃特·康庞将在礼仪方面来对新皇朝贵族们进行指导。

珍妮-路易丝-亨丽埃特·康庞对王室规制的许多细节都已模糊,只能依稀地回忆起一些旧典的细节,搬出旧朝的繁文缛节。艺术家让-巴蒂斯特·伊萨贝负责服装设计。他要在八天时间内完成七幅画作,画出加冕典礼的主要场景。来宾们要按照画作上的场景寻找自己的站位,了解自己的姿仪。要知道,在这么短的时间内为一百多位来宾安排仪程,这对让-巴蒂斯特·伊萨贝来说简直是不可能完成的任务。但拿破仑·波拿巴听不进任何借口。

珍妮-路易丝-亨丽埃特·康庞

多亏让-巴蒂斯特·伊萨贝想象力丰富,这个几乎不可能的任务还是完成了。让-巴蒂斯特·伊萨贝去了一家玩具店,买了一大堆玩偶。玩偶高约两英寸。让-巴蒂斯特·伊萨贝给每个玩偶设计好服装,将它们装扮成亲王公主、元帅大臣、皇家侍从和纹章传令官。于是,他在两天之内就完成了场景布置。建筑师皮埃尔-弗朗西斯-利奥纳德·方丹已遵照命令,计划好了如何按比例打造巴黎圣母院的雕塑。

让-巴蒂斯特·伊萨贝来到圣克卢宫一天半后,前往枫丹白露宫觐见法兰西帝国皇帝拿破仑·波拿巴。拿破仑·波拿巴见到让-巴蒂斯特·伊萨

皮埃尔-弗朗西斯-利奥纳德·方丹

贝，惊呼："你这么快就画好了吗？"让-巴蒂斯特·伊萨贝答道："回陛下，画作还没有完成，但我想到了一个精妙的主意。"让-巴蒂斯特·伊萨贝说出了他的想法，摆出了"小剧场"。他像是在棋盘上摆弄棋子一般，将一个个小人偶放置在规定好的位置上。

艺术家迸发的灵感和精妙的设计使拿破仑·波拿巴叹服。拿破仑·波拿巴唤法兰西帝国皇后约瑟芬、侍女和枫丹白露宫的当值官员一并前来观赏。随后，众人开始排演典礼仪式。这样一来，每个人在什么位置、需要做什么事，都非常清楚了。①

如此繁杂的加冕仪程，让-巴蒂斯特·伊萨贝用人偶就搞定了。整个过程中只有一处仪式，由于规程相对繁复，因此需要真人预演。当时排练的场地是杜伊勒里宫的戴安娜美术廊，地上画好了白线供众人定位踩点。大师让-巴蒂斯特·伊萨贝倾付毕生绝学，将人偶打扮得各具神态，美丽异常。他的才艺与品味的确提高了加冕礼的规格。

如今，还存有一封拿破仑·波拿巴写给波拿巴夫人约瑟芬的信。信的内容与加冕礼有关，并且让人哭笑不得。拿破仑·波拿巴在信中说，他即将获得皇帝的尊号，因此建议波拿巴夫人约瑟芬作为未来的皇后，应该展现皇后应有的威严。

> 我的爱妻，我有件事要告诉你。再过两天，我将登基称帝以感谢人民对我的厚望。我要与你共享皇室之威容尊贵。自今日起，请表现出皇后应有的风范，皇家应有的阶层。你能成为皇后，靠的是我立下的赫赫战功。因此，我希望能看到你母仪天下的威严风华，希望你的言行举止符合我们现在的身份，希望你可以和我的家族一起维系皇家的尊贵。请尽快与你的家族沟通，早日适应新的封号。从今往后，他们不能再称你为"波拿巴夫人"，也不能叫"第一执政夫人"。你是法兰西帝国的皇后。

---

① 爱德蒙·泰格尼：《让-巴蒂斯特·伊萨贝的生活和作品》。——原注

当然，约瑟芬品性温柔，不会为拿破仑·波拿巴信的内容生气。其实，拿破仑·波拿巴出身科西嘉岛的小贵族，他凭什么指教波拿巴夫人约瑟芬如何做一个皇后呢？波拿巴夫人约瑟芬本身就很优雅，加上多年贵族生活养成的翩翩风度，无论在哪里都光彩照人，完全当得起母仪天下的威严。此时，波拿巴夫人约瑟芬并不觉得幸福。当甘公爵路易-安托万-亨利·德·波旁-孔代的死给她留下了很大的心理阴影。即使到现在，她见到拿破仑·波拿巴时，都有点畏惧他。拿破仑·波拿巴也能觉察到她的异样，只是以为她为即将成为皇后感到紧张，担心不能适应新的地位。

即将举行的加冕礼在帝国新皇族中引起了轩然大波。波拿巴家族不希望看到波拿巴夫人约瑟芬被加冕为皇后。当他们得知波拿巴夫人约瑟芬将以法兰西帝国皇后的身份与他们一起行礼，几位波拿巴公主还要跟在法兰西第一帝国皇后约瑟芬身后，为她托起裙摆时，法兰西帝国皇宫内廷的女眷们都忍不住爆发了。拿破仑·波拿巴为此惊诧不已。约瑟夫·波拿巴的妻子玛丽·朱莉·波拿巴、嫁给若阿基姆·缪拉的卡罗琳·缪拉、嫁给卡米洛·菲利波·卢多维科·博尔盖塞的波莱恩·博尔盖塞和嫁给费利切·帕斯夸莱·巴乔基的埃利萨·巴乔基都很生气。约瑟夫·波拿巴对此尤为震怒。他觉得二弟拿破仑·波拿巴登基为皇帝，侵犯了他作为长兄的尊严和利益。约瑟夫·波拿巴在这样争吵的时候，说得振振有词，宛若自己是个古老朝代的继承人一样。约瑟夫·波拿巴和拿破仑·波拿巴争论得不可开交，拿破仑·波拿巴不满地问约瑟夫·波拿巴是不是想闹事。后来，路易·波拿巴也加入了争论，帮着约瑟夫·波拿巴说理。拿破仑·波拿巴气得拽着路易·波拿巴的胳膊，把他推到门外面去了。

最后，还是查尔斯·莫里斯·德·塔列朗-佩里戈尔出面解决了问题。在他的斡旋下，几位波拿巴公主终于同意为她们的嫂子，法兰西第一帝国皇后约瑟芬提一下裙角，装作是托了裙尾的样子。当然，为了让几位波拿巴公主心理平衡，查尔斯·莫里斯·德·塔列朗-佩里戈尔又安排了其他贵妇为她们托裙尾。

1804年12月2日，盛大的日子终于来临。1804年12月2日清晨，杜伊勒里宫的各个厅室中拥满了前来出席典礼的宾客。众人着装过于隆重，显得很不自然。

卡米洛·菲利波·卢多维科·博尔盖塞

宾客们的衣着打扮五花八门，汇集了从路易十三到路易十六各个朝代的礼服。拿破仑·波拿巴身着红绒斗篷，从盛装丽饰的贵妇群中穿过，气度不凡，满面春风，宛若第一次参加化装舞会的小孩。他高声地向女士们问好："女士们，你们打扮得真漂亮。"

杜伊勒里宫外，天气寒冷，冬风刺骨。教皇庇护七世早早地来到巴黎圣母院，已经等了一个多小时，正冻得发抖。然而，拿破仑·波拿巴还在杜伊勒里宫，没有出发。大家穿着戏服一般的华丽衣饰，正在列队。法兰西皇家车队已做好了准备。法兰西第一帝国皇帝拿破仑·波拿巴和法兰西第一帝国皇后约瑟芬坐进了帝后御车，却坐错了方向。他们背对着马就座，直到车队开始行进才发现。气势豪华的队伍从大街上经过时，道路两侧人山人海。但多数人无动于衷。在一声"皇帝驾到！"①的高呼后，民众表情比较冷漠。这正是拿破仑·波拿巴想要的。拿破仑·波拿巴附在热罗·克里斯托夫·米歇尔·迪罗克的耳边，悄声说："好戏已成。"这样挺好，反正他也没有指望过大家会热烈欢呼。

来到大教堂后，皇后约瑟芬华丽的长斗篷差点出了状况。波拿巴公主们应付地提了一下皇后约瑟芬长斗篷的裙尾，非常不认真。因此，皇后约瑟芬的长袍绊到了脚，她只好尴尬地捱着步子走。拿破仑·波拿巴看出来了，就朝几个

拿破仑·波拿巴抵达大教堂

---

① 原文为"Point d'Empereur！"

妹妹严厉地看了过去,还骂了她们两句。这样,几位波拿巴公主才好好地抬起裙尾。

关于奢华无比的加冕礼的记述,我们来看看阿布兰特什公爵夫人劳雷·朱诺是怎么说的吧。

加冕礼的日期定在了1804年12月2日。

那样的场合,只要是见过的人,都会终生难忘。我这一生也见过不少庄严的节日和华丽的盛典,但从未曾见过那样奢华壮观的场面,那样威严的情景。那样的盛况,世间有且仅有过一次,那便是拿破仑·波拿巴的加冕礼。神职人员一边合唱圣曲,一边等待着远道而来的罗马教皇。乐声在大教堂的穹顶悠扬地飘荡,祈祷天主赐福于盛礼。圣坛上已为教皇庇护七世备好了座位。墙壁上挂满了古典式壁毯,四方来宾按级别列队,沿墙而立。帝国官员、各地方代表和法兰西的各地人士齐聚于此,求主赐福于人民选出的皇帝。元老院、众议院的议员们和保民院的保民官都戴着礼帽,礼帽上装饰着的羽毛随风飘动,显得很有趣。军队的官兵们身着挺阔的军装,神职人员穿着庄重的教袍。美丽的贵妇淑女们身上珠光闪耀,举止风度无处不透露巴黎上层社会特有的优雅风华。所有的情景加在一起,盛况空前,构成了一幅异彩纷呈的瑰丽画作。这是人世间空前绝后的雍容场面。

教皇庇护七世首先入场。他走进大教堂时,教堂中立即响起了赞美诗《你是彼得鲁斯》的悠扬曲调。教皇庇护七世气质尊贵,面容慈祥。过了不久,众人听到了礼炮鸣响,便知道皇家车队从杜伊勒里宫出发了。

1804年12月2日清早过后,天气变得极其阴冷。天上逐渐飘起了冷雨。看来,从杜伊勒里宫前来教堂的路上也不会太轻松。然而,像是有神在暗中佑护一般,天空忽然间放晴了,乌云也随之消散。这样的情景,在拿破仑·波拿巴的一生中出现过许多次。于是,街边拥挤的人群可以看到从杜伊勒里宫开往大教堂的华丽威武的仪仗队伍。否则,无论仪仗有多么

拿破仑·波拿巴的宝座

威严,在滂沱的大雨中,大家都无心观看。拿破仑·波拿巴经过人群时,民众的欢呼声响彻云霄。可以听得出,法兰西人民对英勇善战的皇帝发自内心的热爱和尊崇。

拿破仑·波拿巴抵达巴黎圣母院后,登上圣坛。圣坛旁已安置了他的宝座。皇后约瑟芬在旁边的座位上落座。圣坛周围簇拥着来自欧洲各地的君王和大公。拿破仑·波拿巴看上去很镇定。我仔细地观察着他,想看看穿着皇帝华袍的他是否比平日身着戎装时更加安然,有没有心跳得厉害。但他非常冷静,并没有紧张。不过,我当时距他十多步远,也不甚瞧得清。

仪式极其冗长。我好几次看到拿破仑·波拿巴困得想打呵欠,但他一直在极力克制。他遵从一切仪轨,举止合乎规矩。当教皇庇护七世为他施涂油圣礼,将圣油涂在他的头顶和双手掌心时,我能从他眼角的神态看出,他想立即将那层油腻腻的东西抹掉。我对他的表情和思想实在太熟悉了,因此可以猜到他当时的心思。教皇庇护七世一边施涂油圣礼,一边深情地做祷告。祷文的结语是:"哦,上帝!通过我的手,将圣油滴进您虔诚仆人的心里。请赐予他福祉,使他能感受到您的仁慈。拿破仑·波拿巴就是您的仆人。虽然我们不配得到您的祝福,但我们信奉您。此时此地,请以您的名义加冕拿破仑·波拿巴为皇帝。"拿破仑·波拿巴听着祷词入了神。但当教皇庇护七世从圣坛上取下查理曼之冠,要为拿破仑·波拿巴加冕时,拿破仑·波拿巴瞬间清醒了过来。他伸手攫过查理曼之冠,自己将皇冠戴在了头上。拿破仑·波拿巴本就英武帅气,戴上皇冠后,整个脸庞显得更加熠熠生辉,充满了难以言传的英气。与弗朗西斯·帕斯卡尔·西蒙·杰拉德的画作中的描绘不同,拿破仑·波拿巴进教堂时已将头上戴的桂冠取下。皇冠在他的头上稍微有点显小。但夺冠加冕后,他脸上呈现出的兴奋使他整个人都变得更好看了。①

接下来轮到皇后约瑟芬出场。皇后约瑟芬从后座上缓缓走下,走向圣坛。她的身后跟着一众夫人,几位公主为她托着裙摆。她们走到圣坛时,拿破仑·波拿巴正在等着皇后约瑟芬。皇后约瑟芬的绝色动人之处不仅在于她身材曼妙,更因为她脖颈曲线优雅,走路时的仪态和风姿绰约。她的确是仪态端丽、风华秀韵的女子啊。我一生中见过不少血统纯正的王室公主,也见过说圣日耳曼区语言的女人,但竟没有一人能像加冕礼上的皇后约瑟芬这样,让我真切地看到人世间竟有如此雅致贵气的尤物。从拿破

---

① 拿破仑·波拿巴自行加冕惹得教皇庇护七世内心不悦。教皇庇护七世后来责怪说,拿破仑·波拿巴没有按照事先预定的典礼仪式进行加冕。但拿破仑·波拿巴这样做是有道理的。他可以接受涂油礼,这是认可自己的统治为圣职。但他不接受教皇加冕,因为他的统治权不是从教皇手中获得的,而是来自法兰西全体人民的认可和支持。因此,只能由他为自己加冕,因为他才是人民的代言人,教皇不能代表法兰西人民。——原注

仑·波拿巴看向皇后约瑟芬的眼神中，我确信，我看到了引以为傲的赞许。皇后约瑟芬走向拿破仑·波拿巴，向着拿破仑·波拿巴跪下。她激动得难以自制，双手合十举向天空，却接住了滑落的泪水。或者说，她在向着拿破仑·波拿巴的方向行礼。拿破仑·波拿巴和皇后约瑟芬对视时，他们是多么幸福啊！这是一生难觅的特别时刻。这一刻，足以回味许多年。

拿破仑·波拿巴为约瑟芬加冕

整个典礼中,拿破仑·波拿巴似乎一直在刻意循规蹈矩,他的举止中都透露着些许小心翼翼。他为皇后约瑟芬加冕时更显慎重。拿破仑·波拿巴先从放置后冠的十字架上取出玲珑的皇冠,依照礼节,在自己的头上试戴了一下,然后戴在皇后约瑟芬的头上。按照民间的说法,好妻子会旺夫。只见拿破仑·波拿巴小心翼翼地给他的妻子戴皇冠,仿佛一定要戴出她的优雅来。他费了好大的劲，试了好几次，才把这个小皇冠在约瑟芬的钻石王冠上安插好。我有幸站在距离他们较近的位置，因此，在这一盛大时刻，我将他们所有行为的细枝末节都看在了眼里。

  为皇后约瑟芬加冕完毕之后，拿破仑·波拿巴回到圣坛，坐回皇位。此时，众人齐声高呼万岁，场面非常壮观。拿破仑·波拿巴厉色扫视全场，将在场的宾客一一看过。我当时在一个小角落里，但他也看到了我。我看到他在盯着我看，我当时一下子就变得焦虑起来。我害怕贵为皇帝的拿破仑·波拿巴又想起从前的事情。一位海军军官曾告诉我，有一次，他遭遇了沉船的事故。当时，这位海军军官已放弃了挣扎，准备接受死亡的命运。他濒临死境，感觉自己过去的生命时光像画卷一样在他的眼前铺展开，过去生命中发生的一幕幕场景飞快地浮现在眼前。天哪，拿破仑·波拿巴盯着我时，会不会也是一样的心情？他会不会想起过去的事情——他是否想起在圣托马斯菲耶街的时光，是否想起当时我们一家诚挚的款待，是否想起在与我们一起坐马车去圣西尔回来的路上，他喊道："哦！我要当将军。"①

  几天后，我再次见到拿破仑·波拿巴时，他说："加冕那天你为什么穿件黑袍子就来了？又不是葬礼。"我吓得泪水涟涟，惊呼道："哦，对不起，陛下！"拿破仑·波拿巴看着我，似乎想看透我的真实想法。他问我："你告诉我，为什么要选黑色的穿？"我说："陛下您离得远，没有看到我那件礼服并不全是黑的。礼服胸前全是镶金刺绣，我还戴了钻石项链。或许也是我欠考虑吧，因为我并不需要上台，或者待在您身边，因此不必非要穿正式宫装。我，我就疏忽了。"

  "你这样讲又算什么？是在变相地抱怨吗？像某些人一样，觉得没能当个宫廷侍女②，出下风头，不高兴了？有话就直说，我讨厌拐弯抹角的。"

---

① 原文为法语 "Oh! Si j'etais maitre"。
② 原文为 "dames du palais"。

加冕称帝的拿破仑·波拿巴

说到加冕礼,还有一两则小趣闻。传说,拿破仑·波拿巴戴上皇冠后,转身对着他的长兄约瑟夫·波拿巴说了一句:"倘若父亲在世,今日必定会以我为荣的。"

关于帝国继承人的问题,波拿巴家族内部爆发了激烈的争论。有一天,拿破仑·波拿巴与四弟路易·波拿巴的长子拿破仑·路易·查尔斯·波拿巴一起玩耍。

拿破仑·波拿巴将拿破仑·路易·查尔斯·波拿巴抱在膝头，慈爱地说："小家伙，你知道吗，你长大后可是要当国王的哦。"此时，若阿基姆·缪拉正好在旁边。他想着侄儿和外甥应该都一样，于是激动地问道："那我家小阿希尔——查尔斯·路易·拿破仑·阿希尔·缪拉呢？"拿破仑·波拿巴答道："哦，小阿希尔啊，他会成为一名非常勇敢的士兵。"转而继续对拿破仑·路易·查尔斯·波拿巴说："我亲爱的侄儿，听叔父说。古人云：'堂弟表兄之宴不可赴。'你可要记住了啊，看好自己小命要紧。"①

查尔斯·路易·拿破仑·阿希尔·缪拉

---

① 德·雷米萨伯爵夫人克莱尔·伊丽莎白·让娜·格拉维耶·德·韦尔热纳：《德·雷米萨夫人回忆录》，第1卷，第220页。——原注

与此同时，法兰西第一帝国的元帅们也为排名吵得不可开交，在拿破仑·波拿巴面前争得死去活来。

　　德·雷米萨伯爵夫人克莱尔·伊丽莎白·让娜·格拉维耶·德·韦尔热纳在回忆录中说道：

> 　　我对拿破仑·波拿巴说："我觉得，您已经将法兰西踩在脚下，并跟法兰西说：'请世间所有的虚荣、浮华和名利再次现身吧。'"拿破仑·波拿巴回答："你说对了，国人趋附名利是统治者的幸事。"①

　　雅克-路易·大卫的传世杰作不仅将加冕礼上拿破仑·波拿巴为皇后约瑟芬戴上皇冠的时刻永存世间，还是一幅生动细致地展现现场每一位来宾肖像的巨制。当然，并不是每个人都丝毫不差。比如波拿巴夫人玛丽亚·莱蒂齐亚·拉莫利诺，我们都知道她当天不在场，但她还是出现在雅克-路易·大卫的画作中。这是拿破仑·波拿巴特别要求的。其实，波拿巴夫人玛丽亚·莱蒂齐亚·拉莫利诺和卢西恩·波拿巴都没有来，他们当时在意大利。波拿巴夫人玛丽亚·莱蒂齐亚·拉莫利诺缺席加冕礼是因为她不赞成拿破仑·波拿巴称帝。

　　加冕礼结束后，教皇庇护七世在法兰西暂居数月，希望拿破仑·波拿巴能兑现"诺言"，将他想要的都尽快给他。最终，他发现自己并不能从拿破仑·波拿巴手中获得任何好处，便满心悲瑟地愤然离开。教皇庇护七世离开法兰西时，带走了塞夫勒产的瓷器和哥白林厂染的挂毯。但法兰西第一帝国的宪法并没有做任何更改，原本以为拿破仑·波拿巴会归还的原教皇辖地也一寸都没有拿到。

　　然而，教皇庇护七世前来为拿破仑·波拿巴加冕，这依旧不算是坏事。抛弃他谋私利的企图不说，还有比法兰西举国一致的情愿还要热烈的决心吗？法兰西人民选择了这位科西嘉军事冒险分子，波旁王室只能退出历史的浪潮。教皇庇护七世喃喃自语道："是神注定了这一切的权力抉择。"当梅罗文加王朝的国

---

① 德·雷米萨伯爵夫人克莱尔·伊丽莎白·让娜·格拉维耶·德·韦尔热纳：《德·雷米萨夫人回忆录》，第1卷，第72页。——原注

王不再拥有实权,当时的教皇圣扎迦利便毫不犹豫地转而支持实力派宫廷长矮子丕平①并为他加冕。卡洛林王朝走向没落的时候,法兰克人民便不再青睐下洛林公爵查尔斯②,开始支持休·卡佩③。当时的兰斯大主教阿达尔贝罗也跟着宣布休·卡佩为王。

教皇圣扎迦利为丕平加冕

---

① 矮子丕平(Pepin the Short,约714—768),法兰克国王,卡洛林王朝的创建者,751年至768年在位。
② 下洛林公爵查尔斯(Charles Duke of Lower Lorraine,953—993),西法兰克国王路易四世(Louis IV)的次子,卡洛林王朝末代国王路易五世(Louis V)的叔叔。西法兰克国王路易五世没有继承人,因此,当时,下洛林公爵查尔斯也是王位竞争者之一。
③ 休·卡佩(Hugh Capet,939—996),987年至996年在位的法兰克王国国王,卡佩王朝(House of Capet)的创建者。休·卡佩被选为西法兰克王国卡洛林王朝末代国王路易五世(Louis V)的继承人。

休·卡佩

　　有了前车之鉴，教皇庇护七世为拿破仑·波拿巴加冕也算无可厚非。当然，教皇庇护七世通达世故，因此会这样做。只是在这件事情上，无论他是否通达世故，都不算重要了。

　　1805年，约瑟夫·富歇对路易·安托万·福弗莱·德·布里昂说过下面这样的话，一针见血地指出当时法兰西人的想法：

> 在我看来，什么样的政府，不重要，政府的形式，也不重要。大革命的首要目标并非推翻波旁王朝，而是消灭虐政、泯除特权。后来波旁王朝之所以不能维系，全因路易十六个人的品性。他胆小，怯于拒绝；他懦弱，擅于允诺；他无信，应而无果。然后就是从大革命爆发到雾月政变，再到后来拿破仑·波拿巴称帝，法兰西经历了很多，从共和又走向帝制。我们都知

道,在法兰西推行共和体制会很艰难。但最大的问题还是要推翻波旁王朝。我认为,防止波旁王朝复辟的最好方式就是以一个新的王朝来取代。

在这里,约瑟夫·富歇少说了一句,那就是,在法兰西历史上,这种交替更代并不是头一回。梅罗文加王朝如是,卡洛林王朝亦如是。"在法兰西历史上,这很正常。"

第35章

奥斯特利茨战役

(1805年)

精彩看点

积极准备攻打英国本土——现实困难不是一点点——勋章绶带的骑士制度——布伦授勋——舰队出了问题——拿破仑·波拿巴现在知道难度了——海军不如人——卢卡侯国——法兰西缺钱——目标一转——对奥用兵——多瑙河上的弱将卡尔·马克·冯·莱贝里希——攻下乌尔姆——奥斯特利茨大捷——捷报避重就轻——公告——法兰西经济形势堪忧——法奥两国皇帝会晤——《普雷斯堡和约》

在很长一段时间里，出征英国成为拿破仑·波拿巴脑海中挥之不去的主题。他已将出征的具体细节反复盘算，还下令各部门为随时发起军事行动做好准备。浩荡的出征大军在布伦汇聚，整装待发。法兰西第一帝国和巴达维亚共和国各码头都异常繁忙，进入了战备状态。码头上集结着大型平底战船。无论是否可行，拿破仑·波拿巴都幻想着依靠这种大型平底战船登陆英国海岸，借此输运士兵、大炮和马匹。除此之外，还有海军上将奥诺雷·约瑟夫·安托万·冈托姆率领一支舰队隐在布雷斯特，皮埃尔-查尔斯-让-巴蒂斯特-西尔韦斯特雷·德·维尔纳夫驻军土伦，这两支部队随时待命。法军进行了一系列部署上的调换，迷惑英军调开舰队。事实上，它的真实目的是要与布雷斯特和土伦的部队会师，掩护法军主力从布伦开往肯特海岸。在海港船坞中，法兰西第一帝国加紧赶造各种类型的战船，战船布满海滩各处，甚至分布在沿着河流的地方。在布伦市，拿破仑·波拿巴下令征收所见到的全部商品。法兰西第一帝国的间谍遍布英国及爱尔兰，他们搜集整理英国防御法兰西第一帝国的情报并随时汇报，同时附上参考建议，供法军选择登陆不列颠的最优地理位置。

然而，拿破仑·波拿巴依然有难言之隐，导致进攻不列颠本岛没有想象中那么顺利。

法军的平底运输船只适合在海上风平浪静时出航。一旦海上稍有风浪，满载兵士物资的船恐怕就会倾覆。而海上风平无波的季节，英吉利海峡的水流却湍急凶猛，一定会打翻法军舰队。当年，尤利乌斯·恺撒也对英吉利海峡的激流一筹莫展。为了对付这一激流，必须挑选风势适宜的时间行动。只有在风向合适的时候，船帆能张开的时候，才能出航。但风也不能太大，如果风太大，就会把张开船帆的战船吹翻。

攻打英国之前还有一个问题：奥诺雷·约瑟夫·安托万·冈托姆将军被英军封锁在了布雷斯特，无法转移。皮埃尔-查尔斯-让-巴蒂斯特-西尔韦斯特雷·德·维尔纳夫虽然逃脱了英军巡航舰的追踪，已插入直布罗陀海峡，但对于被围困在布雷斯特的友军舰队也是爱莫能助。而且皮埃尔-查尔斯-让-巴蒂斯特-西尔韦斯特雷·德·维尔纳夫直接攻入英吉利海峡也不现实。法军在没有援军后备的情况下入侵英吉利海峡就是找死。

拿破仑·波拿巴加冕后，荣誉军团勋章①也逐渐完善。荣誉军团由步兵队组成，每个步兵队的队长都获得了勋章。后来，荣誉军团勋章逐渐演变为骑士制度。骑士制度规定，军团士兵必须在胸前佩戴火红色的绸缎绶带，绶带扣环处缀饰银质和珐琅双星，上面绘有法兰西第一帝国皇帝拿破仑·波拿巴的肖像，并铭刻文字"荣誉与祖国"。司令官和军官的双星为金质。高级军官的右肩至左腰间佩戴绶带，绶带扣环处缀饰一颗星，绶带上佩有勋章。

拿破仑·波拿巴在荣军院举行盛大的授勋典礼。荣军院里飘荡着法兰西各军团的旗帜，绣着鹰状勋章的旗帜上记载着每次大捷的名字。拿破仑·波拿巴命令将旗帜分发下去。雅克-路易·大卫有一系列的画作，便是以此次授勋作为主题的。在画作第一个版本中，雅克-路易·大卫还画了荣耀之神从天而降，将花环散发给将士们。但拿破仑·波拿巴拒绝了这一喻指，因此，在最终的成画上，这一幕没有出现。从艺术的角度来看，与雅克-路易·大卫的那幅画作《拿破仑一世及皇后加冕典礼》相比，这幅描述授勋的画作逊色了许多。法兰西第一帝国的元帅们挥舞元帅之杖的风姿过于夸张，令人不适。

然后，拿破仑·波拿巴来到布伦军营。1805年8月15日，拿破仑·波拿巴在布

---

① 荣誉军团勋章包括五个级别，从低到高分别是：骑士、军官、司令官、高级军官和大十字骑士。

荣军院授勋典礼

伦军营颁发荣誉军团勋章给各位将士。之所以选择这个日子,是因为官方登记的拿破仑·波拿巴的出生日期就是8月15日。

当时,阿布兰特什公爵夫人劳雷·朱诺也在场。她对当时的场景进行了动人的刻画:

> 在秩序之塔①的原址所在的小丘上,法军搭建了一个授勋台,授勋台周围立着二百多面缴获的旗帜。二十四位高级军官分列在通往授勋台的台阶上。这二十四位高级军官都是拿破仑·波拿巴从功勋最卓著的军事将领中遴选出来的。授勋台上摆放着"达戈贝尔王座"②。皇帝拿破仑·波拿巴

---

① 秩序之塔(Tour d'Ordre),一座古罗马灯塔,位于布伦港。于1644年倒塌。
② 达戈贝尔王座(Trône de Dagobert),是中世纪的青铜座椅,被视为王权的象征。

的身边放着"贝亚尔骑士头盔"①，里面装满了即将授勋用的十字勋章和绶带，包括弗朗茨一世盾徽②。授勋仪式在一个天然形成的山谷中举行。在山谷中六千名士兵列队排好，摆成梯形。山谷的外形看上去像是古罗马圆形竞技场一样，士兵们像是被包裹在竞技场。从山谷望去，可以看见不远处的大海，海面上波涛滚滚，海水冲打着秩序之塔所在的小丘，或者拍打着海岸，冲击着海岸上的小土丘。士兵们面朝着授勋台站立，距离授勋台的位置只有几个台阶那么远。拿破仑·波拿巴坐在御椅上，显得光芒四射，魅力十足。拿破仑·波拿巴以自身超强的军事天赋东征西战，威震欧洲。历年胜战中缴获的旗帜在授勋台上空随风飘扬，只见有的旗面被枪弹穿破，有的旗帜上还残留斑斑血渍。这些旗帜是拿破仑·波拿巴的战利品。不远处海湾里停泊的几艘舰船也是拿破仑·波拿巴的战利品。那是英军的舰船，被法军缴获的。

　　授勋典礼冗长而令人疲惫。每一位授勋者都要登上通往授勋台的台阶，从拿破仑·波拿巴的手中接过十字勋章和绶带，向拿破仑·波拿巴致礼后，走下台阶，回归原位。当拿破仑·波拿巴将十字勋章颁给追随自己多年的老兵，包括当年随他去意大利和埃及征伐的部下时，他浑身洋溢着光辉的色彩，因为这使他回想起早年征战时最光辉灿烂的岁月。已经到了1805年8月15日17时。我一直都在看着陛下，发现他非常焦虑，他会不时地转向海军部长丹尼斯·德克雷斯，并不断地小声向他叮嘱着什么。然后，拿破仑·波拿巴面朝大海拿起望远镜，仿佛渴望看到远方的船帆。最终，他的耐心似乎已耗尽。路易·亚历山大·贝尔蒂埃也不顾元帅的身份，不耐烦地咬着手指，不时地拿过望远镜看上一眼。拿破仑·波拿巴、丹尼斯·德克雷斯和路易·亚历山大·贝尔蒂埃三人凑在一起窃窃私语，明显在期待什么。让-安多什·朱诺感到好奇，于是也凑了过去。

---

① "贝亚尔骑士头盔"（helmet of Chevalier Bayard）一般在特殊的场合和典礼上用来盛放勋章等物。贝亚尔骑士全名为皮埃尔·特拉鲁·贝亚尔（Pierre Terrail, seigneur de Bayard, 1473—1524），是一位法兰西骑士，通常被称为"贝亚尔骑士"。
② 弗朗茨一世盾徽（Coat of Arms of Francis I），是神圣罗马帝国皇帝弗朗茨一世的盾形纹章。

丹尼斯·德克雷斯

终于，海军部长丹尼斯·德克雷斯收到了一则消息，并立即将消息转呈拿破仑·波拿巴。拿破仑·波拿巴闻言，立即从丹尼斯·德克雷斯手中抢过望远镜。拿破仑·波拿巴的动作很猛烈，把望远镜都从架子上拽了出来，望远镜沿着授勋台的台阶滚了下去。此刻，众人的目光都投向拿破仑·波拿巴张望的方向。

众人清晰地看到，一支舰队正从远方驶来。舰队包括一千至一千两百艘舰艇。这些舰艇从临近各处港口和北荷兰半岛驶向布伦港。拿破仑·波拿巴本来是特意选了1805年8月15日的日子，趁着英军舰队在英吉利海峡巡弋的时机，他打算把法军舰队与驻布伦舰船合并在一起。同时，拿破仑·波拿巴选择这一日来颁授荣誉军团勋章，作为对将士们的嘉许和勉励。这样在即将到来的攻打英国计划中，将士们才能同心同力，充满干劲。

然而，拿破仑·波拿巴开心得有些早了。没过多久，他兴奋的情绪便烟消云散。丹尼斯·德克雷斯曾警告过拿破仑·波拿巴，生怕有意料之外的情况发生。然后果真丹尼斯·德克雷斯的话就应验了。法军舰队第一师指挥官误将船队撞到了海岸新建的工事。船队撞到工事上便陷入泥沙，搁浅了。几艘只上的士兵们只好往大海里跳。在海滨的人们惊呼着跑过去帮忙。这场意外真是糟透了，而且也非常尴尬。因为那时候远处的英军舰船上，英军官兵们正对着望远镜朝这边看过来呢！拿破仑·波拿巴大怒，他从授勋台走下来，与路易·亚历山大·贝尔蒂埃一起来到了一个宛若看台的地方，边上就是大海了。拿破仑·波拿巴快速地踱着步子，在看台上来回地走着。我们还听见他传来一阵阵犀利的话语，话语里充满了恼怒的气氛。为了庆祝授勋典礼的举行，当天晚上还在营帐中举办盛大的晚宴。18时，炊事兵们把晚餐给士兵们送到营帐里的时候，下起了瓢泼大雨。拿破仑·波拿巴感觉晦气极了。整整一天，一开始的时候还算是阳光明媚，后来就越来越不顺。

此刻，拿破仑·波拿巴才恍然明了，攻占英格兰本岛比他想象的更困难，也更艰辛，还有许多不可预知的风险。其实，丹尼斯·德克雷斯对这些事情心知肚明，参与组建舰队的其他人员心里也都有数。但谁敢直言不讳，向拿破仑·波拿巴进言呢？拿破仑·波拿巴固执己见，他做出的计划就一定要执行。然而现在，困难接踵而至。拿破仑·波拿巴发现，他在陆地作战中纵横捭阖、韬谋深略，

罗伯特·考尔德

但在海战中，不确定的因素实在太多，他的计策始终无法践行。奥诺雷·约瑟夫·安托万·冈托姆的舰队被困布雷斯特，动弹不得。皮埃尔-查尔斯-让-巴蒂斯特-西尔韦斯特雷·德·维尔纳夫率军急行，折过菲尼斯特雷角时遭遇大雾，与罗伯特·考尔德爵士率领的英军舰队爆发遭遇战。法西联合舰队根本不敌英军舰队，只是由于海上雾大，英军无法追击，才免于全军溃散。皮埃尔-查尔斯-让-巴蒂斯特-西尔韦斯特雷·德·维尔纳夫非常识时务。他知道法军难敌英军，于是率余部迅速撤到费罗尔，然后逃至科罗纳。拿破仑·波拿巴得知皮埃尔-查尔斯-让-巴蒂斯特-西尔韦斯特雷·德·维尔纳夫败退的消息，怒火中烧。当时，他只想法军舰队如此外强中干，直接攻取英格兰本岛或将成为笑谈。

皮埃尔·安托万·诺埃尔·布鲁诺

拿破仑·波拿巴当时的反应由他的私人秘书达吕伯爵皮埃尔·安托万·诺埃尔·布鲁诺记录如下：

达吕伯爵皮埃尔·安托万·诺埃尔·布鲁诺发现拿破仑·波拿巴情绪激动，暴怒不已。拿破仑·波拿巴在房间内迅速地踱着步。房间中一片静默，气氛压抑至极。拿破仑·波拿巴不时感慨着："什么海军？什么海军上将？烂泥扶不上墙！净是些无谓的失败和牺牲！这下子，我们失去了全部的希望！皮埃尔－查尔斯－让－巴蒂斯特－西尔韦斯特雷·德·维尔纳夫就应该攻入英吉利海峡!这下倒好,躲去了费罗尔。那是条死胡同啊,他肯定会被死死围困在那里的!"

拿破仑·波拿巴天生与众不同。在这样的时刻,他灵活的头脑和敏锐的思维便得以展现并有所发挥了。拿破仑·波拿巴立即改变了整个作战规划,不再与英国正面交战,而是调转枪口,瞄向了奥地利公国和俄罗斯帝国。他对这样的转变没有丝毫的迟疑,他的士兵也没有任何意见。士兵们早就受够了。多日以来,只要英军巡航舰没有在近海海域里出现的时候,拿破仑·波拿巴就抓住时机磨炼不习惯海战的士兵。拿破仑·波拿巴命令海军士兵们扬帆演练,或者在近海用平底舰船操练列队。虽是近海,士兵们依旧不习惯海上作业,每每训练完毕,士兵们多数面如土灰,嘴唇发白。于是法兰西第一帝国的海军们对海战越发恐惧。在欧洲,越来越多的人察觉到了拿破仑·波拿巴饕餮般的野心。1805年5月26日,拿破仑·波拿巴在米兰大教堂加冕,成为意大利国王。更准确地说,此次加冕与上一次在巴黎圣母院一样,是拿破仑·波拿巴为自己加冕。拿破仑·波拿巴根本没有将已经签订的《吕纳维尔和约》放在眼里。他无视要保证利古里亚共和国①独立的条款。1805年6月9日,拿破仑·波拿巴吞并了利古里亚共和国。随后,拿破仑·波拿巴将卢卡共和国赐予长妹埃利萨·巴乔基和妹夫费利切·帕斯夸莱·巴乔基,作为他们的封地。就这样,一个与世无争的共和国沦为了女大公的封国,成了法兰西第一帝国的采邑。1805年8月9日,感觉受到了拿破仑·波拿巴威胁的大英帝国、奥地利帝国、俄罗斯帝国以及瑞典等国再次成立反法联盟,这就是第三次反法联盟。因为拿破仑·波拿巴答应普鲁士要把汉诺威划给普鲁士,所以普鲁士没有参加第三次反法联盟,保持中立。

法兰西常年大战,资金匮乏严重。但这难不倒拿破仑·波拿巴。拿破仑·波拿巴直接动用了国家银行储备金,拨款五千万法郎贴补军费。事实上,这样的行为并不合法,但拿破仑·波拿巴不以为意。哪怕拿破仑·波拿巴是在违反他自

---

① 利古里亚共和国(Ligurian Republic),是1797年到1805年短期存在的法兰西附属共和国,绝大部分领土为原先的热那亚共和国。

己设定的法律,哪怕是他自己规定的,国家储备金神圣不可侵占。拿破仑·波拿巴的这一行为严重破坏了公共信用,一时之间,引起了公众的广泛不满。诸多反对拿破仑·波拿巴动用国家储备金的意见大肆蔓延,加上人民的旧日积怨和长期以来压抑的不满,法兰西境内竟也没有发生任何骚乱,真是令人惊讶。其实,由于拿破仑·波拿巴在外征战时捷报频传,因此,人民纵然有所不满,也不敢乱来。法兰西第一帝国的新生皇权其实并不稳固。欧洲时局有动荡的风险,国内复辟势力有卷土重来的可能,所以一个不小心,就可能导致新成立的法兰西第一帝国翻盘。这是公安部长约瑟夫·富歇的观点。作为一名前雅各宾分子兼资深政客,没有人比他更懂得公众的心思。

约瑟夫·富歇对拿破仑·波拿巴说:"我们打仗,就要赢得漂亮。捷报频传才能让巴黎人目瞪口呆,无话可讲。否则,我们将失去的可不止过去的功勋。"

拿破仑·波拿巴说:"我在外征战,你来负责维持国内稳定。"

约瑟夫·富歇回答:"非常乐意为您效劳。预祝陛下旗开得胜,捷报频传。我一定在《通报》上广为宣传。"

战端突显,奥地利帝国仓促应战。奥地利帝国最善战的将军奥地利皇子卡尔大公正率领奥军精锐在意大利驻扎,无法在短时间内回国。留在德意志领土上的只有卡尔·马克·冯·莱贝里希①。卡尔·马克·冯·莱贝里希作战能力很一般,霍拉肖·纳尔逊在那不勒斯时就有所"领教"。霍拉肖·纳尔逊曾说,卡尔·马克·冯·莱贝里希这位将军像是自己不会走路似的,打仗的时候还一定要坐着四轮豪华马车。俄罗斯帝国的军队推进得极其缓慢,要两三个月才能赶过来与奥地利军队会合。维也纳由于卡尔·马克·冯·莱贝里希的御守,成了一座不设防的城市,因为有没有人防守都一样。不知为何,不擅作战的卡尔·马克·冯·莱贝里希一口咬定法军会从斯特拉斯堡进攻,因此令手下部队弃守因河,行至多瑙河,与斯特拉斯堡据河对望。

拿破仑·波拿巴对奥地利军队的一举一动都了如指掌,包括排兵部署和统

---

① 卡尔·马克·冯·莱贝里希(Karl Mack von Leiberich, 1752—1822),奥地利军事将领,1805年率奥军在乌尔姆与拿破仑·波拿巴作战。

卡尔·马克·冯·莱贝里希

帅的运筹。很早以前，拿破仑·波拿巴就采纳了约瑟夫·富歇的建议，与德意志境内的犹太人有了密切的往来。这些犹太人有非常广泛的人脉资源网。只要拿破仑·波拿巴愿意付钱，犹太人可以为他做任何事情。于是，犹太人收买奸细，将奥地利军队的每一次部署、每一个动向都打听得清清楚楚。用不了多久，这些消息就会传到法军司令部。在法军面前，维也纳内阁没有任何秘密可言。奥地利军队的每一个作战参谋部①都有若干奸细和卖国贼，因此，拿破仑·波拿巴对奥地利军队的作战计划了如指掌。

---

① 法文"Etat-major"是军事术语，意为参谋部。

之前，拿破仑·波拿巴集中所有力量准备对付英国时，曾授意《通报》以恶辣的言辞攻击奥地利帝国和俄罗斯帝国，以分散英国的注意力。但后来，他改了主意，决定不攻打英国了。于是，作为法兰西第一帝国的喉舌，《通报》的口吻也随之变得平缓，开始宣传和平的愿望，并且宣称这是法兰西第一帝国皇帝和全体人民共同的意愿。1805年8月25日，拿破仑·波拿巴致信查尔斯·莫里斯·德·塔列朗−佩里戈尔时说："我们的姿态不是硬碰硬，而是要先示弱，然后以柔克刚。这样一来，我也可以有足够的时间为战争做准备。"1805年9月6日，拿破仑·波拿巴向意大利总督欧仁·罗斯·德·博阿尔内发布军令，命令他"表面宣扬和平，暗中加紧战备。"

为了进一步掩盖自己的真实进攻目标，拿破仑·波拿巴留在布伦，没有离开，装作在继续部署对英的战争。但私下里，他命法军秘密转移，火速开向德意志前线。拿破仑·波拿巴能调拨二十万大军，而对手不过区区八万人。他的目标是赶在俄军进入奥地利帝国前，切断卡尔·马克·冯·莱贝里希的后路。他命部队径直北上，取道黑森和巴登−符腾堡北部，在美因兹与奥古斯特·弗雷德里克·路易·维埃塞·德·马尔蒙所率巴达维亚共和国军队会合，然后与驻汉诺威的让−巴蒂斯特·朱尔·贝纳多特部会师。

拿破仑·波拿巴迅速与巴伐利亚选帝侯①马克西米利安一世·约瑟夫签署秘密协定并向其致信。信中允诺，如果巴伐利亚选帝侯马克西米利安一世·约瑟夫只要与法兰西第一帝国皇帝拿破仑·波拿巴结盟，就可获赠领土。另外，巴登、黑森−达姆施塔特②和符腾堡本着自保的原则，也加入了法军阵营，各自派遣军队随拿破仑·波拿巴出征。于是，分别由让−德−迪厄·苏尔特、路易−尼古拉·达武、米歇尔·内伊、让·拉纳和若阿基姆·缪拉带领的五路纵队大军从布伦出发，扑向德意志全境。

---

① 选帝侯（prince-elector of Bavaria）是德意志诸侯中有权选举神圣罗马帝国皇帝的诸侯。神圣罗马帝国初期有七个选帝侯，分别是：教会选帝侯三个：美因兹大主教、科隆大主教、特里尔大主教。世俗选帝侯四个：萨克森选侯、勃兰登堡藩侯、普法尔茨选侯、波希米亚国王。
② 黑森−达姆施塔特（Hesse-Darmstadt），德意志历史上的一个伯爵领地和大公国。1806年，拿破仑·波拿巴建立莱茵联邦，将黑森−达姆施塔特伯爵领地升为黑森大公国。

马克西米利安一世·约瑟夫

卡尔·马克·冯·莱贝里希算准法军会从莱茵河方向杀来，穿过黑森林，抢占乌尔姆、梅明根和伊勒河、多瑙河上游一线。于是，他沿线谨筑工事，步步为营，严阵以待。

与此同时，法兰西第一帝国五路大军连同让-巴蒂斯特·朱尔·贝纳多特及奥古斯特·弗雷德里克·路易·维埃塞·德·马尔蒙共七路纵队，各自行军，从四面八方向奥地利军队扑来。让-巴蒂斯特·朱尔·贝纳多特毫不犹豫地自汉诺威南下，径直从普鲁士城市安施帕赫穿过。这样一来，他从正面避开卡尔·马克·冯·莱贝里希大军，在其身后与巴伐利亚部队成功会师。让-德-迪厄·苏尔特则取道斯派尔斯，渡过莱茵河，挥师直取卡尔·马克·冯·莱贝里希后方的奥格斯堡。路易-尼古拉·达武、温塞堡伯爵多米尼克-约瑟夫·勒内·旺达姆和

奥古斯特·弗雷德里克·路易·维埃塞·德·马尔蒙兵分三路,进入德意志境内,又向北行军,这样就将卡尔·马克·冯·莱贝里希大本营甩在身后,还重创了卡尔·马克·冯·莱贝里希军的右翼,同时增援已抵达奥格斯堡的让-德-迪厄·苏尔特军。

这场战争最令人愕然的是法军从天而降,奥军将领竟丝毫不知。敌军压境,逃跑已经来不及。卡尔·马克·冯·莱贝里希吓得不知所措。

1805年10月20日,已经智竭计穷的卡尔·马克·冯·莱贝里希撤守乌尔姆,向法军投降。

卡尔·马克·冯·莱贝里希向法军投降

1805年10月20日清晨，仅剩两万六千人①的奥地利军队从乌尔姆排列成纵队出城，向拿破仑·波拿巴投降。当时，步兵团已将枪支卸下，放在护城河边。骑兵也已下马，将马匹枪支清点交付。拿破仑·波拿巴看着奥地利军队，心里感到一丝悲凉。

几天后，一封密报的到来给气焰正盛的拿破仑·波拿巴带来了一片阴霾。

---

① 当然，拿破仑·波拿巴在战报中会虚报人数。拿破仑·波拿巴会说敌军有五万，有时甚至说有八万。——原注

法兰西第一帝国舰队在特拉法尔加遭遇惨败

密报称，法兰西第一帝国舰队在特拉法尔加遭遇惨败，盟友西班牙海军也遭重创。事情发生在1805年10月21日，距卡尔·马克·冯·莱贝里希投降没几天。接到消息后，拿破仑·波拿巴心头再难为胜利欣喜，郁郁寡欢了很长时间。他曾酸涩地自嘲："好了，这下子我哪都去不了了。"

1805年11月7日，拿破仑·波拿巴率军抵达摩拉维亚，打开了通向维也纳的道路。1805年11月13日，拿破仑·波拿巴率军前往维也纳。

法军与奥地利军队决战于奥斯特利茨。此时距拿破仑·波拿巴在巴黎圣母院登基整整一年。

大战前夜，法兰西第一帝国皇帝拿破仑·波拿巴巡视营房，令让-安多什·朱诺、热罗·克里斯托夫·米歇尔·迪罗克和路易·亚历山大·贝尔蒂埃陪同，以确保一切就绪。当时已是深夜23时。士兵们围在营地的篝火周围。部队里有很多是近卫军,大家将这些人戏称作"牢骚鬼"①。当时已近1805年12月1日。在严寒的冬日,士兵们热血澎湃,丝毫不觉寒冷。士兵们坐在一起,一起唱着歌。有一些参加过意大利和埃及战役的老兵们自豪地回忆着过去的辉煌。拿破仑·波拿巴身穿灰色军大衣,从士兵们后面悄悄走过。士兵们慷慨而忠诚,立誓不辜负拿破仑·波拿巴,不辜负他的大业和自己手中的枪。突然,有一处篝火火苗攒动,火光正好映在拿破仑·波拿巴的脸上,大家很快便认出了他。众人齐声高呼:"皇帝陛下来了!皇帝陛下万岁!"其他营地的士兵们也开始随之高呼。于是,篝火亮处,呼声迭起。营房前、篝火边,士兵们的呼喊声此起彼伏,响彻夜空。大家不再在火堆边围坐,纷纷跑向拿破仑·波拿巴,都想一睹帝王的风采。士兵们将铺床的秸秆抽出来并点燃,当作火把,点亮道路,纷纷上前围观。"皇帝陛下万岁"的呐喊声经久不绝。这是士兵们发自内心的真诚呼喊,也是他们的真实心愿。这样的真心和真情,不会屈从于威吓,不会因利诱而改变,也不会被奢靡所腐蚀。

　　拿破仑·波拿巴非常感动。他安抚道:"好了!孩子们!好了!可以了!"士兵们的忠心是拿破仑·波拿巴一生中最鲜活、最愉悦的记忆。他感动极了。

　　有一位留着长胡须的老兵,像是从阿尔卑斯山脉打仗过来都没有剪过一样。这位老兵高呼:"啊!皇帝陛下想要打胜仗!那明天,我们近卫军就立个头功,作为陛下登基一周年的献礼!"拿破仑·波拿巴走到老兵身边,微笑着问道:"长胡子,你在那儿嚷嚷什么呢?"拿破仑·波拿巴深受官兵爱戴,他的微笑也充满了魅力。看得出来,老兵非常激动。他举着秸秆火把的手都在颤抖,火光映照在他黝黑且遍布伤疤的脸上,此情此景令人难忘。刚勇的老兵激动得泪水盈眶,嘴角露出一丝笑意。拿破仑·波拿巴重复了一遍问题。老兵答道:"我说,将军,哦不,陛下!我是说,只要陛下一声令下,我们就将俄军打得落花流水!我们一定服从命令!皇帝陛

---

① 原文为法语grognard,英语意为grumbler,意思是"爱抱怨的人"。

下万岁!"随后,周围的军士中响起一阵阵呼应的吼声,仿佛要撕裂俄军,似乎已经注定了俄军失败的命运。法军军心大振,斗志昂扬。这样一支军队不可战胜。①

1805年12月2日,天还未亮,拿破仑·波拿巴就已翻身上马,准备战斗。浓雾低悬,在原野上弥布。俄奥联军驻扎的高地若隐若现。太阳已经升起,但雾气正浓,看不见太阳。只有一个淡红的圆挂在天上。拿破仑·波拿巴一边沿着队列策马疾驰,一边大声说:"士兵们,今天,我们要以雷霆之钧攻克敌军,取得胜利!"士兵们挥动着帽子高呼:"皇帝陛下万岁!一定胜利!"

早在一天前,即1805年12月1日,浓雾尚未来临时,拿破仑·波拿巴就已前来查探过俄奥联军阵地。俄奥联军司令是俄罗斯帝国的米哈伊尔·伊拉里奥诺维奇·库图佐夫将军。在查探时,拿破仑·波拿巴发现联军的队形延伸过长。此乃作战大忌。因此,拿破仑·波拿巴信誓旦旦地说:"明晚之前,定克俄奥联军!"后来的战事的确应验了他的话。

果然,1805年12月2日,俄奥联军完败。法军也颇有些损伤。拿破仑·波拿巴的战报公告中显示,法军死伤约两千五百人。但事实上,真实的数字至少要翻一番。1805年12月2日22时,法军发布了一份新鲜华丽的告部队文书。

拿破仑·波拿巴说:

> 士兵们,我等不到明天了,今晚就想将这些话告诉你们。所有有幸参加此次伟大战役的士兵们,我对你们在战斗中的表现非常满意!士兵们!你们是世界一等一的勇士!今日之战必将亘古流传。我们的胜利将被写入历史,流传百世。即使百万年后,人类的历史也会永远保留这一刻。英勇的士兵们,是你们在奥斯特利茨平原上写下了胜利的篇章!是你们打败了英国花重金收买的七万六千名俄军。败军残部已惊惶逃遁。一个重利忘义、卑劣无耻的民族不可能培养出好的士兵。英国寄希望于俄罗斯帝国,恐

---

① 《朱诺夫人回忆录》,第2卷,第460页。——原注

法军与俄军交战

怕已大失所望。今天据我上次在布伦向你们发表演说,不过才四个月。上次我说过:"我们要向前挺进,消灭敌人,消灭英国重金收买的联军,粉碎英国的阴谋!"现在,我们赢了。我们在乌尔姆战役中消灭了三十万敌军,我们打败了俄奥两国联军……士兵们,你们打得好!除此之外,我们还将俄罗斯帝国皇帝和神圣罗马帝国皇帝御驾亲征的十万联军打得落花流水,魂飞魄散。

拿破仑·波拿巴报出的数字太过虚假,但并没有人戳破。官兵们不会多事,公众也乐飨捷报。法兰西第一帝国的皇帝说消灭了多少敌军,那就是多少。况且在《通报》上刊登的大捷也不止这一次了。

此役中,俄奥联军的确惨败,但并非一败涂地。俄军有一万两千人战死,但撤退时已然整齐有序。反法联盟尚未完全湮灭。奥地利皇子卡尔大公和约翰大公正率领一支俄军援部,火速赶来。几日后,奥军援军就能赶到战场,到时候就会对法军的侧翼造成很大威胁。在这个节骨眼上,又有乱子生出。奥地利哈布斯

约翰大公

奥斯特利茨大捷

堡王朝统治的匈牙利地区爆发起义,大范围①抵抗法军。法兰西第一帝国财政吃紧,法军如临深渊。如果奥地利皇帝弗朗茨一世多坚持两个月,法兰西第一帝国的经济一定会崩溃。

奥斯特利茨大捷及时将法兰西第一帝国从破产的边缘挽回。这一次,法兰西经济侥幸未得崩盘,全因神圣罗马帝国皇帝弗朗茨二世生性柔弱,没有坚持到

---

① 原文"en asse"为法语,指"全体地""一同地"。

底。战败后,神圣罗马帝国在拿破仑·波拿巴的威逼下偿付了巨额赔款。这笔赔款犹如一股清泉,注入了法兰西干涸的国库。

　　神圣罗马帝国皇帝弗朗茨二世因优柔寡断而失败,而列支敦士登大公[①]约翰·约瑟夫一世像是法兰西的忠实拥趸,像是故意输给拿破仑·波拿巴的一样。

---

① 列支敦士登公国是位于欧洲中部的小公国,在瑞士和奥地利之间。1805年到1814年,列支敦士登是拿破仑·波拿巴控制的"莱茵联邦"的成员之一。

约翰·约瑟夫一世

神圣罗马帝国皇帝弗朗茨二世派遣列支敦士登大公约翰·约瑟夫一世与拿破仑·波拿巴和谈,列支敦士登大公约翰·约瑟夫一世根本不作抵抗就答应了拿破仑·波拿巴的条件。列支敦士登大公约翰·约瑟夫一世放弃的利益多到拿破仑·波拿巴都不敢相信的地步。和谈商定完毕,列支敦士登大公约翰·约瑟夫一世返回神圣罗马帝国皇帝弗朗茨二世那里汇报情况。

列支敦士登大公约翰·约瑟夫一世回到神圣罗马帝国皇帝弗朗茨二世那里的第二天,神圣罗马帝国皇帝弗朗茨二世与法兰西第一帝国皇帝拿破仑·波拿巴在法军司令部私下会晤。士兵们在司令部营帐外有的一个旧石磨上点燃了篝火。神圣罗马帝国皇帝弗朗茨二世向拿破仑·波拿巴行礼并打招呼道:"您好,先生……嗯,是……兄弟。"

拿破仑·波拿巴说:"您屈身前来,却只能在军帐中休息片刻。这可是我两个月以来唯一的栖身之所啊!"

神圣罗马帝国皇帝弗朗茨二世说:"军营很好。陛下在此建立功勋,此地也托您洪福,得以闻名天下。"

很难想象,同为皇帝的两个人见面时会是这样的情形。他们一个是古老朝代的帝位传人,一个是新兴王朝的皇权缔造者。奥地利哈布斯堡王朝已历百年风雨,而法兰西第一帝国仅是昙花一现。和议的真实内容我们不得而知,因为我们能够知晓的,只有拿破仑·波拿巴认为我们应该知晓的部分。而且即便已经公之于众,拿破仑·波拿巴依旧可以随时追悔不认。

因此,以下这些话只是拿破仑·波拿巴向大众公布的神圣罗马帝国皇帝弗朗茨二世的言语。至于真假,还请您自己斟酌。

> 神圣罗马帝国皇帝弗朗茨二世说:"在法兰西与英国多年的争斗中,法兰西是正义的一方。法兰西第一帝国实乃正义的国度……英国重商轻义,为利润之由,为独霸世界市场之故,不惜于欧洲大陆各国间挑动战火。"

这话言辞激烈,像极了拿破仑·波拿巴自己发表的反英演说,哪里像是神圣罗马帝国皇帝弗朗茨二世能说出的话?

最终,1805年12月27日,法奥双方签订《普雷斯堡和约》。和约的内容有:第一,承认拿破仑·波拿巴为意大利国王;第二,奥地利帝国割让威尼斯共和国,将威尼斯共和国并入意大利王国;第三,因背叛母国,拥护法兰西有功,擢封符腾堡选帝侯弗里德里希一世为符腾堡国王,擢封巴伐利亚选帝侯马克西米利安一世·约瑟夫为巴伐利亚国王;第四,巴登选帝侯卡尔·弗里德里希因参与暗杀当甘公爵路易-安托万-亨利·德·波旁-孔代有功,擢封为巴登大公。从和约中可以看出,奥地利帝国损失的领土都由意大利王国、符腾堡和巴伐利亚瓜分殆

弗里德里希一世

尽。奥地利帝国失去了伊斯特里亚半岛和达尔马提亚,赔款一亿四千万法郎。奥地利帝国还将提洛尔地区割让出去,这使神圣罗马帝国皇帝弗朗茨二世心痛不已。提洛尔人作战英勇,忠心耿耿,如今却成了巴伐利亚公民。拿破仑·波拿巴自封莱茵联邦①"保护人"。现在,整个德意志西部的公国都已归属于拿破仑·波拿巴。

---

① 莱茵联邦由拿破仑·波拿巴在奥斯特利茨战役后建立,是1806年至1813年间德意志地区的政治体制,最初的成员有十六个前神圣罗马帝国的邦国。莱茵联邦各邦国拥有独立主权,有义务向保护人拿破仑·波拿巴提供一定数量的军队助战。1813年,拿破仑·波拿巴于莱比锡战败后,各邦国倒向反法联盟,正式解体。

《普雷斯堡和约》的其他附加秘密协定也得以迅速兑现。意大利总督欧仁·罗斯·德·博阿尔内将迎娶巴伐利亚公主奥古斯特·阿梅莉·路易丝·乔吉；欧仁·罗斯·德·博阿尔内的堂妹史蒂芬妮·德·博阿尔内将嫁给第一任巴登大公卡尔·弗里德里希的长孙、巴登爵位继承人卡尔·路德维希·弗里德里希；热罗姆·波拿巴将迎娶新晋符腾堡国王弗里德里希一世的女儿符腾堡公主凯瑟琳娜·弗蕾德丽卡。以上为第一批拟定的皇室联姻名单。而且这仅仅是序曲。

奥古斯特·阿梅莉·路易丝·乔吉

日后，政治联姻会接踵而至。从不毛荒岛科西嘉走出的波拿巴家族，一个卑微律师的后代，通过与欧洲最古老的王室和最纯正的血统联姻，最终得以问鼎权势之巅。

第 36 章

皇权新贵

精彩看点

回到巴黎——经济不景气是谁的过错——法兰西第一帝国状况综述——特拉法尔加海战大败如何解释——旺多姆圆柱——入侵那不勒斯——立约瑟夫·波拿巴为国王——其他分封——拿破仑·波拿巴建设新兴贵族的理念——卢西恩·波拿巴——波拿巴夫人玛丽亚·莱蒂齐亚·拉莫利诺——热罗姆·波拿巴——热罗姆·波拿巴与美国妻子伊丽莎白·帕特森分手——教皇庇护七世不肯帮忙——热罗姆·波拿巴娶了一位公主——拿破仑·波拿巴与教皇庇护七世——路易·波拿巴成为荷兰国王——约瑟夫·波拿巴是那不勒斯国王——拿破仑·波拿巴对亲人的态度——波拿巴家族成员群谱——他建立了一个帝国——其他原因——野心不息

法兰西第一帝国国都巴黎有大事发生。1806年1月26日,拿破仑·波拿巴匆忙返回巴黎。法兰西第一帝国的金融濒临崩溃,岌岌可危。法兰西国民担心英军随时登陆法兰西本土,人心惶惶。金属货币流失现象非常严重。除军工业外的所有商业、贸易活动几乎全部停滞。

1806年1月26日深夜,拿破仑·波拿巴抵达巴黎。他抵达后不经休整,便立即召财政大臣弗朗西斯·德·巴尔贝-马布瓦侯爵前来询问情况并商议措施,两人一直商议到天明时分。

1806年1月27日11时,财务理事会议召开。拿破仑·波拿巴将财政大臣弗朗西斯·德·巴尔贝-马布瓦侯爵撤职。财政大臣弗朗西斯·德·巴尔贝-马布瓦侯爵为人诚恳,工作能力也不错,但现在,只能由他做替罪羊。拿破仑·波拿巴决定将管理不善的罪名推给财政大臣弗朗西斯·德·巴尔贝-马布瓦侯爵,以及负责向财政部发放预拨款并为部队军火供应商放债的金融家加布里埃尔-朱利安·乌夫拉尔。加布里埃尔-朱利安·乌夫拉尔和范勒伯格被定罪,入狱并宣告破产。

拿破仑·波拿巴成功地将公众的注意力从他的穷兵黩武转移至这些不法商人的身上。事实上,国家最初默许放债。因为国库空虚,为了充盈国库,不得不借助民间商人应急。现在,这些商人反而成了平息众怒的牺牲品。财政大臣弗朗西斯·德·巴尔贝-马布瓦侯爵更是冤枉。为了填补庞大的军费赤字，财政大臣弗朗西斯·德·巴尔贝-马布瓦侯爵绞尽脑汁，竭尽全力才得以维持至今。

拿破仑·波拿巴获胜凯旋，意味着危机已经解除。奥斯特利茨大捷和签订《普雷斯堡和约》的喜报接连传来，法兰西民众又恢复了信心。空荡荡的国库也迎来了拿破仑·波拿巴带回的八千五百万法郎。

拿破仑·波拿巴发布法兰西第一帝国国事咨文，旨在传扬国威、振奋民心。其实就是用炫丽的笔触来宣传法兰西第一帝国的皇帝如何集文治武功于一身，又是怎样创下卓著的功绩。此篇咨文意在强调拿破仑·波拿巴是法兰西人民的希望。在这篇咨文的文末，还有简明的问卷让人们来回答，比如像下面的问题：法兰西第一帝国皇帝拿破仑·波拿巴连续三次击败反法同盟并将其瓦解。你对此如何看待？对于法兰西第一帝国，这些胜利有哪些益处？我们来看一下这篇咨文的部分内容：

第一次反法同盟战败，签订《坎波福米奥和约》。依据《坎波福米奥和约》，莱茵河边境划归法兰西共和国，原先意大利境内的几个公国现合并为现在的意大利王国，也归法兰西第一共和国所有。第二次反法同盟战败，割让皮埃蒙特地区予法兰西共和国。第三次反法同盟战败，法兰西第一共和国占领威尼斯共和国和那不勒斯王国。英国应该就此罢手，不要尝试组建第四次反法同盟。那不勒斯王朝已永失领地。俄罗斯帝国残部之所以得以撤离，全因我们宅心仁厚，未将其赶尽杀绝。现在，整个意大利半岛都是我们伟大的法兰西帝国的一部分。在此，法兰西帝国皇帝拿破仑·波拿巴以最高统帅之名，在帝国全境及附属各部推行君权和宪章。

至于特拉法尔加海战大败，拿破仑·波拿巴则虚晃一笔，轻轻带过："战事紧迫，因暴风雨之故损失舰船。"当时的实情算是机密，不得泄露，因此，拿破仑·波拿巴尽可大胆织造理由。后来，还是由国外传来了小道消息，法兰西人民才对实情知晓了一二。

旺多姆纪念柱

拿破仑·波拿巴获胜凯旋。为纪念这一不世之功，法兰西国民在旺多姆广场为拿破仑·波拿巴建了一座纪念柱。纪念柱上的铜板由法军缴获的五百门大炮铸炼而成。旺多姆纪念柱仿效罗马皇帝图拉真的记功柱建成，顶端立有拿破仑·波拿巴的铜像。旺多姆纪念柱柱身有雕花环绕。一圈圈旋绕而上的浮雕作品记录了拿破仑·波拿巴的赫赫战功。从布伦军营崭露头角，到1806年1月27日率皇家卫队返回巴黎，八十幅浅浮雕作品记录了拿破仑·波拿巴迄今为止的军旅生涯。旺多姆纪念柱的顶部是由安托万-德尼·肖代制作的拿破仑·波拿巴雕像。拿破仑·波拿巴身穿古典斗篷，足蹬厚底靴，左手持代表胜利的翼形权杖，举止装备像古代罗马皇帝一样。

1805年法奥战争之后，1806年2月15日，约瑟夫·波拿巴率五万法军占领了那不勒斯。那不勒斯终于迎来了未来的君王。1806年4月14日，拿破仑·波拿巴敕封其兄长约瑟夫·波拿巴为那不勒斯及西西里王国国王①。同时，威尼斯共和国成为意大利王国的属国。拿破仑·波拿巴说："我们的皇权能否稳定，欧洲大陆是否安宁，取决于我们能否统治好那不勒斯和西西里的人民。我们刚刚占领这里，并使之成为我们伟大帝国的一部分。我们要确保平稳、安定的统治。"

1806年1月31日，拿破仑·波拿巴致信米奥·德·梅利托伯爵安德烈·弗朗西斯，写道：

> 我命令你返回我的长兄约瑟夫·波拿巴身边，并带去我的旨意。我已封他为那不勒斯及西西里王国国王，他跟法兰西的关系没有任何改变。请好好开导约瑟夫·波拿巴，告诉他如果他再有所犹疑的话，以后便再没有这样的机会了。如果约瑟夫·波拿巴推辞不就，我还有备选之人。如果约瑟夫·波拿巴再次拒绝我，我就将欧仁·罗斯·德·博阿尔内收为养子，让欧仁·罗斯·德·博阿尔内继承我的帝业。约瑟夫·波拿巴先是在加冕礼上言行不敬，后又拒绝加冕为意大利国王，实在让我伤心。因此，我才想改立欧仁·罗斯·德·博阿尔内为继承人。只有能够帮助我的人才有资格受封为国王。帝国大业在前，私人情感不值一提。只有尽心为帝国效力的人才能得到我的褒奖。我的命运并没有寄托于波拿巴家族的名望，我有今天全凭我个人的功勋和荣誉。这些年来，我在欧洲四处征战、戎马倥偬，才终于有了今日的尊荣富贵。今日起，只有赢得了我的尊重的人，才可能获得我的爱意。虽然约瑟夫·波拿巴是我的长兄，在少年时代，我们也曾遐迩亲昵，但如今，我们必须将这些往事尘封，不能再为此摇摆不定。约瑟夫·波拿巴要凭借自己的努力赢得众人的尊重！他必须在战场上挣下属于他自己的荣光！为了荣誉，即使受伤也算值得！约瑟夫·波拿巴如果能做到这些，自会再次获得我的欢心，甚至钦佩。除此之外，他还要放弃旧规陈念。他必须孜孜勤勉，不惧辛劳，方可成就威武之躯。以我为例。前不久，我刚

---

① 约瑟夫·波拿巴成为国王时，官方的称号为那不勒斯及西西里王国国王，但当时实际上的统治区域并没有西西里岛。法军曾打算进攻西西里岛，但因海军条件不足而放弃。因此，约瑟夫·波拿巴的真实统治区域是那不勒斯。

指挥过对奥作战。我经历战场的洗礼,身心益发强大。现在,即便欧洲其他国家联合向我进攻,我也无所畏惧。我早已是钢筋铁骨,因为我每击退一批敌人,就变得更强大一分。

我封长兄约瑟夫·波拿巴为国王,这对约瑟夫·波拿巴来说是多么好的机遇啊!我希望约瑟夫·波拿巴能够更加睿智,能够更加坚定……我贵为法兰西帝国皇帝,我的亲友也必将因我获得富贵。至于不与我分享帝国荣耀的人,我一定会与之绝交。我的家族成员,尽是皇族、显贵和总督。他们要成为意大利国王、那不勒斯国王,以及其他国家的国王。欧洲的国家将以联邦制统一在一起,尽归波拿巴一族。我甚至能够原谅与我有过过节的三弟卢西恩·波拿巴和五弟热罗姆·波拿巴。只要卢西恩·波拿巴与他的妻子亚历山德里娜·德·布莱斯尚分手,我就将他立为国王。热罗姆·波拿巴已经想明白了这一点,会慢慢走上正途。试想,我可是法兰西帝国的皇帝。卢西恩·波拿巴娶了那样的妻子,我怎么可以与她同席?

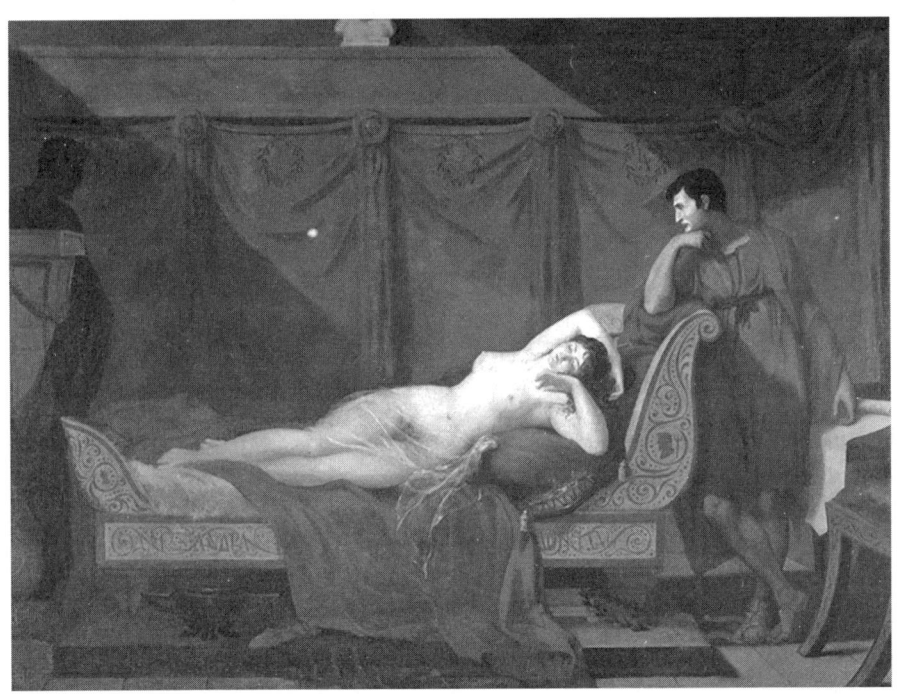

卢西恩·波拿巴与妻子亚历山德里娜·德·布莱斯

约瑟夫·波拿巴荣登王位的同一时期，路易·亚历山大·贝尔蒂埃受封纳沙泰尔亲王。

除此之外，受到分封的还有：

（一）查尔斯·莫里斯·德·塔列朗–佩里戈尔受封贝内文托亲王。

（二）让–巴蒂斯特·朱尔·贝纳多特将军受封篷泰科尔沃亲王。于是，波城贫苦鞍匠的儿子让–巴蒂斯特·朱尔·贝纳多特摇身一变，成了贵族。拿破仑·波拿巴将让–巴蒂斯特·朱尔·贝纳多特封为亲王并非出于赏识。事实上，拿破仑·波拿巴对让–巴蒂斯特·朱尔·贝纳多特不仅没有欣赏，而且十分厌恶。因此，对让–巴蒂斯特·朱尔·贝纳多特的分封实为迫不得已。谁让让–巴蒂斯特·朱尔·贝纳多特"明智"地娶了伯纳丁·欧仁妮·德西雷·克拉里呢？伯纳丁·欧仁妮·德西雷·克拉里可是那不勒斯王后玛丽·朱莉·波拿巴的亲妹妹。那不勒斯国王怎么可以有穷亲戚！约瑟夫·波拿巴登基后，拿破仑·波拿巴曾向他致信："你要知道，我将贵族头衔授予让–巴蒂斯特·朱尔·贝纳多特，其实是看那不勒斯王后玛丽·朱莉·波拿巴的面子。无论要论功劳，还是要比忠心，另有几位将军都强过让–巴蒂斯特·朱尔·贝纳多特。我只是觉得，那不勒斯王后玛丽·朱莉·波拿巴地位尊贵，作为她的妹夫，让–巴蒂斯特·朱尔·贝纳多特也应该拥有高贵的头衔。"

（三）让–雅克–雷吉斯·德·康巴塞雷斯受封帕尔马公爵。

（四）查尔斯–弗朗西斯·勒布伦受封皮亚琴察公爵。

（五）拿破仑·波拿巴的二妹波莱恩·波拿巴在第一任丈夫查尔斯·维克托莱·埃马纽埃尔·勒克莱尔过世后，拿破仑·波拿巴又将她嫁给苏尔莫纳亲王卡米洛·菲利波·卢多维科·博尔盖塞。因此，波莱恩·波拿巴时常得意地炫耀：如今的她不仅是"长公主"，还是货真价实的"王妃"。更何况，她后来还成了瓜斯塔拉女公爵。

（六）拿破仑·波拿巴的长妹埃利萨·波拿巴受封卢卡和皮翁比诺公主。

（七）拿破仑·波拿巴的三妹夫若阿基姆·缪拉受封贝格大公。

（八）让–德–迪厄·苏尔特元帅受封达尔马提亚公爵。

（九）让-巴蒂斯特·贝西埃元帅受封伊斯特里亚公爵。

（十）拿破仑·波拿巴的前副官热罗·克里斯托夫·米歇尔·迪罗克晋宫殿大元帅，受封弗柳尔公爵。

（十一）让-巴蒂斯特·德·诺姆佩雷·尚帕尼受封卡多雷公爵。过去，让-巴蒂斯特·德·诺姆佩雷·尚帕尼只是一名普通的海军军官。现在，因受拿破仑·波拿巴赏识，成为拿破仑·波拿巴器重的外交官。

（十二）克劳德·维克多-佩兰受封贝卢诺公爵。

克劳德·维克多 - 佩兰

（十三）邦-阿德里安·让诺·德·蒙塞元帅受封科内利亚诺公爵。

（十四）阿道夫·爱德华·卡齐米尔·约瑟夫·莫蒂埃受封特雷维索公爵。

（十五）亨利·雅克·纪尧姆·克拉克受封费尔特雷公爵。

（十六）阿尔芒-奥古斯丁-路易·德·科兰古受封维琴察公爵。

（十七）于格-巴纳尔·马雷，现任国务大臣秘书，受封巴萨诺公爵。

（十八）在暗杀当甘公爵路易-安托万-亨利·德·波旁-孔代的行动中担任总指挥的安·让·玛利·勒内·萨瓦里受封罗维戈公爵。

邦-阿德里安·让诺·德·蒙塞

于格－巴纳尔·马雷

　　以上名单中不乏出身低微的人，比如，若阿基姆·缪拉的父亲只是个小酒馆的老板，母亲是一位帮工女佣，工作一天也难赚到一个法郎。而现在，若阿基姆·缪拉摇身一变，成了"贝格大公若阿基姆·缪拉"。再比如，作为贫苦小职员的儿子，路易·亚历山大·贝尔蒂埃如今在签署文件时，签名便是这样的："亚历山大——纳沙泰尔亲王"。这个签名不仔细看，可能会跟沙皇亚历山大一世的签名混淆，因为沙皇亚历山大一世的签名是"亚历山大——俄罗斯帝国皇帝"。这两个签名看起来是不是很像？①

　　封赏并没有就此停止。新公爵的名单还在继续产生：

　　（十九）臭名昭著的警务大臣约瑟夫·富歇受封奥特朗托公爵。

---

① 文中提到的路易·亚历山大·贝尔蒂埃的签名英文是"Alexander, Prince of Neufchatel"，而沙皇亚历山大一世的签名英文是"Alexander, Emperor of all the Russians"。

（二十）圣骑士让·拉纳受封蒙泰贝洛公爵。

（二十一）犹太人安德烈·马塞纳受封里沃利公爵。

（二十二）查尔斯·皮埃尔·弗朗西斯·奥热罗受封卡斯蒂廖内公爵。

其中，公爵领地分为军事采邑和非军事采邑。非军事采邑的年金由被征服国和附属国承担。这样一来，那不勒斯和意大利这样的王国便面临繁重的赋税。汉诺威也是如此。据估计，汉诺威每年用于支付帝国新贵年金的拨款就高达九万英镑。

法兰西第一帝国的元老院议员全部成为拿破仑·波拿巴皇朝的新贵族，元老院议员们获封的头衔是伯爵，而且获赠伯爵封地。议员们得知自己将成为伯爵时的反应可谓非常滑稽，世界上最尖锐的讽刺作品都无法描绘出如此滑稽的场景：让-雅克-雷吉斯·德·康巴塞雷斯对拿破仑·波拿巴的仁厚表示了一番感激后，转身大声地宣布："议员们，从现在开始，你们便不再是平民。依据我手中的法典，我们的皇帝将授予你们高贵的伯爵头衔！"

元老院中将近一半议员过去都是狂热的雅各宾分子。他们大言不惭，曾装腔作势地号称自己是共和、平等的信徒，声称他们的信条是废除贵族称号，实现人人平等。然而现在，他们听说自己受封爵位，晋升贵族，便兴奋地高呼不止，并爆发出雷鸣般的热烈掌声。接下来，当他们听到自己的爵位可以世袭罔替，这些新晋贵族便高兴得忘乎所以，激动得近乎癫狂了。

拿破仑·波拿巴写于1807年的一份手信显示，他最初是要大肆敕封贵族。仅在巴黎就要封三十位公爵，每位公爵可领取年金约四千英镑。年金四千英镑足以维持公爵奢华的生活了。另外，还要封六十位伯爵，每位伯爵可领取年金两千英镑。四百名男爵，每位男爵可领取年金二百英镑。公爵和伯爵还可以领取一大笔津贴，用来购买领地、置办庄园。贵族就是要有贵族的样子嘛。

卢西恩·波拿巴一无所获。自拿破仑·波拿巴就任第一执政以来，卢西恩·波拿巴就被搁置一旁。当时，卢西恩·波拿巴咄咄逼人，竟要求拿破仑·波拿巴听从他的号令。他还一再强调自己在雾月政变中的功劳，说得拿破仑·波拿巴不厌其烦。另外，卢西恩·波拿巴的私生活也不甚检点。他与银行家伊波利特·茹贝

亚历山德里娜·德·布莱斯尚

东的妻子亚历山德里娜·德·布莱斯尚暧昧不清,有了私情。后来,亚历山德里娜·德·布莱斯尚与丈夫离了婚,嫁给了卢西恩·波拿巴。对于这桩风流韵事,拿破仑·波拿巴劝阻未成,雷霆震怒。拿破仑·波拿巴希望卢西恩·波拿巴可以与某位异国的公主联姻。他说,只要卢西恩·波拿巴与亚历山德里娜·德·布莱斯尚分手,他便立刻将卢西恩·波拿巴封为国王。然而,卢西恩·波拿巴虽然人品不好,但非常重感情。因此,他果断拒绝了拿破仑·波拿巴。另外,卢西恩·波拿巴或许与梅雷夫人玛丽亚·莱蒂齐亚·拉莫利诺一样,不怎么看好拿破仑·波拿巴新建的皇朝。

夏洛特·波拿巴

拿破仑·波拿巴无法让卢西恩·波拿巴安心归顺，成为亲王，就将主意打到了卢西恩·波拿巴长女夏洛特·波拿巴的身上，准备将夏洛特·波拿巴嫁给西班牙王储阿斯图里亚斯亲王斐迪南。卢西恩·波拿巴对此没有异议，并遣人将夏洛特·波拿巴送往巴黎。然而，拿破仑·波拿巴在偷看夏洛特·波拿巴与父亲卢西恩·波拿巴的信时，发现他们在信中恶意评价法兰西第一帝国的新生阶层，说他们是暴发户，举止中透露着粗鄙，而且他们无意提升道德水准以配得上他们尊贵的身份。读完信后，拿破仑·波拿巴勃然大怒，立即遣人将夏洛特·波拿巴送了回去。

阿斯图里亚斯亲王斐迪南

1807年12月17日,拿破仑·波拿巴在米兰就此事致信约瑟夫·波拿巴。他在信中写道:

> 我在曼托瓦见到了卢西恩·波拿巴,与他商定,将他的长女夏洛特·波拿巴送来巴黎。夏洛特·波拿巴可于1808年1月左右抵达。卢西恩·波拿巴犹豫不决,摇摆不定。我已尽全力说服他毕其才华,为法兰西帝国效力。如果他可以下定决心,将女儿送来巴黎,那就尽快出发,不要耽误。另外,卢西恩·波拿巴还要写一份委托书,授我全权监护夏洛特·波拿巴……这样一来,卢西恩·波拿巴一支的利益才能得以保全。他只要公

开声明与亚历山德里娜·德·布莱斯尚离婚,不出几日,便可在异邦的领土上分封为王。只需要发布公告,声明离婚即可。他们二人在私下还可以继续来往。只是,他们不可以在法兰西本土公开来往,也不可以封亚历山德里娜·德·布莱斯尚为王妃——可以在那不勒斯或其他邦国给她一个封号。我并不是非要在卢西恩·波拿巴的个人感情问题上指手画脚,也不想阻止他追求爱情。只是,在婚姻问题上,我只看重政治利益。

卢西恩·波拿巴声称自己热爱共和,因此拒绝接受拿破仑·波拿巴所赐的王位。其实这是假话。我们都知道,后来,卢西恩·波拿巴从教皇庇护七世手中买了一个卡尼翁亲王的称号。可见卢西恩·波拿巴只是不想从拿破仑·波拿巴那里接受王位而已。

至于墓地的选址,拿破仑·波拿巴也有一番考量。一直以来,圣丹尼斯大教堂都是法兰西各代君主安葬的地方。然而,在大革命中,这些国王们的尸体都没能逃过厄运,最后尸骨无存。拿破仑·波拿巴当政时曾下令重修改建,圣丹尼斯大教堂才焕然一新,准备成为新帝国统治者的墓地。不过,新帝国的开国君主尚还健在,这里的墓地暂时派不上用场。因此,拿破仑·波拿巴是要为将来准备长眠之地,以及为波拿巴王朝的后代帝王们准备墓室。墓室有四间,有三间是历史上法兰西国王们的墓地,第四间是为波拿巴王朝的皇帝们准备的。

此刻,拿破仑·波拿巴想起了查理曼大帝和亚历山大大帝。他模仿查理曼大帝时代,建立了军事采邑。但拿破仑·波拿巴大力分封新贵族,还有别的考虑。

后来,拿破仑·波拿巴为分封一众王爵做解释时说:"我感到孤独。我害怕别人不支持我。我觉得我的帝国像是航行在大海中的一艘船。我把手下的人封为贵族,便好像我的船有了铁锚一样。我会有一种安全感。除了血亲和挚友,我还可以信任谁?难道要指望陌生人给我更大的支持吗?"

拿破仑·波拿巴如此解释后不久,便传来路易·波拿巴荣任荷兰国王的消息。在此,我们要提及拿破仑·波拿巴的母亲,即波拿巴夫人玛丽亚·莱蒂齐亚·拉莫利诺在这一时期的轶事。众所周知,波拿巴夫人玛丽亚·莱蒂齐亚·拉莫利诺并未参加拿破仑·波拿巴的加冕礼。当时，她正与三子卢西恩·波拿巴同在罗马。历史学家戴维·席尔瓦尼曾就18至19世纪的罗马宫廷社交写过一本书，书中非常生动地进行了如下描写：

> 波拿巴夫人玛丽亚·莱蒂齐亚·拉莫利诺是个皮肤暂白的高个子女人。她乌黑的头发高高堆起，在额头上蜷曲着。她眼眸乌黑，体态轻盈优雅，玉足纤纤，十指修长，面容端正威严。在一次手术中，她不幸失去了一小截食指，造成了她书写上的不便。她对法兰西和意大利的语言一无所知，只会讲科西嘉土语，对法语仅有粗浅的了解。当两个儿子之间产生矛盾时，波拿巴夫人玛丽亚·莱蒂齐亚·拉莫利诺像任何一位好母亲一样，在尝试调解失败后，偏袒了小一些的儿子。于是，她带着卢西恩·波拿巴离开了拿破仑·波拿巴。
>
> 波拿巴夫人玛丽亚·莱蒂齐亚·拉莫利诺是位女中豪杰。她谦虚谨慎，从不乱传闲话，对待几个女婿保持应有的礼仪。她非常明智，从来不过问政治上的事。她节俭朴素，不善交际……拿破仑·波拿巴素来敬爱母亲。他将塞纳河桥村城堡献给母亲波拿巴夫人玛丽亚·莱蒂齐亚·拉莫利诺用来养老。波拿巴夫人玛丽亚·莱蒂齐亚·拉莫利诺拥有了属于自己的小天地，但她一贯节俭，领到的百万年金常有结余。拿破仑·波拿巴乐于看到亲人因他的赏赐过上奢侈的生活，因此，有一天，他向波拿巴夫人玛丽亚·莱蒂齐亚·拉莫利诺问道："母亲，您怎么还没有将年金花完？"波拿巴夫人玛丽亚·莱蒂齐亚·拉莫利诺回答："要我花钱？那你得给我两份年金。我先攒一份，再花另一份。"①

事实上，波拿巴夫人玛丽亚·莱蒂齐亚·拉莫利诺从来不认为拿破仑·波拿巴在一步登天之后还能走得更远。因此，她未雨绸缪，要多攒一些钱，用来应付

---

① 戴维·席尔瓦尼：《图解18世纪及19世纪罗马宫廷社交》（*La Corte E La Societa Romana Nei Secoli XVIII E XIX*），1887年，第3卷，约41页。——原注

伊丽莎白·帕特森

不期而至的灾难。她在冥冥之中预感到，终有一天，波拿巴家族的大厦会崩塌，而且那一天不会太久。到了那一天，她和她的孩子们都不会有好日子过。

好色的热罗姆·波拿巴娶了美丽的美国女子伊丽莎白·帕特森。伊丽莎白·帕特森是苏格兰–爱尔兰裔美国人。拿破仑·波拿巴对她的血统大为惊讶，于是决定再不给热罗姆·波拿巴一分钱。1804年4月20日，在拿破仑·波拿巴的授意下，法兰西海军部长丹尼斯·德克雷斯命令驻纽约总领事路易–安德烈·皮雄停止向法兰西公民热罗姆·波拿巴发放津贴。

当时，热罗姆·波拿巴任海军中尉。拿破仑·波拿巴命令他搭乘第一班返回法兰西的船，立即回国。拿破仑·波拿巴明确地说，只要热罗姆·波拿巴遵照命令，及时回国，他可以既往不咎。但事实上，拿破仑·波拿巴还特别向我交代了一件至关重要的事。他命令您务必提前通知所有法方船的舰长，无论如何都不允许热罗姆·波拿巴私自娶到的美国女子伊丽莎白·帕特森登上返回法兰西的船。拿破仑·波拿巴的意思是，决不让伊丽莎白·帕特森有机会跟着热罗姆·波拿巴一起返回法兰西。万一她设法跟来，就要想尽办法杜绝她登陆。要一秒不停地将伊丽莎白·帕特森遣返美国，让她永远远离法兰西的领土。①

拿破仑·波拿巴致信丹尼斯·德克雷斯时还写道："热罗姆·波拿巴幻想我会如过去一样宠溺他，包容他所有的缺点。然而，我才是我命运的唯一主人。我对我的家人问心无愧。我在追求光辉大业的土地上播种、耕耘，洒下无数汗水，

热罗姆·波拿巴

---

① 《波拿巴夫人的生活与信件》，1879年，第25页。——原注

我的家人们却坐享其成,收获已堆满了粮仓。我的家人如果有自知之明,即使只为了利益,也不该抛弃我和我的土地。要知道,如果连土地都没有了,收成便无从谈起。我认为我可以倚仗他们,他们也会服从并支持我。我完全有理由对此抱有期望,因为他们应该这样对我。他们绝对不应弃我而去,让我成为孤家寡人,也不该不听我的话,因为那算忘恩负义。卢西恩·波拿巴已长大成年。他有自己的想法,自认为有理由不服从我的命令。我对他已彻底失望。然而,热罗姆·波拿巴年纪尚轻,甚至对责任的概念都不甚明晰。那他又是在做什么呢?如果他确定不听从我的教导,选择背叛我,我也只能承认,这都是命运的安排,是上天注定他无法获得我的恩惠。"当然,这并不是说拿破仑·波拿巴会永远不原谅热罗姆·波拿巴。只要满足了他的条件,他还是会再次原谅热罗姆·波拿巴的。拿破仑·波拿巴说:"如果热罗姆·波拿巴和那个来路不明的美国女子一刀两断,我还是会一如既往地待他。他只要返回法兰西,就可以与我共享荣华富贵。但如果他不肯悔改,执意要和那个美国女人在一起,那就走着瞧吧。我绝不会允许那个美国女人踏上法兰西的土地。"①

热罗姆·波拿巴不得不返回法兰西。与妻子伊丽莎白·帕特森道别时,他向伊丽莎白·帕特森起誓,未来一定会回来。伊丽莎白·帕特森头脑简单,竟信以为真。可以想象,不久后,伊丽莎白·帕特森得知热罗姆·波拿巴再也不会返回美国时,一定非常气愤。年轻的美国女人伊丽莎白·帕特森拥有超乎常人的野心。她当初嫁给热罗姆·波拿巴就是想要当王妃。但这一次一时智短,功亏一篑。她非常生气,后来一生都生活在懊悔之中。

要说意志和长情,热罗姆·波拿巴真比不得卢西恩·波拿巴。返回法兰西后,热罗姆·波拿巴丝毫没有反抗,忙不迭地答应拿破仑·波拿巴悔婚再娶。他往后的婚姻都毫无保留地交给了拿破仑·波拿巴,由拿破仑·波拿巴做主安排,对空有美丽躯壳的美国妻子伊丽莎白·帕特森没有丝毫留恋。但事情往往不能一帆风顺。自拿破仑·波拿巴的加冕礼结束后,教皇庇护七世就一直闷闷不乐。之前,教皇庇护七世前往巴黎为拿破仑·波拿巴加冕,全程都非常配合,但拿破

---

① 《波拿巴夫人的生活与信件》,1879年,第26页。——原注

仑·波拿巴允诺要割让给他的土地一直没有下文。教皇庇护七世正在气头上,拿破仑·波拿巴又想请他出面,宣布热罗姆·波拿巴与伊丽莎白·帕特森的婚姻无效。这一次,教皇庇护七世轻蔑地笑了,并表示拒绝。罗马教廷虽然在宣布宗教婚姻有效无效问题上一向出尔反尔,但面对拿破仑·波拿巴,教皇庇护七世忽然变得非常谨慎。由此,我们可以断定,教皇庇护七世纯粹是不想帮忙。依据特兰托宗教会议①的法令,要废除未曾举行过宗教仪式的婚姻,需提供该婚姻不符合教规的理由。但该法令只在特兰托宗教会议决议规定的地区生效。教皇庇护七世本可以"上帝有成人婚姻之美,俗世不可强制破坏"之类的借口推辞,但小心眼的他偏偏找了一个不着调的借口,说从未见过贯彻特兰托会议法令的范围能远至美利坚合众国,因此,他即使身为教皇,也对此无能为力。教皇庇护七世接着说,他如果宣告这桩婚姻无效,就等于是在"滥用上帝赋予的权力,做不知羞耻的事情,犯下罪行,成为罪人,即使未来站在上帝的审判席上,也百口莫辩"。②

最终,拿破仑·波拿巴发现,宣布婚约无效这件事由法兰西第一帝国的参政院处理比教皇庇护七世更方便。于是,法兰西第一帝国参政院宣布热罗姆·波拿巴与美国女子伊丽莎白·帕特森的婚姻无效,理由是热罗姆·波拿巴在结婚时尚未成年,身边也没有监护人看护,婚姻关系自然无法生效。

1807年7月,《提尔西特和约》③签订完毕。拿破仑·波拿巴告诉热罗姆·波拿巴,作为王室成员,需要与各国王权联姻以护卫帝国。1807年8月18日,热罗姆·波拿巴就任威斯特伐利亚王国国王,所辖地域包括黑森大公国、不伦瑞克

---

① 特兰托宗教会议,指1545年至1563年天主教在意大利特兰托举行的宗教会议,历时十八年,目的是打击宗教改革,反对耶稣会,维护天主教地位。
② 见1808年教皇庇护七世写给拿破仑·波拿巴的信。教皇庇护七世虚伪至极,将拒绝的话说得令人极其不适。1806年,他在英国宣告德·贝里公爵的婚姻时并不审慎。要知道,英国不在特兰托会议法令覆盖的范围内。这个婚姻无效的宣告非常可笑,根本站不住脚。路易十八还将德·贝里公爵与布朗夫人的几个女儿加封为女伯爵,教皇庇护七世本人也宣布她们是合法婚生子女。在拿破仑·波拿巴幼弟热罗姆·波拿巴的问题上,教皇庇护七世充满怨恨与恶意,坚决不肯通融,还找托词说如果给热罗姆·波拿巴开了先例,就"违背上帝旨意,滥用教皇职权"。——原注
③ 《提尔西特和约》,1807年7月7日和1807年7月9日,拿破仑·波拿巴与第四次反法同盟之间签订的和约。

热罗姆·波拿巴就任威斯特伐利亚王国国王

和普鲁士的若干省份。在此前六日,即1807年8月12日,热罗姆·波拿巴与两位公主联姻未果后,最终娶到了符腾堡公主凯瑟琳娜·弗蕾德丽卡。符腾堡公主凯瑟琳娜·弗蕾德丽卡的父亲弗里德里希一世刚刚由符腾堡选帝侯升为符腾堡国王。热罗姆·波拿巴就任威斯特伐利亚王国国王后不理国政,只知纵情享乐,引来了平民和贵族的怨怒。①

直到奥斯特利茨大捷之后,拿破仑·波拿巴才回复教皇庇护七世的来信。拿破仑·波拿巴明确表示,他并不在意教皇庇护七世的拒绝。他无视罗马教廷

---

① 见1814年圣彼得堡出版《威斯特伐利亚秘史》。——原注

热罗姆·波拿巴与凯瑟琳娜·弗蕾德丽卡

的领地权益,在未曾通知任何人的情况下,径直派洛朗·德·古维翁·圣西尔率领一支分队占领了安科纳。

对奥战役期间,荷兰海岸频遭英国和瑞典侵扰。拿破仑·波拿巴派遣四弟路易·波拿巴率兵前往援助。路易·波拿巴率军沿威斯特伐利亚国境线布防。奥斯特利茨大捷后,路易·波拿巴前往巴黎祝贺,正好在斯特拉斯堡遇到了拿破仑·波拿巴。拿破仑·波拿巴对待四弟路易·波拿巴极其冷淡。他带着怒意责问路易·波拿巴:"你为什么要离开荷兰?"路易·波拿巴回答说,流言四起,都说拿破仑·波拿巴要将巴达维亚共和国建成君主国。他说:"这些传言让我感到非常不安,也不利于荷兰的自由独立。这实在不是我的本意。"[1]

---

[1] 《路易国王在荷兰的历史文献》,1821年,伦敦。——原注

有一点毋庸置疑。相比长兄约瑟夫·波拿巴和五弟热罗姆·波拿巴，路易·波拿巴淡泊名利，是众所周知的实诚人。皮埃尔·朗弗雷指出，拿破仑·波拿巴安排另外四位兄弟做国王，但他们都不愿前往"就职"，这从侧面说明，四位兄弟对拿破仑·波拿巴不够信任。"至少他们有所顾虑。他们不敢相信自己能一步登天，也不相信天上真的能掉下馅饼。"

路易·波拿巴在回忆录中口述，由他人记录的版本是这样的：

> 拿破仑·波拿巴通知他的四弟路易·波拿巴，说这件事情已经确定，无须多言。这是命令，路易·波拿巴必须服从。路易·波拿巴认为，如果他表示了反抗，不遵从这一命令，会被拿破仑·波拿巴监禁。看到拿破仑·波拿巴已拿定了主意，路易·波拿巴也不好再说什么。长兄约瑟夫·波拿巴不愿就任意大利国王，于是被拿破仑·波拿巴遣去做了那不勒斯王国国王。前车之鉴犹在，路易·波拿巴不希望越换越差，前去掌管不好的领地。但他终归为自己做了最后的努力。他致信拿破仑·波拿巴，说在他看来，法兰西帝国的皇帝将兄弟们分封为诸侯君主，应该让他们在法兰西第一帝国国境外掌管领地，以随时应援法兰西本土。因此，路易·波拿巴提请前往热那亚或皮埃蒙特做总督。

1806年6月5日，路易·波拿巴就任荷兰国王，就职仪式在圣克卢宫举行。荷兰派大使前往致贺。拿破仑·波拿巴向诸位大使介绍拿破仑·路易·查尔斯·波拿巴。拿破仑·路易·查尔斯·波拿巴年仅五岁，是路易·波拿巴与奥尔唐斯·欧仁妮·塞西尔·德·博阿尔内的儿子。天真幼稚的拿破仑·路易·查尔斯·波拿巴想要展示才艺，便在众人面前朗诵了拉·封丹的寓言《青蛙请立国王》①。无论是确有其事，还是旁人杜撰，这件事就这样流传了下来。据说，当

---

① 《青蛙请立国王》（*The Frogs asking Jupiter for a King*），寓言故事，讲的是青蛙们向众神之王朱庇特请求委派给他们一个国王。朱庇特给青蛙们派来一根圆木当国王，但青蛙们还要求再派一位更好的国王来。于是，朱庇特派来了长脚鹤当国王。长脚鹤开始吃掉青蛙们。青蛙们再次抱怨，但朱庇特不再理会青蛙。

时的拿破仑·波拿巴听到拿破仑·路易·查尔斯·波拿巴的寓言故事后"龙颜大怒"。①

路易·波拿巴便是寓言故事中青蛙们请求神派来的国王。他的长子拿破仑·路易·查尔斯·波拿巴在他统治期间夭折。路易·波拿巴为人亲和宽厚，施行仁政。在他的统治下，荷兰人民安居乐业，荷兰法度公正，社会井然有序。

然而，在那不勒斯，约瑟夫·波拿巴的日子却不好过。约瑟夫·波拿巴和路易·波拿巴一样，以赢得民心为己任。但事实上，约瑟夫·波拿巴也无法决定那不勒斯的施政纲领，因为在他的头上，还有强势的法兰西第一帝国皇帝拿破仑·波拿巴。拿破仑·波拿巴控制欲极强，喜欢干预所有事情。每当那不勒斯内部产生矛盾，约瑟夫·波拿巴想以温和的方式化解时，拿破仑·波拿巴都会严令他以武力镇压。

1806年3月8日，拿破仑·波拿巴致信约瑟夫·波拿巴："兄长，我深知你已发布公告，向那不勒斯人民承诺不再动用武力，也知道你已向那不勒斯人民做出保证，说你会好好保护那不勒斯人民。我想跟你说，你错了，对待民众绝不能够软弱。温和的方式解决不了问题。只有通过展示武力，才能安定人心和军心。兄长需要在那不勒斯征收三千万法郎军费，用来资助骑兵、炮兵等军需，以备战时之用。如果那不勒斯不能为我军提供军需，那么我征服那不勒斯又有什么意义？……我将立即加封安德烈·马塞纳为亲王，赐他丰厚的年俸，命他入驻那不勒斯。"

然而，就在六天前，即1806年3月2日，拿破仑·波拿巴还在致信约瑟夫·波拿巴时大骂安德烈·马塞纳，说这个犹太人偷走了三百万法郎，是个小偷。1806年3月6日，拿破仑·波拿巴又写道：

> 安德烈·马塞纳私挪军费六百万法郎，我已令其速速归还。他必须速速补交私用军款，这是他赎罪补过的唯一途径……如今，侵占公款的现象极其普遍，作案人员十分嚣张。你要派人对洛朗·德·古维翁·圣西尔

---

① 《朱诺夫人回忆录》，第2卷，第506页。——原注

严加监视。我竟从奥地利人口中得知此事。我军中存在无所不用其极地侵占挪用公款的现象,其严重程度令人惊诧,连奥地利人都以为不齿。

1806年4月22日,拿破仑·波拿巴致信约瑟夫·波拿巴:"兄长,得知你已将叛乱村庄烧毁,我感到非常欣慰。我想,你一定也下令士兵将村落洗劫一空了吧? 这样做是正确的。凡是反叛的村庄,必须烧光、抢空,以儆效尤。"

加冕为皇帝的拿破仑·波拿巴对待亲友和兄弟们已不如从前那般客气了,甚至到了颐指气使、飞扬跋扈的程度。即使对波拿巴夫人玛丽亚·莱蒂齐亚·拉莫利诺同父异母的弟弟,拿破仑·波拿巴的舅舅红衣主教约瑟夫·费什,拿破仑·波拿巴也没有在面子上对他客气。

以下是1806年1月30日,拿破仑·波拿巴致信舅舅约瑟夫·费什的内容:

> 我觉得你对于红衣主教法布里齐奥·鲁福的评价太苛刻了。你在罗马表现得过于心软。你在罗马只有多生是非。

波拿巴家族的孩子的长相大都随他们的母亲波拿巴夫人玛丽亚·莱蒂齐亚·拉莫利诺,只有拿破仑·波拿巴长得肖似父亲卡洛·玛利亚·波拿巴。仅凭长相酷似父亲卡洛·玛利亚·波拿巴这一点,就可以反驳拿破仑·波拿巴是马尔伯夫伯爵路易·查尔斯·勒内的私生子的无稽传言。这个传言没有一点根据,实属空穴来风。如果说人们对此有所误解的原因,大概是因为当初马尔伯夫伯爵路易·查尔斯·勒内对幼时的拿破仑·波拿巴表示了超出寻常的关心,比如资助他进入布里埃纳军事学院读书、为他提供生活费之类。这些谣言经伦敦出版社刊印为宣传小册,被偷运到法兰西发行。我们可以想象,拿破仑·波拿巴听到这种谣言,甚至中伤到他的母亲的名誉时,会是多么愤怒。

阿布兰特什公爵夫人劳雷·朱诺说:

> 波拿巴家族子女们尽管容貌相似,但他们身形各异。除了拿破仑·波

法布里齐奥·鲁福

拿巴,其他的兄弟姐妹几乎拥有同样的脸型、同样的特征、同样的眼睛和同样的表情。除了身形有所区别,其他的部分几乎完全一样。波拿巴家几个兄弟之间的身形都不一样。拿破仑·波拿巴、约瑟夫·波拿巴和路易·波拿巴兄弟三人虽然个头稍矮,但体态近乎完美。卢西恩·波拿巴和热罗姆·波拿巴和波拿巴家的三位姐妹一样,他们的身姿与上述兄弟三人完全不同。甚至卢西恩·波拿巴和热罗姆·波拿巴的长相都有些不一样。热罗姆·波拿巴的头、脸和肩膀与卡罗琳·波拿巴更加相似。卢西恩·波拿巴则是兄弟五人中最高大壮实的一个,这一点与埃利萨·波拿巴一样。卢西恩·波拿巴和埃利萨·波拿巴的身材都有些过分壮实。八个孩子都继承了母亲波拿巴夫人玛丽亚·莱蒂齐亚·拉莫利诺的面容,外人一看就知道他们都是波拿巴夫人玛丽亚·莱蒂齐亚·拉莫利诺的孩子。其实,人的相似可能不仅反映在长相上,更多的在于,波拿巴家的孩子们都继承了波拿巴夫人玛丽亚·莱蒂齐亚·拉莫利诺特有的表情。①

波莱恩·博尔盖塞中等个头,皮肤白里透粉,双眸星光流盼,头发黝黑飘逸。她长着古希腊式俊美挺直的鼻梁,身材曼妙有致,即使为雕塑家安托万·卡诺瓦当模特都绰绰有余,甚至受到了罗马博尔盖塞家族的大力追捧和钦美。她就是活脱脱的维纳斯女神。在拿破仑·波拿巴任命苏尔莫纳和罗萨诺亲王卡米洛·菲利波·卢多维科·博尔盖塞为皮埃蒙特总督之前,就已敕封二妹波莱恩·博尔盖塞为瓜斯塔拉女公爵。波莱恩·博尔盖塞得知这一消息时,找到二哥拿破仑·波拿巴理论,于是,就有了下面这一幕:

波莱恩·博尔盖塞问道:"瓜斯塔拉?那是个什么地方?拿破仑·波拿巴,请告诉我,是个大镇子吗?有宫殿吗?人多吗?"

拿破仑·波拿巴简短地答道:"瓜斯塔拉是个小村子,是帕尔马和皮亚琴察公国境内的一个小地方。"

波莱恩·博尔盖塞闻言,立即倒在旁边的安乐椅上哭了起来:"什么?一个小村庄?二哥,你……你对我太刻薄了。你给我那么个地方,我要拿它做什么呢?"

拿破仑·波拿巴说:"你喜欢做什么就做什么。"

波莱恩·博尔盖塞继续哭道:"你还敢问我喜欢什么!安农齐亚塔②都是女大公了,她还比我小呢。为什么她的封赏比我多?她还有自己的王国和教堂。拿破仑·波拿巴,我警告你哦,你如果不封一块更好的地给我,我就挖掉你的眼珠子!还有我那可怜的夫君,卡米洛,你为什么还不提拔他?"

拿破仑·波拿巴说:"他能力太差了。"

---

① 《朱诺夫人回忆录》,第2卷,第506页。——原注
② 安农齐亚塔(Annunziata),即拿破仑·波拿巴的三妹卡罗琳·波拿巴,全名为玛丽亚·安农齐亚塔·卡罗琳娜。——原注

波莱恩·博尔盖塞问："能力差一点有什么要紧？"

拿破仑·波拿巴耸耸肩膀，无话可说。结果，没过多久，苏尔莫纳和罗萨诺亲王卡米洛·菲利波·卢多维科·博尔盖塞就当上了皮埃蒙特总督。

无论看德行还是看外表，苏尔莫纳和罗萨诺亲王卡米洛·菲利波·卢多维科·博尔盖塞都不算特别突出，并没有什么地方值得波莱恩·博尔盖塞骄傲和炫耀。尽管他已竭尽全力讨好波莱恩·博尔盖塞，但收效甚微。有一天晚上，在若阿基姆·缪拉家的舞会上，苏尔莫纳和罗萨诺亲王卡米洛·菲利波·卢多维科·博尔盖塞竟别出心裁，装扮成一位提洛尔女孩，面具都遮不住他的胡子。他就这样滑稽地走来走去，牵着露馅的胡子一个个地亲吻在场的女士。①

我们有理由相信，拿破仑·波拿巴是出于强烈的自尊心，才会迫不及待地打造一个波拿巴家族的朝代。拿破仑·波拿巴认为，自己在欧洲算是新生势力，孤立无援。他心里也清楚，欧洲高贵的世家王族对他由衷地蔑视，始终认为他是一个暴发户。因此，他才刻意以分封亲朋好友和心腹部将的方式打造属于他的新皇朝，建立新的贵族秩序。欧洲其他的古老王室已不堪负累，摇摇欲倾。拿破仑·波拿巴正好可以凭借实力崛起，建立自己的朝代。关于这一点，没有人能够否认。看看拿破仑·波拿巴的兄弟们，如今都是西班牙、葡萄牙、那不勒斯和帕尔马等地的一国之君，谁能与他们比肩？再看看拿破仑·波拿巴的元帅们，他们如星辰般光辉闪耀，充满了宽仁、英勇和共和精神，他们都一跃成为德意志的巴伐利亚、符腾堡和黑森等地区的亲王，现在，谁能与他们匹敌？

法国大革命的过程，宛若那食用人肉的萨图恩②，却在最后吃掉了自己的孩子们。最早参加革命的那一批人，比如雅各宾派、极左共和派，他们现在只能在阁楼里发牢骚，在酒窖中唉声叹气了，因为革命的胜利果实已经被拿破仑·波拿巴摘取。被拿破仑·波拿巴晾在一边的卢西恩·波拿巴满心醋意，一再发声要维

---

① 戴维·席尔瓦尼：《图解18世纪及19世纪罗马宫廷社交》，第3卷，约41页。——原注
② 萨图恩（Saturn），罗马神话中最古老的神祇之一，司掌农业、巫术。据说萨图恩是率先食人肉的神。

护共和制。虽然圣日耳曼区的旧贵族们对新朝代内心充满鄙夷，但这个新兴的皇朝非常富有，又广受人民的欢迎。新贵族们高兴地追捧新的朝代。欧洲其他国家的古老王朝感到恐惧，这些王室败在拿破仑·波拿巴的手里，然后不得不通过与拿破仑·波拿巴的新皇朝联姻的方式来自保。

拿破仑·波拿巴的心中一直潜伏着一个炽烈的愿望。他想在既有疆土的基础上继续开拓，以期成为人类历史上最伟大的帝王。他的这份渴望从来未曾减弱过。他曾以开玩笑的口吻认真地说：

> 我来到这个世界时已为时太晚，没有什么光辉大业可以开拓。我承认，我也有过卓著的功勋，并因此谋求登上王位。但看看古圣先贤：亚历山大大帝在征服亚洲时自称众神之王朱庇特之子，当时，除了亚里士多德和少数几个雅典学者，所有的东方臣民竟都信以为真。然而，换作如今，假如我宣称自己为永恒天父之子，并祈祷谢恩，连集市渔妇都不会相信我。今日世人如此开化，使我不能像古代大帝那样拥有更加伟大的名号。

第 37 章

耶拿会战

(1806年)

精彩看点

普鲁士中立——被迫与英国为敌——查尔斯·詹姆斯·福克斯成为英国新首相——汉萨同盟——打造新同盟——德意志邦国加入法兰西——贝格大公——神圣罗马帝国皇帝弗朗茨二世退位——德意志爱国作家弗里德里希·冯·根茨与厄恩斯特·莫里茨·阿恩特——约翰·菲利普·帕尔姆之死——德意志民族情绪在暗涌——拿破仑·波拿巴在汉诺威问题上出尔反尔——其他问题——反法联盟又一次兴起——普鲁士王国国王优柔寡断——拿破仑·波拿巴决意碾平普鲁士——宣战——普鲁士完全没有准备——耶拿-奥厄施泰特会战——普鲁士全军覆没——拿破仑·波拿巴占领普鲁士——拿破仑·波拿巴入主柏林——普鲁士临时摄政哈茨费尔特亲王弗朗兹·路德维希——诽谤普鲁士王后路易丝——拿破仑·波拿巴骨子里头不尊重女性——拿破仑·波拿巴如何对待阿布兰特什公爵夫人劳雷·朱诺——大陆封锁令——走私滋生——施泰因男爵海因里希·弗里德里希·卡尔的忠心

普鲁士王国是个胆小却贪婪的国家。这是它的弱点。拿破仑·波拿巴很好地利用了这个弱点，对普鲁士王国恩威并施。于是，在整个法奥战争中，普鲁士王国从头到尾都在充当看客。然而现在，奥地利帝国已经战败，普鲁士王国理所当然地成了拿破仑·波拿巴要征服的下一个对象。拿破仑·波拿巴下定决心，将枪口对准了普鲁士王国。

拿破仑·波拿巴在下定决心大举进攻普鲁士之前，早就对普鲁士边境多有进犯。现在，拿破仑·波拿巴变本加厉地逼迫普鲁士。拿破仑·波拿巴想让普鲁士也加入他建立的封锁体系，意在加强对英国商船的全面封锁。拿破仑·波拿巴还威胁普鲁士割让拜罗伊特公国[①]给法兰西第一帝国，同时逼迫普鲁士承认法兰西第一帝国在意大利的既占领土，迫使普鲁士加入法兰西第一帝国封锁易北河及威悉河河口的行动。拿破仑·波拿巴封锁易北河威希河是针对英国商船的，因此很快，英国海军也有所反应，英法之间又是剑拔弩张。

普鲁士王国的位置略显尴尬。就在拿破仑·波拿巴取得乌尔姆大捷的两星期前，普鲁士还在从中协调，普鲁士以"中间人"的身份与英国、俄罗斯帝国和奥地利帝国签订和平协议，在法兰西第一帝国与反法联盟之间斡旋。当时，普鲁士

---

① 拜罗伊特公国（Principality of Bayreuth），是神圣罗马帝国的直辖领土，由霍亨索伦王朝位于德意志南部的法兰克尼亚分支统治。1807年，依据《提尔西特和约》，拜罗伊特公国被划给法兰西第一帝国。

王国的计划是,如果拿破仑·波拿巴不同意普鲁士的提议,普鲁士王国就立即加入反法联军的阵营。但法奥战争的结局彻底打乱了普鲁士王国的计划。奥地利帝国的失败导致普鲁士王国失去了与拿破仑·波拿巴讲条件的资格,或者说,失去了拒绝服从拿破仑·波拿巴命令的资格。于是,在拿破仑·波拿巴的命令下,普鲁士王国将安斯巴赫和讷沙泰勒割让给法兰西第一帝国。作为补偿,法兰西第一帝国将汉诺威划给普鲁士王国。

拿破仑·波拿巴的这一招极其阴险,因为这样一来,普鲁士王国就不得不公开与英国对立。事实上,普鲁士王国并不愿意如此放肆地得罪英国,但无法避免这一局面的出现。普鲁士王国一边向英国申请资助补给,一边恬不知耻地吞下汉诺威的土地。正如查尔斯·詹姆斯·福克斯①后来的描述,普鲁士王国这样的行为属于"卑劣又胆怯"的行为。

查尔斯·詹姆斯·福克斯

① 查尔斯·詹姆斯·福克斯(Charles James Fox, 1749—1806),英国辉格党政治家。

小威廉·皮特

英国迅速做出了反应。英军舰队迅速在海上查封了五百艘打着普鲁士王国国旗的商船。

英国首相小威廉·皮特已经去世。作为小威廉·皮特的继任者，查尔斯·詹姆斯·福克斯对拿破仑·波拿巴言听计从。拿破仑·波拿巴认为，新任英国首相查尔斯·詹姆斯·福克斯与其前任一样，是个软柿子，可以任他拿捏。事实上，拿破仑·波拿巴想唆使英国与普俄两国反目，这样一来，他就可以心无旁骛，先剿灭普鲁士，再打压俄罗斯，对普俄两国分而击之，将两国一一制服。之后，他便可以以欧洲为后盾，与英国决一雌雄。

查尔斯·詹姆斯·福克斯与妻子同床共枕。他做了一个噩梦。在梦中,拿破仑·波拿巴从大炮中蹿了出来,叫嚣着"入侵英国"。威廉·皮特化作魅影,漂浮着靠近查尔斯·詹姆斯·福克斯的床,说:"快醒醒,大难即将临头。"一只雄鹰出现在查尔斯·詹姆斯·福克斯的头顶。它戴着一个项圈,项圈上刻着"普鲁士"。多刺荆棘从查尔斯·詹姆斯·福克斯的床下长了出来。死神伸着利爪,从荆棘里冒了出来,这幅漫画的寓意是,欧洲复杂的局势令查尔斯·詹姆斯·福克斯领导的英国政府惶惶不可终日。

在以上目的的基础上,拿破仑·波拿巴提议为了"和平",与英国首相查尔斯·詹姆斯·福克斯展开了一系列谈判。其实,英国与法兰西第一帝国之间早就有过外交"接触"了。那还要从约瑟夫·富歇密谋刺杀拿破仑·波拿巴的"苦肉计"开始说起。当时,约瑟夫·富歇曾派他在英国的卧底向查尔斯·詹姆斯·福克斯提出暗杀拿破仑·波拿巴的计划。当然,约瑟夫·富歇是在施纵假计。但查尔斯·詹姆斯·福克斯天真地信以为真,认为真的有人想行刺拿破仑·波拿巴。查尔斯·詹姆斯·福克斯便派人将刺杀计划的材料送呈时任法兰西第一帝国外交大臣的查尔斯·莫里斯·德·塔列朗-佩里戈尔。然后,查尔斯·詹姆斯·福克斯与查尔斯·莫里斯·德·塔列朗-佩里戈尔开始了一系列的书信往来。这可能就是英法之间外交来往的基础吧。于是英法之间开始了谈判。英国派遣雅茅斯伯爵弗朗西斯·查尔斯·西摩-康韦担任驻法兰西大使,命他前往法兰西第一帝国进行谈判。可是谈判拖了又拖。于是,英国又派出劳德戴尔伯爵詹姆斯·梅特兰,代替雅茅斯伯爵弗朗西斯·查尔斯·西摩-康韦继续与法兰西第一帝国商谈。然而,在与英国利益相关的问题上,会谈没有任何进展,因为拿破仑·波拿巴提出的先决条件①就是要英国放弃英俄同盟,与俄罗斯帝国决裂。拿破仑·波拿巴刚刚将汉诺威归还普鲁士,现在竟两面三刀,答应将汉诺威抢回后归还英国。他还暗示英国,可以将汉堡、吕贝克和不来梅作为英俄决裂的补偿,划归英

弗朗西斯·查尔斯·西摩-康韦

---

① 此处为拉丁语,意为"必要条件,必不可少的事物"。

国。拿破仑·波拿巴做出这些决定时,根本没有考虑过这些地方是不是在他的管辖范围内,仿佛入侵他国是一件理所当然的事。这些国家也像是仓库中打包完毕的货物,任由他发配。

如此无理的提议居然没有人指责,这一系列的会谈也得以如常进行。正如后来,斯宾塞·珀西瓦尔①在下议院中说的,这只能说明,凡是由拿破仑·波拿

斯宾塞·珀西瓦尔

---

① 斯宾塞·珀西瓦尔(Spencer Perceval, 1762—1812),英国政治家,1809年至1812年任英国首相。

巴提出的会谈，拿破仑·波拿巴一定会设法在合约上做些手脚。查尔斯·詹姆斯·福克斯或许由于对拿破仑·波拿巴太过崇拜，因而失去了判断，一心认为拿破仑·波拿巴不可能是口是心非的人。于是，查尔斯·詹姆斯·福克斯一意坚持要与拿破仑·波拿巴谈判。

正如路易·安托万·福弗莱·德·布里昂所说："或许是由于查尔斯·詹姆斯·福克斯对拿破仑·波拿巴尊崇有加，拿破仑·波拿巴竟也有些飘飘然，莫名地做了不少让步。放在过去，这样的事情无论如何都不会发生。然而，即使合约如愿签订，前方还是有两项难以逾越的障碍。第一，英国深信，所谓合约不过是缓兵之计。以拿破仑·波拿巴的人品，他绝不会真正放下自己称霸世界的决心。第二，英国人都认为，拿破仑·波拿巴早已拟定计划要攻占英国本土。可是攻占英伦岛屿的难度可不是一点点。想必拿破仑·波拿巴自己也是知道的，他是没有办法打到英国本土的。因此，拿破仑·波拿巴才花很大的力气打击英国商业，重创英国海军。如果拿破仑·波拿巴真能攻占英伦岛屿，他就该着重出手控制英国的出版物了。拿破仑·波拿巴不是在法兰西控制了许多出版物吗？拿破仑·波拿巴知道对出版物的监管是有多么重要。英法之间只隔着六里格的海峡，如果英国不断有人诋毁拿破仑·波拿巴，估计这种风言风语传到法兰西也是很快的。拿破仑·波拿巴也担忧法兰西人民受到英国人的蛊惑吧。再说了，法兰西国内的势力有不少其实只是暂时顺服拿破仑·波拿巴的，拿破仑·波拿巴也害怕这些人被英国人挑拨，随时会造反。"

与此同时，拿破仑·波拿巴下定决心要在德意志境内打造一个新的联盟即莱茵联邦。莱茵联邦的诸邦国将与法兰西第一帝国一道合力对抗普鲁士和奥地利。这一计划的原型是1658年建立的莱茵同盟。

当时，法兰西国王路易十四与德意志约五十个城邦签订防御联盟。莱茵同盟的建立加强了法兰西王国对德意志的影响力。但拿破仑·波拿巴建立莱茵联邦已不同于一百多年前，现在的局面是法兰西第一帝国一枝独大。拿破仑·波拿巴也断然不会相信莱茵同盟没有让法兰西国王路易十四出血。当时的莱茵盟友一定从法兰西国王路易十四的身上得到了很多好处。相比而言，拿破仑·波拿巴

路易十四

并不算友好。他不需要事先沟通，也不需要考虑属国的意志，便径直下令各公国再次与法兰西结盟。

1806年7月17日，莱茵联邦正式是宣告成立。十六个德意志邦国经不住拿破仑·波拿巴的威逼恫吓，宣布脱离名存实亡的神圣罗马帝国，加入法兰西第一帝国。自此往后，这十六个邦国对拿破仑·波拿巴唯命是从，拿破仑·波拿巴成了他们的"保护人"。今后，拿破仑·波拿巴每发动一场战争，盟国都要贡献一万兵力予以支援。另外，一些小面积的公国①被"牺牲"，拿破仑·波拿巴把它们当做人情送给周围的王国或大公国。巴伐利亚国王马克西米利安一世·约瑟夫、符腾堡国王弗里德里希一世、神圣罗马帝国选帝侯之一美因茨大主教卡尔·特奥多尔·安东·玛利亚·冯·达尔贝格、巴登选帝侯卡尔·弗里德里希、贝格大公若阿基姆·缪拉、黑森–达姆施塔特领地伯爵路易十世，即1806年之后的第一代黑

卡尔·特奥多尔·安东·玛利亚·冯·达尔贝格

---

① 这里的英文是"Principality"，有的译为"公国"，有的译为"侯国""亲王国"，指拥有"Prince"头衔的统治者治下的领土，多为君主国或独立邦国。

森大公路易一世，以及一些较小邦国的君主就此宣布脱离神圣罗马帝国，成立莱茵联邦。莱茵联邦立法机构为莱茵联邦议会①，直接服从拿破仑·波拿巴的命令。上述所有邦国都与法兰西第一帝国结盟。如果有任何盟国进入战争状态，无论是进攻还是防御，其他盟国必须提供帮助。

拿破仑·波拿巴仿效查理曼大帝创立的霸业再次登上了新的高峰。现在，都在拿破仑·波拿巴的手中。作为法兰西第一帝国皇帝和意大利王国国王，拿破仑·波拿巴全权掌控着这两个国家的领土。作为"调停人"，他是瑞士的主人；作为"保护人"，他将德意志的大半领土收入囊中。那不勒斯国王约瑟夫·波拿巴和荷兰国王路易·波拿巴分别是他的兄长和四弟，因此，那不勒斯和荷兰也可以视作自家的领土。西班牙已对拿破仑·波拿巴唯命是从，掌握西班牙的拿破仑·波拿巴借西班牙压制葡萄牙，因此，葡萄牙也已是他的囊中之物。

普鲁士王国得知莱茵联邦建立，极其惶恐。后来，它又获知拿破仑·波拿巴两面三刀，要将归还普鲁士王国的汉诺威交给英国。除此之外，一并交给英国的还有汉萨同盟诸城。事到如此，普鲁士王国愤怒了。

在神圣罗马帝国被肢解的过程中，德意志的民族精神逐渐觉醒，德意志人民的怒火也在日渐累积中越发强烈。德意志人民看到德意志的大好疆土竟成了所谓的贝格大公国，新任大公竟是浮华庸俗的骗子若阿基姆·缪拉时，他们便再也无法忍受了。若阿基姆·缪拉奢侈无度，竟能在四个月内花掉高达两万七千法郎的置装费。②天性严谨的德意志民族对他有些难以忍受。若阿基姆·缪拉装腔作势，穿上龙袍也不像太子，让德意志人民看了直作呕。

1806年8月6日，神圣罗马帝国皇帝弗朗茨二世退位。这象征着古老的帝国联盟就此结束。在德意志境内，亲法派的人们击掌欢呼，但绝大多数的德意志人民冷漠不语。人们不敢高声痛哭，也不敢表现出愤怒，只能面无表情地旁观。因为，一切被认为是爱国的神色和举动，都会遭到遇拿破仑·波拿巴的疯狂镇压。在历史上，德意志民族曾经多么伟大辉煌。如果德意志人民能够遵守本心，

---

① 莱茵联邦议会（Diet of the Confederation），1806年，拿破仑·波拿巴建立的莱茵联邦的立法机构为两院制的议会，但只保留形式，没有正式召开过。

② 《朱诺夫人回忆录》，第3卷，第23页。——原注

弗里德里希·冯·根茨

能够复兴古老的德意志美德,那么有朝一日,德意志民族还会再次强大。然而,拿破仑·波拿巴不允许德意志人民讨论任何与此有关的事情。他不许德意志人民缅怀过去,也不允许他们设想未来。

在这样的时代背景下,一批德意志爱国作家纷纷涌现。他们用自己的力量唤起了德意志人民的民族骄傲。弗里德里希·冯·根茨和厄恩斯特·莫里茨·阿恩特就是其中较有影响力的两位。弗里德里希·冯·根茨过去只是一个雇工,并不是什么位高德望的人。但他擅长写作,以笔为剑,抨击沦丧的年代。厄恩斯特·莫里茨·阿恩特的起点相对高一些。早在1805年的战争期间,他就发表了著

厄恩斯特·莫里茨·阿恩特

作《时代的精神》第一部。在《时代的精神》中，厄恩斯特·莫里茨·阿恩特以犀利的言辞和激烈的笔触呼吁德意志人民勿忘良知。厄恩斯特·莫里茨·阿恩特写道："在外国侵略者的奴役和践踏下，有些人放弃了个人尊严，默默地忍受屈辱。然而，民族的尊严不能放弃，德意志民族不能忍受屈辱。"在安斯巴赫，有一本政治小册子广为流传。小册子的标题为《深陷耻辱的德意志》，作者已匿名。这本小册子的宗旨是提醒德意志人民在民族沦陷的时刻，劝诫德意志人民保持清醒、要自省自责。另外，前神圣罗马帝国的帝国自由城市纽伦堡当时被割让给巴伐利亚，虽然名义上法兰西第一帝国没有纽伦堡的合法主权，但当时法军还是在纽伦堡临时有驻军。有一位叫约翰·菲利普·帕尔姆的出版商,他也是一位爱国人士。像当时所有的爱国出版商一样,约翰·菲利普·帕尔姆也在出版销售《深陷耻辱的德意志》。当时,在拿破仑·波拿巴的律法规定下,这算是知法犯法,是明目张胆的违法行为。拿破仑·波拿巴下令要将这些宣传册全部销毁。正如他致信约瑟夫·波拿巴时说的,不知是否要用冰冷的铅块压在那不勒斯国民的心口,才能平息他们爱国的热情。现在,拿破仑·波拿巴同样认为,是时候让德意志人民冷静一下了。

法军立即逮捕了包括约翰·菲利普·帕尔姆在内的四名出版商,并判他们死刑。除约翰·菲利普·帕尔姆之外的三人顺利逃脱。只有约翰·菲利普·帕尔姆未能逃过一劫,最终被处死。

在德意志辽阔的领土上,约翰·菲利普·帕尔姆的死激起了人民极大的愤慨。德意志的思想家和文学家深受触动,以约翰·菲利普·帕尔姆之死为样板写下了动人的篇章,期待类似的悲剧不再重演。

约翰·菲利普·帕尔姆被处死

拿破仑·波拿巴原本想将汉诺威和汉萨同盟转给英国的消息保密，不想让普鲁士王国知晓。但不知为何，这个消息被散播了出去。普鲁士王国驻法兰西第一帝国大使吉罗拉莫·卢凯西尼听到风声，立即将这个消息汇报给了普鲁士国王腓特烈·威廉三世。

拿破仑·波拿巴在普鲁士宫廷内也安排了眼线，因此他很快知道有人把消息报于普鲁士国王腓特烈·威廉三世知晓。但拿破仑·波拿巴对此依旧矢口否认。一方面，拿破仑·波拿巴派法兰西第一帝国驻普鲁士国都柏林的大使安托

腓特烈·威廉三世

吉罗拉莫·卢凯西尼

万·勒内·查尔斯·马蒂兰前往普鲁士宫廷斡旋,解释英法会谈纯属子虚乌有。另一方面,拿破仑·波拿巴亲自向普鲁士国王腓特烈·威廉三世保证,并再三发誓说英法之间缔结和平条约的事情之所以没有丝毫进展,是因为拿破仑·波拿巴不肯答应英国的要求,将汉诺威划给英国。1806年8月2日,拿破仑·波拿巴致信查尔斯·莫里斯·德·塔列朗−佩里戈尔道:"务必使安托万·勒内·查尔斯·马蒂兰确信这就是事实。"拿破仑·波拿巴希望可以瞒住安托万·勒内·查尔斯·马蒂兰,先让安托万·勒内·查尔斯·马蒂兰信以为真,然后,安托万·勒内·查尔斯·马蒂兰才会在应付普鲁士国王腓特烈·威廉三世时游刃有余。同时,拿破仑·波拿巴还指示安托万·勒内·查尔斯·马蒂兰散布谣言,中伤吉罗拉莫·卢凯西尼的人品。他让安托万·勒内·查尔斯·马蒂兰想尽一切办法诋毁吉罗拉莫·卢凯西尼,直至吉罗拉莫·卢凯西尼无法在普鲁士内阁立足。1806年8月8日,拿破仑·波拿巴说过这样的话:"吉罗拉莫·卢凯西尼这个卑鄙无能的蠢货、虚情假意的小丑,他居然敢通风报信!"

但普鲁士王国已幡然醒悟,普鲁士民族自尊重新燃起。普鲁士王国和俄罗斯帝国联合得更加紧密,甚至签订了新的盟约。拿破仑·波拿巴建立的莱茵联邦的确带来了不小的恐慌情绪。封锁英国货物、禁运英属殖民地产品等新规定也让普鲁士人民反感不已。现在,普通人的生活也受到影响,连日常的生活用品都不容易购得。而且大家都发现,拿破仑·波拿巴虽然结成了联盟,但他本人并没有什么诚意。两面三刀是拿破仑·波拿巴的一贯策略。拿破仑·波拿巴刚愎自用,任性妄为。在他的眼中,无论是国民、土地,还是邦省、民族,都是可以任意处置的对象。他可以毫不顾忌地转让公国,换掉国王。拿破仑·波拿巴在这样做的时候,从来不会询问当地人的看法,不会顾及他们的感受。将汉萨同盟划出去也只是一念之间的事情。他欺骗英国,说法兰西第一帝国不会去替那不勒斯王国要回西西里岛。他欺骗荷兰,从荷兰拿到了好望角和锡兰两块殖民地,后又将之弃如弊履。他说定了要将威尼斯割给奥地利,割让之后又反悔,因此再次占领了威尼斯。他一度嫉妒土耳其帝国疆域辽阔,于是买下了土耳其的部分领土,但他只是名义上拥有买下的土耳其领土,从没有派过一兵一卒真正地占领那里。

普鲁士王国要筹划建立一个新的反法联盟,期待可以与莱茵联邦相抗衡。但拿破仑·波拿巴从中作梗,威吓萨克森王国[①]和黑森,不许它们与普鲁士结盟。这样一来,普鲁士王国终于清醒地认识到,要想维护领土完整,只有在战场上获得胜利。拿破仑·波拿巴已经在普法边境集结大军,整备弹药。战争一触即发。但普鲁士国王腓特烈·威廉三世不想开战,因此迟迟下不了决心。

普鲁士王国的爱国派向普鲁士国王腓特烈·威廉三世施压,劝普鲁士国王

[①] 历史上,1356年前,萨克森地区被称为萨克森公国,为中欧著名古国。1356年至1806年,萨克森地区为萨克森选侯国,是神圣罗马帝国的一个独立世袭选侯国。1806年,拿破仑·波拿巴称帝后成立萨克森王国。萨克森变成独立王国之后,萨克森选帝侯奥古斯特三世成为萨克森国王奥古斯特一世。

海因里希·弗里德里希·卡尔

腓特烈·威廉三世远离主和的谋士。施泰因男爵海因里希·弗里德里希·卡尔起草了改革计划。1806年9月,普鲁士王国国防部向普鲁士国王腓特烈·威廉三世申请,要求罢免所有亲法误国的内阁。但普鲁士国王腓特烈·威廉三世一直犹豫不决,于是,此事不了了之,一切照旧。与此同时,拿破仑·波拿巴的浩荡大军已备战完毕,时刻准备开战。拿破仑·波拿巴的大军规模之大,令人不禁怀疑,他此次要攻打的对象恐怕不止普鲁士王国。

在拿破仑·波拿巴的授意下,《通报》刊登了许多侮辱普鲁士王国的文章。文中充满讥讽嘲落,说普鲁士王国是"二流国家"。

按照《普雷斯堡和约》的规定,法兰西第一帝国的所有部队必须撤离德意志领土。但拿破仑·波拿巴还是在莱茵河对岸留下了战绩辉煌的奥斯特利茨战役参战的部分军队。他留下这支部队，或许是舍不得完全撤离富裕的汉萨同盟诸镇，或许是为了监管刚成立的莱茵联邦。然而现在，拿破仑·波拿巴集结更多的部队，向普法边境扑来。

1806年9月月初，拿破仑·波拿巴召集一批精锐将官前往巴黎召开军事会议，商讨对普作战部署的细节。他希望这场战争可以像之前对与奥地利的战役一样，速战速决。前往巴黎参与军事会议的将领包括让-德-迪厄·苏尔特、查尔斯·皮埃尔·弗朗西斯·奥热罗以及当时在德意志驻扎的让-巴蒂斯特·朱尔·贝纳多特和专程从贝格公国封地赶来的若阿基姆·缪拉。

终于，普鲁士内阁发布最后通牒，要求法兰西军队遵守《普雷斯堡和约》，撤出德意志领地。普方要求法兰西第一帝国尊重普鲁士及普鲁士盟国的利益，并提议将普法争议之要点交付公断。

拿破仑·波拿巴不屑地表示，普鲁士王国与法兰西第一帝国对抗毫无意义，无异螳臂当车。体格再强壮的人也难敌大海汹涌的波涛。1806年9月25日，在普鲁士最后通牒发出之前，拿破仑·波拿巴已离开巴黎，来到莱茵河畔。法军在莱茵河畔集结完毕，蓄势待发。1806年8月，莱茵联邦军占领图林根前线。法兰西军队已各就各位，随时可以进军。1806年10月6日，普鲁士王国的最后通牒传至法兰西军营时，拿破仑·波拿巴已经抵达班贝格。1806年10月8日，普鲁士王国向法兰西第一帝国宣战。

战场上，法军人数远大于普军。而且法军身经百战，纪律井然。当时，拿破仑·波拿巴是顶级将领。在他的手下，还有众多作战能力一流的优秀指挥官。在战争初期，法军向前推进时，左右两肋皆是莱茵联邦的盟国领地。在法军大军的后部，法军的主力精锐正在集结。反观普鲁士军队，却一直在匆忙应战，被法军冲撞得措手不及。普鲁士军队的士兵多为初次参战，大多是从未见识过战火硝烟的年轻人，而普鲁士军队的将帅又多是腓特烈大帝时代的功臣，现多已老迈愚钝，不复当年刚勇。在拿破仑·波拿巴时代的新战术面前，这些前朝功臣已完全跟不上作战的节奏了。除了坐山观虎斗，随时准备见风使舵的萨克森王国，

班贝格

普鲁士王国再找不出任何盟友。事实上,萨克森王国本来打算袖手旁观,如同1805年秋天,普鲁士王国冷眼看着奥地利帝国在法奥战争中覆灭一样,坐视普鲁士王国被消灭。然而,普鲁士王国非常走运。霍恩洛厄-英格尔芬根亲王弗雷德里克·路易接受诏令,率领普鲁士军队的一个师,进入萨克森国境。这样一来,萨克森王国只得半推半就地支持普鲁士王国。普鲁士军队的物资供应不足,也没有形成完整的作战计划,甚至没有暂败时的休整战略及部署。最令人难以置信的是,在图林根山脉的峡谷险道上,普鲁士军队竟没有安排士兵把守。要知道,法军一旦占领峡谷,便可分兵几列,直接插入萨克森-魏玛公国。就连易北河上的堡垒要塞,普鲁士军队竟也没有增兵把守,更没有补充军需。普鲁士王国征集了许多新兵入伍,却没有足够的军粮供应。总之,普鲁士王国要想赢得这场战争,必须一击即中,速战速决,切不可拖延恋战。否则,普鲁士王国恐怕会举国倾覆。

接下来,不出意料地,耶拿-奥厄施泰特战役如期而至。普鲁士军队不顾战场情势险峻,在一次华丽的反转行军后,全军被俘。更糟糕的是,普鲁士军队本该在一处集结,坚守阵地,却疏忽大意地分了兵,导致阵地无人扼守,最终落入

耶拿战役中斩获普鲁士国旗的法兰西龙骑兵

了法军手中。奥厄施泰特战场上，普鲁士军队境况极其艰难。普鲁士军队中队和右翼遭路易-尼古拉·达武贯入冲击。耶拿战场上，霍恩洛厄-英格尔芬根亲王弗雷德里克·路易率领的普鲁士军队左翼与拿破仑·波拿巴率领的部队对阵。我们对拿破仑·波拿巴热衷揽功的心态都很熟悉，因此，会战总名为耶拿会战便也不难理解了。事实上，在奥厄施泰特战场上的路易-尼古拉·达武也建立了不朽的功勋，只是，这些功勋和荣耀都被拿破仑·波拿巴刻意抹去了。在拿破仑·波拿

耶拿战役获胜后的拿破仑·波拿巴与他的军队

巴发布的公告中，耶拿成了独建战功的主战场，奥厄施泰特战场只被轻轻带过。拿破仑·波拿巴指挥不当，导致路易-尼古拉·达武孤军深入普鲁士军队阵营，险遭全军覆没这件事，在战报中却完全没有体现。当时，路易-尼古拉·达武元帅不得不独自面对普鲁士军队的主力，而拿破仑·波拿巴以约二比一的兵力优势歼灭的普鲁士军队左翼仅是随从作战部队。然而，在战功汇报公告中，这个数字被颠倒了过来。事实上，英勇的路易-尼古拉·达武率三万法军打败了六万普鲁士军队。在拿破仑·波拿巴的捏造下，与他交战的普鲁士军队有八万人，事实上只有四万。在这场会战中，拿破仑·波拿巴将耶拿战役吹嘘成了整个会战的主旋律，将奥厄施泰特描绘成了小插曲。然而事实是，奥厄施泰特战役才是扭转战局的核心篇章。

埃米尔·让-奥拉斯·韦尔内的画作,耶拿战役中的拿破仑·波拿巴

战役中有一件小事,因埃米尔·让-奥拉斯·韦尔内①抒笔作画得以流传。事情是这样的,当时,战争尚未打响,卫兵们躁动不安。拿破仑·波拿巴看到格布哈特·莱贝雷希特·冯·布吕歇尔率骑兵包抄法军两翼,于是立即纵马前行,命前列士兵转为方阵队列行进。正当拿破仑·波拿巴疾驰而过时,卫队中有人喊道:"前进!前进!"②拿破仑·波拿巴勒马急停,转身问道:"谁说的前进?说话的人啊,等你有了参与三十场战役的经历,再来发表意见吧!否则,最好闭嘴!"当时,这或许是一件微不足道的小事。但在埃米尔·让-奥拉斯·韦尔内的画作中,其效果得到了夸张的体现。

普鲁士大军一败涂地。拿破仑·波拿巴乘胜追击。法军在普鲁士辽阔的疆土上张开大网,将普鲁士残军横扫一空,并占领了重镇要塞。普鲁士国王腓特

---

① 埃米尔·让-奥拉斯·韦尔内(Émile Jean-Horace Vernet, 1789—1863),法兰西画家,擅长军事、肖像和东方主义题材。

② 此处原文为法语En avant,意为"向前,前进"。

烈·威廉三世将国内的残局丢给了普鲁士的将军们,自己却一路奔逃,逃到了东普鲁士。萨克森王国果真见风使舵,急忙与拿破仑·波拿巴签订了停战协议。

1806年10月15日,拿破仑·波拿巴下令,普鲁士王国维斯瓦河南岸各省须缴纳赔款金一亿五千九百万法郎,北部各镇上交所有英国进口商品。1806年10月22日,拿破仑·波拿巴宣布,易北河左岸各省脱离普鲁士王国,并入法兰西第一帝国。同时拿破仑·波拿巴将黑森选侯国并入法兰西第一帝国的附属国威斯特伐利亚王国,拿破仑·波拿巴的法兰西第一帝国还吞并了奥兰治-拿骚公国。奥兰治-拿骚亲王威廉·弗雷德里克是普鲁士国王腓特烈·威廉三世的妹夫①,因

威廉·弗雷德里克

---

① 普鲁士公主弗雷德里克·路易丝·威廉明妮(Friederike Luise Wilhelmine of Prussia,1774—1837),尼德兰王国王后,尼德兰国王威廉一世的第一任妻子,普鲁士王国国王腓特烈·威廉二世的次女。

此在耶拿–奥厄施泰特战役中支持普鲁士。作为惩罚，拿破仑·波拿巴没收了奥兰治–拿骚大公威廉·弗雷德里克的领土。

1806年10月27日，拿破仑·波拿巴进入柏林。拿破仑·波拿巴在柏林的行为表现出了他对普鲁士民族的轻蔑和厌恶。他对普鲁士民族的轻蔑和厌恶与生俱来，且根深蒂固，完全找不到理由解释他的这种情绪。拿破仑·波拿巴对柏林居民大肆羞辱。他令人拆毁勃兰登堡门的胜利女神像，将腓特烈大帝的镇墓宝剑当作战利品掠为己有并送回巴黎荣军院。他在柏林著名的林登大道上追逐让斯达姆斯军团衣衫褴褛的残军，将他们当牛羊一般驱赶。他还下令不准将不伦瑞克公爵查尔斯·威廉·斐迪南的尸首归葬家族墓地，作为对不伦瑞克公爵查尔斯·威廉·斐迪南在奥厄施泰特战场上负隅顽抗的报复。在罗斯巴赫郊外的旷野上，立着普鲁士民族为庆祝著名对法作战胜利而建的纪念碑。拿破仑·波拿巴下令捣毁了纪念碑，并将捣毁后的残碑当作战利品运往巴黎。普鲁士国王

拿破仑·波拿巴率军进入柏林

腓特烈·威廉三世已离开普鲁士，逃亡他处。他委托哈茨费尔特亲王弗朗兹·路德维希全权处理国务。拿破仑·波拿巴抵达柏林后，哈茨费尔特亲王弗朗兹·路德维希带领柏林的各地方行政长官前往晋见拿破仑·波拿巴，拿破仑·波拿巴却没有还礼。拿破仑·波拿巴非常粗暴地让哈茨费尔特亲王弗朗兹·路德维希"滚开"。他说："你怎么还敢来见我？我不需要你的忠心。你走吧，回到你自己的领地去吧。"拿破仑·波拿巴还曾截获奥尼尔伯爵的女儿写的一封信，信中充满了爱国热情和反法情绪。因此，拿破仑·波拿巴见到奥尼尔伯爵时，便揪着奥尼尔伯爵，就信的事情厉声责问，一定让他解释清楚。拿破仑·波拿巴大呼："善良的柏林人承受着莫大的苦难，因为当初发动战争的贵族都已逃跑。我一定要推翻普鲁士王室，让他们颜面扫地，无以为生。"①

如此恶劣的意愿，拿破仑·波拿巴绝不仅是说说而已。1806年10月28日，他打算付诸实践。第一个被拿破仑·波拿巴处置的人便是哈茨费尔特亲王弗朗兹·路德维希。之前，拿破仑·波拿巴截获过哈茨费尔特亲王弗朗兹·路德维希致普鲁士国王腓特烈·威廉三世的密信，哈茨费尔特亲王弗朗兹·路德维希在信中报告了法军计划入侵柏林的事。拿破仑·波拿巴以此为把柄，一心想判哈茨费尔特亲王弗朗兹·路德维希间谍罪，还下令要将他就地枪决。在开明的时代，拿破仑·波拿巴这样武断行事是对人文法规极大的不尊重。因此，路易·亚历山大·贝尔蒂埃、热罗·克里斯托夫·米歇尔·迪罗克和让·拉普②都明确表示了反对。但拿破仑·波拿巴一旦下定决心，旁人也很难让他改变主意。法兰西第一帝国的众位将军都很同情哈茨费尔特亲王弗朗兹·路德维希，决定联手行动，将哈茨费尔特亲王弗朗兹·路德维希救出。他们想方设法将哈茨费尔特亲王弗朗兹·路德维希藏了起来，又精心设计了一出戏，刻意让拿破仑·波拿巴看到。法兰西第一帝国的将军们请哈茨费尔特亲王弗朗兹·路德维希的妻子和孩子们出面，向拿破仑·波拿巴苦苦哀求，请他放过哈茨费尔特亲王弗朗兹·路德维希。

---

① 拿破仑·波拿巴在发表的第二十一道公告中如是说。——原注
② 让·拉普（Jean Rapp，1771—1821），法国大革命和拿破仑战争时期的将军、伯爵，拿破仑·波拿巴最著名的副官之一，奥斯特利茨战役后升为将军，1809年授伯爵。他作战勇敢，多次受伤，1815年支持拿破仑·波拿巴复辟。拿破仑·波拿巴第二次退位后，让·拉普流亡瑞士。

事到如此，拿破仑·波拿巴不得不心软，赦免了哈茨费尔特亲王弗朗兹·路德维希。这段轶闻在艺术家的笔下竟也成了一段佳话。题为《仁心慈爱——皇帝拿破仑·波拿巴》的画作即是证据。

哈茨费尔特亲王弗朗兹·路德维希事件不算骇人听闻，还有许多更加惊悚的事情。其中最卑劣的事件要数对普鲁士国王腓特烈·威廉三世的妻子，普鲁士王后路易丝的诽谤。拿破仑·波拿巴对所有反对者都一样狠辣无情，无论男女。拿破仑·波拿巴在信中污损那不勒斯王后玛丽亚·卡罗琳娜道："这个恶妇，我要褫夺她王后的封号！这个无耻的女人，她将人间所有的圣贤之举都破坏殆尽。"现在，拿破仑·波拿巴又将类似的言语用到了普鲁士王后路易丝的身上。

普鲁士王后路易丝

拿破仑·波拿巴与普鲁士王国王后路易丝

普鲁士王后路易丝精明强干，曾影响并建议她优柔怯懦的丈夫普鲁士国王腓特烈·威廉三世坚定反法，增强了普鲁士国王腓特烈·威廉三世反法的决心，因此，拿破仑·波拿巴对她厌恶透顶，竭尽所能地对她进行攻击和谩骂。当拿破仑·波拿巴发现普鲁士王后路易丝在国人心中有极高的声望，深得民心，并且是普鲁士爱国派的灵魂人物时，他更加难以容忍普鲁士王后路易丝的存在了。因此，拿破仑·波拿巴决定要破坏普鲁士王后路易丝的影响力，毁坏她的声誉。为了达到这个目的，拿破仑·波拿巴在对普鲁士王后路易丝进行诽谤时，其身心投入的程度丝毫不亚于与敌军对峙，要大破敌军精锐时的状态。拿破仑·波拿巴先是四处散布谣言，将普鲁士王后路易丝描述成一个"空有美貌，没有头脑"[1]的女人。然后，他竭力扰乱民众的视线，挑拨人们反对这位红颜祸水一样的人物。拿破仑·波拿巴将普鲁士王后路易丝描述成此次悲惨战役的始作俑者。他下令将普鲁士王后路易丝说成非要干涉政事的女人。诋毁普鲁士王后路易丝的话是

---

[1] 引号里为诋毁普鲁士王后路易丝的原话，英文是"sufficiently pretty, but with little wit"。

这样的:"这样的一个女人,她过去的生活都被华服美饰占据……她肆意干涉普鲁士王国的国事,将普鲁士国王腓特烈·威廉三世当作傀儡,任其摆布。她只想着煽风点火,惹是生非。"在对于普鲁士王后路易丝的攻击中,还提到了普鲁士王后路易丝要干预政事的理由。那就是,因为普鲁士王后路易丝深深地迷恋着俄罗斯帝国年轻英俊的沙皇亚历山大一世。海因里希·安东·达林格①还以此为蓝本作了一幅石版画,画作的内容是普鲁士国王腓特烈·威廉三世和俄罗斯帝

亚历山大一世

① 海因里希·安东·达林格(Heinrich Anton Dähling, 1773—1850),画家,出生于汉诺威,擅长历史画及风俗画。

国沙皇亚历山大一世在腓特烈大帝的墓前告别,画面上还有一个人在场,这个人就是普鲁士王后路易丝。1806年10月17日,拿破仑·波拿巴在公告中,对这个情景进行了一番描述:

> 画的一边是英俊的俄罗斯帝国沙皇亚历山大一世,美丽的普鲁士王后路易丝紧贴俄罗斯帝国沙皇亚历山大一世的身侧站着。画的另一边是普鲁士国王腓特烈·威廉三世。普鲁士国王腓特烈·威廉三世将手按在腓特烈大帝的墓上。普鲁士王后路易丝裹着一个大大的披肩。像风靡伦敦的汉密尔顿夫人①画像中一样,普鲁士王后路易丝也将手放在心口,对俄罗斯帝国沙皇亚历山大一世抛着媚眼。在画作中,普鲁士国王腓特烈·威廉三世满脸阴郁的神色,画面表现出普鲁士国王腓特烈·威廉三世对王后路易丝与俄罗斯帝国沙皇亚历山大一世之间暧昧关系的不满。

拿破仑·波拿巴担心这样的影射不能被所有人理解,于是在下一篇公告中再次提及:

> 普鲁士王国遭遇了战争。所有的普鲁士人都认为这场战争与俄罗斯帝国沙皇亚历山大一世的来访有关。是俄罗斯帝国沙皇亚历山大一世给普鲁士王后路易丝带来了巨大的变化。普鲁士王后路易丝性情大改。她过去是多么矜持、谨慎,现在却唯恐天下不乱,变得激进、好战。大家都知道,普鲁士王后路易丝是普鲁士王国所有不幸和灾难的始作俑者。只需稍微打听一下,任何人都可以得知,在那次要命的会面之后,普鲁士王后路易丝就被俄罗斯帝国沙皇亚历山大一世勾走了魂……在波茨坦,普鲁士王后路易丝的寝宫中,我们发现了俄罗斯帝国沙皇亚历山大一世的肖像。这是他们二人的定情信物,是俄罗斯帝国沙皇亚历山大一世亲手送给她的。铁证如山。

---

① 传闻汉密尔顿夫人是英国海军将领霍拉肖·纳尔逊的情人。

关于拿破仑·波拿巴对普鲁士王后路易丝充满敌意的公告，皮埃尔·朗弗雷的评价相对比较公允：

> 拿破仑·波拿巴对普鲁士王后路易丝进行诽谤和攻击，这件事明显有失道德水准，而且这样做实在欠考虑，最后的结果得不偿失，因为人类在心灵深处总有柔软的地方，总是会同情弱者的。拿破仑·波拿巴能做出如此下作的事情，原因都在他自己的身上。他已经没有了心。他将其他人都视作无情的草木，以为所有人都和他一样，早已失去道德，泯灭良心，可以用尊严换取一切。但他大错特错。他万万没有想到，当他将那些恶毒的言语含沙射影地喷向一个已经手无寸铁、流亡他乡的女人时，他就已经输了，因为人们只会看到一个手握五十万大军的帝王在欺侮一个女人。想明白了这一点后，拿破仑·波拿巴不止遭到了世间贤人圣者的唾弃，就连后知后觉的平民庸夫都下意识地为他感到不齿。[①]

拿破仑·波拿巴对普鲁士王后路易丝进行了如此残酷的打击，所有人都只能用一个理由为他开脱，那就是政治需要。但大家都忽略了一点：拿破仑·波拿巴天性狠辣。恃强凌弱是他的本能，卑劣只是他的通行证。

从小的方面来说，拿破仑·波拿巴天生充满了狼性，缺乏慈爱柔和的性情。我们来看一件小事吧。当让-安多什·朱诺将自己的新婚妻子介绍给拿破仑·波拿巴认识时，拿破仑·波拿巴只抬了一下眼，便告诉朱诺夫人劳雷[②]："你的丈夫在埃及时有成群的情妇，想必你都已经听说。"根据阿布兰特什公爵夫人劳雷·朱诺的记录，拿破仑·波拿巴不仅无礼，而且无情。但拿破仑·波拿巴对皇廷贵妇倒是还可以保持尊重，他也不会欺负朋友的妻子。还有人将美貌的妻子献给他的，他对夫妇双方也都很客气。极少见到拿破仑·波拿巴对哪位女士如对待普鲁士王后路易丝一般的折辱。当然，我们对拿破仑·波拿巴的要求不能过于

---

① 皮埃尔·朗弗雷：《拿破仑·波拿巴传》，第3卷，第501页。——原注
② 即阿布兰特什公爵夫人劳雷·朱诺，当时，让-安多什·朱诺尚未受封公爵，劳雷·朱诺只称朱诺夫人。

苛刻，他这样行事也情有可原。要知道，在拿破仑·波拿巴的整个青年时代，他对淑女佳媛没有任何概念。因此，在他看来，所有的女人都与他从前认识的科西嘉农妇和小律师的妻子一样。

拿破仑·波拿巴在柏林发布法令，佯装准备实施他准备已久的攻打英国的计划。但事实上，他知道攻打英国不会成功。因此，拿破仑·波拿巴在法令中提出了毁掉英国的另一种方式：关闭所有港口，禁止英国的贸易往来。1806年11月26日，这一法令正式发布。[1]该法令禁止从英国进口任何货物；在欧洲港口没收全部已进口入境的英国货物；已从欧洲港口入境的英国公民，要立即逮捕并没收其所有商品货物。拿破仑·波拿巴天真地认为，通过这样的封锁可以彻底摧毁英国繁荣的商业。但英国实力雄厚，竟然经受住了这样的打击，反而是德意志境内的商业受损严重，迅速凋零。

拿破仑·波拿巴封锁英国的法令在欧洲大陆一经公布，便迎来了人们的感慨和愤怒，更有人认为这一法令非常荒诞。但凡是有思想的人，都忍不住在想，拿破仑·波拿巴是不是被战场上的胜利冲昏了头脑，导致他看不出来这个欧洲大陆封锁体系根本不具备可行性。除非全面停止贸易，关闭所有的贸易途径，否则贸易行为不可能断绝。只要奥地利帝国和俄罗斯帝国还对英国开放贸易，彻底封锁就不可能实现，何况各港口的官员都在私下默许走私。有一些国家的首脑心有不甘，执行拿破仑·波拿巴的封锁计划时也打了折扣。比如荷兰国王路易·波拿巴，由于没有彻底地贯彻贸易封锁法令，他多次遭受拿破仑·波拿巴的严厉责备。后来，拿破仑·波拿巴也发现，彻底执行封锁法令的确不可行。比如，他本人已经多次签署特别许可证，允许从英国进口军用物资中的必需品。汉堡也是个现成的例子。拿破仑·波拿巴在汉堡为法兰西军队征调五万件军用大氅、一万六千件军大衣和二十万双军靴。汉堡当地没有布商和皮革匠，因此，只得从英国进口制作军需所需的布匹和皮革。[2]法军部队中，以此获利的军官比比皆是。他们收受贿赂后即放禁运货物通行。1811年，若阿基姆·缪拉任那不勒斯国

---

[1] 即《柏林敕令》（Berlin Decree），一说正式发布时间为1806年11月21日。此后，拿破仑·波拿巴开始推行针对英国的大陆封锁计划。

[2] 路易·安托万·福弗莱·德·布里昂：《回忆拿破仑·波拿巴》，第2卷，第385页。——原注

大陆封锁体系下，法军士兵在查验货物

王。那不勒斯也要执行大陆封锁令。但那不勒斯海岸线漫长，总有一些区域有西西里岛或英国走私商船在活跃。后来，走私活动愈发明目张胆，管理大宗商业活动的官员竟和海关一起营私舞弊，分摊收益。若阿基姆·缪拉手下有一位伯爵，他出身显赫却囊中羞涩。正是由于家底太薄，若阿基姆·缪拉多次为这位伯爵保媒拉纤都没有成功。有一天，若阿基姆·缪拉告诉伯爵，要派他前往萨莱诺任驻军总司令。若阿基姆·缪拉说，如果伯爵在这种连私运都无法禁止的地方待上几年都不能发财的话，只能说是见了鬼了。伯爵心领神会，前往就职，后来的确发了大财。

正如路易·安托万·福弗莱·德·布里昂所言，旨在封锁英国商业的大陆封锁体系最终致使很多贪污、欺瞒及变相的抢劫现象发生在法兰西第一共和国控制的欧洲境内。

在汉堡，路易-尼古拉·达武政府的管制下，一个穷人为了家庭开销，私下购买了一块英国糖，这个穷人可能被依法诛杀。然而，拿破仑·波拿巴却可以签发许可证，准许一百万块英国糖进口入境。小额走私要面临死刑的惩治，大宗的政府采购却可以无碍进行。

然而，封锁令的负面影响不仅在于难以执行，还在于它激起了人们心中的愤怒和憎恨。封锁令发布后，西方在海外殖民地的产品不但提高了成本，而且也增加了运输距离——运往欧洲港口的货船要绕道俄罗斯帝国波罗的海港口，从的里雅斯特才能抵达欧洲。这种局面使穷人的生活更加捉襟见肘，富人的生活也不如以往便利。因此，大家心中对强令推行商品封锁和贸易限制的人有了越来越多的怨恨。

拿破仑·波拿巴还强令普鲁士王国各省民政部门宣誓对自己效忠。这一前所未有的行为直接暴露了他想吞并普鲁士的意图。在德意志北部，德意志民族精神已涣然溃散。普鲁士王国的国土所剩无几，只剩越过维斯瓦河以东的一小块土地。普鲁士王国也没有自己的军队了。耶拿会战中，普鲁士王国的主力将领要么战死，要么投降了拿破仑·波拿巴。现在，只剩下施泰因男爵海因里希·弗里德里希·卡尔还愿意前来觐见普鲁士国王腓特烈·威廉三世，给普鲁士国王腓特烈·威廉三世出谋划策。但普鲁士国王腓特烈·威廉三世竟听不进施泰因男爵海因里希·弗里德里希·卡尔的肺腑之言。1807年1月4日，普鲁士国王腓特烈·威廉三世致信施泰因男爵海因里希·弗里德里希·卡尔时写道："你真是乖戾、固执、倔强又不听劝。有你这样的仆人，是普鲁士王国的不幸。因为你恃才恣纵，完全不考虑国家的整体利益。而且你这样的人做起事情来，总是反复无常，且感情用事，时常会夹杂私恨。"但事实上，只有施泰因男爵海因里希·弗里德里希·卡尔这样的人才是普鲁士复兴的希望。另外一位中流砥柱式的人物是仍在不来梅流放的格布哈特·莱贝雷希特·冯·布吕歇尔。格布哈特·莱贝雷希特·冯·布吕歇尔曾预见，经历了耶拿会战的死亡低谷后，普鲁士必迎来重生的希望。格布哈特·莱贝雷希特·冯·布吕歇尔对路易·安托万·福弗莱·德·布里昂说:"你看着吧,一个历经耻辱的国家,必然会痛定思痛,卧薪尝胆,以期挣脱枷锁。这样的国家也必然可以重焕新生。我非常自信,普鲁士光辉的未来一定会到来,因为我知道,你的皇帝不会一直这样走运,他征服和奴役的国土越多,在被征服和奴役的土地上就会激起更猛烈的反抗。总有一天,人民会将侵略者的枷锁打破。"

第 38 章

征战波兰

(1806年冬—1807年)

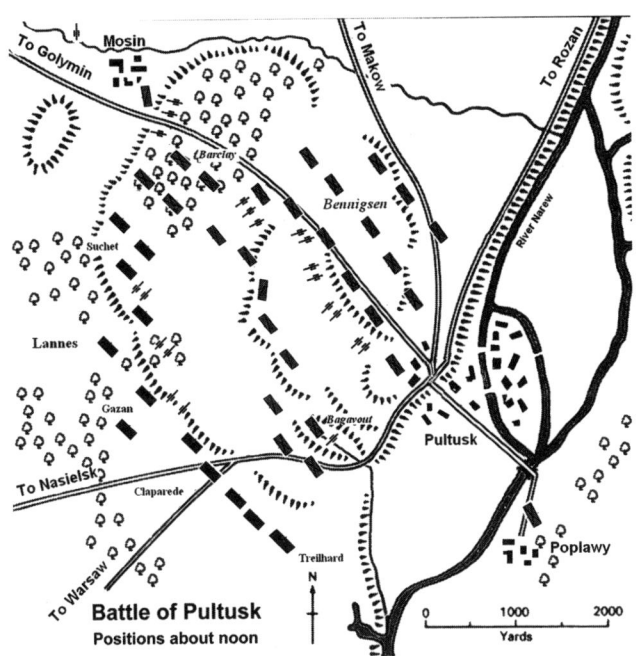

精彩看点

元老院代表团——法兰西人民渴望和平——波兰民族英雄安杰伊·塔德乌什·博纳文图拉·科希丘什科——一份假声明——波兰人燃起复国的热情——拿破仑·波拿巴没有做出保证——决定入境波兰——拿破仑·波拿巴抵达华沙——冬日国景——拿破仑·波拿巴的公告——越过维斯瓦河——与萨克森选帝侯弗雷德里克·奥古斯特三世缔结和约,将其立为国王——俄罗斯正与土耳其酣战——拿破仑·波拿巴与奥斯曼土耳其帝国苏丹塞利姆三世通信——俄军来袭——普乌图斯克血战——法军败退——埃劳之战——法军又败——拿破仑·波拿巴形势不妙——拿破仑·波拿巴的波兰夫人——致信法兰西第一帝国皇后约瑟芬解释——拿破仑·波拿巴下令新征兵——法军在弗里德兰战役打败俄军——俄罗斯帝国沙皇亚历山大一世想停战——拿破仑·波拿巴把对奥斯曼土耳其帝国苏丹塞利姆三世的承诺忘在脑后——泛舟提尔西特——拿破仑·波拿巴口蜜腹剑——《提尔西特和约》——普鲁士国王夫妇所受的羞辱——创立华沙公国——波兰复国未成功不能怪拿破仑·波拿巴

拿破仑·波拿巴在柏林停留了非常久，久到法兰西第一帝国元老院都要派遣代表团前来柏林祝贺他大捷。元老院代表团抵达柏林的时候，拿破仑·波拿巴的掷弹兵整齐列队，夹道欢迎元老院代表团。遵从的礼节规格高贵肃穆，貌似是仿效被征服地普鲁士的严谨风格。

法兰西第一帝国元老院的代表团不忘提醒法兰西第一帝国的征服者，现在，法兰西国人都向往和平，请法兰西第一帝国皇帝拿破仑·波拿巴领兵退回奥得河。如果继续征战，恐怕法兰西国民的内心会更加惶恐不安。拿破仑·波拿巴听到这样的话，差点当场发怒。

拿破仑·波拿巴不仅不听劝阻，还立即着手准备率军向波兰的领土[①]开赴。他沿用了自己惯用的备战方式，以宣传的方式煽动波兰人的情绪，使波兰人偏听偏信，认为拿破仑·波拿巴才是能够拯救波兰民族的人，拿破仑·波拿巴来到波兰是要赶走瓜分波兰的列强。

当时，波兰久负盛名的老英雄安杰伊·塔德乌什·博纳文图拉·科希丘什科[②]

---

① 当时，波兰已经亡国。到18世纪末，奥地利哈布斯堡王朝、普鲁士王国和俄罗斯帝国已经对波兰立陶宛联邦（Polish–Lithuanian Commonwealth）进行了三次瓜分。
② 安杰伊·塔德乌什·博纳文图拉·科希丘什科（Andrzej Tadeusz Bonawentura Kosciuszko，1746—1817），波兰爱国将军，因崇尚法兰西自由哲学思想，于1776年赴美，参加美国独立战争，成为乔治·华盛顿的助手并获得美国国籍。1784年回到波兰，领导波兰独立运动。1794年，他的军队在抵御俄罗斯和普鲁士军队的入侵中遭遇失败。

安杰伊·塔德乌什·博纳文图拉·科希丘什科

在枫丹白露颐养天年。鉴于他在波兰拥有无可撼动的影响力，拿破仑·波拿巴命人起草了一份告全体波兰人声明书，鼓舞波兰人民起义，并欢迎来自法兰西的拯救者。然后，拿破仑·波拿巴将这份声明送呈安杰伊·塔德乌什·博纳文图拉·科希丘什科并让他签字。但安杰伊·塔德乌什·博纳文图拉·科希丘什科已对拿破仑·波拿巴的无耻行径见惯不怪。他深信拿破仑·波拿巴只想利用波兰人，要驱赶波兰人，为法兰西帝国谋利。因此，安杰伊·塔德乌什·博纳文图拉·科希丘什科拒绝签名，并表明他不愿成为拿破仑·波拿巴欺骗波兰人的工具，不会编制空中楼阁般的缥缈愿想欺骗自己的国人。但拿破仑·波拿巴并不理会安杰伊·塔德乌什·博纳文图拉·科希丘什科是否同意。最终,《通报》上还是刊印了一份附有安杰伊·塔德乌什·博纳文图拉·科希丘什科本人"签名"的声明。

1806年12月1日,正在拿破仑·波拿巴准备率领大军团①赶赴波兰时,拿破仑·波拿巴吩咐波兰将军扬·亨里克·东布罗夫斯基将安杰伊·塔德乌什·博纳文图拉·科希丘什科的公告连同其他鼓动性的演说一起发表出来,告知波兰人

扬·亨里克·东布罗夫斯基

① 大军团(Grande Armée),1805年由拿破仑·波拿巴组建并指挥的部队。大军团的前身是拿破仑·波拿巴1805年以前准备进攻英国本岛的部队。后将其向东调设,参加与第三次反法同盟的作战。从1805年到1809年,大军团参加了拿破仑·波拿巴指挥一系列对外战役。大军团在1812年对俄作战中损失惨重。后来,拿破仑·波拿巴又组建新的军团参加1813年莱比锡战役,1814年法兰西战役及1815年滑铁卢战役。在英语中,大军有时用来泛指19世纪初法兰西第一帝国时代的法军。

第38章 征战波兰(1806年冬—1807年)

民。于是，整个波兰民族都得知，在法兰西第一帝国皇帝拿破仑·波拿巴的带领和护佑下，安杰伊·塔德乌什·博纳文图拉·科希丘什科正精神抖擞地准备同全体波兰人民一起奋斗，一起为了解放祖国而拼搏。只有少数几个人知道真相，知道这些声明纯属欺诈，但他们不敢发声。在拿破仑·波拿巴的极力煽动下，波兰人民族情绪高涨，兴高采烈地欢迎法兰西军队入驻波兰。

普鲁士占领下的波兰地区仿佛看到复国的希望，情绪热烈又激动。想趁乱渡过维斯瓦河的俄罗斯军队也由此入境，为普鲁士王国增加援军。但没过多久，俄军就感受到了波兰人民满满的敌意。为了对抗俄军，波兰男性纷纷投身行伍。波兰义勇军的招募在如火如荼地进行着。刚到1806年11月16日，扬·亨里克·东布罗夫斯基就已组建四支波兰义勇军。波兰义勇军的军部里挤满了应征入伍的人。

拿破仑·波拿巴抵达波兹南时，波兰人民对他的狂热崇拜到达了顶峰。天真轻信的波兰爱国者组成代表团并发表演讲，对法兰西第一帝国皇帝拿破仑·波拿巴的到来表示欢迎。他们还祈求拿破仑·波拿巴恢复波兰古国昔日的独立和自由。

波兰贵族中不乏头脑冷静的人，他们没有一同前去欢迎拿破仑·波拿巴。这些贵族还清晰记得拿破仑·波拿巴有多么野蛮残暴，也没有忘记威尼斯共和国、巴达维亚共和国和瑞士共和国的前车之鉴。因此，波兰贵族要求拿破仑·波拿巴出示具体形式的保证，保证拿破仑·波拿巴一定会帮助波兰复国。否则，他们就倒向俄奥两国。

若阿基姆·缪拉想做波兰国王。他申请拿破仑·波拿巴公开占领波兰的意图。当然，拿破仑·波拿巴不可能同意这样的做法。

波兰狂热崇拜拿破仑·波拿巴，重燃复国热望，得知如此情况的维也纳宫廷极其不安。于是，拿破仑·波拿巴致信法兰西第一帝国驻维也纳大使安托万–弗朗西斯·安德烈奥西。信中，拿破仑·波拿巴让安托万–弗朗西斯·安德烈奥西安抚维也纳的情绪。不过，这封信竟然"流落"到了民间，在奥地利占领下的波兰地区广为流传：

安托万－弗朗西斯·安德烈奥西

如果奥地利帝国皇帝弗朗茨一世在法军进入普占波兰区时感到不安，自认为奥地利军队难以维护奥占波兰区的土地，那么，他可以将奥占波兰区的土地让给法兰西第一帝国，法兰西第一帝国皇帝拿破仑·波拿巴非常乐意。为表示对奥地利帝国皇帝弗朗茨一世的弥补，同时作为接收领地的交换，法兰西第一帝国皇帝拿破仑·波拿巴愿意割让西里西亚部分地区给奥地利帝国皇帝弗朗茨一世。

这个提议非常狡猾，意在分裂反法联盟，激发奥地利帝国与普鲁士王国、英国和俄罗斯帝国等盟国之间的矛盾。好在维也纳宫廷并没有做什么回应。

1806年12月12日，拿破仑·波拿巴发布了一份公告。你可以说它意义非凡，也可以说它是一张废纸。拿破仑·波拿巴原本希望通过这份公告鼓舞民众，振奋人心，可惜收效甚微：

> 长久以来，对于国家和民族的热爱，波兰人民不仅深深地铭记在心，还因历经磨难和沧桑，越发坚强高涨。光复波兰王国是波兰人民最深沉的渴望。波兰的贵族们离开城堡，来到这里。他们为重新恢复古老的波兰王国疾声高呼。他们将儿子送去从军，献出家财，并用自己的影响力鼓励人心。这样的场景令人动容。他们已经开始穿着波兰民族传统服装，致力于恢复古老的波兰民间风俗。古老的波兰王国能否复兴？伟大的波兰民族能否重现世间，并且再次独立？波兰民族能否从旧日的墓穴中再次站起身，重获新生？只有上帝知道。只有这位伟大的引领者和无所不知的全能者才是波兰民族问题的仲裁者。但可以确定的是，再没有一桩事业，值得我们这样去记忆，值得我们去关注。

1807年1月1日，法兰西第一帝国皇帝拿破仑·波拿巴率军进入华沙。据小道消息称，法军的军容极其惨乱。华沙天气恶劣，法军补给供应不足。时值深冬，俄罗斯平原上四处飘雪，路上都是积雪和泥泞，法军的炮兵辎重难以运输，部队前行极其困难。在拿破仑·波拿巴的诏令下，查尔斯·莫里斯·德·塔列朗-佩里戈尔从巴黎赶来，却因马车陷入雪泥，被困途中。一个士兵看到查尔斯·莫里斯·德·塔列朗-佩里戈尔身陷窘境时，说道："啊呸！你不是一向能言善辩吗，外交官大人？如今来到这荒野雪地，看你怎么办。"

在1806年12月2日奥斯特利茨周年纪念日，拿破仑·波拿巴发表告士兵书：

> 士兵们，此时距你们曾英勇作战的奥斯特利茨战役正好一年。当时，

华沙

普鲁士军队弃械投降，抱头鼠窜。第二天，我们收到了缔结和平条约的提议，但和平只是假象。我们曾打败过第三次反法联盟，但俄罗斯帝国未遭重创，过了不久，俄罗斯帝国就组建了第四次反法联盟。然而，反法联盟已经没有希望继续存在。我们占领了反法联盟国家的首府、堡垒要塞、刊物杂志、兵工厂和军械库，我们从敌军处缴获了二百八十面旗帜和七百门野战炮。奥得河、瓦尔塔河、波兰的茫茫旷野和冬日的严寒都没能阻挡你们的脚步。你们勇敢地面对一切困难并将其克服。俄罗斯帝国想将我们法兰西的军队阻挡在波兰的都城之外，这是痴心妄想！法兰西雄鹰将在维斯瓦河上空飞旋……士兵们，我们决不会放下武器，停止战斗。我们要一直战斗，直到我们和我们的盟友都不再受到外来的骚扰，直到我们将我们的殖民地重新拿回自己手中，直到我们实现贸易自由……俄罗斯帝国有什么权力违抗天命，对我们的大计横加阻挠？如果俄罗斯再敢阻挠我们，我们就让奥斯特利茨战役重现世间，将俄罗斯彻底打败。

路易·安托万·福弗莱·德·布里昂将拿破仑·波拿巴发表上述公告时的形态描述得极其滑稽：

> 拿破仑·波拿巴口述①这段公告的时候，他滔滔不绝，手舞足蹈。他似乎有很多灵感，他的表达跟传统的演讲也有所区别，所以记录他的话真的是一件很有难度的事。为了跟上他的语速，我不得不奋笔疾书。当我将记录下来的内容回述给他听时，我能感到他隐隐地点头、微笑，表示赞同。他偶尔会对我记录的某个特别的语汇表示满意，因为那言辞威力十足。总体来说，他此次公告的主体包括三点内容：第一，嘉许士兵们在以往的战役中表现的英勇；第二，指出下一个目标；第三，痛骂敌人。这份公告在德意志地区暗中蔓延。难以想象，这将给法军带来什么样的影响。法军的后军恨不得变作前军，恨不得马上聚到位于前军的司令部那里向拿破仑·波拿巴致礼效忠。拿破仑·波拿巴周围的士兵们情绪高涨，恨不能立即开战，与俄军一决生死，完全忘记了征战的辛劳与苦累，也忘记了部队中物资匮乏的艰苦。其实，士兵们也时常不理解拿破仑·波拿巴在公告中提到的事情。但无论如何，他们就是要追随拿破仑·波拿巴。士兵们心甘情愿地、兴奋昂然地追随拿破仑·波拿巴，哪怕没有充分的物资，哪怕只有艰苦的条件，依旧誓死追随拿破仑·波拿巴。我们可以将这种情感称作热情，甚至狂热。这就是拿破仑·波拿巴的魅力，他能够调动士兵们的积极性。他很擅长煽动士兵们的情感，或者，用他自己的话说，不是"煽动"，而是"召唤"。②

1806年12月11日，法兰西大军纵队行军，越过维斯瓦河。拿破仑·波拿巴倚仗地势的优势，与萨克森选帝侯弗雷德里克·奥古斯特三世签下和约。根据这一和约，萨克森转而支持法兰西第一帝国，萨克森要出兵帮助拿破仑·波拿巴攻打

---

① 据路易·安托万·福弗莱·德·布里昂说，有很多次的内容都是拿破仑·波拿巴口述，路易·安托万·福弗莱·德·布里昂记录的。——原注
② 路易·安托万·福弗莱·德·布里昂：《回忆拿破仑·波拿巴》，第2卷，第372页。——原注

弗雷德里克·奥古斯特一世

俄罗斯。作为奖励，拿破仑·波拿巴晋升萨克森选帝侯弗雷德里克·奥古斯三世为萨克森王国国王弗雷德里克·奥古斯特一世。

拿破仑·波拿巴还声东击西，将俄罗斯帝国的注意力分散到君士坦丁堡。法兰西第一帝国驻奥斯曼土耳其帝国的大使奥拉斯·弗朗西斯·巴斯蒂安·塞巴斯蒂亚尼·德·拉波尔塔设法误导奥斯曼土耳其帝国的君主苏丹。于是苏丹下令，禁止俄罗斯帝国船通过博斯普鲁斯海峡，并命令奥斯曼土耳其帝国军队向瓦拉其亚公国和摩尔达维亚公国两地开进。结果，俄罗斯帝国与奥斯曼土耳其帝国开战。这样一来，本来要向波兰前线进发的一支俄罗斯部队只好转到瓦拉其亚公国和摩尔达维亚公国进行回防。拿破仑·波拿巴看到奥斯曼土耳其帝国

苏丹塞利姆三世

成功地牵制住了俄罗斯帝国,非常开心。1806年11月11日,拿破仑·波拿巴致信奥斯曼土耳其帝国苏丹塞利姆三世:"你要重拾信心。命运之神会保佑你的帝国延续万年,不致毁灭。命运让我来拯救你的帝国。我只帮助你保有它。我取得的所有胜利都将记在你的名下。"拿破仑·波拿巴似乎非常看重自己对奥斯曼土耳其许下的诺言,因此,他在呈递参政院的咨文中附上了此信的复本。他想指出的是,法兰西第一帝国如果不和奥斯曼土耳其帝国联合起来对抗俄罗斯,那将是天大的失策,因为放任俄罗斯帝国坐大,只会给整个欧洲文明世界带来巨大的伤害。

同时,拿破仑·波拿巴派遣使团拜见伊朗卡扎尔王朝君主法塔赫-阿里沙·卡扎尔,说服法塔赫-阿里沙·卡扎尔从高加索出兵,联合法兰西第一帝国,攻打俄罗斯帝国。

法塔赫-阿里沙·卡扎尔

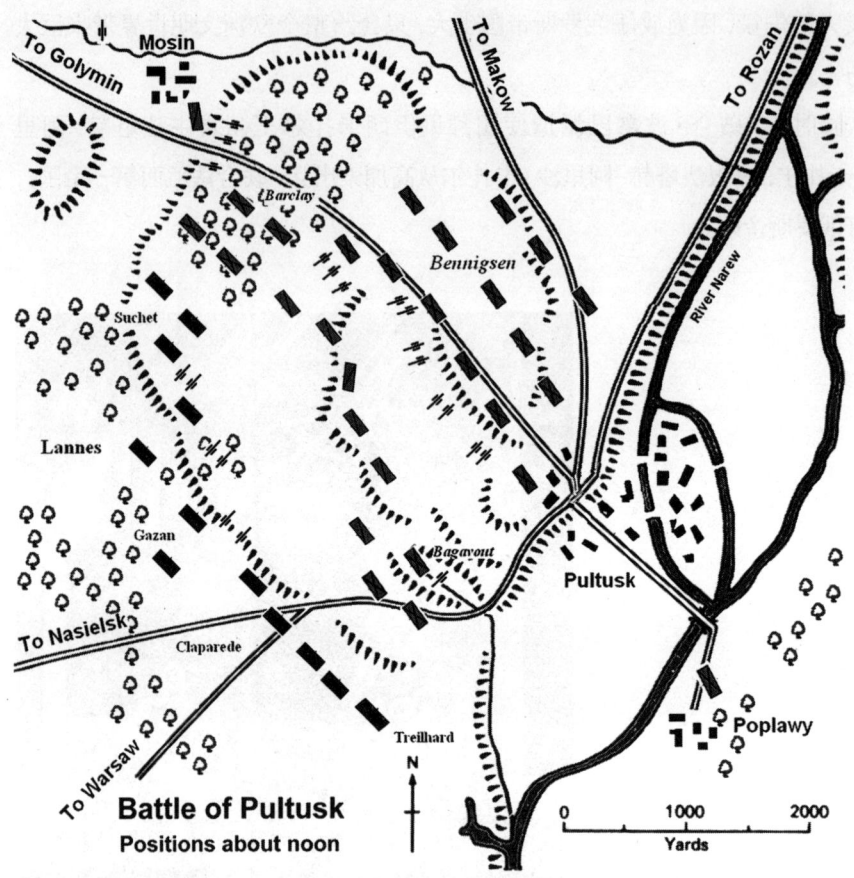

普乌图斯克战役示意图

无论是严冬时节波兰难行的道路，还是一路上遇到的冰霜雨雪、刺骨寒风，都无法抵挡拿破仑·波拿巴在如此酷寒的季节发动战役的决心。拿破仑·波拿巴清楚地知道，己方补给匮乏的同时，俄方的补给更加匮乏。他还希望大破正面对峙的莱温·奥古斯特·冯·本尼希森部队，予其致命一击。到那时，一直蒙在鼓里的波兰人才恍然大悟，惊愕地发现拿破仑·波拿巴的真实用意。

莱温·奥古斯特·冯·本尼希森的部队完全可以退向正北方的涅曼河，作势渡过涅曼河，将法军引至更加开阔的地方。但莱温·奥古斯特·冯·本尼希森没有采纳这一英明的计划。他在距离华沙仅几日路程的普乌图斯克停了下来。果然，不出几日，1806年12月26日，普乌图斯克迎来了一场血战。俄军遭遇让·拉纳师、路易-尼古拉·达武师以及法兰西第一帝国近卫军的猛烈攻击。俄军作战也很勇猛,不仅击退了中部和左翼攻来的法军,还击溃了法军右翼。此次战役中,法军死伤近八千士兵,俄军死伤人数约为五千。鏖战至天黑后,法军开始向维斯瓦河退却。拿破仑·波拿巴在法兰西第一帝国近卫军的护送下返回华沙,法军进驻冬日大营。俄军也退至奥斯特罗文卡。在奥斯特罗文卡,莱温·奥古斯特·冯·本尼希森与前来援助的尼古拉·鲍里索维奇·戈利岑亲王会师。但莱温·奥古斯特·冯·本尼希森不敢在奥斯特罗文卡停留太久,因为普鲁士国王腓特烈·威廉三世仍在柯尼斯

莱温·奥古斯特·冯·本尼希森

堡流亡,情势极其凶险。米歇尔·内伊和让-巴蒂斯特·朱尔·贝纳多特正率部扑来。普鲁士国王腓特烈·威廉三世身边却只有几千人。莱温·奥古斯特·冯·本尼希森英勇无畏地继续进攻法军,迫使法军放弃冬日营地,退守荒野。在荒野中,迎接法军的只有茫茫冰雪和呼啸而过的凛凛寒风。

1807年1月30日,法军发布公告。在公告中,拿破仑·波拿巴宣布,法军连日以来的对俄作战即将取得胜利:

> 任何与我们为敌的人都只有死路一条。俄军前来,与送死无异。我们刚来到边境,俄罗斯帝国就对奥斯曼土耳其帝国宣战。俄军拆掉冬日营帐,背水一战,一心想打败奥斯曼土耳其帝国军队。我们别无退路,只有坚持一战。贪图安逸只会毁掉我们的声誉。就让俄军在法兰西的雄鹰面前飞翔吧,让我们和俄军一较高低!让俄军颤抖吧,隔着涅曼河,我都能感受到他们的恐惧。我们将在这"古普鲁士"的土地上度过这个冬天。我们将给俄军带来无穷无尽的打击。他们会因与我为敌感到后悔和自责。

拿破仑·波拿巴有非常充分的理由如此自信。俄罗斯帝国沙皇亚历山大一世一直在向英国求援,请求英国为俄罗斯帝国提供士兵和军费,但英国迟迟没有答复。在莱温·奥古斯特·冯·本尼希森的军中,冬衣和枪支弹药的供给极其不足。而蜂拥在波兰的犹太人被拿破仑·波拿巴收买,都投靠了法兰西第一帝国。犹太人监视着联军一举一动,一有风吹草动,随时向拿破仑·波拿巴汇报。他们还买断波兰的军需补给,转手便送呈法军军营,丝毫不顾俄军的军粮即将断顿。莱温·奥古斯特·冯·本尼希森的财力根本无法与法兰西第一帝国竞争。法兰西第一帝国的背后,有无数犹太人的钱财在支撑。要知道,莱温·奥古斯特·冯·本尼希森在经济上靠不住任何人。英国政府太过小气,俄罗斯帝国国库日渐亏空,俄军军需部又非常贪腐。

法军在人数上也有优势。法军投入战场的兵力达八万五千人,而俄普联军总共只有七万五千人。

埃劳战役中的拿破仑·波拿巴

谁能想到，1807年2月8日凌晨打响的埃劳战役竟是法军记忆中最惨绝、最血腥的记忆。俄军步兵虽然缺衣少食，但作战异常英勇顽强。在俄军的炮火轰扫下，查尔斯·皮埃尔·弗朗西斯·奥热罗部溃不成军，死伤惨重。让-德-迪厄·苏尔特部以一百五十门火炮开路，试图冲锋，却未敌俄军，不得不撤返。时值隆冬，暴雪肆虐，雪片在风中飞舞。法军纵队视野受阻，竟未发觉哥萨克骑兵①攻向法军一方侧翼，更对另一侧集中而至的俄军浑然不知。直到哥萨克骑兵的长矛刺在法军士兵们的身体里，法军才痛知哥萨克骑兵已至。由此，法军阵形大乱，溃散而逃。哥萨克骑兵挥着长矛乘胜追击。法军原有一万六千人的兵团，现溃散得只剩下一千五百人。溃散的法军士兵冲入埃劳。当时，拿破仑·波拿巴躲在埃劳小村落里的一个教堂墓地。当时情势危急，拿破仑·波拿巴差点儿就被追来的俄军抓住。

---

① 哥萨克骑兵（Cossacks），俄罗斯的特殊兵种，由东欧大草原的游牧军事团体哥萨克人组成，是俄罗斯帝国历史上重要的骑兵力量。

埃劳战役

  法兰西第一帝国近卫军集结出动,将俄军中路击散。俄军散而不溃,特意留出空当,任由法军重骑兵杀入后,收住了包围圈。法军重骑兵如瓮中之鳖,被全部剿灭。俄军还缴获了十二面法兰西鹰旗和十四门大炮,可谓大获全胜。法军只有路易-尼古拉·达武从右侧进攻,对俄军左路造成重创,才勉强挽回法军的颓

势。但没过多久,便有普军赶至增援。法军再次一败涂地。入夜后,战场便成了普鲁士的主场。只可惜,莱温·奥古斯特·冯·本尼希森一时愚钝,竟不知发挥自己的优势。可以想象,假如他可以发挥普军夜战的长处,法军将全军覆没,一个不剩。莱温·奥古斯特·冯·本尼希森只想着自己的军队缺乏供给,因此不敢恋战,早早撤退了。逃过一死的法军在惊愕之余,不免暗自窃喜。

埃劳战役中法军伤亡惨重

在埃劳战役中，作战双方皆死伤无数。在拿破仑·波拿巴这里，官方通报的数字掺有不小的水分。①拿破仑·波拿巴不可能说出真实的数字。当时，真实的情况是，法军的实际死伤人数保守估计也在三万以上。

埃劳战役之惨烈，法军伤亡之惨绝，从拿破仑·波拿巴事后的反应中便可知晓。往日打了胜仗，拿破仑·波拿巴必会乘胜追击，期待取得更多的战绩。但埃劳战役结束后，拿破仑·波拿巴一连八天没有任何表示。他没有像以前一样趾高气扬地将言意狂傲的胜报送予俄罗斯帝国沙皇亚历山大一世和普鲁士国王腓特烈·威廉三世。恰恰相反，拿破仑·波拿巴修书一封，致信普鲁士国王腓特烈·威廉三世。信中，拿破仑·波拿巴言语节制有礼，请求停战和谈。拿破仑·波

---

① 当天，拿破仑·波拿巴给在巴黎的让-雅克-里吉斯·德·康巴塞雷斯的信中写道，法军三千人战死，一千五百人负伤。然后，拿破仑·波拿巴给在索恩的秘书达鲁写信道："你只需说五千人受伤在医院。实际上，受伤的人比这多了，我估计在七八千之间。"据军团指挥官说，实际伤亡人数为一万两千人。——原注

拿巴派亨利-加蒂安·贝特朗将军前往送信。临行前,拿破仑·波拿巴叮嘱亨利-加蒂安·贝特朗将军说,事已至此,不必再考虑波兰人。"拿破仑·波拿巴叮嘱亨利-加蒂安·贝特朗将军,说一定要让普鲁士人知道,对于他来说,波兰自始至终一文不值。"①

然而,普鲁士国王腓特烈·威廉三世拒绝抛开俄罗斯帝国进行私下和谈。于是,1807年2月19日,拿破仑·波拿巴被迫从埃劳撤军,返回维斯瓦河。

亨利-加蒂安·贝特朗

---

① 引自《教谕》,1807年2月13日。——原注

撤军后的拿破仑·波拿巴可谓命悬一线。假如奥地利帝国在埃劳战役后没有做调停人，而是果断加入反法联盟一方；假如当时的俄罗斯帝国头脑清醒，没有鬼迷心窍地在如此重要的时刻与奥斯曼土耳其帝国开战；假如英国言而有信，将许诺普鲁士王国的军资补贴到位，那么，当时远离法兰西本土的拿破仑·波拿巴恐怕会将自己的军事生涯断送在波兰的莽野荒原上。在那之后的岁月里，欧洲将免于许多血腥的征战。

令拿破仑·波拿巴迷恋的波兰伯爵夫人

1807年初冬未尽，拿破仑·波拿巴从埃劳撤军后，便开始了在华沙城中纸醉金迷的生活。拿破仑·波拿巴迷上了一位波兰伯爵夫人，她姿色倾城。罗维戈公爵安·让·玛利·勒内·萨瓦里说：

> 波兰出美女。法兰西帝国皇帝和军官们都拜倒在波兰妇人的石榴裙下。其中有一位波兰女人绝色秀美，拿破仑·波拿巴迷恋于她，不可自拔。该女子也是知趣地委身于威武的法兰西帝国皇帝。对于一个女人来说，得到一个大英雄的爱慕是极大的荣耀和无上的幸运。这位波兰女子喜不自胜地接受了拿破仑·波拿巴的情意。此处，我们不便指明她的姓名。[①]绯闻很快传回了巴黎，传入了法兰西皇后约瑟芬的耳中。皇后约瑟芬为此寝食难安。她请求拿破仑·波拿巴下旨，允许她来华沙探军。拿破仑·波拿巴只答道："我希望你高兴，开心，幸福。我爱你，我想你，我渴望和你在一起。但现在，你还不能来。"

1807年5月10日，拿破仑·波拿巴再次致信妻子约瑟芬："亲爱的，你说的那几个跟我有关系的女子，我一个都不认识。我只爱我善良的、小心眼的、爱生气的约瑟芬，因为她的一切都是那么优雅，就连存心想吵架时都那么迷人。我的约瑟芬，她永远温良恭和。当然，她吃醋的时候就不温柔了，就变成了一个小魔鬼。好吧，我们再说回那些波兰女人。她们当中没有人能够吸引我的注意。我喜爱娇艳的玫瑰。然而在波兰，我还没有发现我心中的玫瑰。"

尽管拿破仑·波拿巴在发布埃劳战报里并没有说出真相[②]，埃劳惨败的真相还是很快传到法兰西人民耳中。私人信件、俄罗斯人的表述等通过英国报纸传

[①] 《德·罗维戈公爵回忆录》，第3卷，第26页。拿破仑·波拿巴在波兰的情人是瓦莱夫斯卡伯爵夫人玛丽亚（Maria Countess Walewska）。她与拿破仑·波拿巴有一个私生子，即科隆纳-瓦莱夫斯基伯爵亚历山大·弗洛里安·约瑟夫。——原注

[②] 在缴获的让-巴蒂斯特·贝纳多特军辎重中，俄方发现了确凿证据，可以证明当时法方在埃劳战报中少公布了伤亡人数，对外公布的只有法军正规部队的伤亡人数，但其实当时随军的还有很多秘密派遣部队。这些秘密部队专门为拿破仑·波拿巴监视各军，但其伤亡人数被省略。——原注

入巴黎。巴黎人大惊失色,担心奥地利帝国倒戈,加入反法联盟。那样的话,法兰西大军就会失去与法兰西本土的联系。幸好奥地利帝国没有多事,继续保持中立。英国也没有多声张。现在,英国换了内阁,再没有小威廉·皮特这样的好战分子了。

法兰西人民一片呜咽。1807年3月26日,法兰西第一帝国发布征兵告示。法兰西需再征八万新兵。这下,法兰西人民又哀怨又愤懑。普鲁士战争以来,法兰西频繁征兵,这已经是第三次了。七个月间,法兰西征兵三次,共有至少二十四万男儿奔赴战场。如今,第三次征兵的布告赤裸裸地向人们展示了战争的残暴。在法兰西第一帝国境内,每年约有二十万男子新满十八岁。也就是说,在不到半年

弗里德兰战役，拿破仑·波拿巴向冲锋的骑兵脱帽致意

的时间里，战争抹杀了整整一代人。他们战死疆场，将尸体留在了东欧的荒原。他们的阵亡并非为了国家的荣耀，只为满足一个君主的贪饕。

直到1807年6月，拿破仑·波拿巴才在维斯瓦河，以及维斯瓦河与涅曼河之间集结了二十万新军。

1807年6月14日是马伦哥会战胜利纪念日。就在1807年6月14日，在距埃劳仅数英里的弗里德兰，法军打响了决定性的战役。此役一开始的时候，俄军似乎占过上风，当时俄军扫退米歇尔·内伊部，狂撼皮埃尔–安托万·杜邦·德·莱唐部。但莱温·奥古斯特·冯·本尼希森犯了一个致命的错误，他沿着弯曲回环的

弗里德兰战役，法骑兵与俄骑兵激烈厮杀

阿勒河排兵布阵，导致战线逶迤，形成几块俄军聚拢的部位。法军炮兵立即集中火力向俄军的聚拢位置发起了猛烈攻击，最终法军反败为胜。但法军胜得非常惨烈，双方均损失惨重。俄军落败退却，拿破仑·波拿巴也没有多余的兵力安排追击。

即使法军取得弗里德兰战役的胜利,俄罗斯帝国沙皇亚历山大一世依旧有机会挽回败局。假如俄罗斯帝国沙皇亚历山大一世再多一些冷静和刚勇,那么即使没有盟友,仅凭俄罗斯帝国自己的兵力,也完全可以打败拿破仑·波拿巴,将拿破仑·波拿巴送入万劫不复之境。要知道,当时,拿破仑·波拿巴眼睁睁看着奥地利军队向波希米亚边境集结,内心何尝没有瑟瑟发抖。另外,亲临战场的法军士兵可不会相信拿破仑·波拿巴的公告。他们对俄军的凶悍心知肚明。法军过去在奥地利和意大利遇到过的对手与俄军比起来,根本不可同日而语。

然而,俄罗斯帝国沙皇亚历山大一世缺少一些勇气。俄罗斯帝国的军官们都不建议继续作战,因为受损的反正是普鲁士王国的领土。但俄罗斯帝国沙皇亚历山大一世对盟友英国气愤不已。俄罗斯帝国深陷泥潭时,英国竟袖手旁观。从俄罗斯帝国沙皇亚历山大一世的角度看,他对普鲁士已经仁至义尽。于是,俄罗斯帝国沙皇亚历山大一世没有与普鲁士国王腓特烈·威廉三世商议,便自作主张,提出要签署停战协议。拿破仑·波拿巴忙不迭地表示同意。

拿破仑·波拿巴向俄罗斯帝国沙皇亚历山大一世承诺,会将芬兰从瑞典割出,送给俄罗斯帝国。拿破仑·波拿巴还允许俄罗斯帝国在巴尔干半岛地区自由活动。在这样的前提下,俄罗斯帝国沙皇亚历山大一世竟然勉强与法兰西第一帝国结成盟国。法俄结盟初期,普鲁士王国还被蒙在鼓里。后来,俄罗斯帝国沙皇亚历山大一世与拿破仑·波拿巴联手对付英国,普鲁士国王腓特烈·威廉三世才知道自己已被出卖。

奥斯特利茨大战前夕,拿破仑·波拿巴曾向彼得·彼得罗维奇·多尔戈鲁科夫公爵建议,俄罗斯帝国想要扩张领土,就必须蚕食邻国。但俄罗斯帝国沙皇亚历山大一世拒绝了这一建议。当时,俄罗斯帝国沙皇亚历山大一世只想攻取邻国奥斯曼土耳其帝国。但现在,情势又有了新的变化。

> 拿破仑·波拿巴每经历一次挫折,都会变得更强大。拿破仑·波拿巴越挫越勇,益发强大。现在,无论是旧制度还是新思想,都找不出任何反对拿破仑·波拿巴的理由。小威廉·皮特已因失意郁绝而死。查尔斯·詹姆斯·福克斯一直被他玩弄于股掌之上,现在也已不在人世。在拿破仑·波拿巴的进攻之下,普鲁士王朝一夜之间化为齑粉。在法兰西帝国,听不到任何反对他的声音。拿破仑·波拿巴打碎旧有的制度,建立新的帝国,他俾倪世俗的束缚,他挣脱陈规的羁绊。这难道还不算命中注定?他拥有

彼得·彼得罗维奇·多尔戈鲁科夫

的这种史无前例的主宰人间的力量,难道还不算大自然的神迹?如果我还算明智,就该追随这股力量,吸收它的光芒。我为什么非要冒险与之一较高低呢?[①]

在提尔西特,俄罗斯帝国皇帝亚历山大一世与法兰西第一帝国皇帝拿破仑·波拿巴如约会面。他们乘着木筏漂浮在梅默尔河上。木筏上有一间特制的小屋。小屋精雅通透,有两扇门对着开。屋顶有双鹰风标做装饰,一个代表俄罗

---

① 皮埃尔·朗弗雷:《拿破仑·波拿巴史》,第4卷,第117页。——原注

拿破仑·波拿巴在梅默尔河上的木筏上迎接亚历山大一世

斯帝国,另一个代表法兰西第一帝国。俄罗斯帝国皇帝亚历山大一世与法兰西第一帝国皇帝拿破仑·波拿巴几乎同时乘小船向木筏开来。但明显,拿破仑·波拿巴的船夫更得力,摇桨更快。因此,拿破仑·波拿巴率先登上了木筏。登上木筏后,拿破仑·波拿巴从一扇门穿过木筏到另一扇门,正好在木筏的另一侧迎接俄罗斯帝国皇帝亚历山大一世。俄罗斯帝国皇帝亚历山大一世登上木筏时,岸上鸣起一百响礼炮,向他致礼。

拿破仑·波拿巴笑里藏刀,一见面就将俄罗斯帝国皇帝亚历山大一世震住了。俄罗斯帝国皇帝亚历山大一世说:"我恨英国人,相信您也一样。"

拿破仑·波拿巴回答:"如果你真的恨他们,那我们签协议就会容易很多。"

谁让英国政府愚蠢不堪,摇摆不定,不信守承诺呢?俄罗斯帝国皇帝亚历山大一世被英国政府气得不轻,索性与拿破仑·波拿巴站到了一边。

俄罗斯帝国皇帝亚历山大一世与法兰西第一帝国皇帝拿破仑·波拿巴第一次见面就谈了两个小时。俄罗斯帝国皇帝亚历山大一世在欧洲的征服者拿破仑·波拿巴面前完全沦陷。他为拿破仑·波拿巴的绝世气概倾倒,甚至希望可以经常与拿破仑·波拿巴见面。他甚至打算将提尔西特划成自由镇,以便时常与拿破仑·波拿巴见面。

与此同时,情绪低落的普鲁士国王腓特烈·威廉三世与妻子普鲁士王后路易丝在郊区的一座磨坊里等候协议签订完成。俄罗斯帝国皇帝亚历山大一世与法兰西第一帝国皇帝拿破仑·波拿巴签订完毕,并将协议内容做完了初步安排,可怜的普鲁士国王腓特烈·威廉三世才知晓协议内容。了解到普鲁士即将被无情瓜分,只留给他古普鲁士、波美拉尼亚、勃兰登堡和西里西亚这几个地方后,普鲁士国王腓特烈·威廉三世止不住心情低落,神色悲伤。更有甚者,拿破仑·波拿巴特别强调,要在条约中说明,普鲁士还能保留一些领地要归功于俄罗斯帝国皇帝亚历山大一世。已说明被割让的领土是普鲁士王国战败后理应且必须赔偿的。

拿破仑·波拿巴与亚历山大一世拥抱致意

拿破仑·波拿巴在普鲁士易北河左岸割出的领土上，新成立了一个国家，即后来由拿破仑·波拿巴的五弟热罗姆·波拿巴执政的威斯特伐利亚王国。热罗姆·波拿巴一度全心迷恋美国丽人，后来终于回归正途。无论是普鲁士国王腓特烈·威廉三世的苦苦哀求，还是美丽的普鲁士王后路易丝的诚心祈告，都无法挽回拿破仑·波拿巴分割普鲁士的决心。

拿破仑·波拿巴甚至不能对普鲁士王后路易丝以礼相待。历史学家托马斯·巴宾顿·麦考利曾将拿破仑·波拿巴与罗马的尤利乌斯·恺撒做了一番比较。他中肯地评价道，尤利乌斯·恺撒是一位真正的绅士，而拿破仑·波拿巴非常没有风度。查尔斯·莫里斯·德·塔列朗-佩里戈尔也说过："很遗憾，一个绝世枭雄，竟不懂得怜香惜玉。"

拿破仑·波拿巴与俄罗斯帝国皇帝亚历山大一世签署停战协议时，理所当然地将之前对奥斯曼土耳其帝国苏丹塞利姆三世的种种承诺抛诸脑后。他曾向奥斯曼土耳其帝国苏丹塞利姆三世允诺，即使要与俄罗斯帝国皇帝亚历山大一世签署停战协议，也一定保证奥斯曼土耳其帝国在现场，并保证奥斯曼土耳其帝国的领土完整。但眼下，他又改口，声称不会阻碍俄罗斯帝国皇帝亚历山大一世占领摩尔达维亚公国和瓦拉其亚公国。而且如果俄方遭遇土耳其反抗，他将出兵援助俄罗斯帝国皇帝亚历山大一世，并同俄罗斯帝国皇帝亚历山大一世一起平分奥斯曼土耳其帝国在欧洲的国土。

波兰也被抛在一旁，并且遭遇了无情的瓜分，只是被分割得不像普鲁士那样彻底罢了。原来的普鲁士王国占领的波兰区如今变成了华沙公国，而且拿破仑·波拿巴将华沙公国当作礼物送给了萨克森王国国王弗雷德里克·奥古斯特一世。

事实上，《提尔西特和约》的主要目的还是为了对付英国。根据和约的内容，俄罗斯帝国也要加入大陆封锁体系。俄罗斯的所有港口都将对英国关闭，俄罗斯帝国要与英国停止贸易往来。另外，根据一款秘密条款的规定，游弋在哥本哈根的丹麦舰队也将归拿破仑·波拿巴所有。

拿破仑·波拿巴并没有将正义带到波兰，这让波兰人民失望不已。然而，那

拿破仑·波拿巴（左）与亚历山大一世（左二）、普鲁士王国王后路易丝（右二）、腓特烈·威廉三世（右）

又如何？拿破仑·波拿巴自己获得了更大的利益。当时，拿破仑·波拿巴的位置极其微妙。首先，他不能冒险得罪中立国奥地利帝国，因此，他不能将主意打到奥占波兰的领土范围内。其次，他当时正在与俄罗斯帝国和谈，因此，也不方便让俄罗斯帝国放弃俄占波兰的领土。现在，波兰人摇身一变，成为华沙公国的国民，但他们的境地并没有实质性的转变，只是从普鲁士王国转给了萨克森王国而已。不过,波兰虽然复国无望,但毕竟成了拥有半独立主权和全自主宪法的公国。这或许是唯一可以安慰波兰人民的地方了。

正如拿破仑·波拿巴对让·拉普说的:

> 我爱波兰人。他们的热情让我心动。我真心想还给他们一个独立的国家。但事情哪里是说说那么容易呢。波兰被奥地利、俄罗斯和普鲁士三个国家瓜分。若是再起了争端,不知要到什么时候才能平息。我的首要职责是保证法兰西第一帝国的利益。波兰再好,也不值得牺牲法兰西的利益。我们必须要看到,最最重要的因素就是时机。待时机成熟时,我们自然就知道应该如何行事。

假如1806年冬至1807年的这场对俄战役也如拿破仑·波拿巴希望的那样,大获全胜;假如拿破仑·波拿巴在扫平普鲁士后还可以完胜俄罗斯,而不是势均力敌——可以想象,拿破仑·波拿巴肯定会毫不犹豫地光复波兰,助其独立。但事实上,法兰西与俄罗斯在战场上平分秋色。因此,期望拿破仑·波拿巴做他能力之外的事情,纯属不情之请。假如当时,法兰西第一帝国在波兰建立行省,由拿破仑·波拿巴充当"保护人",不知波兰的命运又将如何。或许会像法兰西第一帝国的其他行省一样,避免了如公国一样被掏空资源、榨干血汗的命运,或许不会。谁知道呢?

第39章

西班牙

（1807年—1808年）

精彩看点

劫掠丹麦舰队不成——拿破仑·波拿巴决意偷袭葡萄牙舰队——让-安多什·朱诺领兵出征——失利——葡萄牙王室出逃——奴役葡萄牙人民——胁迫教皇庇护七世反英——入侵罗马——占领西班牙——西班牙王室——西班牙国王查理四世与西班牙王储阿斯图里亚斯亲王斐迪南之间的争斗——对峙——若阿基姆·缪拉入西班牙——起义——西班牙王储阿斯图里亚斯亲王斐迪南声明——拿破仑·波拿巴介入——罗维戈公爵安·让·玛利·勒内·萨瓦里往马德里——诱捕西班牙国王斐迪南七世——引西班牙国王斐迪南七世来巴约讷——西班牙国王查理四世夫妇以及和平亲王曼努埃尔·戈多伊-阿尔瓦雷斯·德·法里亚都来了——拿破仑·波拿巴眼中的朝代——马德里平民起义——若阿基姆·缪拉镇压——西班牙王室被迫放弃称号——查尔斯·莫里斯·德·塔列朗-佩里戈尔负责看管西班牙国王斐迪南七世

拿破仑·波拿巴原本打算掠夺丹麦海军以充盈法兰西第一帝国舰队。但英国内阁得知了拿破仑·波拿巴的意图后，迅速出手干涉，摧毁了这一计划。英国派卡思卡特伯爵威廉·肖前往哥本哈根，迅速将丹麦舰队及补给库存转移到拿破仑·波拿巴的势力范围之外。

拿破仑·波拿巴对于该计划的解释如下：

> 现在，俄罗斯帝国已与我国结盟，普鲁士王国必然跟风。这样一来，就只剩葡萄牙王国、瑞典王国和教皇国还需要我们去征服。至于丹麦王国，它无力抗拒，只得顺服……之后，我们将集结我们在欧洲大陆上所征服国家的全部海军军力出征英国。我们在欧洲大陆掌握的海军整体上将拥有一百八十艘舰船。再过几年，这个数字将达到二百五十艘。再加上我们自己的海军舰队，我们便有了从欧陆直捣伦敦的可能。我方只需要分出一支由一百艘舰船组成的舰队进攻英国殖民地即可。英国海军必遣大部前往救援。因此，我方只需要再行组成一支由八十艘舰船组成的海军舰队，向英吉利海峡进攻，那么，突破英吉利海峡的阻碍便指日可待。

葡萄牙王室逃往巴西

然而，拿破仑·波拿巴偷袭丹麦海军的计划遇到了阻碍。于是，拿破仑·波拿巴命令让-安多什·朱诺带领一批新近招募的年轻士兵，星夜急行，前往塔古斯河阻截葡萄牙舰队。然而，这一计划竟也落空。1807年11月30日，让-安多什·朱诺领兵赶到塔古斯河时，只看到葡萄牙舰队载着葡萄牙王室成员、一万八千民众和所有能带走的物资扬帆远去。拿破仑·波拿巴就差了一步。事实上，拿破仑·波拿巴本可以借道西班牙，以更快的速度行军。要知道在1807年10月27日，

拿破仑·波拿巴已与西班牙在法兰西第一帝国的枫丹白露签下《1807年10月枫丹白露条约》。根据条约的内容,法军本可以取道西班牙。只可惜当时条约尚未公示。《1807年10月枫丹白露条约》的内容中包括:

(一)法军进军葡萄牙时可由西班牙境内穿行。西班牙需确保道途畅通,西班牙军队需整备应援。

(二)法军占领葡萄牙后,要将葡萄牙一分为二。葡萄牙南部划归西班牙权臣和平亲王曼努埃尔·戈多伊-阿尔瓦雷斯·德·法里亚。拿破仑·波拿巴吞并新建的伊特鲁利亚王国，作为补偿，则将葡萄牙北部划给伊特鲁利亚王国国王路易二世。

（三）在实现全面和平之前，由法军占领里斯本及葡萄牙的三个省[①]。

条约签订后仅九天，让-安多什·朱诺便率三万军士渡过比达索阿河。大陆封锁体系是法兰西第一帝国出兵的导火索。拿破仑·波拿巴向葡萄牙摄政王若

路易二世

---

① 这三个省是贝拉省（Beira Provice）、山后省（Trás-os-Montes Province）和埃斯特雷马杜拉省（Estremadura Province）。——原注

葡萄牙摄政王若昂

昂下达最后通牒，敦促其尽快加入大陆封锁体系，没收英国货物，封锁港口禁止英国船通行，并尽快对英宣战。①对于拿破仑·波拿巴提出的条款，葡萄牙摄政王若昂一一应允，但唯独不肯没收英国商人的酿酒庄园。对拿破仑·波拿巴来说，这一点忤逆足以作为发动战争的理由。于是，拿破仑·波拿巴派让-安多什·朱诺带兵，前往葡萄牙问罪。分析让-安多什·朱诺将军领到的命令，我们可以看出，除了占领葡萄牙外，拿破仑·波拿巴还另有所图。否则，让-安多什·朱

---

① 依据1804年3月19日法葡签订的条约，葡萄牙支付六万四千英镑给法兰西，法兰西允许葡萄牙开放港口和保持中立。然而，1807年，拿破仑·波拿巴大举入侵并占领葡萄牙，出战的借口是葡萄牙开放港口，殊不知这是葡萄牙三年前花钱换来的。——原注

诺将军行军途中为何要带着工兵呢？让-安多什·朱诺带兵前往葡萄牙的路上，一边行军，一边绘制地图，还一路标记了战略要地。

让-安多什·朱诺军中的兵士全是新近招募的年轻人，其中许多人甚至不满十八岁。这些年轻的新兵初次上战场，心里不免有点胆怯。让-安多什·朱诺在拿破仑·波拿巴"火线急行"的军令下，日夜行军。这支匆忙组建的新军疲惫不堪。新兵部队驰过荒寂的平原，翻过凉芜的山岗，疲惫不堪。年轻而缺乏行军和战斗经验的士兵们一个个瘫倒在地，犹如夏虫遇火一般纷纷跌落。他们并没有战死沙场，而是累死在了途中。这是完全无谓的损失。类似的场景并非第一次出现。让-安多什·朱诺率部抵达里斯本的前一天，葡萄牙舰队载着王室成员离开，上万民众背井离乡地跟随着。这是多么相似的画面。千千万万无辜的平民，他们唯一的过错就是和贪饕的君主拿破仑·波拿巴生在了同一个时代。在拿破仑·波拿巴建功立业的征服历程中，无数人背井离乡，流离失所，失去了自己的土地和家乡。他们只能远渡重洋，在未知的土地上开始新的生活。

拿破仑·波拿巴下令没收所有在葡萄牙的英国人的货物和财产。拿破仑·波拿巴还收缴了葡萄牙王国的全部领土，并且褫夺所有葡萄牙居民的领土拥有权。这样，葡萄牙境内的全部国土所有权都归了法兰西第一帝国。拿破仑·波拿巴还规定，葡萄牙的土地所有者如果想赎回自己的土地，需要缴纳高达一亿法郎的赎金。同时还规定，法军士兵在葡萄牙不仅可以正常领到军饷，还可以免费吃住，每天还能领到一瓶葡萄酒。有的士兵即使不喝酒，也可以将领到的葡萄酒卖了换钱。葡萄牙原有的武装兵械都被拆除干净，现在，各处堡垒上只能看到法兰西的三色旗迎风飘展。布拉干萨王朝[①]被无情解体，再不是葡萄牙的统治者。强敌压境时，葡萄牙王室放弃了权力，匆忙出海逃遁。让-安多什·朱诺占领葡萄牙后，命令葡萄牙民众点灯庆祝法军进驻。但放眼整个葡萄牙，只有两三户人家点亮了灯火。葡萄牙的王室已出走，乡间也渺无人烟。农民都已逃入山中，做好了起义的准备。

---

① 布拉干萨王朝（House of Braganza）是17世纪到20世纪统治葡萄牙的王朝。

布拉干萨王朝徽章

1807年11月12日，拿破仑·波拿巴致信让-安多什·朱诺。拿破仑·波拿巴在信中亲笔描绘了占领葡萄牙王国这个中立国的景象：

> 这封信中提到的例子可以作为你们效仿的表率，用以参考并公正严明地处理所占国事宜。在所有的事情中最重要一点是务必确保军队获得酬劳。收缴所得的战利品、珠宝和英国货物，一半上交皇室专用金，另一半留下来补给部队。享有如此丰厚的财富，诸位将军长官便不该再对军饷待遇有抱怨之理。所有英国商品全部查封。任何英国人，一经发现，必须立

即逮捕，押回法兰西帝国接受审讯。所有英国财产，包括公债在内，连同房产、种植园等，全部收归法兰西帝国皇室名下。所有贵重珍品须用木箱打包装好，送交偿债基金办公室管理。

D.A.宾厄姆说："拿破仑·波拿巴这样叫嚣着要将一半掠劫品分给兵士们，这样的行为实在丑陋可鄙。要知道，在这样的军令下，法军只会纵情抢掠，给不幸的异国国土留下伤害。而葡萄牙作为中立国，只是对英国维持友好而已，何罪之有？"

同理，在意大利也有一出好戏如约上演。早在1806年，拿破仑·波拿巴就告诫教皇庇护七世，劝教皇庇护七世尽快加入反英同盟。1806年2月13日，拿破仑·波拿巴致信时任红衣主教的舅舅约瑟夫·费什，信中部分内容如下：

即使要与整个世界为敌，我都将尽力保护教皇国。我已命人将印玺送予诸位主教。一天就可以完成的事情，到了罗马却要拖上一个月。这不是宗教信仰的事。在德意志，反抗罗马教廷宗教统治的行为到处都是，这样反对罗马教廷的行为是不对的。现有以下两条方针，我命你全权负责实施：一、驱逐罗马诸邦境内的英国人、俄国人、瑞典人和撒丁岛人；二、禁止以上国家的船驶入罗马港口。你要告诉他们，法兰西帝国皇帝拿破仑·波拿巴的眼睛是雪亮的。我是查理曼大帝，是他们的皇帝。我是教会之剑。他们必须知道，俄罗斯帝国将在我的手上覆灭。

尽管拿破仑·波拿巴口口声声保证会保护教皇国，但事实上，他已下定决心吞并教皇国的领土。这与鲸吞西班牙的方式完全一样。拿破仑·波拿巴令法军装作开往那不勒斯，声称只在罗马停军休憩。但实际上，法军会借此机会一举占领圣安吉洛要塞，并找遍所有借口停驻在罗马，不再离开。

拿破仑·波拿巴给法兰西第一帝国驻罗马大使的咨文指示如下：

圣安吉洛要塞

传法兰西帝国皇帝拿破仑·波拿巴之意,务必使罗马人民与法军友好相处。倘若罗马教廷继续无理取闹,我们将让教皇庇护七世看清他已无实权的事实,他只是名义上的教皇而已。尽管世人或许尚未觉察,但庇护七世的教皇尊权已不复存在。

1807年11月16日,拿破仑·波拿巴离开巴黎,前往米兰和威尼斯巡视。他安排此行另有深意。拿破仑·波拿巴已为吞并西班牙制定了极其阴险的计划,在计划执行、阴谋上演时,他最好不在现场,只由代理人出面就可以了。法军此次出兵的目标是终结伊特鲁利亚王国。伊特鲁利亚王国自拿破仑·波拿巴支持下立国,至此时法军出兵,不过短短数年。拿破仑·波拿巴并不想将伊特鲁利亚王国的领土并入意大利王国。他要将伊特鲁利亚直接纳入法兰西第一帝国的版图。眨眼间,托斯卡纳公国的各个海港都有了法军的身影。战争随即打响。当时,意大利全境只有罗马邦国的港口还敢对英国船开放。而法军一旦到来,罗马邦国的这些港口也会被立即封锁。法军立即占领了重镇奇维塔韦基亚,封锁了台伯河河口,并在亚得里亚海沿线安排了重兵驻守安科纳城。教皇庇护七世插翅难飞,只得对英宣战。

1808年4月2日,拿破仑·波拿巴宣布最终决议,吞并教皇庇护七世所辖亚得里亚海诸省的边界地区,纳入意大利王国版图。这一招打得教皇庇护七世措手不及。早在一年前,教皇庇护七世就曾派遣使者托马索·阿雷佐前往德累斯顿拜见拿破仑·波拿巴。当时,拿破仑·波拿巴虽然也提到了扩张的意图,但态度还算温和,言语也能使人接受,不像如今这般肆无忌惮。

眼下,法军借故借道前往葡萄牙增援让-安多什·朱诺,横扫西班牙。1808年11月13日,皮埃尔-安托万·杜邦·德·莱唐另率一支法军通过西班牙,穿向葡萄牙。这一行为直接撕毁了两星期前签订的《1807年10月枫丹白露条约》。根据

奇维塔韦基亚

托马索·阿雷佐

《1807年10月枫丹白露条约》,没有西班牙国王的准许,法兰西第一帝国不得在西班牙境内已有一支部队的情况下再派遣一支部队进入西班牙领地。皮埃尔-安托万·杜邦·德·莱唐遵照拿破仑·波拿巴的命令,带大军在维多利亚停驻。同时,他将大批工兵军官分派至西班牙全境,前去观察地势、测绘地图。随之进入西班牙国境的还有邦-阿德里安·让诺·德·蒙塞元帅所率三万人的前锋部队,目标是占领布尔戈斯。继而由迪歇纳穿越比利牛斯山脉东段,长驱直入巴塞罗那。邦-阿德里安·让诺·德·蒙塞大军行军明目张胆,声势浩大。要说这样的大

皮埃尔-安托万·杜邦·德·莱唐

军前来是为掩护法军征讨葡萄牙军队,确实无法使人相信。与此同时,第五支法军依拿破仑·波拿巴之令,在德·阿马尼亚克的率领下穿过比达索阿河前去占领潘普洛纳的要塞。拿破仑·波拿巴的原话是命令士兵们要"如大雨倾注西班牙"①。至此,除了前往葡萄牙的让-安多什·朱诺部,已有至少八万法军蜂拥来到西班牙。不久,第六支法军的前锋让-巴蒂斯特·贝西埃也率部赶到西班牙。这样一来,即使是最不明白状况的傻瓜也看清了事情的真相。这是一场法兰西

---

① "如大雨倾注西班牙",此处原文为"sans faire semblant de rien"。

第一帝国针对西班牙王国的军事行动,而让-安多什·朱诺借道先至葡萄牙,不过是为了从侧翼支援攻西班牙的法军部队。

法军攻入西班牙时,西班牙的统治者并不强势。因此,拿破仑·波拿巴在外交方面稍加运作,便可以掌握西班牙的大权。西班牙国王查理四世丝毫没有继承波旁家族光辉雄浑的血统。他极其愚蠢、懦弱,并且如老鼠一般胆小。西班牙国王查理四世随身带着口哨,身边还有一位专听他忏悔的神父随侍。每当他

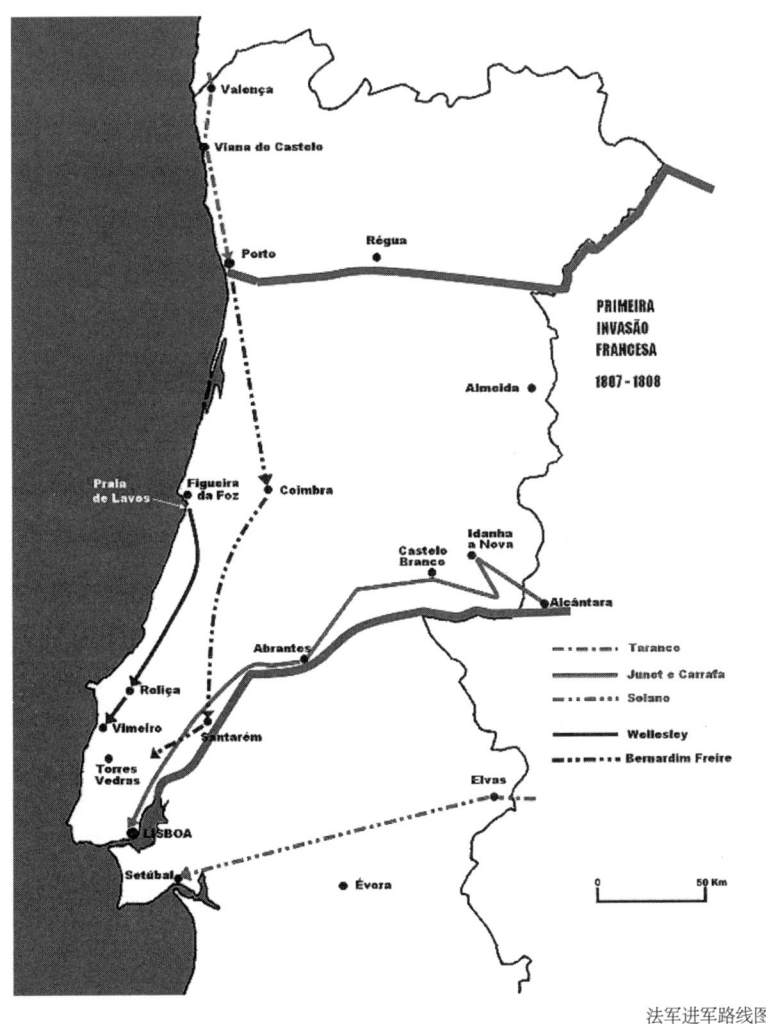

法军进军路线图

讽刺西班牙王室纷争与向拿破仑·波拿巴投降

感觉良心有愧疚的时刻，便躲进一间屋子，只从窗上留一眼小孔，他吹响口哨，像呼唤小狗一般将神父唤来听他忏悔。仅需两分钟，西班牙国王查理四世开始倾诉，他会说上足足两分钟。他说完心里所有的不快，之后便命神父离开。等下一次西班牙国王查理四世心里难过的时候，他便将自己特别的忏悔步骤重复一次。[①]西班牙国王查理四世的王后是帕尔马公主玛丽亚·路易莎，她的品行似乎不太端正。早在和平亲王曼努埃尔·戈多伊-阿尔瓦雷斯·德·法里亚还是一名宫廷侍卫时，就已与西班牙王后帕尔马的玛丽亚·路易莎有所勾结，自那之后，曼努埃尔·戈多伊-阿尔瓦雷斯·德·法里亚便一路加官晋爵，平步青云。西班牙国王查理四世性格孱弱，对妻子的风流韵事浑然不知，竟同西班牙王后帕尔马的玛丽亚·路易莎一起对曼努埃尔·戈多伊-阿尔瓦雷斯·德·法里亚这位卫兵出身的孔武之人产生了"赏识"。西班牙国王查理四世不仅对曼努埃尔·戈

---

① 路易·康斯坦·沃伊里：《拿破仑·波拿巴贴身男仆——康斯坦回忆录：拿破仑·波拿巴的生活、家庭和皇室》，第4卷，第40页。——原注

多伊-阿尔瓦雷斯·德·法里亚言听计从，还破格加封他为"和平亲王"①，并任命他为首相。西班牙王储阿斯图里亚斯亲王斐迪南也不具魄力。他的妻子是那不勒斯和西西里公主玛丽亚·安东尼娅。西班牙王储阿斯图里亚斯亲王斐迪南截获了妻子阿斯图里亚斯王妃玛丽亚·安东尼娅与岳母那不勒斯和西西里王后玛丽亚·卡罗琳娜之间的通信。他惊讶地发现，那不勒斯和西西里王后玛丽亚·卡罗琳娜竟在信中暗示女儿阿斯图里亚斯王妃玛丽亚·安东尼娅毒死他的母亲西班牙王后帕尔马的玛丽亚·路易莎。西班牙国内有一股势力，一直以来都

玛丽亚·安东尼娅

---

① 这样加封曼努埃尔·戈多伊-阿尔瓦雷斯·德·法里亚是因为在他的努力下，西班牙退出了反法联盟，与法兰西第一帝国协商并签订了和平条约。——原注

致力于推翻和平亲王曼努埃尔·戈多伊-阿尔瓦雷斯·德·法里亚,现在这股势力冒出头来拥立西班牙王储阿斯图里亚斯亲王斐迪南为领袖,试图建立宫廷新派系。西班牙王储阿斯图里亚斯亲王斐迪南无力应对。出于政治需要,1807年10月11日,他致信拿破仑·波拿巴,求娶波拿巴皇室公主为妻。拿破仑·波拿巴委派博阿尔内侯爵弗朗西斯前往马德里担任驻西班牙特使。博阿尔内侯爵弗朗西斯性情忠厚,没有心机,正因如此,拿破仑·波拿巴才派他出任这一要职。大凡心有城府的人,必不能胜任此等要职,从而出色地完成任务,因为担任这一职务的人要对拿破仑·波拿巴言听计从。而拿破仑·波拿巴生性狡猾,他表面上做出的计谋规划,背后往往有不为人知的目的。这样一来,只有老实忠厚的人才会中他的圈套,并且一心一意地执行他的指令,设套暗害别人。西班牙国王查

博阿尔内侯爵弗朗西斯

佩德罗·德·阿尔坎塔拉·阿尔瓦雷斯·德·托莱多

理四世发现了王储阿斯图里亚斯亲王斐迪南的阴谋,或者说,是和平亲王曼努埃尔·戈多伊-阿尔瓦雷斯·德·法里亚察觉之后上报了西班牙国王查理四世。不管怎样,他们都拘禁了西班牙王储阿斯图里亚斯亲王斐迪南,并没收了所有文件。在没收的文件中,有一份"篡位令"。西班牙王储阿斯图里亚斯亲王斐迪南自立为王,并任命好友兼智囊因凡塔多公爵佩德罗·德·阿尔坎塔拉·阿尔瓦雷斯·德·托莱多为首相。西班牙国王查理四世得知消息后痛苦不堪,郁郁中做了一个荒谬的决定。他竟致信拿破仑·波拿巴,向拿破仑·波拿巴求助,请拿破仑·波拿巴主持公道。其实大家都明白,西班牙国王查理四世是在西班牙王后帕尔马的玛丽亚·路易莎和和平亲王曼努埃尔·戈多伊-阿尔瓦雷斯·德·法里亚的指使下做出了这样的举动。西班牙国王查理四世在信中泣诉王储阿斯图里亚斯亲王斐迪南密谋夺权。

拿破仑·波拿巴在枫丹白露宫收到了西班牙国王查理四世的信。当时,入侵西班牙的一切已经准备就绪,不仅有了发动战争的借口,法兰西第一帝国的军队也已整装待发。但拿破仑·波拿巴没有想到,西班牙国王查理四世与王储阿斯图里亚斯亲王斐迪南之间会发生这样的争执。于是,拿破仑·波拿巴立即发布密令,将大批军用物资运至比利牛斯山脉东西两侧。他还下令,迅速从梅斯、南锡和色当招募一支新军,即刻赶赴波尔多,为1807年12月1日越境作战做准备。1807年11月11日,拿破仑·波拿巴致信总管军需的陆军部大臣亨利·雅克·纪尧姆·克拉克道:"请谨慎行事。命各位将军告知军士,葡萄牙王国的军队在英军的资助下将法军困阻在葡萄牙,因此我们的部队要急行军前去增援。"同时,拿破仑·波拿巴下令德意志境内的十万法军向法兰西边境后撤待命,以备不时之需。

1807年11月12日,从西班牙传来西班牙王储阿斯图里亚斯亲王斐迪南与西班牙国王查理四世和好如初的消息。于是,拿破仑·波拿巴匆忙撤回了发给亨利·雅克·纪尧姆·克拉克的命令。和平亲王曼努埃尔·戈多伊-阿尔瓦雷斯·德·法里亚发现西班牙王储阿斯图里亚斯亲王斐迪南与西班牙国王查理四世反目事件的背后有法兰西第一帝国作怪,因此想要将事件平息下去,以防拿破仑·波拿巴更加明目张胆地干涉。于是,他成立了十一人组的专项调查委员会,调查叛变事件。专项调查委员会的任务不是搜集证据,也不是审讯叛党以获取证据,而是直接宣布所谓叛乱纯属子虚乌有,涉事人等皆无罪。西班牙王储阿斯图里亚斯亲王斐迪南痛心疾首,像个犯了错的孩子一样号啕大哭。1807年11月5日,西班牙王室发布公文,宣告西班牙国王查理四世与西班牙王储阿斯图里亚斯亲王斐迪南冰释前嫌。然而,西班牙人民怎会不了解真相呢?大家都知道,西班牙王储阿斯图里亚斯亲王斐迪南与和平亲王曼努埃尔·戈多伊-阿尔瓦雷斯·德·法里亚敌对已久,已成水火之势,这是无法改变的。在西班牙王储阿斯图里亚斯亲王斐迪南和和平亲王曼努埃尔·戈多伊-阿尔瓦雷斯·德·法里亚之间,

亨利·雅克·纪尧姆·克拉克

西班牙人民更倾向于支持西班牙王储阿斯图里亚斯亲王斐迪南。大家将满腹的兴国热望寄托在了优柔寡断的西班牙王储阿斯图里亚斯亲王斐迪南身上。

和平亲王曼努埃尔·戈多伊-阿尔瓦雷斯·德·法里亚已带话给几个省份的总督，让他们在法军入境时多行方便，使法军可以一路无碍地占领各地堡垒。1807年11月18日，西班牙国王查理四世致信拿破仑·波拿巴时极尽阿谀之辞，想尽快替儿子与波拿巴家族联姻。同时，他敦促拿破仑·波拿巴将已经签好的

《1807年10月枫丹白露条约》尽快公布于众。虽然由于拿破仑·波拿巴已经侵入西班牙境内,《1807年10月枫丹白露条约》已然名存实亡,但拿破仑·波拿巴竟对西班牙国王查理四世的呼吁置之不理,径直去了意大利。直到1808年1月10日,拿破仑·波拿巴返回巴黎两星期后,才慢悠悠地向西班牙国王查理四世送去回函:"国王陛下,您应该知道,令郎德行败坏、名誉扫地。这世上的正人君子都不屑与之有任何盟约关系。除非,他可以向我证明,他过去的错误已经获得了您的谅解。"可怜的西班牙国王查理四世被拿破仑·波拿巴说得哑口无言。1808年2月25日,拿破仑·波拿巴再次致信西班牙国王查理四世,言辞依旧尖厉:"陛下曾为西班牙王储阿斯图里亚斯亲王斐迪南向我提出婚约,欲与法兰西第一帝国公主联姻。我记得,1808年1月10日时,我曾欣然表示赞同。但再往后,陛下您就没有下文了。这是为什么呢?看在我们情谊的份上,希望我没有多想。"拿破仑·波拿巴一边同西班牙国王查理四世玩着文字游戏,一边向和平亲王曼努埃尔·戈多伊-阿尔瓦雷斯·德·法里亚的密使欧亨尼奥·伊斯基耶多·德·里韦拉·莱绍恩提出要求,要求西班牙割让埃布罗河沿途各省给法兰西第一帝国。这样一来,法兰西第一帝国就可以将葡萄牙让给西班牙。

随后,拿破仑·波拿巴任命若阿基姆·缪拉为法兰西第一帝国驻西班牙部队的总司令,并向若阿基姆·缪拉暗示,如果若阿基姆·缪拉好好表现,拿破仑·波拿巴会立他为西班牙国王。1808年3月27日,拿破仑·波拿巴致信若阿基姆·缪拉:"在我确认并指派新国王之前,让新登基的西班牙国王斐迪南七世认为他依旧可以统治西班牙。不要让西班牙王室与和平亲王曼努埃尔·戈多伊-阿尔瓦雷斯·德·法里亚察觉我们会废黜他们。"然而,就在同一天,拿破仑·波拿巴向四弟路易·波拿巴允诺了西班牙的王位:

> 我已决定将法兰西亲王立为西班牙国王。你不太适应荷兰的气候。而且目前荷兰一片破败,估计很难重建……请你给我一个明确的答复。如果我将你立为西班牙国王,你是否愿意接受?你能否成为让我可以依靠的力量?……不要跟任何人提起这件事,这封信也要保密。不能让任何

斐迪南七世

人知道我们讨论的事情,因为我只是有这个想法,现在还没有做好充分的准备。

结果,1808年的3月月底,拿破仑·波拿巴已经"准备充分",打算废黜西班牙王室。

在更早一些的时候,1808年3月10日,若阿基姆·缪拉抵达布尔戈斯,正式以"帝国辅政"的头衔成为法兰西第一帝国驻西班牙部队的总司令。与此同时,包括法兰西第一帝国近卫军分支在内,越来越多的法军部队星夜兼程,奔向西法边境。和平亲王曼努埃尔·戈多伊-阿尔瓦雷斯·德·法里亚建议西班牙国王查理四世和西班牙王后帕尔马的玛丽亚·路易莎于1808年3月17日夜间前往加的斯避难。但他们没有料到，西班牙民众和军队似乎知道王室意图出逃，竟然发起叛乱，包围了王宫。造反的意图非常明确，众人高呼要砍下和平亲王曼努埃尔·戈多伊-阿尔瓦雷斯·德·法里亚的人头，为王室准备好的马车也被砸得稀碎。这下子，西班牙王室成员出逃无望。和平亲王曼努埃尔·戈多伊-阿尔瓦雷斯·德·法里亚吓得躲进了一间阁楼，但没过多久就被发现并逮捕了。多亏西班牙王储阿斯图里亚斯亲王斐迪南的一些朋友出面干涉，和平亲王曼努埃尔·戈多伊-阿尔瓦雷斯·德·法里亚才逃过一死。西班牙国王查理四世惊慌失措，当即命人向人民发布公告，宣称他要退位。于是，在少数几个王室贵族的见证下，西班牙国王查理四世签署了退位协定。他不堪风湿病痛之苦，将西班牙国王之位传于继承人西班牙王储阿斯图里亚斯亲王斐迪南。连夜，西班牙王储阿斯图里亚斯亲王斐迪南宣告登基，成为西班牙国王斐迪南七世。

若阿基姆·缪拉得知西班牙已爆发动乱，急速赶往马德里。于是，西班牙国王查理四世退位仅四天后，即1808年3月23日，若阿基姆·缪拉率领一个步兵师、一个铁骑军旅和一个炮兵纵队，浩浩荡荡地进驻马德里。显然，从探子的密报那里拿破仑·波拿巴早已得知西班牙发生动乱。1808年3月23日，拿破仑·波拿巴在给若阿基姆·缪拉的信中写道，他已经预见到西班牙王室会逃亡，并向若阿基姆·缪拉指示，如果西班牙王室逃往塞维利亚，也算情有可原，就让他们在塞维利亚停留一段时间。但他们如果逃往加的斯，并打算逃往殖民地，那简直罪不可恕，应该立即将他们逮捕，并吞并西班牙的所有殖民地。拿破仑·波拿巴指示若阿基姆·缪拉："把3月16日前后马德里发生的所有情况都向我汇报。"拿破仑·波拿巴还命若阿基姆·缪拉在西班牙宣布，法兰西第一帝国皇帝拿破仑·波拿巴将会亲临西班牙，现在正在前来马德里的路上。

西班牙国王查理四世退位的时间是1808年3月27日，在此之前，拿破仑·波拿巴就已经将西班牙王位许诺给四弟路易·波拿巴。西班牙国王查理四世退位之后，1808年3月30日，拿破仑·波拿巴致信若阿基姆·缪拉：

埃斯库里亚尔修道院

你没有承认西班牙国王斐迪南七世为西班牙的合法君主,这个做法是正确的。将西班牙国王查理四世安置在埃斯库里亚尔修道院,好生照应。同时,我希望和平亲王曼努埃尔·戈多伊–阿尔瓦雷斯·德·法里亚可以尽快来巴约讷与我会面。

信中的最后一句暗示若阿基姆·缪拉安排和平亲王曼努埃尔·戈多伊–阿尔瓦雷斯·德·法里亚前往巴约讷。拿破仑·波拿巴还下令将西班牙国王查理四世押往布尔戈斯。

拿破仑·波拿巴想要完成接下来的计划,就要派比若阿基姆·缪拉还要阴险的人出马,为他抛头露面,冲锋陷阵。他选择了罗维戈公爵安·让·玛利·勒内·萨瓦里。罗维戈公爵安·让·玛利·勒内·萨瓦里为人阴毒狠辣，曾替拿破仑·波拿巴除掉当甘公爵路易-安托万-亨利·德·波旁-孔代。让这样的人出手实施废黜西班牙王室的阴谋，一定行得通。1808年4月4日，拿破仑·波拿巴抵达波尔多。拿破仑·波拿巴向罗维戈公爵安·让·玛利·勒内·萨瓦里发送的指令究竟是怎样的性质，我们只能根据罗维戈公爵安·让·玛利·勒内·萨瓦里事后的言行进行猜测，因为他们二人的对话根本没有留下书面记录。拿破仑·波拿巴对于此事的陈述不足为信。他在后来写的虚情假意的信也可能是故意为之。拿破仑·波拿巴和罗维戈公爵安·让·玛利·勒内·萨瓦里都不想背负废黜西班牙王室的名声，都想让若阿基姆·缪拉背这个黑锅。

不过，在罗维戈公爵安·让·玛利·勒内·萨瓦里的报告中，还是有一些拿破仑·波拿巴最开始告诉过罗维戈公爵安·让·玛利·勒内·萨瓦里的话。我们或许可以从中发掘几分真相，但也可能只是几分，而非全部。拿破仑·波拿巴说：

> 西班牙国王查理四世已经退位，由其子西班牙王储阿斯图里亚斯亲王斐迪南继承王位为西班牙国王斐迪南七世……我已做好准备，要在西班牙谋取一个新的变化。但事出意外，已有悖我的初衷……假如西班牙国王查理四世仍旧在位，也许他会什么都听我的，西班牙国王查理四世是很好操纵的人。但现在，一切都变了。西班牙的统治者如果是西班牙国王斐迪南七世这样的好战分子，他即位后，一定会盘算如何吞并法兰西。可以想象，如果我不去阻止这一切发生，法兰西第一帝国必定不得安宁。预见风险是我的责任，鼎力安国是我的义务。我如果不能调停西班牙国王查理四世和西班牙国王斐迪南七世这对父子，妥善解决此事，那就索性将他们二人都废掉。

这些话与拿破仑·波拿巴后来在巴约讷对胡安·埃斯科伊基斯·莫拉塔[①]所

[①] 胡安·埃斯科伊基斯·莫拉塔（Juan Escoiquiz Morata, 1762—1820），西班牙著名教士，政治家，作家。

巴约讷

说的完全一样。事实上,在西班牙举国暴动反法的关键时刻,被推上王位的西班牙国王斐迪南七世才是拿破仑·波拿巴推翻西班牙王室的根本原因,因为西班牙国王斐迪南七世和他的父亲西班牙国王查理四世不同。西班牙国王斐迪南七世不会甘心做法兰西的傀儡。这样一来,西班牙王室就不能继续存在了。留着西班牙王室作为傀儡,实际由法兰西第一帝国掌权的计划就此告吹。

罗维戈公爵安·让·玛利·勒内·萨瓦里抵达马德里时,若阿基姆·缪拉已休整完毕,正在等待他的到来。罗维戈公爵安·让·玛利·勒内·萨瓦里已准备好了谈判细则。拿破仑·波拿巴写信告诉若阿基姆·缪拉详尽的指示,让若阿基姆·缪拉准备好参与接下来对西班牙国王斐迪南七世采取的具体行动。

1808年4月9日,拿破仑·波拿巴给若阿基姆·缪拉的信中写道:

> 我希望西班牙国王斐迪南七世最好能亲自前往马德里。如果他不肯前去马德里,就让他来巴约讷见我。如果他选择了第三条路,也就是

说,如果他胆敢逃跑,那就糟糕了。我已将全部计划告知罗维戈公爵安·让·玛利·勒内·萨瓦里,他会告诉你如何具体执行。你在做事的时候要了解你的终极目标,这样,只需稍微动动脑筋,你就会找到好的办法。

罗维戈公爵安·让·玛利·勒内·萨瓦里刚刚抵达马德里,就前去拜见西班牙国王斐迪南七世。任命罗维戈公爵安·让·玛利·勒内·萨瓦里这样的人担当大使,前去会见古老的波旁王朝的后代,实在是有失体统。但拿破仑·波拿巴实在没有更好的人选。如果不任用罗维戈公爵安·让·玛利·勒内·萨瓦里,他就得选用宪兵队长或秘密警务人员,那样会更难堪。此番谈判微妙莫测,除了罗维戈公爵安·让·玛利·勒内·萨瓦里,还有谁能担此重任?罗维戈公爵安·让·玛利·勒内·萨瓦里声名在外。西班牙王室即使再愚蠢,也要想想当甘公爵路易–安托万–亨利·德·波旁–孔代的下场。

刚一见面,罗维戈公爵安·让·玛利·勒内·萨瓦里就假惺惺地向西班牙国王斐迪南七世道贺,称他为"国王陛下"。但事实上,大家都知道,若阿基姆·缪拉根本不承认西班牙国王斐迪南七世为西班牙国王。罗维戈公爵安·让·玛利·勒内·萨瓦里从西班牙边境飞奔而来,一路四处散布消息,说他只是先头部队,法兰西第一帝国皇帝拿破仑·波拿巴随后就到。拿破仑·波拿巴得知西班牙王廷中有不和谐的因素,心急如焚,希望尽快赶来进行调解。他还说,法兰西第一帝国皇帝拿破仑·波拿巴已做好准备,在布尔戈斯等待西班牙国王斐迪南七世前去会面。罗维戈公爵安·让·玛利·勒内·萨瓦里说:"法兰西帝国皇帝拿破仑·波拿巴已经启程,离开了巴黎。请陛下也动身前往迎接法兰西帝国皇帝。法兰西帝国皇帝拿破仑·波拿巴说了,他要让您听一声他怎么称呼您的,他会叫您'国王陛下'呢。"

愚蠢的波旁后代西班牙国王斐迪南七世未经思索便一口答应。他满心以为自己的王位稳固,因此过于自信。他为了获得法兰西的承认,竟然做出冒险的举动。不过话说回来,即使不是西班牙国王斐迪南七世这样无用的人,换成其他精干的西班牙王子继承王位,也不见得能够妥善处理如此水深火热的局面。当时，西班牙首都马德里已遍布法军。人民的真实情感是无法掩藏的。西班牙的农民阶层普遍表现出比王室成员更热烈的爱国情感。农民们发动起义，阻止西班牙国王斐迪南七世前往巴约讷。西班牙国王斐迪南七世愚蠢至极，竟不知自己正在踏入一个精心设计好的陷阱中。他以为拿破仑·波拿巴身为法兰西第一帝国的皇帝，总不可能信口雌黄。

西班牙国王斐迪南七世从离开马德里的那一刻起，就沦为了不折不扣的阶下囚。在罗维戈公爵安·让·玛利·勒内·萨瓦里带领的宪兵队的"护送"下，西班牙国王斐迪南七世与法兰西第一帝国重罪犯或异见人士没有什么不同。抵达布尔戈斯后，西班牙国王斐迪南七世发现本应在此等待他的尊贵客人并没有出现。拿破仑·波拿巴被国事缠身，耽搁了行程，这也可以理解。那么，能否烦请西班牙国王斐迪南七世稍移尊驾，前往临近边境的米兰达见面？或者，再稍微远一些，去维多利亚会面呢？这样一来，西班牙国王斐迪南七世就能感受到亲自迎接法兰西第一帝国拿破仑·波拿巴的欣喜了。可怜的西班牙国王斐迪南七世虽然有所犹豫，但最终还是同意了。其实，在马德里前往布尔戈斯的路上有西班牙的军队驻守或行动，西班牙国王斐迪南七世还有机会逃脱，或找人将他救出。但机会一去不返，从布尔戈斯至法兰西边境已全部被法军占领。法军几路大军在此处肆意集结，在西班牙的主干道上威风无比地站立。

西班牙国王斐迪南七世的贴身随从倒是开始心生警觉。其中的一位随从佩德罗·塞瓦略斯·凯尔有对当时情形的描述留存世间，使我们在今天可以想象得到当时西班牙国王斐迪南七世身处的险境。据佩德罗·塞瓦略斯·凯尔说，他当时觉得情形有异，因此提出让西班牙国王斐迪南七世不再行进。罗维戈公爵安·让·玛利·勒内·萨瓦里看到西班牙国王斐迪南七世心志不定，有所踌躇，便上前高呼道，不按原有计划行进就是对法兰西第一帝国皇帝拿破仑·波拿巴的轻慢。这样一来，不仅对法兰西第一帝国皇帝拿破仑·波拿巴的名誉有损，他自己作为特使，也会颜面扫地。

罗维戈公爵安·让·玛利·勒内·萨瓦里说："陛下，我以人头担保，您与法兰西帝国皇帝拿破仑·波拿巴见面后，不出一刻钟，法兰西帝国皇帝拿破仑·波拿巴就会宣告陛下为西班牙和印度群岛国王。或许，他一开始还是会称呼您为'殿下'，但紧接着，他就会改口，称呼您为'陛下'了。一旦得到了他的认可，一切便大功告成，陛下可即刻返回西班牙。"

擅长做戏的罗维戈公爵安·让·玛利·勒内·萨瓦里用迫切的语气和十足的真挚打消了西班牙国王斐迪南七世的疑云。西班牙国王斐迪南七世竟轻率地撤掉了身边所有的侍卫，只身一人跟着罗维戈公爵安·让·玛利·勒内·萨瓦里继续前行。即使道路两旁都是列队的法兰西士兵，西班牙国王斐迪南七世也不以为意。

然而，此时的西班牙人民像火山一样濒临爆发。在维多利亚，西班牙民众群情激愤。虽然拿破仑·波拿巴早已授权罗维戈公爵安·让·玛利·勒内·萨瓦里，为了将西班牙国王斐迪南七世带到边境，必要时可以动用武力，但罗维戈公爵安·让·玛利·勒内·萨瓦里认为，还是不要激化矛盾，只要能尽快抵达会面地点，见到了拿破仑·波拿巴，也就会知道下一步怎么做了。

在维多利亚，西班牙国王斐迪南七世致信拿破仑·波拿巴，信中说道已如拿破仑·波拿巴所愿，前来会面，现在想进一步确定拿破仑·波拿巴的预期和打算。不久后，罗维戈公爵安·让·玛利·勒内·萨瓦里就带回了拿破仑·波拿巴的回信。拿破仑·波拿巴道：

> 我的兄弟，尊贵的殿下，我已收到您的来信。您想让我用证据表明我对您的忠心。我一向都在为您的利益打算，现附上令尊查理四世国王陛下的文件。现在，请允许我向您忠心坦率地明言，我将在您的国土上实行一些小小的变革，因此才前来马德里。我希望尊贵的朋友您能够接受。

随后，拿破仑·波拿巴便长篇累牍地谈起在西班牙发生的事件，谈到了西班牙国王斐迪南七世未曾在信中提及的和平亲王曼努埃尔·戈多伊-阿尔瓦雷斯·德·法里亚的地位：

如果要审判和平亲王,如何保证你的父王和母后不会牵涉其中?这样的审判毫无意义,对你自己也有百害而无一益。王储殿下,您当明白,您所有的权力都来自您的父母。如果审判和平亲王连累了你的母亲名声受损,那么你的权力也会跟着一起受到损害。和平亲王不能接受审判。他犯下的罪行与王室的利益之间有很大的牵扯。

信中对原本的承诺和保证只字未提,只有字里行间的侮辱,暗示西班牙国王斐迪南七世是西班牙王后帕尔马的玛丽亚·路易莎与和平亲王曼努埃尔·戈多伊-阿尔瓦雷斯·德·法里亚的私生子。这封拿破仑·波拿巴写给西班牙国王斐迪南七世的信成于1808年4月16日。1808年4月17日,拿破仑·波拿巴致信让-巴蒂斯特·贝西埃:

让-巴蒂斯特·贝西埃

西班牙国王斐迪南七世如果前来巴约讷，一切都好说。如果他不愿前来，转而返回布尔戈斯，就立即将他逮捕，押解至巴约讷。

西班牙国王斐迪南七世在维多利亚停留时，资深国务大臣马里亚诺·路易·德·乌尔基霍·穆加前来觐见。马里亚诺·路易·德·乌尔基霍·穆加提醒西班牙国王斐迪南七世，如果他继续随法军前行，等待他的将是被废黜的命运。他还犀利地指出，西班牙国王斐迪南七世中了圈套，现在深陷泥潭，面临毁灭，西班牙古老王朝传下的王冠也将由此跌落。因凡塔多公爵佩德罗·德·阿尔坎塔拉·阿尔瓦雷斯·德·托莱多表示抗议，说这是对英雄的欺辱。马里亚诺·路易·德·乌尔基霍·穆加反诘道："你不知道英雄这个词真正的含义。回家去吧，

马里亚诺·路易·德·乌尔基霍·穆加

去读一读普鲁塔克的作品，然后你就会明白，所谓英雄成就的大业，都是踩着尸山血海走向伟大和荣耀的。"

但忠言逆耳，西班牙国王斐迪南七世就是不信马里亚诺·路易·德·乌尔基霍·穆加。现在即便听信马里亚诺·路易·德·乌尔基霍·穆加的话也于事无补了，西班牙国王斐迪南七世已经错过逃跑的最佳时机。1808年4月16日，西班牙国王斐迪南七世渡过西法边境的小河，抵达说好的见面地方之后，惊讶地发现拿破仑·波拿巴并没有派人前去迎接他。过了河的地方仅有三位他提前派去向拿破仑·波拿巴问安的西班牙王公。现在，这三个人或许是在拿破仑·波拿巴跟前受到了冷遇，一脸苦恼地回来了。拿破仑·波拿巴只是直截了当地通知三位王公，波旁家族在西班牙的统治该结束了。

据说，拿破仑·波拿巴听到西班牙国王斐迪南七世抵达的消息时乐得大叫："哈！这蠢货真的来啦？我还以为他不会来呢。"

热罗·克里斯托夫·米歇尔·迪罗克和路易·亚历山大·贝尔蒂埃前来门口①迎接西班牙国王斐迪南七世，并将他领至一间简陋的小房。那是西班牙国王斐迪南七世未来居住的地方。拿破仑·波拿巴从下榻的城堡纵马出发，来到城外，派人去请西班牙国王斐迪南七世前来。他向西班牙国王斐迪南七世致礼，邀请西班牙国王斐迪南七世一起共餐并与其漫无边际地交谈。晚餐后，拿破仑·波拿巴将西班牙国王斐迪南七世遣回住处，像是觉得不值得与他交谈。但他留下了参赞大臣胡安·埃斯科伊基斯·莫拉塔，派罗维戈公爵安·让·玛利·勒内·萨瓦里护送西班牙国王斐迪南七世回去。一路上，罗维戈公爵安·让·玛利·勒内·萨瓦里会向西班牙国王斐迪南七世阐明了拿破仑·波拿巴的意图。

拿破仑·波拿巴曾见过胡安·埃斯科伊基斯·莫拉塔。在拿破仑·波拿巴的印象中，胡安·埃斯科伊基斯·莫拉塔自负高傲，总是显出一份资深政客的模样。拿破仑·波拿巴一直在思考，如何能赢得胡安·埃斯科伊基斯·莫拉塔的信任，并通过他影响西班牙国王斐迪南七世。西班牙国王斐迪南七世本身没什么定力，如果有胡安·埃斯科伊基斯·莫拉塔从旁协助，事情会容易得多。

---

① 据说见面的地点是位于巴约讷城郊的马拉卡堡（Castle of Marac）。

拿破仑·波拿巴在巴约讷吹气泡，气泡里装的是西班牙王室。
讽刺拿破仑·波拿巴说出尔反尔

胡安·埃斯科伊基斯·莫拉塔记录了会谈内容的全部细节。拿破仑·波拿巴如往常一样，做出如狡黠的猫一般的表情。他强调重点时会下意识地捏捏耳朵。拿破仑·波拿巴以非常周到而高规格的礼节对待胡安·埃斯科伊基斯·莫拉塔，仿佛胡安·埃斯科伊基斯·莫拉塔是一位不受世俗约束、不被偏见影响的伟大政治家。他直截了当地告知胡安·埃斯科伊基斯·莫拉塔，他要推翻波旁家族。西班牙国王斐迪南七世在退位之后可以获得伊特鲁利亚王国作为补偿，而西班牙将建立独立政权。拿破仑·波拿巴保证不会要西班牙王国的一村一寨。他还信誓旦旦地说，他不会承认西班牙国王查理四世退位的合法性，因为西班牙国王查理四世是在恐惧且受到胁迫的情形下退位的。拿破仑·波拿巴还展示了西班牙国王查理四世亲笔写的抗议书，并坚持认为抗议书中说的才是真相。在抗议书中，西班牙国王查理四世说退位是不得已而为之。事实上，这封抗议书是西班牙国王查理四世在若阿基姆·缪拉的命令下写的。

胡安·埃斯科伊基斯·莫拉塔竭尽全力解释，试图说明西班牙国王查理四世软弱少谋，受尽西班牙王后帕尔马的玛丽亚·路易莎的摆布，而这封抗议书也是来自西班牙王后帕尔马的玛丽亚·路易莎的胁迫。拿破仑·波拿巴用一个意味深长的提问打断了他：

> 教士，我告诉你，只有波旁家族不再统治西班牙，我的家族和我的皇朝才能获取最大的利益。那么请你告诉我，我怎样才能对此视而不见？
>
> 你不可能不知道，只要波旁家族还统治西班牙一天，我就一天不能有一个真心待我的邻国盟友。在国力微弱时，他们会假装是我的朋友。事实上，他们对我有刻骨的仇恨。一旦我在欧洲战场上遇到任何窘迫或难堪，他们就会立即露出真实的嘴脸。然后，你看着好了，他们会加入英国的阵营。英国人跟我势不两立……只要波旁家族还占据着西班牙的王位，我就不得不提防西班牙。鉴于西班牙强大的影响力，我真害怕在未来，西班牙会出现一位明智且富有才干的国王。那样的话，我便从此不得安生。

说到这里，拿破仑·波拿巴揪着胡安·埃斯科伊基斯·莫拉塔的耳朵，放声大笑。

胡安·埃斯科伊基斯·莫拉塔提起了西班牙国王斐迪南七世与拿破仑·波拿巴的侄女联姻的协议。拿破仑·波拿巴说：

> 教士，你在胡说些什么？你明知对一位王国来说，政治利益才是最重要的。这怎么可能是婚姻和妻子可以左右的？谁能向我保证，西班牙国王斐迪南七世婚后就会对妻子言听计从？况且死亡也可能随时终止婚姻的关系。到时候，新仇旧恨会一并复苏。得了吧，法政牧师！带我去看看真正的西班牙古堡吧。①你不会天真地认为，波旁家族继续占据着西班牙的

---

① 此处原文为法语 "Allons donc, chanoine! vous me presentez la de veritable chateaux a'Espagne."

王位，要比我们波拿巴家族的人掌握王权更能让我安心，让我更好地掌控西班牙？①

西班牙国王斐迪南七世被骗去了巴约讷，本来想在巴约讷接受父王西班牙国王查理四世退位，并在拿破仑·波拿巴的见证下登基。但巴约讷之行本身就是个陷阱，是拿破仑·波拿巴为他设好的局。

拿破仑·波拿巴气势汹汹地要求西班牙国王斐迪南七世逊位，将西班牙的王位让予那不勒斯国王约瑟夫·波拿巴。西班牙国王斐迪南七世断然拒绝。拿破仑·波拿巴诱哄说，只有西班牙国王斐迪南七世同意让位给那不勒斯国王约瑟夫·波拿巴，他才认可西班牙国王查理四世退位的合法性。但西班牙国王斐迪南七世坚决不从。于是，拿破仑·波拿巴采取了进一步的手段。拿破仑·波拿巴命令若阿基姆·缪拉尽快将和平亲王曼努埃尔·戈多伊-阿尔瓦雷斯·德·法里亚送到巴约讷。和平亲王曼努埃尔·戈多伊-阿尔瓦雷斯·德·法里亚抵达巴约讷后，拿破仑·波拿巴像接待心腹好友一样地接待他。此外，拿破仑·波拿巴还致信西班牙国王查理四世夫妇，约他们前来巴约讷会面，理由是拿破仑·波拿巴想要尽快解决西班牙王室纠纷，以防西班牙国王斐迪南七世夺取西班牙王权。

1808年4月30日，一辆由八只比斯开骡子拉的大车沉重而缓慢地压过巴约讷城外的吊桥。西班牙王室成员及王公侍从从车中走出。其中，有老迈的西班牙国王查理四世、西班牙王后帕尔马的玛丽亚·路易莎和最小的儿子西班牙王子弗朗西斯科·德·保罗。另有三辆小马车拉来了宫廷大臣和侍女。叛臣和平亲王曼努埃尔·戈多伊-阿尔瓦雷斯·德·法里亚前来迎接西班牙国王查理四世和王后帕尔马的玛丽亚·路易莎，并一再向二位旧主保证，拿破仑·波拿巴有宽仁雅量。他刚提到拿破仑·波拿巴，拿破仑·波拿巴就优雅地现身了。拿破仑·波拿巴气度不凡地表示，他来到巴约讷只为能够亲自迎接西班牙国王查理四世夫妇，以尽效忠之心。西班牙国王查理四世虽已年迈，内心却已然幼稚。他当场被拿破

---

① 胡安·埃斯科伊基斯·莫拉塔：《巴约讷事件始末》，1816年，巴黎。——原注

弗朗西斯科·德·保罗

仑·波拿巴感动得痛哭流涕,并扑进了拿破仑·波拿巴的怀里,直称拿破仑·波拿巴为最真诚的朋友、最可贵的同盟。

西班牙国王查理四世年迈体虚,走路都需要人搀扶。拿破仑·波拿巴见状,立即上前扶住西班牙国王查理四世的胳膊,走上台阶。西班牙国王查理四世转过身来,对王后帕尔马的玛丽亚·路易莎说:"你看,路易莎!你看,陛下搀着我呢!"

可怜的西班牙国王查理四世,在遭遇了拿破仑·波拿巴的一再背叛后,却依旧因一件小事由衷地表现出感激之情,真是无用。此刻,拿破仑·波拿巴却在冷

眼旁观,看着周遭人的反应。1808年5月1日,拿破仑·波拿巴致信查尔斯·莫里斯·德·塔列朗-佩里戈尔:

> 西班牙国王查理四世还算有良心。我不知道是他当下的身份还是境况让我有了这样的想法。总体说来,西班牙国王查理四世直爽、善良。相比之下,西班牙王后帕尔马的玛丽亚·路易莎就很难对付了。她的权欲和心机都写在脸上。至于和平亲王曼努埃尔·戈多伊-阿尔瓦雷斯·德·法里亚,他像公牛一般固执倔强。他是如同野兽、恶狼一般的人物。他是"法兰西第一帝国的敌人"。①

拿破仑·波拿巴进一步说,他截获了西班牙国王斐迪南七世的私信,西班牙国王斐迪南七世居然在信中祈祷上天"诅咒"法兰西!

西班牙国王查理四世与王后帕尔马的玛丽亚·路易莎更加痛恨儿子西班牙国王斐迪南七世了。他们落得如今这般凄惨的下场,全是由于这个儿子。当拿破仑·波拿巴将西班牙国王斐迪南七世传召至西班牙国王查理四世和王后帕尔马的玛丽亚·路易莎面前时,西班牙国王查理四世和王后帕尔马的玛丽亚·路易莎当着拿破仑·波拿巴的面上演了一出大戏。当时的情景让拿破仑·波拿巴每每忆起都会顿生不适。西班牙国王查理四世先用最恶劣的言辞将斐迪南七世责骂了一番。他说斐迪南七世是篡权上位,并要求斐迪南七世立即退还王位。西班牙王后帕尔马的玛丽亚·路易莎则对儿子恶言谩骂。只见她顾不得王家体面,口水四溅地痛骂逆子。西班牙王后帕尔马的玛丽亚·路易莎表现得像是已经和法兰西第一帝国皇帝拿破仑·波拿巴交好,恨不得让好友拿破仑·波拿巴将逆子"斩立决"。她甚至亲口吐露了斐迪南七世并非西班牙国王查理四世亲生这一内幕。西班牙国王斐迪南七世冷静地保持着克制,保持对父母应有的尊重。但从他的答复中丝毫看不出退缩之意。于是,西班牙国王查理四世颤颤巍巍地扬起手来,作势要拿拐杖打死逆子。

---

① 原文为法语"tres bete, tres mechant, tres ennemi de la France"。

讽刺西班牙王室轻信拿破仑·波拿巴的承诺而身陷囹圄

西班牙国王查理四世夫妇与儿子斐迪南七世果真撕破了脸，竟发展到当面不言，要用书信沟通的地步。最终，斐迪南七世经不住劝说，勉强同意退位。但他的条件是，他必须在马德里公布退位宣言，且只将王位交还他的父亲西班牙国王查理四世。这可不是拿破仑·波拿巴想要的结果。

正在此时，若阿基姆·缪拉的副官从马德里带来急报，说马德里发生了暴乱，旨在清除留守的王室成员。西班牙人的起义遭到了无情地镇压。同时，法军也有三四百人阵亡。第二天，若阿基姆·缪拉未经审讯，就命人用乱枪击毙了约百名马德里公民。此次起义前后约有八百名西班牙人死亡。

拿破仑·波拿巴试图以此次暴乱为契机，迫使斐迪南七世屈服。西班牙国王查理四世受拿破仑·波拿巴唆使，也向自己的儿子发难，表示是斐迪南七世在支持民众暴乱，并表示一定会让儿子付出代价，不会善罢甘休。斐迪南七世惊恐不已，低垂着眼睛一言不发。此时，拿破仑·波拿巴亲自发话：

听着，最晚，今夜之前，你必须发布公告，承认你父亲为国王，并将此

法军镇压马德里暴动

意传达至马德里。只有这样,我才会饶过你。否则,我会将你视为叛乱分子的同党。

当然,这是拿破仑·波拿巴在通信中"美化"过的版本。我们有证据证明,当时的实际情形并没有这番"客气"。据说,当时的真实情况是,拿破仑·波拿巴给了斐迪南七世两个选择,立即屈服,或者立即受死。斐迪南七世畏死,因此只得屈服。

1808年5月6日,斐迪南七世正式签署退位协议。其实,早在一天前,即1808年5月5日,西班牙国王查理四世就已发布宣言,表示向拿破仑·波拿巴投降。1808年5月10日,斐迪南七世发表了一份更加细致完整的退位声明。于是,西班牙国王查理四世和斐迪南七世父子二人带着法兰西第一帝国皇帝拿破仑·波拿巴的"恩赐"隐退。斐迪南七世在退位后依然拥有纳瓦拉的宫殿,享有六十万法郎年金。西班牙国王查理四世也在被废黜后得到了尚博尔城堡和贡比涅城堡。其他被废黜的亲王共获得上千万法郎赔偿。正如1808年5月9日，拿破仑·波拿巴致信莫利安伯爵尼古拉·弗朗西斯时所言："我们的确损失了一点钱，但我们得到了西班牙的土地。"

然而，一切并没有结束。斐迪南七世最终也未能如拿破仑·波拿巴承诺的一般抵达纳瓦拉的"乐园"，安享余生。拿破仑·波拿巴怀着深深的恶意，将他交送查尔斯·莫里斯·德·塔列朗-佩里戈尔"看管"。当时，查尔斯·莫里斯·德·塔列朗-佩里戈尔也正值失意，处于半隐退的状态。他早已无力讨得

贡比涅城堡

拿破仑·波拿巴的欢心。拿破仑·波拿巴听不进他的进言,也不采纳他的献计。另外,拿破仑·波拿巴接连不断的令人眼花缭乱的战争部署也让查尔斯·莫里斯·德·塔列朗–佩里戈尔无所适从。拿破仑·波拿巴野心、权欲和战功都令查尔斯·莫里斯·德·塔列朗–佩里戈尔胆战心惊。

拿破仑·波拿巴令一队骑兵将斐迪南七世押送至查尔斯·莫里斯·德·塔列朗–佩里戈尔处,并附上书信:"不必竭尽盛奢地招待斐迪南七世,只需勉持礼节即可。但同时,你要恪尽本分,使其欢欣。例如,在瓦朗塞有剧院,可邀三五演员前来表演。请你恭请你的夫人凯瑟琳·诺埃勒·格兰德·德·塔列朗–佩里戈尔从伦敦回到你这里来,最好再多带几位有姿色的贵妇们同归。如果斐迪南七世

凯瑟琳·诺埃勒·格兰德·德·塔列朗–佩里戈尔

确定看上某位女士，倒也不是一件坏事……你应尽到东道主之谊，设法使斐迪南七世更快乐。我也曾想过将他送至比奇看押，或在某个堡垒中羁留，但终于还是作罢。斐迪南七世已诚心归服，发誓不再违背我的命令。如今西班牙诸事顺利，再无苛待旧主之理。因此，我决定将斐迪南七世送至乡村庄园看押，尽量让他能安心沉浸于美色欢愉。我暂时打算将他从5月关到6月，之后西班牙大局稳定，再另做其他打算。"

曾担任外交部部长的查尔斯·莫里斯·德·塔列朗–佩里戈尔，如今竟沦落成为"看守"和"皮条客"，这简直是奇耻大辱。不过，对拿破仑·波拿巴的人品有所了解的人都知道，这根本不算什么。在拿破仑·波拿巴的一生中，充斥着欺诈和暴虐。这并不是最残酷的一幕。

接下来，西班牙举国反法，起义的火光在西班牙各处点燃。皮埃尔–安托万·杜邦·德·莱唐的部队遭起义军围困，被迫在拜伦投降。让–安多什·朱诺大军在辛特拉有了同样的遭遇，也被迫投降。接着，法军未能保住葡萄牙。一年后，补给充盈的英军开始在战场上逆转。在威灵顿公爵阿瑟·韦尔斯利的率

皮埃尔–安托万·杜邦·德·莱唐在拜伦投降

领下，英军取得了一系列战役的胜利。法兰西第一帝国的元帅们或者战败，或者撤退，最终撤回比利牛斯山脉以北。以上均为史实。由于本书着力于刻画拿破仑·波拿巴的品行性情及能够彰显其个性、思想的重要事件，因此，这部分历史，我们不再赘述。

千里之堤，溃于蚁穴。连锁效应的后果极其恐怖。在此，我绝不敢对拿破仑·波拿巴是否有能力问鼎国家大权、帝王宝座有所妄议或质疑。拿破仑·波拿巴无疑是有着过人的才干和天赋的，他问鼎九五至尊也显得理所当然。但我要说的是，拿破仑·波拿巴在登基加冕之后，选择了一条错误的道路。当时，他的面前有两条路供选择。一条路是维护大革命的成果，维护和平与自由，与人民团结一心，积极谋求国家发展，防止波旁王朝复辟，将衰落腐朽的旧制度的羁绊彻底割断。但走这一条路必须维护和平。于是，拿破仑·波拿巴拒绝了这一选择，走上了与之相反的道路。他践踏自由的尊严，碾灭人民对于和平的向往。他没有给人民带来安宁，也没有向人民抛来橄榄枝。他只是将军功的光环拿到人民面前，以此号召他们一起征战厮杀。他选择了无视人民的真心和本意，选择了与道德背道而驰。这是一条不归路。自此之后，拿破仑·波拿巴每况愈下，日渐衰微。在这条路上，愈到黑处，便愈有邪恶的阴影出没。

假如拿破仑·波拿巴能够及时清醒，采取温和、和平的战略，及时遏止军国主义的苗头，对于邻国也能保持非侵略的政策，那么，醉生梦死的波旁王朝又能对他怎么样呢？复辟之说更是无从谈起，因为拿破仑·波拿巴代表整个法兰西第一帝国，标志着无法撼动的伟大力量。但当他走上另外一条充满邪恶欲望的道路，当他的皇权浸淫在虚幻荣光的泡沫之中，他便无路可退，只得一条道走到黑，维护自己和他的皇朝。只有将所有的敌国对手碾灭，将所有潜在的对手制服，他才可安枕无忧。这就是他迫不及待地"清扫"西班牙旧廷，让长兄约瑟夫·波拿巴就任新国王的原因。

但拿破仑·波拿巴的志向远不止于此。他的志向不仅仅在于巩固自己的皇位，或打造一个可以传颂的波拿巴家族的朝代。因为要达到那样的目的，让原本衰弱而昏庸的西班牙王朝继续留存下去，会对他更有利。邻国有一个中立且无害的西班牙王廷，法兰西第一帝国在进攻他国时便全无后顾之忧。然而，拿破仑·波拿巴志在建立一统欧洲的大帝国。因此，他必须亲自占领西班牙的领土，因为他气吞欧洲的大战略中不能允许一个独立的西班牙存在。除此之外，占领西班牙是把控葡萄牙的唯一路径，而葡萄牙是通向海外的战略要地。在大陆封锁体系中，要想确保封锁有效达成，有两个战略要地必须拿下：北欧的汉堡和南欧的葡萄牙。

拿破仑·波拿巴诱哄西班牙王室逊位并退隐于巴约讷的行径听上去虽是猥琐的诡计，却有一处值得褒扬，那就是拿破仑·波拿巴所说的，尽量减少无谓的流血，最好能兵不血刃地占领西班牙。拿破仑·波拿巴认为，他没有动武，没有施行暴力，就完成了占领西班牙的任务，并推翻了旧王权，建立了以约瑟夫·波拿巴为王的新政。当然，这只是他的理解。事实上，他大错特错。他不懂得每个

登上西班牙王位的约瑟夫·波拿巴

人都有血性，也不理解人内心的爱国情操。对拿破仑·波拿巴来说，爱国之情还是少年时代的记忆。那时，他也曾满怀爱国壮志，一心追随巴斯夸·帕欧里。但不久之后，他便将此情绪搁置一旁，并将其视为幼稚可笑的行为。他现在理解、追求和渴望的，只有军功的荣耀、权欲的巅峰和无穷无尽的财富。至于人的精神、高贵的品质、烈士的英勇和爱国的情操，他都不屑一顾。我们如果追溯拿破仑·波拿巴思想的变化，就会发现，在他的身上，他已经开始慢慢转变对人生、对人性的态度。这种转变是质的变化，拿破仑·波拿巴不再相信人间的真诚和良善。他的这个转变并非毫无理由。大革命的暴风雨打磨了他的性格。在大革命中，拿破仑·波拿巴亲眼看到最卑劣的人性浮现、凸显。他亲眼见到圣洁公义背后的斑斑劣迹。他在年纪尚轻时便亲历了大革命的风雨，内心怎么会没有触动？因此，他丢掉了原本对于人性的信仰。他的正义和原则都在此处落入沉寂。

第40章

盛 极

（1808年—1809年）

第04章 精彩看点

西班牙民族情绪高涨——拿破仑·波拿巴无法理解——西班牙人民起义——拿破仑·波拿巴不以为意——战局有变——拿破仑·波拿巴征西班牙部队浩荡且成分复杂——西班牙带动德意志民族意识复苏——拿破仑·波拿巴的对手太弱——对手束手束脚，拿破仑·波拿巴指挥灵便——威灵顿公爵阿瑟·韦尔斯利离英国本土比较远——欧洲旧王族不复刚勇——拿破仑·波拿巴战争的打法跟以前不一样——约瑟夫·富歇和查尔斯·莫里斯·德·塔列朗-佩里戈尔均就西班牙事宜向拿破仑·波拿巴进言——查尔斯·莫里斯·德·塔列朗-佩里戈尔隐退——新外交大臣让-巴蒂斯特·德·诺姆佩雷·尚帕尼——虚假的消息——若阿基姆·缪拉失望——约瑟夫·波拿巴成为西班牙国王——拿破仑·波拿巴离开西班牙——拿破仑·波拿巴的天授职责——《帝国教义问答》——他很严酷因为他坚信不遵从他的意志就等同于反对上帝——经过美化的画像——真容在阿拉伯民间故事集《一千零一夜》中，有一个《渔夫和魔鬼》的故事。渔夫撒网捕鱼，却捞上来一个被神封印的罐子。渔夫不知是没有看到封印，还是看到了没有当回事，最终敲开了罐口的木塞。封印在罐中的魔灵腾空飞升，在渔夫面前施展法力，化作巨大的魔鬼，要一口吞掉渔夫。

可以说，拿破仑·波拿巴自从打响了意大利战争的第一场战役，就一直在杀伐征战。他就像故事中的渔夫一样，将瓶子的封印打破，但释放出来的是被占领国的民族精神。他没有意识到，这样一路走来，对他自己来说也越来越危险。他战斗过的地方，一个又一个民族开始领悟共和精神，开始试图解除封建制度的枷锁。只是拿破仑·波拿巴尚未意识到，终有一日，这些得到解放的灵魂也会反噬，会成为他潜藏的危机。而今，这样的时刻已然到来。

传说中，故事的结局是，渔夫哄骗魔鬼再次钻进罐子，然后立即塞紧瓶塞，封上封印，再也不敢打开。于是，一切回归正常，像是什么都没有发生过一样。但如果我们还是把拿破仑·波拿巴比作故事中的渔夫，他哄骗入瓶的魔鬼的确是波旁王朝的王室旧制，但他释放的幽魂是法兰西第一帝国新建的帝制。

此外，当拿破仑·波拿巴隐隐约约感觉自己可能犯了错，已经为时已晚。他也未曾设想到，在西班牙，当他毁掉了西班牙的王室制度，却激发了全体西班牙人民的爱国热情，西班牙人民的反抗潮水一波又一波涌来。谁曾想过，西班牙人疯狂而热烈的爱国热情能够喷薄如烈焰,烈焰之火烧尽法兰西第一帝国征西班牙部队的胄甲。谁能想到,西班牙人民能够凭借自己的力量将法兰西第一帝国皇帝征服西班牙的脚步硬生生地阻挡下来。拿破仑·波拿巴可以将长兄约瑟夫·波拿巴送上西班牙的王座,西班牙人民就能将这王座掀翻,让约瑟夫·波拿巴回家。

意大利、那不勒斯、尼德兰、奥地利和德意志都曾被拿破仑·波拿巴征服。但拿破仑·波拿巴从未遇到过像西班牙人这样的反抗。西班牙人与条顿①民族不一样,当自己的国家被侵略者占领的时候,条顿人先是默默无言地隐忍,被逼到走投无路时再像火山一样爆发。另外,条顿人极其依赖政府号召,而西班牙人不同。西班牙人没有政府的组织也能集合散兵游勇,自发进行抵抗。在西班牙境内,有一条天规,一项定律,那就是,西班牙的民间军事力量难以抵挡,难以灭绝。反抗侵略者的力量溃而不散,随时可以重新组织。西班牙游击队神出鬼没,被打倒之后还会重新站起来。这也是神在告诫世人:但凡侵略他国的君主,必然会遭到惩罚,因为被侵略国家的人民必然会起来反抗。

拿破仑·波拿巴在西班牙施行的暴虐统治导致了难以想象的恶果。虽然西班牙从国家层面组织的反法行动到了各个地方基本上就是形同虚设,但西班牙民间组织的游击战一直都给法军造成了不小的打击。现在,法军的敌人是西班牙全体人民。

起义的烽火在西班牙各地同时燃起。西班牙人民没有出色的领袖,也没有周密的作战计划。他们单凭一腔热血,给了法兰西第一帝国侵略者致命的打击。

拿破仑·波拿巴却不以为然。他怎么会害怕这些游击兵?于是,法军照旧分成几路纵队,向西班牙腹地挺进。拿破仑·波拿巴甚至没有考虑过法军各路军队如何与法军大本营保持联络,或法军各路军队之间如何保持联系。他认为没有这样的必要。西班牙游击队不过是一群农夫组成的乌合之众,不足为虑,他们根本不可能是身经百战、训练有素的法兰西第一帝国将士的对手。想到这里,拿破仑·波拿巴安心地离开巴约讷,准备从法兰西南部发起进军。他在信中提

---

① 条顿(Teuton),古代日耳曼人的一个分支。

西班牙起义者

及皮埃尔-安托万·杜邦·德·莱唐时说:"毫无疑问,即便皮埃尔-安托万·杜邦·德·莱唐只有两万兵力,也能剿灭所有的西班牙游击军。"

不必担心让-巴蒂斯特·贝西埃方面,卡斯蒂尔北部不足为惧,里昂也会安然无恙。更不用担心阿拉贡地区——我们迟早会打下萨拉戈萨,加泰罗尼亚也尽在掌握。布尔戈斯与巴约讷间畅通无阻,不必担忧……唯一令人不安的是皮埃尔-安托万·杜邦·德·莱唐部。皮埃尔-安托万·杜邦·德·莱唐部一旦战败,后果不堪设想……此军仅有两万一千人,但十之七八可以取胜。①

西班牙的起义,尤其是萨拉戈萨围城,极大地鼓舞了德意志全境。驻守德

---

① 《关于西班牙军队现状之说明》,1808年7月21日。——原注

围攻萨拉戈萨

意志的法军过于强大，因此，德意志很难像西班牙这样，处处燃起抵抗的烽火，形成星火燎原势态。但德意志人民的内心深处仿佛受到了西班牙起义军的感染，于是德意志人也开始谋算着复国。奥地利的封建王室在帝国桂冠的维系下勉力维持着各邦国表面上的团结顺服，但实际上，各邦国在暗中汹涌着民族热情，各邦国人民的爱国精神高涨。在这些地方，对法兰西的憎恨情绪开始蔓延、升腾。

迄今为止，拿破仑·波拿巴一直都在与他国的政府军作战。现在，他终于要品尝到民族抵抗的滋味了。当时，恰逢拿破仑·波拿巴将法军"去法兰西化"。现在，法军只有核心部门由地道的法兰西人掌控，庞大的法兰西第一帝国的军队多由来自不同民族、不同邦国的分遣军组成。分遣军分别来自意大利、那不勒斯、荷兰、比利时、莱茵邦国、瑞士、汉萨同盟、波兰和西班牙，成分复杂。

由多民族集结而成的法兰西第一帝国的军队，士兵们身体中流淌着不同的血液，讲着不同的语言，信奉不同的宗教。这些士兵在一起只会相互抵触，彼此憎恨。他们只是战争的机器，开启战争机器的动力是对军功的追求，以及通过劫掠获得的财富。在军功光环的照射之下，在财富的诱惑下，法兰西第一帝国皇帝拿破仑·波拿巴开启战争的机器。这部战争机器仿佛张开血盆大口，要吞噬一国又一国的领土。可是当这部机器开动到西班牙的时候，拿破仑·波拿巴才发现西班牙这片土地的真正主人是多么爱国，多么憎恨被奴役！爱国的情感，以及对自由的渴望，历来都是世间最崇高的精神和最伟大的驱动力。因此，在西班牙，法军将面临极其坚韧的民间抵抗。

此时欧洲的格局似乎也发生了奇怪的变化。似乎在一夜之间，所有大革命的精神和美好的力量都抛弃了法兰西，前往法兰西的宿敌无处栖身了。拿破仑·波拿巴借着大革命的潮水，将封建君王赶下王座，自己登上了帝王宝座。但他很快成为比封建君王还要残酷百倍的暴君。放眼现在的欧洲，凡是开明有识、心怀宽广、思想开阔的人，都毫无例外地看到了新的尤利乌斯·恺撒正在崛起。想要摆脱压迫，推翻新的尤利乌斯·恺撒的统治，就需要新一轮的革命。因为只有这样，所有的公民权利才会因国家权利之名重生。

拿破仑·波拿巴依旧在推行大革命中衍生的法规，然而如今看来，这些法规已显得陈旧过时。大革命中的规则和条款曾经显得那样地前卫，那样地具有爆发力，那样地以激烈的方式向世间宣告一个新的共和时代的来临。然而，拿破仑·波拿巴现在的行径早已背离了这些法规的意义。这些法规沦为了他为自己的帝国独裁粉饰的工具和他肆意兴兵的借口。因此，也就不难理解他宣称为了自由和博爱重建巴士底狱。拿破仑·波拿巴亲手打造出一个新贵族阶层后，宣称这是一道屏障，可以保护人民不受罪恶的封建政体余孽的侵害。他发动战争时，宣称战争的目的是和平。他来到一个国家，向一个民族许下独立的诺言时，便打开了捆绑他们的铁链。西班牙最富有的王公贵族被他抄没家产或送上绞架，他还将之称为"赦免"。

拿破仑·波拿巴在军事上的胜利络绎不绝，惊骇世人。抛开拿破仑·波拿巴的绝世天才不论，我们会发现，拿破仑·波拿巴的胜利还有其他的原因。毋庸置疑，在很大程度上，拿破仑·波拿巴能够获得胜利是由于他伟大的军事能力。但他遇到的对手都太过羸弱，这是另外一个不容忽视的重要原因。神圣罗马帝国时代的老将们抱怨拿破仑·波拿巴兵出奇招，指挥作战不循常理。对于这些老将而言，在他们的时代，规则和法理就是一切。循规蹈矩最重要。恪守和遵循旧规是最重要的，而基于常识和机智的判断倒不显得那么重要了。

神圣罗马帝国枢密院制定的作战计划疲软无力，在战场上只会拖累将领，导致前往意大利的将领根本无力与拿破仑·波拿巴抗衡。神圣罗马帝国的将领只是台前的木偶，他们的任何见解和创举都会被拉着木偶线的陈腐旧贵族否决。一切都要由奥地利皇廷的陈规旧式决定。奥地利皇廷贵族手掌大权，牵拉提线。他们操作一下，木偶就动一下。然而，拿破仑·波拿巴自一开始就不是这样的人。他对督政府的大多数指令都不屑一顾。要知道，在当时的时代，不守命令的将军很有可能要面临上断头台的风险。但拿破仑·波拿巴就是不在乎。他的对手却无法如他一般我行我素。俄罗斯帝国皇帝亚历山大一世不也只是挂名出征？不也需要一再地询问俄罗斯的将领们，然后才能做出决策吗？当年在图林根前线的普鲁士国王腓特烈·威廉三世难道不是已经步入中老年，青春不在？那些陈腐老将的战争理念，还停留在他们的年轻时代吧，那是他们征伐建功的时代，是腓特烈大帝的年代。至于普鲁士国王腓特烈·威廉三世，他又了解多少关于安营布兵的事情？或许，他的心中挂念的是军姿兵容，士兵胸前的扣子是否整齐。直至到了马伦哥，拿破仑·波拿巴才遇到了真正会打仗的人，那就是奥军统帅冯·梅拉斯男爵米歇尔·弗里德里希·贝内迪克特。冯·梅拉斯男爵米歇尔·弗里德里希·贝内迪克特难道不是在马伦哥战役的开局占尽上风吗？在这样真正的对手面前，拿破仑·波拿巴未得大败，实属侥幸。而到了埃劳，莱温·奥古斯特·冯·本尼希森这样的二流指挥官都能将拿破仑·波拿巴打得抬不起头。

说起拿破仑·波拿巴的这两位对手，在对抗拿破仑·波拿巴的方法和策略上，莱温·奥古斯特·冯·本尼希森明显要比冯·梅拉斯男爵米歇尔·弗里德里希·贝内迪克特更胜一筹。莱温·奥古斯特·冯·本尼希森懂得如何从战略上牵制拿破仑·波拿巴。莱温·奥古斯特·冯·本尼希森与拿破仑·波拿巴对战时，打赢了就跑，下一场输了也不亏。在这一点上，冯·梅拉斯男爵米夏埃尔·弗里德里希·贝内迪克特明显处处受制于拿破仑·波拿巴。冯·梅拉斯男爵米夏埃尔·弗里德里希·贝内迪克特会针对一场战役打到底，即使取得了阶段性的胜利，最终也会战败。

威灵顿公爵阿瑟·韦尔斯利远离英国本土，因而得以自由指挥军队，这是莫大的优势。拿破仑·波拿巴早年在意大利战役中就是因为能够自由指挥军队而

阿瑟·韦尔斯利

接连取胜。威灵顿公爵阿瑟·韦尔斯利在远离本土的伊比利亚半岛可以自由执掌军队指挥大权，败在他手下的法兰西第一帝国将领，其实是败于远方看似运筹、实为掣肘的皇权。

拿破仑·波拿巴成功的最大秘诀在于他知道自己想做什么，并能够全力以赴地执行，全然不理会巴黎当权者的态度。拿破仑·波拿巴手下的军事干将也济济如云，但他极少为征询他们的意见召开军事会议。拿破仑·波拿巴想要达成什么，就命人去做什么。这样的高度集权使他可以令出即行，动如疾风。无论是从侧面包抄，还是从中心贯破，他都可以步步为营，在夺取了一个又一个胜利果实后，集中兵力剿灭敌军。

但原因还不止这些。我们知道，就个人资质来讲，战场上与拿破仑·波拿巴对峙的各个国家的将军们自然难敌拿破仑·波拿巴，而且他们仅有的才华在战场上也颇受掣肘，无法完全施展。另外，各国的将领各自奉命于自己的君主，而那些君主们总是优柔寡断，内心不够刚勇。此外，不同的将领们之间不仅不能一致对敌，相互之间还颇具戒心。

拿破仑·波拿巴在军事生涯初期，便扬起了意大利战役光彩恢宏的旌旗。但大家可曾想过，他在这场战争中完全有可能失败。假如当时撒丁国王阿玛迪斯三世不是因为受到挫败失去信心，假如他在战场上越战越勇，而不是毫无尊严地命令部队后撤，将重塞堡垒全数让与法兰西，拿破仑·波拿巴怎么会毫无"孤军深入"的忧虑，毫无顾忌地继续前进，征伐奥地利呢？

拿破仑·波拿巴对奥地利帝国发动战争后，与奥地利帝国签署了《普雷斯堡和约》。普鲁士王国认为事不关己，因此全程冷眼旁观。巴伐利亚王国国王马克西米利安一世·约瑟夫除了讲讲滑稽段子[①]娱乐宫廷，别无所长。甚至连治国之策都由首相部长们全权代职。而巴伐利亚王国的内阁要员都已被拿破仑·波拿巴买通，替拿破仑·波拿巴办事。至于符腾堡国王弗里德里希一世那个暴君啊，他简直与弗朗西斯·拉伯雷笔下的小魔王一模一样。他全部的战场就是香闺幔帐。

---

① 据《巴恩斯·欧伯克尔希回忆录》记载，他是女演员传记中不可少的重要人物，是传记作者苦苦追寻的绯闻对象。——原注

当然，以上言论都是《爱丁堡评论》杂志在符腾堡国王弗里德里希一世去世后发表的。抱有如此"远大"理想和抱负的符腾堡国王弗里德里希一世当然会选择一心一意地与拿破仑·波拿巴交好，以保证符腾堡王权的延续。巴登大公国占地极其狭小，小到巴登一地之主并无任何实权，只得仰人鼻息以求生存。18世纪初，巴登侯国依傍着法兰西王国。到了18世纪末，它转而倚靠普鲁士王国。巴登大公卡尔·弗里德里希自1728年出生以来，十岁时任巴登-杜拉赫侯爵，古稀皓首之年荣升巴登大公，一生都在夹缝中求生存。

晚年的卡尔·弗里德里希

奥地利帝国皇帝弗朗茨一世①则向世人展示了一个懦弱的国君如何将胜仗打败。在奥斯特利茨战役后,奥地利帝国皇帝弗朗茨一世在惊惶中签订了招人诟病和辱骂的《普雷斯堡和约》。事实上,当时,他的对手拿破仑·波拿巴已身陷险境,四面受敌——奥地利皇子卡尔大公正率八万士兵奔赴战场,准备重击法军的侧翼及后方。当时的西班牙王储阿斯图里亚斯亲王斐迪南也正率领波希米亚雇佣军一步步逼近。俄罗斯帝国后备军正前往增援。普鲁士王国也有十万大军准备就绪,要以排山倒海之势进攻法兰克尼亚,并一举阻断法军在莱茵河的退路。更何况,当时的法兰西境内正濒临经济破产的险境。最终,由于签订了《普雷斯堡和约》,获得了奥地利帝国的赔款,法兰西第一帝国的经济形势才得以喘息。奥地利帝国皇帝弗朗茨一世真的是太懦弱了。我想,哪怕是一只小小的飞虫,但凡有一点灵气,但凡在乎一丝尊严,也不会就这样懦弱地签下如此丧权辱国的条约。但奥地利帝国皇帝弗朗茨一世就这样做了。他只需再稍等片刻,就能等到战局逆转。但他就是不愿多等片刻,只因他性格软弱,目光短浅,错失了扭转局面的大好时机。

普鲁士国王腓特烈·威廉三世也没有好多少。他与奥地利帝国皇帝弗朗茨一世一样懦弱。就连普鲁士王后路易丝都要比他刚勇。然而,无论普鲁士王后路易丝用怎样激昂澎湃的训言勉励普鲁士国王腓特烈·威廉三世,也无法振奋普鲁士国王腓特烈·威廉三世那颗怯懦的、死水一般的心。普鲁士国王腓特烈·威廉三世的怯懦使拿破仑·波拿巴情不自禁地蔑视他。

俄罗斯帝国过去由俄罗斯帝国皇帝保罗一世统治。虽然俄罗斯人都将俄罗斯帝国皇帝保罗一世称作"疯子",但俄罗斯帝国皇帝保罗一世的心中对后来的法兰西第一帝国皇帝拿破仑·波拿巴充满了崇拜和友善。最终,俄罗斯人由于不放心任由一个疯子治国,将俄罗斯帝国皇帝保罗一世暗杀。俄罗斯帝国皇帝亚历山大一世继承皇位。作为一个年轻的帝王,俄罗斯帝国皇帝亚历山大一世缺乏理政经验,也没有处事原则。面对英国的薄情寡义和拿破仑·波拿巴的不良居心,俄罗斯帝国皇帝亚历山大一世只知一味迁就。同时,俄罗斯帝国

---

① 即神圣罗马帝国皇帝弗朗茨二世。他在1804年建立奥地利帝国,称奥地利帝国皇帝弗朗茨一世。

皇帝亚历山大一世还是一个狂热的梦想家和理想主义者。他虽然怀着美好的愿景，但确实不够精明。他的耿直使拿破仑·波拿巴这样的谋略老手可以将他任意摆布。因此，纵使俄罗斯帝国皇帝亚历山大一世在年轻时有过万丈雄心和崇高的理想，由于他多愁善感且意志薄弱，这些梦想最终不仅没有实现，还一一离他远去了。

瑞典国王古斯塔夫四世·阿道夫倒是直诚英勇，面对拿破仑·波拿巴并未胆怯。但瑞典国王古斯塔夫四世·阿道夫缺乏政治谋略。他坚定地与拿破仑·波拿

古斯塔夫四世·阿道夫

巴对抗，但无法获得瑞典国民的支持。瑞典人倾向于跟法兰西结盟。瑞典国王古斯塔夫四世·阿道夫缺乏魄力，不能遵从内心，执行正确的行动。俄罗斯帝国从他手中夺走芬兰后，为了弥补损失，他竟转而进攻挪威，结果失去了王位。

至于西班牙，众所周知，西班牙国王查理四世和王储阿斯图里亚斯亲王斐迪南都算不上聪明。在葡萄牙，葡萄牙女王玛丽亚一世患有精神疾病，不能主政。那不勒斯王国国王斐迪南四世[①]力不从心，由妻子那不勒斯及西西里王国王

玛丽亚一世

---

① 那不勒斯王国国王斐迪南四世同时为西西里王国国王斐迪南一世，在位时间是1759年至1816年。1816年后，他称西西里王国国王斐迪南一世。

后玛丽亚·卡罗琳娜干政。而且那不勒斯王国国王斐迪南四世出尔反尔，连他的国民都不喜欢他。

试问，在这样的情形下，当时的欧洲有哪一方领主或有哪一国的君主颇具能力，稍显水平，能够与拿破仑·波拿巴相抵抗呢？①

在军事生涯的第一阶段，拿破仑·波拿巴用手中可支配的少量军力获取了极大的胜利。

在军事生涯的第二阶段，拿破仑·波拿巴受封将军，开始注重培养军力。拿破仑·波拿巴不仅注重打造庞大的军队，还注重培养军队的士气。如此，在他手下，来源广泛、性质各异的多个部队同心一力，锐不可当。此外，拿破仑·波拿巴的特色是以庞大军力克敌制胜，而非分兵速进，迷惑敌人。西班牙起义军多以游击形式存在，对拿破仑·波拿巴的兵力优势进行了沉痛的打击。约瑟夫·波拿巴在埃布罗河沿岸陈兵六万，加泰罗尼亚有两万兵力，拿破仑·波拿巴还准备从普鲁士和波兰战场的法兰西大军调兵二十万，以期全歼西班牙游击队。西班牙游击队虽然装备落后、组织散乱，且匆忙组织起义，毫无战斗经验，却凭一腔热勇打得法兰西雄鹰狼狈不堪。

为了牵制普鲁士军队，拿破仑·波拿巴不得不从法兰西第一帝国再征十六万新兵，于一年零四个月后正式入伍。这一次，他为征兵找到的借口是："我的法兰西同胞们，我只有一个信念，就是为了你们的幸福和子孙后代的安宁。你们常说你们热爱我。现在，是时候检验你们对我的感情是否真挚了。让我看到你们的支持吧，让我看到你们有多么支持出征大计。因为这将与你们的切身利益紧密相连，也关系到我的荣耀和法兰西帝国的国威。"

这残酷的谎言真是让人不寒而栗。还说什么为了子孙后代的安全。子孙后代都被征召上了战场。他们还是孩子，却将在战场上湮灭。这又能给法兰西带来什么好处呢？什么都没有！废黜原来的西班牙王室，将约瑟夫·波拿巴扶上国王宝座，只有拿破仑·波拿巴从中受益。无论是法兰西第一帝国，还是法兰西第一帝国的任何一位普通公民，都不能从中获得任何益处。

---

① 拉本德：《日志》，1883年修订版，第227页。——原注

西班牙人的疯狂反抗给拿破仑·波拿巴敲响了警钟。公安部长约瑟夫·富歇冒死进言："葡萄牙是英国的准殖民地，我们攻打它是它咎由自取。但西班牙国王查理四世没有做错什么，也没有任何值得拿捏的把柄。他一直都是您的属臣，一直都卑微地尊重您。无论是舰队、军队，还是海港、钱财，都由您任意索取。他作为国王，已然形同虚设，您还一定要从他手中夺走他的王国吗？"

拿破仑·波拿巴答道："我的胃口何至于此。我要将西班牙并入法兰西第一帝国，从此两国一体，命运相连。记住，在神圣罗马帝国皇帝查理四世统治时期，永远没有日落。"

约瑟夫·富歇又小心翼翼地提醒拿破仑·波拿巴，不可对俄罗斯帝国皇帝亚历山大一世过分信任。拿破仑·波拿巴回答："呸！你不愧是公安部长，看谁都没有诚意。"

查尔斯·莫里斯·德·塔列朗–佩里戈尔也曾竭尽全力，希望固执的拿破仑·波拿巴可以扭转观念，改变计划。

但拿破仑·波拿巴听不进查尔斯·莫里斯·德·塔列朗–佩里戈尔的任何进言。他已被胜利冲昏了头脑。一听到查尔斯·莫里斯·德·塔列朗–佩里戈尔这样的言论，拿破仑·波拿巴就勃然大怒，大骂查尔斯·莫里斯·德·塔列朗–佩里戈尔是"叛徒"。查尔斯·莫里斯·德·塔列朗–佩里戈尔仿佛带上了一幅冷静、漠然的面具，他像杜伊勒里宫花园中的石像一般，面无表情地听着拿破仑·波拿巴的谩骂。窗外灌木茂盛，雕塑林立。查尔斯·莫里斯·德·塔列朗–佩里戈尔回家后，耸了下肩膀，无可奈何地说："最后一幕的帷幕已经拉开。我们从这一刻起，开始散场。"

1807年8月9日，在《枫丹白露条约》正式签署前十八天，查尔斯·莫里斯·德·塔列朗–佩里戈尔辞任外交大臣。他的继任者是让–巴蒂斯特·德·诺姆佩雷·尚帕尼。让–巴蒂斯特·德·诺姆佩雷·尚帕尼人品低劣，对拿破仑·波拿巴言听计从。

从这一刻起，在法兰西第一帝国的议会上，再也看不到有人献策，也不再有人敢向拿破仑·波拿巴进言。

攻打西班牙的计划失败后,拿破仑·波拿巴肯定会将包括计划作战和全面启动战争在内的所有责任都推给查尔斯·莫里斯·德·塔列朗–佩里戈尔。这非常符合拿破仑·波拿巴的性格特点。而查尔斯·莫里斯·德·塔列朗–佩里戈尔老谋深算,已对这样的情形有所预知。因此,他提前对这一计划表示了反对,也因反对计划提前下了台。

我们在前文已多次提到,拿破仑·波拿巴会按照有利于自己的方式对公告内容修修改改。除此之外,他还绘声绘色地添加不实的信息。然而,我在这里还是要举一个例子。此事发生在拿破仑·波拿巴准备鲸吞西班牙之际。当时,拿破仑·波拿巴正在边境线上,在埃布罗河边布置好了法军部队。

1808年11月19日,拿破仑·波拿巴在发起进攻前致信新任外交大臣让–巴蒂斯特·德·诺姆佩雷·尚帕尼:"迅速派遣密使送信,务必让他尽力散布消息,就说西班牙已臣服于法兰西帝国,至少已经无法继续支撑,马上就会投降。还要广泛散布消息,就说西班牙军队已经阵亡八万人。"拿破仑·波拿巴还命约瑟夫·富歇在巴黎、荷兰、德意志等地的报纸上登载系列文章,宣告:(一)若阿基姆·缪拉已就位,蓄势攻占西西里岛;(二)若阿基姆·缪拉已成功登岛;(三)描述若阿基姆·缪拉在西西里取得的伟大胜利。

拿破仑·波拿巴写道:"务必不厌其烦地描绘细节,就说那不勒斯国王若阿基姆·缪拉已委托他的妻子那不勒斯王后卡罗琳·缪拉在那不勒斯王国监国,那不勒斯国王若阿基姆·缪拉则亲领三万人登岛,准备在法洛斯岛登岸……要尽力描述得真实,这样,英国才会深信不疑。我就是要他们惊慌失措。"事实上,这些编纂而得的内容,前后占据了十一二篇文字。

早在1806年就被封为贝格大公的若阿基姆·缪拉很伤心。若阿基姆·缪拉原以为自己可以登上西班牙国王的宝座,但他只是被拿破仑·波拿巴指派为那不勒斯国王而已。若阿基姆·缪拉眼睁睁地看着约瑟夫·波拿巴被调到马德里,而约瑟夫·波拿巴还很不情愿当西班牙国王。约瑟夫·波拿巴仅在马德里停留了八天就狼狈逃离了。约瑟夫·波拿巴曾奉劝过拿破仑·波拿巴,西班牙人是不会接受他做国王的。当地人只会将约瑟夫·波拿巴视作入侵者,对他只会有憎恨的情感。但拿破仑·波拿巴依旧顽固不化，一定要将约瑟夫·波拿巴送上那个并不安稳的王座。直到1808年12月，拿破仑·波拿巴依仗庞大的兵力击溃西班牙起义军，重占马德里后，才再次将长兄约瑟夫·波拿巴迎回，让他登上王位。

西班牙人整体并不协调，步调也不一致，看上去像是很好打的样子。但西班牙军队灵活多变。在高墙后防守时，西班牙人坚忍不拔；在旷野对战中，西班牙人又如天女散花般逃散四处。西班牙游击队也有自己的问题。西班牙游击队内部存在派系纷争，很多西班牙游击队的军官都把英国资助西班牙的军费给私吞了。即便如此，拿破仑·波拿巴攻打西班牙已有三月，却依旧攻不下。他还以为剿灭西班牙游击队，就像平定普鲁士叛乱那样容易。然而，当时的普鲁士叛军是看得见的"军队"，而西班牙游击队神出鬼没，无处不在。他们来时如蜂拥，散去如风过。然后，西班牙游击队又会神出鬼没地聚集在一起。在这样的情形下，拿破仑·波拿巴不可能在西班牙获取华丽的胜利，也不可能获取惊人的功绩。拿破仑·波拿巴开始后悔踏上西班牙这片土地了。他居然不能漂亮地围歼约翰·穆尔爵士[①]率领的小股英军，因此，也不想再跟着大军追击前往科伦纳了。于是，1809年1月17日，拿破仑·波拿巴兴味索然地离开巴利亚多利德，返回巴黎。

不过我们可以确定的是，拿破仑·波拿巴一定会继续坚守自己神圣伟大的使命。在《博凯尔的晚餐》中，他曾提及，权力的存在就是权力合法的理由。这也是他目前为止仅剩的原则。让-巴蒂斯特·德·诺姆佩雷·尚帕尼也曾经说过："政策所需处，司法即当授权。"让-巴蒂斯特·德·诺姆佩雷·尚帕尼说的这句话，拿破仑·波拿巴坚决奉行。

而这一切思想的根源就在于，拿破仑·波拿巴深信，是神赋予了他非凡的力量，所以他所行之事，必然都是正义的。

在拿破仑·波拿巴的命令下，法兰西第一帝国起草了《帝国教义问答》一书，供所有学校使用。在《帝国教义问答》中，君权神授的思想经熔炼提纯，成为青少年易于接受的内容，深深地刻入了他们的思想和心灵。

---

① 约翰·穆尔爵士（Sir John Moore，1761—1809），英国陆军中将。1808年，拿破仑·波拿巴进攻位于伊比利亚半岛的西班牙和葡萄牙，约翰·穆尔爵士率军参战。1809年，在科伦纳战役中，约翰·穆尔爵士负伤去世。

约翰·穆尔爵士

问：什么是我们必须要对法兰西帝国皇帝拿破仑·波拿巴履行的个人义务？

答：法兰西帝国皇帝拿破仑·波拿巴拥有我们对他的热爱、尊敬、服从和忠诚，拥有在保卫帝国权力的过程中立下的伟大功绩。我们自愿服兵役。我们热切地祈祷法兰西帝国皇帝拿破仑·波拿巴安康，法兰西帝国昌盛。

问：为什么我们必须要对法兰西帝国皇帝拿破仑·波拿巴履行这些义务？

答：因为法兰西帝国皇帝拿破仑·波拿巴是神为我们的国家确立的君主。君主是神在人间的代言人。无论是战争还是和平，君主都享有无比的天才。尊崇君主就是尊崇神，服侍君主就是服侍神。

> 问：有没有其他理由将法兰西帝国皇帝拿破仑·波拿巴与我们的命运紧密相连？
>
> 答：有的。法兰西帝国皇帝拿破仑·波拿巴是神为了重建祖先神圣宗教所立，是宗教的保护人。他以深邃的智慧和明达的思想重建并捍卫公共秩序。他用强大军队保卫国家。他是由至上教皇主持祝圣仪式的耶和华神的代言人……所有不对法兰西帝国皇帝拿破仑·波拿巴履行义务的人，将遭受唾弃和诅咒。

拿破仑·波拿巴下令在学校教授这一课程，并非因为他心存伪善。事实上，他无须伪善，因为这就是他真实的想法和信念。从这个角度出发，我们会发现，拿破仑·波拿巴的许多黑暗的行为，其出发点都是光明的。他是一位强者，并非天性残忍。要知道，他也反对无谓的流血和杀戮。然而，一旦事态的走向与自己的目标有所违背，他会不惜一切代价，哪怕血流成河，因为他的目标得到了神的认可，是神圣的，必须实现。这世间的所有人，自出生开始，到长大成人，都是他的武器，是执行他的意志的工具。因为，他的意志就是神的意志在人世间的表征。神曾将先知穆罕默德派往伊斯兰，发动了圣战。拿破仑·波拿巴相信自己也得到神的授意，同时相信自己发动的战争也是神圣的。他剿灭对手时残忍而无情。他不住地向约瑟夫·波拿巴和手下的将领们下令："枪决！枪决！"任何反对他的人都是在叛国，这样的人，即使立下了军功也毫无意义。他会对反抗他指令的人勃然大怒，并生气地辱骂："枪决！枪决！他是乱贼！"因为反对他，就是对抗天意，对抗他彰显的神的旨意。他为了达到目的不择手段。通常，他不会对敌人信守承诺。他可以立即撕毁签订的和约，并对此振振有词地辩解：他在神的眷顾之下，这样做完全合乎情理。每一次行使权力，都打开了一扇大门，通向下一次动用武力的战场。武力是上帝力量的昭示。而拿破仑·波拿巴拥有神赋武力，因此，他责无旁贷，成了上帝的代言人。经过一再的验证，我们丝毫不怀疑，拿破仑·波拿巴的内心深处保留着对神的信仰。对他来说，宗教的意义就是信奉自己是神的代言人。除了自己，拿破仑·波拿巴不相信会有第二个人能在政治领域施行这样的神迹。上帝严厉，以瘟疫、饥荒和大洪水为表现形式，在世间施行惩戒。战争不过是上帝显示神力、对人类施行惩戒的另一种方式。

拿破仑·波拿巴受到的吹捧和逢迎中，有很大一部分是刻意行为的结果，目的就是增进这样的信仰。在诗人的眼里，在画家的笔下，在政客、王公甚至人民的心中，拿破仑·波拿巴获得了一致的赞誉。他就是众人的神。人们之所以会这样认为并对此深信不疑，是因为大家看到了拿破仑·波拿巴如何在人间脱颖拔萃，看到了他如何创建不世的功勋，看到了他如何将高山一般的困难履为平地。因此，大家一致尊崇他。比如，信奉加尔文主义①的人往往是感受到了上帝的召唤和拣选，因而确信自己道德无缺、坚忠奉神。拿破仑·波拿巴也有着类似加尔文主义者的自信。他心中对权力的觉醒和个人才华的肯定都源自内心的意识。他对自己接受了超自然的神明启示这一点非常确信。或者，至少，他确信自己是神拣选出的代理人。他要奉神之谕，在世间创建一个大一统的帝国。而他自己则是这个帝国的统领兼宗教领袖。因为在他看来，即使是教皇，也不过是他的宗教大臣，只能战战兢兢地遵循他的命令，沿着他指示的方向前行。而且如果这个宗教大臣不合他的意，他可以随时随地将其撤换。他自己才是基督的传教者，是上帝的代理人。

自拿破仑·波拿巴加冕的那一刻起，我们就不能再将他看作他自己。画布上的人像、雕塑出造型和奖章上对他的铭刻都不是真正的他。在那些作品中，他已然成了神迹，连容貌和神态都被刻意描绘得与罗马帝国皇帝盖乌斯·屋大维·奥古斯都相似。大家可以参看拿破仑·波拿巴在第一执政期间与加冕为皇帝之后，艺术家们对他的细致刻画。看得出来，在加冕礼后，每一位艺术家都在拿破仑·波拿巴的身上实现了一个微妙的转变。拿破仑·波拿巴的全身各处都开始显露古希腊奥林匹斯山众神的特征。拿破仑·波拿巴就是新一代的尤利乌斯·恺撒。让我们热烈欢迎新一代尤利乌斯·恺撒的到来! 从此，所有人都不能再对拿破仑·波拿巴随意描画了。新一代的尤利乌斯·恺撒已向众位艺术匠师颁布了

---

① 加尔文主义（Calvinism），是基督教新教的一个主要分支，主要遵循宗教改革家和神学家约翰·加尔文提出的基督教践行原理及神学传统。

命令。艺术匠师们要像臣民一般听从拿破仑·波拿巴的指令。大家对拿破仑·波拿巴形象的描绘，无论是官方的画像雕塑，还是小书小报的插画，从此刻起，都要把皇帝拿破仑·波拿巴描画或者塑造成神的模样，要具有古典美，要使公众觉得惊艳，要使后世子孙能把这美好的形象铭记心间。路易·克劳德·弗雷德里克·马松先生说："这也是情非得已的必要举措吧，因为身为君主，拿破仑·波拿巴开启的法兰西第一帝国时代堪比古埃及第四王朝[①]。因此，像拿破仑·波拿巴这样绝无仅有的帝王，当然要集美貌与矜严于一体。他要美得像神，美得不食人间烟火才好。他要长得像神化的尤利乌斯·恺撒，要像他代言的神。"

然而，即便如此，还是有一些"缺根筋"的画家留下了匆忙造就的拿破仑·波拿巴的面部肖像。这些作品要比官方的画作有价值得多。即便仅从肖像学的角度分析，官方的作品也至臻至美，但绝不可能是拿破仑·波拿巴本人的样貌。而这些草图，才是真正的"尊容"。

[①] 古埃及第四王朝（the Fourth Dynasty of ancient Egypt），约公元前2613年至公元前2494年，是古埃及历史中埃及古王国（Old Kingdom of Egypt）的"黄金时代"。

第 41 章

荷 兰

(1806年—1810年)

精彩看点

拿破仑·波拿巴与他的兄弟们——几个存在时间很短的共和国——荷兰国王路易·波拿巴——路易·波拿巴性格分析——拿破仑·波拿巴派人监视路易·波拿巴——路易·波拿巴不喜大陆封锁令——路易·波拿巴受到拿破仑·波拿巴叱责——路易·波拿巴受到拿破仑·波拿巴威胁——信件中言辞激烈——路易·波拿巴爱国民——法兰西军队入荷兰——路易·波拿巴被召回巴黎——路易·波拿巴受监视——路易·波拿巴屈服——路易·波拿巴致信拿破仑·波拿巴——拿破仑·波拿巴回信——圣赫勒拿回忆录中信件内容不真实——马倌之争——路易·波拿巴逃走——路易·波拿巴退位——拿破仑·波拿巴命令德·莫斯利伯爵路易-纪尧姆·奥托写信给路易·波拿巴

关于拿破仑·波拿巴登上皇位后如何对待他的同胞兄弟们，我们恐怕用上几页篇幅都不足以做详细的描述。其实不需要多说，我们只要看一看成为荷兰国王的路易·波拿巴的遭遇，便可见一斑。卢西恩·波拿巴早已察觉，如果想有尊严地生存，就必须远离拿破仑·波拿巴。卢西恩·波拿巴性格暴躁，为人尖酸，天性善妒。因此，他对拿破仑·波拿巴称帝后自行其是，不再需要他出谋划策这件事完全无法忍受。现在，拿破仑·波拿巴对卢西恩·波拿巴言及必是命令。卢西恩·波拿巴心里窝火，对拿破仑·波拿巴宁肯避而不见。

拿破仑·波拿巴一手建立了诸多共和体制国家，又亲自将它们一一摧毁，把它们变回封建制分封给自己的家族成员。

1798年时，瑞士成为海尔维第共和国①，1803年恢复为瑞士联邦。1798年时，沃州地区还是独立的勒曼尼克共和国。1802年，瓦莱州也成为独立的罗丹尼克共和国。1800年，爱奥尼亚群岛成立塞普丁修拉共和国，但塞普丁修拉共和国在1800年至1807年名义上归属俄罗斯帝国和奥斯曼土耳其帝国，1807年又落入法兰西第一帝国之手。意大利被切分为好几个共和国。原本准备以伦巴第

---

① 海尔维第共和国（1798—1803），包括瑞士大部分领土，共十八个邦，当时被法兰西占领。1803年，拿破仑·波拿巴颁布《调节法令》，海尔维第共和国被新的瑞士联邦取代。

为雏形建立坦斯帕达纳共和国①，但1797年，坦斯帕达纳共和国就不存在了，拿破仑·波拿巴将坦斯帕达纳共和国和奇斯帕达纳共和国一起并成阿尔卑斯山南共和国。拿破仑·波拿巴又继续将阿尔卑斯山南共和国与威尼斯诸省和教皇国辖地合并到一起，最后在1805年，拿破仑·波拿巴治下的意大利王国最终形成。1797年，利古里亚共和国建立。1805年，利古里亚共和国成为法兰西第一帝国附属国。1798年，罗马共和国成立。罗马共和国在教皇庇护六世手中一失再失，最后并入了意大利王国。1799年，那不勒斯成为帕耳忒诺珀共和国，后来又被变成那不勒斯王国，并成为约瑟夫·波拿巴的国土。小小的卢卡共和国的领土成为卢卡亲王妃埃利萨·波拿巴的封邑。1795年，荷兰共和国被改建为巴达维亚共和国。1806年，拿破仑·波拿巴又将巴达维亚共和国改为荷兰王国，同时任命路易·波拿巴为荷兰王国的第一代国王。

路易·波拿巴对受封为荷兰国王极度不情愿。于是，他找到拿破仑·波拿巴诉苦。但拿破仑·波拿巴只是粗暴地打断了他，并告诉他："死也要当一国之君，绝不苟且为亲王。"

拿破仑·波拿巴的话大大出乎路易·波拿巴的意料。路易·波拿巴个性温和，行事也并不出格。因此，他被拿破仑·波拿巴的话吓呆了，再不敢多说一句，并且服从了拿破仑·波拿巴的安排。路易·波拿巴情绪低落地前往荷兰。陪他一同前去的还有已成为他妻子的奥尔唐斯·欧仁妮·塞西尔·德·博阿尔内，即法兰西第一帝国皇后约瑟芬的女儿。是的，拿破仑·波拿巴将继女变成了弟妹。这是一桩政治婚姻。路易·波拿巴并不幸福。

路易·波拿巴带着最真诚的善意开始在自己即将统治的国土上履行责任。他竭尽心力，力图造福人民。但令他感到痛心的是，荷兰人民的心中对他这位国王并无一丝尊重。令他更加痛心的是，他的兄长拿破仑·波拿巴竟然派奸细前来监视他。这些奸细无处不在。他们受雇于拿破仑·波拿巴，将路易·波拿巴的一言一行，甚至信件的副本都送呈拿破仑·波拿巴。拿破仑·波拿巴对此非常在

---

① 坦斯帕达纳共和国（Transpadane Republic），1796年，拿破仑·波拿巴进攻意大利时，在原先的米兰大公国基础上建立的一个附属国。1797年，拿破仑·波拿巴将坦斯帕达纳共和国并入阿尔卑斯山南共和国。

奥尔唐斯·欧仁妮·塞西尔·德·博阿尔内

意。对英国的商业封锁一定不能松懈。但大陆封锁体系对荷兰造成了非常严重的创伤。荷兰不断失去了原有的殖民地，比如好望角、锡兰和东印度群岛。由于荷兰被迫推行拿破仑·波拿巴的"大陆封锁体系"，荷兰境内商业非常不景气，经济萧瑟。路易·波拿巴发觉经济低迷这个问题，于是在封锁英国贸易的行为上有些许放松。拿破仑·波拿巴得知了这一状况，于1809年12月20日致信路易·波拿巴，责骂路易·波拿巴忘本，说路易·波拿巴竟成了荷兰人，忘记了身为法兰西人的责任。拿破仑·波拿巴写道：

荷兰国王路易·波拿巴，你犯下的错误不止于此。你趁我在法兰西忙于军务，和英国暗中来往。这是在正面反对我的封锁令吗？你也知道，只有封锁英国商业，才能彻底击垮英国。现在，我对你失望透顶。我对你非常生气。我要下令禁止你以后再回法兰西。我都不用劳烦法兰西大军对荷兰开战，只需要将莱茵河、威悉河、斯海尔德河和默兹河封锁，荷兰自然就成了瓮中之鳖。后来是你苦苦哀求，求我看在兄弟的情分上宽赦你的过错，并保证决不再犯，我才下令解除了对荷兰的海关禁令。但荷兰竟故态复萌……这是要逼迫我再次下令禁止与荷兰之间的所有贸易。事情发展到这样的地步，我们两国之间不得不开战了。我在立法院演讲时曾直言，我对当下的局面非常痛心。我也不用瞒着你，我要吞并荷兰，将它并入法兰西第一帝国。只有这样，我才能给予英国致命一击，才能让你周围的内阁乱党彻底闭嘴，不再说任何诋毁我的话。莱茵河口是我的，默兹河口当然也是我的。莱茵河流过的地方就是法兰西第一帝国领土的边界。我想，这就是底线。你在1809年12月17日的来信中保证会杜绝英荷间的所有贸易。我只想问，你能否说到做到呢？无论如何，如果你能认真履行我们之间的协议，我就立即下令，解除海关禁令。协议内容为：

第一，禁止英荷间的一切贸易往来，断绝一切联系。

第二，荷兰向法兰西帝国供应一支舰队，其中包括十四艘战舰和七艘护卫舰。另外，还需要七艘双桅帆船或轻型护卫舰。舰队上的人员、武器装备都必须一应俱全。

第三，荷兰为法兰西帝国征兵两万五千人……

主要内容即以上这些。具体细节，你可以通过荷兰外交大臣联系卡多雷公爵让-巴蒂斯特·德·诺姆佩雷·尚帕尼议谈。但我要警告您，我只要再看到有任何英国货船进入荷兰的港口，就立即启动对荷兰的海关禁令。如果有荷兰官员胆敢不尊重法兰西帝国的船，我就令人将他当场处死在桅杆下。请荷兰国王你先向我证明，你仍然拥有一颗属于法兰西人的心。在此基础上，我们才能继续保持兄弟的情谊。但如果你已忘记要热爱我们自己的国家，那么，你也不用怪我绝情。即使是亲兄弟的血缘，也无法阻止我与你恩断义绝。总之，法荷合并，无论对法兰西帝国还是对荷兰，肯定都是有好处的，对整个欧洲大陆也有百利而无一害。法荷合并只会重创一个国家，那就是英国。如果不能和平合并，那就通过武力达成。你已犯下累累错行，我并不缺少开战的理由。不过，如果你可以保证履行以上条款的内容，法荷以莱茵河划界，那我也可以勉为其难地暂时将就。

拿破仑·波拿巴与路易·波拿巴之间的书信往来停止了一段时间，但拿破仑·波拿巴对路易·波拿巴的"惊扰"和"胁迫"并没有停歇。

路易·波拿巴意识到，荷兰王国领土狭小，土地贫瘠，物产并不丰富。如果真的断绝所有的对外贸易，荷兰人恐怕只能依靠本国单调的海产品生存。那将是非常恐怖的场景，没有人能忍受那样的生活。况且荷兰还要额外出资供养一支援法的军队。这些都不是荷兰人民的需求，都是法兰西第一帝国强加给荷兰的重负，是铆在荷兰人颈项上的严酷剥削的枷锁。在早年的繁华时代，荷兰人也曾积攒了颇多资本。多年以来，他们都在依靠资本度日。然而现在，殖民时代的储存已所剩无几。自英国进口的咖啡、茶叶、糖和烟草已经成为荷兰人生活的必需品。在这个时候，突然让荷兰人戒除这些必需品，他们会觉得生不如死。

路易·波拿巴虽然是拿破仑·波拿巴封立的国王，但他身在荷兰，地位也非常尴尬。因此，他只得背地里违背"大陆封锁令"。路易·波拿巴还尽量减少了征兵的批次，并没有遵照拿破仑·波拿巴的要求"壮大"军队。此外，他还减免关税，在暗中鼓励走私。

拿破仑·波拿巴不得不承认，荷兰这样的低地国家已经被榨得干干净净，不剩什么油水了。因此，他写信给路易·波拿巴，想将路易·波拿巴调任西班牙国王。1808年3月27日，拿破仑·波拿巴在给路易·波拿巴的信中写道："这些国家再也不可能从废墟中复活了。"

拿破仑·波拿巴远征瓦尔赫伦岛未果，便命法军以彰显武力，恫吓英军为借口，顺势攻占了泽兰省和布拉班特省。随后，拿破仑·波拿巴约路易·波拿巴前来巴黎商谈有关荷兰的事宜。路易·波拿巴对此犹豫不决,召开内阁议会商讨对策。内阁众人都对路易·波拿巴前往巴黎为荷兰争取利益表示支持。于是,路易·波拿巴只好听从众人的意见,尽快前往巴黎。

路易·波拿巴刚到巴黎,就看到巴黎的《通报》登载了拿破仑·波拿巴几天前在立法团发表的演讲:"荷兰位于英法两国之间,乃战略要地,挟帝国之动脉。因此,我们不得不对荷兰有所行动。只有将荷兰纳入囊中,帝国的边境才能真正安然无忧。将荷兰纳入法兰西帝国的版图对法荷两国都有益处。"

路易·波拿巴看到这里,怒火中烧。他前所未有地壮着胆子顶撞了拿破仑·波拿巴。面对云集于巴黎的一众亲王贵胄,在皇家侍从的静默中,路易·波拿巴鼓足了勇气说道:"我上当了。那些都是欺骗我的谎言,它们从来都没有被实现过。荷兰一直是法兰西帝国的玩物。这太让人恶心了。"[1]路易·波拿巴打算逃回荷兰,却发现拿破仑·波拿巴已经派人监视他了。

就这样,路易·波拿巴到了巴黎没几天,有一天去拜访母亲,正要离开的时候,一群掷弹兵闯了进来,将路易·波拿巴逮走。路易·波拿巴见势不妙,偷偷遣信使返回阿姆斯特丹,传令各处要塞,关闭城门,严防前来进犯的法军,尤其要固守都城。拿破仑·波拿巴得知路易·波拿巴偷偷遣使回荷兰的事情之后怒不可遏,向路易·波拿巴展示了一份法令。法令上面清楚地写着拟定将荷兰并入法兰西第一帝国。当然,拿破仑·波拿巴并不是真的要吞并荷兰,他只是装装样子,吓吓路易·波拿巴而已。然而,1810年3月月初,当拿破仑·波拿巴得知路易·波拿巴的国王令已传至荷兰并得以执行,而前往荷兰的法军在贝亨奥普佐姆和布雷达受阻,后又得知荷兰首都阿姆斯特丹已建立严阵防御时,他怒火冲天。1810年3月3日,暴怒的拿破仑·波拿巴致信约瑟夫·富歇道:"我看荷兰国王路易·波拿巴真的是昏了头。你去问问,是他下令让荷兰内阁防守,还是荷兰内阁自己干的?告诉他,荷兰人要为如此放肆的自行其是付出代价。我一定会杀了荷兰人,一个都不放过。"

路易·波拿巴为此惊惧不已,不知所措。最终,可怜的路易·波拿巴只得屈

---

[1] 路易·安托万·福弗莱·德·布里昂:《回忆拿破仑·波拿巴》,第2卷,第452页。——原注

从。1810年3月16日，路易·波拿巴与法兰西第一帝国签订法荷条约。根据1810年3月16日的法荷条约，路易·波拿巴将全力执行大陆封锁令的各项命令，也要尽快征召分遣军。此外，他还要满怀屈辱地承认荷兰为法兰西第一帝国的附属国。可悲啊，这样的国王不如不做。路易·波拿巴将莱茵河右岸的荷兰国土割让给了拿破仑·波拿巴。也就是说，现在，已有近四分之一的荷兰国土属于法兰西第一帝国了。另外，路易·波拿巴还要同意法兰西第一帝国驻军荷兰，同意法兰西人担任荷兰海关官员，并直接向拿破仑·波拿巴汇报。

1810年3月23日，路易·波拿巴终于忍无可忍，致信拿破仑·波拿巴：

> 如果您是真心想要巩固法兰西帝国的现有统治，真心希望获得海上优势，真心希望能以绝对的把握击溃英国，那么，您绝不该继续推行大陆封锁令，因为封锁不可能给您带来任何好处。您绝不该用毁灭自己国家的方式毁灭敌人，不该用欺压盟友的方式达到目的，不该无视法兰西帝国各盟国当前最神圣的权利，您不该违反法兰西帝国各盟国的基础律法。恰恰相反，您应该与各国交好，赢取当地人民的感情。您应该巩固法兰西帝国与盟友的关系。现在，您既然已经将自己的兄弟们分立为各国的国王，就应该想方设法让各国的人民有理由爱戴他们的国王。您想毁灭荷兰以打击英国，效果恐怕只会适得其反。英国只会发展得更加强大。原因显而易见，因为在您这里遭受打击的行业和资本都会疯狂地逃往英国避难。
>
> 如果您真的想重创英国，有三个方案，分别是分裂爱尔兰、占领东印度群岛和直接出兵英伦本岛。其中，您一直更加认可占领东印度群岛和出征英伦本岛。但如果没有强大的海军支撑，这两个方案都不可行。我感到奇怪的是，为什么没有人赞同第一个方案。第一个方案不是更好吗？既不会影响法兰西，又能和平解决问题。为什么非要"杀敌一千，自损八百"，去和对手硬拼呢？

拿破仑·波拿巴可听不进什么谏言，他的答复粗暴无情：

四弟，鉴于目前我们面临的情势，我有话就直说了。我对你的小心思一清二楚。你这样顾左右而言他都是徒劳。当然，荷兰现在的形势的确堪忧。你想将荷兰从困窘中拯救出来的迫切心情，我也可以理解。是你，就是你，想要费尽心思讨好自己的国民。但其实你大可不必和我的封锁政策过不去。你只要尽职尽责，给荷兰人民做出表率，向荷兰人民表明你是我在荷兰的代言人，你是受了我的托付来治理荷兰的，那么，荷兰人民肯定会爱戴你、尊重你。你重建荷兰的理想才会获得荷兰人民的支持。你想要真正建立起荷兰国王的权威和地位，你一定要表明你是我的朋友，你拥有法兰西帝国作为你的后盾。这样，荷兰人民才会顺服。请问，自从你离开巴黎返回荷兰，都做了什么事情来达成这些影响？你什么都没有做。结果呢？只要你能向荷兰的臣民施加足够的影响，历来就摇摆不定的荷兰人这一次一定会投向法兰西帝国的怀抱，会主动要求并入法兰西帝国。你是了解我的。我一旦有了目标就会矢志不移地追求，绝不会因为任何顾虑半途而废。我可以不需要荷兰，但荷兰不能不需要我的保护。路易·波拿巴我的四弟，我将你扶持为荷兰国王，就是给予荷兰人民一个谋求福祉的机会，因为你是我在荷兰的代言人，荷兰人民能够从你的身上看到我的力量。可是，如果你背叛我，如果你不去为我的利益着想，那我就不再信任你，我就会推翻你的荷兰王国。热爱法兰西帝国吧，尊奉我的帝王荣耀吧，这是你为荷兰谋福祉的唯一方式。路易·波拿巴，我视你如珍宝一般。我将最心爱的胞弟奉献给了荷兰，做了荷兰国王。但你并没有做你应该做的。你并没有为你自己，或者荷兰，尽力讨我欢心。你和你的荷兰让我越来越感到烦恼。我对你抱有很大的期望，你却辜负了我的期望。如果我收回你的王位，那也只是迫不得已。你背叛法兰西又能得到什么好处？在荷兰人的眼中，你不过是第二个奥兰治亲王……看看吧，你是多么不可救药。你的身边还剩几个法兰西人能够忠心耿耿地扶持你？软语阿谀绝非忠言。你需要严厉的指导和冷面的威斥。你看你,还要搞什么祈祷、祭神和斋戒。路易·波拿巴,你这样下去难得长久啊。我绝不再轻易相信你在效忠信里写的谎言。那不是你真实的想法。你要爱法兰西,要发自内心地热爱它。否则,荷兰人民也会抛弃你。你只能在谩骂嘲讽声中灰头土脸地从荷兰滚蛋。国君治理国家,一定要奉行正确的原则和策略,决不可浑浑噩噩,也不可软弱无能。

在这里,拿破仑·波拿巴所说的"浑浑噩噩"和"软弱无能"指的就是路易·波拿巴的弱点。

显然,这封真实版的书信与拿破仑·波拿巴后来在圣赫勒拿岛伪撰的信件意思截然相反,可谓大相径庭。拿破仑·波拿巴杜撰的致路易·波拿巴的书信题于1808年4月3日。他在圣赫勒拿岛时故意如此曲写,用来矫引后人视听。具有相同性质的假信还有很多。信中的谬误都很简单,一眼就能看出来。因为在伪造的信上,年代都弄错了。然而,除了这一封伪信,还有一封拿破仑·波拿巴在同一时间段写给若阿基姆·缪拉的信。这两封都是假的,因为在巴黎和荷兰的官方档案中找不到任何踪迹。但历史学家认为这两封信是真实的历史。我们无须为此再费口舌。你肯定也知道,法兰西第二帝国皇帝拿破仑三世为纪念伟大的帝国缔造者法兰西第一帝国皇帝拿破仑·波拿巴整理、编辑了《拿破仑一世书信集》,这两封伪造的信也被收录其中。但上文引用的真实性毋庸置疑的信在这部《拿破仑一世书信集》中不见了踪迹。拿破仑·波拿巴一直借秘书路易·安托万·福弗莱·德·布里昂之手伪造信件。后来,路易·安托万·福弗莱·德·布里昂辞任,拿破仑·波拿巴才没有继续进行"粉饰"和"修改"信件的行为。

路易·波拿巴收到上文引用的信后没过几日,拿破仑·波拿巴就得到消息,称荷兰国王路易·波拿巴在某个外交场合对法兰西第一帝国临时代办[①]路易·巴贝·查尔斯·塞吕里耶表示出了极大的轻视。拿破仑·波拿巴还听说法兰西第一帝国驻荷兰大使的马车夫和一些荷兰的同行发生了激烈的争执,起因是法兰西

---

① 一说是特命全权大使。

第一帝国驻荷兰大使的马倌对一个荷兰人出言不逊，遭到了几个荷兰人的痛打。于是，拿破仑·波拿巴再次致信路易·波拿巴，并在信中对路易·波拿巴破口大骂。信的结尾是这样的：

> 你不要再找借口和托词，也无须再信誓旦旦地保证。我不会再相信你。我就知道，你这个笨蛋早晚会毁了荷兰。我已将法兰西帝国大使召回……我们不用继续留在荷兰，承受你的无礼。不要试图用官方的解释应付我，我不看那样的废话。在过去的三年中，你翻来覆去地写信、解释，但都没有用。谎言一直都在上演。此生此世，我与你恩断义绝。

与此同时，拿破仑·波拿巴下令法兰西第一帝国军队集合，向阿姆斯特丹进发。出兵的理由是"此等暴行，虐辱了法兰西雄鹰"。所谓暴行，就是荷兰人在打斗中扯掉了法兰西第一帝国大使马倌衣服上的几粒扣子吗？所谓虐辱，是指荷兰国王路易·波拿巴冷酷地拒绝让法军入境，强占堡垒吗？

路易·波拿巴为此召开紧急议会，商讨对策。路易·波拿巴堪称勇敢，提出关闭阿姆斯特丹城门，宁可决堤放洪水淹掉整个荷兰，也绝不将都城让给法军。但荷兰内阁的议员们大都怯懦，一致建议投降。于是，心灰意冷的路易·波拿巴在万般无奈下，只得将王位传于次子拿破仑-路易·波拿巴，他自己则秘密逃往特普利兹。

路易·波拿巴逃走一个月后，拿破仑·波拿巴才得到消息。于是，1810年7月9日，法兰西第一帝国正式吞并荷兰。拿破仑·波拿巴无视路易·波拿巴将王位传予次子拿破仑-路易·波拿巴的决定。当他发现路易·波拿巴已经逃走后，便命令法兰西第一帝国驻维也纳大使德·莫斯利伯爵路易-纪尧姆·奥托写了下面这封信给路易·波拿巴：

> 荷兰国王陛下路易·波拿巴，法兰西帝国皇帝陛下拿破仑·波拿巴命我向您陈诉以下事实：在法兰西帝国居住时，没有法兰西帝国皇帝的命

拿破仑-路易·波拿巴

令,不得擅离法兰西帝国国境,这是法兰西帝国诸位亲王和帝国家族成员应尽的义务。在荷兰正式并入法兰西帝国之前,由于荷兰国王陛下您需要饮用波希米亚特普利兹的水以滋健康,法兰西帝国皇帝陛下拿破仑·波拿巴允许您暂留此地。但如今,法荷两国已然合并。法兰西帝国皇帝陛下拿破仑·波拿巴命令您于1810年12月1日前返回法兰西帝国。如果您不遵守,您就是在对抗波拿巴家族族长拿破仑·波拿巴的指令,而且您还违反了法兰西帝国宪法。因此,您将受到严厉的惩处。

此事结束后,拿破仑·波拿巴询问贴身侍从路易·康斯坦·沃伊里:"路易·康斯坦·沃伊里先生,告诉你,我们伟大的帝国有三个都城,你知道是哪三个吗?"还没等路易·康斯坦·沃伊里回答,拿破仑·波拿巴就迫不及待地答道:"它们是巴黎、罗马和阿姆斯特丹。"

第42章

《维也纳和约》

（1809年）

精彩看点

奥军重组——拿破仑·波拿巴抗议——爱尔福特会晤——各国王大公汇聚——备战——奥地利的错误——奥地利皇子卡尔大公兵败——洛博岛之争——阿斯佩恩和艾斯林鏖战——普鲁士军队不作为——让·拉纳战死——瓦格拉姆战役——茨纳伊姆停战协定——《维也纳和约》——取胜的另一个原因

一方面，拿破仑·波拿巴看到，想完全占领伊比利亚半岛绝非易事，需要从长计议。不难想象，这一过程不仅异常艰辛漫长，还会激起西班牙人的不断反抗，那么法兰西第一帝国也会受到越来越多的舆论谴责。另一方面，拿破仑·波拿巴此时已经下定决心，要再征奥地利。鉴于不久前与奥地利帝国的对战以奥斯特利茨大捷告终，这一次，拿破仑·波拿巴对法军再次取得胜利和辉煌有着十足的信心和把握。考虑到以上两方面的原因，我们再看拿破仑·波拿巴从西班牙紧急返回巴黎，便不觉愕然了。

在奥地利帝国，除了十万后备军，还有奥地利皇子卡尔大公重组的三十万奥军集结待命。奥地利帝国已下达强制服役的命令，凡是能够提枪作战的奥地利男子，全部要应征加入后备军。对于应征入伍一事，奥地利帝国不分阶层，举国情绪高涨。奥地利已经数败于拿破仑·波拿巴之手，兵败的耻辱如幽魂般，在国民心中久留不散。因此，奥地利帝国举国上下同仇敌忾，一致对外。奥地利作为一个由多个邦国组成的大帝国，史无前例地懂得了"爱国之情"的定义。德意志境内的人民也热烈感受到奥地利作为日耳曼民族先锋，代表着民族自由，象征着国家权利。奥地利帝国举国皆兵，声势浩大，拿破仑·波拿巴不得不关注。于是，

克莱门斯·冯·梅特涅

1808年7月16日,拿破仑·波拿巴派让-巴蒂斯特·德·诺姆佩雷·尚帕尼质问克莱门斯·冯·梅特涅①,奥地利帝国这样暗自增兵到底意欲何为。

奥地利帝国温和地解释道,巴伐利亚、威斯特伐利亚和华沙大公国等奥地利帝国邻邦都已依据法兰西第一帝国征兵制度实行了军事编制的改建,因此,奥地利帝国也应效仿此制,不应落后。

---

① 克莱门斯·冯·梅特涅(Klemens von Metternich),奥地利外交家和政治家,1809年开始任奥地利帝国外交大臣,1821年兼任首相。

拿破仑·波拿巴对奥地利帝国增兵一事高度重视，一回到巴黎就着手处理此事。1808年8月15日，他就奥地利帝国征兵一事公开向奥地利帝国驻法兰西第一帝国大使表示抗议。抗议言辞激烈，充满了威胁的意味。不知是当真生气还是做戏吓唬奥地利帝国，拿破仑·波拿巴龙颜震怒，颇失王者风范。

这一次，奥地利帝国在法兰西第一帝国之前进行战备。为了在威慑奥地利帝国的同时拖延时间，拿破仑·波拿巴决定在爱尔福特城约见俄罗斯帝国皇帝亚历山大一世。法兰西第一帝国各附属邦国和法兰西第一帝国盟国的国王、亲王、大公、公爵等人都将前往爱尔福特城给法兰西第一帝国皇帝拿破仑·波拿巴壮威。法俄间战火一触即发，法兰西第一帝国安排此次会面只是为了拖延时间，以便私下抓紧布置战备。想当年，英格兰国王"和平者"埃德加①在柴郡召开会议，把会址设在迪河上，当时有七八个英格兰各地的国王们前来宣誓效忠他。②如今，法兰西第一帝国皇帝拿破仑·波拿巴会见俄罗斯帝国皇帝亚历山大一世，怎么能没有大批的邦国国君前呼后拥呢？

实质上，法兰西第一帝国各附属邦国和法兰西第一帝国盟国的君主们都是拿破仑·波拿巴的仆人。例如，看到有一位君主走上前来，法军乐队的鼓手正要抬起乐棒开始演奏，却被乐队指挥阻止了。乐队指挥说："喂！看清楚了再敲好吗？这位只是个小国的国王！"

在1808年9月27日的爱尔福特大会上，缺席的还有奥地利帝国皇帝弗朗茨一世和普鲁士国王腓特烈·威廉三世。普鲁士国王腓特烈·威廉三世派普鲁士王储腓特烈·威廉四世前来。众人如众星拱月一般围绕在拿破仑·波拿巴的周围，其中包括拿破仑·波拿巴亲立的四位国王：巴伐利亚国王马克西米利安一世·约瑟夫、符腾堡国王弗里德里希一世、萨克森国王腓特烈·奥古斯特一世和威斯特伐利亚国王热罗姆·波拿巴。另外前来的还有一些亲王大公等人，如莱茵联邦大主

---

① "和平者"埃德加（Edgar the Peaceful，943—975），英格兰国王，959年到975年在位，以治下的国家稳定而著称。
② 973年，英格兰国王"和平者"埃德加在巴斯（Bath）举行加冕礼，加冕礼后不久即在切斯特（Chester）迪河上召开了盛大会议。与会者包括当时的苏格兰国王以及位于苏格兰西南部的斯特拉思克莱德国王（King of Strathclyde）等六位。也有的历史学家说是八位。

萨克森-魏玛-爱森纳赫公爵卡尔·奥古斯特

教卡尔·特奥多尔·安东·玛利亚·冯·达尔贝格、黑森大公路德维希一世、巴登大公卡尔·弗里德里希、萨克森-魏玛-爱森纳赫公爵卡尔·奥古斯特、萨克森-哥达-阿尔滕堡公爵奥古斯塔斯、奥尔登堡摄政公爵彼得一世,另有约二十位亲王和未得计数的公爵。诸位国王及公爵等人好像众星拱月一般聚集在法兰西第一帝国皇帝拿破仑·波拿巴周围。拿破仑·波拿巴看到此景,不禁有些陶醉在自己不世的成功之中。此外,还从巴黎运来了哥白林的挂毯、塞夫勒的酒坛、雕花的玻璃吊灯和精美的家具,另配备厨师、仆役,数不胜数。

拿破仑·波拿巴和俄罗斯帝国皇帝亚历山大一世一同漫步、骑马和就餐。之后，拿破仑·波拿巴带领一众王公诸侯前往耶拿，向众人展示自己在战争中获胜的荣耀。拿破仑·波拿巴丝毫不顾普鲁士王储腓特烈·威廉四世也随行在侧，毫无顾忌地揭人伤疤。路易·亚历山大·贝尔蒂埃实在看不过去，私下向拿破仑·波拿巴进言。

腓特烈·威廉四世

路易·亚历山大·贝尔蒂埃鼓足勇气说:"此非明智之举。"

拿破仑·波拿巴拧着路易·亚历山大·贝尔蒂埃的耳朵答道:"你说什么?那么依你看,让他们拿棍棒打死我是不是更明智?我才没那么傻呢。别多管闲事了,我自有分寸。"①

剧院中,《俄狄浦斯》正在上演。俄罗斯帝国沙皇亚历山大一世紧邻拿破仑·波拿巴,坐在乐队上方的前排看台上。当台上讲到"伟大人物的友情,乃上天所恩赐"②这句台词时,俄罗斯帝国沙皇亚历山大一世从扶手椅上起身,与拿破仑·波拿巴握手并向他鞠躬。随即,在场的所有人,无论是高贵的一国之君,还是万千勋爵中默默无名的某一位,都起立并鼓掌致意。但当天夜里,拿破仑·波拿巴做了噩梦。在梦中,他梦到有一只黑熊扑向自己,伸出爪子,挖出了他的心。拿破仑·波拿巴吓得狂叫不歇,喊声惊醒了门外的侍从。③

拿破仑·波拿巴对诸位国王公爵们的赏赐极尽奢华。有人看到拿破仑·波拿巴的近侍穿过大街,将一只精工打作的夜壶给约瑟夫·波拿巴送去。

然而,拿破仑·波拿巴和俄罗斯帝国沙皇亚历山大一世才是整个会谈的当事人。无论他们二人在表面上如何相互恭维赞美,无论有多少盛大的狂欢在庆祝两国联谊,在这二人的内心深处,依旧满是防备和戒心。俄罗斯帝国沙皇亚历山大一世已对拿破仑·波拿巴更改过的诺言和拿破仑·波拿巴本人的不可信任有所领教。因此,他不会实施《提尔西特和约》中有关俄罗斯帝国的条款。

让-巴蒂斯特·德·诺姆佩雷·尚帕尼致信拿破仑·波拿巴汇报状况时说:"我觉得尼古拉·彼得罗维奇·鲁勉采夫伯爵④似乎对法兰西不太友善。他说的每一句话都暗含对我们的不信任。他既不相信我们提出的条件,也不相信我们的目的。"

---

① 路易·康斯坦·沃伊里:《波拿巴皇帝的贴身男仆康斯坦回忆录;关于拿破仑·波拿巴的生活、家庭和宫廷》,1830年,第4卷,第84页。——原注
② 此处原文为法语"L'amitie d'un grand homme est un bienfait des dieux"。
③ 路易·康斯坦·沃伊里:《波拿巴皇帝的贴身男仆康斯坦回忆录;关于拿破仑·波拿巴的生活、家庭和宫廷》,1830年,第4卷,第76页。——原注
④ 尼古拉·彼得罗维奇·鲁勉采夫伯爵(Count Nikolai Petrovich Rumyantsev, 1754—1826),俄罗斯政治家、外交家,曾任俄罗斯帝国外交大臣、俄罗斯帝国总理。

尼古拉·彼得罗维奇·鲁勉采夫

1808年9月29日，卡尔·冯·文森特男爵将奥地利帝国皇帝弗朗茨一世的致信呈递拿破仑·波拿巴。奥地利帝国皇帝弗朗茨一世在信中用语谦卑，彬彬有礼。他委婉地表示，自己不能前来爱尔福特会晤。

1808年10月14日，拿破仑·波拿巴回信奥地利帝国皇帝弗朗茨一世。他在回信中用的语气一点都不客气。拿破仑·波拿巴提醒奥地利帝国皇帝弗朗茨一世，作为法兰西第一帝国的皇帝，他可以随时分裂奥地利帝国，推翻奥地利帝国的君主制，但他不愿意这样做。当然，拿破仑·波拿巴这样讲只是装装样子。他紧接着说道：

> 陛下您别忘了，今日您尚能维系奥地利帝国皇帝之位，全是因为我在支持你……法奥之间十五年战争，您没有赢过，所以您没有资格来谈条件，也没有权利更改我们已经签好的和约。您最好制止奥地利所有针对法兰西帝国的行为……我相信，陛下您应该命令奥军放下武器，陛下您要令我宽心，陛下您应该与英国断绝来往……陛下您要清楚，凡是那些与法兰西帝国为敌的人，他们是在给我找麻烦，他们是在给法兰西人民平添烦恼。

拿破仑·波拿巴的这一段训责奥地利帝国皇帝弗朗茨一世的话后面其实还有一句，即"求真、求简才是最好的谋略"。①

拿破仑·波拿巴自西班牙返回后，便立即进入了紧急又热烈的战备状态。让-巴蒂斯特·贝西埃由布尔戈斯调至莱茵河，掌管八万大军。让·拉纳领五万人。路易-尼古拉·达武领六万人在班贝格集结。安德烈·马塞纳将带领五万人渡乌尔姆河。但泽公爵弗朗西斯·约瑟夫·勒菲弗掌管四万人，其中包含查尔斯·皮埃尔·弗朗西斯·奥热罗的两万人。让-巴蒂斯特·朱尔·贝纳多特接到命令，前往德累斯顿接领五万撒克逊大军。威斯特伐利亚国王热罗姆·波拿巴从威斯特伐利亚率领一万两千人前来。上述各路部队合计约三十二万四千人。加上意大利军团，拿破仑·波拿巴手中可用的武装人员达四十二万四千人。

法兰西第一帝国驻华沙大使也接到命令，要速速招募三个师的波兰部队，拟向加利西亚地区开进。莱茵联邦各亲王也未能得闲，需奉命各自集结分遣军，在多瑙河畔聚集。

1809年3月27日，奥地利帝国皇帝弗朗茨一世发布公告，总结了对法兰西第一帝国的所有怨憎和不满。另外还有一份告"德意志民族书"在此期间发布，文书中的措辞意义隽永："我们要奋起抵抗，为了最后的救赎。我们的事业就是德意志的事业。"1809年4月15日，弗里德里希·冯·根茨向整个德意志民族大声呼

---

① 这是一句标准的拿破仑·波拿巴语录，我们甚至可以将这句话当作座右铭。这句话的英文原文是"The best policy to follow is simplicity and truth"。——原注

弗朗西斯·约瑟夫·勒菲弗

吁:"欧洲的自由在奥地利帝国飘扬的旌旗中得以光大和复兴。"此言甚是。奥地利帝国孤军奋战,没有同盟国,只能依靠自己的武力。的确,普鲁士王国也在征兵,希望可以助奥地利帝国一臂之力。但普鲁士王国自身已是满目疮痍,如果没有俄罗斯帝国的支持和援助,也实在无法在战场上一展雄风。而且俄罗斯帝国的态度已经非常明确。俄罗斯帝国皇帝亚历山大一世早在爱尔福特时就警告过普鲁士王国,不许妄动刀兵。

奥地利帝国惜败。战场上兵贵神速,而奥地利帝国就差在这一点。如果在 1809 年 1 月开战,奥地利帝国还有机会获胜,因为当时拿破仑·波拿巴尚未做好准备。但奥地利帝国行事拖沓,给拿破仑·波拿巴提供了充足的时间整集大军。况且即便是开战后,奥地利皇子卡尔大公也曾有机会借助时间差取得胜利。当时,拿破仑·波拿巴的各路人马尚未会合。奥地利皇子卡尔大公只需集合兵力,便可将法军各部各路击破,分别碾杀。但奥地利皇子卡尔大公在等待中错失了

路易-尼古拉·达武行军中遇见拿破仑·波拿巴，脱帽致意

良机。不久后，几路法军便会师成浩荡大军。在战役刚开始的时候，奥地利皇子卡尔大公还在踟躇，究竟应该倚靠波希米亚进行防御，还是直接攻入巴伐利亚境内。事实上，当时，路易-尼古拉·达武正领兵向西南冒进，一连数日未得隐蔽，行军踪迹暴露无遗，整个军队都有覆灭之险。但普鲁士王国不懂得围歼路易-尼古拉·达武，奥地利皇子卡尔大公也没想到对路易-尼古拉·达武部的侧

翼发起奇袭。于是，路易-尼古拉·达武就这样安然经过。拿破仑·波拿巴正是算准了奥地利皇子卡尔大公的无能，才敢冒兵家之大忌，如此指挥部队行进。奥地利皇子卡尔大公这样的无能之辈能有什么作战天赋？法军如风驰电掣般行军，奥军却龟缩在乡间，不敢动弹。最终，奥地利皇子卡尔大公终于决定首先占领巴伐利亚高地，但此时已错过了将法军各部各个击破的黄金节点。于是，奥地利皇子卡尔大公在情急之下乱了阵脚，开始瞎指挥。在雷根斯堡交战时，拿破仑·波拿巴有一只脚受了轻伤。愚蠢的奥地利皇子卡尔大公将战线绵延开来，像是在邀请法军来袭。于是，法军毫不客气地派兵前来，大破奥军中路，在埃克缪尔获得大胜。至此，奥军左翼溃散，右翼退至波希米亚，再也无力阻挡法军进攻维也纳的脚步。

此次战役中，奥地利军队有五万人战死。于是，1805年，拿破仑·波拿巴攻入维也纳的情形再次上演。拿破仑·波拿巴所向披靡，于1809年5月13日挥军直入维也纳。拿破仑·波拿巴计划将匈牙利从奥地利帝国中分离出来，于是，他在1809年5月15日发布了告匈牙利人民书，号召匈牙利人民独立。但匈牙利人民不要独立。这一次，拿破仑·波拿巴再也无法像奥斯特利茨大捷之后一样蹂躏奥地利了。奥地利皇子卡尔大公率领部队沿多瑙河北岸行军，面对奥地利帝国国都维也纳结下了营阵。拿破仑·波拿巴决定正面迎击，但需要先渡过多瑙河。多瑙河河水正在上涨，拿破仑·波拿巴于是选取从洛博岛的多瑙河分叉口来渡河。洛博岛占据着非常关键的位置，奥军将领竟对此不得而知。于是，拿破仑·波拿巴下令从洛博岛渡河。看到法军渡河，奥地利皇子卡尔大公仿佛发现了新的机会，于是，他率军趁法军渡河过半时发起攻击。1809年5月21日和1809年5月22日，法奥先后在阿斯彭和埃斯灵[①]发生鏖战。战事胶着惨烈，拿破仑·波拿巴大败后退回洛博岛。

然而，奥地利军队竟没有继续发挥这样的优势，奥地利皇子卡尔大公居然没有乘胜追击。当时，法军退回洛博岛，军心涣散，意志消沉。奥地利皇子卡尔

[①] 阿斯彭-埃斯灵战役是1809年第五次反法联盟中，拿破仑·波拿巴与奥地利皇子卡尔大公之间发生的一场战役。法军占领了多瑙河右岸的阿斯彭和埃斯灵，与奥军激战。法军战败，让·拉纳战死。

阿斯彭－埃斯灵战役

大公只需继续发动进攻，法军必会完败。另外，约翰大公也稀里糊涂，竟领命不遵。事实上，他只要按照命令，从克恩滕派一些援军增援奥地利皇子卡尔大公，法军恐怕就要全军溃散，只能退守莱茵河了。

普鲁士的爱国分子急切地渴盼着国家能够明确地表态，可以与奥地利帝国同心作战。但普鲁士国王腓特烈·威廉三世始终不敢做这样的决定。当时，奥地利帝国驻普鲁士全权大使敦促普鲁士国王腓特烈·威廉三世快点表态，普鲁士国王腓特烈·威廉三世却含糊其词地应付道："我们总有一天会应战，但不是现在。"

拿破仑·波拿巴撤回洛博岛后，灰心失望，绝望至极。他在回撤的路上看着伟大的战友让·拉纳伤重不治，躺在担架上等死。1809年5月23日，拿破仑·波拿巴前往让·拉纳养伤的小茅屋探病。让·拉纳看到拿破仑·波拿巴进来，"便用审视的目光看着拿破仑·波拿巴。那不是下属看上级的目光，也不是朋友注视朋友

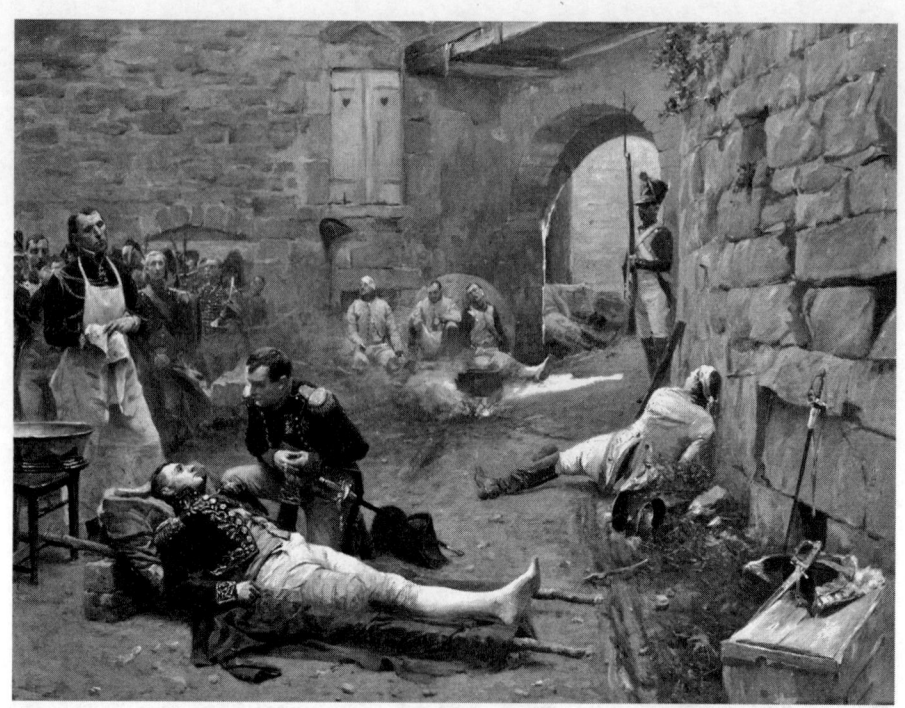

拿破仑·波拿巴探望临死前的让·拉纳

的神情。那是终结者的审判。让·拉纳不知哪来的力量，仿佛对拿破仑·波拿巴的一切幻想尽皆破灭。让·拉纳拒绝接受拿破仑·波拿巴的安慰。他心中明白，那都是空言，并无实义。随后，让·拉纳忍无可忍，终于爆发了。他痛苦地责备拿破仑·波拿巴，说拿破仑·波拿巴像是一个疯狂的赌徒，权欲熏心，冷血无情。拿破仑·波拿巴是在将士兵的生命当作筹码，进行豪赌。在杀伐征战间，士兵们可怜的生命未经丝毫踌躇便留在了战场上，而拿破仑·波拿巴对此并不以为意。拿破仑·波拿巴对此也并不心疼。让·拉纳曾经赞同共和制。一直以来，他的爱国之心不曾减少半分。他不止一次地向拿破仑·波拿巴大胆进言，在充满奴性的帝国宫廷里也算独树一帜了。"①

拿破仑·波拿巴绞尽脑汁，想激发士兵们的斗志，竭尽所能集结大军。奥地利军队将法军的一举一动都收归眼底。但1809年6月5日，奥地利皇子卡尔大公

① 皮埃尔·朗弗雷：《拿破仑·波拿巴史》，第4卷，第538页。——原注

惊讶而茫然地发现,法军竟趁夜在远处秘密搭桥。一夜之间,法军全体转移到了多瑙河北岸。瓦格拉姆战役由此打响。奥地利皇子卡尔大公率领十四万大军对抗拿破仑·波拿巴的十八万人。奥地利皇子卡尔大公已多次下令约翰大公火速前来会合增援,因此一心在等约翰大公的援军。但他终究未能等到。经过一整天的厮战,法军终归未能占到上风,疲惫不堪。正在此时,约翰大公出现了。但他只是闪身一现,便立即离开了,甚至没有试着与法军交战。

六天后,即1809年6月11日,法奥双方于兹诺伊莫休战。奥地利皇子卡尔大公辞去奥地利统帅的职位。奥地利没有盟友,想要继续与法军打下去也是不现实的。于是,法奥双方开始谈判,准备签订和平条约。拿破仑·波拿巴冷酷地要求奥地利帝国皇帝弗朗茨一世放弃很多利益。终于,1809年10月14日,法奥正式签订《维也纳和约》。奥地利帝国皇帝弗朗茨一世永久地失去了亚得里亚海,被割去了三分之一的国土,奥地利帝国的大动脉也由此割裂。提洛尔和萨尔茨堡被割让给巴伐利亚;戈里齐亚、的里雅斯特、卡尔尼奥拉和克罗地亚被并入

瓦格拉姆战役中的拿破仑·波拿巴

法兰西第一帝国。在萨克森王国与俄罗斯帝国之间的加利西亚地区正好一分为二，由萨克森王国与俄罗斯帝国各自吞并。奥地利帝国皇帝弗朗茨一世也要加入"大陆封锁体系"，并支付战争赔款八千五百万法郎。另外，奥地利帝国需裁军至十五万人以下。

不久后出现的一幕奇怪的画面可以表明拿破仑·波拿巴动用各路资源发动战争时的冷酷无情。比如，为了扰乱奥地利的金融流通系统，他居然下令在巴黎发行奥地利帝国伪币。然而，得知奥地利帝国皇帝弗朗茨一世秘密派人前来调查伪币来源时，拿破仑·波拿巴勃然大怒，下令逮捕了前来调查的人。[1]奥地利帝国首相克莱门斯·冯·梅特涅后来在《克莱门斯·冯·梅特涅回忆录》中讲到，后来，拿破仑·波拿巴迎娶奥地利公主玛丽·路易丝后，曾大言不惭地承认他是假币案的始作俑者。拿破仑·波拿巴承认，这是他故意设的局，意在重创奥地利帝国的经济。拿破仑·波拿巴还不住地为自己的小聪明沾沾自喜。他曾承诺会将复刻伪版及钱币销毁，但并未兑现。[2]

---

[1] 参见1806年7月12日拿破仑·波拿巴写给约瑟夫·富歇的信。——原注
[2] 克莱门斯·冯·梅特涅：《克莱门斯·冯·梅特涅回忆录》，1880年到1884年，第2卷，第355页。——原注

第43章

奥地利公主玛丽·路易丝

(1810年)

精彩看点

拿破仑·波拿巴想娶俄罗斯帝国女大公凯瑟琳·巴甫洛夫娜未成——向让-雅克-雷吉斯·德·康巴塞雷斯吐露心声——奥地利帝国公主玛丽·路易丝是一个选择——俄罗斯女大公安娜·巴甫洛夫娜是另一个选择——拿破仑·波拿巴选了玛丽·路易丝——法兰西第一帝国皇后约瑟芬一直活在惊恐中——拿破仑·波拿巴跟法兰西第一帝国皇后约瑟芬把话说明白——伤心的一幕——家族会议——拿破仑·波拿巴与法兰西第一帝国皇后约瑟芬见面——法兰西第一帝国皇后约瑟芬前往马尔梅松宫——解除婚姻——拿破仑·波拿巴与奥地利帝国公主玛丽·路易丝相见——再婚——奥地利帝国公主玛丽·路易丝容貌描述——拿破仑·波拿巴说自己错了——大师的雕塑

在爱尔福特，拿破仑·波拿巴告诉俄罗斯帝国沙皇亚历山大一世，他已经与皇后约瑟芬解除了婚约，现打算另娶。他在言语间向俄罗斯帝国沙皇亚历山大一世打探，可否将四妹俄罗斯女大公凯瑟琳·巴甫洛夫娜嫁给他。俄罗斯帝国

拿破仑·波拿巴与皇后约瑟芬解除婚约

玛丽亚·费奥多罗芙娜

沙皇亚历山大一世不置可否。他先将拿破仑·波拿巴大力吹捧了一番，表现出受宠若惊的心情，然后摆出了许多实际的困难，比如宗教信仰不同，或他们的母亲玛丽亚·费奥多罗芙娜不会同意等，以示此事不易促成。于是，联姻一事暂时搁置。1809年瓦格拉姆战役后，拿破仑·波拿巴在签订《维也纳和约》期间，又想起了这件事，并下定决心，一定要娶到俄罗斯帝国的公主。然而，俄罗斯帝国皇太后玛丽亚·费奥多罗芙娜先发制人地将女儿凯瑟琳·巴甫洛夫娜嫁给了奥尔登堡公爵彼得一世的次子彼得·弗里德里希·格奥尔格。因此，拿破仑·波拿巴的这一计划落空。但没有关系，俄罗斯帝国沙皇亚历山大一世的五妹安娜·巴甫洛夫娜还没有婚约。于是，拿破仑·波拿巴正式委派法兰西第一帝国驻圣彼得堡大使阿芒–奥古斯丁–路易·德·科兰古为自己向俄罗斯女大公安娜·巴甫洛夫娜求婚。

1809年10月21日，拿破仑·波拿巴还写了情书给皇后约瑟芬。他在信中说："我期盼见到你，就像期盼一个明媚的假期。我等不及想见到你。让我拥抱你吧。我整个人都是你的。"1809年10月26日，拿破仑·波拿巴回到枫丹白露宫，

彼得·弗里德里希·格奥尔格

将离婚的打算告知让-雅克-雷吉斯·德·康巴塞雷斯。让-雅克-雷吉斯·德·康巴塞雷斯看到拿破仑·波拿巴像是"得胜归来"一般，欣喜得手舞足蹈。他谨慎地提醒拿破仑·波拿巴，皇后约瑟芬在法兰西颇得民心，请拿破仑·波拿巴多加考虑。另外，与古老的俄罗斯帝国联姻恐怕会伤害法兰西人民的共和情感。然而，拿破仑·波拿巴主意已定，无法挽回。让-雅克-雷吉斯·德·康巴塞雷斯行事圆滑。他发现无法说服拿破仑·波拿巴，便索性决心帮助拿破仑·波拿巴达成心愿。毕竟，帮助皇帝实现愿望也是一个臣子的职责。

很快，奥地利帝国听说了拿破仑·波拿巴要与俄罗斯帝国联姻的事情，大惊失色。奥地利帝国不希望法俄有更加亲密的关系。因此，它只能将自己的公主嫁给拿破仑·波拿巴。于是，在奥地利帝国驻巴黎大使的轻微暗示下，拿破仑·波拿巴立即表示了同意。1810年1月10日，拿破仑·波拿巴派使者前往俄罗斯帝国，要求俄罗斯帝国沙皇亚历山大一世在十日内答复，是否愿意将俄罗斯女大公安娜·巴甫洛夫娜嫁给他。1809年12月28日，法兰西第一帝国刚遣使者来催促此事，不到半个月，又来催促。俄罗斯帝国沙皇亚历山大一世认为，这是对俄罗斯帝国的轻蔑和侮辱。这正是拿破仑·波拿巴的目的。他希望俄罗斯帝国沙皇亚历山大一世有这样的想法，因为只有这样，俄罗斯帝国才能悔婚。现在，拿破仑·波拿巴可以娶到哈布斯堡家族的公主，已经看不上俄罗斯帝国的公主了。

拿破仑·波拿巴知道自己并非正统贵族出身，即使封了许多国王、公爵和各阶新贵，他依然没有古老而高贵的血统，没有显赫而久传于世的身世背景。拿破仑·波拿巴对自己"穿着龙袍都不像太子"的拙朴感到愤恨，也对自己缺少天生王室继承人的纯正血统感到悲哀。他要将自己的血脉溶入历史悠久的古老王朝。这是他伟大的梦想和事业。娶个出身高贵的公主，如果再能生下皇嗣，他的朝代便后继有人，他的帝国继承人也不会再为身世不正、血统不纯而烦恼。毕竟，孩子的母亲拥有高贵古老的血统。

拿破仑·波拿巴要求俄罗斯帝国沙皇亚历山大一世在1810年1月20日之前给他答复。但1809年12月21日，距约定的最终期限还有两星期，拿破仑·波拿巴便

安娜·巴甫洛夫娜

迫不及待地在杜伊勒里宫召开了秘密会议。法兰西第一帝国的绝大多数新贵都参加了会议。大家在商讨,究竟应该求娶俄罗斯帝国沙皇亚历山大一世的妹妹,还是应该求娶奥地利皇帝弗朗茨一世的女儿。

同时,俄罗斯帝国沙皇亚历山大一世也对拿破仑·波拿巴强人所难的逼问做出了答复。俄罗斯帝国沙皇亚历山大一世不想挑起事端,因此,依旧客气地回复了拿破仑·波拿巴。他说他本人倒是非常乐意拿破仑·波拿巴做他的妹夫,但他这位最年幼的妹妹尚且不满十六岁,近一两年内都不会考虑嫁人。1810年2月

6日，俄罗斯帝国沙皇亚历山大一世的回复传抵巴黎。拿破仑·波拿巴收到俄罗斯帝国沙皇亚历山大一世的回信后，非常开心地致信法兰西第一帝国驻圣彼得堡大使阿芒-奥古斯丁-路易·德·科兰古。拿破仑·波拿巴在信中说，俄罗斯帝国沙皇亚历山大一世已主动拒绝了这门亲事，他心中再无负担。①1810年2月7日，拿破仑·波拿巴签订了与奥地利帝国公主玛丽·路易丝的婚姻协议。

  许多年来，法兰西第一帝国皇后约瑟芬都在担惊受怕中度过，担心被拿破仑·波拿巴抛弃的想法如哀魂一般，在她的脑海萦绕，难以挥散。事实上，皇后约瑟芬看着心爱的人一步步问鼎权力的巅峰，她的心中充满了悲伤。她看得出，拿破仑·波拿巴虽已手握皇权，但有了更大的野心。作为法兰西第一帝国的皇帝，他不能没有继承人，因为对他来说，最重要的事情是他的朝代可以世代流传。但后来，担惊受怕的时间长了，皇后约瑟芬反而看到了一丝希望。时间过去了这么久，拿破仑·波拿巴都没有废后，或许未来就都稳妥了呢？虽说皇后约瑟芬早年生活非常浪荡，但自从嫁给拿破仑·波拿巴，她就安分了。即使后来做了法兰西第一帝国的皇后，她依旧亲民和气，谦恭有礼。皇后约瑟芬性格甜美，心地善良，仪态端庄，大家都喜欢她。当然，除了波拿巴一家，波拿巴家族的人都非常势力，他们希望拿破仑·波拿巴可以娶到一个出身高贵，身世清白的王室淑女，怎么会看得上皇后约瑟芬呢。皇后约瑟芬并不是冰雪聪明的女子，如查尔斯·莫里斯·德·塔列朗-佩里戈尔所言，"她有美貌就足够了。"②虽然拿破仑·波拿巴常有外遇，但在他的内心深处，依然尊敬和热爱着皇后约瑟芬。

  许多年来，皇后约瑟芬一直担心拿破仑·波拿巴会和她离婚。这种担心就像是一场噩梦，黑沉沉地向她压来。一想到这里，她就郁郁寡欢。然而，这场噩梦真的变成了现实。只是，众人已经在纷纷议论了，皇后约瑟芬竟是最后知道消息的那个人。1809年10月26日，拿破仑·波拿巴来到枫丹白露宫。他已提前安排欧仁·罗斯·德·博阿尔内和奥尔唐斯·欧仁妮·塞西尔·德·博阿尔内一起过来，这样，皇后约瑟芬心里也不会那么难受。皇后约瑟芬看到瓦匠在砌墙，

---

① 奇信一封，不知如何引用。——原注
② 此处为法语 "Elle pouvait bien s'en passer"。

准备封掉连通帝后卧室之间的门,便预感到有不好的事情发生。1809年11月15日,法兰西第一帝国的贵族们离开枫丹白露宫,返回巴黎。皇后约瑟芬看见拿破仑·波拿巴一副阴沉着脸的样子,周围的友人内侍却异乎寻常得殷切和关心,于是明白,果真大事不好。拿破仑·波拿巴没有等到欧仁·罗斯·德·博阿尔内赶来,便将实情告诉了皇后约瑟芬。1809年11月30日晚,拿破仑·波拿巴告诉皇后约瑟芬,他们要分开了。后来,皇后约瑟芬向路易·安托万·福弗莱·德·布里昂描述当时的情形:

> 我们像往常一样共进晚餐。那是一场令人伤心的晚餐,我一句话也没有说。他也不说话,只向仆人问了下时间。他喝完咖啡便遣退了侍从,于是,房间中就剩下我和他两个人。哦,我一看到他的表情,就知道他想做什么了。我知道我完了。他颤抖着向我走来。他拉起我的手,放在他的胸口,默默地盯着我看,然后绝望地说:"约瑟芬!哦,我亲爱的,你知道我爱你。我只爱你一个人。你是我在这世间唯一的幸福,是我在这个世界上的全部欢乐。然而,亲爱的,我身不由己。我深深地爱着你,但为了帝国的长远利益,这份爱,我不得不放弃。"我痛苦地答道:"别说了,我理解你。我早就知道会有这一天,但没想到它会如此令人心碎。"我哽咽得再也说不出话。后来的事,我就不记得了。

当然,这是皇后约瑟芬的简述。我们还有来自宫廷执事路易-弗朗西斯·德·博塞的详细叙述。这一版本篇幅较长。①

> 皇帝拿破仑·波拿巴和皇后约瑟芬在用晚膳。皇后约瑟芬带着白色礼帽,下巴上系着的丝带挡住了半张脸。我觉得皇后约瑟芬可能刚刚哭过,不想被人发现,因为就在用餐时,她都止不住地溱溱泪下。她整个人都散发着悲伤和绝望的气息。晚膳的整个过程静默得可怕。他们只是循

---

① 路易·康斯坦·沃伊里版本有更细致的补充。路易·康斯坦·沃伊里当时也在场。——原注

例吃饭。皇帝拿破仑·波拿巴只是问了我一句："天气怎么样？"[1]他一边说，一边起身。皇后约瑟芬也跟着慢慢地站起身。[2]晚膳的最后是咖啡。皇帝拿破仑·波拿巴端起咖啡，示意我们退下。我当即便离开了，但内心非常不安，思绪起伏。

在前厅中，餐厅门外一边有一条长椅，我在长椅上坐下，呆呆地望着仆人们收拾餐桌，不知如何是好。此时，突然从餐厅传来撕心裂肺的哭喊。那是皇后约瑟芬的声音。内侍想打开门进去，但我阻止了他。我告诉他，别进去了。如果真的有情况，皇帝拿破仑·波拿巴会叫人的。于是，我就站在门边等着。皇帝拿破仑·波拿巴打开门走出来，向我吩咐道："博塞，快去看看皇后，别开门。"我走了进去，发现皇后约瑟芬已经倒在地毯上，却还在痛苦地厉声叫着："天呐！我可怎么办啊？"[3]皇帝拿破仑·波拿巴向我下令："你将她抱回楼上卧室吧。这里有暗梯，可以直接上去。让她好好休息一下。得找个人来安慰安慰她。"于是，我遵照皇帝拿破仑·波拿巴的吩咐，抱起了皇后约瑟芬。皇帝拿破仑·波拿巴托了一把，我就将皇后约瑟芬稳稳地抱住了。皇帝拿破仑·波拿巴从餐桌上拿了一根蜡烛，在前面带路。他打开了餐厅的一道门，里面果真有暗阶通往楼上。我上了一阶便告诉皇帝拿破仑·波拿巴，这里太窄了，我抱着皇后的话可能会摔跤。楼上的各处厢房门口都有守卫全天候把守。于是，皇帝拿破仑·波拿巴又叫来楼上的一名守卫。守卫过来了，到了暗阶和楼上的通道口这里。通道口是有光亮的，那么也就不需要再点蜡烛了。于是皇帝拿破仑·波拿巴将蜡烛吹灭，交给守卫拿着。我抱着皇后，就这样摸索着上了楼。到了楼上走廊里，皇帝拿破仑·波拿巴又命令守卫上前，抱着皇后约瑟芬的小腿，以免摔跤。但我的剑鞘被扭向了一边，还是绊了皇后一下。好在没有出大事，最后我们终于安全抵达了楼上的卧室。

我们将皇后约瑟芬的万金之躯放在一个褥榻上。皇帝拿破仑·波拿

---

[1] 这里为法语"Quel temps fait-il?"拿破仑·波拿巴问的是："天气怎么样？"
[2] 路易·康斯坦·沃伊里的版本中还有"咬着手帕，泣不成声"。——原注
[3] 路易·康斯坦·沃伊里版本的叙述："不！陛下！你不会这样的！这不是要我的命吗？"——原注

巴打铃叫来侍女。我将皇后约瑟芬抱上来的路上，她没有一点声音。我想她是不是晕过去了。我在拧剑鞘的时候，下意识地将她搂紧了一些。我用一只手抱着她的腰，她就背对着我，躺在我的胸口，头枕着我的右肩。她看到我扭着剑鞘以防绊倒，便小声对我说："太紧了！我都喘不过气了。"她一说话，我就安心了。这证明她应该没有大碍。

接着，侍女们来了。皇帝拿破仑·波拿巴走进卧室前方的小厢房，我也跟了进去。他阴郁地告诉了我事情的原委。他说："这是为了我的国家能够延续，为了我的朝代能够传承。我，我在捅自己的心呐！我再不愿意，也得这样做啊！哎，三天了，奥尔唐斯也该将情况都跟她说明白了。可为什么我说出来，她还是会这样？我，我真是受不了。我的心太痛了。哦，我的约瑟芬，她太可怜了。我以为她很坚强呢。我真没想到她会这么崩溃。我，我一点心理准备都没有。"皇帝拿破仑·波拿巴情绪激动，哽咽着又说了这么多。他断断续续地讲完这些话，泪水哗哗地流个不停。他是真的心痛了，拉着我唠叨了十分钟。要知道，平日里我连近侍都算不上呢。

皇帝拿破仑·波拿巴派人请来御医让-尼古拉·科维萨尔-德马雷，另外还唤来荷兰王后奥尔唐斯·欧仁妮·塞西尔·波拿巴，让-雅克-雷吉斯·德·康巴塞雷斯和约瑟夫·富歇。他又看了看皇后约瑟芬，确定她大体平复，情绪不再激动，才返回自己的卧室。[①]

只有皇后约瑟芬点头合作，离婚才显得更加合法。于是，1809年12月15日，法兰西第一帝国皇室的所有家族成员齐聚巴黎。这一次，拿破仑·波拿巴的继子欧仁·罗斯·德·博阿尔内终于到场了。他已经从母亲口中得知，此事已尘埃落定。

众人聚在大厅里，皇后约瑟芬走了进来。她身穿一条朴素的白色长裙，身上没有佩戴任何珠宝首饰，与波拿巴家女眷们的奢华服饰和浓妆艳抹形成了鲜

---

① 路易-弗朗西斯·德·博塞著：《轶闻回忆录》（Mémoires anecdotiques），1827年，第1卷，第370页。——原注

明的对比。她面容苍白，神色凄然。她在女儿荷兰王后奥尔唐斯·欧仁妮·塞西尔·波拿巴的搀扶下走进了大厅。荷兰王后奥尔唐斯·欧仁妮·塞西尔·波拿巴一脸悲愤。欧仁·罗斯·德·博阿尔内站在拿破仑·波拿巴身边，抱着手臂，激动得几近失控。

拿破仑·波拿巴冷漠而机械般地宣读了离婚宣言：

> 为了人民的利益，作为法兰西帝国的君主，我必须要有继承人传承朝代，以蒙天恩。尽管法兰西帝国的帝后感情甚笃，但多年竟无所出。因此，经过艰难的考虑，法兰西帝国皇帝决定以国家大计为重，放弃个人感情。以上为解除婚约的缘由。

接下来，由皇后约瑟芬宣读同意书。皇后约瑟芬强忍着泪水，试图读出这份自己不愿看到的文书。但她最终还是没有忍住，泪水决堤而出。她悲痛得不能言语，说的都是言不由衷的假话。她根本不同意离婚。最终，程序无法继续进行，只好由勒尼奥·德·圣让·安热利伯爵米歇尔·路易·埃蒂安代替皇后约瑟芬读完了文书。

在接下来的仪式中，皇后约瑟芬全程瘫坐在一张扶手椅中，用一只胳膊支着旁边的几凳，发呆一般，一动不动。整个仪式完毕后，皇后约瑟芬起身，擦了擦眼泪，竭力镇静下来，说出了"同意"，随后在文书上签了字，随后在女儿荷兰王后奥尔唐斯·欧仁妮·塞西尔·波拿巴的陪同下离开了。欧仁·罗斯·德·博阿尔内也心慌意乱地跟了出去，差点撞在装饰门上。

在整个过程中，拿破仑·波拿巴都如雕塑一般，一言不发，一动不动。他怔怔的，眼睛出神地盯着前方，却不知看向了哪里。整整一天，他都情绪低落，沉默不言。当晚①，拿破仑·波拿巴准备就寝时，我像平常一样等在旁边，看他还有什么吩咐。突然间，门开了。我看到皇后约瑟芬披散着

---

① 这里的时间是1809年12月15日。

米歇尔·路易·埃蒂安

头发,胡言乱语地冲了进来。我吓坏了。皇后约瑟芬是不是精神出了问题?她踉跄着走来,来到拿破仑·波拿巴的身边,然后扑了上去,一把抱住拿破仑·波拿巴的头,温柔地抚摸着他的脸庞,像是害怕再也见不到他。我看到这样的场景,一时心塞,一言难尽。皇后约瑟芬已经哭成了泪人。此时,拿破仑·波拿巴从床上坐起。他抱着皇后约瑟芬,将她贴在自己的胸上,安慰道:"好了,好了,我善良的约瑟芬。你要坚强些,好吗?没事的!没事的!我们还可以做朋友嘛。"拿破仑·波拿巴这样说着,也说不下去了,已然泣不成声。皇后约瑟芬哭得再也说不出来一个字。接下来,两人都不说话了。好像他们俩的泪水在从心底流出来一样。我看到两人抱头痛哭,过了好一会儿,只听到他俩在哭泣,没有说一句话。终于,拿破仑·波拿巴宛如大梦初醒,看到了我还在身边,便泪堵着嗓子说:"你快出去呀,康斯坦。"于是,我离开了房间。过了一会,皇后约瑟芬也回到了自己的房间。她满面愁容,一脸泪痕,路过我值班的地方时还对我温柔地示礼。真是好人啊。再后来,我去拿破仑·波拿巴的房间取蜡烛时,看到他因伤心过度,躺在床上一动不动。他将整个头都蒙在了被子里。①

第二天,即1809年12月16日,可怜的约瑟芬皇后即动身前往新的封地马尔梅松城堡。拿破仑·波拿巴大方地供给她一笔非常可观的年金,还允许她保留皇后的称号。可是,皇后约瑟芬过去的朋友们就没有那么善良了。她们很快从她的身边散去了。还有她过去的侍女,她们宁可留下侍奉新皇后,也不愿跟随皇后约瑟芬一起离开。同一天,法兰西第一帝国帝后的离婚声明被提交至参议院。参议院立即投票,对这一声明表示了尊重。

然而,要想从宗教方面获得离婚的许可,还要颇费一些周折,最好能找出一些问题,证明这个婚约本来就不合法,或者证明当时由约瑟夫·费什主教主持婚礼存在问题。最终,拿破仑·波拿巴用到的借口是,依据特兰托宗教会议法令,婚礼只能由当值大主教或当值大主教专门指定的神父主持。这样一来,只要约瑟夫·费什承认自己没有资格就好了。但约瑟夫·费什非常正直,一口咬定自己符合资格。他说当时是教皇庇护六世派他来主持婚礼的。因此,这个借口便不能用了。这样一来,只剩下一个办法,就是拿破仑·波拿巴承认他当初结婚是被逼无奈的举动。只有这样,婚约才算无效。拿破仑·波拿巴居然真的这样做了,

---

① 路易·康斯坦·沃伊里:《波拿巴皇帝的贴身男仆康斯坦回忆录;关于拿破仑·波拿巴的生活、家庭和宫廷》,第4卷,第223页。——原注

他居然真的厚颜无耻地说，自己是在被迫无奈的情形下结婚的。更过分的是，他找来了热罗·克里斯托夫·米歇尔·迪罗克、查尔斯·莫里斯·德·塔列朗-佩里戈尔、路易·亚历山大·贝尔蒂埃等人作证。他们声称，是教皇庇护六世要求举办的婚礼，因为如果拿破仑·波拿巴不与皇后约瑟芬结婚，教皇就不同意为拿破仑·波拿巴加冕。根据这一点，拿破仑·波拿巴声称，他与皇后约瑟芬的婚姻无效。而罗马教廷当时未经查明就同意，要负连带责任。

新婚初始，皇后约瑟芬对拿破仑·波拿巴并无爱意。但后来，她将自己所有的爱化作柔丝，将拿破仑·波拿巴紧紧缠起。她孤注一掷地对他倾付了所有热情。但拿破仑·波拿巴在最初的热爱过去后，对皇后约瑟芬的爱的确有所消减。但他依旧爱着她。虽然后来，拿破仑·波拿巴暴露了花心的本性，也在一个又一个情妇身上释放着热情，但他并不会非常放肆，对皇后约瑟芬还是尽量隐瞒。因为在他的心里，皇后约瑟芬依旧占据着重要的位置。关于这方面的传闻，我们就不再一一细述了。

办理完与皇后约瑟芬离婚的所有仪程后，拿破仑·波拿巴刚刚松口气，又要着手准备与奥地利公主玛丽·路易丝的婚事了。奥地利公主玛丽·路易丝才十九岁。拿破仑·波拿巴的新任妻子非常年轻。

路易·康斯坦·沃伊里说："法兰西帝国皇帝拿破仑·波拿巴满面轻松，整个人充满了活力，似乎也更注重个人形象了。他让我为他打造新衣橱，里面装满了新衣服，都是时下的新潮款式。同时，讷沙泰勒亲王路易·亚历山大·贝尔蒂埃也将他的肖像带去奥地利帝国，送呈奥地利公主玛丽·路易丝。几乎在同一时段，法兰西帝国皇帝拿破仑·波拿巴也收到了奥地利公主玛丽·路易丝的肖像画。他看着未来新娘的画像，非常喜欢。

> 法兰西帝国皇帝拿破仑·波拿巴为讨好奥地利公主玛丽·路易丝，不惜一掷千金。他从来没有为任何女人花过这么多钱。有一天，他与荷兰王后奥尔唐斯·欧仁妮·塞西尔·波拿巴和巴登大公夫人斯特凡妮在一起。巴登大公夫人斯特凡妮揶揄地问拿破仑·波拿巴，是否会跳华尔兹。拿破

巴登大公夫人斯特凡妮

仑·波拿巴只得承认,他甚至连初阶舞步都没有学会。他说:"当年在军事学院时,我一跳舞就头晕,怎么都没办法。我们的舞蹈教官让我们几个跳不好的同学抱着椅子练习,将那椅子当作是女士。结果,这些椅子在我的手里,不是绊倒我,就是绊倒它自己。最后,我为了练习跳舞,弄坏了许多椅子,不仅有我自己房间里的,整个楼里的椅子都被我练坏了。"拿破仑·波拿巴忆起这段往事,引得二位贵妇哈哈大笑。巴登大公夫人斯特凡妮还是不放过他,继续不厚道地说:"太可惜了,陛下如果不会跳舞,又如何与新娘共舞呢?要知道,德意志的贵妇淑女们可都爱舞成痴啊,新皇后怎么可能例外呢?而且她是您的新娘,别人又不好请她跳舞。哎,那样的话,她只能坐着看别人跳了。"拿破仑·波拿巴立即起身说道："那我现在就学。来，你教我吧。"他走到巴登大公夫人斯特凡妮面前，哼起了舞曲《普鲁士王后》。但只绕了两三圈，巴登大公夫人斯特凡妮就叫停了。她说："陛下，别学了，您不适合学这个。您是练武的身手，就不要来学舞技了。"①

1810年3月11日，拿破仑·波拿巴与奥地利公主玛丽·路易丝的婚礼在布劳瑙举行。法奥两国分别派使者出面，作为代理。早在1810年2月7日，巴黎就举行过正式的婚约签订仪式。1810年2月16日，维也纳也举办了一场。在维也纳举行的婚约签订仪式中，代表新郎的是刚刚获封瓦格拉姆亲王的路易·亚历山大·贝尔蒂埃。这一封号难免让人想起瓦格拉姆战役。拿破仑·波拿巴真是少脑子，竟然派瓦格拉姆亲王路易·亚历山大·贝尔蒂埃前往。

奥地利公主玛丽·路易丝金发碧眼，身材高挑，文雅可爱。拿破仑·波拿巴后来探望约瑟芬皇后时说："她不如你漂亮，但她的父亲是奥地利帝国的皇帝，因此，我也不必对外貌有太多要求。"我们真怀疑奥地利公主玛丽·路易丝有鞑靼人的血统，否则，为什么她的眼角会有点上翻，眉毛也跟着上翘呢？她这样的面相可不算平易近人。不过，好在她正值青春，纯真便是美丽。奥地利公主玛丽·路易丝不如约瑟芬皇后精致。约瑟芬皇后的风韵是奥地利公主玛丽·路易丝没有的。奥地利公主玛丽·路易丝也不如约瑟芬皇后温和友善。当然，从个人气质方面来说，奥地利公主玛丽·路易丝更是无法与约瑟芬皇后同日而语。

奥地利公主玛丽·路易丝的婚车在驿马的牵动下，迅速向法兰西帝国驶来。一路上，奥地利公主玛丽·路易丝经过的每一个城镇都为欢迎她举行了盛大的仪式。拿破仑·波拿巴心急难耐，每天都给奥地利公主玛丽·路易丝写信。奥地利公主玛丽·路易丝每隔几天也会回复一封。一开始，她的回信一定没有什么内容，而且不够热情。否则，拿破仑·波拿巴早

---

① 路易·康斯坦·沃伊里：《波拿巴皇帝的贴身男仆康斯坦回忆录；关于拿破仑·波拿巴的生活、家庭和宫廷》，第4卷，第247页。——原注

玛丽·路易丝向家人告别

就拿出来显摆了。然而，随着时间的推移，奥地利公主玛丽·路易丝的回信内容逐渐丰富，语气也更加和缓。于是，拿破仑·波拿巴将奥地利公主玛丽·路易丝的回信拿出来向周围的人展示，甚至会热烈地读出来。他每天都焦急地盼望着奥地利公主玛丽·路易丝的回信，像是已经与她相爱多年。他还会责怪信使速度太慢。但他不知道，为了给他们送信，已经有许多驿马累死途中。①

① 路易·康斯坦·沃伊里：《波拿巴皇帝的贴身男仆康斯坦回忆录；关于拿破仑·波拿巴的生活、家庭和宫廷》，第4卷，第252页。——原注

根据法兰西帝国皇帝婚娶的礼仪规程，拿破仑·波拿巴应该与奥地利公主玛丽·路易丝在贡比涅城外的礼篷中相会。这与法俄两国皇帝在提尔西特河的木屋中相会的场景非常相似。迎接奥地利公主玛丽·路易丝的礼篷两侧也对开着门。按照规定，接下来会有司仪宣读："请皇帝和皇后陛下入礼篷①。有请皇后行礼。请皇帝请扶皇后起身。请二位新人拥抱。请皇帝皇后就座。"②

然而，拿破仑·波拿巴怎么会有耐心遵循这些繁冗褥节？他效仿了法兰西国王亨利四世将法兰西王后玛丽·德·美第奇迎到里昂的先例。当新皇后的婚车抵达贡比涅的消息传来时，他便急切地招呼贴身男仆："嘿！康斯坦，快，帮我穿衣。我们要轻车速往贡比涅，迎接我的新娘。"

玛丽·路易丝抵达贡比涅

---

① 皇帝和皇后各从礼篷的一个门中进入。——原注
② 路易-弗朗西斯·德·博塞：《轶闻回忆录》，第2卷，第23页。——原注

拿破仑·波拿巴用心装扮了一番，"像个孩子一样，想着见到奥地利公主玛丽·路易丝会怎样"。然后，他竟披着在瓦格拉姆穿过的一件长大衣，跳上马车出发了。当他抵达库尔塞勒时，刚好遇到迎头赶来的信使。奥地利公主玛丽·路易丝已经快到了。此时，大雨忽至。拿破仑·波拿巴只好下了马车，在旁边的教堂走廊里躲雨。奥地利公主玛丽·路易丝的豪华马车抵达时，拿破仑·波拿巴示意马倌停车。然后，拿破仑·波拿巴猛地拉开车门，一把将奥地利公主玛丽·路易丝搂进怀中。奥地利公主玛丽·路易丝正看着拿破仑·波拿巴的肖像发呆。她使劲看了看拿破仑·波拿巴，说："陛下，您可比肖像好看多了。"

1810年4月1日，拿破仑·波拿巴与奥地利公主玛丽·路易丝在圣克卢宫举行了盛大的婚礼。婚礼结束后，二人一同前往荷兰。

拿破仑·波拿巴说："我的约瑟芬优雅温存，美不胜收，而玛丽·路易丝青春可爱。约瑟芬的举手投足间都是魅惑……相比之下，玛丽就是一朵娇嫩的小花。约瑟芬轻言婉喻，直指人心。而玛丽呢，她还太年轻，不懂矫饰。约瑟芬一掷千金，却从不向我开口。玛丽倒是会告诉我她想要什么，但并不频繁。而且她从来不好意思向我要过于奢侈的物品。她们二人都挺好的，都有不错的性格，也都爱我。"

或许有人不理解："拿破仑·波拿巴休妻再娶，是否算得上抛弃糟糠？毕竟，当年如果不是皇后约瑟芬，他就不可能火速飞升，更难有机会成就后来的帝国大业。现在，拿破仑·波拿巴却赶走了皇后约瑟芬，迎来了奥地利皇帝弗朗茨一世的女儿。这是为什么呢？"事实上，拿破仑·波拿巴的确一无所获，甚至得不偿失。一方面，他得罪了俄罗斯帝国沙皇亚历山大一世。另一方面，奥地利帝国皇帝弗朗茨一世也觉得赔了一个女儿。再说，单凭一个无知少女，又能让两个国家团结多久呢？后来，拿破仑·波拿巴在圣赫勒那岛流放期间，经过回忆和反思，得出了一个结论：与皇后约瑟芬离婚是他的巨大失误，简直大错特错。

在这个时期，安托万·卡诺瓦为拿破仑·波拿巴做了一尊雕像。后来，这尊雕像被威灵顿公爵阿瑟·韦尔斯利收藏。自拿破仑·波拿巴当第一执政起，安托万·卡诺瓦就一直在巴黎。后来的整个帝国时代，他也一直在巴黎。这尊雕塑是

拿破仑·波拿巴与玛丽·路易丝大婚

安托万·卡诺瓦根据已成型的拿破仑·波拿巴胸像制成。在拿破仑·波拿巴胸像中，拿破仑·波拿巴表情冷漠，与他本人相似度极高。但安托万·卡诺瓦是古典主义雕塑家，他的艺术作品中鲜有朴诚。最终，他做出的巨大全身雕塑充满了古希腊的美，但一点不像拿破仑·波拿巴本人。安托万·卡诺瓦将雕塑的头部处理得比实际更大一些，终于在1811年，将成品交到了巴黎。拿破仑·波拿巴的秘书克劳德·弗朗西斯·德·梅纳瓦尔如此评价这尊作品："作为一件艺术品，这尊雕塑完全没有问题。但成像与拿破仑·波拿巴本人相去甚远，细节处也不够优美，因此，拿破仑·波拿巴看过后并没有留下。后来，这尊作品就一直秘藏在卢浮宫，未曾示众。"

路易·安托万·福弗莱·德·布里昂说出了拿破仑·波拿巴急躁突兀,不积极配合雕塑家的缘由:"当时,安托万·卡诺瓦时常向我抱怨,说皇帝拿破仑·波拿巴不好好摆姿势,他无法抓住细节。另外,皇帝拿破仑·波拿巴的气场也很强大。他的冷漠让安托万·卡诺瓦手抖不已。因此,是个人都知道安托万·卡诺瓦没有做好。"由此看来,即使是安托万·卡诺瓦这样的顶级雕塑家,也难以捕捉拿破仑·波拿巴的真实状态。

第44章

与罗马教皇的恩怨

（1809年—1810年）

精彩看点

拿破仑·波拿巴怨恨教皇庇护七世——信件——废除教皇庇护七世的世俗权力——重组教廷——拿破仑·波拿巴将庇护·七世囚禁在萨沃纳——拿破仑·波拿巴命红衣主教全数前往巴黎——红衣主教没有来参加拿破仑·波拿巴的婚礼——高卢教会——教皇庇护七世的反抗——拿破仑·波拿巴最后的失败不是因为他与教皇庇护七世不和——教皇庇护七世后来的报复

拿破仑·波拿巴对教皇庇护七世极其愤慨的情绪已经由来已久。拿破仑·波拿巴与教皇庇护七世之间可谓颇有积怨，尤其是拿破仑·波拿巴，动不动就会对教皇庇护七世有抱怨之辞，外加辱骂之语。有时候，拿破仑·波拿巴在写的信中若是提到教皇庇护七世，甚至连起码的风度都不能保持。

1809年1月1日，拿破仑·波拿巴致信让-巴蒂斯特·德·诺姆佩雷·尚帕尼：

> 将圣烛赠予各国是罗马教皇依循的惯例。可是请你将我的命令转达给我在罗马安插的特工人员，就说我是不会接受罗马教皇赠送的圣烛的。西班牙国王约瑟夫·波拿巴也就是我的长兄，他也拒绝接受圣烛。请你写信给那不勒斯国王若阿基姆·缪拉及荷兰国王路易·波拿巴，就说是我的命令让他们不要接受圣烛。我们之所以不接受圣烛，是因为去年罗马教廷没有送圣烛给我。罗马教廷对我没有诚意，所以今年我不会接受罗马教廷的圣烛。请将此事如此处理。法兰西帝国临时代办会向公众表明，我在献主节①所得的圣烛都是由法兰西帝国教区主教赠予我的。我得到的圣烛既不是罗马教皇颁发给我的，也不是世俗的某位有权势的帝皇赐予我

---

① 献主节（Candlemas），又称"圣烛节"，基督教节日，为每年的2月2日。据《路加福音》记载，圣母玛丽亚在耶稣降生四十日后，将耶稣带进圣殿，对婴儿行洁净礼，祝圣上主。

的。罗马教皇也好,法兰西帝国教区主教也好,他们都是神职人员。他们颁发的圣烛都是神圣的。我从法兰西帝国教区主教那里得来的圣烛一样是神圣的。既然这样,我又何必接受罗马教皇的圣烛呢?我的家族成员中有国王称号的人也不会接受罗马教皇的圣烛。

从这一封风格怪异的信中,我们不难看出,拿破仑·波拿巴性情乖戾,暴躁之余还有一些幼稚,令人啼笑皆非。

接着,拿破仑·波拿巴又开始叱责教皇庇护七世与英国人结交。他说英国人都是新教徒,因此,教皇庇护七世此举完全违反天主教教义。此外,教皇庇护七世还与俄罗斯人做政治交易。俄罗斯人都是教会"分裂者",由此看来,教皇庇护七世的天主教立场并不坚定。

1809年5月17日,拿破仑·波拿巴颁布法令,①宣布废黜教皇庇护七世的世俗君主身份。1809年6月10日,圣三一主日②,在圣安杰洛城的炮声中,拿破仑·波拿巴宣布罗马成为法兰西第一帝国的附属城市。教皇庇护七世发布公告回应,隐含的意思是要将拿破仑·波拿巴逐出罗马天主教教会。只不过教皇庇护七世的公告很隐晦,没有直接提到拿破仑·波拿巴的名字,也没有提及法兰西第一帝国任何一位将军或官员的名字。教皇庇护七世的公告像一门装满火药的哑炮一样,只能发出响声,却没有什么杀伤力。但教皇庇护七世发布完公告后依旧很后怕,他想了想,还是很害怕得罪拿破仑·波拿巴。于是,教皇庇护七世又改口说,自己先前发的那份要将拿破仑·波拿巴逐出罗马天主教教会的公告是无效的。

法兰西第一帝国的旗帜已飘悬在圣安杰洛城的上空。一支法军骑兵连在罗马人民广场上出没。骑兵前方有号兵开路,看上去威风十足。随着号角声的奏响,一位身穿红色外套的传令兵出列,大声宣读了如下公告:

---

① 1809年该法令发布时,拿破仑·波拿巴在进攻维也纳的法兰西军营里。——原注
② 圣三一主日(Trinity Sunday),又译"三位一体主日",是传统的基督教节日。

罗马人民广场

法兰西皇帝、意大利国王暨莱茵联邦保护人拿破仑·波拿巴诏曰：

我们伟大的先王，法兰克王国国王查理曼大帝曾将若干附属邦国划归罗马教皇所有。查理曼大帝这样做是为了邦国人民的幸福考虑，是为了这些邦国的繁荣着想，而决不是为了让罗马从查理曼大帝伟大帝国的版图中独立出去。

如今，如果继续将宗教和世俗的权力集中在罗马教皇一个人手中，会容易引起纷乱，难得安宁。罗马教皇时常在两种事务与职责之间来回推脱。宗教事务具有神职属性，多是不可变化的。世俗事务多受时事影响，具有多变的特征。一般来说，宗教事务容易与世俗事务起冲突。

因此，为了保持法兰西帝国军队的稳定，为了给法兰西人民带来长治久安，为了维护法兰西帝国的荣耀，我们在此宣布，罗马教皇将不再担任世俗君主的职责，今后，罗马教皇将不必参与处理各种世俗要务。

法兰西帝国与罗马教廷已签署协定，现公布如下：

第一条，教皇国并入法兰西帝国。

第二条，作为基督教的发源地，罗马历史久远，举世闻名。罗马遍布着圣地的遗址与古代文明的遗迹。我们在此宣布，罗马为法兰西帝国自由市。在罗马自由市，法兰西帝国将另立法规条例进行政府运作和行政管理。

第三条，罗马的所有历史遗址交由法兰西帝国财政部接管。

第四条，罗马公债转至法兰西帝国皇帝名下。

第五条，罗马天主教教皇年金增至二百万法郎，免一切税责。

第六条，罗马教皇庇护七世名下所有房产及宫殿均免征免检、免税免查、享受全面豁免权。

第七条，成立特别委员会，于1809年6月1日起，以法兰西帝国的名义暂时接管教皇国，直至1810年1月1日宪政政府运作完备。

上述条款对教皇庇护七世已经是很宽厚的条件了。假如教皇庇护七世能够带着圣徒的心理接受这些条款，假如他能更加智慧和宽容，那么他也许会发现其实这些条款并不是那么难以接受。毕竟，教皇庇护七世被废黜世俗君王的称号，只保留宗教意义上的教皇称号，意味着他可以更专心地、更好地处理宗教事务。教皇庇护七世本应该为挣脱世俗事务而高兴。如果罗马教皇庇护七世能够专心于宗教事务，对其他教众来说，也是一个很好的榜样。教众们的信仰可以得到净化，理念也得以升华。但实际上，教皇庇护七世很难做到放下世俗的一切。在这里，我们可以引用一句话来描写教皇庇护七世的心情："你所珍视和贪恋的，不仅有你应该承担的圣职，还有世俗的荣耀和光环。①"② 当教

---

① 这句话的原文是"Thou savourest not the things that be of God, but those that be of men"。
② 这句话历史上有人说过，用来描述耶稣的十二使徒之一——罗马天主教创始人圣彼得。此处影射圣彼得的继任者教皇庇护七世非常恰当。——原注

皇庇护七世坐在豪华的大马车中即将离开罗马时,他似乎想起了什么,摊开双手,仰头长叹:"钱!我竟然忘记带走我的钱!"但一转眼,他又恢复了平静,说道:"只有这样,我的旅程才像是一个圣徒的赴难。"①

罗马教皇庇护七世宣告将拿破仑·波拿巴逐出教会后不久,法兰西第一帝国驻罗马司令官塞克斯提乌斯·亚历山大·弗朗西斯·德·米奥利斯就好像报复性地将教皇庇护七世驱逐至萨沃纳。塞克斯提乌斯·亚历山大·弗朗西斯·德·米

塞克斯提乌斯·亚历山大·弗朗西斯·德·米奥利斯驱逐教皇庇护七世

① 萨尔瓦尼:《拉科特》,第3卷,第37页。——原注

奥利斯驱逐教皇庇护七世这一行为非常极端,引发了大批教众的不满。拿破仑·波拿巴在压力之下,表示说塞克斯提乌斯·亚历山大·弗朗西斯·德·米奥利斯这样做,事先并未经过他本人的同意。拿破仑·波拿巴说塞克斯提乌斯·亚历山大·弗朗西斯·德·米奥利斯驱逐教皇的举动纯属个人意愿。1809年6月18日,拿破仑·波拿巴致信约瑟夫·富歇时承认:"这实在是个愚蠢的做法,我现在为此恼心不已。"1809年6月23日,他又告诉让-雅克-雷吉斯·德·康巴塞雷斯:"将教皇庇护七世逐出罗马的行为并未征得我的许可,也不是我本人的意愿。"然而,教皇庇护七世已经被逐走,拿破仑·波拿巴只是在事后表个态而已。而且拿破仑·波拿巴没有进一步下令将教皇庇护七世再请回来。

与此同时,教皇国的人民满心欢喜地准备并入意大利王国的版图。教皇国的人民心想,终于可以摆脱教皇庇护七世严酷腐朽的统治,以后的日子应该会更加有生气。教皇国的统治历来是教规森严,教皇国人民心灵受到禁锢,现在都盼着更有生机的日子。

教皇庇护七世刚被逐走,法兰西第一帝国就在教皇国开始了对旧贵族阶层的清洗和替换。拿破仑·波拿巴下令在教皇国重组警务人员,教廷议员由法兰西第一帝国委派,新建法院,重组军队,重建财政系统。拿破仑·波拿巴在教皇国施行的改革迅猛且实际。1809年8月15日,拿破仑·波拿巴在教皇国的新政府已然完备。鱼肉百姓的商业垄断被彻底推翻,包括垄断螺栓制造的阿尔巴尼家族、垄断灯油售卖的安德里亚·诺维利、垄断渡船业的亚历山大·贝蒂。造纸业全面放开。原先一到夜里就昏暗无灯的城市,现在不仅有了灯光,还有了思想的光。唯有红衣主教方可主持的圣坛仪式也被废除。

将教皇庇护七世囚禁在萨沃纳仅是序曲,教会改革之幕后续会陆续拉开。拿破仑·波拿巴担心红衣大主教们升任教皇,填补空缺,于是下令将红衣主教全数调至巴黎。红衣主教们对这一命令十分不满,他们以拖延作为反抗,没有前往卢浮宫的画廊,出席拿破仑·波拿巴与奥地利公主玛丽·路易丝的宗教婚礼仪式。拿破仑·波拿巴与奥地利公主玛丽·路易丝早已委托代理人举行了世俗婚礼仪式,这一次是要按照宗教仪式补办。当时,有二十七位红衣主教在巴黎,但出席者寥寥无几。拿破仑·波拿巴看着空出的位置,愤怒地问道:"主教呢?大主教们怎么都没来?"然后,他低声嘀咕着:"蠢货!有眼无珠!"

红衣主教们得知拿破仑·波拿巴震怒,非常惊恐。于是,第二天,诸位红衣主教约在一起赶赴杜伊勒里宫举办的招待会。但拿破仑·波拿巴傲慢地将他们逐出了宫殿,并没收了他们的红衣教袍。

1810年2月25日,拿破仑·波拿巴颁布法令,宣布在教皇国实施高卢教会的四大条款,重申法兰西国家教会享有独立和自由的宗教权利,并在法兰西第一帝国的各级学校推行高卢天主教。然后,巴黎宗教团体的全体教士一致向拿破仑·波拿巴表明,邦国统治者仅效忠于法兰西第一帝国皇帝拿破仑·波拿巴,邦国首领并不受教会首领的制约。而教会首领也是法兰西第一帝国的普通臣民,因此必须遵守法兰西第一帝国皇帝拿破仑·波拿巴制定的法律。

拿破仑·波拿巴原先已经通过宗教改革,在法兰西第一帝国境内的主教和教士中间初步恢复了古老的高卢教会精神。但后来,拿破仑·波拿巴与罗马教廷签订的《教务专约》又沉重打击了他一手恢复的高卢主义。依据《教务专约》,教皇庇护七世有权否决新划分教区的主教职位提名。在这种情况下,法兰西境内出现很多没有主教的教区。教皇庇护七世谨慎地行使了自己依据《教务专约》所拥有的一点权力,作为对抗拿破仑·波拿巴的一种策略。教皇庇护七世就是故意想要报复拿破仑·波拿巴,他拒不承认新教区主教是合法的。这样一来,法兰西的新教区便没有符合宗教程序的主教,因此可能会造成新教区组织混乱衰败及大量神职人员无法就职的状态。

值得一提的是,我们注意到,有几位作家抓住拿破仑·波拿巴虐待教皇庇护七世一事,对拿破仑·波拿巴侵占教皇国大做文章。这些作家们旨在证明,似乎拿破仑·波拿巴在虐待教皇庇护七世之后,就再也没有好运气降临了。因此,拿破仑·波拿巴对教皇庇护七世的不敬与他接下来自身运势的衰败之间似乎息息相关。甚至很多聪明的人也认为这里边有着某种必然的联系,因此忍不住想要探寻一番。但事实非常简单,拿破仑·波拿巴不敬教皇庇护七世与他自身运势开始衰落二者之间并没有什么必然联系。法兰西第一帝国之所以后来慢慢衰落，拿破仑·波拿巴的运势接下来之所以开始走下坡路，都与拿破仑·波拿巴对待教皇的态度没有关系。

我们认为，很显然，法兰西第一帝国之所以灰飞烟灭，拿破仑·波拿巴之所以会失败，都是另有其他原因的。我们在分析拿破仑·波拿巴失败原因的问题上，大可不必硬生生地和教皇庇护七世扯上关联。如果认为拿破仑·波拿巴的失败与他对待罗马教皇庇护七世的态度有关，那我们只能说这样的看法不免有失偏颇。

拿破仑·波拿巴是踏着法兰西国内大革命的热潮登上权力巅峰的。然而，革命热潮虽然在法兰西境内渐渐退去，但在欧洲其他一些国家，革命思想如旭日东升，正在发展，并且很快发展得如火如荼。而且拿破仑·波拿巴对于欧洲其他国家的进攻也导致被占领国民族解放意识大爆发。葡萄牙、西班牙、奥地利、德意志、俄罗斯——这些被拿破仑·波拿巴攻打过的地方，民族意识开始觉醒，人民内心迸发出强大的力量，这才是拿破仑·波拿巴走向衰落的时刻。当他国的民族意识越来越强时，法兰西的民族意识渐渐消落，因此，法兰西第一帝国的辉煌也渐渐变得晦暗。

当然，在欧洲各国中，南意大利地区是一个比较特殊的区域。一般来说，人们普遍认为南意大利人缺乏美德，缺乏勇气，而且比较愚昧，因此人们都不看好南意大利人能有什么强烈的民族精神。但假以时日，南意大利民族精神的花朵逐渐盛开，就像地下的种子发出芽来。在我们今天这个时代，我们看到的就是一个统一的意大利。[①]

拿破仑·波拿巴有统一意大利的目标，可惜在他的年代没有寻到合适的机会。罗马的重要性对于意大利而言堪比一个人的心脏在整个身体的地位。拿破仑·波拿巴如果不能占领罗马，那么就算占领意大利其他所有地区也是没有意义的。其实在我们看来，让罗马教皇兼任世俗君主，实在是比无政府主义还要糟糕的选择。罗马教皇兼任了那么多年世俗君主，一直没有发挥积极的作用。大家可以看到，教皇国的区域内贪腐败坏的作风达到了极点，民风败坏，统治阶层腐

---

① 本书成书于1908年。1861年，意大利王国宣布成立，正式统一。

化。意大利古老的文明和光辉的传统在教皇国荡然无存。教皇国就像索多玛苹果树①，只见树上的果实流溢着毒汁，散发出恶臭。

拿破仑·波拿巴在处理这件事情时，行事过于仓促，事后又没有时间弥补。

1814年3月31日，教皇庇护七世重返教皇国的时候，决心重建天主教教会。教皇庇护七世发布了谕令，谕令中处处散发着恢复传统宗教制度的意味。以下是教皇庇护七世谕令的部分条款：

> 废除《拿破仑法典》②，恢复宗座教会法典诠释委员会③的设置。
> 废除所有新建法庭。
> 废除所有地方政府的权力。
> 恢复宗教团体原有财产。
> 为有罪的人建立圣坛。

1814年，教皇庇护七世谕令的结尾是这样的：

> 罗马教廷的忠诚教众，请你们向威严宽仁的教皇庇护七世致敬！你们将在伟大又德高望重的教皇庇护七世的祝福下，享有幸福。你们会看到教皇庇护七世返回教皇国，那是一个令人激动的时刻，那是你们盼望已久的时刻。庇护七世不仅是宗教的教宗，还是教皇国世俗领地的君主。各位教众，请尽情欢呼，请流下感恩的泪水。你们的虔诚，你们的热泪，是回报教皇庇护七世最好的礼物，是对教皇庇护七世恩情的最好回报。

---

① 索多玛苹果树（apples of Sodom），见《圣经》中记载的在被摧毁的城市索多玛和蛾摩拉（Gomorrah）的遗址上长出的树。据说只要将树上的苹果摘下，苹果就会变成灰烬。
② 《拿破仑法典》（Napoleonic Code），官方称《法兰西民法典》或《民法典》，是1804年由拿破仑·波拿巴颁布的法典。
③ 宗座教会法典诠释委员会（Pontifical Council for Legislative Texts），由罗马教廷任命的委员会，负责解释教会的法律。

虽然教皇庇护七世返回罗马后许下了很多诺言①，但最终教皇庇护七世都没有兑现。1814年7月30日，教皇庇护七世发布谕令："每一位男爵继续拥有封建领土管辖权，并恢复原先所有的特权。"让我们引用《耶利米书》②的一句话总结教皇庇护七世的1814年7月30日谕令，这句话就是："你在寻找光吗，他将你带入死亡的阴影，四周布满无尽的黑暗。"③

---

① 如1814年3月31日，教皇庇护七世发布的废除封建权力的谕令。——原注
② 《耶利米书》，是《圣经旧约》的内容。耶利米是公元前六七世纪希伯来预言家。
③ 引用《耶利米书》（Jeremiah）的这句话原文是："While ye look for light, he will turn it into the shadow of death, and make it gross darkness."

第 45 章

大陆封锁体系

精彩看点

罗马王出生——法兰西第一帝国衰落的征兆——大陆封锁令惹人怨——俄罗斯帝国不满——波兰——威灵顿公爵阿瑟·韦尔斯利的胜利——《柏林敕令》——《米兰敕令》——走私汹涌——汉堡——垄断——瑞典——许可证——拿破仑·波拿巴装糊涂

1811年3月17日，拿破仑·波拿巴的妻子玛丽·路易丝皇后生下一个男婴。拿破仑·波拿巴终于做了父亲，喜出望外。他加封尚在襁褓的幼子为罗马王。拿破仑·波拿巴中年得子，仿佛受到了幸运之神的眷顾一般，波拿巴皇朝终于后继有人了。

　　只可惜，拿破仑·波拿巴的皇朝并不会永固。眼下，法兰西第一帝国跌跌撞撞地前行，正面临分崩离析的前景。法兰西第一帝国的将军们看不到这样的结局，因为他们已经被战场上接二连三的胜利蒙蔽了双眼。但精明的政客未卜先知，已经嗅到波拿巴皇朝衰败的气息。威灵顿公爵阿瑟·韦尔斯利躲在托里什韦德拉什防线①后，盼望法兰西第一帝国崩塌的日子早日到来。查尔斯·莫里斯·德·塔列朗–佩里戈尔在乡郊的庄园里，祈祷着这一天可以晚一些到来。

　　丹尼斯·德克雷斯说："奥古斯特·弗雷德里克·路易·维埃塞·德·马尔蒙，你眼前的一切都散发着玫瑰般的芬芳。然而，请允许我告诉你真实的状况，请允许我揭开未来的面纱。法兰西帝国皇帝拿破仑·波拿巴是一个疯子，是一个彻头彻尾的疯子，他会将我们带入无底深渊。最终，我们都将面临着无法承受的巨大灾难。"

---

① 托里什韦德拉什防线（Lines of Torres Vedras）是1809年11月至1810年9月，伊比利亚半岛战争期间，由英军统帅威灵顿公爵阿瑟·韦尔斯利下令在葡萄牙里斯本附近的小镇托里什韦德拉什秘密修建的防御工事。

莱茵联邦成员国不堪苛捐杂税和连年征兵的重负，人口锐减。由于大陆封锁令的实施，往日繁华的经济也不复存在。

巴伐利亚国王马克西米利安一世·约瑟夫说："现在到了这种局面，我们大家干脆都逃走吧，把大门锁好、钥匙藏好，快点逃走。"

普鲁士王国被拿破仑·波拿巴分割得稀碎，因此，普鲁士人民对法兰西第一帝国心怀仇恨，都想伺机复仇。虽然依据拿破仑·波拿巴的法令，普鲁士只能保持有限的军力，但普鲁士开始进行暗中操作来打擦边球。在普鲁士，军队的不同等级均有后备役，因此实际的军力远远大于表面上服兵役的人数。

威灵顿公爵阿瑟·韦尔斯利的部队虽然人数不多，但皆为精锐。这支队伍楔入位于法兰西第一帝国版图西侧的葡萄牙，并在葡萄牙固守己方阵地，堪称万夫莫开。威灵顿公爵阿瑟·韦尔斯利在托里什韦德拉什防线后静静等待。他坚信，欧洲战火重燃的日子很快就会到来。与此同时，威灵顿公爵阿瑟·韦尔斯利以其绝伦的军事才华和计谋给长期以来倍受拿破仑·波拿巴欺压的欧洲君主们上了精彩的一课。他向欧洲的诸位君主展示了一个真正的军事将领应该如何与拿破仑·波拿巴作战。首先，英军要佯装切断法军之间通信的样子，但实际上按兵不动。其次，遇到法军的进攻时，要抵抗，但绝不正面回击，而要打疲劳战，死死拖住法军将领，绝不能让他们轻易取胜。后来，打疲劳战的这条经验在一个国家得到了非常好的贯彻实施。

这个国家就是俄罗斯帝国。俄罗斯人对拿破仑·波拿巴厌恶之至。俄罗斯帝国沙皇亚历山大一世只是向拿破仑·波拿巴略微示好，俄罗斯人都差一点起义。俄罗斯人世代与波兰人为敌，因此，在俄罗斯人看来，拿破仑·波拿巴一手建立华沙公国就是波兰复国的前奏。拿破仑·波拿巴还让奥地利帝国皇帝弗朗茨一世把奥属波兰加利西亚地区割给华沙公国，对此，俄罗斯人感到心惊不已。的确，拿破仑·波拿巴在做这个决定时没有做长远的考虑。这并不是什么好事，否则，奥地利帝国皇帝弗朗茨一世为何那么痛快地就割让了加利西亚呢？加利西亚本就是个烫手的山芋，不如用它来换点实在的好处。只可惜，拿破仑·波拿巴当时一方面急着签约，另一方面也的确想真心实意地回报波兰人。毕竟，在战场上，波兰一直在襄助他。总之，由于以上这些原因，拿破仑·波拿巴在加利西亚的问题上有失考量，反而因此与俄罗斯帝国结怨。俄罗斯帝国沙皇亚历山大一世满心疑惧，但他最介意的还是拿破仑·波拿巴向他妹妹求婚一事。

后来，或许拿破仑·波拿巴终于意识到，他在加利西亚的问题上得罪了俄罗斯帝国。于是，1809年10月20日，即《维也纳条约》签订当天，他特意向俄罗斯帝国沙皇亚历山大一世提议和解。拿破仑·波拿巴说，法兰西和俄罗斯可以共同努力，"让波兰和波兰人从这个世界上从此消失。不仅让他们消失于当前的时代，还要从历史的记载中将他们删除干净。"

这一次，俄罗斯帝国沙皇亚历山大一世终于看清了这位"假盟友"的丑恶嘴脸。他对拿破仑·波拿巴没有了过去的真挚友情。俄罗斯帝国沙皇亚历山大一世终于明白，不仅不能相信拿破仑·波拿巴讲的话，还要时刻提防他的野心。早些时候，俄罗斯帝国沙皇亚历山大一世答应了拿破仑·波拿巴，要加入反英的大陆封锁体系，结果使俄罗斯帝国境内生活不便，人民怨声载道。

在葡萄牙，威灵顿公爵阿瑟·韦尔斯利预计到，法奥战争结束后，拿破仑·波拿巴会亲自率领在瓦格拉姆取胜的军队，扑向伊比利亚半岛。事实上，整个欧洲都在这样想。因此，英国内阁的担心也情有可原。但令所有人大吃一惊的是，拿破仑·波拿巴并没有这么做。拿破仑·波拿巴将得胜的军队沿安特卫普到但泽港的海岸线做了布防。他将作战部队当成了海防部队，让他们负责打击英国及殖民地的走私商品。

拿破仑·波拿巴向来瞧不起威灵顿公爵阿瑟·韦尔斯利。他知道威灵顿公爵阿瑟·韦尔斯利手下兵力不多，只有不到两万五千人，还都是英国人。至于葡萄牙和西班牙的军队，他更不会放在眼里。因此，他舍不得多派法军至伊比利亚半岛增援，因为根本没有必要。拿破仑·波拿巴的作战原则是，即使要派援兵，也应该由伊比利亚半岛上被攻占地区葡萄牙来承担。他才不会关心如葡萄牙一般的被占领国已经耗尽了人力。对他来说，他的原则就是唯一的准则，葡萄牙该出援军时就要提供士兵。这就是拿破仑·波拿巴的作战方式。集中兵力取一役之胜，这样的原则给他带来了军事上的巨大成功。但军事上的制胜宝典未必能在政治领域行得通。现在，拿破仑·波拿巴一心一意要将大陆封锁体系打造完善。他为此全力以赴，甚至置亚比利亚半岛军队于不顾。他没有亲自率军与威灵顿公爵阿瑟·韦尔斯利对战，而是想将这次作战任务交给手下。让-德-迪厄·苏尔特、安德烈·马塞纳，或者米歇尔·内伊，谁都可以。拿破仑·波拿巴要将大陆封锁体系打造完备，实现欧洲口岸对英国货物的整体封闭。到那时，如果手下的将领还不能取胜，他再亲自出马，将威灵顿公爵阿瑟·韦尔斯利从伊比利亚半岛直接铲进海里。

柏林发布了《柏林敕令》，宣布禁止英国商品入口。1807年，拿破仑·波拿巴从波兰返回巴黎时途经意大利，在米兰发布了第二条敕令，即《米兰敕令》。《米兰敕令》进一步扩大了封锁范围，加强了封锁力度，用以对抗英国议会发布的《1807年枢密令》[①]。《1807年枢密令》规定停止对于中立国商船的关税优惠。英国政府表示，中立国默许拿破仑·波拿巴实施贸易封锁，就是助纣为虐。因此，它们必须为此付出代价。《米兰敕令》不仅沉重打击了英国贸易，对停靠在英国口岸进行例行检查的北美船也不放过。1807年12月17日，在《米兰敕令》发布的同一天，拿破仑·波拿巴致信海军中将丹尼斯·德克雷斯，令他扣押一艘开进莫尔莱的俄国商船。拿破仑·波拿巴说，这艘船的身份可疑。假如这是一艘俄国商船，它是如何开到这里，避免被英国巡洋舰拦截的呢？假如它只是假借俄国商船的名义出海，那它活该被法军扣押。

就连拿破仑·波拿巴的亲兄弟中都有人忍不住对大陆封锁体系提起抗议，原话是说这样的政策会导致"玉石俱焚"[②]。查尔斯·莫里斯·德·塔列朗-佩里戈尔也声称，大陆封锁体系如若成功，毁掉的不仅是英国商业，还有英国宪法。从长远来看，英国宪法一旦受损，会对整个欧洲产生灾难性的影响。正是这个损人不利己的政策，导致英法两国针锋相对，进而连累到东至俄罗斯，西达葡萄牙的整个欧洲，一直战火不断。为了实施大陆封锁体系，拿破仑·波拿巴无视政治经济规律，最后连自己都搭了进去，落得身败名裂。

---

① 《1807年枢密令》（Orders in Council, 1807），是法兰西第一帝国发布针对英国的商业战争政策之后，英国枢密院制定的一系列法令，用以对抗法兰西第一帝国。

② 作者没有写明这位波拿巴兄弟是谁，原文是"was more likely to ruin France than England"。

皮埃尔·朗弗雷说：

当时，拿破仑·波拿巴已经颁布了《柏林敕令》和《米兰敕令》。《柏林敕令》规定，要对英国实施全面封锁。然而，要知道，在当时，法兰西帝国的海上力量根本无法与英国相提并论。《米兰敕令》则规定，如果中立国船只执行《英国海军部枢密令》，那么法兰西帝国有权收缴这些中立国的所有船，没收其所有商品，并取消其航线资格。事实上，《米兰敕令》的规定中，威胁恐吓的意味更加明显。拿破仑·波拿巴想要在气势上压倒对方，达到不战而屈人之兵的效果。然而，大陆封锁体系并不成熟，真正执行起来也有不小的难度。真是难以理解，拿破仑·波拿巴这样的天才人物怎么会有如此幼稚的想法呢？他之前在海上进攻英国无功而返的教训还不够深刻吗？英国是轻易屈服的国家吗？他凭什么认为英国会不战而降，会放弃欧洲大陆的港口和贸易呢？拿破仑·波拿巴要想成功封锁英国，首先要彻底征服欧洲。而且即便他可以掌握欧洲所有地方的决定权，封锁英国依旧困难重重。1807年和1808年，拿破仑·波拿巴的实力远没有这么强大。大陆封锁令从公布的那一刻起，就只剩下威慑的作用了。它只是以官方条款的形式将打劫商船合理化，这就仿佛大革命中的公共安全委员会，会叫嚣着出台一些政策却执行不力一样。当然，就连这几处"用途"都是人们在事后总结出来的。真实情况是，大陆封锁令刚刚出台时，根本没有人拿它当回事。在法奥战争期间，奥地利帝国更是无视它的存在。

然而，大陆封锁令并没有低调很久。战争结束后，刚刚签订了合约，拿破仑·波拿巴就以更大的热情和更强烈的干劲重新启动了大陆封锁体系。大陆封锁令是拿破仑·波拿巴的核心政策。拿破仑·波拿巴狂傲地宣布，在封锁英国这件事情上，他绝不手软。

为了全面了解大陆封锁体系的重要性，我们要先对它的实际效果有所了解。大陆封锁体系不是针对英国商品的单方面封锁，事实上，它是对所有海上贸易的全面禁止。拿破仑·波拿巴创建这一体系的首要效果就是消灭或冻结所有东方中立国家的海上贸易。现在，除非取道英国，否则任何国家都无法进行商业贸易。大陆封锁体系不仅禁止英国制造商品的流通，还禁止所有殖民地生产产品的运输。然而，在欧洲，尤其是北欧，这些殖民地生产的产品早已成为日常用品。有些产品包括糖、棉花、咖啡、烟草、茶叶、香料和染料等，是日用必需品和药品的来源。还有一些国家，只能以进口的方式获得某些必需品。比如，瑞典只能靠海运获得食盐。

不便之处还不止这些。北欧的港口一旦封闭，港口所在国家不但无法获得自己需要的日常用品，而且无法出口本国的产品。这些国家丰富的铁矿、建材和焦油只能靠水路输出。如果依靠陆路进行贸易，成本要增加两倍，还不如不运。

由此看来，对欧洲大部分国家和地区来说，实行大陆封锁体系会导致商业和大型制造业遭受重创，日常生活用品购买不畅，船队损失船舶，国家失去海外殖民地。总而言之，大陆封锁体系就是灾难和毁灭。除此之外，大陆封锁体系还对普通民众造成不可言喻的负累。如民间私藏违禁商品，一经发现立即没收，这使民间怨声迭起。实施大陆封锁体系的国家不仅派军队在边防海岸严格巡察，还在国内开展大范围的搜查，往往都是强行缴获违禁商品，使民宅不安。

如果一定要说大陆封锁体系具有正面意义，只能说它在汇聚国家精神、激励民族斗志方面成效显著。因为，在很多国家，尤其在德意志，人民不堪其扰。民众在大陆封锁体系下团结反抗法兰西帝国的劲头，比面对拿破仑·波拿巴侵略时的反抗还要强烈。①

对于大陆封锁令的恶劣影响，时任法兰西第一帝国驻汉堡特使的路易·安托万·福弗莱·德·布里昂有许多一线了解的机会。在大陆封锁令的重压下，走私和腐败日渐滋生，人们冒险在私下进行交易。官员拿了钱，便睁一只眼闭一只眼，不再过问。路易·安托万·福弗莱·德·布里昂说过一个例子，在奥尔登堡

---

① 皮埃尔·朗弗雷:《拿破仑·波拿巴史》，第5卷，第237页。——原注

海岸，欧洲与英国间的商品贸易从未停止。如果有海关官员收缴了走私商品，一定会有人上前将商品夺走。由此，海关官员和民众之间的斗争时常会激化至白热化的程度。再比如，1809年7月2日，在布林库姆有十八辆四轮运货马车被查获，马车上装满英国商品。但当地的村民全副武装，打退了一众官员，又将车队夺了回去。

在汉堡，专业从事走私营生的底层人民达六千人。他们在阿尔托纳区和汉堡市之间来回穿梭，将违禁商品一点点运进城里。一天最多可以往返二十次。

在汉堡市郊公路的一侧，会有一排沙坑。通常，这些沙子要挖来运往城里铺路。而现在，走私者在沙坑里装满黄糖，于是，黄糖便在一辆辆小推车中被推进汉堡。

另外，汉堡的穷人死亡率忽然无故升高。人们看着送葬队伍在城门口进进出出，不禁感到惊讶而迷惑。后来，还是抽查时将棺材打开，才发现棺材中满是咖啡、香草和染料。

拿破仑·波拿巴发现，与欧洲其他地方相比，法兰西第一帝国执行大陆封锁令的力度最大。法兰西本土物产还算丰饶，气候温暖舒适，本来也没有过多的进口产品需求。而德意志、瑞典和俄罗斯等国，离开了殖民地的舶来品，人们的生活便无法正常运行。拿破仑·波拿巴经过仔细思量，决定签发进口许可证，准许相关船载进口商品进入法兰西第一帝国，条件是必须要出口等量的法兰西产品。然而，即使是这样的规定，也被人钻了空子。众所周知，法兰西的葡萄酒举世闻名，但法兰西本地产的丝绸质量差强人意。于是，钻空子的人惯常的做法是，装满一船破旧的法兰西丝绸，倒入大海，在回程时便可合法地运回想要的英国商品。

最终，拿破仑·波拿巴一手炮制和施行的大陆封锁体系沦为有组织的造假。拿破仑·波拿巴通过颁发许可证来获取巨额利益。能够设法购买许可证的商人可以继续进行进出口商品贸易，而大量无法获得许可证的商人遭到挤兑，无法再进行任何进出口商业贸易了。拿破仑·波拿巴对此不多过问，他手下的人便有样学样了。然而，拿破仑·波拿巴不许他人染指施行大陆封锁体系的决定权。他可以出尔反尔,先说禁运,再做更改,但别人不行。即使是执行不够严谨,他都会一查到底。哪怕是同胞兄弟,血脉姻亲的封国、封地,他都要严加监管。一旦发现有人违反禁令,他必会严加问责。

拿破仑·波拿巴就是想通过推行大陆封锁体系,借机干涉法兰西第一帝国附属国和盟邦的内政,并且时刻控制法兰西第一帝国附属国君主们及各盟邦公爵亲王等人。拿破仑·波拿巴可以以封锁不力为由随意废黜或罢免国君,任意吞并或分割属国领土。1809年,俄罗斯帝国与瑞典签订和平条约。瑞典答应将施特拉尔松德和波美拉尼亚两地归还俄罗斯帝国。但这两块土地上都有法兰西第一帝国的驻军。于是,拿破仑·波拿巴以此要挟瑞典加入大陆封锁体系。瑞典的基本国情是,瑞典本土对殖民地产品的依赖度极高,推行大陆封锁令不仅会造成瑞典本土的日常用品匮乏,还直接对铁矿出口造成了重创。这些问题很快凸显了出来。因此,瑞典不但不想,而且不能真的推行大陆封锁令。

后来,拿破仑·波拿巴手下的间谍向他汇报瑞典违反禁令的细节。因此,瑞典刚加入大陆封锁体系不过数月,就招来了拿破仑·波拿巴的怨恨。拿破仑·波拿巴强烈要求瑞典驱逐英国领事馆并没收英国殖民地的产品。他说:"我的意思是,宁可得罪瑞典,也不能被它欺骗。"[1]又过了一个月,拿破仑·波拿巴专横地通知瑞典驻巴黎特使,如果瑞典国王查理十三世再不着力推行大陆封锁令,他就要将瑞典特使遣回瑞典了。

拿破仑·波拿巴对社会经济仅是一知半解。他认为,只要实行封锁,封闭德意志的出海口和主要河流的河口,就可以为法兰西第一帝国谋利。他立志要将法兰西第一帝国打造成工商业垄断大国,并由他本人及他身边少数人享有这种垄断带来的丰厚利益。他要让所有没收的货品都归缴到他的名下,只有拿到他的许可证的商人才可以合法地经营咖啡、染料等进口货物。他要通过贸易许可证掌控一切。与此同时,由于欧洲的其他地方已不能进口英国产品,因此在整个欧洲大陆,需要喝咖啡或染布的人只能来法兰西购买了。一定会有投机分子认准这个商机。他们会蜂拥前来,斥巨资买下许可证。可惜这些只是拿破仑·波拿

---

[1] 1810年5月16日,拿破仑·波拿巴致信让-巴蒂斯特·德·诺姆佩雷·尚帕尼的内容。——原注

查理十三世

巴的一厢情愿。现实中,英国人发挥了作为商业经济鼻祖的特长,开始采取加价销售①那一套策略,以致最后法兰西商人必须以天价才能从英国人手中买到商品。比如,英国人会把成本每磅五便士的糖,以售价每磅四到五法朗的高价卖给法兰西商人。法兰西商人本就得支付购买许可证的成本,再加上英国人这么抬高进价,于是,法兰西商人只得以更高的价格售向市场。最后,合法渠道进口到法兰西境内的英国商品的售价都是高得令人望尘莫及。也许只有特别有钱的人才能支付得起如此高昂的费用。对于一般人而言,人们会选择尽量不购买,或者直接转去购买走私商品。法兰西人民购买力一落千丈,继而引发经济萧条,解雇工人的浪潮一波接一波地出现。后来,商人们都赚不到钱,也还不起原先从银

---

① 英国商人通过加价将商品卖给法兰西商人的做法是从拿破仑·波拿巴那里学来的。拿破仑·波拿巴一直将商品高价卖给中立国。——原注

行贷作本钱的借款,接着银行也都纷纷破产。经济危机的乌云飘到了法兰西第一帝国的上空。现在,人们知道了,法兰西第一帝国其实早已是山雨欲来,只是由于奥斯特利茨战役的胜利,仿佛乌云暂时被驱散。但奥斯特利茨战役胜利的荣光没有持续很久,该来的终归会来。

虽然事态的发展处处与预期相反,但拿破仑·波拿巴还是固执地认为,他的大陆封锁体系和对中立国的管制正在一步步地"勒死"英国。事实上,英国不仅没有被"勒死",还免去了竞争的压力。当然,在短时间内还是会遇到一些问题,比如大英帝国的殖民地东印度群岛和西印度群岛运到英国本土的货物也曾一度滞销。但这样的问题很快得到了解决。这些英属殖民地的产品没多久就顶着封锁令的压力在欧洲大陆找到了"销路"。在欧洲大陆,还是有一些国家和邦国会管制得松一点的,或者这些国家和邦国采取名义上严格管制,实则灵活多变的策略,使英国商品可以一点一点地、慢慢地渗入欧洲内陆。毕竟,欧洲人民对于生活必需品的购买是刚需。

另一个饱受大陆封锁体系之害的国家是俄罗斯帝国。后来慢慢地,俄罗斯帝国沙皇亚历山大一世发现了居然有"许可证"这回事。俄罗斯帝国沙皇亚历山大一世发现,原来拿破仑·波拿巴对他人严格要求,自己却并没有坚决执行大陆封锁体系。拿破仑·波拿巴只是想通过封锁的方式获取个人利益,推行商品垄断。俄罗斯帝国沙皇亚历山大一世对此愤恨不已。他指出,施行大陆封锁体系会给俄罗斯帝国带来毁灭性的打击。他还指责拿破仑·波拿巴,说拿破仑·波拿巴颁发贸易许可证的行为有悖商业道德,有违契约精神。

然而,在拿破仑·波拿巴看来,契约就是用来违背的。拿破仑·波拿巴向俄罗斯帝国沙皇亚历山大一世解释说,他的确颁发了许多贸易许可证,但都是用来出口玉米、葡萄酒等法兰西产品的单向许可证,他绝对没有签发过允许商品进口的贸易许可证。[1]

---

[1] 1810年2月18日,拿破仑·波拿巴致信让-巴蒂斯特·德·诺姆佩雷·尚帕尼的内容。——原注

第46章

伟大与平庸

精彩看点

拿破仑·波拿巴恨英国——拿破仑·波拿巴想知道英国报刊对他的评述——拿破仑·波拿巴天性多疑——连一片碎纸也不放过——拿破仑·波拿巴对女士无礼——早餐一幕——拿破仑·波拿巴记不住人名——不朽——无情——专横——约瑟夫·波拿巴家的晚宴——虚假——写给欧仁·罗斯·德·博阿尔内的信——处处争先——对皇室礼仪的遵守过犹不及——归功于己，诿过于人——相信自己——早期的梦想是东方帝国——现在的梦想是成为第二个查理曼大帝——德·雷米萨伯爵夫人克莱尔·伊丽莎白·让娜·格拉维耶·德·韦尔热纳评价拿破仑·波拿巴的人品——双面性格在讲1812年拿破仑·波拿巴远征俄罗斯之前，我们想多用一些笔墨，对拿破仑·波拿巴做个更加详细的描述。我们将描述他本人，他周围的环境，他的私人生活，并分析他的思维状态。

我们很容易发现，拿破仑·波拿巴的所有行为中都暗含着对英国的极度反感，即使在大多数情况下，这种情绪并不必要。

波旁王室的流亡贵族在英国的报纸杂志上发表作品泄愤。英国人幸灾乐祸地看着他们落难，詹姆斯·吉尔雷[①]和乔治·克鲁克香克[②]等人还做出各种讽刺画来嘲笑他们。

鉴于拿破仑·波拿巴在法兰西第一帝国的媒体上也时常对英国国王乔治三世和英国政府进行批判和攻击，因此，英国报纸对拿破仑·波拿巴的诋毁也算是一报还一报。拿破仑·波拿巴曾在《通报》的一篇文章中宣称，乔治·卡杜达尔欲谋暗杀拿破仑·波拿巴，虽然暗杀未遂，英国政府还是颁发了巴斯勋章给乔治·卡杜达尔作为嘉奖。拿破仑·波拿巴还戏谑道，假如乔治·卡杜达尔暗杀拿破仑·波拿巴成功的话，那就不是一个巴斯勋章能够嘉许的事了，英国政府肯定要颁一个嘉德勋位给乔治·卡杜达尔，才能对得起乔治·卡杜达尔的"贡献"。事实

[①] 詹姆斯·吉尔雷（James Gillray, 1756或1757—1815），英国著名讽刺漫画家。
[②] 乔治·克鲁克香克（George Criukshank, 1792—1878），英国讽刺漫画家、图书插画家。

让·约瑟夫·穆尼耶

上,拿破仑·波拿巴自己也有一个团队,以让·约瑟夫·穆尼耶为首,包括其他十二个成员。这个团队专门负责翻译、拆解并重新拼凑由英国来的宣传册、报纸和告示等消息。这些消息大都是反对拿破仑·波拿巴的。拿破仑·波拿巴的手下往往会将收缴的漫画讽刺作品直接上报给他看,他看了之后往往生气至极。

拿破仑·波拿巴天生缺乏幽默。他无法理解别人对他的调侃,对周围的人也时刻保持着警惕与戒心。他雇用奸细去监视最好的朋友,甚至收买朋友家的女佣,让她偷看朋友的信件并向他汇报。说到忠诚和贴心,没有人比让-安多什·朱诺做得更好。但拿破仑·波拿巴还是会派人监视他。

有一天,拿破仑·波拿巴站在窗口,看到外面有一位官员弯下腰,从地上捡起报纸边角一样的一小片碎纸,津津有味地看着。拿破仑·波拿巴对此十分好奇，便派副官将这位官员唤来，问他纸片上写了什么。[1]还有，拿破仑·波拿巴看到两个人窃窃私语或有眼神交流，会怀疑这两个人在说他的坏话。他会将这二人叫来盘问，一定要让他们交代清楚刚才讲话的内容和露出那样表情的原因。大家是否还记得，阿布兰特什公爵夫人劳雷·朱诺在他的加冕礼上穿了件暗色调的袍子，他都因此疑神疑鬼，责令阿布兰特什公爵夫人劳雷·朱诺解释清楚。

拿破仑·波拿巴在与贵妇们的交谈中无时不透露着粗糙。德·雷米萨伯爵夫人克莱尔·伊丽莎白·让娜·格拉维耶·德·韦尔热纳说：

> 拿破仑·波拿巴是个从不会真正尊重女性的人。但他对继女奥尔唐斯·欧仁妮·塞西尔·德·博阿尔内非常客套。只要奥尔唐斯·欧仁妮·塞西尔·德·博阿尔内在场，拿破仑·波拿巴就会注意措辞，不怎么讲粗鲁的话。他不止一次地说："我从奥尔唐斯的身上看到，这个世界还有美德。"拿破仑·波拿巴高兴时，也会像没有见过世面一般，表现得张狂俗气。

德·雷米萨伯爵夫人克莱尔·伊丽莎白·让娜·格拉维耶·德·韦尔热纳还说过另外一段话：

> 在意大利时，由于宫廷生活奢靡无聊，拿破仑·波拿巴曾多次无理且肆意地取笑他人。虽然这并不算什么要紧的事情，但依旧在宫廷外传播开来。大家以此为谈资进行讨论，都觉得拿破仑·波拿巴此举不甚厚道。有一次，当时在意大利的几位宫廷贵妇正与皇后约瑟芬一起用早膳。忽然，拿破仑·波拿巴走了进来。他倚着皇后约瑟芬的椅背，与贵妇们有一搭没一搭地聊了起来。开始时，一切都很正常。忽然，拿破仑·波拿巴问起我们最近都在"干"什么。他用这个字眼暗示大家，在座诸位中有几位行为不淑，以致宫廷内外议论纷纷。皇后约瑟芬对丈夫的德性非常了解，因此，她忙不迭地想岔开话题。但拿破仑·波拿巴依旧抓着贵妇们的私生活传

---

[1] 查尔斯·多里斯·德·布尔热：《拿破仑·波拿巴秘史》，第229页。——原注

闻这一话题，不肯松懈。大家都听得非常尴尬。拿破仑·波拿巴甚至点名说到了几位夫人："对的，夫人们……他们说啊，您，A夫人，您与B先生有染。还有您啊，C夫人……"他一直这样说个不停，众人一片惊慌错愕，而拿破仑·波拿巴深以为乐。继而，他添油加醋道："但你们不要以为我会听信这些谣言。夫人们，外人诋毁诸位，就是在诋毁我。我不会允许他们对您们品头论足。无论是对我，还是对我的家人，还是对您们，我的夫人们，都不可以。"拿破仑·波拿巴讲出这番话时，他的脸色突然变得阴暗，声音也变得尖刻起来……拿破仑·波拿巴越说越激动，几乎到了忘乎所以的地步，又有点儿像是在喃喃自语。周围的人都呆住了，一言不发。终于，皇后约瑟芬用完早膳，站起身来，准备离开。或许，她也希望这引人不悦的一幕早点结束。于是，其他人跟着起身，终于结束了不愉快的交谈……拿破仑·波拿巴也能明白，皇后约瑟芬这样做是在暗示他讲话不够稳妥。他却为此大惑不解。因为在他看来，他将听到的流言告知女士们是想维护她们，她们难道不该对他表示感激吗？

无论对方是男是女，拿破仑·波拿巴都一样粗鲁任性。他还从来记不住人。在沙龙里，无论遇到的是淑女还是绅士，他的第一句话永远是："该死的，你叫什么来着？"作曲家安德烈·埃内斯特·莫德斯特·格雷特里经常来宫里参加星期日宴会。他也被拿破仑·波拿巴问得不耐烦。于是，在某一次又被问起时，他向拿破仑·波拿巴答道："陛下，我上次已经告诉您我的名字了，我是格雷特里。"后来，拿破仑·波拿巴便再也没有忘记过他的名字。

拿破仑·波拿巴自己的风流韵事不断。但如果妻子吃醋，他又会非常生气。雷卡米耶夫人让娜·弗朗西斯·朱莉·阿代拉伊德①说："我觉得，拿破仑·波拿巴要是看上哪一个女子，会在第一时间表现出来。他脾气专横，不仅不会瞒着妻子，还会认为妻子应该理解他。他会认为，他想做什么，那是他的自由，或

---

① 雷卡米耶夫人让娜·弗朗西斯·朱莉·阿代拉伊德（Madame de Récamier, Jeanne Françoise Julie Adélaïde, 1777—1849），19世纪初的法兰西社交名人，她举办的沙龙汇聚了从文学到政治领域的顶级人物。

让娜·弗朗西斯·朱莉·阿代拉伊德

者,他生来就如此薄情。拿破仑·波拿巴在逐猎新欢时,绝对不会考虑旧爱的感受。因此,每当他有了新欢,都会将妻子晾在一旁。对待妻子时,他不仅冷漠,而且暴躁无情。他有了新的情妇,都会让妻子知晓。如果妻子有任何微辞,他便粗野地表示出不屑的态度。拿破仑·波拿巴会认为,人生在世,就是应该追欢逐乐,准确地说,这就是人的本性。他会说:'我是皇帝,不需要遵守世间的道德和法规。'"①

拿破仑·波拿巴薄情寡义,鲜顾人情。他很喜欢四弟路易·波拿巴的儿子拿破仑·路易·查尔斯·波拿巴,但他只是希望拿破仑·路易·查尔斯·波拿巴可以

---

① 让娜·弗朗西斯·朱莉·阿代拉伊德:《回忆录》(*Mémoires*),第1卷,第91页。——原注

拿破仑·路易·查尔斯·波拿巴与母亲

作为继承人,将波拿巴皇朝传承下去,因此表现出对拿破仑·路易·查尔斯·波拿巴的喜爱。后来,拿破仑·路易·查尔斯·波拿巴染疾病逝,拿破仑·波拿巴竟没有一丝悲哀。连查尔斯·莫里斯·德·塔列朗-佩里戈尔都骂他没有人性:"陛下,您的亲侄儿刚刚死去,您竟没有一点哀伤吗?"拿破仑·波拿巴答道:"我才不会浪费自己的时间去想一个死人。"路易·康斯坦·沃伊里提到过的一件事也是拿破仑·波拿巴毫无人性的证明。让·拉纳元帅在阿斯彭战死后,有一天,拿破仑·波拿巴和玛丽·路易丝皇后在塞夫勒参观一家作坊,当时,让·拉纳元帅的遗孀蒙泰贝洛公爵夫人路易丝·安托瓦内特·拉纳作为荣誉第一夫人①在玛丽·路易丝皇后身边陪侍。在一座纪念让·拉纳元帅的瓷质半身像前，拿破仑·波拿巴停住脚步，问蒙泰贝洛公爵夫人路易丝·安托瓦内特·拉纳，这个瓷像与让·拉纳本人是否相似。蒙泰贝洛公爵夫人路易丝·安托瓦内特·拉纳面色惨白。"蒙泰贝洛公爵夫人路易丝·安托瓦内特·拉纳无法回答拿破仑·波拿巴。

让·拉纳元帅的遗孀和孩子们

---

① 荣誉第一夫人(Première dame d'honneur)，简称荣誉夫人，是法兰西宫廷的职位名称，基本指第一或第二等级的宫廷侍女。

玛丽·路易丝皇后

她失声痛哭。后来,她说什么都不愿再去皇宫。过了好几天,在诸位好友的劝说下,她才又回到宫廷,回到玛丽·路易丝皇后的身边。"①

还有一件引人发笑的事情广为流传。这件事是关于波拿巴家族的人是如何无法忍受拿破仑·波拿巴的个性的。有一次,拿破仑·波拿巴的长兄约瑟夫·波拿巴邀请拿破仑·波拿巴上门赴宴。约瑟夫·波拿巴的家在莫特方丹。原本说好了,这是一次家庭聚会,波拿巴夫人玛丽亚·莱蒂齐亚·拉莫利诺也会参加。当时,拿破仑·波拿巴还是法兰西第一共和国第一执政,尚未登基称帝。约瑟夫·波拿巴提前对拿破仑·波拿巴说,母亲波拿巴夫人玛丽亚·莱蒂齐亚·拉莫

---

① 路易·康斯坦·沃伊里:《波拿巴皇帝的贴身男仆康斯坦回忆录:关于拿破仑·波拿巴的生活、家庭和官廷》,第4卷,第154页。——原注

利诺也会到场共进晚餐,因此,希望母亲坐在拿破仑·波拿巴的身边,而波拿巴夫人约瑟芬可以坐在约瑟夫·波拿巴的身边。拿破仑·波拿巴听到这样的安排,非常生气。他强调道,妻子约瑟芬一定要坐在他的身边。波拿巴夫人约瑟芬毕竟处事周全一些,她说,自己家的晚餐,不用拘泥虚礼,母亲年长位尊,应该坐在上位。于是,安排了拿破仑·波拿巴陪母亲波拿巴夫人玛丽亚·莱蒂齐亚·拉莫利诺入座,由卢西恩·波拿巴陪同波拿巴夫人约瑟芬入座。拿破仑·波拿巴见状,怒不可遏。他大步流星地穿过房间,从卢西恩·波拿巴手中一把拽过波拿巴夫人约瑟芬,当着已经被惊呆的家人的面,拉着波拿巴夫人约瑟芬坐在了自己的右边,然后,他又示意雷卡米耶夫人让娜·弗朗西斯·朱莉·阿代拉伊德坐在自己左边。在场的人都尴尬极了。原本安排让约瑟夫·波拿巴夫人玛丽·朱莉陪同拿破仑·波拿巴入席就座,这样一来,她反而落了单。再怎么说,约瑟夫·波拿巴夫人玛丽·朱莉都是女主人啊。由于拿破仑·波拿巴不通事理,家宴的气氛显得异常诡异。拿破仑·波拿巴的兄弟们都非常愤慨,波拿巴夫人玛丽亚·莱蒂齐亚·拉莫利诺也十分难过。

另外,在整个晚宴的过程中,拿破仑·波拿巴一直端着第一执政的架子。他只与妻子波拿巴夫人约瑟芬和贵妇雷卡米耶夫人让娜·弗朗西斯·朱莉·阿代拉伊德说话,甚至不屑理睬自己的家人。

可以想象,拿破仑·波拿巴作为法兰西第一共和国第一执政都能傲慢至此,后来成为法兰西第一帝国的皇帝,只会更加嚣张。另外,还有许多事例可以证明他是个不可信的人。无论是拿破仑·波拿巴的保证,还是与他的约定,都不可信。拿破仑·波拿巴的承诺,出口即作废。拿破仑·波拿巴擅长掩饰。如果他认为大发雷霆可以达到目的,即使不生气,他都能发火。火冒三丈后,他还让内侍为自己测量脉搏。他要看自己"暴怒"后的心率有没有加快。拿破仑·波拿巴任命欧仁·罗斯·德·博阿尔内为意大利总督时,曾致信欧仁·罗斯·德·博阿尔内。从信的内容中,我们可以看出拿破仑·波拿巴是多么虚伪而擅长巧言虚饰的人:

由于你年纪尚轻,还没有见识过人心险恶,因此,我没有推荐你担任那些需要谨慎行事的职位。意大利人只会比法兰西人更麻烦。你如果想获取他们的尊重,想真正为意大利人民造福的话,那就不要相信任何人……学会虚与委蛇,这是一个成年人必备的谋略。事实上,你没有必要一味地吐露真情。这是种错误的做法。以后,不必再开诚布公。你只需要表现出尊重意大利人的样子就可以了。至于为什么要尊重他们,你不需要考虑这个问题。

威灵顿公爵阿瑟·韦尔斯利说:

拿破仑·波拿巴本质卑劣无耻,丝毫不具贵族风度。我想,他偏狭的性格来自于他早年所处的环境和养成的习惯。对他来说,贵族风度和教养是没有意义的。我给你讲一个有趣的例子。我有一块美丽玲珑的怀表,是由巴黎的亚伯拉罕-路易·布勒盖①所制。表壳上镶有瓷釉,画着西班牙地图。一开始,是拿破仑·波拿巴订制了这块表。他打算将这块表送给登上西班牙王位的长兄约瑟夫·波拿巴。但后来,当他得知维多利亚战役爆发,看到约瑟夫·波拿巴输了战役,也输了西班牙,更是丢掉了西班牙的王位时,他想起了这块表。此时,这块表已经失去了当初的意义。于是,拿破仑·波拿巴致信亚伯拉罕-路易·布勒盖,要求取消订制。他还表示,即使这块怀表已经打造完毕,也绝不能送给约瑟夫·波拿巴。一位真正有贵族风范的绅士,绝不会在这样的时候火上浇油,让可怜的约瑟夫·波拿巴在失去了西班牙王座后,又要失去一块早已预定好的怀表。②

在拿破仑·波拿巴的性格中有一个显著的特点,就是不甘人后。拿破仑·波拿巴还喜欢仿效古代明君,将他们的行为当作自己的风采展示。当他与奥地利

---

① 亚伯拉罕-路易·布勒盖(Abraham-Louis Breguet, 1747—1823),著名钟表师,为法兰西钟表制造业的革新做出了巨大贡献,被公认为人类有史以来最伟大的钟表师之一,也是宝玑品牌的创始人。

② 《克罗克文件集》,1884年,第1卷,第339页。——原注

王国特使冯·科本茨尔伯爵约翰·菲利普针对《坎波福米奥和约》进行谈判时，他看到在设好的讲坛上，放了一把座椅，于是向奥地利王国特使冯·科本茨尔伯爵约翰·菲利普询问这些摆设的作用。奥地利王国特使冯·科本茨尔伯爵约翰·菲利普告诉拿破仑·波拿巴，在正式签缔条约的场合，如有君主在场，通常会设坛置椅，以示尊重。拿破仑·波拿巴马上命人将座椅撤掉。他说道："这世上不能有任何一把椅子能比我的座椅还要高，我不能忍受。"①

拿破仑·波拿巴抵达布鲁塞尔时，圣迈克尔和圣古都勒大教堂的神职人员全都聚集在教堂大门口准备迎接拿破仑·波拿巴。但大家等了很久，拿破仑·波拿巴都没有出现。又过了一会，教士们接到消息，说拿破仑·波拿巴已经到了，但没有走教堂大门，而是从教堂侧门入内的。拿破仑·波拿巴认为，在历史上，神圣罗马帝国皇帝查理五世去圣迈克尔和圣古都勒大教堂时，就是从侧门进入教堂的。因此，拿破仑·波拿巴也要这样做。

圣迈克尔和圣古都勒大教堂

---

① 拿破仑·波拿巴的意思应该是，椅子的高度加上讲坛台阶的高度要比他自己平时使用的座椅的位置高，因此，他不能忍受。

拿破仑·波拿巴太过要强，因此，他总是贬低他人，抬高自己。即使对待手下的将军们，他也是一样的态度。这些将军们跟着他出生入死，但得来的战功还是大半被他捞了去。不信的话，马伦哥战役和奥厄施泰特战役就是证明。更过分的是，如果是因为拿破仑·波拿巴自己犯了糊涂，打输了战役，他反而会将责任推给其他人。如果有任何证据或材料显示，战争失败是他的责任，他便会不顾一切地扭曲事实，隐瞒实情。德·雷米萨伯爵奥古斯特-洛朗[①]记述了拿破仑·波拿巴如何对待自己的将领，又如何篡改公报内容。内容非常有趣，此处引用如下：

> 拿破仑·波拿巴竭尽所能地想着如何在公告上进行渲染，进而造假。他极力抹黑诸位将军，并拉低他们的功劳，同时无所不用其极地打造自己战无不胜的形象……在一份战报中，真实的内容往往所剩无几。可以想象，当这样的公告在巴黎发布，又从巴黎传回前线将领的手中时，那些亲身经历战役的将领们看到公告内容，内心该有多惊讶。然而，并没有人戳破这件事。
>
> 拿破仑·波拿巴极少开口赞扬某一位将军。同行是冤家，军界也不能免俗。军人是绝对不会开口说有人比自己更厉害的。事实上，竞争客观存在，本来无可厚非。问题在于，拿破仑·波拿巴在竞争中掺杂了暴君的权谋。他不允许任何人比他重要……凡是不利于他个人威望的事，他都会拒绝，至少会保持沉默。对于与拿破仑·波拿巴并不十分亲近的将领来说，拿破仑·波拿巴的性格实在让他们难以忍受。他们会指责拿破仑·波拿巴，会埋怨他，会说他自私、不公平、不诚实，甚至说他嫉贤妒能，对手下居心叵测。巴朗特男爵阿马布勒·纪尧姆·普罗斯珀·布吕吉埃曾对我说，波兰战役期间，他曾在让·拉纳元帅的参谋部挂职。他经常听到让·拉纳元帅在指挥桌前埋怨拿破仑·波拿巴，说拿破仑·波拿巴对自己

[①] 德·雷米萨伯爵奥古斯特-洛朗（Auguste-Laurent, comte de Rémusat, 1762—1823），法兰西第一帝国和波旁王朝复辟时期的政治家，1802年担任宫廷总执事（préfet du Palais），1804年担任拿破仑·波拿巴的首席内侍（first chamberlain），1808年被封为伯爵。

阿马布勒·纪尧姆·普罗斯珀·布吕吉埃

心存忌惮,要借敌军之手除掉他。有一次,让·拉纳元帅似乎无法再承受内心的煎熬,宣称拿破仑·波拿巴曾派人下毒害他。

拿破仑·波拿巴相信,他来到世间就是为了成就大业。他相信自己是天选之人,是由上帝亲自挑选的伟大灵魂。在他很小的时候就有了这样的念头。德·雷米萨伯爵夫人克莱尔·伊丽莎白·让娜·格拉维耶·德·韦尔热纳非常真切地讲述了她对拿破仑·波拿巴的看法:

> 除了成功,拿破仑·波拿巴从来不在意任何东西。他为人行事都以成功为准则。在这个世界上,再找不出第二个人像他一样,对自己能够胜利这件事坚信不疑。也不会有人像他一样,从不怀疑自己的能力。在他看

来，失败是无法想象的事情。他天生孤傲，根本不会想到自己会失败。他所有计划的基准就是"我一定能取胜"。他对这一信条保持着执念般的坚持，也的确有助于他获取胜利。最终，他一次次获取的胜利，使他成为不败的神话。他对自己一定能取胜这一点坚信不疑，他要获取胜利，即使胜利意味着要采用不同寻常的措施和手段，他都不在乎。不过这么说来，当初我们这些人不也是狂热地追随他，执着地迷信他吗？

真实的情况是，拿破仑·波拿巴百战百胜的神话流传到了法兰西第一帝国的每个角落。人们一边听着关于他的传说，一边赋予他坚不可摧的神力。无论是在军事上，还是在政治上，他都已经被神化了。

在事业生涯的早期，拿破仑·波拿巴还曾梦想要建立一个大一统的东方大帝国。

后来，建立东方帝国的梦碎了，拿破仑·波拿巴又想建立一个强大的西方帝国。他的第一个目标，就是与奥地利帝国皇帝平起平坐；第二个目标，是成为第二个查理曼大帝。从有了这个想法的那一刻起，在拿破仑·波拿巴的眼中，法兰西就成了一个伟大帝国的行省。他对外攻占所得的公国和通过战争吞并的土地，都是他的庄园。拿破仑·波拿巴维系这个伟大帝国的方式，就是分封自己的亲友和族人，让他们成为新领土的领主，同时，让他们宣誓，永远对自己效忠。拿破仑·波拿巴说道：

> 我要促使以下规则实施：所有欧洲的国王都必须在巴黎拥有独立的宫殿，以便在法兰西帝国皇帝加冕礼期间居住。他们有义务前来出席加冕礼，也有义务向法兰西帝国皇帝拿破仑·波拿巴献上他们的敬意。

此处，我们想提醒大家不要忘记，拿破仑·波拿巴以武力逼迫神圣罗马帝国解体。从此，一个源于中世纪的影子王朝灰飞烟灭。但神圣罗马帝国毕竟形式大于实质，因此，它只是个影子帝国。而拿破仑·波拿巴想要将其从虚幻变为现实。他要以巴黎为中心建立自己的海市蜃楼。为了实现这个梦想，他提出了恢复爵位制、分封新贵族的举措，并加以实施。在中世纪时代，贵族爵位制是王室制度的守卫者。而拿破仑·波拿巴分封的新贵族是他的帝国的中流砥柱。因此，拿破仑·波拿巴向新贵族承诺了长子继承制。这样一来，这些新贵族便可以放心地将城堡领地、各处房产和堆积如山的财富交给后代子孙。拿破仑·波拿巴的这个主意不可谓不聪明，在执行中也并没有很大的难度。后来之所以失败，是因为贵族们太过贪婪和冒进。在这个过程中，英国不仅一手打破了拿破仑·波拿巴实现东方计划的帝国梦想，还处处破坏他西方帝国的建成。

我认为，德·雷米萨伯爵夫人克莱尔·伊丽莎白·让娜·格拉维耶·德·韦尔热纳的以下说法一针见血地指出了拿破仑·波拿巴的优缺点。德·雷米萨伯爵夫人克莱尔·伊丽莎白·让娜·格拉维耶·德·韦尔热纳曾经说过，在拿破仑·波拿巴的身上有两种人格，一个雄浑威武，另一个卑劣粗俗。德·雷米萨伯爵夫人克莱尔·伊丽莎白·让娜·格拉维耶·德·韦尔热纳的观察力真是惊人。古罗马圣人帕利乌斯·科尔内留斯·塔西陀都没有这等分明的见地。

德·雷米萨伯爵夫人克莱尔·伊丽莎白·让娜·格拉维耶·德·韦尔热纳说：

> 拿破仑·波拿巴的身上似乎有两种人格。一个伟大、磅礴，思维敏捷，果敢坚执。这种人在确定了计划之后，会想办法逐步完成。他的心中会遵从一个至高理念，即心无旁骛地追求。如果他的目标可以造福人类，以他的能力和才干，他必是这个世界上最伟大的人。即使是现在的拿破仑·波拿巴，都算得上是一个非凡的人。你们看，他是多么睿智，他的意志力是多么强大。
>
> 另一个拿破仑·波拿巴与前者截然相反，判若两人。这一个拿破仑·波拿巴充满焦虑，满腹狐疑。他彻夜难眠，无法安定。他欲壑难填，不信任任何人。他嫉恨对手的强大，也嫉妒战友的才能，即使是他一手提拔，亲自分封的人，也无一例外……他深陷于这种不安和防范，无法自拔，一心只想着除掉对手。他放纵自己，以血缘定远近。他用人毫无章法，

不关注民意，只在意自己的好恶。他是这个巨大的关系网和权力圈的中心。他乐于作为中心，向外发散无数射线。射线散向夜空，那满天星辰都是他的子民，而他自己永远都处于中心的地位。他的多疑和对他人的猜忌如心魔一般噬咬着他；如恶疮一样，紧紧地贴在他的身上；如蝼蚁一般，蛀蚀他大业的根基。最终，即使他拥有许多惊人的灵感和精彩的计划，但由于他自身的缺陷，他帝王霸业的千里之堤最终毁于一旦。

第47章

毁灭的归途

（1812年）

精彩看点

爱尔福特盟约很难实现——俄罗斯帝国人民不喜欢俄罗斯帝国沙皇亚历山大一世与拿破仑·波拿巴交好——俄罗斯帝国沙皇亚历山大一世的怨言——拿破仑·波拿巴一意孤行贯彻大陆封锁令——法兰西第一帝国备战——让－巴蒂斯特·朱尔·贝纳多特成瑞典王储查尔斯·约翰——拿破仑·波拿巴不喜欢让－巴蒂斯特·朱尔·贝纳多特——俄罗斯帝国沙皇亚历山大一世与瑞典王储查尔斯·约翰密会——有人警告拿破仑·波拿巴不要对俄用兵——目的——不得已的坚持——天上的星星——备战缓慢——必胜的信念——德累斯顿的声势——多国派军援法攻俄——怎么可能不胜——战役——兵败莫斯科——退兵——走向南的路——换向北的路——惶恐不安的心——从莫斯科一路艰难地撤退——抵达斯摩棱斯克——渡过贝尔齐纳河——先走一步——回到巴黎——恢复信心——拜伦的话

俄罗斯帝国沙皇亚历山大一世在爱尔福特做出的与拿破仑·波拿巴亲密的假象，如同在戏院观众面前的表演，适情适景。但一旦脱离了当时的场景，法俄之间的猜疑便无须再遮掩，俄罗斯帝国沙皇亚历山大一世与拿破仑·波拿巴之间的友谊也尽可消融。

俄罗斯帝国沙皇亚历山大一世与拿破仑·波拿巴从爱尔福特离别之后，便开始相互猜忌，而且这种相互不信任的感觉日益加深。拿破仑·波拿巴扶持萨克森王国国王弗雷德里克·奥古斯特一世兼任华沙公爵究竟有何用意？这着实让俄罗斯帝国沙皇亚历山大一世恼火，也引起了俄罗斯国民的忌恨。作为北方雪国之主，俄罗斯帝国沙皇亚历山大一世不敢不重视彪悍的国民的意见。他不敢忘记他的父亲和祖父的遭遇。[①]于是，当流言四下传起时，俄罗斯帝国沙皇亚历山大一世便明白了，如果他再不中断与拿破仑·波拿巴的"友情"，下一个死于暗杀的俄罗斯帝国沙皇就是他自己。拿破仑·波拿巴迫使他签下和议，将俄罗斯帝国扩入大陆封锁体系，但没有获得俄罗斯国民的支持。俄罗斯帝国敢封锁英国，英国就敢拒收俄罗斯帝国的农产品。这样一来，大农场主们便会损失惨重。茶叶倒是可以由陆路从邻国大清国进口，但咖啡、糖和松香这些必须从海上进口的产品就都没有了。

---

① 1801年3月，俄罗斯帝国沙皇亚历山大一世的父亲保罗一世于被谋杀。1762年，俄罗斯帝国沙皇亚历山大一世的祖父彼得三世于被逼退位。彼得三世退位后据说被暗杀。

另外，拿破仑·波拿巴数次求娶俄罗斯帝国沙皇亚历山大一世的皇妹，这也让俄罗斯帝国沙皇亚历山大一世颇受滋扰。虽说他并没有在第一时间表态，但拿破仑·波拿巴毕竟给定了期限让他答复。然而，拿破仑·波拿巴给定俄罗斯帝国沙皇亚历山大一世的期限还未到期，拿破仑·波拿巴就又暗中筹划与奥地利公主的婚姻。可以想象，后来俄罗斯帝国沙皇亚历山大一世知道了拿破仑·波拿巴两手准备的行径后，心里是多么恼火。此外，拿破仑·波拿巴占据的威尼斯七岛邻近希腊，这样法兰西第一帝国的势力直伸到俄罗斯帝国版图的"卧榻之侧"，实在是让俄罗斯帝国沙皇亚历山大一世不能安枕。这样的话，俄罗斯帝国沙皇亚历山大一世还怎么能够有心思继续祖母叶卡捷琳娜大帝攻打奥斯曼土

叶卡捷琳娜大帝

耳其帝国的旧业呢？还有，拿破仑·波拿巴对普鲁士王国的算计和分割也令俄罗斯帝国沙皇亚历山大一世不悦。何况，拿破仑·波拿巴还占着波兰的但泽和汉萨同盟诸城。自此，俄罗斯帝国沙皇亚历山大一世开始与英国和解并逐渐向其靠拢。自拿破仑·波拿巴在欧洲发动战争以来，欧洲大陆的各国损伤严重。唯有俄罗斯帝国元气尚存，实力犹在。

后来，拿破仑·波拿巴非常草率地占领奥尔登堡城，干预了俄罗斯帝国沙皇亚历山大一世的亲族利益。为报复拿破仑·波拿巴，1810年12月31日，俄罗斯帝国沙皇亚历山大一世颁布谕令，宣布俄罗斯帝国脱离拿破仑·波拿巴的大陆封锁体系。俄罗斯帝国虽然没有将口岸向英国完全开放，但默许进口英国商品，允许关税自由，并开始对法兰西第一帝国的货物和商品征税。

接着，在与法兰西第一帝国正式撕破脸之前，俄罗斯帝国沙皇亚历山大一世又采取了多步措施。他宣布征兵，与土耳其修好，将俄军从波兰边境召回，并沿第聂伯河和德维纳河河布防。拿破仑·波拿巴却依旧执迷不悟，坚持推行大陆封锁体系。他认为，只要再坚持两三年，英国的经济就会崩溃。他说，英国会"掉上一两层皮"①。只有在经济上打垮英国，他才方便率领法兰西第一帝国无敌军团踏平伦敦，将英国那反人性且不亲民的宪法修改一番，然后自豪地向世界宣布，从此以后，统治英国的不伦瑞克王朝便不复存在。"那么，就让我们行动起来！我们要坚持下去！我们要把所有的英国商品都烧掉！所有的英国商品，一经发现，不管在哪里出现的，我们都要把它们烧掉！还有那些将英国商品引入欧洲大陆的人，他们都是叛徒，叛徒！为了大陆封锁体系能够最终得胜，我们都要挺住！无论是谁，即使是俄罗斯帝国沙皇亚历山大一世，都不能在这个关键时刻打退堂鼓，也绝不能够心怀怨意！在必要的时候，我们会勇敢地面对任何人的挑战！"我们由此可以看出，由于俄罗斯帝国预谋退出大陆封锁体系，拿破仑·波拿巴的心中埋下了不少的愤恨。

在法兰西第一帝国，拿破仑·波拿巴还收买了一批写手。这批写手曾为俄罗斯帝国沙皇亚历山大一世大唱颂歌。现在，他们的任务是极力中伤俄罗斯帝国

---

① 原文为法语"a deux doigts de sa perte"，字面意思是"两个手指的损失"。

沙皇亚历山大一世，包括他的家庭和他的宫廷，要说俄罗斯帝国不是好的国家，俄罗斯帝国的人民也没有好人。从1811年秋冬季节到1812年春天，充斥着恶意的舆论源源不断地泼向了俄罗斯帝国沙皇亚历山大一世。这样的情景令人不禁想起1806年普法战争爆发前夕，拿破仑·波拿巴对付普鲁士王后路易丝的伎俩。在巴黎警署的大力支持下，一本满篇谎言，全文皆为杜撰的《俄罗斯帝国史》在巴黎公开发行、传播。古罗马历史学家盖乌斯·苏埃托尼乌斯·特兰奎勒斯在他的作品中指摘、痛骂古罗马暴君的桥段都被安插在这版《俄罗斯帝国史》中，都被描述到俄罗斯帝国沙皇亚历山大一世身上。书中还说，俄罗斯帝国沙皇亚历山大一世一手策划并亲自参与了对俄罗斯帝国沙皇保罗一世的谋杀。法兰西第一帝国的警卫部门便是法兰西第一帝国出版界的后台。拿破仑·波拿巴就以这种方式渲染和描绘俄罗斯帝国沙皇亚历山大一世，引起大众对俄罗斯帝国沙皇亚历山大一世的憎恶。

与此同时，瑞典发生了一系列事件。1809年瑞典国王古斯塔夫四世·阿道夫退位，瑞典国王查理十三世即位，而后1810年瑞典国王查理十三世选定的王位继承人病逝。①瑞典人民便将法兰西第一帝国元帅让–巴蒂斯特·朱尔·贝纳多特拥立为新的王储，称为瑞典王储查尔斯·约翰。拿破仑·波拿巴得知这一消息后非常不悦。他非常不喜欢让–巴蒂斯特·朱尔·贝纳多特，但又不方便明着反对，因为让–巴蒂斯特·朱尔·贝纳多特毕竟与他沾亲带故。让–巴蒂斯特·朱尔·贝纳多特与拿破仑·波拿巴的兄长约瑟夫·波拿巴是连襟②。让–巴蒂斯特·朱尔·贝纳多特将会成为瑞典国王，也有助于提高制皂商女儿的门第，毕竟，有个做瑞典王后的妻妹，约瑟夫·波拿巴更有面子。然而，让–巴蒂斯特·朱尔·贝纳多特并不会做拿破仑·波拿巴乖乖听话的小跟班。相反，为了讨好"捡

---

① 瑞典国王查理十三世即位时已经六十岁，身体不好。他本人无嗣，便收养一位丹麦王子为王储。这位王储是查理·奥古斯特（Charles August）。但查理·奥古斯特抵达瑞典几个月后去世，据说是中风而死。
② 约瑟夫·波拿巴的妻子是玛丽·朱莉·克拉里，让–巴蒂斯特·朱尔·贝纳多特娶了伯纳丁·欧仁妮·德西雷·克拉里。玛丽·朱莉·克拉里和伯纳丁·欧仁妮·德西雷·克拉里是亲姐妹。弗朗西斯·克拉里即下文所说的制皂商，是玛丽·朱莉·克拉里和伯纳丁·欧仁妮·德西雷·克拉里的父亲。

让-巴蒂斯特·朱尔·贝纳多特

来的"国民,他带头抵制大陆封锁令。拿破仑·波拿巴得知这一消息后震怒,下令逮捕了五十名瑞典籍非法商人,将他们的商品全部没收。然而,这还不够解气。1812年1月,拿破仑·波拿巴派遣攻占巴尔干半岛的悍将路易-尼古拉·达武进军瑞典属波美拉尼亚地区和吕根岛。路易-尼古拉·达武的入侵逼得瑞典王储查尔斯·约翰投向了俄罗斯帝国沙皇亚历山大一世的怀抱。瑞典王储查尔斯·约翰与俄罗斯帝国沙皇亚历山大一世早有联系，1812年3月，俄罗斯帝国与瑞典正式缔结盟约。瑞典王储查尔斯·约翰与俄罗斯帝国沙皇亚历山大一世私下秘密会面，商定了对抗法兰西第一帝国的具体计划。当时，威灵顿公爵阿瑟·韦尔斯利在葡萄牙的接连获胜也让瑞典王储查尔斯·约翰和俄罗斯帝国沙皇亚历山大一世有了信心。俄罗斯帝国和瑞典的计划是，如果法兰西第一帝国入侵本国，尽量避免拉锯战，将兵力撤回国内，修筑工事，加强防御。潜藏在斯德哥尔摩的法兰西间谍通过行贿买到了这个消息，立即将消息汇报给拿破仑·波拿巴。但拿破仑·波拿巴目中无人，没有将这个消息放在心上。

战事尚未正式开启，拿破仑·波拿巴的大军已涌入普鲁士、波美拉尼亚和华沙大公国。其中，华沙大公国与俄罗斯帝国接壤。心怀亡国旧恨的波兰人重新燃起了复国的热望，全部汇集在法兰西第一帝国的鹰旗下。

自从上次劝谏拿破仑·波拿巴在西班牙问题上谨慎行事后，查尔斯·莫里斯·德·塔列朗-佩里戈尔一直失宠至今。拿破仑·波拿巴如此狂妄，离他自取灭

斯德哥尔摩

亡的日子不远了。但法兰西第一帝国的朝堂尚有几个敢讲真话的人,其中包括约瑟夫·富歇。约瑟夫·富歇向拿破仑·波拿巴展示了一本备忘录,里面都是密密麻麻的统计数字,以期用切实的军事数据说明攻俄的不实际性。约瑟夫·富歇软磨硬泡,试图让拿破仑·波拿巴罢兵。但无论是谁,都没能让拿破仑·波拿巴改变决定。

法兰西第一帝国的元帅和老将们听说拿破仑·波拿巴要与俄罗斯帝国作战,都摇起了头。他们想起了征战波兰过程中的艰险和苦难。拿破仑·波拿巴疯狂地执迷于战争的胜利,似乎已经忘记了埃劳之痛,忘记了俄军有多么坚毅顽强,多么寸土不让,也忘记了法兰西第一帝国的士兵们根本无法适应北国的严寒气候。

法兰西第一帝国的元帅们经过多年征战,掠取的财物早已能够满足他们的欲望。他们已经厌倦了战争,不想再起战事。现在,是时候谋取和平,享受胜利果实了。法兰西第一帝国元帅们的犹豫不决使拿破仑·波拿巴大为气恼。拿破仑·波拿巴不听法兰西第一帝国的元帅们的解释。他认为法兰西第一帝国的元帅们已热情不再,便索性不和他们来往。拿破仑·波拿巴的攻俄计划在军事会议上一经提出,便受到诸位元帅们的阻拦。这时,拿破仑·波拿巴便会起身,走到会议室房间的窗口,指着窗外,开始动员新生代将领出战。拿破仑·波拿巴滔滔不绝地向新生代将领们叙说,待法军征服俄罗斯之后,他们会掳获大批的金银财宝。这些年轻的将领们没有打过仗,也没有洗掠战利品的经验,自然非常憧憬战争。不管征服俄罗斯的道路将会充满多少艰险,年轻的将领们都迫不及待地要跟随皇帝拿破仑·波拿巴踏上征俄之路。①

拿破仑·波拿巴说:"我会根据将士们的意见及时调整征服俄罗斯的方案。只要有八十万人马,我便可以让整个欧洲臣服。我要将俄罗斯帝国的英国势力消灭殆尽。我要占领西班牙。我的使命尚未完成,现在只是征途的开始。我要统一欧洲,建立一个统一的帝国。巴黎将成为世界的中心。整个欧洲要遵循同一部法典,听命于同一个朝廷,流通同一种货币,使用同一种度量衡。我要将俄罗斯帝国和英国的势力消灭干净。我们只需两场战役便可大功告成。俄罗斯帝国沙皇亚

---

① 费恩:《1812年俄罗斯战役》,1827年,第1卷,第46页、第47页。——原注

历山大一世会哭着来求我，然后我不会再允许俄罗斯拥有大规模的兵力。西班牙，也一直都是我征服的对象，我在西班牙花的精力太多了。都怪我出兵先攻占西班牙，导致法军兵力在西班牙被拖了那么长时间。不然的话，我从一开始就向东进攻，早就打下整个东欧了。然而这一次，我不会再错了，我会占领俄罗斯，我会征服整个东欧，留给法兰西子孙后代一个安定无忧的未来。"

拿破仑·波拿巴执意发动对俄战争的真实目的估计与他公开标榜的说辞大相径庭。当然，与歌功颂德者的吹嘘没有关系。有一次，拿破仑·波拿巴前言不搭后语，词不成句地向副官德·纳博讷-拉腊伯爵路易·玛利·雅克·阿马尔里克倾吐心声。当时所说的才是他真实的思想。

德·纳博讷-拉腊伯爵路易·玛利·雅克·阿马尔里克素来头脑清晰冷静。他听到拿破仑·波拿巴的说法后，竟也听得一头雾水，不知道拿破仑·波拿巴具体指何意。有一次，德·纳博讷-拉腊伯爵路易·玛利·雅克·阿马尔里克见过拿破仑·波拿巴，在离开时不禁感叹："我的天！他是疯了吗？这个人的思想已经开始不受大脑控制了。上帝啊，快来管管他吧！不要让他的灵魂继续在万神殿①和疯人院之间徘徊。"

拿破仑·波拿巴与身边的人交谈时，时常会出现这样思维凌乱、思绪飘忽的状态。他的家人都不愿看到他以身试险，入侵俄罗斯荒原。但拿破仑·波拿巴不耐烦地说："难道你们看不出来吗？我并不是生而为王，是军功荣耀将我送上了皇帝的宝座。为了维持这样的地位，我只能尽力获取更大的荣耀。难道你们不理解吗？我别无选择！我如果不主动出战，就只能灭亡。"拿破仑·波拿巴也听不进舅舅约瑟夫·费什的规劝。有一次约瑟夫·费什又来劝拿破仑·波拿巴不要再兴战争了。那时正好是晚上，拿破仑·波拿巴便打开房间的窗户，对约瑟夫·费什说："那里有一颗星星，你看见了吗？"约瑟夫·费什答道："陛下，我看不见。""再仔细看看。""陛下，我什么都没看见呀。""那就算了。反正我能看见它。"

---

① 万神殿（Pantheon），是罗马帝国时代的古老建筑，用于供奉罗马众神。

马丁-米歇尔-查尔斯·戈丹

  出征俄罗斯的所有将领都心怀不满,一副勉强出征的样子。让-雅克-雷吉斯·德·康巴塞雷斯恳请拿破仑·波拿巴延缓攻打俄罗斯帝国的时间,起码要先结束与西班牙的战争。马丁-米歇尔-查尔斯·戈丹和莫利安伯爵尼古拉·弗朗西斯提醒拿破仑·波拿巴,法兰西第一帝国当前的经济形势不容乐观,濒临崩溃。热罗·克里斯托夫·米歇尔·迪罗克和阿芒-奥古斯丁-路易·德·科兰古冒死进言,劝阻拿破仑·波拿巴出兵俄罗斯。路易·亚历山大·贝尔蒂埃含泪请求拿破仑·波拿巴停战。拿破仑·波拿巴在一番痛苦的思想斗争后离开了巴黎,向俄罗斯帝国进发。将领和大臣们都知道前路遍布着未知的艰险,拿破仑·波拿巴也知道。但拿破仑·波拿巴依旧选择了追寻自己的宿命,没有做任何停留。在这个时期,拿破仑·波拿巴的健康状况已大不如从前。他的身材变得臃肿,饭后总是晕乎乎得犯困，偶尔还会昏倒，过去禁食、少欲的生活被如今的奢靡和山珍海味取代。

尽管如此，拿破仑·波拿巴的思维还是一如既往的灵活。他只是身体机能有所下降。他会躺在长椅上阅读大量俄罗斯帝国的国情咨询，还时常重复一个名字，查理十二。拿破仑·波拿巴为什么叫这个名字呢？是不是拿破仑·波拿巴神思太疲惫了，所以出现幻觉？他也会惊坐而起，大声喊道："谁？谁在叫我？谁在叫我？"然后又倦入梦乡。

战备事宜进行得非常缓慢。春季发动进攻已无法实现。当手下的人向拿破仑·波拿巴汇报，说开战的时间要再次拖延时，拿破仑·波拿巴只是做了个不耐烦的手势，根本听不进任何警告。他只是傲慢地说，只需要两个月，他就能踏平俄罗斯。在这个过程中，瑞典不会坐视不理。不管怎么说，现任的瑞典王储查尔斯·约翰是法兰西人，他应该帮助自己的祖国。于是，拿破仑·波拿巴命令瑞典王储查尔斯·约翰签署协议，同意与法兰西第一帝国联合攻俄。瑞典王储查尔斯·约翰提出了种种条件，意在阻止开战。拿破仑·波拿巴为此气得跳脚。他怒火中烧，道："哼！他还来跟我提条件了！让-巴蒂斯特·朱尔·贝纳多特，他竟然敢跟我提条件！没有他，我就不能打仗了吗？"由此，法瑞会谈终止。最终，瑞典王储查尔斯·约翰坚持了中立，也算是保持了一个法兰西人的良心。

当法兰西第一帝国的大臣们提出意见时，拿破仑·波拿巴也是这副烦躁的样子。他想要起用查尔斯·莫里斯·德·塔列朗–佩里戈尔督管波兰，在波兰建立后方军事基地。但查尔斯·莫里斯·德·塔列朗–佩里戈尔何等狡猾。他表示，如果拿破仑·波拿巴不能明确保证帮助波兰复国，①那么他也不愿前往波兰任职。拿破仑·波拿巴没有同意查尔斯·莫里斯·德·塔列朗–佩里戈尔的条件，还对他表示了极大的蔑视："就凭他？他也配！他还教训起我来了？"

1812年5月月初，拿破仑·波拿巴出兵向德累斯顿开进，玛丽·路易丝皇后随军同行。拿破仑·波拿巴分封的众位国王、奥地利皇帝、普鲁士国王和众属国亲

---

① 这里作者的原文意思是"重建雅盖洛王朝（Jagiellonian dynasty）在波兰的统治"，来喻指重建波兰王国。雅盖洛王朝曾在历史上14世纪到16世纪统治现在的立陶宛、波兰等地。

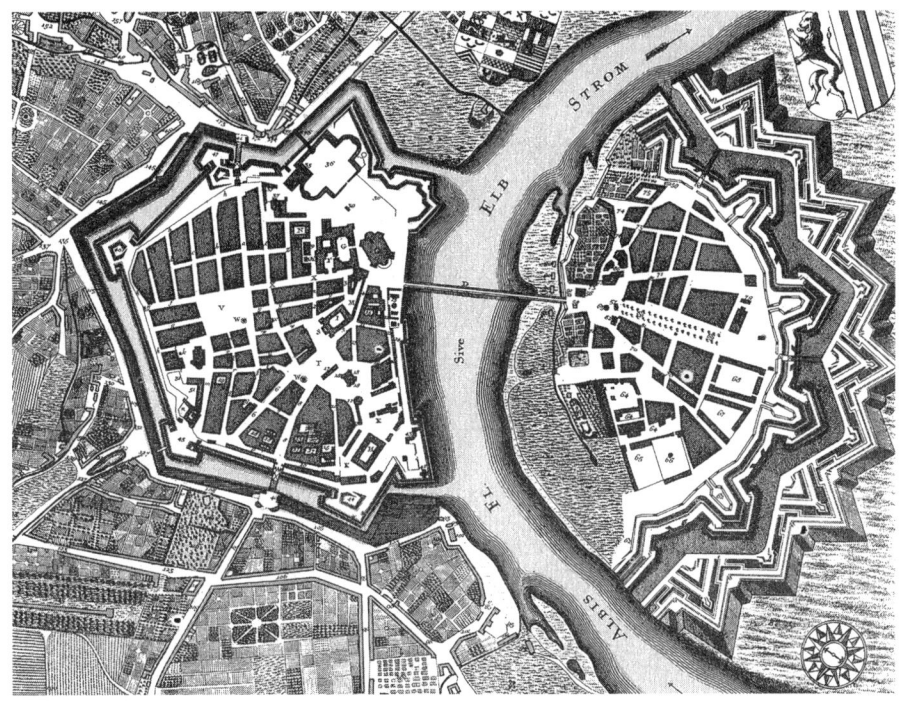

德累斯顿

王也遵照拿破仑·波拿巴的意愿，一同前往德累斯顿。拿破仑·波拿巴看到这些王公大臣们，态度极其嚣张。这些欧洲古老王室的后代是真正的贵族。他们在拿破仑·波拿巴手下众位元帅将军的引领下走向觐见室。如果没有拿破仑·波拿巴，包括让−安多什·朱诺和米歇尔·内伊在内的这些元帅将军或许还在箍桶打铁。然而，他们现在也是贵族。只是想到这一点，就足够让他们兴奋了。前面的那些王胄旧贵一想到被打破的阶级，就对拿破仑·波拿巴心生憎恨。他们在这一点上感受到的羞辱甚至超过了战场上的兵败和溃退。

拿破仑·波拿巴在德累斯顿停留至1812年5月29日。在此期间，他的心中也曾闪过一丝疑虑，对进攻俄罗斯似乎并不十分有把握。但这样的念头只停留了一瞬间。瞬间之后，拿破仑·波拿巴便恢复了自信的神态。普鲁士王国被迫出兵两万，支持法军攻俄。

奥地利帝国皇帝弗朗茨一世承诺出兵三万攻打俄属波兰。巴伐利亚王国

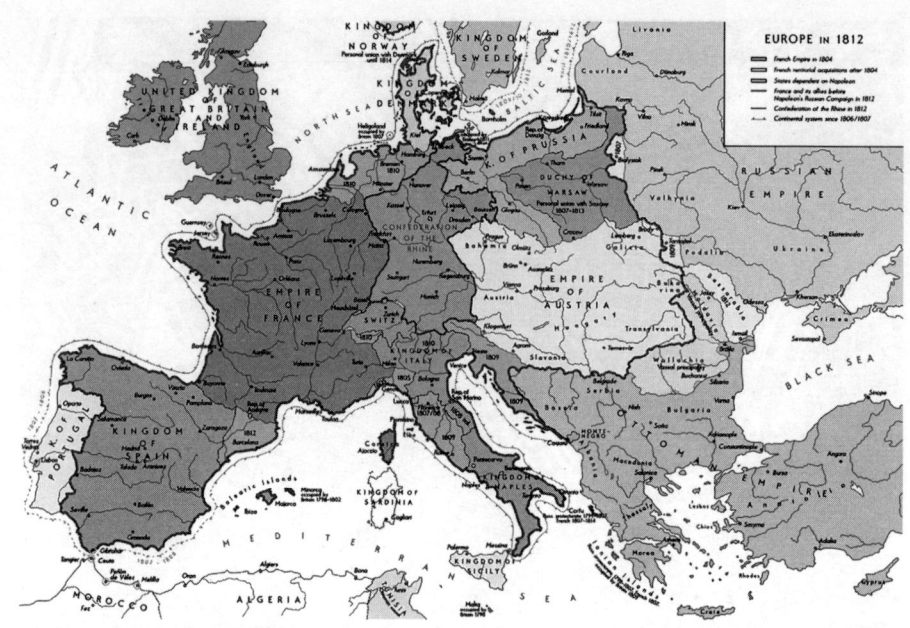

拿破仑·波拿巴攻俄前的欧洲形势

国王马克西米利安一世·约瑟夫、符腾堡国王弗里德里希一世、威斯特伐利亚国王热罗姆·波拿巴、那不勒斯国王若阿基姆·缪拉和意大利总督欧仁·罗斯·德·博阿尔内分别派兵援助。因此，拿破仑·波拿巴自信心膨胀，觉得很快就能攻下俄罗斯。

拿破仑·波拿巴说：“我们一定有希望获胜。我已得到了来自四面八方的支持。我们的大军组成不仅来自法兰西第一帝国、意大利、德意志、莱茵联邦和波兰，还有土耳其和瑞典。土耳其和瑞典过去一直助俄反法，现在也站到了我这一边。法兰西和土耳其、瑞典都是老朋友，我们有过矛盾，但我们过去的争执影响不了我们真挚的友情。我为什么不能寄希望于土耳其和瑞典呢？土耳其已经与俄罗斯帝国开战。至于瑞典，瑞典王储查尔斯·约翰毕竟是法兰西人。战争一旦打响，他就会加入祖国的阵营。再也没有比眼下更好的时机，更有利的条件。我认为，我们势在必得。如果俄罗斯帝国沙皇亚历山大一世不同意我提出的条件，我就跨过涅曼河。

此时，法兰西国内也是一片狂热，自认为必胜无疑。法兰西人民仿佛被假象障了眼睛,在拿破仑·波拿巴声势浩大的五十万大军面前,在拿破仑·波拿巴必胜的信心面前,法兰西人民坚信法军一定会胜利。当时,法军军辎声势浩大,拿破仑·波拿巴气宇轩昂。在德累斯顿,所有前来的国王、亲王和大公们都对拿破仑·波拿巴唯唯诺诺,没有人怀疑拿破仑·波拿巴的权威。正如德·斯塔埃尔夫人安妮·路易丝·热尔梅娜所言:"毫无疑问,法兰西会获胜。无论从哪个角度来看,法军都不可能失败。"

拿破仑·波拿巴的气势骄纵,丝毫不留情面地慢待前来觐见的诸位君王。对封地无多的亲王贵族,他甚至会直接出言凌辱。但无论是轻视还是凌辱,这都是他最后一次耍威风。当时,所有人在拿破仑·波拿巴面前还是一副唯唯诺诺的谦卑模样。因为,无论是君主、亲王,还是将军,甚至各国外交官,都没有想到,这一次战争的获胜方会是俄罗斯帝国。人们都在想,俄罗斯帝国沙皇亚历山大一世怎么可能获胜?就凭俄罗斯帝国的羸弱的将军们?或者凭俄军军中更加羸弱的士兵?还是凭借随时可能再次燃起战火的土耳其边防线?除非天降奇迹,否则俄罗斯帝国沙皇亚历山大一世根本不可能取胜。就等着百战不败的拿破仑·波拿巴像过去碾压欧洲各国一样,碾压俄罗斯帝国的国土吧。但同时,平民百姓的心中升起了一种模糊而不确定的预感。或许,真的会有奇迹降临。

这一战的结局,居然让平民大众猜对了,法军败了。当然,一开始还看不出法军的败象,俄罗斯帝国的军队不知是真的难敌法军,还是假意撤退,反正俄军就是避而不战。自法军入境开始,俄军便步步后撤。最终,在格哈德·约翰·大卫·冯·沙恩霍斯特①的部署下,俄军一步步将法军拽向了深渊。法军深入俄罗斯帝国内陆的广袤国土,成了孤军。俄军将法军留在莽莽荒原上,还切断了法军的补给。

本书的目的不在于详细阐述战争细节,我们也无意对拿破仑·波拿巴的任何一场战役进行详细描述。因此,我们在文中只做简略概括。

---

① 格哈德·约翰·大卫·冯·沙恩霍斯特(Gerhard Johann David von Scharnhorst, 1755—1813),普鲁士将军和军事改革家,普鲁士总参谋部的奠基人,1806年任普鲁士军队参谋长,参加耶拿-奥厄施泰特会战。1813年第六次反法联盟中任格布哈特·莱贝雷希特·冯·布吕歇尔的参谋长,1803年吕岑战役中负伤,后不治身亡。著有《炮兵研究指南》和《军事回忆录》。

法军渡过涅曼河

似乎大家都看得出,拿破仑·波拿巴的天赋才干大不如前。拿破仑·波拿巴不再冷静沉着,不再精力充溢,也不再生动有情。渡过涅曼河时,拿破仑·波拿巴的马摔了一跤。拿破仑·波拿巴说:"这不是好兆头。我是不是应该退兵?"俄军从不正面会战,总是一触即退。这让拿破仑·波拿巴气急败坏,又无可奈何。拿破仑·波拿巴在维尔纽斯停留了二十天。在此期间,他派路易-尼古拉·达武和若阿基姆·缪拉寻找俄军主力决战。拿破仑·波拿巴在维尔纽斯滞留过久,耽误了许多时间,一方面是因为他的确体力不支,另一方面是因为,他要一手掌控巴黎的政局,因此要审阅大量信件文书,这些都是他密切关注的事情,需要他亲自处理。拿破仑·波拿巴在维尔纽斯停留的过程中,法兰西大军开始出现队伍松散的现象。已经有五万法军或逃遁,或死于痢疾。在维尔纽斯停留二十天后,拿破仑·波拿巴下令继续前进。俄军依旧在不停后撤,这让拿破仑·波拿巴恼火至极,因为这样的作战思路完全出乎他的意料。拿破仑·波拿巴大发雷霆,破口大骂,说俄军从士兵到将领都是胆小鬼。但有一次,拿破仑·波拿巴情绪爆发后,热罗·克里斯托夫·米歇尔·迪罗克与同僚们说:"米夏埃尔·安德烈亚斯·巴克利·德·托利[①]避而不战是对的,否则,皇帝也不会这么痛骂他。"这种说法确实在理。

为了保住神圣之城斯摩棱斯克,俄军不再退却,选择抵抗。

从1812年8月17日到1812年8月19日,经过三天三夜血战,法军攻下斯摩棱斯克。俄军不敌法军,弃城而去。之后,1812年9月7日,为保卫俄罗斯帝国首都莫斯科,俄法两军又在博罗季诺发生会战。这一次,拿破仑·波拿巴获得了胜利。但这次胜利的代价非常巨大。法军的伤亡空前惨重。博罗季诺会战胜利后,

博罗季诺会战

[①] 米夏埃尔·安德烈亚斯·巴克利·德·托利(Michael Andreas Barclay de Tolly, 1761—1818),俄罗斯陆军元帅,在1812年拿破仑·波拿巴侵俄战争以及第六次反法联盟战争中担任俄罗斯帝国陆军部大臣。

拿破仑·波拿巴率军抵达莫斯科

法军通往莫斯科的路便畅通无阻。然而,当拿破仑·波拿巴率军抵达莫斯科时,才发现莫斯科仅剩一座空城。这样一来,拿破仑·波拿巴在莫斯科进行休整并补充供给的计划全部落空。莫斯科总督费奥多尔·瓦西里耶维奇·罗斯托普钦将爱国热情转为熊熊烈火,燃烧了整个城市。大火在莫斯科城肆虐五天后,莫斯科城化为一片灰烬。在断壁残垣中,法军竟找不到一处地方遮挡俄罗斯冬日的凛冽寒风。

真想不到结局会是这样,这让拿破仑·波拿巴难以接受。终于,俄罗斯帝国与法兰西第一帝国坐在了谈判桌前。然而,对拿破仑·波拿巴来说,这只是在浪费时间。天马行空的谈判持续了五个星期。俄罗斯帝国沙皇亚历山大一世也学聪明了。他一心想要拖死拿破仑·波拿巴。

最终，拿破仑·波拿巴接受了失败的事实，决定退兵。俄罗斯的冬天刚下过第一场雪，天气却异常晴朗和煦。天公作美，就连拿破仑·波拿巴发回法兰西第一帝国的战报中，都将冬日的俄罗斯比作了夏季的枫丹白露宫。俄罗斯人开始害怕，担心天气一直晴下去的话，法军还要长驱直入。但事实上，这晴天只是暂时的，之后等待拿破仑·波拿巴的将是毁灭的归途。

法军要返回法兰西第一帝国本土，有两条路线可以选择。一条是由莫斯科向北，经斯摩棱斯克返回法兰西。但斯摩棱斯克已被完全焚毁。俄军如同对待莫斯科城一样，用一把火将斯摩棱斯克清扫一空，没有给法军留下一片屋檐、一口干粮。另一条路是由莫斯科向南，穿过卡卢加，返回法兰西。拿破仑·波拿巴选择了向南的那条路。1812年10月18日，在法军前方开路的若阿基姆·缪拉前卫部队在塔鲁季诺村附近遭遇俄军伏击，伤亡惨重。第二天，即1812年10月19日，

塔鲁季诺战役

小雅罗斯拉韦茨战役

拿破仑·波拿巴率十万五千人撤出莫斯科,也从南路返回,却在小雅罗斯拉韦茨遭遇俄军。俄军分列公路两侧对法军进行阻截,因此,法军无法击退俄军。法军如果想越过俄军的包围,只能留在此处与俄军决战,或退回莫斯科,转走北路。然而,法军如果与俄军决战,取胜的概率尚不确定。如果退回莫斯科从北方撤退,便是承认了战败。

  此时,拿破仑·波拿巴的愤怒达到了极点。周围的人都吓得不敢接近他。拿破仑·波拿巴找到一处小房子落脚,然后派人召来路易·亚历山大·贝尔蒂埃、若阿基姆·缪拉和让-巴蒂斯特·贝西埃三位将军,一起研究军情。拿破仑·波拿巴与三位将军围坐在一张小桌子旁,桌子上有一张俄罗斯地图。俄军现已先发制人,占领高地。法军想打散他们是不可能了。经过一段时间的讨论后,拿破仑·波拿巴陷入了沉思。他手肘抵着桌子,用手支着脸颊,一动不动地坐了一个小时。三位将军知道他在思考,也不敢打扰,于是一直静默地等待着。然后,拿破仑·波拿巴看上去很落寞的样子,仿佛人生中第一次幸运女神离他而去,第一次幸运之星不再为他闪耀。拿破仑·波拿巴忽然跳了起来,没有向将军们透露任何想法,就让他们退下了。

拿破仑·波拿巴羞愤交加,但还是下令法军折回莫斯科,由北路返回法兰西。

法军经北线返回法兰西的故事想必大家都已知晓。法军一路饱受饥饿、病疟之苦,溃乱不堪。哥萨克骑兵如鹰鹫髭狼般撕扯着法军将士们的皮肉。俄罗斯兵团则对法军紧追不舍,法军完全无法将其甩脱。法军离开莫斯科时还有十二万人,但抵达沃皮河上的维亚济马时,只剩五六万人。1812年11月6日,法军迎来了俄罗斯冬日的酷寒。如狂风刮过麦田一般,法军一片片倒地冻死。余者侥幸活着

拿破仑·波拿巴的撤退

第 47 章 毁灭的归途(1812年)

在俄罗斯的冰天雪地露营的法军

到了斯莫利亚尼，好歹获得了补给，喘了口气。1812年11月14日，拿破仑·波拿巴率军离开斯莫利亚尼时，法军只剩四万有效兵力。即使如此，俄军依旧紧追不舍。法军后翼时常受到俄军骚扰，只得一边抵抗，一边逃跑。

俄罗斯的冰雪比追来的哥萨克骑兵还可怕。从俄罗斯荒芜广袤的平原上呼啸而过的夜风刺入骨髓般的寒冷。法军的许多士兵没有死在哥萨克骑兵的利剑长矛下，却死在了冬日酷寒的寂寥荒原。余下的人得以安全返回法兰西，也只是由于俄罗斯帝国高抬贵手，对拿破仑·波拿巴昔日的威严心有余悸。

1812年11月16日至1812年11月18日，法军与俄军又陷入激战，整整三天。法军损失大炮一百一十六门，这与法军在斯摩棱斯克丢弃的武器数量相似。此外，法军有二万六千人被俘，一万人战死。阵亡的将士中包括三百名法军军官。

法军全军大乱，马匹也损失惨重。还能使用的马匹要用来驮运伤兵。甚至拿破仑·波拿巴自己都要步行前进。他一路沉默着，低垂着头，心中愤懑。他手执一根桦树杆作为支撑，以免在冰滑的路面上跌倒。

当拿破仑·波拿巴抵达立陶宛的欧里沙时，法兰西大军只剩一万两千人。但当法军行近别列津纳河时，遇到了前来援助的五万援军。在掩护法军残军顺利渡河的过程中，有一半援军牺牲。战斗前夕，拿破仑·波拿巴住在一个简陋的小屋子里，"大颗泪珠缓缓流过他的脸颊。他的脸色显得比平时还要苍白。"① 由于俄罗斯帝国将领没有全力追击，法军渡河时才不至全军覆没。

法军渡河的过程中又折损了不少士兵，已然军形散乱，溃不成军了。米歇尔·内伊元帅四处搜罗，勉强凑齐三千人组成一支后卫军，以抵抗追剿法军的哥萨克长矛。

法军渡过别列津纳河

---

① 路易·康斯坦·沃伊里：《波拿巴皇帝的贴身男仆康斯坦回忆录：关于拿破仑·波拿巴的生活、家庭和宫廷》，第5卷，第127页。——原注

拿破仑·波拿巴收到来自巴黎的坏消息

　　名为"神圣中队"的护驾卫队,如今只剩若干军官。大家将拿破仑·波拿巴拥在中间,继续前进。

　　1812年12月5日,拿破仑·波拿巴逃至斯莫尔贡。他将法军元帅们召集起来,并口述一份公告内容,这便是著名的大军团第二十九期公告[①]。在这份公告中,拿破仑·波拿巴生平唯一一次向国人宣告了实情:在这次攻俄战争中,整个法兰西大军全部牺牲,只有卫队中的一部分人得以存活。1812年12月6日22时,拿破

[①] 大军团第二十九期公告,是1812年12月17日,拿破仑·波拿巴发布的公告。这期公告之所以非常著名,是因为在这份公告里,拿破仑·波拿巴第一次向法兰西人民承认法军遭遇的失败。

仑·波拿巴像是当年扔下攻打埃及的部队一样，坐着雪橇悄悄离开了残军。他委托若阿基姆·缪拉全权指挥法军，自己裹着毛皮大衣返回了巴黎。

  第二天清晨，法兰西军队剩余的官兵们才知晓了这一消息。很难想象，当时的士兵们听到这个消息会有怎样的反应。空气中弥布着失望的气息。许多士兵破口大骂，责骂拿破仑·波拿巴将他们弃之不顾。四处充斥着咒骂的声音……那是个极其寒冷的夜晚，连鸟儿都被冻得无法挥动翅膀，冻死在雪地里。法军士兵席地而坐，双手抱头，向前躬着身体，仿佛保持这样的姿势可以减缓饥饿的感觉。其中许多人就保持着这样的姿势入睡，再也没有醒来……炮兵们将冻僵的双手伸向马的鼻孔，希望借着马匹呼吸喘出的热气取暖。大家断了口粮，于是，士兵们杀了马匹，充当军粮。①

1812年12月18日，拿破仑·波拿巴返回巴黎。拿破仑·波拿巴再次身处杜伊勒里宫奢华繁丽的宫室，在炉火前温暖疲惫的身心。拿破仑·波拿巴说："哦，天呐！终于离开莫斯科那个鬼地方了。"

没过多久，拿破仑·波拿巴便从沉思中苏醒，又回到了独立不羁的状态。路易·康斯坦·沃伊里说：

  我发现，那个进攻俄罗斯之前的拿破仑·波拿巴又回来了。我能看到他的脸上飘逸着惯有的冷峻。你或许会说，胜败乃兵家常事。或许又会说，未来还有许多机会可以重获胜利，敌人和对手终会臣服于自己……但事实上，拿破仑·波拿巴的心中一直挥之不去的，是克劳德·弗朗西斯·德·马莱将军发起政变这件事。②

---

① 路易·康斯坦·沃伊里：《波拿巴皇帝的贴身男仆康斯坦回忆录：关于拿破仑·波拿巴的生活、家庭和宫廷》，第5卷，第138页。——原注
② 路易·康斯坦·沃伊里：《波拿巴皇帝的贴身男仆康斯坦回忆录：关于拿破仑·波拿巴的生活、家庭和宫廷》，第5卷，第161页。——原注

克劳德·弗朗西斯·德·马莱将军趁拿破仑·波拿巴由俄罗斯撤回法兰西时发动了政变，但最终功败垂成。想来，拿破仑·波拿巴也是因此坐雪橇提前赶回了巴黎。现在，巴黎的街道上只剩女人。她们为自己悲惨的命运和战争中失去的亲人哀恸不已。她们的丈夫、兄弟和孩子——法兰西军队的那么多士兵都死在了俄罗斯。除了拿破仑·波拿巴，所有人都沉浸在哀伤的情绪中，无法自拔。拿破仑·波拿巴对人间的惨痛和生命的凋零没有概念，他也不会因自己疯狂发动的战争感到后悔。

乔治·戈登·拜伦在《蔡尔德·哈罗德游记》第三章的注释中写道：

拿破仑·波拿巴最致命的错误，就是他不断地对外用兵，想要征服各个民族。他将他的个人感情和价值观强加给不同的民族。这种强硬地迫使外族接受自己观点的做法，比最暴虐的统治更招人厌恨。因为这种做法侵犯了人类的尊严。无论是拿破仑·波拿巴在公开场合的演讲，还是他在私人场合的谈话，都透露出了这样的原则。据说，入侵俄罗斯的战争结束后，他返回巴黎，坐在炉火边搓着手，只说了一句："这里比莫斯科舒服多了。"击垮拿破仑·波拿巴的不是兵败，也不是严寒，而是人们听到他的这句话后，对他深深的失望。

第 48 章

折翼莱比锡

（1813 年）

精彩看点

让·拉普的苦心——哪里有压迫——哪里就有反抗——普鲁士王国被逼到绝境——约翰·大卫·路德维希·约克·冯·瓦滕贝格将军率先反法——普鲁士王国向法兰西第一帝国宣战——普鲁士举国热忱——诗人卡尔·特奥多尔·克尔纳——萨克森王国国王腓特烈·奥古斯特一世逃走——法兰西第一帝国再三征兵——波旁王朝的路易十八突然出现——法兰西第一帝国的人民不想再有战争——法兰西第一帝国的议院开始不安——各种小册子满天飞——法兰西第一帝国众位将军也不愿再战——瑞典王储查尔斯·约翰倒戈——若阿基姆·缪拉骂拿破仑·波拿巴——拿破仑·波拿巴的大军毫无斗志——现在轮到拿破仑·波拿巴的部队尝尝失败的滋味——吕岑战役与包岑战役——热罗·克里斯托夫·米歇尔·迪罗克去世——拿破仑·波拿巴伤心——同意停战是致命的错——被撕破的停战协定——诗人卡尔·特奥多尔·克尔纳之死——奥地利外交大臣梅特涅－温贝里·楚·拜尔施泰因亲王克莱门斯·文策尔·内波穆克·洛塔尔的建议——奥地利外交大臣梅特涅－温贝里·楚·拜尔施泰因亲王克莱门斯·文策尔·内波穆克·洛塔尔与拿破仑·波拿巴的一段对话——拿破仑·波拿巴得知维多利亚战役爆发——奥地利帝国加入反法联盟——岳父的顾虑——拿破仑·波拿巴蔑视普鲁士王国后备军——普鲁士王国后备军的农民们给拿破仑·波拿巴提供假情报——兵败——德累斯顿之战——巴伐利亚等国背叛——本打算进攻柏林——在杜本众将兵谏——拿破仑·波拿巴只得下令退军——莱比锡战役——后撤——永别了，德意志平原

1812年，法兰西第一帝国对俄用兵前夕，让·拉普师长致信拿破仑·波拿巴：

> 如果战局有变，将对陛下有所不利。可想而知，俄罗斯帝国与德意志必会先后挣脱我国羁束。这两个国家一旦背弃您，陛下，您所有的盟友都会脱离您的羁束。就连巴伐利亚国王马克西米利安一世·约瑟夫都靠不住。他必会背叛您，加入反法联盟。我认为，只有萨克森王国国王腓特烈·奥古斯特一世能保持忠直。他或许没有问题，但他的臣民就难说了。萨克森的臣民可能会胁迫萨克森王国国王腓特烈·奥古斯特一世加入反法联盟那一方也未尝可知。①

不只让·拉普一人预言的这种危局最终竟成了事实。根据1810年12月10日的法令，拿破仑·波拿巴吞并了波罗的海沿岸领土。汉诺威北部的奥尔登堡原本要划归威斯特伐利亚王国，现也被拿破仑·波拿巴收为己有。法兰西第一帝国完全占领了汉萨同盟的领土，并将其划分为五个区，又与莱茵河左岸的七个区合并成一个大的波罗的海行省。汉萨同盟诸镇遭受严重洗劫，不仅商业停滞不前，各种苛捐杂税也使人们穷苦难言。普鲁士王国背负着一亿两千九百万法郎的税

---

① 路易·安托万·福弗莱·德·布里昂：《回忆拿破仑·波拿巴》，第3卷，第30页。——原注

收和约十亿法郎捐税，此外，另有一亿五千四百五十万法郎需要捐缴。普鲁士王国本是一个完整的国家，可是自战败起就饱受蹂躏欺辱，国家残破不堪，国土也成为他国俎上的肉。奥地利帝国、匈牙利、德意志、捷克、克罗地亚等地的民众怀着满腔热情，万众一心，誓要反抗征服者的压迫。奥地利帝国皇帝弗朗茨一世签订了屈辱的《维也纳和约》后，重返维也纳时，受到了众人的狂热欢呼。大家在他身上寄予了无限的热爱和支持。拿破仑·波拿巴听到这个消息，感到十分惊愕："奥地利人民竟如此愚忠！简直难以想象。假如我打了败仗，法兰西人和巴黎人简直能将我生吞！"

当拿破仑·波拿巴的大军征俄失败，从德意志境内败回法兰西的时候，德意志人民心情激动地认为，是时间摆脱拿破仑·波拿巴对德意志的统治了。其实，到了这个时候，除了法兰西本土的人民还蒙在鼓里，欧洲其他国家都知道拿破仑·波拿巴遭到了前所未有的失败。厄恩斯特·莫里茨·阿恩特写下《德意志军人和士兵的教义问答》，赞颂了国人的抗法运动。施泰因男爵海因里希·弗里德里希·卡尔试图说服俄罗斯帝国皇帝亚历山大一世出境作战。事实上，俄罗斯帝国皇帝亚历山大一世根本不需要他人劝说，他本身好大喜功，早就想以解放者的姿态出现在世人面前，说不定还能把波兰要回来。

可是，说的容易做的难。普鲁士王国真要彻底摆脱法兰西的束缚，也绝非易事。虽然每一位普鲁士国民的心中都充斥着对法兰西人的怒火，但公开反抗终非良策。法军已深入普鲁士王国，占据了各个关口和要塞，因此，镇压普鲁士国民的起义毫不费力。普鲁士王国首相卡尔·奥古斯特·冯·哈登贝格暗中加紧整备武装，组建军队，在必要的时候奋起反击。反正，普鲁士王国一旦确定奥地利帝国要加入反法联盟，也会继而公开反法。

得知自己要在奥地利帝国行动后才能有所动作，普鲁士王国的爱国人士气愤不已。但最终，他们还是遵照卡尔·奥古斯特·冯·哈登贝格的计划，谨慎行事。不过，突然普俄前线传来一个振奋人心的好消息，这个消息像闪电一样劈裂长空，使普鲁士爱国人士振奋无比。原来，"将在外，君命有所不受"，普鲁士的将军约翰·大卫·路德维希·约克·冯·瓦滕贝格将普鲁士王国首相卡尔·奥古斯

约翰·大卫·路德维希·约克·冯·瓦滕贝格

特·冯·哈登贝格要谨慎观望的嘱咐抛诸脑后。本来,约翰·大卫·路德维希·约克·冯·瓦滕贝格的部队是作为法军的盟军去攻打俄军的,但约翰·大卫·路德维希·约克·冯·瓦滕贝格背弃了法军,与俄军握手言和。

普鲁士王国先遣军是埃蒂安-雅克-约瑟夫-亚历山大·麦克唐纳军的一支。位于埃蒂安-雅克-约瑟夫-亚历山大·麦克唐纳军的左翼,控制波罗的海各省。它的主要任务是抵御俄军,并掩护俄罗斯帝国战场上的法兰西残兵安全撤离。当时法军已经落败,约翰·大卫·路德维希·约克·冯·瓦滕贝格背弃法军,加入俄军,是迟早的事。但法军残部只能说是暗自侥幸,因为假如约翰·大卫·路德维希·约克·冯·瓦滕贝格更早一些加入俄方,那么等待法军残部的恐怕只有更加悲惨的下场。一旦普俄联手,从俄罗斯败退回普鲁士境内的法军残部估计会全军覆灭，无一生还。但约翰·大卫·路德维希·约克·冯·瓦滕贝格颇有仁慈之心，他并没有及早地"落井下石"。约翰·大卫·路德维希·约克·冯·瓦滕贝格一直等到普鲁士国王腓特烈·威廉三世下了一项比较模糊的命令，才开始背离法军。①

此次行动暴露了普鲁士国王腓特烈·威廉三世的真实目的。很快，1812年12月18日，俄罗斯帝国皇帝亚历山大一世做出回应。他写下允诺书，表明要与普鲁士王国结盟，并帮助普鲁士王国恢复1805年被拿破仑·波拿巴肢解的疆土。约翰·大卫·路德维希·约克·冯·瓦滕贝格得到授意，开始对法军展开反击。1812年12月30日，约翰·大卫·路德维希·约克·冯·瓦滕贝格与俄军将领汉斯·卡尔·弗里德里希·安东·冯·迪比奇签署了《陶罗根停战协议》。在《陶罗根停战

汉斯·卡尔·弗里德里希·安东·冯·迪比奇

---

① 普鲁士王国国王腓特烈·威廉三世命令的原话是让约翰·大卫·路德维希·约克·冯·瓦滕贝格"伺机而动"。——原注

协议》中，约翰·大卫·路德维希·约克·冯·瓦滕贝格同意撤兵至默默尔和提尔西特之间，等待普鲁士国王腓特烈·威廉三世的进一步命令。约翰·大卫·路德维希·约克·冯·瓦滕贝格宣称，他可以对整个行动负责。他致信普鲁士国王腓特烈·威廉三世时写道："陛下，我向您起誓，我会尽我全力，在战场上静观其变。"《陶罗根停战协议》签订后，德意志人民兴奋不已，普鲁士国内一片欢欣鼓舞。普鲁士王国首相卡尔·奥古斯特·冯·哈登贝格和普鲁士国王腓特烈·威廉三世得知普鲁士军队已经与俄军结盟，心里惶惶不安。普鲁士国王腓特烈·威廉三世还是担心会遭到法军报复，于1813年1月23日逃至布雷斯劳。但事已至此，普鲁士王国已经没有反悔的余地。于是，1813年2月3日，普鲁士国王腓特烈·威廉三世组建志愿军。1813年2月28日，他在卡利什与俄罗斯帝国皇帝亚历山大一世正式签订盟约，确定共同反法。普鲁士王国与俄罗斯帝国签订反法盟约时，法兰西第一帝国还被蒙在鼓里。但1813年3月16日，普鲁士国王腓特烈·威廉三世宣布对法兰西第一帝国开战时，局势已经变得十分明了。1813年3月17日，普鲁士国王腓特烈·威廉三世发布《告人民书》，号召普鲁士人民拿起武器，准备战斗。普鲁士国王腓特烈·威廉三世恳告："我们现在面临的选择就是，我们一定要举国同心，战斗到最后一刻，争取获得光荣的胜利。"普鲁士人民反响热烈，万众一心。普鲁士国王腓特烈·威廉三世对此感动不已。他没有想到，自己的国民竟如此爱国，对反抗法兰西第一帝国有如此热烈的渴望。1813年3月17日，也是格哈德·约翰·大卫·冯·沙恩霍斯特一生中感到最自豪的一天。格哈德·约翰·大卫·冯·沙恩霍斯特率领新组建的普鲁士志愿军，接受普鲁士国王腓特烈·威廉三世检阅，然后前去与法兰西第一帝国的军队决战。这支普鲁士志愿军中有年轻人，也有老年人。在为普鲁士志愿军捐款的国民中，有贵族，也有贫民。虽然法兰西第一帝国的侵略者早已将最后一枚金币掳走，但战争募捐箱中依然装满了铜板。普鲁士人民为了祖国，毫无保留，倾囊捐献——新娘褪去了手上的婚戒，少女也将飘逸的长发剪去，换成了铜板，投入募捐箱。

当时的一位作家见证了这一切。他在信中描述道：

格哈德·约翰·大卫·冯·沙恩霍斯特

长久以来,人民饱受法兰西侵略者统治的压迫,饱尝法军压境的恐惧和威慑。现在,民众的爱国热情如决堤般倾泻,触动了人们最深的心弦。普鲁士国王腓特烈·威廉三世的姐妹们都捐出了金银珠宝。平民妇女即便囊中羞涩,也捐出了自己最值钱的物件。爱国情怀由此尽显。请注意,在此,我在说所有人。是的,是"所有的女性"。我没有丝毫的夸张,因为没有人不愿为国尽力。即使是最贫困的底层民众,即使是早已一无所有的穷人,也希望能为国家添一份力,哪怕是捐一枚铜板。只是,她们实在没有金杯银盏。所有的妇人都将当年结婚时的金器饰物奉上了爱国的祭坛。普鲁士政府将刻有"仅以此物纪念一八一三年所捐金器"字样的铁器皿发还她们,作为收据。普鲁士民众捐献的这些金器本就做工精良,具有特殊的纪念意义,现因爱国而捐出,更显其珍贵。妇女、孩童和老人挤满了普鲁士王国的大街小巷。能抬得起手、拿得动武器的伤兵都上了前线。没有一个青年逃避军役。在德意志的渺渺荒原之上,普鲁士突然汇集了一支二十万人的军队,这景象相当骇人。①

著名诗人约翰·沃尔夫冈·冯·歌德对此点评道:"挣扎吧,普鲁士,摇晃你的枷锁。而你依旧无法撼动那天降的帝王。"②由此看来,以他的情怀,还不能

约翰·沃尔夫冈·冯·歌德

---

① 卡尔·奥古斯特·冯·哈登贝格:《回忆录》,1829年到1835年,巴黎,第12卷,第565页。——原注
② 约翰·沃尔夫冈·冯·歌德的原话英文是"Rattle your chains; the man is still too great for you"。

弗里德里希·海因里希·卡尔·德·拉·莫特

理解这全民皆兵的情怀,并为之感叹。另一位诗人卡尔·特奥多尔·克尔纳却为抵抗法兰西侵略者的国民写出赞颂之语:"人民觉醒了,暴风雨来了!"厄恩斯特·莫里茨·阿恩特呼吁所有德意志民众举手合十,对天祈祷:"我们被奴役的日子结束了!"诗人戈特洛布·斐迪南·马克西米利安·戈特弗里德·冯·申肯多夫虽然右臂已瘫痪,但仍坚持要上前线,为国效力。在行军途中,富凯男爵弗里德里希·海因里希·卡尔·德·拉·莫特高声唱着"弗里希发现后大开杀戒"①。普鲁士的志愿兵们也跟着他一起高声歌唱,歌声响彻天地。

---

① 此处为德语"Frisch auf zum frohlichen Jagen"。

普鲁士燃起抵抗法兰西侵略者的热情，在这个时候，爱祖国就是爱普鲁士王国。很快，普鲁士后备军就整备好待命，等待着随时上战场。普鲁士后备军由十五岁到六十岁尚未出征的男性组成。1813年4月21日，普鲁士后备军整结完毕。普鲁士后备军的士兵们暂时不上前线，他们主要负责运送弹药、刺探敌情、开展游击战及加固城防。

普鲁士境内全民反法情绪高涨，如同当年的西班牙一样。只是，普鲁士王国的这番反法热潮更加汹涌，更加难以抵挡。拿破仑·波拿巴早就说，法兰西第一帝国攻打俄罗斯，普鲁士王国便是法兰西第一帝国的后方，如果普鲁士反抗法兰西第一帝国，那么法军根本无法战胜俄军。目前，丹麦还在法兰西第一帝国的阵营，莱茵联邦似乎也没有被普鲁士王国的反法热情感染，萨克森王国依旧忠诚。然而，萨克森王国国王腓特烈·奥古斯特一世虽然对拿破仑·波拿巴忠心耿耿，但面对国内人民的强烈反对和国外俄罗斯帝国皇帝亚历山大一世与普鲁士国王腓特烈·威廉三世的咄咄相逼，他也只得慌忙逃离萨克森。

与此同时，拿破仑·波拿巴穷尽法兰西第一帝国的人力和国力，重组大军，恨不能将普鲁士王国碾成齑粉。根据1813年4月颁布的法兰西第一帝国元老院法令，法兰西第一帝国将募兵十八万，其中包括一万近卫兵在拿破仑·波拿巴身边随侍。当时，欧仁·罗斯·德·博阿尔内手中尚有三万余士兵在普鲁士王国境内。法兰西第一帝国仍然牢牢控制着马格德堡、威滕伯格、托尔高、但泽及汉萨同盟诸城。

正在此时，另一片不祥的阴云从海上飘来，使拿破仑·波拿巴腹背受敌。1813年，在英国流亡并继位流亡国王之位的路易十八①突然出击，发布了告法兰西人民书，试图收揽法兰西人心。②路易十八的公告广泛传流，一下子闹得沸沸

---

① 路易十八（Louis XVIII of France，1755—1824），1814年至1824年在位的波旁王朝国王，1792年流亡，流亡中开始自称摄政王。1795年，路易十六的幼子路易十七死于狱中，路易十八由摄政王继位为流亡王室的国王。1814年，拿破仑·波拿巴被第六次反法联盟打败后，路易十八复辟波旁王朝。
② 这个公告可能是1813年流亡英国的路易十八发布的《哈特韦尔公告》，规定支持拿破仑·波拿巴和共和制的人不会受到波旁王朝的追究，并承诺复辟后偿还法兰西大革命中贵族和神职人员的财产损失。

路易十八

扬扬。拿破仑·波拿巴心里非常惊讶,他还以为早已将波旁王朝的余党清扫干净了呢。

阿布兰特什公爵夫人劳雷·朱诺说:

> 法兰西帝国在俄罗斯战役中受到的重挫尚需平复。法兰西民族还是会为拿破仑·波拿巴提供最有利的资源,向他致以最崇高的爱戴,以示支持。但拿破仑·波拿巴尚未来得及固本清源,便遇到了一个他始料未及的对手。这个对手突然发力,向拿破仑·波拿巴扑来。人们眼看白色百合花

的旗帜倾倒多年，都认为波旁王朝早已陨落。但拿破仑·波拿巴的这位对手莹骨狰狞地爬出坟墓，突然出现在了世间。拿破仑·波拿巴已登基十五年，早已是法兰西帝国合情、合理、合法的统治者。然而现在，他听到了刺穿心骨的叫喊："僭越！""还我王权！"拿破仑·波拿巴原本认为，他可以理直气壮地将皇位传给自己的儿子。但现在，古老的波旁王朝死灰复燃，要夺回王位。它不是已经下台了吗？怎么会反扑回来呢？这才是真正的对手啊。

然而，这并不意味着波旁王朝有能力挽回民心，也不意味着波旁王朝复辟后便可免于外战。只是连年累月的战争已让法兰西人民疲惫不堪。人们厌倦了军事荣耀，就像他们厌倦了战争。无休止的征兵和阵亡让法兰西人民的心中充满仇恨。现在，人们都已匿入山地、森林，城镇中再难征得新兵。法兰西人民宁可自残，也不愿应征服役。法军的逃兵一旦被抓住，就用铁链把抓住的逃兵捆着押往各地方相关部门接受处置。很多新兵都是被绑着押着入伍的。当地政府还会抓住逃兵的家人，严刑逼问逃兵的藏身之处。人们都希望停战，都渴望和平。因此，在民众的眼里，拿破仑·波拿巴欲壑难填，穷兵黩武，是个暴君。这样的皇帝，人民甚至愿意用万恶的波旁王朝将他替换。平民百姓不过是希望儿子能回家，希望一家人能安静地生活罢了。

不仅如此。法兰西第一帝国的议院也开始对拿破仑·波拿巴表示变相的反对。尽管名义上元老院和立法院还是遵从拿破仑·波拿巴的指令，投票通过了军费预算，但各位议员们的心中无不对巨大的军费开销感到惊恐。议员们开始有所行动了。元老院在呈递拿破仑·波拿巴的报告中建议将已有的和平协定付诸实行。在立法院，众人因预算不透明提起抗议，如果不是因为事出紧急，肯定需要继续商讨。立法院的吉伦特派[①]的莱内子爵约瑟夫·亨利·若阿基姆和布维耶·迪莫拉尔已公开建立反对党，准备向拿破仑·波拿巴叫板。

---

① 吉伦特派（Girondist）是法兰西大革命时期的政治派别。吉伦特派代表法兰西工商业阶层的利益，信奉自由主义。

在法兰西第一帝国，各种宣传册流向了国民生活的各个角落，甚至连警察都来不及控制。宣传册中充斥着对拿破仑·波拿巴为虐法兰西、压迫法兰西人民的控诉和咒骂。种种迹象表明，拿破仑·波拿巴已经不再像以前那样受民众欢迎。

连法兰西第一帝国的部队将领都满腹怨言。他们都不想再起战端。法兰西第一帝国如果再起战端，会有灭国之殃。

事实上，法兰西第一帝国的元帅们和将领们不仅希望停战，休养生息，还对拿破仑·波拿巴怀有不满与愤恨，因为拿破仑·波拿巴太过独断专行，他独吞所有胜利的战果，独占所有战胜的光环，对元帅和将领们任意辱骂，随心定罪，甚至在自己战败时诿过他人。瑞典王储查尔斯·约翰正是受够了这些，才倒戈反法同盟。拿破仑·波拿巴的妹婿若阿基姆·缪拉也是满腔怒火。若阿基姆·缪拉在波兹南市曾弃下所率大军残兵不管，拿破仑·波拿巴因此对若阿基姆·缪拉多有责备，却不提他自己也曾丢弃残兵。若阿基姆·缪拉气急之下，连写信都带上了情绪。应该说，是若阿基姆·缪拉口述的书信，因为那不勒斯王国国王若阿基姆·缪拉并不识字，这件事众所周知。拿破仑·波拿巴致信三妹卡罗琳·缪拉时，曾非常直白地说，她的丈夫若阿基姆·缪拉背信弃义，满口谎言，是个忘恩负义的混蛋，并且丝毫不具政治头脑。拿破仑·波拿巴认为，若阿基姆·缪拉根本配不上自己的妹妹。若阿基姆·缪拉则回复道：

> 您竟如此侮辱我，揭我的伤疤。多年以来，我与您并肩作战。我在危急关头没有变心，在您取胜的战役中，我立了大功。我是您忠诚的护卫。在雾月政变中，我对您全力相助。您曾说过，凡有幸成为波拿巴家族的一员，就一定不能损害家族的利益，要为家族争光。然而，陛下，凭良心讲，我与卡罗琳的结合不仅是我沾了波拿巴家族的光，我也挣得了荣耀，使家族以我为骄傲。我现在虽然贵为国王，但每天都会暗自长叹：想当初，我只是一名普通的军官，但当时的我尚且保有尊严。当时，我将上级称为上级。而现在，我将法兰西帝国的皇帝称作主人。现在，我做了国王，却也

只是受您制约的傀儡,是您一手培养的奴仆。现在,我比以往任何时候都渴望自由、自主,希望不再受您摆布。您对忠心耿耿的人满腹狐疑,对一路上护卫您前进的人也不再信任。我想告诉您,我再也无法阻止我的人民恢复商业活动。海战已使他们饱受苦楚。陛下,我与您之间,今后再无信任。"①

据一位将军说,早在1809年战役期间,让·拉纳元帅就与许多同僚一起,一边统计死亡人数,一边说:"这个小疯子是不会收手的,他绝不会罢休。总有一天,我们都会被他拖死,一个个地拖死。"

安德烈·马塞纳、查尔斯·皮埃尔·弗朗西斯·奥热罗和让·拉普等人都心怀不满。他们虽然一如既往地跟随拿破仑·波拿巴四处征战,但事实上,众人的心里都饱藏着埋怨和憎恨,都期待可以立即停战。

法兰西第一帝国的各部大臣开始打起了小算盘。眼看着拿破仑·波拿巴一路奔向灭亡,他们可不愿同往。法兰西第一帝国像一棵大树马上就要倾倒,于是,大家开始密谋在法兰西第一帝国覆亡后如何确保自身的利益。

新募的年轻士兵与久经沙场的老兵一道,浩浩荡荡地越过莱茵河,压向普俄联军。但法兰西第一帝国的军队中没有人知道自己参战的意义。然而,在他们的对手普鲁士王国的军队中,包括擂响战鼓的小兵在内的每个人都清楚地知道,自己是在为祖国和家乡战斗。在1793年的战争中,法兰西第一共和国就是为了正义而战,而当时的普鲁士军队是为维护国王而战。今天,1813年,一切都颠倒了过来。现在,普鲁士将士们是为护国而战,法军则需要满足皇帝的野心。因此,战役的结果可想而知。

在过去的军旅生涯中,拿破仑·波拿巴不是没有见过战败的场景。在战争中,时常由他本人领兵,仅需一日激战便可破敌。他也见过敌军溃散后士兵们一击即溃、惊恐逃命的样子。但如今,他看到的是自己的惨败,因为现在的局面已有所逆转。今天,拿破仑·波拿巴惊讶地发现,大溃败发生在法军部队,发

---

① 彼得罗·柯莱塔:《拿破仑·波拿巴的故事》。——原注

生在自己的身上。想想过去，法军的对手战败时，虽然战场凶险，但对方的军队败而有序，溃而不乱。他们不会留给法军任何东西，即使是一面军旗、一门大炮或一名俘虏。然而今天，当拿破仑·波拿巴自己成为战败方，才惊讶地发现他"组合"而得的大军在战败时竟如此不体面。法军战败后四散奔逃，人人狼藉鼠窜。

一位法军元帅不无讽刺地说："俄军学会了我们曾获得的教科书式的胜利。现在，他们要反过来打我们了。"

在吕岑战役①中，拿破仑·波拿巴空有胜绩，却无任何实在的战果。战争尚未正式打响，他就永远失去了让-巴蒂斯特·贝西埃。

吕岑战役

① 吕岑战役（The Battle of Lützen），爆发于1813年5月2日，是第六次反法联盟之战的第一战。拿破仑·波拿巴在之前的俄法战争中元气大伤，虽领新军获得胜利，但反法联盟的实力犹在。

包岑战役

拿破仑·波拿巴一生的军事才华和指挥谋略在1813年的吕岑战役中发挥到了极致。他在吕岑的排兵部署可谓雄浑大气,在包岑的战术计谋也可谓登峰造极。他从右翼进攻,普俄联军修筑的战壕接连失守。拿破仑·波拿巴胜得干净利落。他满心踌躇得以为这是另一个耶拿。只要他保持攻势,最终向普俄联军施以重击,或许,他可以再次一战克敌。接下来,收复莱比锡、德累斯顿和柏林,都不困难。但他没有想到,他在吕岑和包岑的胜利不过是毛毛细雨。况且普俄联军撤退时依旧建制规整,并没有什么损失。

吕岑战役后两天,继让-巴蒂斯特·贝西埃之后,拿破仑·波拿巴又失去了一员大将——他最心仪的副官热罗·克里斯托夫·米歇尔·迪罗克将军。热罗·克

热罗·克里斯托夫·米歇尔·迪罗克死亡

里斯托夫·米歇尔·迪罗克将军因身中流弹而亡。他追随拿破仑·波拿巴已久，办事最得力，为人也最忠诚。可以说，他对拿破仑·波拿巴的爱是没有原则的，不分青红皂白的偏袒。当时，法兰西第一帝国许多将领的态度都是"热爱法兰西，不爱法兰西第一帝国的皇帝"。因此，热罗·克里斯托夫·米歇尔·迪罗克这样的态度实属罕见。同时，在无条件敬爱拿破仑·波拿巴的人当中，获得拿破仑·波拿巴青睐更是凤毛麟角了。热罗·克里斯托夫·米歇尔·迪罗克便是这样的人。无论是在法兰西第一帝国的宫廷里，还是在法军的军营里，都流传着这样一种说法：热罗·克里斯托夫·米歇尔·迪罗克就是拿破仑·波拿巴的影子，他们二人的命运相连，二人的运势息息相关。因此，对拿破仑·波拿巴来说，热罗·克里斯托夫·米歇尔·迪罗克之死是一个神秘的凶兆。

总之，对拿破仑·波拿巴来说，热罗·克里斯托夫·米歇尔·迪罗克的死亡是一个巨大的打击。拿破仑·波拿巴怅然若失，惶惑不安。他的贴身侍从路易·康斯坦·沃伊里在回忆录里记录了他的反常表现：

法兰西帝国皇帝拿破仑·波拿巴如机械般发布命令,发布完毕后便返回营地。在卫兵方队中时,他会痴然地坐在营帐前的一个小凳上,低着头,扣着双手,呆呆地坐上一个小时,一言不发。然而,次日还有重要的事情需要决定。德鲁奥·安托万将军走上前来,带着哭腔问明天怎么办。拿破仑·波拿巴只说了一句"明天见!"①便再也不多说一个字了。②

普俄联军在包岑战役中战败后,退至利格尼茨,退守奥得河。法军依次蹂躏路过的省份,所到之处堪比遭遇天灾。不过,拿破仑·波拿巴丝毫不敢掉以轻

德鲁奥·安托万

---

① 此处为法语"A demain tout!"
② 路易·康斯坦·沃伊里:《波拿巴皇帝的贴身男仆康斯坦回忆录:关于拿破仑·波拿巴的生活、家庭和宫廷》,第5卷,第211页。——原注

心。法军后部是重装部队,由于人数众多,传达消息已然不畅,好几次险些酿成大祸。在吕岑和包岑的鏖战中,法军也损员颇多,急需补充兵力。拿破仑·波拿巴焦头烂额。法军形势凶险,急需增援。而普俄联军也在抓紧时间补招新兵。但事实上,战场形势远不止如此。普俄联军已与奥地利和瑞典珠胎暗结。因此,普俄联军非常自信,援军会在一个月内赶来。

普俄联军撤军的路线明显是要向奥地利帝国寻求援助,拿破仑·波拿巴不可能看不出来。只可惜,拿破仑·波拿巴对姻亲哈布斯堡皇室过于倚仗,认为无论如何,岳父奥地利帝国皇帝弗朗茨一世都不会背叛自己。况且他早知奥地利帝国与普鲁士王国长期不睦,因此,他只想坐收渔翁之利。于是,拿破仑·波拿巴在此犯下了一个致命的错误。他居然在形势一片大好的情况下提出了停战。事实上,拿破仑·波拿巴提出停战,是想引诱俄罗斯帝国皇帝亚历山大一世与自己单独签署协议,从而使俄罗斯帝国脱离反法联盟。但俄罗斯帝国皇帝亚历山大一世当着奥地利帝国外交大臣梅特涅-温贝里·楚·拜尔施泰因亲王克莱门斯·文策尔·内波穆克·洛塔尔和其他所有代表的面做出了决定,这样一来,拿破仑·波拿巴的想法明显不成立。

拿破仑·波拿巴得知俄罗斯帝国皇帝亚历山大一世不愿与自己单独会谈,而他保持着目前的形势也并没有优势,于是同意了签订停战协议。1813年6月4日,法兰西第一帝国与普俄联盟签订停战协议。几乎同时,在停战协议刚刚签署完毕后,法军将领弗朗西斯·路易·富尼耶-萨洛韦泽便率军包围了吕佐夫志愿军①约五百人的队伍,并将其全部就地剿灭。可怜的诗人卡尔·特奥多尔·克尔纳竟也在吕佐夫志愿军的队伍里,被一并绞杀。还记得吗,这位诗人曾写下许多动人的爱国歌曲,鼓舞了许多德意志人的爱国情怀。吕佐夫志愿军刚被包围,法军尚未开始攻杀时,卡尔·特奥多尔·克尔纳就出阵上前,提议法军将领不要开战,因为计算时间,当时双方已签订了停战协议。但弗朗西斯·路易·富尼耶-萨洛韦泽叫嚣道:"停战协议与你有什么关系?"说着,他便将卡尔·特奥多尔·克尔纳一

---

① 吕佐夫志愿军(Lützow Free Corps),是普鲁士王国在拿破仑战争时期的一支志愿军部队,1813年成立,1814年解散。

弗朗西斯·路易·富尼耶-萨洛韦泽

刀砍死。法军这种撕毁和约,无视文明世界战争法规的暴行彻底激怒了德意志人民。连萨克森王国的人民都恼羞成怒。要知道,虽然萨克森王国是法兰西第一帝国的盟友,但萨克森是卡尔·特奥多尔·克尔纳的出生地。

根据停战协议,从1813年6月5日到1813年7月22日,法兰西第一帝国与反法联盟停战。拿破仑·波拿巴在法兰西第一帝国王亲贵族的陪同下返回德累斯顿。奥地利帝国表示愿意充当中间人帮助调解。奥地利帝国外交大臣梅特涅-温贝里·楚·拜尔施泰因亲王克莱门斯·文策尔·内波穆克·洛塔尔作为奥地利帝国的全权代表,也前往德累斯顿进行和平谈判。在这场长达七小时的谈判会议上,梅特涅-温贝里·楚·拜尔施泰因亲王克莱门斯·文策尔·内波穆克·洛塔尔提出了以下几点：

（一）法兰西第一帝国军队退回莱茵河左岸。

（二）意大利脱离法兰西第一帝国独立。

（三）法兰西第一帝国不再是莱茵联邦和海尔维第共和国的"保护人"。

拿破仑·波拿巴看到这样的条件，气得暴跳如雷。看来，奥地利帝国是决意要加入反法联盟了。

在之后撰写的回忆录中，梅特涅-温贝里·楚·拜尔施泰因亲王克莱门斯·文策尔·内波穆克·洛塔尔详细描述了当时的场景。

当时的情景是，拿破仑·波拿巴大叫道："怎么，你要开战吗？那就打吧。我来确定个地方。就维也纳吧，咱们战场上见！"然后，他将奥地利军队的战略细节及软肋一一列出，并大喊道："别忘了，我可是奥地利帝国皇帝弗朗茨一世的女婿。在结婚时我就知道，这婚姻是个错误。我不止一次告诉自己：'与奥地利帝国联姻真是莫大的错误。'但事已至此，也没什么好说的。而现在，我又后悔了。我根本不应该跟奥地利帝国扯上任何瓜葛。"接着，他又讲起了普鲁士的爱国运动。他说："太烦人了。但我还是要向普鲁士人致敬，毕竟这是他们的爱国情怀。"

梅特涅-温贝里·楚·拜尔施泰因亲王克莱门斯·文策尔·内波穆克·洛塔尔不动声色地听着拿破仑·波拿巴的话，并适时表达了自己的看法。梅特涅-温贝里·楚·拜尔施泰因亲王克莱门斯·文策尔·内波穆克·洛塔尔说，法兰西第一帝国已耗尽国力，牺牲了太多国民，现在，能上战场的只有少年。拿破仑·波拿巴答道："你又不是军人，乱讲什么。你不理解军人的情怀和热血。我就是当年在战场上长大的少年。我不怕死，我们法兰西的一百万军人都不怕死！"拿破仑·波拿巴一边说，一边气得拽下帽子，狠狠砸向对面。

梅特涅-温贝里·楚·拜尔施泰因亲王克莱门斯·文策尔·内波穆克·洛塔尔起身告辞，拿破仑·波拿巴又刻薄地讽刺道："啊！梅特涅，你这样与法兰西作对，你的英国主子会多给你一大笔赏钱的。"奥地利帝国外交大臣梅特涅-温贝里·楚·拜尔施泰因亲王克莱门斯·文策尔·内波穆克·洛塔尔伫立在门边,冷冷地回过头来看着拿破仑·波拿巴,仿佛将一记"回马箭"[①]射向拿破仑·波拿巴。梅特涅-温贝里·楚·拜尔施泰因亲王克莱门斯·文策尔·内波穆克·洛塔尔说道:"陛下,您太激动了。我看您已经方寸大乱。您千万别这样,会令我担心的。"[②]

事实上,拿破仑·波拿巴同意停战不算是正确的决定,因为这样一来,奥地利帝国就有了喘息之机,获得了整备大军的时间。在这样的情况下,拿破仑·波拿巴竟同意停战二十天。长达二十天的时间,足够让施瓦岑贝格亲王查尔斯·菲利普整顿军备,从容应战。1813年6月30日,从德累斯顿传来消息,拿破仑·波拿

查尔斯·菲利普

---

① 原文是 "cast a Parthian arrow at the Emperor." "Parthian arrow",又称 "Parthian shot",是古波斯地区的帕提亚人所采用的一种军事策略。当帕提亚弓箭手骑马撤退的时候,突然回过头来给予追击的敌兵一记冷箭,比喻为 "临退场时说的话或做的事"。

② 梅特涅-温贝里·楚·拜尔施泰因亲王克莱门斯·文策尔·内波穆克·洛塔尔的原话英文是 "Sire, you are lost. I had the presentiment as I came here; now, in leaving, I know it"。

维托利亚取得大捷后败退的法军

巴得知威灵顿公爵阿瑟·韦尔斯利在西班牙维托利亚取得大捷,将法兰西军队如秋风扫落叶般逐出西班牙北部和西部。现在稍微懂点政治局势的人都能看出来,下一步,英军可能就要翻过比利牛斯山脉,接下来,英军便会攻入法兰西境内,再无任何阻拦。

拿破仑·波拿巴得知法军在西班牙溃败后,惊慌不已。他立即采取措施,进行了有力的回击。他命令让-德-迪厄·苏尔特全权负责西班牙的战事,重整西班牙南部的余军。然而,正在这个关键时刻,奥地利帝国皇帝弗朗茨一世不再犹豫，选择投向普俄联盟。听到威灵顿公爵阿瑟·韦尔斯利在维托利亚获得大捷的消息后，普俄联军也更具信心，不再犹豫。拿破仑·波拿巴在德累斯顿严防死守。他加固堡垒，准备建立庞大的防御沟壕来抵御普俄联军。但得知奥地利帝国投向普俄联盟的消息后，拿破仑·波拿巴只得放弃防守计划，因为奥地利帝国一旦加入普俄联盟，拿破仑·波拿巴坚守德累斯顿就失去了意义。奥地利帝国军队会挥师越过波希米亚高地，再掏空法军的后方防线易北河。

  1813年8月12日，奥地利帝国向法兰西第一帝国宣战。事实上，奥地利帝国并不太愿意加入反法联盟。奥地利帝国皇帝弗朗茨一世满心不情愿。他非常不喜欢奥地利国民表现出的如火如荼的爱国热情。至于对德意志民族的情感，他也很淡漠。现在他只是奥地利帝国的皇帝，自从他在法兰克福卸下神圣罗马帝国皇帝的皇冠，他就觉得德意志和自己没什么纠联了。作为岳父，奥地利帝国皇帝弗朗茨一世也不愿眼睁睁看着女婿战败。事实上，他真正希望得到的是的里雅斯特，但拿破仑·波拿巴对此地万分不舍。如果拿破仑·波拿巴表现得慷慨一些，将的里雅斯特让给岳父，便可能出现翁婿同心，法奥共同对抗普俄联军的局面。奥地利帝国皇帝弗朗茨一世也加入反法联盟后，按照资历，担任反法联军总司令的便会是奥地利统帅施瓦岑贝格亲王查尔斯·菲利普。施瓦岑贝格亲王查尔斯·菲利普是个没什么能力的人，对拿破仑·波拿巴来说，施瓦岑贝格亲王查尔斯·菲利普倒是不足为惧。只是现在战场上对战双方的兵力发生了逆转，对拿破仑·波拿巴来说极其不利。原本以普俄联军为主的反法联军兵力并不占优势，可是由于十五万奥地利帝国大军的加入，现在反倒变成法军人数被赶超。①

  可惜的是，拿破仑·波拿巴竟未将敌众我寡的事实放在心上。这真是个致命的错误。他还以为，这一次像过去那样，只要他拥有钢铁般的军纪和精密的作战部署，就能再次成功。但时代已经不同了，他没能意识到这一点，这是他的错误。就像十年前，他准备动身征讨英国时，却发现法兰西虽有规模庞大的舰队，却无法连成一个整体。更过分的是，他竟试图凭借法军士气再次取胜，却未料到目前普俄联军和奥地利帝国部队士气正盛，而法军士气早已不再激扬。

---

① 指当时已经攻入普鲁士和萨克森境内的法军。——原注

　　拿破仑·波拿巴知道，普鲁士王国是反法联军的核心。拿破仑·波拿巴以强悍的战斗作风立即定下方案，准备孤注一掷，踏平柏林。普鲁士王国首都失陷后遭焚毁——普俄联军听到这样的消息，即使联盟不溃散，恐怕也会导致军心动摇。法军只要占领了柏林，就离奥得河和维斯瓦河不远了。虽然瑞典王储查尔斯·约翰率领十五万大军守着易北河下游地区，但那不足为惧。说到瑞典王储查尔斯·约翰，拿破仑·波拿巴无论如何都想不明白，作为自己的老战友、老伙伴，甚至还与自己沾亲带故，瑞典王储查尔斯·约翰为什么会反对自己，倒戈对手。拿破仑·波拿巴猜测，瑞典王储查尔斯·约翰会指挥普俄联军的北路军团。但他

德累斯顿战役

希望瑞典王储查尔斯·约翰只是虚晃一枪,不要认真应战。至于普鲁士王国的后备军,拿破仑·波拿巴根本没有将它放在眼里。他从来没有指望过一群下三烂的民兵能有所作为。但带给拿破仑·波拿巴深重打击的,恰恰是普鲁士的民兵。他们向拿破仑·波拿巴及手下通报了反法联军驻军的地址和行进的方向,但没有一句是真话。

1813年8月26日,在德累斯顿近郊,拿破仑·波拿巴大败反法联军。在德意志战场上,这是拿破仑·波拿巴获得的最后一次胜利。拿破仑·波拿巴以为,这场胜利将作为序曲,引领一波新的胜利,但事实上,这是他战场荣耀的终结。

大贝伦战役

1813年8月23日，普俄联军北部军团普鲁士师在大贝伦向法军发起自杀式攻击。普军几乎全是未经训练的民兵。他们扑向法军，杀得法军营队丢盔弃甲，弃枪而逃。与此同时，瑞典王储查尔斯·约翰带领瑞典军队在边上冷漠地观望，没有参加任何一方。在这场战斗中，有两千四百名法军被俘。此次惨痛的经历让拿破仑·波拿巴深刻地意识到普鲁士民兵的战斗力有多么强悍。不过，他同时明白了，瑞典王储查尔斯·约翰虽然加入了反法联盟，但做不出对国人持枪相向的事情。

数日后，格布哈特·莱贝雷希特·冯·布吕歇尔在西里西亚获得大捷。他先吸引法军渡过尼斯河，经过惨烈的鏖战，法军被格布哈特·莱贝雷希特·冯·布吕歇尔军驱赶至河水中。当时正在天降大雨，数不清的法军士兵溺死在河中。法军的枪支被河水浸泡后，也都哑火。格布哈特·莱贝雷希特·冯·布吕歇尔则身先士卒，从大氅下抽出军刀，大声喊道："士兵们，随我冲啊！"

数千名法军或溺死在河里，或被斩于刀下。反法联军俘获大炮一百零三门，俘虏一万八千人。法军伤亡惨重。要说个人能力，法军指挥官埃蒂安-雅克-约瑟夫-亚历山大·麦克唐纳元帅在法兰西元帅中也算佼佼者。但经此一役，他输成了光杆司令，只捡回一条命。他回到德累斯顿向拿破仑·波拿巴报告："陛下，我的部队已全军覆没。"

拿破仑·波拿巴的手下众将被反法联军打得节节败退。在反法联军的凌厉围攻之下，法军死伤惨重，退却至萨克森王国首都德累斯顿。为了遏制反法联军攻势，拿破仑·波拿巴别无他选，决意向柏林进军，以期切断柏林与反法联军之间的联系①，却不料在这个关键时刻，又有一个灾难性的消息不期而至。巴伐利亚王国也倒向了反法联军。巴伐利亚军队不仅加入了反法联军，还向着美因河开进。这样一来，法军的后方不再坚固。万一法军进攻柏林不成，后退之路也被巴伐利亚军队阻挡。法兰西第一帝国军队中来自莱茵联邦和萨克森王国的部队得知此事后，士兵们蠢蠢欲动，不久即发生哗变，投向了反法联军的阵营。另外，威斯特伐利亚军团也临阵脱逃。在法军撤离德累斯顿的前夜，威斯特伐利亚军团竟带着武器辎重偷偷逃跑了。

拿破仑·波拿巴下令诸部向杜本会合。法军全军都由此以为他要退兵至莱茵河。而退至莱茵河的过程中，必定要经过莱比锡。但大家都想错了。拿破仑·波拿巴抵达杜本后，立即向全军宣布，他要通过闪电战攻取柏林。

路易·康斯坦·沃伊里说：

> 只可惜，拿破仑·波拿巴一呼百应的时代已经结束了。大家都不再认为法军仅凭他的决心就能获得胜利。曾对拿破仑·波拿巴言听计从的将领现在开始产生疑虑，他们的行动也不如往常积极。唉，连他们自己都不敢面对他们已不再唯法兰西帝国皇帝拿破仑·波拿巴的命令是从这一事实。现在，拿破仑·波拿巴提出进军柏林的行动方案只获得了一片嘘声。九死一生的法军将领，无论是从莫斯科逃回来的，还是在德意志战场上艰难作战的，都已疲于战争，现在只希望安于富贵，静享天伦。有一些将领怀着

---

① 1814年，拿破仑·波拿巴在法兰西施行了这一方略。从效果来看，我们就知道，第一年没能实施这一方略是多可惜。——原注

强烈的退隐意愿。无休无止的战争让他们开始埋怨拿破仑·波拿巴:"都死了多少人啦!非得我们都死光不成?"这些将领们并不只在私下抱怨,已经开始大声讨论,似乎故意要将这些声音传入拿破仑·波拿巴的耳中。

正在此时,传来了巴伐利亚王国叛变的消息。现在,大家对拿破仑·波拿巴的一意孤行越来越不满,也越来越不安。因此,法军中竟上演了从未有过的一幕:全体将领以近乎哗变的方式恳请拿破仑·波拿巴收回成命,不要再进军柏林,因为大家都想在莱比锡休整。我甚至可以想象,拿破仑·波拿巴听到这些坚持退兵的谏言后,心中是如何如焚如噬。他如此英武,现在却不得不听从这些胆小鬼的谏言。

虽然众位将军已尽量使劝谏显得温和有礼,但拿破仑·波拿巴依旧受到了深深的刺痛。整整两天,拿破仑·波拿巴都没有对谏言做出任何反应。哦,这是多么难熬的四十八小时!拿破仑·波拿巴的一生中曾在多少落寞的营帐中逗留,又在战火中匆匆离开过多少简陋的营房。但任何一个都无法与杜本的堡垒相比。杜本的堡垒竟如此凄凉!在这个悲伤的地方,我生平第一次看到拿破仑·波拿巴崩溃,乃至失控。他是那样地落寞,显露出一副不能自主的模样,这还是昔日威武的皇帝吗?他原先胜战的光彩似乎都开始黯淡了。他像是被无边的黑洞吞噬。他像是被困在笼中的鸟,想要逃脱又无法逃脱。看着他默默无言的样子,我感到爱莫能助。我从未想到他会有这样一副模样。我看着他成日躺在长椅上,面前的几凳上堆满了作战地图和文件,但他看都不看,只在一张空白的纸上反复涂抹,好几个小时不停歇。他的思绪在自己的目的地和将军们要求退守的地方之间来回飘荡。经过两天的深思熟虑,拿破仑·波拿巴终于放弃了自己的计划。一切就此结束,他输了。在后来的岁月中,我无数次听他喃喃自责:"早知道就该按我自己的意思来,这样,就不会输得那么惨。我之所以失败,就是因为放弃了自己的直觉。"①

---

① 路易·康斯坦·沃伊里:《波拿巴皇帝的贴身男仆康斯坦回忆录;关于拿破仑·波拿巴的生活、家庭和宫廷》,第5卷,第268页。——原注

他是如此骄傲。他时常诿过他人,却羞于承认自己的失败。然而,谁又能保证进军柏林就一定能胜利呢?万一以比莱比锡还要惨烈的失败收场呢?

拿破仑·波拿巴下令法军退兵。收到命令时,全体法军将士们的脸上仿佛绽出重生的光彩。士兵们大喊着:"哦,我们要回家了,我们能见到家人了。"

1813年10月16日,莱比锡战役爆发。在我们这个时代,德意志帝国的国民们[①]也将此役称作"多民族战役"。此次战役以参战民族众多、人数庞大著称。

在莱比锡战场上发起冲锋的波兰骑兵

---

① 本书成书于1908年,当时是德意志帝国。

莱比锡战役

漫长、残酷而血腥的莱比锡战役是人类历史上罕见的大型会战。从1813年10月16日到1813年10月19日,法兰西军队与反法联军鏖战整整四日。拿破仑·波拿巴原本准备收兵,却由于情报有误,被荒唐地拖入战局。他原本以为,作战的对手是兵力远不如自己的波希米亚军团。他自信瑞典王储查尔斯·约翰率领的北部军团会念及旧情,不会积极应战。他还认为格布哈特·莱贝雷希特·冯·布吕歇尔的大军离战场尚且有些距离,因此不足为惧。但事实上,格布哈特·莱贝雷希

特·冯·布吕歇尔就在附近哈雷路上的默肯等待与瑞典王储查尔斯·约翰的军队会合。

1813年10月16日晚,法军一度占了上风。当时,拿破仑·波拿巴兴奋地喊道:"我们要胜利了!"但当夜色沉重,法军转而落败。拿破仑·波拿巴的军队已经失去了锐气,但他本人尚留有一丝余勇。

1813年10月17日,战事时断时续。拿破仑·波拿巴见大势已去,明白当务之急是要保证撤退的路线畅通。于是,他下令,必须确保通往魏森费尔斯的道路畅通。拿破仑·波拿巴还致信反法联军,希望可以休战。但这一次,反法联军没有再给他机会。

1813年10月18日,法军与反法联军之间战端重启,战局惨烈无比,法军与反法联军均是损失惨重。①瑞典王储查尔斯·约翰率领的北部军团已从哈雷赶到战场。除此之外,奥地利军队与俄罗斯帝国的援军也赶到了莱比锡。

拿破仑·波拿巴决定暂时撤军,准备在南方再次集整军队。但正在此时,萨克森王国投向了反法联军的阵营。接着,符腾堡骑兵队也叛变了。拿破仑·波拿巴已率领除前哨部队之外的法军撤到莱比锡小镇上,准备在第二天,即1813年10月19日撤离战场,退回法兰西。②夜幕再一次降临在血腥的战场上,谁也不知明天会怎样。

1813年10月19日黎明,反法联军趁拂晓时分加紧围攻莱比锡。炮弹如雨点般落在莱比锡小镇的街道上。拿破仑·波拿巴见败局已定,于是,趁反法联军破城时,从莱比锡小镇的另一侧逃走。拿破仑·波拿巴成功渡过埃尔斯特河后,立即命令手下将埃尔斯特河上的唯一的桥梁炸毁。当时,桥上还有亡命奔逃的法军。但拿破仑·波拿巴顾不得那么多了。③就这样,拿破仑·波拿巴抛弃了两万五千名兵士。总体来看,法军此次撤退算得上井然有序,只是在路过哈瑙城时受到了巴伐利亚部队的惊扰。1813年11月9日,拿破仑·波拿巴带领剩余法军进驻美因兹后,自己孤身返回了巴黎。

永别了,德意志平原。

---

① 此时,拿破仑·波拿巴率领的法军已经被反法联军团团包围,只好竭力向莱比锡撤退。最后,法军向西撤走。
② 拿破仑·波拿巴当时命令驻守莱比锡周围几个村子里的法军在夜间悄悄往莱比锡回撤,拟在第二天从战场中彻底退出。因为拿破仑·波拿巴布置了一些哨兵作为掩护,所以当夜反法联军并未发觉法军的撤退。
③ 一说拿破仑·波拿巴手下将领弄错时间安排,误炸致法军士兵伤亡。

第49章

第一次退位

(1813年11月9日—1814年4月6日)

精彩看点

文过饰非——立法院的报告——拿破仑·波拿巴震怒——拿破仑·波拿巴充满怒火的演讲——新的密谋——重组军队——若阿基姆·缪拉变节——拿破仑·波拿巴与查尔斯·莫里斯·德·塔列朗－佩里戈尔的谈话——反法联盟的告法兰西第一帝国人民书——奥地利帝国皇帝弗朗茨一世的难处——盟军进军——施瓦岑贝格亲王查尔斯·菲利普行动迟缓——沙蒂永会议——阿芒－奥古斯丁－路易·德·科兰古斡旋——拿破仑·波拿巴领国民卫队再次开战——拿破仑·波拿巴打败格布哈特·莱贝雷希特·冯·布吕歇尔——拿破仑·波拿巴打败施瓦岑贝格亲王查尔斯·菲利普——拿破仑·波拿巴又败格布哈特·莱贝雷希特·冯·布吕歇尔——拿破仑·波拿巴志在必胜——拿破仑·波拿巴不愿停战——拿破仑·波拿巴追击格布哈特·莱贝雷希特·冯·布吕歇尔——卡斯尔雷子爵劝奥地利帝国皇帝弗朗茨一世不要疑虑——《肖蒙条约》——反法联盟继续进军——拿破仑·波拿巴的惊天险计——法军部队哗变——反法联盟向巴黎开进——巴黎内乱——拿破仑·波拿巴至枫丹白露宫——当时的情势——法兰西第一帝国的元帅们——逼拿破仑·波拿巴退位——反悔想收回成命——羞愧自杀未遂

拿破仑·波拿巴返回巴黎后，元老院再次向法兰西第一帝国和拿破仑·波拿巴表忠心。元老院文过饰非，试图淡化莱比锡惨烈失败的恶劣影响。元老院的议员们极尽所能寻找各种战败的理由，绝口不提拿破仑·波拿巴的错失。1813年11月14日，拿破仑·波拿巴返回巴黎已有五日。元老院众议员来到杜伊勒里宫，围绕在拿破仑·波拿巴的身边，欢庆拿破仑·波拿巴"得胜"回朝。拿破仑·波拿巴毫发未伤，也算是一桩幸事。在拿破仑·波拿巴统治的淫威之下，立法院难免与元老院一样走向堕落，走上了奴颜婢膝、以逢迎拿破仑·波拿巴为已任的道路。但立法院终归要比元老院更有骨气一些，立法院中还有一些正直之士。因此，立法院宣布召开委员会，就法兰西第一帝国当前的状况进行商议和公告。这一次，与会的正直之士没有退缩。他们毫不客气地指出了当下国力枯竭，法律形同虚设的事实。他们指出，法兰西第一帝国的法律已经不能保证法兰西公民继续享有自由、财产和安全的权利。他们还指出，法兰西第一帝国的宪法所赋予法兰西公民的特权已经形同虚设。最终，立法院以多数票通过，将此报告公示印发。

这份报告中流露的自主意识惹得拿破仑·波拿巴勃然大怒。拿破仑·波拿巴立即下令收回报告，关停立法院的会议，对外宣称休会。此时是1813年12月31

日。第二天便是1814年1月1日，新年初始。按照惯例，有皇帝召见群臣的盛大仪式。在杜伊勒里宫，前来祝礼的大臣齐聚一堂。他们身着镶边绣氅，准备向拿破仑·波拿巴致礼，其中包括立法院的议员们。拿破仑·波拿巴一看到这些人，便尖声厉语地开始责备他们。他一边痛批这些议员，一边手舞足蹈地作势威胁他们，完全不顾周围侍臣吓得呆住的目光。他说：

先生们，你们原本可以更好地为国尽忠，但你们的所作所为令人不齿。你们的报告书根本就是在煽动内乱。因此，我已下令禁止发行。在你们当中，绝大多数人忠诚爱国。但也有极少数人，比如，以莱内子爵约瑟夫·亨利·若阿基姆为首的分裂分子，他们吃里爬外，向英国人效忠，帮着欧洲大陆及英国所有反对我的人。他们还暗中勾结波旁王朝。而你们在这个时候向我提出了谏言。现在是什么时候？难道有人在进攻我们的领土吗？或许，我们的敌人表现得非常肆虐，但我一定不会忍耐太久，我一定会将他们消灭。而你，弗朗西斯·朱斯特·马里·雷努阿尔，你却在报告中说埃斯灵亲王安德烈·马塞纳在马赛强抢民宅。简直是一派胡言！你如果心存不满，可以在私下跟我说。为什么要公之于众呢？毕竟家丑不可外扬。先生们，你们竟自称是国家的代表。你们不是！你们只是国家职能部门的官员！我，只有我才是法兰西人民的代表！我一个人就可以代表所有民意。别忘了，法兰西帝国两千七百万人民先后两次提出诉求，请求我登基称帝。在我的朝代，我才是民意！什么议会，什么国会，什么雅各宾派，什么吉伦特派，统统不复存在。他们早已死了！至于你们，你们算什么？你们什么都不是。所有的权力都在这里，在这个宝座上，在这个皇位中。什么是皇位？你以为呢？你以为皇位只是这个天鹅丝绒铺垫的座椅吗？不是的！我才是皇权的象征！你们还敢进谏？还敢抗议？还敢针对国家大事发表感言？还敢说战争因我而起？这简直是作乱。莱内子爵约瑟夫·亨利·若阿基姆是叛徒，是奸臣！你们都受他蛊惑，才会这样来背叛我。回到你们各自的岗位吧，各司其职。任何胆敢私自印发报告书的人，我将亲自在

《通报》上发文抨击。去吧！现在，我可以没有法兰西帝国，但法兰西帝国不能没有我。

拿破仑·波拿巴这一爆发了雷霆之怒的演讲有好几个版本。这几个版本在巴黎暗中流传。众人对此评说纷纭，无人不为之感慨。演讲的内容甚至传到了欧洲其他各地，在法兰西第一帝国之外刊行发布。虽然在法兰西官方刊物《通报》上看不到，但在其他地方，演讲的内容早已流传开来。更有好事者修改演讲措辞，使之越发容易激怒人心。无论如何，立法院也算是国家机关，代表着人民的利益。这一次，拿破仑·波拿巴公然对抗立法院，向大众传递了一个不好的信号。大家会觉得，拿破仑·波拿巴好像有点太武断了，也会因此对他由爱转恨。

与此同时，元老院投票通过征兵征税决议，决定再征兵三十万。此次征兵的对象包括过去从未服过兵役的所有人。同时，税收加倍。

然而，法兰西第一帝国的国民早已流尽了最后一滴血：战争也早已榨干了他们的最后一点钱财。法兰西第一帝国哀鸿遍野，恸哭哀悼的女人随处可见。母亲失去了儿子，妻子失去了丈夫。无数法兰西士兵的游魂飘荡在俄罗斯遍地白雪的荒原上，飘荡在新卡斯蒂利亚高地的烈焰上空，飘荡在莱比锡那宛若绞肉机一般的战场上。如果是过去，大家还会说："他们是为国家荣耀而战，死在了国家胜利的战场。"但现在，只剩下痛苦的呻吟："我们的兄弟、孩子和我们的灵魂，都死于暴君狂妄的野心！"

直到1814年1月8日，走投无路的拿破仑·波拿巴才决定重组巴黎国民卫队。然而，即使到了这样兵源奇缺的时刻，拿破仑·波拿巴也不能一视同仁地招募兵勇。入选卫队的条件中依然排除了巴黎郊区和贫民阶层的人。根据拿破仑·波拿巴的旨意，巴黎国民卫队需招募多达三万人，而且招募的对象要衷心拥护现有秩序，一心维护法兰西第一帝国。但问题是，没有那么多对法兰西第一帝国忠心耿耿的信徒。于是，大批并不是忠心耿耿维护法兰西第一帝国利益的观望者们混了进来，甚至在军官职位提名的名单中也有保王党混了进来。

现在，拿破仑·波拿巴能够调拨的莱茵军团老兵不过七八万人，而反法联军多达十六万之众，已越过法兰西国境线。此外，奥地利帝国、俄罗斯帝国及德意志各地的援军也在火速赶来。拿破仑·波拿巴已无法从意大利调用一兵一卒，因为那不勒斯国王若阿基姆·缪拉已变节，加入了反法联军的阵营。若阿基姆·缪拉在奥地利军队的援助下，作战如虎添翼，打得欧仁·罗斯·德·博阿尔内毫无还手之力。拿破仑·波拿巴也无法指望欧洲其他国家，因为没有任何国家可以增援他。瑞典王储查尔斯·约翰带领瑞典军队打败了法兰西第一帝国的友军丹麦军队，于是，拿破仑·波拿巴失去了最后一支可以倚望的力量。在伊比利亚半岛南部，让–德–迪厄·苏尔特在威灵顿公爵阿瑟·韦尔斯利的打击下节节败退。拿破仑·波拿巴曾放出豪言："宁可将荷兰沉入海底，也绝不将它让给敌方。"但眼下，荷兰人发动了起义。他们卸下了法兰西侵略者的枷锁，将奥兰治–拿骚亲王威廉·弗雷德里克拥立为国王。瑞士倒是没有发起起义，但大开国门，任由反法联军穿越国境，攻向法兰西。

阿瑟·韦尔斯利在伊比利亚半岛南部不断取得胜利

由于若阿基姆·缪拉的倒戈，拿破仑·波拿巴的一个宏伟战争计划：为了泡影。拿破仑·波拿巴原本计划由自己拖住反法联军，以法兰西第一帝国境内的城池为诱饵和反法联军打攻坚战。与此同时，意大利总督欧仁·罗斯·德·博阿尔内可以趁机与那不勒斯国王若阿基姆·缪拉会合。两军可以翻越阿尔卑斯山脉，突袭维也纳，直击奥地利帝国首都。奥地利帝国首都维也纳对整个奥地利帝国来说宛若心脏要害一样，拿破仑·波拿巴估计自己的计划若能这样执行，奥地利帝国估计会全盘崩塌。

正当四面楚歌时，拿破仑·波拿巴将目光转向了查尔斯·莫里斯·德·塔列朗-佩里戈尔。阿布兰特什公爵夫人劳雷·朱诺以诙谐的笔触描绘了拿破仑·波拿巴与查尔斯·莫里斯·德·塔列朗-佩里戈尔会面的场景。一边是走投无路的拿破仑·波拿巴，忍不住的疯狂暴躁；另一边是稳如泰山的查尔斯·莫里斯·德·塔列朗-佩里戈尔，淡定无言。当时，约瑟夫·波拿巴放弃了西班牙国王的王位，从西班牙逃走。拿破仑·波拿巴恨不能重新与西班牙王储阿斯图里亚斯亲王斐迪南缔结盟约，盼其奉还王位。但事已至此，为时已晚。

> 看起来，每每谈到当时西班牙的局势时，我们的查尔斯·莫里斯·德·塔列朗-佩里戈尔先生可能会在他的小圈子内表露两句牢骚的话语。有可能这些话最终传到了拿破仑·波拿巴的耳朵里，引起拿破仑·波拿巴的不适。一次，拿破仑·波拿巴径直走到查尔斯·莫里斯·德·塔列朗-佩里戈尔面前，对他说："好啊，先生，真是不可思议，想不到您竟然有这样的怨言。您似乎在四处宣扬，是我将您当作了看守，让您看管西班牙王储阿斯图里亚斯亲王斐迪南。可是您忘记了吗，那可是您自己提出来的啊！"查尔斯·莫里斯·德·塔列朗-佩里戈尔摆出一贯的高冷姿态，半眯着眼睛，半撇着嘴，整个人斜倚着，一只手支着沙发椅背，另一只手插在背心的口袋中。他的冷淡态度让性格暴躁的拿破仑·波拿巴恼怒不已。查尔斯·莫里斯·德·塔列朗-佩里戈尔淡定从容的举止和喜怒不形于色的面容将拿破仑·波拿巴气得连连跺脚。拿破仑·波拿巴吼道："你说话

啊,你为什么不说话?"查尔斯·莫里斯·德·塔列朗-佩里戈尔依旧沉默不语。此时,拿破仑·波拿巴的双眼像是要喷出火来。他的这种情绪会让所有人惧怕。因此,查尔斯·莫里斯·德·塔列朗-佩里戈尔也终于流露出了些许惧色。查尔斯·莫里斯·德·塔列朗-佩里戈尔一字一顿地说:"陛下,请原谅,我没能理解您刚才说的话是什么意思。"这话听起来无可厚非。拿破仑·波拿巴还想再说点什么,却被怒火呛住了喉咙。他一步步朝查尔斯·莫里斯·德·塔列朗-佩里戈尔走去,直到几乎贴上去。拿破仑·波拿巴已经将手抬高到查尔斯·莫里斯·德·塔列朗-佩里戈尔的下巴处,而且他还在继续向前迈步。这样一来,查尔斯·莫里斯·德·塔列朗-佩里戈尔便不得不后退了。但他由于患有腿疾,向后退着走也并非易事。而且对他来说,眼下无论如何都算不得迎难而上的好时机。眼看着拿破仑·波拿巴举起的手已握成了拳头,马上就要打在查尔斯·莫里斯·德·塔列朗-佩里戈尔的脸上了——在我们民间,这个动作被称作"打脸"。此时,查尔斯·莫里斯·德·塔列朗-佩里戈尔选择了适时后退。然而,拿破仑·波拿巴又将手放了下来。就这样,在植物馆中,拿破仑·波拿巴逼迫查尔斯·莫里斯·德·塔列朗-佩里戈尔跳着脚向后退,并以此为乐。最终,查尔斯·莫里斯·德·塔列朗-佩里戈尔被逼退至墙角。拿破仑·波拿巴上前问道:"这么说,你并不赞成拘捕西班牙王室?"至此,这一事件戛然而止。

这一幕绝非杜撰。当时,查尔斯·莫里斯·德·塔列朗-佩里戈尔还有"目击证人"。当天晚上,拿破仑·波拿巴在杜伊勒里宫逼迫查尔斯·莫里斯·德·塔列朗-佩里戈尔的情形,守在门外的当值宫廷大总管都听得一清二楚。后来,在人们添油加醋的传扬中,此事逐渐演变成了"贝内文托亲王查尔斯·莫里斯·德·塔列朗-佩里戈尔被法兰西帝国皇帝拿破仑·波拿巴打脸"的版本。

在稍晚一些的晚宴上,与查尔斯·莫里斯·德·塔列朗-佩里戈尔相熟的来宾发问:"哦!贝内文托亲王,您知道我听说了什么吗?"查尔斯·莫里斯·德·塔列朗–佩里戈尔依旧冷静淡漠地回应道："什么？"对方迟疑着说："我听说，皇帝陛下他……他对您……"查尔斯·莫里斯·德·塔列朗–佩里戈尔立即打断对方，说："哦！那太常见了。他这个人就是这样。"查尔斯·莫里斯·德·塔列朗–佩里戈尔并没有听到后来的"对您动了手"，他甚至没有听到完整的问题。因此，他以为自己被拿破仑·波拿巴戏弄并打脸的事情无人知晓。在他看来，对方只是要说"对您发了火"之类的。他所说的"常见的事"，其实是说拿破仑·波拿巴脾气暴躁，时常做出不可理喻的事情。[1]

反法联盟得知拿破仑·波拿巴又在征兵，而各公国已不堪重负，怨念颇深，于是趁此机会，发布了一份面向法兰西全体人民的公告。公告中说道：反法联盟希望法兰西第一帝国繁荣、强盛、安康。反法联盟无意干涉法兰西第一帝国政府形式及内政。但各国必全力抵制拿破仑·波拿巴的攻伐野心，因为拿破仑·波拿巴不断挑起战端的行径只会在欧洲燃遍战火，将整个欧洲化作废墟，只会留下满地尸骸，无人顾及。这份公告一经发布，立即得到了广泛传播，反响剧烈。在公告的引导下，法兰西人民终于意识到，拿破仑·波拿巴才是大家通往未来和平道路上的唯一阻碍，而他向人民保证的获取和平的唯一方式，就是不断地发动战争。

对拿破仑·波拿巴来说，当务之急是拖延时间。

拿破仑·波拿巴明白，岳父奥地利帝国皇帝弗朗茨一世加入反法联盟也是迫不得已。俄罗斯帝国、普鲁士王国和英国才是发动反法战争的主要力量。这三方决意要打垮拿破仑·波拿巴，直到拿破仑·波拿巴再无力发动下一次对外战争。奥地利帝国皇帝弗朗茨一世打着自己的小算盘。事实上，于私，奥地利帝国皇帝弗朗茨一世不想看到自己的女婿拿破仑·波拿巴被推翻，于公，他也不希望邻国法兰西第一帝国不得安生。奥地利帝国皇帝弗朗茨一世只想要回属于自己的意大利。如果拿破仑·波拿巴足够聪明，就该立即弥补奥地利帝国皇帝弗朗茨

---

[1] 阿布兰特什公爵夫人劳雷·朱诺：《朱诺夫人回忆录》，第3卷，第376页。——原注

一世的损失，满足他的愿望。这样一来，奥地利帝国皇帝弗朗茨一世便可以立即脱离反法联盟。只可惜，即使是奥地利帝国皇帝弗朗茨一世本人也不明白他自己的需求。他并没有对拿破仑·波拿巴穷追不舍，甚至派来了施瓦岑贝格亲王查尔斯·菲利普这样腿脚不灵、脑子也糊涂的人统领反法联军。奥地利帝国皇帝弗朗茨一世还体贴地叮嘱施瓦岑贝格亲王查尔斯·菲利普，不要太过"为难"拿破仑·波拿巴。这样一来，本就能力平平的施瓦岑贝格亲王查尔斯·菲利普更是无所作为了。在拿破仑·波拿巴的记忆中，奥地利将领就是愚昧和怯懦的代表。现在，拿破仑·波拿巴看到施瓦岑贝格亲王查尔斯·菲利普的"不作为"，就更加看不起施瓦岑贝格亲王查尔斯·菲利普了。奥地利军队的犹疑和无所作为让俄罗斯帝国沙皇亚历山大一世直呼不好。俄罗斯帝国沙皇亚历山大一世快要被奥地利军队逼疯了。他不止一次表示，两军应该分开，各自独立作战。没有奥地利军队拖着后腿，俄军与格布哈特·莱贝雷希特·冯·布吕歇尔率领下的普军在一起，或许还能更快一些进攻。

格布哈特·莱贝雷希特·冯·布吕歇尔率领西里西亚军团，跨过美因兹下游的莱茵河，向着美因河谷地一路狂奔。可以说，施瓦岑贝格亲王查尔斯·菲利普有多么谨慎，格布哈特·莱贝雷希特·冯·布吕歇尔就有多么大胆；施瓦岑贝格亲王查尔斯·菲利普带兵行进有多么缓慢，格布哈特·莱贝雷希特·冯·布吕歇尔的大军就有多冒进。他们二人，一个堪比蜗牛，一个堪比野兔。

反法联盟诸国在沙蒂永召开会议，商讨战事。拿破仑·波拿巴派阿芒–奥古斯丁–路易·德·科兰古作为代表出席，并秘密嘱咐他，只需要在反法联盟成员国之间挑拨，让他们互生矛盾，不需要签署任何协议。他说："只要能说服奥地利帝国脱离反法同盟，我们就算大功告成。"

会议期间，拿破仑·波拿巴试图提议停战，但被反法同盟拒绝。

阿芒–奥古斯丁–路易·德·科兰古不是不知道，他这样一直逃避正题，总有一天会让反法联盟代表都受不了。另外，随着时间的消逝，法兰西第一帝国争取更多有利条款的难度也会越来越大。但无论反法联盟提出的条件对法兰西第一帝国多么有利，拿破仑·波拿巴都不会同意投降。当时，陪侍在拿破仑·波拿巴

格布哈特·莱贝雷希特·冯·布吕歇尔

身边的巴萨诺公爵于格–巴纳尔·马雷说,拿破仑·波拿巴简直是疯了,他是要将法兰西第一帝国带向万劫不复的境地。

　　莱比锡战役结束后,拿破仑·波拿巴不是没有收到过停战协议。但在那些协议中,都是以比利牛斯山、瑞士、莱茵河、尼斯和萨瓦作为新的边境线。拿破仑·波拿巴如何能接受这样的条件?他当然会高傲地拒绝。而如今,摆在拿破仑·波拿巴面前的是完全不同的条件。从1812年开始,拿破仑·波拿巴军事生涯的星光和运程好似一股海峡中的急流奔腾到一个隘口之后,喷涌而出,急转而下了。对于这一点,包括今日的史学家在内的很多人都没有注意到。因为,拿破仑·波拿巴在1814年依然有着耀眼的胜绩。即便在1815年,拿破仑·波拿巴从厄尔巴岛返回法兰西,开始与反法联盟的一系列战役初期,拿破仑·波拿巴依旧发

反法联军渡过莱茵河

挥出超高水平的军事指挥能力。因此,怎么可能有人去怀疑呢?但其实,一直追随和保护拿破仑·波拿巴的"幸运星"已经开始逐步黯淡。

1814年1月26日前后,施瓦岑贝格亲王查尔斯·菲利普率反法联军由巴塞尔渡莱茵河进入法兰西第一帝国境内。大军横贯汝拉山脉,准备与格布哈特·莱贝雷希特·冯·布吕歇尔指挥的西里西亚军团在朗格勒高原上会合。

1814年1月23日,[①]拿破仑·波拿巴向巴黎国民卫队告别,之后便离开巴黎,奔赴战场。这一次,他将亲自领兵。

1814年1月25日3时,拿破仑·波拿巴拥别妻儿后就出发了。这一次告别便是永诀。

法军的指挥部坐落在马恩河畔沙隆。当时,反法联军已悄然由勃艮第进入香槟地区,直指特鲁瓦。格布哈特·莱贝雷希特·冯·布吕歇尔横穿洛林,在圣米

---

① 本书作者认为拿破仑·波拿巴向巴黎国民卫队告别的日期是1814年1月23日,而不是更早。

歇尔留下两万士兵守住默兹河，他自己则率两万六千人奔向布里埃纳。如此匆促，竟造成格布哈特·莱贝雷希特·冯·布吕歇尔本部和留守默兹河的部队之间不能通信。拿破仑·波拿巴立即抓住普军"消息不灵"的弱点，迅速从马恩河畔沙隆开拔，抵达圣迪济耶，将格布哈特·莱贝雷希特·冯·布吕歇尔本部与普鲁士默兹河守军分隔开来。接下来，拿破仑·波拿巴完全有能力全力扑向驻守圣米歇尔的约翰·大卫·路德维希·约克·冯·瓦滕贝格军团并将其碾灭，然后在布里埃纳迎战格布哈特·莱贝雷希特·冯·布吕歇尔军。拿破仑·波拿巴打算发动奇袭，因为当时，格布哈特·莱贝雷希特·冯·布吕歇尔尚未意识到拿破仑·波拿巴已将其西里西亚军团拦腰截断。

1814年1月29日，格布哈特·莱贝雷希特·冯·布吕歇尔在惊慌失措中被拿破仑·波拿巴打败。法兰西第一帝国夺回了布里埃纳。布里埃纳是拿破仑·波拿巴早年就学的地方，如今，却在纷飞的战火中化作废墟。与此同时，法兰西第一帝国开局制胜，使败退的西里西亚军团连忙向反法联军靠拢。西里西亚军团与反法

布里埃纳战役

拉罗蒂埃战役

联军会合后，1814年2月1日，在布里埃纳附近的拉罗蒂埃与法军再次交战。这一次，拿破仑·波拿巴战败。法军战败后被迫撤退。奥地利军队主帅发扬了做事一贯拖拖拉拉的风格，没有乘胜追击。否则，拿破仑·波拿巴必将面临灭顶之灾。此次战役本可一战定音。但不知奥军统帅施瓦岑贝格亲王查尔斯·菲利普是真的不会打仗，还是要将奥地利帝国皇帝弗朗茨一世"不要过早取胜，谨防他人渔利"的意旨执行到底。这一场本该迅速结束的战事被生生拖延，结果耗时更久，导致更多人阵亡。

这就是反法联盟。各国在应做的事情上拖沓，在不当为的事情上推诿。1814年2月2日，反法联军内部产生了新的混乱。反法联盟竟命令西里西亚军团奔赴沙隆，然后沿着马恩河一起进军巴黎，而联军由蒙特罗下塞纳河山谷，径直开向巴黎。

拿破仑·波拿巴得知反法联军如此布局，便看到了机会。无论看人品，还是看能力,他都对施瓦岑贝格亲王查尔斯·菲利普厌恶至极。他恨不能将施瓦岑贝格亲王查尔斯·菲利普碎尸万段,但那也要在战争结束后执行,现在他根本顾不上考虑。于是,拿破仑·波拿巴将目标锁定格布哈特·莱贝雷希特·冯·布吕歇尔。格布哈特·莱贝雷希特·冯·布吕歇尔作战还算有些水平,值得拿破仑·波拿巴与之交战。

拿破仑·波拿巴娴熟又睿智地指挥法军分成两路,行军采用交叉式,突袭西里西亚军团。格布哈特·莱贝雷希特·冯·布吕歇尔依旧草率至极。他将西里西亚军团兵分三路,分别驻守尚波贝尔、蒙米拉伊和沃尚三地。结果,1814年2月10日、1814年2月11日和1814年2月14日,这三路部队分别被拿破仑·波拿巴击败,险遭全军覆没。值得庆幸的是,这个军团由普俄联军组成,军团中有许多战场经验丰富的老兵。这些老兵遇事冷静,临危不乱,发挥出了令人敬佩的律己精神。在他们的帮助下,西里西亚军团避免了完败,剩余联军士兵也得以从容有序地撤退。

蒙米拉伊战役

格布哈特·莱贝雷希特·冯·布吕歇尔率领的部队已经失败，剩下的将领们就更没能耐了。拿破仑·波拿巴占领了格布哈特·莱贝雷希特·冯·布吕歇尔的阵地，横插在反法联军中心。借此，拿破仑·波拿巴宛若占据了一个枢轴的中心，从中心点开始向四方旋转，以这样的方式向四面进攻，打得施瓦岑贝格亲王查尔斯·菲利普晕头转向。1814年2月18日，法军与反法联军在蒙特罗发生遭遇战。反法联军大败后退回桑斯。

此时，拿破仑·波拿巴胜极得意。他在过去所有的征战中体现出的卓越才华与非凡谋略似乎已是极致。但在1814年的战役中，他突破了这个极致，成就了无与伦比的辉煌战绩。有谁能像他一样，双线作战，并在短期内轻松取胜？谁说他已临近末路？他的幸运星不是还在光耀照射着他吗？他的前程依旧一片锦绣。

与此同时，在沙蒂永，阿芒-奥古斯丁-路易·德·科兰古左顾右盼，坚决不对停战做任何回应。他还常常误导谈判方向，拖延谈判进程。阿芒-奥古斯丁-路易·德·科兰古也曾向拿破仑·波拿巴申请自主签订协议，但拿破仑·波拿巴没有同意。拿破仑·波拿巴根本不允许这种事情发生。在尚波贝尔战役前夕，巴萨诺公爵于格-巴纳尔·马雷呈上文书，请拿破仑·波拿巴签署并授权阿芒-奥古斯丁-路易·德·科兰古酌情接受反法联军的条件，尽快停战。但拿破仑·波拿巴并不理会。他说："明天再签吧。如果我今夜战死，到了明天，这和约就是一张废纸。如果我今晚获胜，这些条款又有什么意义？"

尚波贝尔战役结束后，法军获胜。巴萨诺公爵于格-巴纳尔·马雷再次申请拿破仑·波拿巴授权阿芒-奥古斯丁-路易·德·科兰古签署停战协议。但这一次，拿破仑·波拿巴甚至没有看他一眼。在蒙米拉伊，法军获得了更精彩的胜利。蒙米拉伊战役结束后，巴萨诺公爵于格-巴纳尔·马雷连夜前来敦促签订和约一事。这一次，拿破仑·波拿巴连考虑的可能性都已排除在外，因为他认为自己一定会胜利。拿破仑·波拿巴笑了一下，指着面前摆开的欧洲地图，说："现在，胜利近在咫尺，唾手可得。我为什么还要让步呢？已经没有谈判的必要了。"[①]

格布哈特·莱贝雷希特·冯·布吕歇尔正带兵撤向苏瓦松和拉昂，那里有来

---

① 路易·安托万·福弗莱·德·布里昂：《回忆拿破仑·波拿巴》，第3卷，第380页。——原注

自瑞典的援军接应。瑞典王储查尔斯·约翰，即让-巴蒂斯特·朱尔·贝纳多特本人没有前来，毕竟，他也不想针对自己的祖国作战。

拿破仑·波拿巴对格布哈特·莱贝雷希特·冯·布吕歇尔穷追不舍，最终，将其逼至埃纳河。当时，情势凶险。格布哈特·莱贝雷希特·冯·布吕歇尔眼看就要全军覆没。此时，发生了一件出乎所有人意料的事情，挽救了格布哈特·莱贝雷希特·冯·布吕歇尔。法军驻苏瓦松部队叛变了。这样一来，格布哈特·莱贝雷希特·冯·布吕歇尔得以率残部渡河，撤至拉昂城中。在法军驻苏瓦松部队叛变前，格布哈特·莱贝雷希特·冯·布吕歇尔已经在克朗与法军发生了遭遇战，损失惨重。

难怪拿破仑·波拿巴会志得意满，他竟以六万军队打败了反法联军的十四万人。反法联军部队战败后抱头逃窜，退至特鲁瓦。1814年2月23日，连特鲁瓦都落入法军手中。

此时，反法联军开始失去作战信心。这下子，奥地利帝国皇帝弗朗茨一世犹疑更甚。于是，英国派代表卡斯尔雷勋爵罗伯特·斯图亚特前来交涉。卡斯尔雷勋爵罗伯特·斯图亚特坚定地向奥地利帝国皇帝弗朗茨一世传递了不可胆怯、退缩的思想。俄罗斯帝国沙皇亚历山大一世变得非常勇毅，他不仅没有犹豫，还提出要对法兰西第一帝国施行更强烈的军事措施。但奥地利帝国不同，它再大胆，也还需要英国的支持，否则，进攻法兰西第一帝国就是一纸空谈，只会以惨败告终。即便情况好一些，没有被法军打得惨败，也会像现在这样，法军已把奥地利军队从反法联盟的其他军队中割离，迫使奥地利军队退出战场。

1814年3月1日，奥地利帝国、普鲁士王国、俄罗斯帝国和英国签订《肖蒙条约》。《肖蒙条约》规定，无论拿破仑·波拿巴是否同意，法兰西第一帝国都必须将国土的疆界恢复至波旁王朝时期。如果拿破仑·波拿巴拒绝接受，那么奥地利帝国、普鲁士王国、俄罗斯帝国和英国便分别出兵十五万，组成联军，共同攻打法兰西第一帝国。英国另提供每年五百万英镑作为军费开支。

沙蒂永会议还在继续进行，和约谈判也在继续。但此时的拿破仑·波拿巴正沉浸在战胜的喜悦中，听不进任何人提出的任何条件。

奥布河畔巴尔战役

　　反法联军又开始保持缓缓的攻势。反法联军在奥布河畔巴尔区和拉吉欧蒂耶尔获得了两三次小型胜利,驱散了法军。后来,反法联军又在休整时遭到法军回攻。1814年3月4日,反法联军失守特鲁瓦城。但当时,拿破仑·波拿巴不在特鲁瓦城。他当时正在追击格布哈特·莱贝雷希特·冯·布吕歇尔。

　　1814年3月18日,反法联盟见拿破仑·波拿巴不接受任何条件,也拒绝签订和约,于是,沙蒂永会谈终止。

  1814年3月20日,法军与反法联军在奥布河畔阿尔西发生激战,胜负难辨。根据以往的经验,在战事胶着时,反法联军会率先撤兵。但这一次,奥地利帝国改变了态度。奥地利帝国皇帝弗朗茨一世已确知拿破仑·波拿巴拒绝和谈,因此,他不再寄希望于拿破仑·波拿巴。奥布河畔阿尔西战役过后的第二日清晨,拿破仑·波拿巴惊愕地发现反法联军并未撤退。

  现在,拿破仑·波拿巴只得兵行险招。他装作放弃巴黎,要扑向反法联军后翼的样子。拿破仑·波拿巴打定主意认为奥军将领们都是胆小孱弱之辈,他算准当奥军将领们看到法军要去围扑奥军后方,肯定会乱作一团。①但法军将领们得知这一险计时大吃一惊,纷纷表示反对。法军将领们反对兵行险棋地拿国都巴黎来冒险。法军众将在商议对策时,情绪都非常低落,指挥部里气氛氤氲。大家仿佛看到,未来充满了绵延无尽的战争,这样的战事不知要到哪一天才能结束,而大家都在战争中泥足深陷,也不知到底为了什么。法军士兵们也有异动,兵变在即,指挥部里军官们都在不满地嘟囔着。大家都在心中咒骂着拿破仑·波拿巴。反法联军已经列出了停战条件,而且停战的条件并不过分,但拿破仑·波拿巴就是不同意。他可曾考虑过其他人的感受?

　　反法联军并不是一无是处。他们很快摸清拿破仑·波拿巴的方位和动向,并迅速做出反应。反法联军派了一支骑兵作为掩护,一方面要掩饰联军大部的行踪,另一方面要追踪法军的行迹。而反法联军大部队日夜兼程,奔赴巴黎。拿破仑·波拿巴派尼古拉·约瑟夫·迈松将军领兵向北,②沿途召集北部各处驻军。拿破仑·波拿巴自己则率本部行进圣迪济耶,再向北与尼古拉·约瑟夫·迈松召回的援军会师。拿破仑·波拿巴还号召法兰西人民一起抵抗反法联军,并与来自里昂的查尔斯·皮埃尔·弗朗西斯·奥热罗部和来自阿尔萨斯及洛林的驻军会合。就这样,拿破仑·波拿巴汇集一支浩浩荡荡的大军,计划趁反法联军与防守巴黎的奥古斯特·弗雷德里克·路易·维埃塞·德·马尔蒙部和阿道夫·爱德华·卡齐米尔·约瑟夫·莫蒂埃部酣战之际,率军直扑反法联军后翼。可以说,假如当时条件具备,这个计划得以施行,拿破仑·波拿巴便可一口吞下反法联军,将反法联军从上到下一网打尽。但这样的惊天险计,实施起来也有颇多不易。首先,防守巴黎的将领要有能力持久作战,巴黎防军也要人员充足,这样一来,才有可能抵挡得住联军的冲杀。可惜,守将不坚,兵力不足。奥古斯特·弗雷德里克·路易·维埃塞·德·马尔蒙和阿道夫·爱德华·卡齐米尔·约瑟夫·莫蒂埃只有两万人在巴黎城前设防,防线一击即溃。玛丽·路易丝皇后逃往布洛瓦。1814年3月30日,前西班牙国王,时任法兰西第一帝国国家卫队司令的

---

① 因为法军如果从后翼攻击奥军的话,奥军的联系就会被切断。——原注
② 尼古拉·约瑟夫·迈松将军还是颇有才干的,这多少让拿破仑·波拿巴挽回了一点自信。——原注

尼古拉·约瑟夫·迈松

约瑟夫·波拿巴也逃走了。约瑟夫·波拿巴在西班牙积累了丰富的逃跑经验,因此,玛丽·路易丝皇后前脚刚刚离开,他便随后跟着离开了。此时,奥古斯特·弗雷德里克·路易·维埃塞·德·马尔蒙和阿道夫·爱德华·卡齐米尔·约瑟夫·莫蒂埃两位元帅选择了停战投降。他们二人将巴黎交到了反法联军手中。1814年3月3日,俄罗斯帝国沙皇亚历山大一世和普鲁士国王腓特烈·威廉三世在满城

进入巴黎的俄军

的欢呼声中正式入驻巴黎。巴黎人民挥动着白色手帕,热情地欢呼着:"联军万岁! 波旁王朝万岁!"

　　拿破仑·波拿巴听说反法联军向巴黎迈进时,星夜兼程,期待能解救巴黎。但他晚了一步,巴黎已和平归于反法联军。在巴黎城郊的枫丹白露宫,拿破仑·波拿巴遇到守卫巴黎时撤出的几队驻军。他当着全军的面,将奥古斯特·弗雷德里克·路易·维埃塞·德·马尔蒙狠批为叛徒。但所有人都认为奥古斯特·弗雷德里克·路易·维埃塞·德·马尔蒙实在是迫不得已。当时，留守巴黎的法军兵力确实不足。而且巴黎民众早已开始怀念波旁王朝，奥古斯特·弗雷德里克·路易·维埃塞·德·马尔蒙也算是尽力了。

法兰西第一帝国的几位元帅见到拿破仑·波拿巴后，大胆向拿破仑·波拿巴提出请求，请他考虑退位。拿破仑·波拿巴听到这样的话，立即将自己关进枫丹白露宫阴冷的旧宫室。在这间阴冷的旧宫室里，拿破仑·波拿巴有万千思绪无法理清，情绪近乎狂乱。

路易·康斯坦·沃伊里说：

在那之后的两天，枫丹白露宫中弥漫的低落与萧瑟难以言喻，到处是一片死寂的模样。一连串的打击似乎摧垮了拿破仑·波拿巴的精神。他已很久没有去过书房了。平日里，他都精力充沛，会在书房里处理公务，不

守卫巴黎的法军

分昼夜。现在，他完全沉浸在自己的思索中，甚至觉察不到身边来人。他会直勾勾地看着你，但眼神空洞，不知究竟在看向何处。他就这样沉默着，即使盯上半个小时，也不说一句话。然后，像是从麻木的思想中苏醒一般，他会与来人说上一两句，却不在意对方说了什么。他不断让人将巴萨诺公爵于格-巴纳尔·马雷和维琴察公爵阿尔芒-奥古斯丁-路易·德·科兰古请来，但二位公爵的到来并不能使拿破仑·波拿巴摆脱精神恍惚的状态。哦，可以说，拿破仑·波拿巴像是行尸走肉一般。每日的午餐时段都会上演相同的尴尬场景：除了内侍更换叉碟时偶尔发出的声音，整个用餐过程一片死寂。拿破仑·波拿巴在寝宫里也没有任何声响。他自己一言不发。我在清晨提醒他服药时，他也不会发出任何声音。从他的神色来看，他像是不认识我的样子。对于拿破仑·波拿巴身边随侍的人来说，这样的场景实在令人揪心。哦，难道拿破仑·波拿巴真的已经向命运屈服了吗？难道他的思想和灵魂也都一并干涸、麻木了吗？我觉得，这次失败给拿破仑·波拿巴带来了非常大的打击。他过去也曾战败，但从来不会表现出现在的状态。无论是莫斯科战役的失败，还是数日前在特鲁瓦失利，都不曾见过他这副模样。然而，事实上，是我想错了。拿破仑·波拿巴并没有失魂落魄。他是在计算，如何重整大军，重新攻取巴黎。当然，在最忠诚的大臣和最有胆魄的将领面前，他一直都保持着发呆的样子。但一旦回到士兵们当中，他便恢复了激情万丈的状态。他认为，将领和大臣设法和谈，只有士兵们在一心一意地发出"皇帝万岁！"的呐喊。无论他说什么，士兵们都会听从；无论他做什么，士兵们都会跟随；无论他犯了什么错误，士兵们都不会责怪他。于是，1814年4月2日，拿破仑·波拿巴一扫愁绪，来到外院检阅国民卫队。他坚定地对士兵们说：

"士兵们！敌人先我们一步占领了巴黎。我们要将他们赶出去！那些卑鄙的国人和已经从我这里获得宽恕的保王党分子，他们重新竖起了波旁王朝的旗帜，加入了敌人的阵营。他们都是卖国贼！我们一定要让他们付出代价。我们起誓要夺回巴黎，否则，就让我们为巴黎战死。二十年来，三色旗引导我们走向光荣和胜利。因此，我们要让它重新飘起。我们要让所有人对三色旗肃然起敬。"

士兵们被拿破仑·波拿巴的热情鼓舞，呼声震天。大家喊着："巴黎！巴黎！"但拿破仑·波拿巴一回到宫中，就立即陷入了绝望。他担心将官们不支持进攻巴黎的计划。形势的发展对拿破仑·波拿巴的计划越来越不利。现在，巴黎成立了由贝内文托亲王查尔斯·莫里斯·德·塔列朗-佩里戈尔领导的临时政府。拿破仑·波拿巴派遣维琴察公爵阿尔芒-奥古斯丁-路易·德·科兰古前往巴黎斡旋。维琴察公爵阿尔芒-奥古斯丁-路易·德·科兰古与俄罗斯帝国沙皇亚历山大一世交涉未果，只得回到枫丹白露宫，向拿破仑·波拿巴汇报。拿破仑·波拿巴每天都会收到关于法兰西第一帝国的元帅和将军们变节的新消息。当他听到讷沙泰勒亲王路易·亚历山大·贝尔蒂埃也变节的消息时，再也无法承受。①

在枫丹白露宫，拿破仑·波拿巴召集了七千军士。在蒙特罗，还有埃蒂安-雅克-约瑟夫-亚历山大·麦克唐纳余部两万五千人。于是，拿破仑·波拿巴传令埃蒂安-雅克-约瑟夫-亚历山大·麦克唐纳进军巴黎。埃蒂安-雅克-约瑟夫-亚历山大·麦克唐纳接到命令后立即赶往枫丹白露宫。当埃蒂安-雅克-约瑟夫-亚历山大·麦克唐纳抵达枫丹白露宫时，便听说在枫丹白露宫已聚集了一支部队，拿破仑·波拿巴向这些部队的将领们宣布，要进军巴黎。于是，埃蒂安-雅克-约瑟夫-亚历山大·麦克唐纳立即进入宫殿。接下来发生的事情由埃蒂安-雅克-约瑟夫-亚历山大·麦克唐纳亲述，由路易·安托万·福弗莱·德·布里昂记叙：

埃蒂安-雅克-约瑟夫-亚历山大·麦克唐纳刚进入枫丹白露宫，拿破仑·波拿巴便迎上前去，问道："嗯，情况怎么样？"

埃蒂安-雅克-约瑟夫-亚历山大·麦克唐纳答道："非常糟。"

---

① 路易·康斯坦·沃伊里：《波拿巴皇帝的贴身男仆康斯坦回忆录：关于拿破仑·波拿巴的生活、家庭和官廷》，第6卷，第71页。——原注

拿破仑·波拿巴问:"有多糟糕?你的部队军心如何?"

埃蒂安–雅克–约瑟夫–亚历山大·麦克唐纳答道:"陛下,军心动荡,士兵们意志消沉。得知巴黎沦陷,大家的心情都糟透了。"

拿破仑·波拿巴问:"那你的部队愿意随我前去夺回巴黎吗?"

埃蒂安–雅克–约瑟夫–亚历山大·麦克唐纳答道:"陛下,还是打消这个念头吧。我不敢发布这样的命令,他们也不会遵守的。"

拿破仑·波拿巴问:"那我们怎么办?我不能一直待在这里。我们还有士兵,还有势力。我要向巴黎进军,我要复仇。无论是背叛我的人,还是卑鄙无耻的参议院,都要付出代价。我要解散临时政府,他们早有预谋,要迎接波旁王朝复辟。明天,我就亲自率领卫兵攻占巴黎。后天,我们会重新占领杜伊勒里宫。"

埃蒂安–雅克–约瑟夫–亚历山大·麦克唐纳静静地听着。终于,拿破仑·波拿巴平复了情绪。埃蒂安–雅克–约瑟夫–亚历山大·麦克唐纳说:"陛下,看起来,您对巴黎目前的情况还是不太了解。临时政府已经建立了。还有……"

拿破仑·波拿巴说:"这些我都知道了。那又如何?"

埃蒂安–雅克–约瑟夫–亚历山大·麦克唐纳一边将一份文件递给拿破仑·波拿巴,一边说:"陛下,都在这份文件里了,您自己看吧。"

随后,埃蒂安–雅克–约瑟夫–亚历山大·麦克唐纳又将伯农维尔侯爵皮埃尔·德·吕埃尔的信交给拿破仑·波拿巴。在信中,伯农维尔侯爵皮埃尔·德·吕埃尔说,参议院已宣布废除拿破仑·波拿巴的法兰西第一帝国皇帝称号,反法联盟也决定不再追究拿破仑·波拿巴及其家人的责任。拿破仑·波拿巴读完信,犹豫了一下,似乎在考虑是否继续执行收复巴黎的计划。埃蒂安–雅克–约瑟夫–亚历山大·麦克唐纳说:"陛下,请放弃您的计划吧。您是还想冒险,但现在,已经没有人会拔剑相助了。"①

---

① 路易·安托万·福弗莱·德·布里昂:《回忆拿破仑·波拿巴》,第3卷,第143页。——原注

皮埃尔·德·吕埃尔

路易·亚历山大·贝尔蒂埃原本要陪同拿破仑·波拿巴留在枫丹白露宫,后来见势不妙,便找了借口溜回巴黎。他推说要返回巴黎处理一些秘密文件,而且非去不可。

路易·亚历山大·贝尔蒂埃讲出这些理由时,拿破仑·波拿巴只是盯着他,锐利的目光背后闪过一丝凄凉。

拿破仑·波拿巴拉起路易·亚历山大·贝尔蒂埃的手,说:"贝尔蒂埃,你也知道,在这样的时候,我有多么需要你的安慰。我需要真正的朋友在我身边。"路易·亚历山大·贝尔蒂埃沉默不语。于是,拿破仑·波拿巴问道:"你明天回来吗?"路易·亚历山大·贝尔蒂埃临行前应道:"我一定回来,陛下。"

路易·亚历山大·贝尔蒂埃离开时，拿破仑·波拿巴又陷入了沉默。他目送路易·亚历山大·贝尔蒂埃离开，直到看不到路易·亚历山大·贝尔蒂埃的身影。随后，拿破仑·波拿巴叹了口气，将目光停在了地面上。最终，拿破仑·波拿巴走到巴萨诺公爵于格-巴纳尔·马雷面前，拽着巴萨诺公爵于格-巴纳尔·马雷的胳膊，说："我知道他不会回来了。"然后，他悲痛地坐在了沙发椅上。是的，路易·亚历山大·贝尔蒂埃再也没有回来。

拿破仑·波拿巴身边的将领们都说，没有别的办法了，建议拿破仑·波拿巴还是签署退位协议吧。

路易·康斯坦·沃伊里说："拿破仑·波拿巴越来越忧伤失落。每当巴黎寄来文书，他都会读得满心烦乱。有几次，我看他的指甲都将自己的大腿划出了一道道血痕，他却浑然不觉。还有几次，他命令鲁斯唐·拉扎①将手枪给他。但我已事先关照鲁斯唐·拉扎，无论如何都不可以照做。"②

最终，拿破仑·波拿巴被迫退位。退位协议如下：

> 反法同盟既已宣布法兰西帝国皇帝拿破仑·波拿巴为欧洲和平重建之障碍。现在，法兰西帝国皇帝拿破仑·波拿巴愿意遵照其承诺退位。法兰西帝国皇帝拿破仑·波拿巴愿意离开法兰西，愿意以个人生命为代价，确保法兰西的幸福和安宁，确保皇子罗马王和皇后路易丝的权利，确保法兰西帝国的法典得以维持。
>
> 　　　　　　　　　　　　　　拿破仑·波拿巴
> 　　　　　　　　　　　　　　1814年4月6日
> 　　　　　　　　　　　　　　于枫丹白露宫

直到最后一刻，拿破仑·波拿巴都还在玩弄心机。在协议中，我们可以看

---

① 鲁斯唐·拉扎（Roustam Raza，1783—1845），拿破仑·波拿巴雇佣的马穆鲁克保镖和二等男仆。
② 路易·康斯坦·沃伊里：《波拿巴皇帝的贴身男仆康斯坦回忆录：关于拿破仑·波拿巴的生活、家庭和宫廷》，第6卷，第76页。——原注

拿破仑·波拿巴退位

到，拿破仑·波拿巴并没有说他"已退位"，而是说他"愿意退位"。他没有忘记出尔反尔。退位协议签署后不久，就有奥地利帝国官员前来向拿破仑·波拿巴说明，事实上，奥地利帝国皇帝弗朗茨一世并不愿看到巴黎发生的一切，也不希望得到这样的结局。听到这里，拿破仑·波拿巴立即命令阿芒-奥古斯丁-路易·德·科兰古前去追回诸位元帅，要回退位协议。但事已至此，法兰西第一帝国的元帅们拒绝交出退位协议。

拿破仑·波拿巴怒不可遏。他无奈地躺在窗边的长椅上，叹道："只要有我的卫队，有奥古斯特·弗雷德里克·路易·维埃塞·德·马尔蒙的军团，明天，我就能攻回巴黎！"

拿破仑·波拿巴与反法联盟签订的正式协议究竟是什么样子，我们没有史料可以一窥究竟。但无论如何，1814年4月11日，双方还是签订了正式的退位协定。根据退位协定，拿破仑·波拿巴放弃法兰西第一帝国皇帝和意大利国王的称号，后裔亦不继承。拿破仑·波拿巴选择了厄尔巴岛作为他的流放之地。因此，原本并不起眼的厄尔巴岛立即升级为封邑，以符合拿破仑·波拿巴作为法兰西第一帝国前皇帝的身份。除此之外，拿破仑·波拿巴还可获得每年二百五十万法郎年金以维持生活所需。拿破仑·波拿巴知道，多亏俄罗斯帝国皇帝亚历山大一世，他才能在战败的情况下，依旧享有这样的待遇。

拿破仑·波拿巴对侍卫官路易-弗朗西斯·德·博塞说："我虽然退位，但并没有什么损失。"1814年4月11日夜，即签署退位协议的当天夜里，拿破仑·波拿巴在廊外的平地上踱来踱去，沉默许久后叹道："我被骗了。但至少，我还活着。"

1814年4月11日夜，阿芒-奥古斯丁-路易·德·科兰古退出拿破仑·波拿巴的寝宫时，拿破仑·波拿巴说："我决定了，一定要做个了断。"阿芒-奥古斯丁-路易·德·科兰古入睡不久，就被慌忙跑来的路易·康斯坦·沃伊里叫醒。路易·康斯坦·沃伊里说，拿破仑·波拿巴中毒了，现在浑身抽搐，情势十分危险。阿芒-奥古斯丁-路易·德·科兰古立即赶回拿破仑·波拿巴的寝宫，发现拿破仑·波拿巴服下了含氰酸的毒剂。拿破仑·波拿巴日常便将其带在身边，以备不测。不知是不是因为毒剂存放的时间过长，导致了毒性降低，这一次，拿破仑·波拿巴捡回了一条命。拿破仑·波拿巴呕吐了一阵后，很快就没事了。他说："这药毒性不足。是上天不让我死。"

第50章

流放厄尔巴岛

(1814年4月6日—1815年2月27日)

精彩看点

新计划——拿破仑·波拿巴与尼古拉-查尔斯·乌迪诺的对话——代表的人选——拿破仑·波拿巴怒对普鲁士王国代表——与老近卫军道别——离行——与一位牧师的对话——暴民——拿破仑·波拿巴与女店主的对话——与波莱恩·波拿巴见面——一位老兵——启程前往厄尔巴岛——抵达——小岛的皇帝——岛上有铁矿——拿破仑·波拿巴在厄尔巴岛上的日常——去法兰西的士兵归来——拿破仑·波拿巴害怕被流放到更偏远的西印度群岛——波兰夫人前来探望——密谋——商人的妻子——俄罗斯帝国皇帝亚历山大一世心里过意不去——拿破仑·波拿巴与尼尔·坎贝尔上校——法兰西的呼唤——母亲和二妹前来探望——若阿基姆·缪拉被争取过来了——拿破仑·波拿巴从厄尔巴岛返回法兰西

拿破仑·波拿巴刚签署完退位协议就后悔了。他将协议发出后不久，便开始思考如何收回成命。他重新拟定了一套行动计划，不仅签上了自己的名字，还命令巴萨诺公爵于格-巴纳尔·马雷共同签署。这一次，他打算亲自带领两万士兵，火速与意大利总督欧仁·罗斯·德·博阿尔内带领下的意大利军团会合。

拟定计划后，拿破仑·波拿巴派人唤来雷焦公爵尼古拉-查尔斯·乌迪诺，并问雷焦公爵尼古拉-查尔斯·乌迪诺会不会继续向他效忠。

雷焦公爵尼古拉-查尔斯·乌迪诺答道："陛下，一切都结束了。您已经退位了。"拿破仑·波拿巴说："退是退了，但应该还有变通的余地。"雷焦公爵尼古拉-查尔斯·乌迪诺答道："陛下，士兵们可理解不了这些暗处的规则。他们认为，您一旦退位，就失去了指挥权。"拿破仑·波拿巴说："那我们就没什么好谈的了。还是等等巴黎的消息吧。"

拿破仑·波拿巴派元帅们前往国都巴黎商谈退位事宜。到了深夜，元帅们从巴黎回到枫丹白露宫。莫斯科瓦亲王米歇尔·内伊元帅首先进入枫丹白露宫。

拿破仑·波拿巴问："谈得怎么样？"

莫斯科瓦亲王米歇尔·内伊元帅答道："快了，陛下。但他们不同意您退位后由皇储继位，让您继续做摄政王。在充满变化的年代，大家都是只朝着前面看的。这次的变化，已经势在必行了。元老院明日就会宣布波旁王朝复辟。"

拿破仑·波拿巴问："那我和我的家人要去哪里呢？"

莫斯科瓦亲王米歇尔·内伊元帅答道："陛下，您觉得您还能去哪里呢？当然是厄尔巴岛这种荒凉的海岛了。年金六百万，可以吗？"

拿破仑·波拿巴答道："六百万？好。这样一来，我即使退位，也算甘心。"①

于是，1814年4月13日，《枫丹白露条约》正式签订。根据拿破仑·波拿巴个人的要求，反法联盟同盟国将各派一名专员护送拿破仑·波拿巴出发，前往厄尔

退位后的拿破仑·波拿巴

① 《法兰西历史年表》（Tableau de l'Hist. de la France），1815年出版，第464页。此书出版于百日王朝前，诸多细节耐人寻味。——原注

尼尔·坎贝尔

巴岛。一开始,拿破仑·波拿巴对这几位专员非常冷淡。直到后来,也只是对其中个别人稍有释怀。其中,英国派来的专员是尼尔·坎贝尔上校,拿破仑·波拿巴曾对他说:"我对英国人厌恶至极,恨不能踏平大不列颠岛,无论代价几何。但战争归战争,我对英国国民怀有极大的尊重。我深信,英国政府比其他几国更宽大仁义。我要英国战舰送我从土伦出发,前往厄尔巴岛。"

落势后的拿破仑·波拿巴向普鲁士王国专员特鲁克泽斯·冯·瓦尔德堡伯爵弗里德里希·路德维希三世冷冷地问道:"我前往厄尔巴岛的路上,可有普鲁士王国的士兵同行?"

瓦尔德堡伯爵答道:"没有,陛下。"

拿破仑·波拿巴问:"那你为什么要费心跟过来呢?"

瓦尔德堡伯爵答道:"陛下,这是我自愿的。我崇拜您。"

拿破仑·波拿巴说:"花言巧语。该滚哪滚哪去!"之后便转过身,只留给瓦尔德堡伯爵一个背影。

弗里德里希·路德维希三世

拿破仑·波拿巴与近卫军告别

反法联盟各盟国专员希望拿破仑·波拿巴一刻都不要耽误,马上动身。但令他们失望的是,直到1814年4月20日,拿破仑·波拿巴才表示出了准备出航的意愿,而且出航的具体时间还要由他确定。当贝特朗伯爵亨利-加蒂安前来通知拿破仑·波拿巴一切就绪,可以出发时,拿破仑·波拿巴烦躁地答道:"现在,难道连一个宫廷大元帅都要指挥我了吗?你是来监视我的吗?厄尔巴岛,我想去就去,不想去就不去。我现在决定我不去了!"

最终,拿破仑·波拿巴还是来到枫丹白露宫的庭院中,与老近卫军士兵们道别。近卫军列队站好,站在拿破仑·波拿巴的面前。接下来的场景令人动容,拿破仑·波拿巴与士兵们一一道别。他沿着队列走过时,可以看出他的心情极不平静,士兵们忍不住流下了眼泪。有的老兵服役一生,现在头发都已花白。临行前,拿破仑·波拿巴发表演讲:

> 我的近卫军士兵们，我要和你们说再见了。二十年来，我带领你们在通往光辉和荣誉的道路上走过一程又一程。近几年来，我们一如既往地展示了非凡的荣耀与光华，我们的鼎盛年代从不曾离去。你们象征着勇气和忠贞。有你们在，有你们的忠诚和勇气在，我们的大业就不会消亡。只是，战争胜败难料。到了现在，我所顾忌的不是我个人的利益，我全力以赴追求的是法兰西的国家利益。法兰西的福祉是我唯一的追求。即便是现在，我仍不断在为法兰西的福祉祈愿。不要为我感到伤悲。我接受当下的命运，是为了能够更好地护卫祖国。别了，我的朋友们！只愿你们长留在我心间！

接下来，拿破仑·波拿巴命人送来鹰徽旗。与鹰徽旗吻别后，他说："让我拥抱你们所有人吧！再见，我的士兵们！做个勇士！做个好人！"

之后，在贝特朗伯爵亨利-加蒂安的陪同下，拿破仑·波拿巴登上了四轮马车。拿破仑·波拿巴要离开了，第一天，只听见"皇帝万岁"的呼声此起彼伏，响彻大路。

1814年4月21日晚上，拿破仑·波拿巴在讷韦尔下榻，听到当地人们的欢呼声震耳欲聋。

1814年4月22日6时，拿破仑·波拿巴离开讷韦尔。近卫军将他送至此处便止步，前方由哥萨克人组成的小队继续护送。

在里昂偏北的拉图尔，拿破仑·波拿巴用过晚餐后，走出住处，沿着大路散步。他用尖厉的声音哼着不合拍的小调："哦，理查德！我的国王！"[①]这是安德烈·埃内斯特·莫德斯特·格雷特里的曲调风格。拿破仑·波拿巴倚在一棵白杨树上，抬眼凝望着星空。这时，一位牧师走上前来。拿破仑·波拿巴看到了这位牧师，便询问他是谁。

牧师答道："陛下，我是本教区的神父。"

拿破仑·波拿巴又问："你在这里有多长时间了？"

---

① 原文为法语 "O Richard! O mon Roi!"

漫画：拿破仑·波拿巴被流放厄尔巴岛

牧师答道："自您在法兰西重建宗教，这里设立了教区，我就到这里了。"

拿破仑·波拿巴闻言，默不作声地踱着步。过了一会儿，他又问："这个村子的负担重吗？"

牧师答道："哎，陛下，赋税重如山啊！太多了！"

拿破仑·波拿巴若有所思地继续踱步。突然，他停了下来，仰望着星天，向牧师问道："你知道那颗星星的名字吗？"牧师答"不知"。拿破仑·波拿巴说："曾经，我知道天上所有星星的名字。当时，我也是天上的一颗星。可是现在……"他沉默了片刻，继续说道："唉！现在，我已经坠落了。"

拿破仑·波拿巴和牧师朝他下榻的房屋走去。拿破仑·波拿巴从口袋中掏出些许金子，交给牧师，说："这是我的一点微薄心意。上天会护佑谦逊的人。请为我祈祷吧。这是我的布施，希望它能带给我好运。"

牧师叫道："陛下！"

这一声"陛下"中，包含着情深意切的千言万语。拿破仑·波拿巴听到这声呼唤，愣在了原地。他说："对，或许你是对的。或许，是我太过好战。只是，我现在正在前往厄尔巴岛的路上，不想再讨论这个伤脑的问题。无论如何，再见了。为我祈祷吧。"①拿破仑·波拿巴生平第一次这样吐露肺腑之言。在这样的时刻，装腔作势已没有任何意义。

在前往法兰西南部的途中，拿破仑·波拿巴非常悲哀地发现，他不再是大众欢迎的对象。不仅如此，这里的人们还对他十分愤恨。即将抵达瓦朗斯时，拿破仑·波拿巴遇到查尔斯·皮埃尔·弗朗西斯·奥热罗。查尔斯·皮埃尔·弗朗西斯·奥热罗出身低微，在拿破仑·波拿巴的提携下，最终受封卡斯蒂廖内公爵。他有严重的共和主义倾向，几乎可以将他算作雅各宾派成员。

1814年4月24日，拿破仑·波拿巴与查尔斯·皮埃尔·弗朗西斯·奥热罗相遇。拿破仑·波拿巴向查尔斯·皮埃尔·弗朗西斯·奥热罗脱帽致礼，查尔斯·皮埃尔·弗朗西斯·奥热罗却像个混蛋一般，傲慢无礼且无动于衷。拿破仑·波拿巴问道："元帅要去往哪里？是否已攀至王室高位？"

查尔斯·皮埃尔·弗朗西斯·奥热罗答道："不是！我去里昂。"

拿破仑·波拿巴问道："你为什么对我越发无礼？"

查尔斯·皮埃尔·弗朗西斯·奥热罗反问道："无礼又能如何？如果不是因为你贪欲难填，大家何苦沦落到如今这般地步？你可以为了实现个人野心牺牲一切，即使搭上国家的前途也在所不惜，不是吗？我不会效忠波旁王室，但也不再效忠你。我只以国家至上。"至此，拿破仑·波拿巴再也听不下去了。他转身登上了四轮马车，准备继续前行。查尔斯·皮埃尔·弗朗西斯·奥热罗很不情愿地挥了下手，当作告别。就这样，在前任主人远行之际，查尔斯·皮埃尔·弗朗西斯·奥热罗甚至不肯挥一下帽子，弯一下腰。

在瓦朗斯，失势的拿破仑·波拿巴第一次看到法兰西士兵换上镶有白色徽章的帽子。在奥兰治，"国王万岁！"②的呼喊声在空气中回响。

---

① 《朱诺夫人回忆录》，第3卷，第464页。——原注
② 此处为法文"Vive le Roi！"

里昂

在里昂，拿破仑·波拿巴一路收集了他能见到的所有宣传册、书皮和封底，坐在马车上一一阅读。这些刊物的内容并不都秉持着友好的态度。在阿维尼翁，拿破仑·波拿巴的马车遭遇一群歇斯底里的民众的围攻。假如不是反法联盟的盟国专员及时出现，拿破仑·波拿巴很可能要殒命在暴徒手中。

奥尔贡也弥漫着对拿破仑·波拿巴浓浓的敌意。当地的民众高呼："科西嘉野种，去死吧！""打倒强盗！""暴君怎么还不死？""国王万岁！"民众当着拿破仑·波拿巴的面，把他的肖像焚毁，发泄愤怒。只见其中一幅画随着火势飘到拿破仑·波拿巴的马车前，一闪而过。拿破仑·波拿巴看到了自己在被焚毁的画像中的样子。画中的拿破仑·波拿巴被利剑穿胸，血涌如注。另外，有几位情绪激动的妇女怒吼道："野种！还我的儿子！"情急之下，反法联盟的盟国专员站在马车边，保护着拿破仑·波拿巴，阻止想要冲进马车的人们。最终，几辆马车勉强从人堆中挤出，暂得安全。

在圣卡纳，充满仇恨的人群扯烂了马车车窗。为了保命，拿破仑·波拿巴顾不上许多。他戴上奥地利帝国军士的帽子，穿上奥地利帝国军士的大衣，扮成奥地利帝国军士的样子。他也不敢再乘坐大马车，转而改乘一匹马的小车，轻装上路。同行的几辆大车紧赶慢赶，等拿破仑·波拿巴抵达拉卡拉德时，一行人才再次会合。

在拉卡拉德，扈从发现拿破仑·波拿巴站在小客栈厨房的灶火旁，正与店里的老板娘谈话。老板娘说："啊！军爷！都说他倒台了，我偏不信。除非让我亲眼看到他沉入水井，再用石头将水井填满，我才能松一口气。否则，谁都不能安心。你看，把他填进我家院子的那口井里，怎么样？要填就给他填结实了！可不能像督政府一样，将他打发到埃及那么远的地方，本来是想让他死在那里，结果，他不仅没有死，反而好模好样地回来了。所以啊，军爷，你看着吧，这一次，他还会回来的。这可怎么办……"说到这里，老板娘撇完锅里的浮沫，抬起了头。她像是刚刚发现，这一行人中，只有面前跟她交谈的这个士兵拉低了帽檐，遮着脸。老板娘被这位士兵吓了一跳，窘态非常可爱。拿破仑·波拿巴也就不再生气了。自此之后，老板娘的目光几乎只围着这个古怪的"奥地利士兵"打转。

艾克斯区长关闭了城门，防止民众闯入城内，伤害拿破仑·波拿巴。在城外，他也贴心地换好了快马。

当时，拿破仑·波拿巴的二妹波莱恩·博尔盖塞正因心疾在附近的一处城堡里养病。拿破仑·波拿巴见到波莱恩·博尔盖塞时，正准备上前拥抱二妹波莱恩·博尔盖塞，波莱恩·博尔盖塞却像是受到惊吓般地向后退了一些，说："哦，拿破仑·波拿巴，你怎么穿成这样？"拿破仑·波拿巴答道："我亲爱的二妹波莱恩，这还用说吗？当然是为了保命。"波莱恩·博尔盖塞用坚毅的目光看着拿破仑·波拿巴，一字一顿地说："脱下来。我可不想碰奥地利士兵的军服。哦，我的拿破仑·波拿巴！你是差一点就送命了吗？"

拿破仑·波拿巴急忙退到一边，换上老近卫军的军装，才回到波莱恩·博尔盖塞的房间。终于，拿破仑·波拿巴和波莱恩·博尔盖塞兄妹二人可以正式拥抱了。这一幕亲人相会的场景非常感人。拿破仑·波拿巴走到窗口，看到情绪激动的人群已经冲进了院子。他走出房间，发现人群中有一位略为年长的先生。这位

19世纪初的波莱恩·博尔盖塞

先生的脸上横着一道醒目的疤痕,他的制服纽扣上别着红丝带。拿破仑·波拿巴走到这位先生面前,问道:"你不是雅克·杜蒙吗?"

老兵慌忙起身敬礼道:"是啊,是啊,陛下!"

拿破仑·波拿巴又说:"你受伤了?这是旧伤了吧?"

老兵答道:"回陛下,是跟路易-加布里埃尔·絮歇将军在特雷比亚战役中受的伤。后来,伤势恶化,就没法再上前线了。现在啊,我都听不得战鼓声。我一听到战鼓声响起,就会骂自己是个逃兵。我以帝国徽章起誓,陛下。只要陛下一声令下,无论要我去哪里,我都立刻跟您走。"老兵流着泪,继续说:"我的名字!陛下,十五年了,您还记得我的名字。"

周围旁观者前一刻还在思考，拿破仑·波拿巴究竟是野兽还是明君。看到这一幕后，在场的人都感动不已。拿破仑·波拿巴赢得了在场每一个人的心。

英国军舰"无畏号"在弗雷瑞斯海岸附近停泊。弗雷瑞斯原是古罗马时代设有灯塔的旧港。现在，弗雷瑞斯位于陆地上了，距离海岸有两英里远。拿破仑·波拿巴说过，如果英国派舰船来接他前往厄尔巴岛，他就一定去。然而，真到了需要离开的时刻，他却不愿离开了。他的心中充满了落势后的悲凉。但无论他是否愿意，都是要离开的。1814年4月28日，在呼啸的狂风和海浪中，拿破仑·波拿巴由圣拉斐尔出发，前往厄尔巴岛。

1814年5月3日，"无畏"号军舰抵达厄尔巴岛的首府费拉约港。曾经，拿破仑·波拿巴拥有那么大的一个帝国，现在，这里的厄尔巴岛便是他最后的家园。护送拿破仑·波拿巴的英国官员下了船，向已经赶来的费拉约港市长宣读官方公告。内容还是很体面的，依旧称拿破仑·波拿巴是皇帝。官员说，法兰西帝国皇帝陛下现在亲临厄尔巴岛。费拉约港市长接令后，开始准备仪仗队迎接拿破仑·波拿巴。

1814年5月4日清晨，一队士兵将拿破仑·波拿巴赐予厄尔巴岛的帝国大旗运入费拉约港城内。士兵们将旗帜竖立在要塞的据点之处。这时礼炮齐发，表示对法兰西帝国前任皇帝的尊礼。在这面帝国大旗上，绣着白茫茫的大地，只见蜜蜂飞舞在田园之中。旗帜上环绕着厄尔巴岛纹章，旗帜的中心处赫然地绣着一枚拿破仑·波拿巴纹章的图样。①

接着，拿破仑·波拿巴携众扈从下船登岛。岛上一百响礼炮齐鸣。厄尔巴岛以最崇敬的礼节迎来了法兰西第一帝国原来的皇帝，厄尔巴岛现在的主人。英国舰船仅鸣炮二十四响简单示意。拿破仑·波拿巴身着蓝色长大衣，长大衣内面是银线镶绣的制服，戴着佩有白色徽章的圆帽。他刚刚走进镇子，就有一群人前来相迎。这些人包括平民、官员和教会人士。在众人的欢呼声中，拿破仑·波拿巴走进岛上的教堂，赞美诗颂乐也同时飘出。

---

① 单从纹章来讲，波拿巴纹章不甚美观。外表是红色，三星三条交互，星星为碧蓝色。当初，拿破仑·波拿巴为厄尔巴岛设计的纹章是银色的，背景为浅红色，画着三只飞舞的蜜蜂。——原注

费拉约港

离开教堂后,拿破仑·波拿巴被引至市长别院。市长的别院里也是匆忙打扫了一下,专门用来迎接前任皇帝拿破仑·波拿巴,作为拿破仑·波拿巴暂时的下榻之处。看起来,拿破仑·波拿巴心情不错,与岛上的人士也可以熟稔地攀谈。拿破仑·波拿巴还曾在厄尔巴岛发表几次演说,其中有一段是:

> 当我知道,反法联盟发动一次又一次的战争,针对的不是我的国家,而是我个人时,如此爱国的我怎能不为国家做出牺牲?我要做最有利于法兰西的抉择。对我个人来说,退位没有什么大不了,我可以接受。只要对法兰西有利,我甘愿退位。

拿破仑·波拿巴默然停顿了一会儿,又翻身上马,骑行游览了马里亚纳、坎波、和里奥等地。他惊叹道:"我的天哪!真是个巴掌大的地方。"厄尔巴岛居民仅有一万三千三百八十人。他登岛当天,便参加了当地举办的晚宴。

在厄尔巴岛的最初几个月,拿破仑·波拿巴与岛上居民来往甚密,有时还会亲切地交谈。他不仅会举办晚宴,也会参加舞会,还会骑马环岛绕行。他很快便对厄尔巴岛的要塞据点了如指掌,准备在那里加固防守。他还打算兴建宫殿城堡。在登岛后的第二天,即1814年5月5日,拿破仑·波拿巴便整编出一支十二人的精兵队伍。他指挥这支队伍占领了距厄尔巴岛数英里远的皮亚诺萨岛。皮亚诺萨岛是一座无人岛。拿破仑·波拿巴登上皮亚诺萨岛时狂笑道:"整个欧洲都会说我看起来像个傻瓜。"①

厄尔巴岛自古富产铁矿。拿破仑·波拿巴登岛后,在尼尔·坎贝尔上校的陪同下遍览岛上矿区。经过询问,拿破仑·波拿巴得知矿区的产值可以达到年均五十万法郎。他喜不自胜地惊呼:"哈哈!那么,这些矿都是我的了。"但随行人员立即解释道,拿破仑·波拿巴在位时,已非常大度地将这些矿产收益转让给了荣誉勋位团。拿破仑·波拿巴后悔地说:"天啊,这个决定是我自己签署的?唉,我当年真是缺心眼,都不知签了多少这样的法令啊!"②

跟随拿破仑·波拿巴入岛的仅有三十五人。即便如此,拿破仑·波拿巴的皇室宫廷风范依然不减。此外,还有步兵卫队七百人和骑兵卫队八十人。拿破仑·波拿巴依旧从严治军,与往昔管理大军团别无二致。英国专员尼尔·坎贝尔上校随拿破仑·波拿巴入驻厄尔巴岛,但英军士兵并没有随之入驻,他们留在了英国的舰船上。装有十八门大炮的英国双桅帆船就在附近的海域巡航,随时准备接应尼尔·坎贝尔上校。

的确,在外人看来,拿破仑·波拿巴接受了《枫丹白露条约》,就等于同意退位,接受了被放逐的命运。然而,与拿破仑·波拿巴交手已久的反法同盟国家不会掉以轻心。他们知道,一旦事态有变,拿破仑·波拿巴还是会习惯性地撕毁约定。最先觉察到这一点的是卡斯尔雷子爵罗伯特·斯图尔特。卡斯尔雷子爵罗

---

① 此处为法语"Toute l'Europ dira que j'ar deja fait une conquete。"
② 路易·安托万·福弗莱·德·布里昂:《回忆拿破仑·波拿巴》,第3卷,第195页。——原注

罗伯特·斯图尔特

伯特·斯图尔特曾提醒反法同盟诸国,千万不要将拿破仑·波拿巴发配至厄尔巴岛。因为拿破仑·波拿巴拥有巨大的野心、丰富的资源和诸多好友,而厄尔巴岛与意大利近在咫尺,离法兰西本土也只需要几日航程。万一有一天,拿破仑·波拿巴想要卷土重来,只需要向意大利振臂一呼,或者向法兰西传个口信。

这不仅在于拿破仑·波拿巴会卷土重来。法兰西第一帝国境内都是拿破仑·波拿巴的帝国士兵。现在,驻守德意志要塞的七万老兵都已退伍还乡。本来要派出去作战的西班牙军团也没有了作战任务。这些士兵根本不将波旁王朝放在眼里,他们一听到"我们的小班长"①和"紫罗兰花"②就激动得血脉偾

---

① 法语"Petit Caporal",意为"我们的小班长",这是士兵们对拿破仑·波拿巴的昵称。
② 法语"Pere la Violette"。

张。军队中四处流传着谣言,说来年春天,紫罗兰花开时,拿破仑·波拿巴就会重返法兰西。

与此同时,波旁王朝的路易十八将其先祖的短视习性发挥得淋漓尽致,竟取消了《枫丹白露条约》中承诺拿破仑·波拿巴的六百万年金。这不啻为拿破仑·波拿巴提供了一个卷土重来的理由。俄罗斯帝国皇帝亚历山大一世、奥地利帝国皇帝弗朗茨一世、英国代表卡斯尔雷子爵罗伯特·斯图尔特一致对此表示抗议。波旁王朝的路易十八如此出尔反尔,会让人指责反法联盟盟国毫无信誉。对拿破仑·波拿巴来说,现在可以克扣年金,下一步,不知会将他发配到西印度的哪一个荒蛮小岛。在那样恶劣的环境中生存,拿破仑·波拿巴距死亡也就不远了。想到这里,拿破仑·波拿巴决定做困兽之斗。拿破仑·波拿巴决定要毁约,返回法兰西。

另外,拿破仑·波拿巴听到传言,说他只是被暂时发配至厄尔巴岛,未来会将他流放至更远的海岛。这样一来,他便再也不能返回法兰西。这一消息使拿破仑·波拿巴的心中惶惶不安。他担心返回法兰西的计划不能施行。一天,拿破仑·波拿巴与贝特朗伯爵亨利–加蒂安、德鲁奥·安托万将军和尼尔·坎贝尔上校一起散步。拿破仑·波拿巴沉默许久后,忍不住爆发了。他吼道:"我是一名士兵。他们为什么不杀了我?我宁死也不愿被流放。"

还有一次,拿破仑·波拿巴对尼尔·坎贝尔上校说:"我可说清楚了,我不要再被流放到别的地方。你抓不到我。在我的守卫下,厄尔巴岛必然固若金汤。谁要是敢来厄尔巴岛,我就拼死守卫。"

对拿破仑·波拿巴来说,与妻儿离散也是异常残酷的事情。拿破仑·波拿巴曾向尼尔·坎贝尔上校诉苦。他用颤抖的声音,颇有怨意地说:"我的妻子玛丽·路易丝不曾给我来信,我的儿子也不在我的身边。过去,战胜者将掳走战败者的妻儿作为战场荣耀。现在,怎么还能允许如此野蛮的风气存在呢?"

玛丽·路易丝没有前来探望拿破仑·波拿巴,不代表没有其他人来。令人感动的是,波兰的瓦莱夫斯卡伯爵夫人玛丽亚前来厄尔巴岛探望拿破仑·波拿巴,一同前来的还有她与拿破仑·波拿巴四岁的儿子。瓦莱夫斯卡伯爵夫人玛丽亚母子二人在厄尔巴岛住了两天。拿破仑·波拿巴的其他一些绯闻对象也一一前来岛上探望他。她们离开厄尔巴岛时,都带走了拿破仑·波拿巴的密信。回到法兰西后,这些人便将密信交到拿破仑·波拿巴的党徒部下手中。在信中,拿破仑·波拿巴命令自己的部下做好准备,迎接他的回归。

即便在厄尔巴岛上,拿破仑·波拿巴也遵循着宫廷制式。拿破仑·波拿巴每星期会设宴两次,邀请岛内女士。拿破仑·波拿巴和从前一样,对长得漂亮的女士感兴趣。他会询问她们的姓名、婚姻状况,以及她们的丈夫从事的职业。但似乎,这些女士的丈夫都拥有同样的"职位"——商人。拿破仑·波拿巴仔细询

玛丽·路易丝与儿子罗马王

问后得知,她们的丈夫竟是贩肉、贩水果或经营杂货铺子的小商小贩。听到这样的消息,拿破仑·波拿巴丝毫没有掩饰内心的不悦,当场离去,再也没有叫这些女士们回来。

拿破仑·波拿巴在厄尔巴岛时,还有一个人前来探望他。这个人就是埃布灵顿子爵休·福蒂斯丘。拿破仑·波拿巴将他对反法同盟诸国国君的性格评价告知埃布灵顿子爵休·福蒂斯丘。拿破仑·波拿巴说,俄罗斯帝国皇帝亚历山大一世虽然聪明,但并不可靠。他思想还算开明,但脾气不好和爱慕虚荣是性格中的硬伤。

在拿破仑·波拿巴评价俄罗斯帝国皇帝亚历山大一世时,俄罗斯帝国皇帝亚历山大一世也在评论他。一次,与阿布兰特什公爵夫人劳雷·朱诺谈话时,俄罗斯帝国皇帝亚历山大一世说:"哦,我爱死他了!我向你发誓,我爱拿破仑·波拿巴,就像爱我的亲生兄弟。我对他的感情甚至超越了手足亲情。他却背叛了我。他只带给我战争和心痛。"他也对让·路易·埃伯纳泽·雷尼耶将军说过类似的话:"我?我绝不可能再相信拿破仑·波拿巴。他欺骗了我。我已经与他再无瓜葛。"的确,拿破仑·波拿巴一贯弄虚作假。他的出尔反尔不仅让他失去了俄罗斯帝国皇帝亚历山大一世的友谊,也让他失去了将士们的忠心。

拿破仑·波拿巴对奥地利帝国皇帝弗朗茨一世的评价是:"我觉得,相较其他国家的君主而言,奥地利帝国皇帝弗朗茨一世还算值得信任。他向我做出保证时,我认为,至少在发誓的那一刻,他是真诚的,他希望可以恪守诺言。但他缺乏智慧,性格孱弱,没有魄力。"他还将普鲁士国王腓特烈·威廉三世称作"一名普通的士兵",因为普鲁士国王腓特烈·威廉三世只对军容有执念,没有其他的任何想法。他的原话是:普鲁士国王腓特烈·威廉三世是"这三个人当中最蠢的"。

为了在尼尔·坎贝尔上校面前隐瞒自己的意图,拿破仑·波拿巴装作对尼尔·坎贝尔上校非常友好的样子。突然间,拿破仑·波拿巴与尼尔·坎贝尔上校亲密无间,无话不谈。他邀请尼尔·坎贝尔上校共进早餐,与尼尔·坎贝尔上校在厄尔巴岛上散步,还与他乘同一艘船出海海钓。四下无人时,拿破仑·波拿巴会对尼尔·坎贝尔上校说:"现在没有外人,你想知道什么秘密,我都告诉你。"

就这样，一步接一步，拿破仑·波拿巴骗过了尼尔·坎贝尔上校。因此，即便尼尔·坎贝尔上校隐隐预感到拿破仑·波拿巴在谋划什么，也万万没有想到，他竟能这么快逃跑。

据说，1814年，距离年底还很久的时候，拿破仑·波拿巴已将返国计划落实到具体日期了。

共和党左派倒向了拿破仑·波拿巴，期待拿破仑·波拿巴能早日回归。这些共和党左派成员中甚至包括过去反对过拿破仑·波拿巴的人，现在，他们也不再反对了。毕竟，相比而言，波旁王朝对外更软弱，对共和更反动，内政更腐败。

况且波拿巴家族的兄弟姐妹依旧身居高位。比如若阿基姆·缪拉，依旧掌握着权势。这些人，不都期待传言可以成真，拿破仑·波拿巴可以归来吗？他们都很清楚，没有拿破仑·波拿巴，就没有他们的一切。[1]若阿基姆·缪拉的妻子，即拿破仑·波拿巴的三妹卡罗琳·缪拉，不仅脾气火爆，而且颇具野心。若阿基姆·缪拉惧内，在妻子的一再劝说下，不禁开始担心。他担心奥地利帝国不守约，担心自己王位不保，更担心西班牙王储阿斯图里亚斯亲王斐迪南取代自己的地位。

拿破仑·波拿巴的亲笔密信让若阿基姆·缪拉彻底下定了决心。拿破仑·波拿巴的信来得正好。就像钟摆不再震荡，就像箭已经搭上弓弦，若阿基姆·缪拉不再犹豫不决。拿破仑·波拿巴写道："沉睡的雄狮即将苏醒。"若阿基姆·缪拉立即领会了信中的含义，着手准备接驾事宜。

1814年仲夏，波拿巴夫人玛丽亚·莱蒂齐亚·拉莫利诺与二女儿波莱恩·博尔盖塞前往厄尔巴岛探望拿破仑·波拿巴。这对母女在政治方面也是天生的谋略高手。她们虽然养尊处优多年，却未荒废筹谋的本能。她们母女二人应该帮拿破仑·波拿巴出了不少主意。波莱恩·博尔盖塞美貌依旧，风姿不减当年。她擅长魅惑，惯于故作懵懂。她以无知少女的外貌骗过了所有人。但事实上，她非常厉害。她在那不勒斯王国与厄尔巴岛之间来回奔走，不断地传消息、递口信，与三妹卡罗琳·缪拉一起向意志薄弱的若阿基姆·缪拉施压。

---

[1] 当然，让-巴蒂斯特·贝尔纳多特除外。——原注

一切就绪。1815年2月26日，拿破仑·波拿巴在费拉约港举办豪华舞会，邀请了岛上的所有人。拿破仑·波拿巴的母亲波拿巴夫人玛丽亚·莱蒂齐亚·拉莫利诺和二妹波莱恩·博尔盖塞是舞会的主持。尼尔·坎贝尔上校不知为何去了里窝那港，将唯一一艘载有十八门炮的巡洋舰"帕特里奇"号也一并开走了。舞会上意兴正酣时，拿破仑·波拿巴悄然离开。1815年2月27日7时，拿破仑·波拿巴与整装完毕的千余卫兵及志愿兵一起登上"无常"号双桅横帆船，启航返回法兰西。拿破仑·波拿巴心如止水，平静沉着。他转身对士兵们笑了一下，说："我们要回去了。"

第51章

百日王朝

(1815年3月1日—1815年6月14日)

精彩看点

拿破仑·波拿巴从厄尔巴岛返回法兰西——暂泊儒昂湾——偶遇摩纳哥亲王奥诺雷三世——普罗旺斯反应冷淡——告士兵书——格勒诺布尔有士兵加入——士兵弃阿图瓦伯爵查理·菲利普，转向拿破仑·波拿巴——胜利进军——法兰西人民心态各异——波旁王朝的路易十八不敢抵抗——拿破仑·波拿巴入主巴黎——归来的宴会——众人缺乏热忱——卢西恩·波拿巴和立宪派的打算——妥协——军中缺将——维也纳会议，八国聚首——争执——得知拿破仑·波拿巴归来——有此人在欧洲难安——拿破仑·波拿巴争取雅各宾派——法兰西第一帝国皇后约瑟芬香消玉殒——法兰西第一帝国皇后玛丽·路易丝不爱他——拿破仑·波拿巴的处境——他对立宪派的感情——我对你们那么好你们却抛弃了我拿破仑·波拿巴从厄尔巴岛返回法兰西的途中，航行在利古里亚海时，心情非常舒畅。他在谈笑间打开一瓶瓶美酒，与众人一起分享。一时间，船上的各位军官、水手和士兵喝着酒，笑做一团。

拿破仑·波拿巴离开厄尔巴岛

"无常"与一艘法军的双桅横帆船相遇

在此途中,拿破仑·波拿巴的船遇到了一艘法军的双桅横帆船。拿破仑·波拿巴命卫兵脱掉熊皮高帽,在甲板上卧倒,以免被对方的船发现。对方的船长向拿破仑·波拿巴挥着手,喊道:"你们都来自厄尔巴岛,是吗?啊,皇帝陛下可好啊?"听到这里,拿破仑·波拿巴回答道:"好着呢!"[①]法军的双桅横帆船看到拿破仑·波拿巴的穿着并无异状,便继续巡弋离开。1815年2月29日夜间,拿破仑·波拿巴一行人依稀可见昂蒂布海港。1815年3月1日,拿破仑·波拿巴的小舰队停泊在儒昂湾。舰队顺利登陆,并未受到任何抵挡。然而,拿破仑·波拿巴派二十五名老近卫军前去昂蒂布,试图说服昂蒂布驻军归顺,却发生了些许不愉快。波旁王朝驻昂蒂布司令官安德烈-菲利浦·科尔桑不但没有投诚,反而下令逮捕了近卫军。

---

① 此处原文为法语"Il se porte a merveille"。

1815年3月2日清晨，拿破仑·波拿巴取道加普前往格勒诺布尔。他刚出发，便迎面遇上一辆豪华马车。车中坐着摩纳哥亲王奥诺雷四世和曾经服侍他的母亲摩纳哥王后玛丽亚·卡泰丽娜·布里尼奥莱的一等男仆。摩纳哥亲王奥诺雷四世正一路风尘地带着仆从前去接收自己原有的封地。原来，他原有的封地被拿破仑·波拿巴废黜，摩纳哥公国也被吞并了。现在，祖国终于又回到了自己手中。

拿破仑·波拿巴与摩纳哥亲王奥诺雷四世下了马车。他们二人都讲法语，因此不用翻译，可以自由对话。

拿破仑·波拿巴径直问道："殿下欲往何处？"

玛丽亚·卡泰丽娜·布里尼奥莱

奥诺雷四世

摩纳哥亲王奥诺雷四世答道:"陛下,我要去我的公国。"

拿破仑·波拿巴笑道:"殿下,我们相遇得真是巧。我们都是暂时没有国土的君主。但这或许不是你的错。八天后,我将返回巴黎。我的亲王,你要怎么办呢?和我一起走吧。支持我,我将任命你为摩纳哥总督。"

摩纳哥亲王奥诺雷四世非常困惑地答道:"谢谢陛下的好意。哪怕只有三天,我也会坚持下去。"

拿破仑·波拿巴说:"好吧!我们坚持上三个月。我会为你留着摩纳哥总督的位子。快加入我吧,我们一起去杜伊勒里宫。"

普罗旺斯人对拿破仑·波拿巴反应冷淡。他们既不欢迎拿破仑·波拿巴,也不反对他。普罗旺斯附近没有波旁王室的军队。拿破仑·波拿巴率军迅速穿过普罗旺斯城，进入多菲内。多菲内号称"革命的摇篮"。多菲内的人民得知拿破仑·波拿巴归来，都开始向拿破仑·波拿巴的旌旗聚涌。但拿破仑·波拿巴不见部队前来投靠，内心越来越惶恐。1815年3月5日，拿破仑·波拿巴发布了两份公告。这两份文书在航途中就已拟好，只是在抵达加普后才印刷成文。

其中一份是《告兵士文书》。《告兵士文书》文风强劲、锐利，如奏响冲锋号角一般激动人心，体现了拿破仑·波拿巴的一贯风格：

> 士兵们！我们没有失败！我回来了！我在流亡的小岛上听到了你们的呼喊。我克服重重艰险回到你们的身边。我是你们的将军。是人民选择了我，将我送上皇位。是你们的盾牌保卫了我，护佑着我的帝国。现在，我回来了。你们也来吧，加入我的队伍。让我们重拾三色徽章。我们不会忘记在光荣岁月中佩戴过的三色徽章。我们一定不会忘记，我们才是国家的主人。我们绝不能允许外国干涉我们的内政……让我们高举鹰旗，那是陪我们征战多年、见证我们光辉战绩的鹰旗。我们不会忘记在乌尔姆、在奥斯特利茨、在耶拿、在埃劳、在瓦格拉姆、在斯摩棱斯克、在莫斯科、在吕岑、在蒙米拉伊……取得的胜利。士兵们！来吧，再次齐聚在我的麾下。没有你们，就没有我。没有人民权利，没有你们的权利，就没有法兰西帝国。我的利益就是你们的利益，我的荣耀就是你们的荣耀，我的光辉就是你们的光辉。让我们前进吧，让我们取得胜利！鹰旗，代表法兰西民族的鹰旗，我们要将它插上每一座塔尖，要将它插在巴黎圣母院大教堂！然后，我们的战伤就可以得到抚慰，我们的国家就能得到解放！当我们老去，当我们面对崇拜者热切、充满敬意的目光，我们会向他们讲起我们曾经的英勇时光："我当年跟着大军团，两次攻克维也纳。我们打下了罗马，打下了柏林。马德里和莫斯科都曾在我们的脚下。是我们为巴黎雪耻，清除了暴乱，赶走了敌人。"伟大而英勇的士兵们，我向你们致敬。法兰西荣誉万岁！

《告兵士文书》迅速传播，在整个法兰西蔓延开来。包括散兵游勇在内的士兵们，无论已经在屈身侍奉复辟的王朝，还是依旧举着三色旗，听到《告兵士文书》，纷纷重振精神，团结一心，又聚集到了拿破仑·波拿巴的麾下。

拿破仑·波拿巴从厄尔巴岛返回法兰西后第五天，即1815年3月5日，终于在距格勒诺布尔六里格远的地方遇见了一支部营队。这支部队的指挥官拒绝归顺拿破仑·波拿巴。拿破仑·波拿巴得知这一消息，径直上前对指挥官提出质问。拿破仑·波拿巴的身后，还跟着一百名掷弹兵。军营中的士兵们又看到了那个穿着灰色大氅，戴着三角帽的小个子男人，士兵们简直不敢相信自己的眼睛，一动不动地看着眼前这个人，一切都是那么的熟悉，这是他们的皇帝。拿破仑·波拿巴坚定的身影，威严的神态、凌厉的面容，似有魔力一般，使军营的士兵们都呆住了。拿破仑·波拿巴走近营队，扯开大氅，露出胸膛，对士兵们说："有谁想杀死我？有胆就上来吧！"士兵们激动地扔下了枪，满眼噙着泪，大声喊着："皇帝

拿破仑·波拿巴归来

查尔斯·安热利克·弗朗西斯·于歇·德·拉贝杜瓦耶

陛下万岁！万岁！"呼声响彻四野。拿破仑·波拿巴命令归顺的部队并入已聚集而来的部队的右翼，一起继续向前开进。

查尔斯·安热利克·弗朗西斯·于歇·德·拉贝杜瓦耶指挥的第七团驻扎在格勒诺布尔城外，列阵等待拿破仑·波拿巴回归。查尔斯·安热利克·弗朗西斯·于歇·德·拉贝杜瓦耶是地道的贵族出身，不久前刚受到波旁王朝路易十八的晋封。现在，他看到拿破仑·波拿巴归来，便早早列队，带着士兵们向前迎接。查尔斯·安热利克·弗朗西斯·于歇·德·拉贝杜瓦耶命人破开一面大鼓，将之前弃之不用的三色旗塞入鼓中。很快，前来迎接拿破仑·波拿巴的士兵都

让-加布里埃尔·马尔尚

取下象征波旁王室的白色百合花旗，踩在脚下，重新扬起了三色旗。于是，拿破仑·波拿巴率领的掷弹兵与查尔斯·安热利克·弗朗西斯·于歇·德·拉贝杜瓦耶指挥下的第七团兴高采烈地会合。格勒诺布尔城内的守军司令官让-加布里埃尔·马尔尚将军倒是想对波旁王朝的路易十八忠诚尽责。他下令紧闭城门，不放拿破仑·波拿巴军入城。但他无法阻止手下的士兵们。士兵们早已跟着喊起"皇帝陛下万岁"的口号。让-加布里埃尔·马尔尚终是守不住的。拿破仑·波拿巴下令炮轰城门。榴弹炮将城门一侧炸开。于是格勒诺布尔城内守军也如同格勒诺布尔城外的士兵们一样，含着泪花，激动无比地归顺了皇帝拿破仑·波拿巴。1815年3月6日早上，格勒诺布尔市政当局也宣布效忠拿破仑·波拿巴。就这样，拿破仑·波拿巴招集了一支近七千人的部队。队伍中几乎是清一色的原法兰西第一帝国老兵。

拿破仑·波拿巴带着这支队伍翻过多菲内山。1815年3月10日,他们出其不意地出现在里昂城外。守卫里昂城的是波旁王朝路易十八的弟弟阿图瓦伯爵查理·菲利普,当然对波旁王朝的路易十八一片忠心。里昂城驻军司令官是埃蒂安–雅克–约瑟夫–亚历山大·麦克唐纳。拿破仑·波拿巴退位后,埃蒂安–雅克–约瑟夫–亚历山大·麦克唐纳已转而效忠波旁王室,所以应该会尽力守卫里昂城的。然而,即使有王室成员坐镇,有精干、忠诚的将领辅佐,里昂城还是很轻易地陷落了。因为无论是士兵还是平民,都像是在格勒诺布尔时一样,大家一见到拿破仑·波拿巴就立即倒戈。阿图瓦伯爵查理·菲利普和埃蒂安–雅克–约瑟夫–亚历山大·麦克唐纳明智地弃城逃走。拿破仑·波拿巴成功占领了法兰西的第二大城市里昂。在所有倒戈的兵士中,有一个人具有英勇无畏的骑士精神和不事二主的忠心,他的态度和行为都值得我们标榜。他是阿图瓦伯爵查理·菲利普率领的国家骑兵卫队的一名士兵。他没有倒向拿破仑·波拿巴,而是只身一人保护着阿图瓦伯爵查理·菲利普出逃。拿破仑·波拿巴被这名士兵的忠诚感动,后来,还特地派人向他赠送了一枚荣誉军团勋章。

　　自此之后,拿破仑·波拿巴前往巴黎的路上再无阻碍,只有一路获胜的欢歌。途中,拿破仑·波拿巴遇到小队,便有小队加入,遇到大军,便有整营整师投诚。士兵们纷纷扯下白色帽徽,别上三色徽章。整个军队都背弃了波旁王朝。但民众的情绪似乎不如士兵们一般高涨。可以说,除了格勒诺布尔和里昂这两个城市,途中的其他地方鲜见有人如此激动。民众或者闻风逃走,或者呆站在路边,一脸茫然地看着军队行过。民众的心已经麻木了。谁知道这一次的风暴又会持续多久?

　　巴黎依旧一片寂静。

　　愚不可及的保王党,返回法兰西后大开杀戒的流亡贵族,外貌猥琐愚钝的国王——波旁王朝的路易十八已然年迈,长得肥硕而呆板,穿着过时的黑丝绒靴,脸上像是写着一个大大的"蠢"字——这一切都令人由衷地厌倦。更何况,还有含血喷人的王室报社和损人不利己的内阁。谁不讨厌复辟的波旁王朝?谁会喜欢这样的国王?法兰西人历来无法忍受自己沦为世间的笑柄。遑论在沦为笑柄前，还要屈尊服侍欧洲。法兰西的民众见惯了拿破仑·波拿巴雄霸世间，让整个欧洲瑟瑟发抖的豪情，见惯了不世天才的魄力和希腊男神般的古典美貌，转而看到波旁王朝的路易十八，实在是难以忍受。波旁王朝的路易十八性格优柔寡断，身体病病恹恹，又没有魄力，有哪一点可以与拿破仑·波拿巴的英武盖世相比呢？

当时，安托万·玛利·尚曼在巴黎。他说："恐慌的气氛日渐浓厚。我在巴黎郊外散步时，竟发现民众反应淡漠，乡间一片死寂。波旁王室的招聘信息无人应答。背地里，大家都幸灾乐祸，等着看复辟的笑话。更何况，近期有帝国入侵，法兰西人心惶惶。众人在手足无措中想起了拿破仑·波拿巴。所有人都在期待拿破仑·波拿巴的到来。阿图瓦伯爵查理·菲利普如丧家之犬一般逃回巴黎。他已失去了军心。现在，他无力调动部队，也无法指挥兵团。已经没有人会听他的了。"①

波旁王朝的路易十八在恐慌和迷惘中向奥古斯特·弗雷德里克·路易·维埃塞·德·马尔蒙求助。奥古斯特·弗雷德里克·路易·维埃塞·德·马尔蒙已投靠波旁王室。他问波旁王朝的路易十八，是要挑选精兵把守杜伊勒里宫，还是要做好准备，全方位抵抗拿破仑·波拿巴围城？天哪，波旁王朝的路易十八那么胆小，他哪敢做这样的选择？借他十个胆子，他都不敢这么想。他只会收拾细软，抓紧时间逃亡。

1815年3月20日深夜，拿破仑·波拿巴乘坐一辆敞篷大马车，重新入主巴黎。只见拿破仑·波拿巴坐着马车，径直驶向金镶碧嵌的杜伊勒里宫大门。马车所到之处，士兵们欢呼声震天响。城外的穷人见到拿破仑·波拿巴都像是见到亲人一样。但中上层人士的反应非常清冷。马车抵达杜伊勒里宫时已溅满泥浆。诸位将军和官员立即将拿破仑·波拿巴迎下马车，簇拥着拿破仑·波拿巴走进议会厅。夜幕中传来"皇帝万岁！"的呼声，这呼声中竟似挟裹了些许的不情愿。

至此，拿破仑·波拿巴成功返回巴黎。胜利来得太过容易，像是雨过天晴一样，法兰西帝国又回来了。但很快，大家便看到了晴空之后的乌云。毕竟，让大家对阴霾视而不见也并不现实。比如，真心拥护拿破仑·波拿巴的只有一小部分乡

---

① 《拉瓦莱特伯爵回忆录》，第2卷，第171页。——原注

郊野徒和暴力分子。即使是拿破仑·波拿巴本人也不欣赏这部分人群。而且这一次，巴黎人民不约而同地选择了沉默。巴黎人民的态度不愠不火，他们不公开表露对皇帝归来的反对，事实上，他们不愿意看到拿破仑·波拿巴归来。

紧接着，拿破仑·波拿巴的三弟卢西恩·波拿巴与一些立宪派成员，如卡诺伯爵拉扎尔·尼古拉·玛格丽特和约瑟夫·富歇等来到杜伊勒里宫。他们是来夺权的。他们要求建立新秩序，要求拿破仑·波拿巴承诺成立君主立宪政府，实行代表制，要求在新政权中缩小君主权力范围，要求政府公开开支。

拿破仑·波拿巴沉默着，隐忍不发。他委婉地答道，假以时日，政府一定会出台更加合理的宪法。然而，眼下的当务之急是抵挡反法联盟。政府目前的重点是征兵和募集军费，铸造更好的大炮、更多的弹药是眼下最紧急的事项。但立宪派寸步不让。立宪派坚持要先制定宪法，然后再讨论作战事宜。拿破仑·波拿巴明白，现在，他想实现自己的愿望简直困难重重。但他没有别的办法，只得遵从立宪派的主张行事。只是，当下的氛围让拿破仑·波拿巴感到极其不适。或许，拿破仑·波拿巴自己也不得不无奈地承认，如过去一般让他人无条件服从自己的时代已一去不复返。因为即使是查尔斯·安热利克·弗朗西斯·于歇·德·拉贝杜瓦耶这样对拿破仑·波拿巴忠心无二的臣子，说到要流放旧贵族的议题时，也会激动地大喊："哦！不能这样重蹈覆辙吧！这太得罪人了。这样的话，我们这次重组政权也长不了。"

拿破仑·波拿巴即使心有不满，还是默默地同意了立宪派的要求。他召见亨利-邦雅曼·康斯坦·德·勒贝克，命其迅速重拟宪法。但当拿破仑·波拿巴听到诸如他要尽可能地避免干预出版、言论及选举，或他不可侵犯内阁权益的条款时，他都会发出痛彻心扉的哀号。在拿破仑·波拿巴看来，他大权独揽的时代在此刻遭到挑衅和反对。他大叫道："我现在被束缚了手脚，我还是我吗？我已不是过去的我了。"

立宪派的提议引起了拿破仑·波拿巴的支持者们强烈的愤慨。即使是卢西恩·波拿巴这样自负的立宪派元老都觉得难以接受。他率先起身，维护自己作为帝国亲王的利益。他嘶声吼道："这样的宪法，实在将皇权限制得太过压抑。"

路易·马蒂厄·莫莱

　　拿破仑·波拿巴宣布，新宪法要先提交选举团，通过全民表决来最后决定。全民投票的确举行了，只是民众反应冷漠，五分之三的投票者选择了弃权。

　　拿破仑·波拿巴又想亲自任命各级官员。但他不得不面对的现实是，对法兰西第一帝国可以平稳过渡持乐观态度的人实在凤毛麟角。没有人敢接拿破仑·波拿巴的委任书。让-雅克-雷吉斯·德·康巴塞雷斯拒绝就任司法大臣；阿芒-奥古斯丁-路易·德·科兰古拒绝就任外交大臣；路易·马蒂厄·莫莱不仅拒绝就任外交大臣，还直言不讳地告诉拿破仑·波拿巴，不要再将闹剧继续下去，毕竟，就像人死不能复生一样，法兰西第一帝国的命运也已经结束。拿破仑·波拿巴无计可施，只得求助老共和党派。连卡诺伯爵拉扎尔·尼古拉·玛格丽特这样的人都能就任内务大臣。为了稳定军心，拿破仑·波拿巴不得不擢升资历深厚的路易-尼古拉·达武为陆军部大臣。但凡还有其他人选，拿破仑·波拿巴绝不会做出这样的决定。因为无论是才干、能力，还是作战风格，拿破仑·波拿巴都不欣赏路易-尼古拉·达武。后来，拿破仑·波拿巴实在无人可用，只得在警务头子约瑟夫·富歇的身上打主意。约瑟夫·富歇深谙法兰西第一帝国的每一个机密。拿破仑·波拿巴明知他会出卖自己，倒向敌人，却不得不这么做。人们连低级的官位都不愿屈就，都将拒绝摆在了脸上。外省省长一类的职位原本非常热门，现在却成了高风险的职位。拿破仑·波拿巴无奈之下，只得破格提拔能力低下的人。而这些人正是复辟前的法兰西第一帝国时期遭到贬黜的那一批人。

1815年年初，维也纳会议①继续在进行。欧洲八国②均派代表前来商谈欧洲事务，重新划定国界，力图解决各项遗留的难题。可是各国想要在维也纳会议上达成一致意见绝非易事，会议上发生争端也是常有的事。所有参会代表都以诡辩为乐，没有人真正关心并着手处理实事。德·利涅亲王查尔斯-约瑟夫·拉莫拉尔实在看不下去，曾大声嚷道："哦! 我们不是来开会的，我们是来跳舞的。"③

拿破仑·波拿巴重返巴黎并再次登基的消息传到了维也纳。当时，与会各国代表和维也纳贵族正在迎接巴伐利亚国王马克西米利安一世·约瑟夫和他的

---

① 维也纳会议（Congress of Vienna），1814年11月至1815年6月，由奥地利政治家梅特涅-温贝里·楚·拜尔施泰因亲王克莱门斯·文策尔·内波穆克·洛塔尔主持，欧洲列强参加的外交会议。会议主要宗旨是解决法兰西大革命和拿破仑战争期间以来导致的问题，实现欧洲和平。
② 这八个国家是反法联盟的四大主要战胜国英国、奥地利帝国、普鲁士王国和俄罗斯帝国，以及复辟的波旁王朝，另外还有西班牙、葡萄牙及瑞典。另有一些小公国也前来参加。
③ 由于维也纳会议进展缓慢，一些小公国代表无法直接参与谈判，于是，奥地利帝国皇帝弗朗茨一世安排了舞会等娱乐活动。德·利涅亲王查尔斯-约瑟夫·拉莫拉尔说这句话的时间应该在1814年年底。

参加维也纳会议的各国代表齐聚维也纳

"勃艮第的玛丽"[①]重返普鲁士。听到巴黎传来的消息后，大家开始窃窃私语，继而各有所思。之后，几位大使和一些政客偷偷离开了会场，余下众人心中开始恐慌，面露惧色。

1815年3月13日，八国代表暂停相互倾轧，暂时齐心签署了一份协议。协议中说，由于拿破仑·波拿巴撕毁和约，侵犯世界和平，因此，宣布拿破仑·波拿巴为非法分子，必须接受大众裁决。根据协议，英国出兵十二万五千人，奥地利帝国出兵三十万人，俄罗斯帝国出兵二十二万五千人，普鲁士王国出兵二十三万六千人，德意志各邦国共出兵十五万人，包括后来，荷兰同意出兵五万人，并表示支持反法联盟，[②]要坚持战斗，直到彻底打败拿破仑·波拿巴。

维也纳会议协议一公开，犹如一记晴天霹雳，让法兰西全国感到震惊且忧

---

① 勃艮第的玛丽，15世纪勃艮第公国女继承人玛丽女公爵与奥地利哈布斯堡家族马克西米利安一世联姻。有钻石戒指作为订婚礼物流传的佳话。此处作者比喻为巴伐利亚王后。
② 此处应该是第七次反法联盟。

维也纳会议的各国代表

虑。法兰西境内东部各省已饱受战火摧残,实在不愿再次陷入战局。这一次,法兰西人民终于明白,如果与反法联盟的浩荡大军硬拼,法兰西恐有灭国之灾。得知反法联盟将共同征法的消息后,只有军士阶层还保有难得的乐观态度,农民阶层早已吓破了胆,城市公民也已魂飞魄散。

拿破仑·波拿巴对这样的局面心知肚明。他向部队发布战争动员,激励下层民众参军作战。因为现在,只有这些人愿意破釜沉舟。在拿破仑·波拿巴返回法兰西的第一个晚上,当他走进杜伊勒里宫国会厅,看到欢迎他归来的民众围成一圈,人们的脸上熠熠发光。拿破仑·波拿巴一再重复道:"先生们,我一向认为,我最亏欠的就是最穷苦的老百姓和最廉洁奉公的守法公民。是你们将我迎回国都巴黎。是下层军官和基层士兵们在一直支持我、鼓励我。千万不要忘记!我的人民,我的士兵,我是依靠着你们,才有今天!"

然而,1815年5月14日,雅各宾派成员和一些近郊的无业乱民组织了大型的游行活动。他们人数众多,浩浩荡荡,沿着巴黎的大街进行游行,直奔杜伊勒里宫。他们一边前行,一边高歌。他们唱着大革命时期的标志性歌曲《马赛曲》,伴随着革命歌曲①的节奏他们跳着舞蹈，还唱着歌曲《告别》②和一些歌词非常惊悚的小曲。这些小曲到底有多恐怖呢？让我们一起来看看它的歌词："我们捣碎所有牧师的肠子，我们拧下所有国王的脖颈。"在这样的情况下，即使是准备依靠他们的拿破仑·波拿巴都无法忍受。拿破仑·波拿巴难以自制地感受到一股钻心的疼痛和发自肺腑的厌恶。但他还是接见了极端革命派。接见这些人时，拿破仑·波拿巴的身边有荷枪实弹的近卫军。近卫军的枪已上膛，以防不测。接见结束后，拿破仑·波拿巴还象征性地与这些人道别，并向他们分发了些钱财，分了几口酒喝。

可怜的法兰西第一帝国皇后约瑟芬没能活着看到拿破仑·波拿巴从厄尔巴岛归来。她先是受了风寒，寒气一直聚在喉咙处，无法疏散。1814年5月29日，在马尔梅松城堡，法兰西第一帝国皇后约瑟芬崩逝。反法联军入城时，始终对法兰西第一帝国皇后约瑟芬尊崇有礼，敬意有加。在法兰西第一帝国皇后约瑟芬生命的最后一天，俄罗斯帝国皇帝亚历山大一世一直陪伴着她。或许，她也算死得其时。因为，如果她能活到拿破仑·波拿巴返回巴黎的那一天，凭她的智商，保不齐她会做出什么傻事，为拿破仑·波拿巴复位添加阻碍。因此，这样或许才算最好的结局。

路易·安托万·福弗莱·德·布里昂记录了拿破仑·波拿巴与霍兰医生之间的一段对话。在法兰西第一帝国皇后约瑟芬病重时，霍兰是随侍的几位内科医师之一。拿破仑·波拿巴返回巴黎数日后，召来霍兰医生，问道："霍兰医生，约瑟芬皇后病危之际，一直由你在身边侍应？"

霍兰医生答道："回禀陛下，是的，是我在照顾约瑟芬皇后。"

拿破仑·波拿巴又问："那么，约瑟芬皇后究竟患了什么病呢？"

霍兰医生答道："是心病，陛下。约瑟芬皇后思虑过度，悲伤尤甚。"

拿破仑·波拿巴说："你这么认为吗？她生病有多久了？走的时候有没有痛苦？"

---

① "Carmagnol" 是指法兰西大革命时期的歌曲。
② 法语歌名 "Jour du depart"。

霍兰医生答道:"回陛下,约瑟芬皇后病了一个星期就崩逝了,并没有受到过多折磨。"

拿破仑·波拿巴问:"她当时知道自己时日无多吗?她能面对这一切吗?"

霍兰医生答道:"约瑟芬皇后神志不清时曾有叹气。我认为,她可能知道自己要走了。她走得很安详,很平静。"

拿破仑·波拿巴说:"那就好,那就好!"说完,他向霍兰医生靠近了些,动容地问:"你说她悲伤过度,为什么?"

霍兰医生答道:"陛下,为了您啊。为了过去的事情,还有去年,去年您……兵败……"

拿破仑·波拿巴叹道:"啊?她还想着我?"

霍兰医生答道:"约瑟芬皇后时常念叨您呢。"

听到这里,拿破仑·波拿巴抬手遮住了眼睛,忍不住潸然泪下。他说:"她是个好人!她多贤惠啊。她……她是真心爱我……真心爱我的,对不对?哦,她怎么这么放不下呢!"

霍兰医生答道:"是的,陛下。约瑟芬皇后爱您,一直都爱。她丝毫不遮掩对您的爱意。"

拿破仑·波拿巴问:"这怎么讲?"

霍兰医生答道:"有一天,约瑟芬皇后说,她是法兰西帝国的皇后,她要乘八匹马的豪华大车穿过巴黎。她还要在家中穿着盛装华服,打扮得漂漂亮亮的,去枫丹白露宫与您相会。约瑟芬皇后还说她会一直待在您的身边,再也不会离开您。"

拿破仑·波拿巴说:"她要是活到今日,肯定会来见我的。她一直都是最美丽的。"

一想到皇后约瑟芬对他至死不渝的爱,拿破仑·波拿巴就心痛不已。尤其与玛丽·路易丝皇后做对比,谁是真心,相形即现。"约瑟芬是爱我的!她原来这么……认真。"拿破仑·波拿巴一边缅怀皇后约瑟芬,一边想起后来的妻子玛丽·路易丝。很显然,玛丽·路易丝不爱他,她从来都不曾爱过他。她怕他,甚至有点厌恶他。拿破仑·波拿巴在厄尔巴岛流放期间，玛丽·路易丝从来没有去探望过他。这并不完全由于奥地利帝国皇帝弗朗茨一世的阻拦，肯定也有她自己的原因。她一定是由于自己内心的抵触，才不愿前去探望拿破仑·波拿巴。反法联盟已将帕尔马公国划为玛丽·路易丝的领地。但由于帕尔马公国距离厄尔巴岛太近，玛丽·路易丝迟迟不敢前去。如果玛丽·路易丝前往帕尔马公国接受了封地，却不去厄尔巴岛探望丈夫，那也实在说不过去。后来，拿破仑·波拿巴的秘书克劳德·弗朗西斯·德·梅纳瓦尔来信汇报，说玛丽·路易丝已经变心，她已经与一个奥地利帝国的宫廷大臣，那个独眼的美男子将军走在了一起，现在，二人正难以分离。什么奥地利帝国公主，意志竟如此薄弱，经不住男人的诱哄。为人也并不贤惠，品格也不是很高尚。

安托万·玛利·尚曼对拿破仑·波拿巴返回法兰西后面临的局势做了详细的描述。安托万·玛利·尚曼是坚定地拥护拿破仑·波拿巴的人物。[①]作为拿破仑·波拿巴的好友，他一直忠心耿耿。因此，我们不必怀疑他语言的真实性：

> 拿破仑·波拿巴已跌落皇帝的宝座，已从君主的名单中消失。他已被流放至满是荒岩的厄尔巴岛，已是旧日的神话。现在，他回来了。他几乎单枪匹马，未带一兵一卒。自他踏上法兰西的土地，法兰西各处人民欢呼雀跃，民众激动的声音在全国各地回响："贵族时代结束了！波旁王朝结束了！只有拿破仑·波拿巴才是法兰西的皇帝！"的确，拿破仑·波拿巴很受欢迎。农民、士兵和普通公民都忙不迭地前去迎接他。见到他的人都忍不住欢呼万岁，以抚慰祝愿和感恩之心。在人民的心中，拿破仑·波拿巴就是天才、是神。波旁王朝已如幻影般飘散。那些王室贵族和特权阶层像是从未在人世间存在过一般。这不是阴谋推翻封建王朝，这是一场伟大的民族运动的胜利。就像1789年争取自由，像热月九日反对暴政，像葡月十八日打击政府不作为一样。在历史上，哪一个时代的哪一场变革能

---

① 安托万·玛利·尚曼在波旁王朝复辟后，作为拿破仑·波拿巴的死党，上了波旁王朝的枪毙名单。——原注

够进行得如此迅捷，得到如此辉煌的成绩？难道这样的成绩还不够神圣吗？为什么会有这般辉煌的胜利？是什么样的力量在推动这场革命？是对祖国的热爱，是对荣誉矢志不渝的追求，是开明的信仰，是坚定的决心。依靠外国势力搭建的短命王朝无法带给人民真正的幸福和独立！

然而，八天之后，我便开始感到身不由己，力不从心。拿破仑·波拿巴再次建立的皇朝依旧不稳固。敌对的势力依然庞大，大得像一条深深的海沟裂开口子，将海水从我的脚下吞没。拿破仑·波拿巴的统治始终有一个很大的缺陷。他的统治并不缺乏群众基础，但缺乏对集体概念的尊重。拿破仑·波拿巴不会将自由这一主旨写入自己的法典，所以奉行自由宗旨的人们与他渐行渐远。于是他的统治基础被削弱了。这才是他第一次被迫退位的真正原因。然而，回归后的他竟依旧如此轻蔑自由的概念。因此，等待他的将是更加沉重且致命的打击……波旁王朝复辟十八个月，我们又回到了1792年。拿破仑·波拿巴从厄尔巴岛回归，他终于明白了，自由意味着什么。他发现了人们对他跟过去不一样了。这一次，他觉得别人对他已不如过去一般顺服，也不再发自内心地对他表示崇敬，不再像从前一样，严格地恪守帝制仪规。过去，拿破仑·波拿巴时常唤我前去谈话。我们一聊就是几个小时，一天交谈两三次也算正常。现在，不知为何，这样的谈话越来越少。一天，拿破仑·波拿巴与我相对无言。我们在屋子里默默地踱着步。我当时事务繁忙，也受够了这种欲语无言的压抑，因此不客气地行了礼，准备离开。拿破仑·波拿巴愤怒地问道："你怎么敢这样做？你就这样，随便行个礼就要离开？"随便？我恍惚记得，一年前我也是这样请安退去的，还是我记错了？以前的礼仪是什么样的呢？哎，全都忘记了，再也想不起来。有一次，我们谈到了"自由的精神"。自由的精神即宽广的心，亦是充沛的灵。拿破仑·波拿巴质问道："这么说，这种心灵什么的，能维持个三两年吗？"

我的回答是："说出来陛下您可能不相信。心，与天地同在，灵，亘古长存。"

很快，拿破仑·波拿巴就自己想通了自由这一回事，他也不止一次地承认现在的时代与从前不同了。对拿破仑·波拿巴来说，被反法联盟打败并非坏事。因为我清楚地知道，立宪乃人心所向。我也不敢想，假如拿破仑·波拿巴没有失败，他是否能依循国民的愿望，做立宪制的皇帝。我更不敢设想，如果做了立宪制的皇帝，拿破仑·波拿巴还能有多少幸福感。然而，令人敬佩的是，他与立宪制妥协，设法达成了一致。至少在表面上是这样的。在我所见过的拿破仑·波拿巴的一生中，他从未有过如此安宁静谧的时刻。他的心潮已经不再起伏。拿破仑·波拿巴没有讲一句严苛的话，也没有表示出一丝的不耐烦。他仔细聆听上表的一切事项，并以其独有的智慧和非凡的理性探本逐末。他带有一丝稚气地承认了自己犯下的所有错误。他又能对自己在当时所处的位置进行详细的审查和剖析，来权衡利弊。我可以说，他的对手在了解他的时候，都没有这样细致、深入。

拿破仑·波拿巴虽然在表面上与立宪派达成了共识，私下里却丝毫不掩饰对他们的厌恶。他说："无料的草包，只知道空谈。我们能用武力解决的事情，他们还在用空谈拖延时间。他们就是想绊住我的手脚，让我不得施展。而他们自己都如病夫一般，又有什么本领保卫国家呢？我很清楚，法兰西根本不适合建立代表制政府。法兰西只需要我，我一个人即可统领天下。"

拿破仑·波拿巴无不恼恨地发现，过去，他提拔和册封的新贵们早已弃他而去。他对亨利-邦雅曼·康斯坦·德·勒贝克说："以我现在所处的境况，那些底层的乱民才是我的贵人。而我打造的那批新贵，才是真正卑劣的人。"

第 52 章

梦碎滑铁卢

(1815年6月15日—1815年6月18日)

精彩看点

重整江山再与反法联盟决战——若阿基姆·缪拉心急吃败果——波旁王朝的路易十八留下的金山——皇帝有疾传言纷飞——意志力依旧坚断如前——威灵顿公爵阿瑟·韦尔斯利扎营备战——法军进攻路线不明——炮力不足——拿破仑·波拿巴抵达沙勒罗瓦——拿破仑·波拿巴决意分攻英普二军——利尼与夸特布拉斯初胜——威灵顿公爵阿瑟·韦尔斯利带领的是英国杂牌军——滑铁卢晨曦——英军就是英军——霍高蒙特高地之殇——圣拉艾——谁能破得了英军中军——方阵的打法——格布哈特·莱贝雷希特·冯·布吕歇尔援军至——前锋布洛已达普朗斯纳——法军阵地部署——拿破仑·波拿巴看着战场一片硝烟——老近卫团冲杀——最后的悲壮——拿破仑·波拿巴败走——滑铁卢为什么失败——对格布哈特·莱贝雷希特·冯·布吕歇尔太大意——棋逢对手

拿破仑·波拿巴从厄尔巴岛返回巴黎后，立即准备与反法联盟再战。他充满自信，认为只要挥起他的大旗，士兵们必闻声归附。他还认为，他册封的诸位帝国元帅虽已宣誓效忠波旁王室，但誓言并不作数——他自己在更重大场合的誓言都可以作废，因此，这些元帅们必定会再次回到他的身边。于是，他拟定计划：由北方军团从比利时横穿进法兰西，以此为中枢，开辟连接北部战场和东部战场的第三战线。然而，他尚不知晓反法联军的具体方位，也未获知反法联军将由哪一条路线攻入法兰西境内。他准备从反法联军兵力最薄弱的部分着手攻克。拿破仑·波拿巴命令若阿基姆·缪拉在意大利挑唆民众暴动。若阿基姆·缪拉领军穿过波河，径直奔赴伦巴第首府。拿破仑·波拿巴计划着自己将亲率意大利军团，与若阿基姆·缪拉会师。会师后，法兰西一方十万大军翻越尤利安山，这样一来，维也纳也将落入法军之手。①

这是一个不错的计谋，但最终未能成功。若阿基姆·缪拉在没有援军的情况下着急进攻，结果一败涂地。然而，即使若阿基姆·缪拉再稳重一点，结果也未必不同。从普英两军集结的速度可以获知，反法联军已掌控了比利时。因此，即使是拿破仑·波拿巴也非常清楚，当前的局势已然清晰。他的主战场不再是伦巴第平原，也不会是马希费尔德地区。他将主战场划至佛兰德斯境内。

---

① 如果这一次成功，那么就是拿破仑·波拿巴第三次攻克维也纳。

拿破仑·波拿巴一如既往,他精力充沛地为此次大战做着准备。法兰西的工厂昼夜开工,准备军辎。采购商们也接到订单,要去准备战马,包括两万匹战马分给骑兵部队;①一万匹战马分给掷弹兵部队;还有一万两千匹战马分给炮兵部队。②

波旁王朝的路易十八匆忙逃离,竟未来得及带走国库里成山的金银。对此,拿破仑·波拿巴理所当然地笑纳了。

然而,这一切都比不上拿破仑·波拿巴归来之后的发现。他发现自己仍是民心依附的焦点。法兰西和荷兰的大资本家源源不断地跟随民风向他示好,各地自发的捐献数不胜数,在有些省区甚至远超一百万法郎。通过募捐游行也获取捐钞无数。拿破仑·波拿巴回宫时,不拿十万八万的上交财政部都说不过去。③

1815年6月12日,拿破仑·波拿巴离开巴黎,前往大军集结的里尔、拉昂和瓦朗谢讷。

1815年6月14日,拿破仑·波拿巴向士兵们进行战前动员演说,当时的场景十分震撼人心:

> 今天是马伦哥战役和弗里德兰战役纪念日。这是改变欧洲命运的两次战役。奥斯特利茨战役和瓦格拉姆战役后,我们对敌人太过仁慈。对于那些公国的亲王和败给我们的君主,我们竟轻信了他们的谎言和他们假意的委屈。我们将到手的王权还给他们,他们却勾结在一起,要将法兰西的伟大独立和神圣权利置于死地。这样的话,我们就勇敢向前吧!去与他们较量一番,看看谁会是最后的赢家。我们是否还拥有过去的热血和激情?

---

① 骑兵部队用的战马一定要在1815年6月1日之前交付。——原注
② 炮兵部队原有战马六千匹,那么现在一共有一万八千匹战马。——原注
③ 路易·安托万·福弗莱·德·布里昂:《回忆拿破仑·波拿巴》,第3卷,第287页。——原注

士兵们！请不要忘记，我们在耶拿曾打败过军力三倍于我方的普鲁士军团。不要忘记，在蒙米拉伊，敌军六倍于我军，我军依旧取得了胜利……萨克森、比利时、汉诺威和莱茵联邦，他们都迫不得已才加入的反法阵营。当他们将武器瞄准我们时，就该知道，他们失去了正义，抛弃了民族的权力……反法同盟如此不义，终将自毙！他们只得一时猖狂，最终必然会灭亡！士兵们！让我们勇敢地前进吧，去消灭敌人。我们不怕危险，我们众志成城。胜利一定属于我们。现在，正是我们为了国家的荣耀和民族的福祉放手一搏的时候！总之，法兰西的好男儿们，现在是我们生死存亡的紧要关头。我们或者取得胜利，或者走向灭亡。①

可以确定的是，在这决定生死的紧要关头，拿破仑·波拿巴的身体健康已经出了状况。他因此精力锐减，思绪飘摇，未能完全发挥他的军事天才，最终导致他在人生最关键的大战中惜败。安托万·玛利·尚曼曾说："当时，拿破仑·波拿巴感到胸口疼得厉害。"但他同时补充道："他上马车时极力掩饰，并不表露自己的痛苦，只装出一副开心的、志在必胜的样子。"②

当然，拿破仑·波拿巴的战略运筹依旧天衣无缝。他计划借鉴当年在意大利的作战策略。当年在意大利时，拿破仑·波拿巴指挥大军楔入撒丁军团和奥地利军队之间，分而击之。一年前，在对抗入侵法兰西的反法联军时，他也使用了相同的战法。现在，普鲁士军队的指挥官还是当年败给自己的格布哈特·莱贝雷希特·冯·布吕歇尔。格布哈特·莱贝雷希特·冯·布吕歇尔行事鲁莽冲撞，应该不难对付。但反法联军总司令已不会再是施瓦岑贝格亲王查尔斯·菲利普一般的无用之人。反法联军的主帅另有其人。

这个人就是威灵顿公爵阿瑟·韦尔斯利。威灵顿公爵阿瑟·韦尔斯利不好对付。他率领包括三万五千名英军在内的反法联军共十万六千人坐镇布鲁塞尔，随时与英国互通有无。比利时兵团是不能指望的，比利时士兵都是些身量不高，胆

---

① 路易·安托万·福弗莱·德·布里昂：《回忆拿破仑·波拿巴》，第3卷，第287页。——原注
② 拉瓦莱特伯爵安托万-马里·尚曼：《拉瓦莱特伯爵回忆录》，第3卷，第223页。——原注

伍尔维奇皇家兵工厂

气不豪的废物,根本靠不住。①格布哈特·莱贝雷希特·冯·布吕歇尔驻兵那慕尔,要与德意志保持信息通畅。威灵顿公爵阿瑟·韦尔斯利深知法军炮兵强劲,于是,他向英国政府申请了一百五十门野战炮。但英国政府并不支持。在英国,即使伍尔维奇皇家兵工厂②里面的大炮多得足以轰掉整个欧洲,英国政府也不

---

① 1871年,冯·俾斯麦描述比利时士兵时说:"比利时兵矮的军大衣都拖在了地上。"——原注
② 伍尔维奇皇家兵工厂(Royal Arsenal, Woolwich),位于英国伦敦东南部的一个兵工厂,主要为军队制造武器、弹药,以及爆炸物研究。

批复威灵顿公爵阿瑟·韦尔斯利的申请。威灵顿公爵阿瑟·韦尔斯利东拼西凑，加上从荷兰和德意志军队调用的大炮，最终也才凑得八十四门火炮。

在布鲁塞尔，有四条大路通向法兰西境内。没有人知道拿破仑·波拿巴究竟会从何处扑来。威灵顿公爵阿瑟·韦尔斯利下令四路均布兵严防。他派一万八千人孤守哈尔，自己率反法联军主力坐镇布鲁塞尔，等待拿破仑·波拿巴进军路线的明确消息。

拿破仑·波拿巴带军从阿韦讷向沙勒罗瓦进发，准备将驻守普鲁士王国的反

夸特布拉斯战役中的英军

法联军与威灵顿公爵阿瑟·韦尔斯利率领的部队分隔开来。1815年6月16日，拿破仑·波拿巴命米歇尔·内伊率部分人马攻打位于夸特布拉斯的威灵顿公爵阿瑟·韦尔斯利部队，他自己亲领大军，奔向位于利尼的格布哈特·莱贝雷希特·冯·布吕歇尔。格布哈特·莱贝雷希特·冯·布吕歇尔部虽然英勇抵抗，但终不敌拿破仑·波拿巴的猛烈攻势。于是，格布哈特·莱贝雷希特·冯·布吕歇尔率领普鲁士军团整体后撤至瓦夫尔。威灵顿公爵阿瑟·韦尔斯利则坚守阵地，在夸特布拉斯击退米歇尔·内伊。但他随即得知普鲁士军团战败的消息，只得与普军一同后撤。于是，威灵顿公爵阿瑟·韦尔斯利率军撤向布鲁塞尔，沿途停至滑铁卢。

　　这样一来，拿破仑·波拿巴已将反法联军划割为两部，似乎在战事开局时就占了先机，获取了胜利。威灵顿公爵阿瑟·韦尔斯利于此战败也是咎由自取。他一心只顾与海上的英军保持联系，却忽略了左翼防线上的格布哈特·莱贝雷希特·冯·布吕歇尔。

　　1815年6月17日夜，威灵顿公爵阿瑟·韦尔斯利率军驻扎在湿土泥地或玉米地中。是夜，暴雨如注，雷电轰鸣，狂风大作。反法联军只能眼睁睁地等待天明。1815年6月18日，天亮了，却没有放晴。天空中飘洒着细雨，乌云漫天，见不到一丝阳光，天气依旧阴冷。威灵顿公爵阿瑟·韦尔斯利率领反法联军共七万两千七百二十人,其中包括英王德意志军团[1]。在反法联军中,有英军三万六千二百七十三人,汉诺威士兵七千四百四十七人,不伦瑞克士兵八千人,比利时及拿骚士兵两万一千人。其中,来自荷兰和拿骚的部队素质颇高,但被胆怯畏战的比利时友军拖了后腿。拿破仑·波拿巴以为普鲁士军队已无力再战,于

英王德意志军团士兵

---

[1] 英王德意志军团值得称赞,这个由各个兵种组成的外籍军团一点都不比英国本土军团逊色。——原注

埃马纽埃尔·格鲁希

是决定全力攻打以英军为首的威灵顿公爵阿瑟·韦尔斯利部。他命令埃马纽埃尔·格鲁希率法军三万两千人前往追击普军,自己亲率大军七万八千人前往滑铁卢。此时,拿破仑·波拿巴的麾下皆为久战精锐之师,而且另有十万精兵正前往增援。反法联军一方,除了威灵顿公爵阿瑟·韦尔斯利从半岛调来的部队尚可一战,其余全是初上战场的新兵。

1815年6月18日清晨,拿破仑·波拿巴骑在马上,远远探望过去,看到威灵顿公爵阿瑟·韦尔斯利的军营内兵士甚少。他不禁思虑,反法联军是否已经退兵。然而,曾在西班牙服役,对威灵顿公爵阿瑟·韦尔斯利的为人有清晰了解的马克西米利安·塞巴斯蒂安·富瓦将军否定了拿破仑·波拿巴的这个想法。马克西米利安·塞巴斯蒂安·富瓦将军说:"威灵顿公爵阿瑟·韦尔斯利的作战风格就是神出鬼没。即使他看上去离得很远,我们也要做好近距离作战的准备。陛下,我得提醒您,在贴身肉搏战中,英军步兵可都是吃人的魔鬼!"

马克西米利安·塞巴斯蒂安·富瓦

"美人同盟"旅店

在马克西米利安·塞巴斯蒂安·富瓦将军的口中,英兵作战如此勇猛,威灵顿公爵阿瑟·韦尔斯利指挥战役如此灵敏,拿破仑·波拿巴却不愿相信。长久以来,拿破仑·波拿巴一直认为,法军在半岛战役中的惨败要归咎于法军的羸弱,而非对手凶悍。直到英军步兵发起攻势,将战线逼到眼前,拿破仑·波拿巴才放下成见,疾呼失策。他说:"真是难以置信,英军战斗力会如此强大。"

在滑铁卢战役中,拿破仑·波拿巴从始至终都占据着一个叫"美人同盟"的小旅店。他一直坐在一张铺满地图的桌子旁,手上拿着望远镜,身边是让-德-迪厄·苏尔特,传令兵也在一侧随时待命。

拿破仑·波拿巴鹰眼如炬,立即发现"美人同盟"旅店西部有一个战略要地,即霍高蒙特高地。霍高蒙特是一处小山岗,山上有堡垒和一个有围墙的果

霍高蒙特战斗

园。占据霍高蒙特,便可控制英军右翼。于是,拿破仑·波拿巴派兵鏖战整整一日,但依旧未能攻克此处。由此,重击反法联军右路的计划只得作罢。①

除此之外,便没有其他可以逆转战局的战略要地了。或许,圣拉艾也能算一个。在一番鏖战后,凶猛抵抗的反法联军终于弹尽,因此,法军勉强获胜,攻取了圣拉艾。攻克圣拉艾后,法军便以此为据点,准备攻克反法联军中路。拿破仑·波拿巴集整兵力,蓄势待发。

拿破仑·波拿巴一次次地发起猛烈的冲锋,被英军一次次地巧妙化解。英军的作战方式是:当法军骑兵队冲击时,英军便用大量炮弹抵挡,不惜成本。英军士兵无条件将火炮撤回后方,立即整出方阵队形,留出破绽,引诱法兰西骑兵杀入包围圈,然后封锁入口,瓮中捉鳖,用炮火猛轰法军骑兵。

---

① 拿破仑·波拿巴如果能如愿占领霍高蒙特要地,就可以攻击反法联军侧翼,从而进一步击溃反法联军全军,改写滑铁卢战役的结局。——原注

可怜的法兰西骑兵,陷入英军的方阵后无法逃脱。即便刚才侥幸没有被英军如雨的炮弹扫射成炮灰,陷入英军方阵后的法军骑兵也都惨死在英军摆出的明晃晃的刺刀丛林中。拿破仑·波拿巴生平第一次见到这样的打法。他错误地认为英军这样布阵,坚持不了多久。于是他下令法军骑兵发起一次次猛攻。法军骑兵一轮又一轮地冲向英军中路,火力密集地射向英军。但英军依旧不为所动。英军方阵变换迅速,水泄不通。米歇尔·内伊指挥骑兵团持续攻击反法联军中路

滑铁卢战场沙,苏格兰军官夺得一面法军鹰旗

米歇尔·内伊的骑兵发起冲锋

整整一个小时,依旧毫无胜算。英军如铁桶一般,吓不倒,打不散。直到1815年6月18日近19时,法军不得不面对现实。这场战役,他们无法取胜。就在早上,法军还自信满满,认为可以轻松取胜。现在想来,实在是幼稚。

与此同时,格布哈特·莱贝雷希特·冯·布吕歇尔带领战败的普军悄悄由瓦夫尔转回滑铁卢战场。拿破仑·波拿巴这才明白,普军正杀回法军右翼。为避免被反法联军两部夹击,拿破仑·波拿巴不得不分兵应对格布哈特·莱贝雷希特·冯·布吕歇尔。行往滑铁卢战场的道路布满泥泞,很是难走。格布哈特·莱贝

雷希特·冯·布吕歇尔手下疲惫的普鲁士士兵开始抱怨。他们嚷着:"不要再走了。"格布哈特·莱贝雷希特·冯·布吕歇尔坚定地答道:"不行,必须继续前进。我已答应威灵顿公爵阿瑟·韦尔斯利要及时赶到,不能食言。"1815年6月18日18时,弗里德里希·威廉·冯·比洛少将已率领普军先锋携四十八门火炮前往普朗斯纳,并将由普朗斯纳对法军右翼发起猛攻。

法兰西第一帝国军团原本位于凹形阵的中心,如今,面对格布哈特·莱贝雷希特·冯·布吕歇尔军的突袭,却成了抵御敌军的前线。至此,除了圣拉艾小哨

滑铁卢战役

口,法军一无所获。英军却方队严整,未遭损伤。攻守霍高蒙特的战役已进入白热化。撼山易,撼英军难。法军骑兵部队进攻英军方阵未得,反遭屠戮,所剩无几,步兵队列也有极大损耗。法兰西各大军团各部均遭重创,死伤惨重,溃不成形。现在,只有老近卫军的军力还算完整。

拿破仑·波拿巴坐在指战桌前,看着普朗斯纳硝烟漫起,听着普鲁士军队的炮火轰鸣。现在,他只有一个机会可以反败为胜。他必须抓住这根救命稻草。当

下,他只能派遣近卫军攻打英军中路。如果攻打英军不成,就立即调转队形,腹背调换,抵挡普军。

于是,拿破仑·波拿巴召回了派去攻打普朗斯纳的青年近卫军和炮车,共计几个营,将其与老近卫军八个营的兵力会合,一同在"美人同盟"旅店边的道路上布防。

1815年6月18日19时15分,老近卫军第一纵队向英军发动猛攻。在法军密集的炮火轰扫下,战场突现平静下来。作战双方都明白,这是暴风雨前的静谧。

不久后，此战的结果将决定欧洲战局。果然，老近卫军高呼着"皇帝万岁！"，从"美人同盟"旅店冲下。法军大炮随即开始轰鸣，但转瞬即停。因为，法军步兵已开始冲陷英军阵营。而英军依旧以密集的炮火攻打着来袭的法军士兵。米歇尔·内伊元帅的马中弹倒地，英勇的米歇尔·内伊元帅放弃战马，继续冲锋。近卫军攻上山顶后，立即向驻守在山脊炮台的英军弗雷德里克·路易·马他伦所率旅部发动猛攻。在这个重要的时刻，米歇尔·内伊元帅身先士卒，大叫着："冲啊，士兵们，冲啊！"或许，他说的是其他类似的，鼓舞士气的话。但这些都不重要，重要的是，米歇尔·内伊元帅带头冲锋，不惧死亡。英军也是无所畏惧，严阵以待，待法军靠近时，枪炮齐发，弹雨如幕。法军前几排的将士全部阵亡。

弗雷德里克·刘易斯·马他伦

法军与反法同盟军在滑铁卢交战

拿破仑·波拿巴没有参与冲锋。他带领近卫军行至反法联军阵地的山脚便止住脚步，在旁边的一块高地上观察战局。后世有人指责拿破仑·波拿巴没有亲自率军冲锋。这种指责是没有道理的。当时，拿破仑·波拿巴要总揽全局，那一样重要。他必须处于大军中心，占领高地，纵观战局，方便调兵遣将，谨防普鲁士军队从侧翼袭来。拿破仑·波拿巴跨马而坐，看着战场上硝烟弥漫，他面色凝重，宛若石雕。

在英军的第一次炮火反攻下，法军前几排将士无一幸免，全部阵亡。战势如此惊人，连近卫军都情不自禁地向后退缩。然而，他们又能退到哪里呢？一侧有英军龙骑兵包抄，另一侧是凶悍的步兵。近卫军在包围圈中无处可退，狼藉之中可怜至极。拿破仑·波拿巴的近卫军，这个伟大的、悲壮的军团，坚持战斗到最后一刻，哪怕流光最后一滴血也决不投降。可是英军是多么凶狠，战败的近卫军又是多么可怜。近卫军实在坚持不下去了，开始逃亡，但他们还未逃远即被英军或屠杀，或俘虏。其中的场景，我们不忍卒述。法兰西大军就此覆灭，再无新生。在英军追击溃逃近卫军的时刻，在最后的近卫军全军覆灭的时刻，法军的精神也随硝烟飘逝。当法兰西第一帝国卫队士兵的尸体一具具沿山坡滚落时,一息尚存的残兵也在龙骑兵的践踏和步兵刺刀的寒光中死亡。拿破仑·波拿巴静静地看着,仿佛他伴随着阵亡的士兵们已经死去。只见拿破仑·波拿巴脸色青灰,全身像被霜打了一样,没有生机。他转身对贝特朗伯爵亨利–加蒂安说:"再也没有我们的军队了。"①

此时,拿破仑·波拿巴必须立即离开,刻不容缓,因为英军骑兵已经杀来,席卷山翼,并发誓要包围山岗,活捉拿破仑·波拿巴。最终,在神圣卫士团的保护下,拿破仑·波拿巴在慌忙中登上一处高地,用仅存的四门大炮轰炸来袭的反法联军。然而,反法联军不断攻来,法军连最后的据点也难守住。拿破仑·波拿巴对贝特朗伯爵亨利–加蒂安说:"现在,一切都结束了! 救救我们!"②

我们无法想象拿破仑·波拿巴在匆忙逃命时是怎样的心情。作为拿破仑·波拿巴的副官,尼古拉·路易·拉乌尔描述了战败后拿破仑·波拿巴的情况,记录了拿破仑·波拿巴在灰飞烟灭的战场上的最后一刻。即便在这样的时刻,拿破仑·波拿巴依旧是神一般的存在:

> 拿破仑·波拿巴毁了我们。他毁了法兰西,也毁了他自己,但我还是爱他。只要走到他的身边,我对他的热爱就难以抑制。他像是有魔力一般,蛊惑着所有的心灵。即使是先前对他怀有偏见和敌意的人,只要走近他,看到他,就会对他产生崇敬之情。然而,他固执己见的张狂、对权势的迷恋和疯狂的野心还是摧毁了一切。还有,他热衷于豪赌,时常孤注一掷,不成功,就成仁。事实上,就算是滑铁卢战役中的惨败,当中也不是没有转圜的余地。只要拿破仑·波拿巴从容有序地指挥撤退,就还有机会保存实力。但他偏要命令近卫军冲锋。近卫军是我们军队最后的像骨血一样宝贵的军力,是留着掩护拿破仑·波拿巴撤退的,不是用来冲锋的。但拿破仑·波拿巴在身陷绝境时,往往会孤注一掷。他以慷慨的演说鼓动近

---

① 此处为法语"Ils sont meles ensemble."
② 此处为法语"Tout a present est fini! Sauvons nous."

卫军前去送命，仿佛要以身作则似的。我们如江河洪水般奔赴战场，却被敌军全部歼灭。我们实在不敌英军，我们退却了，我们全完了。在大军溃败时，拿破仑·波拿巴依旧冷漠。他如顽石一般无情。

我最后一次见到拿破仑·波拿巴，是在一次冲锋后撤退的途中。当时，败局已定。我腿部受了枪伤，躺在地上无法前行。大军抛弃了我，继续前进。没有人管我。这时，拿破仑·波拿巴骑着马，从我身旁缓缓走过。缰绳在马颈处低垂，他用鼻烟壶掩着鼻子。远方的苏格兰军团攻势未止。拿破仑·波拿巴形单影只，身边只有弗朗西斯·安托万·查尔斯·拉勒芒[①]。弗朗西斯·安托万·查尔斯·拉勒芒还在狂喊："我们没有失败，陛下，我们没有失败！集合，士兵们，集合！"拿破仑·波拿巴默不作声。弗朗西斯·安托万·查尔斯·拉勒芒从我身边路过时认出了我。他问我："拉乌尔，你怎么了？"

我回答他："我中弹了，在……在大腿上。"

弗朗西斯·安托万·查尔斯·拉勒芒叹道："可怜的你啊，太可怜了！哦，我们得走了！再见！"

拿破仑·波拿巴依旧一言不发。

匆忙间，拿破仑·波拿巴逃至"美人同盟"旅店旁的一个果园里。在果园中，他遇到两名同样逃命出来的铁甲骑兵。于是，在这两位骑兵的保卫下，拿破仑·波拿巴继续向前奔逃。夜幕虽已降临，但还是有残兵认出了拿破仑·波拿巴。然而，再没有人呼喊"皇帝万岁"的口号了。士兵们对拿破仑·波拿巴已经没有了爱戴，也没有了信心。士兵们低声嘟囔着："那是皇帝！"在拿破仑·波拿巴看来，即使是这些低声的议论，都有可能给他招来祸端。于是，每当拿破仑·波拿巴听到有人谈论自己，他就打马停驻须臾，像是惊魂未定一般，然后立即驾马疾驰，如风一般离开。到了转向菲利普维尔的路口，拿破仑·波拿巴不等残军会

[①] 弗朗西斯·安托万·查尔斯·拉勒芒（François Antoine Charles Lallemand，1774—1839），法国大革命和法兰西第一帝国时期的将军，1811年升准将，1815年滑铁卢战役后，陪同拿破仑·波拿巴至罗什福尔，后流亡美国。

合，便径直继续前行。现在，他没有了所谓的核心部队，不能在原地等待。他对自己的士兵还是有所了解的。法兰西人在迎接胜利时有多热情如火，在面对失败时就有多丧心病狂。因此，想在大战溃败后的战场趁着夜色黑沉重整兵队，根本不可能。

拿破仑·波拿巴抵达菲利普维尔时，身边已不剩几个人。一行人休息了几个小时，便匆匆取道罗克鲁瓦和马济耶尔，返回巴黎。

难道，拿破仑·波拿巴在指挥这场战役时的智力和精力都大不如前，因此才有失水准？后人研究时难免会有这样的想法。否则，如何解释拿破仑·波拿巴在滑铁卢战役中的完败？要知道，拿破仑·波拿巴的一生在军事领域取得过那么多的荣耀和光辉，人们无论如何也找不出第二个理由。是因为多年征战导致拿破仑·波拿巴体力耗竭？还是多年来睡眠缺失，饮食不规律的生活习惯导致他活力褪减，官能失调？这些都是可能的解释。但仔细想想，即使在滑铁卢之前的一年，拿破仑·波拿巴也发挥了无与伦比的军事天赋。他的军事才能如此耀眼，怎么会有这么大的落差呢？事实上，在滑铁卢战役中，拿破仑·波拿巴的谋划不可谓不周密，他的指挥也不可谓不优秀。拿破仑·波拿巴本可以如愿得胜，只可惜，他犯下了一个致命的错误。

利尼战役后，拿破仑·波拿巴非常肯定格布哈特·莱贝雷希特·冯·布吕歇尔会撤往那慕尔。他认为他对格布哈特·莱贝雷希特·冯·布吕歇尔非常了解。在他看来，格布哈特·莱贝雷希特·冯·布吕歇尔不过是一员庸将，还能逃到哪里？以格布哈特·莱贝雷希特·冯·布吕歇尔的水平，也只能想到那慕尔了。拿破仑·波拿巴太过自信、轻敌。他确信格布哈特·莱贝雷希特·冯·布吕歇尔兵败后只会逃向他认为的方向。因此，他甚至省略了必要的验证，甚至没有派出侦察队去蒂利和让布卢沿途打探。此外，拿破仑·波拿巴竟派遣指挥能力并不高的皮埃尔·克劳德·帕若尔将军前去追击落败的普军。结果，皮埃尔·克劳德·帕若尔在那慕尔大道上遇到了一万逃兵和来自利尼战场的散兵伤员，便认为这是格布哈特·莱贝雷希特·冯·布吕歇尔的部队。而拿破仑·波拿巴居然对皮埃尔·克劳德·帕若尔的报告深信不疑。拿破仑·波拿巴的这个错误是致命的。

皮埃尔·克劳德·帕若尔

反观真正的普军大部,虽然首战失利,但实力犹存。此时,他们正在向北撤退,准备与威灵顿公爵阿瑟·韦尔斯利的大军会师。这是反法联军在战前就做好的部署。而此时,拿破仑·波拿巴依然认为格布哈特·莱贝雷希特·冯·布吕歇尔的大军藏在那慕尔,因此,他派埃马纽埃尔·格鲁希率四万人前去阻截,想将格布哈特·莱贝雷希特·冯·布吕歇尔封死在那慕尔,自己则亲自率军,与英军交战。

这就是拿破仑·波拿巴兵败滑铁卢的原因。他并非战前规划不周详,而是缺少心计,错误地预估了普军的位置。因此,当弗里德里希·威廉·冯·比洛少将率领普军前锋在普朗斯纳从天而降,包抄拿破仑·波拿巴后翼时,拿破仑·波拿巴着实措手不及。一开始,拿破仑·波拿巴看到许多士兵突然出现,还以为是埃马纽埃尔·格鲁希的援军。直到一名普鲁士轻骑兵被抓到拿破仑·波拿巴的眼前,直到拿破仑·波拿巴截获弗里德里希·威廉·冯·比洛少将的密报,看到密报

弗里德里希·威廉·冯·比洛

中弗里德里希·威廉·冯·比洛少将向威灵顿公爵阿瑟·韦尔斯利汇报三万普军已抵达战场,并向威灵顿公爵阿瑟·韦尔斯利征询进一步的作战计划时,拿破仑·波拿巴才睁大双眼,认清了真相。

试问,如果不是由于拿破仑·波拿巴轻敌,如果他没有在万千算计中忽略了这一步,那么,我们说拿破仑·波拿巴在滑铁卢可以完胜,又有谁会质疑?

况且如果不是普军前来相助,威灵顿公爵阿瑟·韦尔斯利恐怕连圣让山都守不住。

拿破仑·波拿巴犯下了致命的错误。他错在认为普军不足为虑。他发起攻击的时刻太晚了,应该更早一点。不过也许就算早一点发动进攻也是无济于事。要知道,当时昼长夜短,短到夜晚几乎刚天黑就又天亮。6月的夏日,清晨的天,亮得那么早,没有给拿破仑·波拿巴提供一个好的"天时"条件。试想清晨时分,到处都是露水,满山都是浓雾,绝对是利守不利攻的,因此,拿破仑·波拿巴就算提前发动攻击，也不能改变失败的结局。1815年6月18日滑铁卢战役这天长长的午后，对拿破仑·波拿巴来说是一个不利的条件。①在霍高蒙特，拿破仑·波拿巴为什么不用火炮轰炸英军，非要派步兵前去送命呢？或许，他没有料到英军竟如此强悍。他还以为，法军可以迅速攻下阵地。另外，离开了他的指导，米歇尔·内伊没有作战思路，竟派骑兵冲锋英军中部，结果如羊入虎口，法军纷纷阵亡。拿破仑·波拿巴带领青年近卫军暂离战场，前往普朗斯纳取得的小型胜利一度阻遏了普军的攻势。

可以肯定的是，当时，拿破仑·波拿巴凭借多年的战争经验，断定普英两部将领必然难以保持意见一致。这种情况曾经发生过，而且都导向了对拿破仑·波拿巴有利的结局。比如，耶拿战役和香槟地区战役。但在滑铁卢战役中，格布哈特·莱贝雷希特·冯·布吕歇尔行事鲁莽，威灵顿公爵阿瑟·韦尔斯利遇事冷静。他们二人互为补充，作战意见出奇地保持了一致。格布哈特·莱贝雷希特·冯·布吕歇尔奇迹般地遵从了威灵顿公爵阿瑟·韦尔斯利的命令。

拿破仑·波拿巴还得知，英军在西班牙半岛的精锐都被抽调去了北美。因此，他认为，作为他的对手，剩余的英军不过是杂牌军的堆凑，就像古巴比伦国王尼布甲尼撒二世②梦中看到的巨像，由铁和泥土做成脚，用黄铜做身体。因此，拿破仑·波拿巴完全有理由相信，以法军身经百战的精兵，一定可以战胜英军这群乌合之众，将其一举击溃。拿破仑·波拿巴战无不胜的法宝就是从中路击破敌军，将敌军的阵型一分为二。依据拿破仑·波拿巴这样的打法，过去没有不成功的。每一次战役，他的对手都望风而逃，没有哪一支军队能抵挡拿破仑·波拿巴强大的军队。然而，拿破仑·波拿巴没有想到，英军中最羸弱的士兵竟也如此顽强凶悍。

---

① 命运好像在这里转了一个弯。1815年6月16日的利尼战役中，就是因为长长的午后，拿破仑·波拿巴将战局拖到傍晚，从而取得对普鲁士作战的胜利。同样是长长的午后，利尼战役和滑铁卢战役的结局却是相反。——原注

② 尼布甲尼撒二世（Nebuchadnezzar II），古巴比伦国王。他曾做了一个奇怪的梦，请先知来解释，先知说，你梦到一尊巨大雕像，面容恐怖，头是黄金做的，胸部和胳膊是银，腹股是黄铜做的，腿是铁做的，脚是部分铁部分泥土，然后巨像被石头击穿，灰飞烟灭。这暗示王国统治不长久，一半强大，一半衰弱。

拿破仑·波拿巴将所有的希望都寄托在埃马纽埃尔·格鲁希身上，盼望埃马纽埃尔·格鲁希可以及时赶到。但即便埃马纽埃尔·格鲁希可以及时赶到，也无法扭转法军完败的局面。埃马纽埃尔·格鲁希顶多是延缓失败到来的时间，并且最多只能阻击追兵。拿破仑·波拿巴在莱比锡战役中兵败，并非由于敌军将领谋略高超，只是因为对方人数占了优势。但在滑铁卢，拿破仑·波拿巴生平第一次遇到了一个在智力和能力上都与自己旗鼓相当的对手。这个对手就是威灵顿公爵阿瑟·韦尔斯利。威灵顿公爵阿瑟·韦尔斯利非常沉着冷静，他指挥的英军也与以往欧洲其他国家的军队不同。欧洲其他国家的军队和拿破仑·波拿巴对战，从来没有赢过。而威灵顿公爵阿瑟·韦尔斯利指挥的英军在伊比利亚半岛从来没有输过。当拿破仑·波拿巴与威灵顿公爵阿瑟·韦尔斯利在滑铁卢决战时，就好像两个势均力敌的对手在决斗场上决斗一样。我们都知道，依据决斗场的规则，其实是比拼哪一方更加沉着冷静。性格急躁的那个人可能会先出手，可能会暂时领先，但第一回合过后，就会逐渐转向颓弱。战场和决斗场一样。依据战场上的规则，当然也是冷静的、不急不躁的将领最终会取得胜利。

第53章

第二次退位

（1815年6月21日—1815年7月23日）

精彩看点

利尼大捷前传——滑铁卢兵败噩耗——拿破仑·波拿巴抵达巴黎——侥幸逃回来的官兵——议院召开会议——逼拿破仑·波拿巴退位——卢西恩·波拿巴让大家冷静——拿破仑·波拿巴与路易·康斯坦·沃伊里——威胁解散议会——成立专门委员会处理退位事宜——拿破仑·波拿巴同意退位——前往马尔梅松官——封锁海岸——拿破仑·波拿巴抵达罗什福尔——拿破仑·波拿巴投降

一个阴冷的清晨，巴黎一座教堂的塔尖刺入云端。1815年6月16日，利尼战役得胜的消息和电报上粗黑的大字刺激着每一个巴黎人的神经。拿破仑·波拿巴将普军打得落花流水。普军四散奔逃。整个巴黎屏息凝神，静等反法联军的英军被歼灭的消息。军工制造似乎已经没有必要。然而，1815年6月19日清晨，一则小道消息不胫而走。不知何时起，巴黎城内有人传言，在圣让山附近的一场战役中，拿破仑·波拿巴遭遇惨败，法军全军覆没。传言很快播散开来，有人相信，有人质疑。在暴风苦雨中，基金市场的指数涨落不停。

1815年6月21日4时，拿破仑·波拿巴返回巴黎，下榻在爱丽舍宫。拿破仑·波拿巴立即召来维琴察公爵阿尔芒-奥古斯丁-路易·德·科兰古，痛心地说，法军已经覆灭，自己已经战败。当然，拿破仑·波拿巴不可能承认战败是因为自己指挥不利，一如既往地诿过他人。事实上，滑铁卢战役的失败并不全是拿破仑·波拿巴的错。拿破仑·波拿巴说道："我指挥大军出奇连胜。但不知为何，我军突然胆战，最终惨败。米歇尔·内伊元帅只知道猛冲狠打，带着骑兵队送死。唉，我们被英军屠戮殆尽。骑兵尽失，败局已定。现在，我不想被打扰，只想一个人静静待一会儿。我想洗个澡，其他什么都不想做。"

拿破仑·波拿巴回到巴黎后，见到的第一位官方人士是拉瓦莱特伯爵安托万·玛利·尚曼。

拉瓦莱特伯爵安托万·玛利·尚曼说："我一听说陛下回来了，就立即前往爱丽舍宫见他。陛下召我到密室谈话。他见到我后，凄惨地笑了一下。笑声直渗我心底。陛下说：'哦！我的天哪！'然后抬起头看着天花板，一直在房间里踱来踱去。他停下步子，看上去已经绝望，但忽然清醒，恢复了平时的冷静模样，询问我众议院商议的结果如何。我不忍心却不得不告诉他，大家群情激愤，强烈要求他退位，并且他不退也得退，因为议会打算自行宣布皇帝逊位。陛下说：'怎么能这样？如果继续在这里耽误时间，联军都要打到巴黎城下了。唉！'他继续说：'都怪我以前打得胜仗太多，赢得太耀眼，现在一场败仗，他们就容不下我了吗？我退位后，谁来保护法兰西啊？我已经为我的国家竭尽全力。'陛下说着，深深叹了一口气。这时，有人求见，我就出去了。临走时，陛下叫我晚些时候再过来。"

1815年6月21日，前线的残兵陆续逃回巴黎。于是，人们的恐惧和躁动演变成了举城恐慌。侥幸逃回来的军官们来到议院，描述了战场的情况。法军已经彻底覆灭，无法重整旗鼓。卡诺伯爵拉扎尔·尼古拉·玛格利特和卢西恩·波拿巴提议建立拿破仑·波拿巴一人临时执政体系，应对攻来的反法联军。约瑟夫·富歇、拉法耶特侯爵吉尔伯特·德·莫蒂，以及诸多其他立宪派人士，达成一致，打算与反法联军讲和，由国家议会全面接管国家大权，逼迫拿破仑·波拿巴退位。

拉法耶特侯爵吉尔伯特·德·莫蒂说："经过商议，众议院认为国家安全已经遭到威胁，宣布永久接管国家大权。任何试图解散议会的举措将被视为叛国罪。"

这项决议获得了议会的一致通过。于是，拿破仑·波拿巴的权力瞬间瓦解。卢西恩·波拿巴非常愤怒，指责拉法耶特侯爵吉尔伯特·德·莫蒂落井下石，不顾及拿破仑·波拿巴的恩情，是不义之举。

拉法耶特侯爵吉尔伯特·德·莫蒂大呼道："你还敢责怪我对他不义！你难道不知道，为了他，我们已经倾尽所有。请你告诉我，法兰西三百万好男儿的尸骨呢？在哪里？埋在了非洲漫天黄沙里，倒在了瓜达尔基维尔河和塔古斯河的河畔，溺死在了维斯瓦河，冻死在了俄罗斯荒原。这一切还不够吗？十年，我们损失了三百万精壮劳力，都是为了一个人。直到今天，这个人还执迷不悟地要和全欧洲对战。你说我们会同意吗? 我们不会同意。现在,我们的责任是保护法兰西。我们不会再支持他。"

议席各处响起呼声:"退位! 我们要求皇帝退位!"这一次,国民卫队及时冲进议会厅,保卫在每位议员周围。拿破仑·波拿巴如果想再来一次持械、关门、解散议会,是不可能的。

元老院稍有滞后,但没过多久,就得出了相同的结论。元老们虽然曾经是拿破仑·波拿巴坚定的追随者,但此刻和议员们一样,认为阻在法兰西与和平之间的只有拿破仑·波拿巴,再拖一分钟不向反法联军投降,就多一分钟死期临近的痛苦。为了保险起见,还是尽快逼拿破仑·波拿巴退位。但元老们没有完全抛弃拿破仑·波拿巴。大多数元老和部分众议院议员赞成拿破仑·波拿巴逊位,将皇位传给罗马王弗朗西斯·约瑟夫·查尔斯·波拿巴,同时由玛丽·路易丝皇后摄政。对此,卢西恩·波拿巴、查尔斯·安热利克·弗朗西斯·于歇·德·拉贝杜瓦耶、卡诺伯爵拉扎尔·尼古拉·玛格利特、路易-尼古拉·达武等都表示赞成。路易-尼古拉·达武表示,法军军力的确受到了致命冲击,但实力犹存,远没有到毁灭的地步。卡诺伯爵拉扎尔·尼古拉·玛格利特也说,法军完全可以发起新一轮攻击,要知道,威灵顿公爵阿瑟·韦尔斯利的军队也在滑铁卢被打散了,格布哈特·莱贝雷希特·冯·布吕歇尔在利尼完败。这时,刚从前线回来的米歇尔·内伊元帅气愤地打断了卡诺伯爵拉扎尔·尼古拉·玛格利特的话,绝望地说:"不是这样的。你这样说,还想将大家欺骗到几时? 威灵顿公爵阿瑟·韦尔斯利正朝巴黎杀来,格布哈特·莱贝雷希特·冯·布吕歇尔也没有伤筋动骨。我们失败了,只剩查尔斯·维克托莱·埃马纽埃尔·勒克莱尔将军的部队了。要不了一个星期,反法联军就会打到巴黎!"

与此同时,拿破仑·波拿巴派人叫来亨利-邦雅曼·康斯坦·德·勒贝克。亨利-邦雅曼·康斯坦·德·勒贝克发现拿破仑·波拿巴异常冷静,于是问起滑铁卢的战况。拿破仑·波拿巴回答:"现在,这已经不是我的事了,而是法兰西的事。他们让我退位。我一旦退位,会有什么样的后果,他们都想清楚了吗? 此次大军重聚,完全是依靠我和我的名声。没有我,法军就是一盘散沙。如果今天我退位,过不了两天,法军就会人心涣散。到时候,不知道他们要讲多少空话,允诺军队多少权利,保民院要怎样解释清楚,才能做好善后工作,才会让士兵们继续作战。他们这样做是错误的。反法联军近在眼前,他们不去抗击,却在谋划推翻政府。"然后,拿破仑·波拿巴扬言要解散议会,说议会无权要求他退位。但现在,他说话已经不起作用了。

忽然,拿破仑·波拿巴听到窗外传来"皇帝万岁"的呼喊。他走到窗边向外看去,只见外面人群涌动,人们正沿大街向宫殿走来。他们想爬墙翻入宫殿,保护拿破仑·波拿巴。这些人都是底层劳工。拿破仑·波拿巴怔怔地看着人群,说道:"你看,我没有给过他们头衔和财富,他们为什么要追随我?是直觉,是本能的呼唤。他们代表法兰西人的意愿。现在,如果我选择带领他们,你觉得议会还会存在吗?但我不能为了自己,再牺牲无辜的人。"

拿破仑·波拿巴不想从巴黎逃走。他对贴身侍从路易·康斯坦·沃伊里说:"我为什么要逃走?现在,我无权无兵,他们还想怎么样?走,我要到马尔梅松宫去。那里有我的朋友,我就住在那里吧!"

随后,拿破仑·波拿巴谈起了今后的乡间隐退生活,他希望种一些菜。但他突然觉得应该走远一些。他说:"如果议会打算流放我,何处是我的安身之所呢?是英国吗?如果我真的去英国,真是一个凄惨的结局。我不会再做什么了,一切已成定局,没有人会信任我。伦敦的每一场浓雾都会使人联想到我是不是会逃走……还是去北美洲吧!那样更妥当。至少在新大陆,我还能活得有尊严。不过,话说回来,有什么好担心的呢?我与那么多利益集团有关联,谁会试图谋害我呢?现在攻打我的这些人中有一个①,他有一半国土是我打下来的,他会谋害我吗?他们当中还有另外一个人②,难道他忘记了,从前见到我,他会紧拉着我的手,口中尊称我为'伟人'。还有我的岳父,他会眼睁睁看着我倒台吗?"

卢西恩·波拿巴与议会选出处理此事的一个专门委员会一起来见拿破仑·波拿巴。卢西恩·波拿巴发现,拿破仑·波拿巴的情绪不太稳定,一会扬言

---

① 这里拿破仑·波拿巴的言下之意可能是指代普鲁士国王腓特烈·威廉三世。
② 此处根据上下文,拿破仑·波拿巴可能指俄罗斯帝国沙皇亚历山大一世。

要动用手中的兵权解散议会，一会扬言要自杀。卢西恩·波拿巴明确告诉拿破仑·波拿巴，现在没有其他路，要么孤注一掷解散议会，独掌大权，要么退位。

拿破仑·波拿巴说："议会中多是雅各宾派。雅各宾派人都是疯子，恨不得天下大乱。早知道今天，当初就应该取消他们的议员资格。现在，他们居然想逼我退位！怎么可能？"

勒尼奥·德·圣让·安热利伯爵米歇尔·路易·埃蒂安对拿破仑·波拿巴说："一个小时后，议会将公布拉法耶特侯爵吉尔伯特·德·莫蒂提拟的退位协议。他们给了您一个小时时间。知道了吗？一个小时。"拿破仑·波拿巴带着一丝苦笑，对约瑟夫·富歇说："告诉议会，不要再吵了，我退位就是。"于是，拿破仑·波拿巴写下退位声明，宣布将皇位传给罗马王弗朗西斯·约瑟夫·查尔斯·波拿巴。退位声明如下：

> 国人们！多年来，为了维护国家独立，我们通过各方努力和精诚团结对外用兵。这是我们共同的心愿。面对反法联盟的挑衅，我坚信我们会获得最后的胜利。但命运没有偏向我。为了泯去反法联军的恨意，我愿意独自承担后果……我的政治生涯已经结束。现在，我宣布罗马王弗朗西斯·约瑟夫·查尔斯·波拿巴承袭拿破仑二世称号，为法兰西帝国皇帝。内阁将组建临时政府。现请两院协同建立摄政体系，协助罗马王弗朗西斯·约瑟夫·查尔斯·波拿巴尽快登基。我们要团结起来保障国家安全。法兰西依旧是一个伟大的民族。

拿破仑·波拿巴将声明递交给两院。两院接受退位，但对罗马王弗朗西斯·约瑟夫·查尔斯·波拿巴继位一事含糊其词。

卢西恩·波拿巴和路易-尼古拉·达武敦劝拿破仑·波拿巴再做努力。但此时，拿破仑·波拿巴知道一切已成定局。雾月政变再也不可能重演，因为他在巴黎没有兵，没人会听他指挥。如果议员们都不听他的，他无法再次将议员们逼得弃窗逃走。面对滑铁卢战役的影响，他比卢西恩·波拿巴更清楚，就算他整军重

约翰·玛利亚·菲利普·弗里蒙特

来,也无济于事,因为整个欧洲依旧会围着他打。威灵顿公爵阿瑟·韦尔斯利和格布哈特·莱贝雷希特·冯·布吕歇尔一定会率军从东北方向逼近巴黎。奥地利将军约翰·玛利亚·菲利普·弗里蒙特正穿过瑞士和萨瓦省,直扑法兰西边境而来。施瓦岑贝格亲王查尔斯·菲利普也打算率军渡过莱茵河。与此同时,俄罗斯帝国皇帝沙皇亚历山大一世在不远的地方,手握二十万俄军。总之,反法联盟投入了八十万兵力,估计1815年7月月底就能占领巴黎。

1815年6月22日,拉瓦莱特伯爵安托万·玛利·尚曼向拿破仑·波拿巴描述了巴黎目前的反应。他讲得十分详细,也比较中肯。拉瓦莱特伯爵安托万·玛利·尚曼说:"听我说,拿破仑·波拿巴的表情严肃。他一直在克制自己,但他的神态和举动表明他非常愤怒,意识到自己大势已去……退位声明宣读完后,一切结束,整整一天,拿破仑·波拿巴都很镇静,还下达了有关军队部署的指令,表达了与反法联军和谈的相关意见。他多次强调,应该由他的儿子罗马王弗朗西斯·约瑟夫·查尔斯·波拿巴继位。也许此刻,他不是为了罗马王弗朗西斯·约瑟夫·查尔斯·波拿巴的未来,而是试图集中国家资源,汇聚民族情感。很可惜,他的心愿未能达成。"

1815年6月23日，拿破仑·波拿巴来到马尔梅松宫。马尔梅松宫是他的第一任妻子约瑟芬皇后去世的地方。在这里，他做好了流亡的准备。

1815年6月29日，巴黎临时政府派来一个叫贝克尔的将军监视拿破仑·波拿巴。拿破仑·波拿巴立即遣回了贝克尔将军，并且递口信给临时政府，说自己依旧愿意为国效力，愿意以一名普通士兵的身份保护法兰西。内阁当然不会同意。于是，拿破仑·波拿巴离开马尔梅松宫，即刻前往罗什福尔，希望找机会去北美洲。但法兰西舰队封锁了法兰西西海岸。此外，一直有人监视拿破仑·波拿巴，他根本无法逃走。现在，拿破仑·波拿巴无法从法兰西境内逃走，并且听到消息称，他的逮捕令已经签发，之所以迟迟没有执行，是因为想给他留一点时间，让他去跟英国人投降。1815年7月15日，走投无路的拿破仑·波拿巴不得不向泊在巴斯克地区的英国军舰"柏勒洛丰"号投降。受降的是弗雷德里克·路易·梅

拿破仑·波拿巴向弗雷德里克·路易·梅特兰投降

特兰。拿破仑·波拿巴说："我是来寻求英国法律保护的。"但弗雷德里克·路易·梅特兰说："我无法就你在英国享受的待遇做出任何承诺，因为关于怎样处置你，我没有接到英国政府的任何指示。"英国舰队指挥官基斯子爵乔治·埃尔芬斯通也无法给拿破仑·波拿巴任何承诺。

1815年7月23日，拿破仑·波拿巴看了最后一眼法兰西海岸。"柏勒洛丰"号扬帆起航，向英国驶去。

第54章

最后的时光

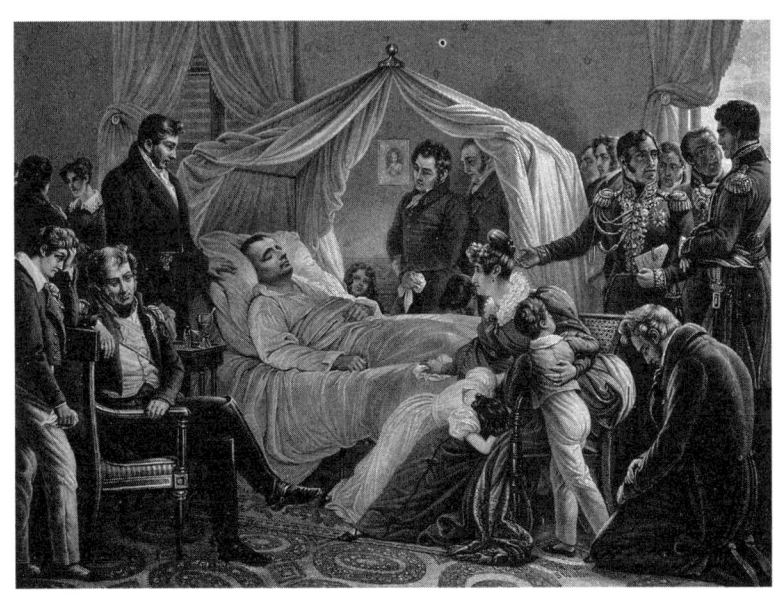

第54章

精彩看点

拿破仑·波拿巴改登"诺森伯兰"号——拿破仑·波拿巴的抗议书——不能宽厚对待善变的拿破仑·波拿巴——拿破仑·波拿巴性格最真实的一面——圣赫勒拿岛——朗伍德别墅——拿破仑·波拿巴与哈得孙·劳爵士——哈得孙·劳爵士对拿破仑·波拿巴的称呼——哈得孙·劳爵士遭受的谩骂与指责——拿破仑·波拿巴的演技——《圣赫勒拿岛回忆录》——污蔑战友和家人——拿破仑·波拿巴的身体每况愈下——拿破仑·波拿巴立遗嘱——拿破仑·波拿巴去世

拿破仑·波拿巴思绪万千。他曾经想过前往英国,享受人们热烈的欢呼。1814年,在枫丹白露宫,卡斯尔雷子爵罗伯特·斯图尔特曾通过维琴察公爵阿尔芒-奥古斯丁-路易·德·科兰古传递消息,询问道:"请问拿破仑·波拿巴为何要去厄尔巴岛?为什么不到英国来?到伦敦来,人们会热烈欢迎他。英国政府一定会厚待他,难道不比到荒岩野岛或地中海的无名之地强?当然,议谈时不能明讲,否则这个问题会一直拖延下去,惹出是非。但请拿破仑·波拿巴无条件投降,赋予与他苦战十年的盟方一点尊敬。在英国,他会受到最高规格的接待。到时候,他会知道英国的重要性。英国绅士们都重视荣誉感,并且目前在混乱中签订的条约,根本没有任何效力。"

然而,1815年,曾经的议和条件已经不复存在。一年内,拿破仑·波拿巴从厄尔巴岛逃回,在法兰西依然拥有强大号召力。他能在短时间内召集一支军队,再次成为欧洲各民族的威胁。反法联盟将这一切看在眼里,惊在心中。拿破仑·波拿巴兵行险棋,却功亏一篑。但他永远不会明白,他已经是整个欧洲苦难的根源,他给欧洲带来了无穷无尽的战祸,他的对外战争使千千万万个家庭流离失所,他占领的土地浸沁无数士兵的鲜血。因此,这一次,欧洲人不会放过他。面对一头野兽,囚笼必须得牢固。将拿破仑·波拿巴关在牢笼里。他欠欧洲的殇乱,应该一点一点偿还。

1815年7月26日,"柏勒洛丰"号趁着夜色驶入普利茅斯海湾,停留了约两个星期。其间,当地民众陆续前来,想要一睹拿破仑·波拿巴的风采。人们对拿破仑·波拿巴既崇拜又好奇。后来,拿破仑·波拿巴改登"诺森伯兰"号,前往他最害怕、最不想去的地方——圣赫勒拿岛。他被允许带上三名侍卫、一位医生和十二名仆役。

有人担心拿破仑·波拿巴会自杀,或者他会命令蒙托隆伯爵查尔斯-特里斯坦或加斯帕尔·古尔戈开枪打死他,因为有人听到,拿破仑·波拿巴反复说道:

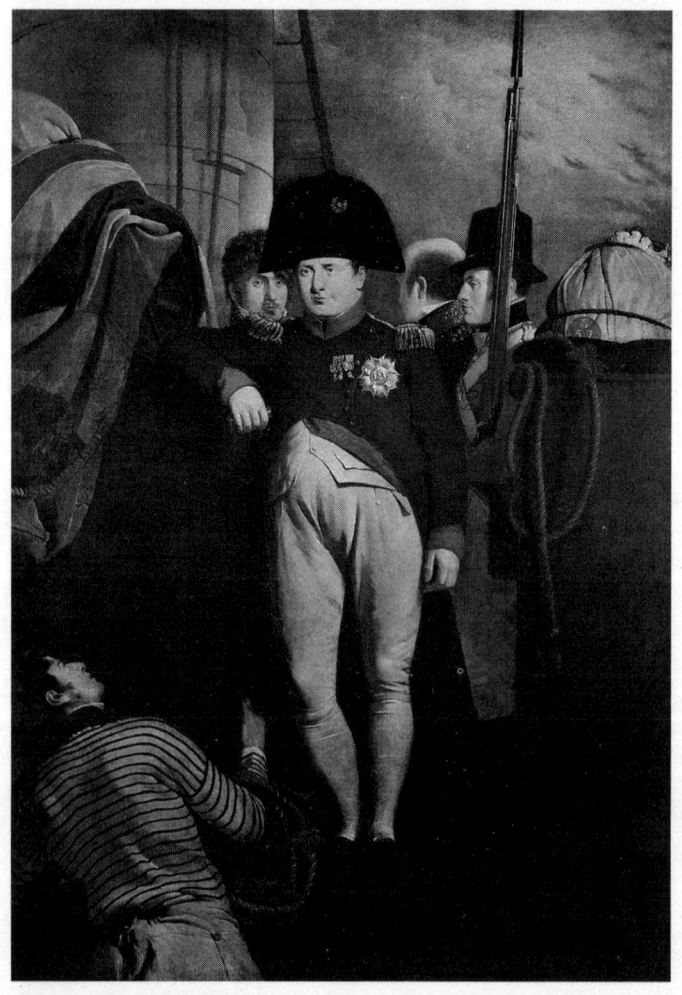

拿破仑·波拿巴到达普利茅斯

在"柏勒洛丰"号上的拿破仑·波拿巴

"我不会去圣赫勒拿岛!"于是,英国官方派人严密监视拿破仑·波拿巴。同时,蒙托隆伯爵查尔斯-特里斯坦和加斯帕尔·古尔戈也反复规劝,对拿破仑·波拿巴说,如果他有什么意外,他们也会受到牵连,被判谋杀罪。

万般无奈中,拿破仑·波拿巴写下一封抗议书,命人送交英国内阁。抗议书内容如下:

在此,就英国政府对我的非法拘禁行为,我对上帝和世人提出严正抗议,这是对我个人神圣权利的侵犯,是强行夺取我的自由和人身权利。我自愿登上"柏勒洛丰"号。但我不是犯人,不应该被监禁。我是以客人的身份来到英国。当然,弗雷德里克·路易·梅特兰也鼓励我到英国来,说这是最好的选择。他说他是受国家委派,专门迎接我及随从前往英国的。我非常信任英国,为了寻求英国法律的保护来到英国。我一登上"柏勒洛丰"号,就自视踏上了英国领土。我将"柏勒洛丰"号视为自己的家,仿佛英国人就在我身边。如果是英国政府命弗雷德里克·路易·梅特兰设陷阱诱捕我，那么你们能否对得起国家尊严？你们面对国旗时，是否能做到心中无愧？

如果一切真的是你们的诡计，我看你们以后也不必再向欧洲宣扬什么法律、自由、尊严和正义之类的理念。你们自己都做不到，如何要求别人做到？看看你们是怎么对待我的。你们的国家尊严和正义感都在"柏勒洛丰"号上被风吹散了。

现在，我诉诸历史。我是你们的对手。我们之间的战争打了二十年。最后，在我落难的时候，我前来寻求英国法律的帮助。我是自愿前来的！自愿的！如果不是因为我信任你们，尊重你们，怎么会到你们的国家来？我展现出了友好的姿态！你们是怎么对我的？你们装成想要帮助我的样子。当我满怀信任来到这里，你们却要对我下毒手。

拿破仑·波拿巴
1815年8月4日
于"柏勒洛丰"号

这件事从头至尾就是一个错传。当时，在罗什福尔，拿破仑·波拿巴听到风声说有人要抓捕他，于是，他抢先向英国舰船投降。以前，他对待对手阴森狠辣。现在，轮到他接受类似的命运。拿破仑·波拿巴曾残忍地对待杜桑·卢维杜尔。拿破仑·波拿巴承诺在杜桑·卢维杜尔投诚后予以厚待。结果，杜桑·卢维杜尔死在了阿尔卑斯的雪山冷狱。安德里亚斯·霍弗为国战斗，最后被拿破仑·波拿巴枪杀。当甘公爵路易-安托万-亨利·德·波旁-孔代甚至是被拿破仑·波拿巴下令从中立国抓走的。

英国政府非常为难。面对善变的拿破仑·波拿巴，英国政府不能墨守成规。只有将拿破仑·波拿巴驱逐到远离欧洲的地方，才能让人安心。一切只能怪拿破仑·波拿巴自己。如果拿破仑·波拿巴离欧洲太近，就意味着欧洲面临风险和隐患。反法联盟协助波旁王朝复辟，打击了法兰西人的骄傲和尊严。现在，整个欧

安德里亚斯·霍弗

洲都在嘲笑法兰西第一帝国,法兰西人也不会忍耐太久。拿破仑·波拿巴像恶狼一样,曾独霸欧洲,使法兰西国名令人生畏。他如果回到法兰西,一定是众望所归。他的名字依旧拥有魔力,他的传说依旧是可以号召民众。英国必须代表反法联盟担起责任,将拿破仑·波拿巴流放到远离欧洲的孤岛。在那里,拿破仑·波拿巴再也不会成为欧洲的隐患。厄尔巴岛离欧洲太近了。实际上,波旁王朝也有责任,没有立即兑现年金。但拿破仑·波拿巴回来得太快,没有给波旁王朝丝毫准备时间。当时,波旁王朝正在四处筹钱。既然仁慈宽怀不能使拿破仑·波拿巴屈服,就只能重惩他。

在落难的时候,一个真正伟大、真正高贵的人,会一直保持自己的尊严,会在黑暗中默默咬牙坚持,会在人群中用面具遮住脸。但拿破仑·波拿巴不会这样。他心怀怨怼,处处挑剔,抱怨酒给的太少,食物不合胃口,人们不尊称他为"陛下",不能骑马等。他也许以为自己是来做客的。战场无情,一旦放下武器,就是俘虏,就是囚徒,根本没有贵宾。拿破仑·波拿巴只能苟延残喘地活着,没有任何行动自由。他的一生从少年时代的怨怒满心,到暮年时期的满心怨怒。实际上,生活中的拿破仑·波拿巴并不是一位高风亮节的贤者。落败后,法兰西第一帝国的荣耀没有了,象征皇权的月桂花冠没有了,象征军事权力的三角帽没有了,具有标志性的灰色军大衣也没有了。我们看到,拿破仑·波拿巴性格最真实的一面,就是刻薄。

在海上航行两个多月后,拿破仑·波拿巴终于在圣赫勒拿岛的詹姆斯敦登陆。与拿破仑·波拿巴一起入岛的有拉斯卡斯伯爵埃马纽埃尔-奥古斯丁-迪厄

在圣赫勒拿岛的拿破仑·波拿巴

加斯帕尔·古尔戈

多内-约瑟夫及其儿子、加斯帕尔·古尔戈、亨利-加蒂安·贝特朗将军夫妇、蒙托隆伯爵查尔斯-特里斯坦夫妇,以及十名仆役。

《被囚圣赫勒拿岛的日子》一书的作者写道:"亲眼见到圣赫勒拿岛之前,我读到的所有关于圣赫勒拿岛的描述,都是荒凉、凄切等词语。圣赫勒拿岛偏远蛮荒,孤悬海外,岩巉崖峭,很难登陆,并且堡垒森严,无法用武力攻取。由于土地贫瘠,圣赫勒拿岛的物资全部依靠进口。但我没有想到,第一眼见到圣赫勒拿岛的感觉竟然是,它是那样阴森可怖。我永远无法忘记那天清晨,同行的人来到我的舱里,说我们到了。于是,我走出船舱。看到圣赫勒拿岛的第一眼,我感到一阵不适。"

蒙托隆伯爵查尔斯-特里斯坦说:"圣赫勒拿岛距欧洲两千里格,距周围最近的大陆九百里格,距好望角一千二百里格。"圣赫勒拿岛是一座火山岛,位于大西洋,周围是茫茫大海……土质为火山灰,火山爆发时似熔似固,一条峡谷穿过整座岛。岛上植被全部由人力种植……中部地区有山,熔岩从山顶呈辐射状顺流而下,流入海底。这一景象非常恐怖。远远看去,山脚处岩影幢幢,山顶是黑黝黝的火山口。离得越近,越觉得怵目。不管朝哪个方向看,目光所到之处,只有纵横的堡垒和阴森森的高墙,就像鬼手布网,岩尖相连,遍地不见任何植物……拱形门后面有一个镇子。我们来到圣赫勒拿岛时,岛上有一支约一百六十人的步兵营,以及东印度公司所辖炮兵连。加上其他人,岛上的白人共有五百人,黑人奴隶约三百人。1812年,岛上人口略有增长,白人八百人,黑人奴隶增加了八人,还有一千八百名华人或亚裔工匠。

圣赫勒拿岛上也有优雅贵妇,都是英国军官的妻子。她们随夫服役,将荒岛生活视为自己应尽的义务。来到圣赫勒拿岛后,拿破仑·波拿巴心中满是怨憎。然而,他不明白,相比他的罪恶,英国政府对他已经非常宽容。

拿破仑·波拿巴说:"我将在灰暗的岩石间死去。我见不到家人。这里什么都没有。好吧!那我就像英国人希望的那样死去,就这么屈辱地、悲凉地死去吧!"

拿破仑·波拿巴初登圣赫勒拿岛时,圣赫勒拿岛并没有做好迎接"大人物"的准备。一开始,拿破仑·波拿巴住在小镇附近一座叫"荆棘园"的宅邸里,房间里没有奢华的家具,也没有精美的银器餐皿。后来,一幢叫"朗伍德"的别墅修建完工。这座住所是特意为拿破仑·波拿巴准备的,但依然没有家具。家具需要从英国运来。

1815年12月10日,拿破仑·波拿巴搬到朗伍德别墅。根据拉斯卡斯伯爵埃马纽埃尔-奥古斯丁-迪厄多内-约瑟夫的描述,当时的情形是这样的:"朗伍德别墅位于圣赫勒拿岛高地,本来属于东印度公司,后来被赠给圣赫勒拿岛副总督作乡间别墅。高地峡谷的温差很大。朗伍德别墅靠近圣赫勒拿岛东海岸,地势很高,因此常有海风刮来,异常寒冷。由于常年见不到阳光,朗伍德别墅潮气阴生,极易引起肝脏疾病,对健康不利。在这里,经常有瓢泼大雨不期而至,路面积水成洼,四季变化无常。一年到头,难得遇到几次充足的阳光。虽然雨量充沛,但地面植物依旧很少,很多植物不是被狂风刮断,就是被热浪灼伤。用管子引来的淡水非常浑浊,无法饮用,只能煮开以后再喝。从远处看,一些绿树仿佛乡间美景。但走进后,只有一种类似灌木丛的植物。茫茫大海一眼望不到边。朗伍德别墅的另一边是荒山巨岩和深深的海湾,以及幽深的山谷。再往远处看去,可以看见绿山成链,青雾霭霭,群山中的黛安娜峰格外显眼。总之,你不会喜欢朗伍德别墅所处的位置。除非旅途疲惫的人在此暂歇,可能会觉得有一丝静谧,认为乡间景色美不胜收。"

朗伍德别墅入口处是从正宅外扩出的一间,充作前厅和餐厅。拿破仑·波拿巴的卧室与主屋相连,隔成内室和卧房,此外还扩搭出了一个小房间,作为浴室。

拿破仑·波拿巴提出要骑马。退位后,拿破仑·波拿巴依旧保持着宫廷的生活方式,只是档次降低了不少。拿破仑·波拿巴可以畅饮葡萄酒和香槟酒。一开始,房间里的家具比较简陋。但当时,整座岛上没有什么精致物品。后来,英国人运来了一些简单却精致的物品。

前往印度和好望角的船返程时,往往会在圣赫勒拿岛停留片刻。一些人好奇地前来探访拿破仑·波拿巴。拿破仑·波拿巴十分羞恼,在门前设了哨岗,谨防他人偷窥。

途经圣赫勒拿岛的航船

1816年4月14日，新任总督哈得孙·劳爵士抵达圣赫勒拿岛。事实证明，哈得孙·劳爵士为人尖刻，缺乏教养。但拿破仑·波拿巴也不是一个有礼貌的人。哈得孙·劳爵士在英军服役多年，担任过科西嘉游骑兵指挥官。拿破仑·波拿巴知道哈得孙·劳爵士的这段过往。于是，初次见面，拿破仑·波拿巴毫不客气地蔑称哈得孙·劳爵士为"游击队长"。针对如何称呼拿破仑·波拿巴的问题，英国政府下达了指示，称拿破仑·波拿巴为将军。于是，哈得孙·劳爵士和他的前任乔治·科伯恩爵士都没有尊称拿破仑·波拿巴为"陛下"。这使拿破仑·波拿巴非常愤怒。

乔治·科伯恩

哈得孙·劳

寄人篱下的拿破仑·波拿巴也曾试图与哈得孙·劳爵士和睦相处。实际上,如果周围没有其他人,拿破仑·波拿巴可能会放低姿态。但拿破仑·波拿巴的身边时刻聚集着随从,包括拉斯卡斯伯爵埃马纽埃尔-奥古斯丁-迪厄多内-约瑟夫及其儿子、蒙托隆伯爵查尔斯-特里斯坦夫妇和亨利-加蒂安·贝特朗将军夫妇。妇人们喜欢搬弄是非,散播闲话,似乎世界上的长舌妇都来到了圣赫勒拿岛。几位侍从官,尤其是他们的妻子,一想到置身在一座荒岛上,不知道什么时候才能回去,就十分恼怒。圣赫勒拿岛上没有戏院,也没有化装舞会。这些人远离巴黎的繁华都市,意志逐渐消沉,濒临崩溃的边缘,一根针掉到地上都能让他们嘀咕半天。于是,为了有所寄托,他们刻板地遵循着已经不复存在的宫廷礼节,即使是一个空架子。因此,当哈得孙·劳爵士称呼拿破仑·波拿巴为"将军"时,拿破仑·波拿巴的侍从们显得非常不满。他们噘着嘴,悄声抗议,有时甚至转过身去，无视哈得孙·劳爵士。他们还用恶毒的绰号称呼哈得孙·劳爵士，说哈得孙·劳爵士是间谍特工、判官狱卒，从来不认为哈得孙·劳爵士是一位英勇的军官。在他们看来，哈得孙·劳爵士曾经的军旅生涯就是一个笑话，就像去打劫一样。他们陪着拿破仑·波拿巴一起流放，尽情在回忆录、家信中倾诉满腔怨懑，将圣赫勒拿岛的生活描述成圣者的自赎，或者基督式的自我奉献。

有时，当着哈得孙·劳爵士的面，拿破仑·波拿巴说自己的住所太过"简陋"。面对拿破仑·波拿巴等人的恶语怨言，哈得孙·劳爵士无奈地表示，无论从规格还是装修上，朗伍德别墅确实令人失望，但英国政府一直想为拿破仑·波拿巴提供舒适的住所和好的生活条件。哈得孙·劳爵士还强调，他会尽快安排好一处舒适的木屋。木屋里将一应俱全，装饰豪华。相关物品正在从英国运来圣赫勒拿岛的路上。拿破仑·波拿巴断然拒绝，说运来的不是刑台就是木棺，他不需要。拿破仑·波拿巴指着有关1814年战役情况的报道，问道，这些胡言乱语是不是哈得孙·劳爵士写的。哈得孙·劳爵士尽量克制自己，没有动怒，冷漠地转身离开了。拿破仑·波拿巴却暴跳如雷，命仆人将圆桌上的一杯咖啡丢出窗外。那杯咖啡本来是哈得孙·劳爵士的。

在圣赫勒拿岛，拿破仑·波拿巴的最后时光成了一个传奇。在陪同拿破仑·波拿巴来到圣赫勒拿岛的随从们笔下，拿破仑·波拿巴满怀怨恨。一些法兰西人设想着拿破仑·波拿巴可能遇到的苦难。罗维戈公爵安·让·玛利·勒内·萨瓦里没有获得批准偷偷来到圣赫勒拿岛。作为一个间谍，他知道圣赫勒拿岛总督一定身负"重任"。当年，罗维戈公爵安·让·玛利·勒内·萨瓦里策划谋杀了当甘公爵路易–安托万–亨利·德·波旁–孔代，一些事不用说得太明白。圣赫勒拿岛环境恶劣，英国人将拿破仑·波拿巴流放到这里，是否想让拿破仑·波拿巴早点死去？罗维戈公爵安·让·玛利·勒内·萨瓦里的心底泛起层层涟漪，举起双手无助地祈祷。后来，他得知圣赫勒拿岛换了总督，期望拿破仑·波拿巴能过得好一点。哈得孙·劳爵士是个阴狠角色，有能力让拿破仑·波拿巴慢慢死去，一寸一寸地腐烂。

遭受这样的谩骂和指责，任何人心中都难免怀有恨意。哈得孙·劳爵士身负监管的责任，自然不会让拿破仑·波拿巴感到舒适和惬意。但他并没有任何实质举动，或者故意刁难拿破仑·波拿巴及其随从。一开始，拿破仑·波拿巴的私人医生也对哈得孙·劳爵士抱有成见，一直认为哈得孙·劳爵士图谋不轨。但后来，他改变了对哈得孙·劳爵士的看法。这位拿破仑·波拿巴的爱尔兰裔私人医生说："起初，我认为哈得孙·劳爵士不是好人，对他抱有先入为主的偏见。但后来，我发现事实恰恰相反。通过相处，我越来越了解哈得孙·劳爵士。哈得孙·劳爵士十分可怜，担任圣赫勒拿岛总督后，他遭受了很多常人无法忍受的污言恶语。然而，我坚信，即使他克己、静默、有礼、舒迁，朗伍德别墅内以拿破仑·波拿巴为首的人也会对他充满敌意。外界的人可能不相信哈得孙·劳爵士是清白的。实际上，哈得孙·劳爵士非常有才华。拿破仑·波拿巴时刻计划着逃跑。但哈得孙·劳爵士总能见招拆招，坚持履行职责。看守落势的拿破仑·波拿巴是一件费力不讨好的差事，但哈得孙·劳爵士一直坚守底线，变得越来越警觉，总能赶在阴谋形成前扑灭火苗。"

实际上，拿破仑·波拿巴一直在策划从圣赫勒拿岛逃走。他在圣赫勒拿岛上的心腹们也知道他的计划，并且坚定地支持他。在法兰西，不满现状的人正在等待拿破仑·波拿巴归来。哈得孙·劳爵士丝毫不敢掉以轻心。看守拿破仑·波拿巴是他的责任，他必须时刻保持警惕，绝对不能让拿破仑·波拿巴从自己手中溜走。

关于朗伍德别墅阴湿潮冷、不益健康的说法其实是空穴来风。实际上，朗伍德别墅高出海平面两千尺，空气清新，阳光和煦，根本没有冷风。拿破仑·波拿巴如果住在山下，一定不会默不作声。为了修缮朗伍德别墅，英国政府花了一大笔钱，并且几乎满足了拿破仑·波拿巴的所有要求。拿破仑·波拿巴的日常开销年拨款达一万两千英镑，如果不够，哈得孙·劳爵士还可以向英国财政部门申请。在朗伍德别墅周围八英里内，拿破仑·波拿巴可以自由活动。后来，他的活动范围实际扩展到了十二英里。拿破仑·波拿巴可以骑马、散步，但他如果想走得更远，需要有英国军官陪同。为此，拿破仑·波拿巴经常抱怨，赌气待在屋内或花园里，诽谤说哈得孙·劳爵士想谋害他。真实情况是，当时，波拿巴家族的致命符咒——胃癌已经开始吞噬拿破仑·波拿巴。拿破仑·波拿巴疼痛难忍，于是假装成因受监禁痛苦不堪的样子。实际上，他因病痛无法骑马。但他必须掩盖这一点，竭力美化自己的献身精神，留给后世一个受难圣徒的形象。

为了演得更像，拿破仑·波拿巴拒绝服药，装成英国人会在药里下毒的样子。他知道，自己的病是不治之症，并且早在征俄战争时期已经初见端倪。他的妹妹波莱恩·波拿巴也患了同样的病。

到达圣赫勒拿岛后，由于心情苦闷，拿破仑·波拿巴的身体每况愈下。因此，他把哈得孙·劳爵士及其背后的英国政府当成发泄对象，也是可以理解的。此外，有时候，拿破仑·波拿巴的随从们会和自己的妻子大吵大闹，相互指责，言辞中的不敬往往波及拿破仑·波拿巴。实际上，拿破仑·波拿巴很敏感，会将这些小阋微怨放在心上。有一次，他痛苦地说："我知道自己已经失去权势，但还要看你们的脸色。我能感觉到，你们越来越不耐烦，越来越放肆。我还有没有权威？请问，在杜伊勒里宫的时候，谁敢这样对我？"

1817年8月，英国军舰"利拉"号的指挥官巴西尔·霍尔有幸见到了拿破仑·波拿巴。巴西尔·霍尔描述道："拿破仑·波拿巴的模样令我震惊，与以前见到的肖像和雕塑大相径庭。现在，他的脸已近浮肿，显得愈发宽阔。是的，他的脸变宽了，与以前的画像完全不一样。外界疯传他变得体型肥胖，实际上，他的体型并没有发生明显变化。他依然一副肌肉紧实、坚定有力的样子，只是面无血色，就像一尊白色的大理石像，不像血肉之躯。不过，他皱眉时不见一丝皱纹，脸上没有法令纹，显得非常奇怪。从表面上看，他的身体状况和精神状态还不错，没有像英国人传言的那样，说他已经身患顽疾，整个精神都垮了。他语调缓慢，但词调清晰。他问我问题，等我答复时，显得耐心温和，与我谈话时非常流畅，只问了亨利–加蒂安·贝特朗将军一次问题。令人印象深刻的，依旧是他闪烁着智慧的双眼。然而，这双眼睛并不是时时都散发着奕采，只有谈到他感兴趣的话题时，才能看到他眼光闪动。难以想象，谈话期间，他竟然如此温和，甚至可以说仁善、宽厚。当时，如果他真的像外界传言的那样病入膏肓，那么谈话时，他一定有着超越人们想象的自制力，因为无论从他的举止，还是他说的话，

拿破仑·波拿巴口述自己的经历，埃马纽埃尔－奥古斯丁－迪厄多内－约瑟夫记录

甚至面部表情，都看不出他已经身患重病。此外，拿破仑·波拿巴丝毫没有表现出精神萎靡的样子。"

在圣赫勒拿岛期间，拿破仑·波拿巴忙着写回忆录。回忆录由他口述，拉斯卡斯伯爵埃马纽埃尔－奥古斯丁－迪厄多内－约瑟夫执笔。最后，作品以《圣赫勒拿岛回忆录》的名字出版。

拿破仑·波拿巴与拉斯卡斯伯爵埃马纽埃尔－奥古斯丁－迪厄多内－约瑟夫、让·尼古拉·科维萨尔·德马雷和弗朗西斯·安托马尔基等人在对话时，依旧展现出一贯的虚情矫饰。看来拿破仑·波拿巴自政治生涯之初，在自我吹擂这一点上就一直没有变过。现在，拿破仑·波拿巴要着力刻画自己的大业基石，塑造一个光耀千秋的形象，让后代敬仰他。回忆录中的很多地方有违史实，我们都能一一揭露。这里只举一两个例子。譬如，拿破仑·波拿巴义愤填膺地表示，土伦港平叛中，巴拉斯子爵保罗·弗朗西斯·让·尼古拉没有保护他；葡月事件中，他也是孤身奋战。但法兰西陆军部档案中保存了拿破仑·波拿巴当时的书信。因此，我们可以确知，拿破仑·波拿巴崭露头角，登上人生巅峰，离不开巴拉斯子爵保罗·弗朗西斯·让·尼古拉对他的帮助。

在回忆录中，拿破仑·波拿巴竭力掩饰谋杀当甘公爵路易-安托万-亨利·德·波旁-孔代一事，说自己是不得已而为之。他还将查尔斯·莫里斯·德·塔列朗-佩里戈尔推出来当替罪羊。拿破仑·波拿巴说，查尔斯·莫里斯·德·塔列朗-佩里戈尔给他看了一封信，是当甘公爵路易-安托万-亨利·德·波旁-孔代请求赦免的信。事实上，根本没有什么信，查尔斯·莫里斯·德·塔列朗-佩里戈尔反对暗杀当甘公爵路易-安托万-亨利·德·波旁-孔代。拿破仑·波拿巴还诽谤污贬让·维克多·玛利·莫罗，将让·维克多·玛利·莫罗写成一个平庸无能的人。他指责让·维克多·玛利·莫罗1797年选择撤退。然而，当时，拿破仑·波拿巴削减了让·维克多·玛利·莫罗的部队，严令禁止让·维克多·玛利·莫罗发动进攻。这些真相，他都没有写出来。

拿破仑·波拿巴为了倾泻一腔怒火，开始指责自己手下的将领们。他生气地指出，路易-尼古拉·达武就是一个机器，一位听话的将军。安德烈·马塞纳脾气急躁，但运气很好。尼古拉·苏尔特配不上少将以上的军职。雷焦公爵尼古拉-查尔斯·乌迪诺反应迟钝。让-巴蒂斯特·克莱贝尔是个庸才。米歇尔·内伊元帅有勇无谋。路易·亚历山大·贝尔蒂埃十分愚蠢。若阿基姆·缪拉非常笨。然后，拿破仑·波拿巴开始攻击自己的家人。他说约瑟夫·波拿巴是个没用的老实人，数落卢西恩·波拿巴的各种不是，认为热罗姆·波拿巴做了很多可笑的事，路易·波拿巴更是可鄙可蔑。没有一个人可以逃过他的言语攻击，就像他曾经在杜伊勒里宫时一样。那时，他从间谍口中听说了很多关于下属私生活的丑闻，然后当着众人的面，不留情面地教训当事人。《圣赫勒拿岛回忆录》中充满怨毒之言，表现了拿破仑·波拿巴性格中阴暗的一面。书中的很多内容都是谎言，偶尔出现的真相只是为了使谎言看上去更像事实。因此，我们无法辨别《圣赫勒拿岛回忆录》中所涉事件的真假，只能全盘接受。这部回忆录读起来令人感到不适。在拿破仑·波拿巴眼中，所有曾经出现在法兰西第一帝国舞台上的人，不是坏人就是傻子。幸运的是，有人意识到了这一点，开始进行考证，并且推翻了回忆录中多处不当的描述。但我们应该感谢《圣赫勒拿岛回忆录》，因为这本书让世人看清了拿破仑·波拿巴的真面目。拿破仑·波拿巴会说谎话，会失去风度，并且会有嫉妒心。

评判拿破仑·波拿巴在圣赫勒拿岛的行为时，我们要知道，在智力方面，拿破仑·波拿巴的确是一个天才，但他的道德水平远不及才智那样伟大。对他来说，道德没有那么重要。在所有需要运用谋略的场合，拿破仑·波拿巴彰显出了作为伟人的才华。但在所有展现道德的地方，没有拿破仑·波拿巴的一席之地。没有道德指引的才华就像地裂山洪般危险。拿破仑·波拿巴的所作所为体现出他的盲目、偏执。对世界和人类来说，他的才华没有任何益处。

继尤利乌斯·恺撒之后，拿破仑·波拿巴是历史上最伟大的人。没有阴影就没有光辉，荫地里有多少黑暗，人的另一面就有多少光明。在圣赫勒拿岛，拿破仑·波拿巴没有施展才华的机会。因此，他表现出的只有人性的黑暗一面。在孤岛上，他性格中所有的劣质就像被放大镜放大了一样。此外，他没有遇到一位好的总督，因为哈得孙·劳爵士死板严苛，处处提防，总是激怒他。

政治权力是唯一能激发拿破仑·波拿巴才华的土壤。但在圣赫勒拿岛艰苦闭塞的条件下，拿破仑·波拿巴就像囚笼里的鹰，啄着栅栏，尊严遭到侵犯时愤怒地扑着翅膀。笼中的鹰比不上一只家禽。鹰，不应该被囚禁，而是应该张开翅膀，飞向天际。

此外，当我们评价拿破仑·波拿巴时，不能忽略下面两点。首先，我们应该注意到，拿破仑·波拿巴的成长环境缺乏道德、社会和宗教方面的教育。其次，他必须创建自己的法规，以自己的行为为准则，只有他可以游离在法规约束之外。他与真正的伟大只有一步之遥，只差对道德的承认和坚守。

拿破仑·波拿巴肆意征战，踩躏四方，给欧洲各地带去了苦难。然而，他选择忽视这一切，只在乎自己的统治为法兰西带来了多少利益。对于这一点，我们也不能忽略。法兰西处在一片混乱中时，拿破仑·波拿巴镇压叛乱，恢复社会秩序，抹去古老王权的罪恶，治愈了法兰西大革命造成的创伤。他给巴黎带来了恢宏的建筑，在法兰西各地修建公路，为海岸港口的发展做出了巨大贡献。但他签署《教务专约》的确是一个错误。虽然《教务专约》的签署给法兰西带来了表面的利益,但在本质上抽取了国家与宗教关系的精华,导致法兰西国体元气大伤。

1816年12月,拉斯卡斯伯爵埃马纽埃尔-奥古斯丁-迪厄多内-约瑟夫与卢西恩·波拿巴秘密联系被发现后,被迫离开了圣赫勒拿岛。

1818年,拿破仑·波拿巴的身体每况愈下。他深知带走父亲生命的疾病已经向自己张开魔爪。他的私人医生让·尼古拉·科维萨尔·德马雷将他的病情告诉了哈得孙·劳爵士。在最后的时光,拿破仑·波拿巴依然坚持让别人称呼自己为"陛下"。但哈得孙·劳爵士不肯妥协。从中,我们也可以看出,英国内阁未免显得过于严苛。实际上,在政治上,有没有这个称号已经无足轻重。但对拿破仑·波拿巴来说,这一称呼意义非凡。经过一番斡旋,英方终于同意,停止使用拿破仑·波拿巴认为对他充满侮辱性的称呼——"波拿巴将军",改称拿破仑·波拿巴为"病人"。让·尼古拉·科维萨尔·德马雷建议叫来圣赫勒拿岛上的军医巴克斯特。但拿破仑·波拿巴坚决不同意,说:"他虽然看起来很诚实,但和哈得孙·劳爵士走得太近了。"拿破仑·波拿巴拒绝服用药物,装作害怕有人会在药里下毒的样子。

后来,英国怀疑让·尼古拉·科维萨尔·德马雷帮助拿破仑·波拿巴与其法兰西党羽秘密联络,于是开除了让·尼古拉·科维萨尔·德马雷,新派来一名意大利外科医生和两位罗马天主教神父。1819年9月10日,三人登岛。

拿破仑·波拿巴对新来的医生说:"我胖了,精力不济,神智也不清楚了。"

1820年年底,拿破仑·波拿巴身体虚弱,已经无法走路。1821年4月,他的病情恶化。直到这时,他才同意接受诊治。埃利兹·波拿巴的死讯对拿破仑·波拿巴打击很大。拿破仑·波拿巴伤心欲绝,扶着弗朗西斯·安托马尔基的胳膊勉强站起身,说道:"医生,你看,埃利兹叫我和她一起去呢。死神开始呼唤我的家人,下一个就是我。"过了一会儿,拿破仑·波拿巴再次躺到床上,说:"让我一个人静一静,安眠是一件美妙的事。我再也不会用它来换取世间的王权。我多么堕落!我从来没有停下征战的脚步,从来没有好好休息过。现在,我要在此长

阿奇博尔德·阿诺特

眠。这很容易,我只要闭上眼睛……曾经,我是世界上的拿破仑·波拿巴,现在,我已经卸下所有光环。我的力量、知觉,都请离我而去吧!我的灵魂早已死去。此刻,我的肉体也将不再生存。"

1821年3月17日,拿破仑·波拿巴因最后一次痛风病情加重。弗朗西斯·安托马尔基与阿奇博尔德·阿诺特①医生协商治疗。拿破仑·波拿巴依然拒绝服药。他说:"所有一切都是命中注定。生死有命,生命最后一刻的来临,不是我们个人能掌控的。"

一颗彗星从天空划过,有人告诉了拿破仑·波拿巴。拿破仑·波拿巴激动地大声说:"啊!彗星!它来预告尤利乌斯·恺撒死亡的消息。"

---

① 阿奇博尔德·阿诺特(Archibald Arnott,1772—1855),英国陆军军医,是拿破仑·波拿巴在圣赫勒拿岛的医生。

1821年4月3日，周围的人劝拿破仑·波拿巴立遗嘱。1821年4月15日，拿破仑·波拿巴口述遗嘱。1821年4月24日，拿破仑·波拿巴无情地嘱咐道："将我的一万法郎赠予马里·安德烈·坎蒂隆中尉，他曾被指控试图刺杀威灵顿公爵阿瑟·韦尔斯利，后被判为无罪。威灵顿公爵阿瑟·韦尔斯利将我流放到圣赫勒拿岛，任我自生自灭，我恨不得他死。马里·安德烈·坎蒂隆中尉想刺杀他是完全正当的。"

也就是说，在临终前，拿破仑·波拿巴坚信马里·安德烈·坎蒂隆中尉试图谋杀威灵顿公爵阿瑟·韦尔斯利，并且为此留给马里·安德烈·坎蒂隆中尉一笔遗产。这一恶毒行为显示了拿破仑·波拿巴分裂的人格，也表明拿破仑·波拿巴的品德距"神授的君主"很远，因为戴起桂冠之前，必须心中向神祈祷："请神宽恕我们的罪过，我们也将宽恕他人的罪过。"

拿破仑·波拿巴关于死后的设想不是基督徒式的，而是异教徒式的。在弥留之际，他说："我在天国乐土看到了我的勇士们，有让-巴蒂斯特·克莱贝尔、路易·查尔斯·安托万·德赛、德·维古、路易-加布里埃尔·絮歇、热罗·克里斯托夫·米歇尔·迪罗克、米歇尔·内伊、若阿基姆·缪拉、安德烈·马塞纳和路易·亚历山大·贝尔蒂埃。他们身着戎装，手执武器，前来迎接我。我们一起畅谈过往，回忆我们一起参加过的战役。看到我，他们重燃烈焰雄心，决定再次跟随我，到战场上征伐厮杀。我们要将一起建立的功勋说给西庇阿、汉尼拔、尤利乌斯·恺撒和腓特烈大帝听。我们会获得幸福。"他苦笑着继续说："不过，也许天国不会容许我们再兴刀兵。我们这么多勇士聚在一起，只会更令人害怕。"

拿破仑·波拿巴宣布，自己生来就是天主教徒，去世时也要奉行天主教仪式。接着，他安排了葬礼事宜。弗朗西斯·安托马尔基是无神论者。拿破仑·波拿巴对他说："我不是哲学家，我也不信形而上学那一套。我只相信上帝，遵从我父亲的信仰。无神论也是要看家世的，不是你想不信就不信……你怎么能不信上帝？上帝无处不在，并且历史上最伟大的思想家也信神。"然后，他像是在喃喃自语，说道："这些人啊，他们的眼睛只看得见事物的表面，却捕捉不到事物深层的灵意。"

1821年5月前两天，拿破仑·波拿巴已经神志不清，以为自己在战场上，不时呓语道："路易·查尔斯·安托万·德赛·德·维古！安德烈·马塞纳！向着胜利前进！向前冲啊！向前！将敌人都消灭！"

1821年5月3日，拿破仑·波拿巴恢复了一些意识，趁此对阿奇博尔德·阿诺特医生说："我即将离开人世。在我患难时，你与我同心。我去世后，你一定不会负我。我已经裁决道义正理，将其融入法典，没有丝毫疏漏。我的一生，身边情势总是万难险峻，被迫严厉治法，将贯彻理想典章一事一拖再拖。一些困难是我无法避免的。我竭尽全力为法兰西制定正义的法规，但时事艰难，我最终失败了。法兰西视我为救世者，法兰西人民对我心怀感恩。我的英名将长存于世，我的功勋为后人铭记。"

拿破仑·波拿巴没有为自己犯下的罪行忏悔，没有为万千无辜生命感到一丝悔意，也没有为自己践踏过的城池和国土，为流离失所的人感到一点点痛心。1821年5月6日夜晚，法兰西第一帝国皇帝拿破仑·波拿巴去世。1821年5月5日，

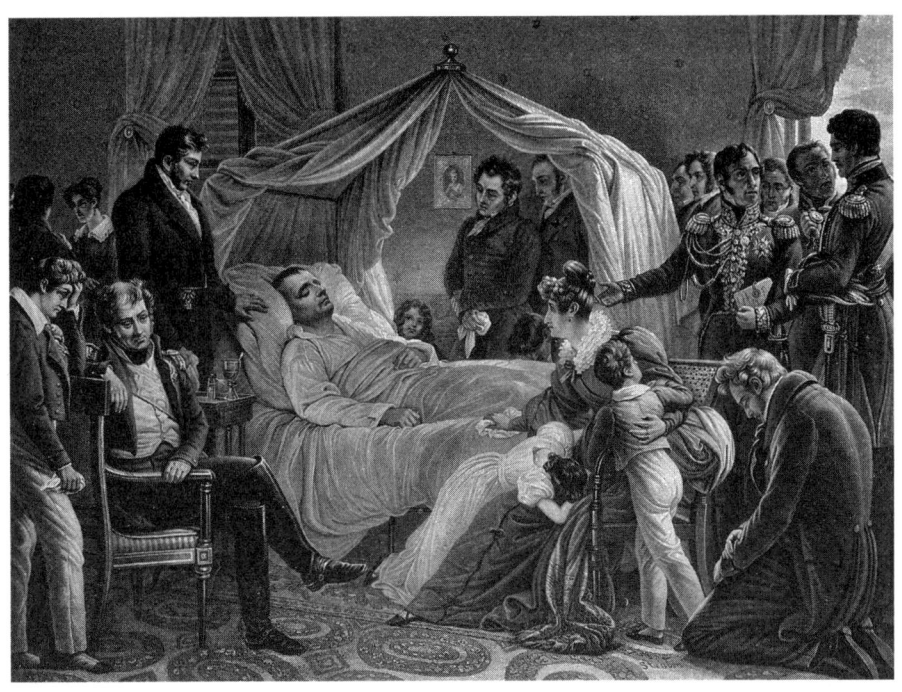

拿破仑·波拿巴驾崩

暴雨如注，狂风席卷了朗伍德别墅，树木拔地而起，一直陪伴拿破仑·波拿巴的垂柳也披拂倒地。弗朗西斯·安托马尔基说："看来，拿破仑·波拿巴要将喜欢的东西都带走。"

拿破仑·波拿巴已经有两天不能说话。去世当天清晨，他断断续续说了一些胡话，听得出的几个词是："法兰西，军队……前锋。"① 这是他说出的最后几个词，也是他临终最后的牵挂。

1821年5月6日18时，圣赫勒拿岛上的堡垒炮声夕鸣，阳光远逝。一绺英魂一闪而过，朝着阳光追去。

---

① 此处原文为法语"Tete d'Armee, France"。

第 55 章

传 说

精彩看点

关于拿破仑·波拿巴葬礼的描述——法兰西人祭奠拿破仑·波拿巴——希望拿破仑·波拿巴复活——尤里乌斯·恺撒之后,再无尤里乌斯·恺撒关于拿破仑·波拿巴葬礼的叙述，我们可以参考《拿破仑·波拿巴回忆录——来自拿破仑·波拿巴私人秘书路易·安托万·福弗莱·德·布列纳的回忆》的修订版。该修订版备受好评，编者为拉姆齐·韦斯顿·菲普斯①。依据此版本所述，拿破仑·波拿巴的葬礼在1821年5月8日举行。

根据拿破仑·波拿巴的遗嘱，他去世后，医生对他的心脏和内脏进行了解剖。医生将他的器官取下后，放在两个盛满酒精的器皿中密封保存，然后将容器放在棺椁一角。

棺椁内层为白铁棺，外搭白缎，内铺垫枕。如果拿破仑·波拿巴戴着帽子，内棺中的空间就不够了。因此，入殓者将他的帽子放在他的脚上方，棺内撒上了他统治时期下令铸造的金币，还有勋章雕版等随葬。内棺密闭焊封，放在第二层桃花心木棺中。第三层棺为铅制棺，第四层是另一具桃花心木大棺。最后，四层棺封严铆固。灵柩上盖着拿破仑·波拿巴在马伦哥战役时穿的军大衣，供人瞻仰。葬礼定在1821年5月8日翌日。天明时分，圣赫勒拿岛上的所有军士必须提前到场。

葬礼按时举行。首先前来的是圣赫勒拿岛总督哈得孙·劳爵士。不

---

① 拉姆齐·韦斯顿·菲普斯（Ramsay Weston Phipps, 1838—1923），爱尔兰出生的军事历史学家，英国维多利亚女王时代的皇家炮兵军官。

久,英军海军少将也来了,接着是相关军方、政界人士。天气晴朗,民众夹道观看,山上响起哀乐。偏远的圣赫勒拿岛从未见过这样庄严肃穆的场景。1821年5月8日12时30分,一队掷弹兵合力抬起棺椁,仔细将棺椁放在园中小道上。小道上已经备好灵车。灵柩上套着紫罗兰色天鹅绒罩,军大衣放在绒罩上面。拿破仑·波拿巴生前的侍从们哀泣不已。根据哈得孙·劳爵士的命令,参加葬礼的人员名单如下:维尼亚莱神父,身穿僧侣长袍;年仅十岁的亨利·亚历山大·阿蒂尔·贝特朗①手捧圣水盂走在维尼亚莱神父身边;后面是陪伴拿破仑·波拿巴度过最后时光的两位医生,阿奇博尔德·阿诺特医生和弗朗西斯·安托马尔基医生,他们承担了葬礼司仪的重任。灵车是四架马车,由马夫驾着。十二名掷弹兵卸去枪弹,分列在灵车两边,护卫灵车前行。行到崎岖路段,灵车无法继续前行。十二名掷弹兵只能抬着棺椁前行。十二岁的拿破仑·查尔斯·约瑟夫·亨利·贝特朗②和拿破仑·波拿巴的内侍路易·马尔尚跟随灵车步行。亨利-加蒂安·贝特朗将军和蒙托隆伯爵查尔斯-特里斯坦骑马紧跟灵车。波拿巴家族的部分成员也赶来参加葬礼。亨利-加蒂安·贝特朗将军的夫人及女儿坐着马车前来,车旁跟着仆人。马车行至断崖处时,仆人在车边看着路。拿破仑·波拿巴的马由马倌阿尔基莱·托马斯·阿尔尚博③牵着。海军军官们有骑马的,有步行的。行政官员都骑着马。圣赫勒拿岛议会议员们也骑着马。圣赫勒拿岛总督哈得孙·劳爵士、圣赫勒拿岛副总督约翰·派因·科芬、波旁王朝专员蒙特谢尼侯爵克洛德·马里·亨利、英国驻圣赫勒拿岛部队指挥官罗伯特·斯图尔特·兰伯特④骑马慢行。圣赫勒拿岛上的居民尽数前来。

---

① 亨利·亚历山大·阿蒂尔·贝特朗(Henri Alexandre Arthur Bertrand, 1811—1878),亨利-加蒂安·贝特朗将军夫妇的次子。
② 拿破仑·查尔斯·约瑟夫·亨利·贝特朗(Napoléon Charles Joseph Henri Bertrand, 1809—1881),亨利-加蒂安·贝特朗将军夫妇的长子。
③ 阿尔基莱·托马斯·阿尔尚博(Achille Thomas Archambault, 1792—1858),拿破仑·波拿巴的马倌和忠诚仆人。
④ 罗伯特·斯图尔特·兰伯特(Robert Stuart Lambert, 1771—1836),英国皇家海军军官,海军中将。1820年担任英国好望角驻军司令,职责范围包括英国在圣赫勒拿岛驻军的指挥权。

送葬队伍按照上述顺序从朗伍德别墅出发，路过了营房。约两千五百名驻军列队站在道路左侧，远至朗伍德别墅大门口。道路每隔一段，就有军乐队演奏哀乐，增添了一份伤心肃穆之情。送葬队伍缓缓走过，驻军跟随送葬队前往墓地。骑兵走在最前面，接着是第二十步兵团、海军、第六十六团，以及圣赫勒拿岛志愿兵，最后是皇家炮兵连，拉着十五门大炮跟随。哈得孙·劳爵士的夫人和女儿坐着一辆二驾马车，等在朗伍德别墅门口的路边。数名仆从跟随着送葬队，泣不成声。后面，送葬队正远远地过来。十五门大炮沿道路摆好，炮手已经就位，准备鸣炮。距朗伍德别墅大门还有四分之一英里处时，灵车停下，士兵们列队站在道路旁边，呈作战队形。十二名掷弹兵将棺椁抬在肩上，沿一条专门为上山新辟的小道，朝墓地走去。所有人立即下马，女士们从马车上下来。一时间，棺椁后面的队形陷入混乱。

亨利-加蒂安·贝特朗将军、蒙托隆伯爵查尔斯-特里斯坦、内侍路易·马尔尚和拿破仑·查尔斯·约瑟夫·亨利·贝特朗四人执棺椁四角。掷弹兵将棺椁放在墓穴边上，墓穴里一片黑色。墓穴旁边，滑轮和绳子已经备好，只等棺木入土。外棺打开后，维尼亚莱神父开始做升天祷告。入土的时候，拿破仑·波拿巴的脚朝着东方。炮兵三次鸣炮送行，每次均为十五响。其间，海军舰船也鸣炮二十五下。盖在棺椁上的巨石本来是为拿破仑·波拿巴建造新别墅用的，现在被轻轻放下。墓穴四面有石墙，以防土压坏棺椁。棺椁放入墓穴。众人将棺椁上的拂柳捡拾干净，仿佛拿破仑·波拿巴的遗物沾上了灵气。拿破仑·波拿巴走过的地方，最后陪伴他的一枝一叶，都是神圣的。现在，拿破仑·波拿巴生前最喜爱的树木，遮蔽着他的长眠之地，保护着神圣的墓葬。这里将成为永远值得人们纪念的地方。圣赫勒拿岛总督哈得孙·劳爵士和英国驻圣赫勒拿岛部队指挥官罗伯特·斯图尔特·兰伯特想出手阻拦人们破坏树枝，但没有拦住。后来，哈得孙·劳爵士为防止他人闯入墓地，在墓地四周筑了一堵墙，并且设岗日夜守卫。拿破仑·波拿巴的墓地离朗伍德别墅约一里格……后来，拿破仑·波拿巴的侍从们陆续回到法兰西。圣赫勒拿岛恢复了往日的平静。但这块小小的墓地中埋葬着一位英雄的遗骸。当年，整个欧洲在他眼里都渺若尘埃。现在，每当风吹过垂柳，柳枝是否在低诉往日的回忆。

拿破仑·波拿巴病逝的消息传到法兰西，举国震惊。复辟的波旁王朝令人失望，人们不禁回忆起拿破仑·波拿巴统治的伟大时代。有识之士开始关注圣赫勒拿岛，开始思念埋葬拿破仑·波拿巴的墓地。这里深埋的是法兰西的国威与荣耀，是法兰西人越来越热忱的深思和牵挂。

在绿柳的低泣声中，关于拿破仑·波拿巴的传说逐渐蔓延出孤寂的茔地，激荡着世人的心扉，飞向海天相接的地方，飞向热切期盼的法兰西人民。波旁王朝故意散布的谣言，以及对拿破仑·波拿巴的诋毁，不但没有发挥任何作用，而且激起了法兰西人对波旁王朝的反感。讽刺画肆意丑化拿破仑·波拿巴，但没有一个人觉得好笑。现在，法兰西人自发祭奠拿破仑·波拿巴，将拿破仑·波拿巴奉为神明。波旁王朝不得不派军制止民众的悼念行为，

法兰西人希望拿破仑·波拿巴复活，并且在罗马王弗朗西斯·约瑟夫·查尔斯·波拿巴身上寄予厚望。以罗马王弗朗西斯·约瑟夫·查尔斯·波拿巴为号召，三色旗重新飘扬。

不管拿破仑·波拿巴被神化还是被妖魔化，一切终会成为过去。没有了激荡的战争风云，失却了神圣帝王的荣耀光环。现在，我们可以辨明拿破仑·波拿巴的真实面目了。他是一个复杂的人。一方面，他拥有非凡的天赋和绝世的才华，但没有经历良好教育的指引和打磨。这里说到的教育不仅指他字写不好或文法不通之类的表面现象，还指他道德涵养的缺失、对忠诚缺乏尊重，以及基本贵族荣誉感的欠缺。当他私拆信件、隔墙偷听时，丝毫不觉得羞愧。不过，面对自己爱的人，他可以做到毫无保留的信任和绝对的宽容。面对对手的虚陋空洞，他报之以厌恶和嘲笑。他自己恣行不齿，却心安理得。曾经，在他生命的重要时刻，万事皆备，他却南辕北辙。他本来可以巩固自己的统治地位，建立永固的王朝，却只知道大革命有激情，不知道世间有公理。他没能停下征战的脚步，忽视

长大后的罗马王弗朗西斯·约瑟夫·查尔斯·波拿巴

了按照公理行事的重要性，走上了一条相反的路。他将公理践踏在脚下，淹没在鲜血中。当初，如果他竭力建立立宪王权，那么当世人纪念他的时候，他不仅是一代英明的君主，还是人类的楷模。

　　波拿巴家族能否再出现一位拿破仑·波拿巴般的人物？法兰西第二帝国重拾皇权，是否会有枭雄问世？答案是，尤利乌斯·恺撒之后，再无尤利乌斯·恺撒。查理曼大帝的后人已经成为普通人。"再也不可能有那样精彩的年代。"

译名对照

Napoleon Bonaparte	拿破仑·波拿巴
Passau	帕绍
Danube	多瑙河
Inn	因河
Ilz	伊尔茨河
Alps	阿尔卑斯山脉
Bavaria	巴伐利亚
Böhmer Wald	波希米亚林山
Tuscan	托斯卡纳人
Ajaccio	阿雅克肖
Julius Caesar	尤利乌斯·恺撒
Carlo Maria Buonaparte	卡洛·玛利亚·波拿巴
Corte	科尔特
Vandal	汪达尔人
Goths	哥特人
Saracen	撒拉逊人
Frank	法兰西人
Neolithic Period	新石器时代
Cornish	康沃尔人
Aquitanians	阿基坦人
Holy See	罗马教廷
Republic of Genoa	热那亚共和国
Pisans	比萨人
Ligurian Republic	利古里亚共和国

Aragon	阿拉贡王国
Tritons	海神信使
Pasquale Paoli	巴斯夸·帕欧里
Sardinia	撒丁岛
Frederick the Great	腓特烈大帝
Esprit des Lois	《论法的精神》
Charles de Secondat	查尔斯·德·塞孔达
Jean-Jacques Rousseau	让-雅克·卢梭
Contract Social	《社会契约论》
James Boswell	詹姆斯·博斯韦尔
San Fiorenzo	圣菲奥伦佐
Calvi	卡尔维
Bastia	巴斯蒂亚
Algajola	阿尔加约拉
Étienne-François	埃蒂安-弗朗西斯
Versailles	凡尔赛宫
Matteo Buttafuoco	马泰奥·布塔福科
Vienna	维也纳
Louis Charles René	路易·查尔斯·勒内
Florence	佛罗伦萨
Giuseppe Maria Buonaparte	朱塞佩·玛利亚·波拿巴
Luciano Buonaparte	卢西亚诺·波拿巴
Odone	奥登
Jesuits	耶稣会
Maria Letizia Ramolino	玛丽亚·莱蒂齐亚·拉莫利诺
Joseph Fesch	约瑟夫·费什
Nabulione	拿布里奥尼
Joseph Bonaparte	约瑟夫·波拿巴
Giuseppe	朱塞佩
Maria Anna Bonaparte	玛丽亚·安娜·波拿巴
Lucien Bonaparte	卢西恩·波拿巴
Elisa	埃利萨
Louis Bonaparte	路易·波拿巴

Pauline Bonaparte	波莱恩·波拿巴
Maria Annunziata Carolina Murat	玛丽亚·安农齐亚塔·卡罗琳娜·米拉
Caroline Bonaparte	卡罗琳·波拿巴
Jérôme Bonaparte	热罗姆·波拿巴
Camilla Carbone	卡米拉·卡尔博纳
Duchess of Abrantès	阿布兰特什公爵夫人
Laure Junot	劳雷·朱诺
Saveria	莎维莉亚
Valence	瓦朗斯
Abbe Pecco	佩科神父
Brienne	布里埃纳
Autun	欧坦
Seminary of Aix	艾克斯神学院
Abbe Chardon	沙登神父
Abbe Simon	西蒙神父
Louis Antoine Fauvelet de Bourrienne	路易·安托万·福弗莱·德·布里昂
Polybius	波里比阿
Plutarch	普鲁塔克
Arrian of Nicomedia	尼科美底亚的阿利安
Quintus Curtius Rufus	昆图斯·库尔提乌斯·鲁弗斯
Louis Claude Frédéric Masson	路易·克劳德·弗雷德里克·马松
Athanase Louis Marie de Loméniecomte de Brienne	阿塔纳斯·路易·玛利·德·洛梅尼布里昂伯爵
Toulon	土伦
Count Carnot	卡诺伯爵
Lazare Nicolas Marguerite	拉扎尔·尼古拉·玛格丽特
Henry Pete	亨利·彼得
Claude Louis	克劳德·路易
S.Theresa	圣女大德兰
Montepellier	蒙彼利埃
Madame de Permond	德·佩尔蒙迪夫人
Jean-Andoche Junot	让-安多什·朱诺
Duchess of Abrantes	阿布兰特什公爵夫人

Demetrius	德米特里厄斯
Quai Conti	孔蒂码头
Albert Permon	阿尔贝·佩尔蒙迪
Charles Martin de Permond	查尔斯·马丁·德·佩尔蒙迪
Grenoble	格勒诺布尔
Auxerre	欧塞尔
Cecile Permond	塞西尔·佩尔蒙迪
Marquis de Carabas	德·卡拉巴斯侯爵
Loulou	卢卢
Philippeaux	菲利波
Syria	叙利亚
La Fère	拉费尔
Lyons	里昂
Royal and Military Order of Saint Louis	圣路易十字勋章
Rhône	罗纳河
S.Peray	圣佩雷
Château de Crusso	克鲁索尔城堡
Sebastien Le Prestre de Vauban	塞巴斯蒂安·勒普雷斯特·德·沃邦
Voltaire	伏尔泰
Encyclopedists	百科全书派
Guillaume Thomas François Raynal	纪尧姆·托马斯·弗朗西斯·雷纳尔
Pelias	珀利阿斯
Anne Robert Jacques Turgo	安·罗伯特·雅克·杜尔哥
Baron de l'Aulne	劳恩男爵
Jacques Necker	雅克·内克尔
Gallic Wars	《高卢战记》
Lives	《传记集》
Sampiero Corso	桑皮耶罗·科尔索
Luiggi Giafferi	路易吉·吉亚菲利
da Vinci	达·芬奇
Martyrdom of St. Sebastian	《殉道者圣塞巴斯蒂安》
Antoine Jacques Roustan	安托万·雅克·鲁斯唐
Douai	杜埃市

Epoques de ma Vie	《我生活的时代》
Felix de Romain	费利克斯·德罗曼
Comte de Romain	德罗曼伯爵
M.de Barrin	德·巴林先生
Auxonne	奥克松
Jean-Pierre du Teil	让－皮埃尔
Estates-General	三级会议
Tennis Court Oath	网球场宣言
Bastille	巴士底狱
Jean Sylvain Bailly	让·西尔万·巴伊
Gilbert du Motier	吉尔伯特·德·莫蒂
Marquis de Lafayette	拉法耶特侯爵
National Guard	国民自卫军
Tricolore	三色旗
Saint-Barthelemy des privileges	圣巴泰勒米岛
Antoine Christophe Saliceti	安托万·克里斯托夫·萨利切蒂
Barthelemy Aréna	巴泰勒米·阿雷纳
Peretti de Levie	佩雷蒂·德·利维
Carlo Andrea Pozzo di Borgo	卡洛·安德烈亚·波佐·迪博尔戈
Peruvians	秘鲁人
National Government	国民政府
Leghorn	里窝那
St.John the Baptist church	圣约翰施洗者教堂
Honoré Gabriel Riqueti	奥诺雷·加布里埃尔·里奎蒂
Count of Mirabeau	米拉波伯爵
Jean Jérôme Levie	让·热罗姆·里维
De la Ferandiere	德·拉费兰迪埃
Orezza	欧雷佐
Procureur Syndic General	检察官理事
Armand-Augustin-Louis de Caulaincourt	阿尔芒－奥古斯丁－路易·德·科兰古
Duke of Vicenza	维琴察公爵
La Calade	圣卡纳
St-Cannat	拉卡拉德

Bourgoing	布尔古安
Jean-Pierre	让-皮埃尔
La Manche	拉芒什海峡
Isere	伊泽尔省
Drome	德龙省
Ardeche	阿尔代什省
Grand Vicar	大牧师
Ca ira	《革命一定成功》
Baron Poisson	普瓦松男爵
Marathon	马拉松
Salamis	萨拉米斯
Thermopylae	塞莫皮莱
Coblenz	科布伦茨
Jean Marin Naudin	让·马林·诺丹
Jacobins	雅各宾俱乐部
Frank empire	查理曼帝国
Army of Observation	观察军团
Dunkerque	敦刻尔克
Basle	巴塞尔
Constantin François de Chassebœuf	康斯坦丁·弗朗西斯·德·沙塞伯夫
comte de Volney	德·沃尔内伯爵
Pope Pius VI	教皇庇护六世
Joseph Antoine Aréna	约瑟夫·安托万·阿雷纳
Municipal Guard	市政警卫
Commissaries of War	国防委员
Louis Marie Jacques Amalric	路易·玛利·雅克·阿马尔里克
comte de Narbonne-Lara	德·纳博讷-拉腊伯爵
Sucy	苏西
Abbe Tardivon	塔尔迪翁神父
Saint-Étienne	圣埃蒂安
Muratti	穆拉蒂
Grimaldi	格里马尔迪
Quenza	奎安萨

Peraldi	佩拉尔迪
Pierre Lanfrey	皮埃尔·朗弗雷
Nasica	纳西卡
Colonel De Maillard	德·梅拉德上校
Pierre Marie de Grave	皮埃尔·玛利·德·格拉夫
Joseph Marie Servan de Gerbey	约瑟夫·玛利·塞尔旺·德·格伯
sans-culottes	无套裤汉
Antoine Joseph Santerre	安托万·约瑟夫·桑泰尔
Girondists	吉伦特派
Anne-Josèphe Théroigne de Méricourt	安妮-约瑟夫·特罗涅·德·梅里库尔
Rue S.Honoré	圣奥诺雷街
Georges-Jacques Danton	乔治斯·雅克·丹东
Élisabeth Philippe Marie Hélène	伊丽莎白·菲利普·玛丽·海伦
Marie Antoinette	玛丽·安托瓦内特
Perpignan	佩皮尼杨
Briancon	布里昂松
Amadeus III	阿玛迪斯三世
Savoie	萨瓦
Nice	尼斯
Pierre August Lajard	皮埃尔·奥古斯特·拉亚尔
Hotle de Patriotes Hollandais	荷兰爱国者酒店
Constitutionalists	立宪派
Comte de Casabianca	卡萨布兰卡伯爵
Procureur General	检察总长
Bonifacio	博尼法乔
Laurent Jean Francois Truguet	劳伦·让·弗朗西斯·图盖
Cagliari	卡利亚里
Maddalena Archipelago	马达莱纳群岛
La Maddalena	拉马达莱纳岛
Santo Stefano	圣托斯蒂法诺岛
Revolutionary Tribunals	革命法庭
Semonville	西蒙维尔
Jean-Pierre Lacombe-Saint-Michel	让-皮埃尔·拉孔布-圣米歇尔

Biron	比隆
Delcher	德尔切尔
Vermandois	韦芝杜瓦
Isola	伊索拉
Rossa	罗萨
La Porta d'Ampugnani	安布加纳尼港
Vengeaur	"文格尔"号
Orbitello	奥尔比泰洛
Sanguinario	桑格里奥岛
Captain Bingham	宾厄姆船长
King of Naples	那不勒斯国王
Madrid	马德里
Prince of Canino	卡尼诺亲王
King of Westphalia	威斯特伐利亚国王
Serapis	塞拉匹斯神
Committee of Public Safety	公共安全委员会
Avignon	阿维尼翁
Jean François Ricord	让·弗朗西斯·里科尔
Augustin Bon Joseph de Robespierre	奥古斯丁·邦·约瑟夫·德·罗伯斯庇尔
Beaucaire	博凯尔
Tarascon	塔拉斯孔
Canal du Midi	米迪运河
Garonne	加龙河
Provence	普罗旺斯
Novgorod	诺夫哥罗德
Le Souper de Beaucaire	《博凯尔的晚餐》
Nimes	尼姆
Montpellier	蒙彼利埃
Mountain	山岳派
Clovis I	洛维一世
Saint Remigius	圣雷米吉乌斯
Sicambrian	西甘布尔人
Thomas-Augustin de Gasparin	托马斯-奥古斯丁·德·加斯帕兰

Tournal	《日报》
Paul François Jean Nicolas	保罗·弗朗西斯·让·尼古拉
vicomte de Barras	巴拉斯子爵
army of the Alps	阿尔卑斯军团
S.Maximin	圣马克西曼
François Clary	弗朗西斯·克拉里
Marie Julie Clary	玛丽·朱莉·克拉里
Bernardine Eugénie Désirée Clary	伯纳丁·欧仁妮·德西雷·克拉里
Jean-Baptiste Jules Bernadotte	让－巴蒂斯特·朱尔·贝纳多特
Jean Baptiste François Carteaux	让·巴蒂斯特·弗朗西斯·卡尔托
Mont Faron	法隆山
Fort S. Antoine	圣安托万堡
Ollioules	奥利乌尔
Antoine Louis Albitte	安托万·路易·阿尔比特
Jean Francois Cornu de La Poype	让·弗朗西斯·科尔尼·德·拉波普
Louis-Marie Stanislas Fréron	路易－玛利·斯塔尼斯拉斯·弗雷隆
Mountain Faron	法隆山地
Fort La Malgue	拉马尔格堡
L'Aiguillette	勒吉耶蒂要塞
François Amédée Doppet	弗朗西斯·阿梅代·多佩特
Jacques Francois Dugommier	雅克·弗朗西斯·迪戈米耶
Henry Phipps	马尔格雷夫伯爵亨利·菲普斯
Samuel Hood	塞缪尔·胡德
Baron d'Imbert	安贝尔男爵
Joseph Fouché	约瑟夫·富歇
Jean-Marie Collot d'Herbois	让－玛利·科洛·德赫布瓦
Jean Antoine Barrière	让·安托万·巴里埃
Auguste Fédéric Louis Viesse de Marmont	奥古斯特·福雷德克里·路易·维埃塞·德·马尔蒙
Jean-Paul Marat	让－保罗·马拉
Duke of Abrantes	阿布兰特什公爵
Colonel Jung	荣格上校
Lucien-Brutus Bonaparte	卢西恩－布吕蒂斯·波拿巴

Christine Boyer	克里斯蒂娜·博耶
Tarpeian	塔尔皮亚
Macaulay	麦考利
Multedo	穆蒂托
Jean-Baptiste Cervoni	让－巴蒂斯特·塞沃尼
Joseph Antoine Arena	约瑟夫·安托万·阿雷纳
Horatio Nelson	霍雷肖·纳尔逊
Anglo-Corsican Kingdom	盎格鲁－科西嘉王国
Earl of Minto	明托伯爵
Gilbert Elliot-Murray-Kynynmound	吉尔伯特·埃利奥特－默里－基宁蒙德
Tilly	蒂利
Dauphiné	多菲内
Gulf of Lyons	里昂湾
Pierre Jadart Dumerbion	皮埃尔·加达·杜穆比埃
André Masséna	安德烈·马塞纳
Maritime Alps	滨海阿尔卑斯山
Savory	萨沃里
Oneglia	奥内利亚
Sura	苏拉
Saorgio	塞尔吉奥
Col de Tende	坦达谷
Philibert Buchot	菲利贝尔·布绍
Savona	萨沃纳
Georges-Jacques Danton	乔治斯－雅克·丹东
Hebertists	埃贝尔派
Jacques-Nicolas Billaud-Varenne	雅克－尼古拉·比约－瓦雷讷
Jean-Lambert Tallien	让－朗贝尔·塔利安
Domitian	图密善
Orléanist	奥尔良党人
Georges Auguste Couthon	乔治斯·奥古斯特·库东
Louis Antoine de Saint-Just	路易·安托万·德·圣茹斯特
Grasse	格拉斯
Haller	哈勒

Laporte	拉波特
André Mouret	安德烈·穆雷
Deschamps	德尚
Antibes	昂蒂布
Maison Carrée	卡利神殿
William Hotham	霍瑟姆男爵威廉·霍瑟姆
Berwick	贝里克
Vengeur	"复仇者"号
Îles d'Hyères	耶尔群岛
Golfe-Juan	儒昂湾
Multedo	穆尔特多
La Vendée	旺代军团
Pille	佩雷
Barthélemy Louis Joseph Schérer	巴泰勒米·路易·约瑟夫·谢雷
François Aubry	弗朗西斯·奥布里
Rue du Mail	杜马伊街
L'Hotel de La Liberte	自由酒店
Aboukir	阿布基尔
Chiappe	基亚佩
Thermidor	热月党
Prairial	牧月
Constitution of 1793	1793年宪法
Hall of Convention	议会大厅
Jean-Bertrand Féraud	让-贝特朗·费朗
Jean-Marie Claude Alexandre Goujon	让-玛利·克劳德·亚历山大·古戎
Romine	罗米尼
Bordeaux	波尔多
Mariette	玛丽特
Gare de La Croix de Berny	贝尔尼十字车站
François Christophe de Kellermann	弗朗西斯·克里斯托夫·德·克勒曼
Duc de Valmy	德·瓦尔米公爵
Louis Gustave le Doulcet	路易·古斯塔夫·勒杜尔塞
comte de Pontécoulant	德·蓬泰库朗伯爵

Lombardy	伦巴第
Tyrol	提洛尔
Constantinople	君士坦丁堡
Stendhal	司汤达
George de La Tour	乔治·德·拉图尔
Jacques-Louis David	雅克-路易·大卫
Madame Tallien	特蕾莎·卡巴吕
Thermidorian party	热月党人
Conseil des Anciens	元老院
Conseil des CinqCents	五百人院
Directory	督政府
Moderates	温和派
Reactionaries	反革命派
Long Parliament	长期议会
Jacques-François de Menou	雅克-弗朗西斯·梅努
Theatre Francais	法兰西剧院
Joachim Murat	若阿基姆·缪拉
Jean-François Reubell	让-弗朗西斯·勒贝尔
Louis-Marie de La Révellière-Lépeaux	路易-玛利·德·拉勒韦利埃-莱波
Oliver Cromwell	奥利弗·克伦威尔
Verdier	韦迪耶
Guillaume Marie-Anne	纪尧姆·玛利-安
Comte Brune	布吕内伯爵
Duvergier	杜韦尔热
Dominique-Joseph René Vandamme	多米尼克-约瑟夫·勒内·旺达姆
Count of Unseburg	温塞堡伯爵
Viscountess of Beauharnais	博阿尔内子爵夫人
Joséphine	约瑟芬
Alexandre François Marie	亚历山大·弗朗西斯·玛利
Martinique	马提尼克岛
Eugène Rose de Beauharnais	欧仁·罗斯·德·博阿尔内
Claude François de Méneval	克劳德·弗朗西斯·德·梅纳瓦尔
duc d'Enghien	当甘公爵

Jean de La Fontaine	让·德·拉·封丹
Creole	克里奥尔人
Georges Dury	乔治斯·迪里
Jean-Baptiste Isabey	让－巴蒂斯特·伊萨贝
Loano	洛阿诺
Adige	阿迪杰河
Charles Pierre Francois Augereau	查尔斯·皮埃尔·弗朗西斯·奥热罗
Louis Alexander Berthier	路易·亚历山大·贝尔蒂埃
Leonard	莱昂纳尔
Turin	都灵
Johann Peter Beaulieu	约翰·彼得·博利厄
Joseph Alvinczi	约瑟夫·阿尔文齐
Cortona	科尔托纳
Bazaluno	巴扎鲁诺
Corpus Christi	基督圣体节
Piemonte	皮埃蒙特
Amadeus III	阿玛迪斯三世
Thirty Years' War	三十年战争
Franz II	弗朗茨二世
Black Prince	黑太子
Guyenne	吉耶纳省
Toulouse	图卢兹
Jean Mathieu Philibert Sérurier	让·马蒂厄·菲利贝尔·塞吕里耶
Army of the Pyrenees	比利牛斯军团
Dusseldorf	杜塞尔多夫
Jean-Baptiste Jourdan	让－巴蒂斯特·茹尔当
Strassburg	斯特拉斯堡
Jean Victor Marie Moreau	让·维克多·玛利·莫罗
Montenotte	蒙特诺特
Millesimo	米勒西蒙
Diego	迭戈
Mondovi	蒙多维
Cherasco	凯拉斯科

Moniteur	《通报》
Benvenuto Cellini	本韦努托·切利尼
Piacenza	皮亚琴察
Modena	摩德纳
Parma	帕尔马
Lodi	洛迪
Mantua	曼托瓦
Po	波河
Adda	阿达河
Army of Sambre and Meuses	桑布尔-默兹军团
Tortona	托尔托纳
Carthage	迦太基
Roman Senate	罗马元老院
Northern Italy	北意大利
Pavia	帕维亚
Verona	维罗纳
Brescia	布雷西亚
Domenico Pignatelli di Belmonte	多米尼克·皮尼塔利·贝尔蒙特
Romagna	罗马涅
Mincio	明乔河
Sugana	苏加纳河谷
Trent	特兰托
Bassano	巴萨诺
Acro	阿克罗
Riva	里瓦
Lago di Garda	加尔达湖
Salo	萨罗
Peter Vitus von Quosdanovich	彼得·维图斯·冯·夸斯丹诺维奇
Rivoli	里沃利高原
Lonato	洛纳托
Castiglione	卡斯奇里恩
Medola	梅多拉
Roveredo	罗韦雷托

Aulic Council	枢密院
Caldiero	卡尔迪耶罗
Rusco	鲁斯可
Alpone	阿波内河
Bridge of Arcola	阿科拉桥
Jean-Baptiste Muiron	让－巴蒂斯特·穆隆
Ireland	爱尔兰
Archduke Charles	卡尔大公
Battle of Culloden	洛登沼泽战役
Jean-Baptiste Kléber	让－巴蒂斯特·克莱贝尔
Viscount of Turenne	蒂雷纳子爵
Henri de La Tour d'Auvergne	亨利·德·拉图尔·奥弗涅
Nine Years' War	九年战争
Raimondo Count of Montecuccoli	蒙特库科利伯爵拉依蒙多
Niccolò di Bernardo dei Machiavelli	尼科洛·迪贝尔纳多·代·马基雅维利
Saint Alphonsus Liguori	圣亚丰索·利古力
Tadeusz Kościuszko	塔德乌什·柯斯丘什科
Charles VII	查理七世
Maria Carolina	玛丽亚·卡罗琳娜
Maria Theresa	玛丽亚·特蕾莎
Ferdinand IV	斐迪南四世
Two Sicilies	两西西里
Ercole III	埃尔科莱三世
Bologna	博洛尼亚
Ferrara	费拉拉
Reggio	雷吉
Cispadane Republic	奇斯帕达纳共和国
Papal States	教皇国
Tolentino	托伦蒂诺
Ancona	安科纳
Loretto	洛雷托
Black Madonna	黑色圣母像
Duke of Milan	米兰公爵

King of Italy	意大利国王
company of Flachat	弗拉沙商号
Thevenin	戴维南
Italian Volunteers	意大利志愿兵部队
Treviso	特雷维索
Ugo Foscolo	乌戈·福斯科洛
Treaty of Campo-Formio	《坎波福米奥和约》
Apennines	亚平宁山脉
Court of Rome	罗马教廷
Louis Lazare Hoche	路易·拉扎尔·奥什
Army on the Upper Rhine	上莱茵军团
Carniola	卡尔尼奥拉
Styria	施蒂里亚
Venetian Republic	威尼斯共和国
Tagliamento	塔利亚门托河
Hungary	匈牙利
Gener Landen	兰登将军
Upper Adige	阿迪杰河上游
Upper Styria	施蒂里亚
Judenburg	尤登堡
Doge of Venice	威尼斯总督
Leoben	莱奥本
Neuwied	新维德
Heddersdorf	海德斯多夫
Black Forest	黑林山
Lido	利多
Captain Langier	朗吉耶船长
St Mark's Square	圣马可广场
Bergamo	贝加莫
Montebello	蒙特贝洛
Count Miot de Mélito	米奥·德·梅利托伯爵
André François	安德烈·弗朗西斯
Abbé Emmanuel-Joseph Sieyès	埃马纽埃尔-约瑟夫·西哀士

François-Noël Babeuf	弗朗西斯－诺埃尔·巴贝夫
Rue Clichy	克利希街
Jean-Charles Pichegru	让－查尔斯·皮什格鲁
marquis de Barthélemy	巴泰勒米侯爵
François-Marie	弗朗西斯·玛利
Fabre de l'Aude	法布雷·德·伊奥德
Histoire Secrete du Directoire	《督政府秘史》
Count D'Entraigues	德因特吉斯伯爵
Bouvier Dumolard	布维耶·迪莫拉尔
Meuse	默兹河
Antoine Marie Chamans	安托万·玛利·尚曼
Council of the Ancients	元老院
Le Temple	圣殿塔监狱
Nicolas-Louis François de Neufchâteau	尼古拉－路易·弗朗西斯·德·纳沙托
Cayenne	卡宴
Champ de Mars	战神广场
La Patrie	《祖国报》
General Dupuis	杜普伊斯将军
Netherlands	奥属尼德兰
Mayence	美因兹
Duchy of Milan	米兰公国
Duchy of Mantua	曼托瓦公国
Cisalpine Republic	阿尔卑斯山南共和国
Ionian Islands	爱奥尼亚群岛
Albania	阿尔巴尼亚
Istria	伊斯特拉半岛
Dalmatia	达尔马提亚
Ravenna	拉韦纳
Faenza	法恩扎
Rimini	里米尼
Adriatic	亚得里亚海
Malta	马耳他
Francois-Paul Brueys d'Aigalliers	弗朗西斯－保罗·布吕埃斯·德加利耶

Valetta	瓦莱塔
Corfu	科孚岛
Cape of Good Hope	好望角
Ottoman Empire	奥斯曼帝国
Bontemps	邦特普斯
Lausanne	洛桑城
Canton of Vaud	瑞士沃州
Bern	伯尔尼
Rue Chantereine	尚特雷纳街
Department of the Seine	塞纳省
Juges de Paix	治安官
Luxembourg Palace	卢森堡宫
Atuel de la patrie	祖国祭坛
Socrates	苏格拉底
Gnaeus Pompeius	格涅乌斯·庞培
Congress of Rastatt	拉施塔特国会
comte Dumas	迪马伯爵
Guillaume Mathieu	纪尧姆·马蒂厄
Honoré Joseph Antoine Ganteaume	奥诺雷·约瑟夫·安托万·冈托姆
Denis Decrès	丹尼斯·德克雷斯
Bosphorus	博斯普鲁斯海峡
Léonard Mathurin Duphot	莱昂纳尔·马蒂兰·迪福将军
Piazza di Spagna	西班牙广场
Corsini Palace	科西尼宫
Bureau of Artillery	炮兵署
Felice Pasquale Baciocchi	费利切·帕斯夸莱·巴乔基
Hippolyte Charles	伊波利特·查尔斯
Philip IV	腓力四世
Hundred Years' War	英法百年战争
English Channel	英吉利海峡
Cadiz	加的斯港
Alexandria	亚历山大港
Brest	布雷斯特港

Palestine	巴勒斯坦
Berne	伯尔尼
Army of England	英格兰军团
Jean Lannes	让·拉纳
Riviera	里维埃拉
Straits of Gibraltar	直布罗陀海峡
Civita-Vecchia	奇维塔－韦基亚
Argonauts	阿尔戈群雄
Sovereign Military Order of Malta	马耳他骑士团
Ferdinand von Hompesch zu Bolheim	斐迪南·冯·洪佩施·楚·博尔海姆
La Valetta	拉瓦莱塔港
Claude-Henri Belgrand de Vaubois	克劳德－亨利·贝尔格兰·德·弗波瓦
Island of Candia	干地亚岛
Cairo	开罗
Hebrews	希伯来人
Damanhour	达曼胡尔
Nile	尼罗河
Mamelukes	马穆鲁克
Edward Berry	爱德华·贝里
Burgundy	勃艮第
Messondiah	梅松蒂亚
Belbeys	贝尔贝伊
Aisa Minor	小亚细亚
Sultan	苏丹
Imams	伊玛目
Boulogne	布伦港
Euphrates	幼发拉底河
Henry IV	亨利四世
Pasha	帕夏
Divan	底万
Dominique Martin Dupuy	米尼克·马丁·迪皮伊
Jean Louis Ebénézer Reynier	让·路易·埃伯纳泽·雷尼耶
François Lanusse	弗朗西斯·拉尼斯

Ulemas	乌理玛
Jerusalem	耶路撒冷
Selim III	塞利姆三世
Red Sea	红海
Shah of Persia	波斯沙阿
Tipu Sultan	蒂普苏丹
Corfu	科孚
Rhodes	罗得岛
Ahmad Pasha al-Jazzar	艾哈迈德·贾扎尔帕夏
Muhammad Ali Pasha	穆罕默德·阿里帕夏
Mollah	毛拉
Grand Mufti of Constantinople	君士坦丁堡的大穆夫提
Ramazan	莱麦丹月
Gaza	加沙
El-Arish	埃尔阿里什
Damascus	大马士革
Albanians	阿尔巴尼亚人
Caravanserai	商队客店
Croisier	克鲁瓦西
William Sidney Smith	威廉·悉尼·史密斯
Abdullah Pasha al-Azm	阿卜杜拉·阿泽姆帕夏
Mount Tabor	塔波尔山
comte de Las Cases	拉斯卡斯伯爵
Druses	德鲁兹派
Armenians	亚美尼亚人
Aleppo	阿勒颇
Adrianople	亚德里安堡
Lower Egypt	下埃及
Jordan	约旦河
Tentoura	唐特托瓦
Vigogne	维戈格
Mount Carmel	迦密山
Duc of Rovigo	罗维戈公爵

Anne Jean Marie René Savary	安·让·玛利·勒内·萨瓦里
Ionian Islands	爱奥尼亚岛屿
Heinrich von Bellegarde	海因里希·冯·贝勒加德
Friedrich von Hotze	弗里德里希·冯·霍策
Saint Gotthard Pass	圣哥达山口
Upper Italy	上意大利
Alexander Vasilyevich Suvorov	亚历山大·瓦西里耶维奇·苏沃洛夫
Peschiera	佩斯基耶拉
Trebia	特雷比亚
Barthelemy-Catherine Joubert	泰勒米-卡特林·儒贝尔
Ralph Abercromby	拉尔夫·阿伯克龙比
North Holland peninsula	北荷兰半岛
Batavian Republic	巴达维亚共和国
Delta of the Nile	尼罗河三角洲
Antoine-François Andréossy	安托万-弗朗西斯·安德烈奥西
Géraud Christophe Michel Duroc	热罗·克里斯托夫·米歇尔·迪罗克
Jean-Baptiste Bessières	让-巴蒂斯特·贝西埃
Frejus	弗雷瑞斯
loto-dauphin	洛托多芬棋盘游戏
Jean-Baptiste Treilhard	让-巴蒂斯特·特雷亚尔
Louis-Jérôme Gohier	路易-热罗姆·戈耶
Jean-Francois-Auguste Moulin	让-弗朗西斯-奥古斯特·穆兰
Pierre Roger Ducos	皮埃尔·罗歇·迪科
Salle du Manège	骑马厅
club du Manège	骑马厅俱乐部
Law of Hostages	人质法
forced loan	义务公债
Jean-Antoine Marbot	让-安托万·马尔博
National Church	国家教会
William of Orange	威廉五世
Arch-Treasurer	帝国大司库
duc de Plaisance	皮亚琴察公爵
Charles-Francois Lebrun	查尔斯-弗朗西斯·勒布伦

Brunswick	不伦瑞克
National Guard	国民自卫队
Louis-Nicolas Lemercier	路易－尼古拉·勒梅西埃
general committee	总务委员会
Palace de la Revolution	革命广场
Luxembourg	卢森堡宫
Orangery	橘园厅
Antoine Claire Thibaudeau	安托万·克莱尔·蒂博多
Thomas Thome	托马斯·托姆
Vanakre	瓦纳克勒
Alsatian	阿尔萨斯人
Rose	罗丝
Jean-Noel Fourès	让－诺埃尔·富雷斯
Pauline Fourès	波莱恩·富雷斯
Carcassonne	卡尔卡索纳人
Commissary-General	兵站总监
Conservatism	保守主义
Jean-de-Dieu Soult	让－德－迪厄·苏尔特
Leman	莱蒙
Ida Saint-Elma	伊达·圣埃尔玛
Antonio Canova	安托万·卡诺瓦
S.Domingo	圣多明戈
Madame de Contades	德·孔塔德夫人
George Cadoudal	乔治·卡杜达尔
Consuls	执政官
Jean-Jacques-Regis de Cambaceres	让－雅克－雷吉斯·德·康巴塞雷斯
Charles-Francois Lebrun	查尔斯－弗朗西斯·勒布伦
Council of State	参政院
Court of Cassation	最高法院
Judges de Paix	治安法官
Senate	元老院
Tribunate	保民院
Low Countries	低地诸国

Vlissingen	弗利辛恩
Hanse Towns	汉萨同盟
Hamburg	汉堡
Martin-Michel-Charles Gaudin	马丁－米歇尔－查尔斯·戈丹
Count Mollien	莫利安伯爵
Nicolas François	尼古拉·弗朗西斯
Bank of France	法兰西银行
comte de Beugnot	伯尼奥伯爵
Jacques Claude	雅克·克劳德
Pierre Louis Roederer	皮埃尔·路易·罗勒德
Paul Kray	保罗·克雷
Baron von Melas	冯·梅拉斯男爵
Michael Friedrich Benedikt	米歇尔·弗里德里希·贝内迪克特
Ulm	乌尔姆
Great S.Bernard Pass	圣伯纳德大山口
Aosta	奥斯塔
Marengo	马伦哥
Alessandria	亚历山德里亚
Oglio	奥利欧河
Horse Grenadiers	掷弹骑兵卫队
Augsburg	奥格斯堡
Munich	慕尼黑
Hohenlinden	霍恩林登
Splugen	施普吕根
Louis-Gabriel Suchet	路易－加布里埃尔·絮歇
Giuseppe Ceracchi	朱塞佩·切拉基
Leon	莱昂
Benezette	贝尼泽特
Battle of Hohenlinden	霍恩林登战役
George Washington	乔治·华盛顿
marquis de Fontanes	德·丰塔纳侯爵
Louis-Marcelin	路易－马塞兰
Church of the Invalides	荣军院教堂

Temple of Mars	战神殿
god of War	战神
caps of liberty	自由帽
Minister of the Interior	内务部长
Pierre Bénézech	皮埃尔·贝内泽什
Grand Chamberlain	宫廷大总管
Master of the Ceremonies	典礼官
Maitre d'hotel	旅馆服务员
Henri-Benjamin Constant de Rebecque	亨利-邦雅曼·康斯坦·德·勒贝克
Hedonville	海德维尔
Telegraphic Company	情报连
Ministry of Police	公安部
Mouncey	曼西
Louis-Nicolas Davout	路易-尼古拉·达武
Legion of Honour	荣誉军团勋章
Mont Genevre	吉纳夫拉山
Eternal City	永恒之城
Pope Pius VII	教皇庇护七世
Brittany	布列塔尼
Allah	真主
Abdallah Menou	阿卜杜拉·梅努
Jacques-François Menou	雅克-弗朗西斯·梅努
Concordat	政教协定
Consecration	祝圣礼
Pierre Jean Georges Cabanis	皮埃尔·让·乔治斯·卡巴尼斯
Holy Oil	涂油礼
Publius Cornelius Tacitus	普布里乌斯·科尔内留斯·塔西佗
Tiberius	提比略
Paul of Russia	沙皇保罗一世
Faubourg S.Germain	圣日耳曼区
Robert Banks Jenkinson	罗伯特·班克斯·詹金森
Earl of Liverpool	利物浦伯爵
Drake	德雷克

Stuttgart	斯图加特
Spencer	斯潘塞
Hanover	汉诺威
Jean-Joseph Paul Augustin	让-约瑟夫·保罗·奥古斯丁
marquis Dessolles	德索勒侯爵
Chevalier	谢瓦利埃
Plot of the rue Saint-Nicaise	圣尼凯斯大街暗杀事件
Chouans	朱安党人
Peace of Luneville	《吕纳维尔和约》
Kamschatka	堪察加半岛
Marie Julie Bonaparte	玛丽·朱莉·波拿巴
Duchesse de Chevreuse	德·谢弗勒兹公爵夫人
Kingdom of Etruria	伊特鲁利亚王国
Louis Francis Philibert	路易·弗朗西斯·菲利伯托
Louis I	路易一世
Madame de Staël	德·斯塔埃尔夫人
Anne Louise Germaine de Staël	安妮·路易丝·热尔梅娜
Oedipus	《俄狄浦斯》
Philoctetes	菲罗克忒忒斯
de Fontaines	德·方丹先生
Gallican	高卢教会
Constitutional Church	宪法教会
non-jurors	拒宣誓派
Charles-Élie	查尔斯-伊利亚
S.Sulpice	圣苏比世教堂
Charles-Tristan	查尔斯-特里斯坦
Constantine the Great	君士坦丁大帝
Charlemagne	查理曼大帝
Ercole Consalvi	埃尔科莱·孔萨尔维
Cathédrale Notre Dame de Paris	巴黎圣母院
Charles Cornwallis	查尔斯·康沃利斯
Peace of Amiens	《亚眠和约》
Ceylon	锡兰

Trinidad	特立尼达岛
Simeon	西米恩
Senatus Consultum	元老院决议
Viscount Sidmouth	西德莫斯子爵
Henry Addington	亨利·阿丁顿
Merry	梅里
Louis-Guillaume Otto	路易－纪尧姆·奥托
comte de Mosloy	德·莫斯利伯爵
Jersey	泽西
Vendeeans	旺代叛党
Charles Whitworth	查尔斯·惠特沃思
Dover	多佛
Annual Register	《年鉴》
Louis-Antoine-Heri de Bourbon-Conde	路易－安托万－亨利·德·波旁－孔代
Louis Henri Joseph de Bourbon	路易·亨利·约瑟夫·德·波旁
Prince of Condé	孔代亲王
Karl Friedrich	卡尔·弗里德里希
Eltenheim	埃顿海姆城堡
Charlotte Louise Dorothée de Rohan	夏洛特·路易丝·多萝泰·德·洛翰
Strasburg	斯特拉斯堡
Johann Philipp	约翰·菲利普
Nero	尼禄
Vincennes	文森斯城堡
Charles Philippe	查理·菲利普
Franz Ludwig	弗朗兹·路德维希
Madame de Laval	德·拉瓦尔夫人
Polignacs	波利尼亚克家族
John Wesley Wright	约翰·韦斯利·赖特
Picot	皮科
Caliver	卡利弗
Ostend	奥斯坦德
Treasury	财政部
Benjamin Bathrust	本杰明·巴瑟斯特

George Rumbold	乔治·朗博尔德
battle of Trafalgar	特拉法尔加海战
Morlaix	莫尔莱
Rennes	雷恩
Order of S.John of Jerusalem	耶路撒冷圣约翰骑士团
Charles IV	查理四世
Maria Luisa of Parma	玛丽亚·路易莎
George III	乔治三世
Bellerophon	柏勒洛丰
Tribunate	议政院
Archibald Alison	阿奇博尔德·艾利森从
Arch-Chancellor	大书记官长
Arch-Treasure	大司库
Grand Elector	大选帝侯
Grand Constable	大治安官
Imperial Highness	皇殿下
Madame Mère	梅雷夫人
De Cacault	德·卡科
Carpentras	卡尔庞特拉
Fontainebleau	枫丹白露宫
Jeanne-Louise-Henriette Campan	珍妮-路易丝-亨丽埃特·康庞
Pierre-François-Léonard Fontaine	皮埃尔-弗朗西斯-利奥纳德·方丹
Camillo Filippo Ludovico Borghese	卡米洛·菲利波·卢多维科·博尔盖塞
Tribunes	保民官
Tu es Petrus	《你是彼得鲁斯》
François Pascal Simon Gérard	弗朗西斯·帕斯卡尔·西蒙·杰拉德
Rue des Filles de S.Thomas	圣托马斯菲耶街
Napoléon Louis Charles Bonaparte	拿破仑·路易·查尔斯·波拿巴
Merovingian dynasty	梅罗文加王朝
Palace Mayor	宫廷长
Pepin	丕平
Carolingian dynasty	卡洛林王朝
Charles Duke of Lower Lorraine	洛林公爵查尔斯

Hugh Capet	休·卡佩
Arch-bishop of Rheims	兰斯大主教
Adalbero	阿达尔贝罗
Kentish	肯特
Honneur et Patrie	荣誉与祖国
Grand Officer	高级军官
Tour d'Ordre	秩序之塔
Trône de Dagobert	达戈贝尔王座
helmet of Chevalier Bayard	贝亚尔骑士头盔
Coat of Arms of Francis I	弗朗茨一世盾徽
Cape Finisterre	菲尼斯特雷角
Robert Calder	罗伯特·考尔德
Ferrol	费罗尔
Corunna	科罗纳
Comte Daru	达吕伯爵
Pierre Antoine Noël Bruno	皮埃尔·安托万·诺埃尔·布鲁诺
Cathedral of Milan	米兰大教堂
King of Italy	意大利国王
Ligurian Republic	利古里亚共和国
Republic of Lucca	卢卡共和国
National Bank	国家银行
Karl Mack von Leiberich	卡尔·马克·冯·莱贝里希
Hesse	黑森
Baden-Wurtemberg	巴登-符腾堡
prince-elector of Bavaria	巴伐利亚选帝侯
Maximilian I Joseph	马克西米利安一世·约瑟夫
Hesse-Darmstadt	黑森-达姆施塔特
Michel Ney	米歇尔·内伊
Meiningen	梅明根
Iller	伊勒河
Anspach	安施帕赫
Spires	斯派尔斯
Moravia	摩拉维亚

Archduke John	约翰大公
Prince of Liechtenstein	列支敦士登大公
Johann I Joseph	约翰·约瑟夫一世
Treaty of Presburg	《普雷斯堡和约》
Friedrich I	弗里德里希一世
Grand-Duke	巴登大公
Confederation of the Rhine	莱茵联邦
Viceroy of Italy	意大利总督
Auguste Amélie Louise Georgie	奥古斯特·阿梅莉·路易丝·乔吉
Stephanie de Beauharnais	史蒂芬妮·德·博阿尔内
Karl Ludwig Fiedrich	卡尔·路德维希·弗里德里希
Catharina Frederica	瑟琳娜·弗蕾德丽卡
Minister of Finance	财政大臣
François de Barbé-Marbois	弗朗西斯·德·巴尔贝-马布瓦
Council of Finance	财务理事会议
Gabriel-Julien Ouvrard	加布里埃尔-朱利安·乌夫拉尔
Vanlerberghe	范勒伯格
House of Naples	那不勒斯王朝
Supreme Chief	最高统帅
Place Vendôme	旺多姆广场
Trajan	图拉真
pillar of Trajan	记功柱
Imperial Guard	皇家卫队
Antoine-Denis Chaudet	安托万-德尼·肖代
Republic of Venice	威尼斯共和国
Federative system	联邦制
Alexandrine de Bleschamp	亚历山德里娜·德·布莱斯尚
Prince of Neufchatel	纳沙泰尔亲王
Prince of Pontecorvo	篷泰科尔沃亲王
Pau	波城
Duke of Parma	帕尔马公爵
Duke of Piacenza	皮亚琴察公爵
Prince of Sulmona	苏尔莫纳亲王

Duchess of Guastalla	瓜斯塔拉女公爵
Princess of Lucca and Piombino	皮翁比诺公主
Grand Duke of Berg	贝格大公
Duke of Dalmatia	达尔马提亚公爵
Duke of Istria	伊斯特里亚公爵
Grand Marshal of the Palac	宫殿大元帅
Duc de Frioul	弗柳尔公爵
Jean-Baptiste de Nompère de Champagny	让-巴蒂斯特·德·诺姆佩雷·尚帕尼
Duc de Cadore	卡多雷公爵
Claude Victor-Perrin	克劳德·维克多-佩兰
Duke of Belluno	贝卢诺公爵
Bon-Adrien Jeannot de Moncey	邦-阿德里安·让诺·德·蒙塞
Duke of Conegliano	科内利亚诺公爵
Duc de Trévise	特雷维索公爵
Henri Jacques Guillaume Clarke	亨利·雅克·纪尧姆·克拉克
Duke of Feltre	费尔特雷公爵
Duke of Vicenza	维琴察公爵
Hugues-Bernard Mare	于格-巴纳尔·马雷
Secretary-Minister-of-State	国务大臣秘书
duc de Bassano	巴萨诺公爵
Duc of Rovigo	罗维戈公爵
Duke of Otranto	奥特朗托公爵
Paladin	圣骑士
Duc de Montebello	蒙泰贝洛公爵
Duc de Rivoli	里沃利公爵
duc de Castiglione	卡斯蒂廖内公爵
Hippolyte Jouberthon	波利特·茹贝东
Charlotte Bonaparte	夏洛特·波拿巴
David Silvagni	戴维·席尔瓦尼
Chateau of Pont-sur-Seine	塞纳河桥村城堡
Elizabeth Patterson	伊丽莎白·帕特森
Scotch-Irish Americans	苏格兰-爱尔兰裔美国人
Louis-André Pichon	路易-安德烈·皮雄

Council of Trent	特兰托宗教会议
Peace of Tilsit	《提尔西特和约》
Grand Duke of Hesse	黑森大公国
Laurent de Gouvion Saint-Cyr	洛朗·德·古维翁·圣西尔
Frogs asking Jupiter for a King	《青蛙请立国王》
Fabrizio Ruffo	法布里齐奥·鲁福
Venus Victrix	维纳斯女神
Annunziata	安农齐亚塔
Saturn	萨图恩
Jupiter	朱庇特
Aristotle	亚里士多德
Eternal Father	永恒天父
Principality of Bayreuth	拜罗伊特公国
Elbe	易北河
Weser	威悉河
Neufchâtel	讷沙泰勒
Charles James Fox	查尔斯·詹姆斯·福克斯
William Pitt the Younger	小威廉·皮特
Willem Frederi	威廉·弗雷德里克
Prince of Orange-Nassau	奥兰治-拿骚亲王
Brandenburg Gate	勃兰登堡门
figure of Victory	胜利女神像
Under the Linden	林登大道
Gensdarmes	让斯达姆斯军团
Duke of Brunswick	不伦瑞克公爵
Charles William Ferdinand	查尔斯·威廉·斐迪南
Rossbach	罗斯巴赫
Count Neale	奥尼尔伯爵
Jean Rapp	让·拉普
Clemency of Napoleon	《仁心慈爱——皇帝拿破仑·波拿巴》
Alexander I	亚历山大一世
Heinrich Anton Dähling	海因里希·安东·达林格
Lady Hamilton	汉密尔顿夫人

Potsdam	波茨坦
Salerno	萨莱诺
Balti	波罗的海
Trieste	的里雅斯特
Oder	奥得河
Fontainebleau	枫丹白露
Jan Henryk Dąbrowski	扬·亨里克·东布罗夫斯基
Posen	波兹南
Court of Vienna	维也纳宫廷
Silesia	西里西亚
Warsaw	华沙
Warta	瓦尔塔河
Elector of Saxony	萨克森选帝侯
Frederick August III	弗雷德里克·奥古斯特三世
Principality of Wallachia	瓦拉其亚公国
Principality of Moldavia	摩尔达维亚公国
Selim III	塞利姆三世
Fath-Ali Shah Qajar	法塔赫－阿里沙·卡扎尔
Caucasus	高加索
Levin August von Bennigsen	莱温·奥古斯特·冯·本尼希森
Neman	涅曼河
Pultusk	普乌图斯克
Ostrolenka	奥斯特罗文卡
Nikolai Borisovich Galitzine	尼古拉·鲍里索维奇·戈利岑
Konigsberg	柯尼斯堡
Old Prussia	古普鲁士
Battle of Eylau	埃劳战役
Cossacks	哥萨克
French Imperial Eagle	法兰西鹰旗
Henri-Gatien Bertrand	亨利－加蒂安·贝特朗
Friedland	弗里德兰
Pierre-Antoine Dupont de l'Étang	皮埃尔－安托万·杜邦·德·莱唐
Bohemian	波希米亚

Balkan Peninsula	巴尔干半岛
Peter Petrovich Dolgorukov	彼得·彼得罗维奇·多尔戈鲁科夫
Tilsit	提尔西特
Memel	梅默尔河
Pomerania	波美拉尼亚
Brandenburg	勃兰登堡
Duchy of Warsaw	华沙公国
William Schaw	威廉·肖
Copehagen	哥本哈根
Tagus	塔古斯河
Treaty of Fontainebleau	《枫丹白露条约》
Louis II	路易二世
Bidassoa	比达索阿河
Prince Regent John of Portugal	葡萄牙摄政王若昂
House of Braganza	布拉干萨王朝
Roman States	罗马诸邦
castle of St. Angelo	圣安吉洛要塞
Civita Vecchia	奇维塔韦基亚
Tiber	台伯河
Adratic	亚得里亚海
Tommaso Arezzo	托马索·阿雷佐
Dresden	德累斯顿
Vittoria	维多利亚
Burgos	布尔戈斯
Duchesne	迪歇纳
Pyrenees	比利牛斯山脉
Barcelona	巴塞罗那
D'Armagnac	德·阿马尼亚克
Pampeluna	潘普洛纳
Maria Antonia	玛丽亚·安东尼娅
Princess of Asturias	阿斯图里亚斯王妃
Maria Carolina	玛丽亚·卡罗琳娜
Duke of the Infantado	因凡塔多公爵

Metz	梅斯
Nancy	南锡
Sedan	色当
Ebro	埃布罗河
Lieutenant of the Emperor	帝国辅政
Seville	塞维利亚
Monasterio de El Escorial	埃斯库里亚尔修道院
Bayonne	巴约讷
Miranda	米兰达
Pedro Cevallos Guerra	佩德罗·塞瓦略斯·凯尔
Mariano Luis de Urquijo y Muga	马里亚诺·路易·德·乌尔基霍·穆加
Biscay	比斯开
Francisco de Paula	弗朗西斯科·德·保罗
Navarra	纳瓦拉
Château de Chambord	尚博尔城堡
Château de Compiègne	贡比涅城堡
Valençay	瓦朗塞
Bitche	比奇
Bailén	拜伦
Cintra	辛特拉
Arthur Wellesley	阿瑟·韦尔斯利
One Thousand and One Nights	《一千零一夜》
Teuton	条顿
Castile	卡斯蒂尔
Leon	里昂
Saragossa	萨拉戈萨
Catalonia	加泰罗尼亚
Edinburgh Review	弗朗西斯·拉伯雷
François Rabelais	《爱丁堡评论》
Margrave of Baden-Durlach	巴登-杜拉赫侯爵
Franconia	法兰克尼亚
Gustav IV Adolf	古斯塔夫四世·阿道夫
Pharos	法洛斯岛

John Moore	约翰·穆尔
Valladolid	巴利亚多利德
Calvinism	加尔文主义
Gaius Octavius Augustus	盖乌斯·屋大维·奥古斯都
Olympus	奥林匹斯山
Fourth Dynasty of ancient Egypt	古埃及第四王朝
Helvetic Republic	海尔维第共和国
Swiss Confederatio	瑞士联邦
Pays de Vaud	沃州地区
Lemanic Republic	勒曼尼克共和国
Valais	瓦莱州
Rhodanic Republic	罗丹尼克共和国
Ionian Islands	爱奥尼亚群岛
Septinsular Republic	塞普丁修拉共和国
Transpadane Republic	坦斯帕达纳共和国
Parthenopean Republic	帕耳忒诺珀共和国
Walcheren	瓦尔赫伦岛
Zeeland	泽兰省
Brabant	布拉班特省
Berg-op-Zoom	贝亨奥普佐姆
Breda	布雷达
Napoleon III	拿破仑三世
Correspondance de Napoleon	《拿破仑一世书信集》
Louis Barbe Charles Sérurier	路易·巴贝·查尔斯·塞吕里耶
Napoléon-Louis Bonaparte	拿破仑-路易·波拿巴
Toeplitz	特普利兹
Klemens von Metternich	克莱门斯·冯·梅特涅
Erfurt	爱尔福特城
Edgar the Peaceful	"和平者"埃德加
Cheshire	柴郡
Dee	迪河
Frederick William IV	腓特烈·威廉四世
Duke of Saxe-Weimar-Eisenach	萨克森-魏玛-爱森纳赫公爵

Karl Augus	卡尔·奥古斯特
Duke of Saxe-Gotha-Altenburg	萨克森－哥达－阿尔滕堡公爵
Augustus	奥古斯塔斯
Peter I	彼得一世
Duchy of Oldenburg	奥尔登堡公爵
Cedipus	《俄狄浦斯》
Nikolai Petrovich Rumyantsev	尼古拉·彼得罗维奇·鲁勉采夫
Karl von Vincent	卡尔·冯·文森特
François Joseph Lefebvre	弗朗西斯·约瑟夫·勒菲弗
Duke of Danzig	但泽公爵
Galicia	加利西亚
Ratisbon	雷根斯堡
Aspern	阿斯彭
Essling	埃斯灵
Carinthia	克恩滕
Croatia	克罗地亚
Marie Louise	玛丽·路易丝
Catherine Pavlovna	凯瑟琳·巴甫洛夫娜
Maria Feodorovna	玛丽亚·费奥多罗芙娜
Duke of Oldenburg	奥尔登堡公爵
Peter Friedrich Georg	彼得·弗里德里希·格奥尔格
Anna Pavlovna	安娜·巴甫洛夫娜
préfet of the palace	宫廷执事
Louis-François de Bausset	路易－弗朗西斯·德·博塞
Jean-Nicolas Corvisart-Desmarets	让－尼古拉·科维萨尔－德马雷
Hortense Eugénie Cécile Bonaparte	奥尔唐斯·欧仁妮·塞西尔·波拿巴
Count Regnaud de Saint-Jean d'Angély	勒尼奥·德·圣让·安热利伯爵
Michel Louis Etienne	米歇尔·路易·埃蒂安
Stéphanie, Grand Duchess of Baden	巴登大公夫人斯特凡妮
Braunau	布劳瑙
Tartars	鞑靼人
Henry IV	亨利四世
Marie de Médicis	玛丽·德·美第奇

Courcelles	库尔塞勒
King of Rome	罗马王
Lines of Torres Vedras	托里什韦德拉什防线
Austrian-Galicia	奥属波兰加利西亚
Antwerp	安特卫普
Danzig	但泽港
Morlaix	莫尔莱
Brinkum	布林库姆
Altona	阿尔托纳区
Stralsund	施特拉尔松德
Charles XIII	查理十三世
James Gillray	詹姆斯·吉尔雷
George Criukshank	乔治·克鲁克香克
George III	乔治三世
Order of the Bath	巴斯勋章
Jean Joseph Mounier	让·约瑟夫·穆尼耶
Madame de Récamier	雷卡米耶夫人
Jeanne Françoise Julie Adélaïde Duchess of Montebello	让娜·弗朗西斯·朱莉·阿代拉伊德 蒙泰贝洛公爵夫人
Louise Antoinette Lannes	路易丝·安托瓦内特·拉纳
Mortefontaine	莫特方丹
Abraham-Louis Breguet	亚伯拉罕-路易·布勒盖
Charles V	查理五世
Auguste-Laurent	奥古斯特-洛朗
comte de Rémusat	德·雷米萨伯爵
baron de Barante	巴朗特男爵
Publius Cornelius Tacitus	帕利乌斯·科尔内留斯·塔西陀
Dnieper	第聂伯河
Dvina River	德维纳河
Gaius Suetonius Tranquillus	盖乌斯·苏埃托尼乌斯·特兰奎勒斯
Carl John	查尔斯·约翰
Swedish Pomerania	瑞典属波美拉尼亚
Isle of Rugen	吕根岛

Pantheon	万神殿
Gerhard Johann David von Scharnhorst	格哈德·约翰·大卫·冯·沙恩霍斯特
Vilnius	维尔纽斯
Smolensk	斯摩棱斯克
Borodino	博罗季诺
Fyodor Vasilyevich Rostopchin	费奥多尔·瓦西里耶维奇·罗斯托普钦
Kaluga	卡卢加
Tarutino	塔鲁季诺村
Maloyaroslavets	小雅罗斯拉韦茨
Vop	沃皮河
Vyazma	维亚济马
Smoliani	斯莫利亚尼
Lithuania	立陶宛
Oresa	欧里沙
Berezina River	别列津纳河
Smorgoni	斯莫尔贡
Claude François de Malet	克劳德·弗朗西斯·德·马莱
George Gordon Byron	乔治·戈登·拜伦
Childe Harold's Pilgrimage	《蔡尔德·哈罗德游记》
Czech	捷克
Karl August von Hardenberg	卡尔·奥古斯特·冯·哈登贝格
Convention of Tauroggen	《陶罗根停战协议》
Breslau	布雷斯劳
Johann Wolfgang von Goethe	约翰·沃尔夫冈·冯·歌德
Carl Theodor Körner	卡尔·特奥多尔·克尔纳
Magdeburg	马格德堡
Wittenberg	威滕伯格
Torgau	托尔高
Louis XVIII	路易十八
vicomte Lainé	莱内子爵
Joseph Henri Joachim	约瑟夫·亨利·若阿基姆
Battle of Lützen	吕岑战役
Bautzen	包岑